NARUTO

MASSIV VOL.15

PAIN GREIFT AN – TEIL 1

MASASHI KISHIMOTO

CARLSEN MANGA

NARUTO CHARACTERS

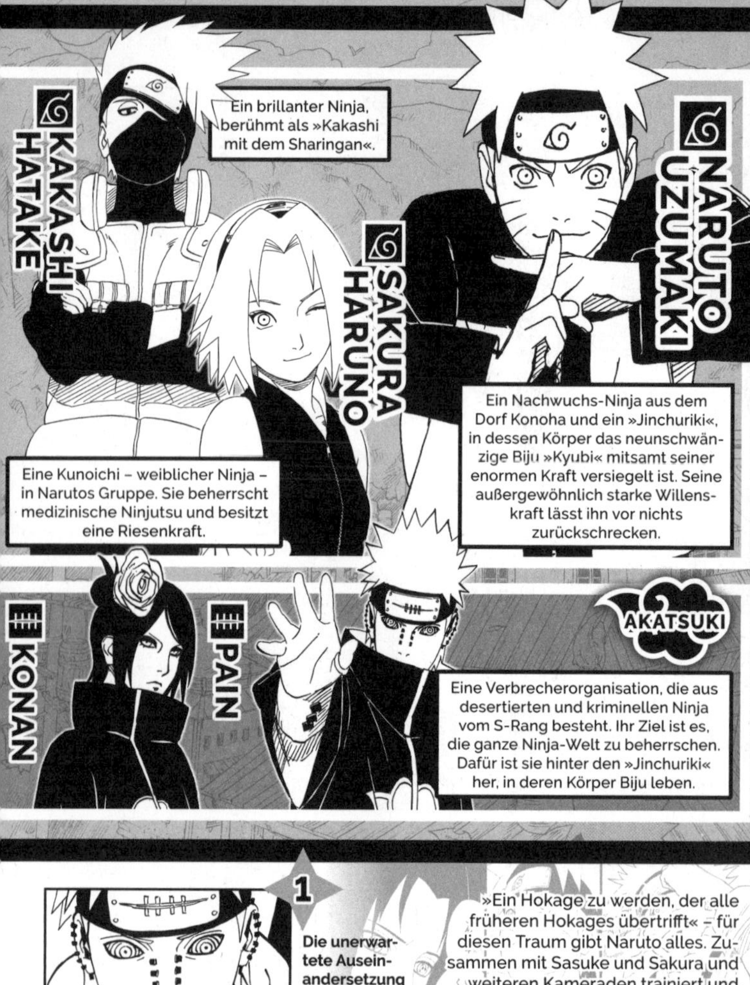

NARUTO UZUMAKI

Ein Nachwuchs-Ninja aus dem Dorf Konoha und ein »Jinchuriki«, in dessen Körper das neunschwänzige Biju »Kyubi« mitsamt seiner enormen Kraft versiegelt ist. Seine außergewöhnlich starke Willenskraft lässt ihn vor nichts zurückschrecken.

KAKASHI HATAKE

Ein brillanter Ninja, berühmt als »Kakashi mit dem Sharingan«.

SAKURA HARUNO

Eine Kunoichi – weiblicher Ninja – in Narutos Gruppe. Sie beherrscht medizinische Ninjutsu und besitzt eine Riesenkraft.

AKATSUKI

PAIN

KONAN

Eine Verbrecherorganisation, die aus desertierten und kriminellen Ninja vom S-Rang besteht. Ihr Ziel ist es, die ganze Ninja-Welt zu beherrschen. Dafür ist sie hinter den »Jinchuriki« her, in deren Körper Biju leben.

STORY

1

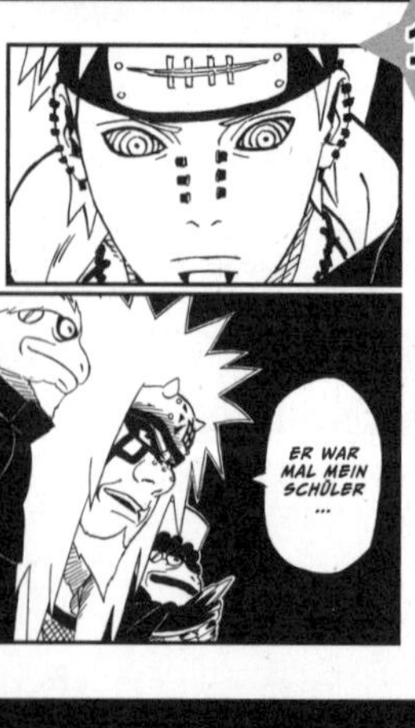

Die unerwartete Auseinandersetzung zwischen Meister und Schüler!

Der Held stirbt, aber seine Hoffnung bleibt!!

»Ein Hokage zu werden, der alle früheren Hokages übertrifft« – für diesen Traum gibt Naruto alles. Zusammen mit Sasuke und Sakura und weiteren Kameraden trainiert und kämpft er und so wird aus dem ehemaligen Tunichtgut ein richtiger Ninja. Dann geht Sasuke, besessen von der Rache an seinem großen Bruder, zu Orochimaru, um stark zu werden. Zweieinhalb Jahre später – Naruto nimmt als durchtrainierter Ninja volle Fahrt auf! Er kämpft gegen die Verbrecherorganisation Akatsuki, die die Ninja-Welt gefährdet. Und Sasuke, noch stärker geworden, folgt weiter seinem Weg der Rache...

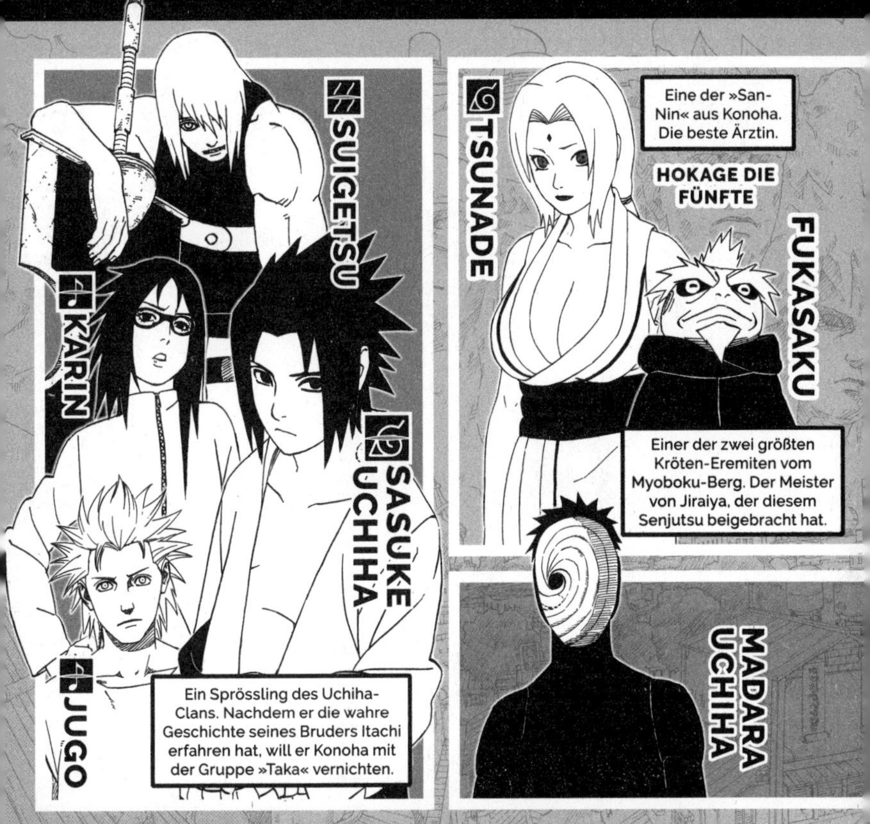

Sasukes Hass richtet sich gegen Konoha und Jiraiyas Wille wird auf Naruto übertragen!! Was bedeutet die hinter. lassene Geheim-botschaft...? Wer ist Pain wirklich?!

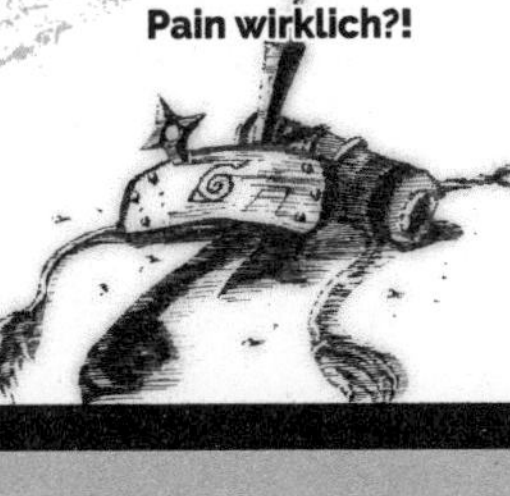

Nach einem Kampf auf Leben und Tod rächt sich Sasuke endlich an seinem großen Bruder Itachi. Dann erfährt er von Madara, dass sein Bruder die ganze Schuld an der Ermordung seines Clans auf sich genommen hat, um ihn zu schützen. Aus Verzweiflung wird Zorn. Sasuke setzt alles in Bewegung, um Konoha zu vernichten!!

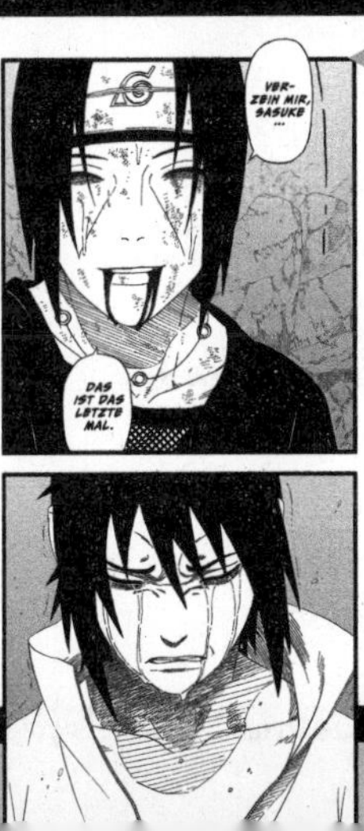

2

Der Kampf zwischen den Uchiha-Brüdern steht vor der Entscheidung! Und die Wahrheit wird enthüllt!!

Ist Pain von Akatsuki in Wirklichkeit Jiraiyas Schüler Yahiko?! Jiraiya entschließt sich, seinen Schüler zu schlagen, der mit Gewalt Frieden schaffen will. Aber die legendären »Rin'negan« überwältigen ihn. Jiraiya hinterlässt jedoch einen Schlüssel zu Pains wahrer Identität, als er ins Jenseits geht.

NARUTO

528 SEITEN MASSIV 100% NARUTO

INHALT

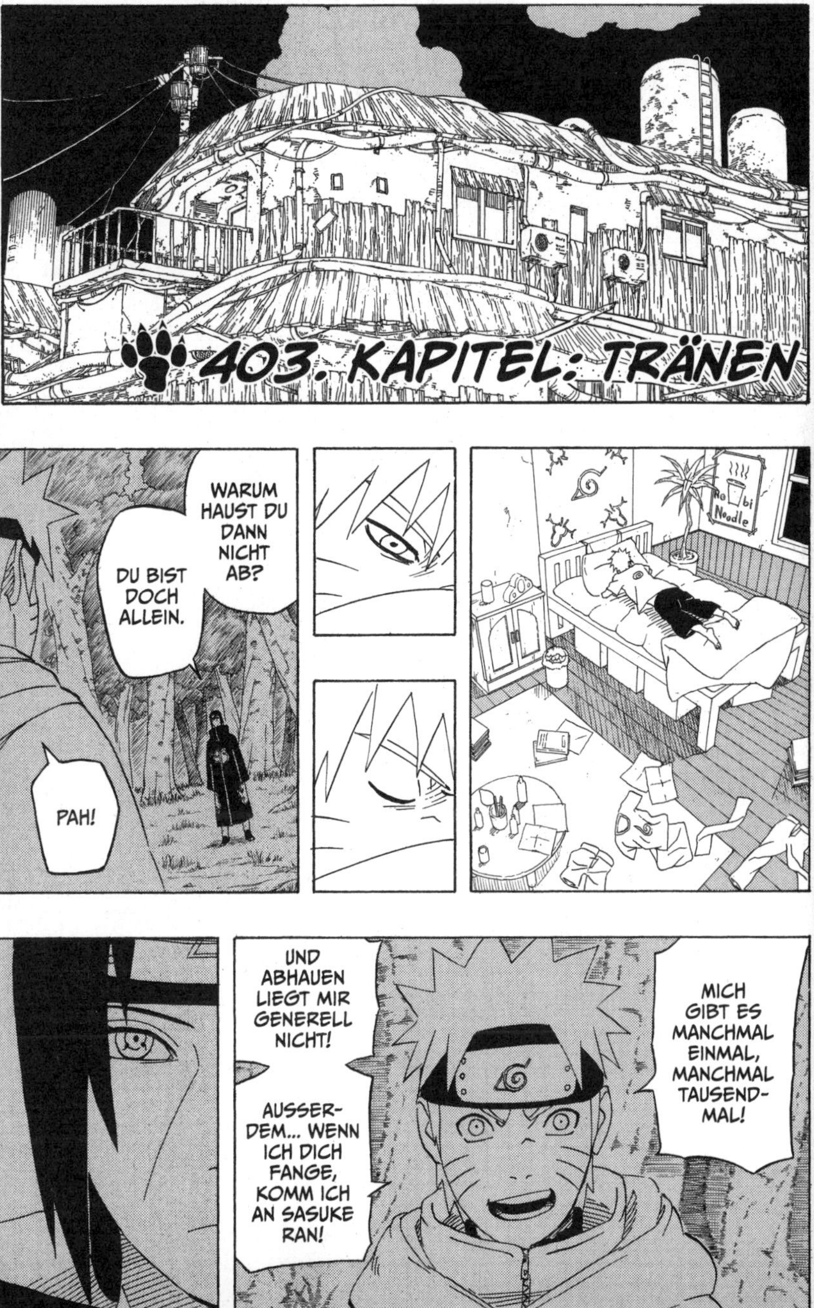
403. KAPITEL: TRÄNEN
No bi Noodle
WARUM HAUST DU DANN NICHT AB?
DU BIST DOCH ALLEIN.
PAH!
MICH GIBT ES MANCHMAL EINMAL, MANCHMAL TAUSEND-MAL!
UND ABHAUEN LIEGT MIR GENERELL NICHT!
AUSSER-DEM... WENN ICH DICH FANGE, KOMM ICH AN SASUKE RAN!

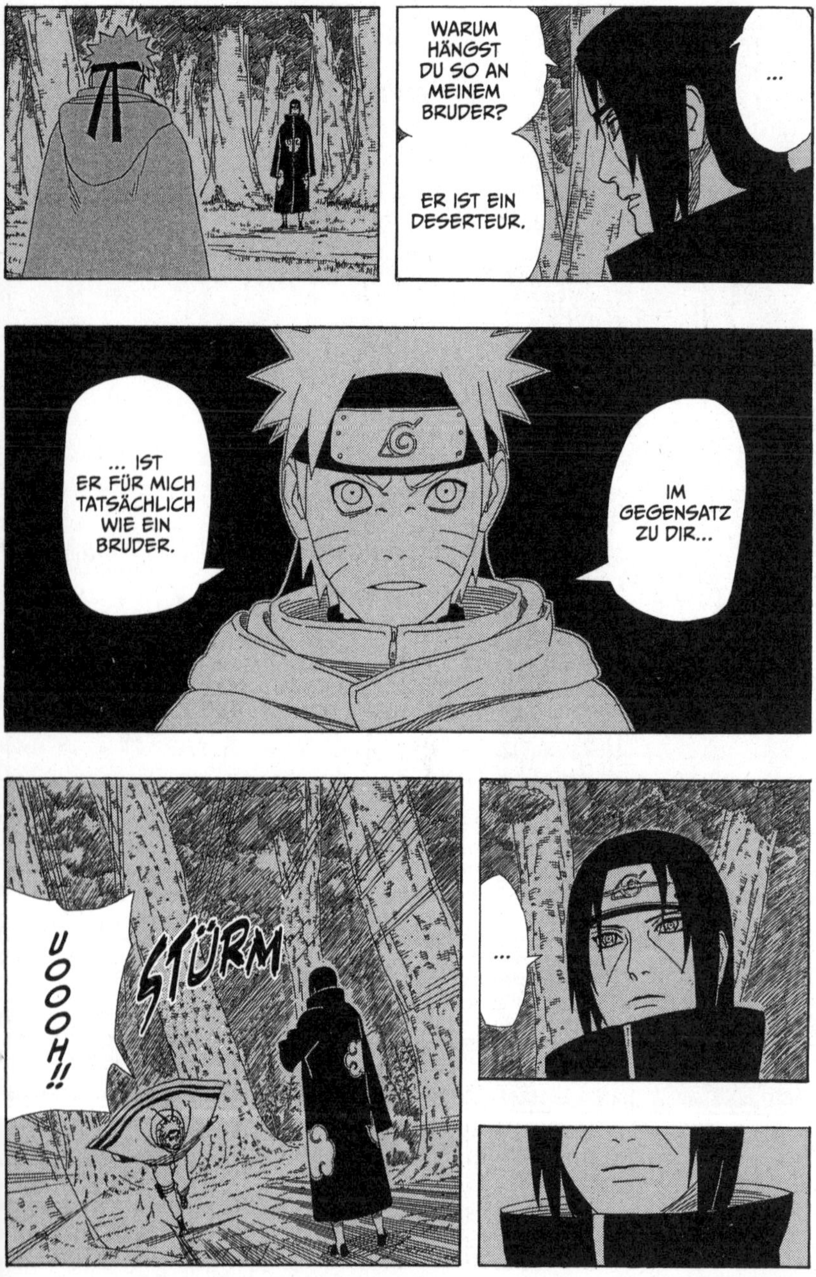

...
WARUM HÄNGST DU SO AN MEINEM BRUDER?
ER IST EIN DESERTEUR.
IM GEGENSATZ ZU DIR...
... IST ER FÜR MICH TATSÄCHLICH WIE EIN BRUDER.
...
STÜRM
UOOOOH!!

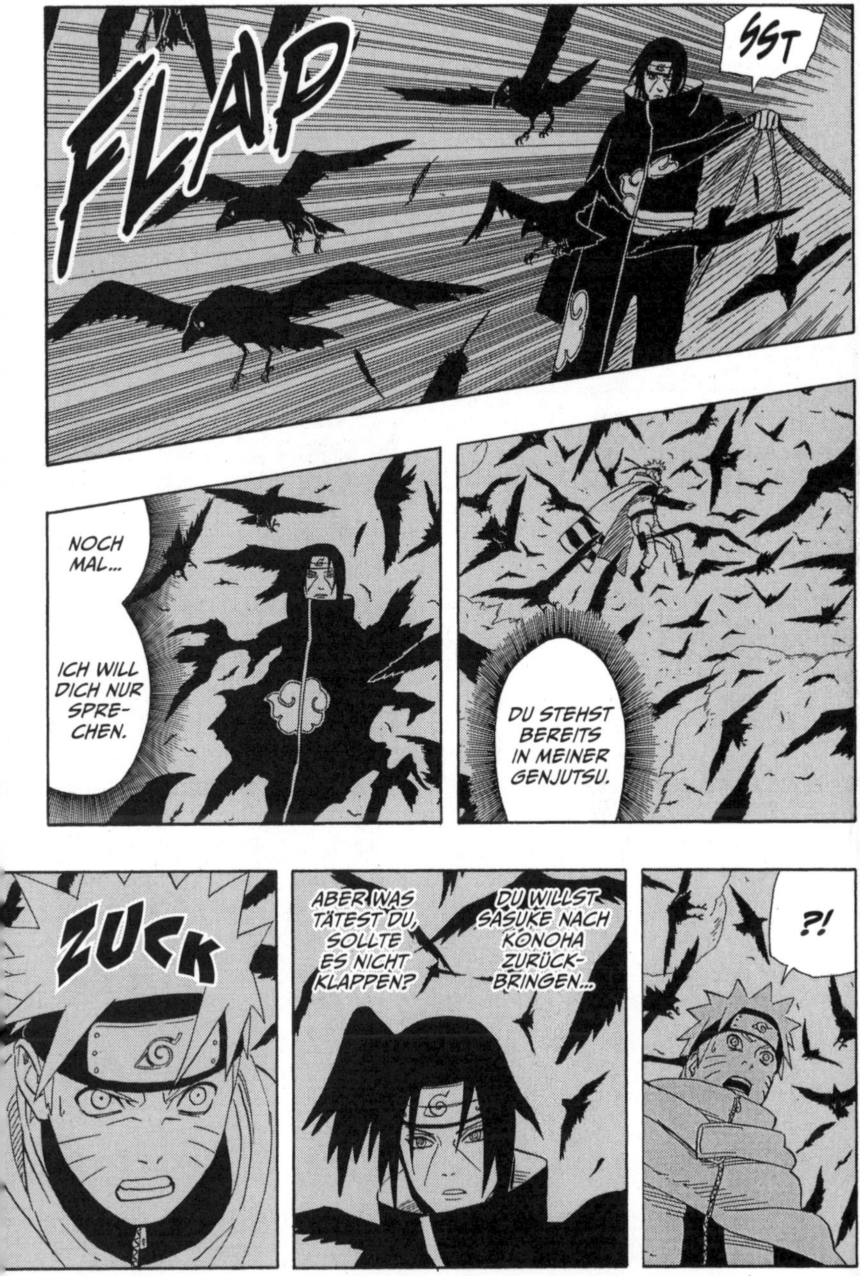
SST
FLAP
DU STEHST BEREITS IN MEINER GENJUTSU.
NOCH MAL...
ICH WILL DICH NUR SPRE-CHEN.
?!
DU WILLST SASUKE NACH KONOHA ZURÜCK-BRINGEN...
ABER WAS TÄTEST DU, SOLLTE ES NICHT KLAPPEN?
ZUCK

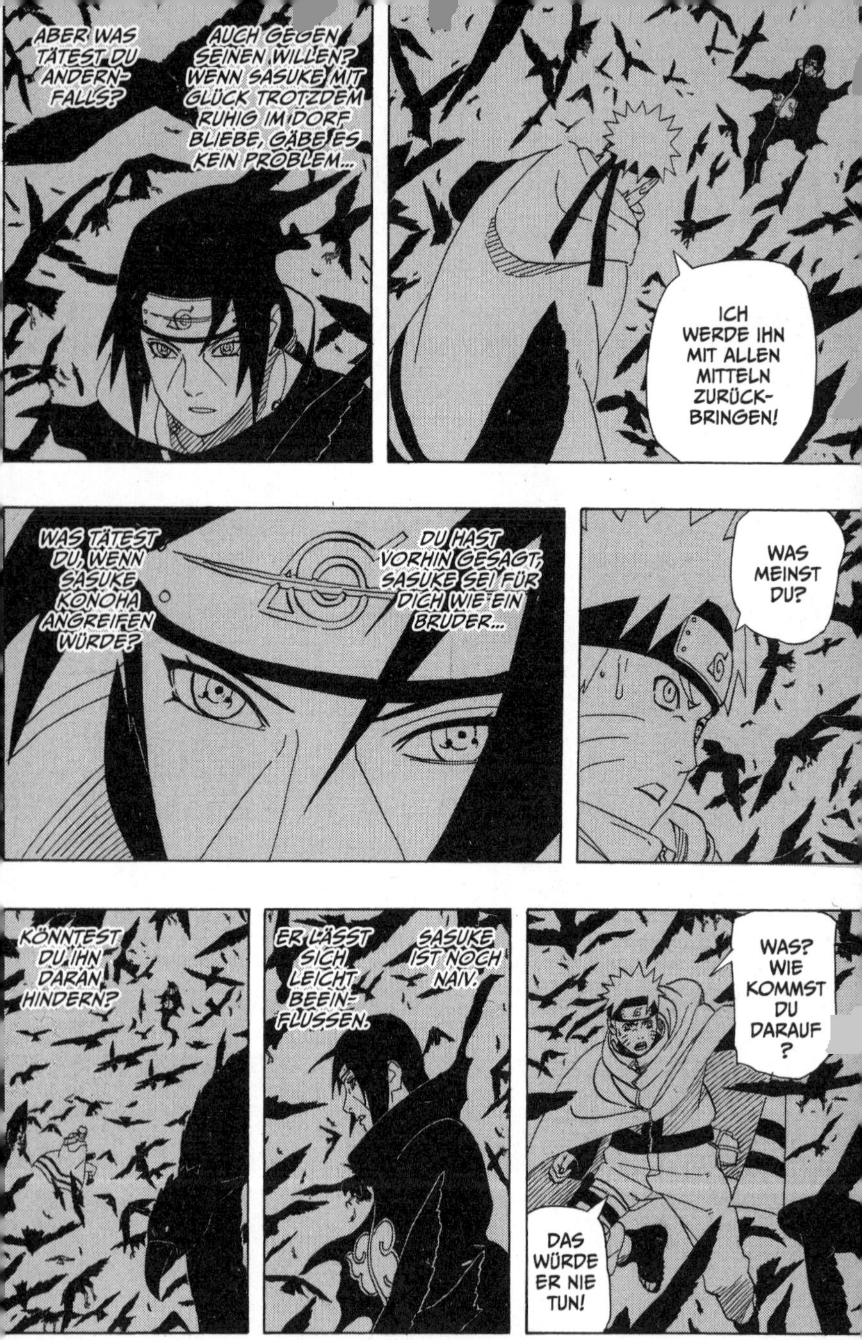
ICH WERDE IHN MIT ALLEN MITTELN ZURÜCK-BRINGEN!
AUCH GEGEN SEINEN WILLEN? WENN SASUKE MIT GLÜCK TROTZDEM RUHIG IM DORF BLIEBE, GÄBE ES KEIN PROBLEM...
ABER WAS TÄTEST DU ANDERN-FALLS?
WAS MEINST DU?
DU HAST VORHIN GESAGT, SASUKE SEI FÜR DICH WIE EIN BRUDER...
WAS TÄTEST DU, WENN SASUKE KONOHA ANGREIFEN WÜRDE?
WAS? WIE KOMMST DU DARAUF?
DAS WÜRDE ER NIE TUN!
SASUKE IST NOCH NAIV.
ER LÄSST SICH LEICHT BEEIN-FLUSSEN.
KÖNNTEST DU IHN DARAN HINDERN?

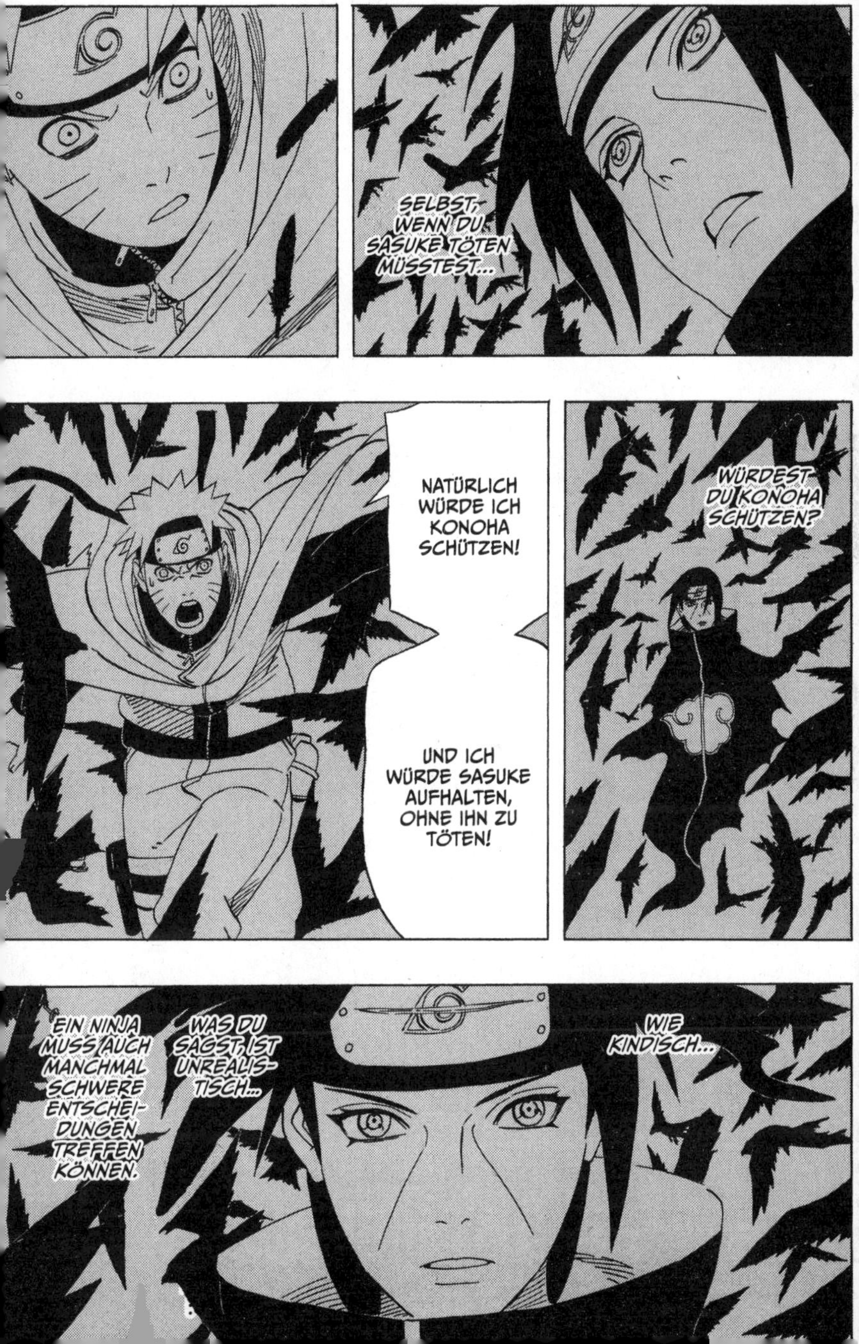
SELBST, WENN DU SASUKE TÖTEN MÜSSTEST...
WÜRDEST DU KONOHA SCHÜTZEN?
NATÜRLICH WÜRDE ICH KONOHA SCHÜTZEN!
UND ICH WÜRDE SASUKE AUFHALTEN, OHNE IHN ZU TÖTEN!
WIE KINDISCH...
WAS DU SAGST, IST UNREALISTISCH...
EIN NINJA MUSS AUCH MANCHMAL SCHWERE ENTSCHEIDUNGEN TREFFEN KÖNNEN.

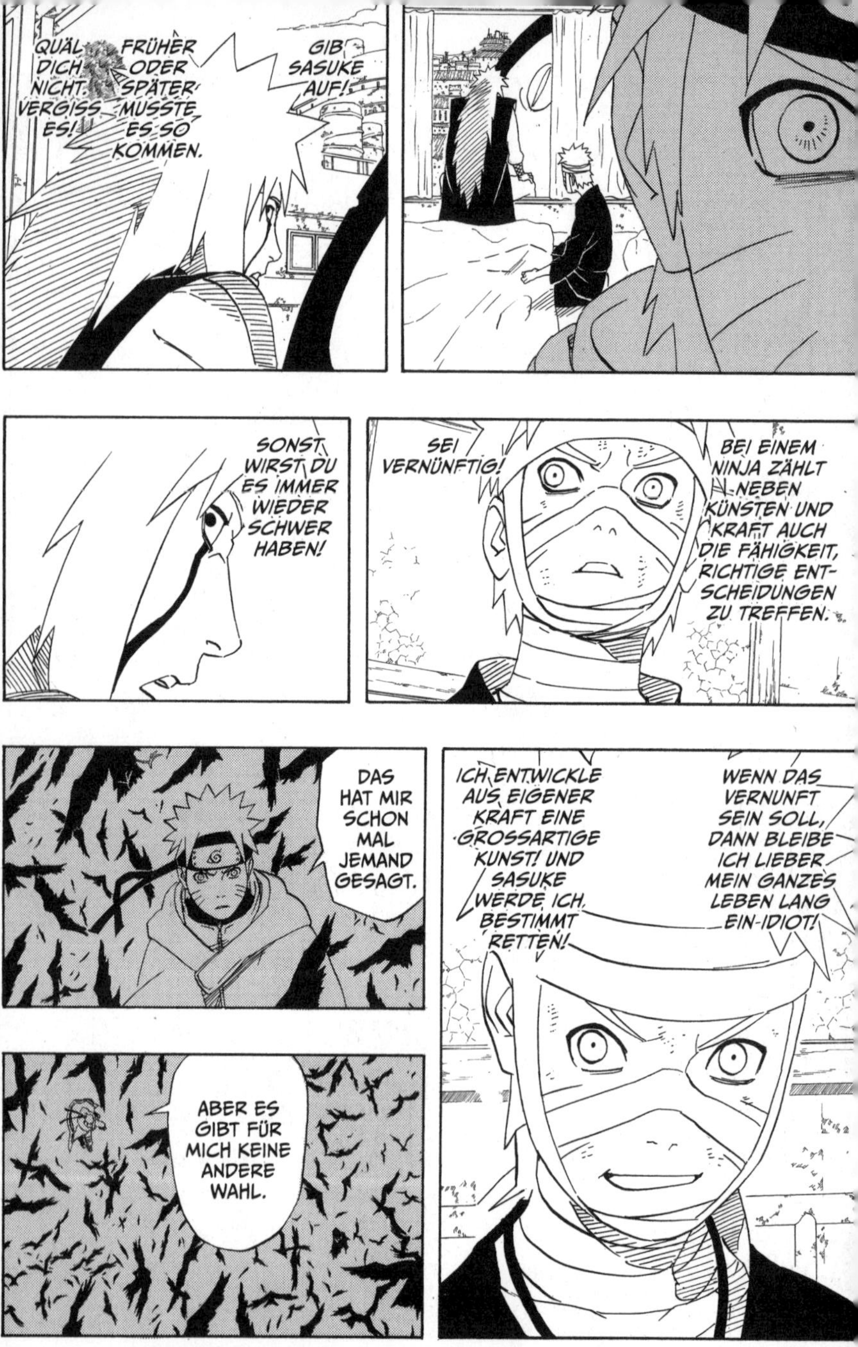
GIB SASUKE AUF!
FRÜHER ODER SPÄTER MUSSTE ES SO KOMMEN.
QUÄL DICH NICHT. VERGISS ES!
BEI EINEM NINJA ZÄHLT NEBEN KÜNSTEN UND KRAFT AUCH DIE FÄHIGKEIT, RICHTIGE ENT-SCHEIDUNGEN ZU TREFFEN.
SEI VERNÜNFTIG!
SONST WIRST DU ES IMMER WIEDER SCHWER HABEN!
WENN DAS VERNUNFT SEIN SOLL, DANN BLEIBE ICH LIEBER MEIN GANZES LEBEN LANG EIN IDIOT!
ICH ENTWICKLE AUS EIGENER KRAFT EINE GROSSARTIGE KUNST! UND SASUKE WERDE ICH BESTIMMT RETTEN!
DAS HAT MIR SCHON MAL JEMAND GESAGT.
ABER ES GIBT FÜR MICH KEINE ANDERE WAHL.

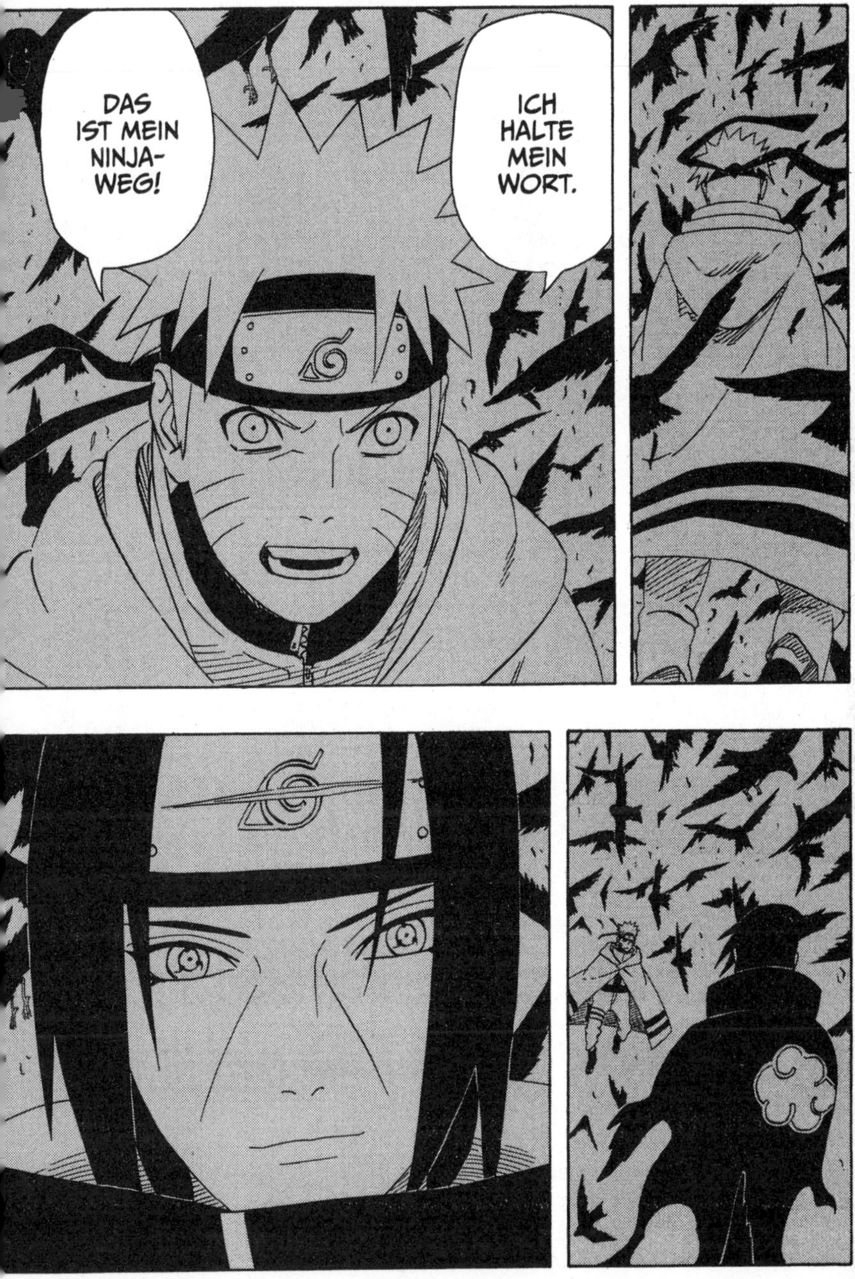
ICH HALTE MEIN WORT.
DAS IST MEIN NINJA-WEG!

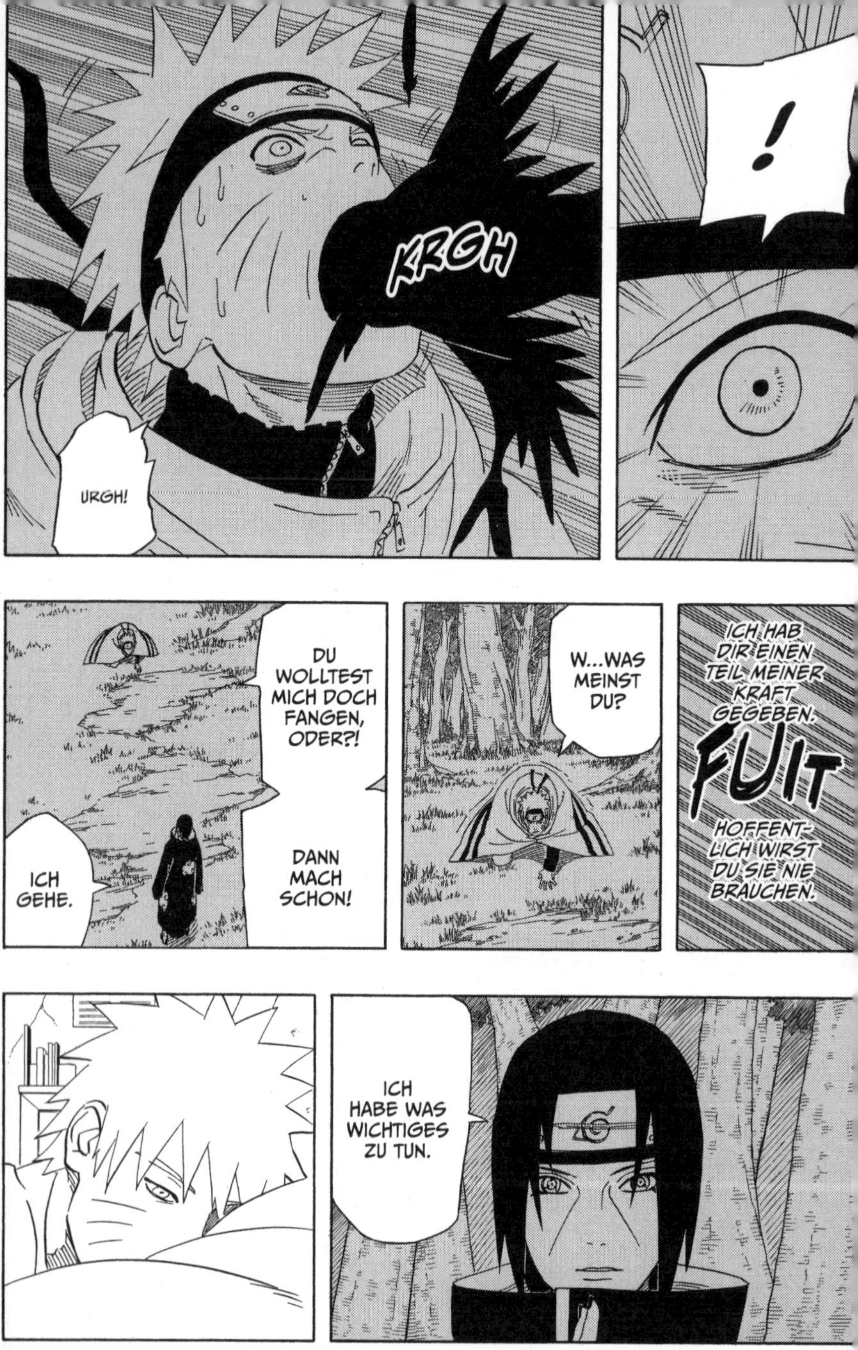
!
KRGH
URGH!
ICH HAB DIR EINEN TEIL MEINER KRAFT GEGEBEN.
FUIT
HOFFENTLICH WIRST DU SIE NIE BRAUCHEN.
W...WAS MEINST DU?
DU WOLLTEST MICH DOCH FANGEN, ODER?!
DANN MACH SCHON!
ICH GEHE.
ICH HABE WAS WICHTIGES ZU TUN.

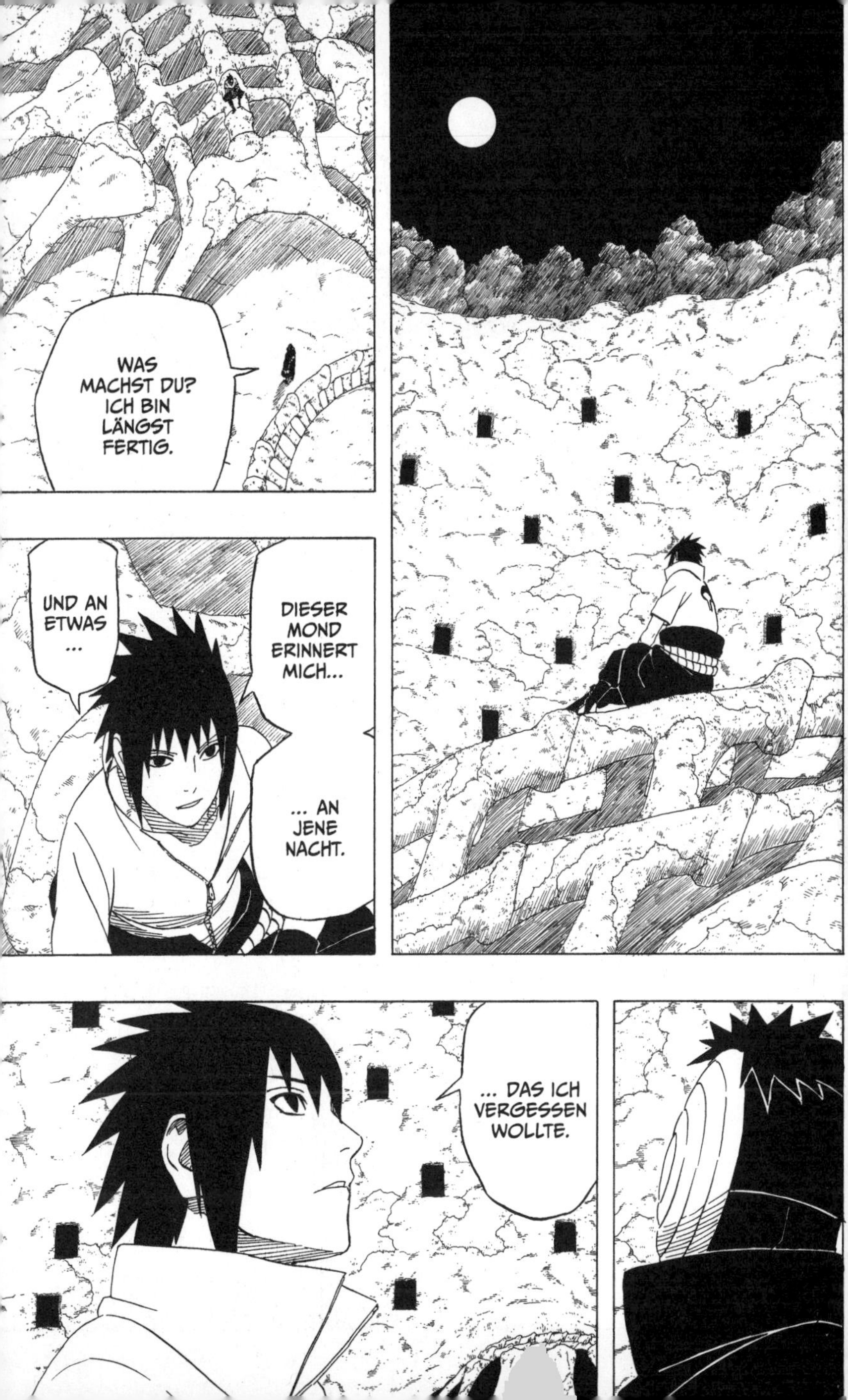
WAS MACHST DU? ICH BIN LÄNGST FERTIG.
DIESER MOND ERINNERT MICH...
... AN JENE NACHT.
UND AN ETWAS ...
... DAS ICH VERGESSEN WOLLTE.

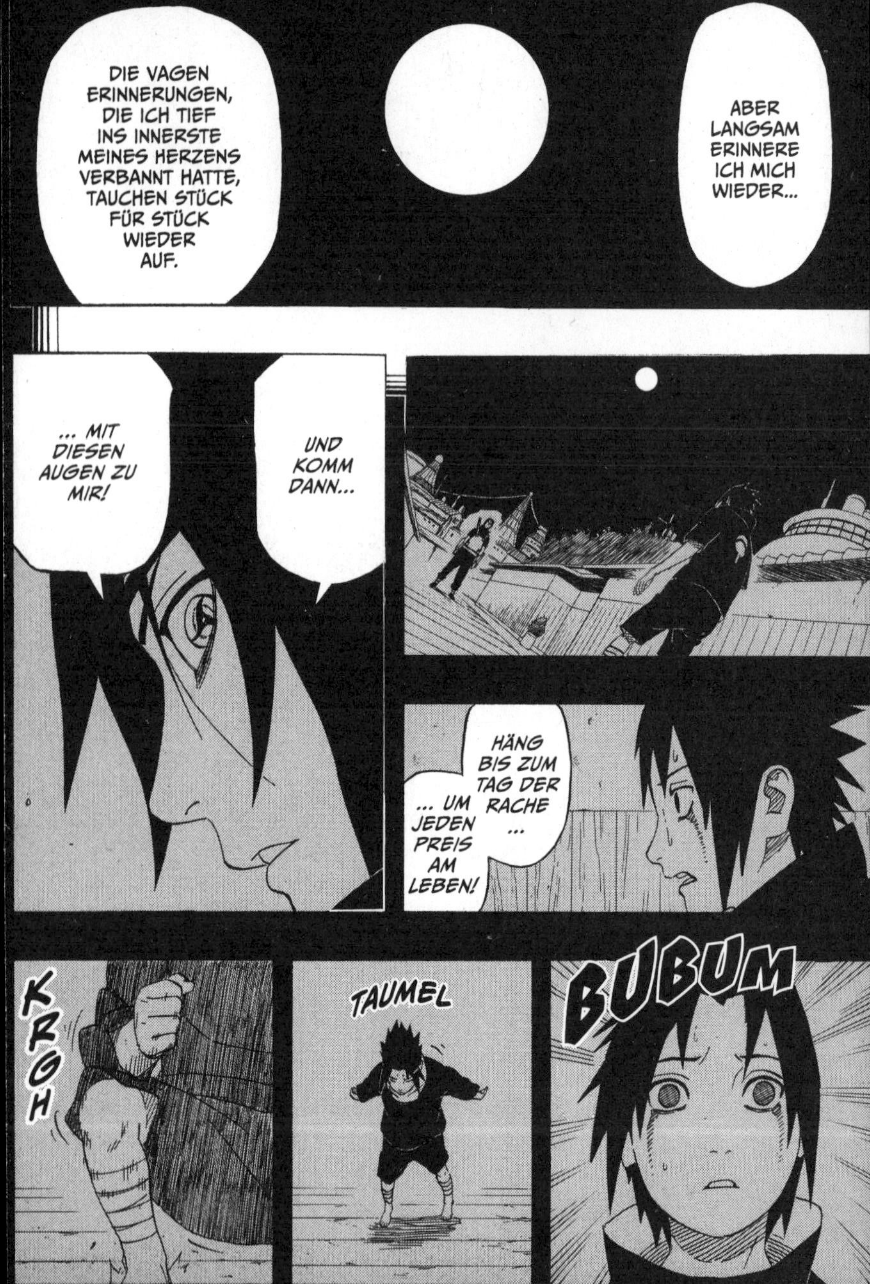
ABER LANGSAM ERINNERE ICH MICH WIEDER...
DIE VAGEN ERINNERUNGEN, DIE ICH TIEF INS INNERSTE MEINES HERZENS VERBANNT HATTE, TAUCHEN STÜCK FÜR STÜCK WIEDER AUF.
HÄNG BIS ZUM TAG DER RACHE ...
... UM JEDEN PREIS AM LEBEN!
UND KOMM DANN...
... MIT DIESEN AUGEN ZU MIR!
BUBUM
TAUMEL
KRGH

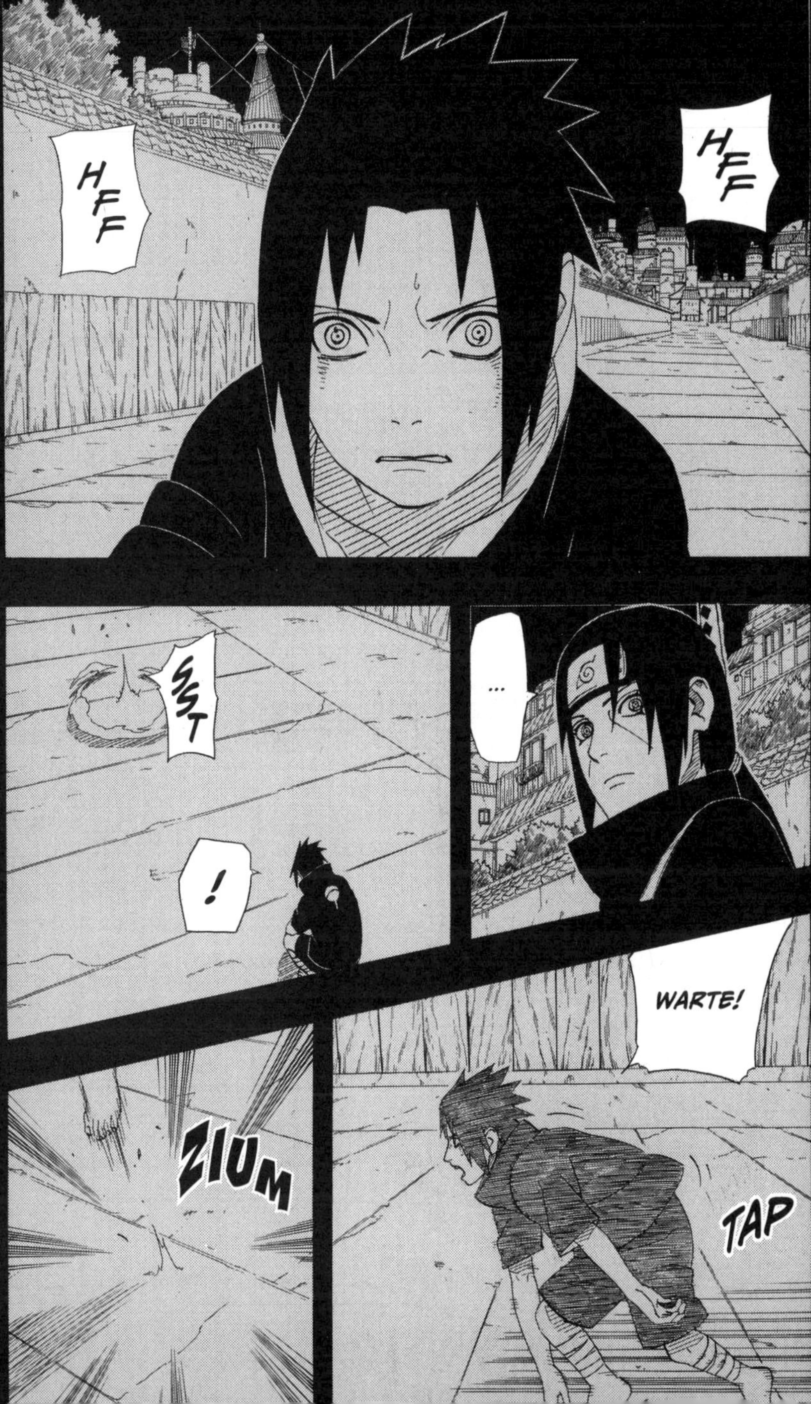
HFF
HFF
...
SST
!
WARTE!
ZIUM
TAP

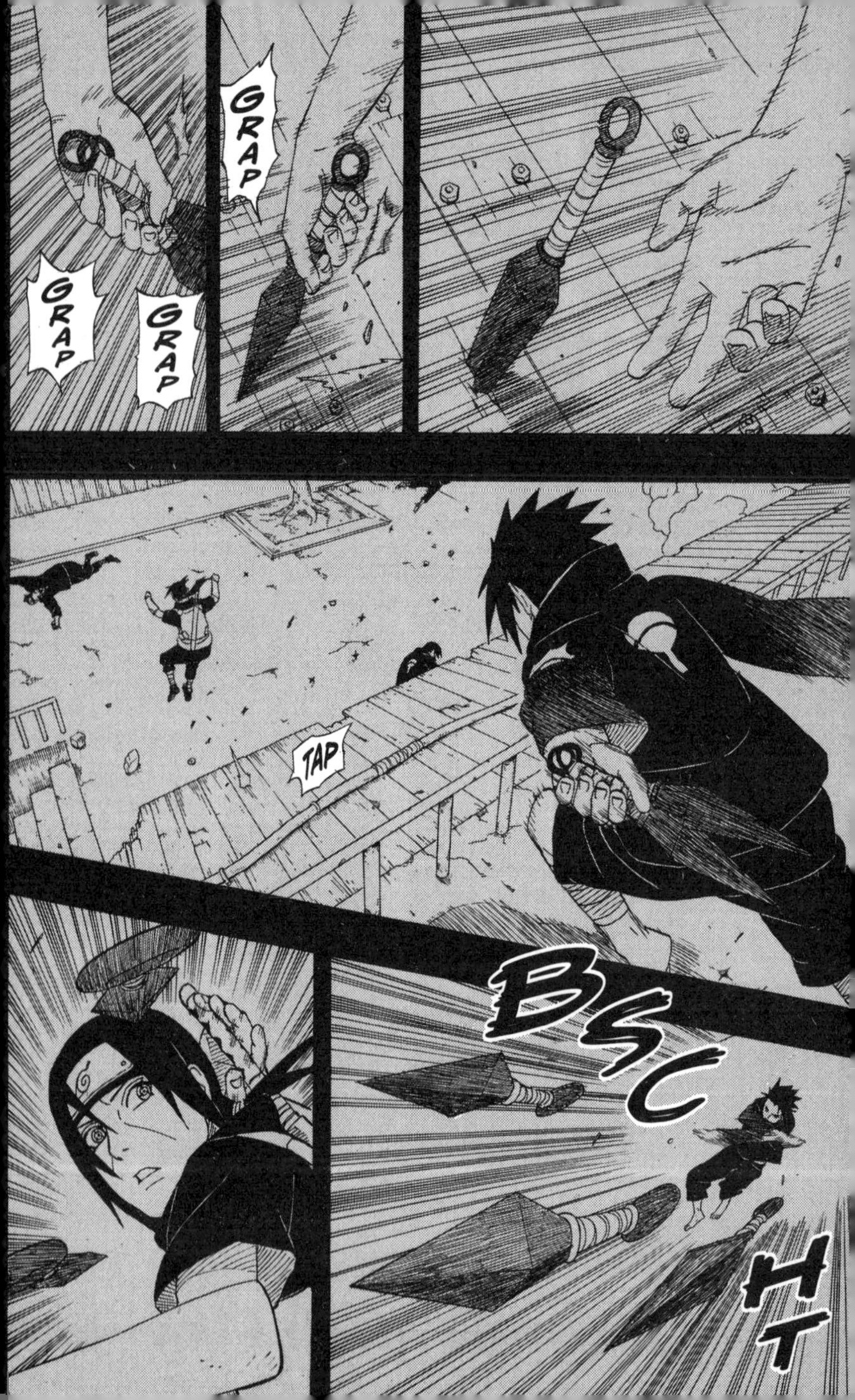
GRAP
GRAP
GRAP
GRAP
TAP
BSC
HT

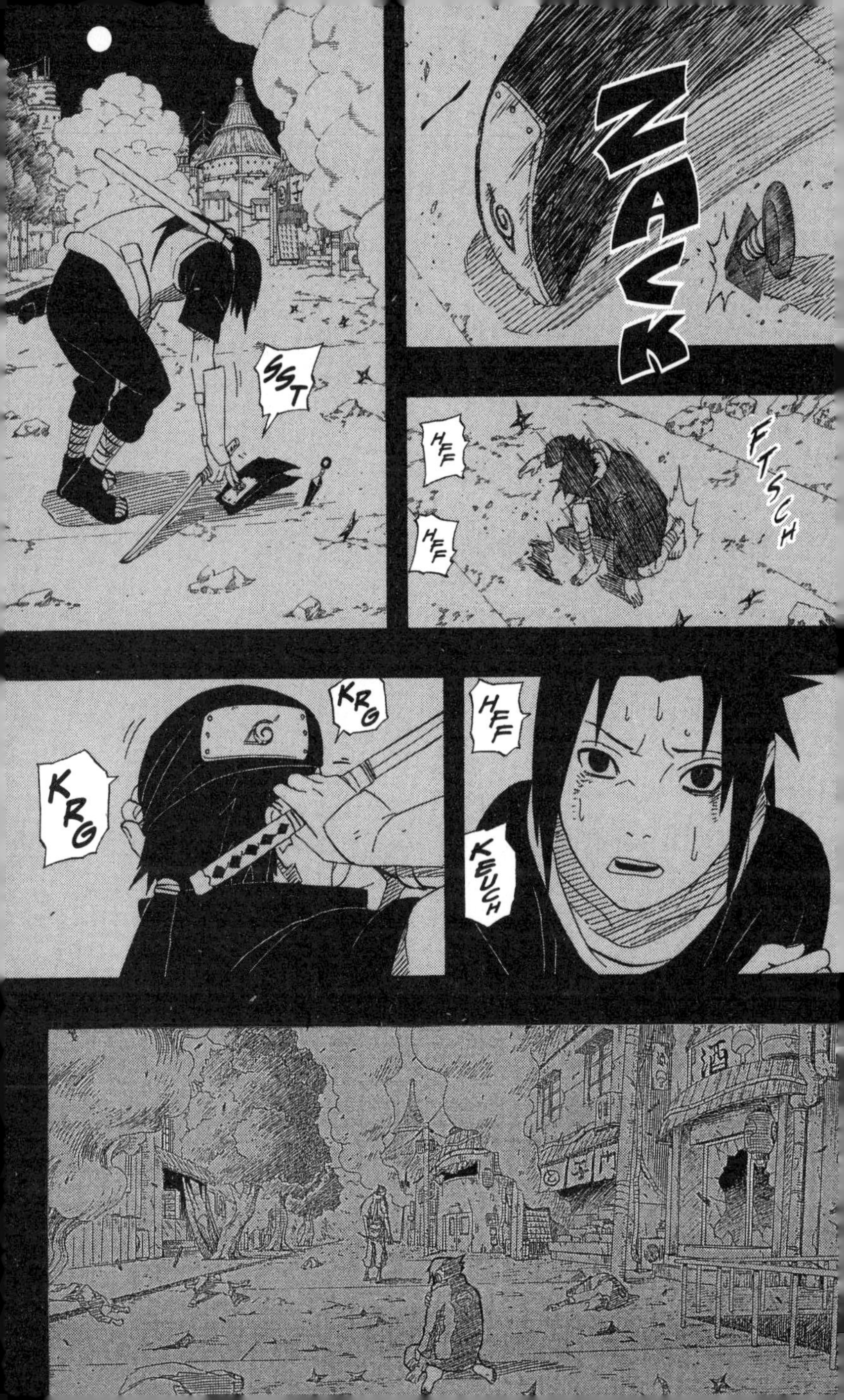

ZACK
FTSCH
HFF
HFF
SST
HFF
KEUCH
KRG
KRG

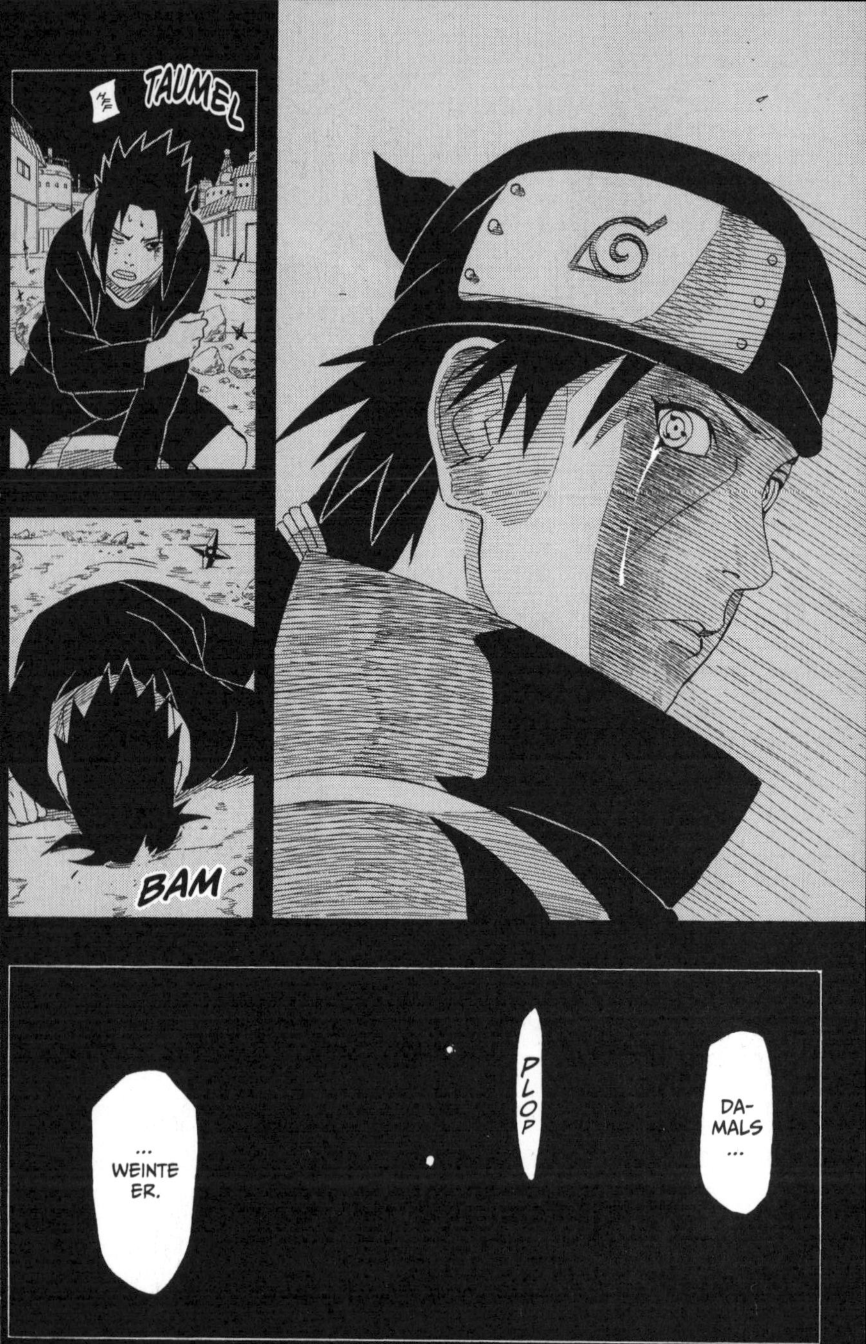
TAUMEL
HFF
BAM
PLOP
DA-
MALS
...
...
WEINTE
ER.

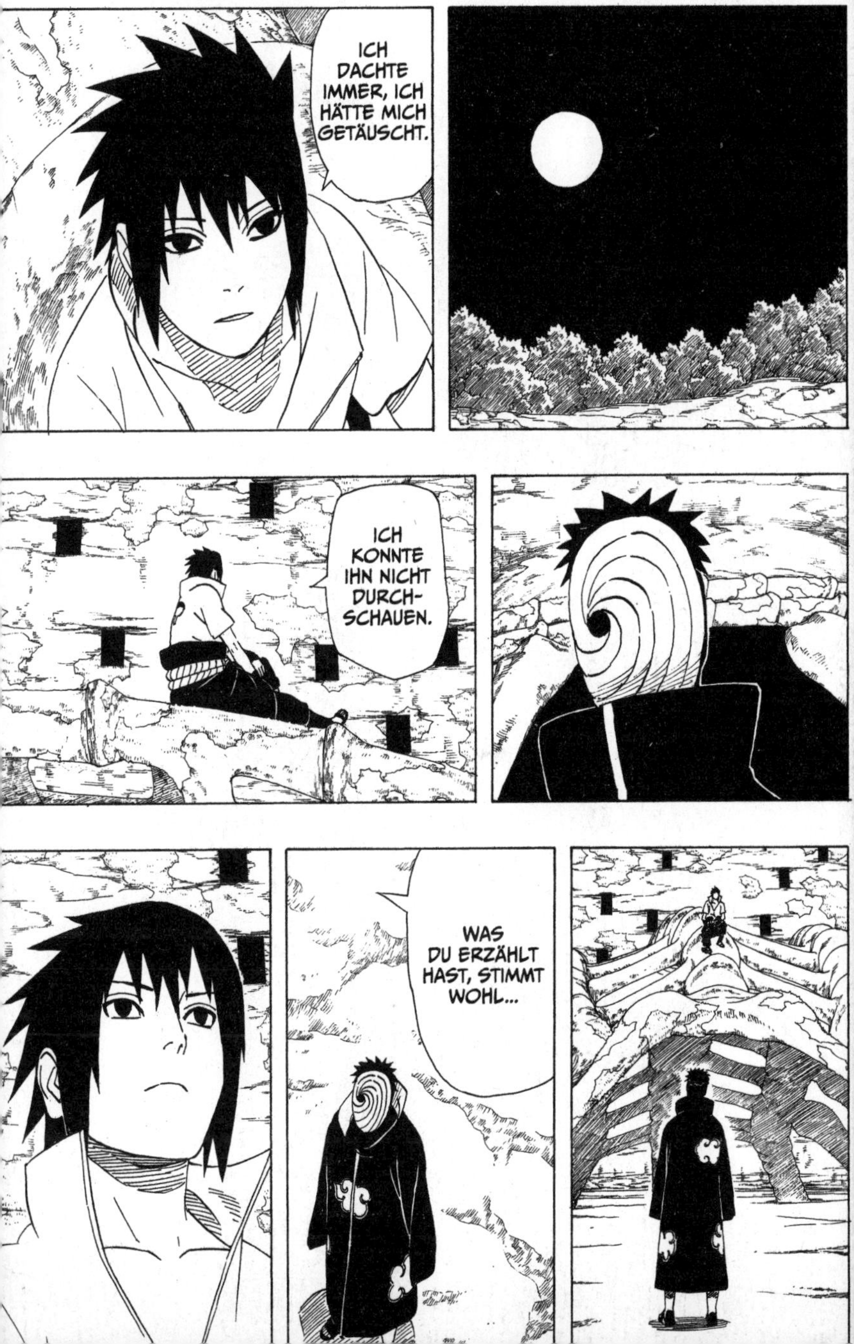
ICH DACHTE IMMER, ICH HÄTTE MICH GETÄUSCHT.
ICH KONNTE IHN NICHT DURCH-SCHAUEN.
WAS DU ERZÄHLT HAST, STIMMT WOHL...

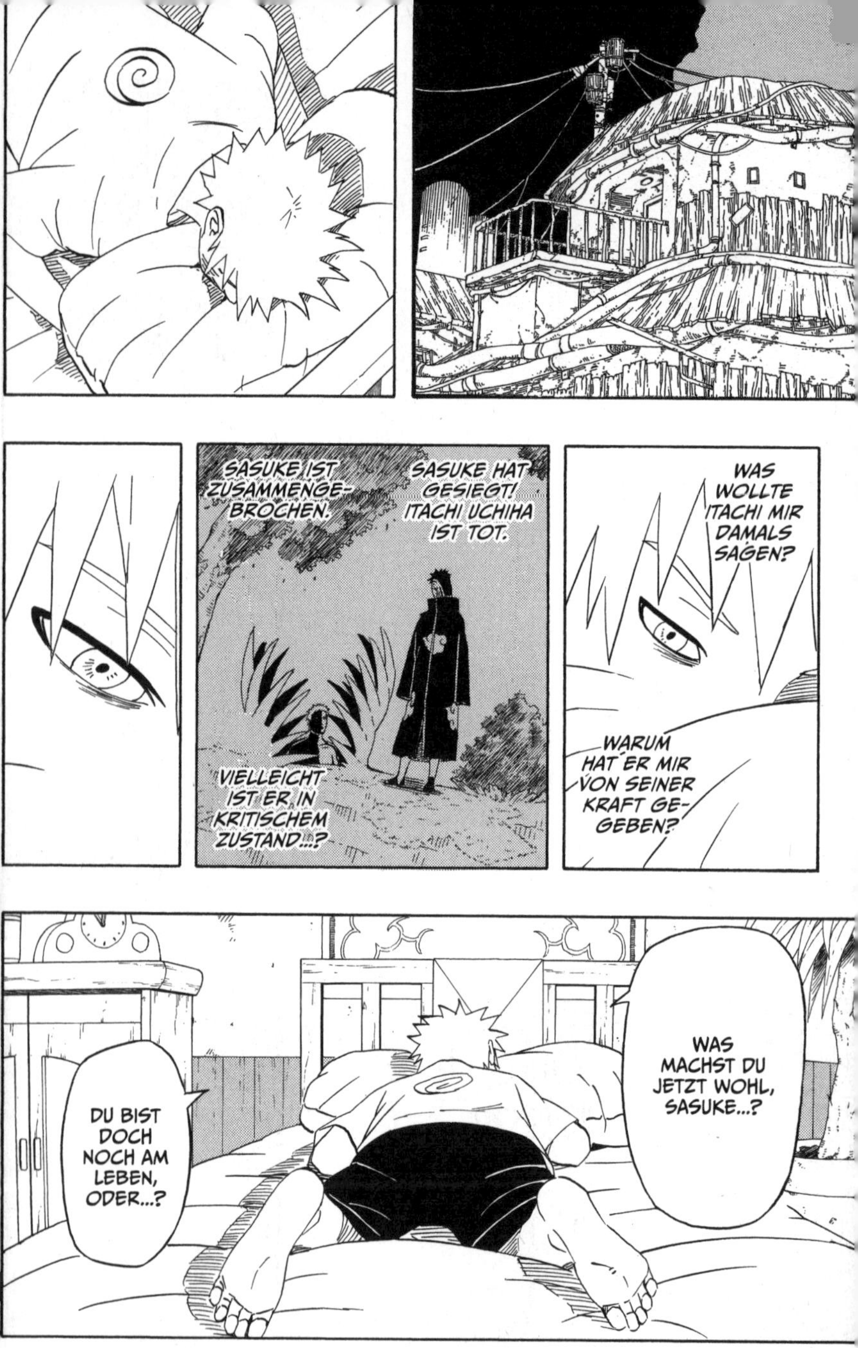
WAS WOLLTE ITACHI MIR DAMALS SAGEN?
WARUM HAT ER MIR VON SEINER KRAFT GEGEBEN?
SASUKE HAT GESIEGT! ITACHI UCHIHA IST TOT.
SASUKE IST ZUSAMMENGE-BROCHEN.
VIELLEICHT IST ER IN KRITISCHEM ZUSTAND...?
WAS MACHST DU JETZT WOHL, SASUKE...?
DU BIST DOCH NOCH AM LEBEN, ODER...?

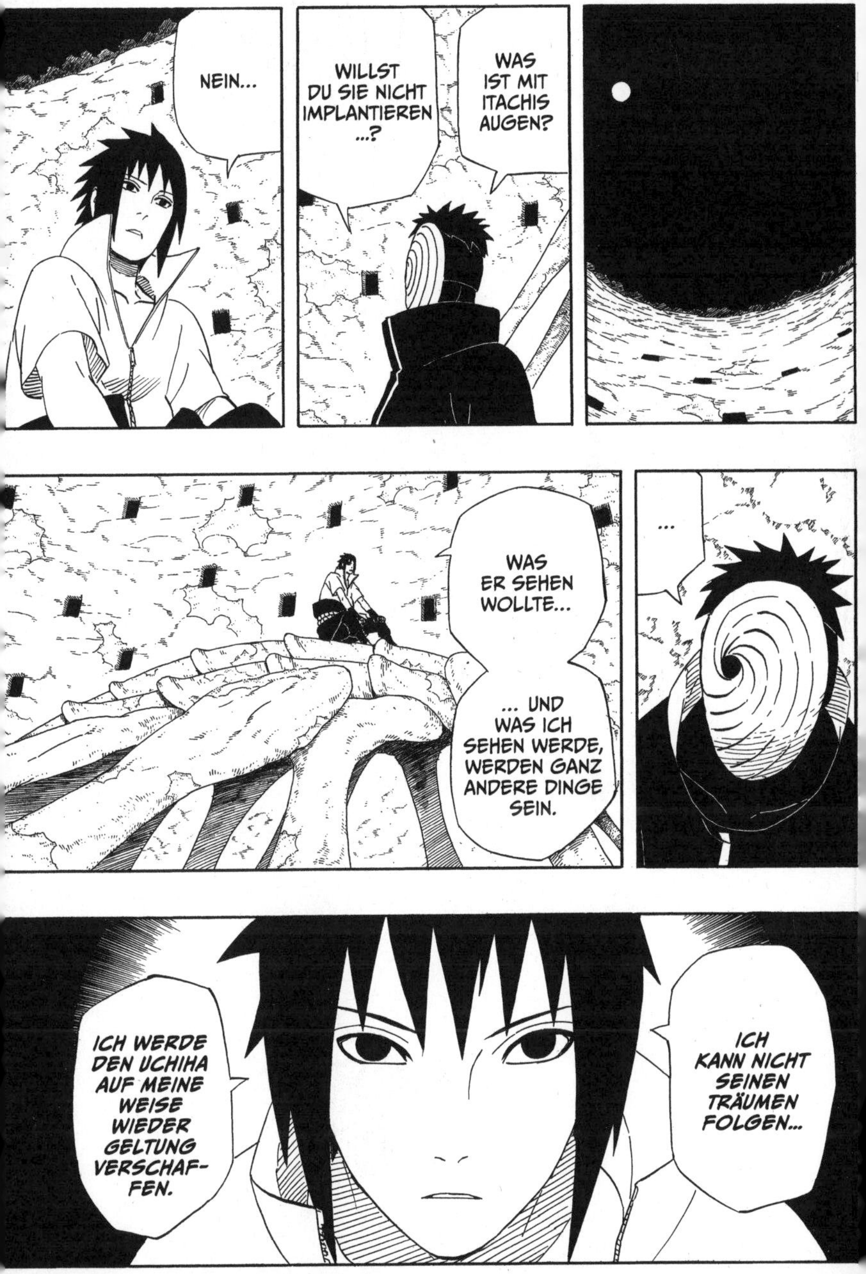
WAS IST MIT ITACHIS AUGEN?
WILLST DU SIE NICHT IMPLANTIEREN ...?
NEIN...
...
WAS ER SEHEN WOLLTE...
... UND WAS ICH SEHEN WERDE, WERDEN GANZ ANDERE DINGE SEIN.
ICH KANN NICHT SEINEN TRÄUMEN FOLGEN...
ICH WERDE DEN UCHIHA AUF MEINE WEISE WIEDER GELTUNG VERSCHAFFEN.

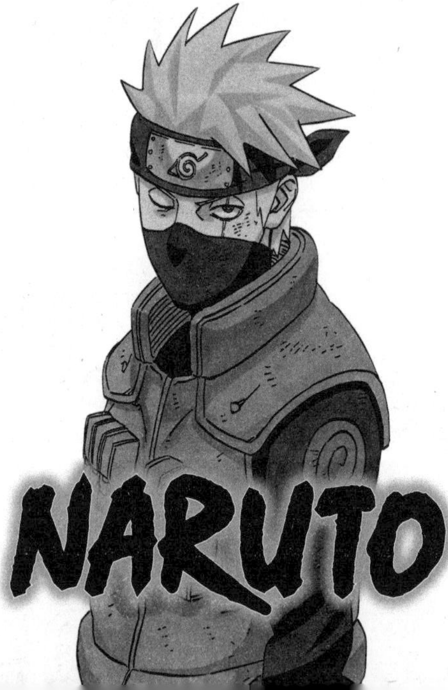
NARUTO

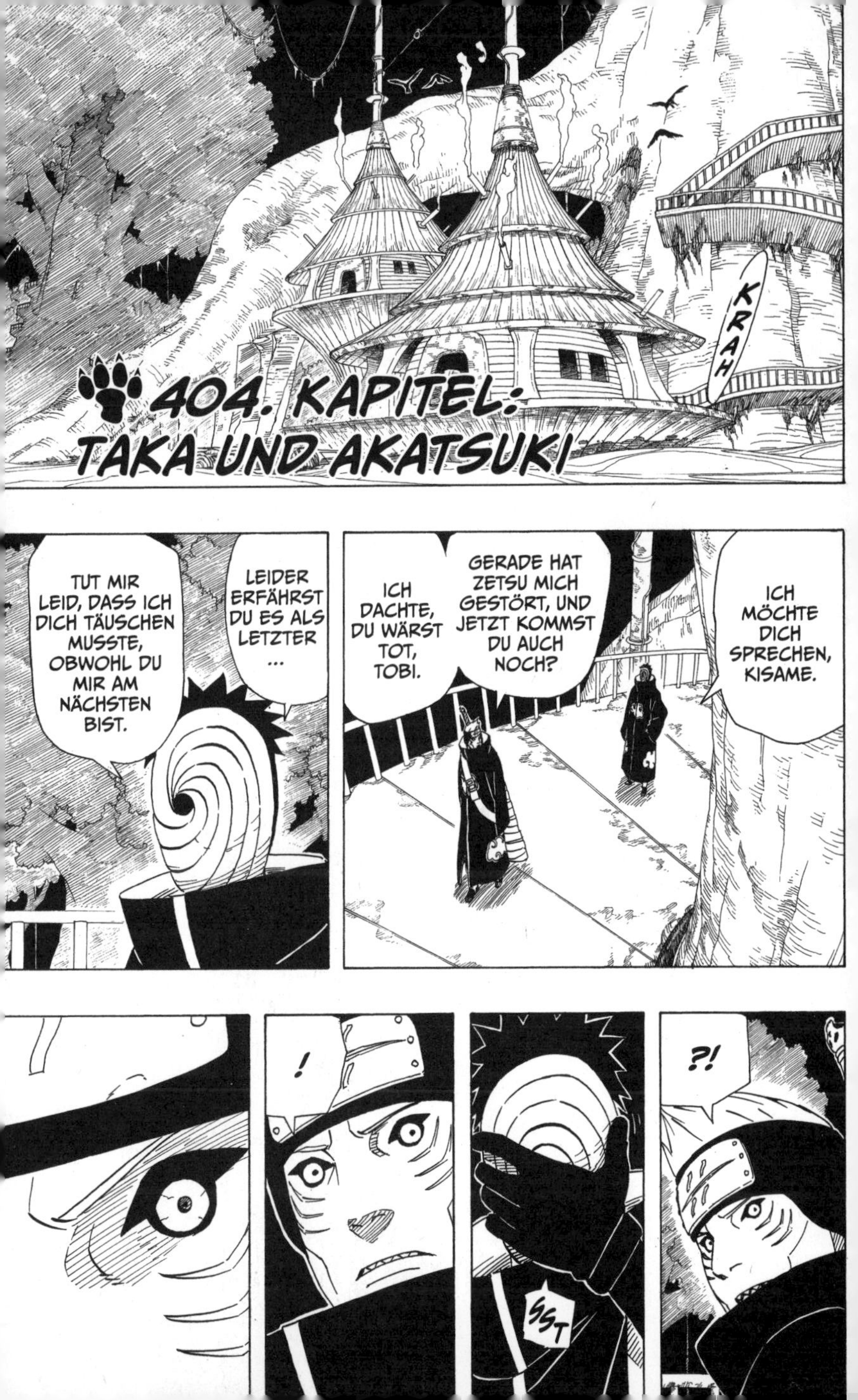
KRAH
404. KAPITEL: TAKA UND AKATSUKI
ICH MÖCHTE DICH SPRECHEN, KISAME.
GERADE HAT ZETSU MICH GESTÖRT, UND JETZT KOMMST DU AUCH NOCH?
ICH DACHTE, DU WÄRST TOT, TOBI.
LEIDER ERFÄHRST DU ES ALS LETZTER ...
TUT MIR LEID, DASS ICH DICH TÄUSCHEN MUSSTE, OBWOHL DU MIR AM NÄCHSTEN BIST.
?!
SST
!

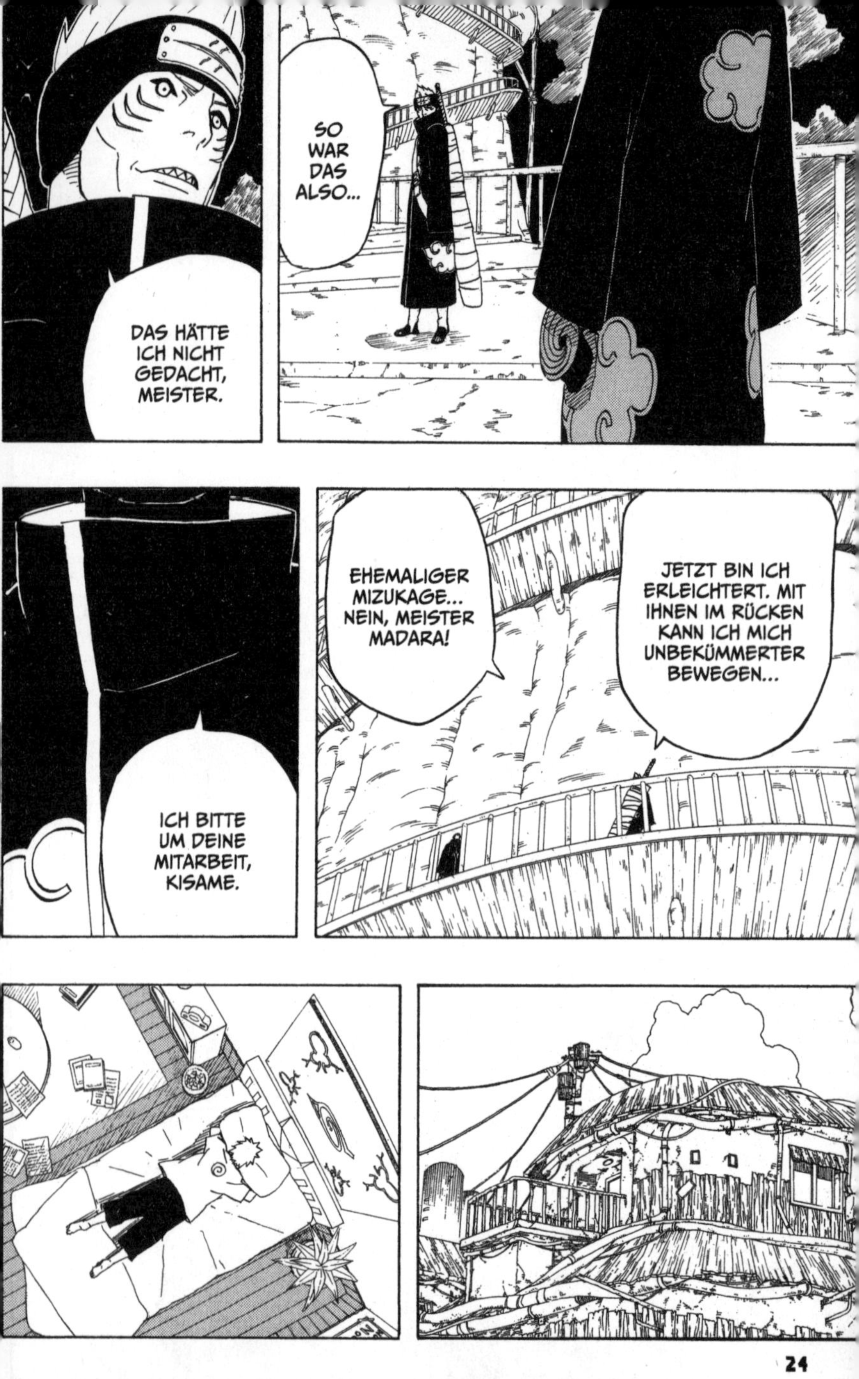
SO WAR DAS ALSO...
DAS HÄTTE ICH NICHT GEDACHT, MEISTER.
JETZT BIN ICH ERLEICHTERT. MIT IHNEN IM RÜCKEN KANN ICH MICH UNBEKÜMMERTER BEWEGEN...
EHEMALIGER MIZUKAGE... NEIN, MEISTER MADARA!
ICH BITTE UM DEINE MITARBEIT, KISAME.

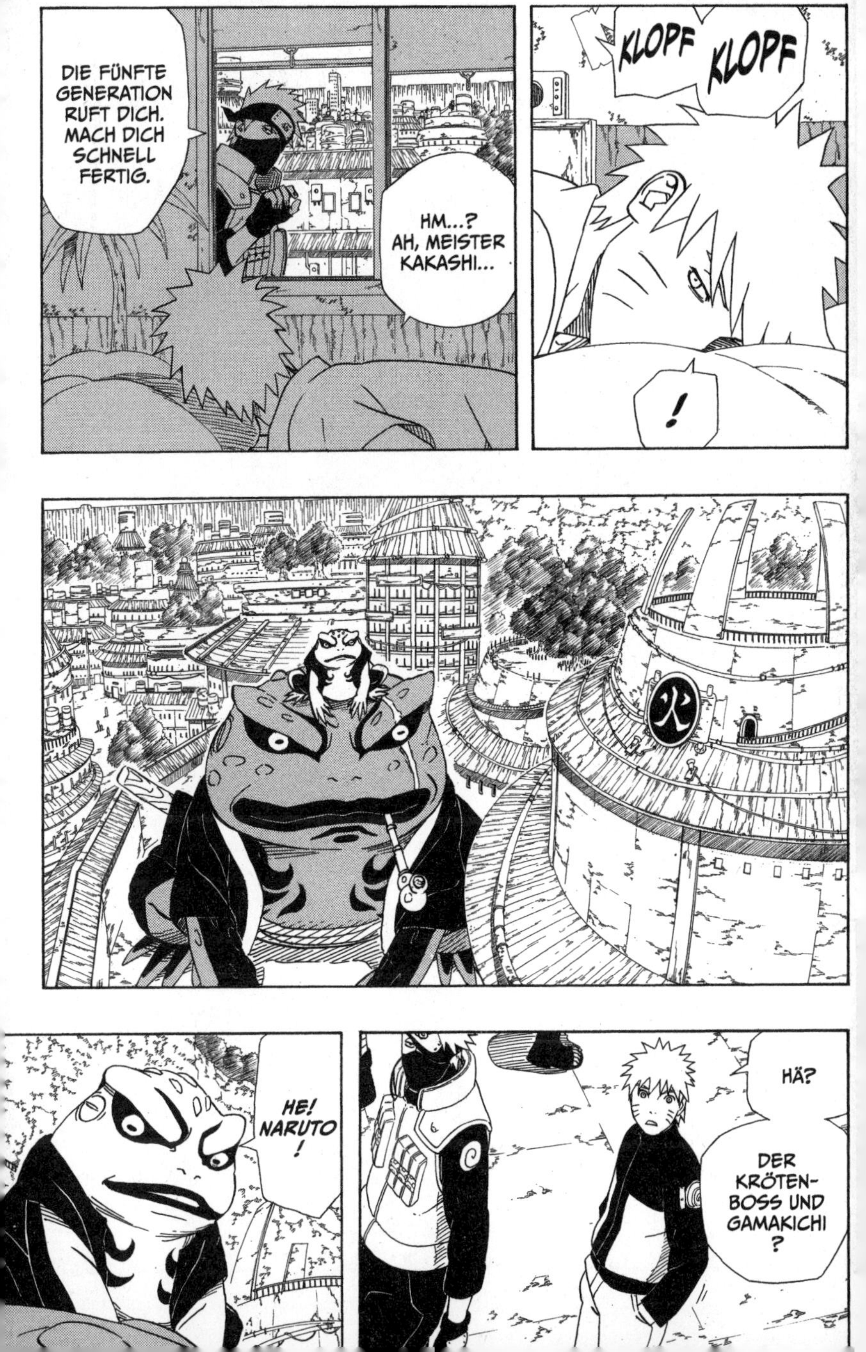
KLOPF KLOPF
!
HM...? AH, MEISTER KAKASHI...
DIE FÜNFTE GENERATION RUFT DICH. MACH DICH SCHNELL FERTIG.
HÄ?
DER KRÖTEN-BOSS UND GAMAKICHI ?
HE! NARUTO !

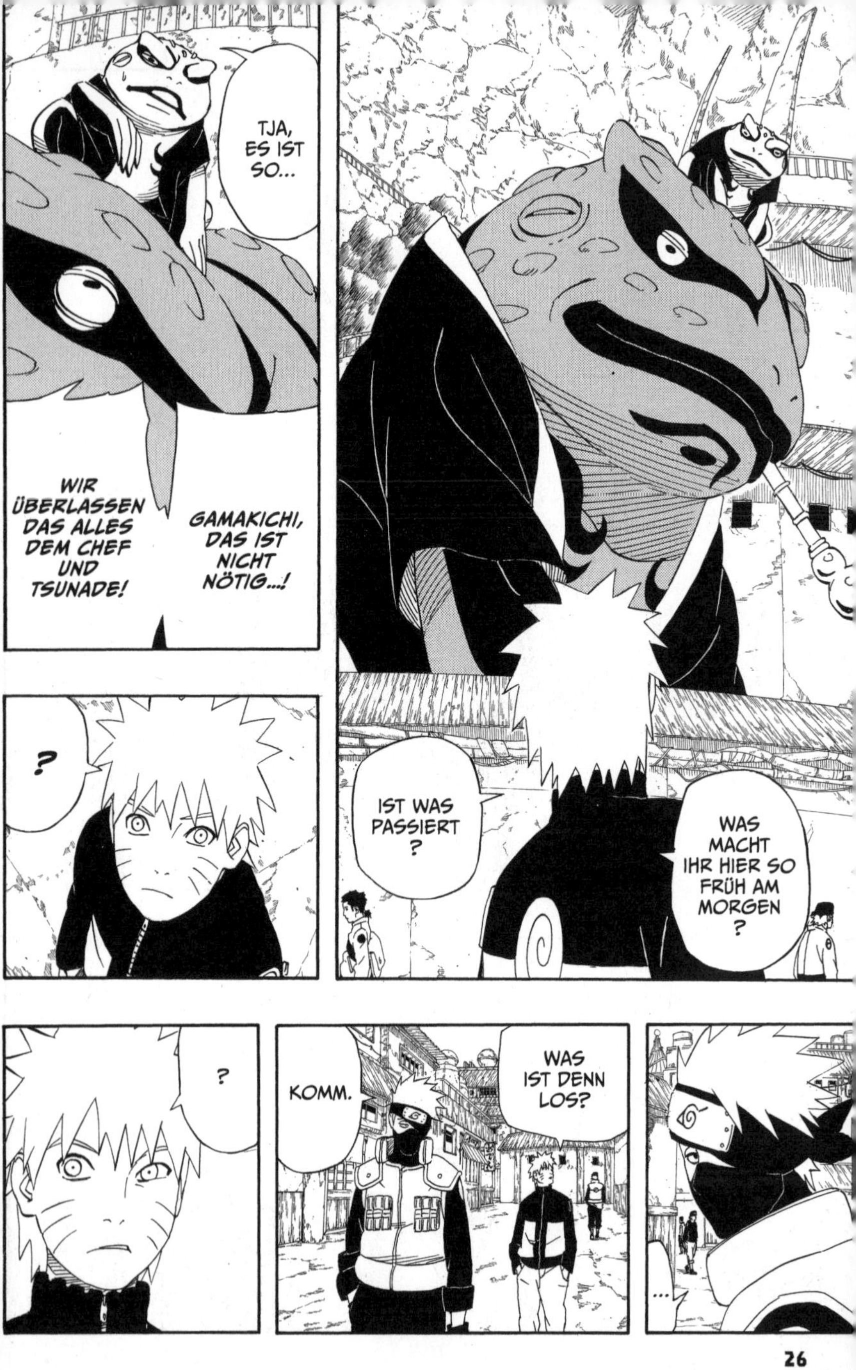
WAS MACHT IHR HIER SO FRÜH AM MORGEN ?
IST WAS PASSIERT ?
TJA, ES IST SO...
GAMAKICHI, DAS IST NICHT NÖTIG...!
WIR ÜBERLASSEN DAS ALLES DEM CHEF UND TSUNADE!
?
...
WAS IST DENN LOS?
KOMM.
?

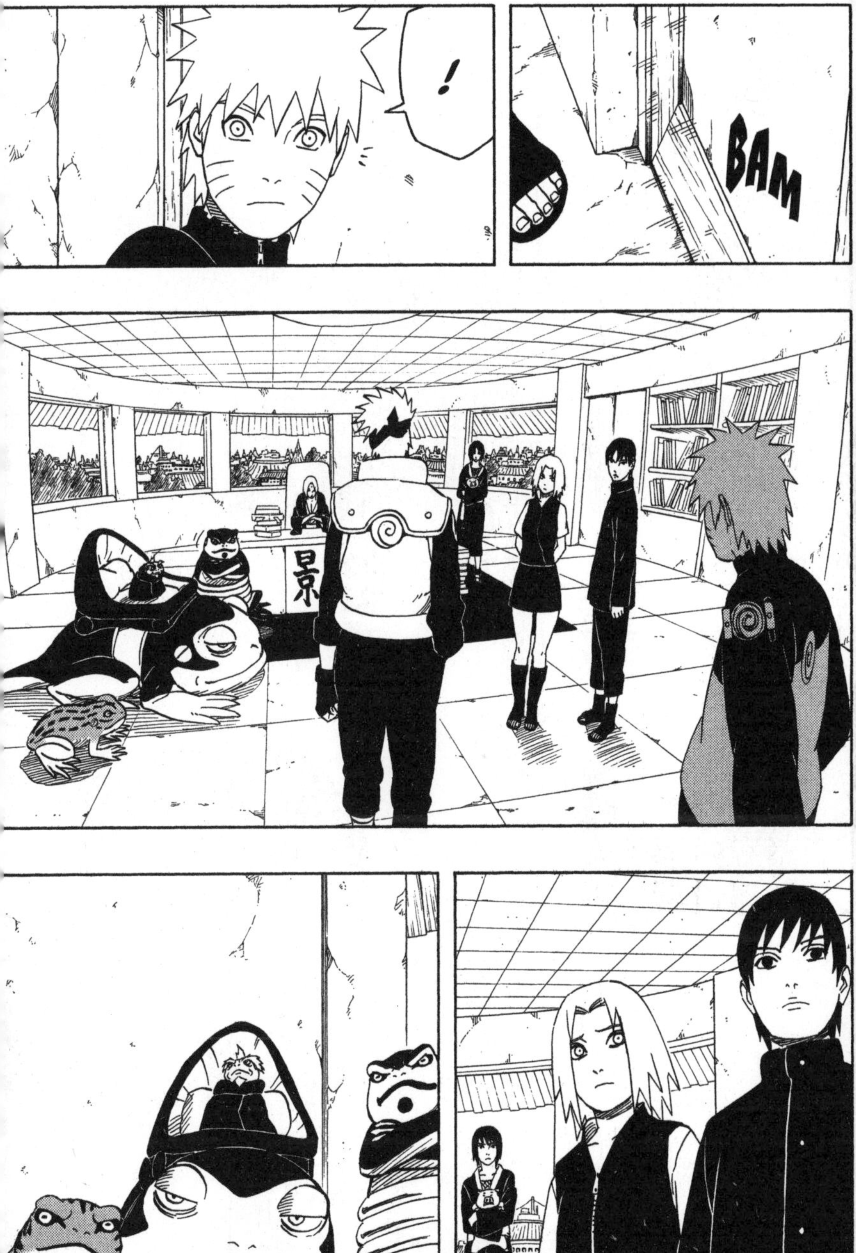
!
BAM
景

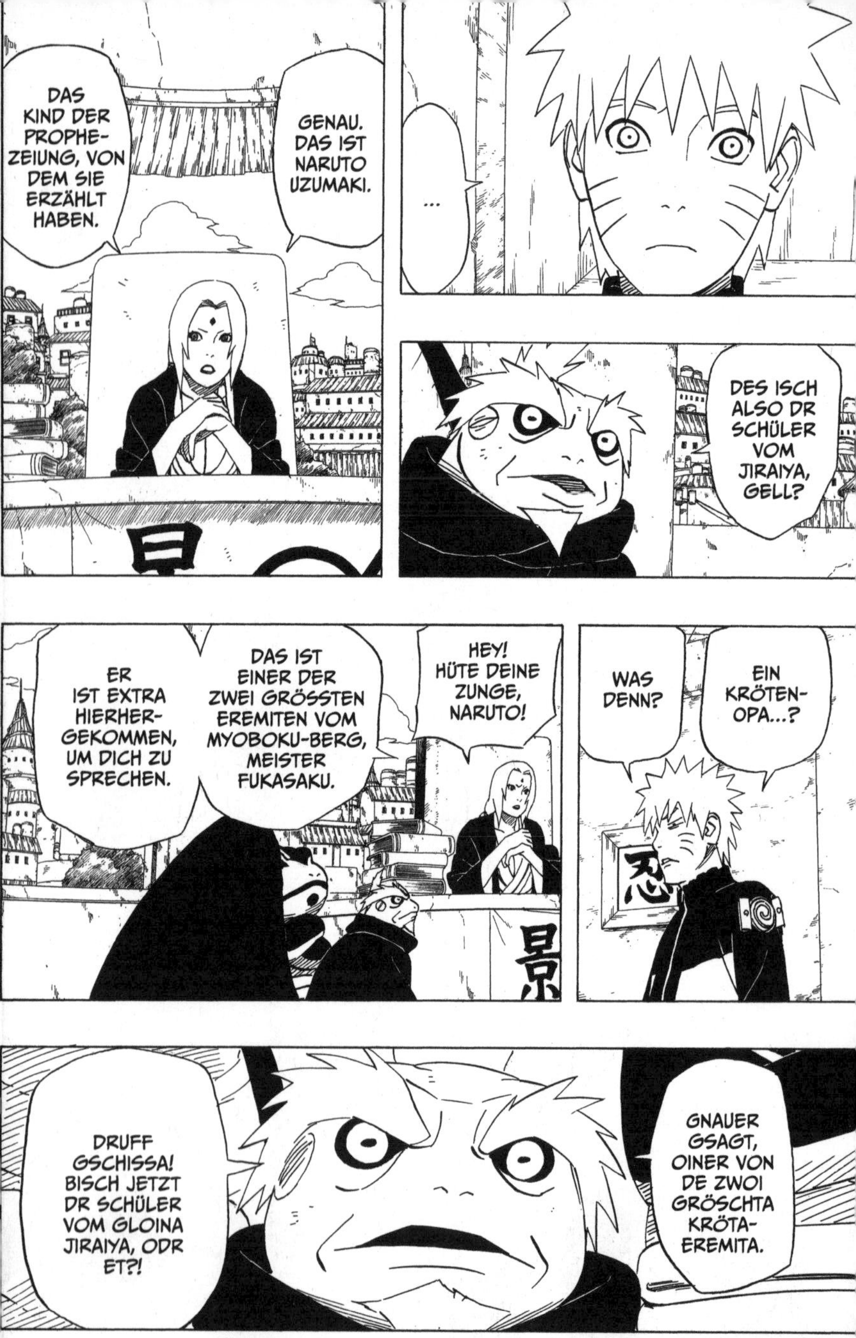
...
DAS KIND DER PROPHEZEIUNG, VON DEM SIE ERZÄHLT HABEN.
GENAU. DAS IST NARUTO UZUMAKI.
DES ISCH ALSO DR SCHÜLER VOM JIRAIYA, GELL?
EIN KRÖTEN-OPA...?
WAS DENN?
HEY! HÜTE DEINE ZUNGE, NARUTO!
DAS IST EINER DER ZWEI GRÖSSTEN EREMITEN VOM MYOBOKU-BERG, MEISTER FUKASAKU.
ER IST EXTRA HIERHERGEKOMMEN, UM DICH ZU SPRECHEN.
GNAUER GSAGT, OINER VON DE ZWOI GRÖSCHTA KRÖTA-EREMITA.
DRUFF GSCHISSA! BISCH JETZT DR SCHÜLER VOM GLOINA JIRAIYA, ODR ET?!

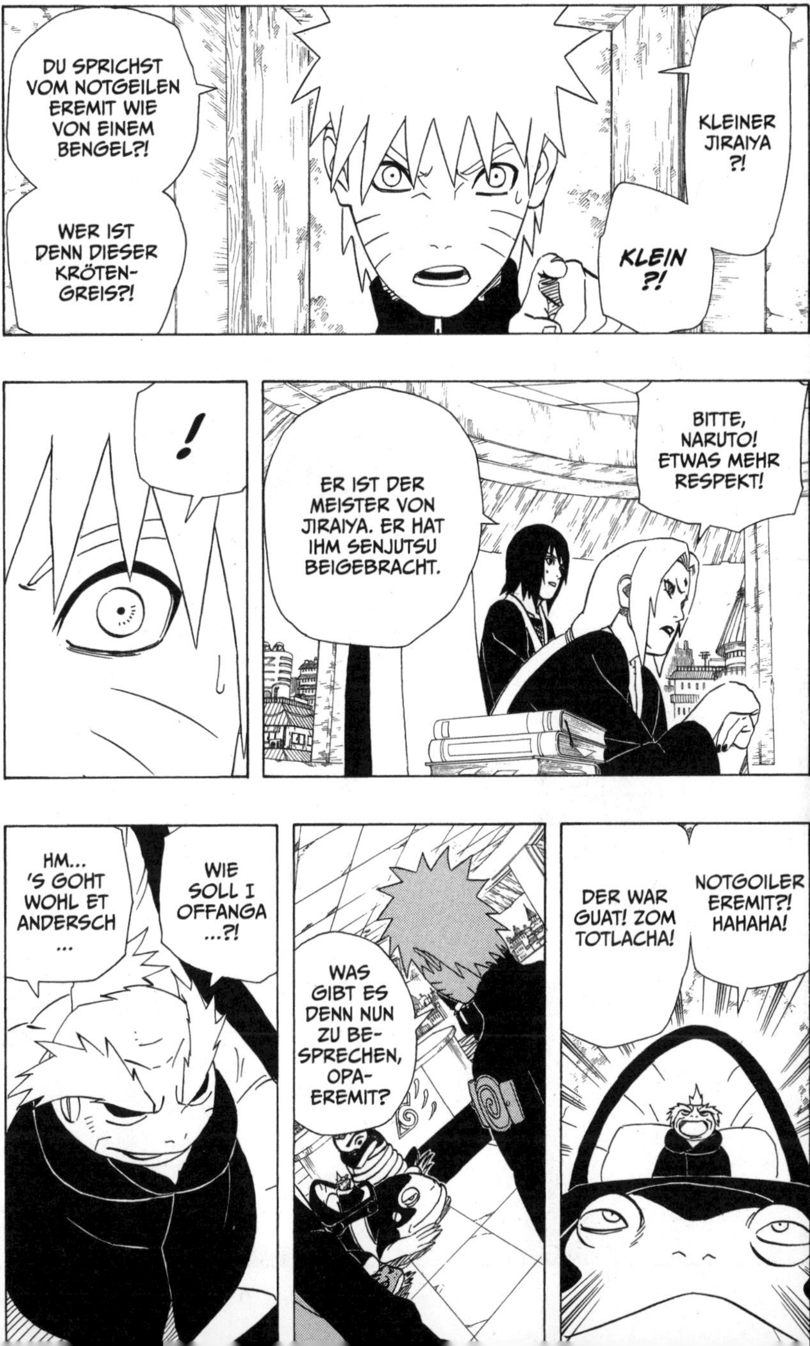
KLEINER JIRAIYA ?!
KLEIN ?!
DU SPRICHST VOM NOTGEILEN EREMIT WIE VON EINEM BENGEL?!
WER IST DENN DIESER KRÖTEN-GREIS?!
BITTE, NARUTO! ETWAS MEHR RESPEKT!
ER IST DER MEISTER VON JIRAIYA. ER HAT IHM SENJUTSU BEIGEBRACHT.
!
NOTGOILER EREMIT?! HAHAHA!
DER WAR GUAT! ZOM TOTLACHA!
WAS GIBT ES DENN NUN ZU BE-SPRECHEN, OPA-EREMIT?
WIE SOLL I OFFANGA ...?!
HM... 'S GOHT WOHL ET ANDERSCH ...

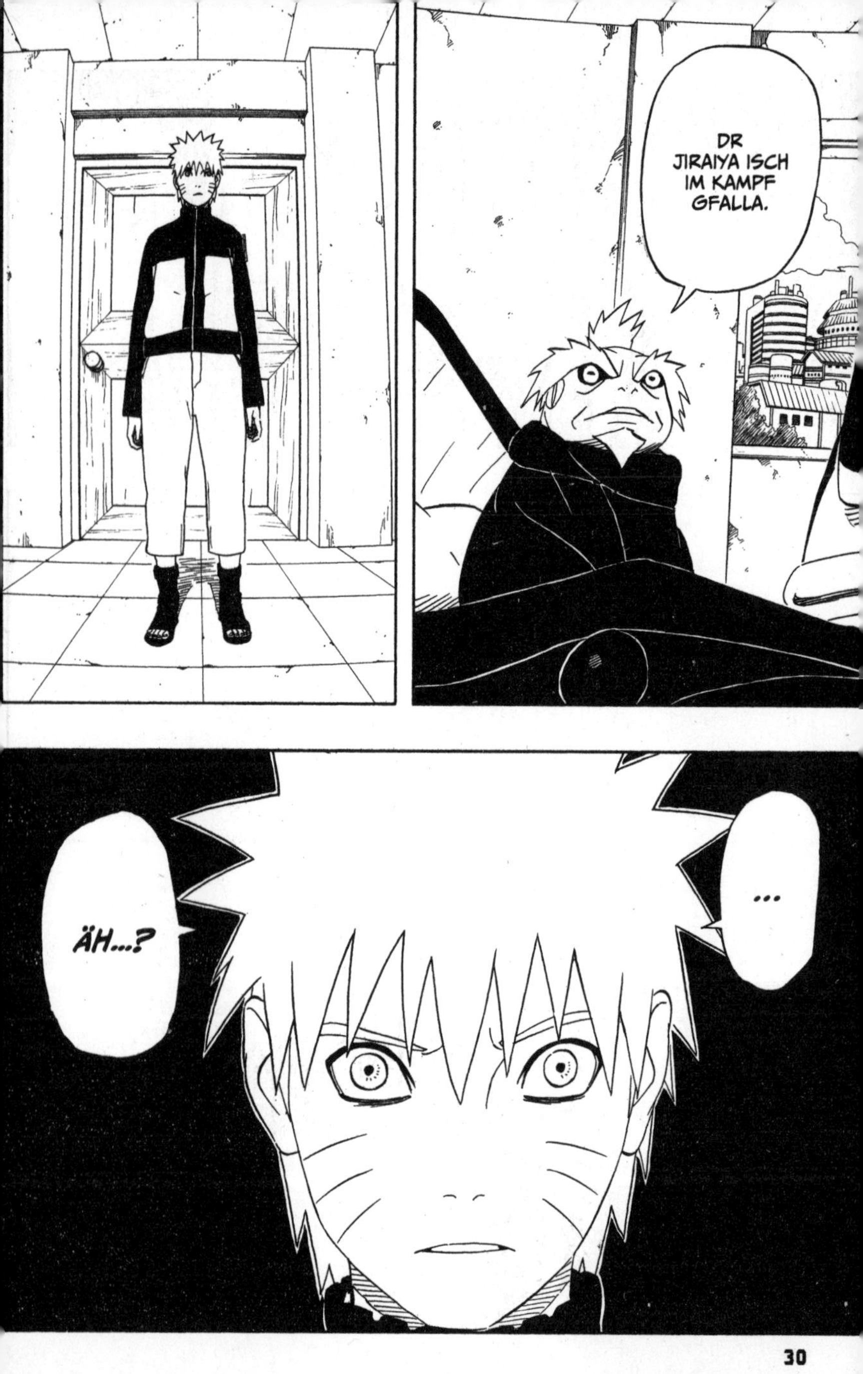
DR JIRAIYA ISCH IM KAMPF GFALLA.
...
ÄH...?

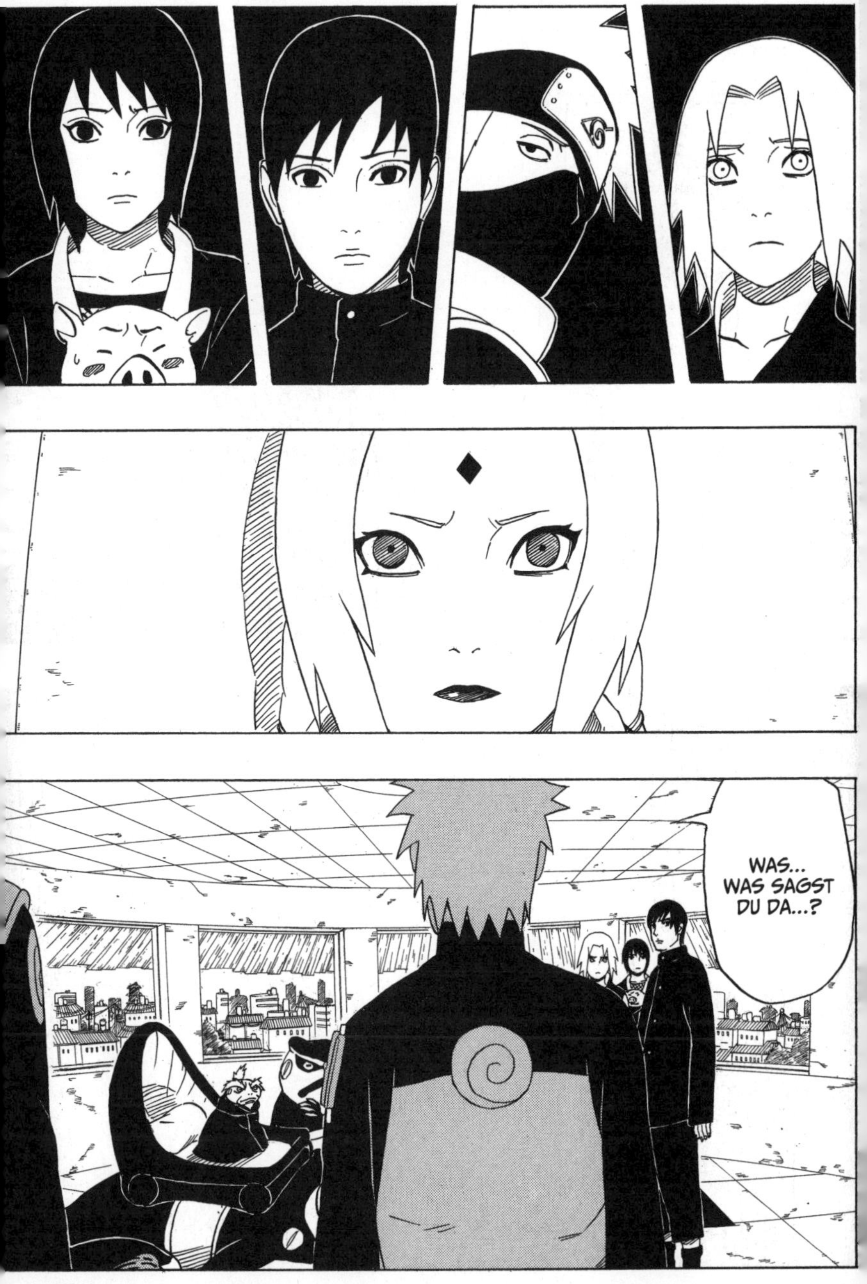
WAS...
WAS SAGST
DU DA...?

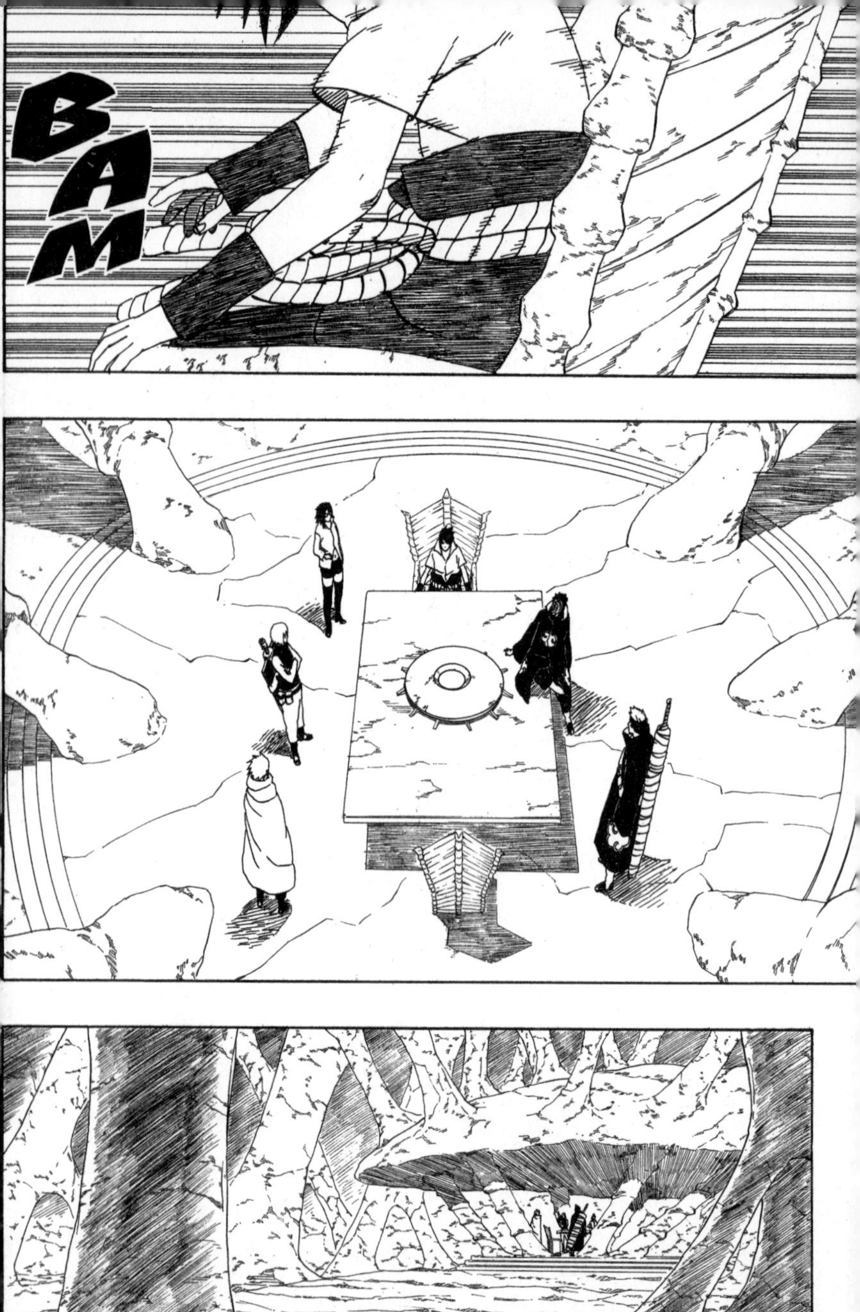
BAM

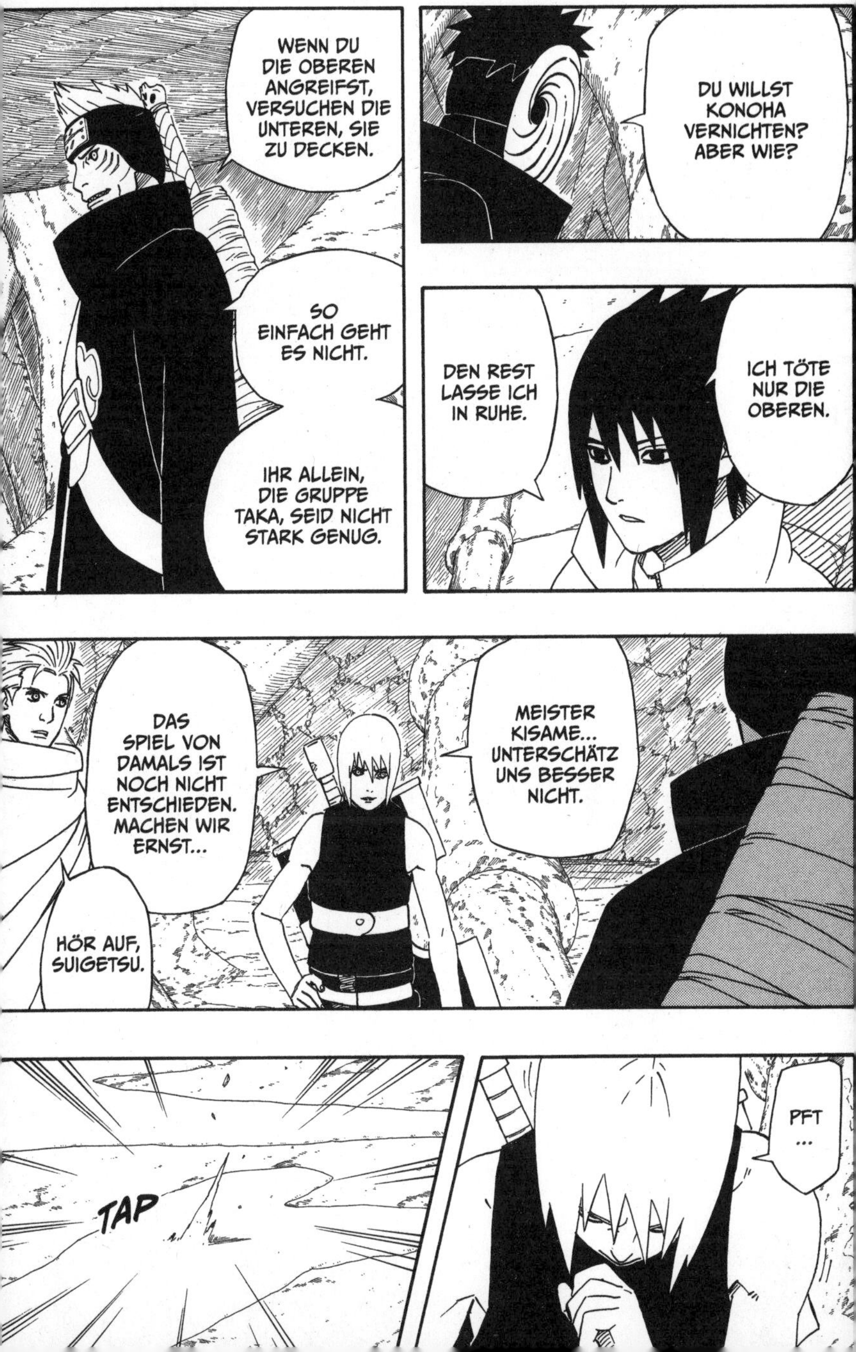
DU WILLST KONOHA VERNICHTEN? ABER WIE?
ICH TÖTE NUR DIE OBEREN.
DEN REST LASSE ICH IN RUHE.
WENN DU DIE OBEREN ANGREIFST, VERSUCHEN DIE UNTEREN, SIE ZU DECKEN.
SO EINFACH GEHT ES NICHT.
IHR ALLEIN, DIE GRUPPE TAKA, SEID NICHT STARK GENUG.
MEISTER KISAME… UNTERSCHÄTZ UNS BESSER NICHT.
DAS SPIEL VON DAMALS IST NOCH NICHT ENTSCHIEDEN. MACHEN WIR ERNST…
HÖR AUF, SUIGETSU.
PFT …
TAP

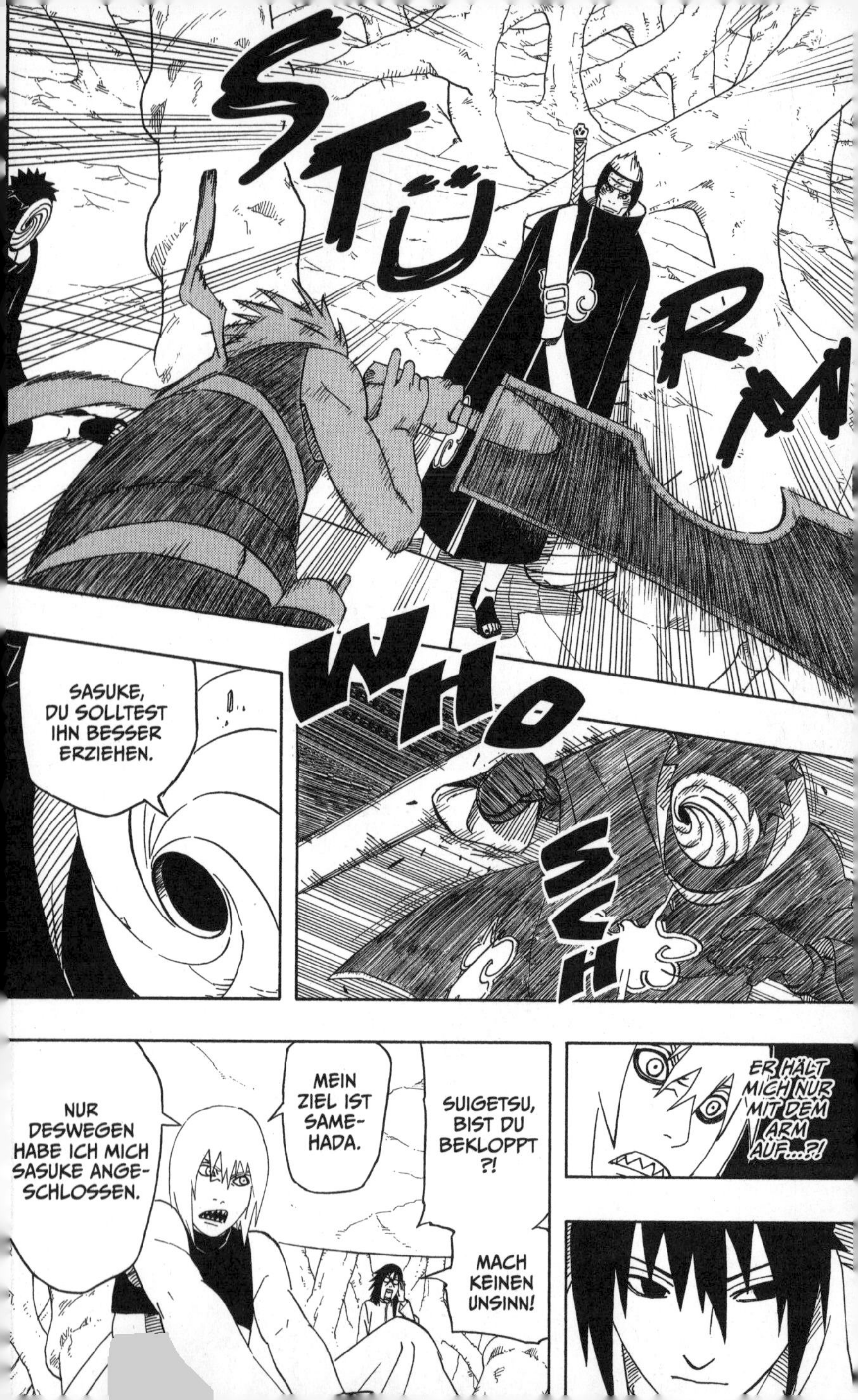
STÜRM
WHOOSCH
SASUKE, DU SOLLTEST IHN BESSER ERZIEHEN.
!..
ER HÄLT MICH NUR MIT DEM ARM AUF...?!
SUIGETSU, BIST DU BEKLOPPT ?!
MACH KEINEN UNSINN!
MEIN ZIEL IST SAME-HADA.
NUR DESWEGEN HABE ICH MICH SASUKE ANGE-SCHLOSSEN.

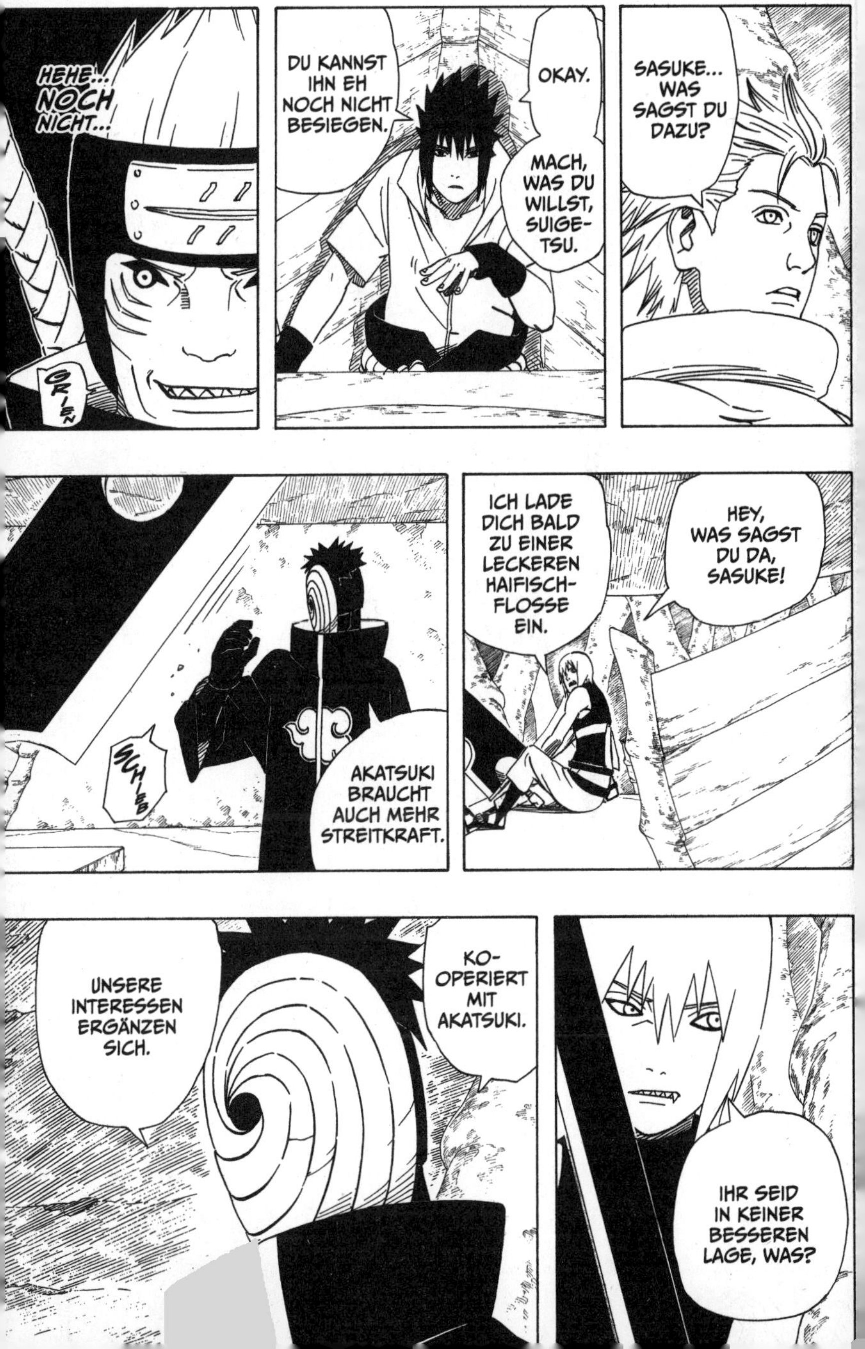
SASUKE... WAS SAGST DU DAZU?
OKAY.
MACH, WAS DU WILLST, SUIGETSU.
DU KANNST IHN EH NOCH NICHT BESIEGEN.
HEHE... NOCH NICHT...
GRIEN
HEY, WAS SAGST DU DA, SASUKE!
ICH LADE DICH BALD ZU EINER LECKEREN HAIFISCH-FLOSSE EIN.
AKATSUKI BRAUCHT AUCH MEHR STREITKRAFT.
SCHIEB
IHR SEID IN KEINER BESSEREN LAGE, WAS?
KO-OPERIERT MIT AKATSUKI.
UNSERE INTERESSEN ERGÄNZEN SICH.

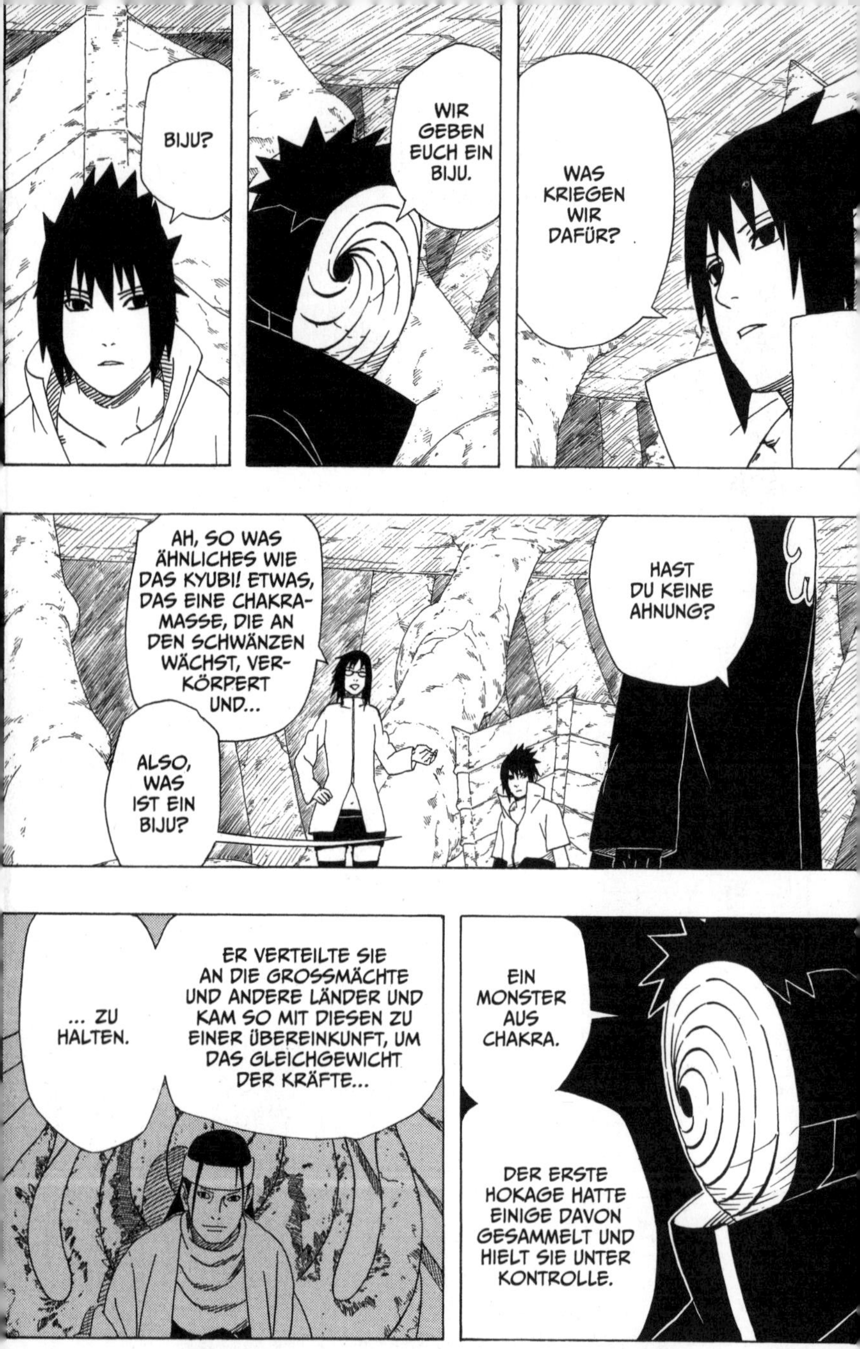
WAS KRIEGEN WIR DAFÜR?
WIR GEBEN EUCH EIN BIJU.
BIJU?
HAST DU KEINE AHNUNG?
AH, SO WAS ÄHNLICHES WIE DAS KYUBI! ETWAS, DAS EINE CHAKRA-MASSE, DIE AN DEN SCHWÄNZEN WÄCHST, VERKÖRPERT UND...
ALSO, WAS IST EIN BIJU?
EIN MONSTER AUS CHAKRA.
DER ERSTE HOKAGE HATTE EINIGE DAVON GESAMMELT UND HIELT SIE UNTER KONTROLLE.
ER VERTEILTE SIE AN DIE GROSSMÄCHTE UND ANDERE LÄNDER UND KAM SO MIT DIESEN ZU EINER ÜBEREINKUNFT, UM DAS GLEICHGEWICHT DER KRÄFTE...
... ZU HALTEN.

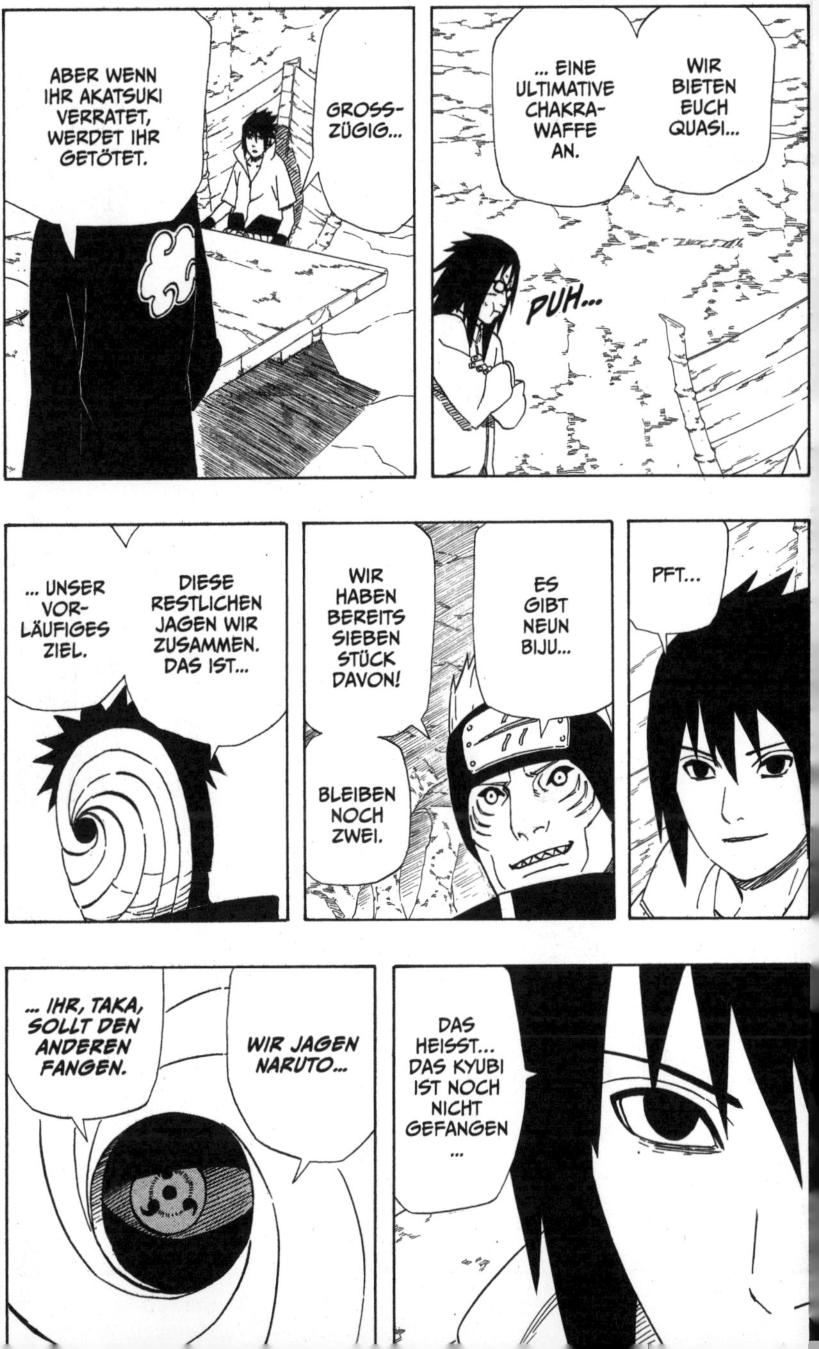
WIR BIETEN EUCH QUASI...
... EINE ULTIMATIVE CHAKRA-WAFFE AN.
PUH...
GROSS-ZÜGIG...
ABER WENN IHR AKATSUKI VERRATET, WERDET IHR GETÖTET.
PFT...
ES GIBT NEUN BIJU...
WIR HABEN BEREITS SIEBEN STÜCK DAVON!
BLEIBEN NOCH ZWEI.
DIESE RESTLICHEN JAGEN WIR ZUSAMMEN. DAS IST...
... UNSER VORLÄUFIGES ZIEL.
DAS HEISST... DAS KYUBI IST NOCH NICHT GEFANGEN ...
WIR JAGEN NARUTO...
... IHR, TAKA, SOLLT DEN ANDEREN FANGEN.

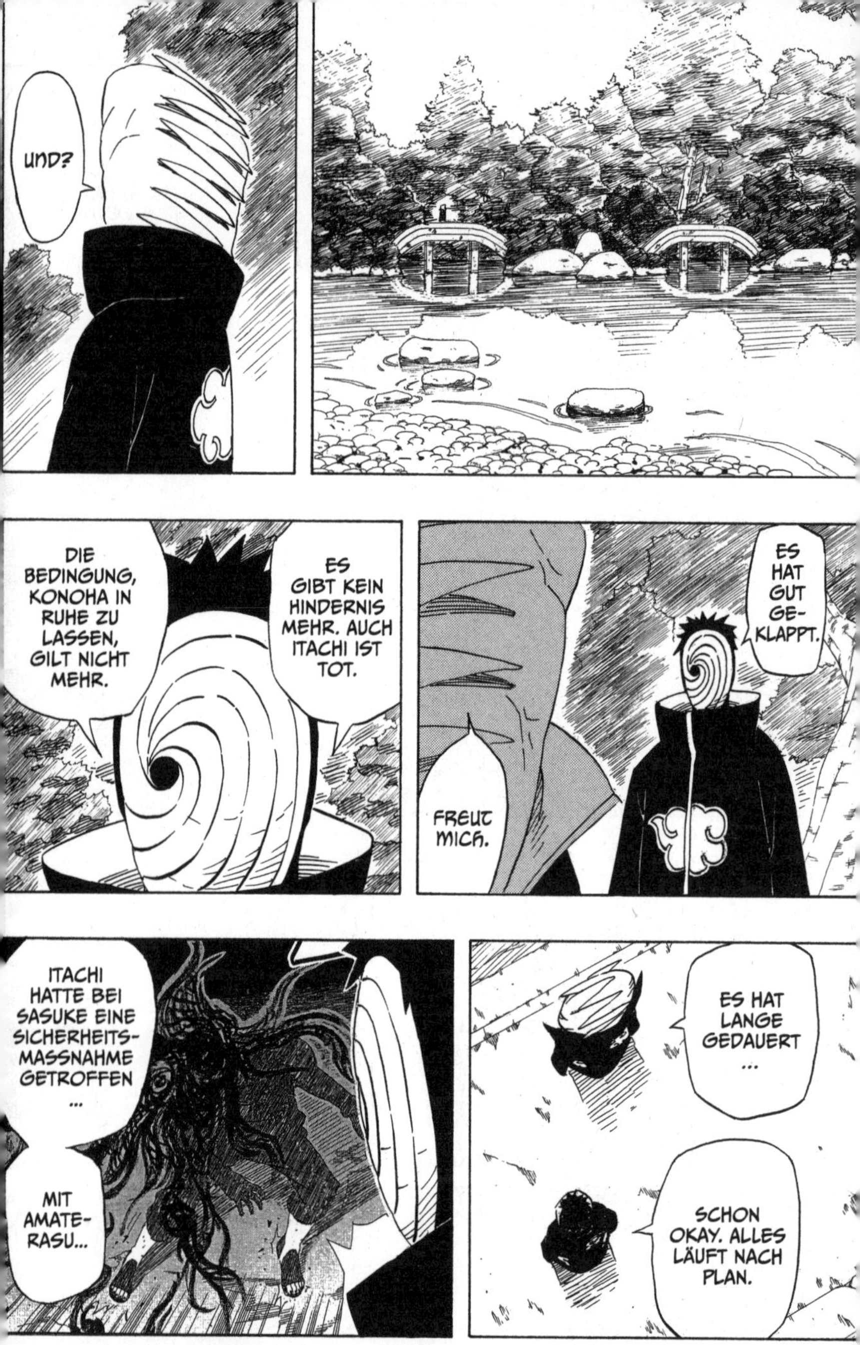
UND?
ES HAT GUT GE-KLAPPT.
FREUT MICH.
ES GIBT KEIN HINDERNIS MEHR. AUCH ITACHI IST TOT.
DIE BEDINGUNG, KONOHA IN RUHE ZU LASSEN, GILT NICHT MEHR.
ES HAT LANGE GEDAUERT ...
SCHON OKAY. ALLES LÄUFT NACH PLAN.
ITACHI HATTE BEI SASUKE EINE SICHERHEITS-MASSNAHME GETROFFEN ...
MIT AMATE-RASU...

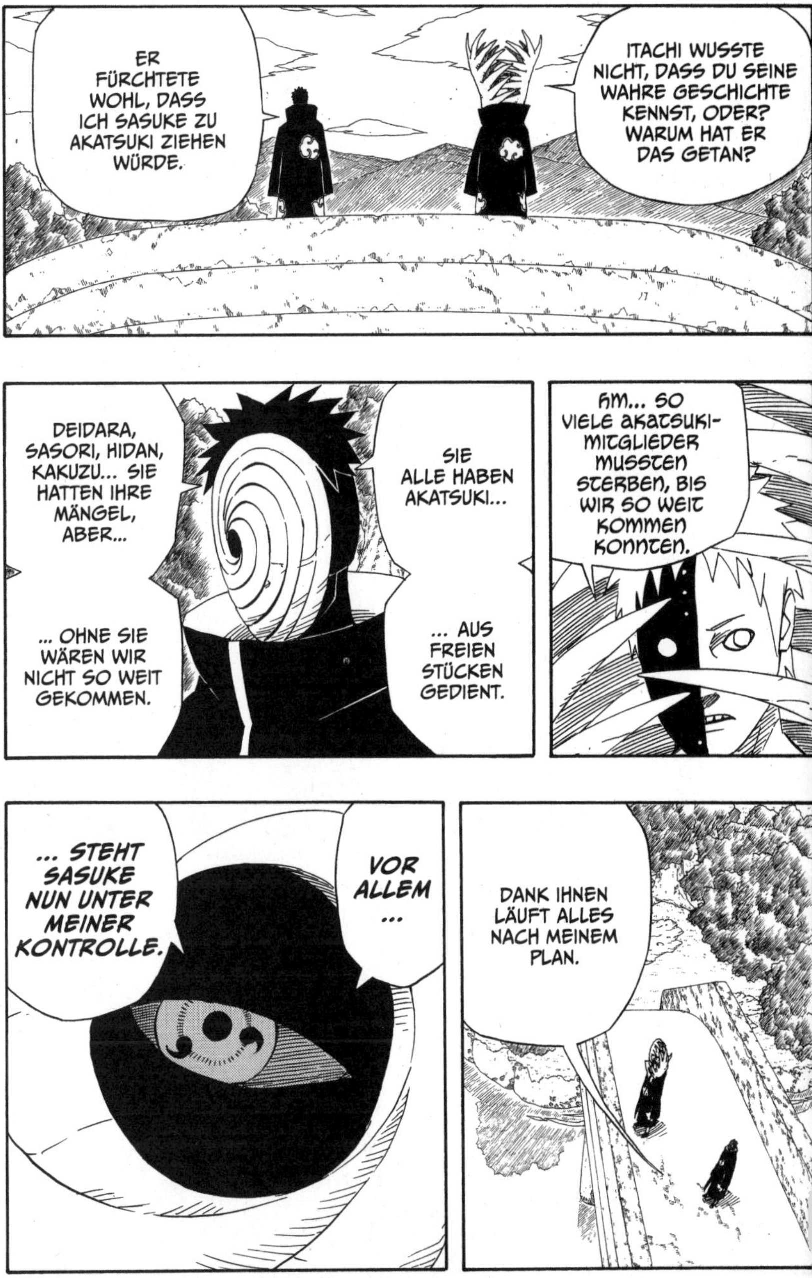
ITACHI WUSSTE NICHT, DASS DU SEINE WAHRE GESCHICHTE KENNST, ODER? WARUM HAT ER DAS GETAN?
ER FÜRCHTETE WOHL, DASS ICH SASUKE ZU AKATSUKI ZIEHEN WÜRDE.
HM... SO VIELE AKATSUKI-MITGLIEDER MUSSTEN STERBEN, BIS WIR SO WEIT KOMMEN KONNTEN.
SIE ALLE HABEN AKATSUKI...
... AUS FREIEN STÜCKEN GEDIENT.
DEIDARA, SASORI, HIDAN, KAKUZU... SIE HATTEN IHRE MÄNGEL, ABER...
... OHNE SIE WÄREN WIR NICHT SO WEIT GEKOMMEN.
DANK IHNEN LÄUFT ALLES NACH MEINEM PLAN.
VOR ALLEM ...
... STEHT SASUKE NUN UNTER MEINER KONTROLLE.

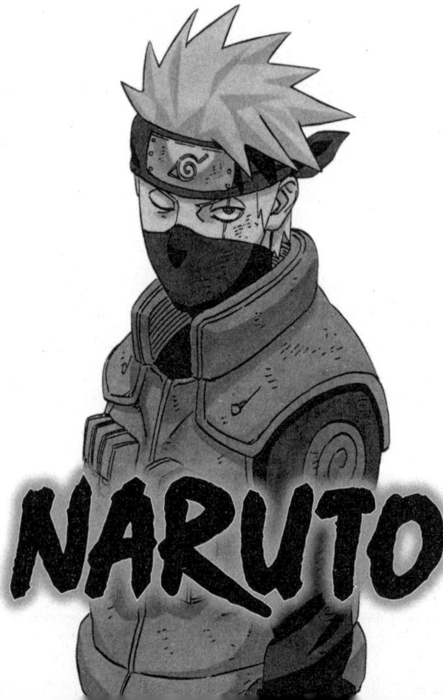
NARUTO

405. Kapitel:

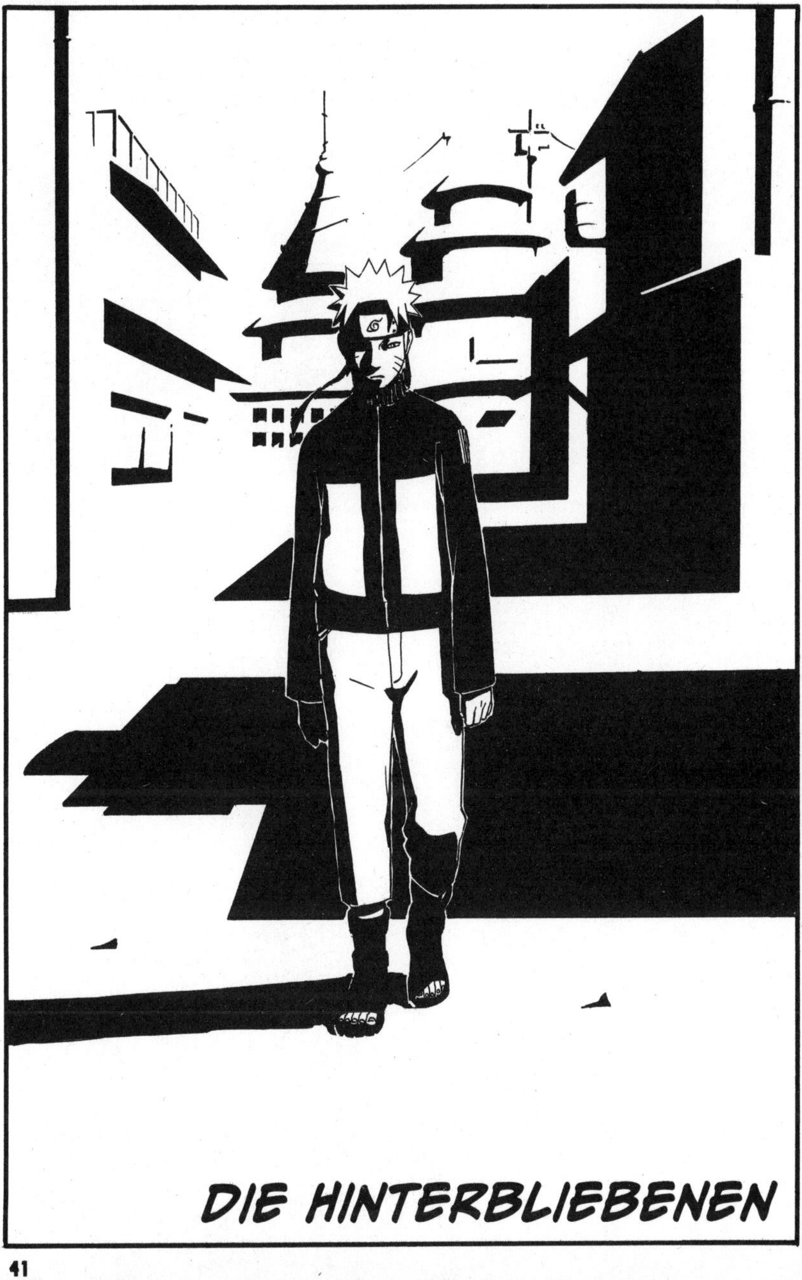

Die Hinterbliebenen

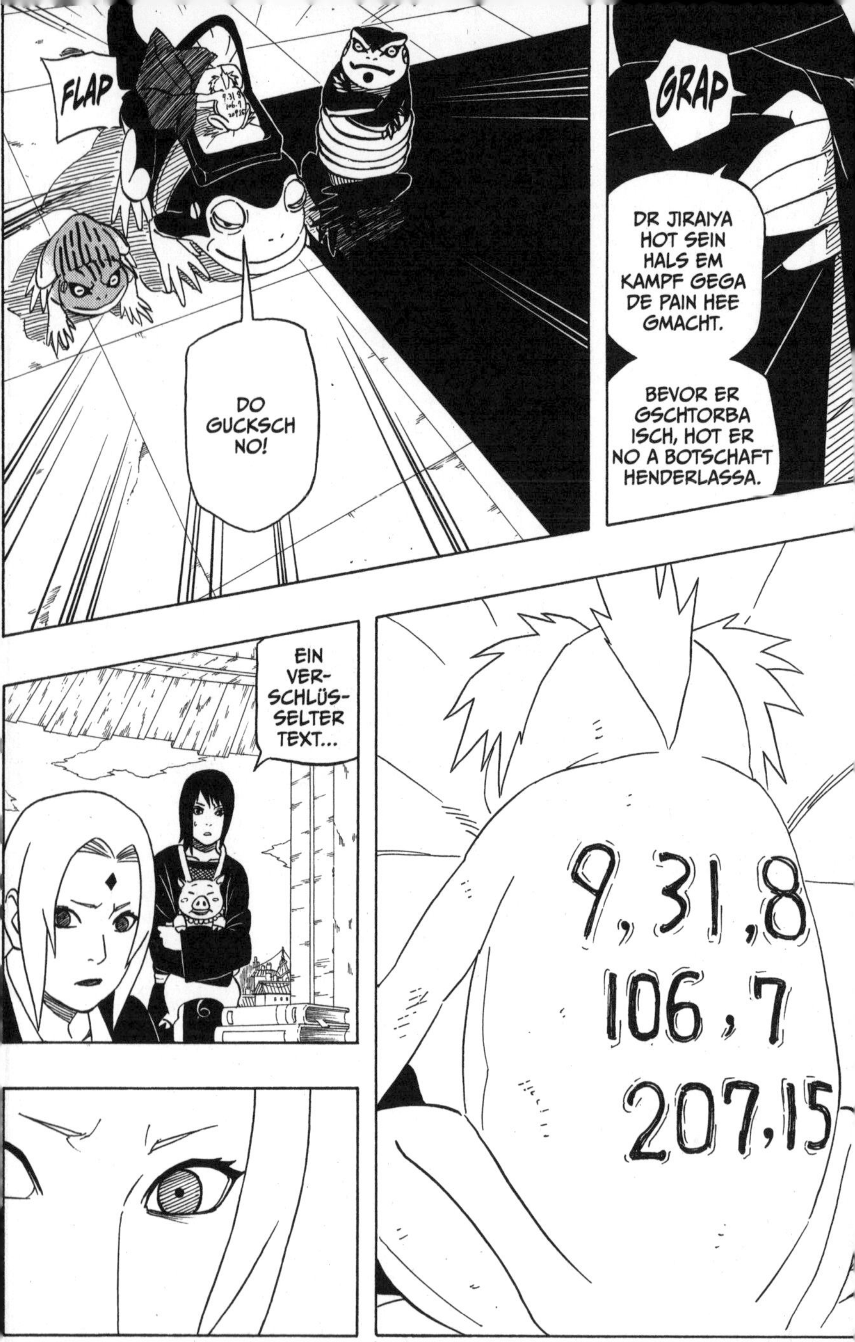
GRAP
DR JIRAIYA HOT SEIN HALS EM KAMPF GEGA DE PAIN HEE GMACHT.
BEVOR ER GSCHTORBA ISCH, HOT ER NO A BOTSCHAFT HENDERLASSA.
FLAP
DO GUCKSCH NO!
9,31,8
106,7
207,15
EIN VER-SCHLÜS-SELTER TEXT...

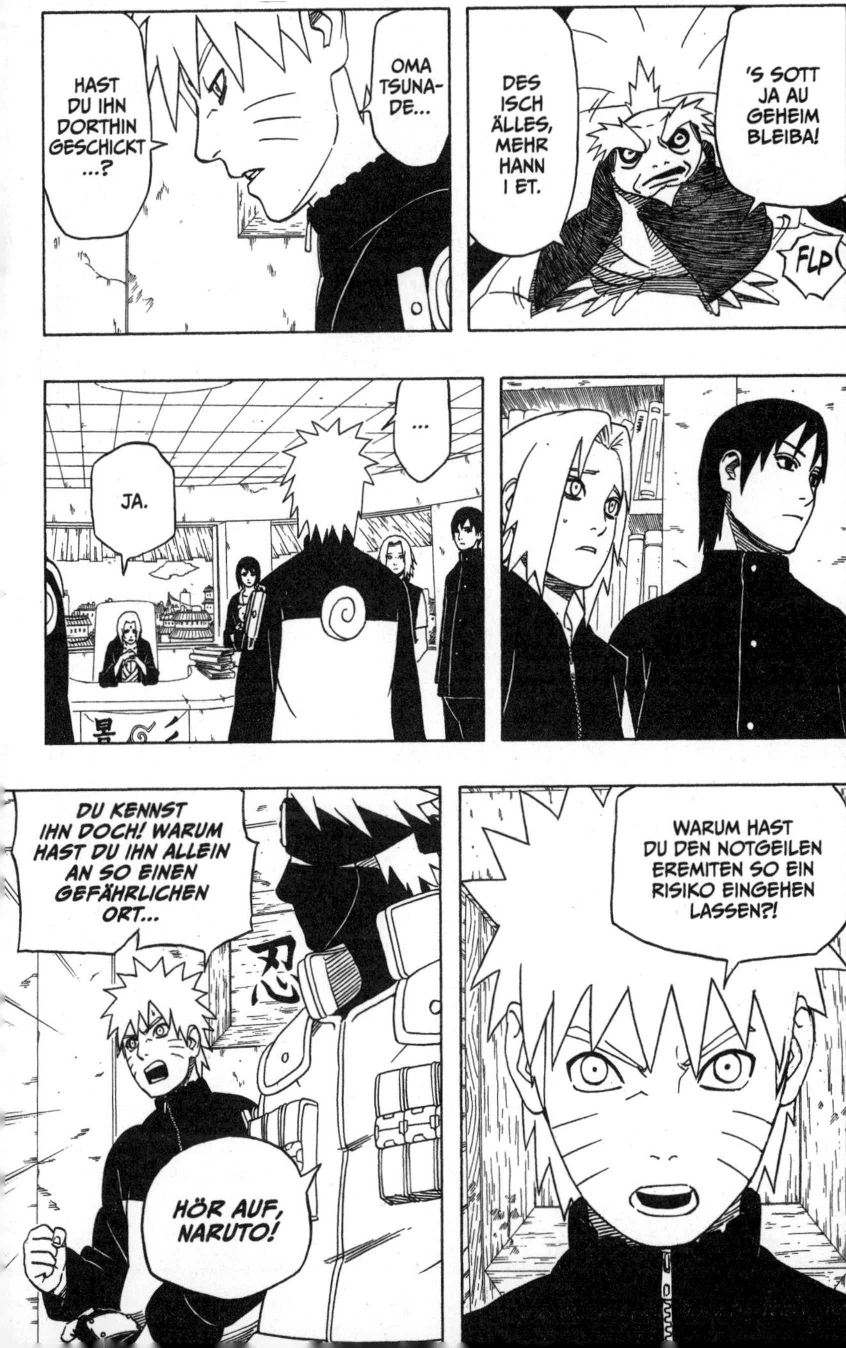

'S SOTT JA AU GEHEIM BLEIBA!
DES ISCH ÄLLES, MEHR HANN I ET.
FLP
OMA TSUNA-DE...
HAST DU IHN DORTHIN GESCHICKT ...?
...
JA.
WARUM HAST DU DEN NOTGEILEN EREMITEN SO EIN RISIKO EINGEHEN LASSEN?!
DU KENNST IHN DOCH! WARUM HAST DU IHN ALLEIN AN SO EINEN GEFÄHRLICHEN ORT...
HÖR AUF, NARUTO!

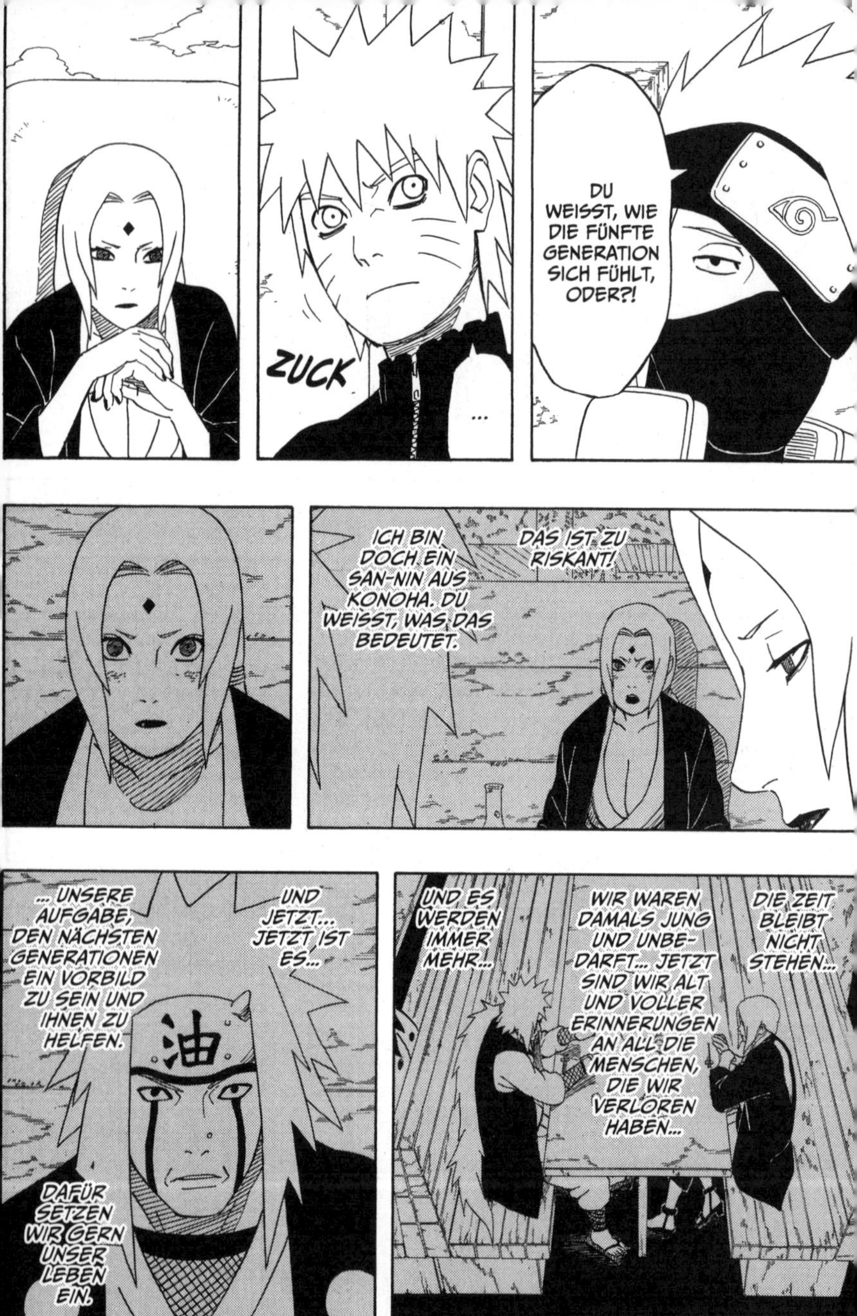
DU WEISST, WIE DIE FÜNFTE GENERATION SICH FÜHLT, ODER?!
...
ZUCK
DAS IST ZU RISKANT!
ICH BIN DOCH EIN SAN-NIN AUS KONOHA. DU WEISST, WAS DAS BEDEUTET.
DIE ZEIT BLEIBT NICHT STEHEN...
WIR WAREN DAMALS JUNG UND UNBE-DARFT... JETZT SIND WIR ALT UND VOLLER ERINNERUNGEN AN ALL DIE MENSCHEN, DIE WIR VERLOREN HABEN...
UND ES WERDEN IMMER MEHR...
UND JETZT... JETZT IST ES...
... UNSERE AUFGABE, DEN NÄCHSTEN GENERATIONEN EIN VORBILD ZU SEIN UND IHNEN ZU HELFEN.
DAFÜR SETZEN WIR GERN UNSER LEBEN EIN.
油

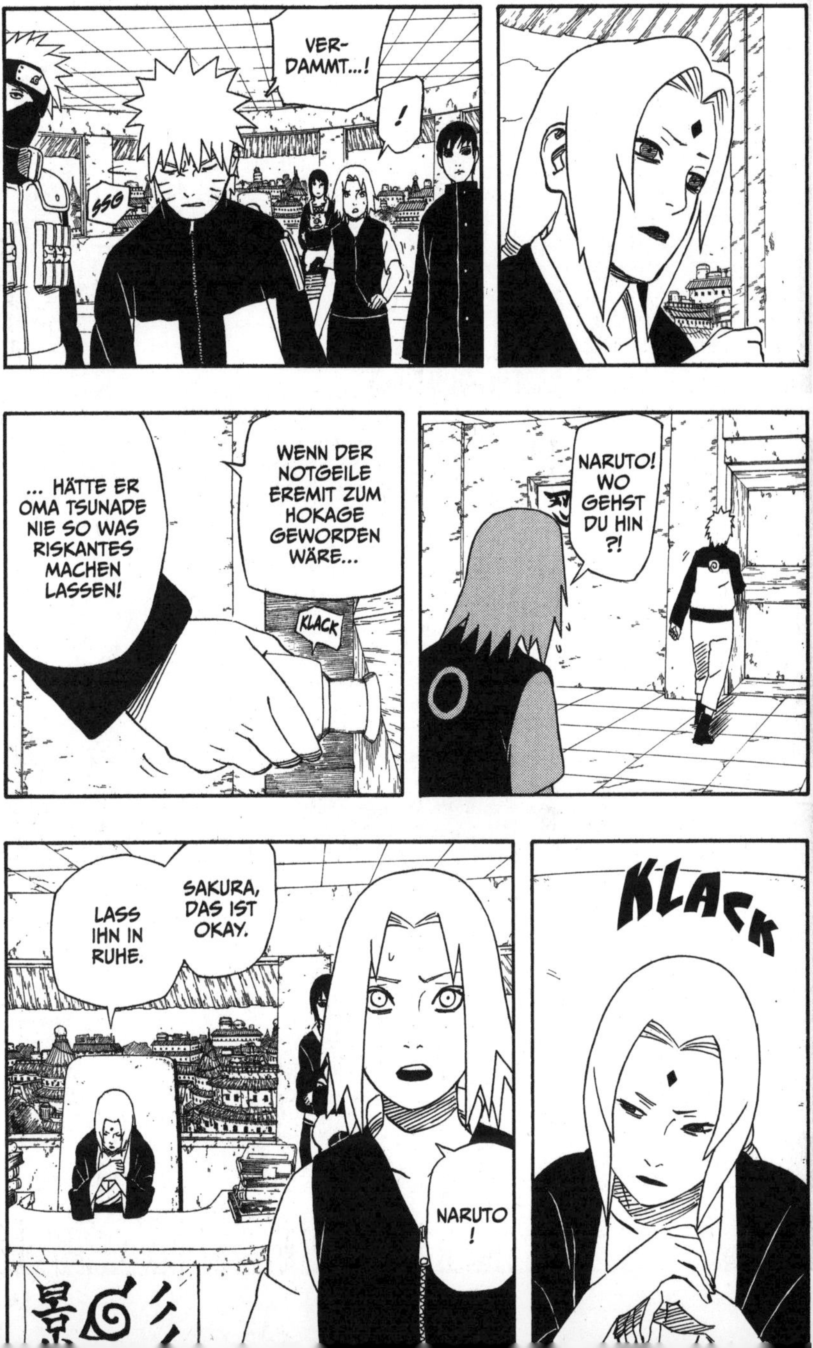
VER-
DAMMT...!
!
SSG
WENN DER NOTGEILE EREMIT ZUM HOKAGE GEWORDEN WÄRE...
... HÄTTE ER OMA TSUNADE NIE SO WAS RISKANTES MACHEN LASSEN!
KLACK
NARUTO! WO GEHST DU HIN ?!
KLACK
SAKURA, DAS IST OKAY.
LASS IHN IN RUHE.
NARUTO !

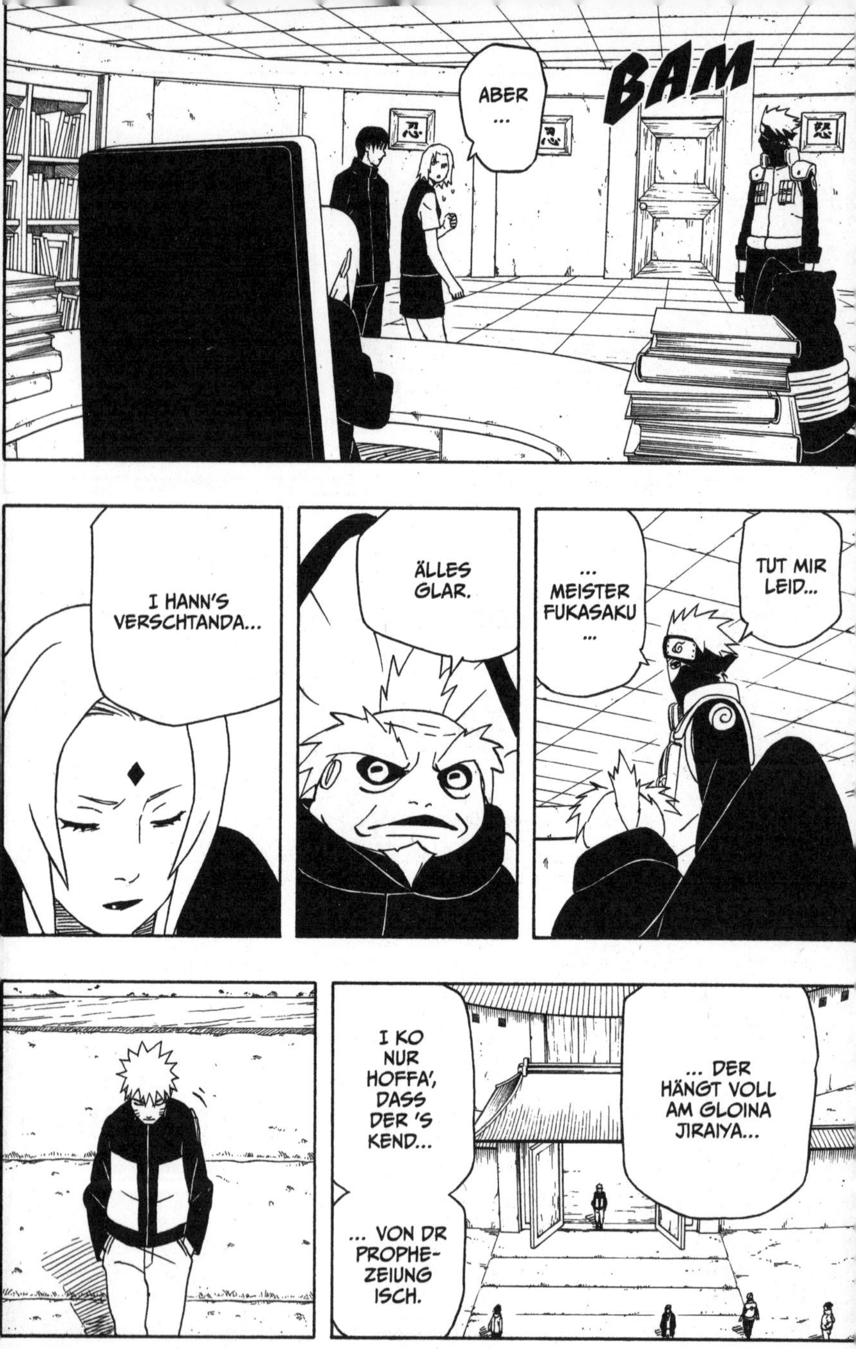
BAM
ABER …
TUT MIR LEID…
… MEISTER FUKASAKU …
ÄLLES GLAR.
I HANN'S VERSCHTANDA…
… DER HÄNGT VOLL AM GLOINA JIRAIYA…
I KO NUR HOFFA', DASS DER 'S KEND…
… VON DR PROPHE-ZEIUNG ISCH.

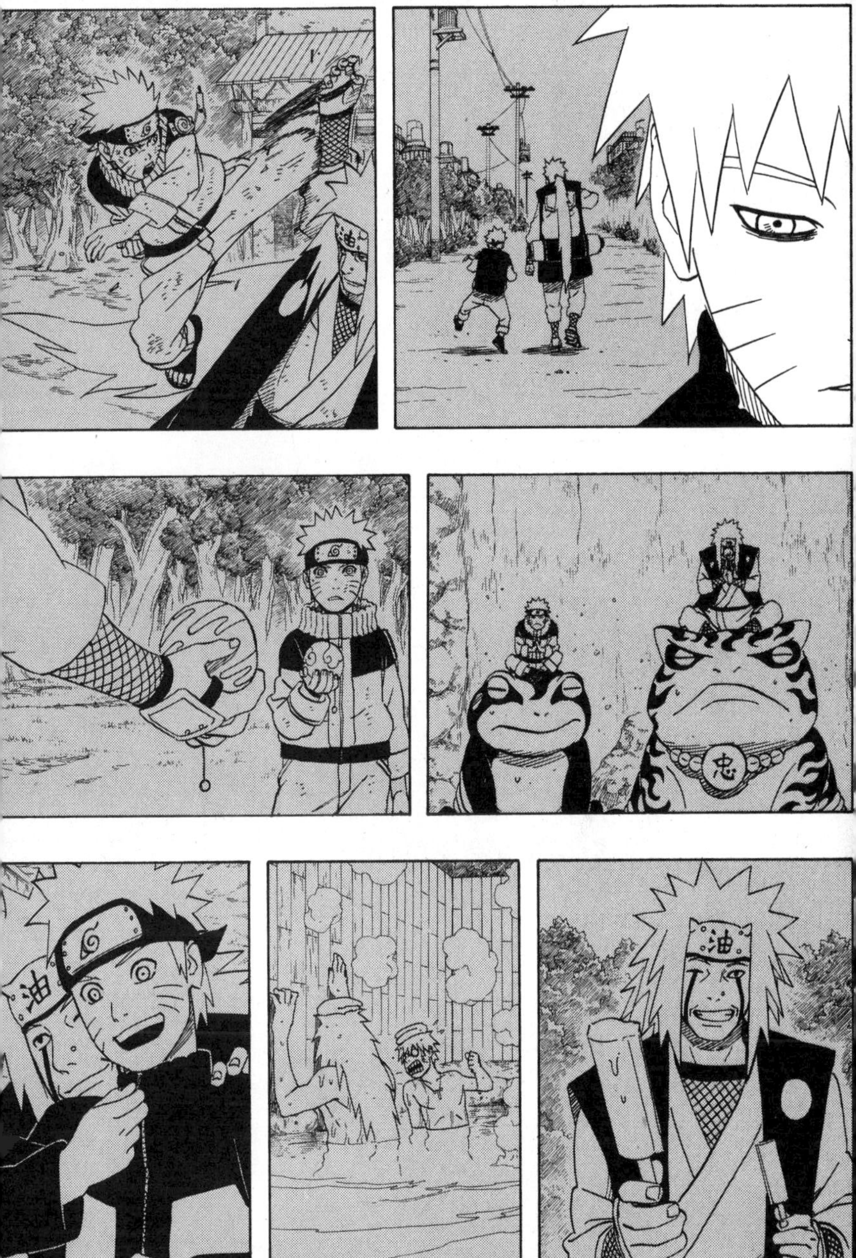

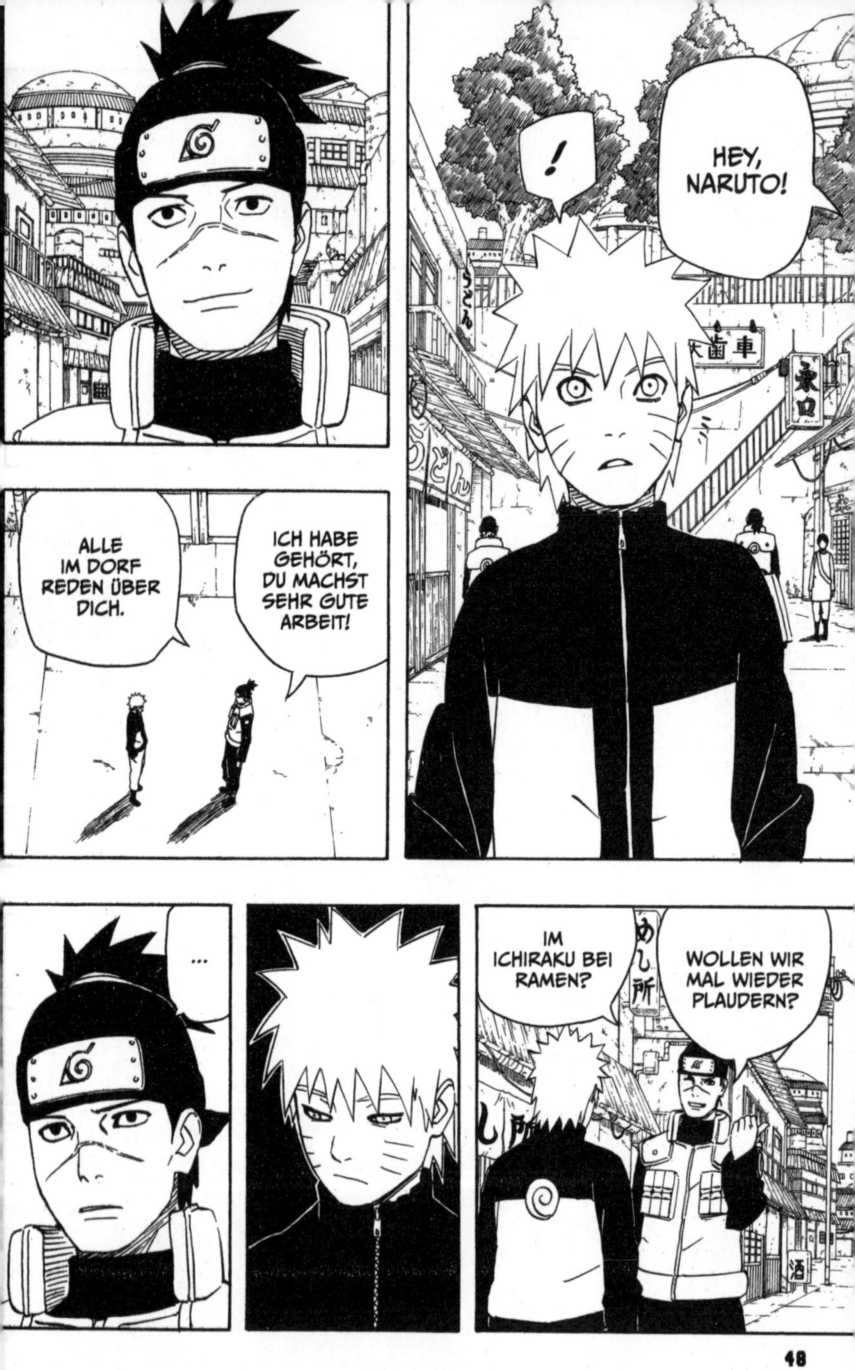
HEY, NARUTO!
!
ICH HABE GEHÖRT, DU MACHST SEHR GUTE ARBEIT!
ALLE IM DORF REDEN ÜBER DICH.
WOLLEN WIR MAL WIEDER PLAUDERN?
IM ICHIRAKU BEI RAMEN?
...

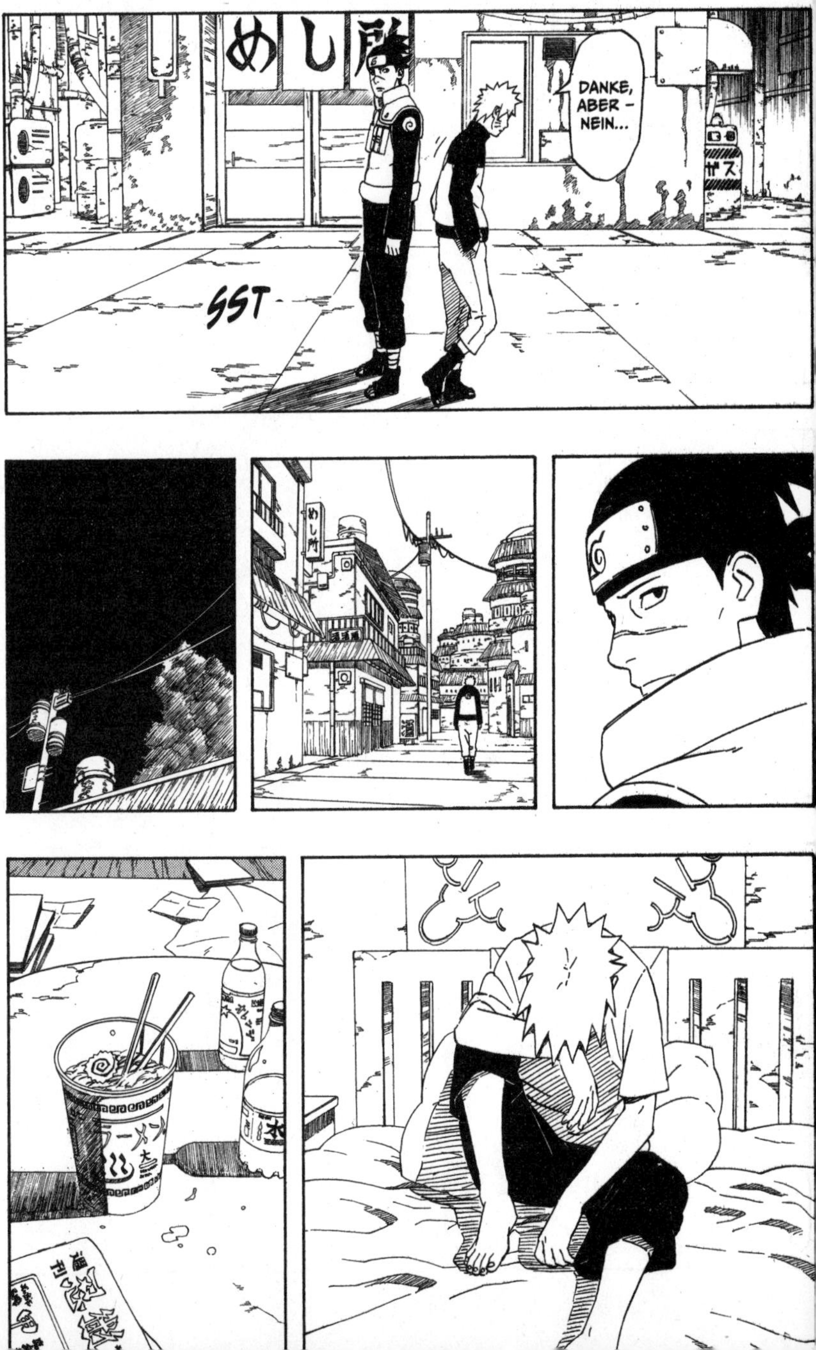
DANKE, ABER – NEIN...
SST

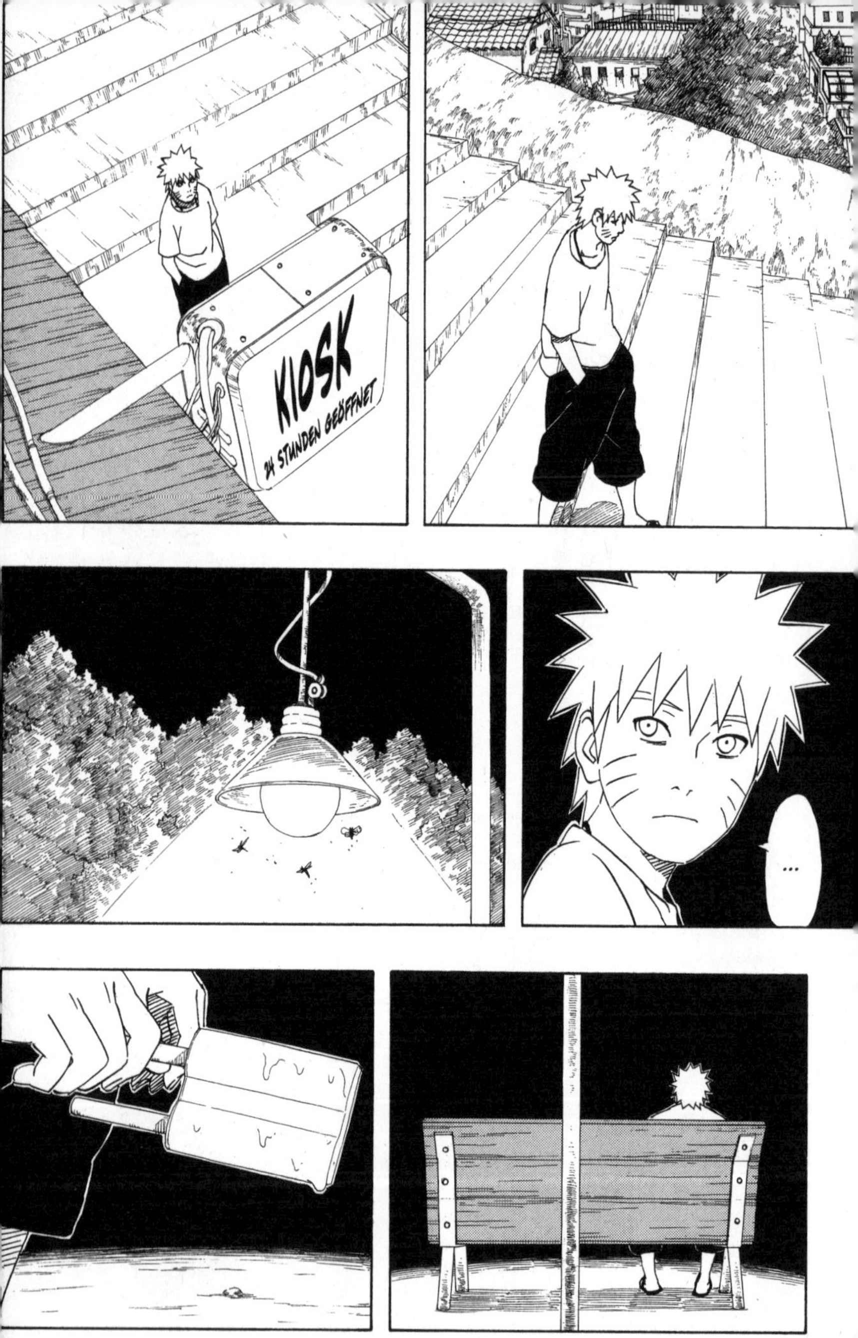
KIOSK
24 STUNDEN GEÖFFNET
...

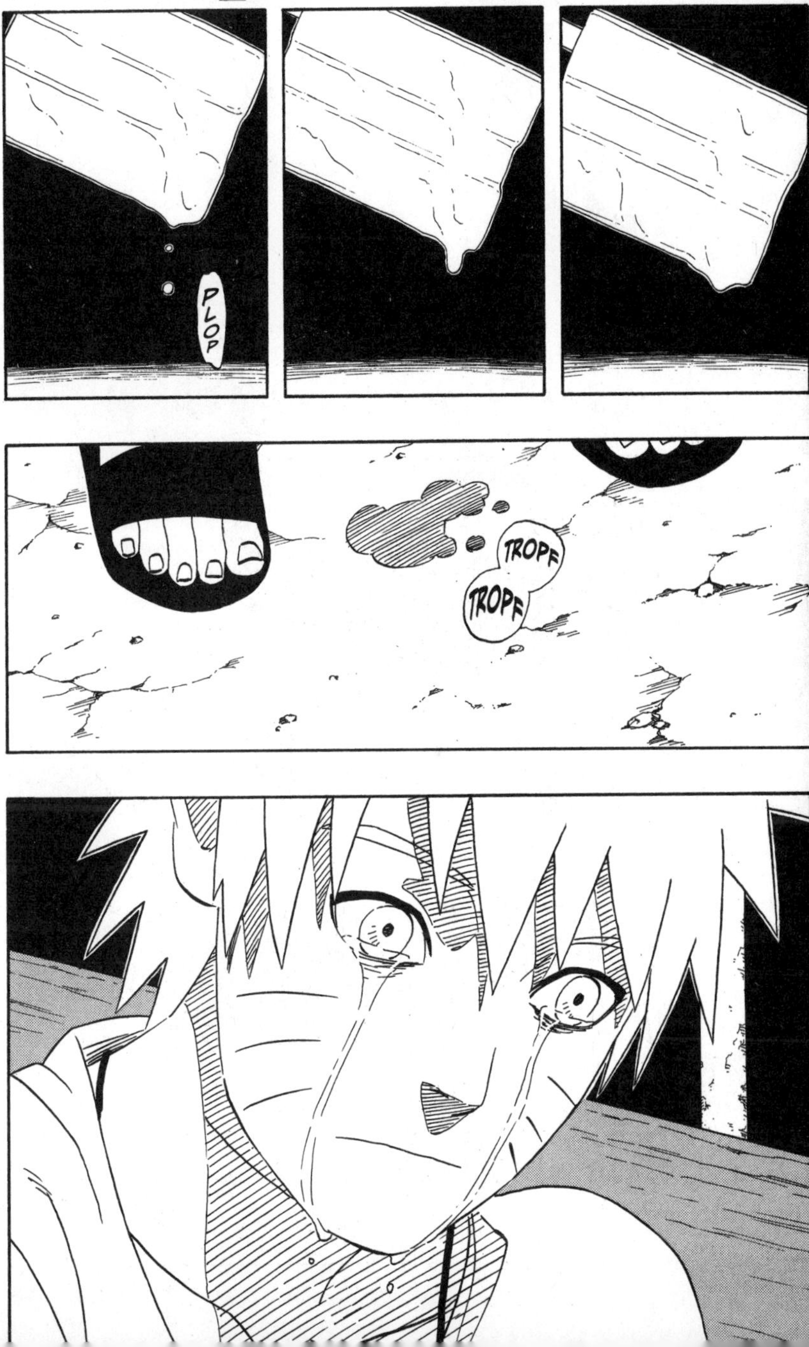
PLOP
TROPF
TROPF

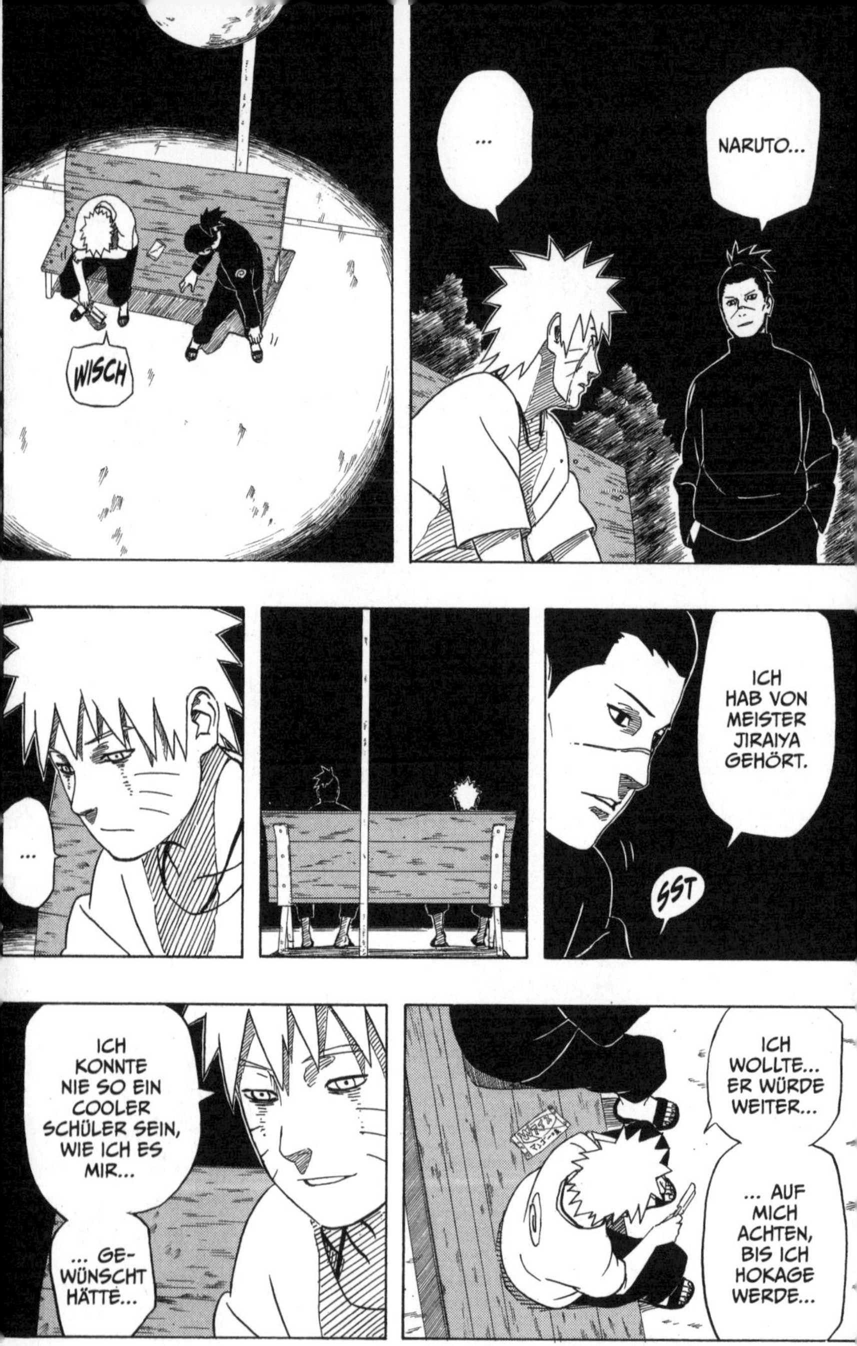
NARUTO...
...
WISCH
ICH HAB VON MEISTER JIRAIYA GEHÖRT.
SST
...
ICH WOLLTE... ER WÜRDE WEITER...
... AUF MICH ACHTEN, BIS ICH HOKAGE WERDE...
ICH KONNTE NIE SO EIN COOLER SCHÜLER SEIN, WIE ICH ES MIR...
... GE-WÜNSCHT HÄTTE...

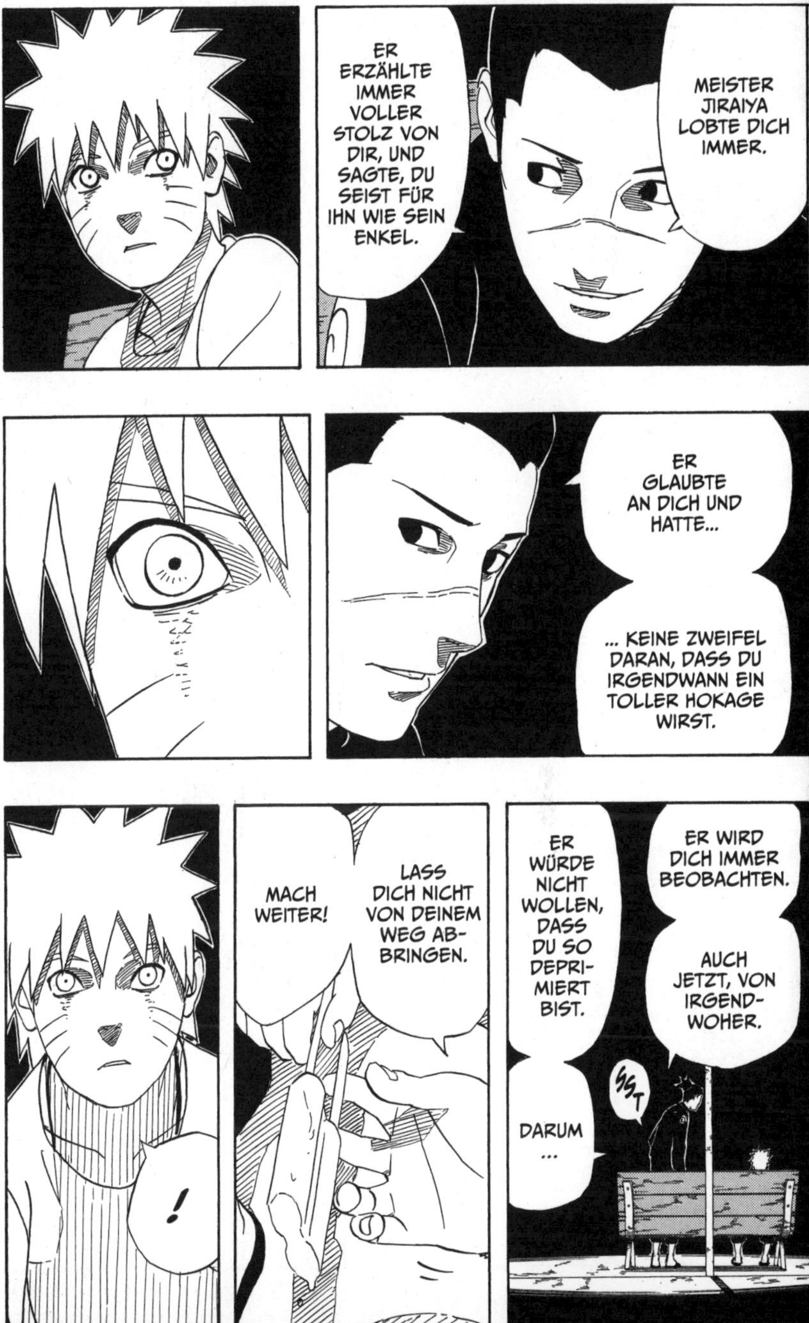
MEISTER JIRAIYA LOBTE DICH IMMER.
ER ERZÄHLTE IMMER VOLLER STOLZ VON DIR, UND SAGTE, DU SEIST FÜR IHN WIE SEIN ENKEL.
ER GLAUBTE AN DICH UND HATTE...
... KEINE ZWEIFEL DARAN, DASS DU IRGENDWANN EIN TOLLER HOKAGE WIRST.
ER WIRD DICH IMMER BEOBACHTEN.
AUCH JETZT, VON IRGEND-WOHER.
ER WÜRDE NICHT WOLLEN, DASS DU SO DEPRIMIERT BIST.
DARUM ...
SST
LASS DICH NICHT VON DEINEM WEG ABBRINGEN.
MACH WEITER!
!

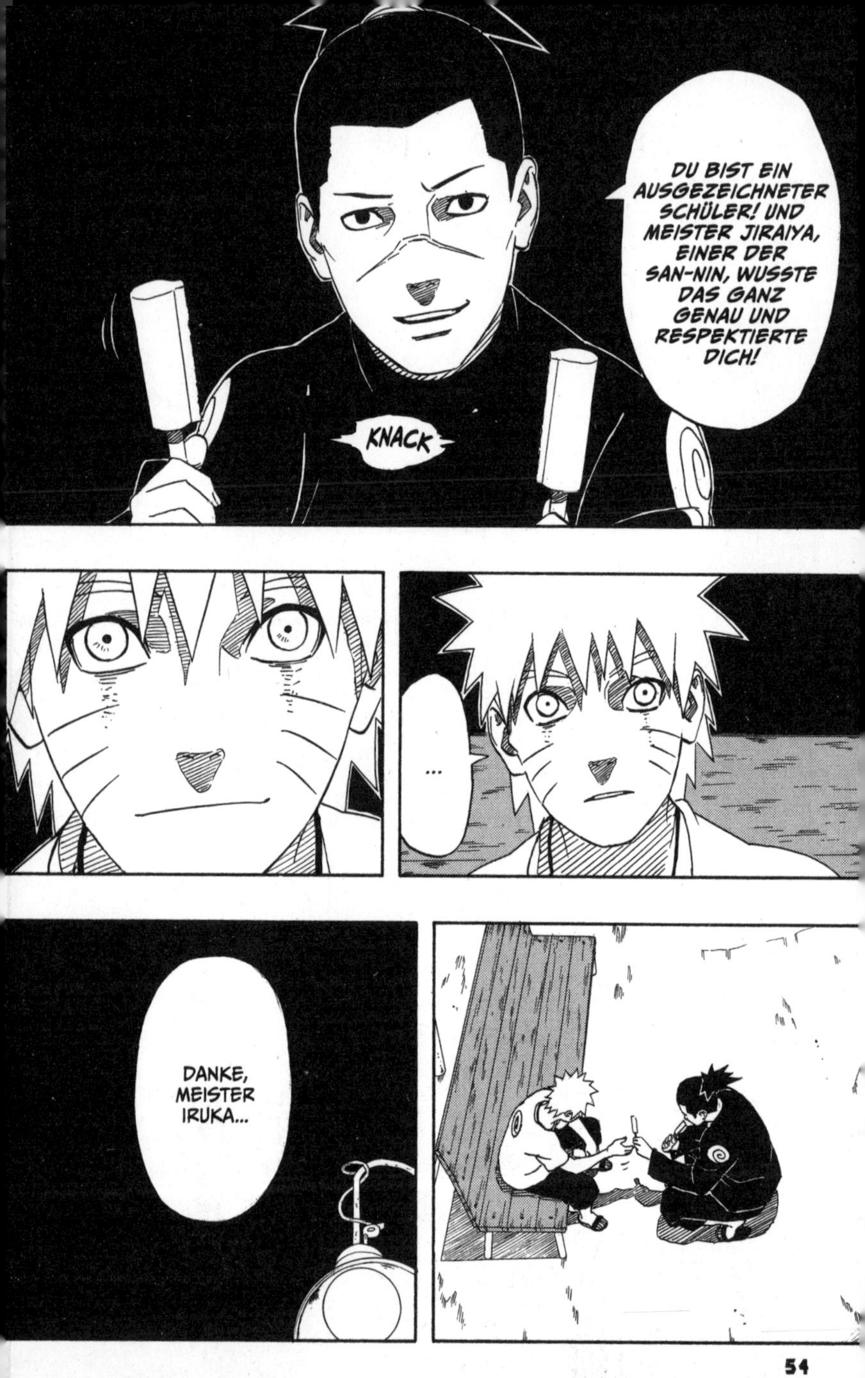
DU BIST EIN AUSGEZEICHNETER SCHÜLER! UND MEISTER JIRAIYA, EINER DER SAN-NIN, WUSSTE DAS GANZ GENAU UND RESPEKTIERTE DICH!
KNACK
...
DANKE, MEISTER IRUKA...

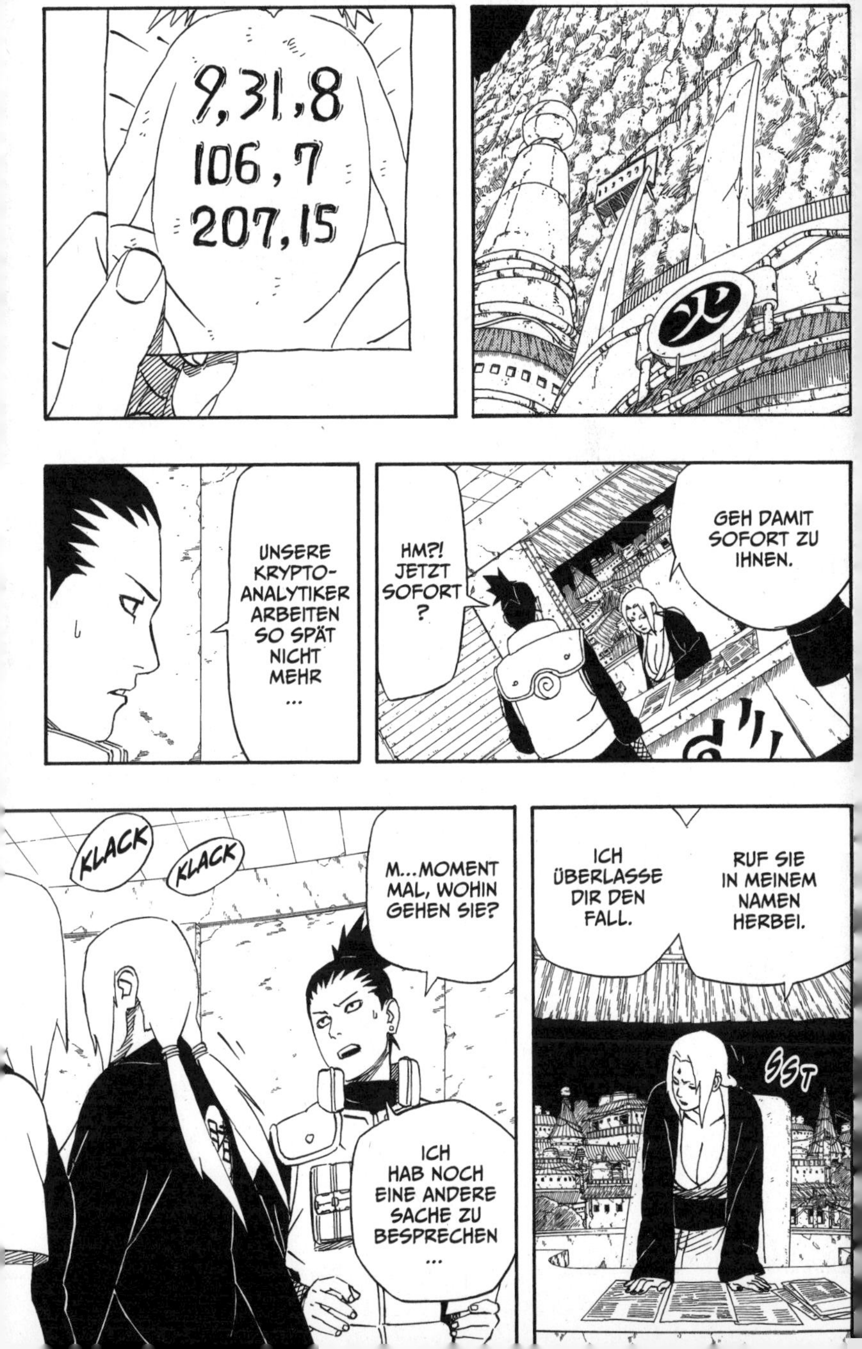
9,31,8
106,7
207,15
GEH DAMIT SOFORT ZU IHNEN.
HM?! JETZT SOFORT?
UNSERE KRYPTO-ANALYTIKER ARBEITEN SO SPÄT NICHT MEHR ...
RUF SIE IN MEINEM NAMEN HERBEI.
ICH ÜBERLASSE DIR DEN FALL.
SST
KLACK
KLACK
M...MOMENT MAL, WOHIN GEHEN SIE?
ICH HAB NOCH EINE ANDERE SACHE ZU BESPRECHEN ...

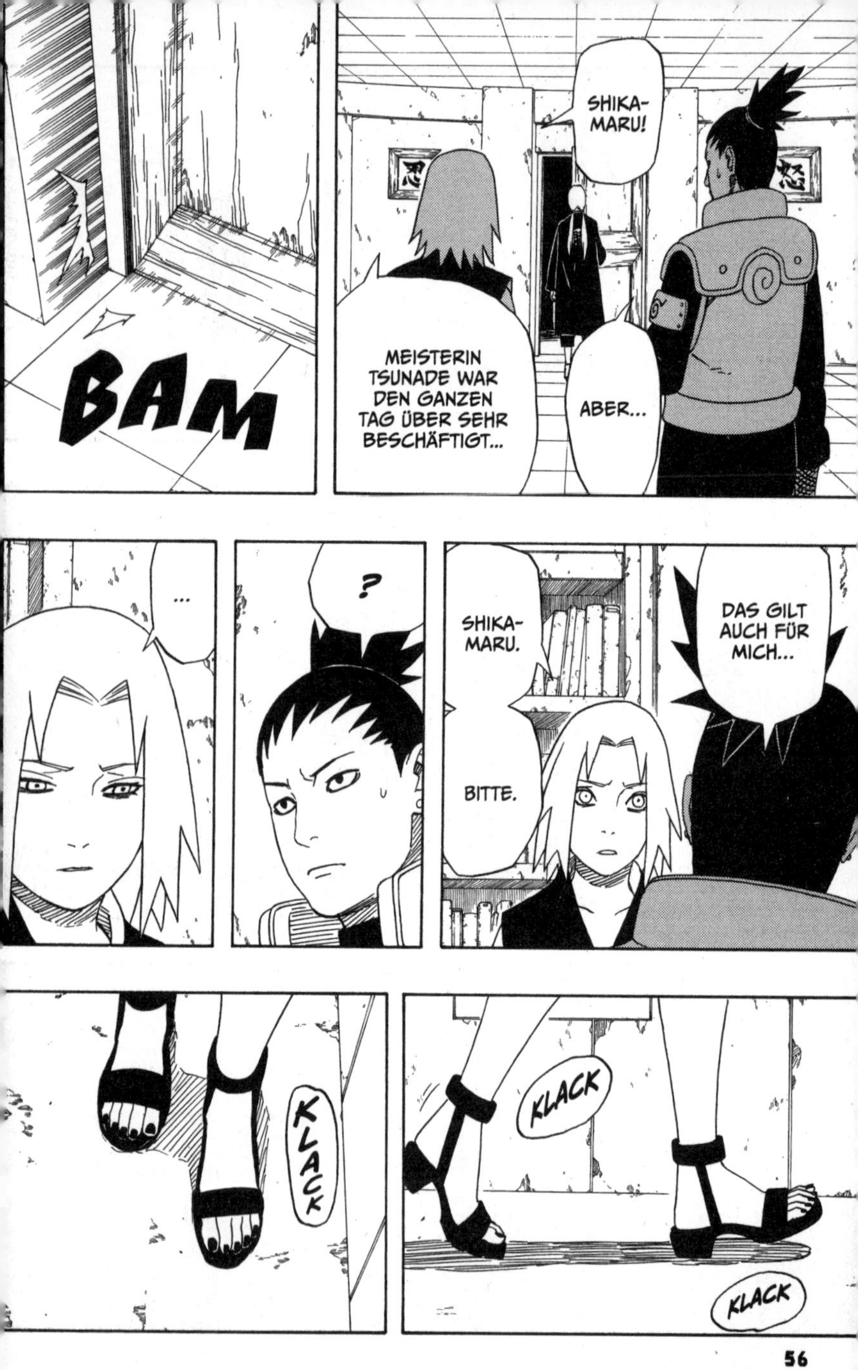
BAM
SHIKA-
MARU!
MEISTERIN TSUNADE WAR DEN GANZEN TAG ÜBER SEHR BESCHÄFTIGT...
ABER...
...
?
SHIKA-
MARU.
BITTE.
DAS GILT AUCH FÜR MICH...
KLACK
KLACK
KLACK

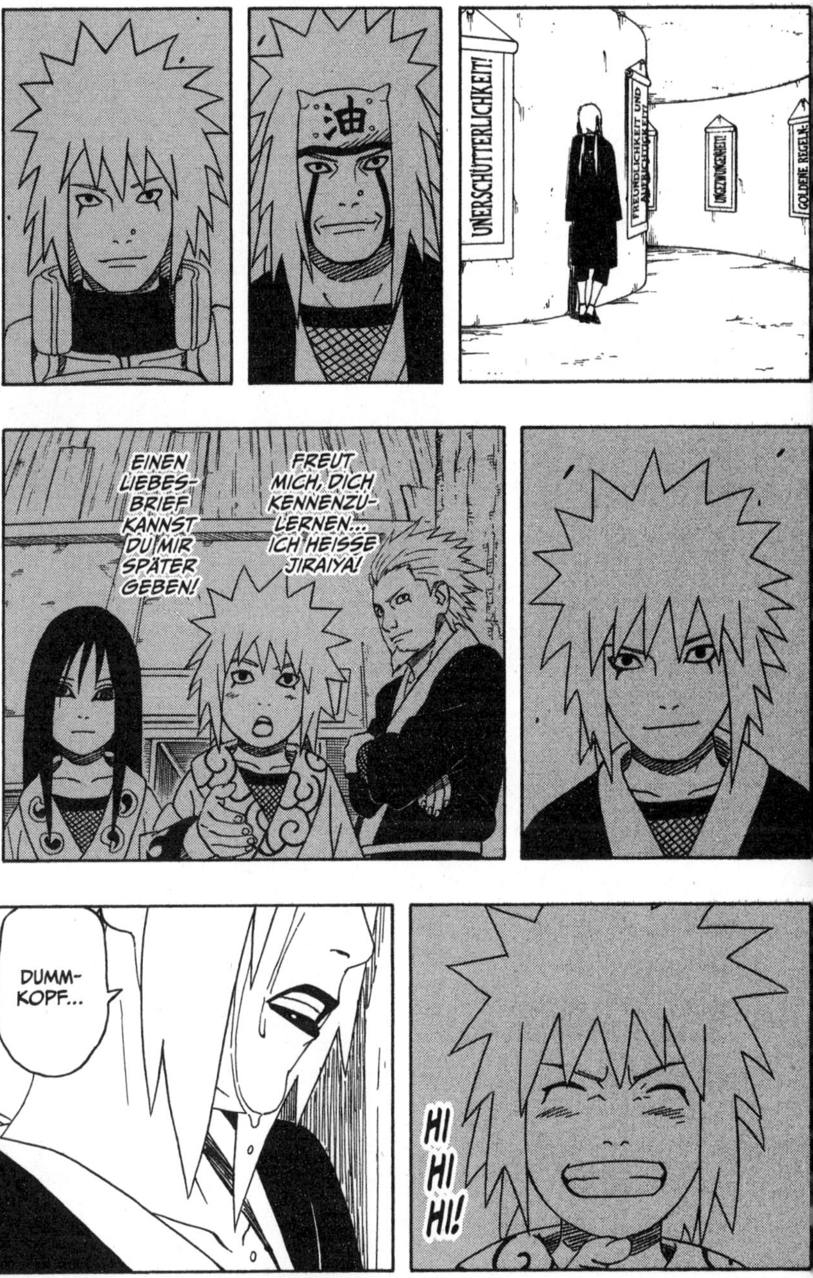
GOLDENE REGELN:
UNGEZWUNGENHEIT!
FREUNDLICHKEIT UND AUFRICHTIGKEIT!
UNERSCHÜTTERLICHKEIT!
FREUT MICH, DICH KENNENZULERNEN... ICH HEISSE JIRAIYA!
EINEN LIEBESBRIEF KANNST DU MIR SPÄTER GEBEN!
HI HI HI!
DUMMKOPF...

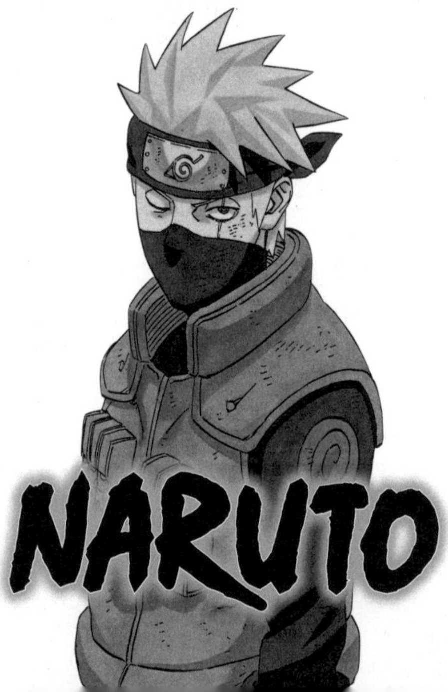
NARUTO

406. Kapitel:

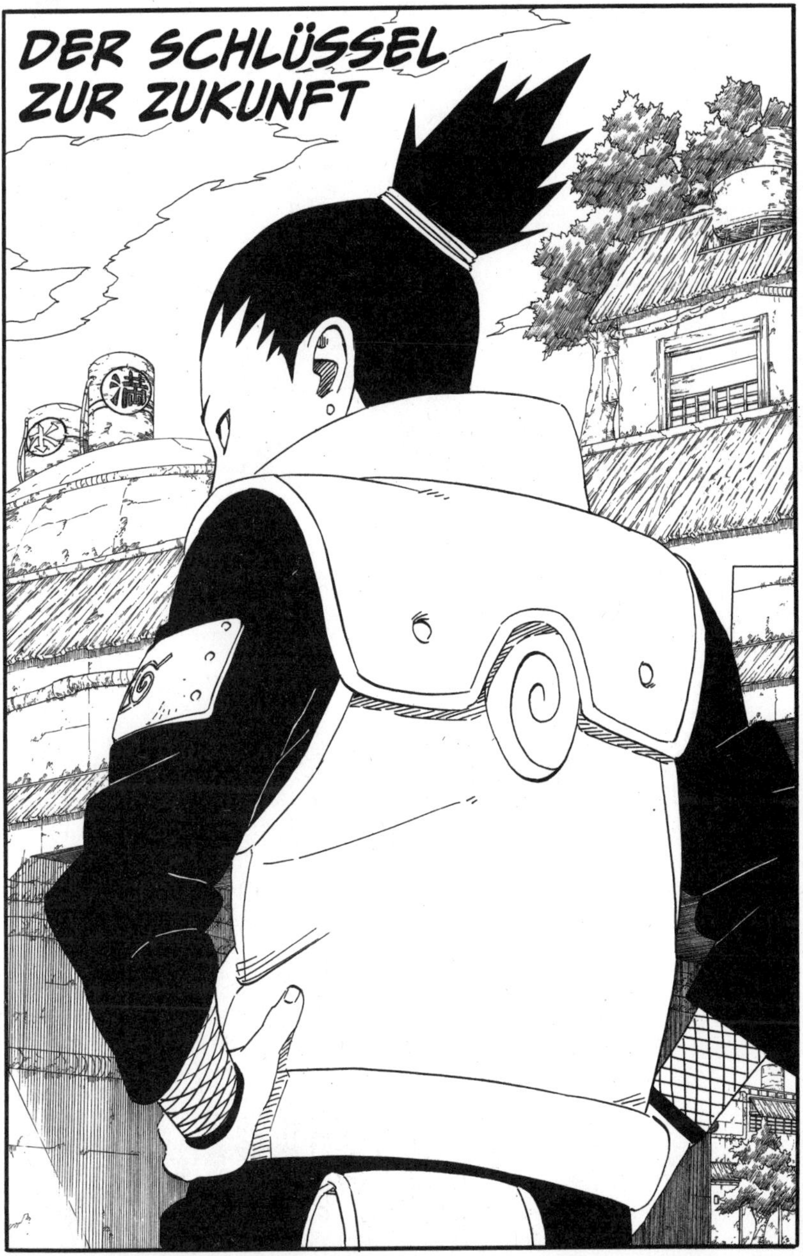

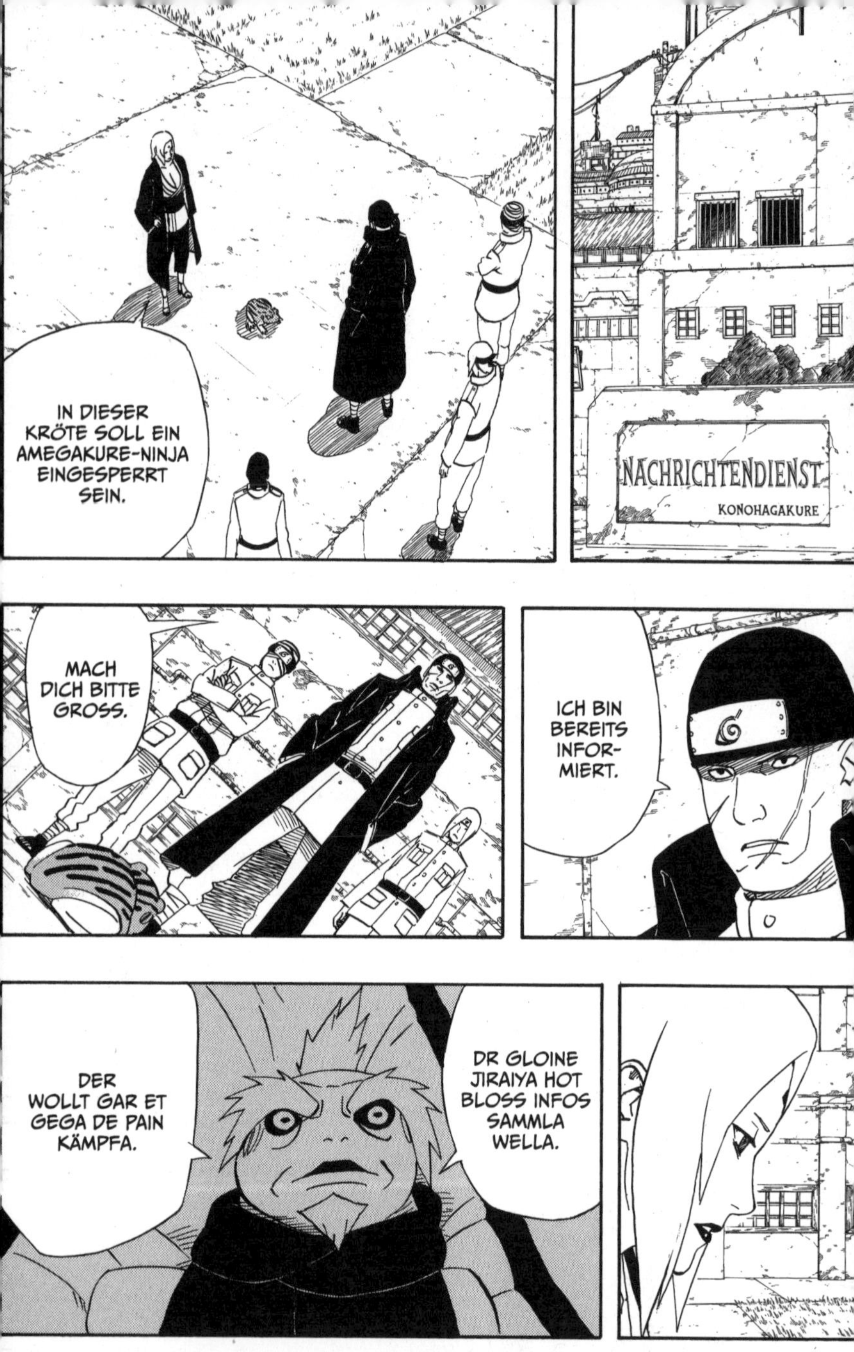
NACHRICHTENDIENST
KONOHAGAKURE
IN DIESER KRÖTE SOLL EIN AMEGAKURE-NINJA EINGESPERRT SEIN.
ICH BIN BEREITS INFORMIERT.
MACH DICH BITTE GROSS.
DR GLOINE JIRAIYA HOT BLOSS INFOS SAMMLA WELLA.
DER WOLLT GAR ET GEGA DE PAIN KÄMPFA.

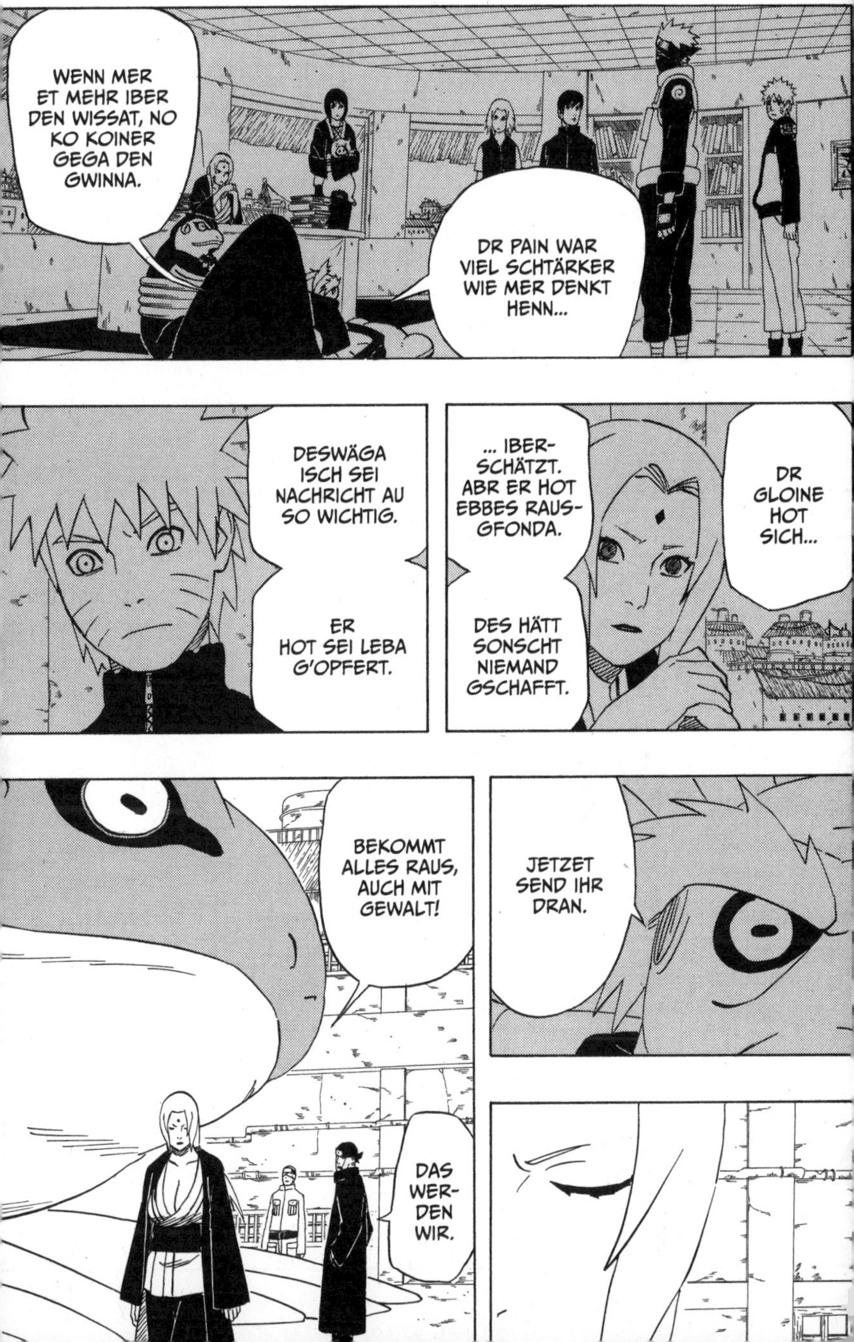
DR PAIN WAR VIEL SCHTÄRKER WIE MER DENKT HENN...
WENN MER ET MEHR IBER DEN WISSAT, NO KO KOINER GEGA DEN GWINNA.
DR GLOINE HOT SICH...
... IBER-SCHÄTZT. ABR ER HOT EBBES RAUS-GFONDA.
DES HÄTT SONSCHT NIEMAND GSCHAFFT.
DESWÄGA ISCH SEI NACHRICHT AU SO WICHTIG.
ER HOT SEI LEBA G'OPFERT.
JETZET SEND IHR DRAN.
BEKOMMT ALLES RAUS, AUCH MIT GEWALT!
DAS WER-DEN WIR.

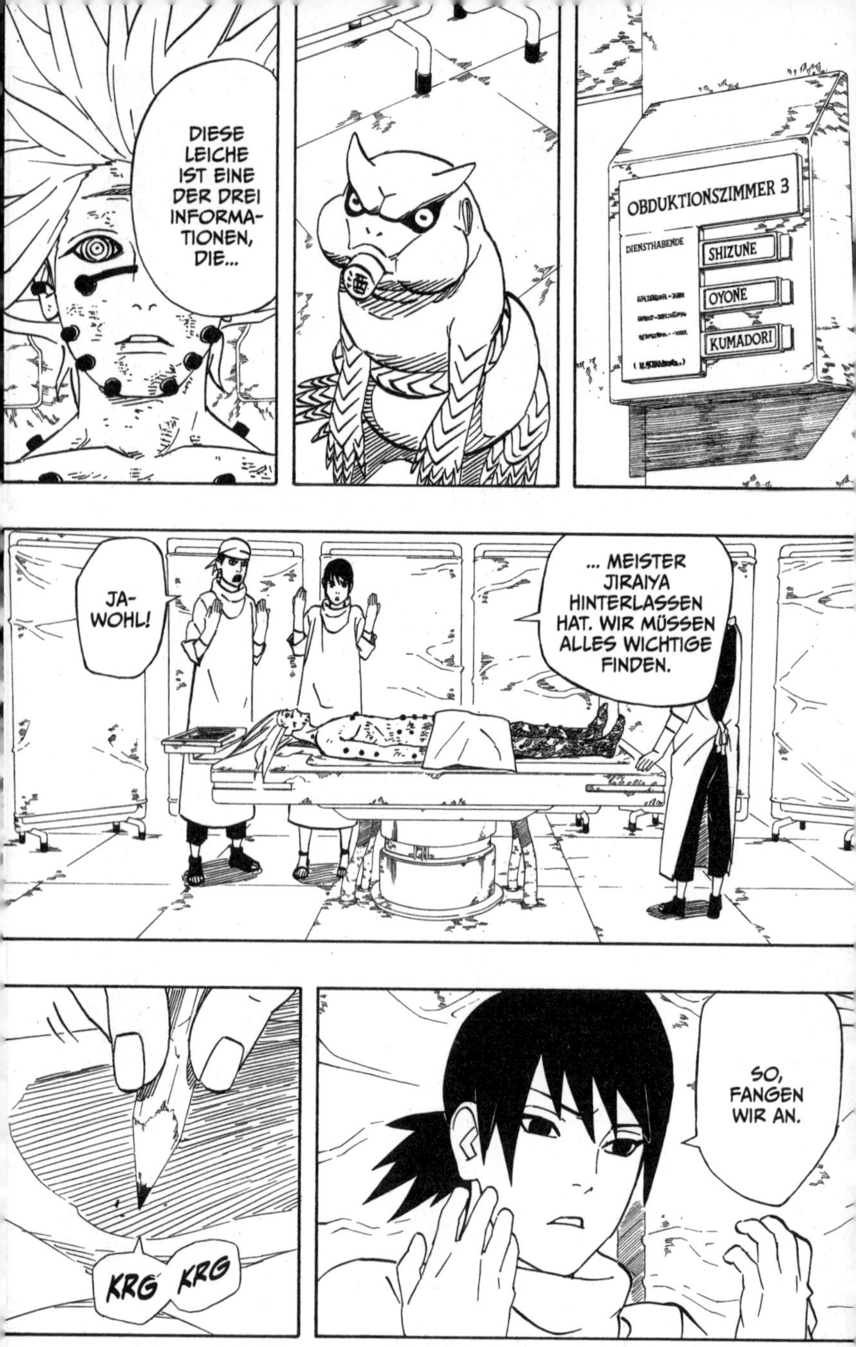
OBDUKTIONSZIMMER 3
DIENSTHABENDE
SHIZUNE
OYONE
KUMADORI
DIESE LEICHE IST EINE DER DREI INFORMATIONEN, DIE...
... MEISTER JIRAIYA HINTERLASSEN HAT. WIR MÜSSEN ALLES WICHTIGE FINDEN.
JA-WOHL!
SO, FANGEN WIR AN.
KRG KRG

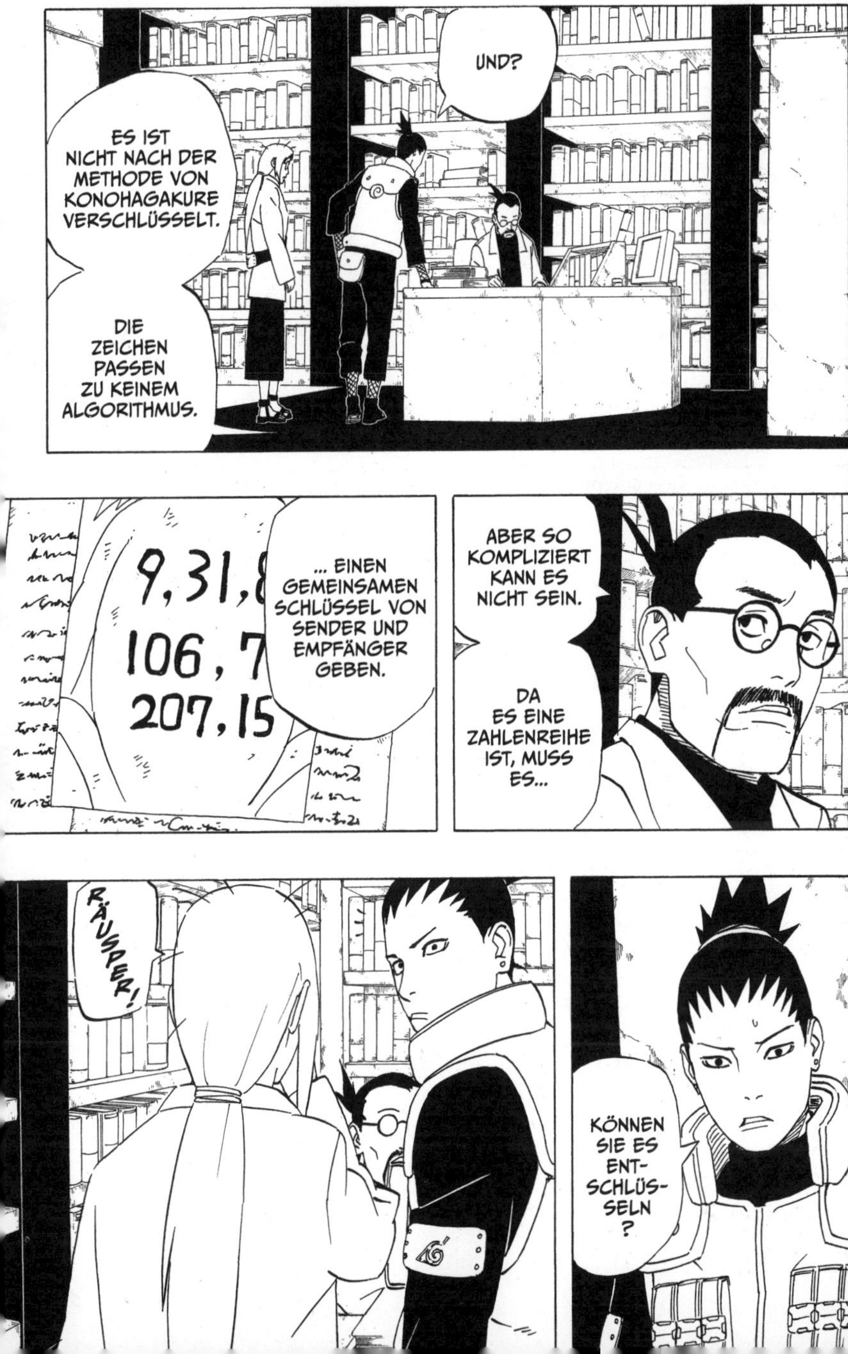
UND?
ES IST NICHT NACH DER METHODE VON KONOHAGAKURE VERSCHLÜSSELT.
DIE ZEICHEN PASSEN ZU KEINEM ALGORITHMUS.
ABER SO KOMPLIZIERT KANN ES NICHT SEIN.
DA ES EINE ZAHLENREIHE IST, MUSS ES...
... EINEN GEMEINSAMEN SCHLÜSSEL VON SENDER UND EMPFÄNGER GEBEN.
9,31,8
106,7
207,15
KÖNNEN SIE ES ENT-SCHLÜS-SELN?
RÄUSPER!

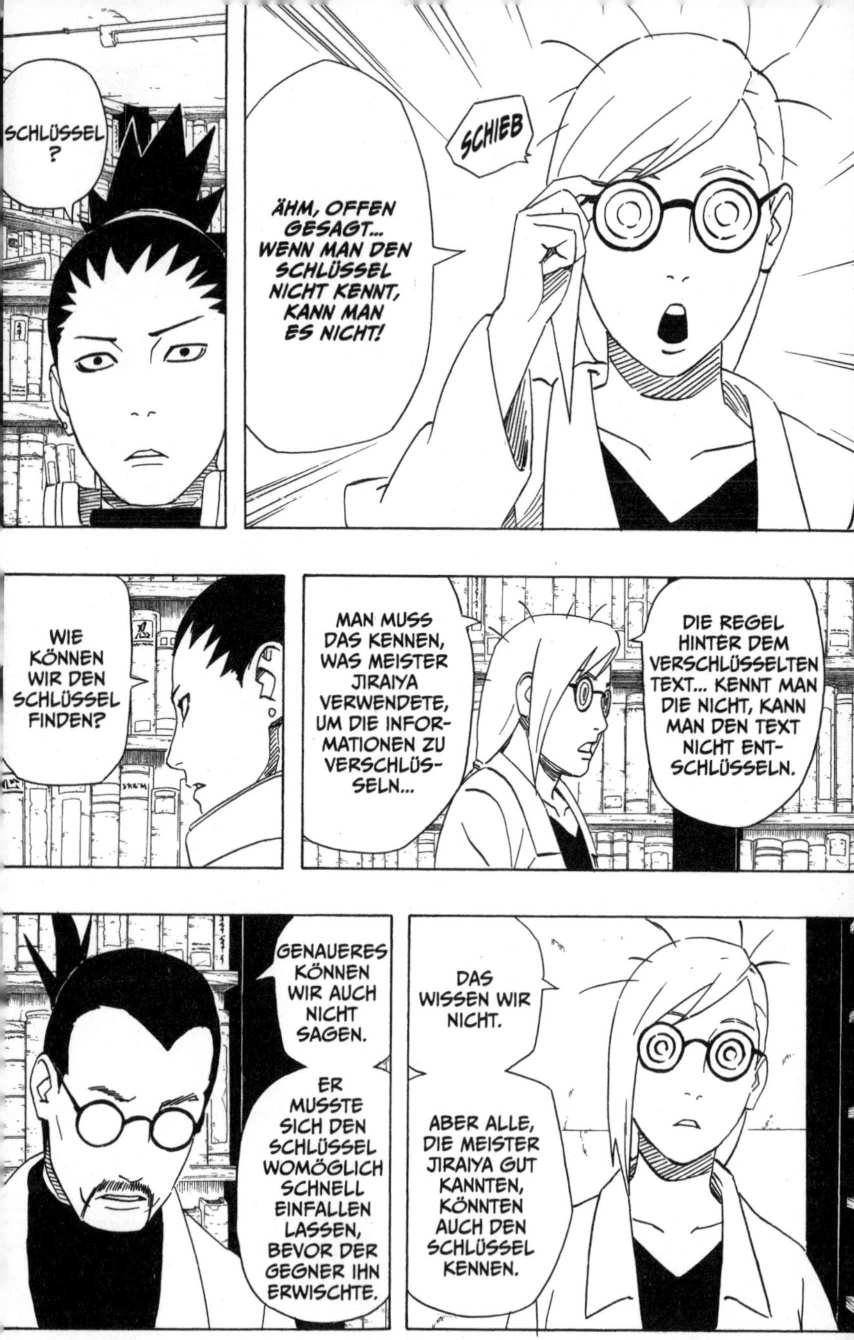
SCHIEB
ÄHM, OFFEN GESAGT... WENN MAN DEN SCHLÜSSEL NICHT KENNT, KANN MAN ES NICHT!
SCHLÜSSEL ?
DIE REGEL HINTER DEM VERSCHLÜSSELTEN TEXT... KENNT MAN DIE NICHT, KANN MAN DEN TEXT NICHT ENT-SCHLÜSSELN.
MAN MUSS DAS KENNEN, WAS MEISTER JIRAIYA VERWENDETE, UM DIE INFOR-MATIONEN ZU VERSCHLÜS-SELN...
WIE KÖNNEN WIR DEN SCHLÜSSEL FINDEN?
DAS WISSEN WIR NICHT.
ABER ALLE, DIE MEISTER JIRAIYA GUT KANNTEN, KÖNNTEN AUCH DEN SCHLÜSSEL KENNEN.
GENAUERES KÖNNEN WIR AUCH NICHT SAGEN.
ER MUSSTE SICH DEN SCHLÜSSEL WOMÖGLICH SCHNELL EINFALLEN LASSEN, BEVOR DER GEGNER IHN ERWISCHTE.

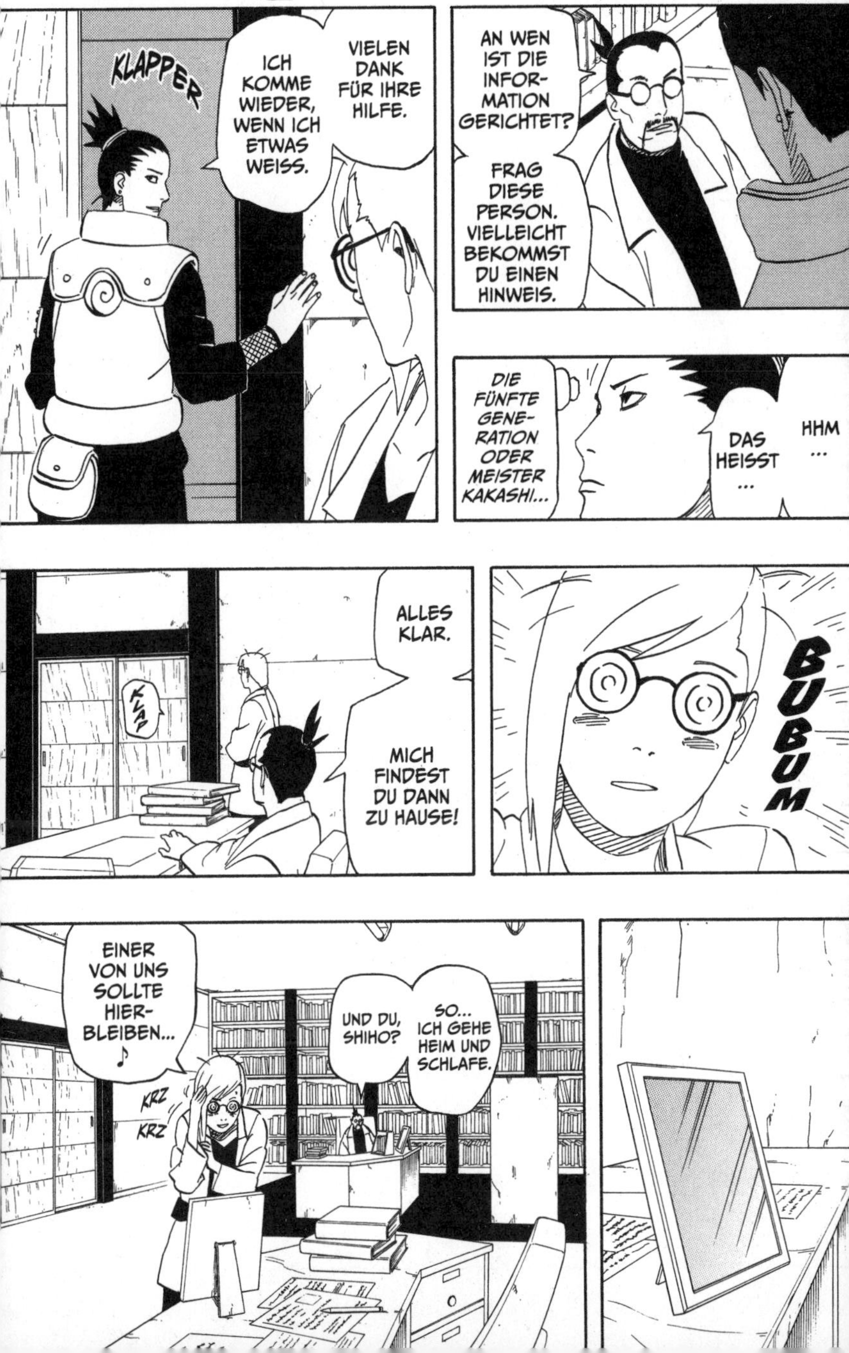
AN WEN IST DIE INFOR-MATION GERICHTET?
FRAG DIESE PERSON. VIELLEICHT BEKOMMST DU EINEN HINWEIS.
VIELEN DANK FÜR IHRE HILFE.
ICH KOMME WIEDER, WENN ICH ETWAS WEISS.
KLAPPER
HHM ...
DAS HEISST ...
DIE FÜNFTE GENE-RATION ODER MEISTER KAKASHI...
BUBUM
ALLES KLAR.
MICH FINDEST DU DANN ZU HAUSE!
KLAP
SO... ICH GEHE HEIM UND SCHLAFE.
UND DU, SHIHO?
EINER VON UNS SOLLTE HIER-BLEIBEN... ♪
KRZ KRZ

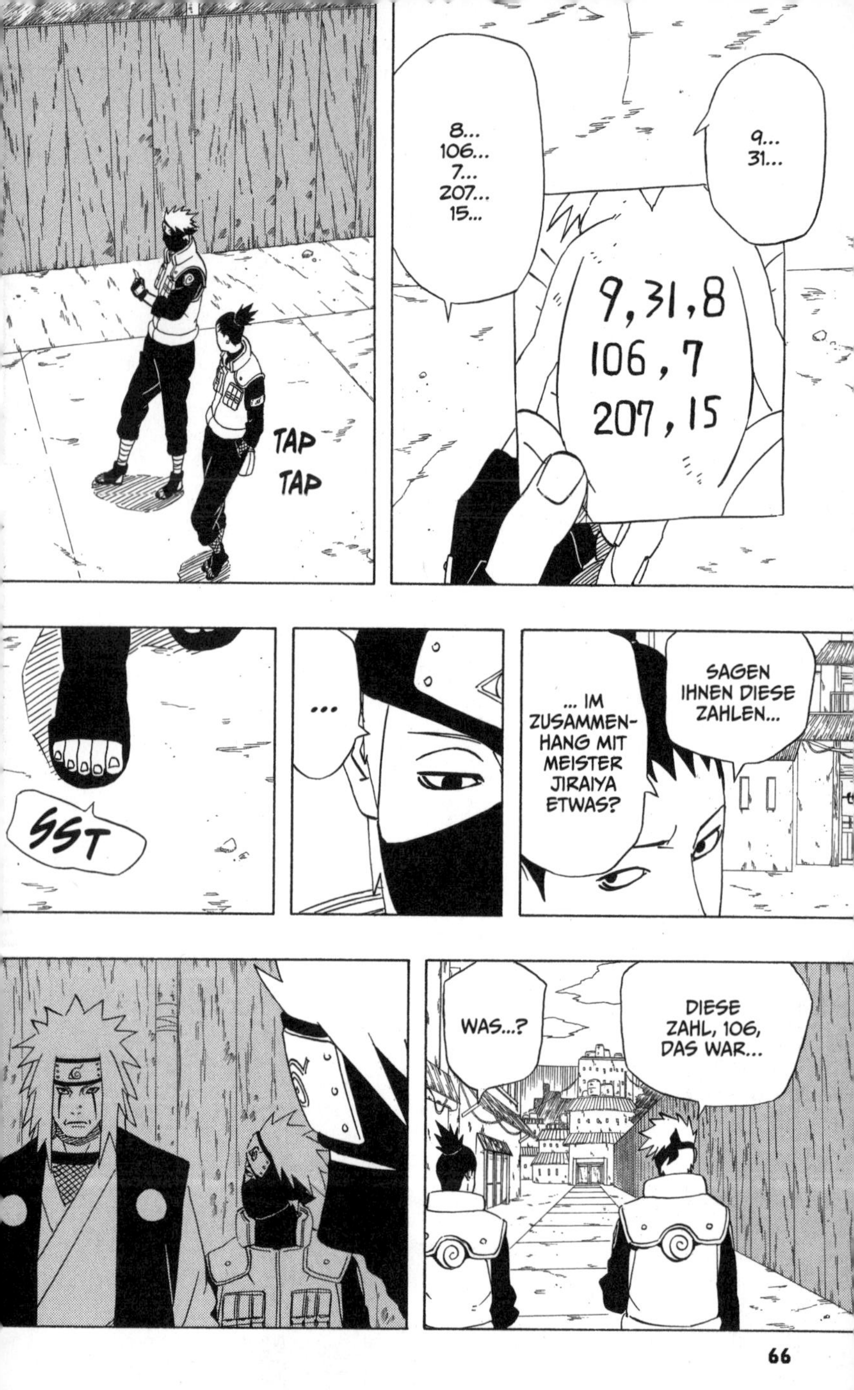
9...
31...
8...
106...
7...
207...
15...
9,31,8
106,7
207,15
TAP
TAP
SAGEN IHNEN DIESE ZAHLEN...
... IM ZUSAMMENHANG MIT MEISTER JIRAIYA ETWAS?
...
SST
DIESE ZAHL, 106, DAS WAR...
WAS...?

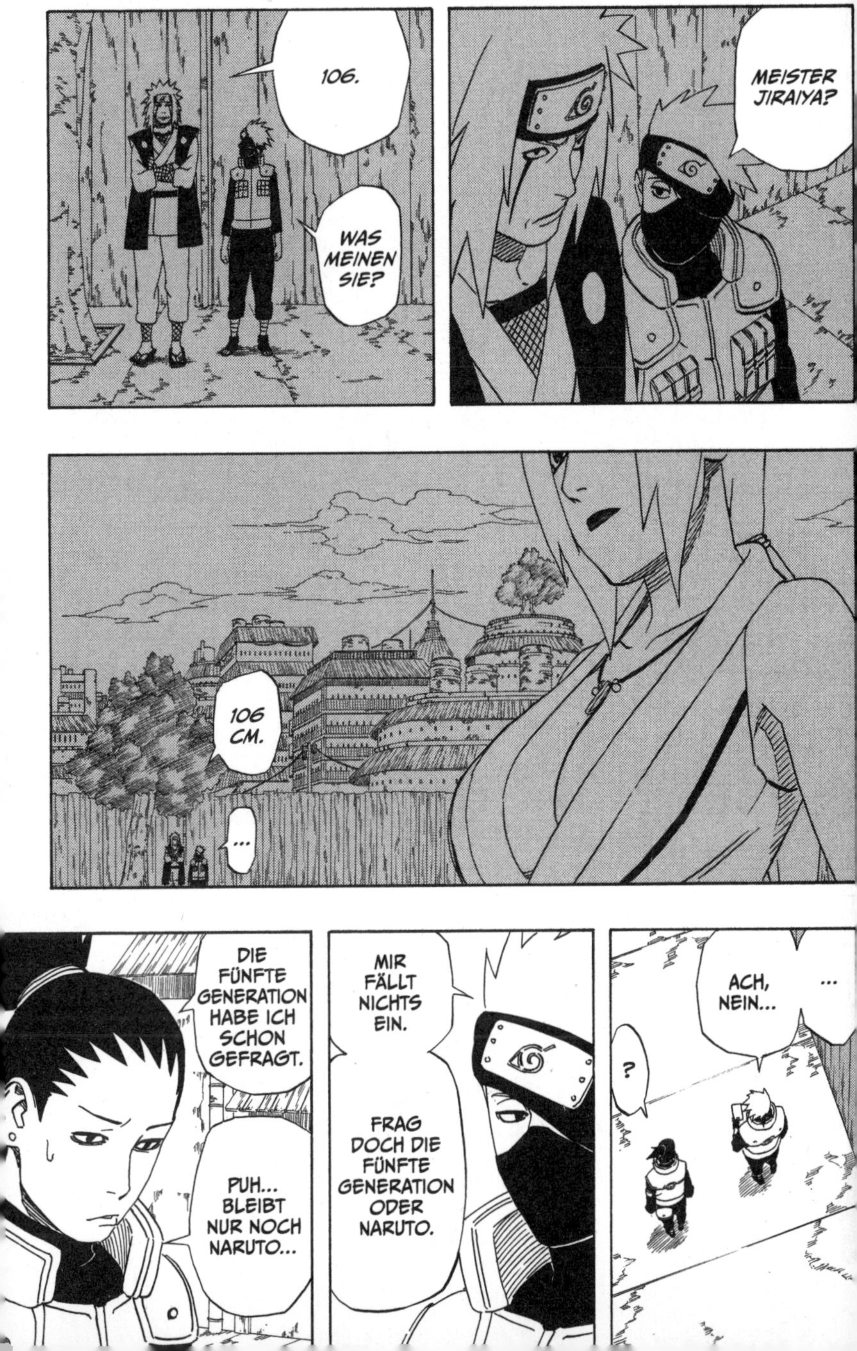
MEISTER JIRAIYA?
106.
WAS MEINEN SIE?
106 CM.
...
...
ACH, NEIN...
?
MIR FÄLLT NICHTS EIN.
FRAG DOCH DIE FÜNFTE GENERATION ODER NARUTO.
DIE FÜNFTE GENERATION HABE ICH SCHON GEFRAGT.
PUH... BLEIBT NUR NOCH NARUTO...

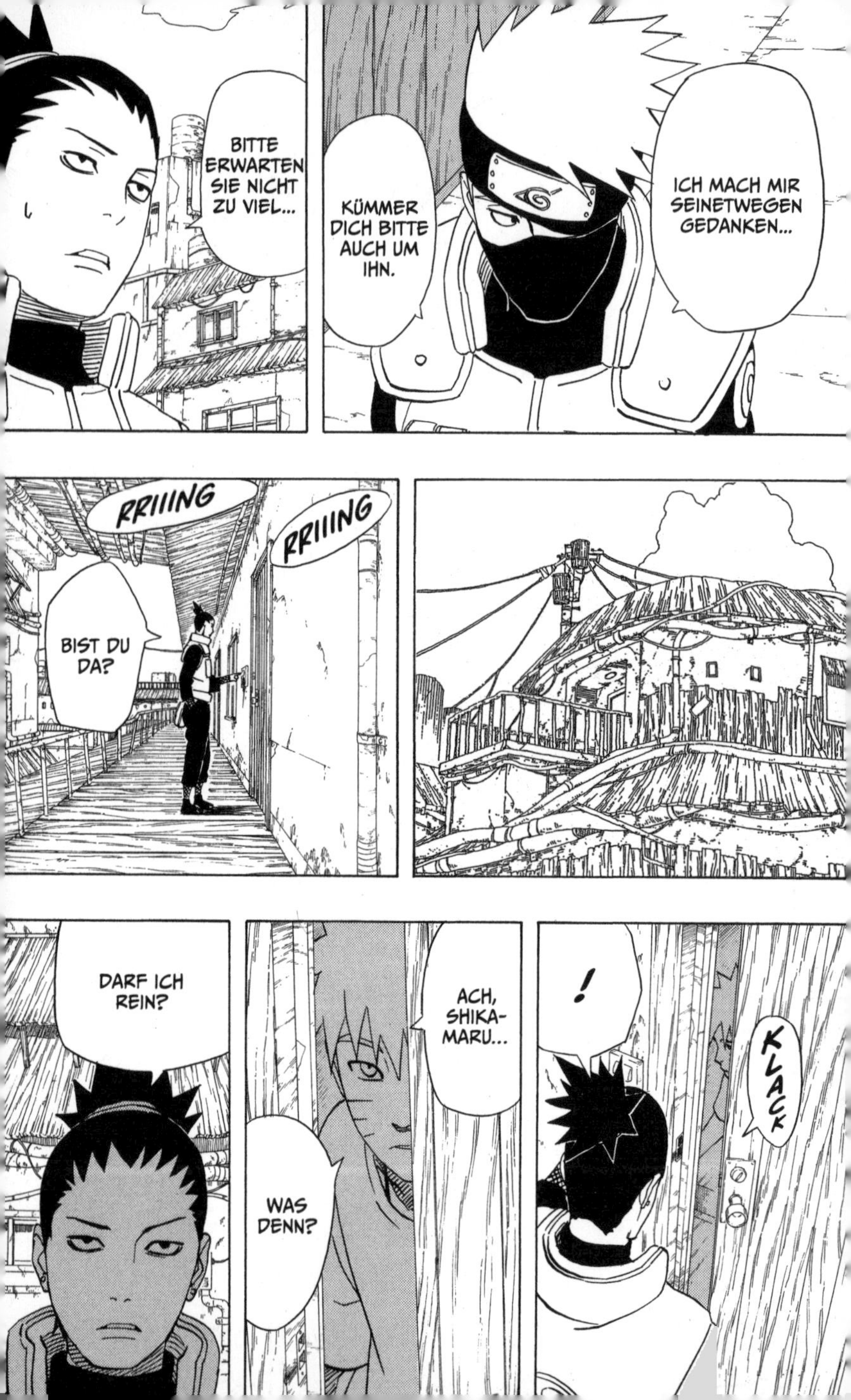
ICH MACH MIR SEINETWEGEN GEDANKEN...
KÜMMER DICH BITTE AUCH UM IHN.
BITTE ERWARTEN SIE NICHT ZU VIEL...
RRIIING
RRIIING
BIST DU DA?
!
KLACK
ACH, SHIKA-MARU...
WAS DENN?
DARF ICH REIN?

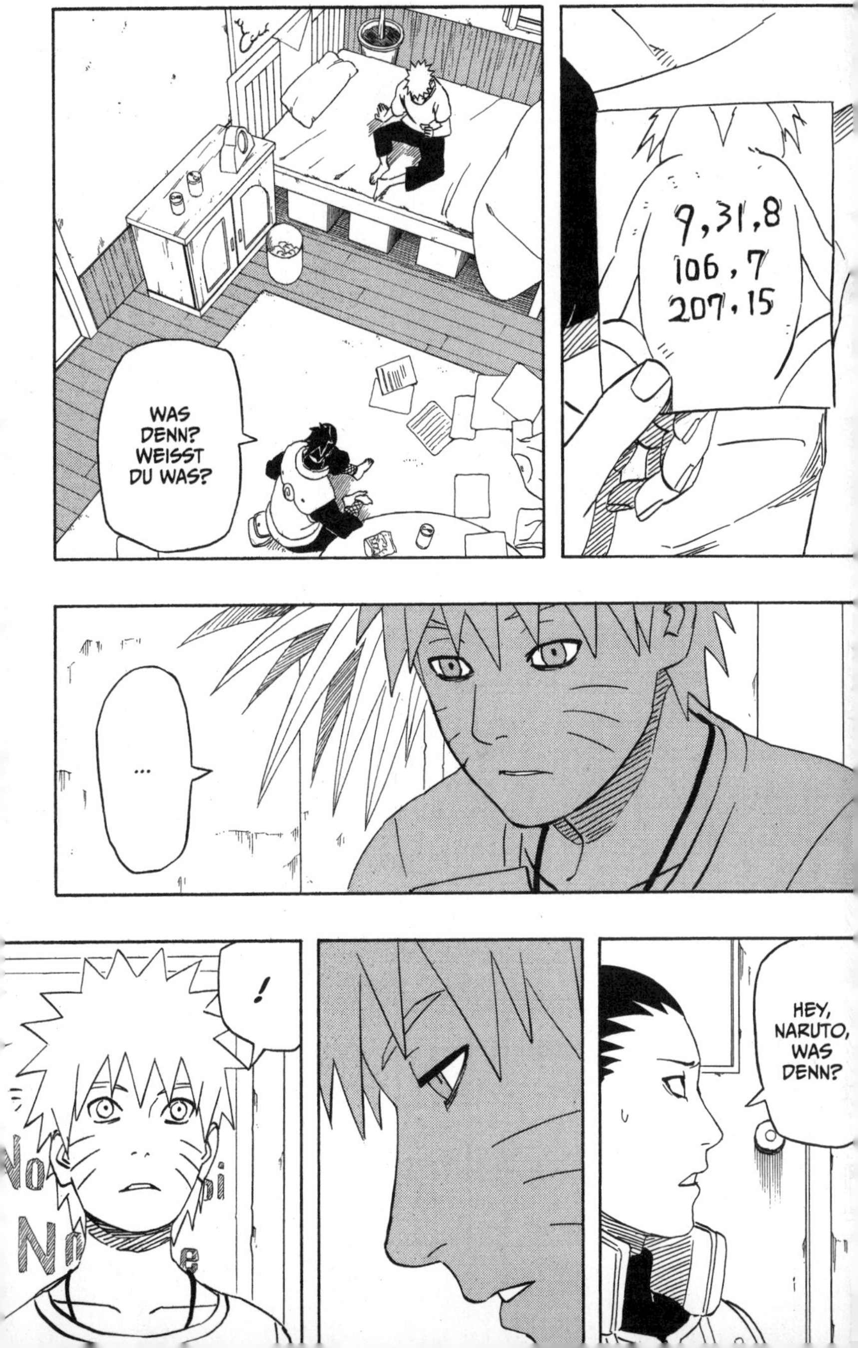
9,31,8
106,7
207,15
WAS DENN? WEISST DU WAS?
...
HEY, NARUTO, WAS DENN?
!

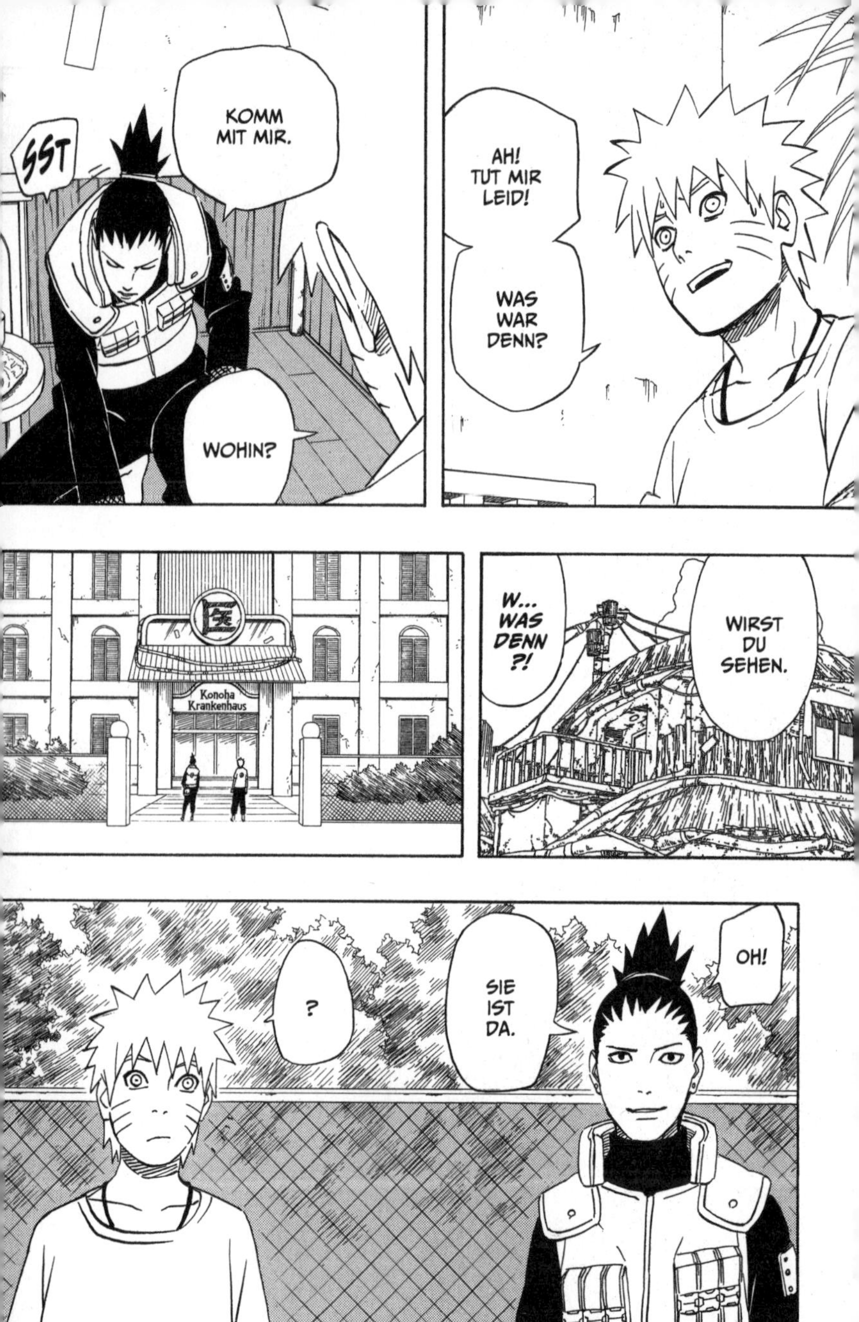
AH! TUT MIR LEID!
WAS WAR DENN?
SST
KOMM MIT MIR.
WOHIN?
WIRST DU SEHEN.
W... WAS DENN ?!
Konoha Krankenhaus
OH!
SIE IST DA.
?

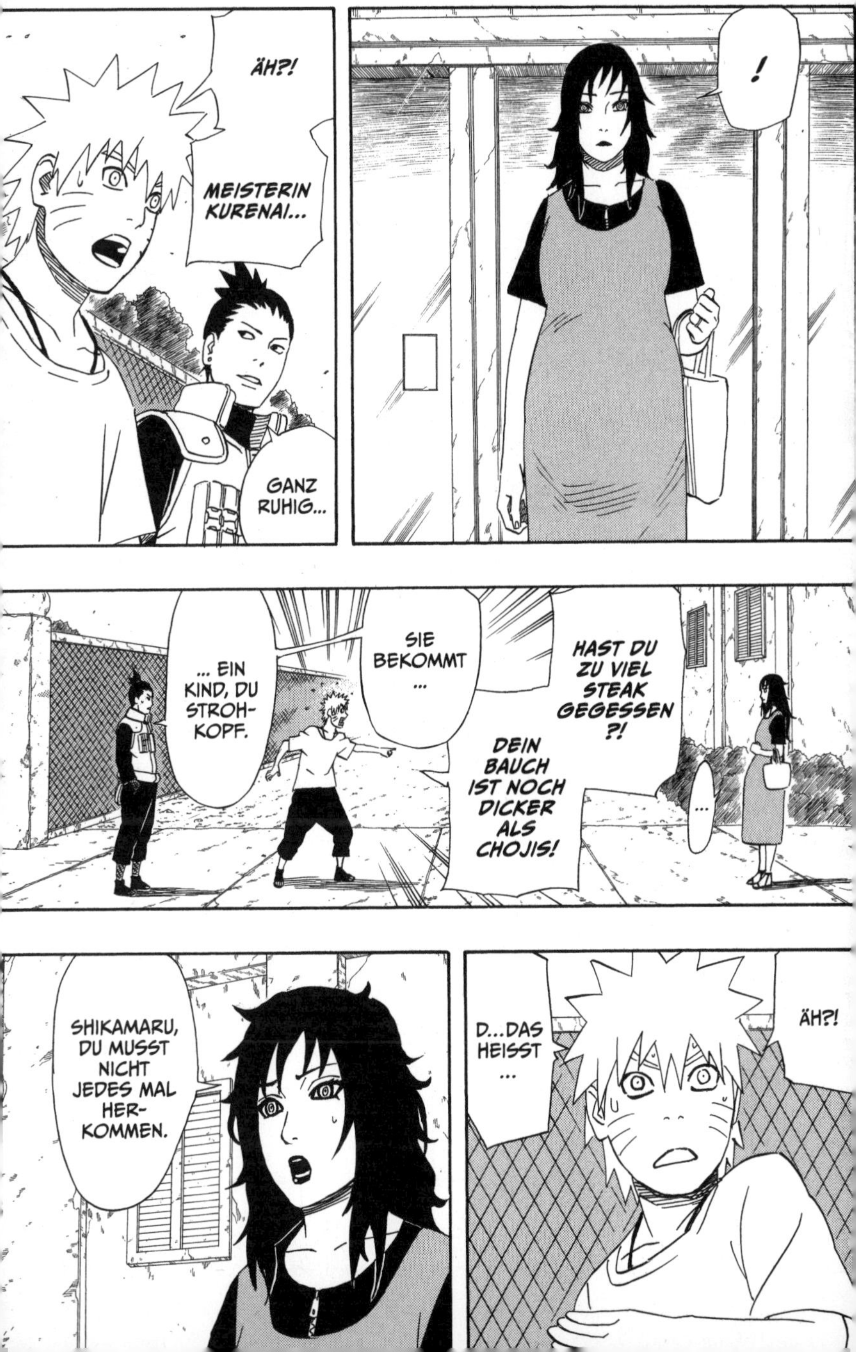
!
ÄH?!
MEISTERIN KURENAI...
GANZ RUHIG...
...
HAST DU ZU VIEL STEAK GEGESSEN?!
DEIN BAUCH IST NOCH DICKER ALS CHOJIS!
SIE BEKOMMT ...
... EIN KIND, DU STROH-KOPF.
ÄH?!
D...DAS HEISST ...
SHIKAMARU, DU MUSST NICHT JEDES MAL HER-KOMMEN.

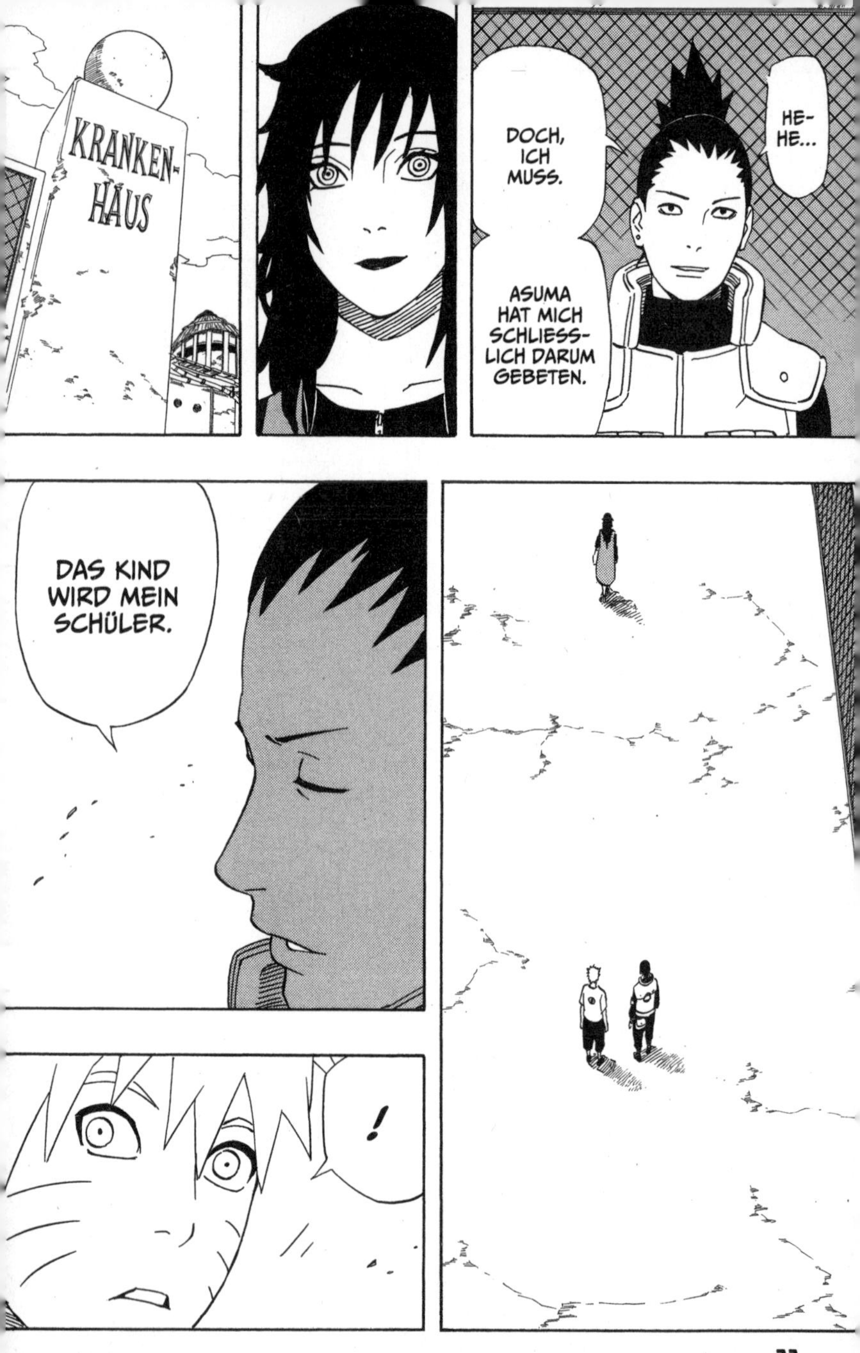
HE-
HE…
DOCH,
ICH
MUSS.
ASUMA
HAT MICH
SCHLIESS-
LICH DARUM
GEBETEN.
KRANKEN-
HAUS
DAS KIND
WIRD MEIN
SCHÜLER.
!

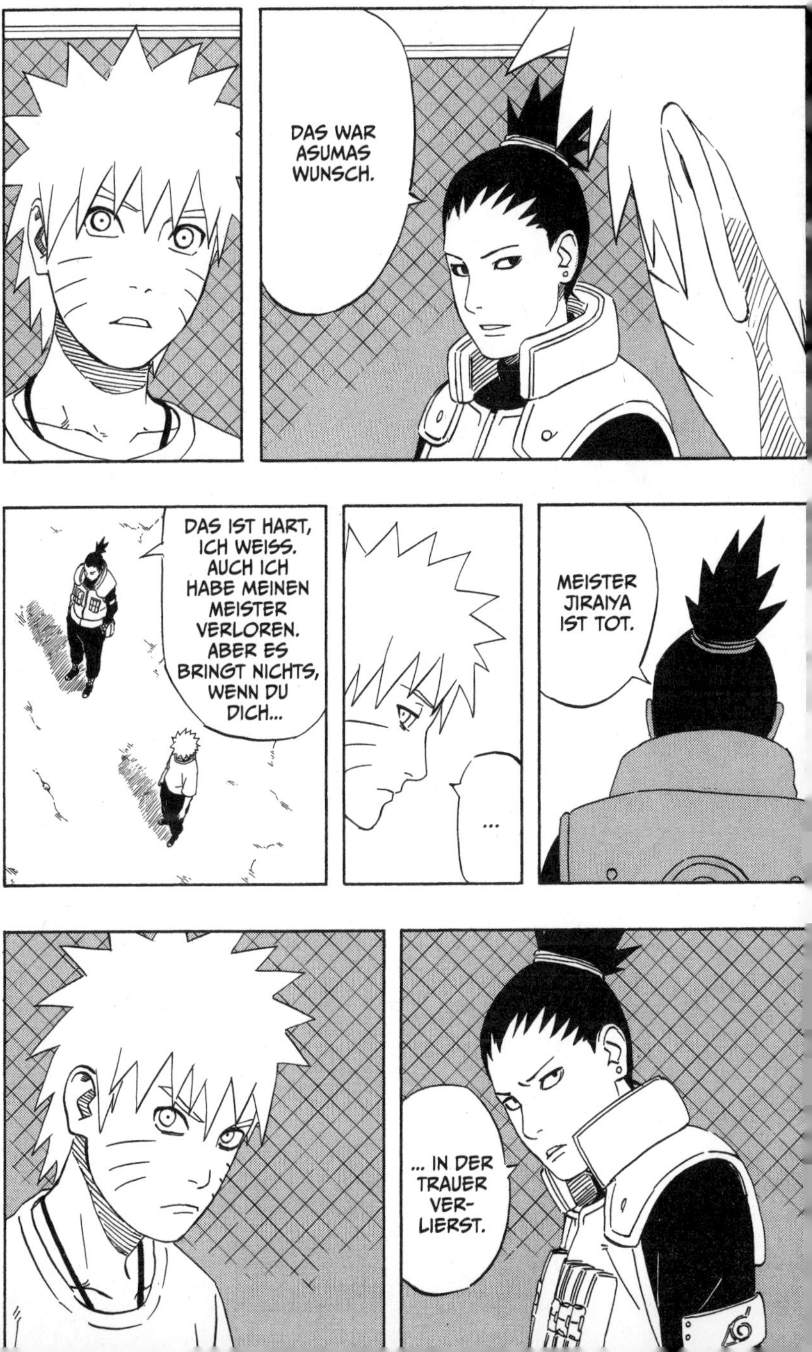
DAS WAR ASUMAS WUNSCH.
MEISTER JIRAIYA IST TOT.
...
DAS IST HART, ICH WEISS. AUCH ICH HABE MEINEN MEISTER VERLOREN. ABER ES BRINGT NICHTS, WENN DU DICH...
... IN DER TRAUER VER-LIERST.

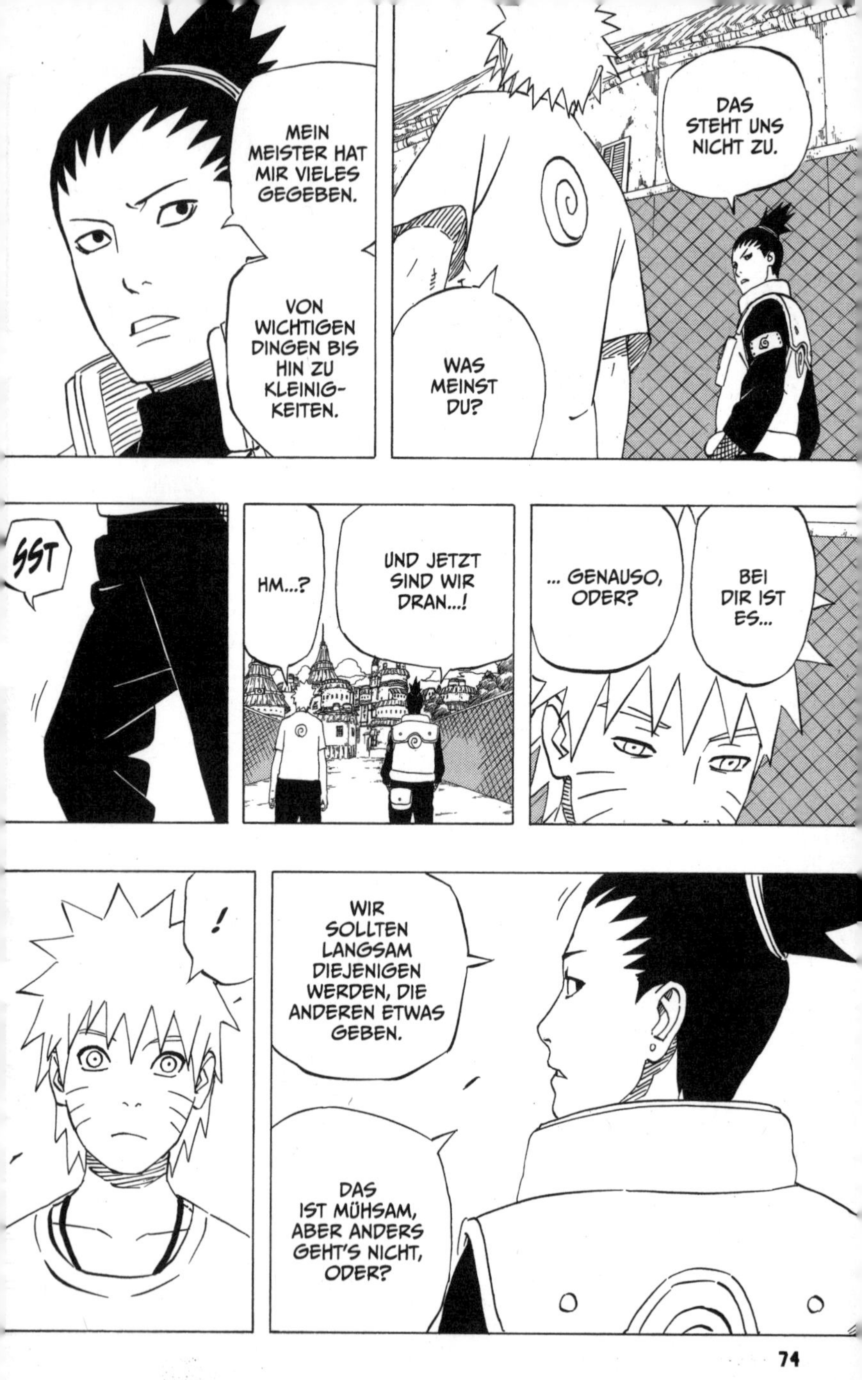
DAS STEHT UNS NICHT ZU.
WAS MEINST DU?
MEIN MEISTER HAT MIR VIELES GEGEBEN.
VON WICHTIGEN DINGEN BIS HIN ZU KLEINIG-KEITEN.
BEI DIR IST ES...
... GENAUSO, ODER?
UND JETZT SIND WIR DRAN...!
HM...?
SST
WIR SOLLTEN LANGSAM DIEJENIGEN WERDEN, DIE ANDEREN ETWAS GEBEN.
DAS IST MÜHSAM, ABER ANDERS GEHT'S NICHT, ODER?
!

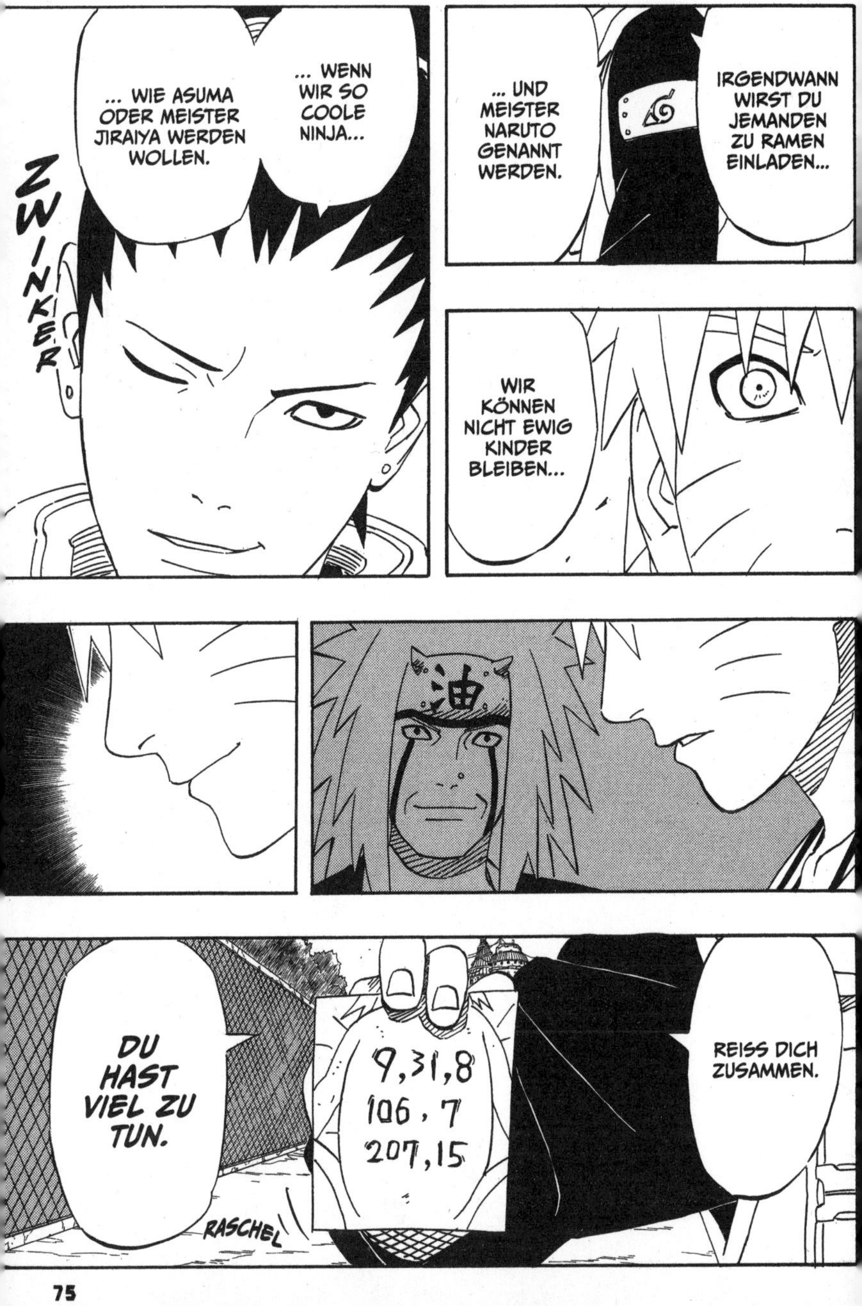
IRGENDWANN WIRST DU JEMANDEN ZU RAMEN EINLADEN...
... UND MEISTER NARUTO GENANNT WERDEN.
WIR KÖNNEN NICHT EWIG KINDER BLEIBEN...
... WENN WIR SO COOLE NINJA...
... WIE ASUMA ODER MEISTER JIRAIYA WERDEN WOLLEN.
ZWINKER
REISS DICH ZUSAMMEN.
9,31,8
106, 7
207,15
DU HAST VIEL ZU TUN.
RASCHEL

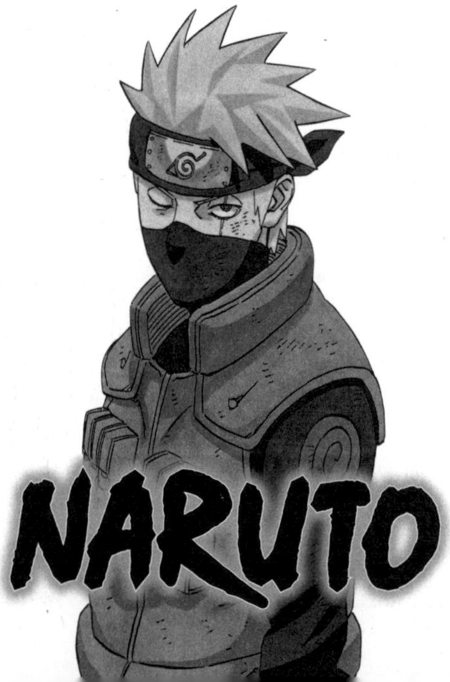
NARUTO

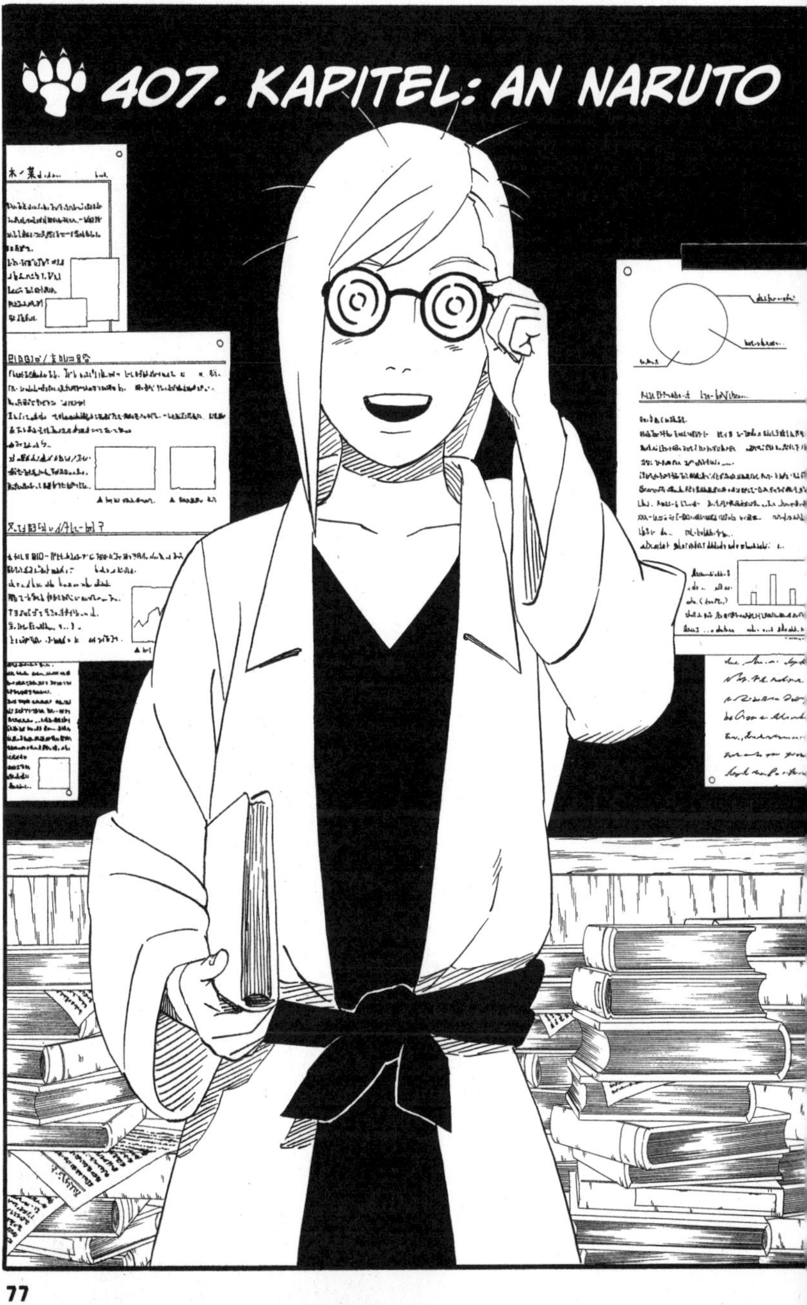
407. KAPITEL: AN NARUTO

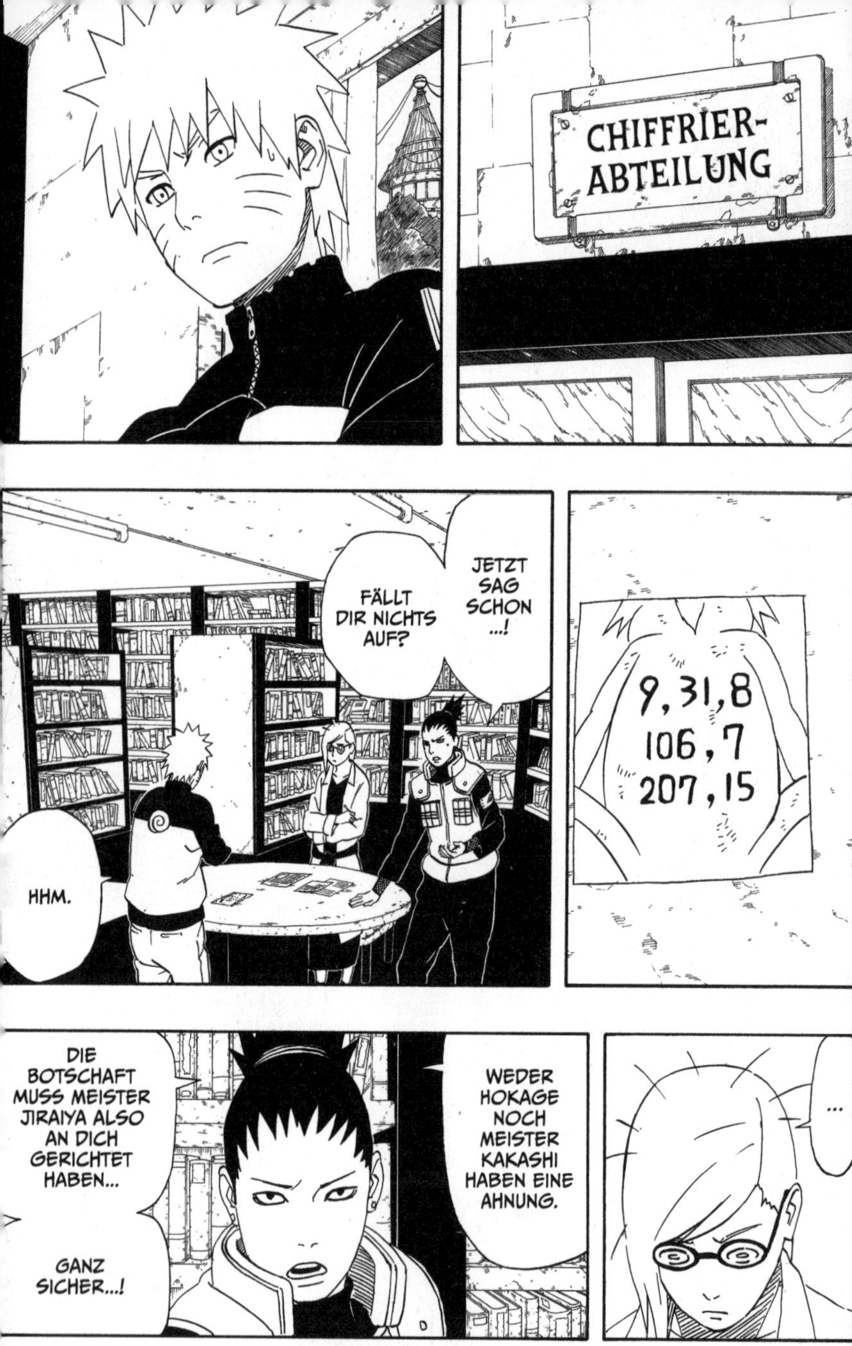
CHIFFRIER-
ABTEILUNG
JETZT SAG SCHON ...!
FÄLLT DIR NICHTS AUF?
HHM.
9,31,8
106,7
207,15
WEDER HOKAGE NOCH MEISTER KAKASHI HABEN EINE AHNUNG.
DIE BOTSCHAFT MUSS MEISTER JIRAIYA ALSO AN DICH GERICHTET HABEN...
GANZ SICHER...!
...

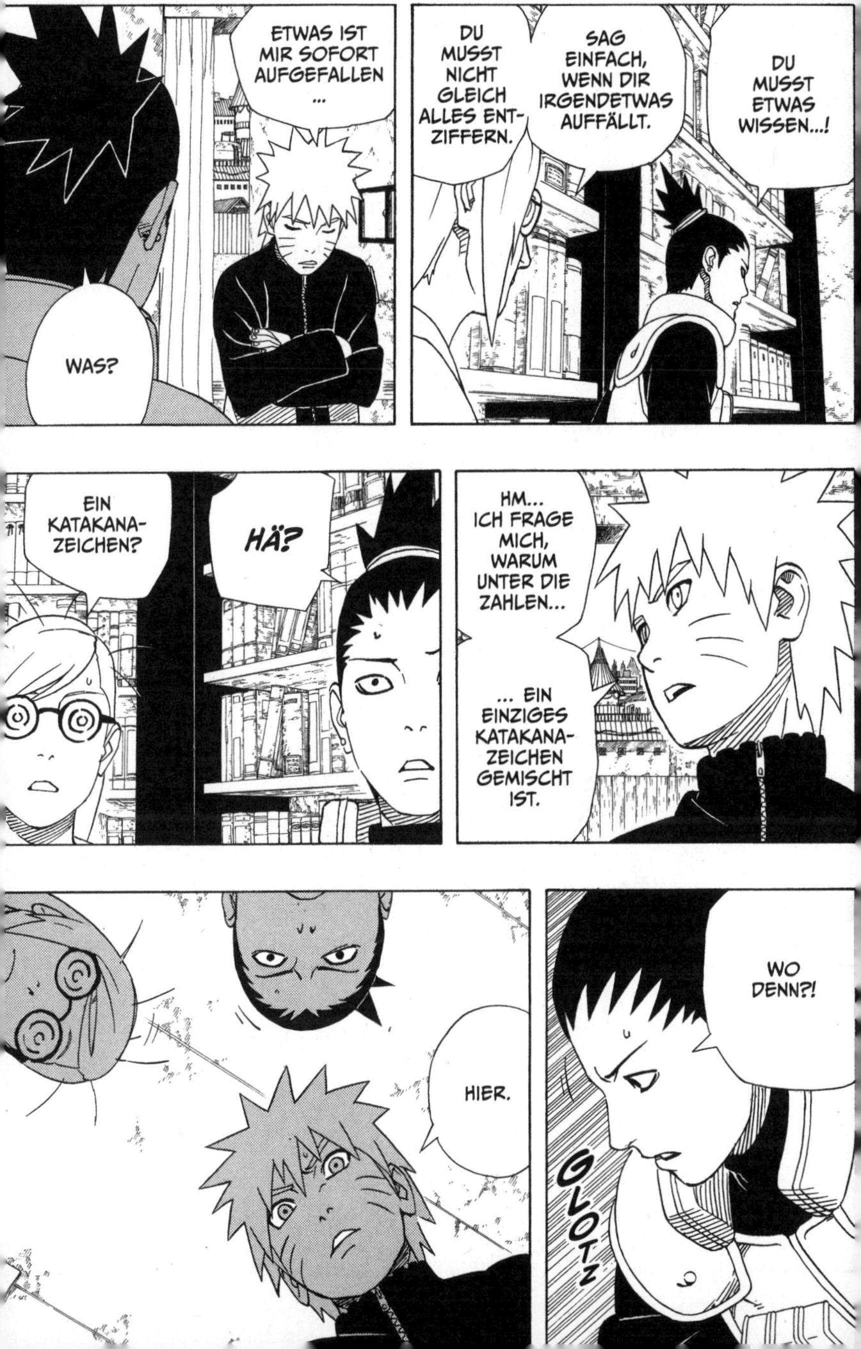
DU MUSST ETWAS WISSEN...!
SAG EINFACH, WENN DIR IRGENDETWAS AUFFÄLLT.
DU MUSST NICHT GLEICH ALLES ENT-ZIFFERN.
ETWAS IST MIR SOFORT AUFGEFALLEN ...
WAS?
HM... ICH FRAGE MICH, WARUM UNTER DIE ZAHLEN...
... EIN EINZIGES KATAKANA-ZEICHEN GEMISCHT IST.
HÄ?
EIN KATAKANA-ZEICHEN?
WO DENN?!
GLOTZ
HIER.

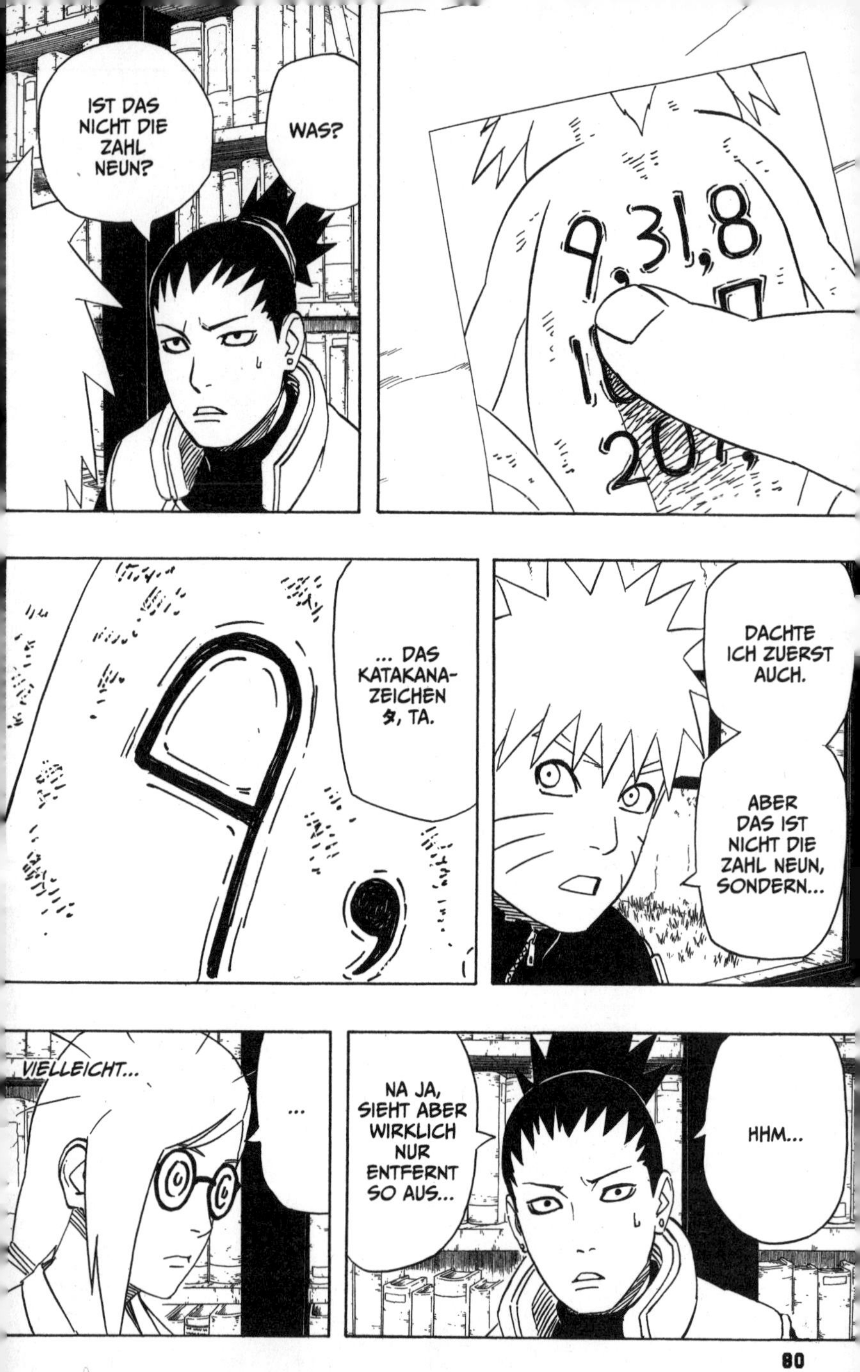

WAS?
IST DAS NICHT DIE ZAHL NEUN?
9,31,8
10
20
DACHTE ICH ZUERST AUCH.
ABER DAS IST NICHT DIE ZAHL NEUN, SONDERN...
... DAS KATAKANA-ZEICHEN タ, TA.
HHM...
NA JA, SIEHT ABER WIRKLICH NUR ENTFERNT SO AUS...
...
VIELLEICHT...

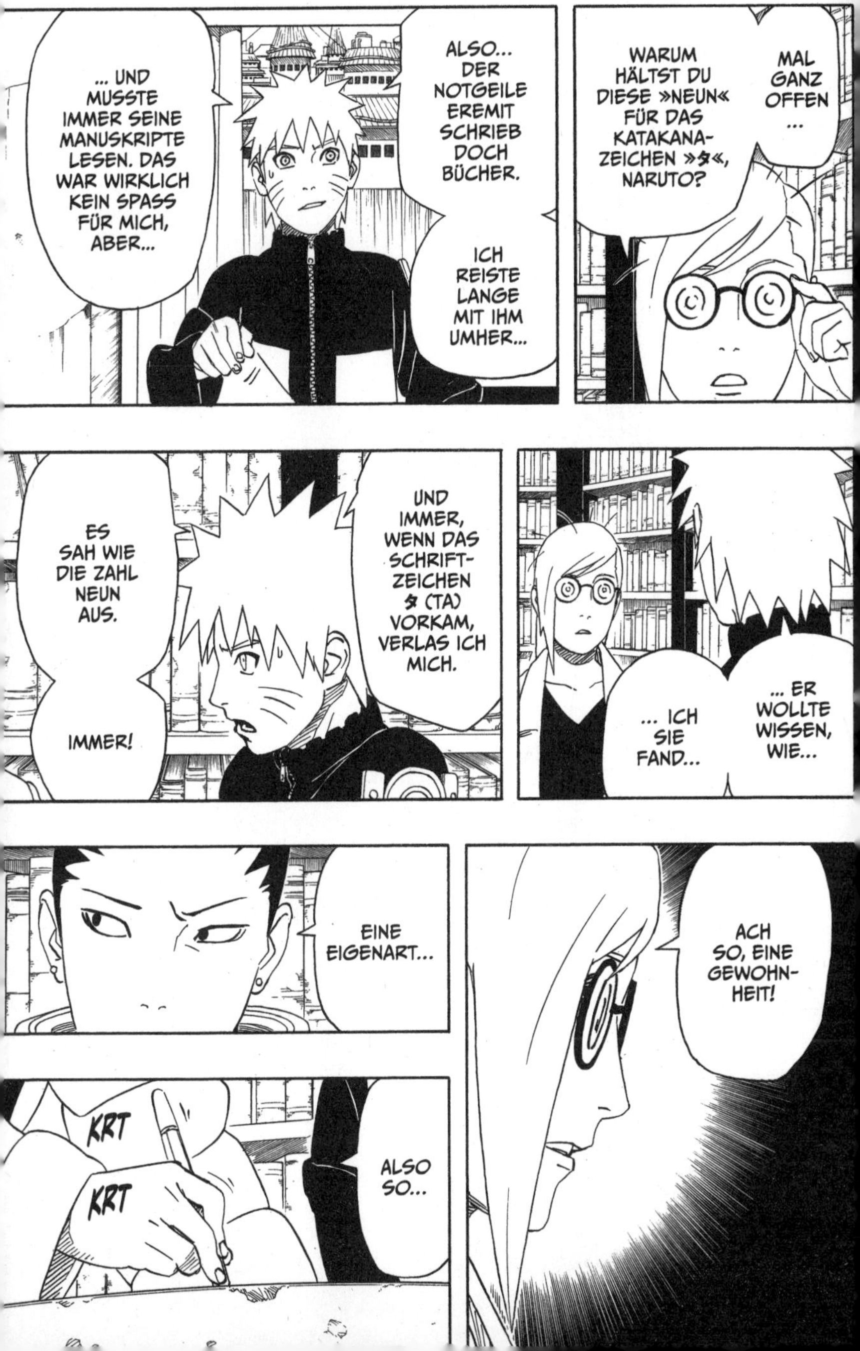
MAL GANZ OFFEN ...
WARUM HÄLTST DU DIESE »NEUN« FÜR DAS KATAKANA-ZEICHEN »タ«, NARUTO?
ALSO... DER NOTGEILE EREMIT SCHRIEB DOCH BÜCHER.
ICH REISTE LANGE MIT IHM UMHER...
... UND MUSSTE IMMER SEINE MANUSKRIPTE LESEN. DAS WAR WIRKLICH KEIN SPASS FÜR MICH, ABER...
... ER WOLLTE WISSEN, WIE...
... ICH SIE FAND...
UND IMMER, WENN DAS SCHRIFT-ZEICHEN タ (TA) VORKAM, VERLAS ICH MICH.
ES SAH WIE DIE ZAHL NEUN AUS.
IMMER!
ACH SO, EINE GEWOHNHEIT!
EINE EIGENART...
ALSO SO...
KRT
KRT

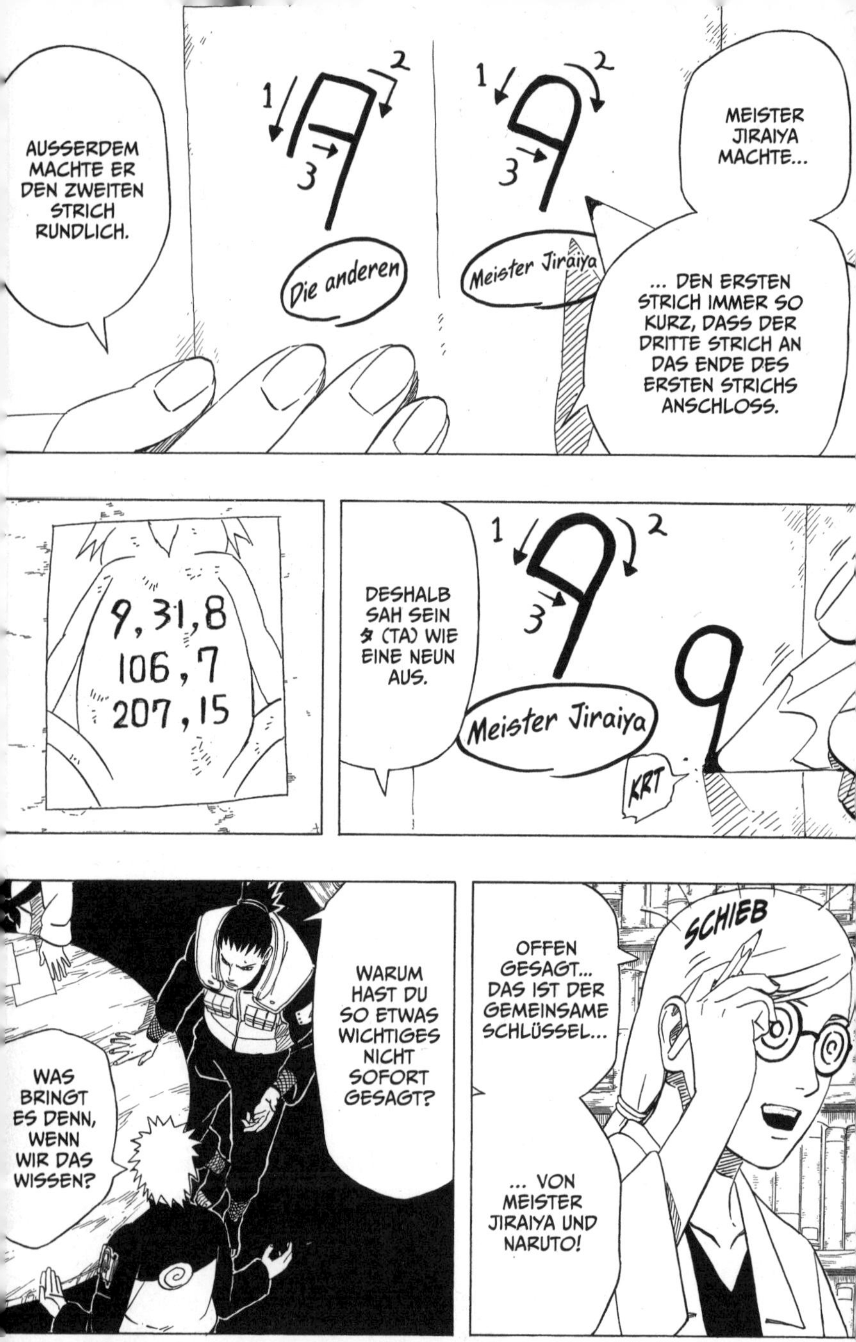

MEISTER JIRAIYA MACHTE...
... DEN ERSTEN STRICH IMMER SO KURZ, DASS DER DRITTE STRICH AN DAS ENDE DES ERSTEN STRICHS ANSCHLOSS.
Meister Jiraiya
1
2
3
Die anderen
1
2
3
AUSSERDEM MACHTE ER DEN ZWEITEN STRICH RUNDLICH.
KRT
Meister Jiraiya
1
2
3
DESHALB SAH SEIN タ (TA) WIE EINE NEUN AUS.
9,31,8
106,7
207,15
SCHIEB
OFFEN GESAGT... DAS IST DER GEMEINSAME SCHLÜSSEL...
... VON MEISTER JIRAIYA UND NARUTO!
WARUM HAST DU SO ETWAS WICHTIGES NICHT SOFORT GESAGT?
WAS BRINGT ES DENN, WENN WIR DAS WISSEN?

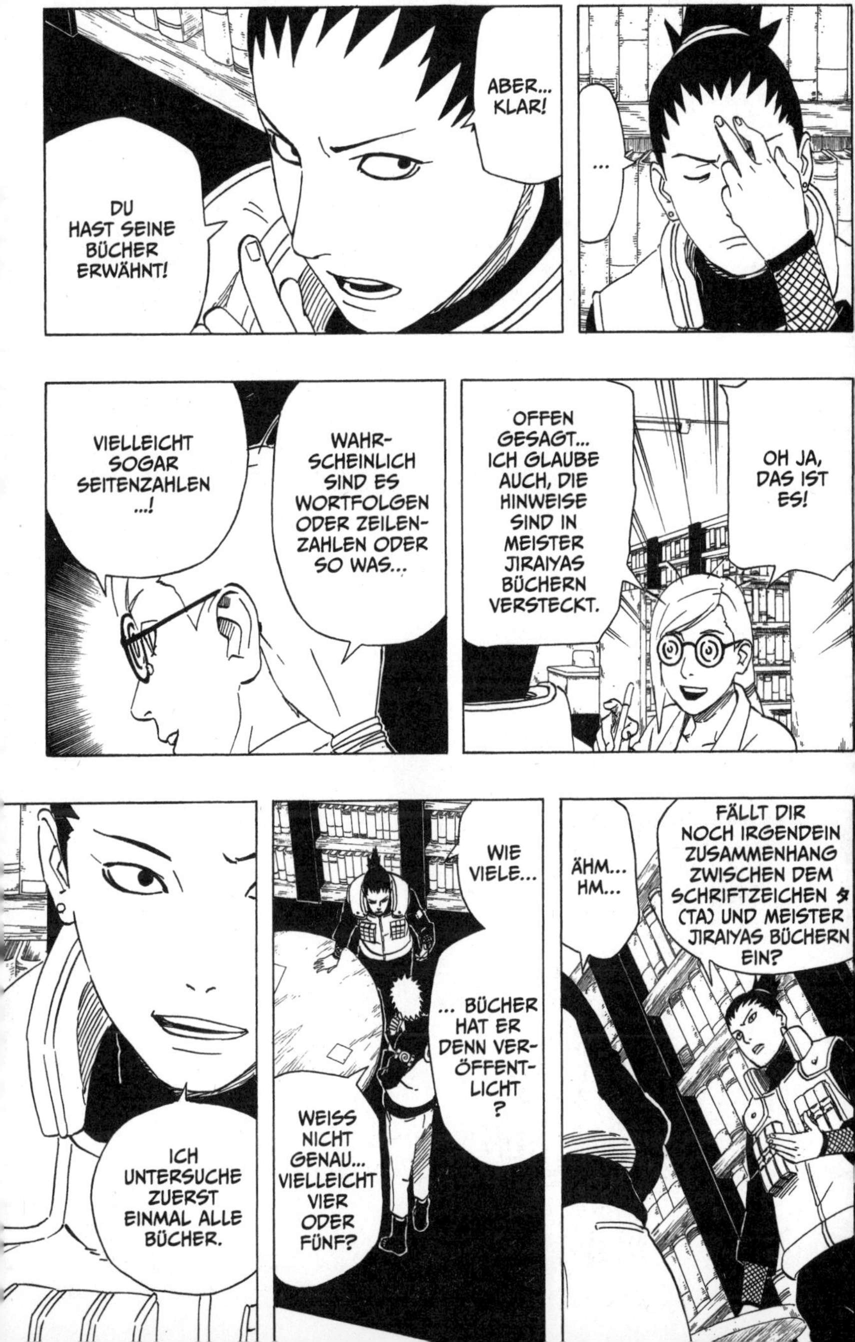
...
ABER... KLAR!
DU HAST SEINE BÜCHER ERWÄHNT!
OH JA, DAS IST ES!
OFFEN GESAGT... ICH GLAUBE AUCH, DIE HINWEISE SIND IN MEISTER JIRAIYAS BÜCHERN VERSTECKT.
WAHR-SCHEINLICH SIND ES WORTFOLGEN ODER ZEILEN-ZAHLEN ODER SO WAS...
VIELLEICHT SOGAR SEITENZAHLEN ...!
FÄLLT DIR NOCH IRGENDEIN ZUSAMMENHANG ZWISCHEN DEM SCHRIFTZEICHEN タ (TA) UND MEISTER JIRAIYAS BÜCHERN EIN?
ÄHM... HM...
WIE VIELE...
... BÜCHER HAT ER DENN VER-ÖFFENT-LICHT?
WEISS NICHT GENAU... VIELLEICHT VIER ODER FÜNF?
ICH UNTERSUCHE ZUERST EINMAL ALLE BÜCHER.

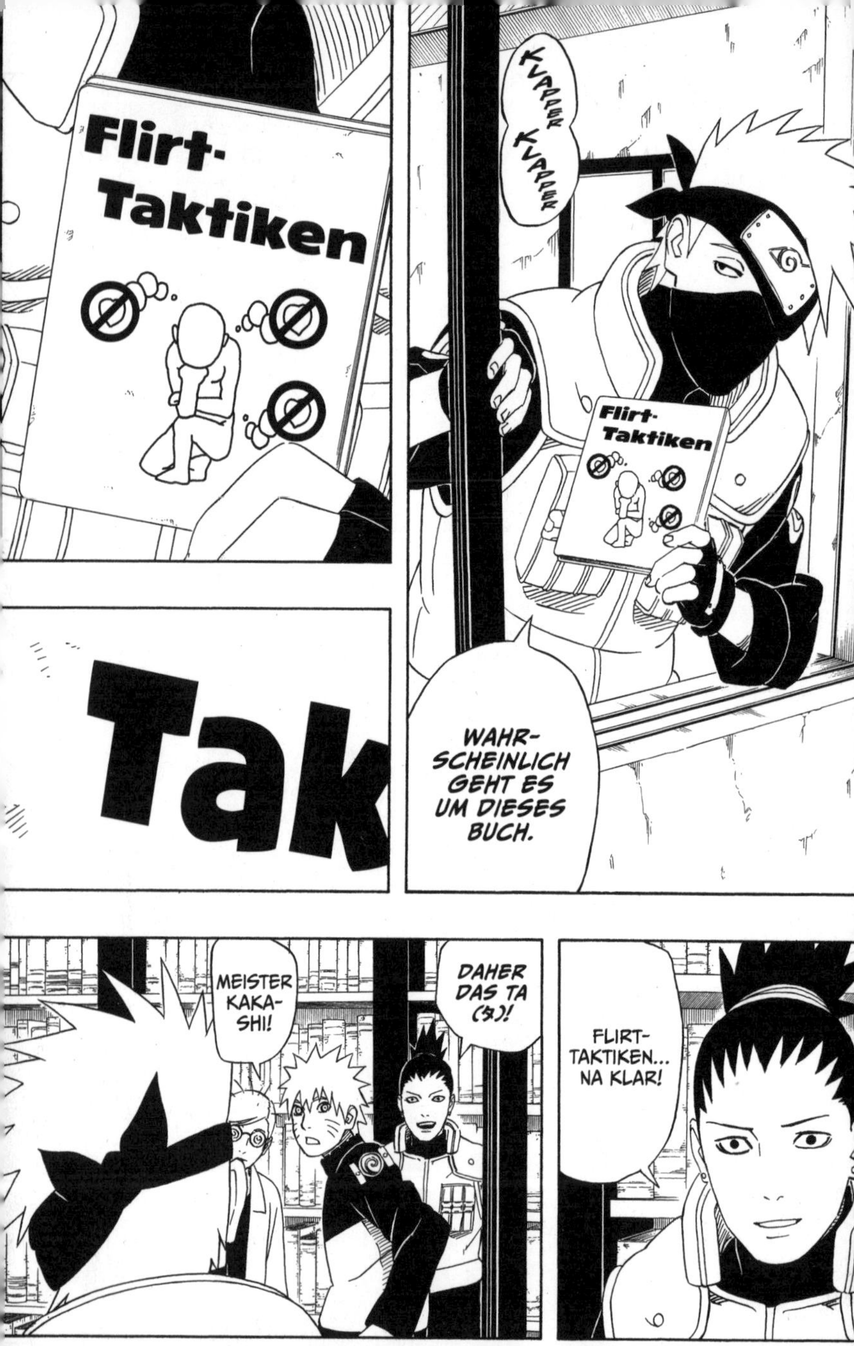
KLAPPER KLAPPER
Flirt-Taktiken
WAHR-SCHEINLICH GEHT ES UM DIESES BUCH.
Flirt-Taktiken
Tak
FLIRT-TAKTIKEN... NA KLAR!
DAHER DAS TA (タ)!
MEISTER KAKA-SHI!

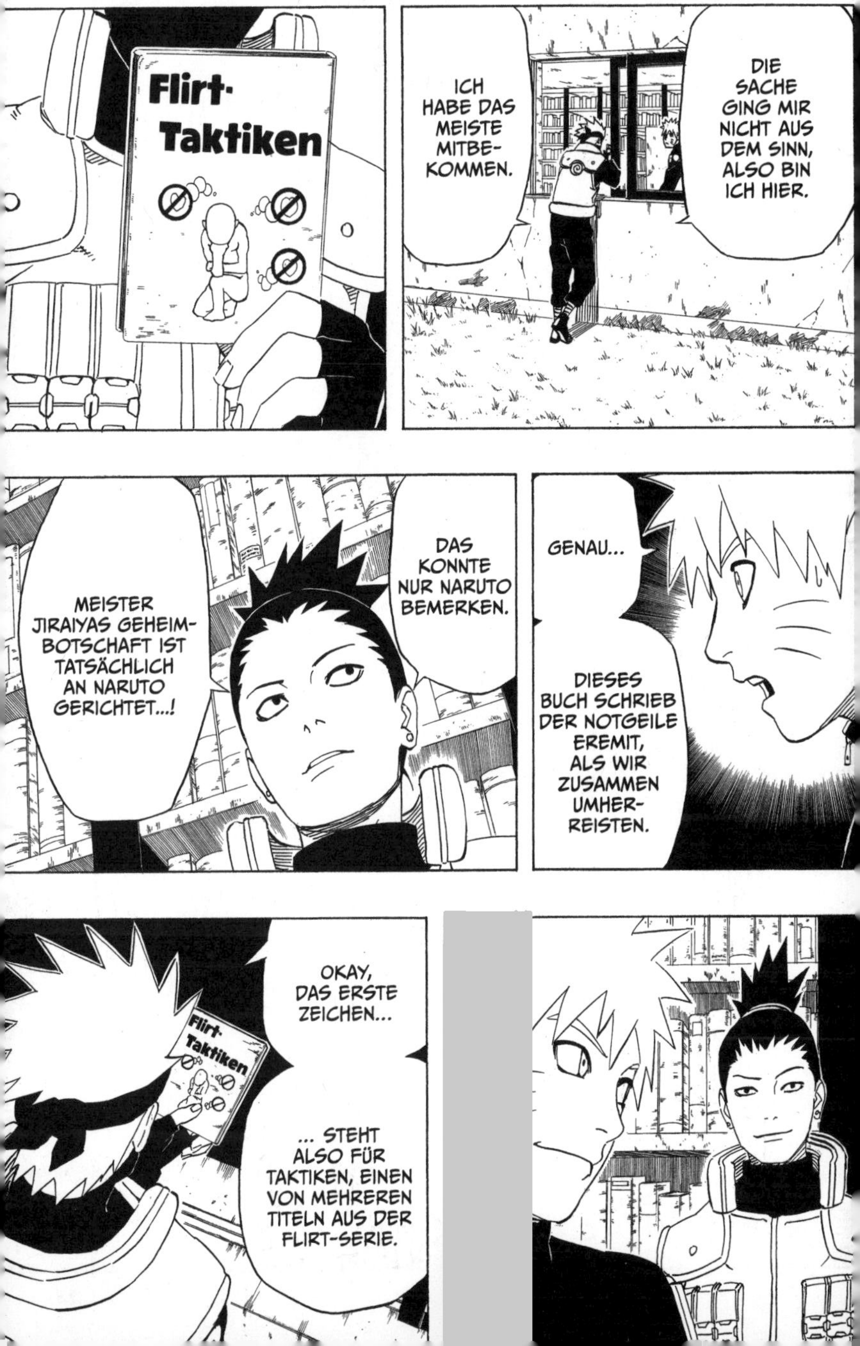

DIE SACHE GING MIR NICHT AUS DEM SINN, ALSO BIN ICH HIER.
ICH HABE DAS MEISTE MITBEKOMMEN.
Flirt-Taktiken
GENAU...
DIESES BUCH SCHRIEB DER NOTGEILE EREMIT, ALS WIR ZUSAMMEN UMHERREISTEN.
DAS KONNTE NUR NARUTO BEMERKEN.
MEISTER JIRAIYAS GEHEIMBOTSCHAFT IST TATSÄCHLICH AN NARUTO GERICHTET...!
OKAY, DAS ERSTE ZEICHEN...
... STEHT ALSO FÜR TAKTIKEN, EINEN VON MEHREREN TITELN AUS DER FLIRT-SERIE.
Flirt-Taktiken

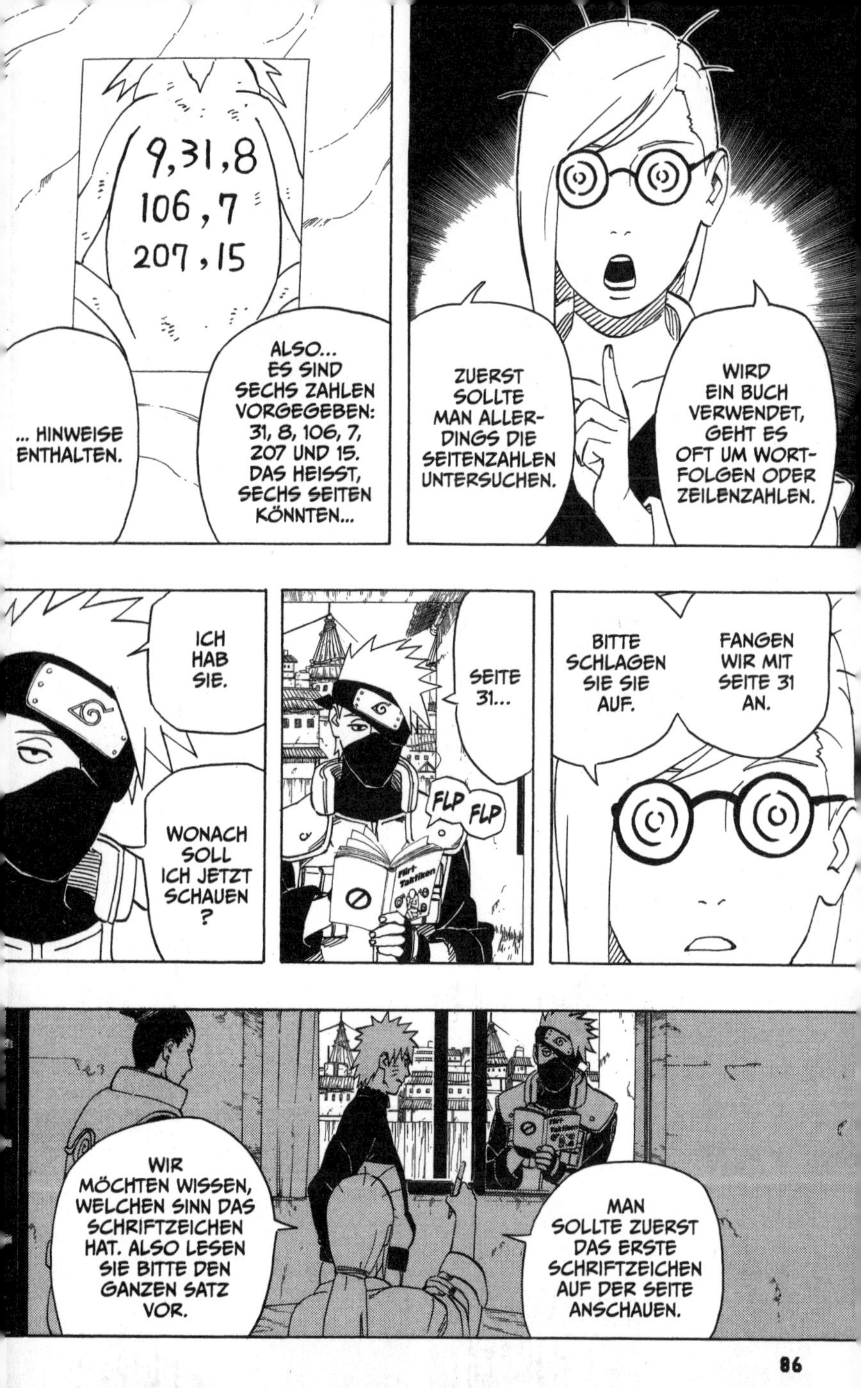
WIRD EIN BUCH VERWENDET, GEHT ES OFT UM WORTFOLGEN ODER ZEILENZAHLEN.
ZUERST SOLLTE MAN ALLERDINGS DIE SEITENZAHLEN UNTERSUCHEN.
9,31,8
106,7
207,15
ALSO... ES SIND SECHS ZAHLEN VORGEGEBEN: 31, 8, 106, 7, 207 UND 15. DAS HEISST, SECHS SEITEN KÖNNTEN...
... HINWEISE ENTHALTEN.
FANGEN WIR MIT SEITE 31 AN.
BITTE SCHLAGEN SIE SIE AUF.
SEITE 31...
FLP
FLP
Flirt-Taktiken
ICH HAB SIE.
WONACH SOLL ICH JETZT SCHAUEN ?
MAN SOLLTE ZUERST DAS ERSTE SCHRIFTZEICHEN AUF DER SEITE ANSCHAUEN.
WIR MÖCHTEN WISSEN, WELCHEN SINN DAS SCHRIFTZEICHEN HAT. ALSO LESEN SIE BITTE DEN GANZEN SATZ VOR.

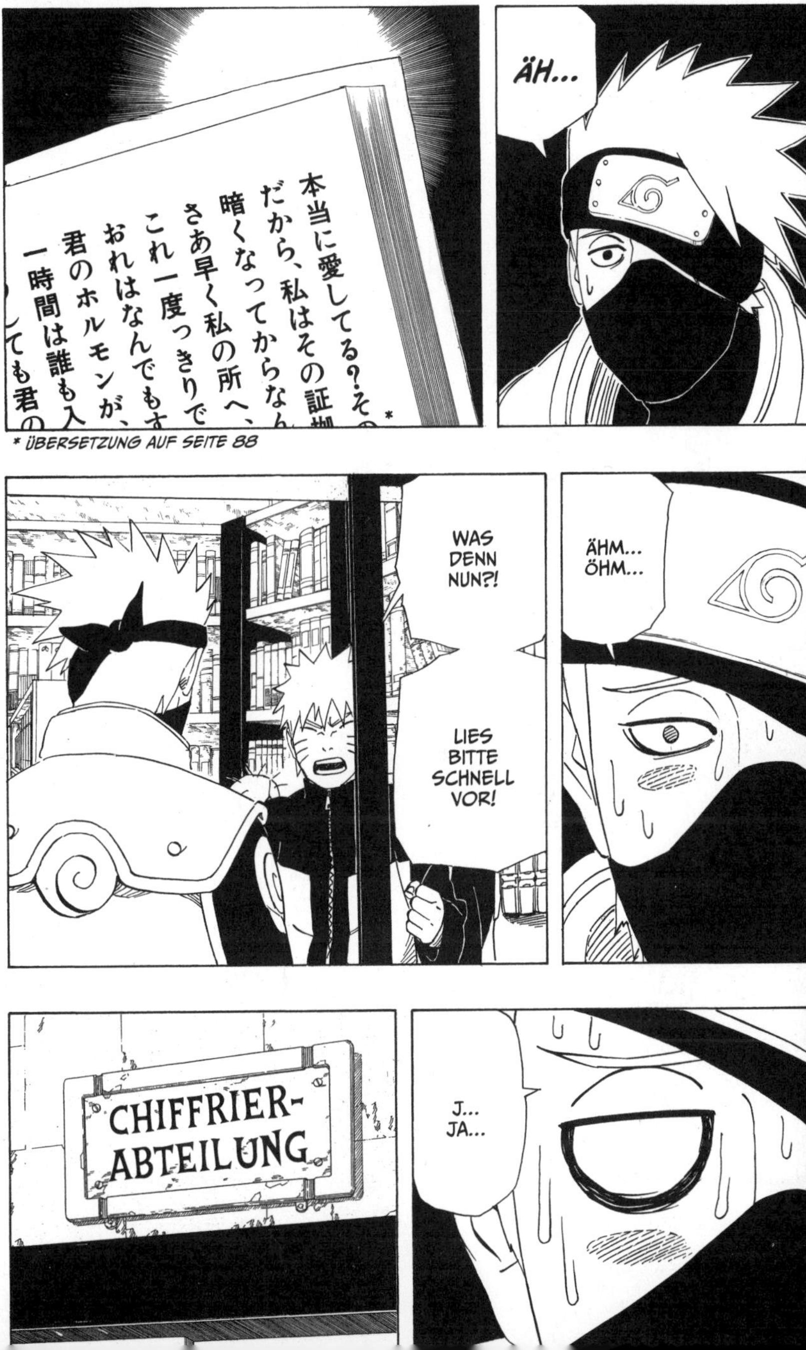

* ÜBERSETZUNG AUF SEITE 88

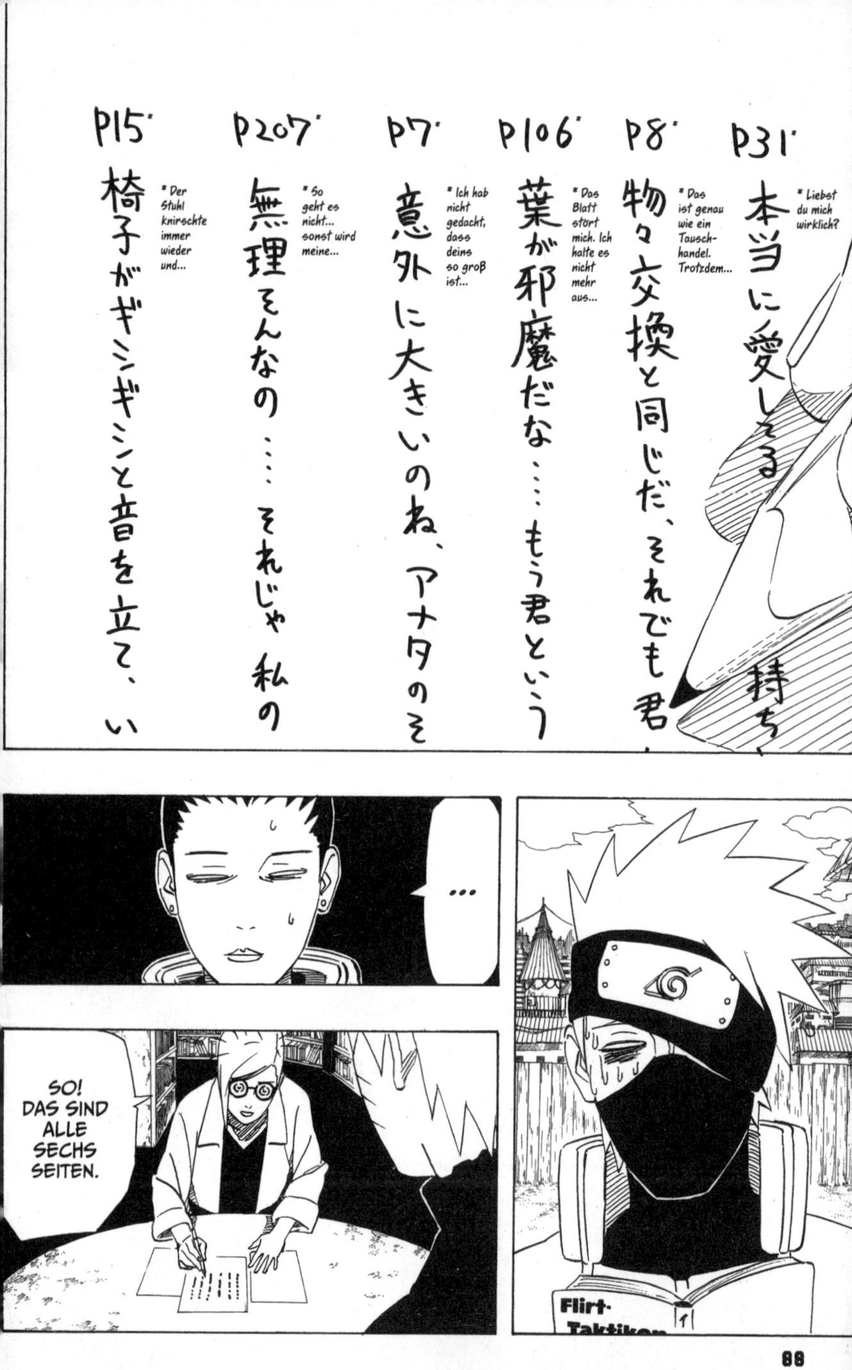
P31
本当に愛してる
* Liebst du mich wirklich?
持ち
P8
物々交換と同じだ、それでも君
* Das ist genau wie ein Tauschhandel. Trotzdem...
P106
葉が邪魔だな……もう君という
* Das Blatt stört mich. Ich halte es nicht mehr aus...
P7
意外に大きいのね、アナタのそ
* Ich hab nicht gedacht, dass deins so groß ist...
P207
無理そんなの……それじゃ私の
* So geht es nicht... sonst wird meine...
P15
椅子がギシギシと音を立て、い
* Der Stuhl knirschte immer wieder und...
Flirt-Taktiken
...
SO! DAS SIND ALLE SECHS SEITEN.

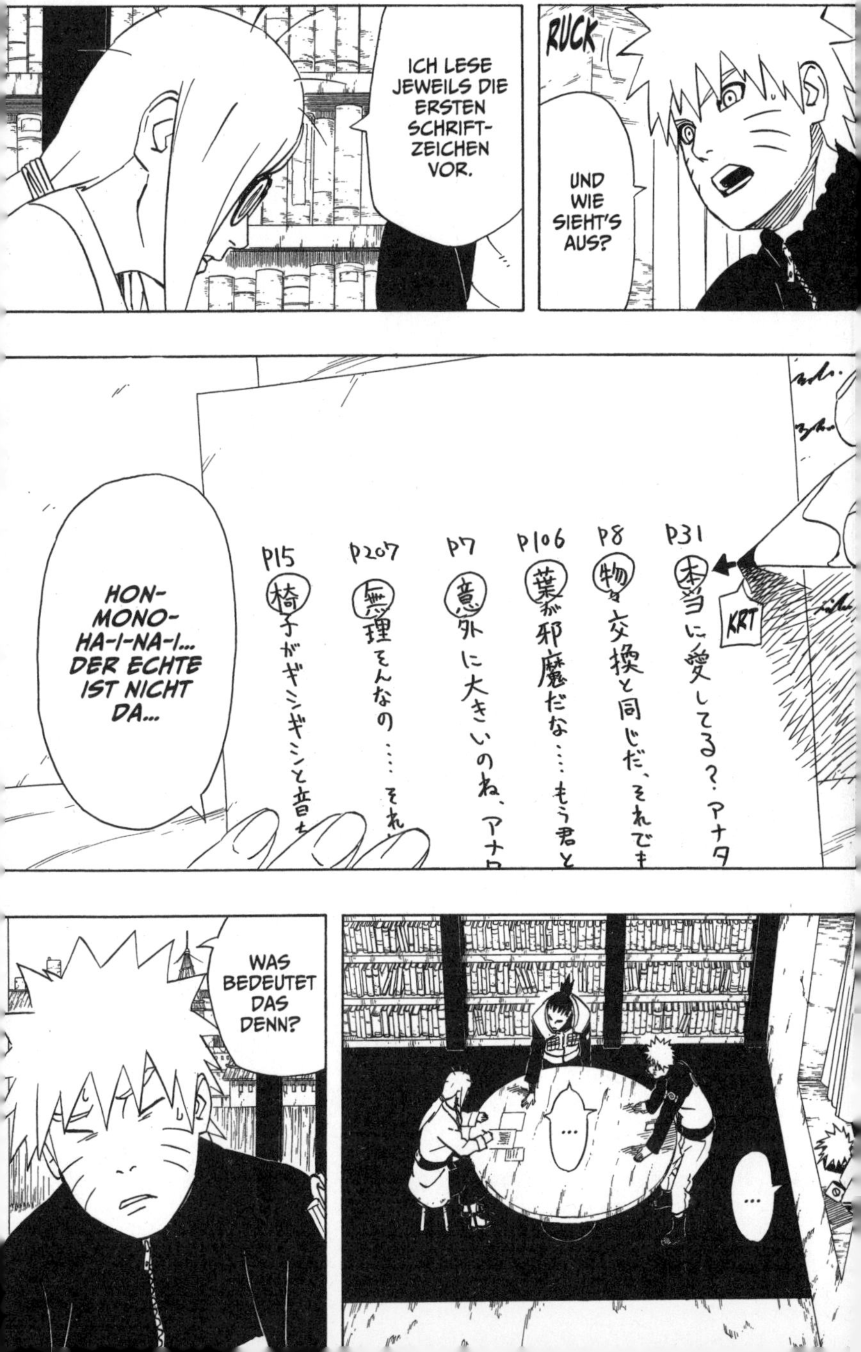
RUCK
UND WIE SIEHT'S AUS?
ICH LESE JEWEILS DIE ERSTEN SCHRIFT-ZEICHEN VOR.
KRT
P31 本当に愛してる？アナタ
P8 物々交換と同じだ、それで
P106 葉が邪魔だな……もう君と
P7 意外に大きいのね、アナ
P207 無理そんなの……それ
P15 椅子がギシギシと音
HON-MONO-HA-I-NA-I… DER ECHTE IST NICHT DA…
…
…
WAS BEDEUTET DAS DENN?

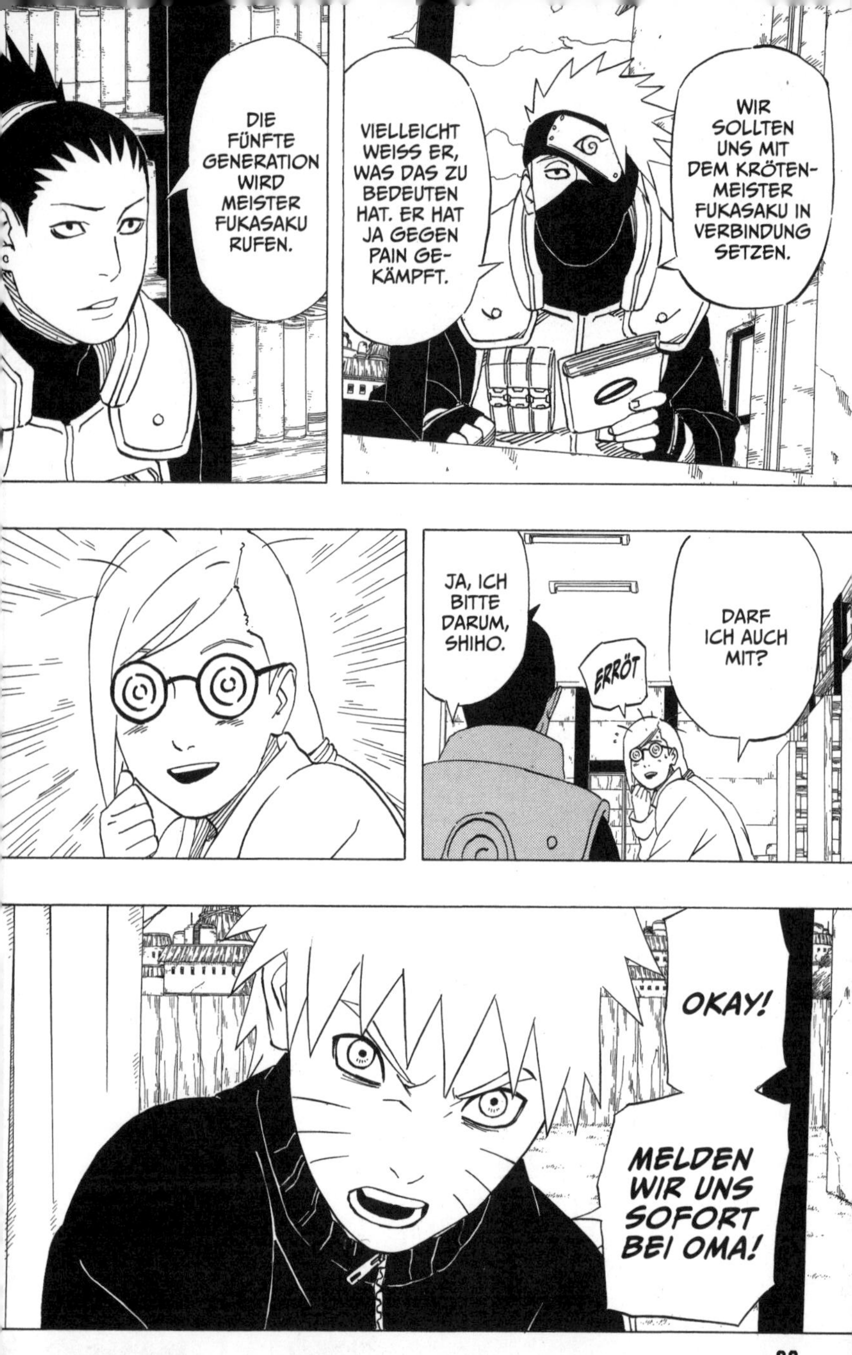
WIR SOLLTEN UNS MIT DEM KRÖTEN-MEISTER FUKASAKU IN VERBINDUNG SETZEN.
VIELLEICHT WEISS ER, WAS DAS ZU BEDEUTEN HAT. ER HAT JA GEGEN PAIN GE-KÄMPFT.
DIE FÜNFTE GENERATION WIRD MEISTER FUKASAKU RUFEN.
DARF ICH AUCH MIT?
ERRÖT
JA, ICH BITTE DARUM, SHIHO.
OKAY!
MELDEN WIR UNS SOFORT BEI OMA!

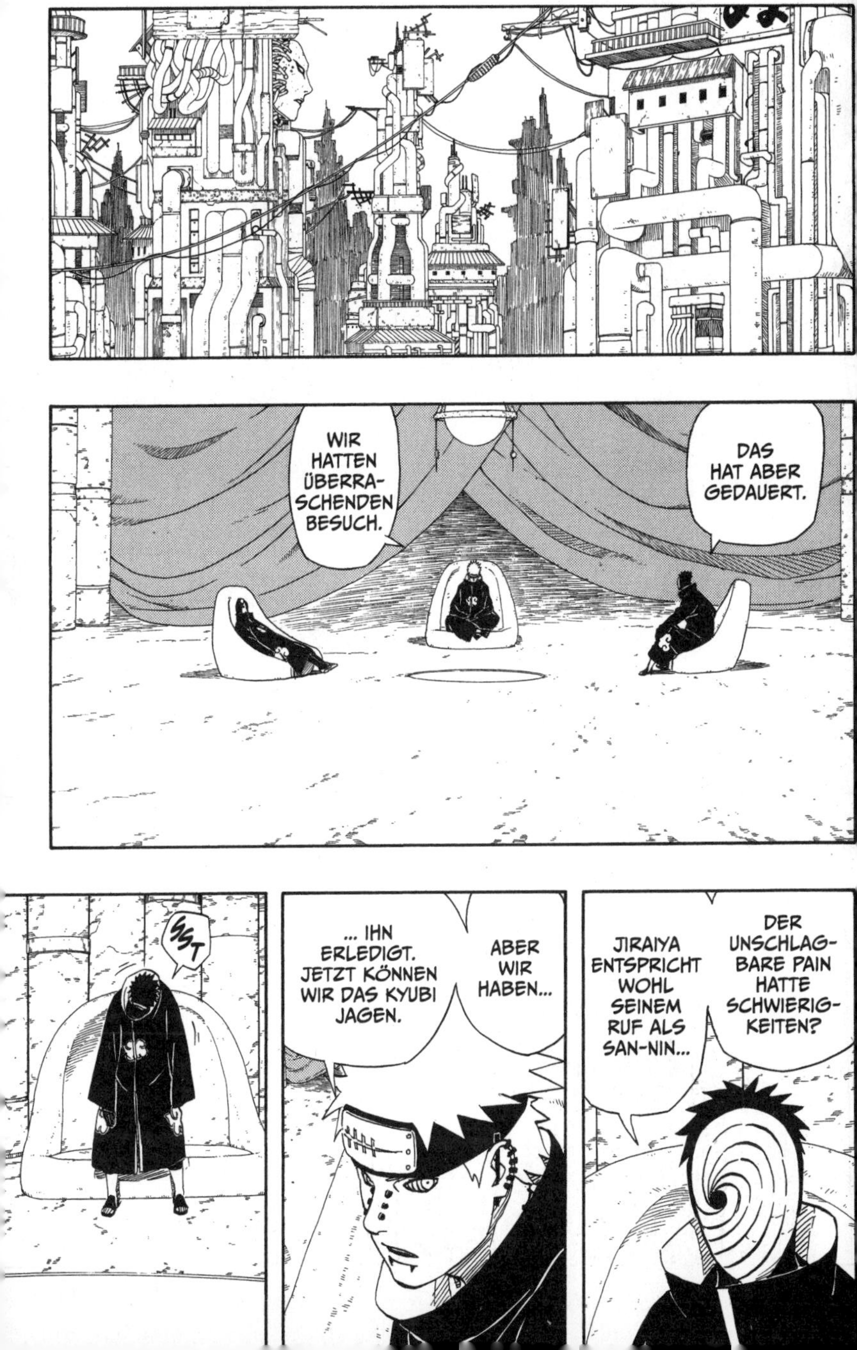
DAS HAT ABER GEDAUERT.
WIR HATTEN ÜBERRASCHENDEN BESUCH.
DER UNSCHLAGBARE PAIN HATTE SCHWIERIGKEITEN?
JIRAIYA ENTSPRICHT WOHL SEINEM RUF ALS SAN-NIN...
ABER WIR HABEN...
... IHN ERLEDIGT. JETZT KÖNNEN WIR DAS KYUBI JAGEN.
SST

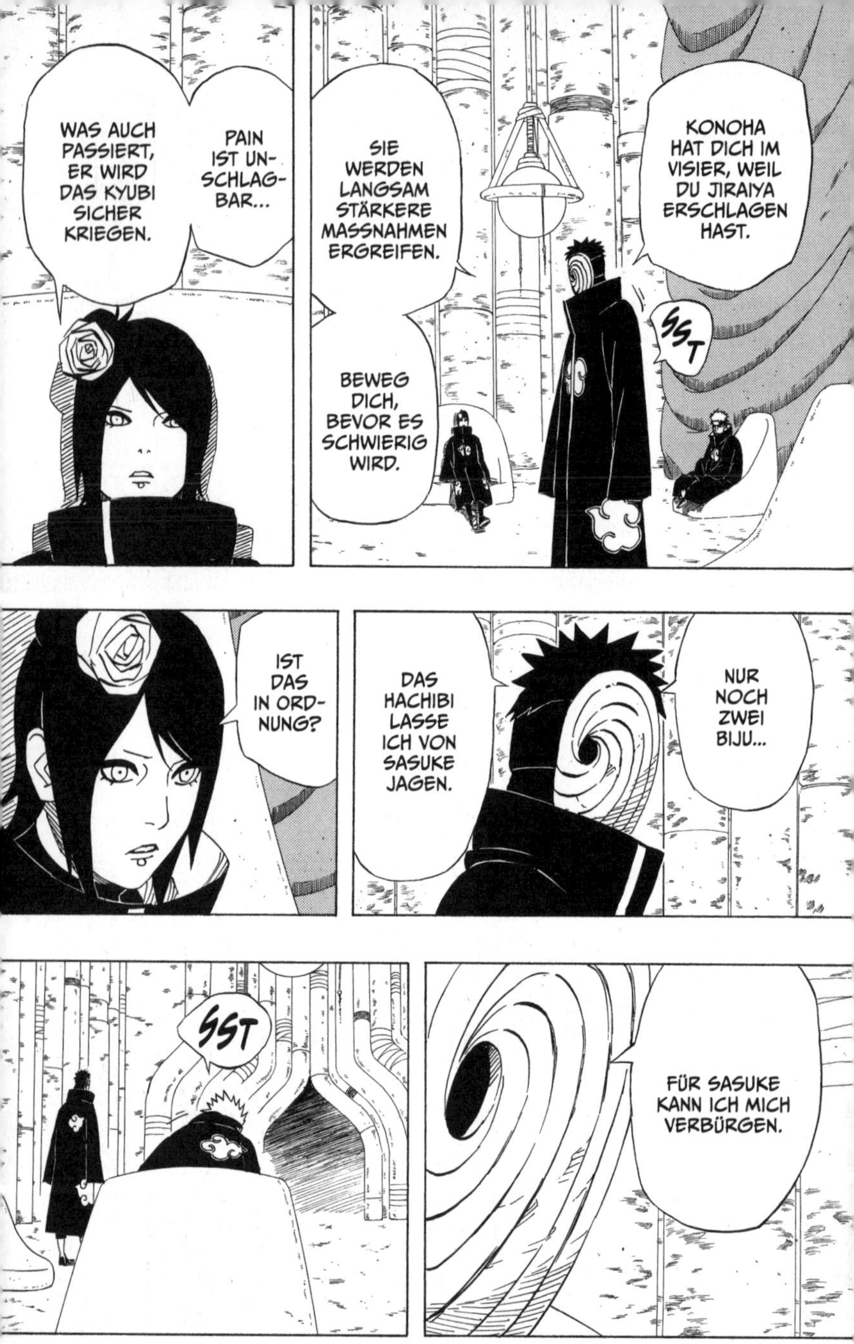
KONOHA HAT DICH IM VISIER, WEIL DU JIRAIYA ERSCHLAGEN HAST.
SST
SIE WERDEN LANGSAM STÄRKERE MASSNAHMEN ERGREIFEN.
BEWEG DICH, BEVOR ES SCHWIERIG WIRD.
PAIN IST UN-SCHLAG-BAR...
WAS AUCH PASSIERT, ER WIRD DAS KYUBI SICHER KRIEGEN.
NUR NOCH ZWEI BIJU...
DAS HACHIBI LASSE ICH VON SASUKE JAGEN.
IST DAS IN ORD-NUNG?
FÜR SASUKE KANN ICH MICH VERBÜRGEN.
SST

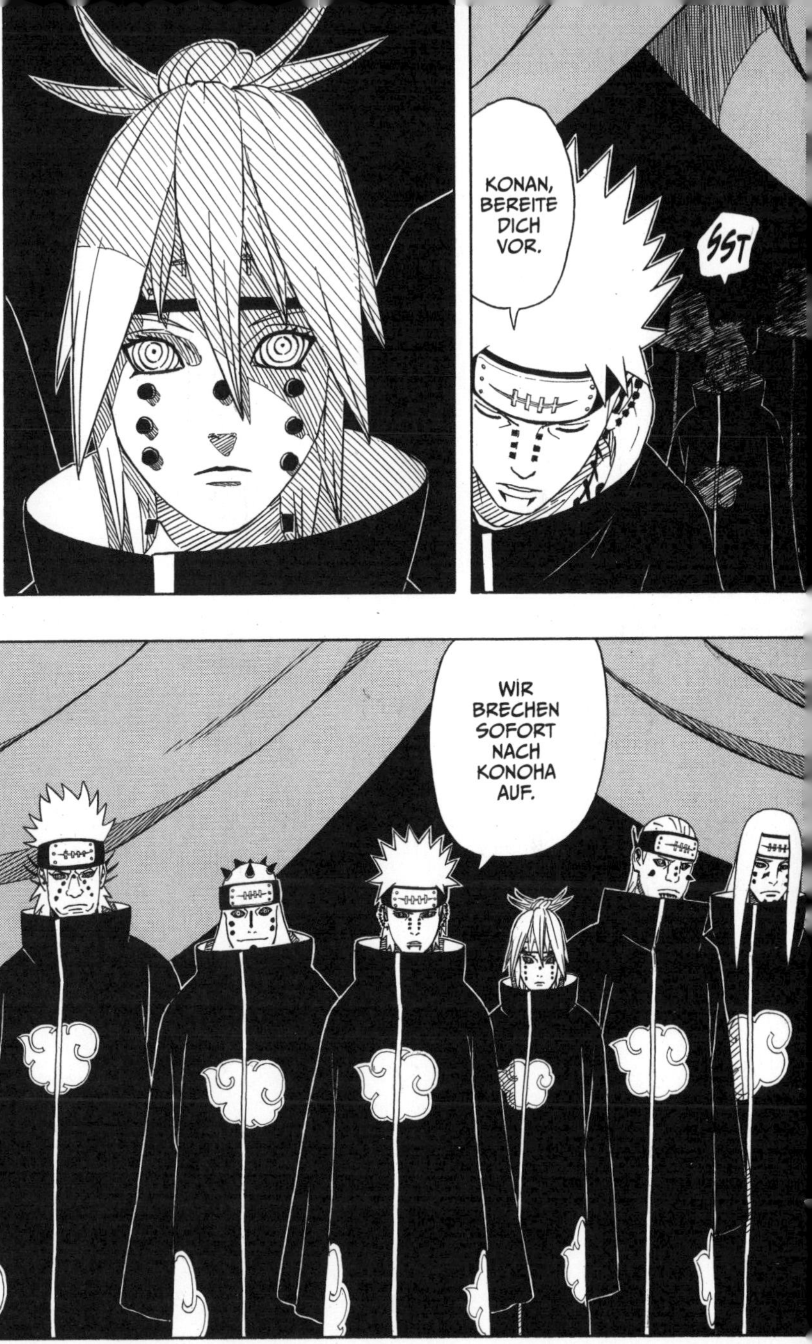
KONAN, BEREITE DICH VOR.
SST
WIR BRECHEN SOFORT NACH KONOHA AUF.

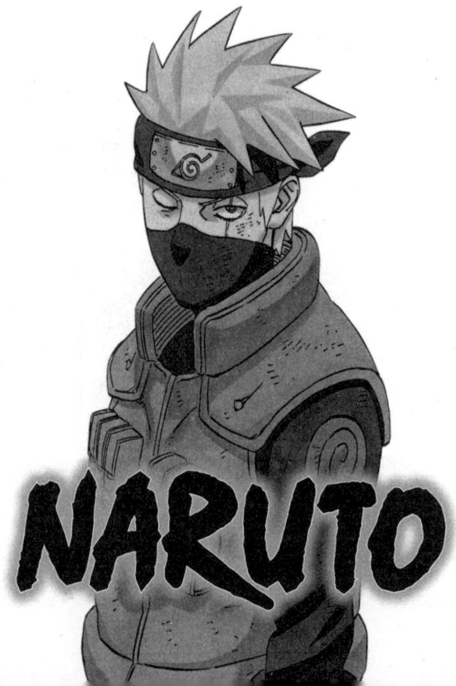
NARUTO

408. Kapitel:

Fukasakus Vorschlag

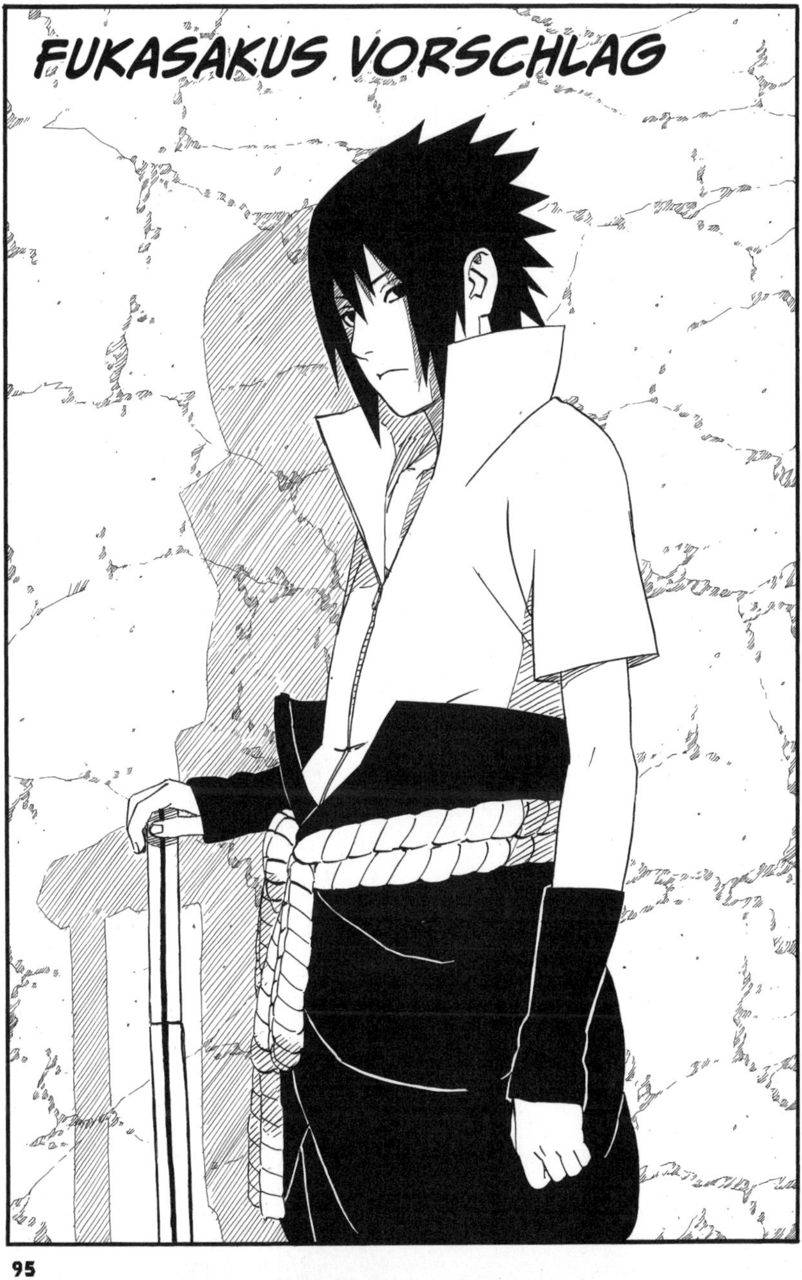

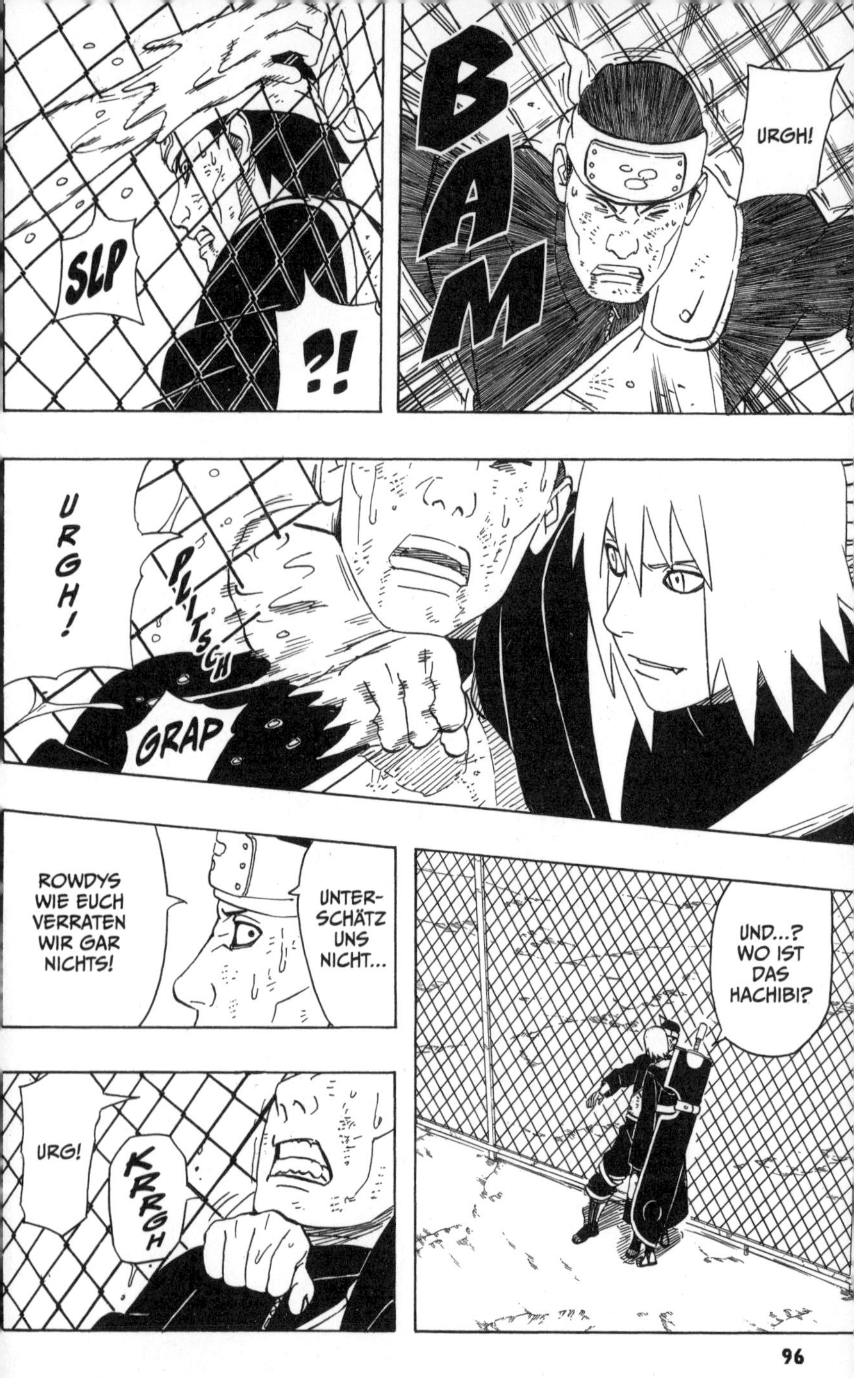
URGH!
BAM
SLP
?!
URGH!
PLITSCH
GRAP
UND...? WO IST DAS HACHIBI?
UNTER-SCHÄTZ UNS NICHT...
ROWDYS WIE EUCH VERRATEN WIR GAR NICHTS!
KRRGH
URG!

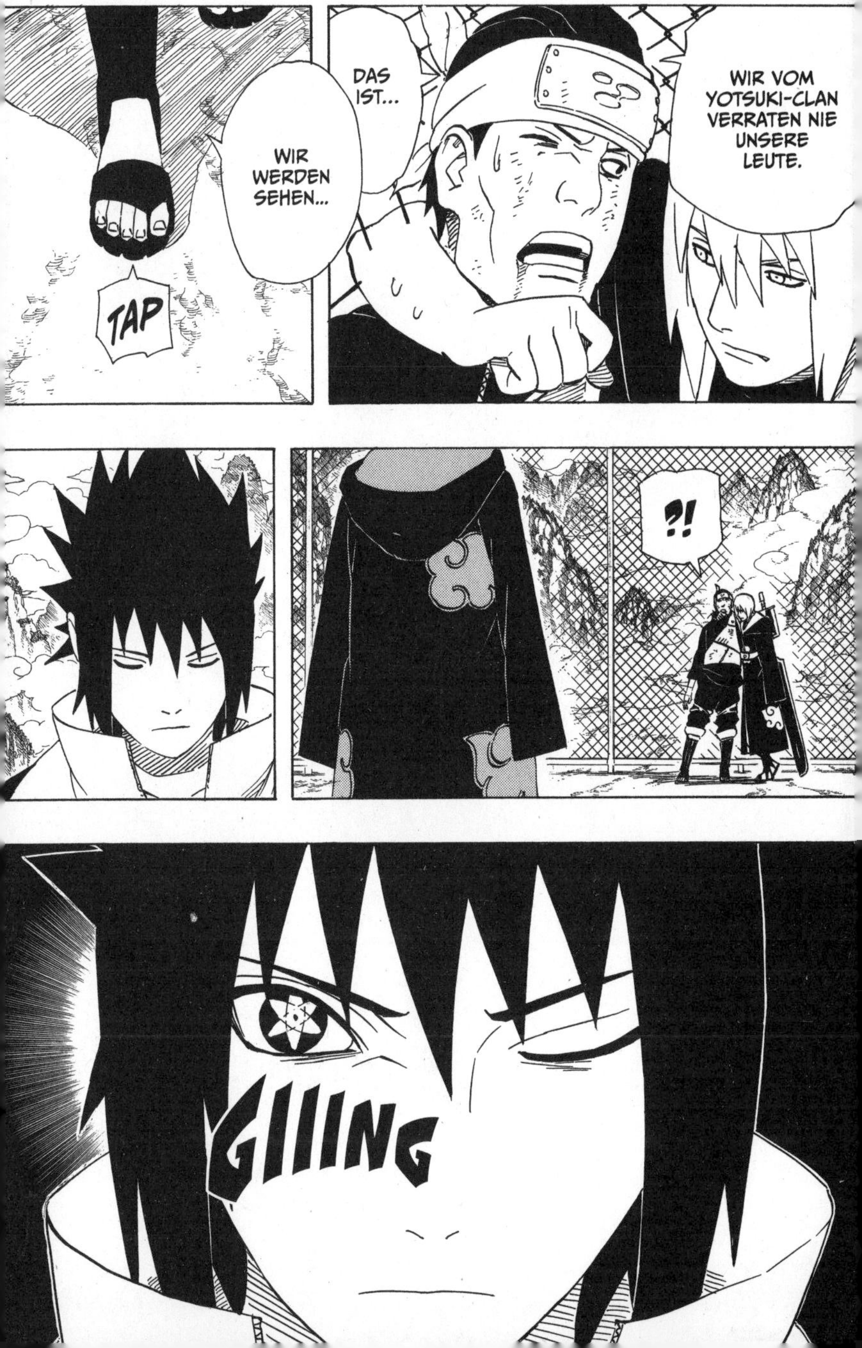
WIR VOM YOTSUKI-CLAN VERRATEN NIE UNSERE LEUTE.
DAS IST...
WIR WERDEN SEHEN...
TAP
?!
GIIING

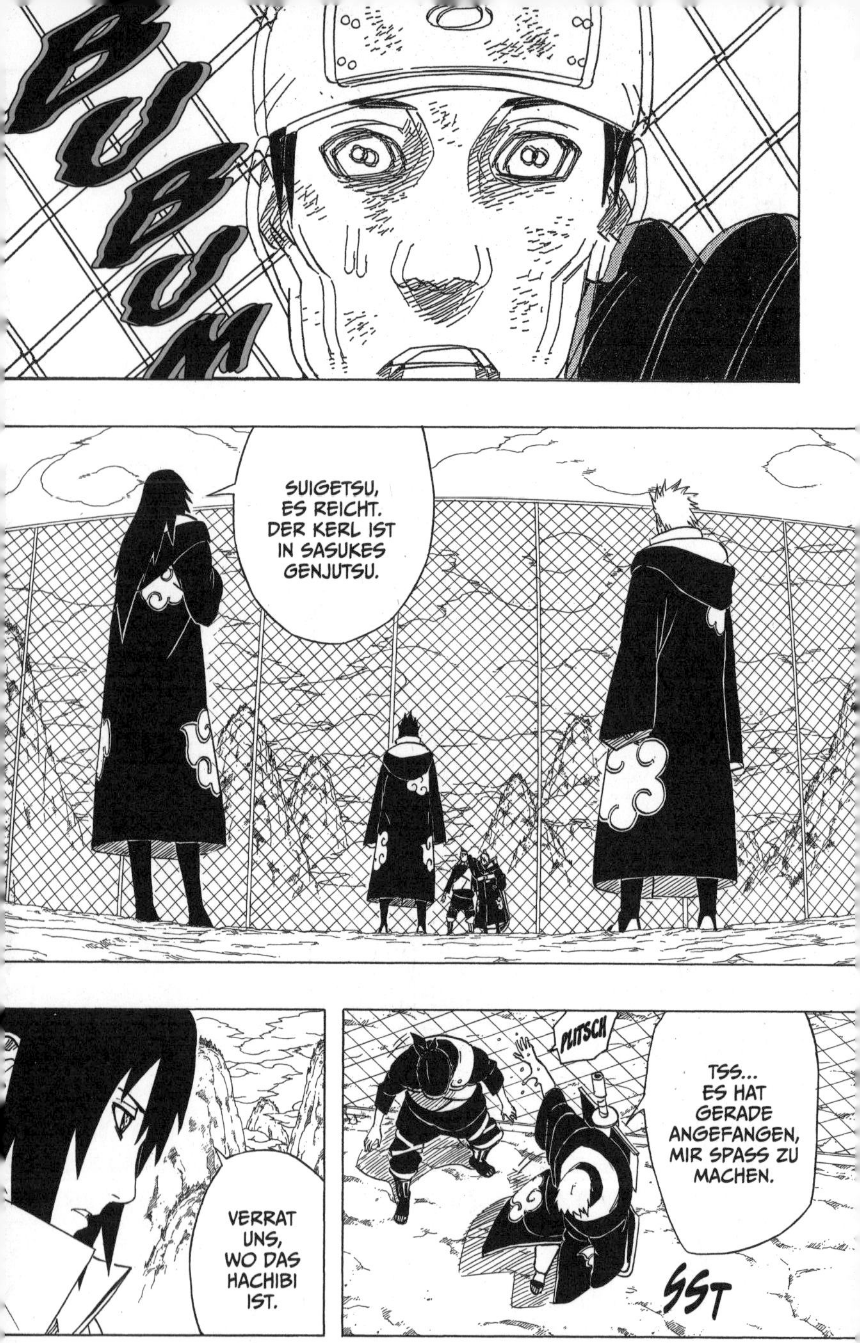
BUBUM
SUIGETSU, ES REICHT. DER KERL IST IN SASUKES GENJUTSU.
PLITSCH
TSS... ES HAT GERADE ANGEFANGEN, MIR SPASS ZU MACHEN.
SST
VERRAT UNS, WO DAS HACHIBI IST.

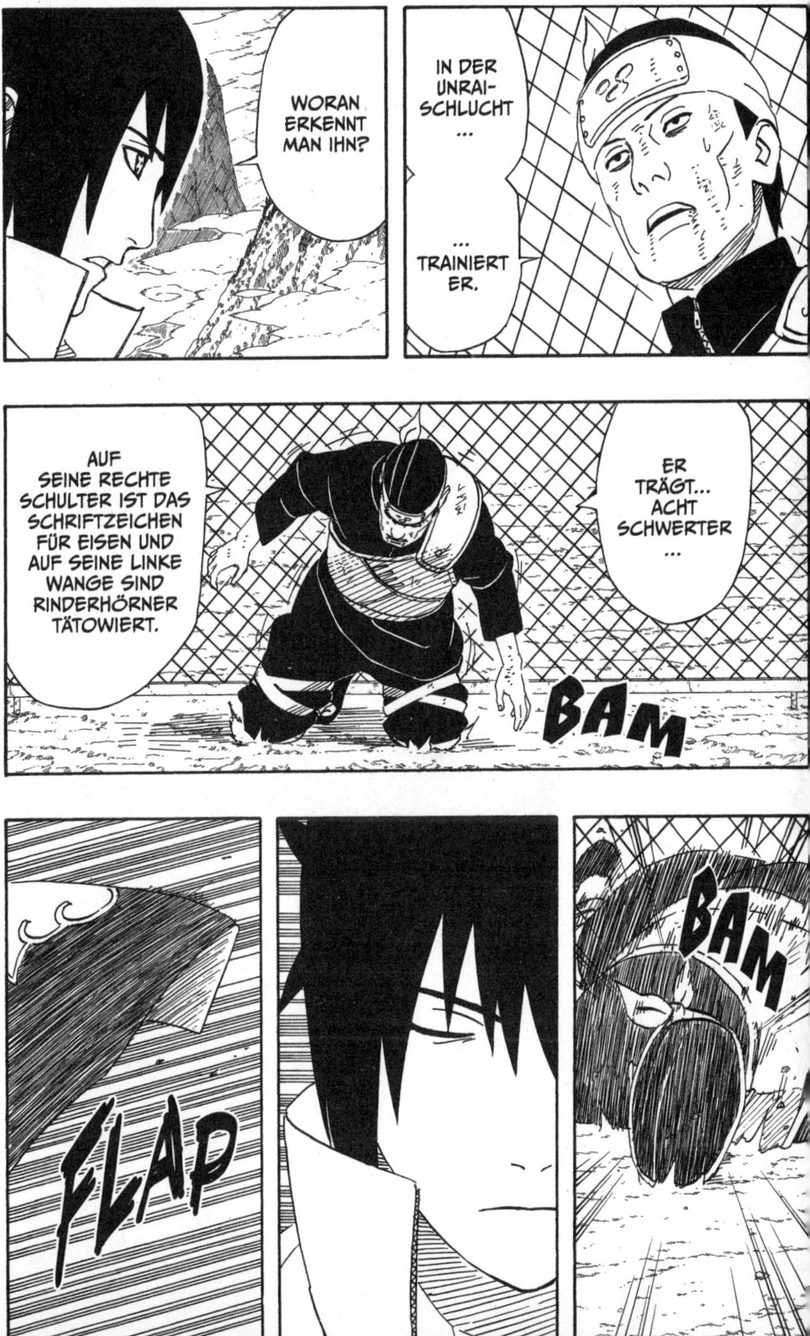
IN DER UNRAI-SCHLUCHT ...
... TRAINIERT ER.
WORAN ERKENNT MAN IHN?
ER TRÄGT... ACHT SCHWERTER ...
AUF SEINE RECHTE SCHULTER IST DAS SCHRIFTZEICHEN FÜR EISEN UND AUF SEINE LINKE WANGE SIND RINDERHÖRNER TÄTOWIERT.
BAM
BAM
BAM
FLAP

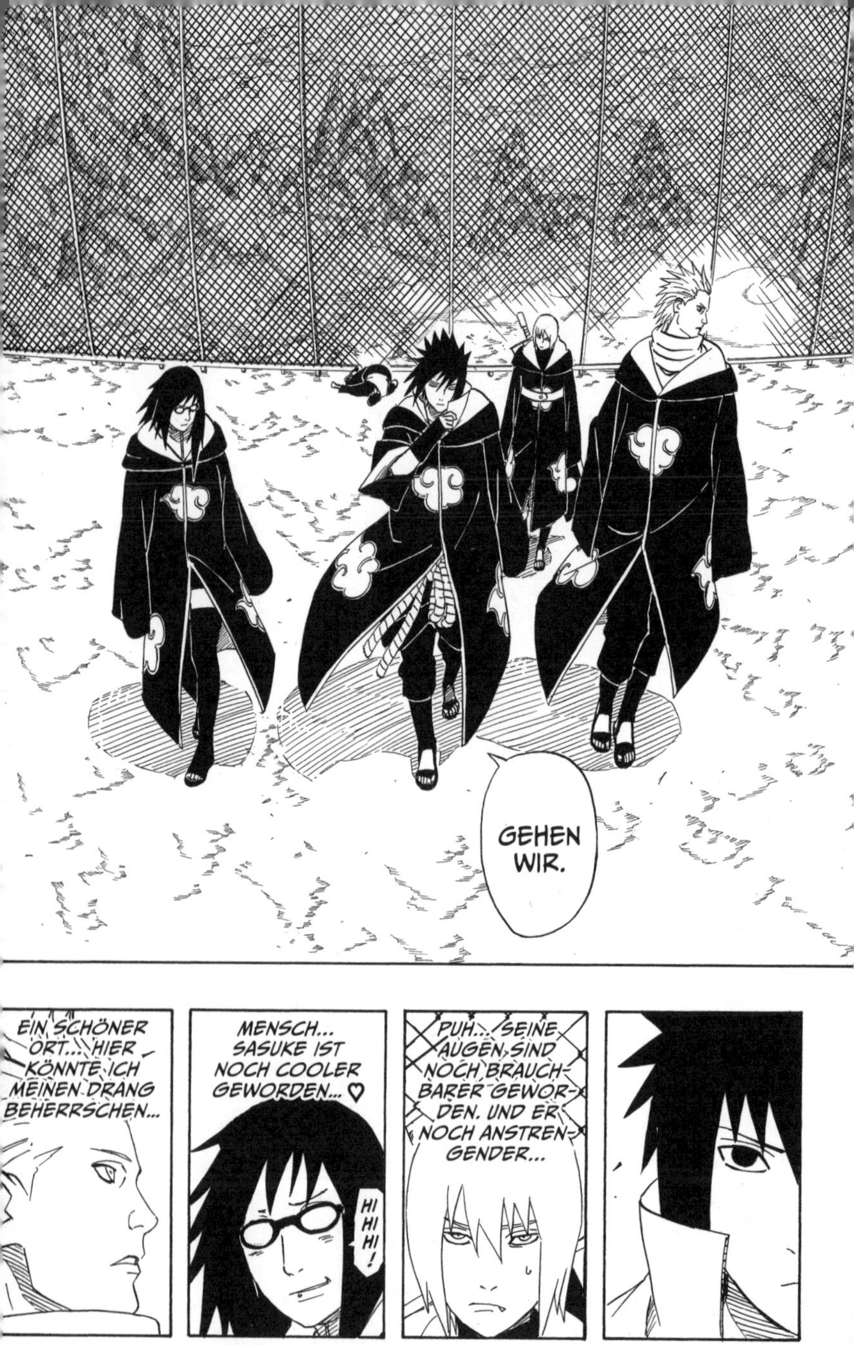
GEHEN WIR.
PUH... SEINE AUGEN SIND NOCH BRAUCHBARER GEWORDEN. UND ER NOCH ANSTRENGENDER...
MENSCH... SASUKE IST NOCH COOLER GEWORDEN... ♡
HI HI HI!
EIN SCHÖNER ORT... HIER KÖNNTE ICH MEINEN DRANG BEHERRSCHEN...

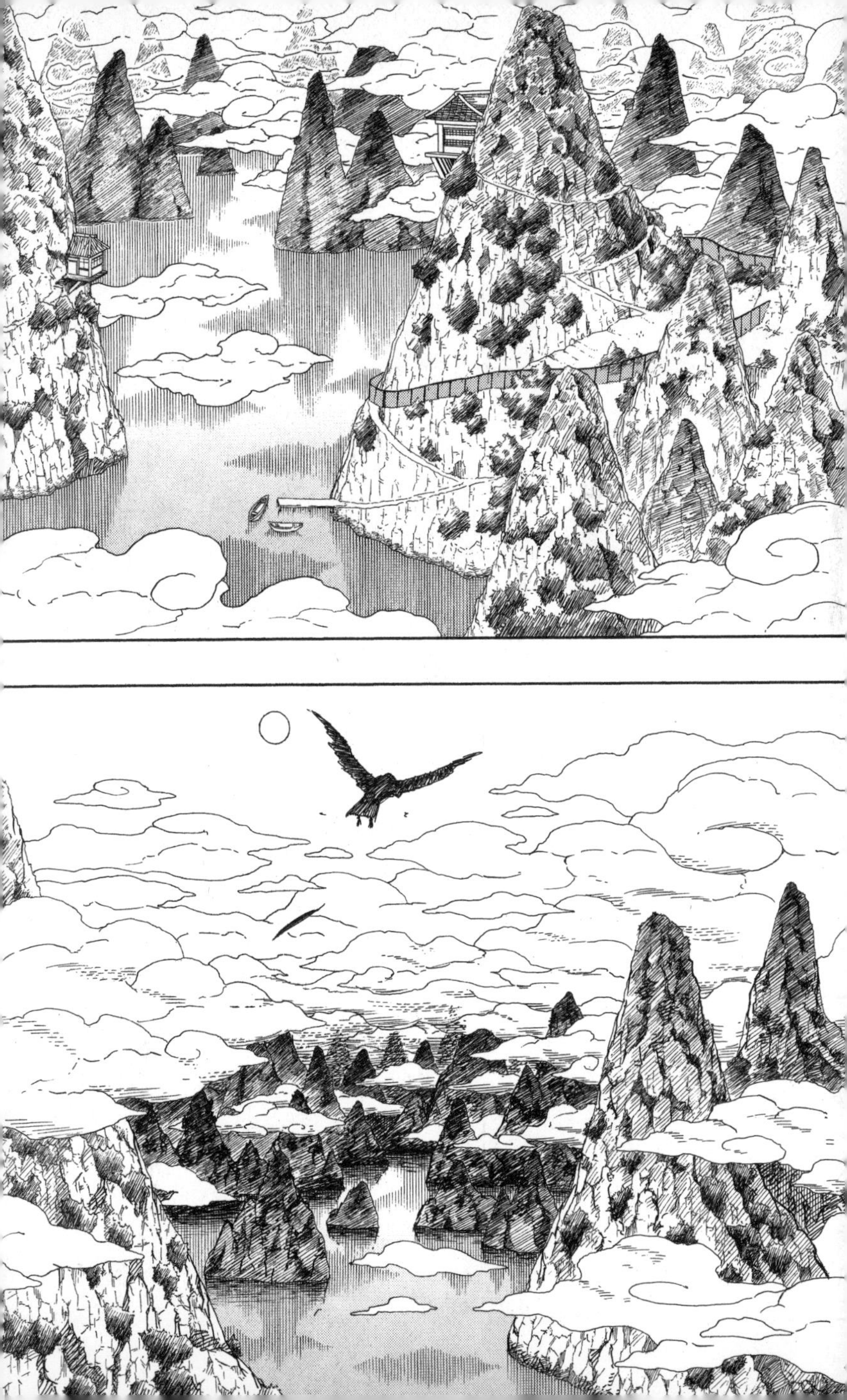

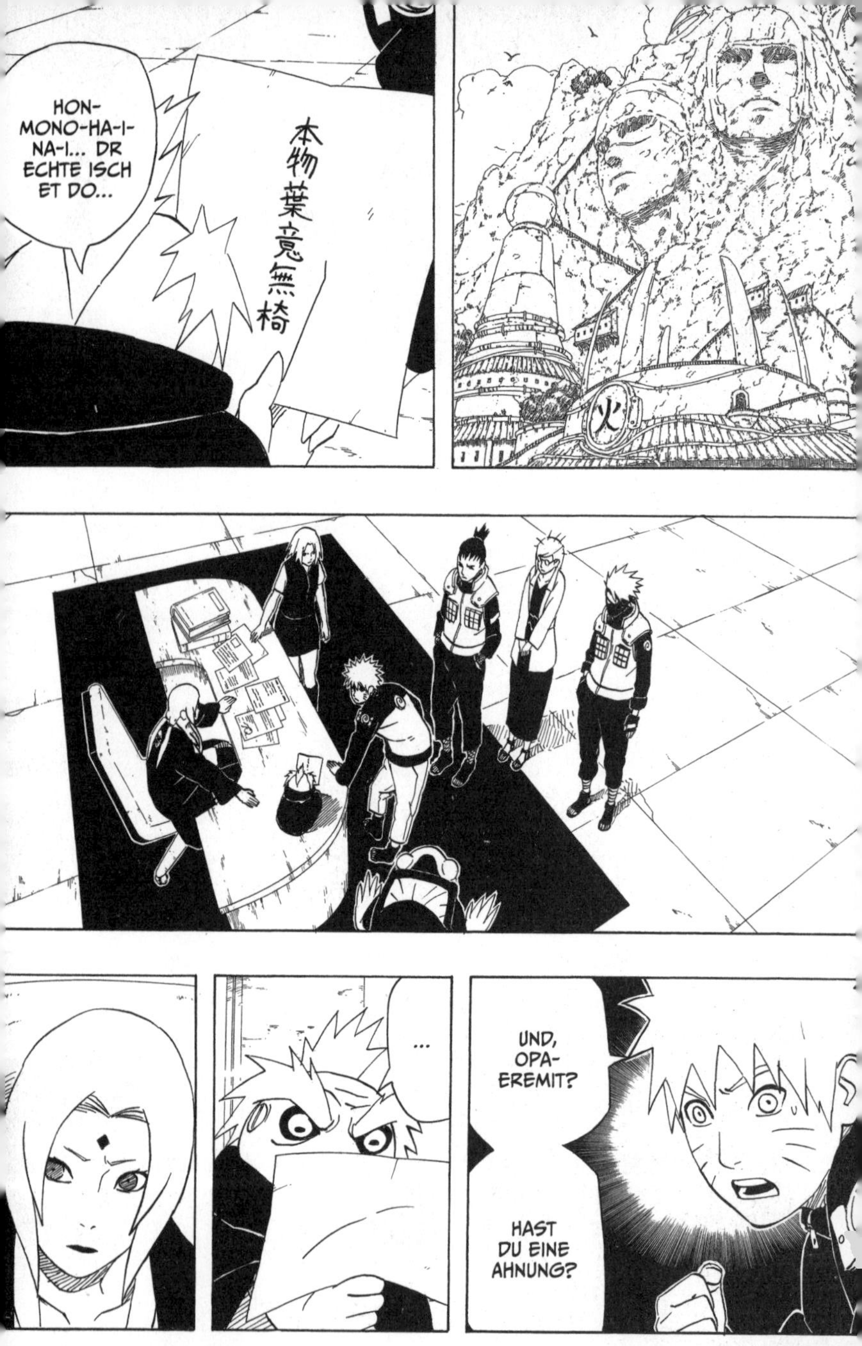
HON-MONO-HA-I-NA-I... DR ECHTE ISCH ET DO...
本物葉意無椅
...
UND, OPA-EREMIT?
HAST DU EINE AHNUNG?

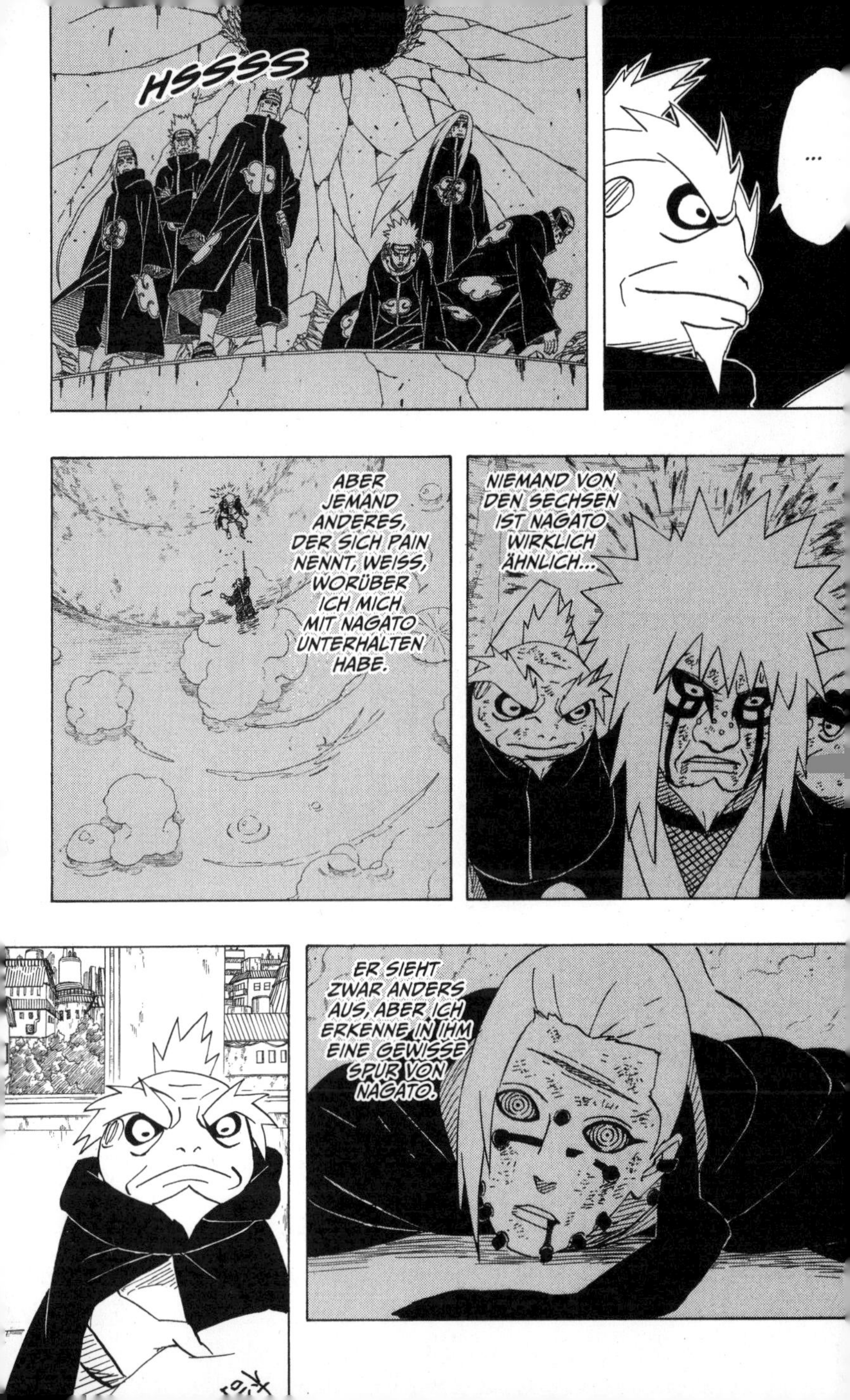
...
HSSSS
NIEMAND VON DEN SECHSEN IST NAGATO WIRKLICH ÄHNLICH...
ABER JEMAND ANDERES, DER SICH PAIN NENNT, WEISS, WORÜBER ICH MICH MIT NAGATO UNTERHALTEN HABE.
ER SIEHT ZWAR ANDERS AUS, ABER ICH ERKENNE IN IHM EINE GEWISSE SPUR VON NAGATO.

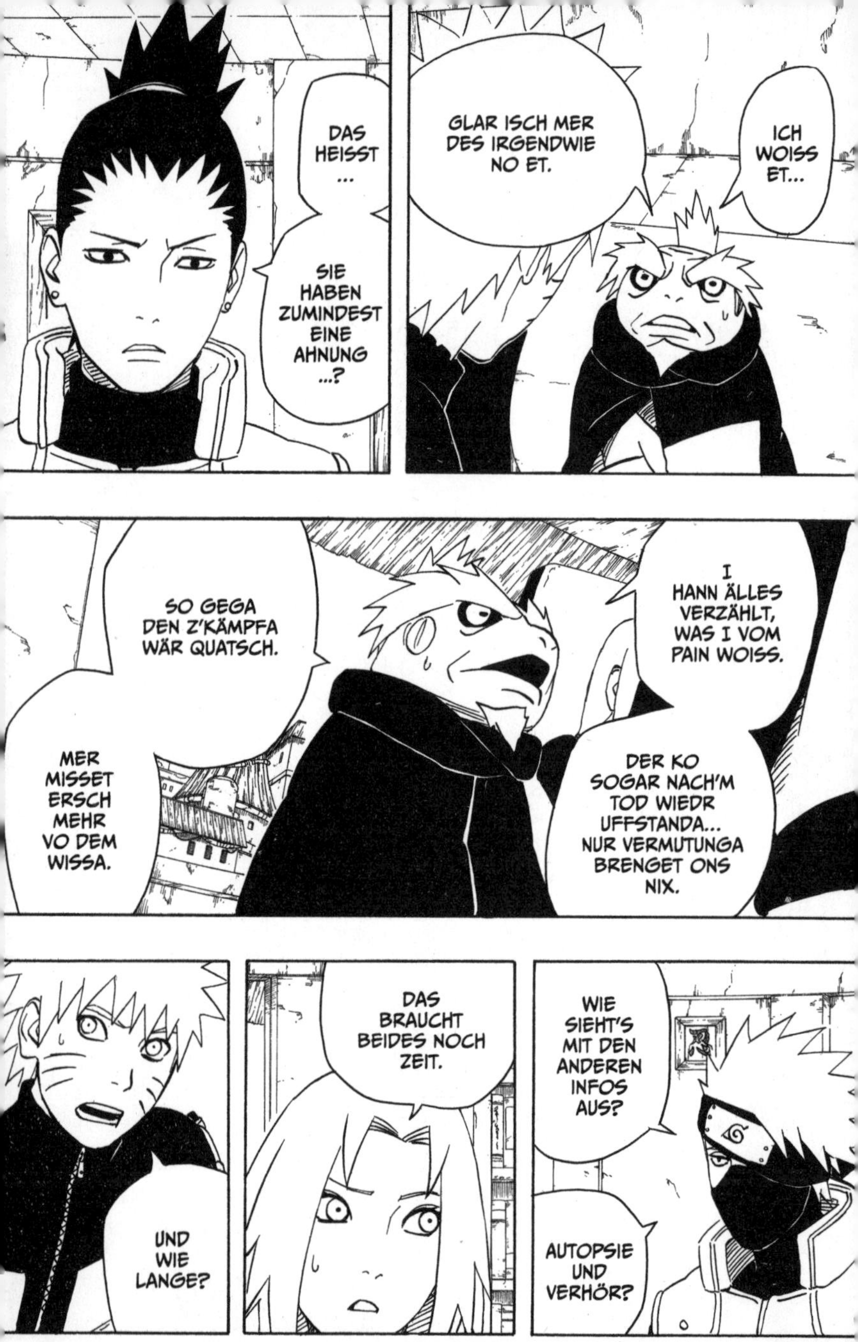
ICH WOISS ET...
GLAR ISCH MER DES IRGENDWIE NO ET.
DAS HEISST ...
SIE HABEN ZUMINDEST EINE AHNUNG ...?
I HANN ÄLLES VERZÄHLT, WAS I VOM PAIN WOISS.
DER KO SOGAR NACH'M TOD WIEDR UFFSTANDA... NUR VERMUTUNGA BRENGET ONS NIX.
SO GEGA DEN Z'KÄMPFA WÄR QUATSCH.
MER MISSET ERSCH MEHR VO DEM WISSA.
WIE SIEHT'S MIT DEN ANDEREN INFOS AUS?
AUTOPSIE UND VERHÖR?
DAS BRAUCHT BEIDES NOCH ZEIT.
UND WIE LANGE?

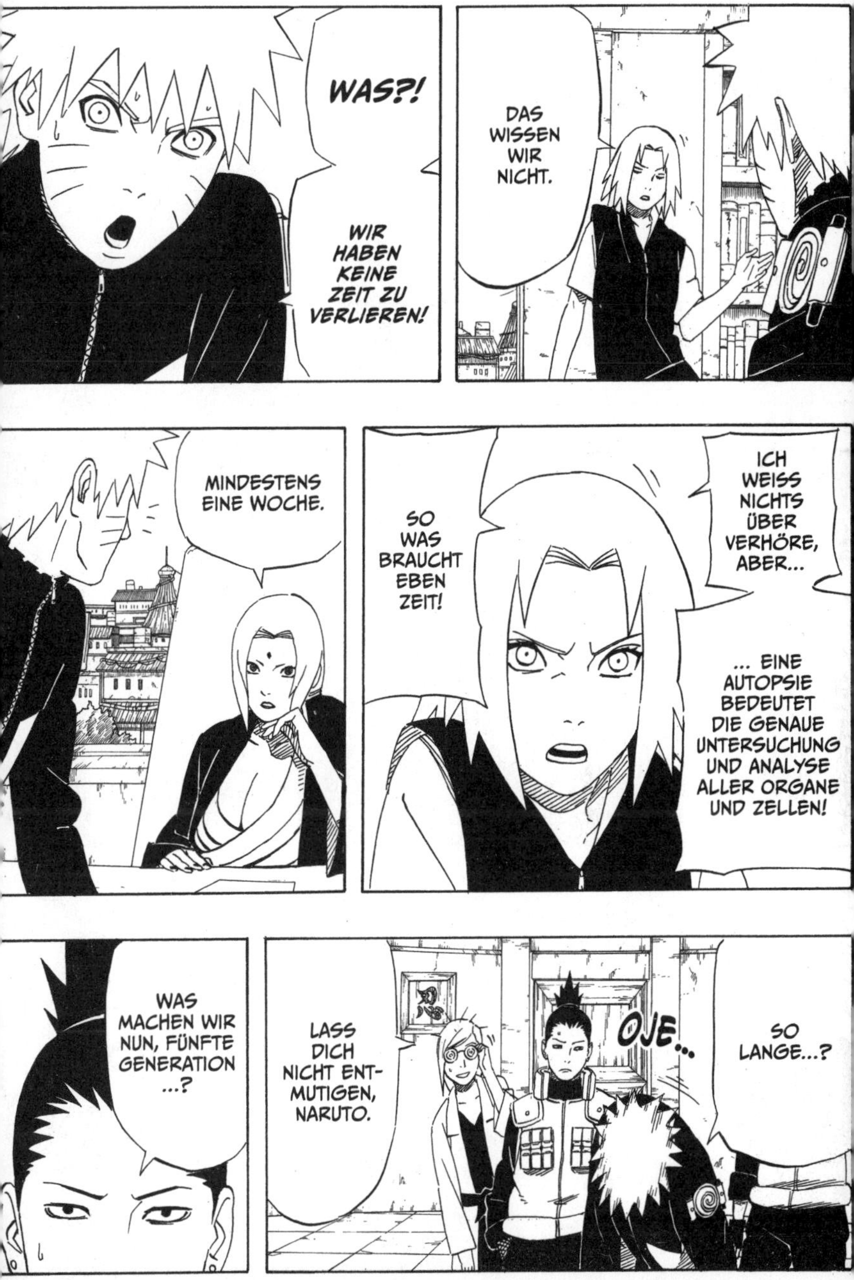
DAS WISSEN WIR NICHT.
WAS?!
WIR HABEN KEINE ZEIT ZU VERLIEREN!
ICH WEISS NICHTS ÜBER VERHÖRE, ABER...
... EINE AUTOPSIE BEDEUTET DIE GENAUE UNTERSUCHUNG UND ANALYSE ALLER ORGANE UND ZELLEN!
SO WAS BRAUCHT EBEN ZEIT!
MINDESTENS EINE WOCHE.
SO LANGE...?
OJE...
LASS DICH NICHT ENT-MUTIGEN, NARUTO.
WAS MACHEN WIR NUN, FÜNFTE GENERATION ...?

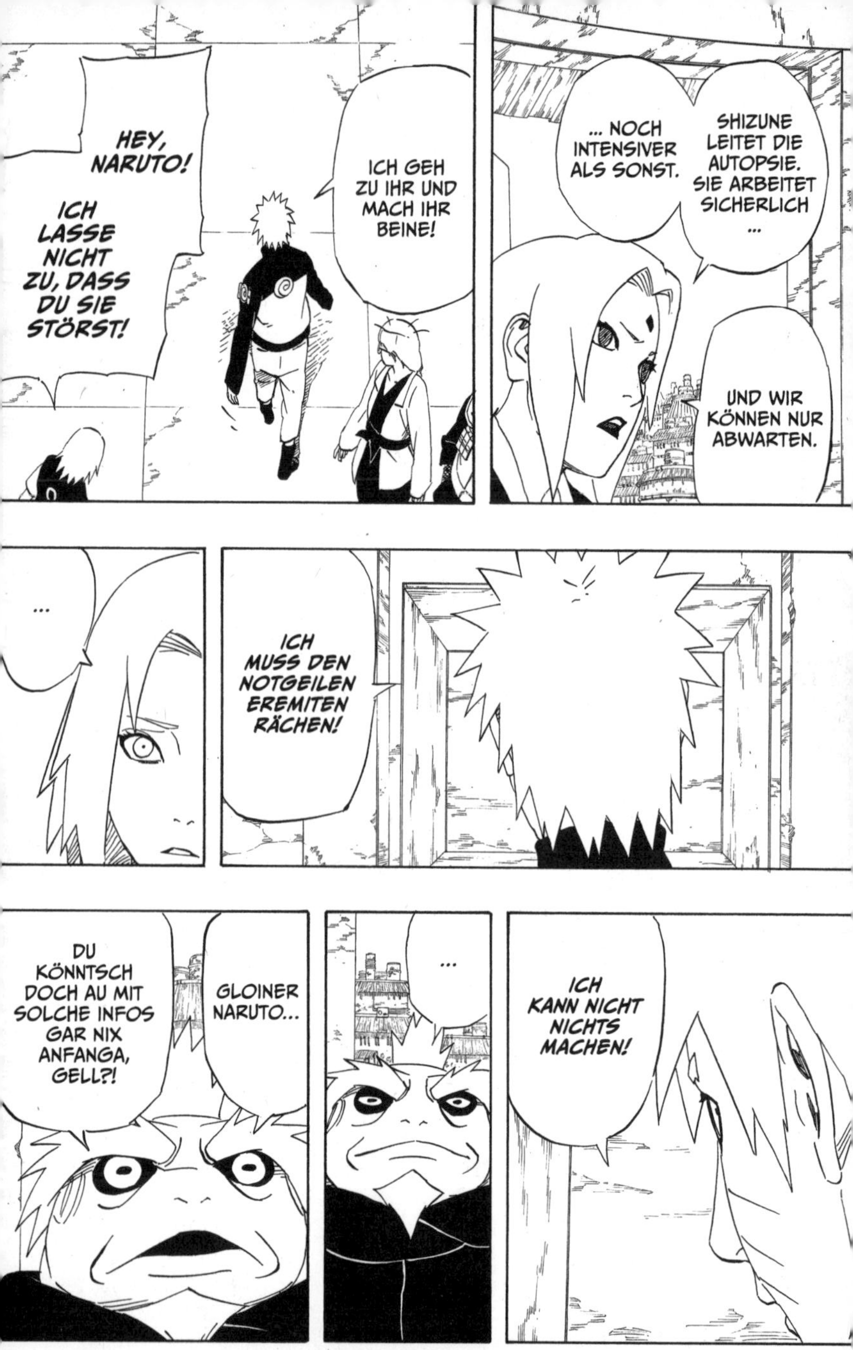
SHIZUNE LEITET DIE AUTOPSIE. SIE ARBEITET SICHERLICH ...
... NOCH INTENSIVER ALS SONST.
UND WIR KÖNNEN NUR ABWARTEN.
ICH GEH ZU IHR UND MACH IHR BEINE!
HEY, NARUTO!
ICH LASSE NICHT ZU, DASS DU SIE STÖRST!
ICH MUSS DEN NOTGEILEN EREMITEN RÄCHEN!
...
ICH KANN NICHT NICHTS MACHEN!
...
GLOINER NARUTO...
DU KÖNNTSCH DOCH AU MIT SOLCHE INFOS GAR NIX ANFANGA, GELL?!

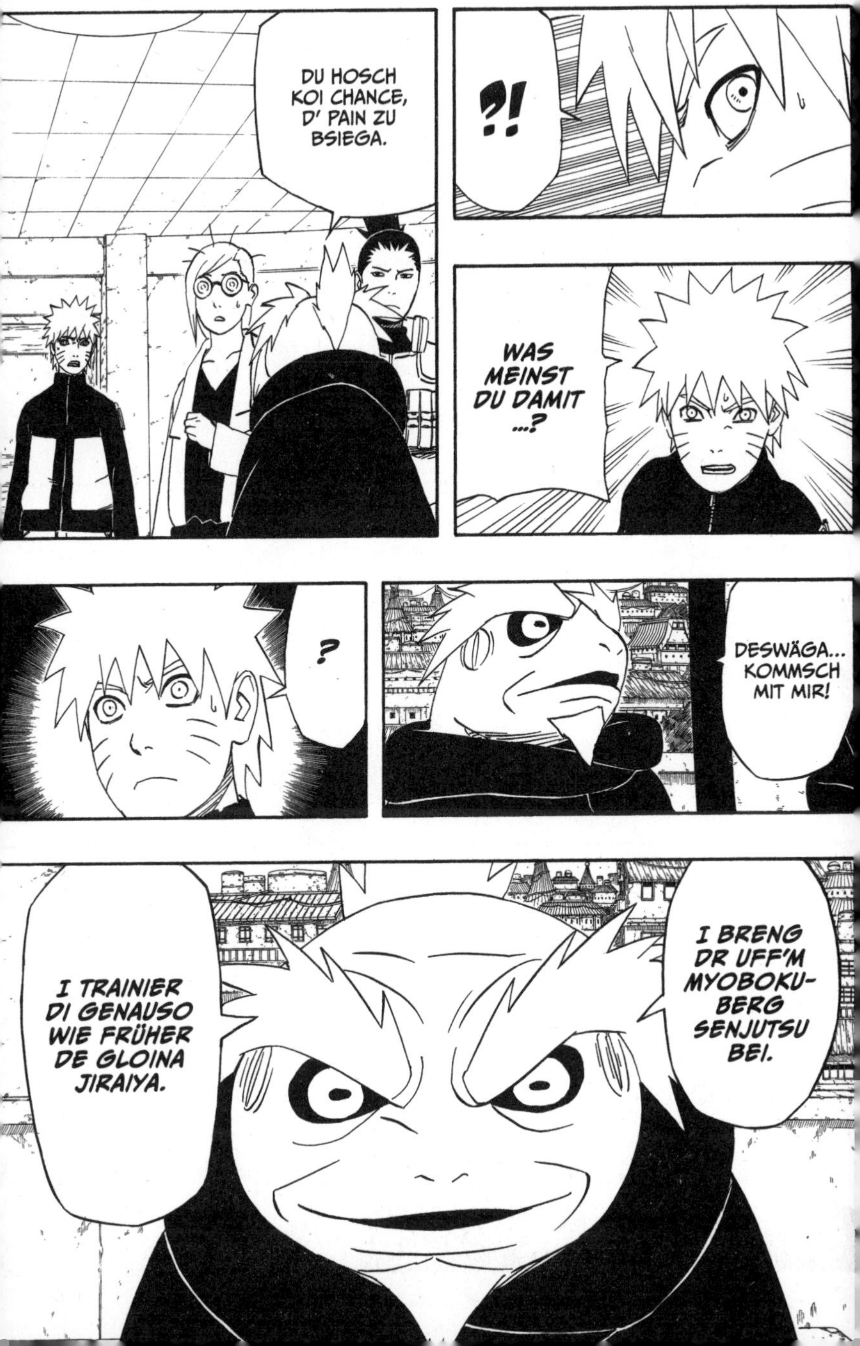
?!
DU HOSCH KOI CHANCE, D' PAIN ZU BSIEGA.
WAS MEINST DU DAMIT ...?
DESWÄGA... KOMMSCH MIT MIR!
?
I BRENG DR UFF'M MYOBOKU-BERG SENJUTSU BEI.
I TRAINIER DI GENAUSO WIE FRÜHER DE GLOINA JIRAIYA.

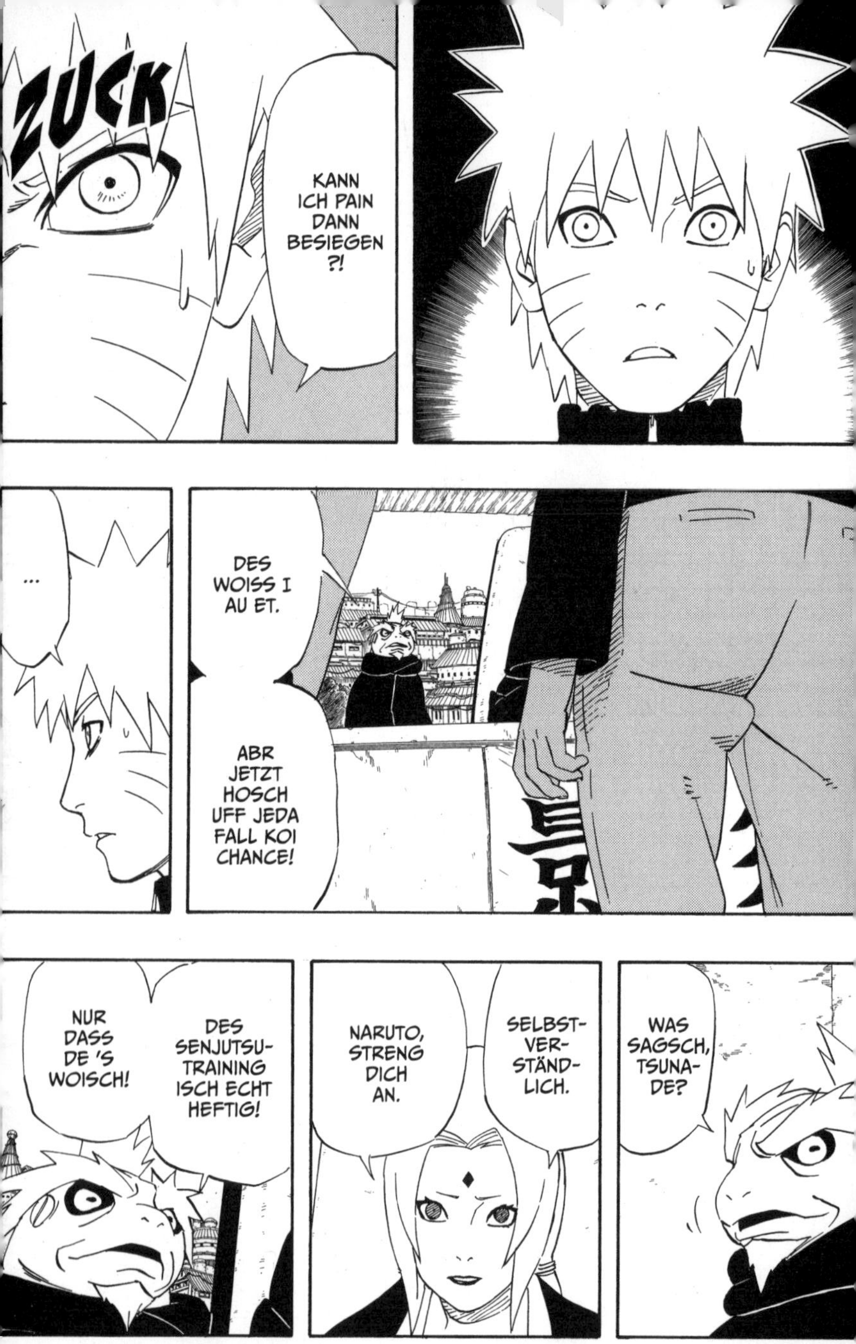
ZUCK
KANN ICH PAIN DANN BESIEGEN ?!
DES WOISS I AU ET.
ABR JETZT HOSCH UFF JEDA FALL KOI CHANCE!
...
WAS SAGSCH, TSUNA-DE?
SELBST-VER-STÄND-LICH.
NARUTO, STRENG DICH AN.
DES SENJUTSU-TRAINING ISCH ECHT HEFTIG!
NUR DASS DE 'S WOISCH!

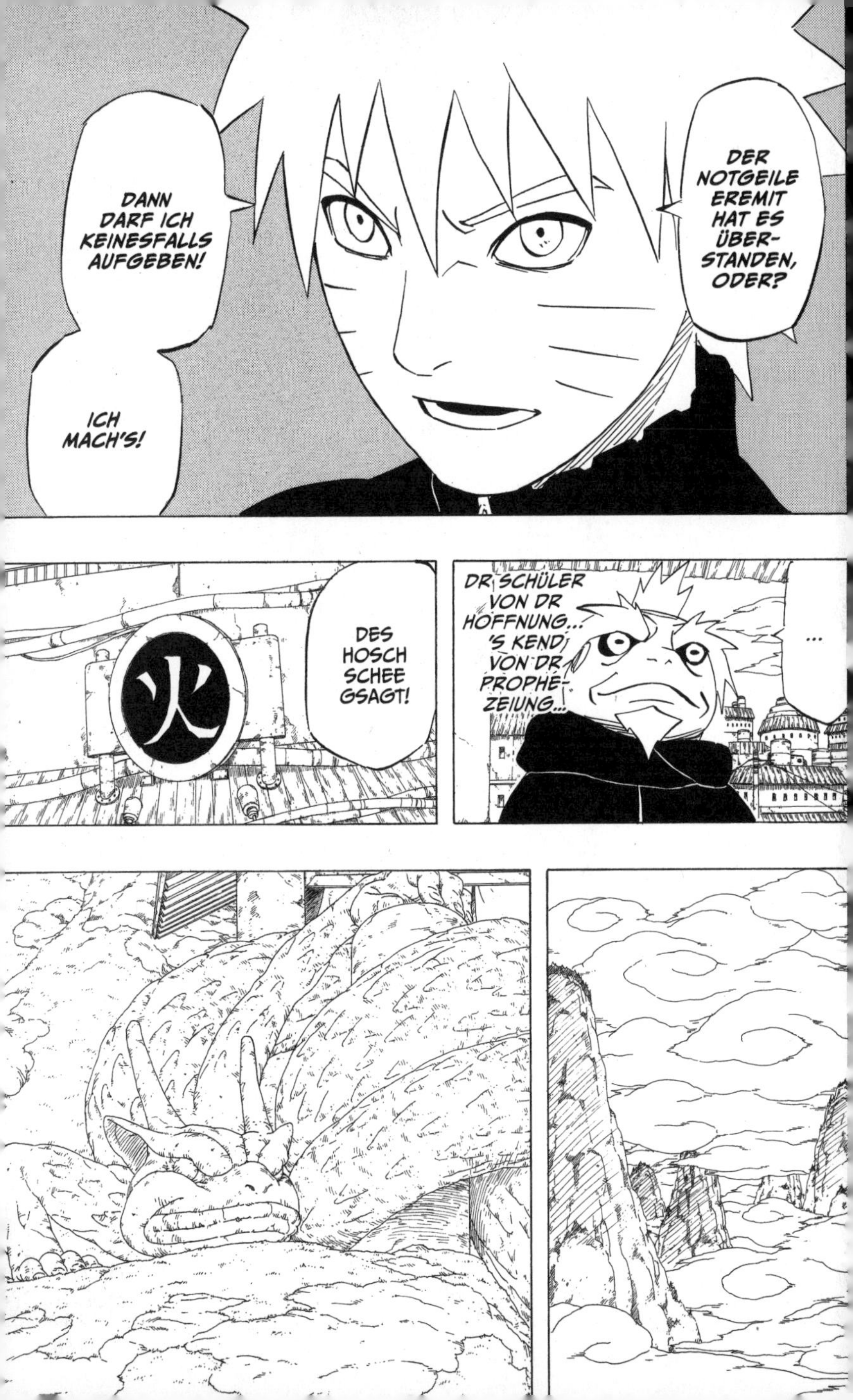
DER NOTGEILE EREMIT HAT ES ÜBER-STANDEN, ODER?
DANN DARF ICH KEINESFALLS AUFGEBEN!
ICH MACH'S!
...
DR SCHÜLER VON DR HOFFNUNG... 'S KEND VON DR PROPHE-ZEIUNG...
DES HOSCH SCHEE GSAGT!

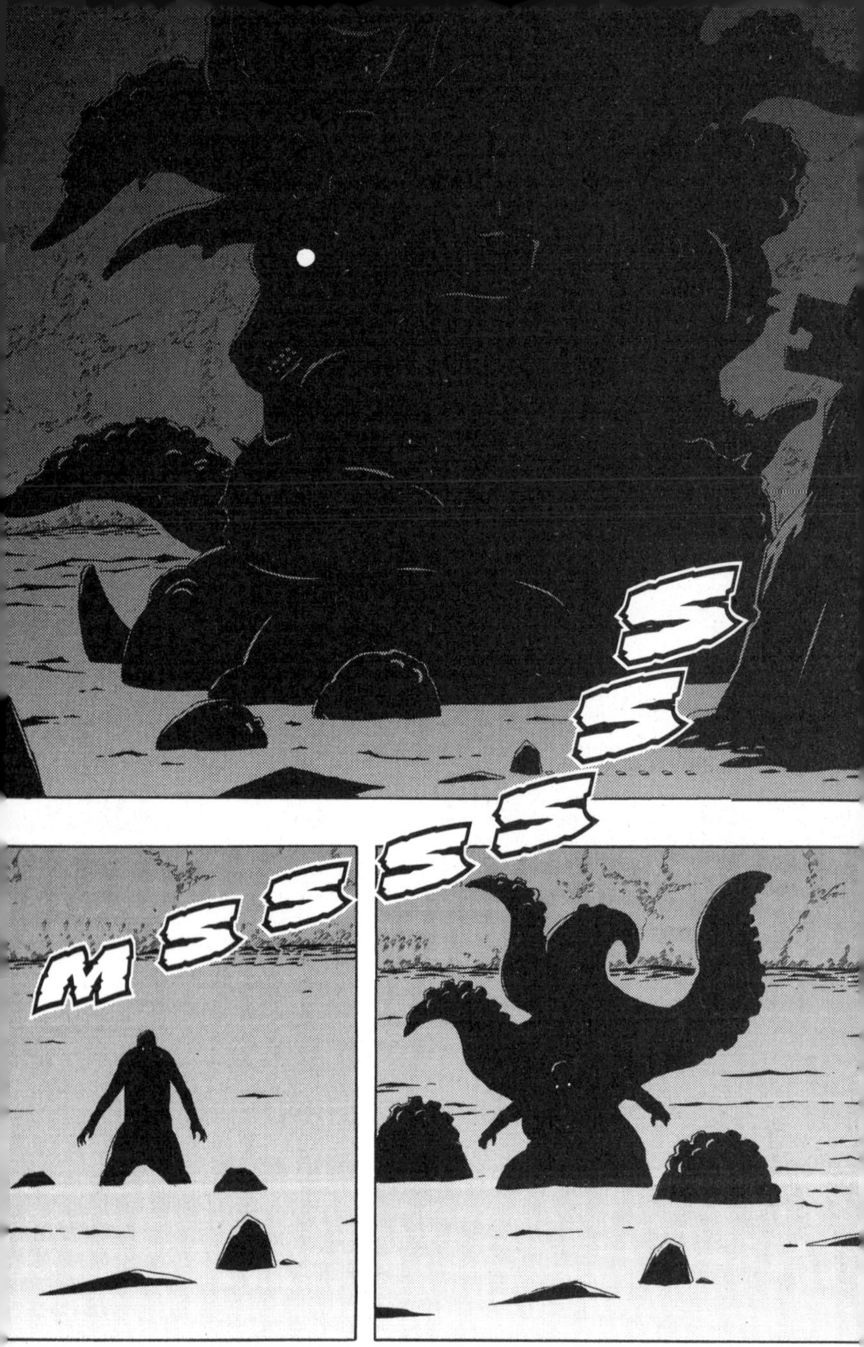
MSSSSSS

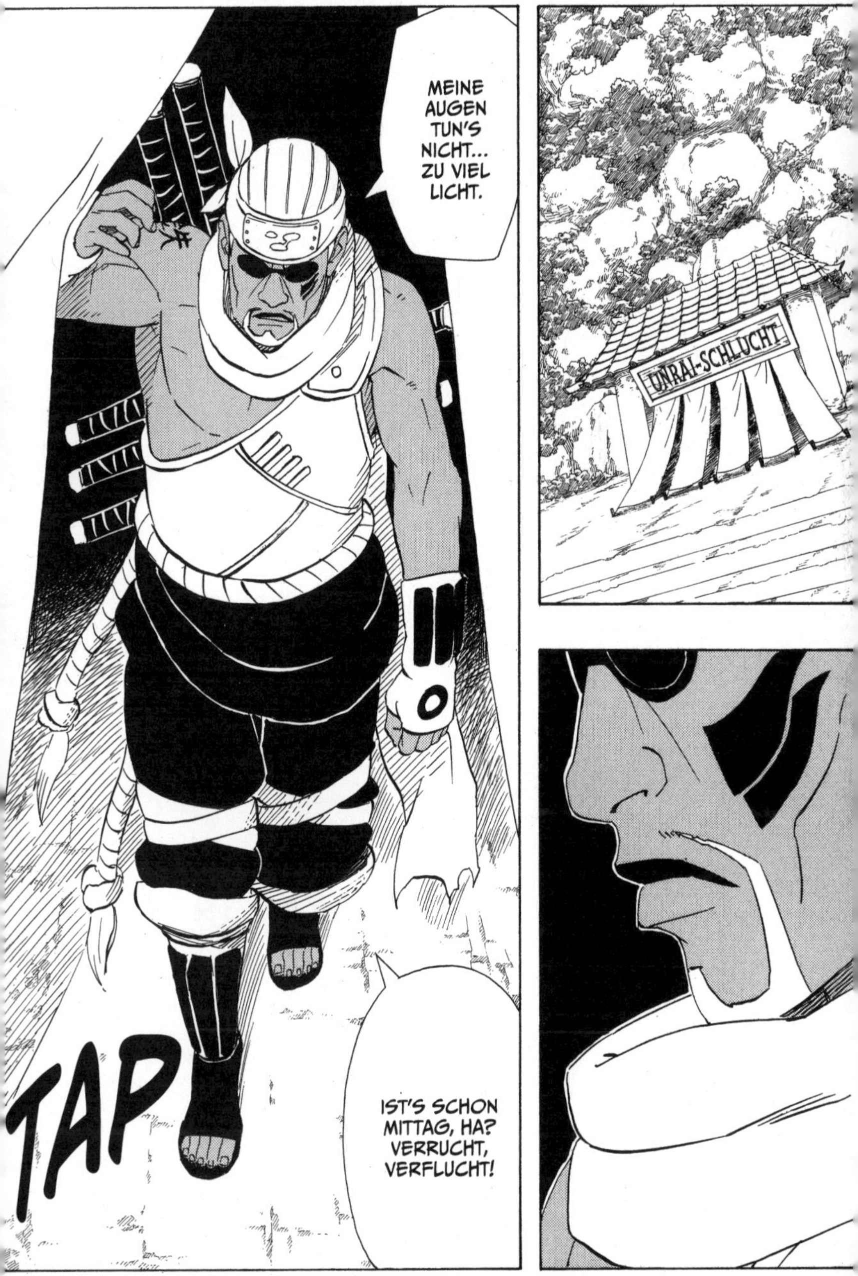
UNRAI-SCHLUCHT
MEINE AUGEN TUN'S NICHT... ZU VIEL LICHT.
IST'S SCHON MITTAG, HA? VERRUCHT, VERFLUCHT!
TAP

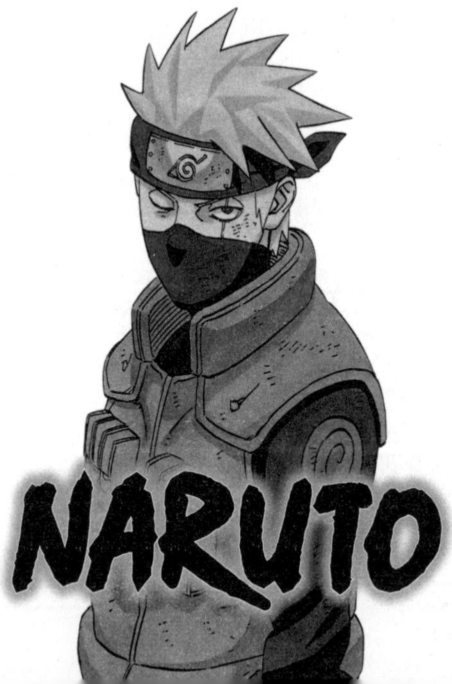
NARUTO

409. Kapitel:

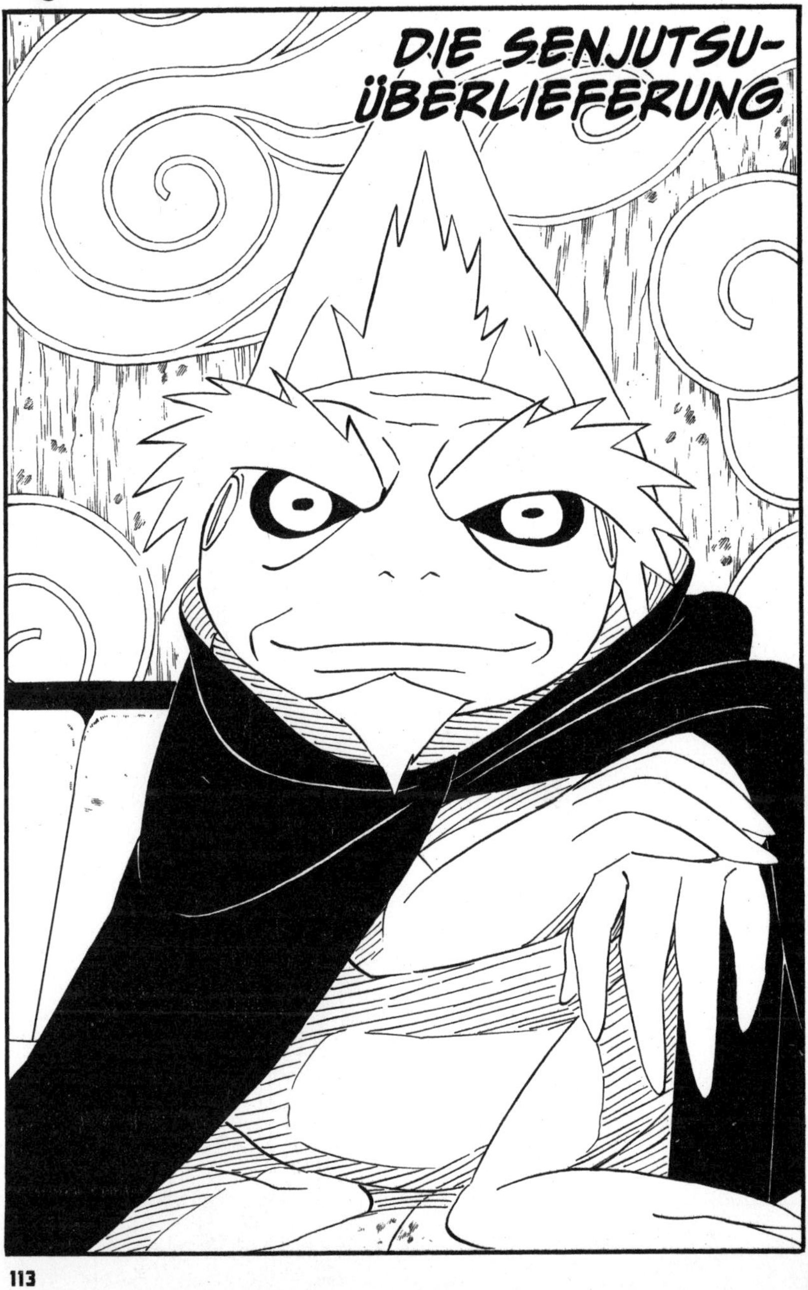

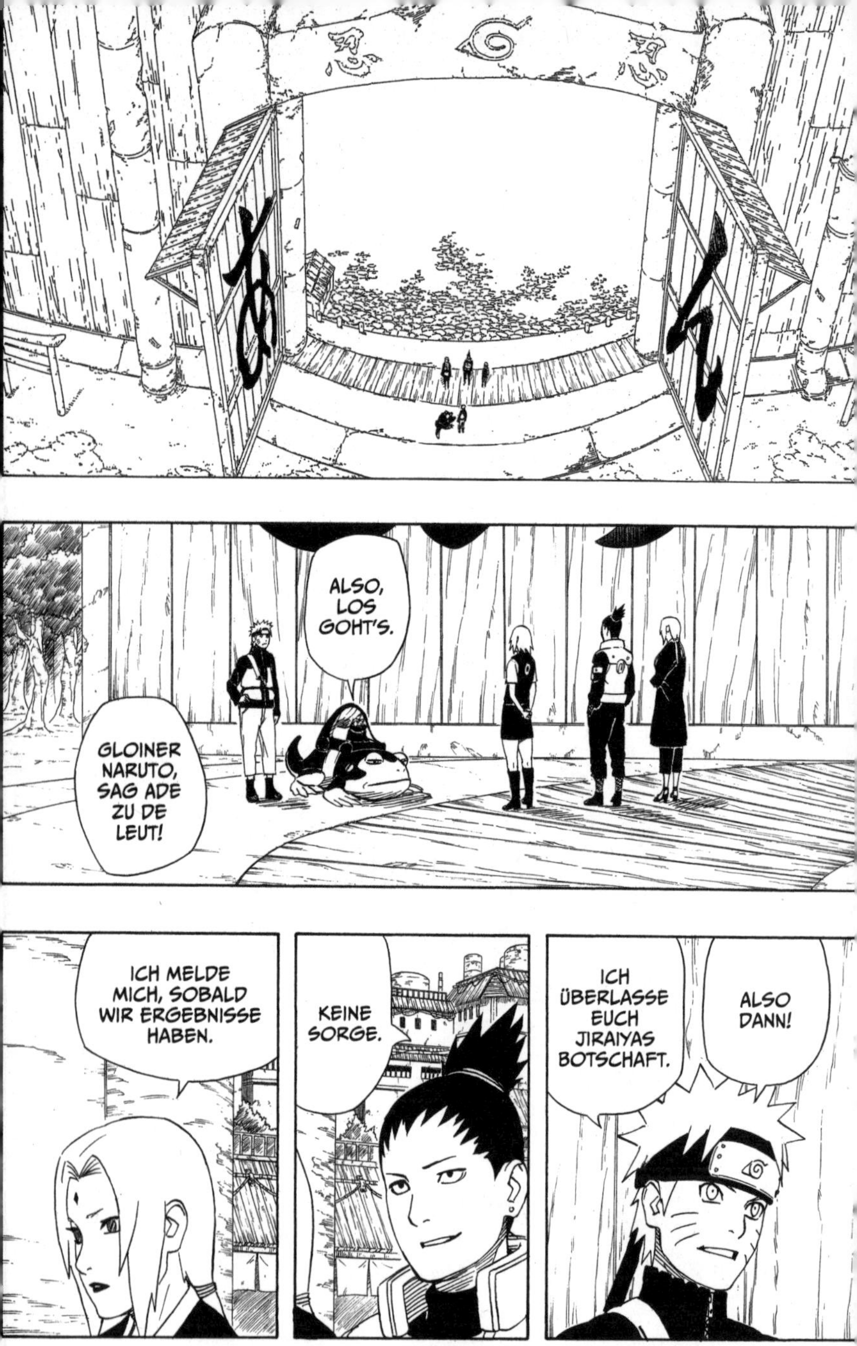
ALSO, LOS GOHT'S.
GLOINER NARUTO, SAG ADE ZU DE LEUT!
ALSO DANN!
ICH ÜBERLASSE EUCH JIRAIYAS BOTSCHAFT.
KEINE SORGE.
ICH MELDE MICH, SOBALD WIR ERGEBNISSE HABEN.

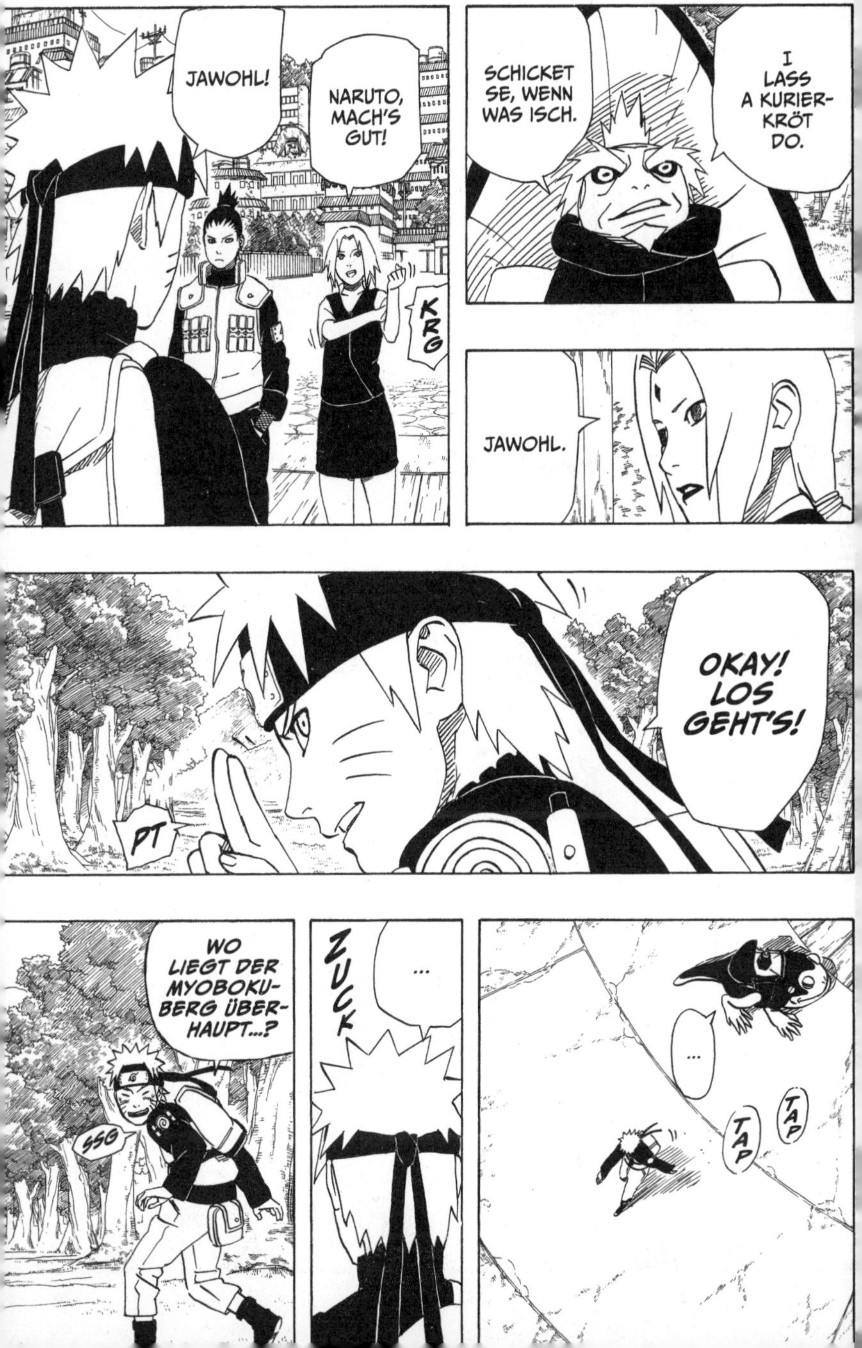
I
LASS
A KURIER-
KRÖT
DO.
SCHICKET
SE, WENN
WAS ISCH.
JAWOHL.
NARUTO,
MACH'S
GUT!
KRG
JAWOHL!
OKAY!
LOS
GEHT'S!
PT
...
...
TAP
TAP
ZUCK
...
WO
LIEGT DER
MYOBOKU-
BERG ÜBER-
HAUPT...?
SSG

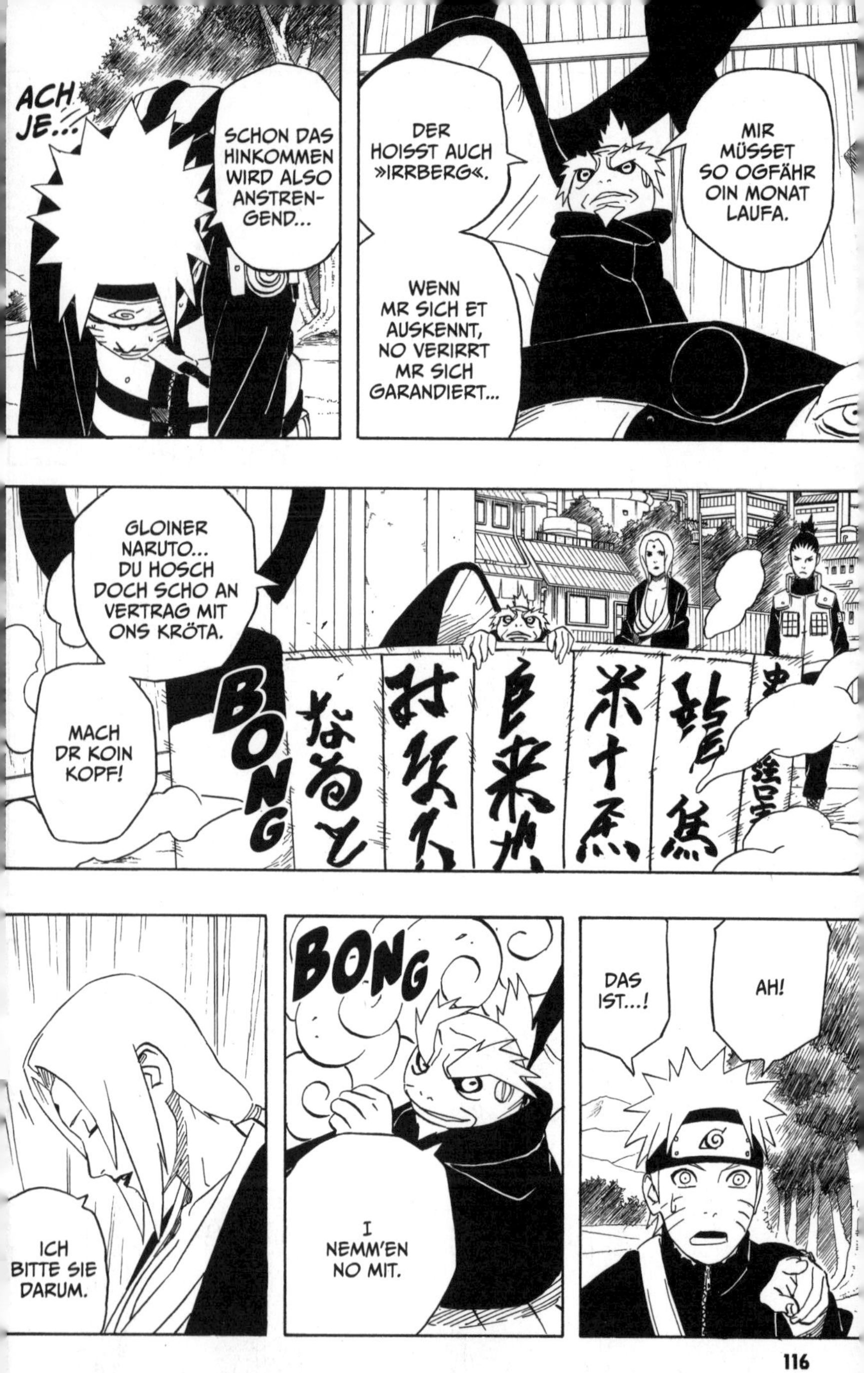
MIR MÜSSET SO OGFÄHR OIN MONAT LAUFA.
DER HOISST AUCH »IRRBERG«.
WENN MR SICH ET AUSKENNT, NO VERIRRT MR SICH GARANDIERT...
SCHON DAS HINKOMMEN WIRD ALSO ANSTRENGEND...
ACH JE...
GLOINER NARUTO... DU HOSCH DOCH SCHO AN VERTRAG MIT ONS KRÖTA.
MACH DR KOIN KOPF!
BONG
AH!
DAS IST...!
BONG
I NEMM'EN NO MIT.
ICH BITTE SIE DARUM.

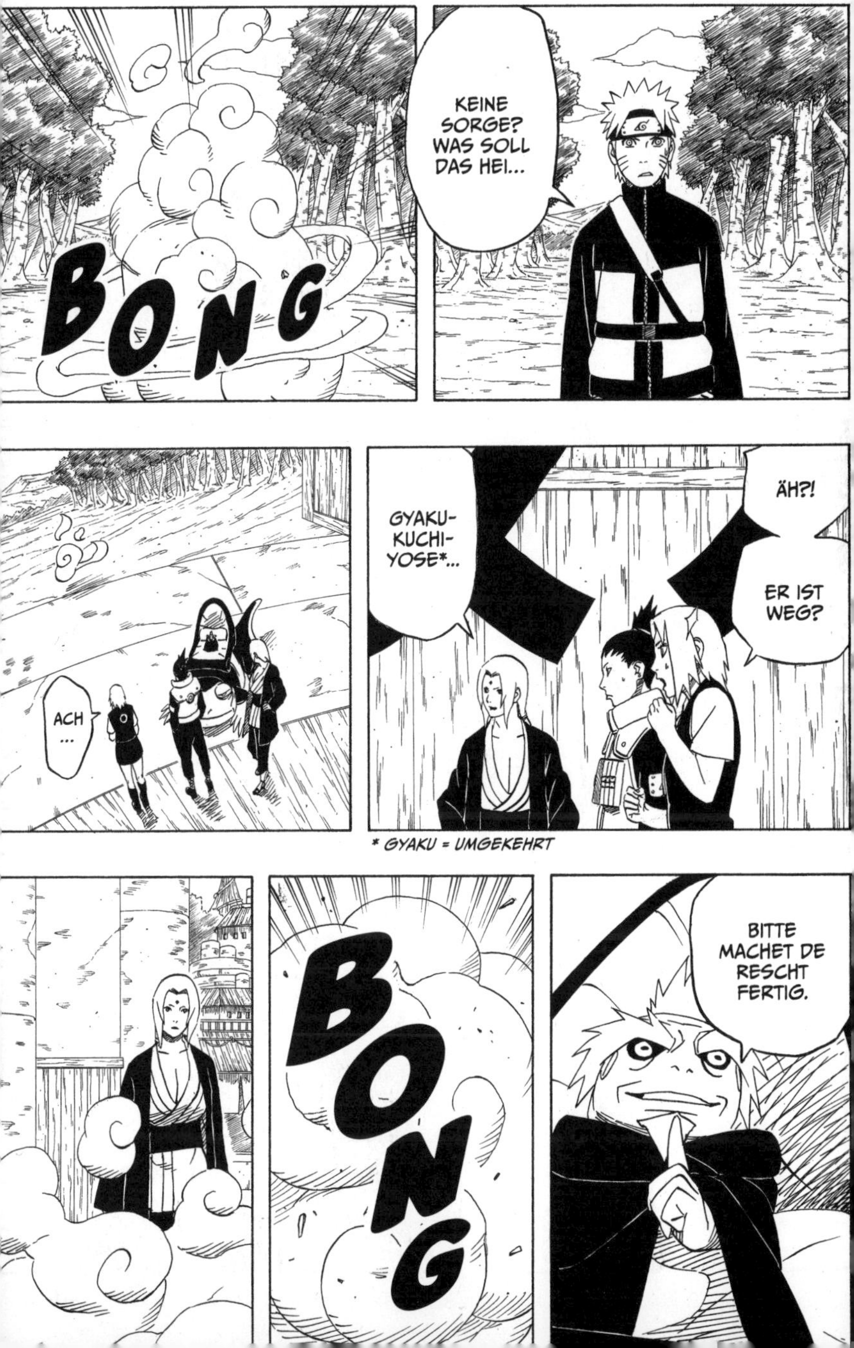

* GYAKU = UMGEKEHRT

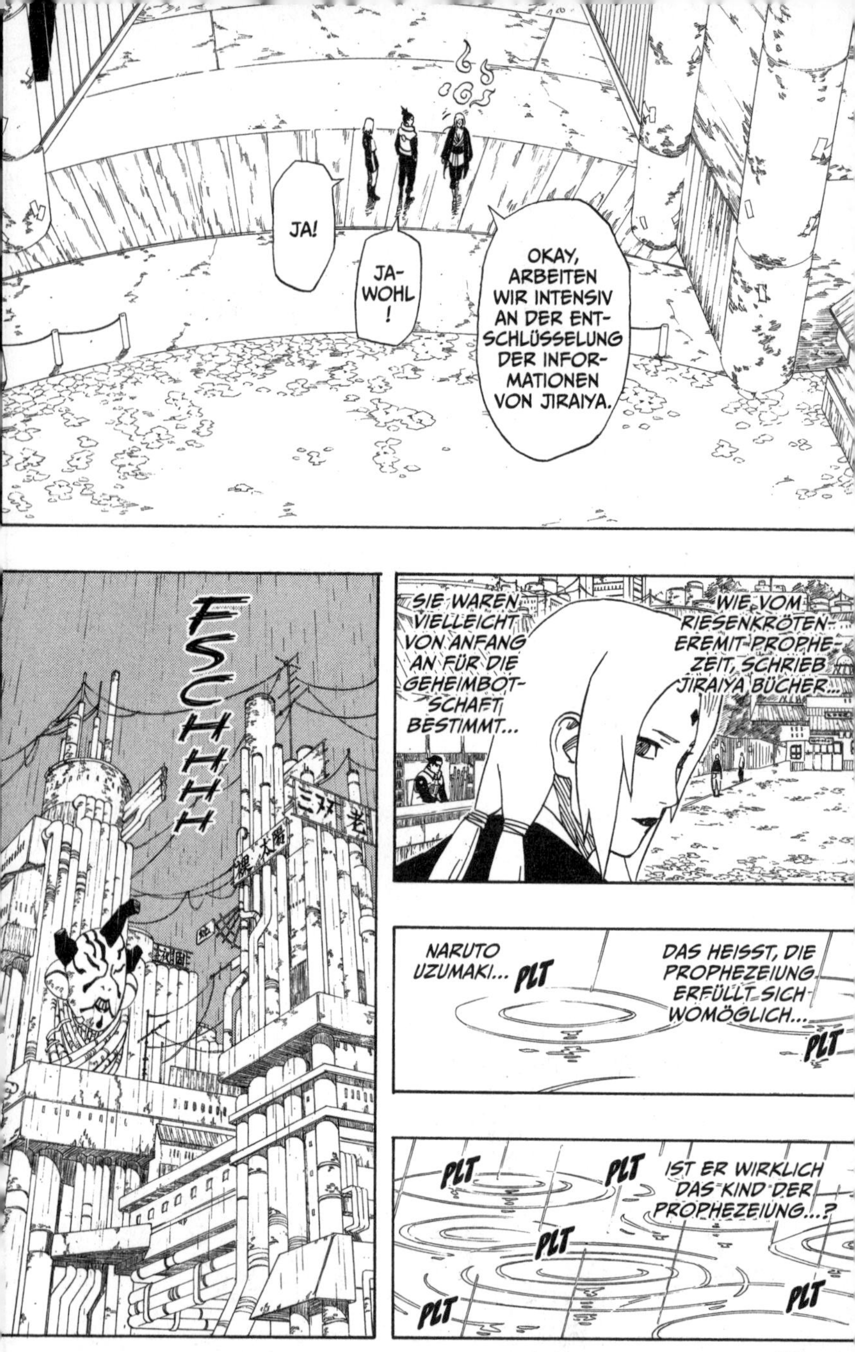
OKAY, ARBEITEN WIR INTENSIV AN DER ENTSCHLÜSSELUNG DER INFORMATIONEN VON JIRAIYA.
JAWOHL!
JA!
WIE VOM RIESENKRÖTEN-EREMIT PROPHEZEIT, SCHRIEB JIRAIYA BÜCHER...
SIE WAREN VIELLEICHT VON ANFANG AN FÜR DIE GEHEIMBOTSCHAFT BESTIMMT...
DAS HEISST, DIE PROPHEZEIUNG ERFÜLLT SICH WOMÖGLICH...
PLT
NARUTO UZUMAKI...
PLT
IST ER WIRKLICH DAS KIND DER PROPHEZEIUNG...?
PLT
PLT
PLT
PLT
PLT
FSCHHHH

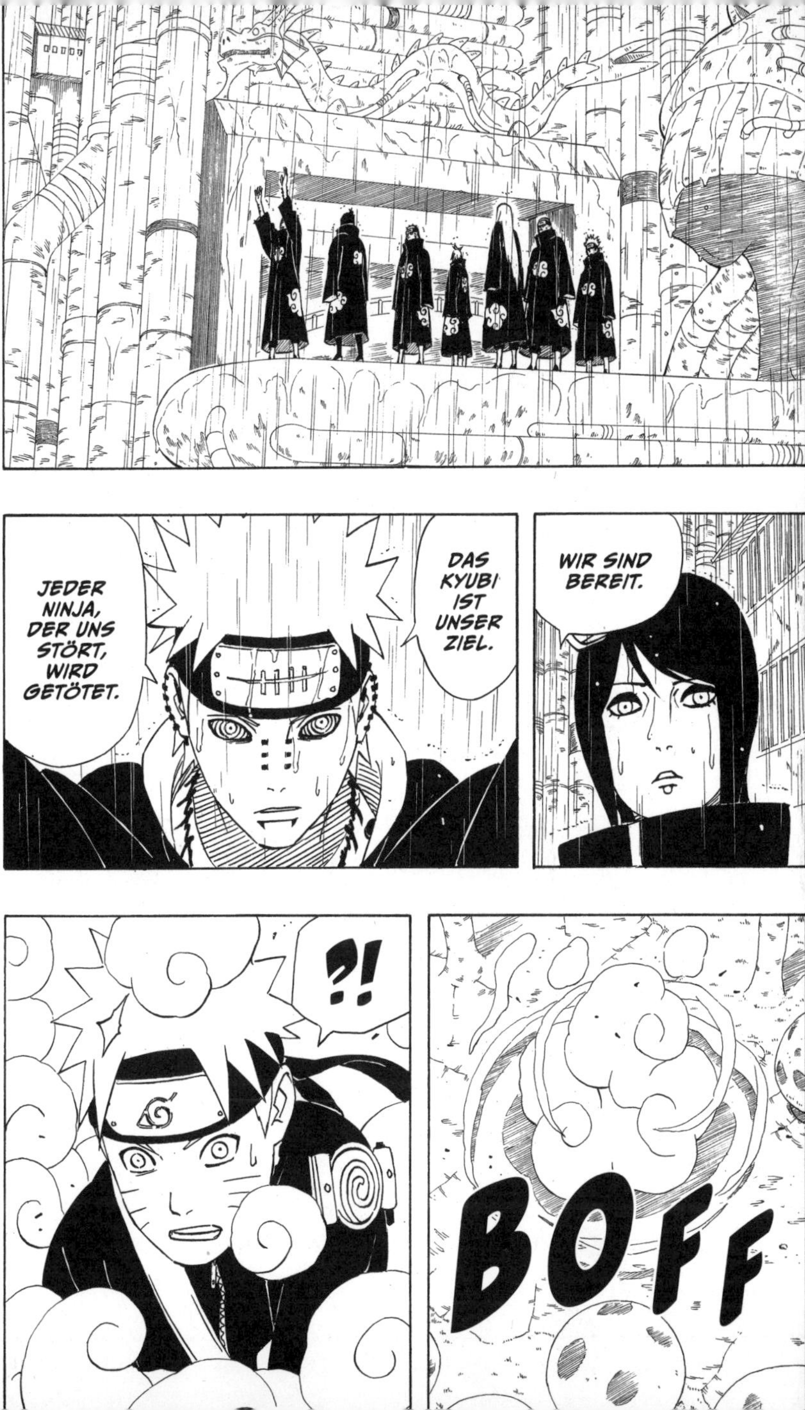
WIR SIND BEREIT.
DAS KYUBI IST UNSER ZIEL.
JEDER NINJA, DER UNS STÖRT, WIRD GETÖTET.
?!
BOFF

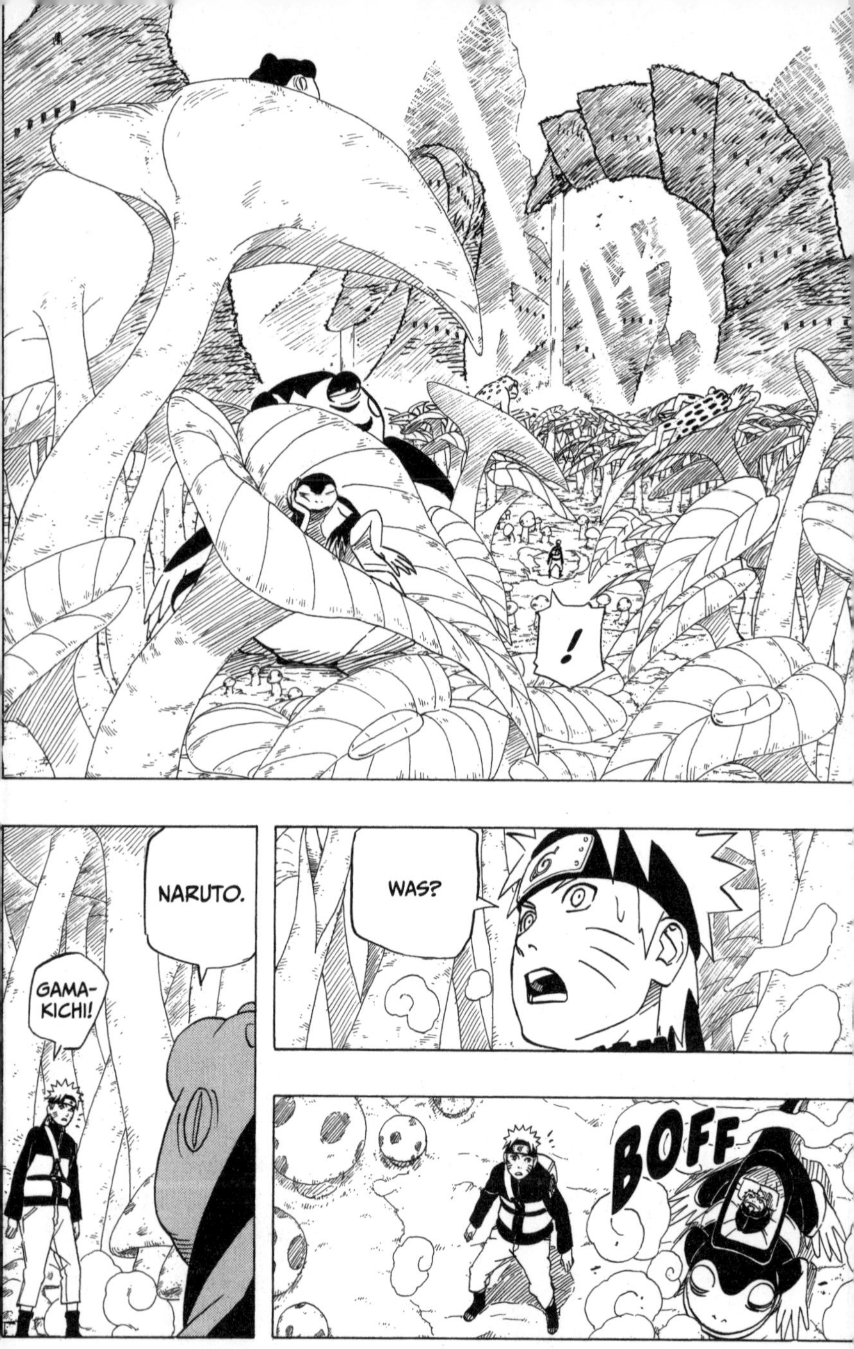
!
WAS?
BOFF
NARUTO.
GAMA-
KICHI!

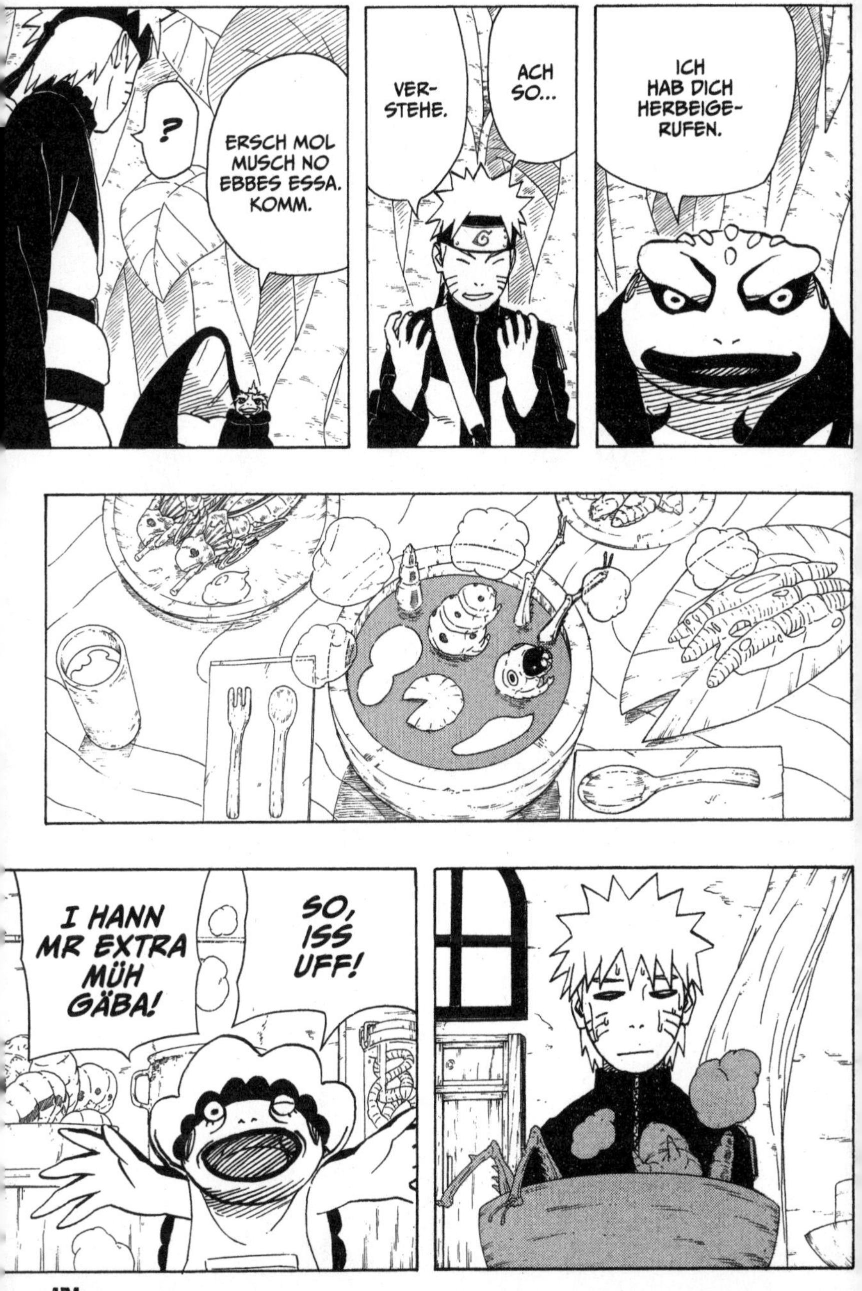
ICH HAB DICH HERBEIGE-RUFEN.
ACH SO...
VER-STEHE.
?
ERSCH MOL MUSCH NO EBBES ESSA. KOMM.
SO, ISS UFF!
I HANN MR EXTRA MÜH GÄBA!

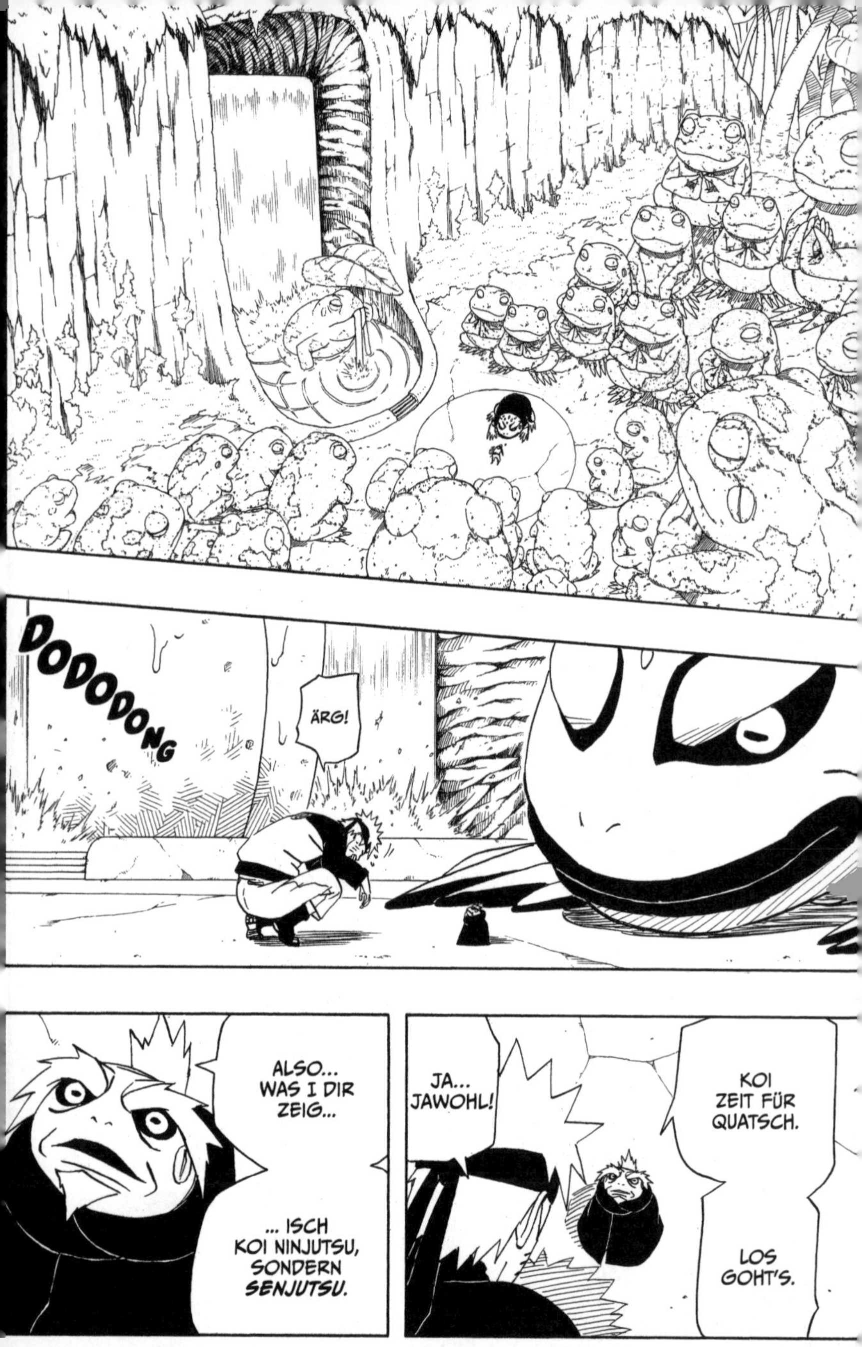
DODODONG
ÄRG!
KOI ZEIT FÜR QUATSCH.
LOS GOHT'S.
JA... JAWOHL!
ALSO... WAS I DIR ZEIG...
... ISCH KOI NINJUTSU, SONDERN SENJUTSU.

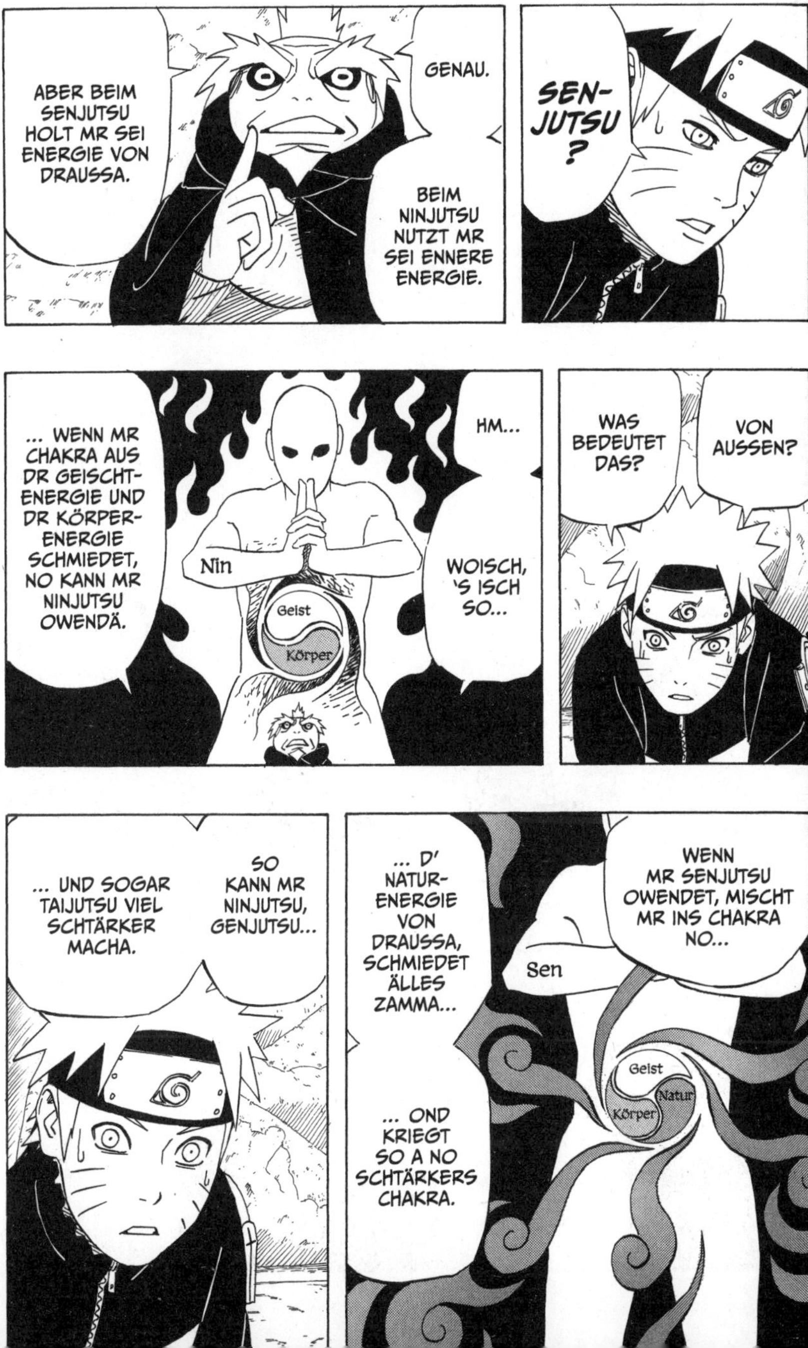
SEN-JUTSU?
GENAU.
BEIM NINJUTSU NUTZT MR SEI ENNERE ENERGIE.
ABER BEIM SENJUTSU HOLT MR SEI ENERGIE VON DRAUSSA.
VON AUSSEN?
WAS BEDEUTET DAS?
HM...
WOISCH, 'S ISCH SO...
... WENN MR CHAKRA AUS DR GEISCHT-ENERGIE UND DR KÖRPER-ENERGIE SCHMIEDET, NO KANN MR NINJUTSU OWENDÄ.
Nin
Geist
Körper
WENN MR SENJUTSU OWENDET, MISCHT MR INS CHAKRA NO...
... D' NATUR-ENERGIE VON DRAUSSA, SCHMIEDET ÄLLES ZAMMA...
... OND KRIEGT SO A NO SCHTÄRKERS CHAKRA.
Sen
Geist
Natur
Körper
SO KANN MR NINJUTSU, GENJUTSU...
... UND SOGAR TAIJUTSU VIEL SCHTÄRKER MACHA.

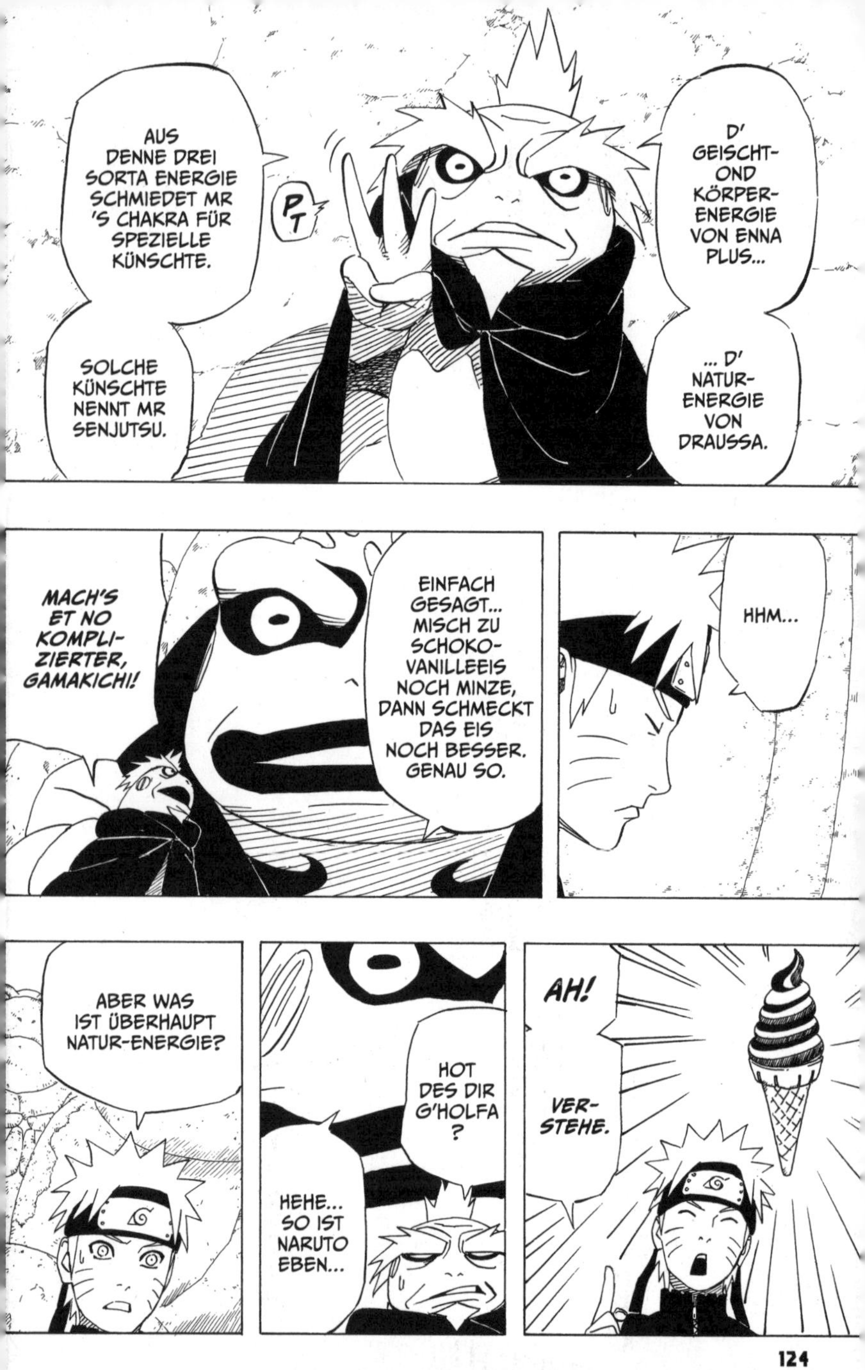
D' GEISCHT- OND KÖRPER-ENERGIE VON ENNA PLUS...
... D' NATUR-ENERGIE VON DRAUSSA.
PT
AUS DENNE DREI SORTA ENERGIE SCHMIEDET MR 'S CHAKRA FÜR SPEZIELLE KÜNSCHTE.
SOLCHE KÜNSCHTE NENNT MR SENJUTSU.
HHM...
EINFACH GESAGT... MISCH ZU SCHOKO-VANILLEEIS NOCH MINZE, DANN SCHMECKT DAS EIS NOCH BESSER. GENAU SO.
MACH'S ET NO KOMPLI-ZIERTER, GAMAKICHI!
AH!
VER-STEHE.
HOT DES DIR G'HOLFA ?
HEHE... SO IST NARUTO EBEN...
ABER WAS IST ÜBERHAUPT NATUR-ENERGIE?

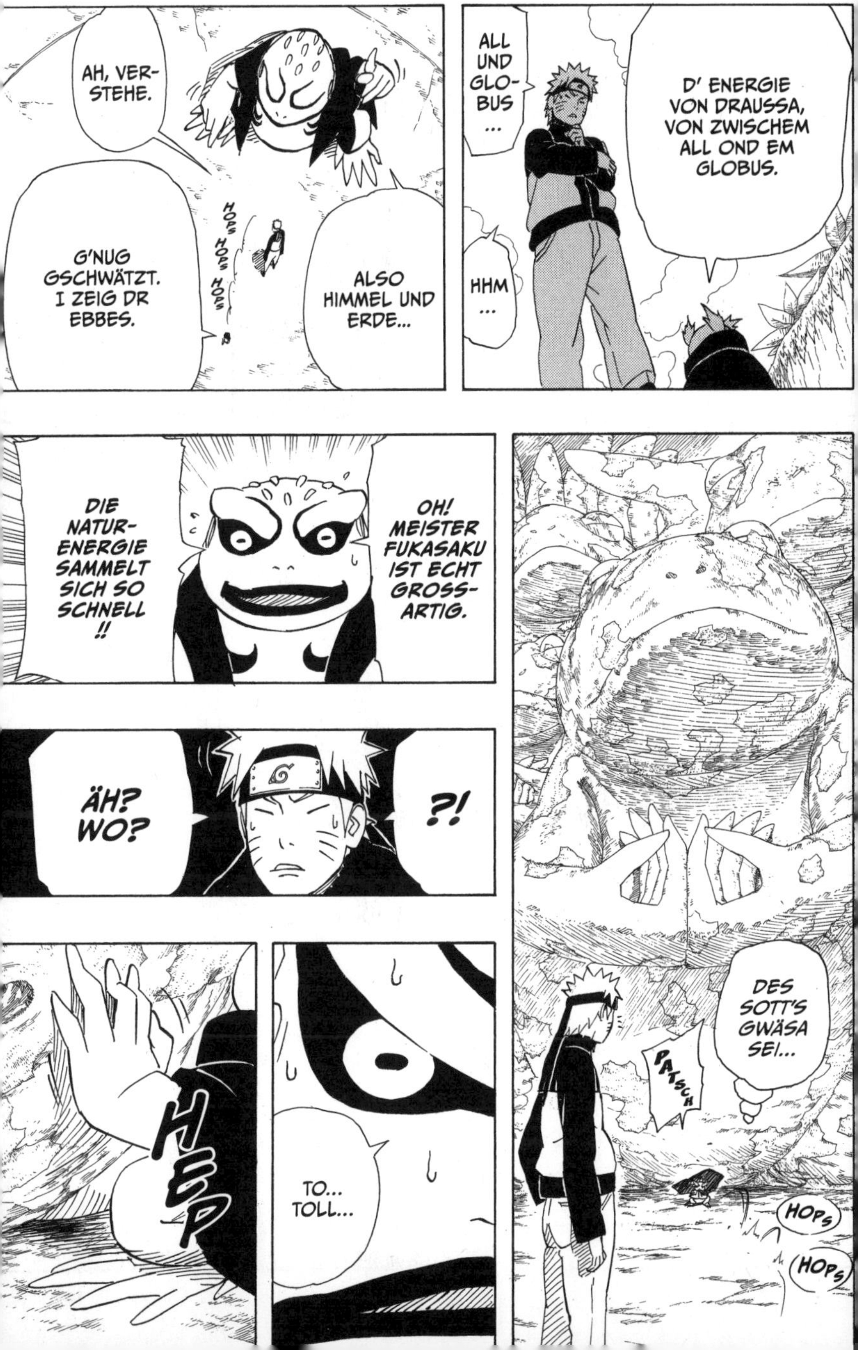
D' ENERGIE VON DRAUSSA, VON ZWISCHEM ALL OND EM GLOBUS.
ALL UND GLO-BUS ...
HHM ...
ALSO HIMMEL UND ERDE...
AH, VER-STEHE.
HOPS HOPS HOPS
G'NUG GSCHWÄTZT. I ZEIG DR EBBES.
DES SOTT'S GWÄSA SEI...
PATSCH
HOPS
HOPS
OH! MEISTER FUKASAKU IST ECHT GROSS-ARTIG.
DIE NATUR-ENERGIE SAMMELT SICH SO SCHNELL !!
?!
ÄH? WO?
TO... TOLL...
HEP

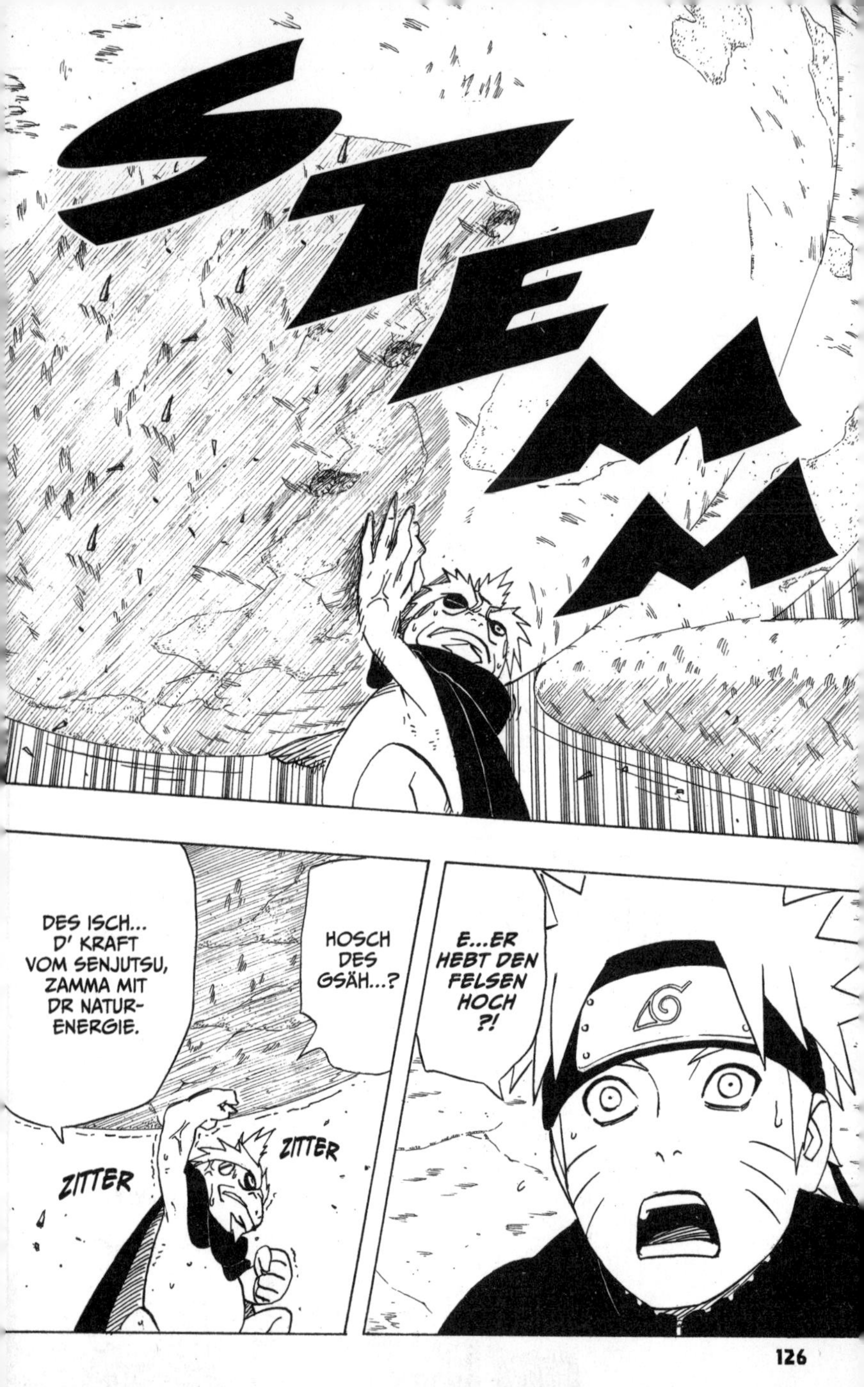
STEMM
E...ER HEBT DEN FELSEN HOCH ?!
HOSCH DES GSÄH...?
DES ISCH... D' KRAFT VOM SENJUTSU, ZAMMA MIT DR NATUR-ENERGIE.
ZITTER
ZITTER

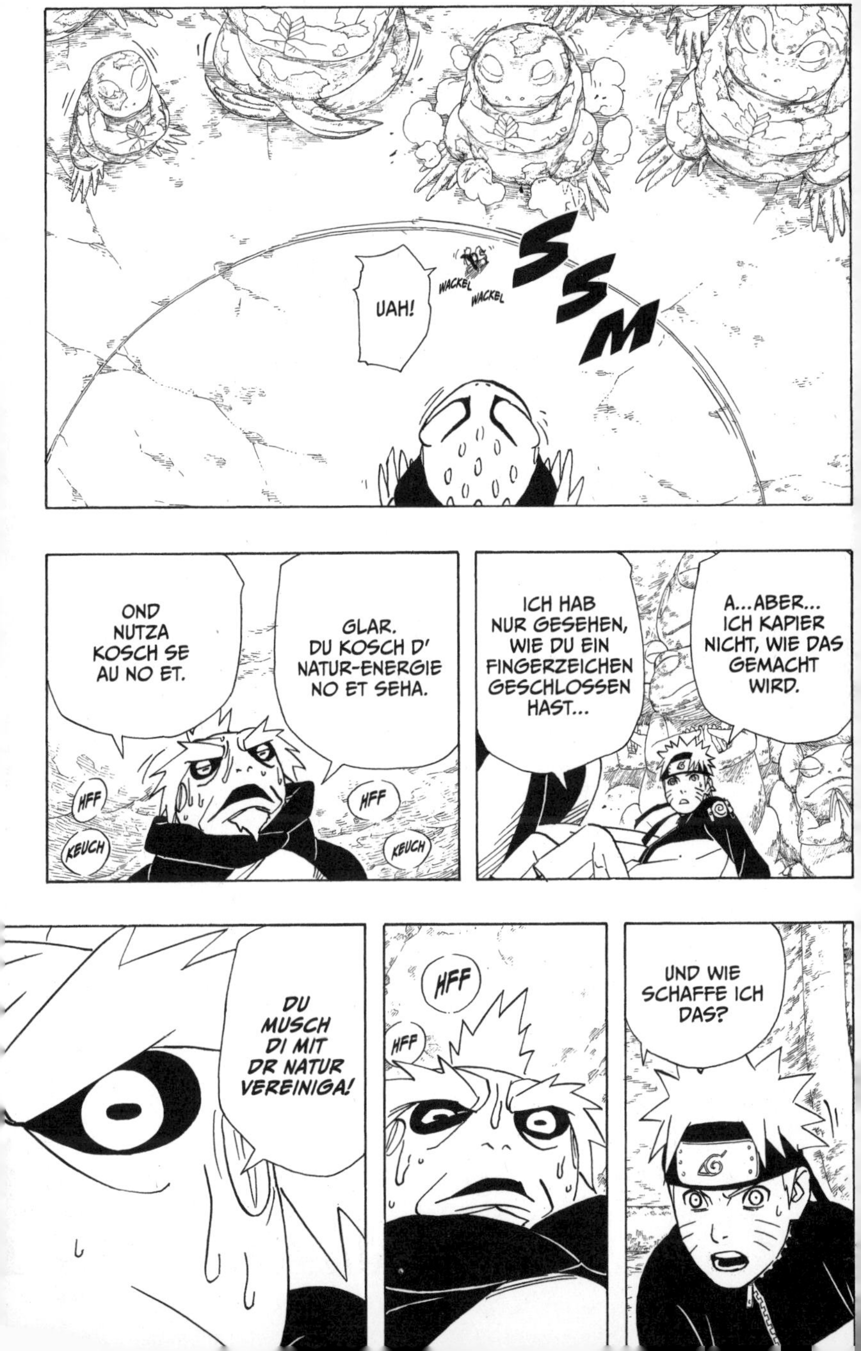
UAH!
WACKEL WACKEL
SSM
GLAR.
DU KOSCH D' NATUR-ENERGIE NO ET SEHA.
OND NUTZA KOSCH SE AU NO ET.
HFF
KEUCH
HFF
KEUCH
A...ABER... ICH KAPIER NICHT, WIE DAS GEMACHT WIRD.
ICH HAB NUR GESEHEN, WIE DU EIN FINGERZEICHEN GESCHLOSSEN HAST...
UND WIE SCHAFFE ICH DAS?
HFF
HFF
DU MUSCH DI MIT DR NATUR VEREINIGA!

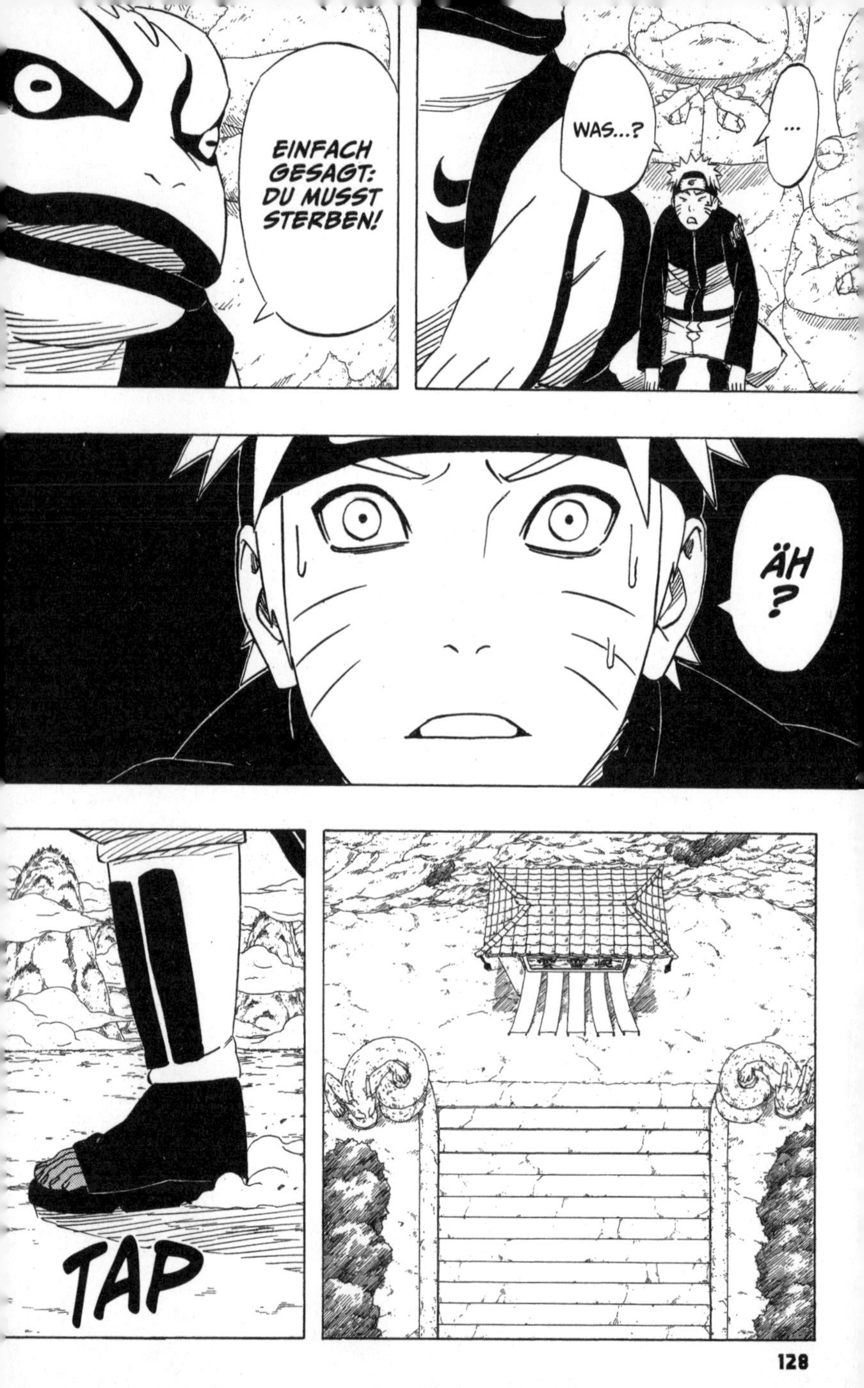
EINFACH GESAGT: DU MUSST STERBEN!
...
WAS...?
ÄH?
TAP

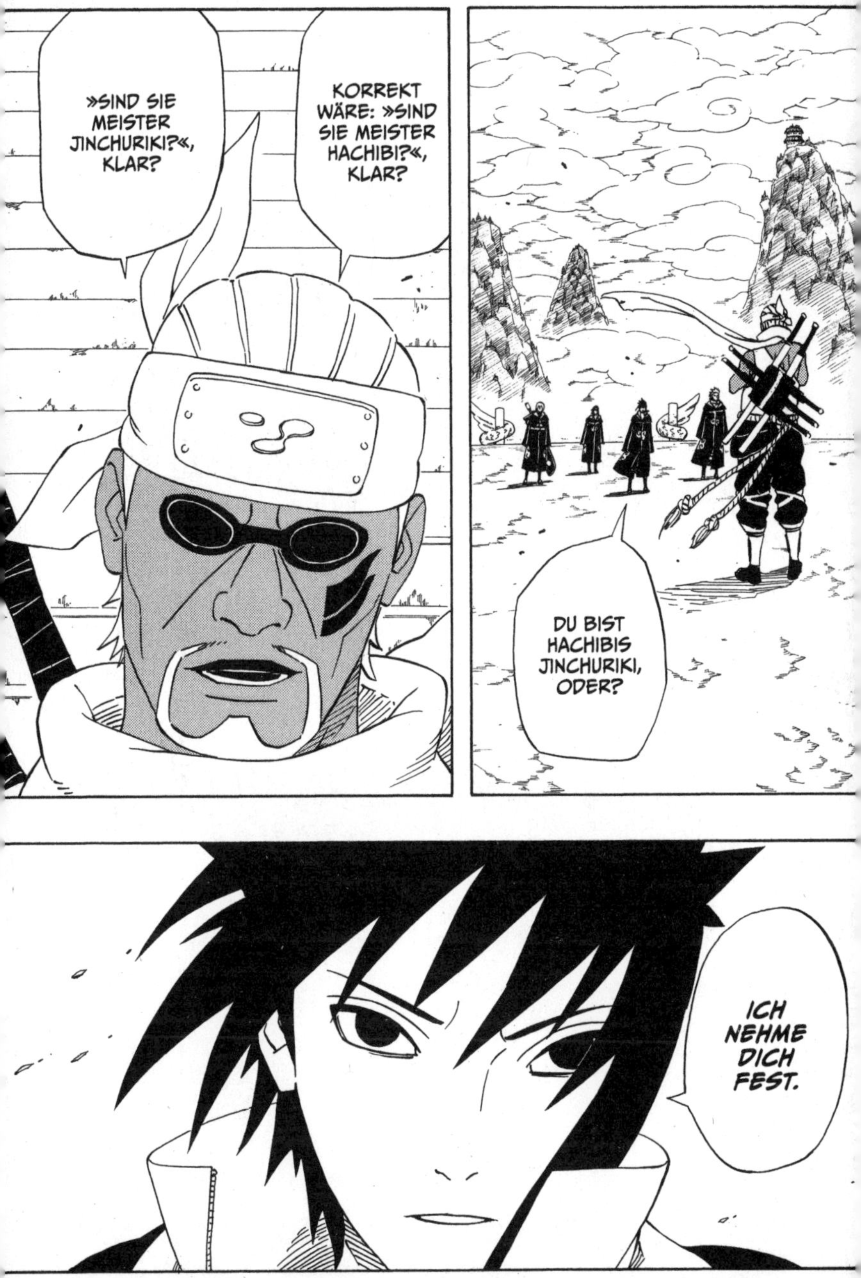
DU BIST HACHIBIS JINCHURIKI, ODER?
KORREKT WÄRE: »SIND SIE MEISTER HACHIBI?«, KLAR?
»SIND SIE MEISTER JINCHURIKI?«, KLAR?
ICH NEHME DICH FEST.

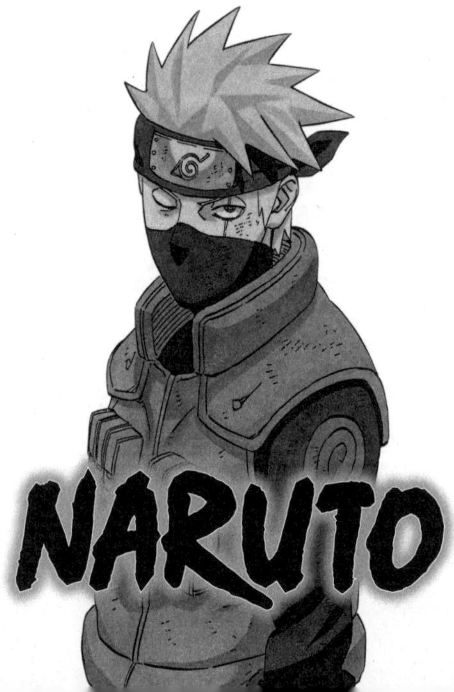
NARUTO

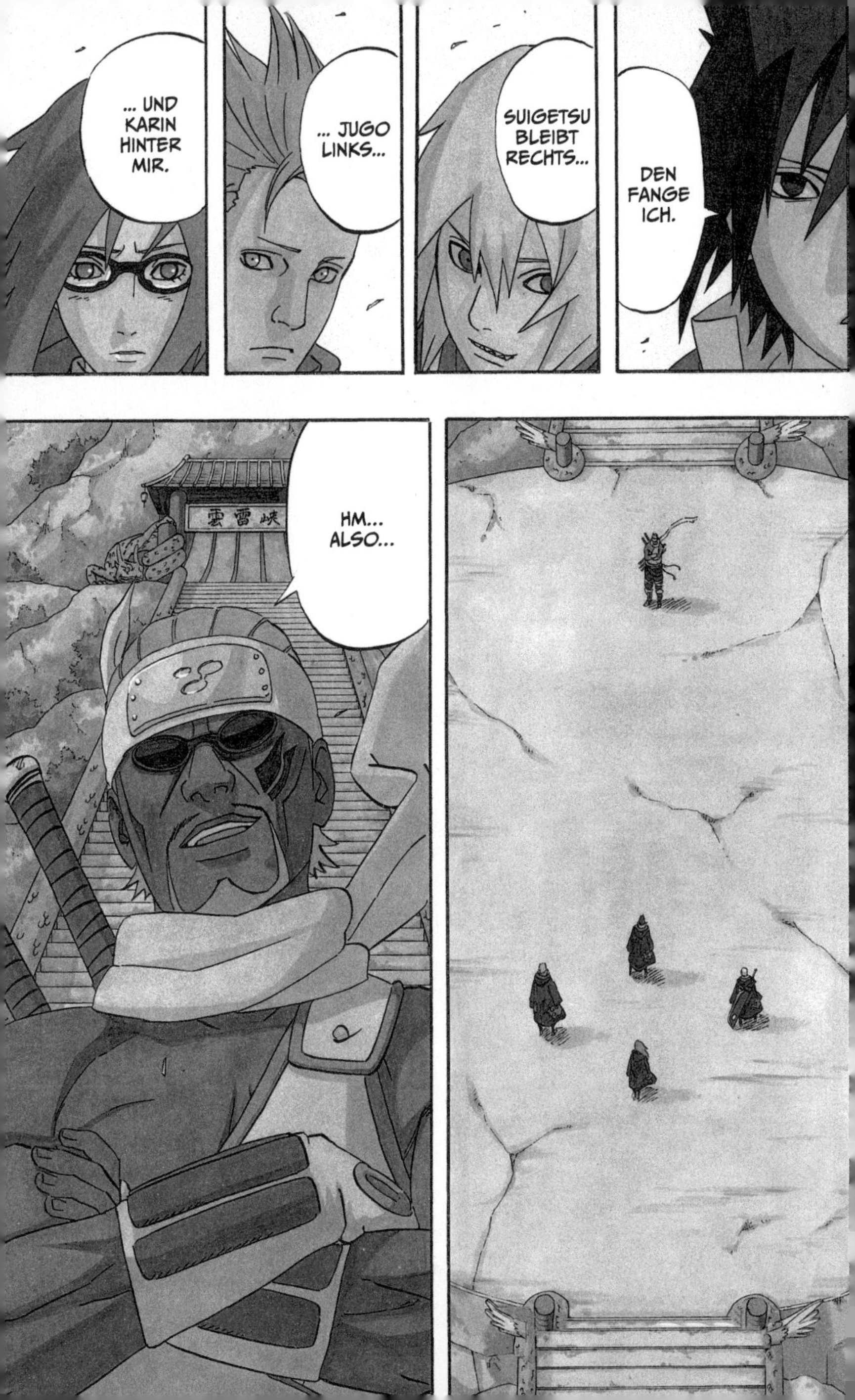
DEN FANGE ICH.
SUIGETSU BLEIBT RECHTS...
... JUGO LINKS...
... UND KARIN HINTER MIR.
HM... ALSO...
雲雷峡

IN DER UNRAI-SCHLUCHT

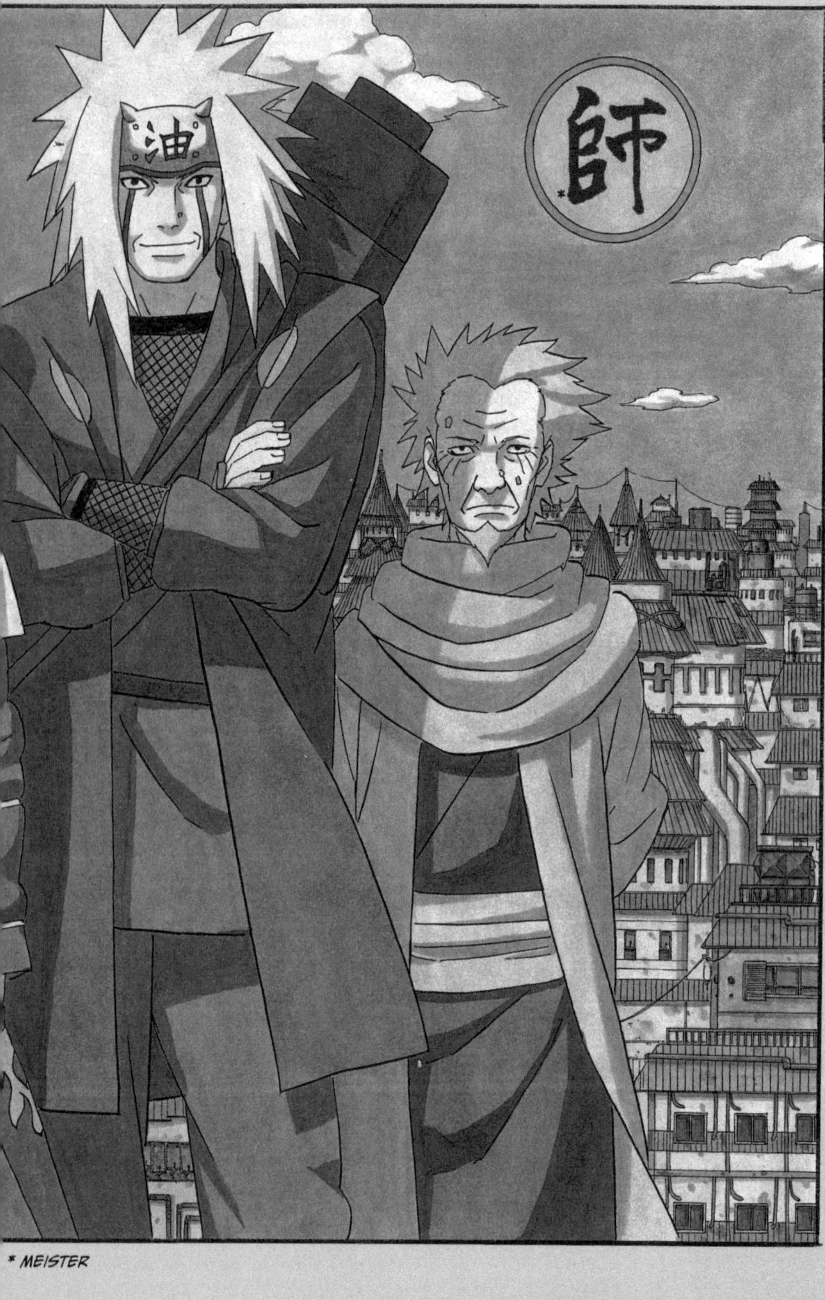

* MEISTER

410. Kapitel: Der Kampf

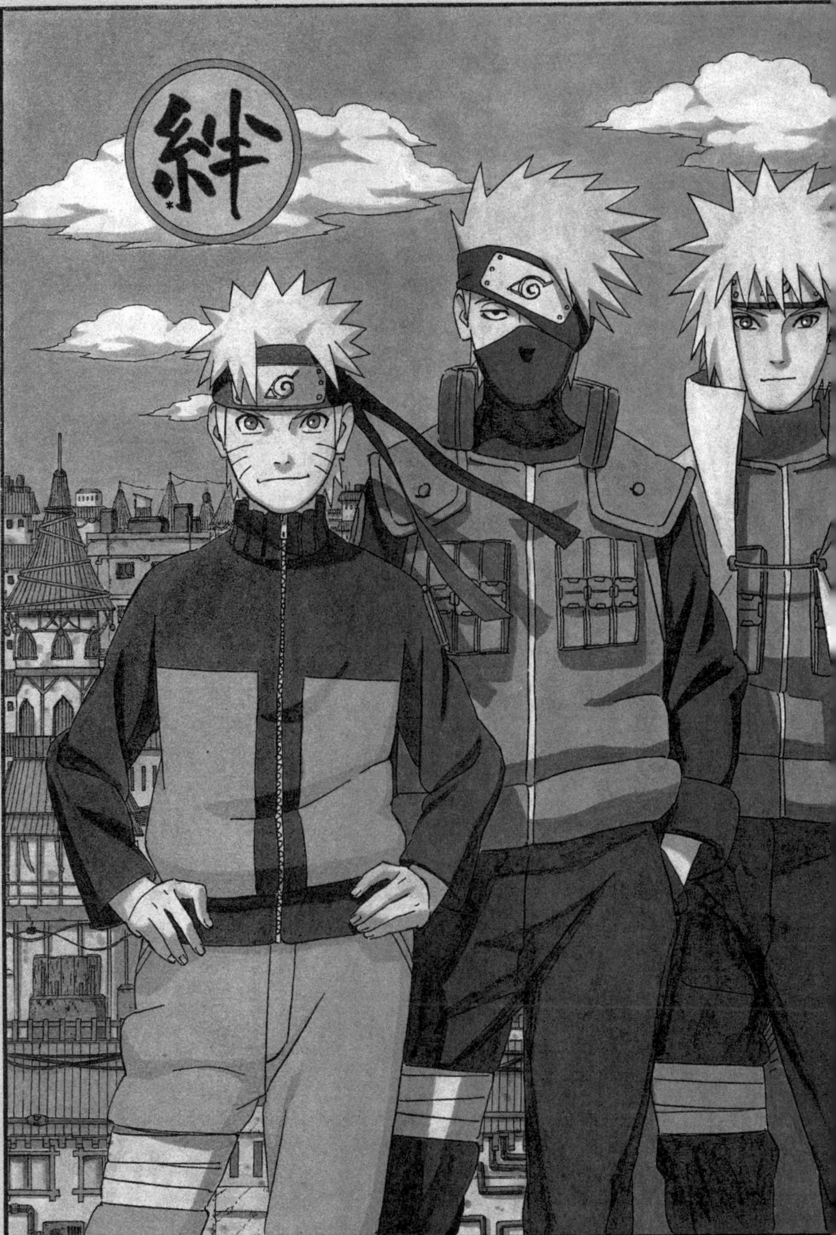

* Bindungen

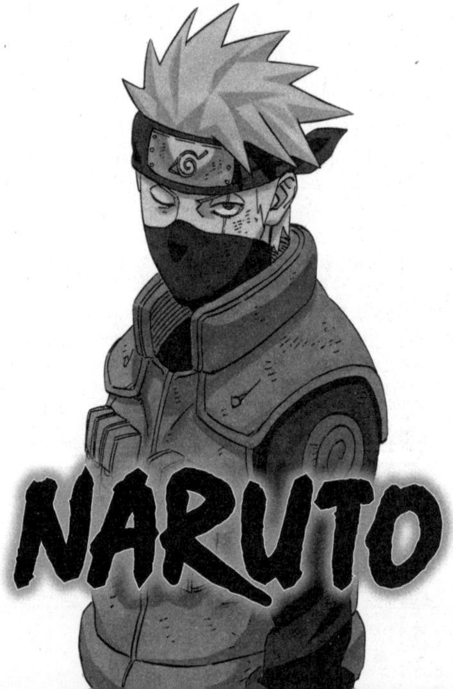
NARUTO

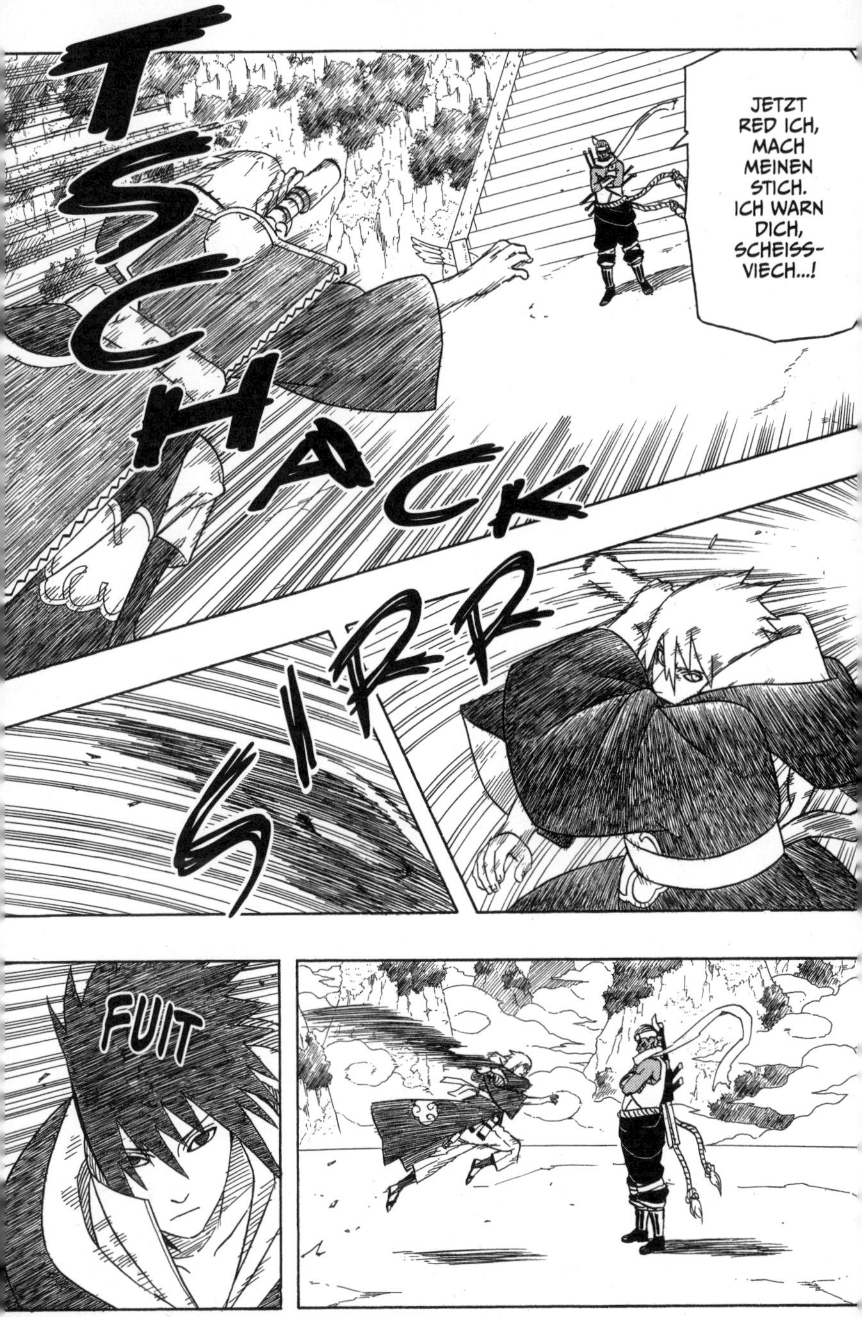
JETZT RED ICH, MACH MEINEN STICH. ICH WARN DICH, SCHEISS-VIECH...!
TSCHACK
SIRR
FUIT

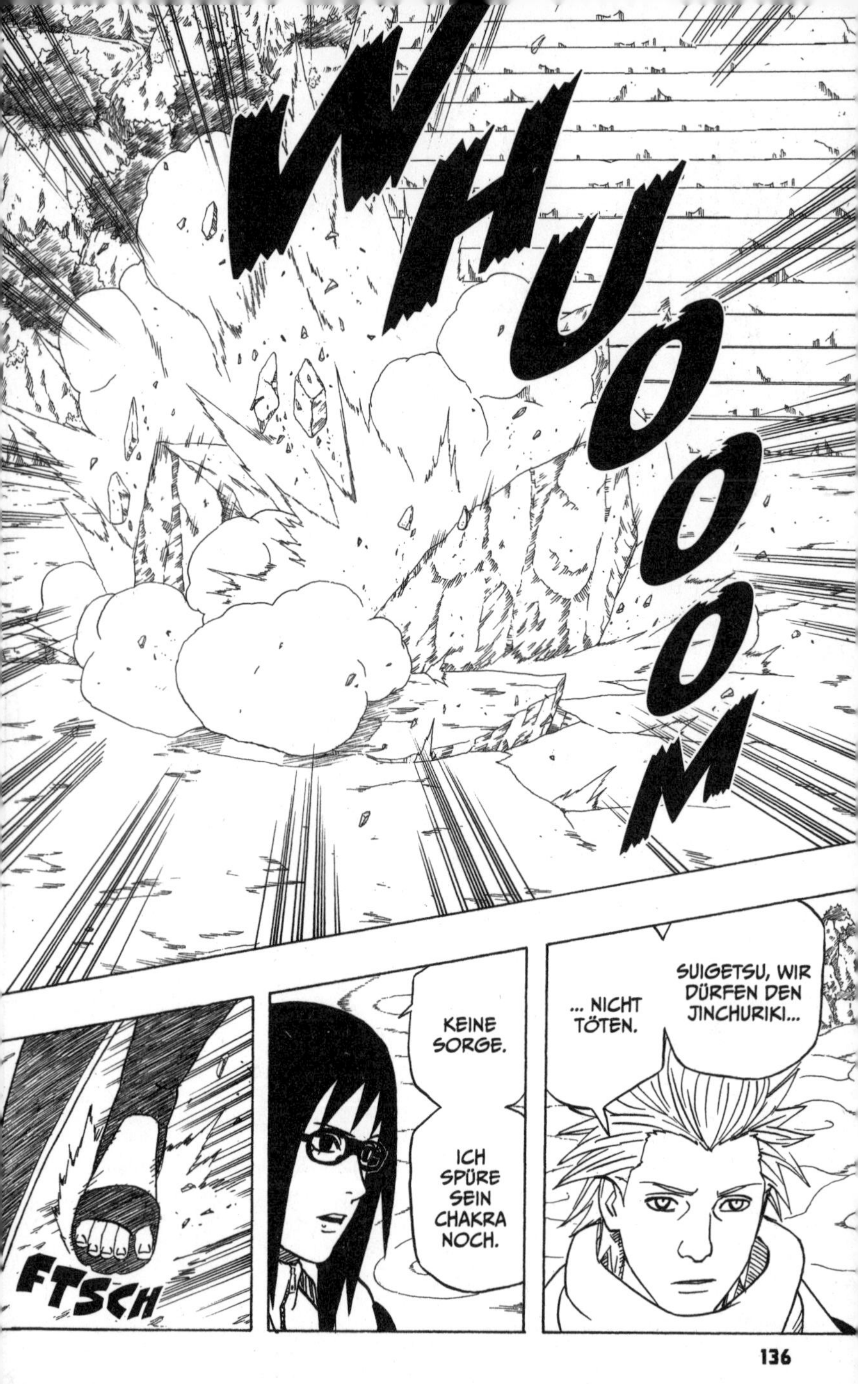
WHUOOOOM
SUIGETSU, WIR DÜRFEN DEN JINCHURIKI...
... NICHT TÖTEN.
KEINE SORGE.
ICH SPÜRE SEIN CHAKRA NOCH.
FTSCH

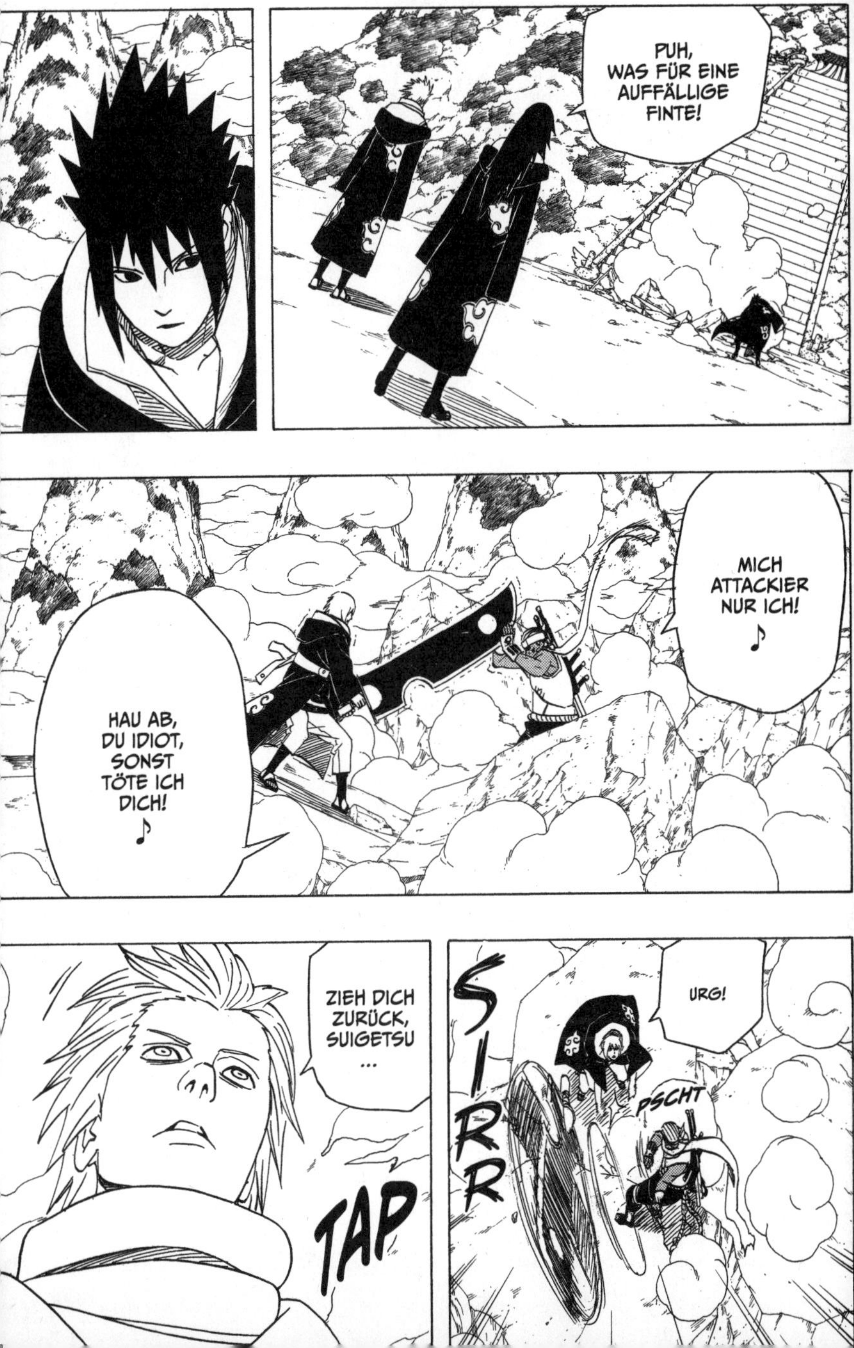
PUH, WAS FÜR EINE AUFFÄLLIGE FINTE!
MICH ATTACKIER NUR ICH! ♪
HAU AB, DU IDIOT, SONST TÖTE ICH DICH! ♪
URG!
SIRR
PSCHT
ZIEH DICH ZURÜCK, SUIGETSU ...
TAP

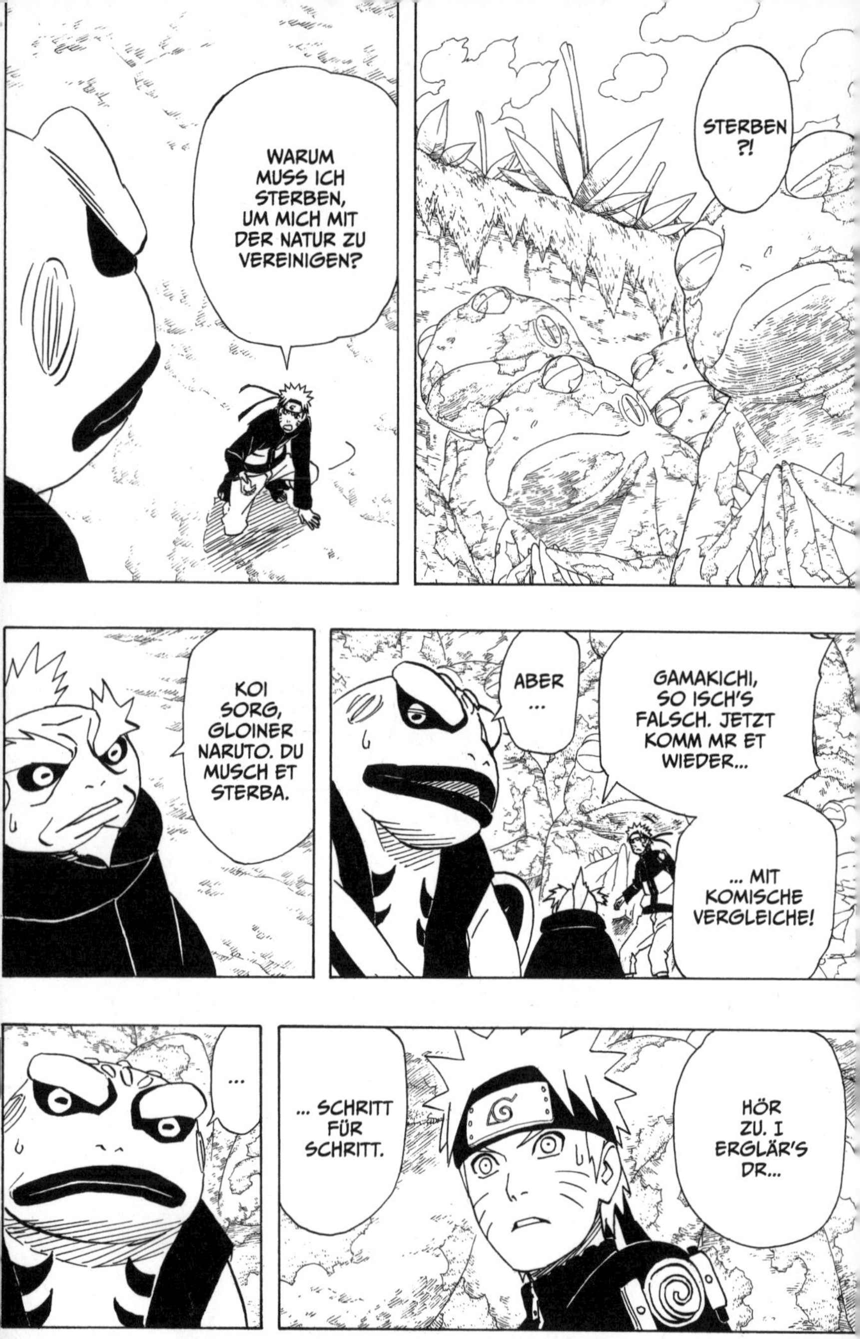
STERBEN ?!
WARUM MUSS ICH STERBEN, UM MICH MIT DER NATUR ZU VEREINIGEN?
GAMAKICHI, SO ISCH'S FALSCH. JETZT KOMM MR ET WIEDER...
... MIT KOMISCHE VERGLEICHE!
ABER ...
KOI SORG, GLOINER NARUTO. DU MUSCH ET STERBA.
HÖR ZU. I ERGLÄR'S DR...
... SCHRITT FÜR SCHRITT.
...

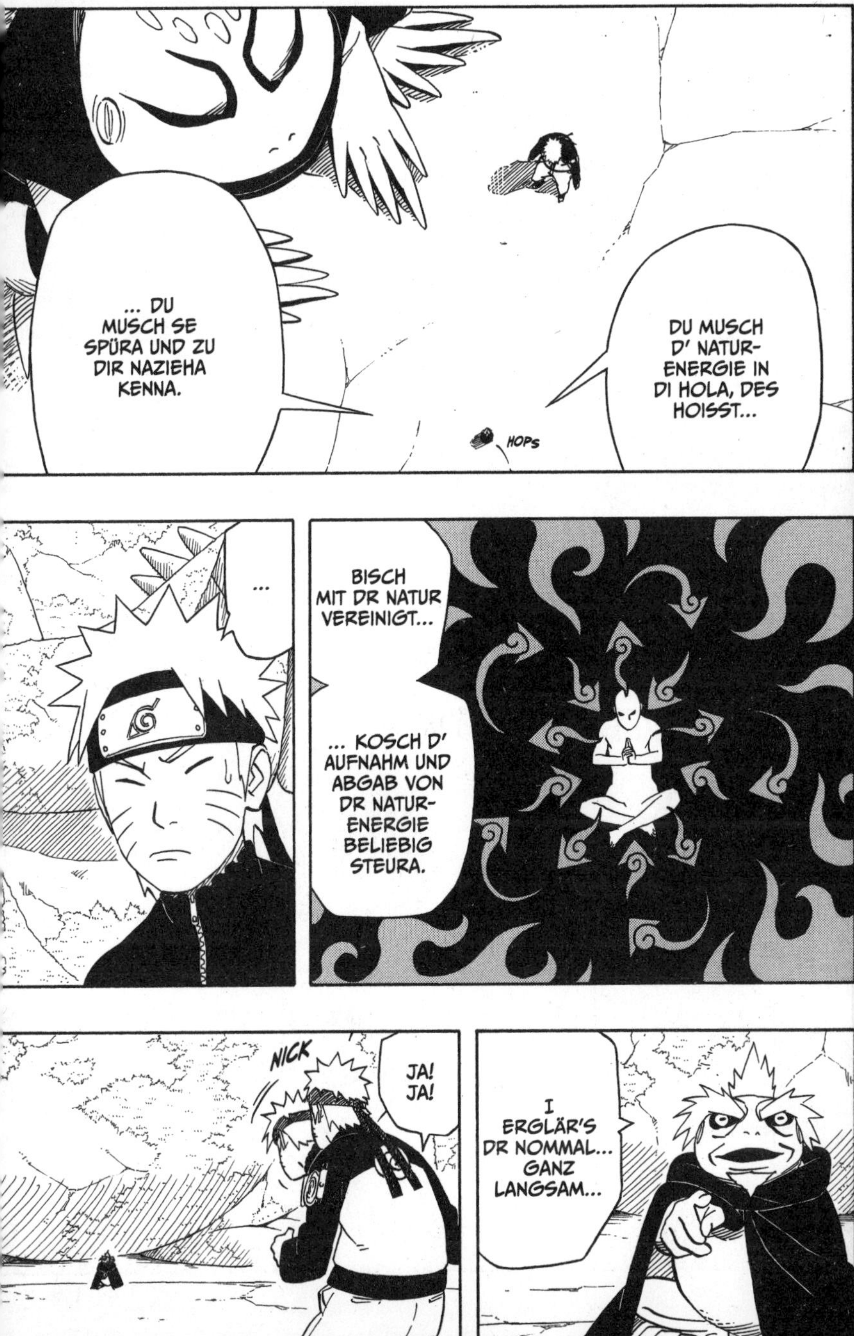
DU MUSCH D' NATUR-ENERGIE IN DI HOLA, DES HOISST...
HOPS
... DU MUSCH SE SPÜRA UND ZU DIR NAZIEHA KENNA.
BISCH MIT DR NATUR VEREINIGT...
... KOSCH D' AUFNAHM UND ABGAB VON DR NATUR-ENERGIE BELIEBIG STEURA.
...
I ERGLÄR'S DR NOMMAL... GANZ LANGSAM...
JA! JA!
NICK

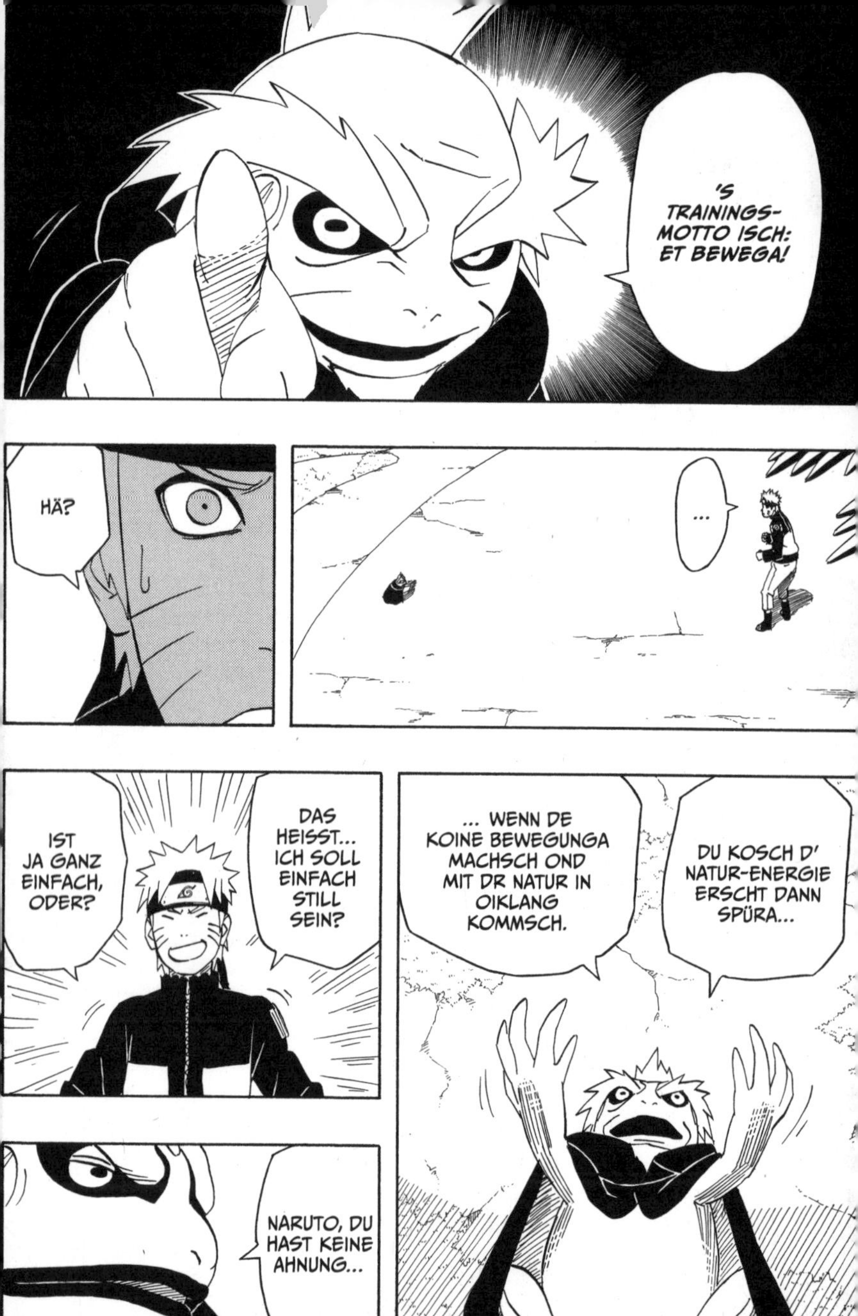
'S TRAININGS-MOTTO ISCH: ET BEWEGA!
...
HÄ?
DU KOSCH D' NATUR-ENERGIE ERSCHT DANN SPÜRA...
... WENN DE KOINE BEWEGUNGA MACHSCH OND MIT DR NATUR IN OIKLANG KOMMSCH.
DAS HEISST... ICH SOLL EINFACH STILL SEIN?
IST JA GANZ EINFACH, ODER?
NARUTO, DU HAST KEINE AHNUNG...

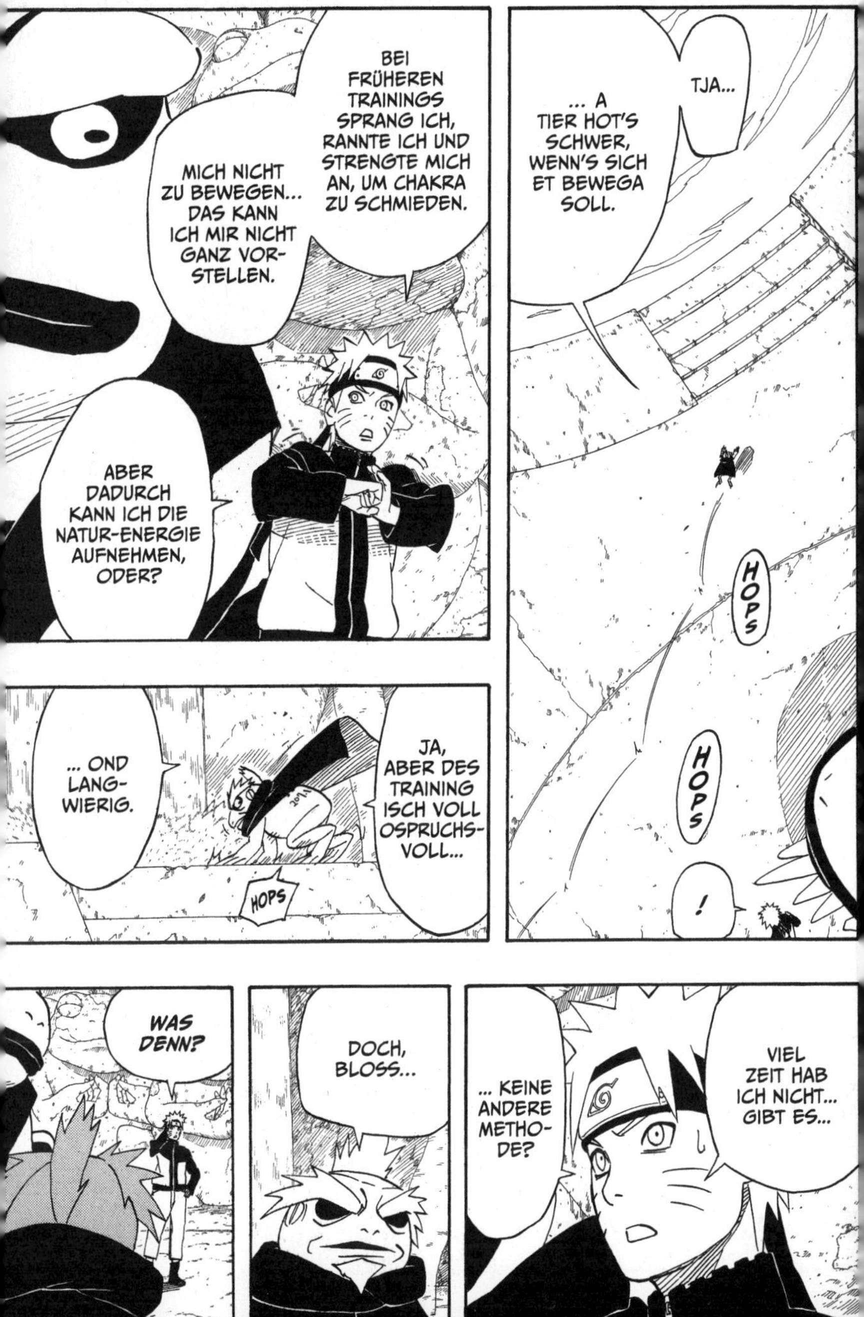
TJA...
... A TIER HOT'S SCHWER, WENN'S SICH ET BEWEGA SOLL.
BEI FRÜHEREN TRAININGS SPRANG ICH, RANNTE ICH UND STRENGTE MICH AN, UM CHAKRA ZU SCHMIEDEN.
MICH NICHT ZU BEWEGEN... DAS KANN ICH MIR NICHT GANZ VOR-STELLEN.
ABER DADURCH KANN ICH DIE NATUR-ENERGIE AUFNEHMEN, ODER?
HOPS
HOPS
!
JA, ABER DES TRAINING ISCH VOLL OSPRUCHS-VOLL...
... OND LANG-WIERIG.
HOPS
VIEL ZEIT HAB ICH NICHT... GIBT ES...
... KEINE ANDERE METHO-DE?
DOCH, BLOSS...
WAS DENN?

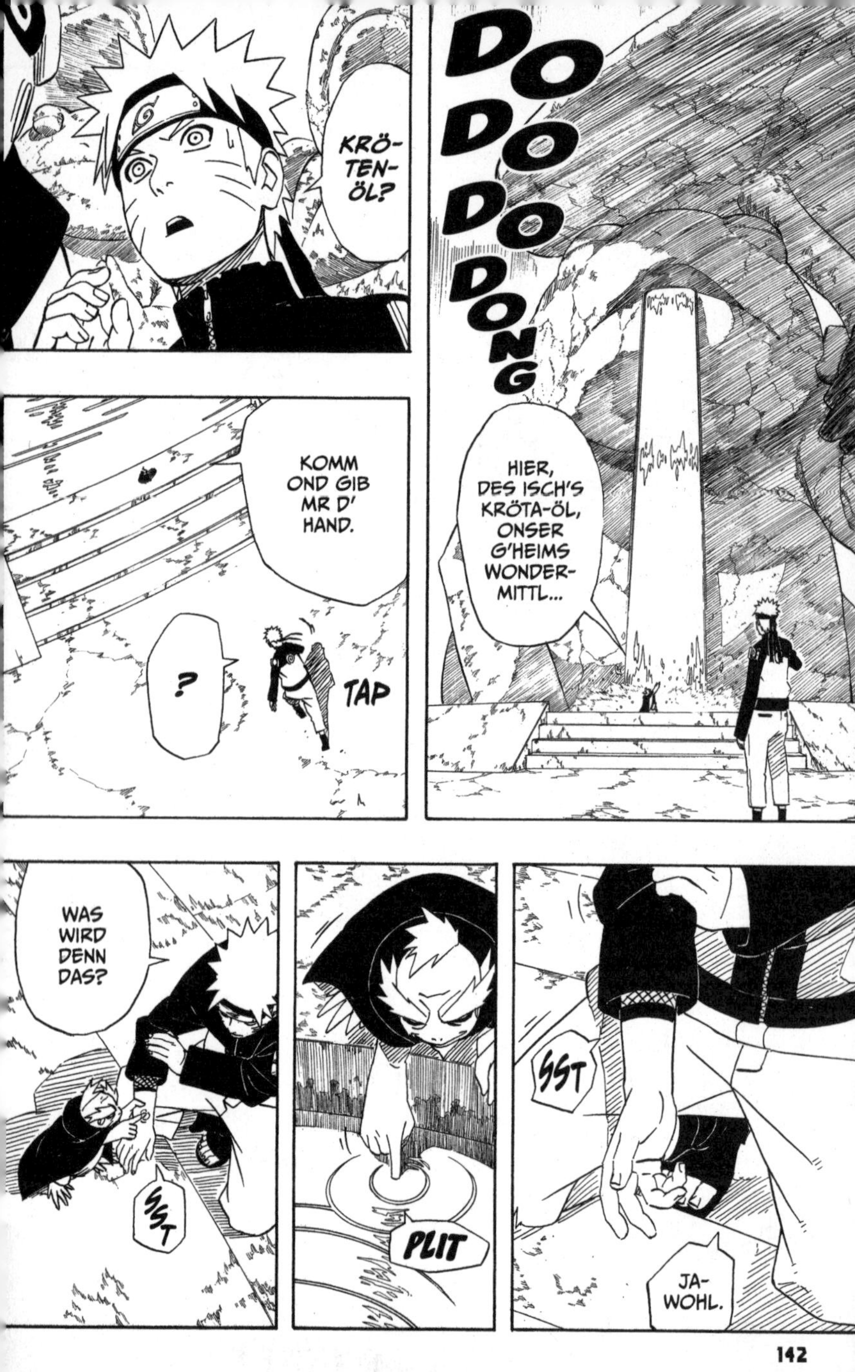
DODODODODODONG
KRÖ-TEN-ÖL?
HIER, DES ISCH'S KRÖTA-ÖL, ONSER G'HEIMS WONDER-MITTL...
KOMM OND GIB MR D' HAND.
TAP
?
JA-WOHL.
SST
PLIT
WAS WIRD DENN DAS?
SST

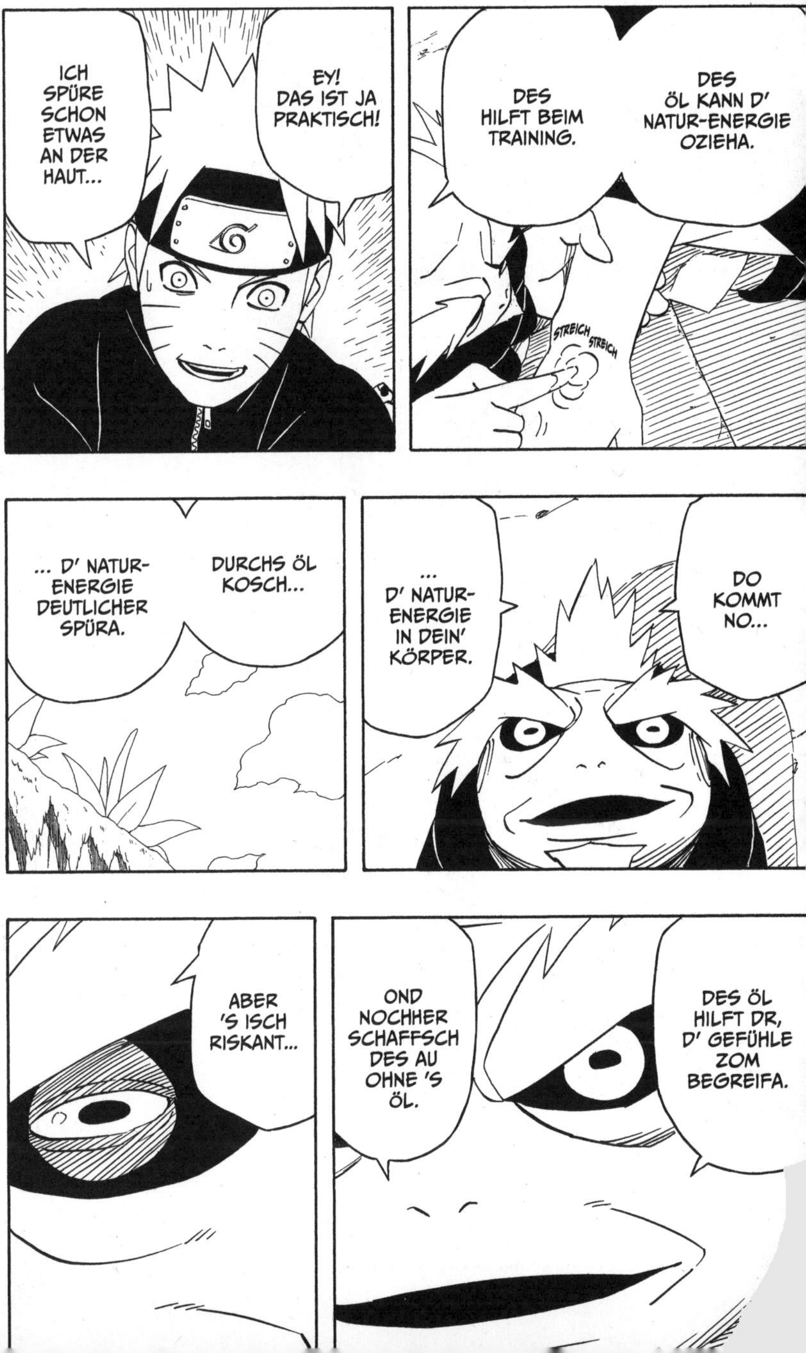
DES ÖL KANN D' NATUR-ENERGIE OZIEHA.
DES HILFT BEIM TRAINING.
STREICH STREICH
EY! DAS IST JA PRAKTISCH!
ICH SPÜRE SCHON ETWAS AN DER HAUT...
DO KOMMT NO...
... D' NATUR-ENERGIE IN DEIN' KÖRPER.
DURCHS ÖL KOSCH...
... D' NATUR-ENERGIE DEUTLICHER SPÜRA.
DES ÖL HILFT DR, D' GEFÜHLE ZOM BEGREIFA.
OND NOCHHER SCHAFFSCH DES AU OHNE 'S ÖL.
ABER 'S ISCH RISKANT...

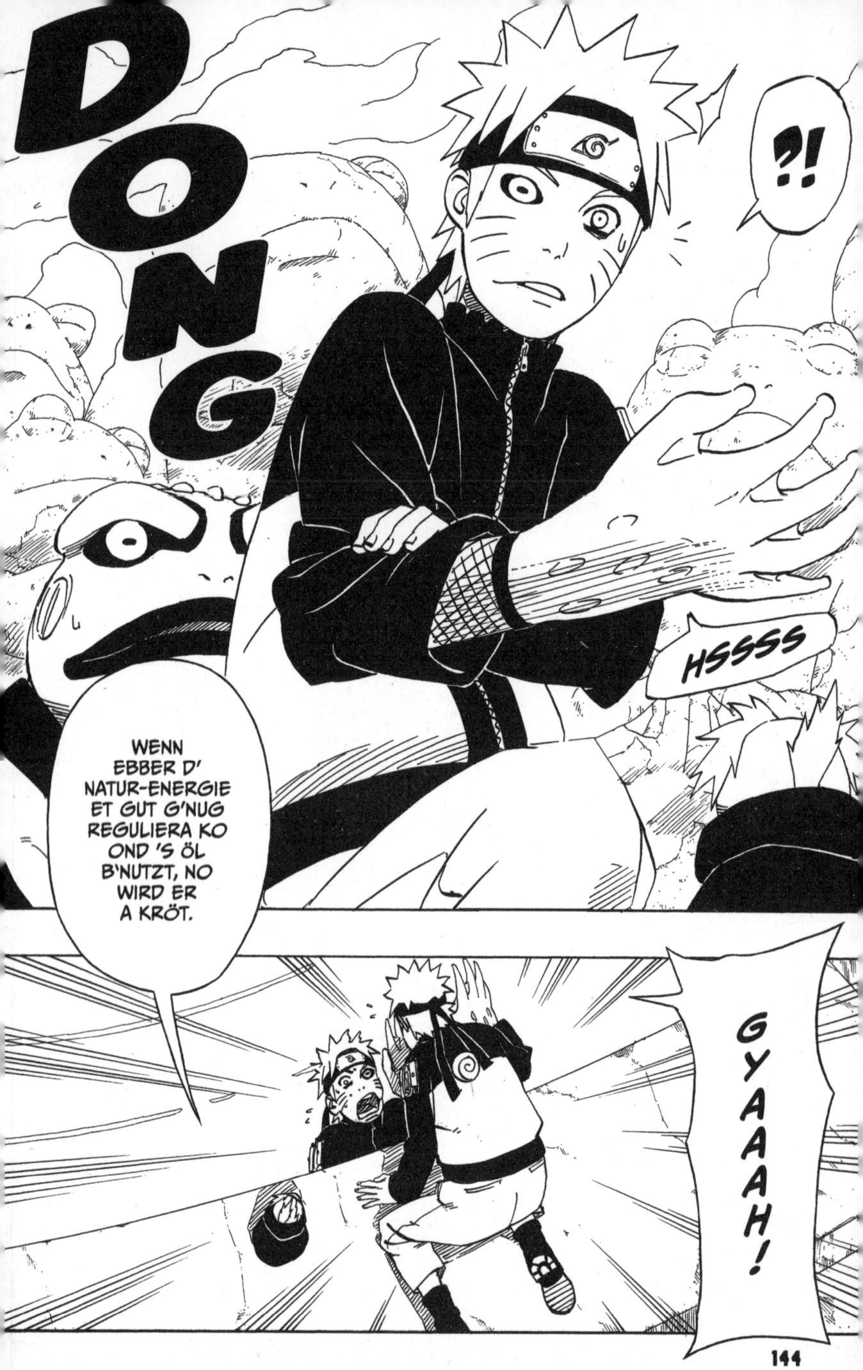
DONG
?!
HSSSS
WENN EBBER D' NATUR-ENERGIE ET GUT G'NUG REGULIERA KO OND 'S ÖL B'NUTZT, NO WIRD ER A KRÖT.
GYAAAAH!

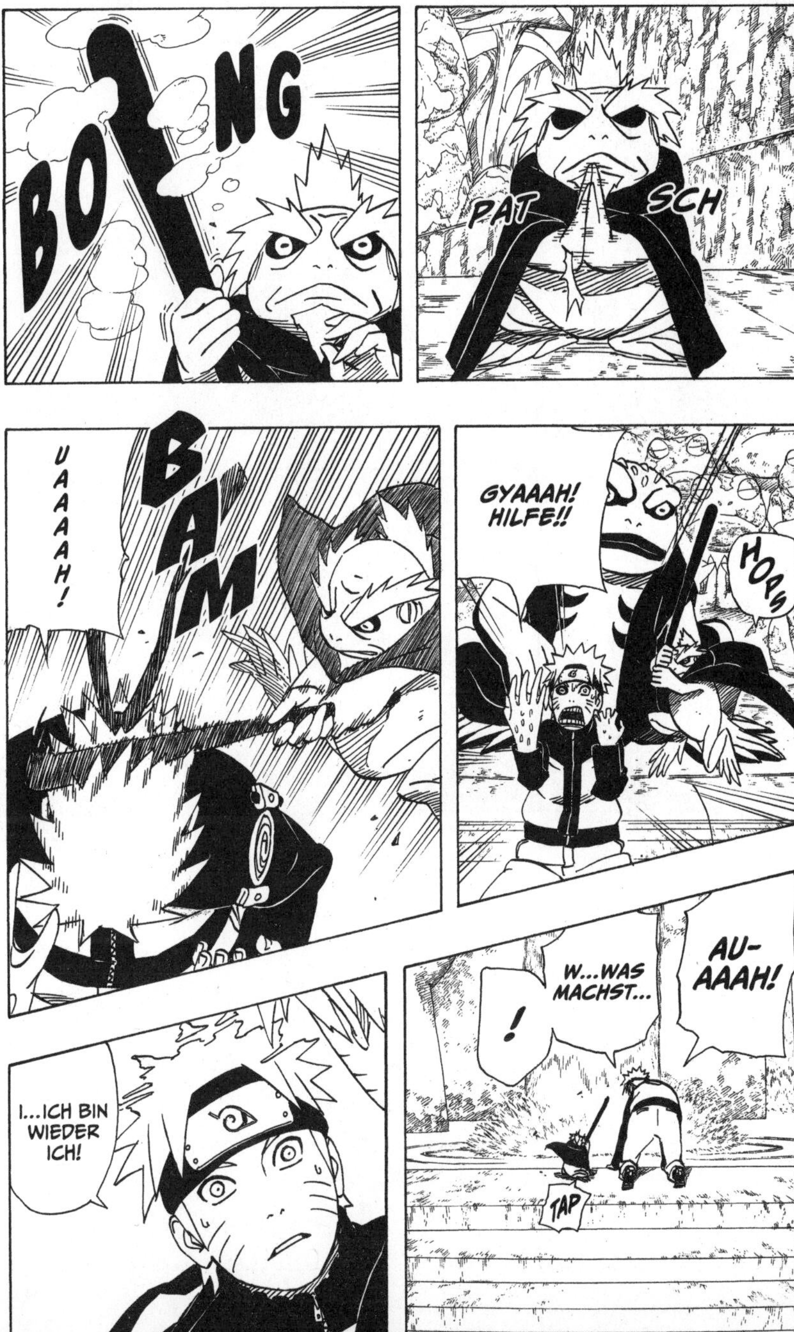
PAT
SCH
BOING
GYAAAH! HILFE!!
HOPS
UAAAAAH!
BAM
AU-AAAH!
W...WAS MACHST...
!
TAP
I...ICH BIN WIEDER ICH!

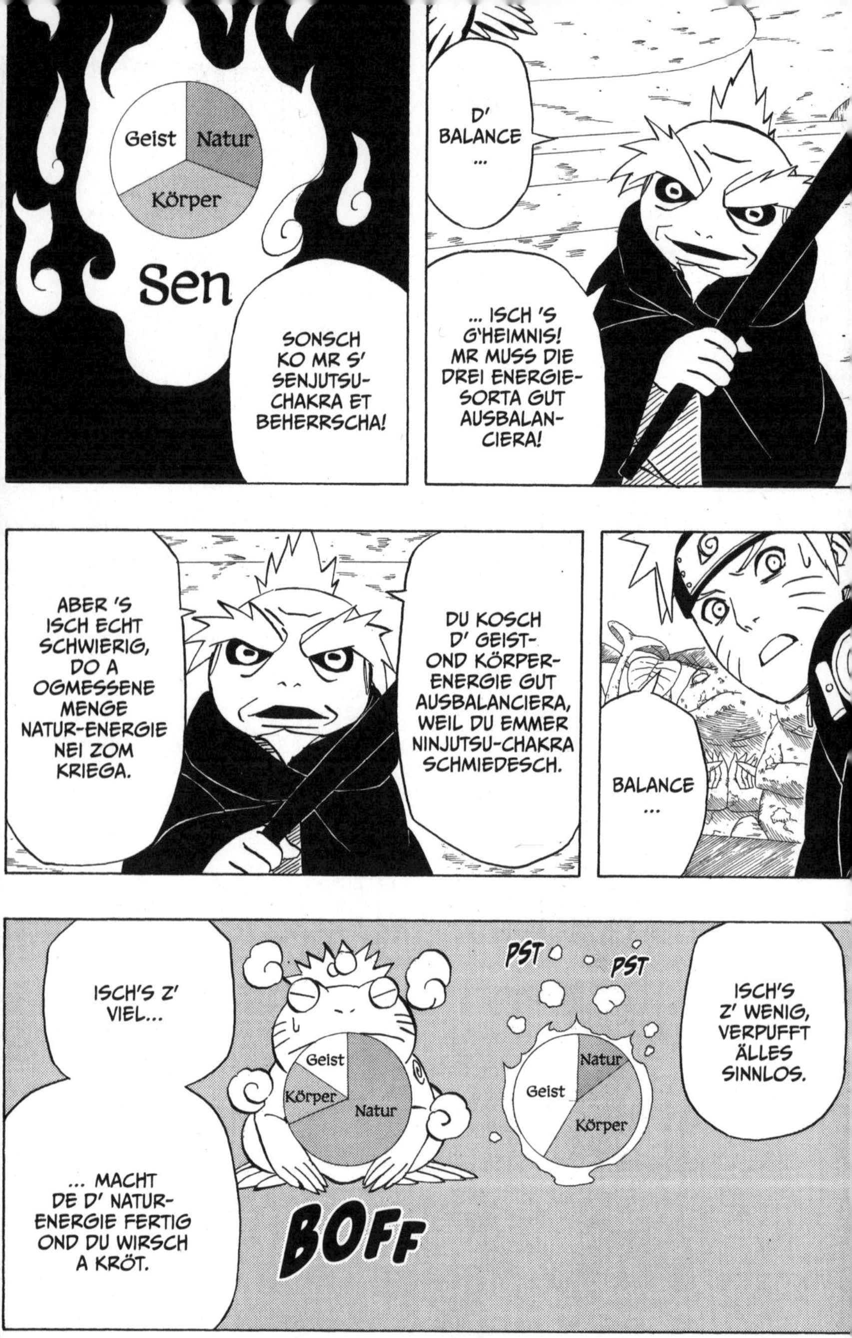
D' BALANCE ...
... ISCH 'S G'HEIMNIS! MR MUSS DIE DREI ENERGIE-SORTA GUT AUSBALANCIERA!
Geist
Natur
Körper
Sen
SONSCH KO MR S' SENJUTSU-CHAKRA ET BEHERRSCHA!
BALANCE ...
DU KOSCH D' GEIST- OND KÖRPER-ENERGIE GUT AUSBALANCIERA, WEIL DU EMMER NINJUTSU-CHAKRA SCHMIEDESCH.
ABER 'S ISCH ECHT SCHWIERIG, DO A OGMESSENE MENGE NATUR-ENERGIE NEI ZOM KRIEGA.
ISCH'S Z' WENIG, VERPUFFT ÄLLES SINNLOS.
PST
PST
Geist
Natur
Körper
ISCH'S Z' VIEL...
Geist
Körper
Natur
BOFF
... MACHT DE D' NATUR-ENERGIE FERTIG OND DU WIRSCH A KRÖT.

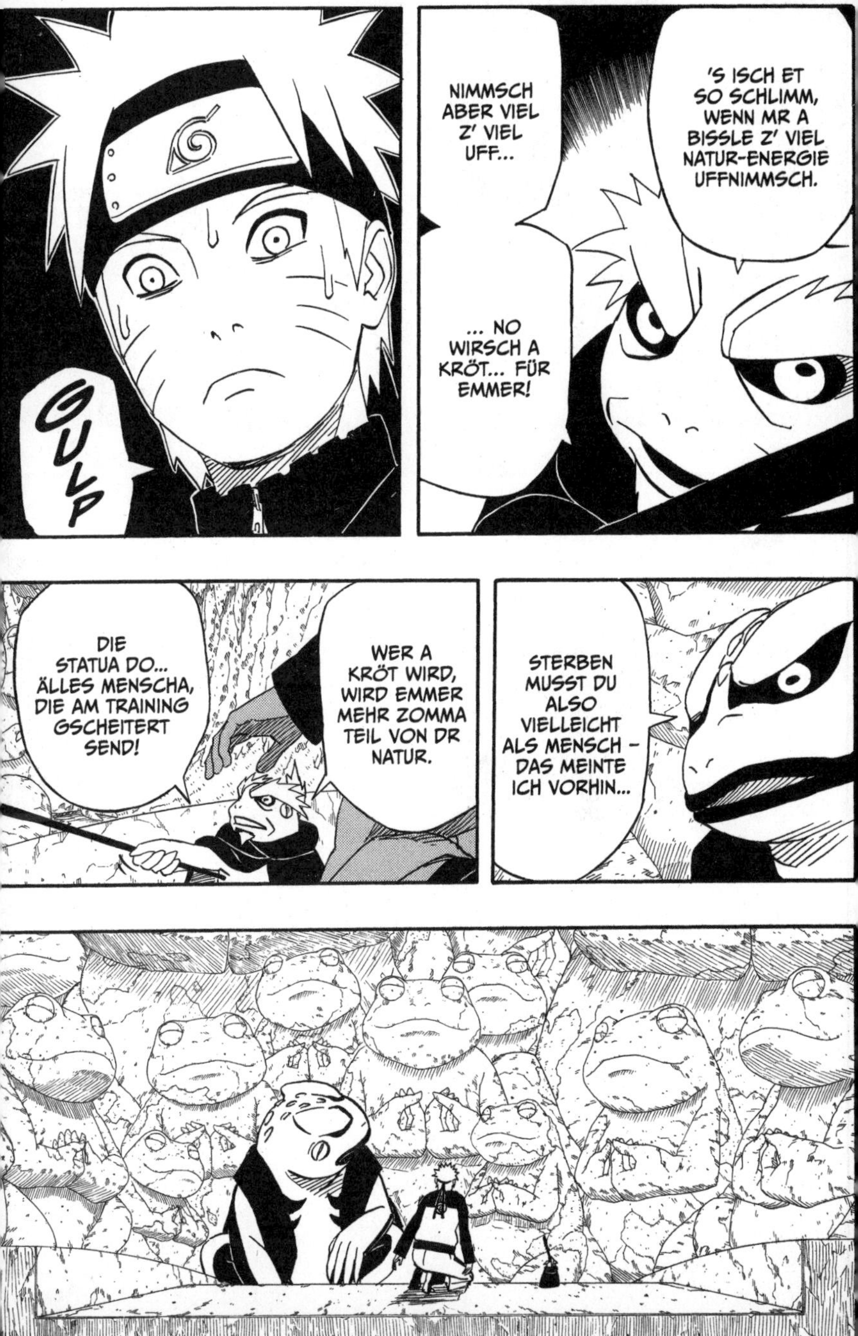
'S ISCH ET SO SCHLIMM, WENN MR A BISSLE Z' VIEL NATUR-ENERGIE UFFNIMMSCH.
NIMMSCH ABER VIEL Z' VIEL UFF...
... NO WIRSCH A KRÖT... FÜR EMMER!
GULP
STERBEN MUSST DU ALSO VIELLEICHT ALS MENSCH – DAS MEINTE ICH VORHIN...
WER A KRÖT WIRD, WIRD EMMER MEHR ZOMMA TEIL VON DR NATUR.
DIE STATUA DO... ÄLLES MENSCHA, DIE AM TRAINING GSCHEITERT SEND!

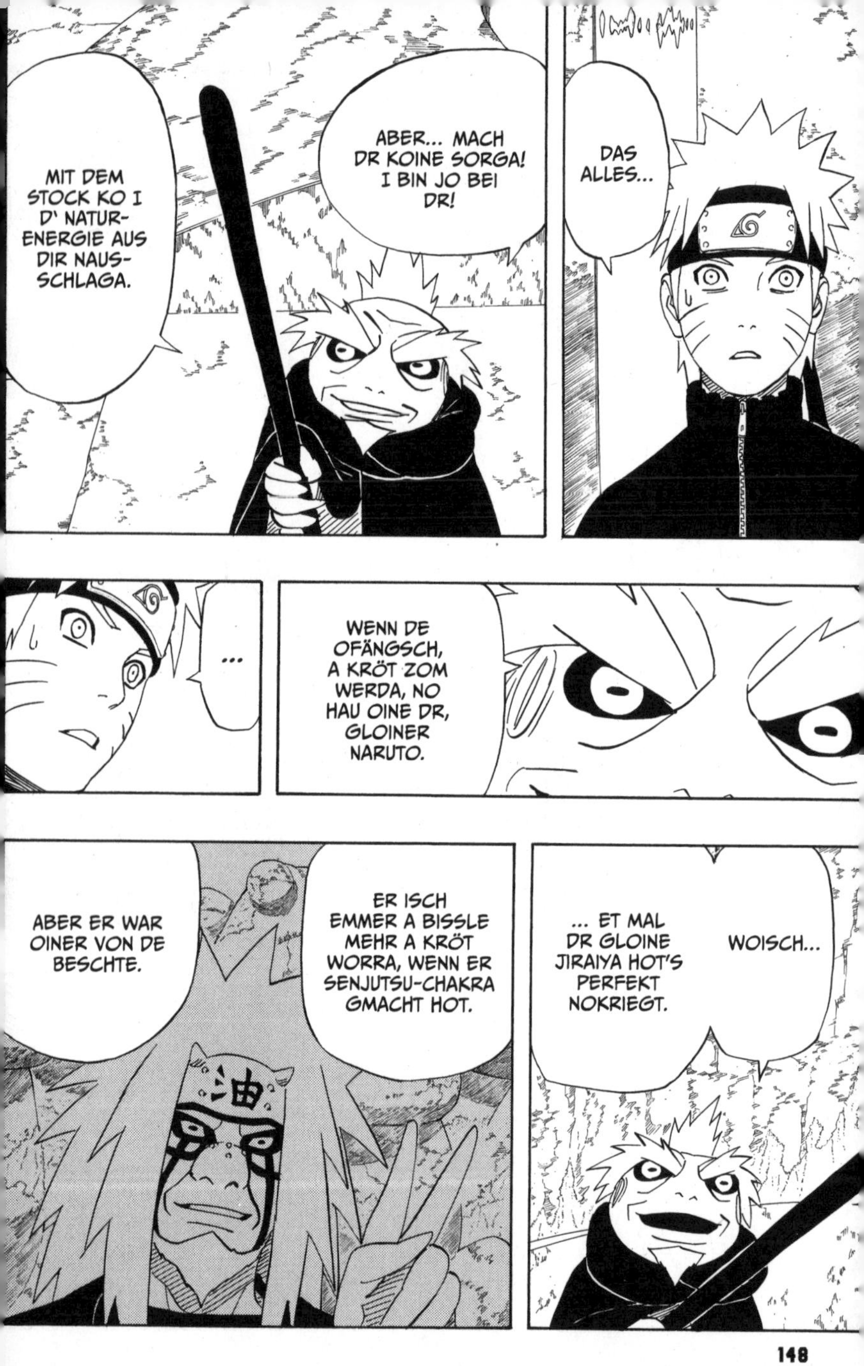
DAS ALLES...
ABER... MACH DR KOINE SORGA! I BIN JO BEI DR!
MIT DEM STOCK KO I D' NATUR-ENERGIE AUS DIR NAUS-SCHLAGA.
WENN DE OFÄNGSCH, A KRÖT ZOM WERDA, NO HAU OINE DR, GLOINER NARUTO.
...
WOISCH...
... ET MAL DR GLOINE JIRAIYA HOT'S PERFEKT NOKRIEGT.
ER ISCH EMMER A BISSLE MEHR A KRÖT WORRA, WENN ER SENJUTSU-CHAKRA GMACHT HOT.
ABER ER WAR OINER VON DE BESCHTE.

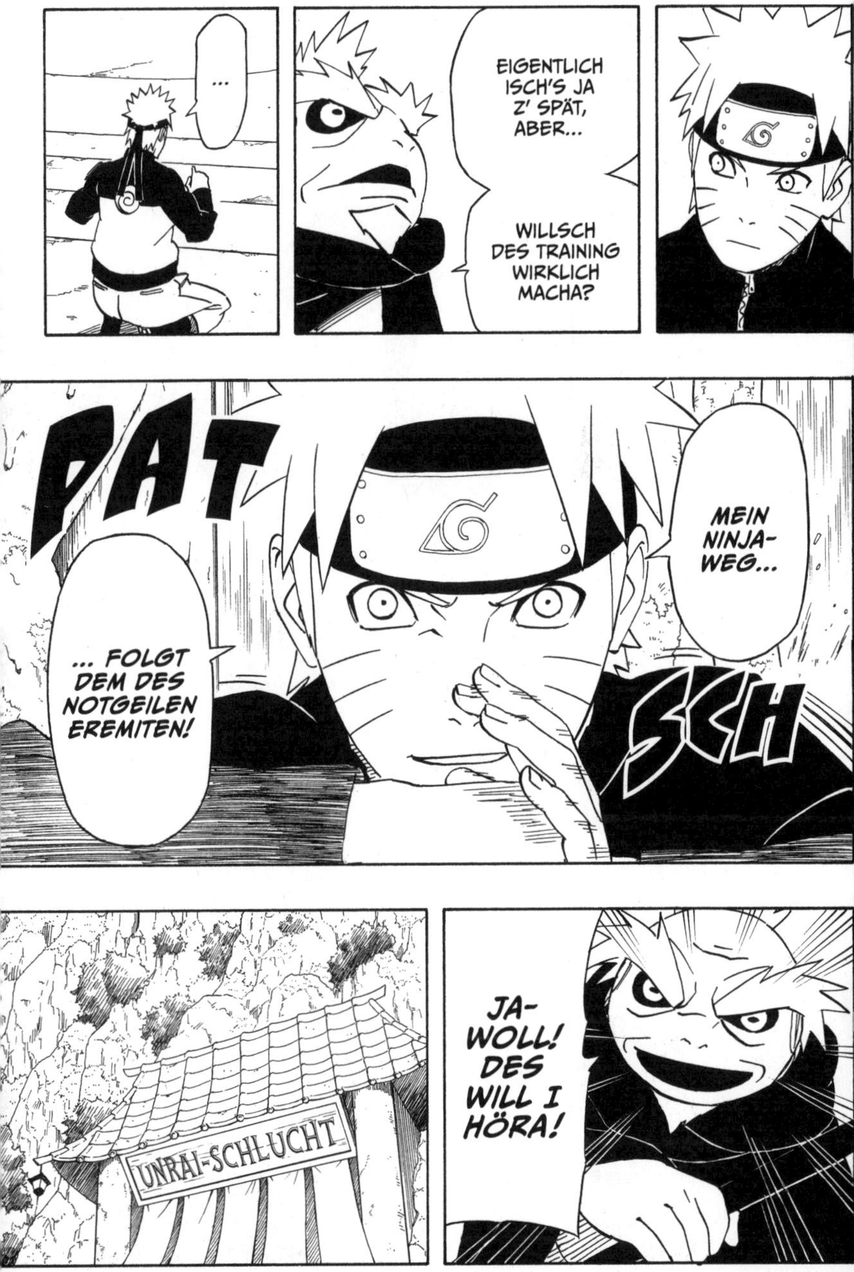

EIGENTLICH ISCH'S JA Z' SPÄT, ABER...
WILLSCH DES TRAINING WIRKLICH MACHA?
...
PAT
MEIN NINJA-WEG...
SCH
... FOLGT DEM DES NOTGEILEN EREMITEN!
JA-WOLL! DES WILL I HÖRA!
UNRAI-SCHLUCHT

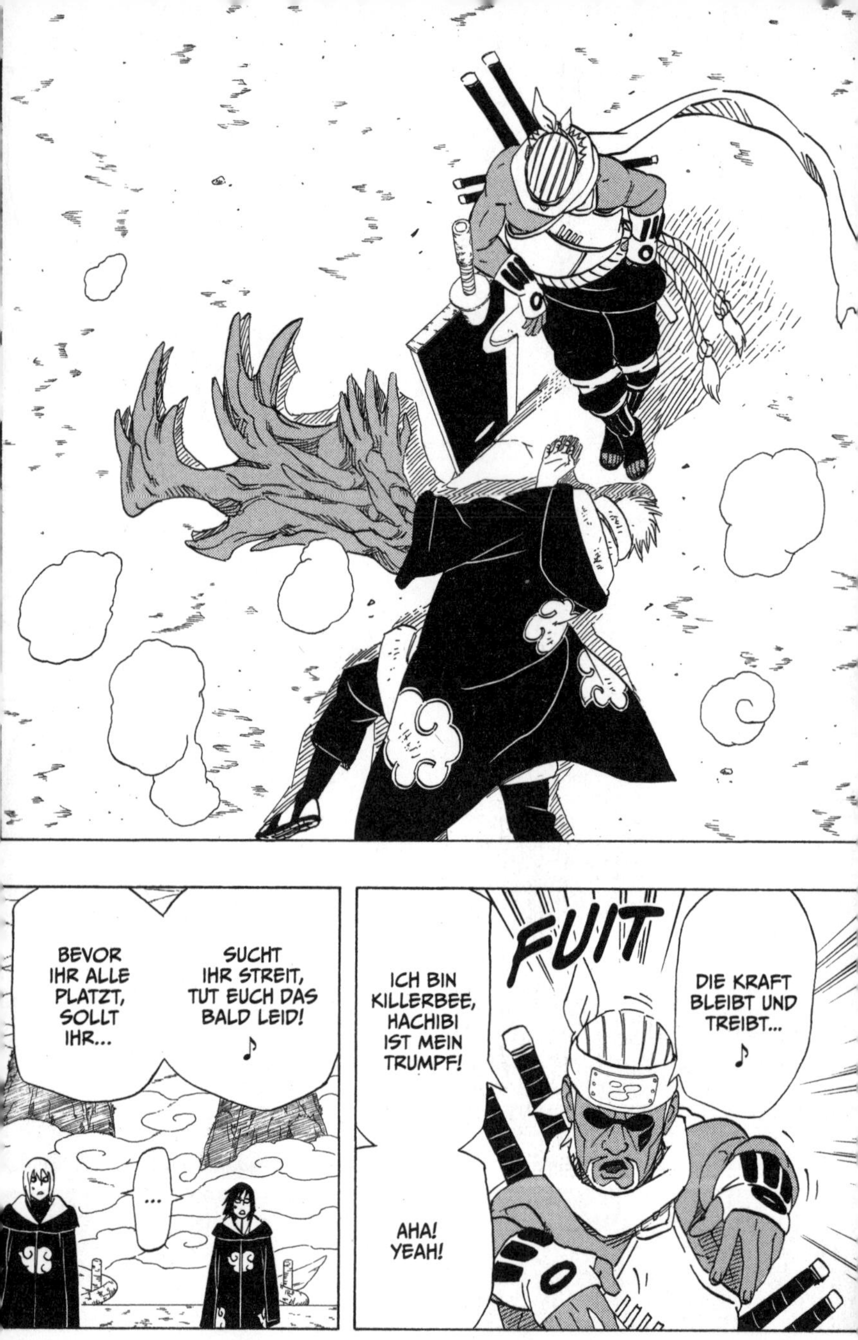

FUIT
DIE KRAFT BLEIBT UND TREIBT... ♪
ICH BIN KILLERBEE, HACHIBI IST MEIN TRUMPF!
AHA! YEAH!
SUCHT IHR STREIT, TUT EUCH DAS BALD LEID! ♪
BEVOR IHR ALLE PLATZT, SOLLT IHR...
...

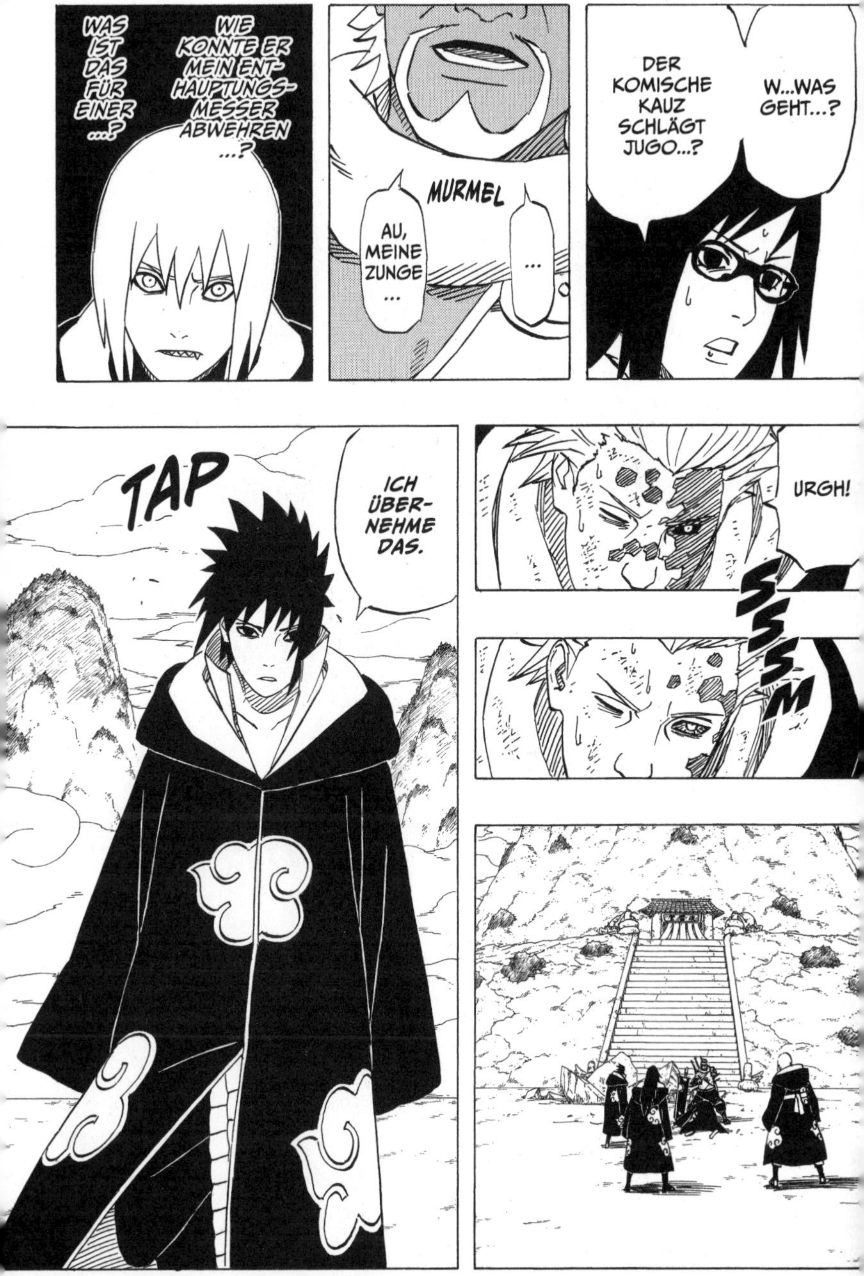
W...WAS GEHT...?
DER KOMISCHE KAUZ SCHLÄGT JUGO...?
...
MURMEL
AU, MEINE ZUNGE ...
WIE KONNTE ER MEIN ENT-HAUPTUNGS-MESSER ABWEHREN ...?
WAS IST DAS FÜR EINER ...?
URGH!
SSSM
ICH ÜBERNEHME DAS.
TAP

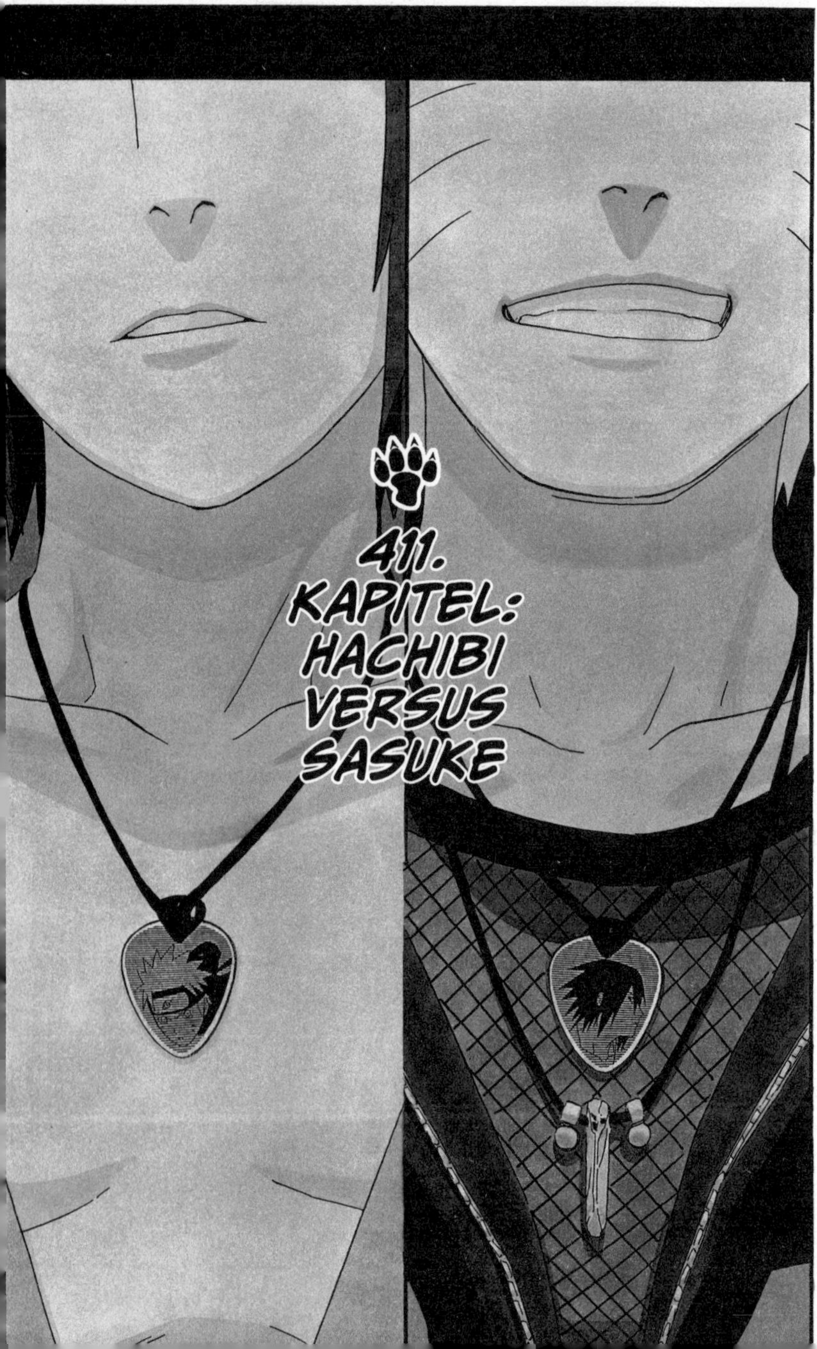
411. Kapitel:
Hachibi versus Sasuke

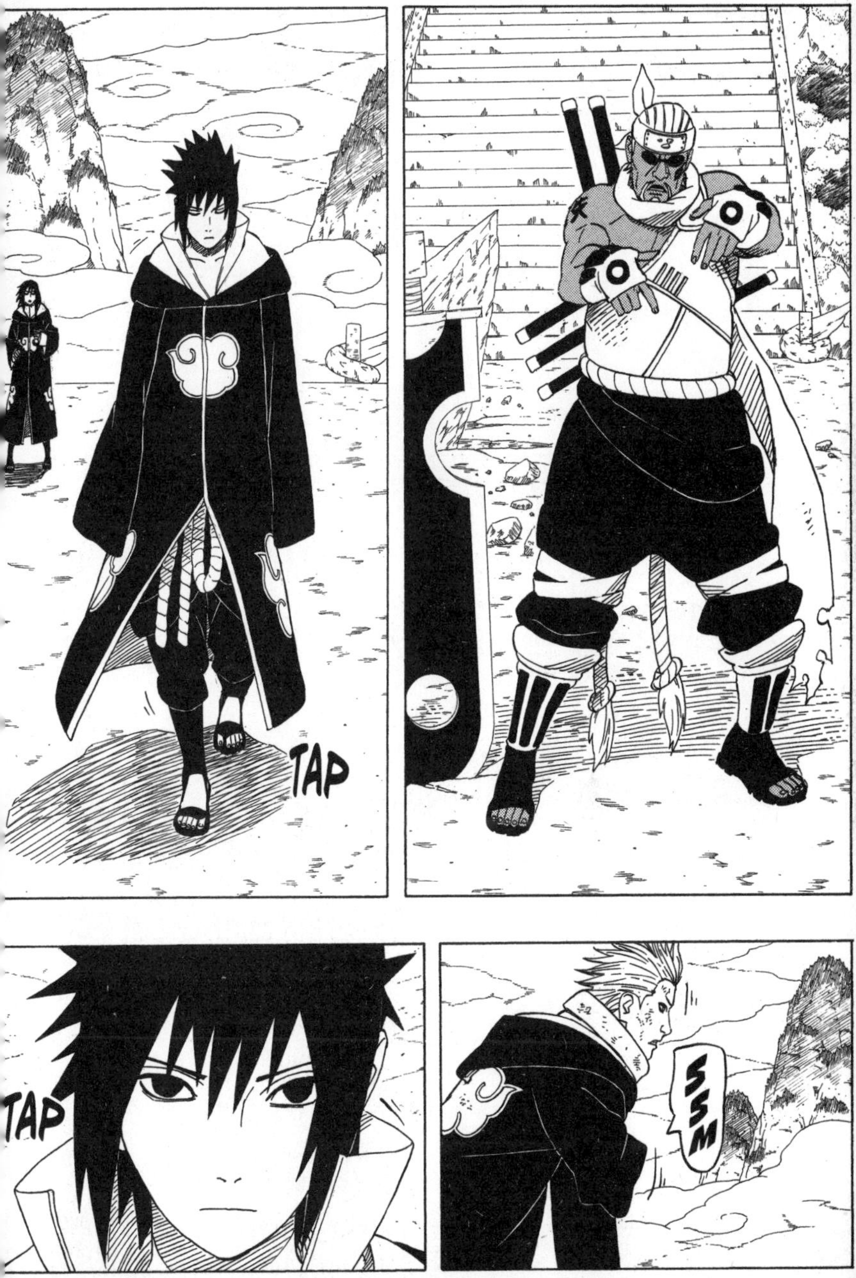
TAP
TAP
SSM

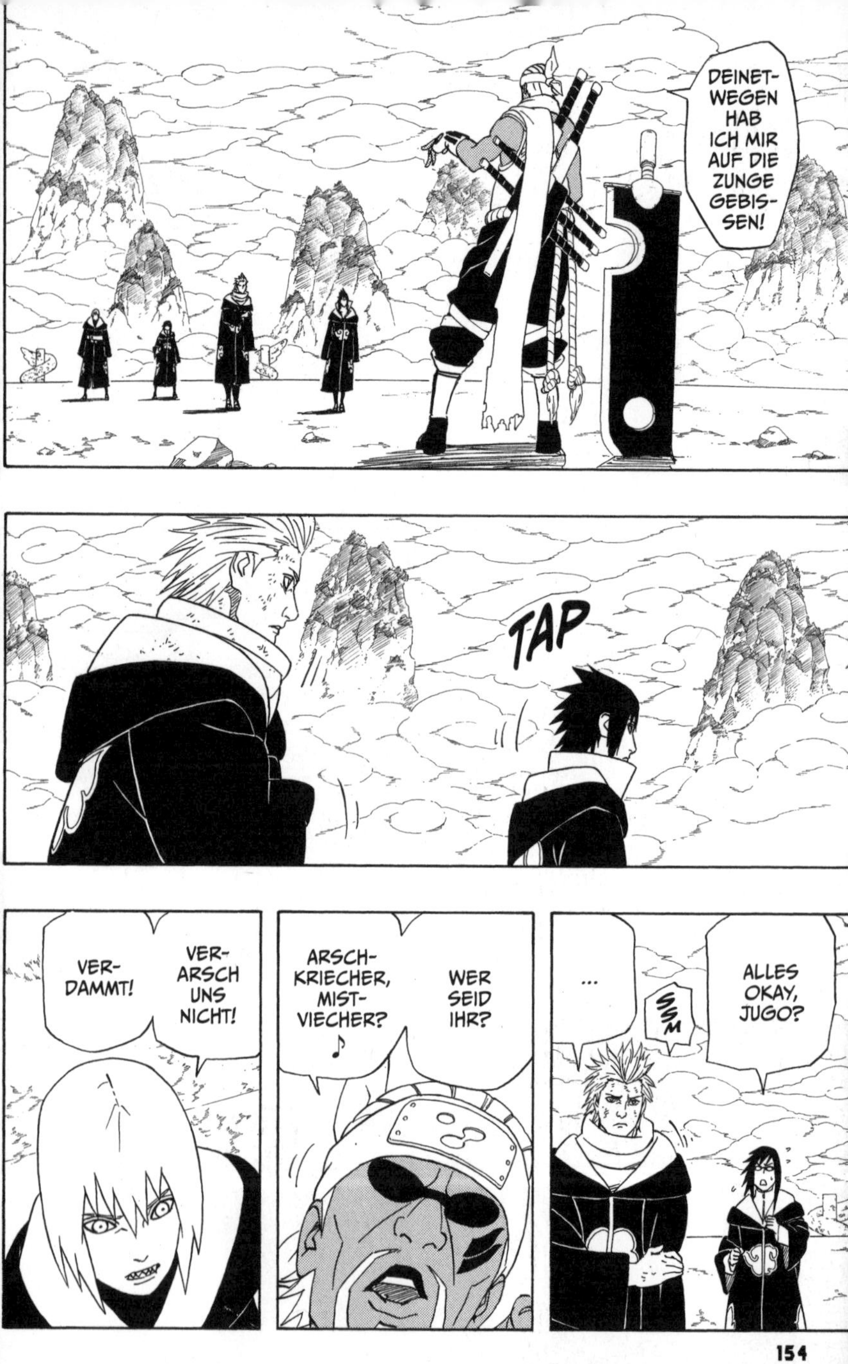
DEINET-WEGEN HAB ICH MIR AUF DIE ZUNGE GEBIS-SEN!
TAP
ALLES OKAY, JUGO?
SSM
...
WER SEID IHR?
ARSCH-KRIECHER, MIST-VIECHER? ♪
VER-ARSCH UNS NICHT!
VER-DAMMT!

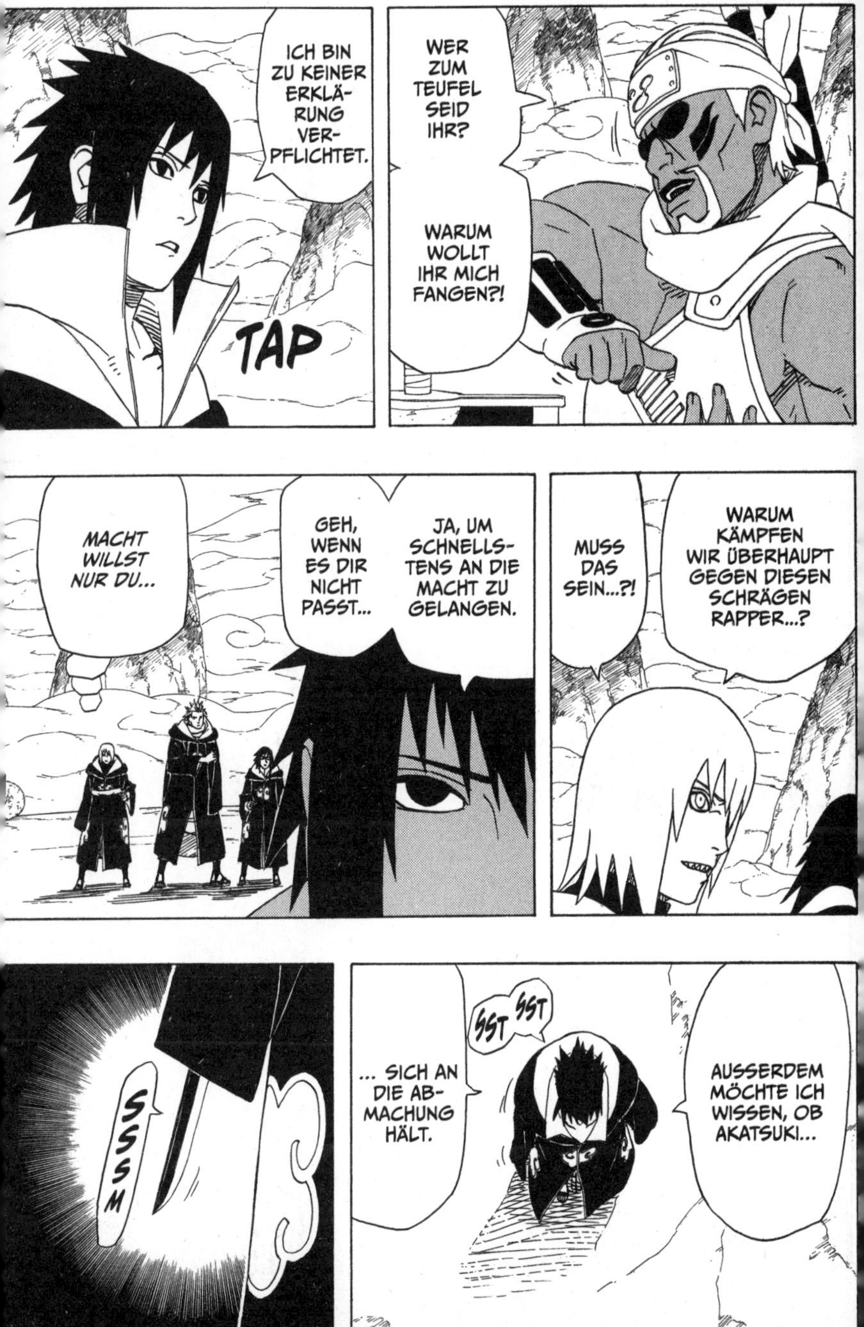
WER ZUM TEUFEL SEID IHR?
WARUM WOLLT IHR MICH FANGEN?!
ICH BIN ZU KEINER ERKLÄRUNG VERPFLICHTET.
TAP
WARUM KÄMPFEN WIR ÜBERHAUPT GEGEN DIESEN SCHRÄGEN RAPPER...?
MUSS DAS SEIN...?!
JA, UM SCHNELLSTENS AN DIE MACHT ZU GELANGEN.
GEH, WENN ES DIR NICHT PASST...
MACHT WILLST NUR DU...
AUSSERDEM MÖCHTE ICH WISSEN, OB AKATSUKI...
SST SST
... SICH AN DIE ABMACHUNG HÄLT.
SSSM

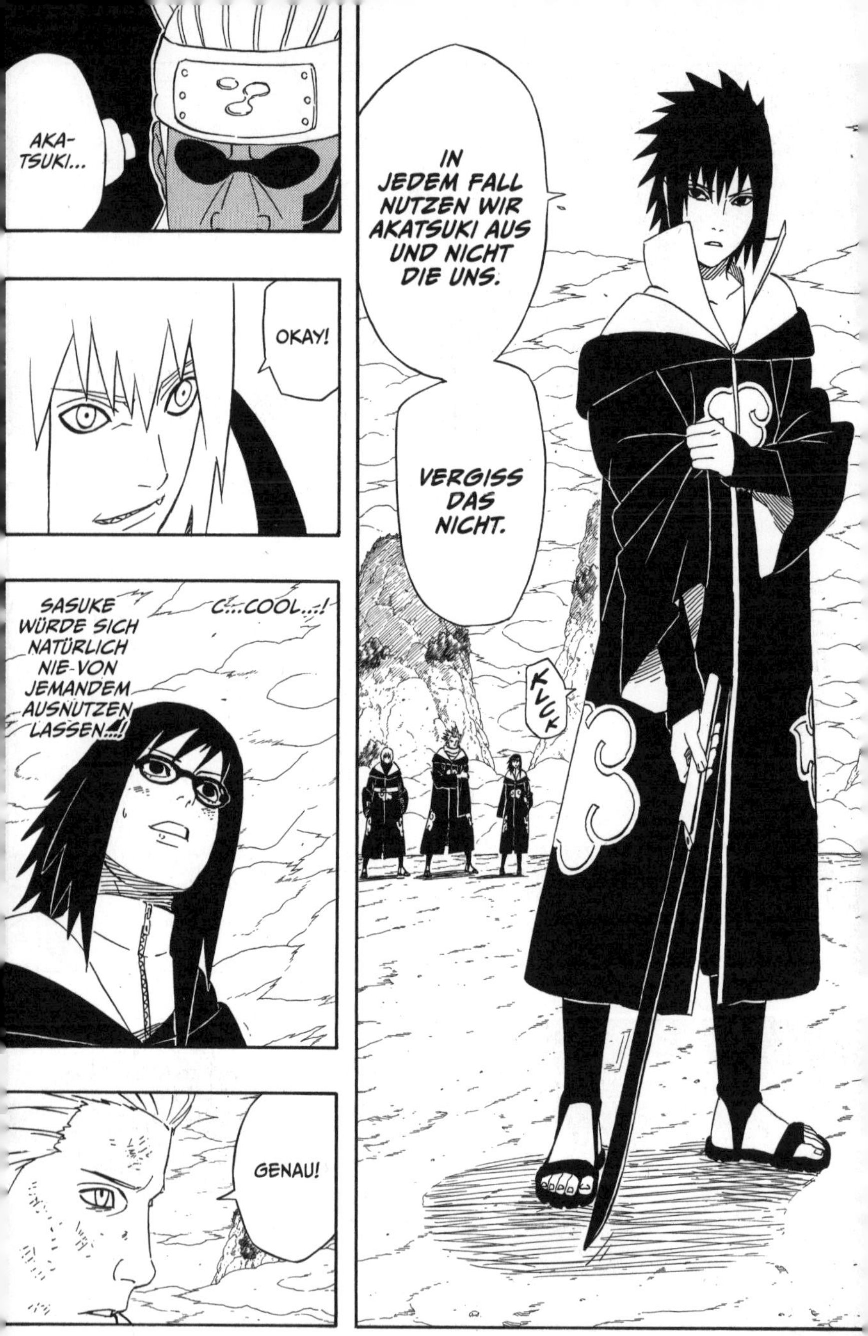
IN JEDEM FALL NUTZEN WIR AKATSUKI AUS UND NICHT DIE UNS.
VERGISS DAS NICHT.
KLICK
AKA-TSUKI...
OKAY!
C...COOL...!
SASUKE WÜRDE SICH NATÜRLICH NIE VON JEMANDEM AUSNÜTZEN LASSEN...!
GENAU!

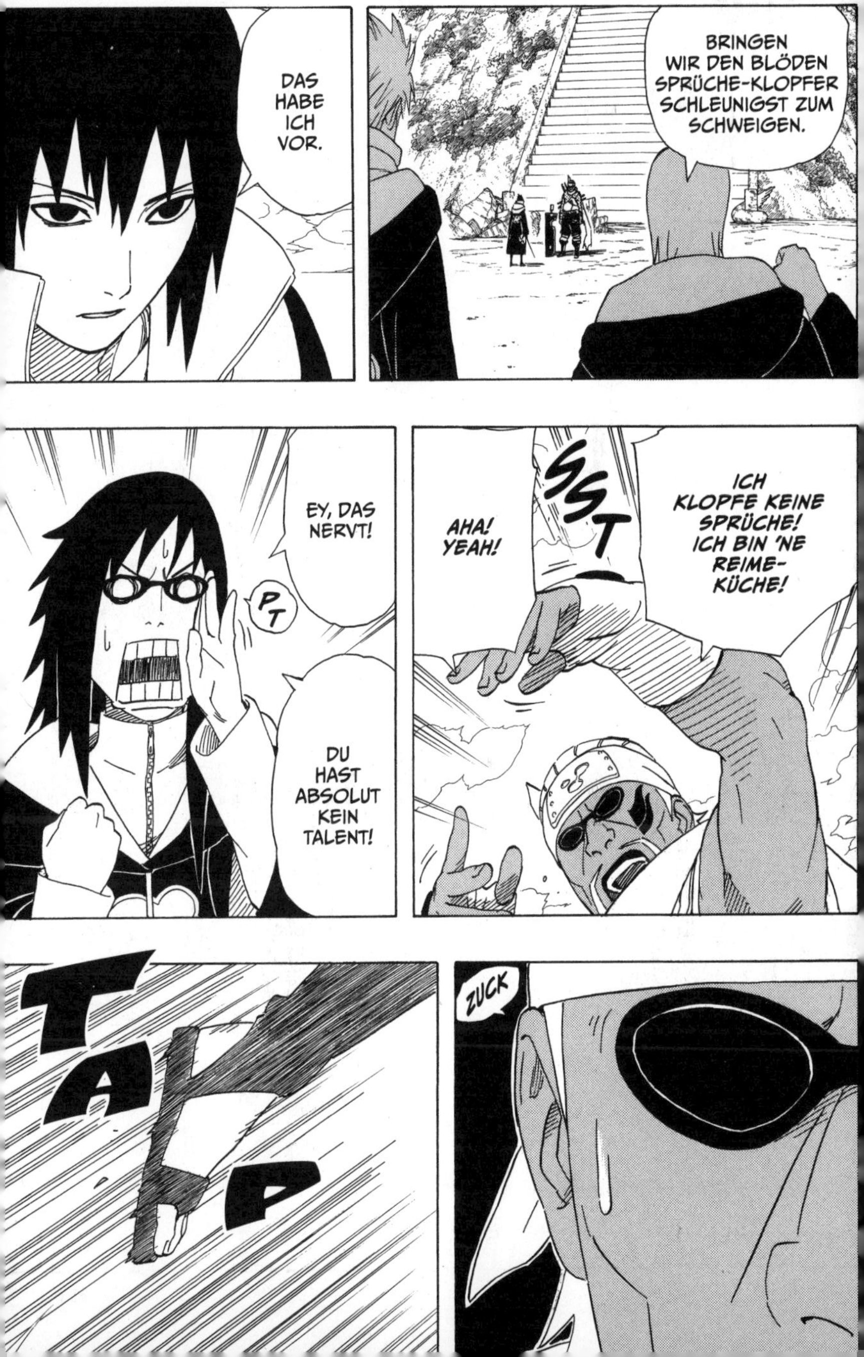
BRINGEN WIR DEN BLÖDEN SPRÜCHE-KLOPFER SCHLEUNIGST ZUM SCHWEIGEN.
DAS HABE ICH VOR.
SST
ICH KLOPFE KEINE SPRÜCHE! ICH BIN 'NE REIME-KÜCHE!
AHA! YEAH!
EY, DAS NERVT!
PT
DU HAST ABSOLUT KEIN TALENT!
ZUCK
TAP

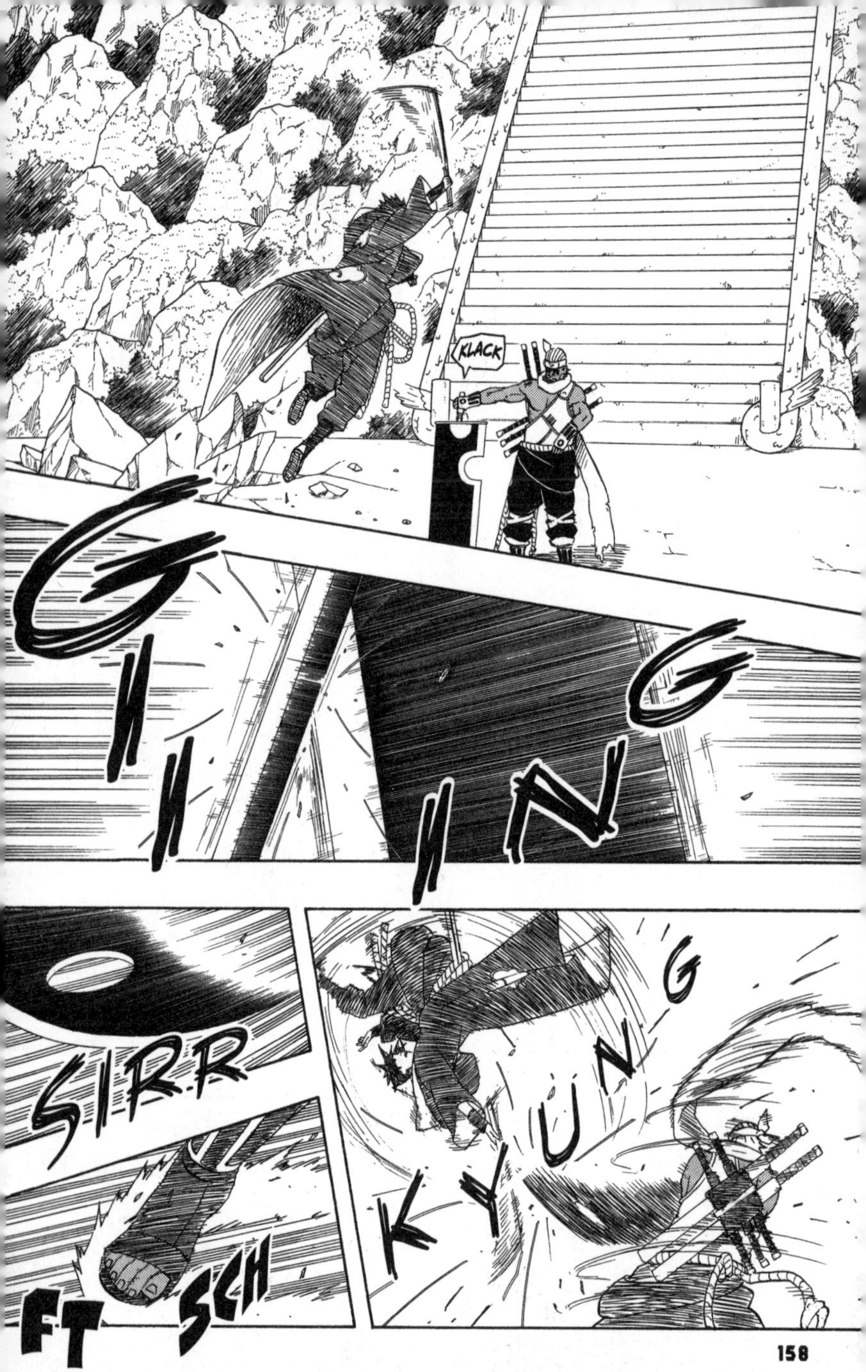
KLACK
GHHHNG
KYUNG
SIRR
FT SCH

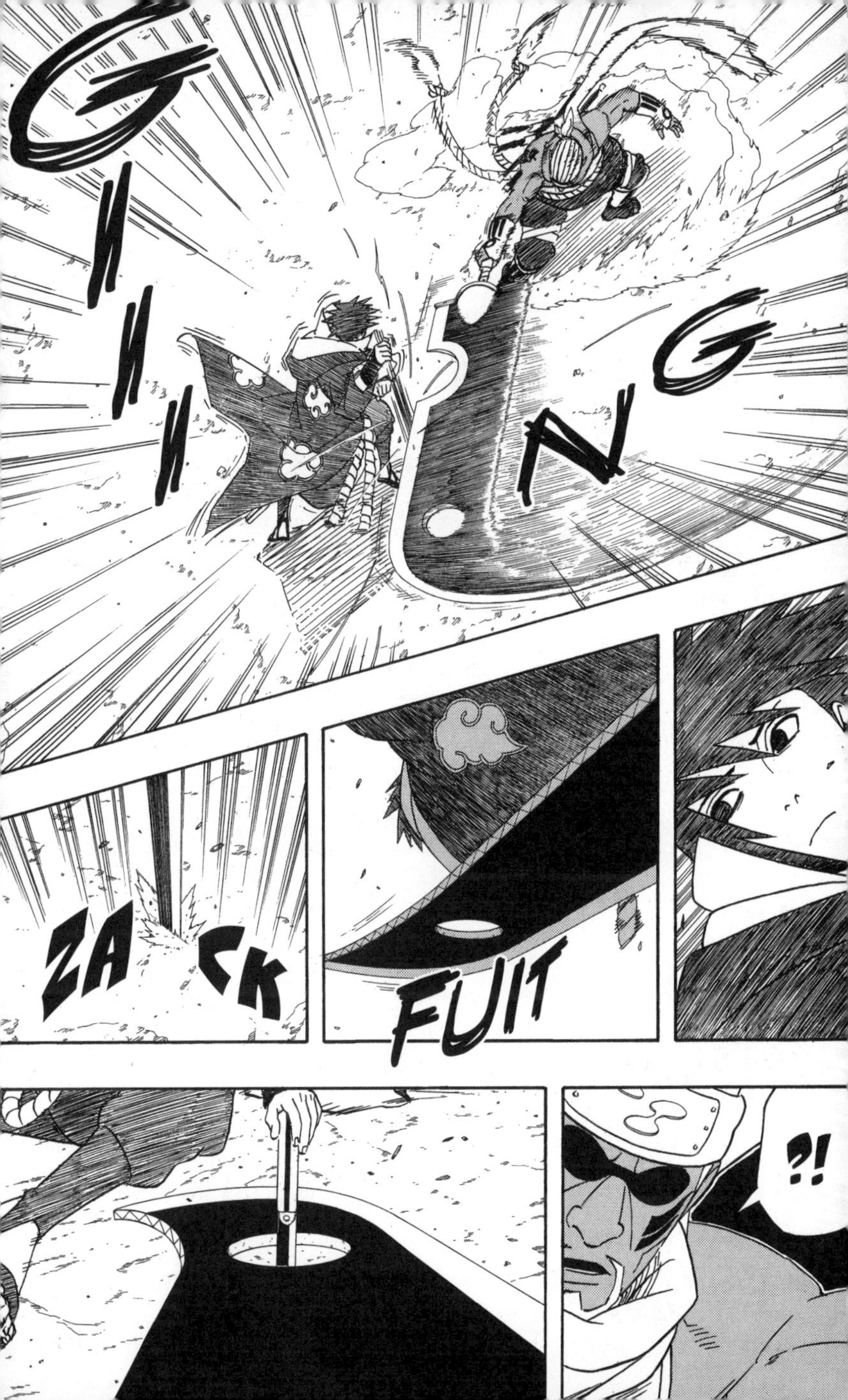
GHHHNG
ZACK
FUIT
?!

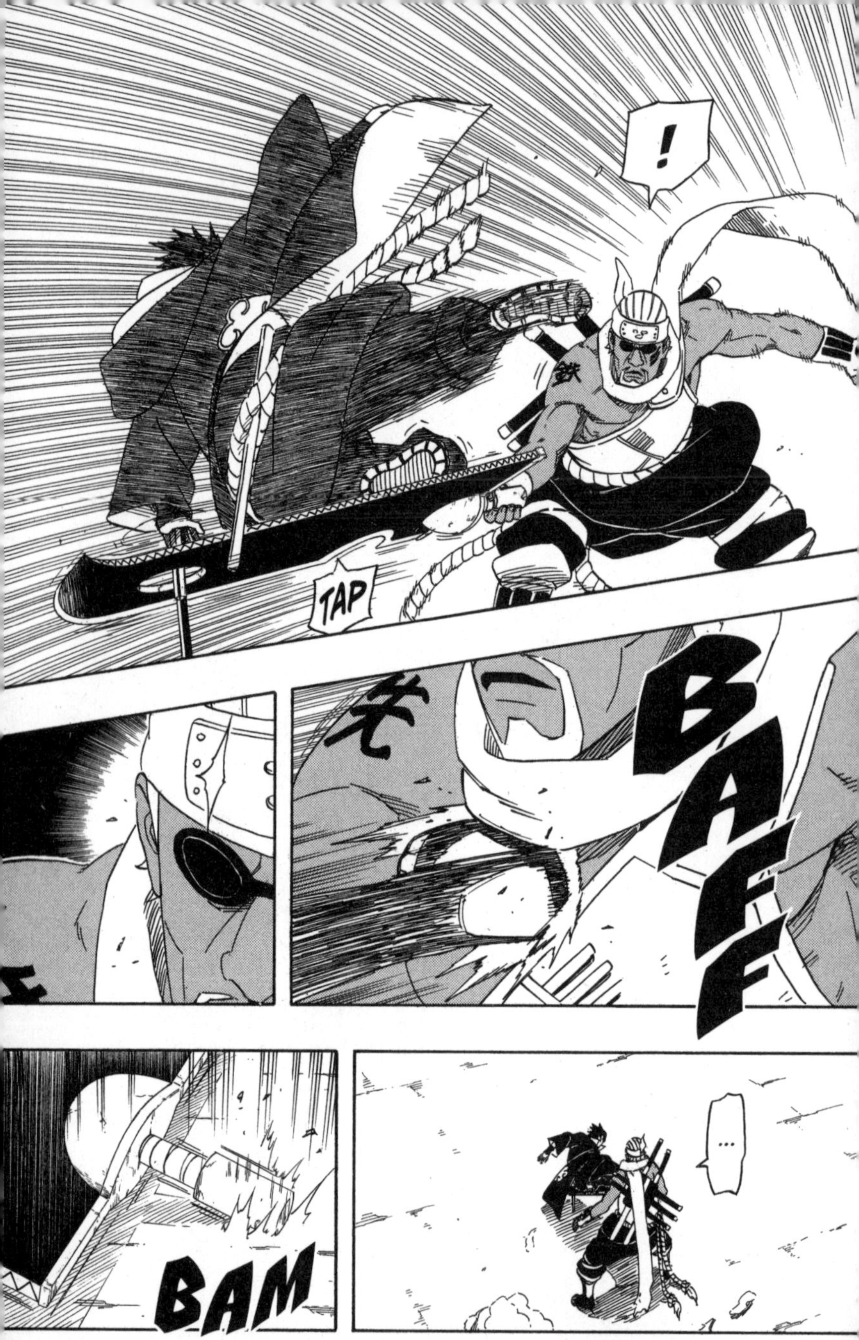
!
TAP
BAFF
...
BAM

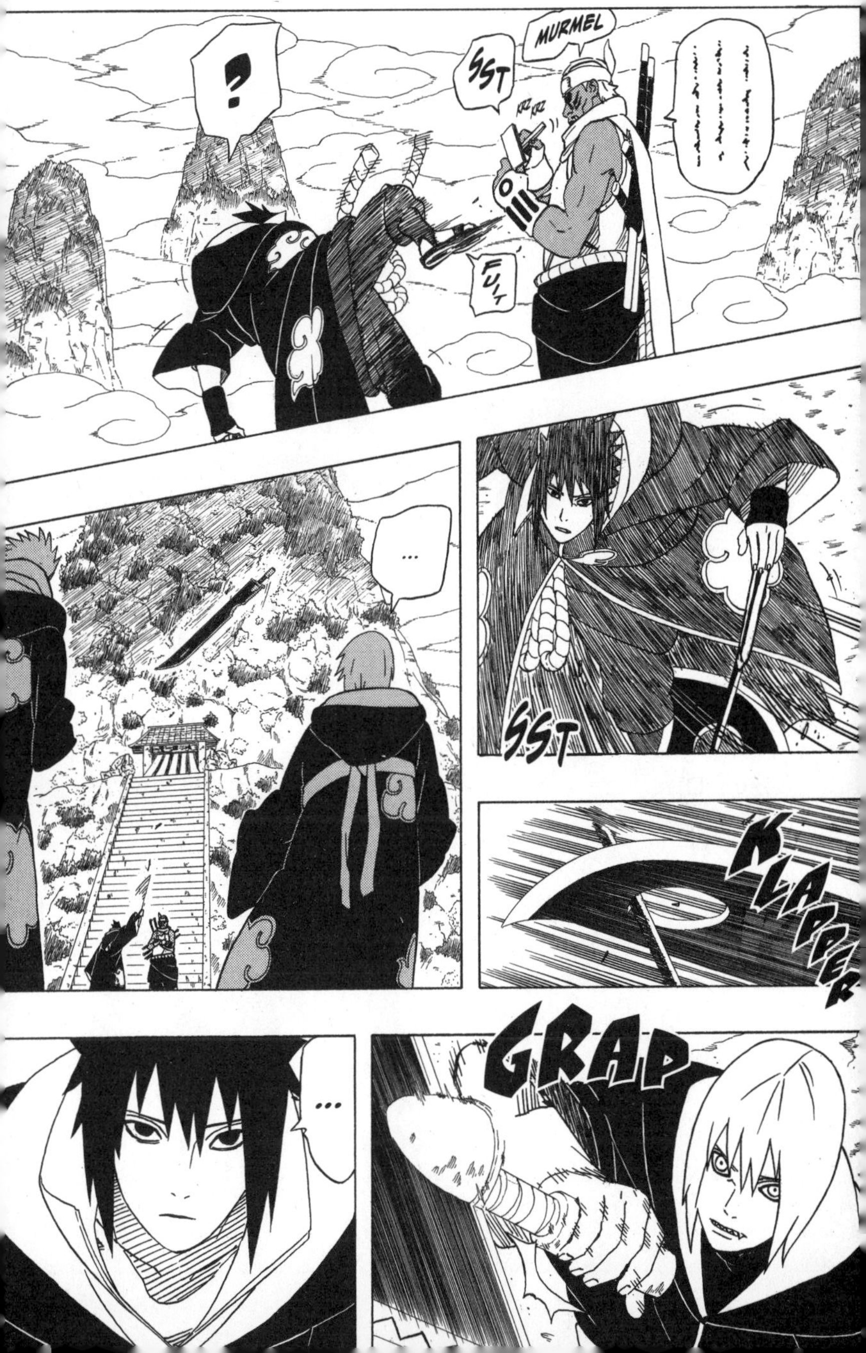
MURMEL
SST
KRZ KRZ
FUI
?
SST
...
KLAPPER
GRAP
...

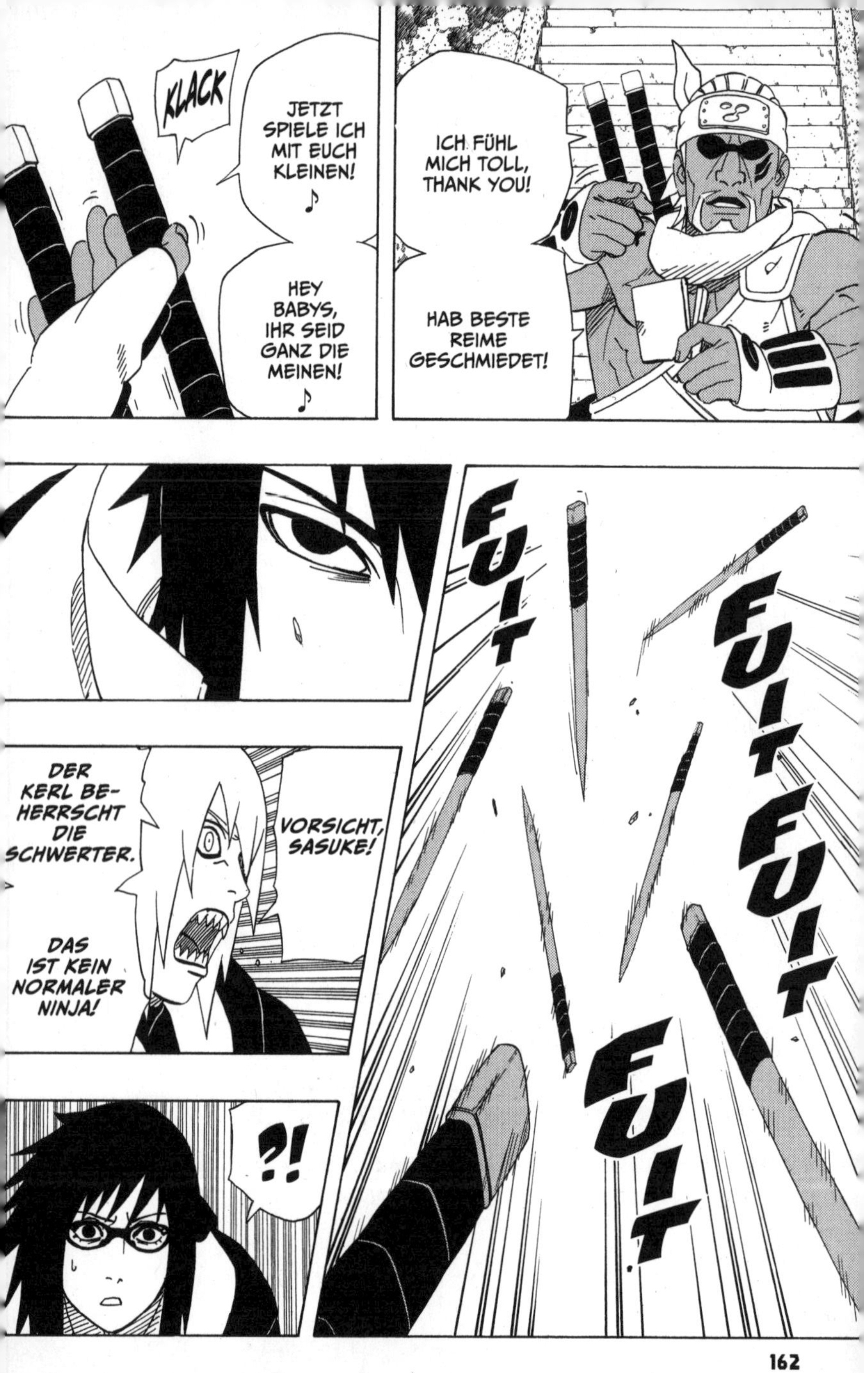
ICH FÜHL MICH TOLL, THANK YOU!
HAB BESTE REIME GESCHMIEDET!
KLACK
JETZT SPIELE ICH MIT EUCH KLEINEN! ♪
HEY BABYS, IHR SEID GANZ DIE MEINEN! ♪
FUIT
FUIT
FUIT
FUIT
FUIT
VORSICHT, SASUKE!
DER KERL BE-HERRSCHT DIE SCHWERTER.
DAS IST KEIN NORMALER NINJA!
?!

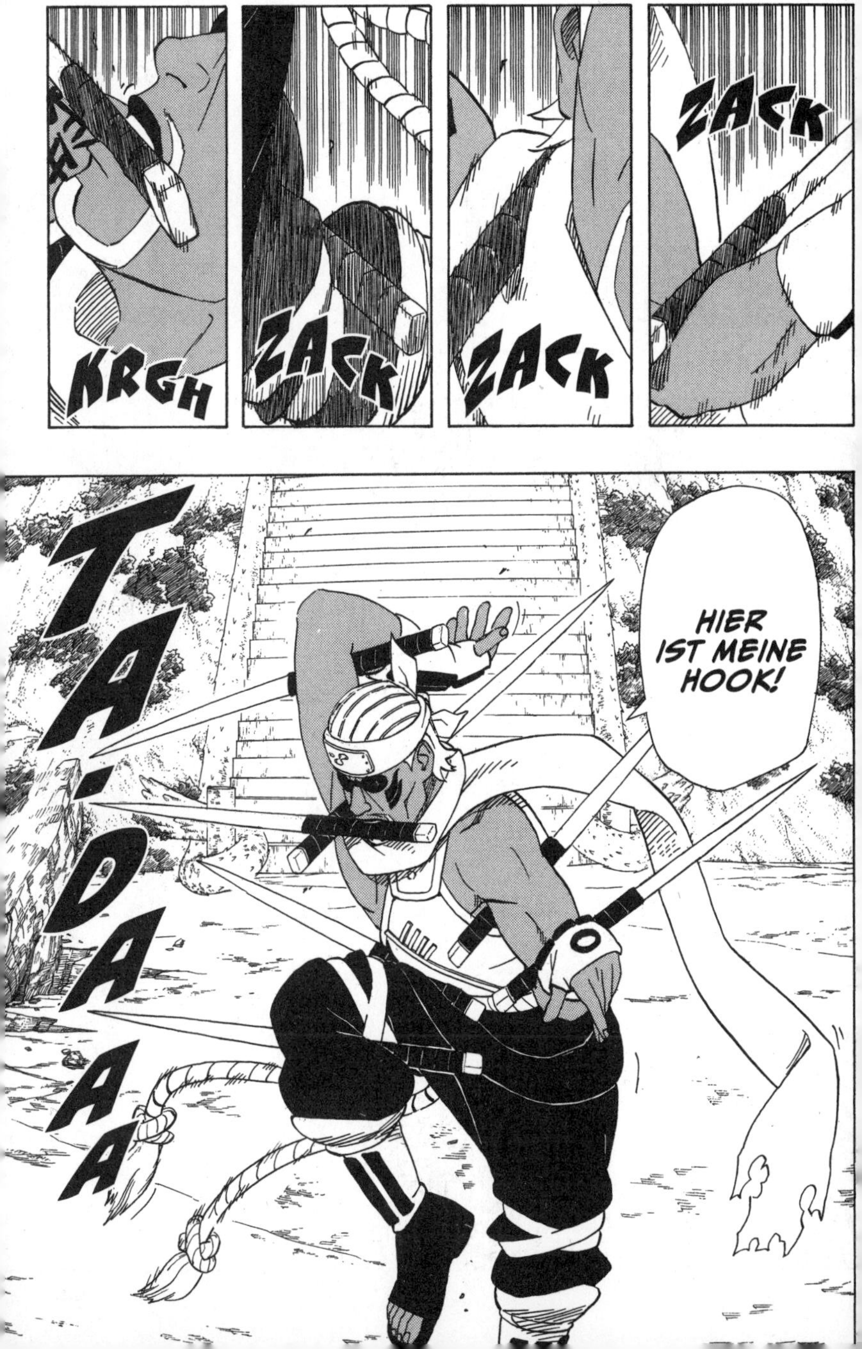
ZACK
ZACK
ZACK
KRGH
HIER IST MEINE HOOK!
TA-DAAAA

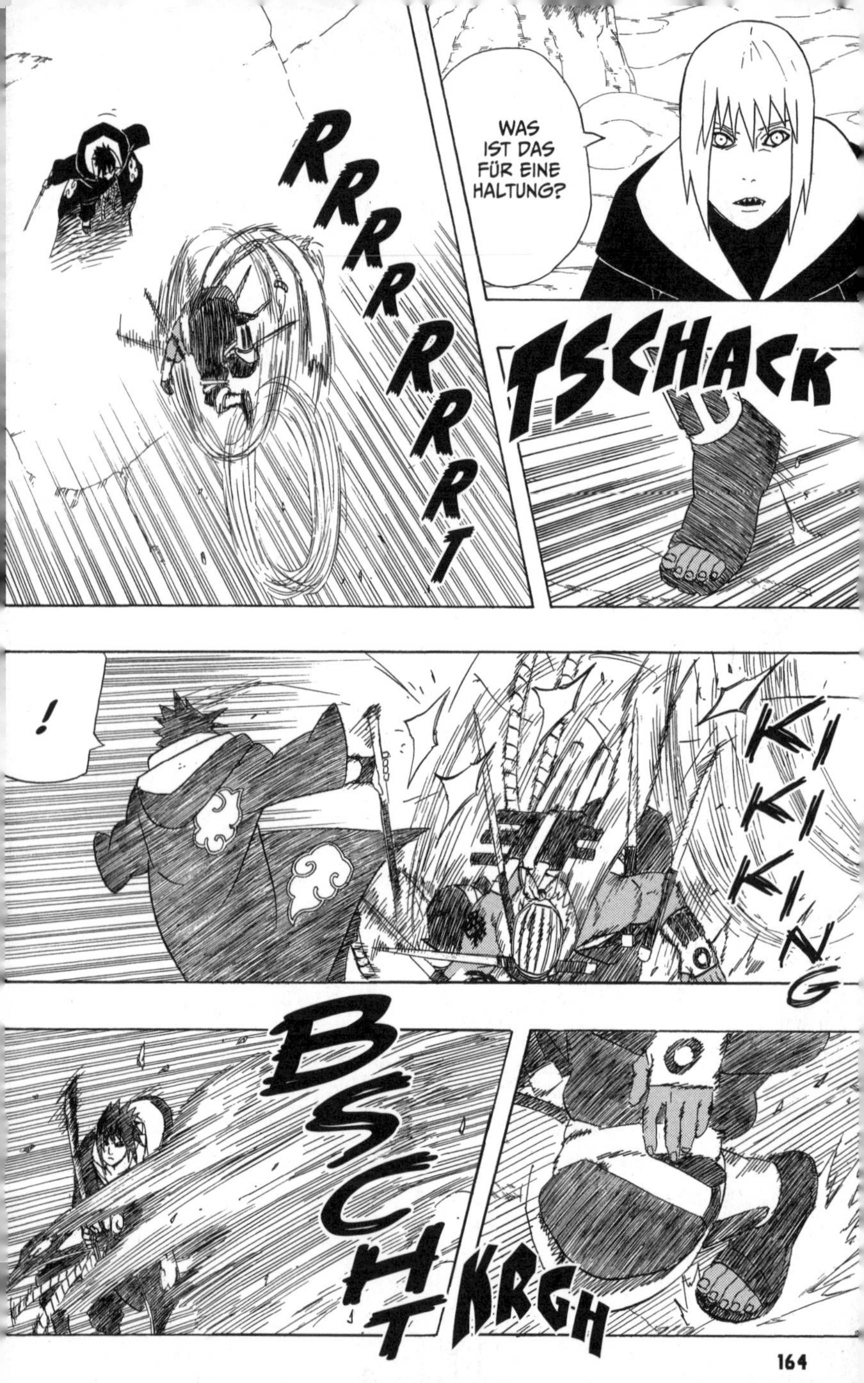
WAS IST DAS FÜR EINE HALTUNG?
RRRRRRRRT
TSCHACK
!
KIKIKING
BSCHT
KRGH

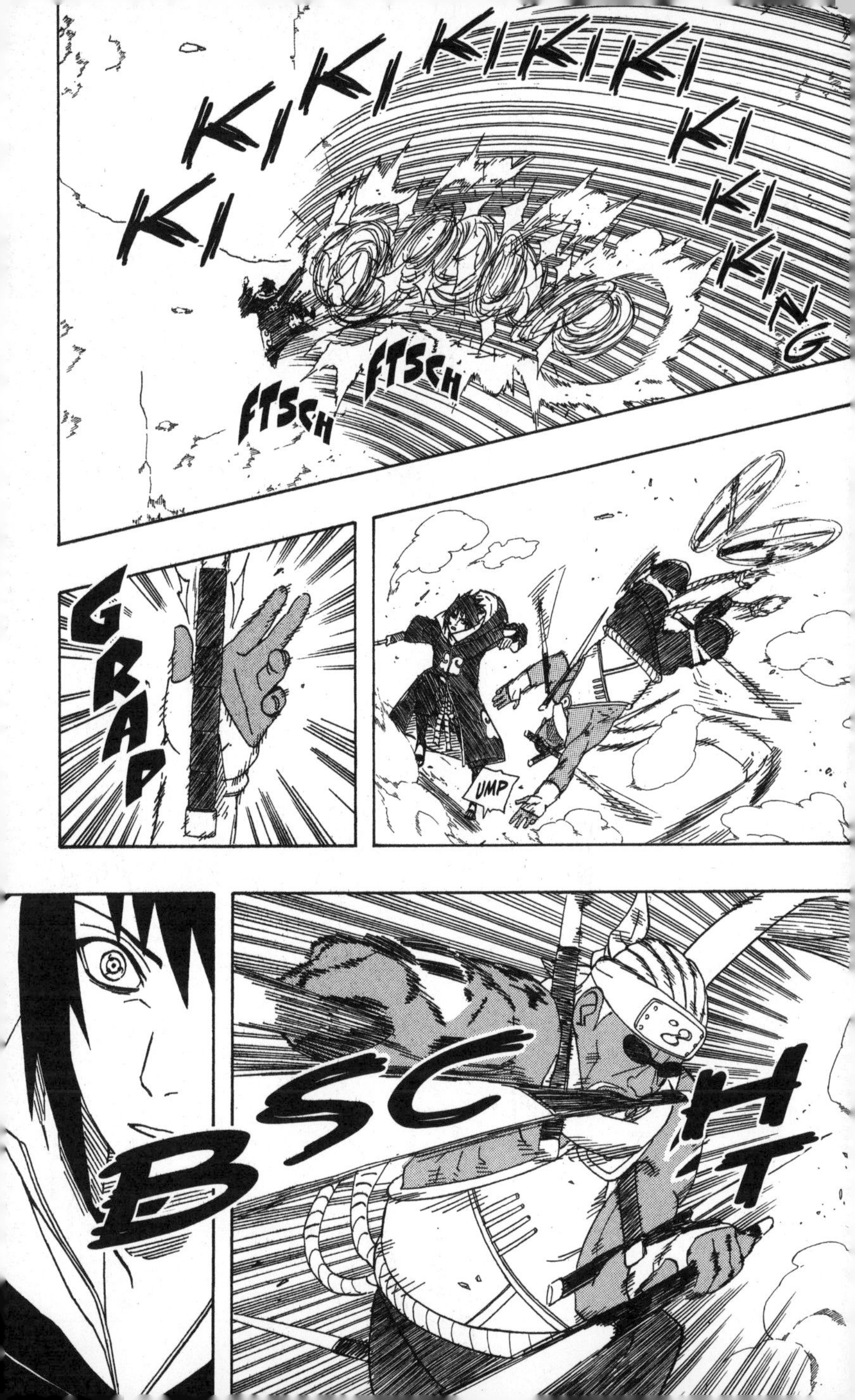
KI KI KIKIKIKI KI KI KING
FTSCH
FTSCH
GRAP
UMP
BSCHT

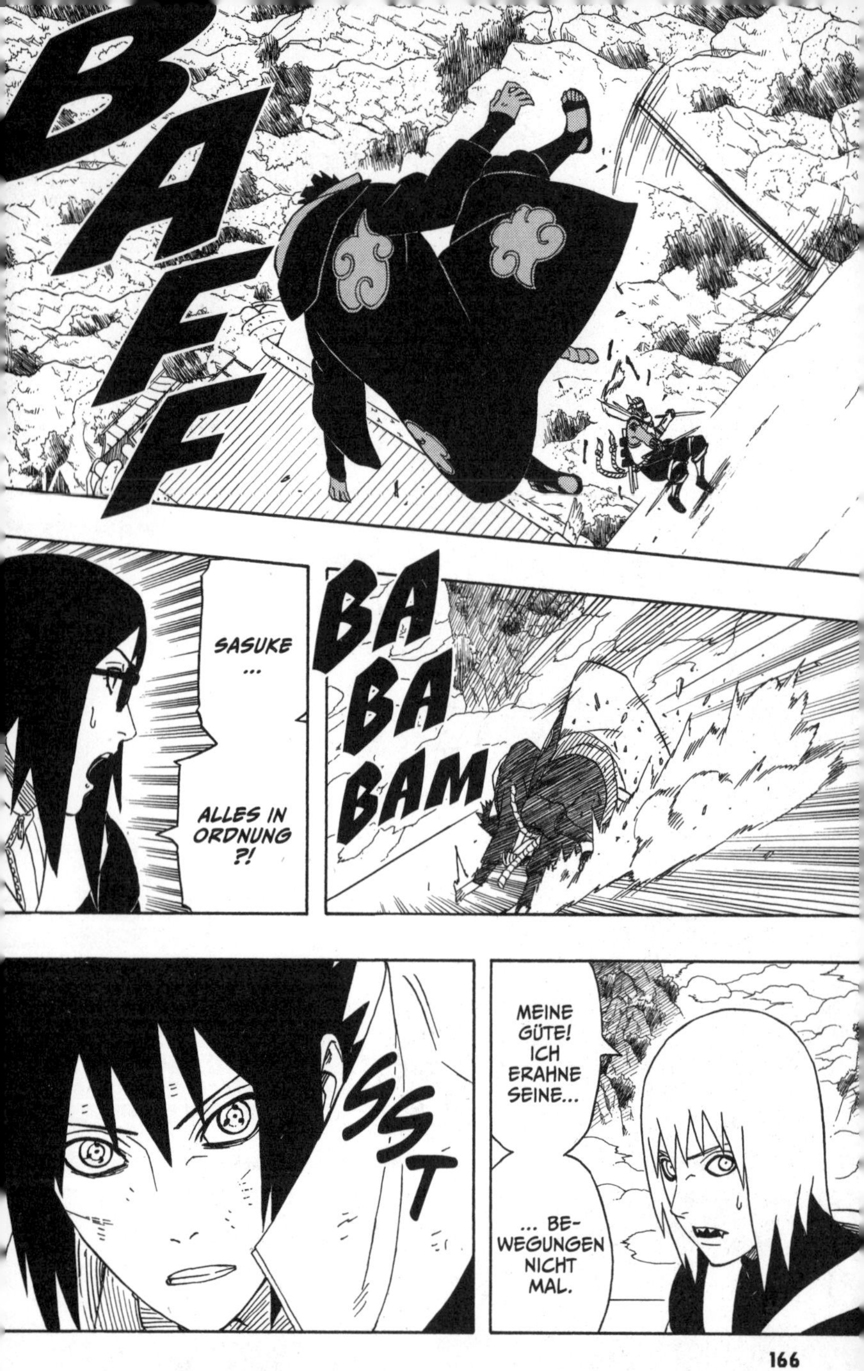
BAFF
BA BA BAM
SASUKE ...
ALLES IN ORDNUNG ?!
SSST
MEINE GÜTE! ICH ERAHNE SEINE...
... BE-WEGUNGEN NICHT MAL.

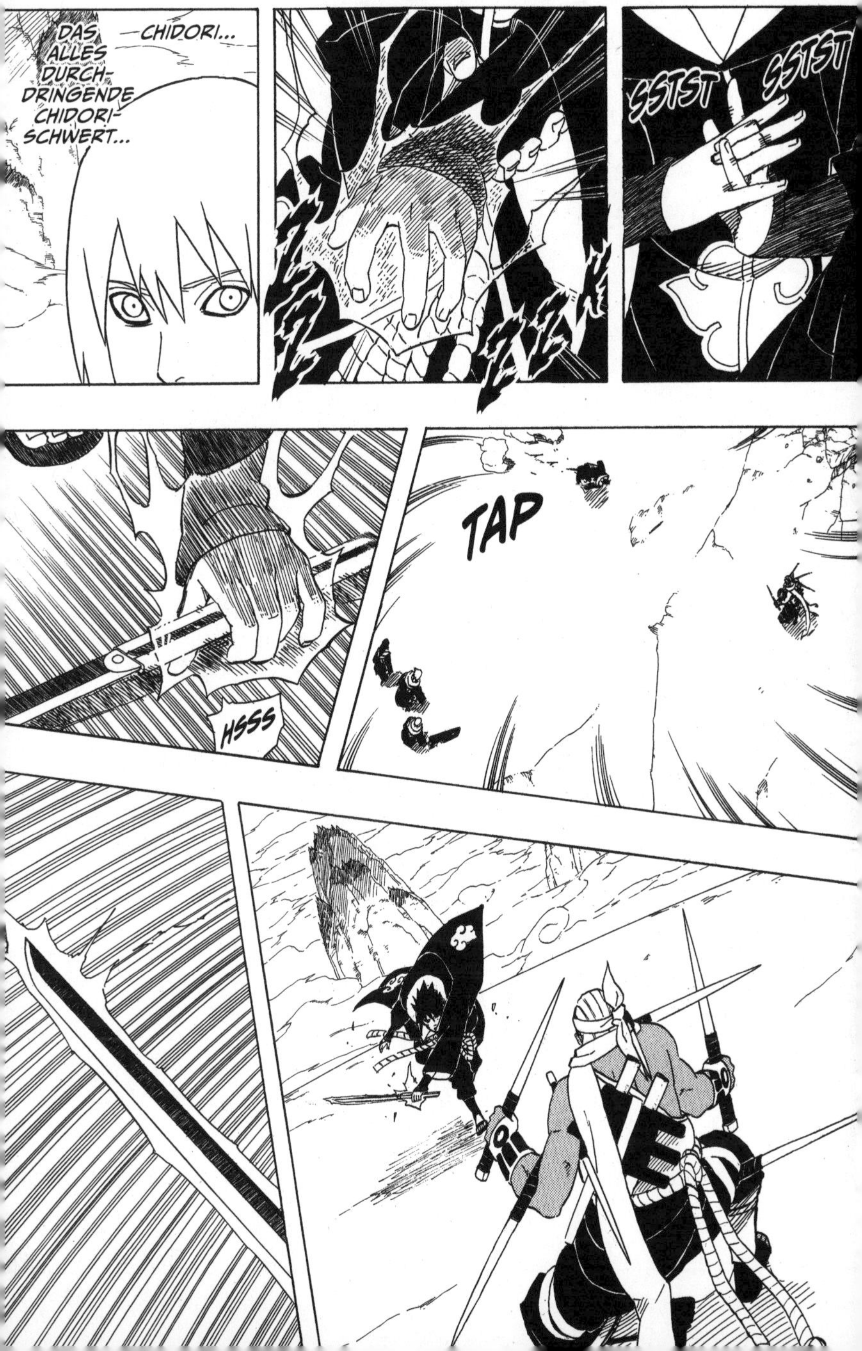

CHIDORI...
DAS ALLES DURCH-DRINGENDE CHIDORI-SCHWERT...
SSTST
SSTST
HSSS
TAP

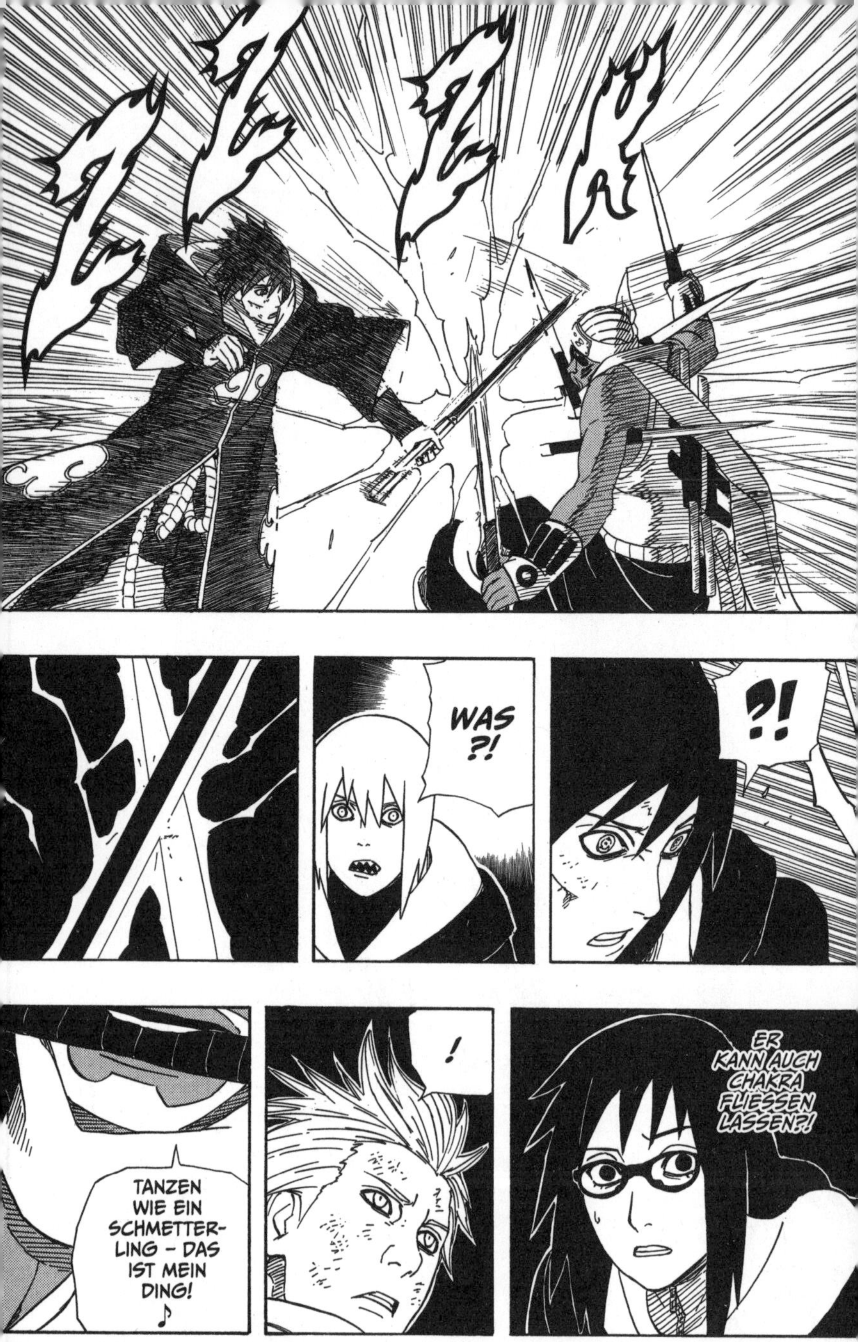
?!
WAS ?!
ER KANN AUCH CHAKRA FLIESSEN LASSEN?!
!
TANZEN WIE EIN SCHMETTER-LING – DAS IST MEIN DING! ♪

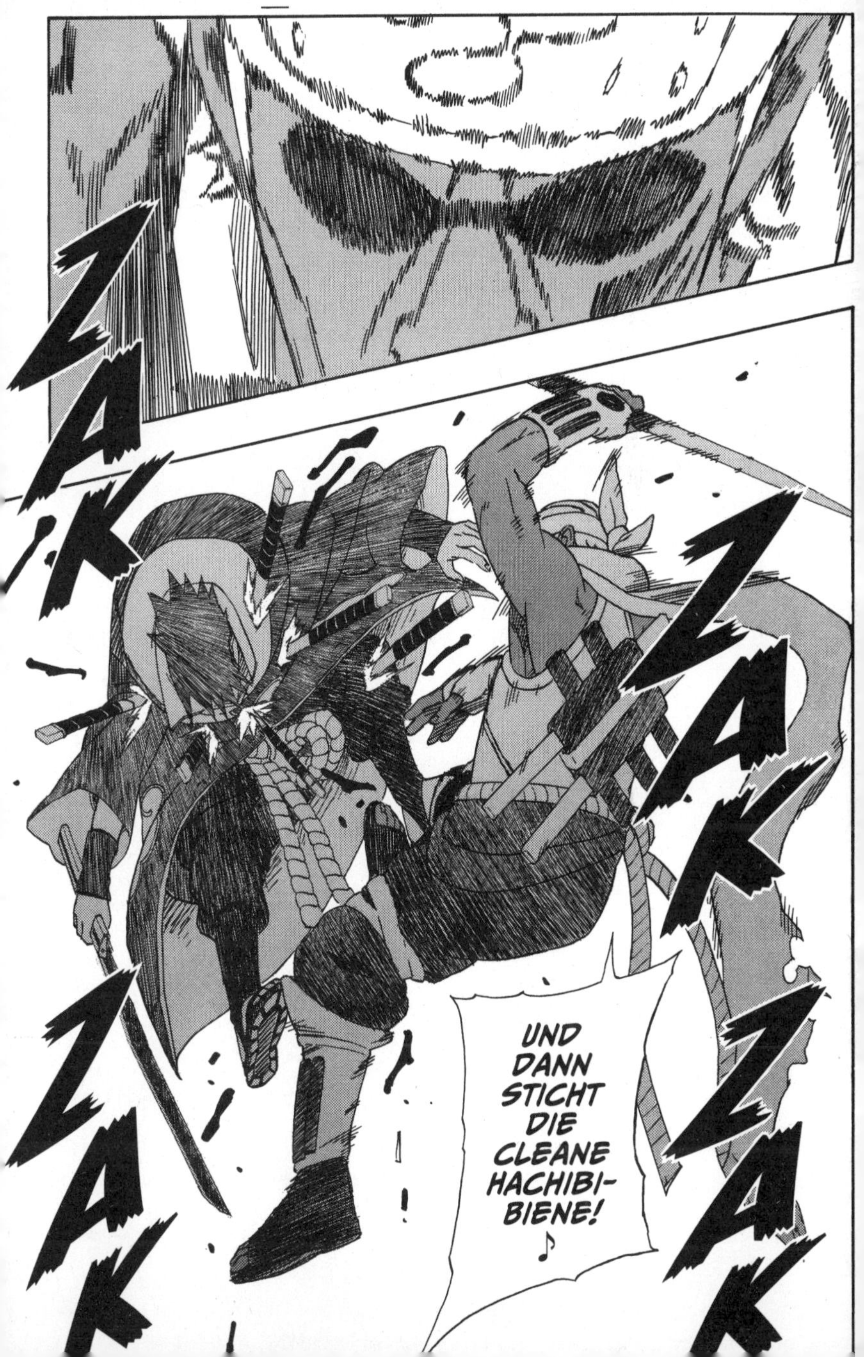
UND DANN STICHT DIE CLEANE HACHIBI-BIENE! ♪

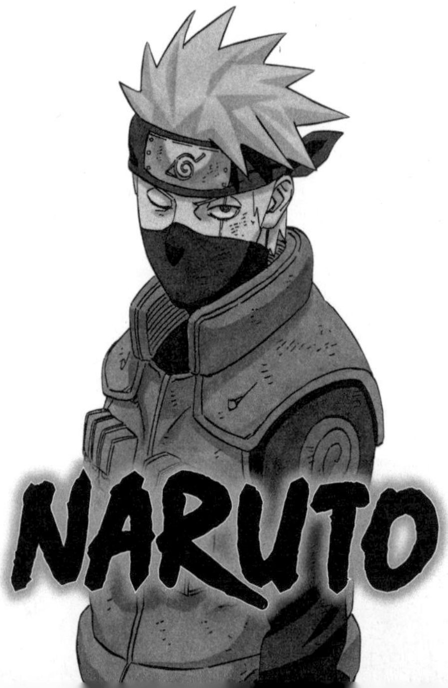
NARUTO

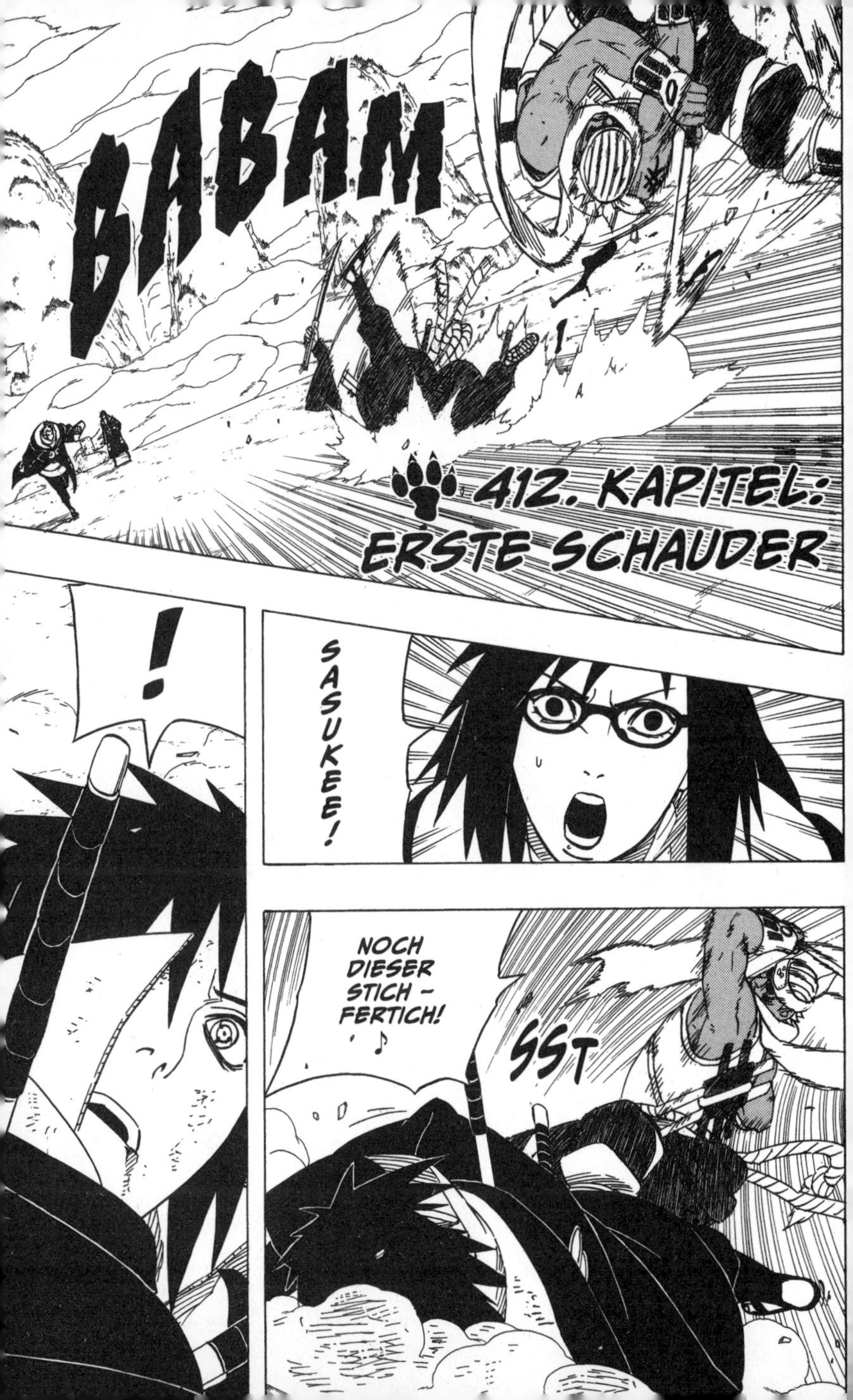
BABAM
412. KAPITEL: ERSTE SCHAUDER
SASUKEEE!
!
NOCH DIESER STICH – FERTICH! ♪
SST

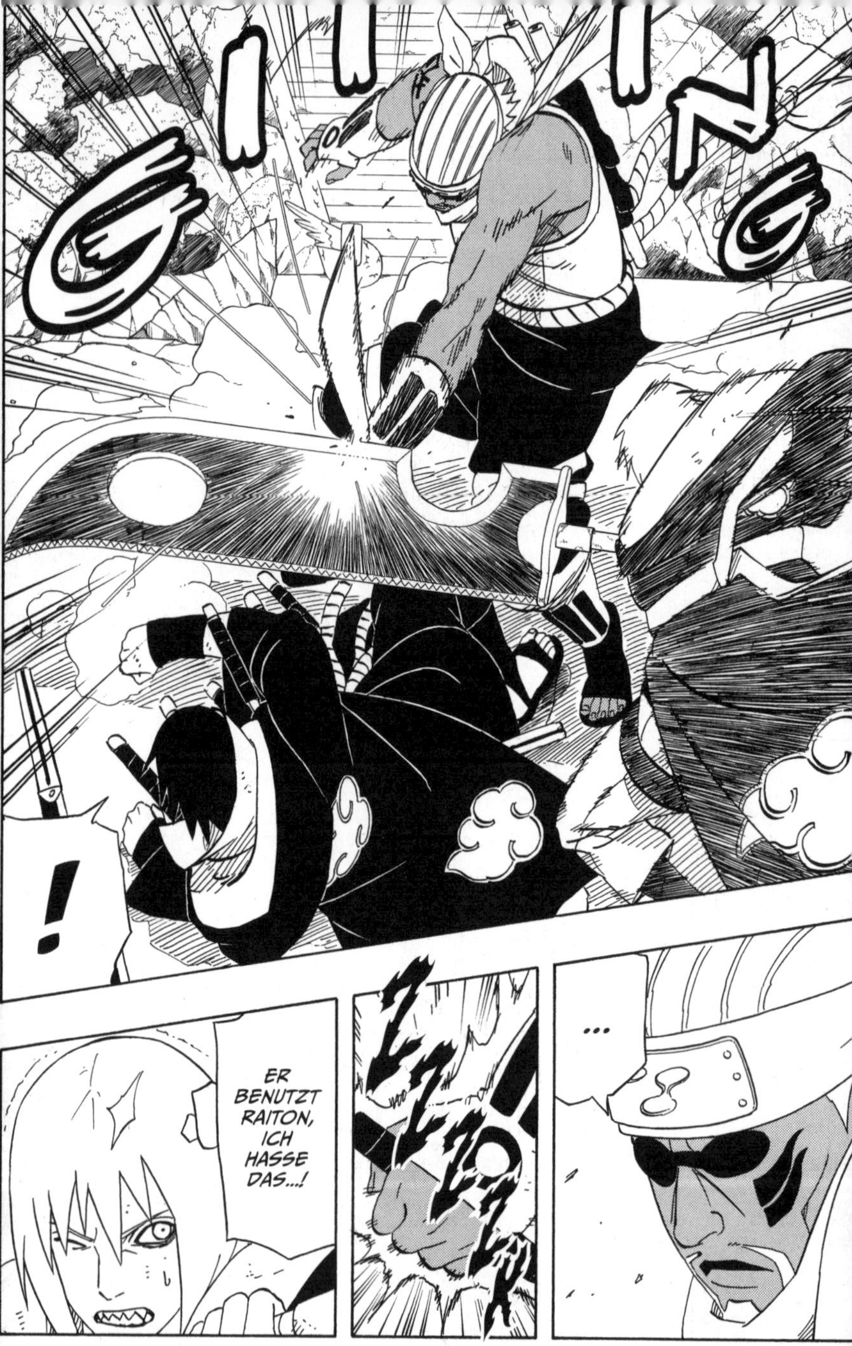
GIIING
!
...
ER BENUTZT RAITON, ICH HASSE DAS...!
ZZZZZK

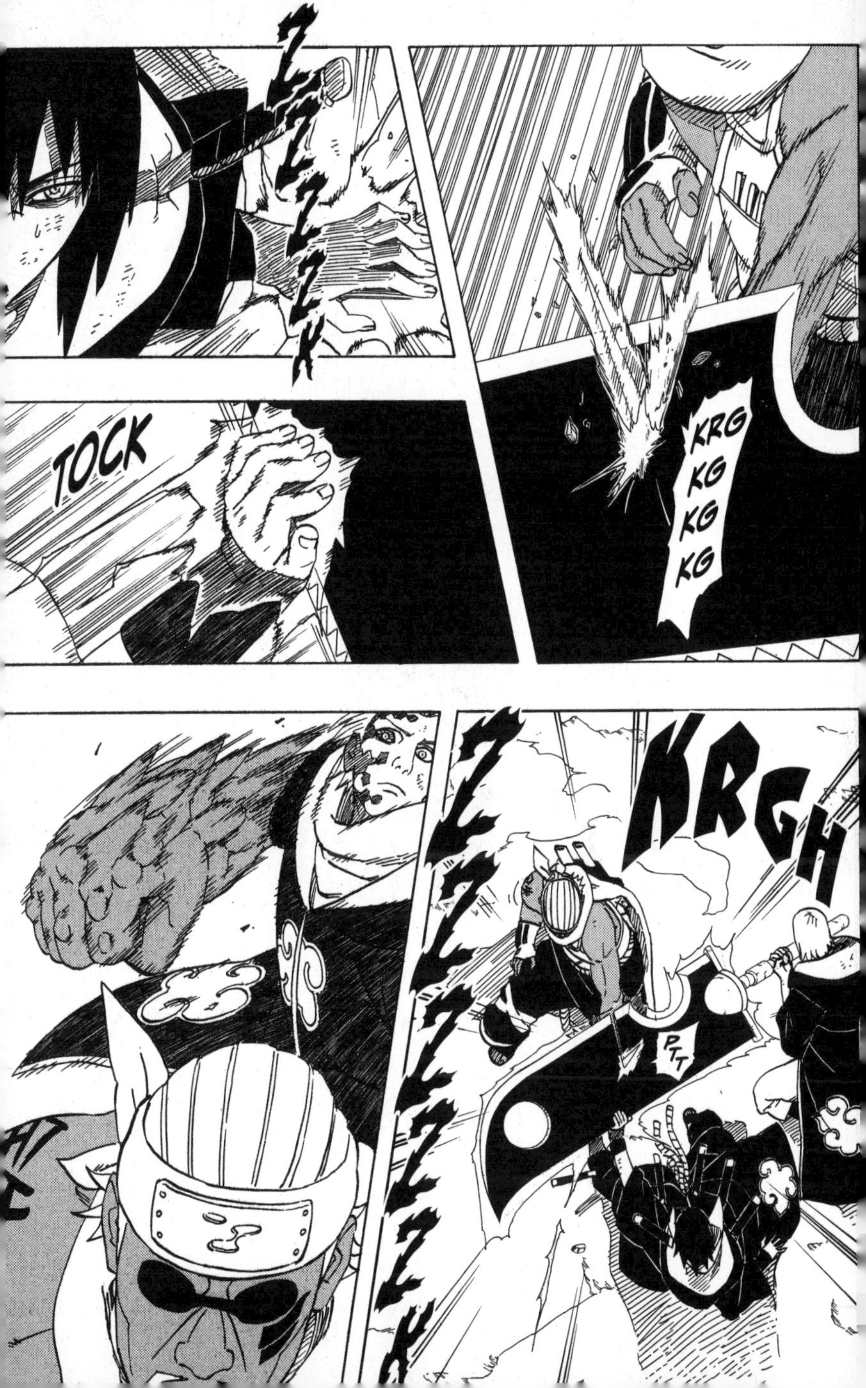
ZZZZZK
KRG
KG
KG
KG
TOCK
KRGH
ZZZZZZZZK
PTT

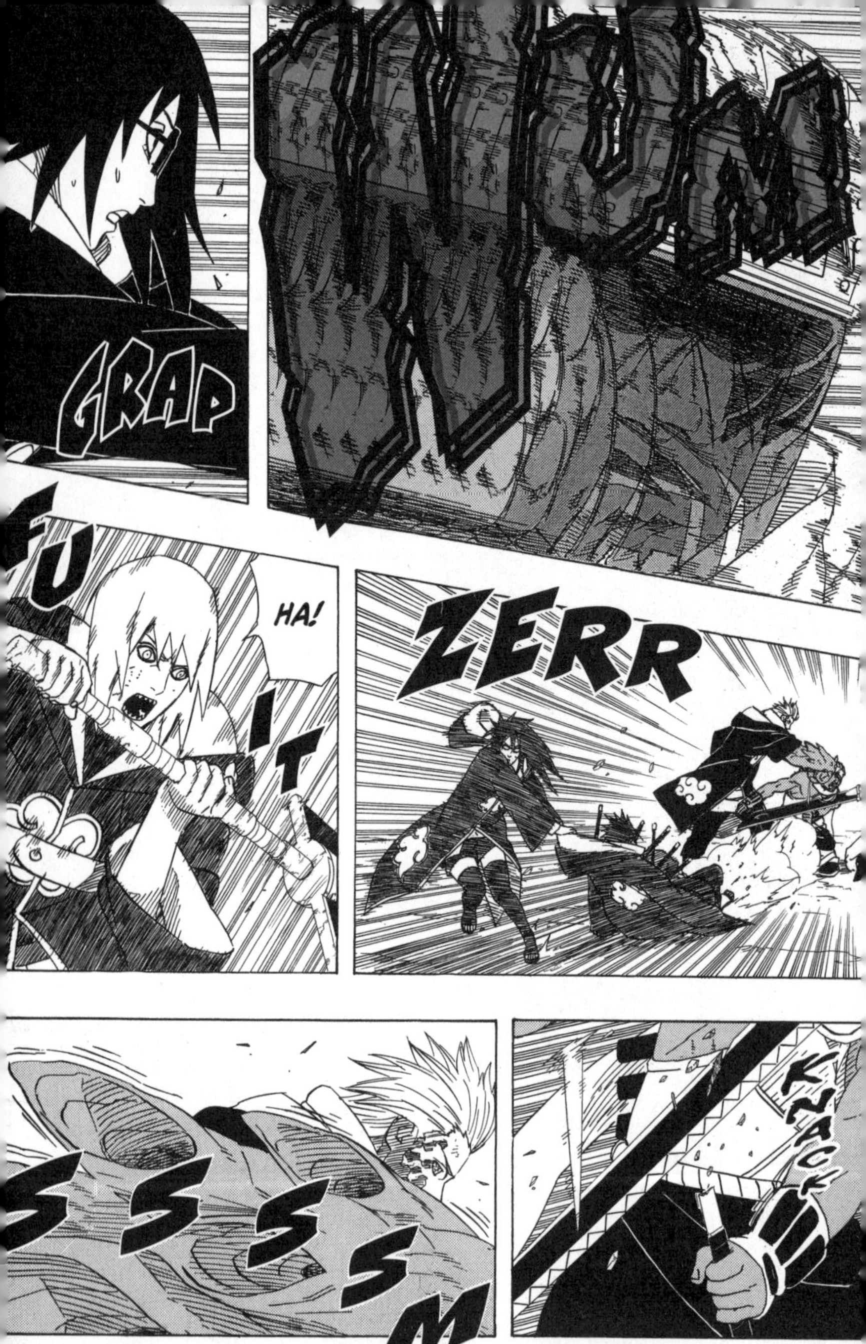
GRAP
ZERR
HA!
FUIT
KNACK
SSSSM

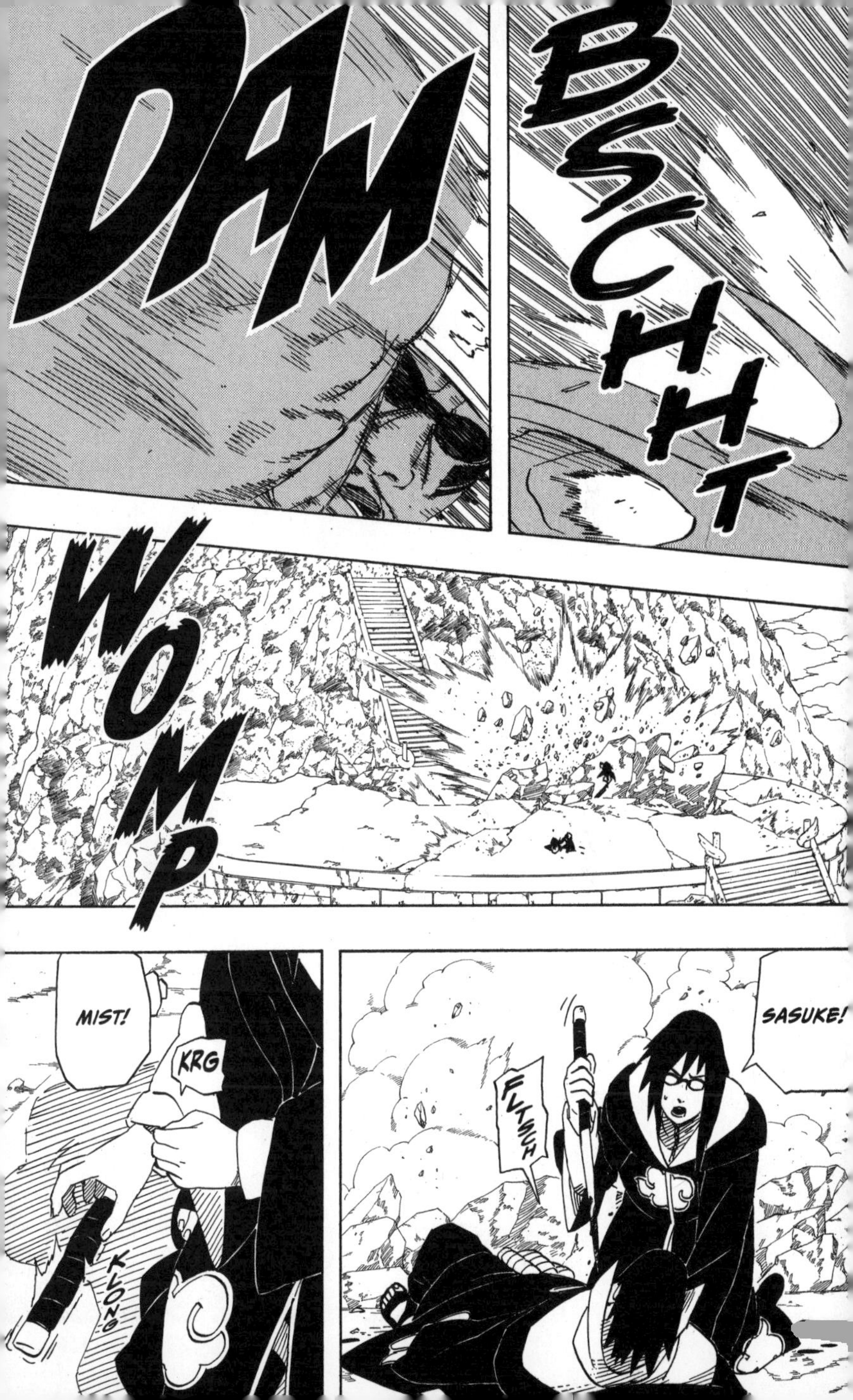
BSCHHT
DAM
WOMP
SASUKE!
FLITSCH
MIST!
KRG
KLONG

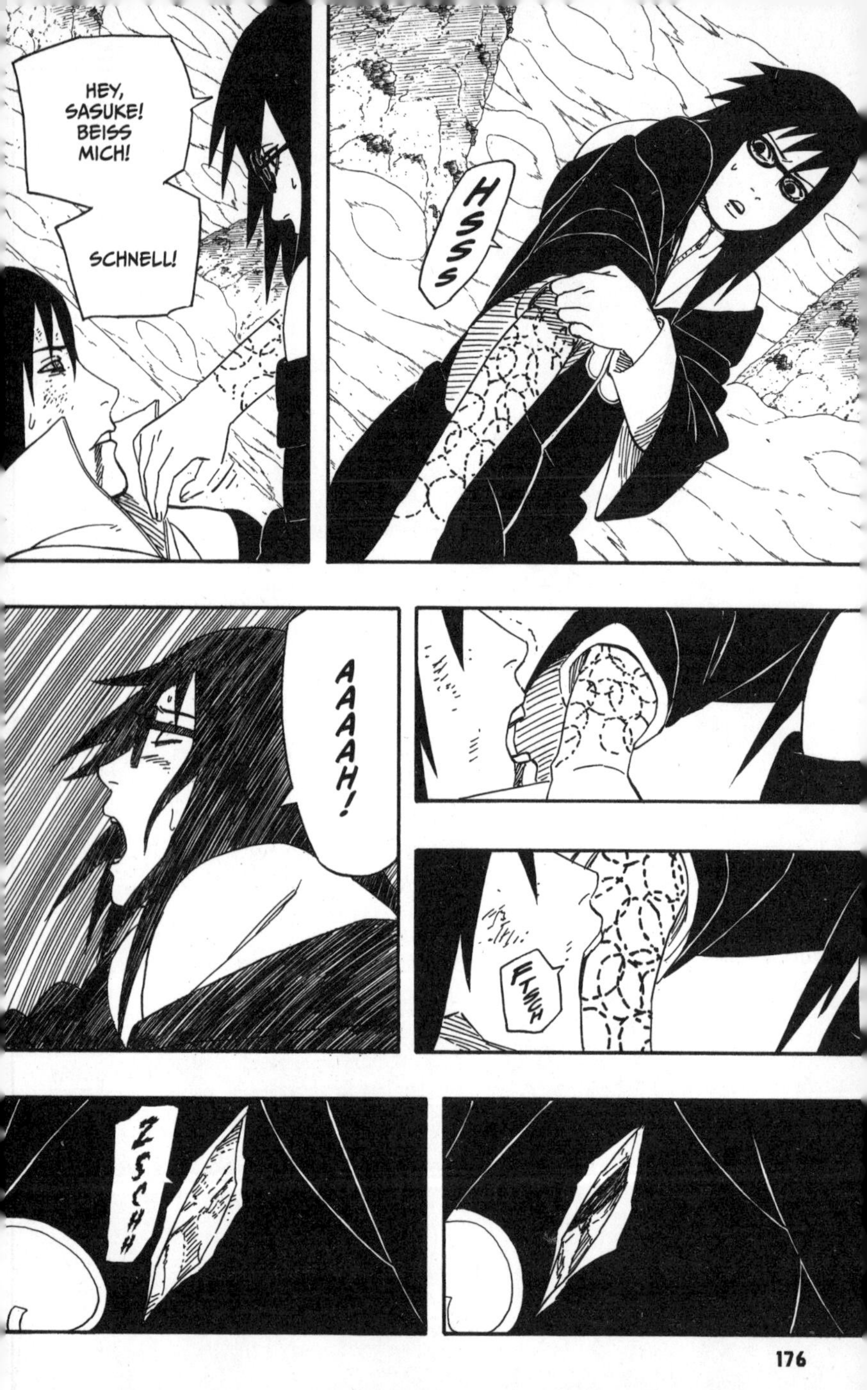
HEY, SASUKE! BEISS MICH!
SCHNELL!
HSSS
AAAAAH!
FTSCH
ZSCHH

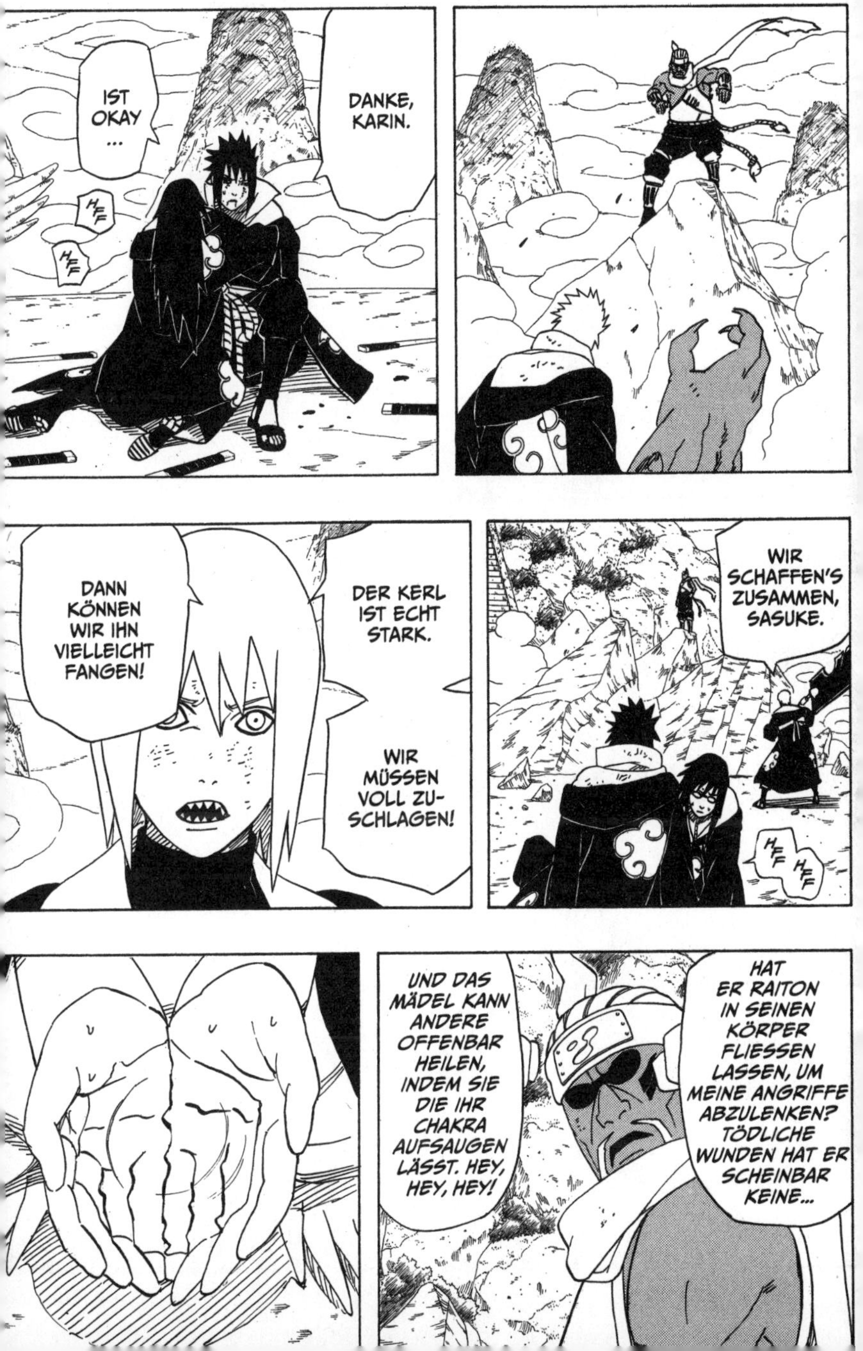
DANKE, KARIN.
IST OKAY ...
HFF
HFF
WIR SCHAFFEN'S ZUSAMMEN, SASUKE.
HFF
HFF
DER KERL IST ECHT STARK.
WIR MÜSSEN VOLL ZU-SCHLAGEN!
DANN KÖNNEN WIR IHN VIELLEICHT FANGEN!
HAT ER RAITON IN SEINEN KÖRPER FLIESSEN LASSEN, UM MEINE ANGRIFFE ABZULENKEN? TÖDLICHE WUNDEN HAT ER SCHEINBAR KEINE...
UND DAS MÄDEL KANN ANDERE OFFENBAR HEILEN, INDEM SIE DIE IHR CHAKRA AUFSAUGEN LÄSST. HEY, HEY, HEY!

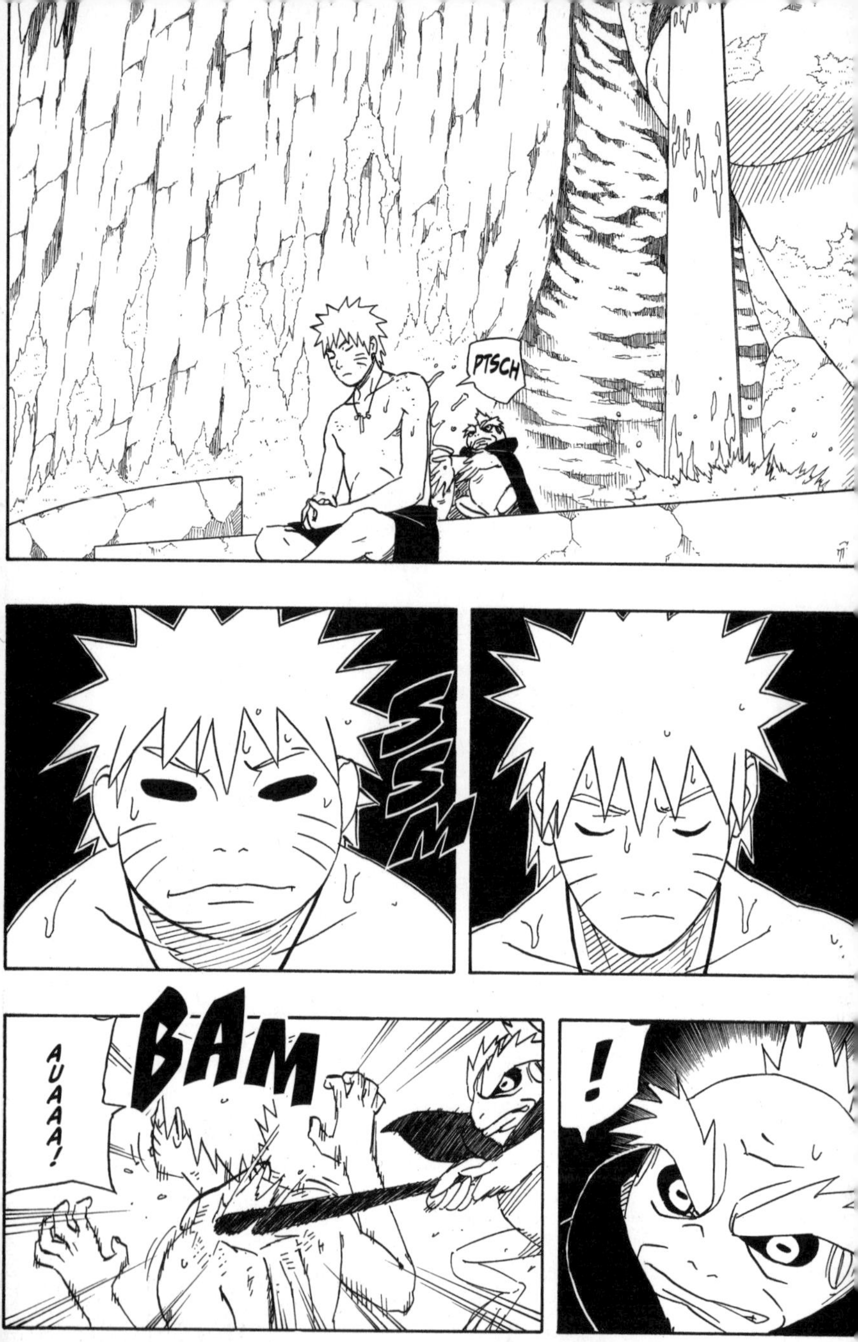
PTSCH
SSM
!
BAM
AUAAAA!

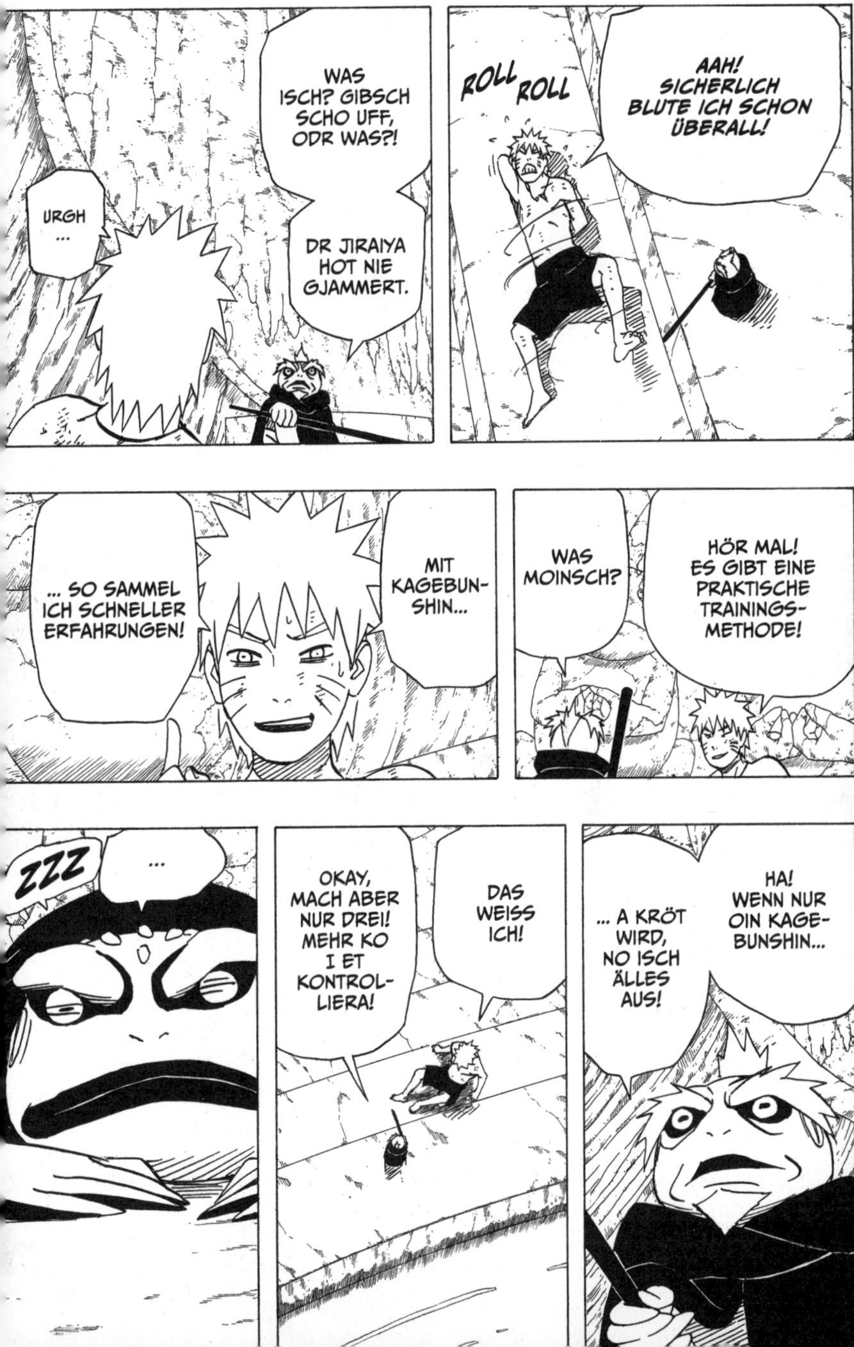
ROLL ROLL
AAH! SICHERLICH BLUTE ICH SCHON ÜBERALL!
WAS ISCH? GIBSCH SCHO UFF, ODR WAS?!
DR JIRAIYA HOT NIE GJAMMERT.
URGH ...
HÖR MAL! ES GIBT EINE PRAKTISCHE TRAININGS-METHODE!
WAS MOINSCH?
MIT KAGEBUN-SHIN...
... SO SAMMEL ICH SCHNELLER ERFAHRUNGEN!
HA! WENN NUR OIN KAGE-BUNSHIN...
... A KRÖT WIRD, NO ISCH ÄLLES AUS!
DAS WEISS ICH!
OKAY, MACH ABER NUR DREI! MEHR KO I ET KONTROL-LIERA!
ZZZ
...

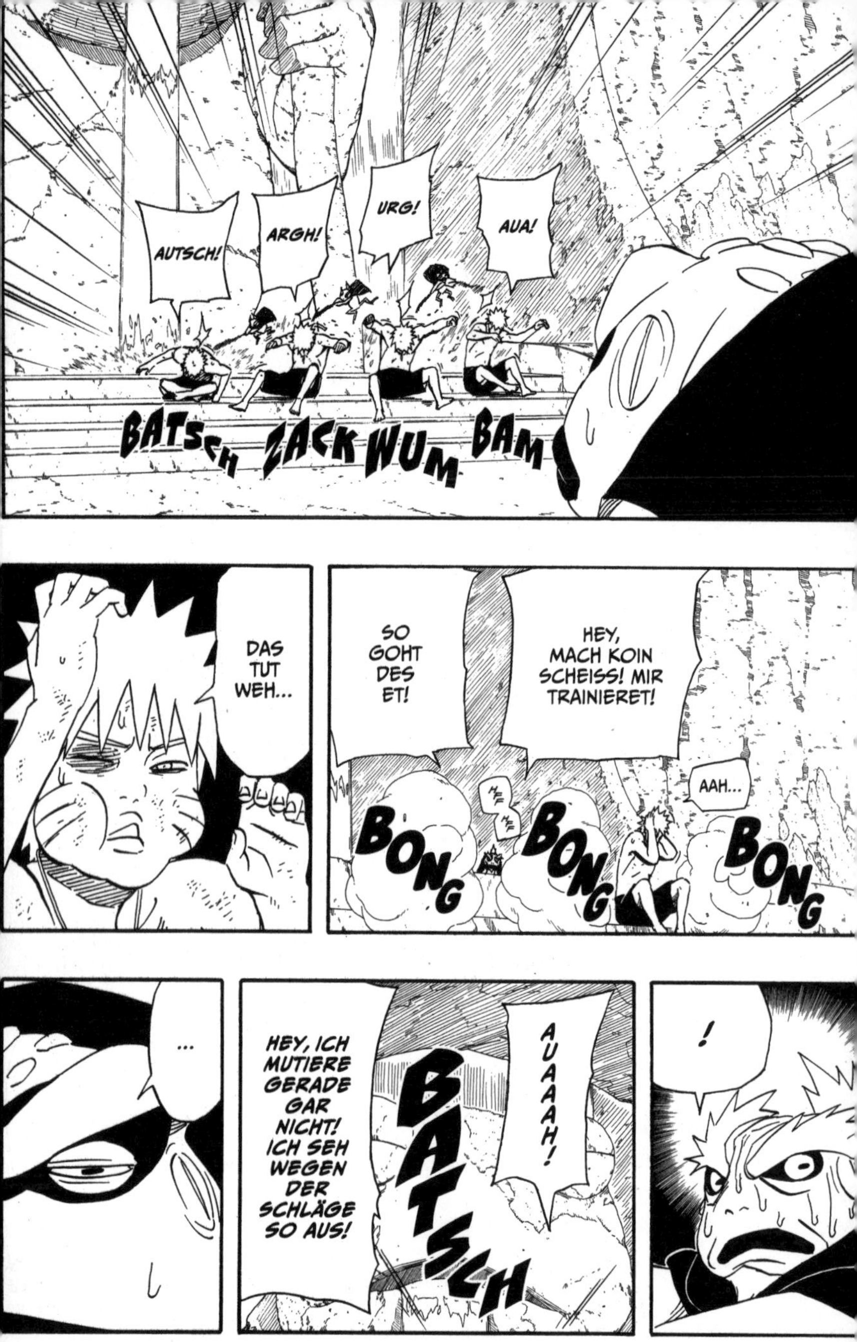
AUA!
URG!
ARGH!
AUTSCH!
BAM
WUM
ZACK
BATSCH
HEY, MACH KOIN SCHEISS! MIR TRAINIERET!
SO GOHT DES ET!
AAH...
HE HE
BONG
BONG
BONG
DAS TUT WEH...
!
AUAAAAH!
HEY, ICH MUTIERE GERADE GAR NICHT! ICH SEH WEGEN DER SCHLÄGE SO AUS!
BATSCH
...

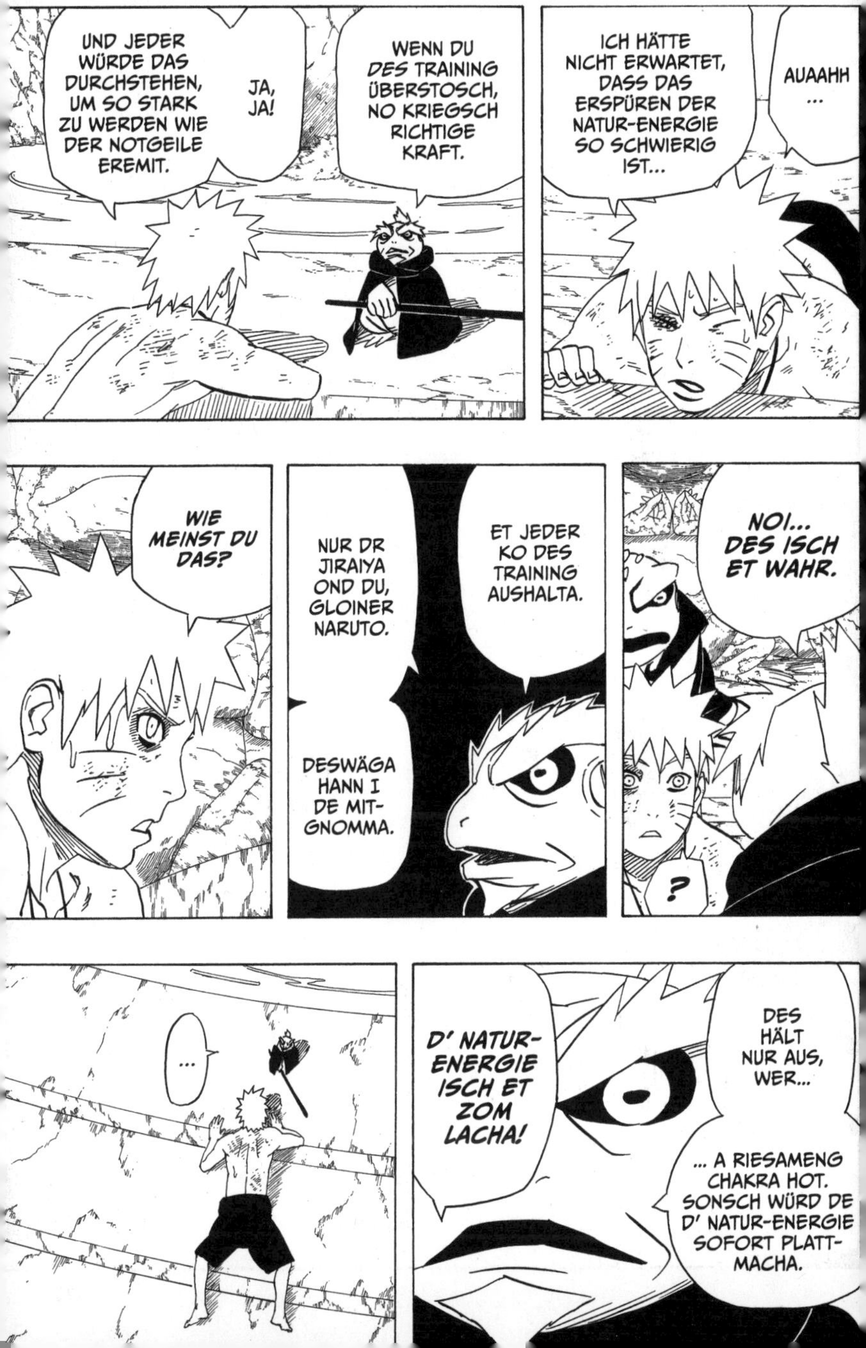
AUAAHH ...
ICH HÄTTE NICHT ERWARTET, DASS DAS ERSPÜREN DER NATUR-ENERGIE SO SCHWIERIG IST...
WENN DU DES TRAINING ÜBERSTOSCH, NO KRIEGSCH RICHTIGE KRAFT.
JA, JA!
UND JEDER WÜRDE DAS DURCHSTEHEN, UM SO STARK ZU WERDEN WIE DER NOTGEILE EREMIT.
NOI... DES ISCH ET WAHR.
?
ET JEDER KO DES TRAINING AUSHALTA.
NUR DR JIRAIYA OND DU, GLOINER NARUTO.
DESWÄGA HANN I DE MIT-GNOMMA.
WIE MEINST DU DAS?
DES HÄLT NUR AUS, WER...
... A RIESAMENG CHAKRA HOT. SONSCH WÜRD DE D' NATUR-ENERGIE SOFORT PLATT-MACHA.
D' NATUR-ENERGIE ISCH ET ZOM LACHA!
...

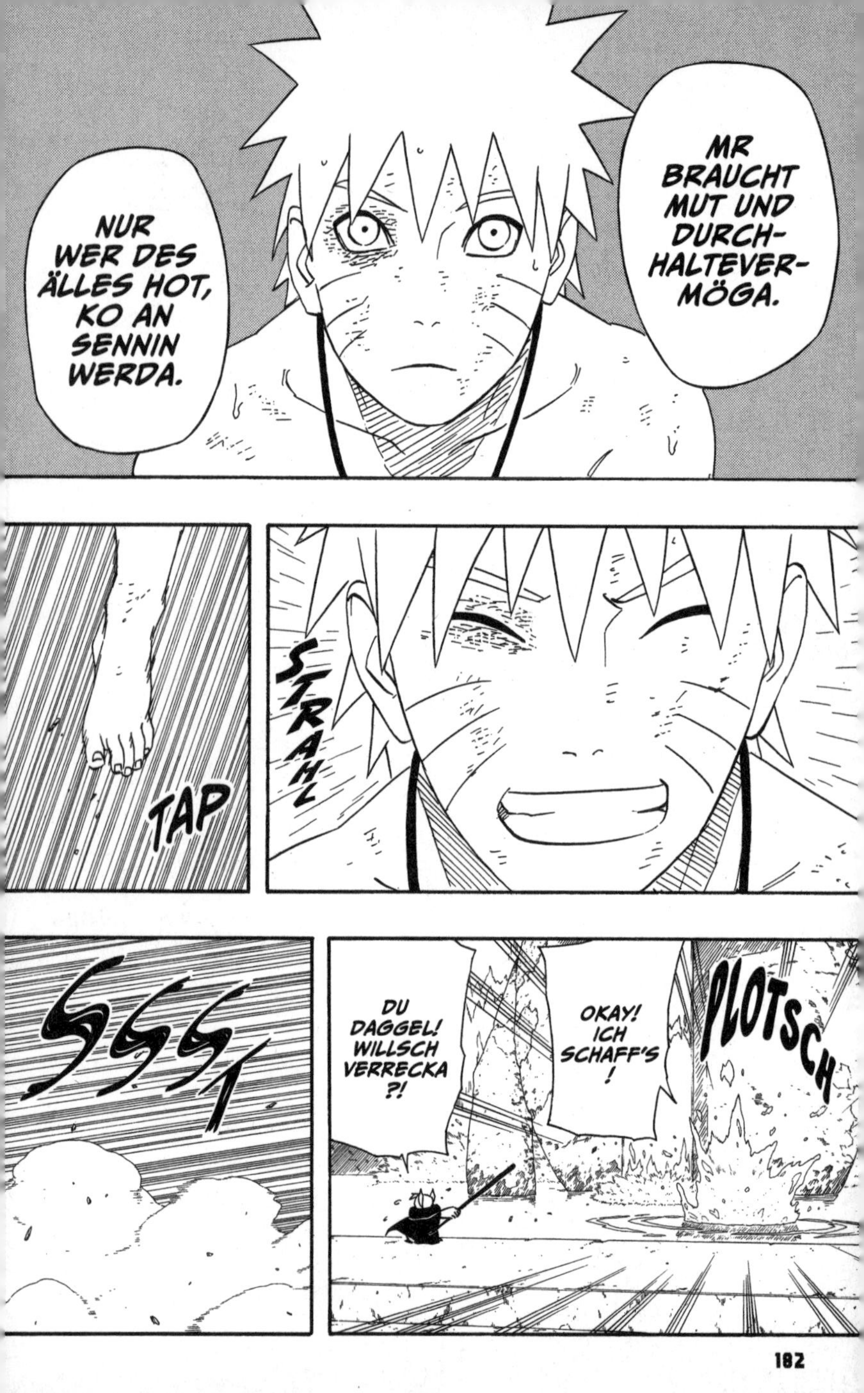
MR BRAUCHT MUT UND DURCH-HALTEVER-MÖGA.
NUR WER DES ÄLLES HOT, KO AN SENNIN WERDA.
STRAHL
TAP
PLOTSCH
OKAY! ICH SCHAFF'S!
DU DAGGEL! WILLSCH VERRECKA?!
SSST

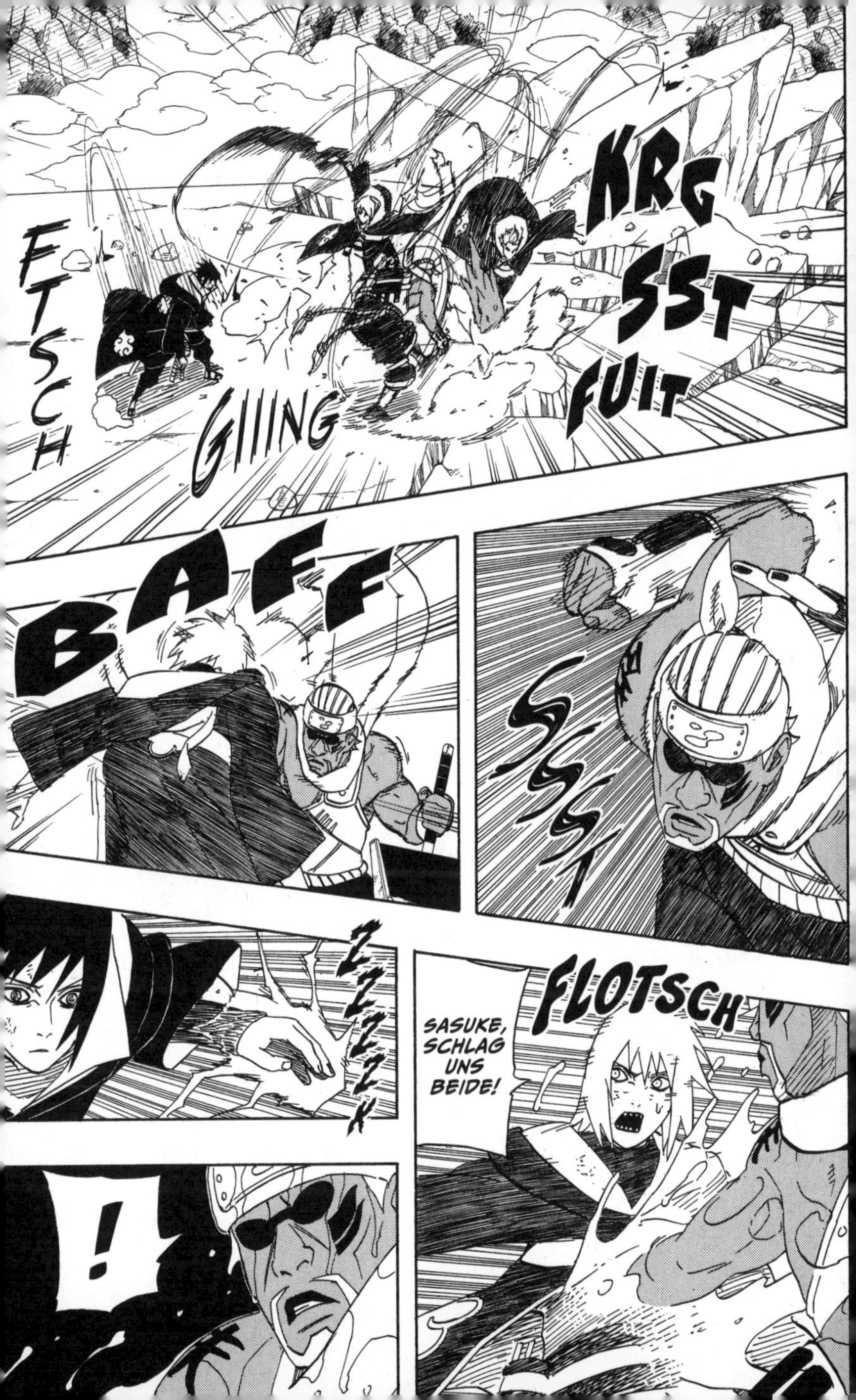
KRG
SST
FUIT
GIIING
FTSCH
SSST
BAFF
FLOTSCH
SASUKE, SCHLAG UNS BEIDE!
ZZZZZK
!

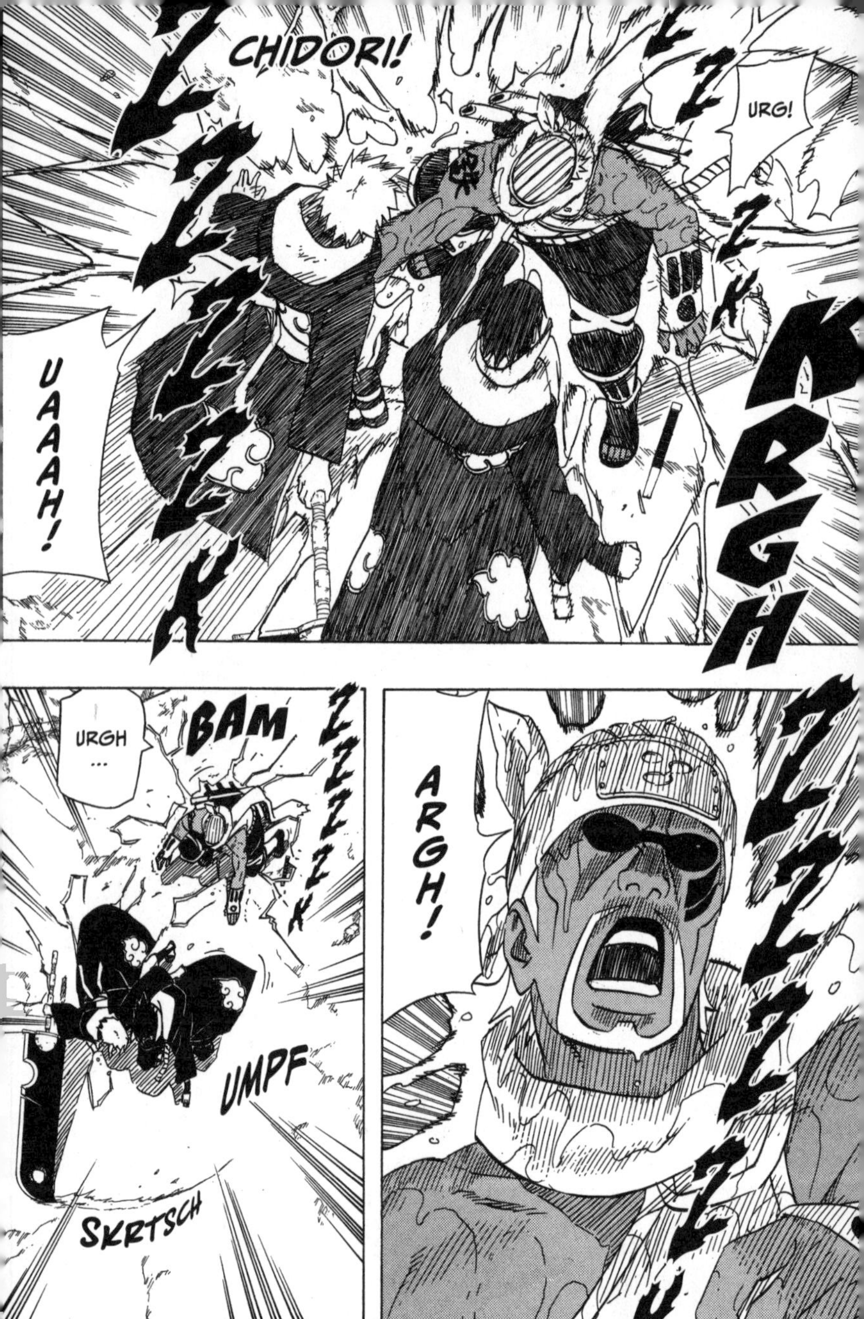
CHIDORI!
URG!
KRRGH
UAAAAH!
ARGH!
URGH ...
BAM
UMPF
SKRTSCH

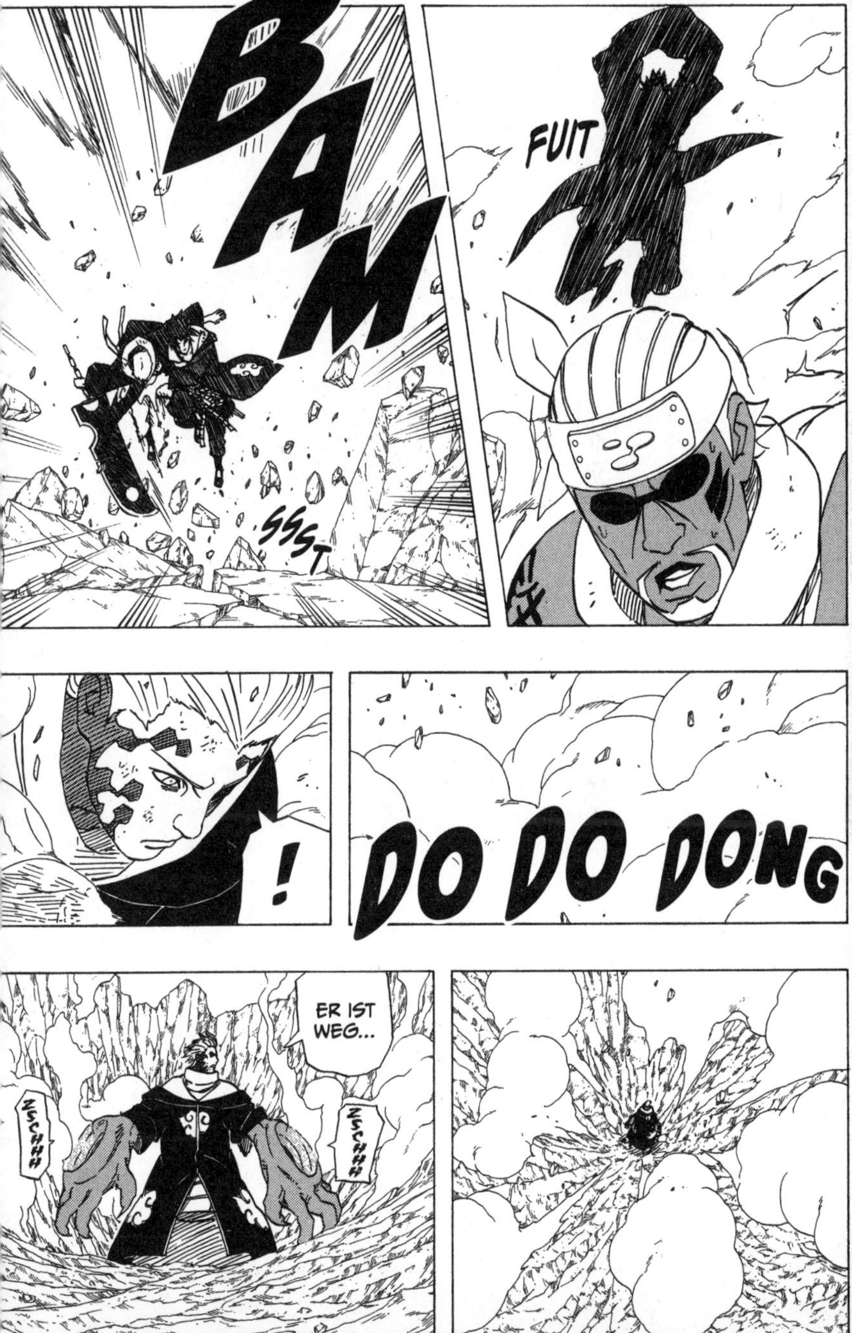
FUIT
BAM
SSST
DO DO DONG
!
ER IST WEG...
ZSCHHH
ZSCHHH

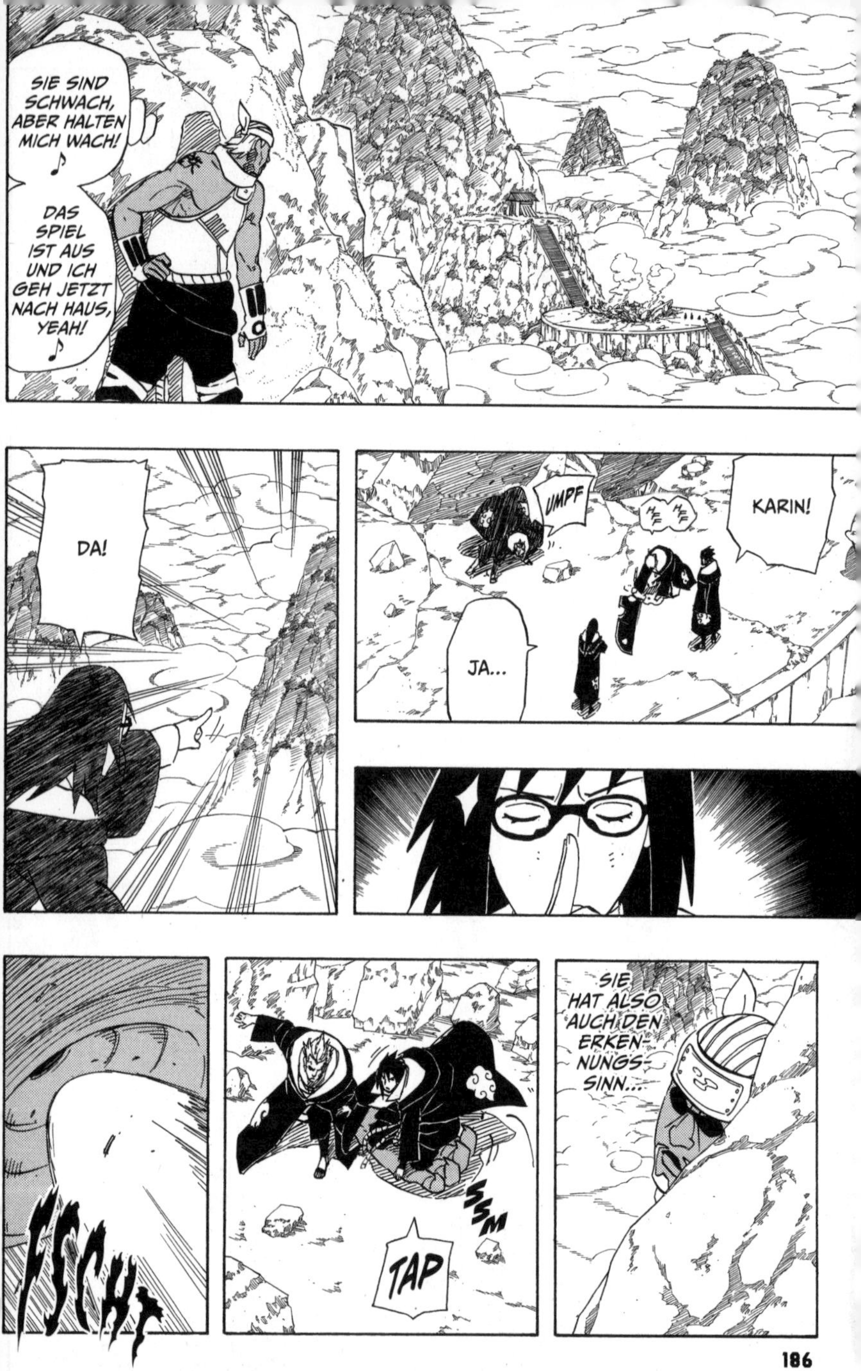
SIE SIND SCHWACH, ABER HALTEN MICH WACH! ♪
DAS SPIEL IST AUS UND ICH GEH JETZT NACH HAUS, YEAH! ♪
KARIN!
HEF HEF
UMPF
JA...
DA!
SIE HAT ALSO AUCH DEN ERKEN-NUNGS-SINN...
SSM
TAP
FSCHT

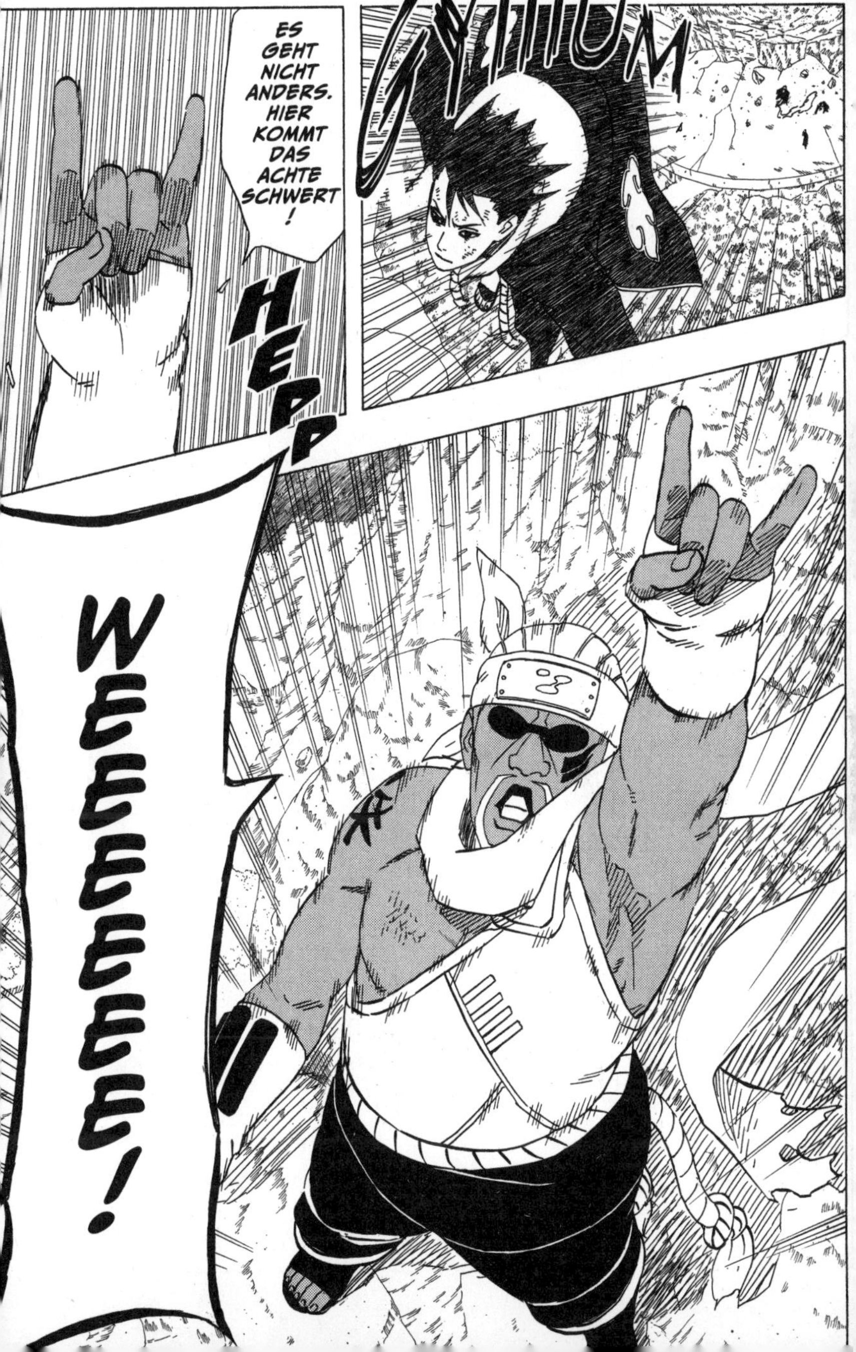
ES GEHT NICHT ANDERS. HIER KOMMT DAS ACHTE SCHWERT!
GYIIIUM
HEPP
WEEEEEEE!

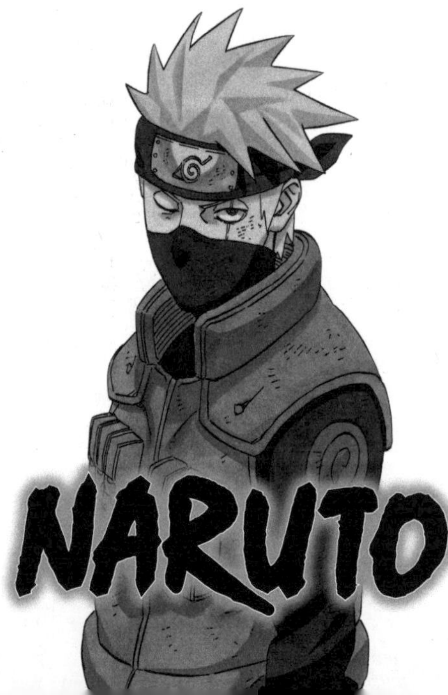
NARUTO

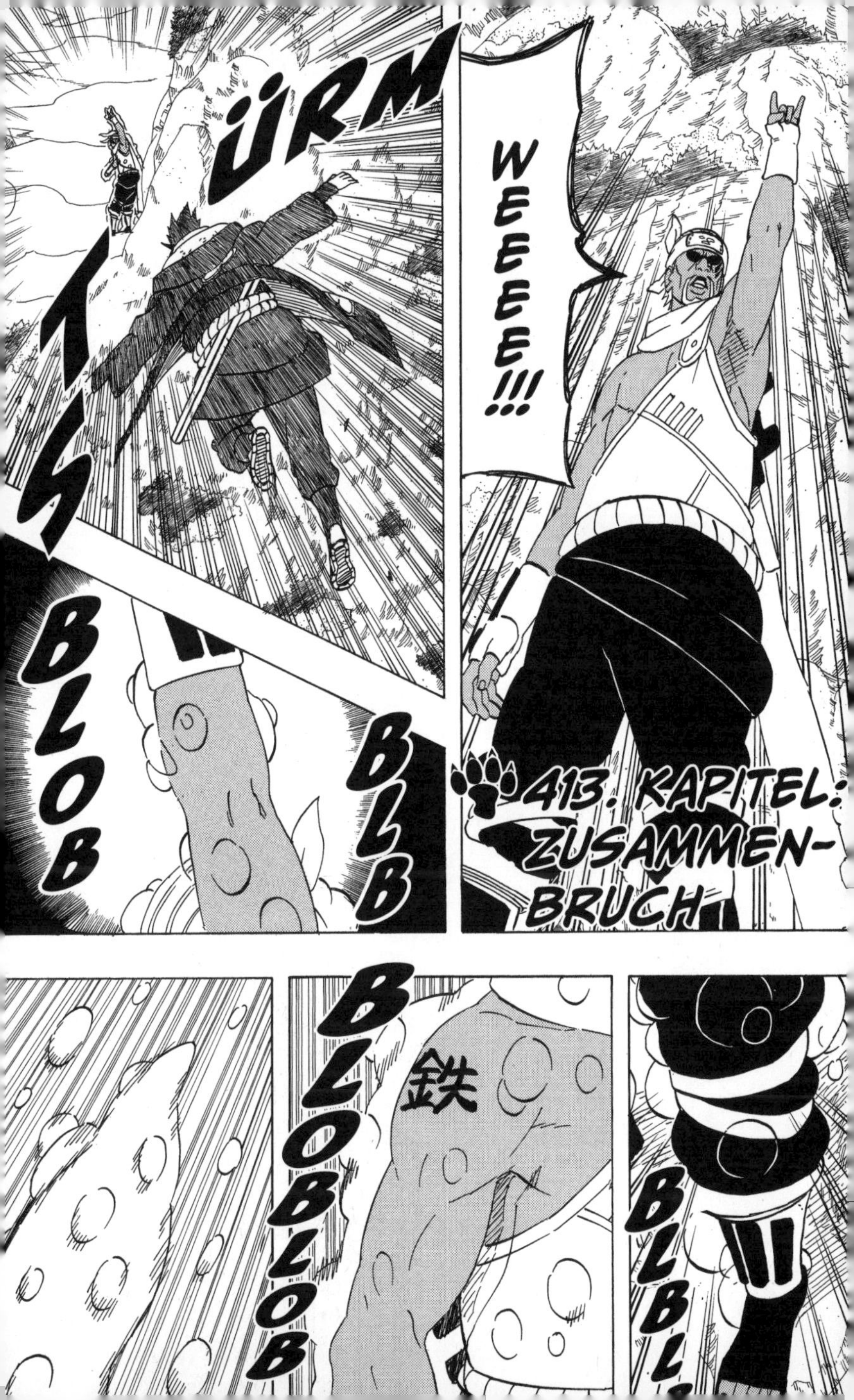

WEEEEE!!!
413. KAPITEL: ZUSAMMEN-BRUCH
STÜRM
BLB
BLOB
BLBL
鉄
BLOBLOBLOB

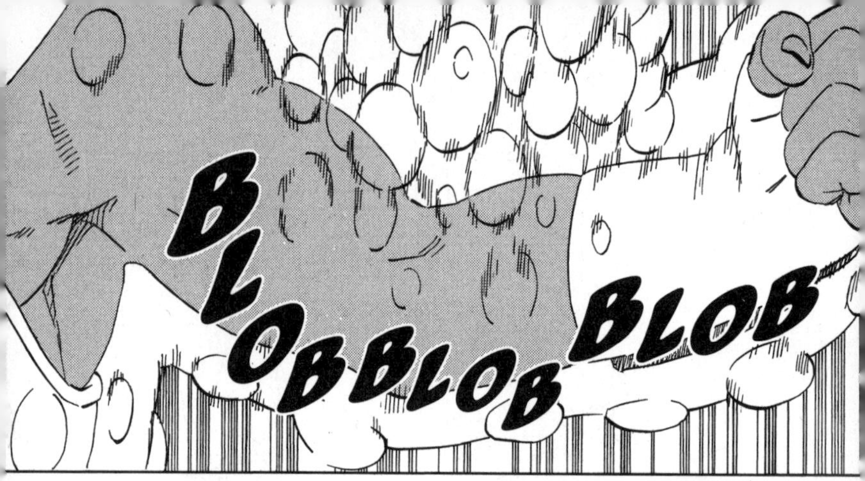

* RA/RAI = DONNER, RI = GEFLECKTES RIND, A/ATSU = HEISS, TO = SCHWERT

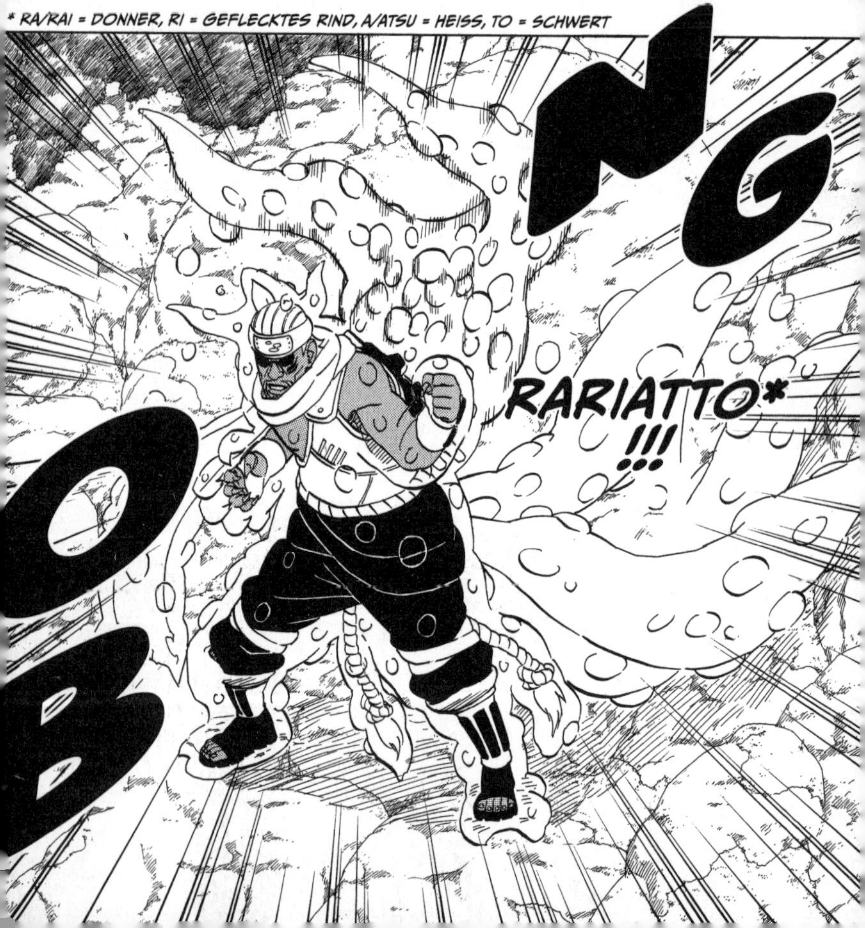

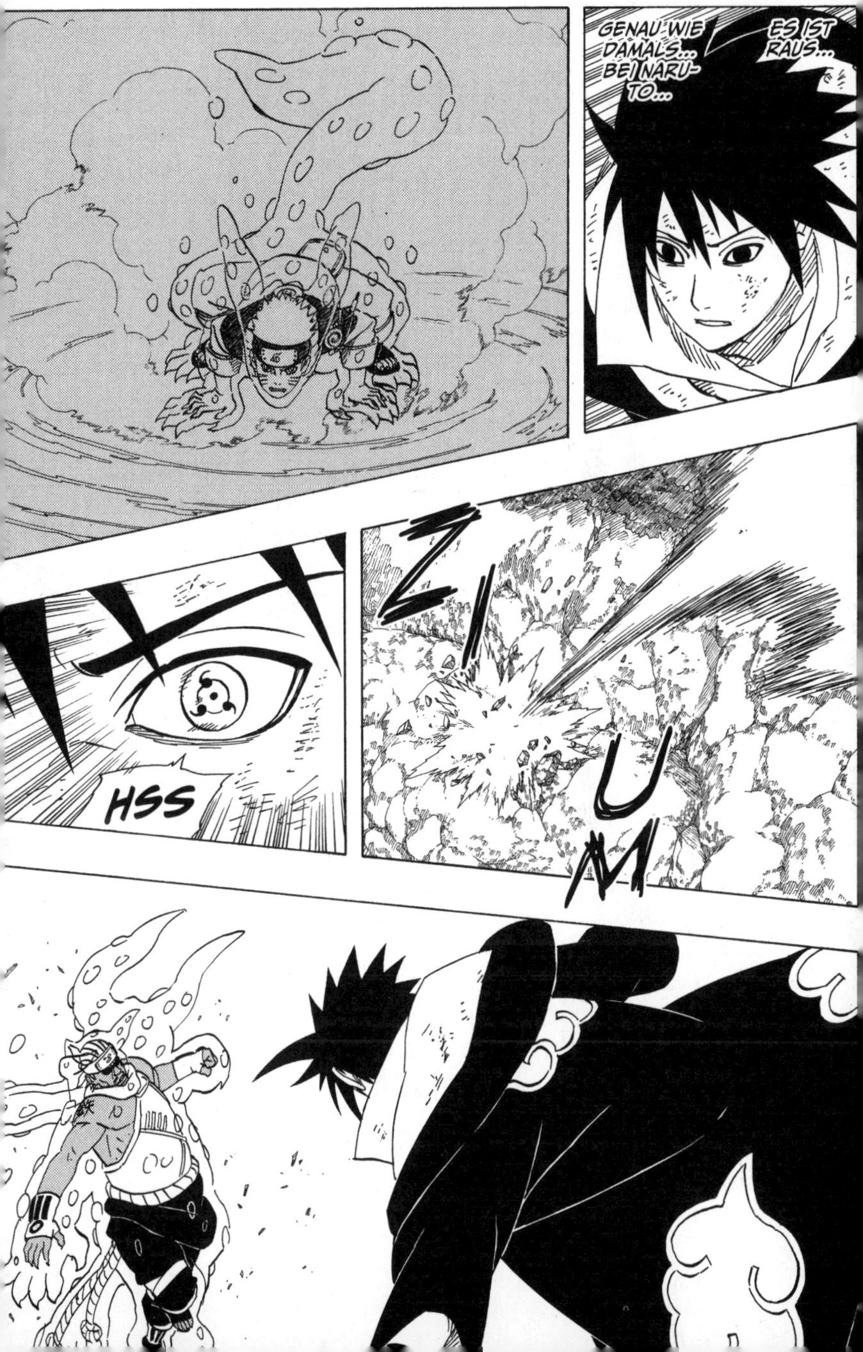
ES IST RAUS...
GENAU WIE DAMALS... BEI NARU-TO...
ZUMM
HSS

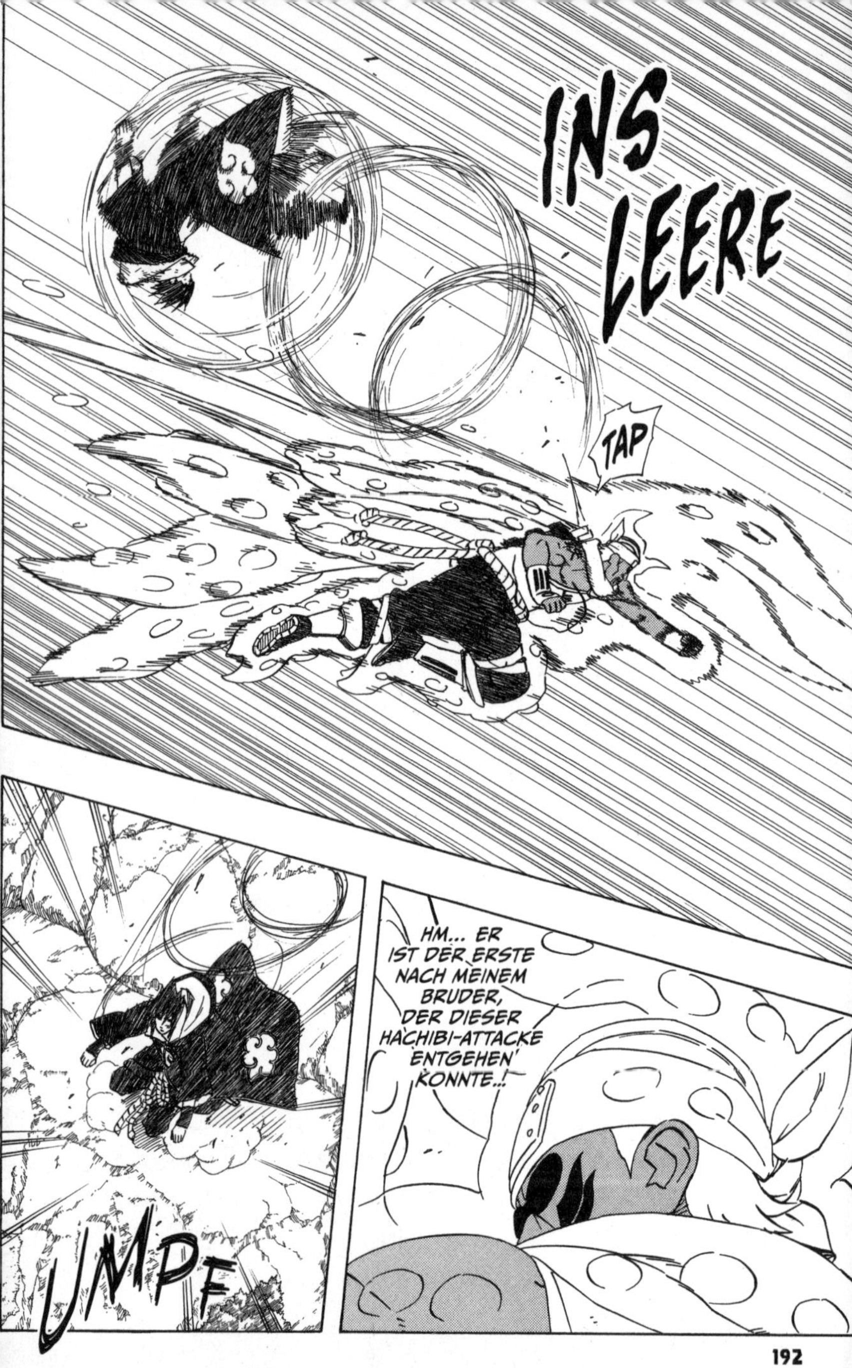
INS LEERE
TAP
HM... ER IST DER ERSTE NACH MEINEM BRUDER, DER DIESER HACHIBI-ATTACKE ENTGEHEN KONNTE..!
UMPF

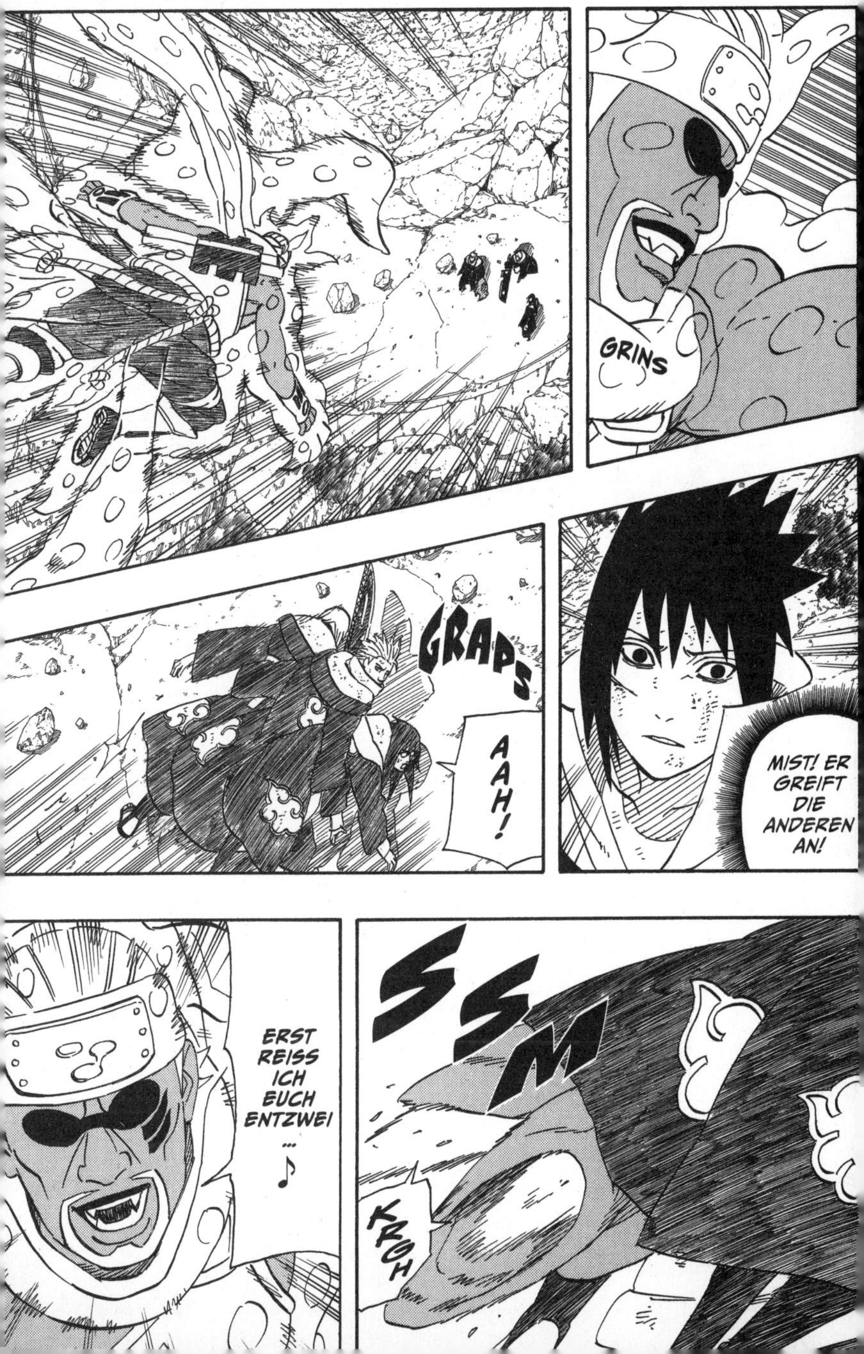
GRINS
GRAPS
AAH!
MIST! ER GREIFT DIE ANDEREN AN!
SSM
KRCH
ERST REISS ICH EUCH ENTZWEI ... ♪

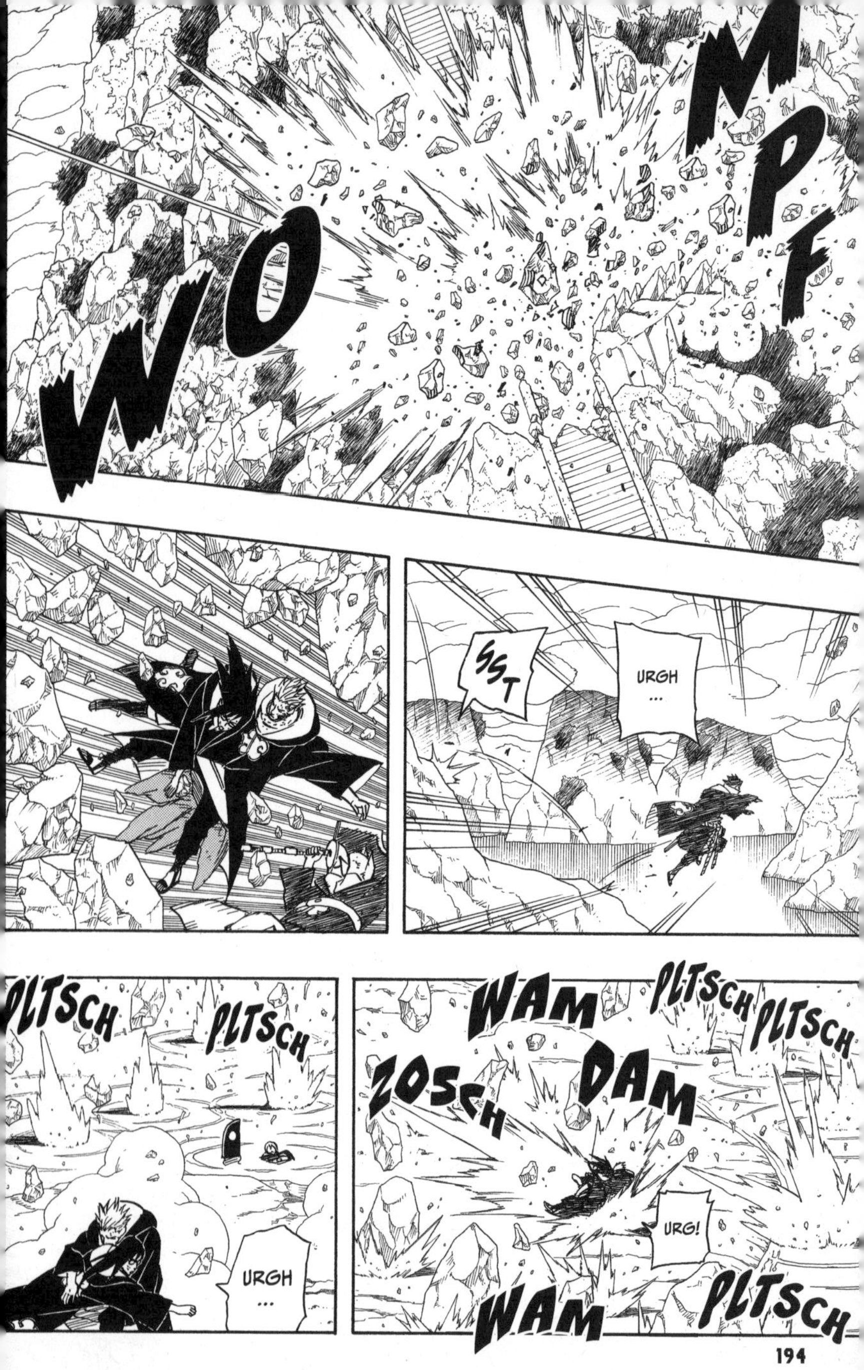
WOMPF
SST
URGH ...
PLTSCH
PLTSCH
URGH ...
WAM
PLTSCH
PLTSCH
ZOSCH
DAM
URG!
WAM
PLTSCH

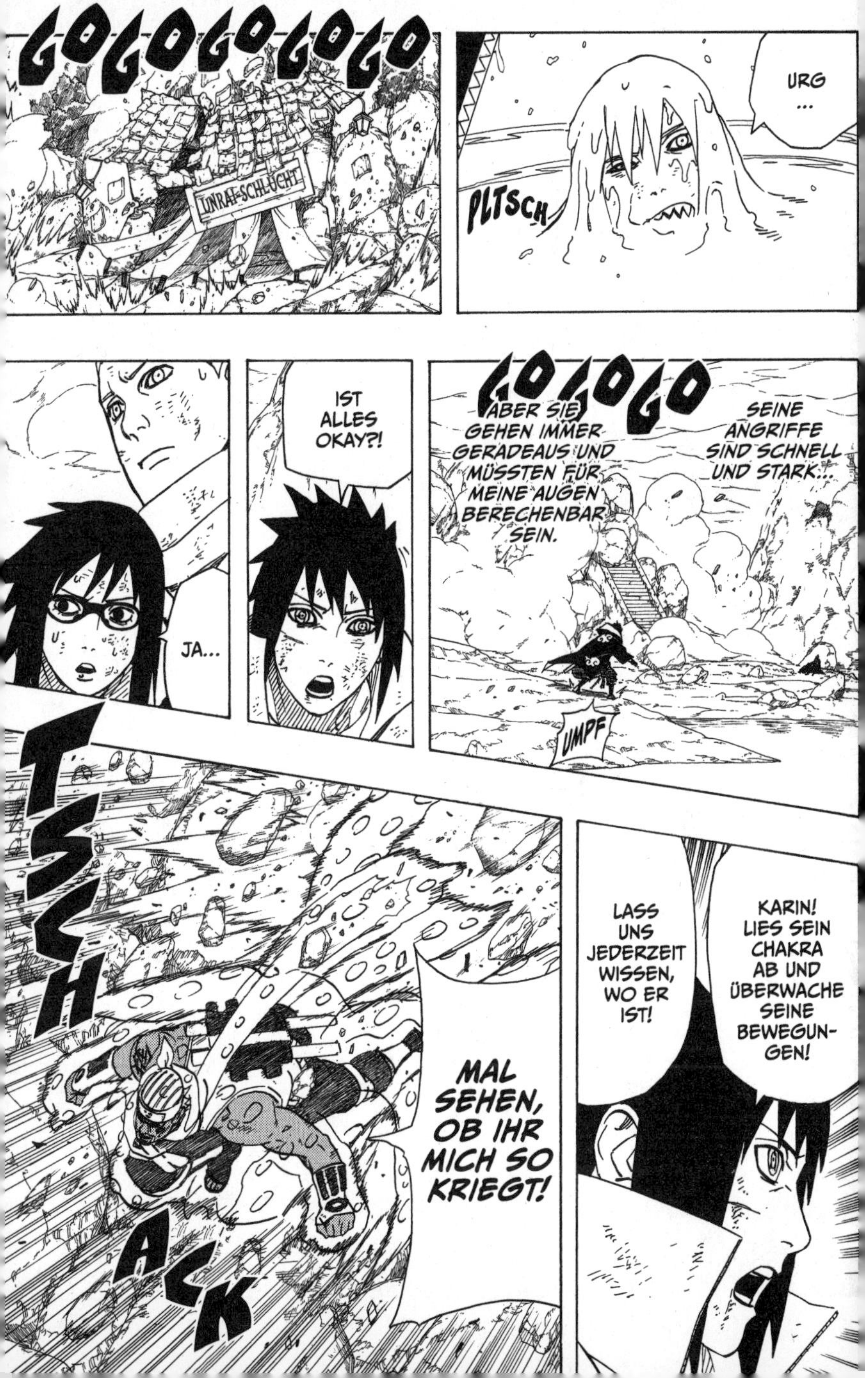
GOGOGOGOGOGO
UNRAT-SCHLUCHT
URG ...
PLTSCH
GOGOGO
SEINE ANGRIFFE SIND SCHNELL UND STARK ...
ABER SIE GEHEN IMMER GERADEAUS UND MÜSSTEN FÜR MEINE AUGEN BERECHENBAR SEIN.
UMPF
IST ALLES OKAY?!
JA...
KARIN! LIES SEIN CHAKRA AB UND ÜBERWACHE SEINE BEWEGUNGEN!
LASS UNS JEDERZEIT WISSEN, WO ER IST!
MAL SEHEN, OB IHR MICH SO KRIEGT!
TSCH
ACK

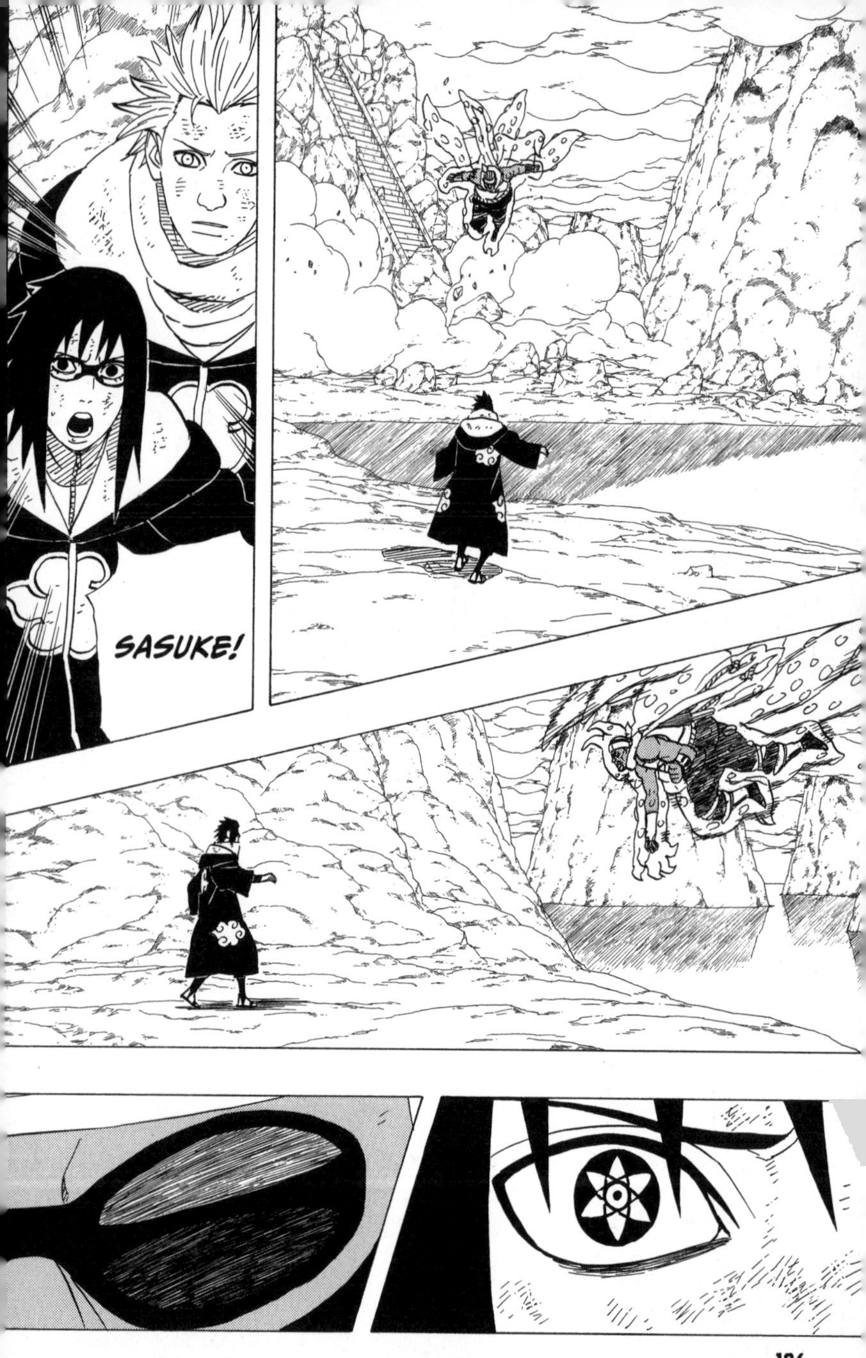
SASUKE!

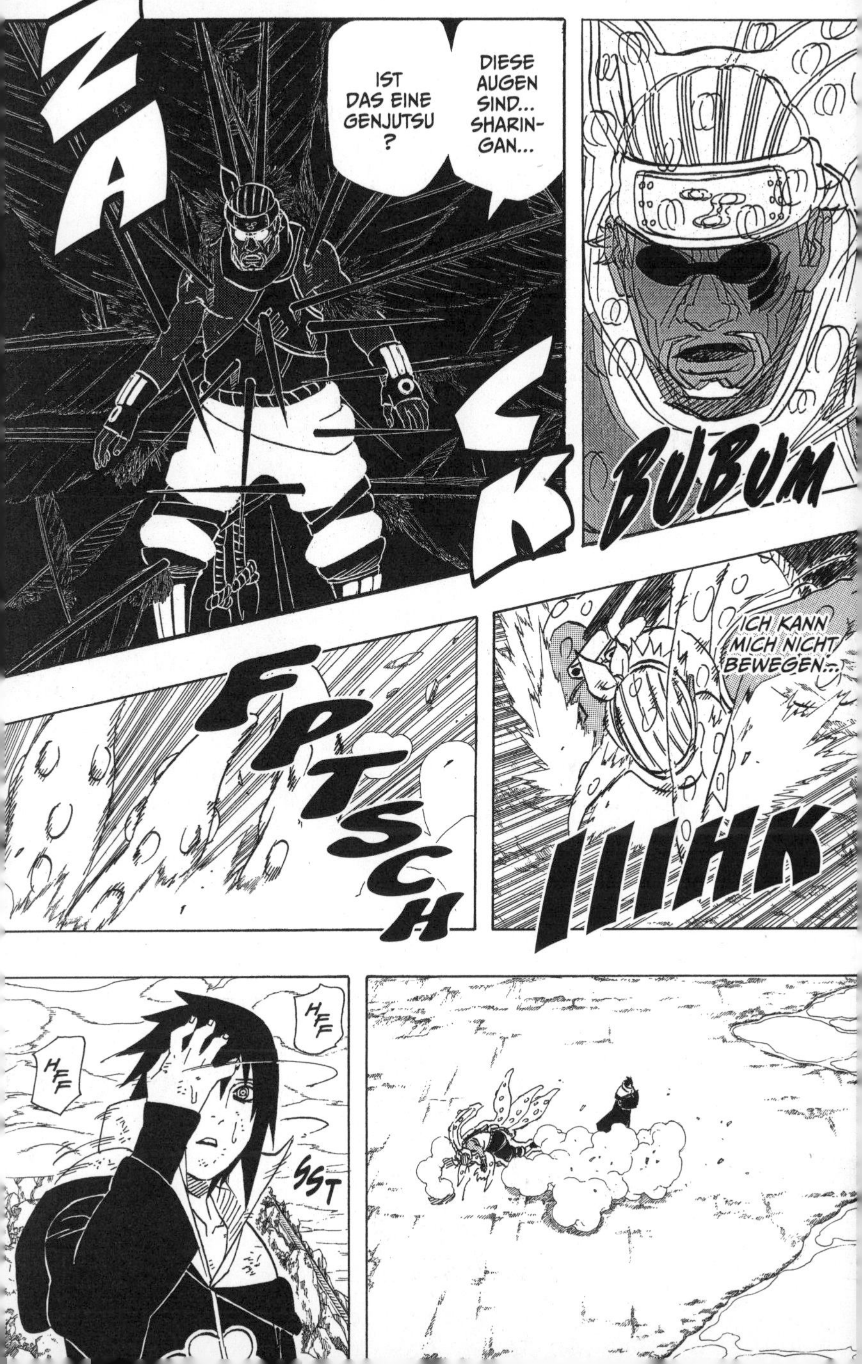
BUBUM
DIESE AUGEN SIND... SHARIN-GAN...
IST DAS EINE GENJUTSU ?
ZA
CK
ICH KANN MICH NICHT BEWEGEN...
IIIHK
FPTSCH
HFF
HFF
SST

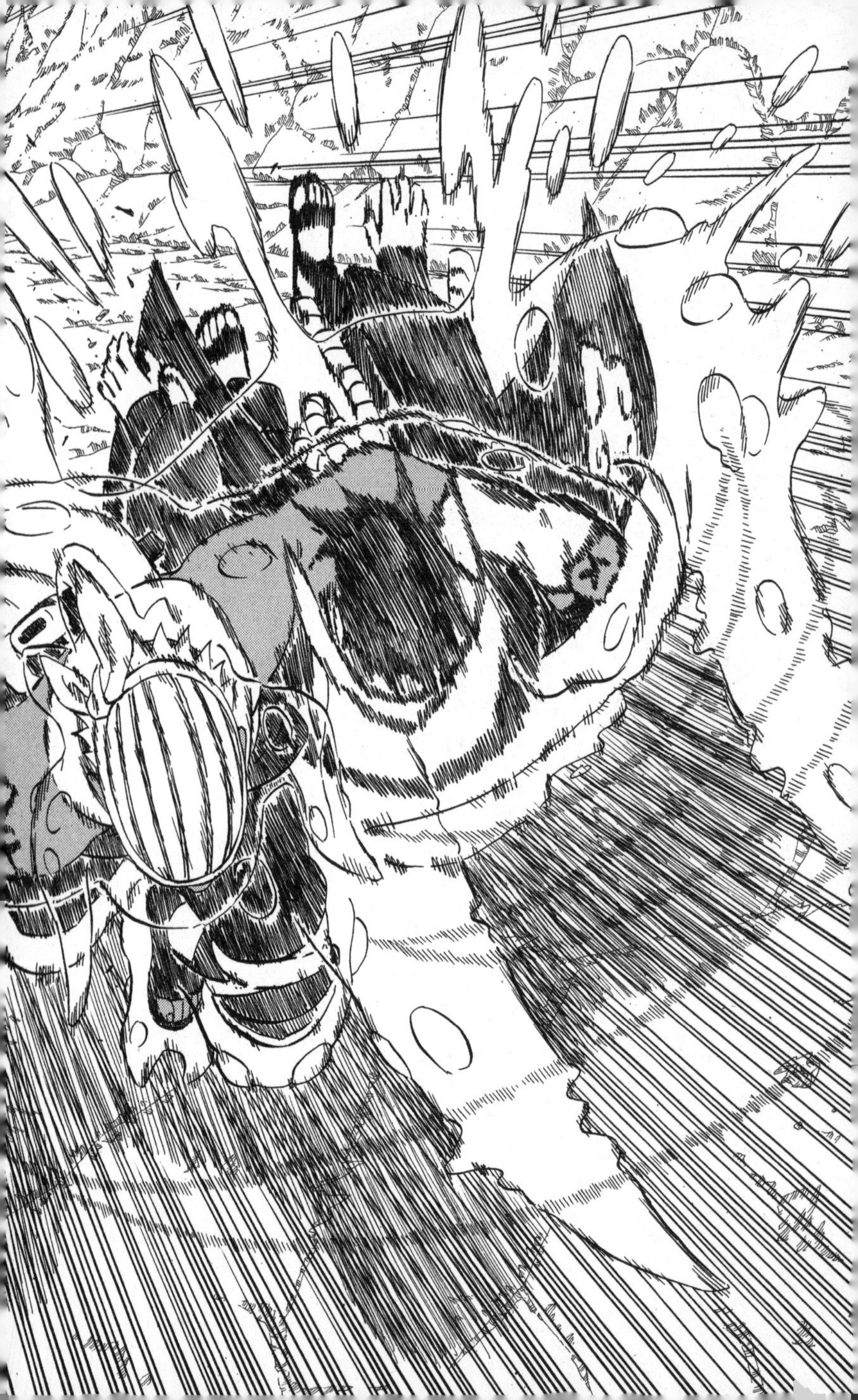

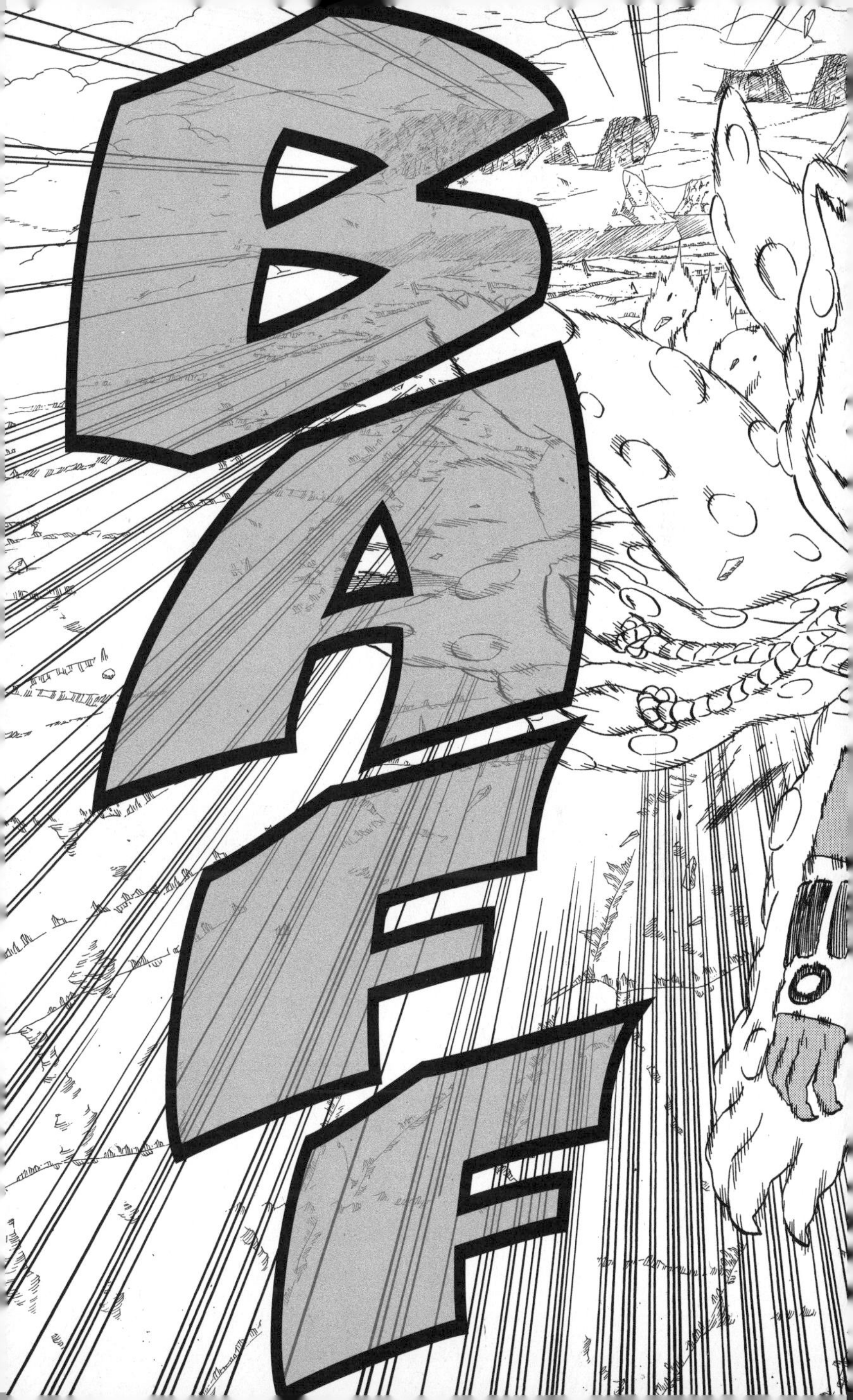
BAFF

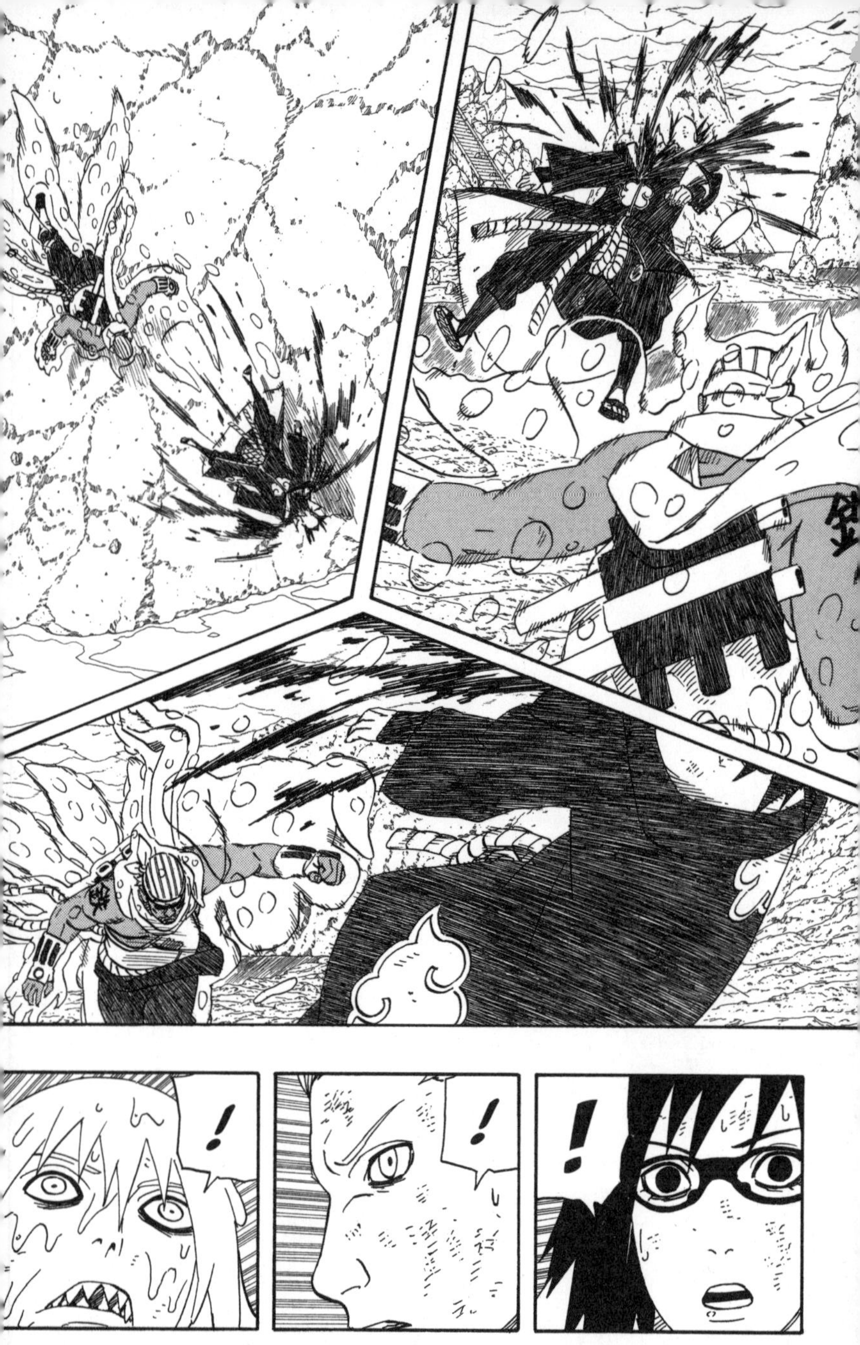

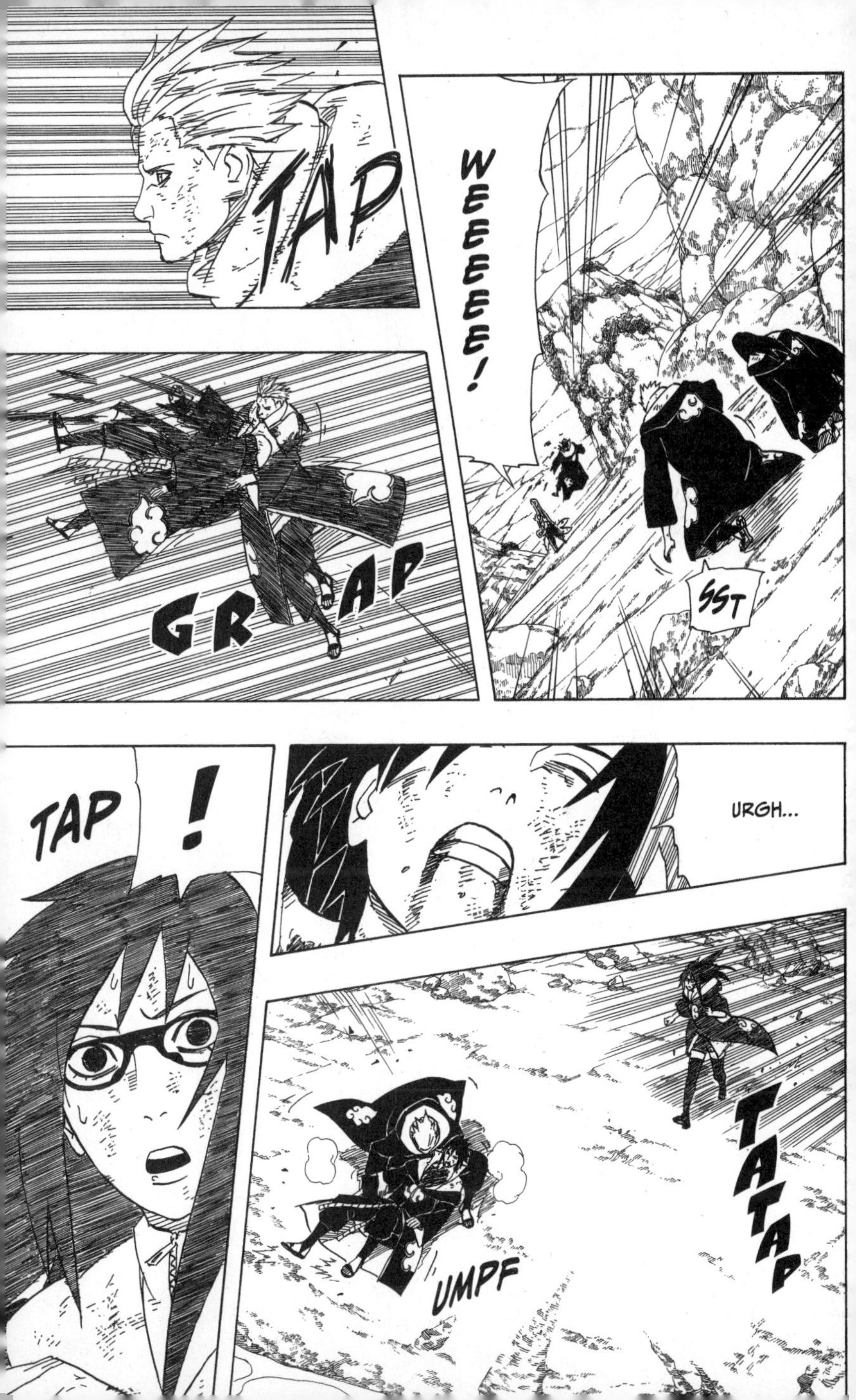

TAP
WEEEEEE!
GRAP
SST
TAP
!
URGH...
TATAP
UMPF

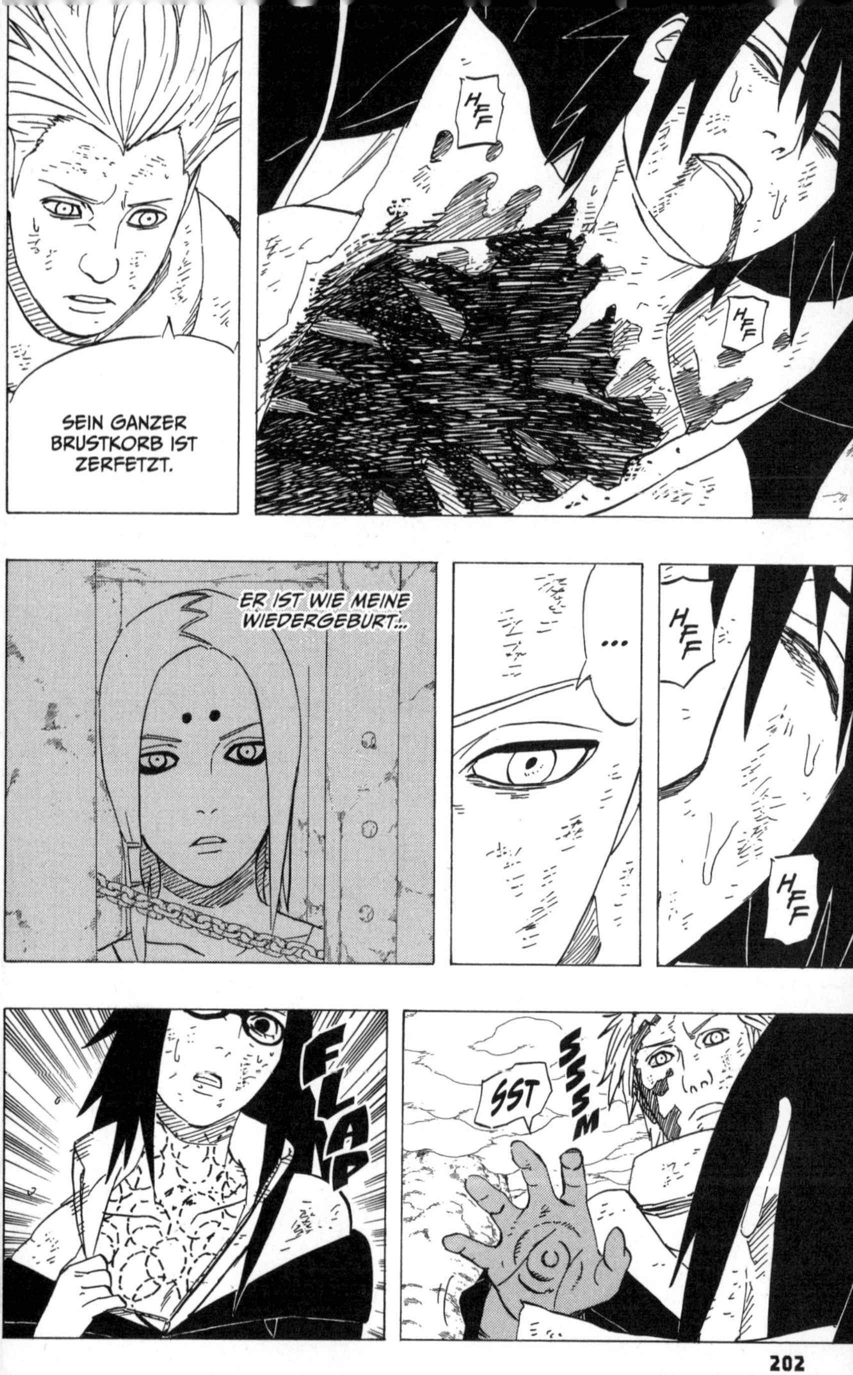
HFF
HFF
SEIN GANZER BRUSTKORB IST ZERFETZT.
HFF
HFF
...
ER IST WIE MEINE WIEDERGEBURT...
SSSM
SST
FLAP

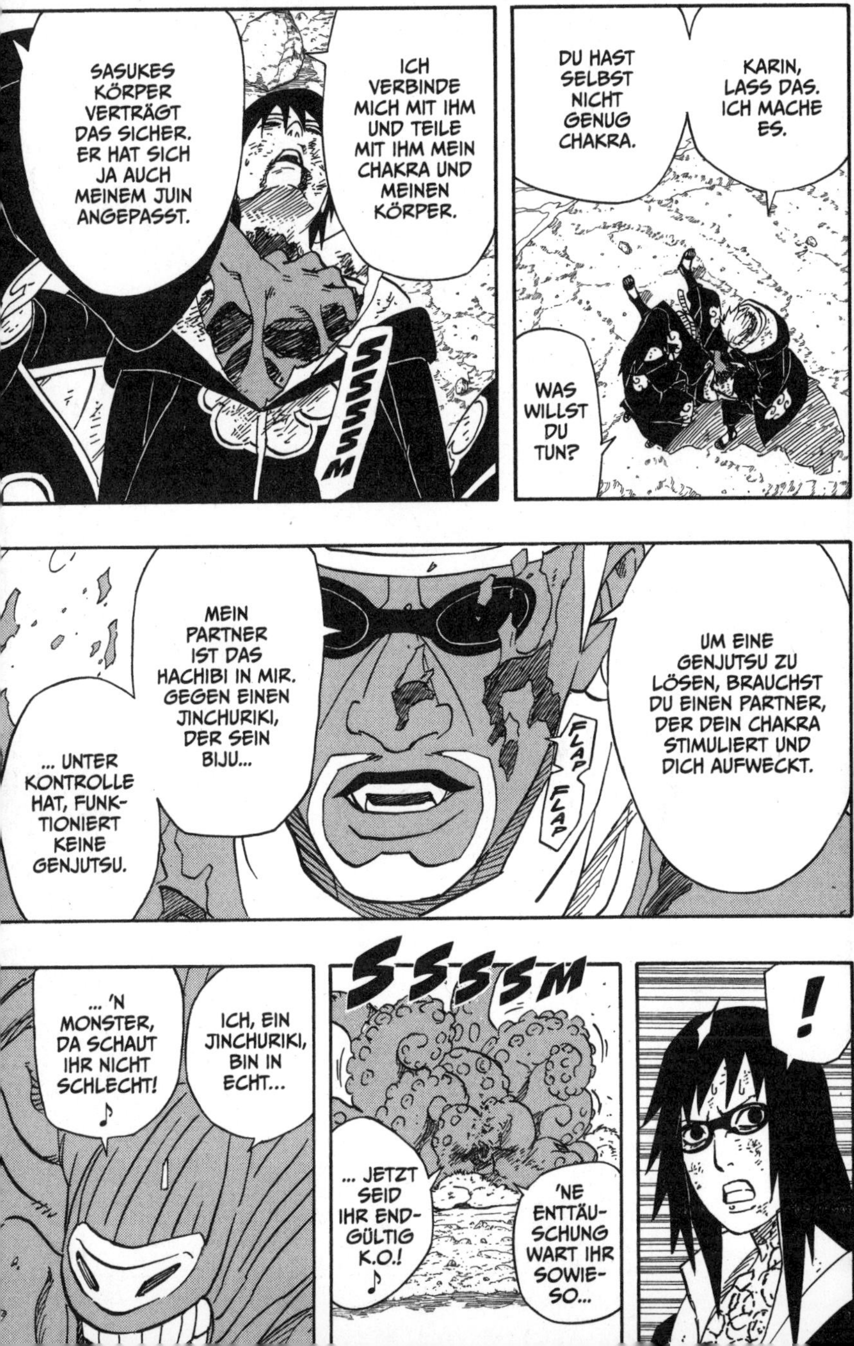
KARIN, LASS DAS. ICH MACHE ES.
DU HAST SELBST NICHT GENUG CHAKRA.
WAS WILLST DU TUN?
ICH VERBINDE MICH MIT IHM UND TEILE MIT IHM MEIN CHAKRA UND MEINEN KÖRPER.
SASUKES KÖRPER VERTRÄGT DAS SICHER. ER HAT SICH JA AUCH MEINEM JUIN ANGEPASST.
SSSSM
UM EINE GENJUTSU ZU LÖSEN, BRAUCHST DU EINEN PARTNER, DER DEIN CHAKRA STIMULIERT UND DICH AUFWECKT.
FLAP FLAP
MEIN PARTNER IST DAS HACHIBI IN MIR. GEGEN EINEN JINCHURIKI, DER SEIN BIJU...
... UNTER KONTROLLE HAT, FUNKTIONIERT KEINE GENJUTSU.
!
SSSSM
'NE ENTTÄUSCHUNG WART IHR SOWIESO...
... JETZT SEID IHR ENDGÜLTIG K.O.! ♪
ICH, EIN JINCHURIKI, BIN IN ECHT...
... 'N MONSTER, DA SCHAUT IHR NICHT SCHLECHT! ♪

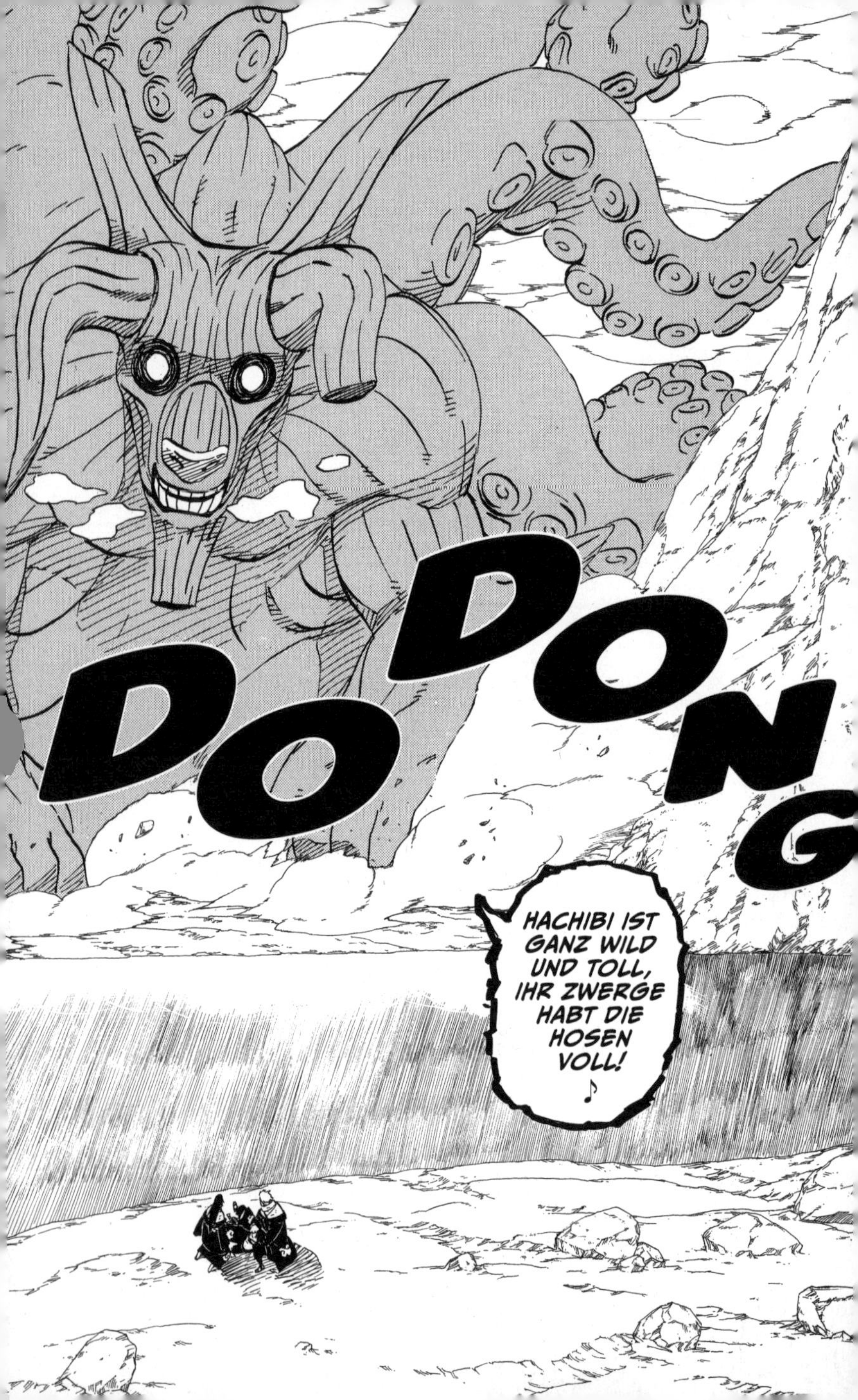
DO DO DONG
HACHIBI IST GANZ WILD UND TOLL, IHR ZWERGE HABT DIE HOSEN VOLL! ♪

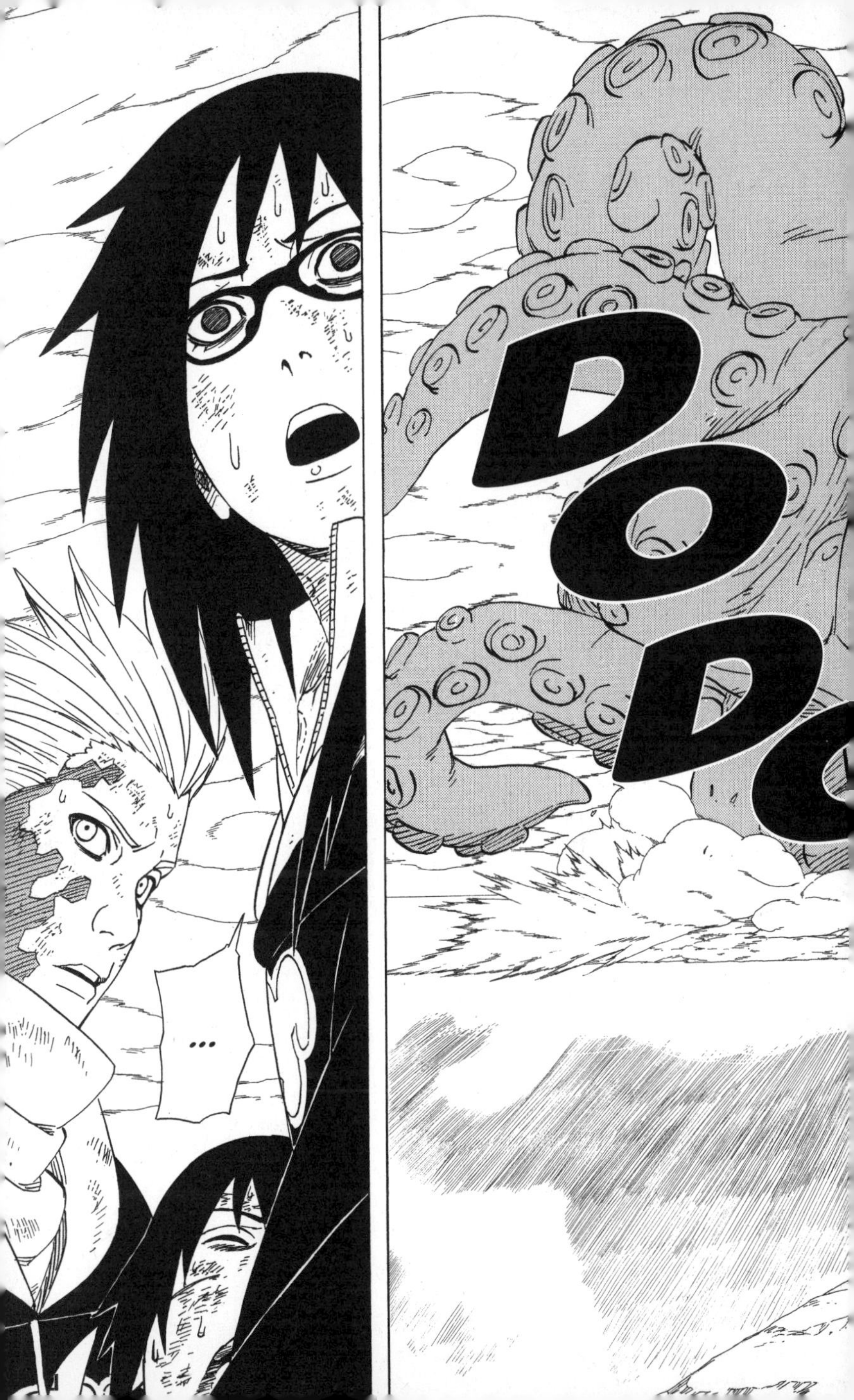
DOD
...

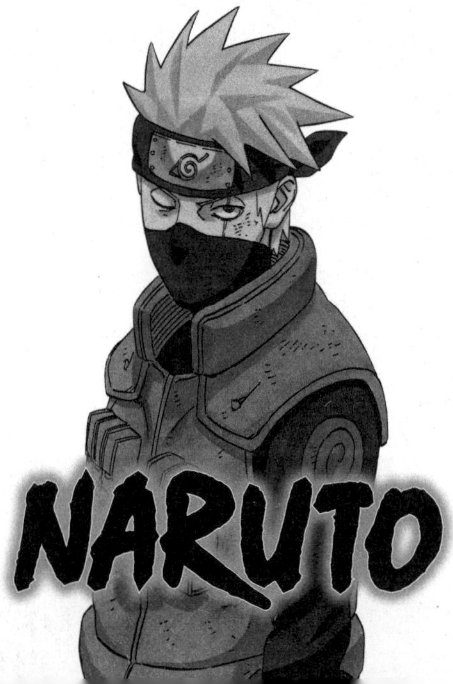
NARUTO

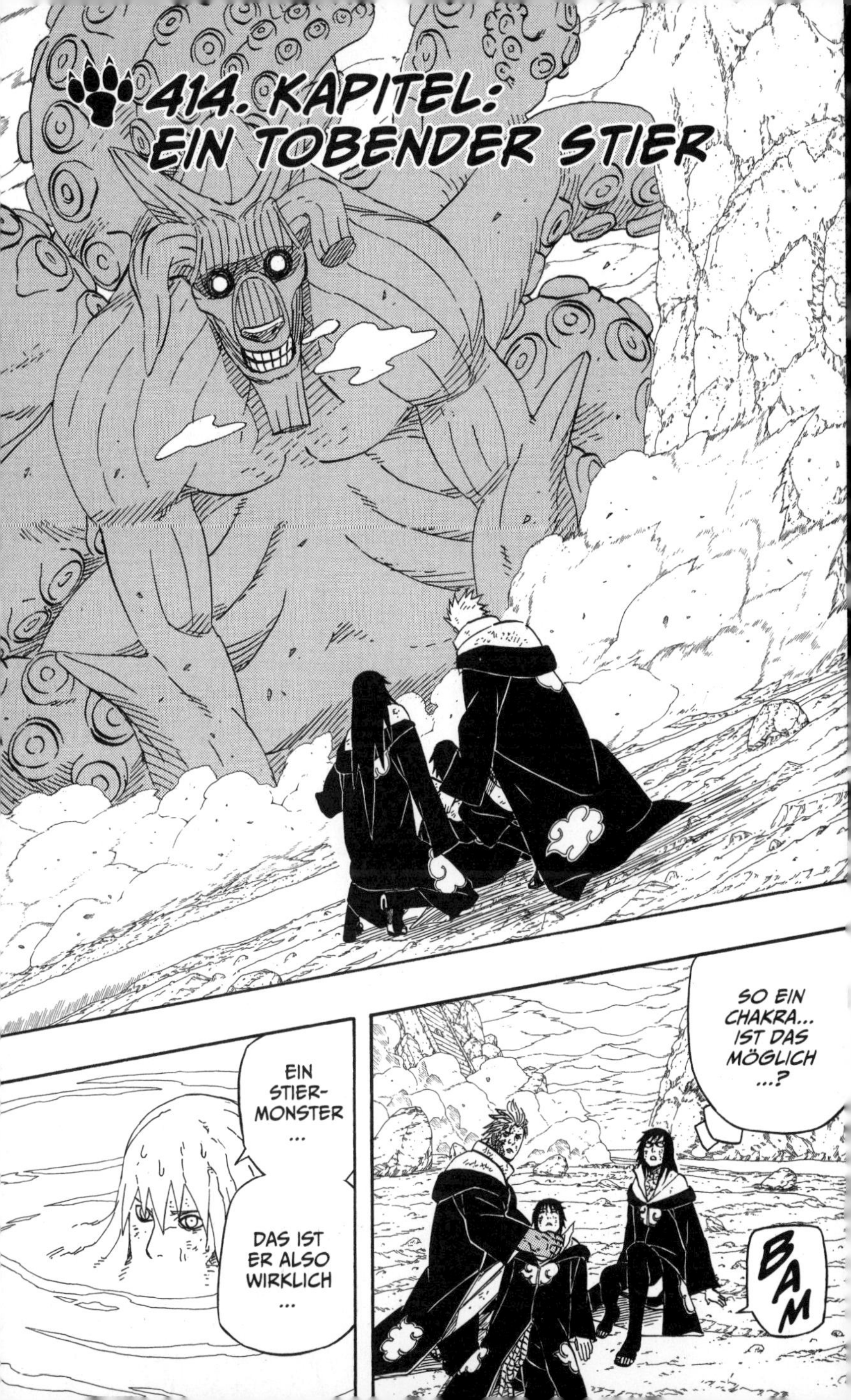
414. KAPITEL:
EIN TOBENDER STIER
SO EIN CHAKRA... IST DAS MÖGLICH ...?
BAM
EIN STIER-MONSTER ...
DAS IST ER ALSO WIRKLICH ...

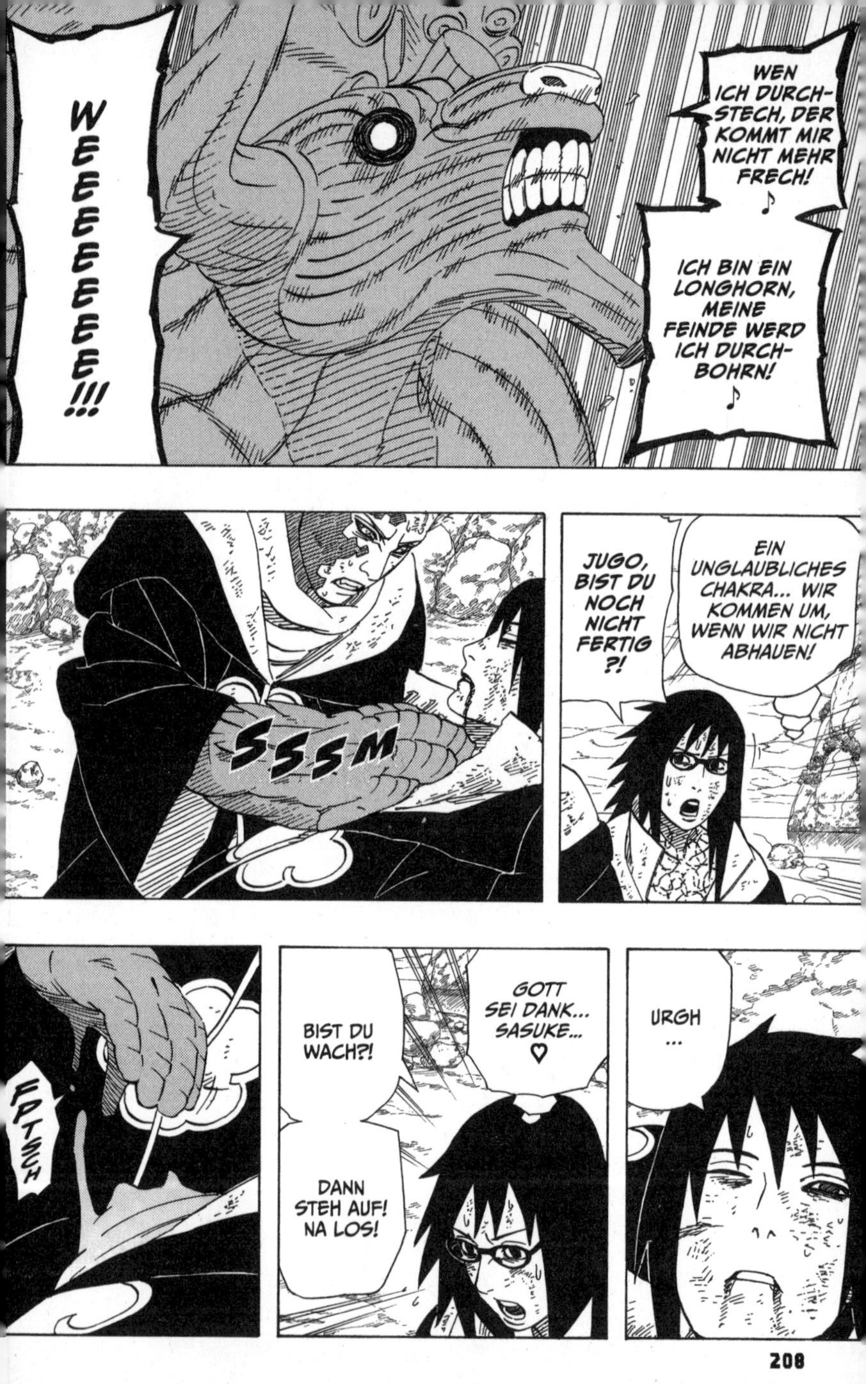
WEN ICH DURCHSTECH, DER KOMMT MIR NICHT MEHR FRECH! ♪
ICH BIN EIN LONGHORN, MEINE FEINDE WERD ICH DURCHBOHRN! ♪
WEEEEEEEE!!!
EIN UNGLAUBLICHES CHAKRA... WIR KOMMEN UM, WENN WIR NICHT ABHAUEN!
JUGO, BIST DU NOCH NICHT FERTIG?!
SSSM
URGH ...
GOTT SEI DANK... SASUKE... ♡
BIST DU WACH?!
DANN STEH AUF! NA LOS!
FPTSCH

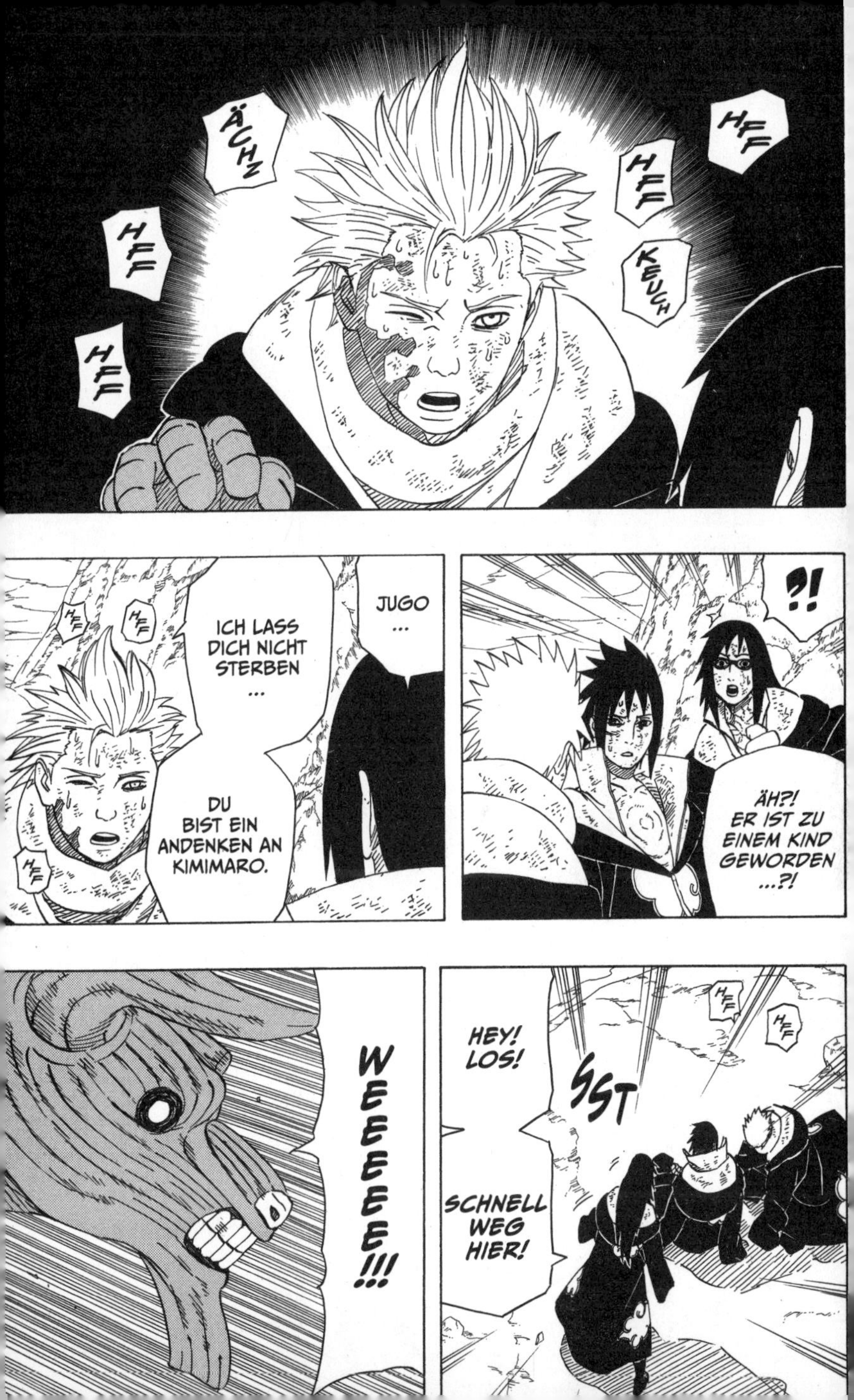
HFF
HFF
KEUCH
ÄCHZ
HFF
HFF
?!
ÄH?! ER IST ZU EINEM KIND GEWORDEN ...?!
JUGO ...
HFF
HFF
ICH LASS DICH NICHT STERBEN ...
DU BIST EIN ANDENKEN AN KIMIMARO.
HFF
HFF
HFF
HEY! LOS!
SST
SCHNELL WEG HIER!
WEEEEEE!!!

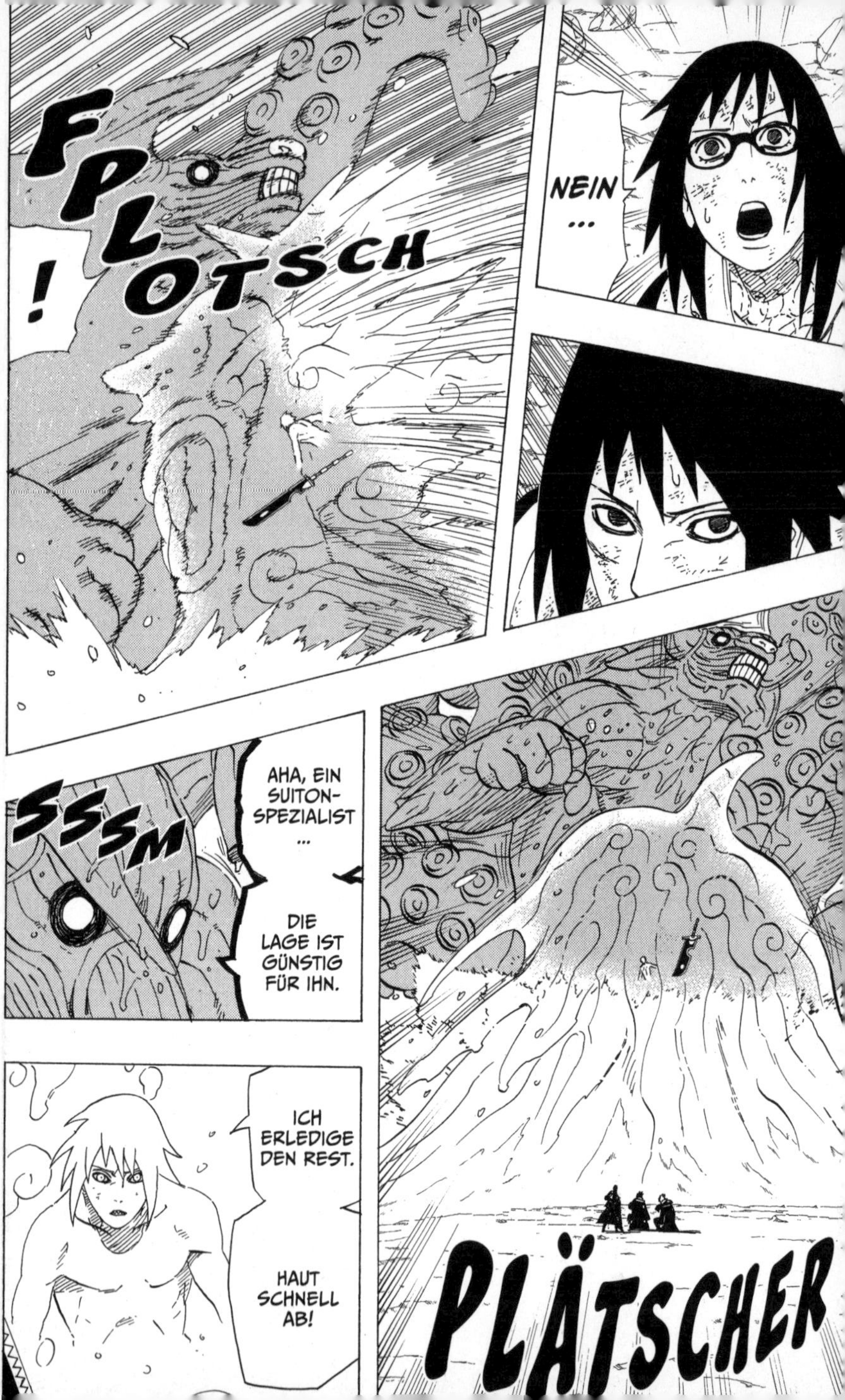
NEIN ...
FPLOTSCH!
AHA, EIN SUITON-SPEZIALIST ...
DIE LAGE IST GÜNSTIG FÜR IHN.
SSSM
PLÄTSCHER
ICH ERLEDIGE DEN REST.
HAUT SCHNELL AB!

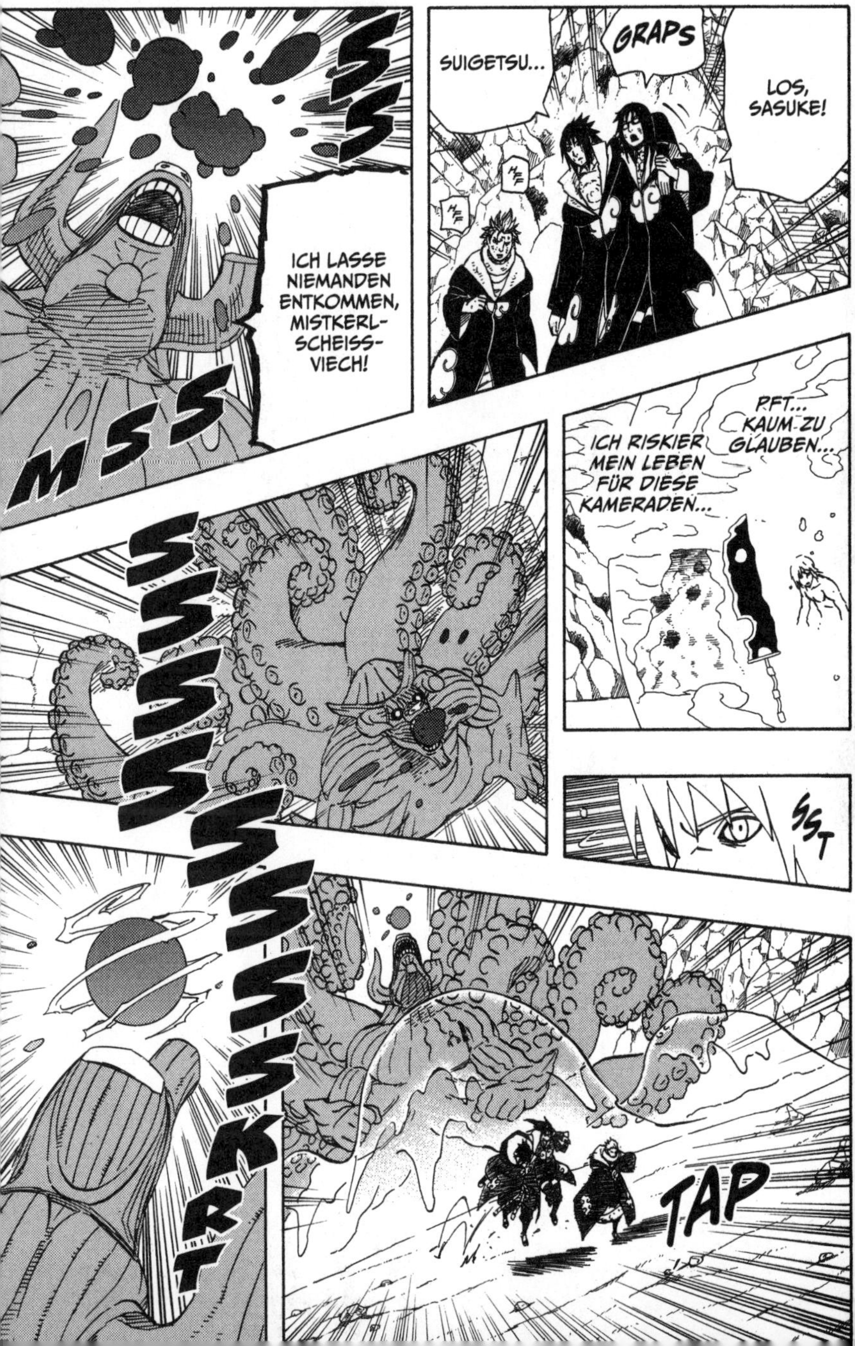
GRAPS
SUIGETSU...
LOS, SASUKE!
HEF
HEF
ICH LASSE NIEMANDEN ENTKOMMEN, MISTKERL-SCHEISS-VIECH!
SSS
MSS
PFT... KAUM ZU GLAUBEN...
ICH RISKIER MEIN LEBEN FÜR DIESE KAMERADEN...
SSSSS
SST
SSSSSSS
KRT
TAP

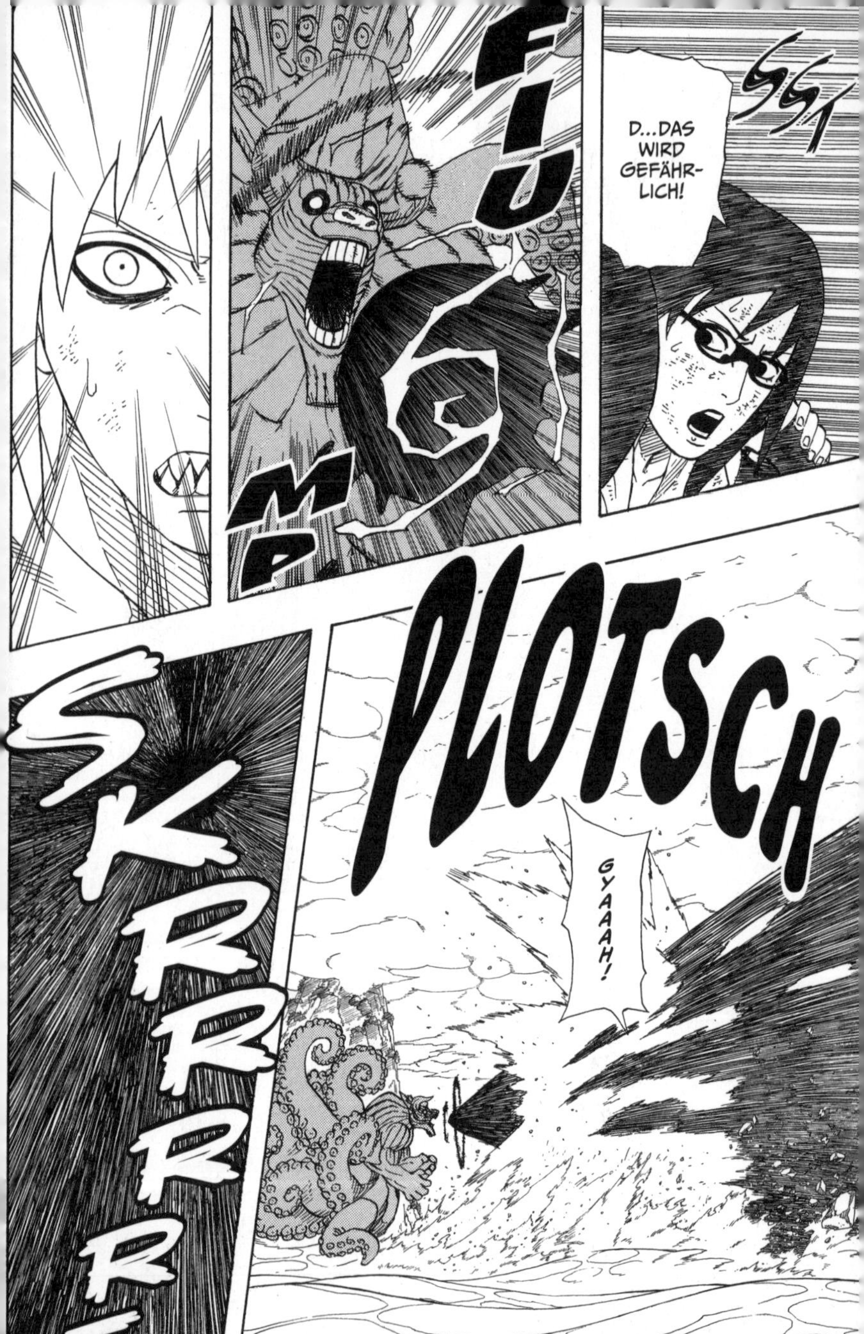
D...DAS WIRD GEFÄHR-LICH!
PLOTSCH
GYAAAH!
SKRRRRT

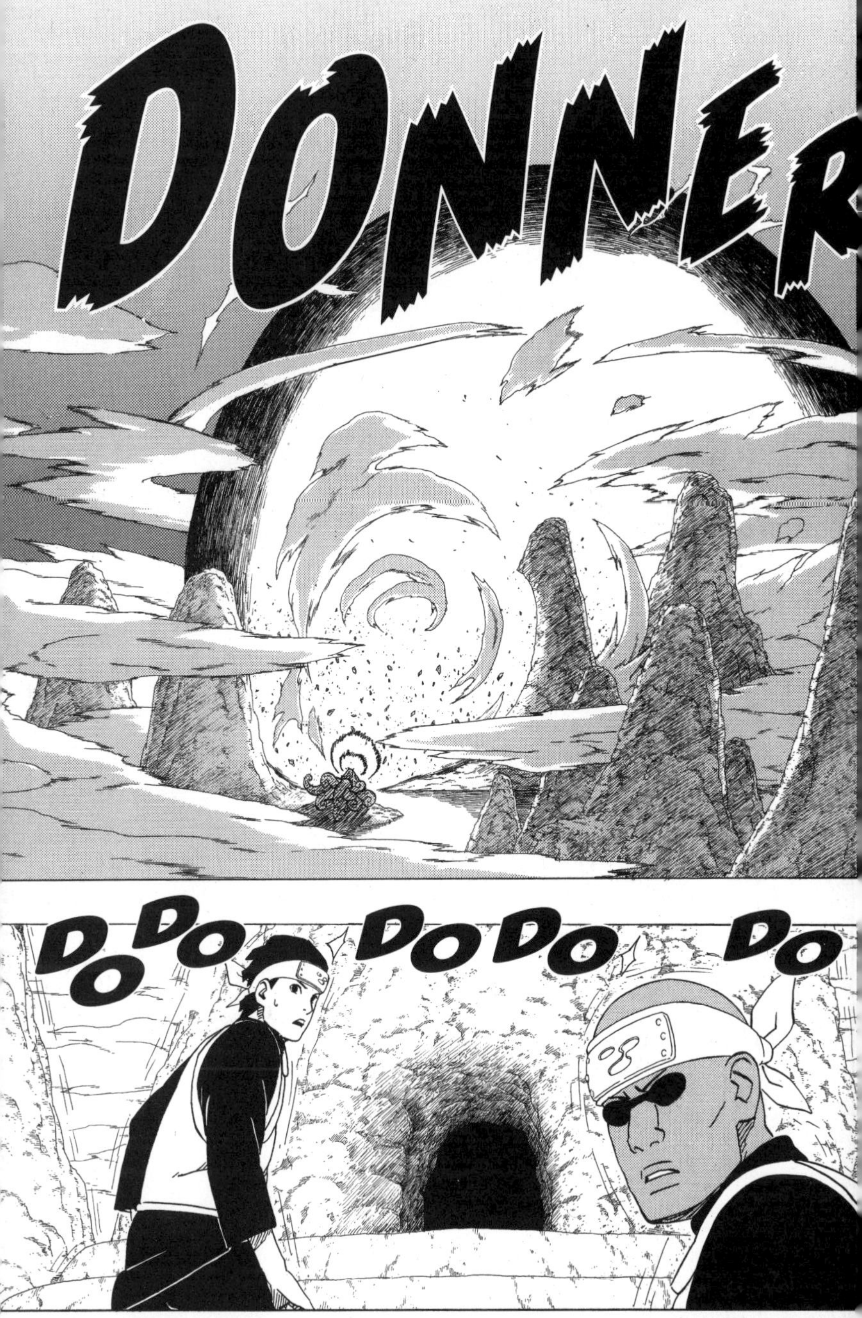
DONNER
DODODO DODODO DO

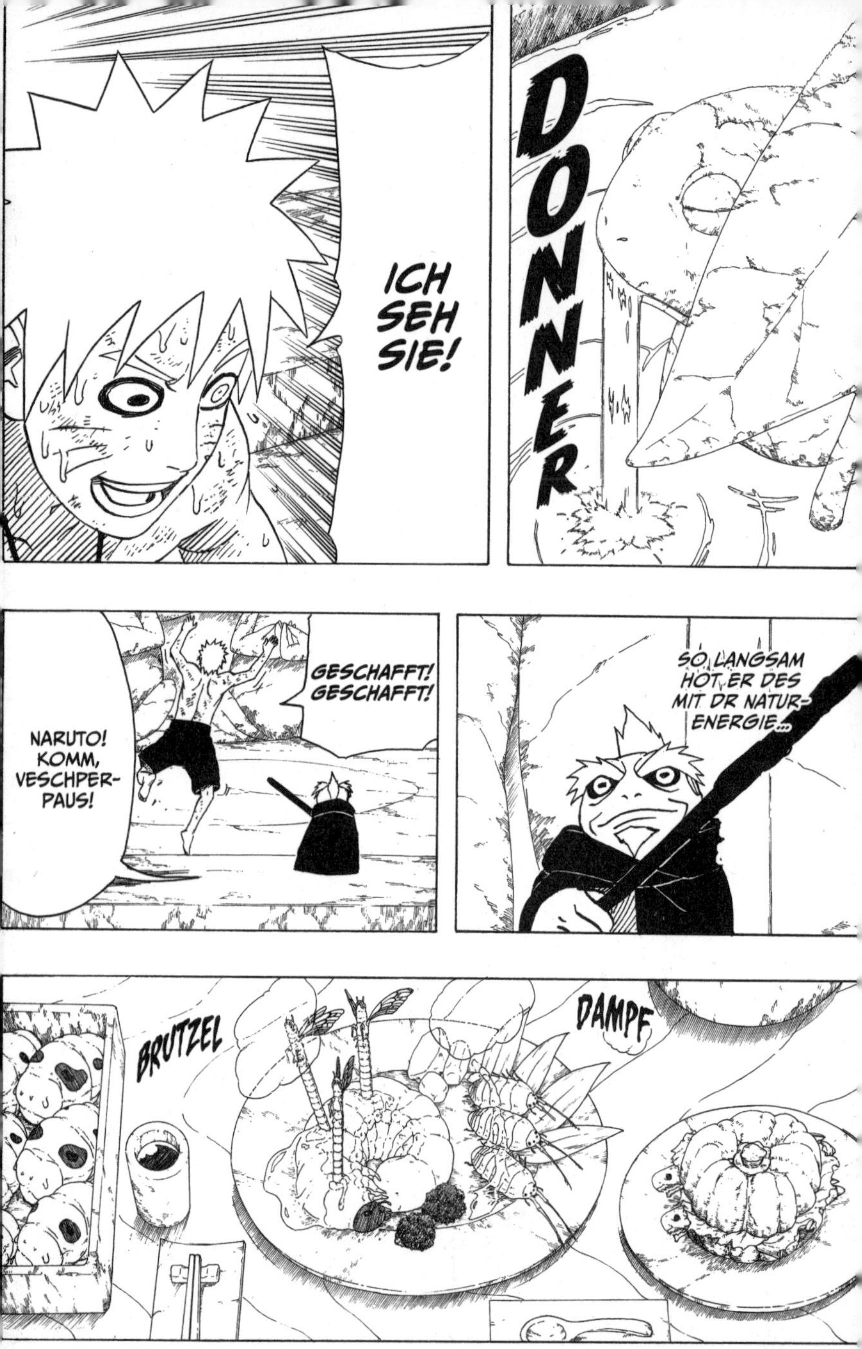
DONNER
ICH SEH SIE!
GESCHAFFT! GESCHAFFT!
NARUTO! KOMM, VESCHPER-PAUS!
SO LANGSAM HOT ER DES MIT DR NATUR-ENERGIE...
DAMPF
BRUTZEL

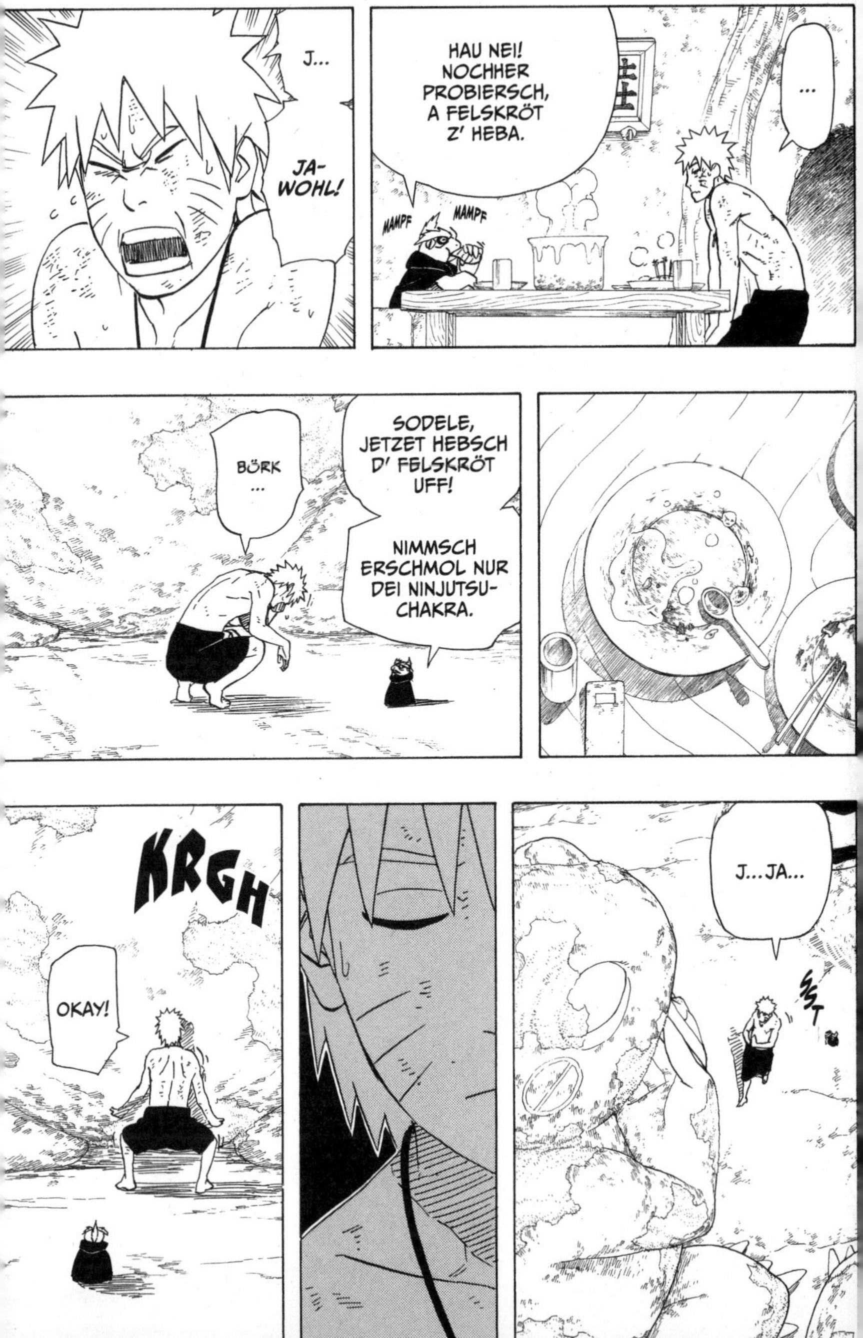
...
HAU NEI! NOCHHER PROBIERSCH, A FELSKRÖT Z' HEBA.
MAMPF
MAMPF
J...
JA-WOHL!
SODELE, JETZET HEBSCH D' FELSKRÖT UFF!
NIMMSCH ERSCHMOL NUR DEI NINJUTSU-CHAKRA.
BÖRK ...
J...JA...
SST
KRGH
OKAY!

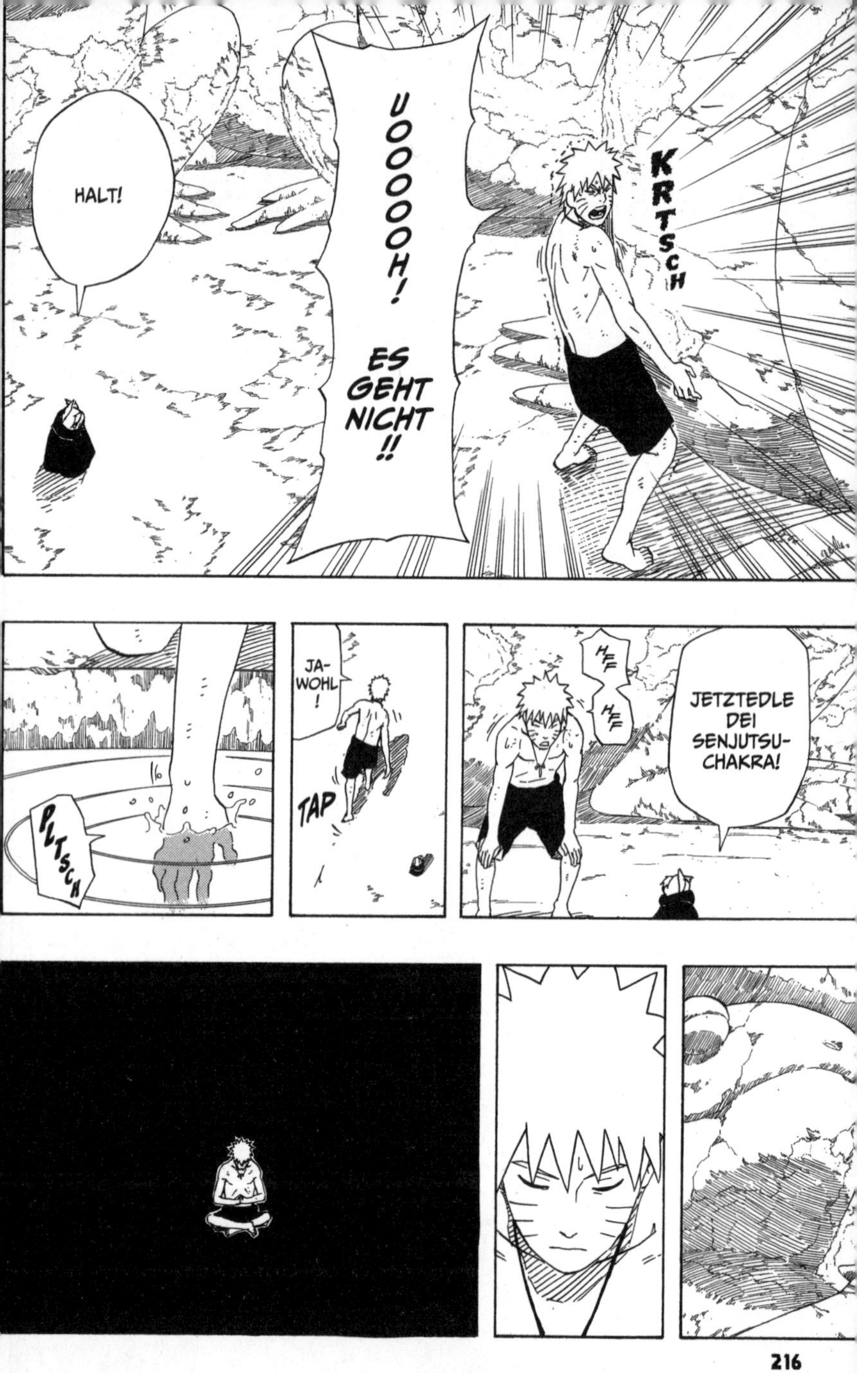
KRTSCH
UOOOOOOH! ES GEHT NICHT!!
HALT!
JETZTEDLE DEI SENJUTSU-CHAKRA!
HEF HEF
JA-WOHL!
TAP
PLTSCH

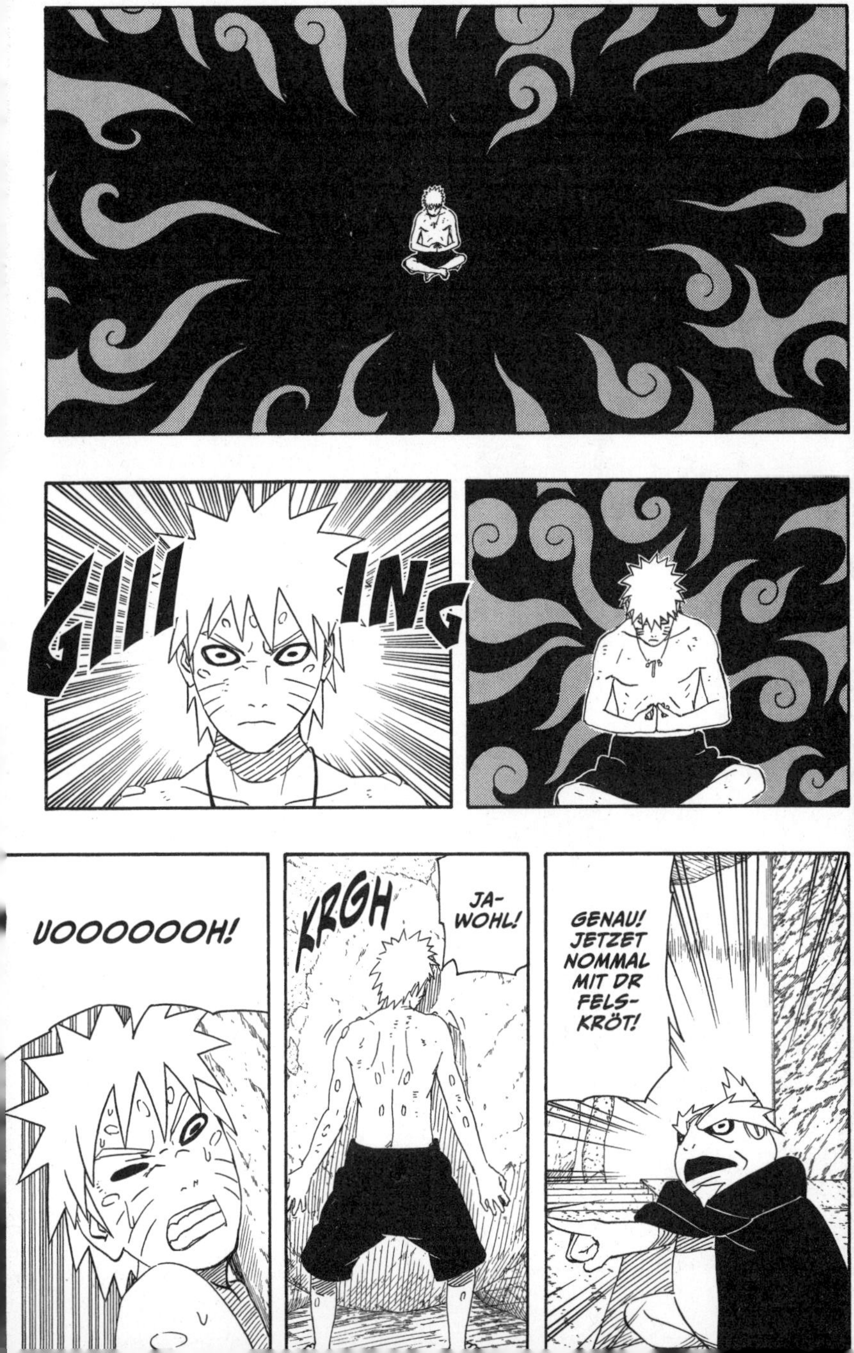
GIII
ING
GENAU! JETZET NOMMAL MIT DR FELS-KRÖT!
JA-WOHL!
KRGH
UOOOOOOOH!

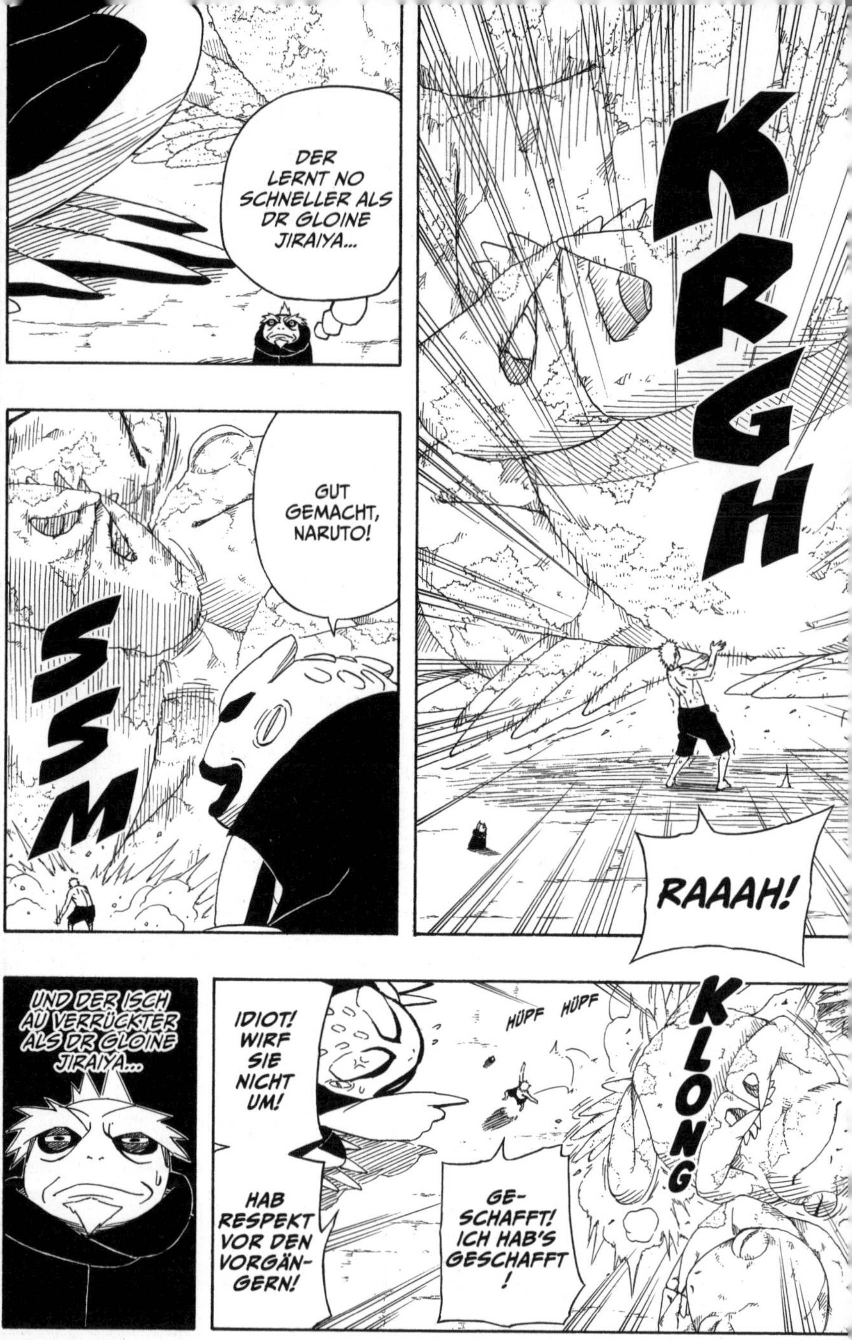
KRGH
RAAAH!
DER LERNT NO SCHNELLER ALS DR GLOINE JIRAIYA...
GUT GEMACHT, NARUTO!
SSM
KLONG
GE-SCHAFFT! ICH HAB'S GESCHAFFT!
HÜPF HÜPF
IDIOT! WIRF SIE NICHT UM!
HAB RESPEKT VOR DEN VORGÄN-GERN!
UND DER ISCH AU VERRÜCKTER ALS DR GLOINE JIRAIYA...

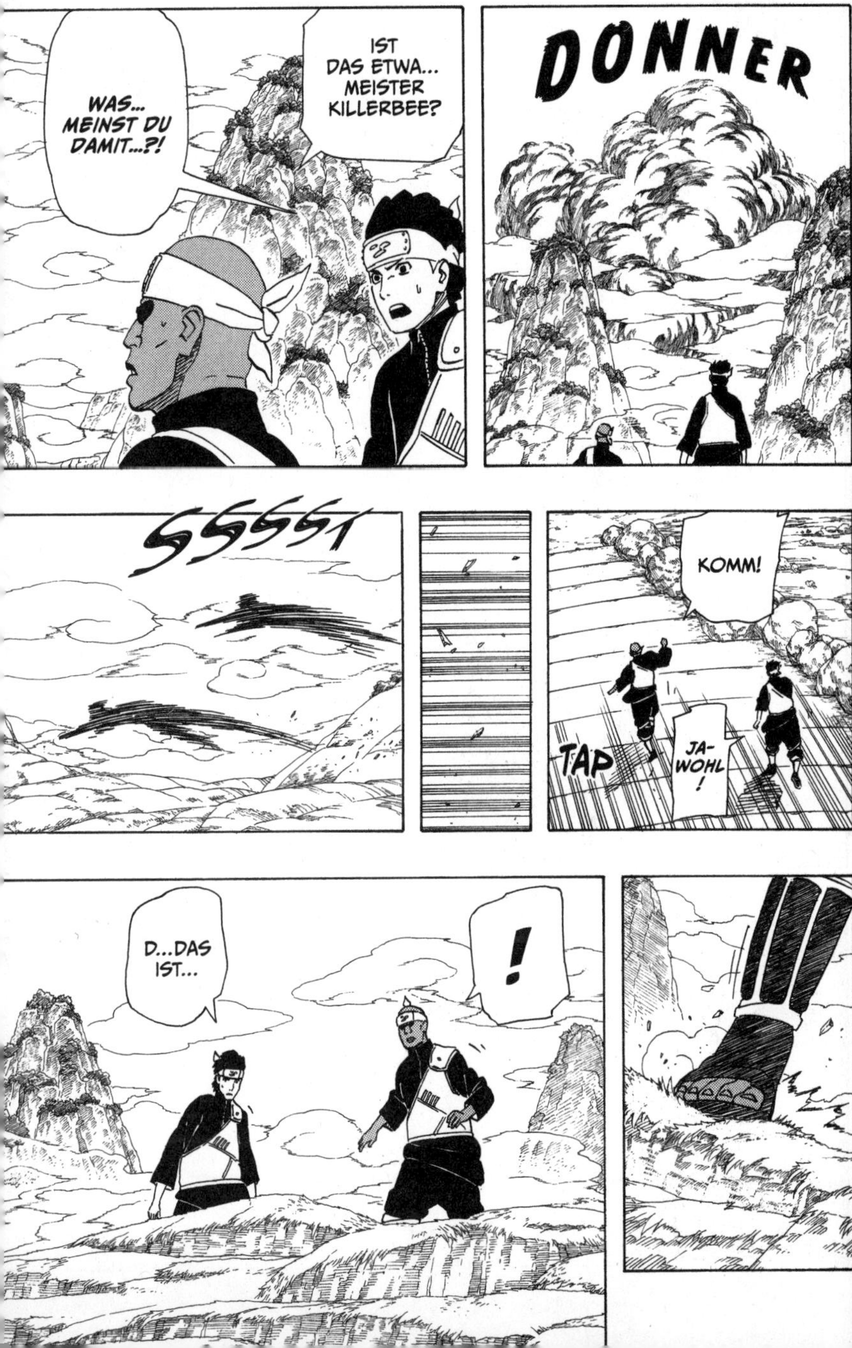
DONNER
IST DAS ETWA... MEISTER KILLERBEE?
WAS... MEINST DU DAMIT...?!
KOMM!
JA-WOHL!
TAP
!
D...DAS IST...

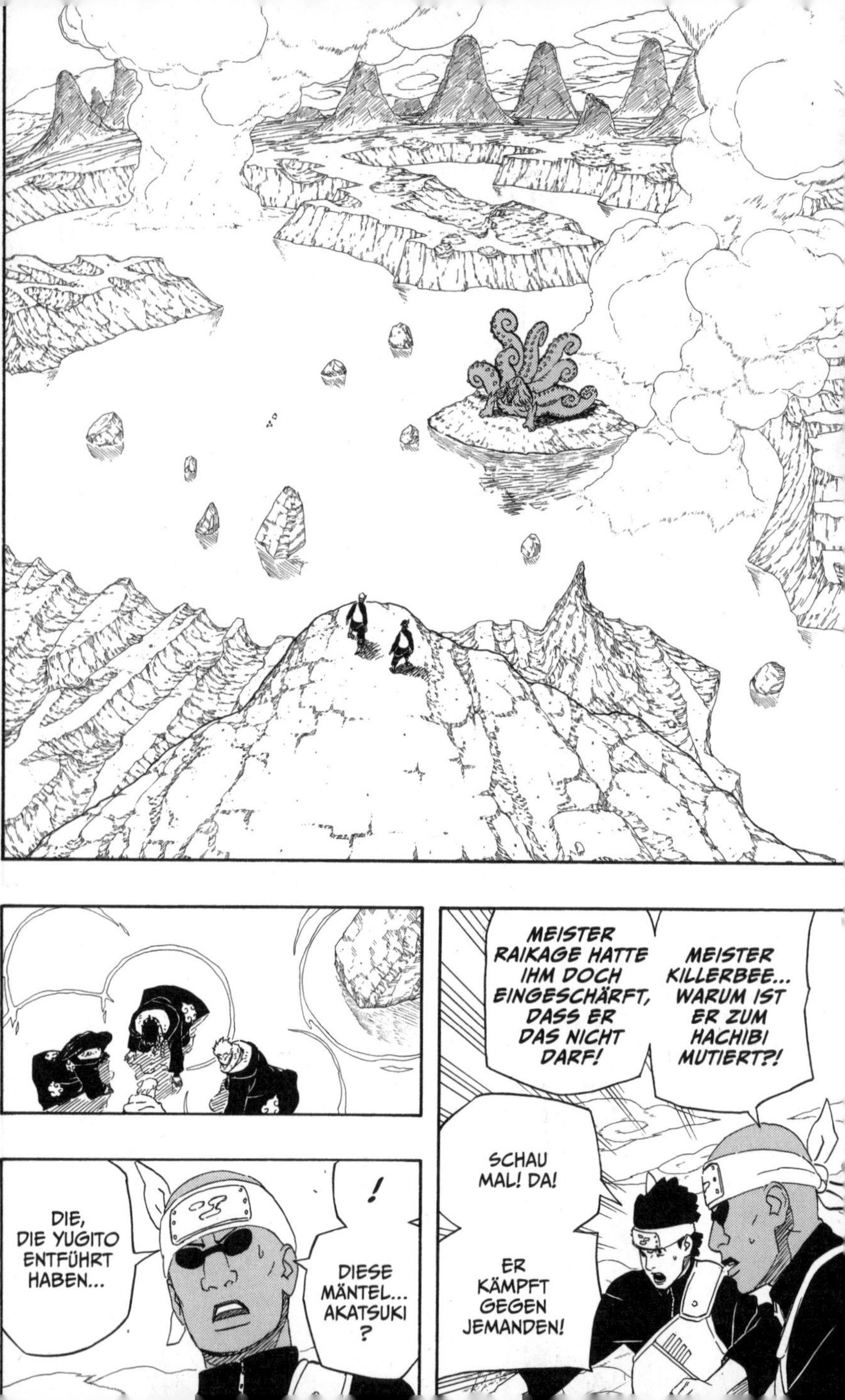
MEISTER KILLERBEE... WARUM IST ER ZUM HACHIBI MUTIERT?!
MEISTER RAIKAGE HATTE IHM DOCH EINGESCHÄRFT, DASS ER DAS NICHT DARF!
SCHAU MAL! DA!
ER KÄMPFT GEGEN JEMANDEN!
!
DIESE MÄNTEL... AKATSUKI ?
DIE, DIE YUGITO ENTFÜHRT HABEN...

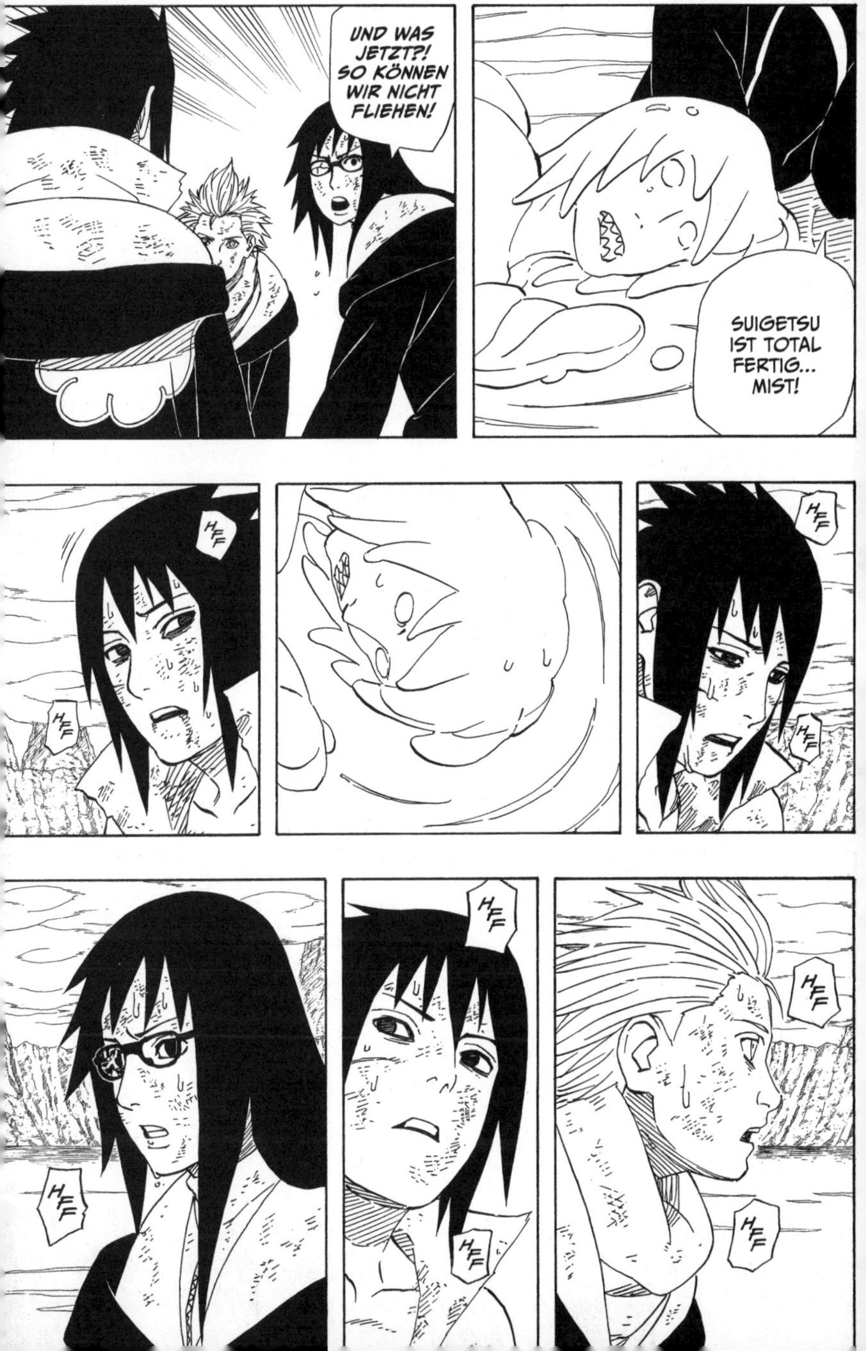
SUIGETSU IST TOTAL FERTIG... MIST!
UND WAS JETZT?! SO KÖNNEN WIR NICHT FLIEHEN!
HFF
HFF
HFF
HFF
HFF
HFF
HFF
HFF
HFF

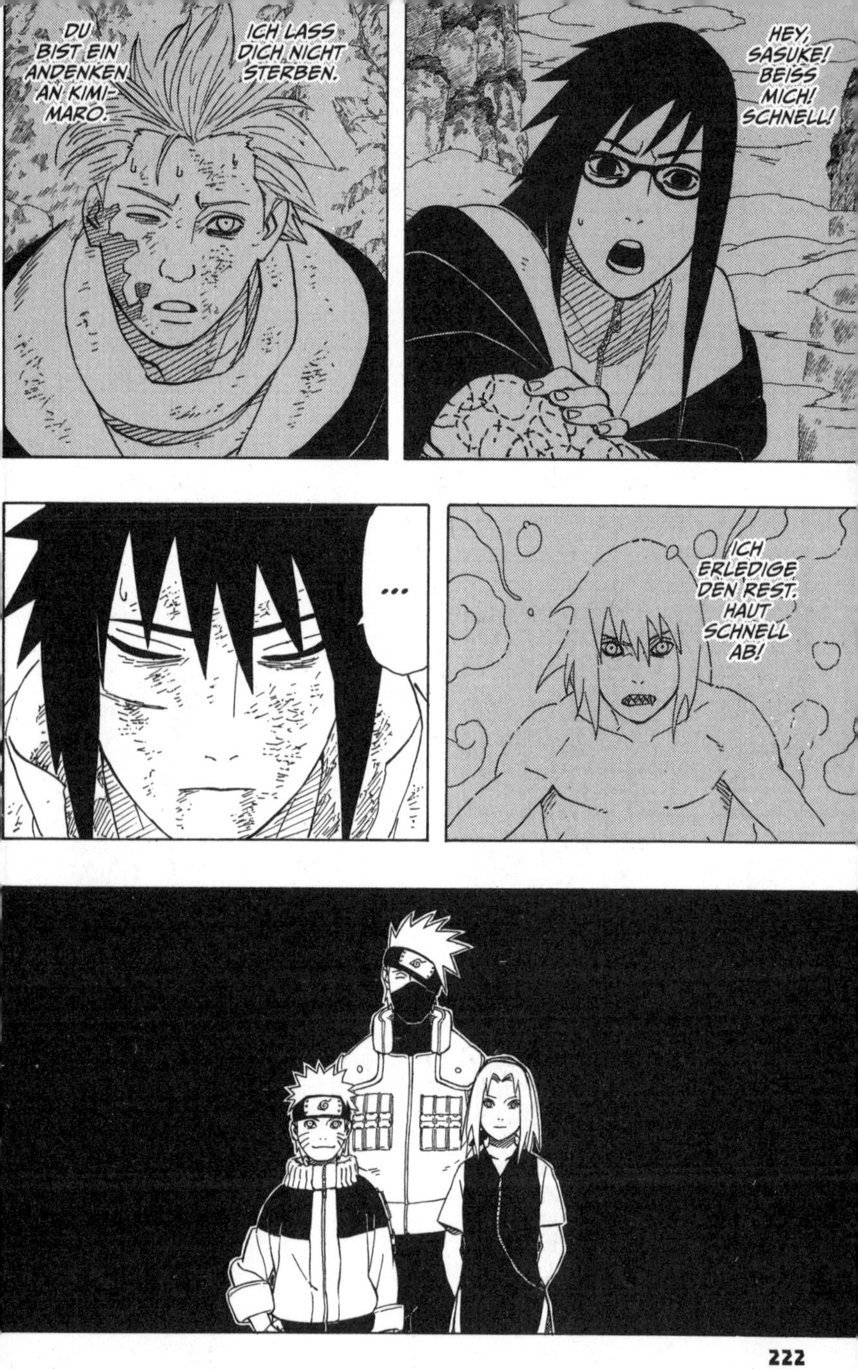
HEY, SASUKE! BEISS MICH! SCHNELL!
ICH LASS DICH NICHT STERBEN.
DU BIST EIN ANDENKEN AN KIMI-MARO.
ICH ERLEDIGE DEN REST. HAUT SCHNELL AB!
...

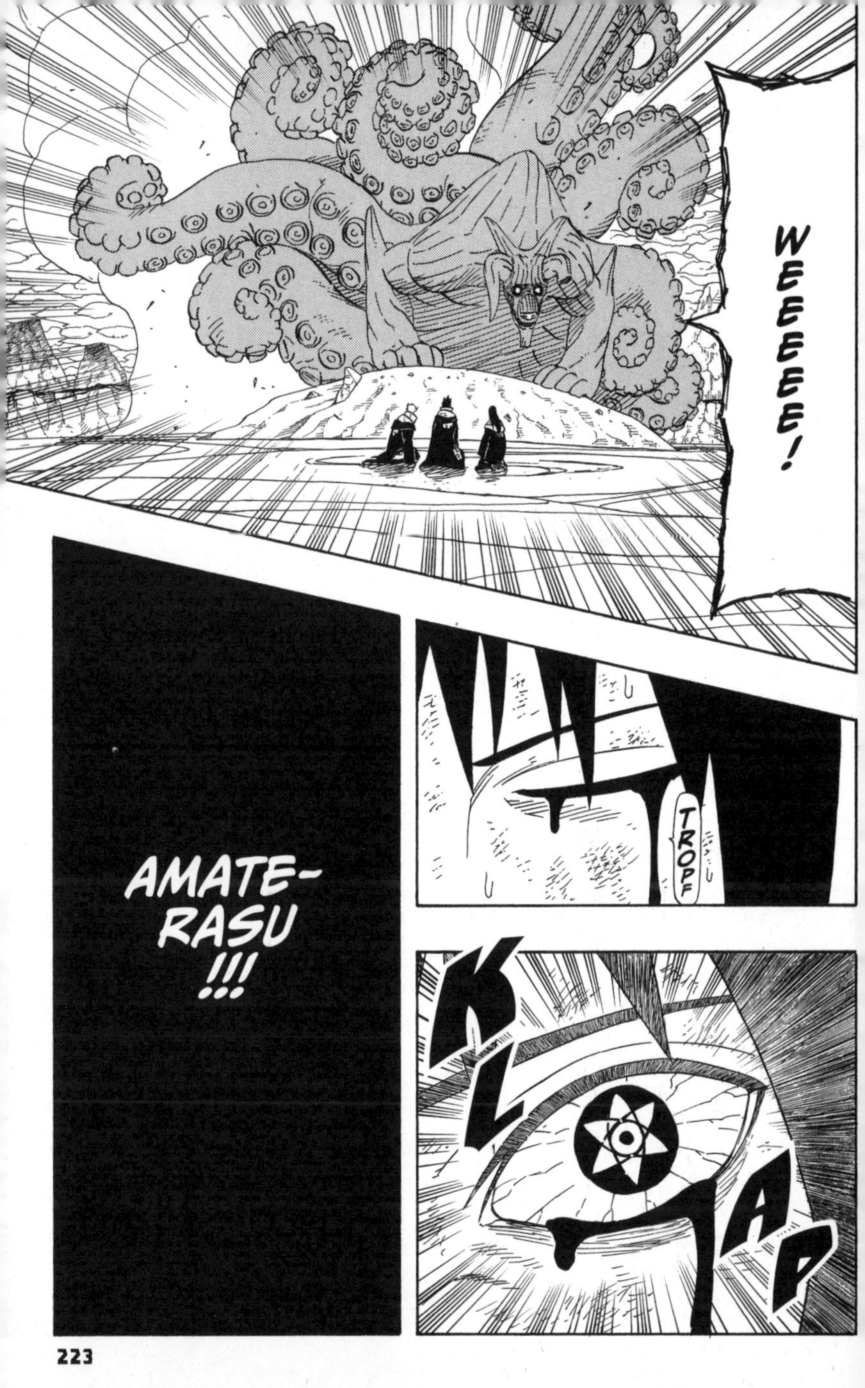
WEEEEEE!
TROPF
AMATE-
RASU
!!!
KLAP

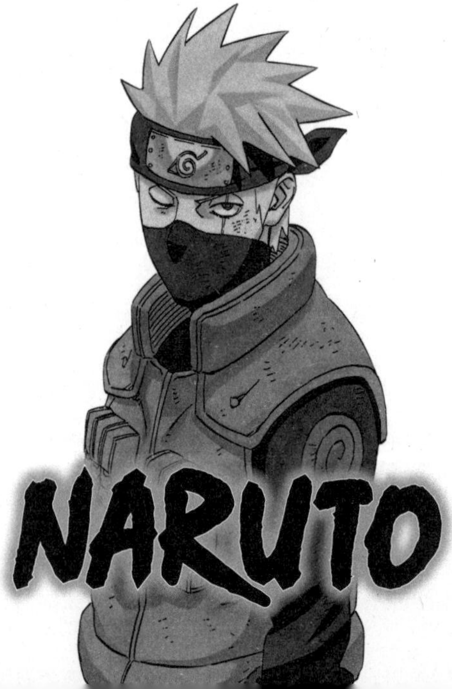
NARUTO

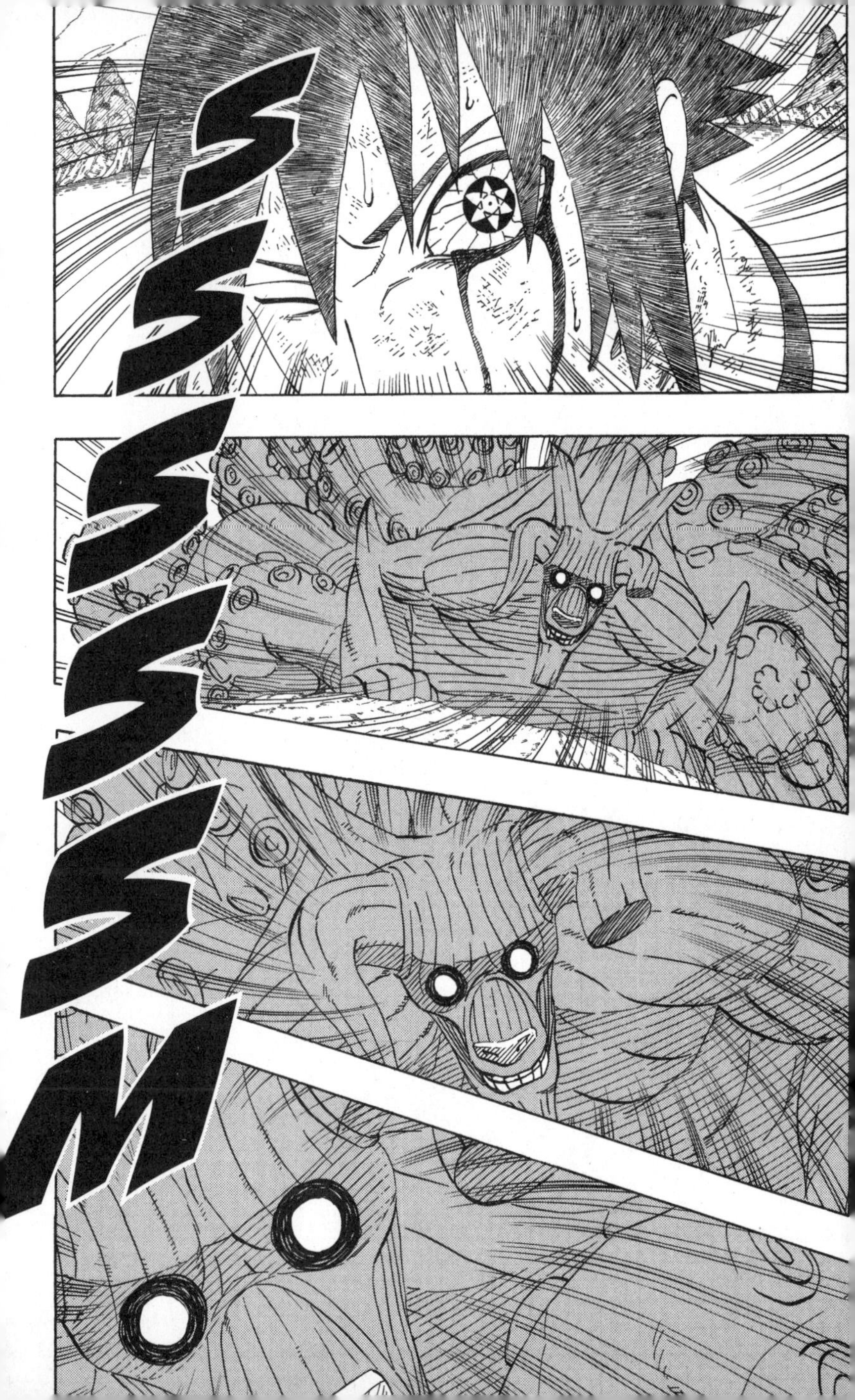
SSSSSM

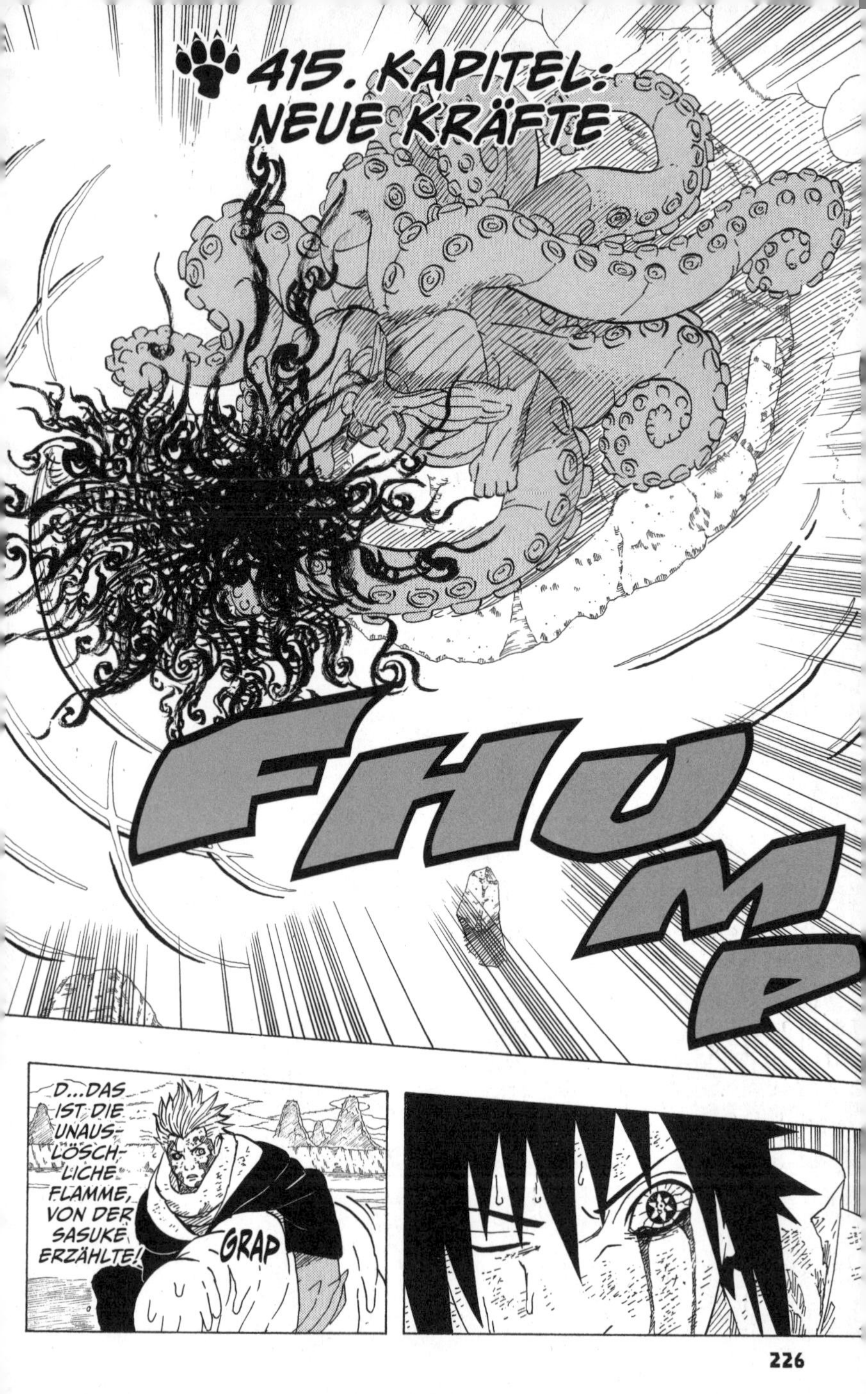

415. KAPITEL:
NEUE KRÄFTE
FHOMP
D...DAS IST DIE UNAUSLÖSCHLICHE FLAMME, VON DER SASUKE ERZÄHLTE!
GRAP

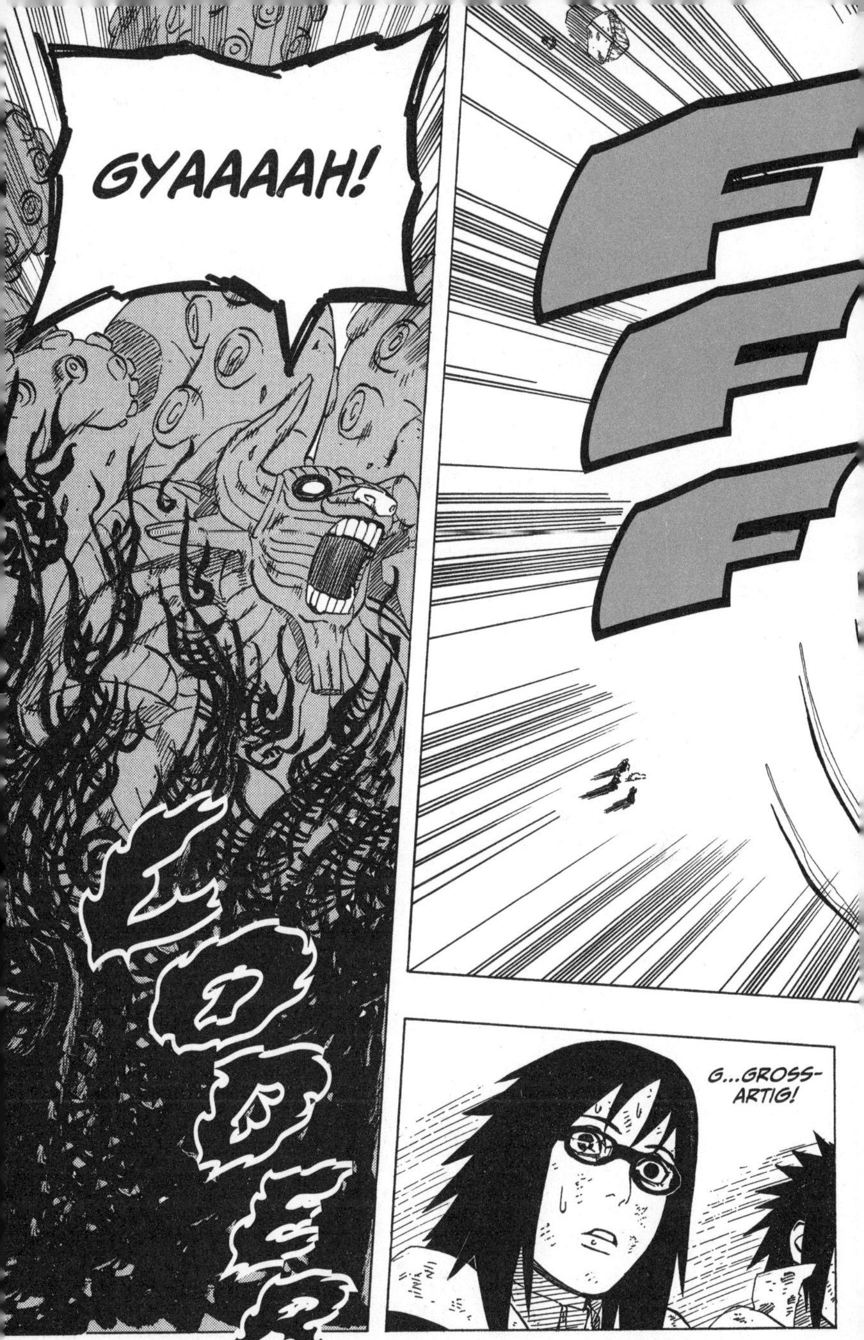
FFF
GYAAAAH!
G...GROSS-ARTIG!

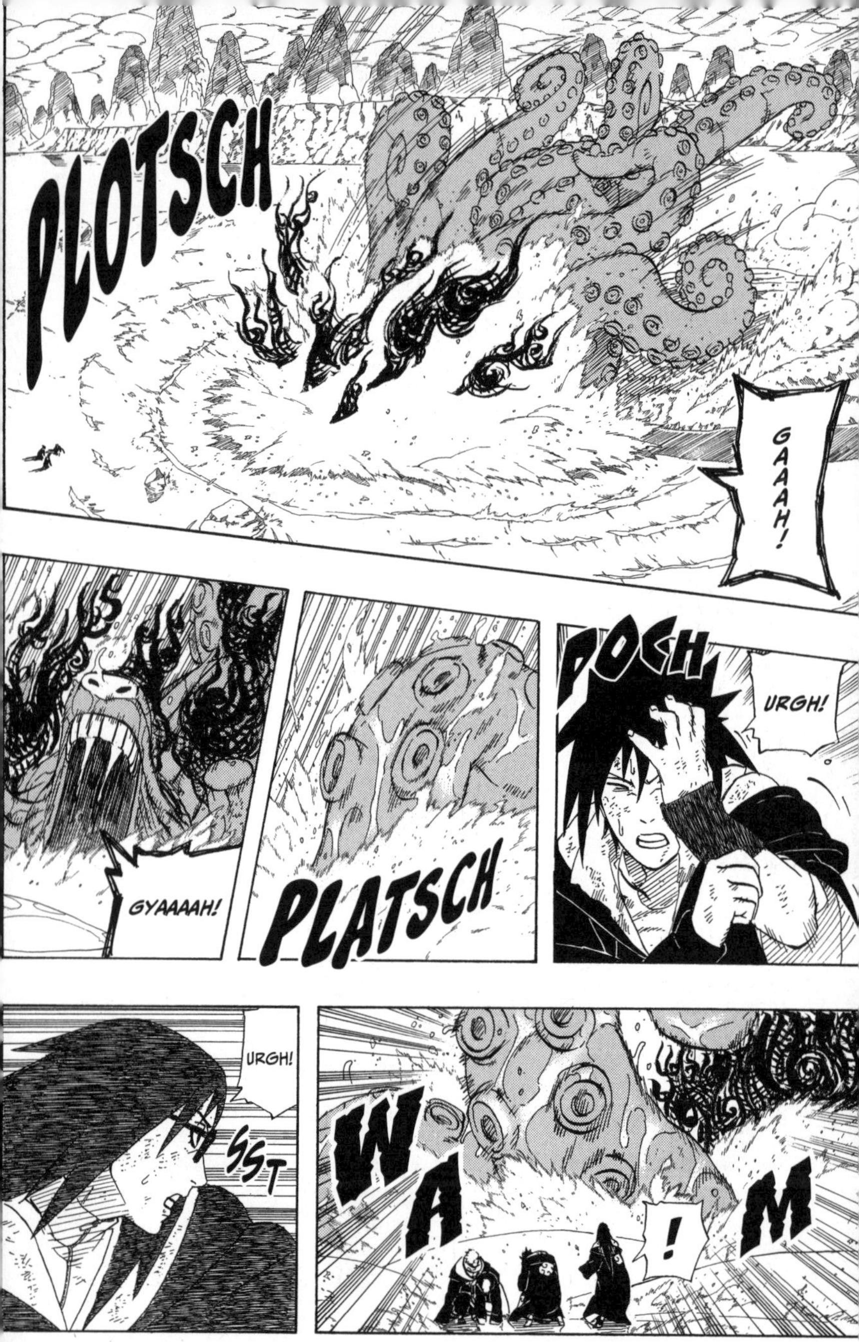
PLOTSCH
GAAAH!
POCH
URGH!
PLATSCH
GYAAAAH!
WA
!
M
URGH!
SST

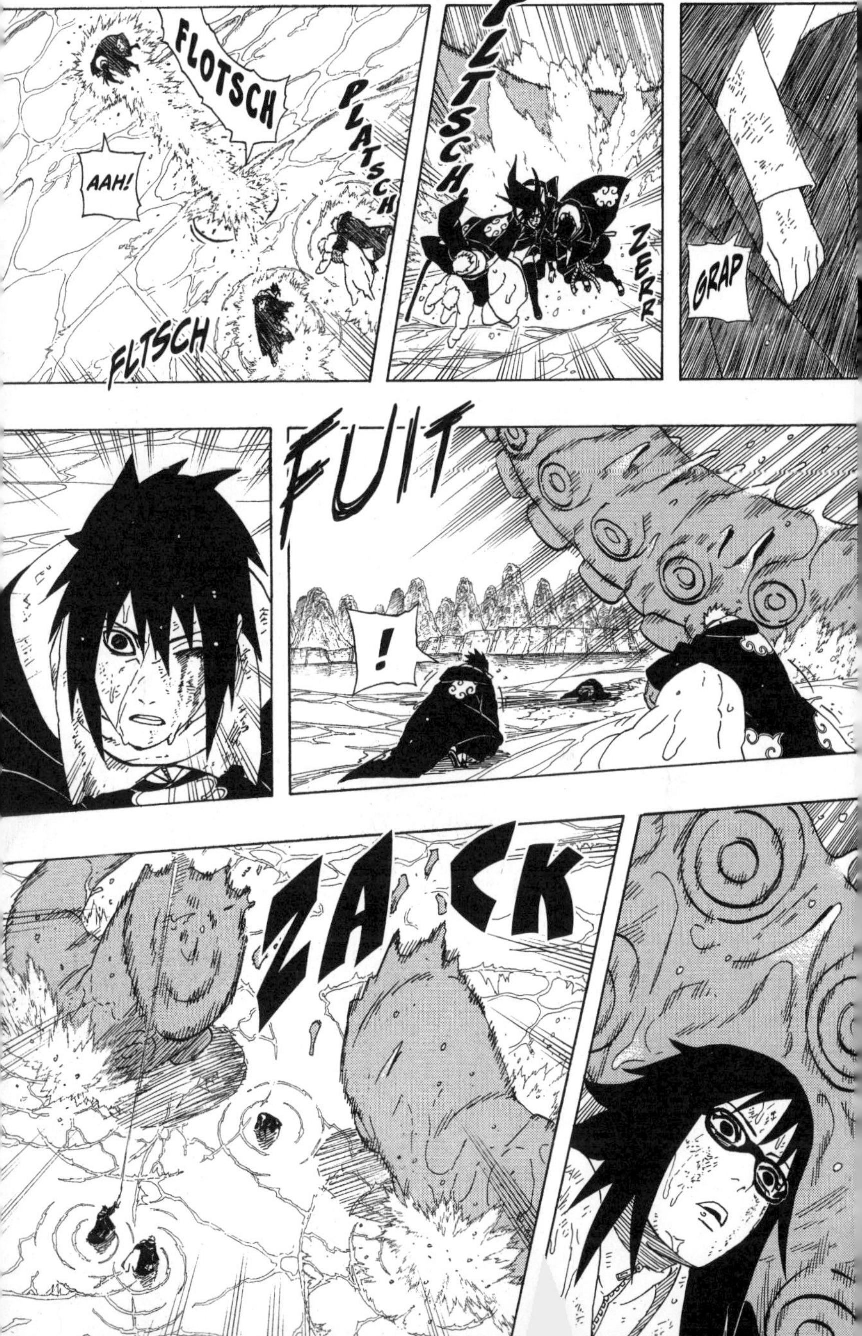

GRAP
FLTSCH
ZERR
FLOTSCH
PLATSCH
AAH!
FLTSCH
FUIT
!
ZACK

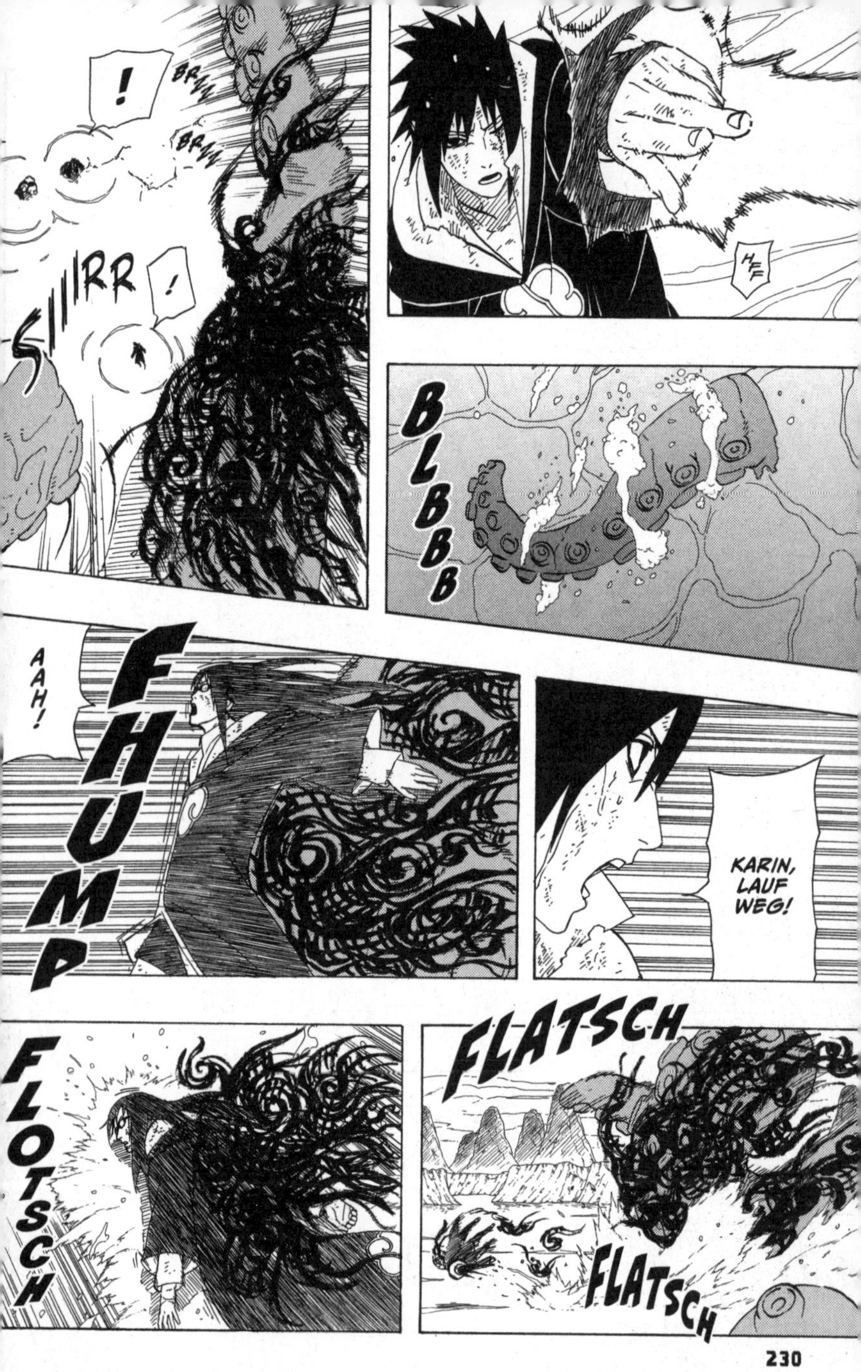
HFF
!
BR
BR
SIIIRR
!
BLBBB
KARIN, LAUF WEG!
AAH!
FHUMP
FLATSCH
FLATSCH
FLOTSCH

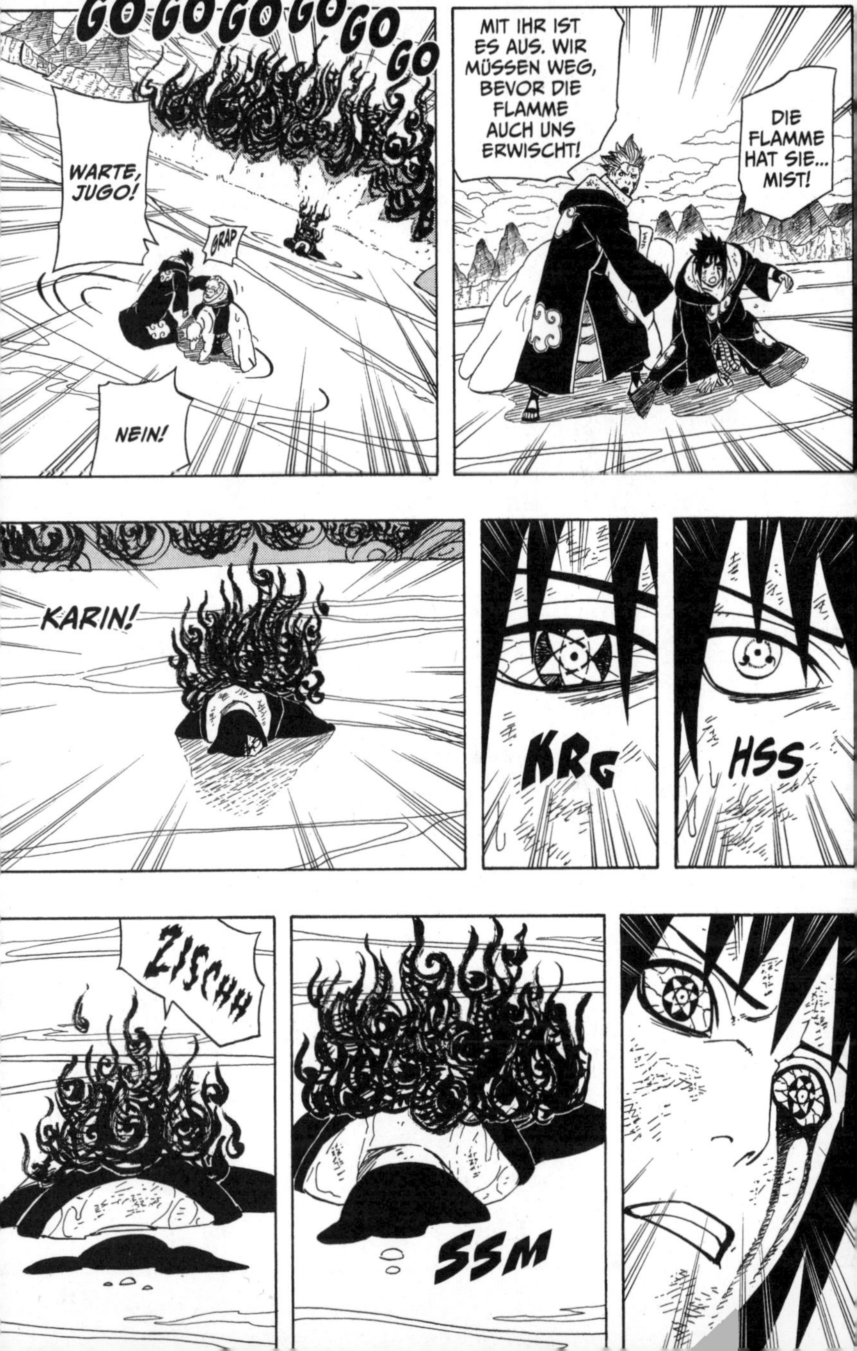
DIE FLAMME HAT SIE... MIST!
MIT IHR IST ES AUS. WIR MÜSSEN WEG, BEVOR DIE FLAMME AUCH UNS ERWISCHT!
GO GO GO GO GO GO GO
WARTE, JUGO!
GRAP
NEIN!
HSS
KRG
KARIN!
SSM
ZISCHH

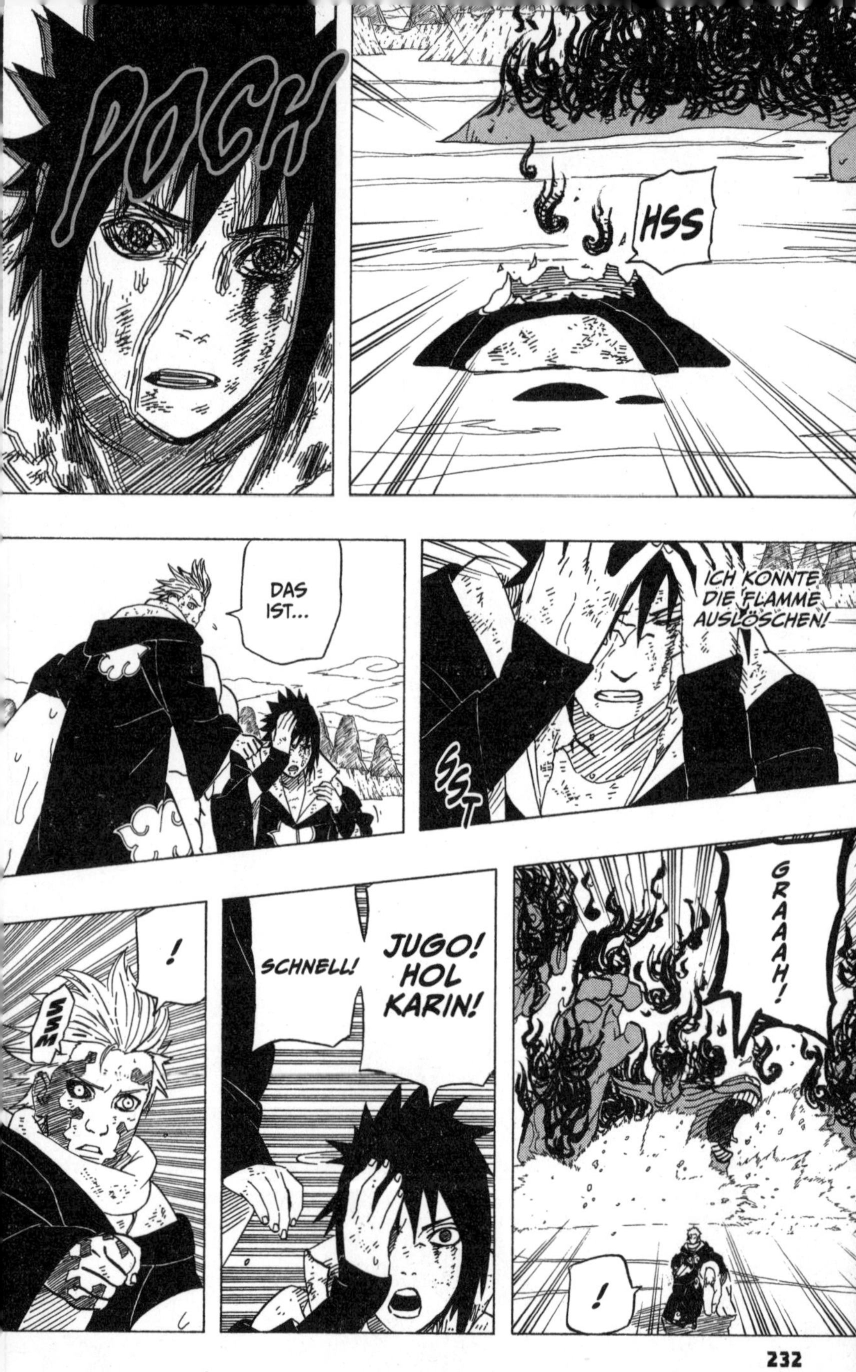
HSS
POCH
ICH KONNTE DIE FLAMME AUSLÖSCHEN!
SST
DAS IST...
GRAAAAH!
!
JUGO! HOL KARIN!
SCHNELL!
!

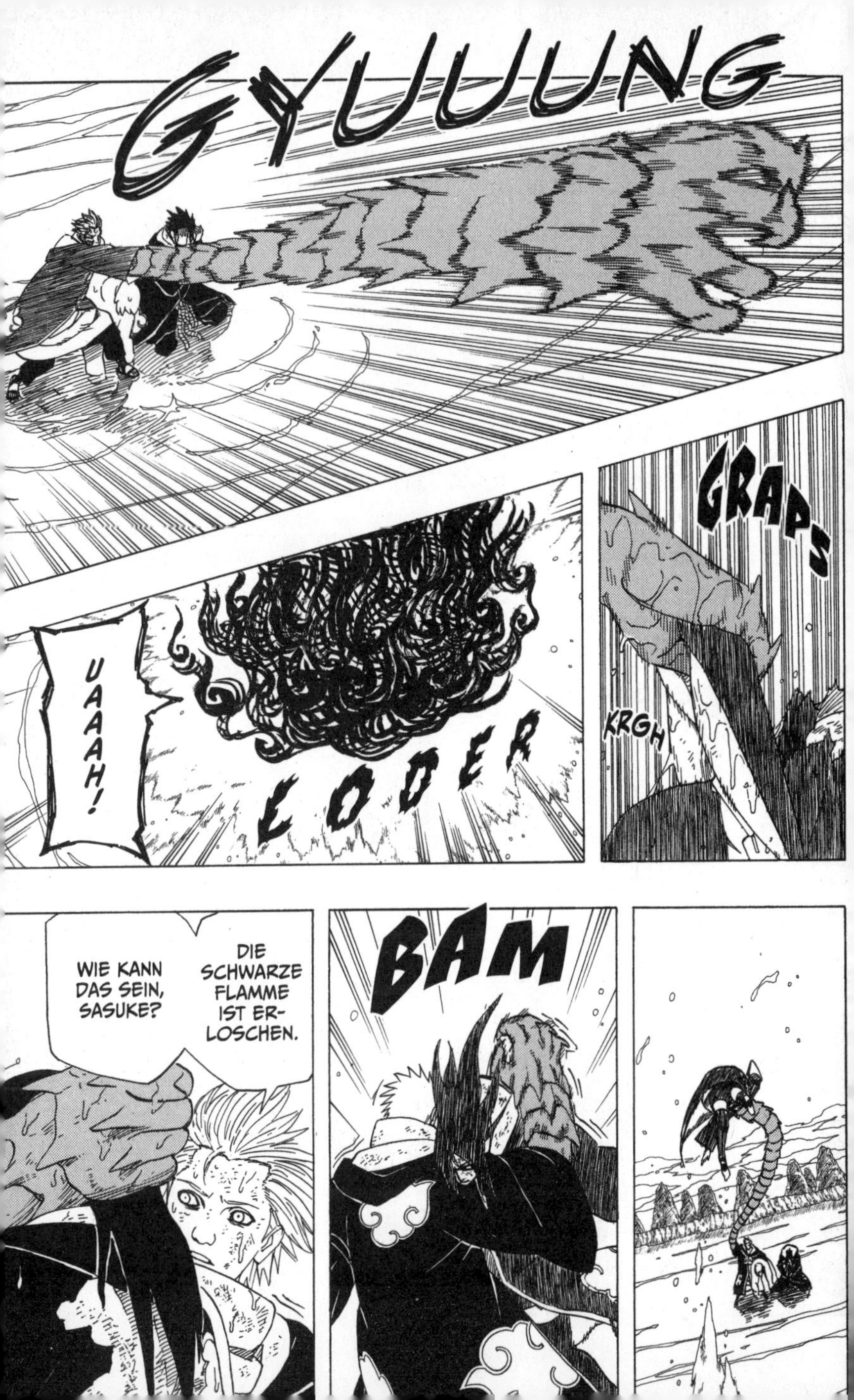
GYUUUNG
GRAPS
KRGH
LODER
UAAAAH!
BAM
DIE SCHWARZE FLAMME IST ER-LOSCHEN.
WIE KANN DAS SEIN, SASUKE?

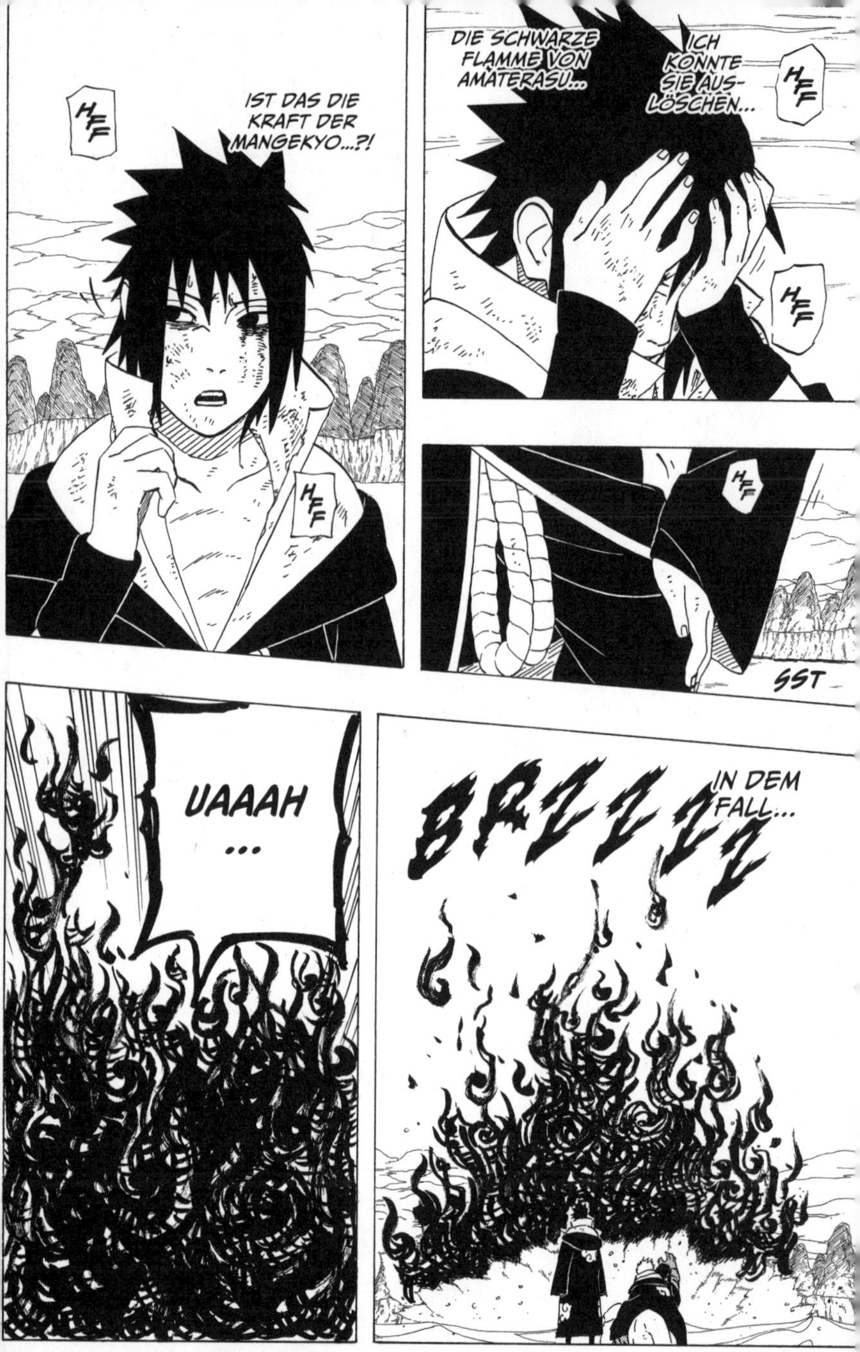
HFF
DIE SCHWARZE FLAMME VON AMATERASU...
ICH KONNTE SIE AUSLÖSCHEN...
HFF
HFF
IST DAS DIE KRAFT DER MANGEKYO...?!
HFF
HFF
SST
IN DEM FALL...
BRZZZZ
UAAAH ...

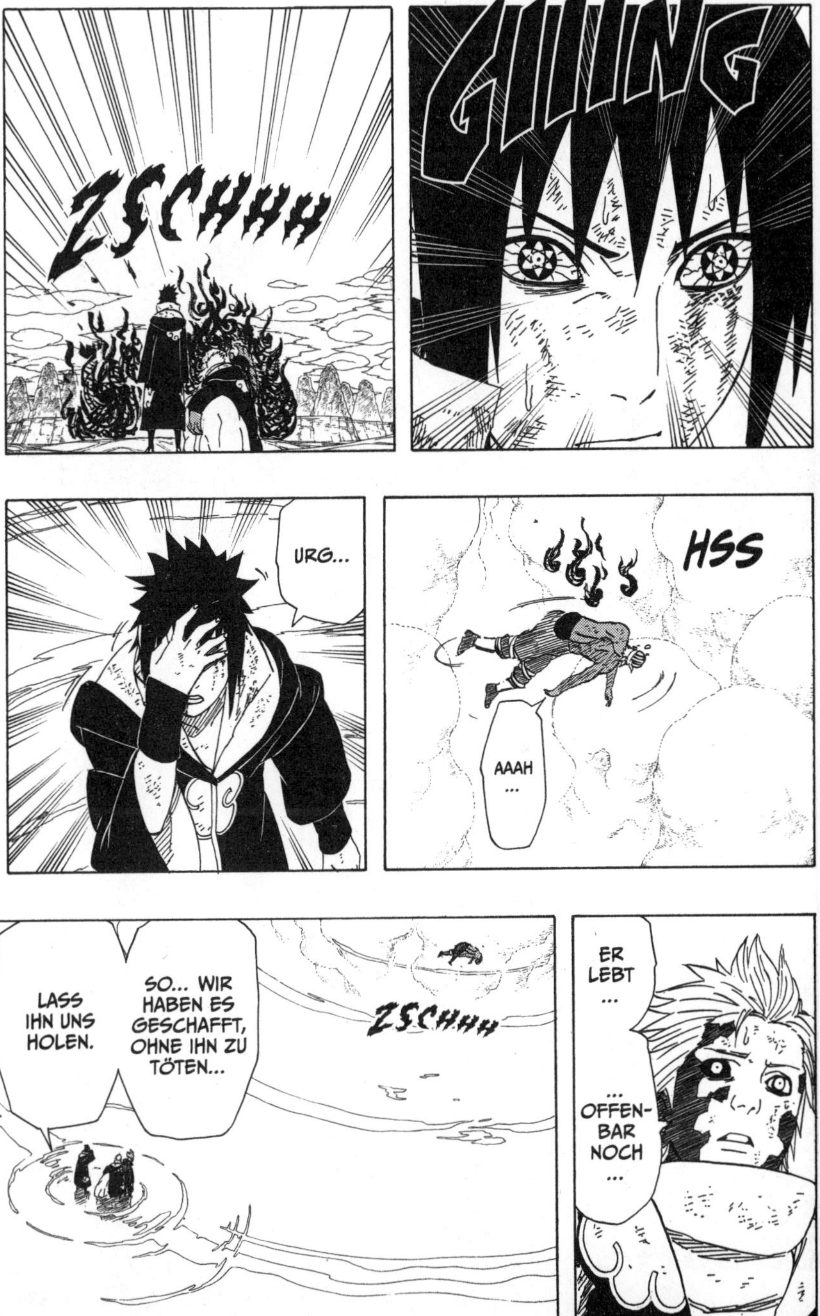
GIIIING
ZSCHHH
URG...
HSS
AAAH ...
ER LEBT ...
... OFFENBAR NOCH ...
SO... WIR HABEN ES GESCHAFFT, OHNE IHN ZU TÖTEN...
LASS IHN UNS HOLEN.
ZSCHHH

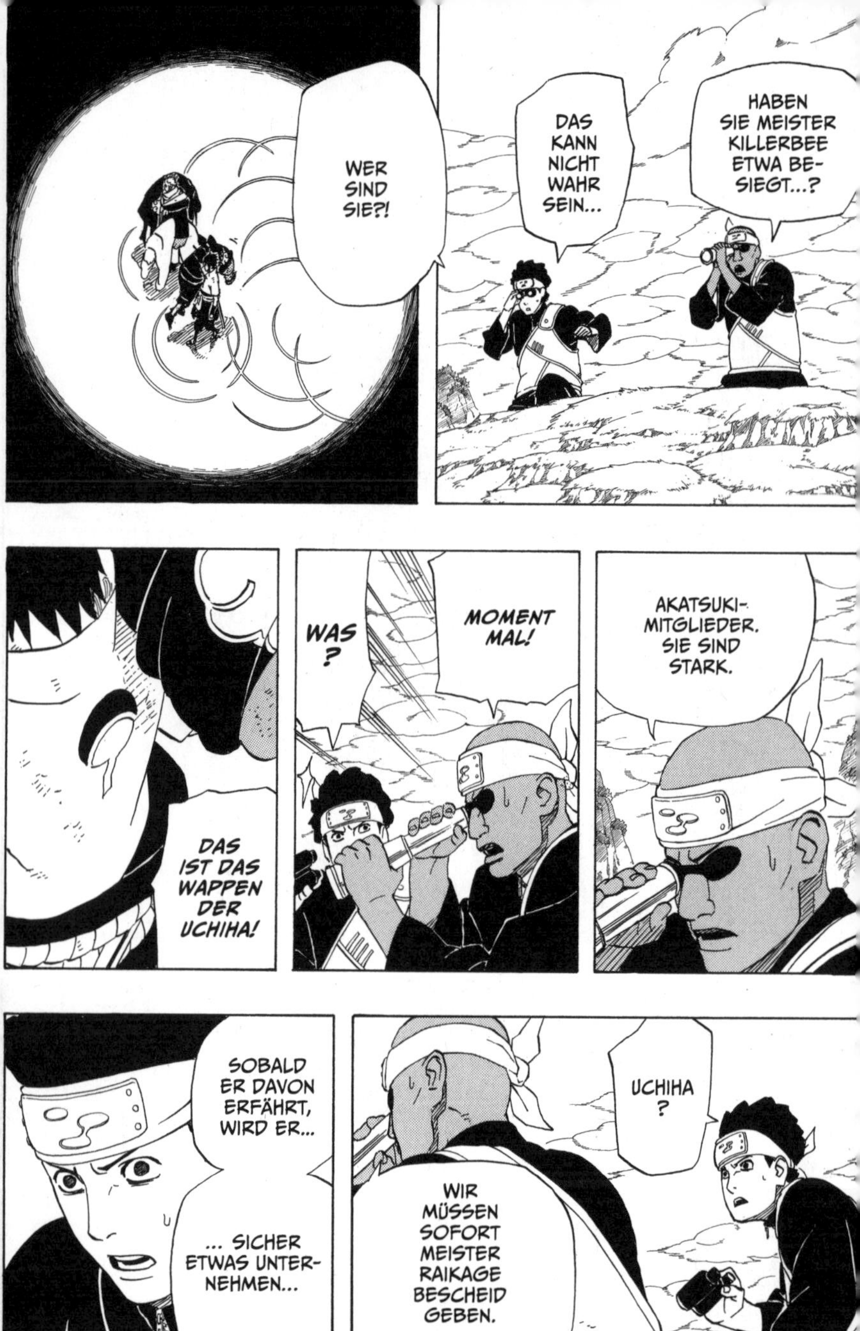
HABEN SIE MEISTER KILLERBEE ETWA BE-SIEGT...?
DAS KANN NICHT WAHR SEIN...
WER SIND SIE?!
AKATSUKI-MITGLIEDER. SIE SIND STARK.
MOMENT MAL!
WAS?
DAS IST DAS WAPPEN DER UCHIHA!
UCHIHA?
WIR MÜSSEN SOFORT MEISTER RAIKAGE BESCHEID GEBEN.
SOBALD ER DAVON ERFÄHRT, WIRD ER...
... SICHER ETWAS UNTER-NEHMEN...

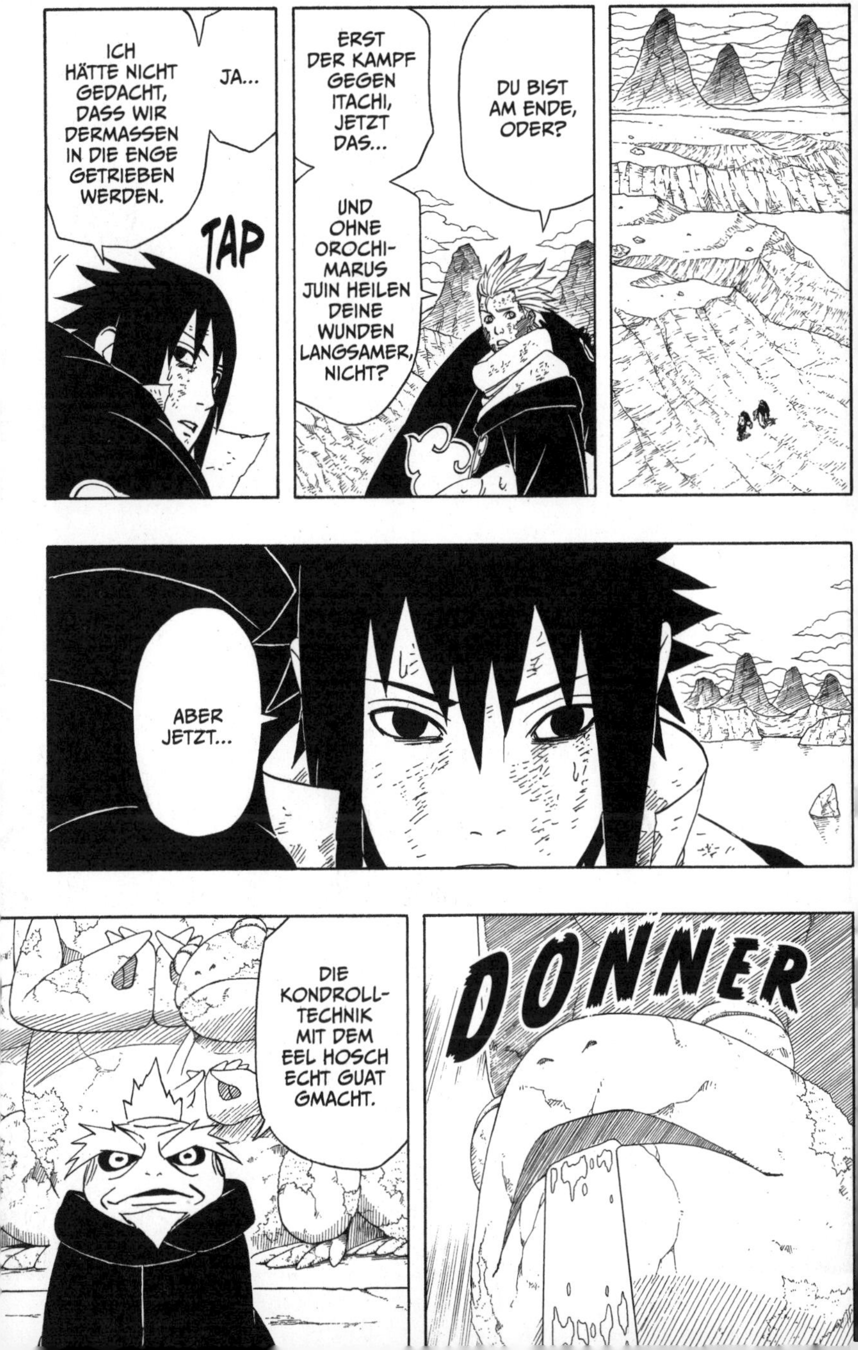
DU BIST AM ENDE, ODER?
ERST DER KAMPF GEGEN ITACHI, JETZT DAS...
UND OHNE OROCHI-MARUS JUIN HEILEN DEINE WUNDEN LANGSAMER, NICHT?
JA...
ICH HÄTTE NICHT GEDACHT, DASS WIR DERMASSEN IN DIE ENGE GETRIEBEN WERDEN.
TAP
ABER JETZT...
DONNER
DIE KONDROLL-TECHNIK MIT DEM EEL HOSCH ECHT GUAT GMACHT.

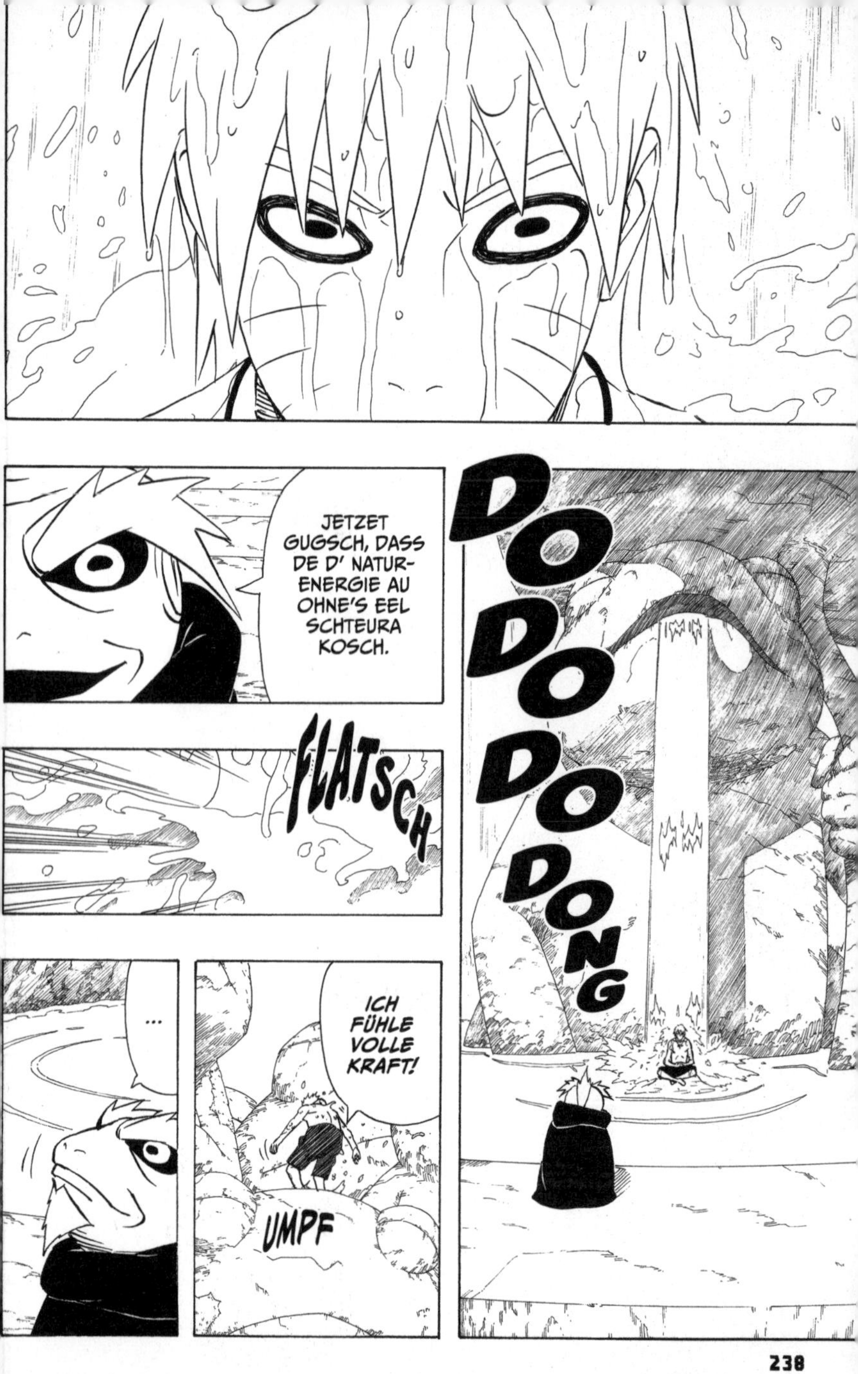
DODODODONG
JETZET GUGSCH, DASS DE D' NATUR-ENERGIE AU OHNE'S EEL SCHTEURA KOSCH.
FLATSCH
ICH FÜHLE VOLLE KRAFT!
UMPF
...

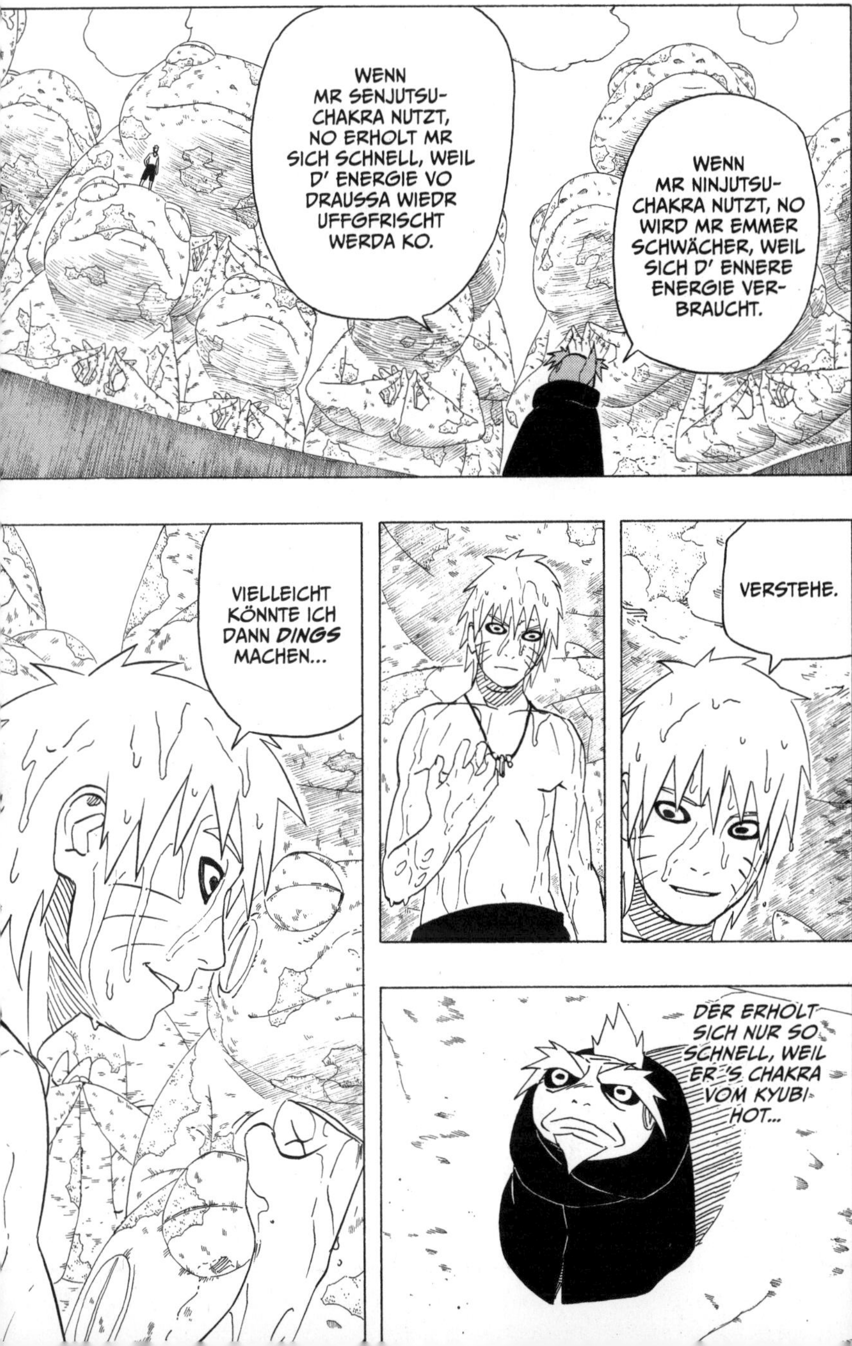
WENN MR NINJUTSU-CHAKRA NUTZT, NO WIRD MR EMMER SCHWÄCHER, WEIL SICH D' ENNERE ENERGIE VER-BRAUCHT.
WENN MR SENJUTSU-CHAKRA NUTZT, NO ERHOLT MR SICH SCHNELL, WEIL D' ENERGIE VO DRAUSSA WIEDR UFFGFRISCHT WERDA KO.
VERSTEHE.
VIELLEICHT KÖNNTE ICH DANN *DINGS* MACHEN...
DER ERHOLT SICH NUR SO SCHNELL, WEIL ER 'S CHAKRA VOM KYUBI HOT...

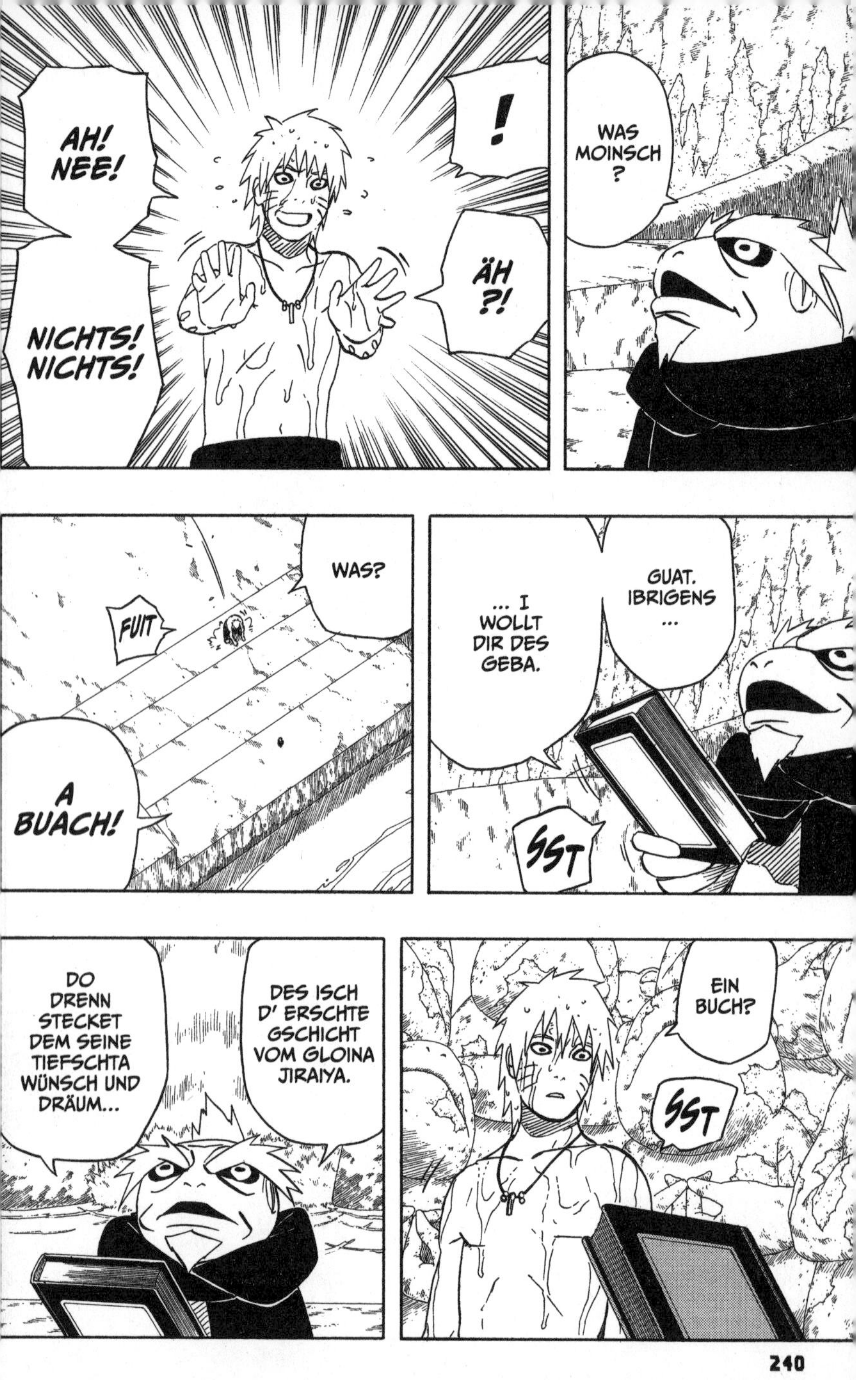
WAS MOINSCH ?
!
ÄH ?!
AH! NEE!
NICHTS! NICHTS!
GUAT. IBRIGENS ...
... I WOLLT DIR DES GEBA.
SST
WAS?
FUIT
A BUACH!
EIN BUCH?
SST
DES ISCH D' ERSCHTE GSCHICHT VOM GLOINA JIRAIYA.
DO DRENN STECKET DEM SEINE TIEFSCHTA WÜNSCH UND DRÄUM...

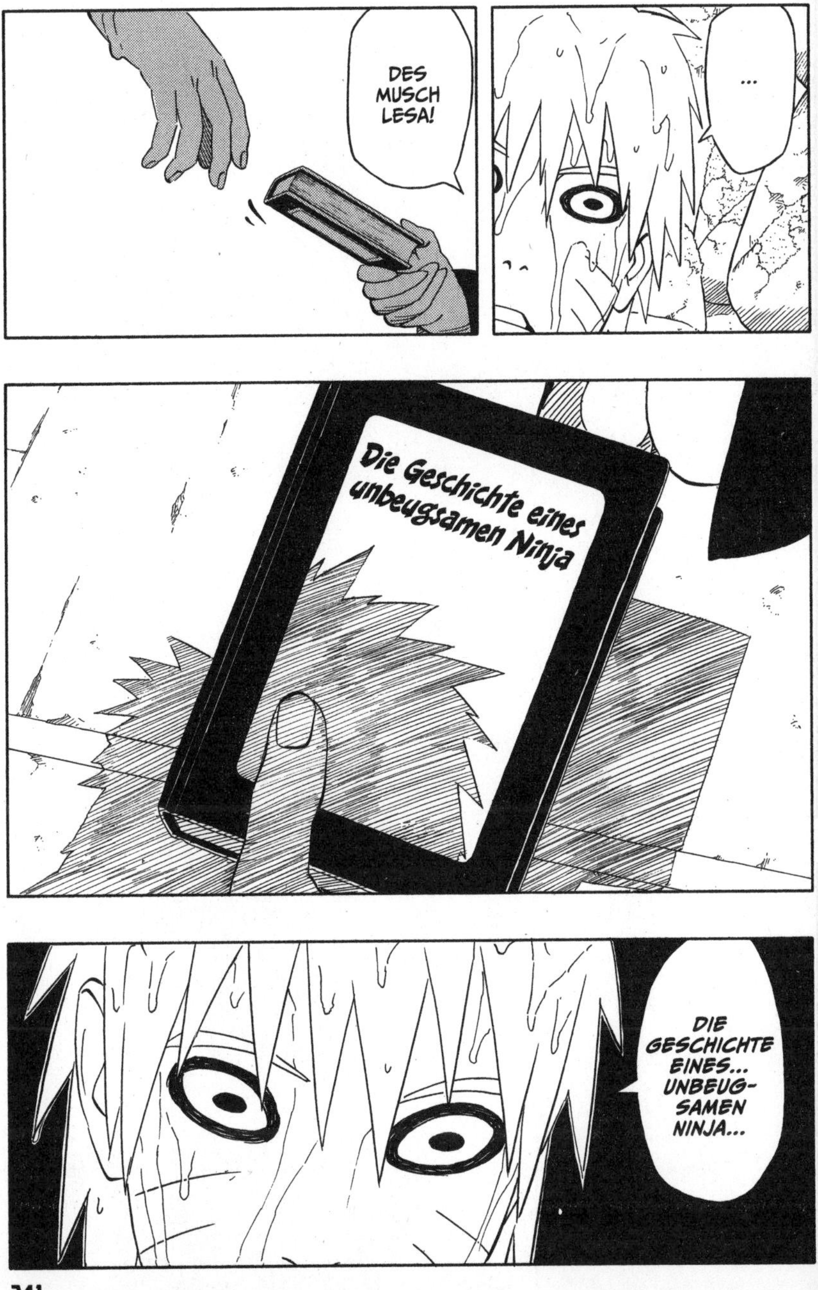
...
DES MUSCH LESA!
Die Geschichte eines unbeugsamen Ninja
DIE GESCHICHTE EINES... UNBEUG-SAMEN NINJA...

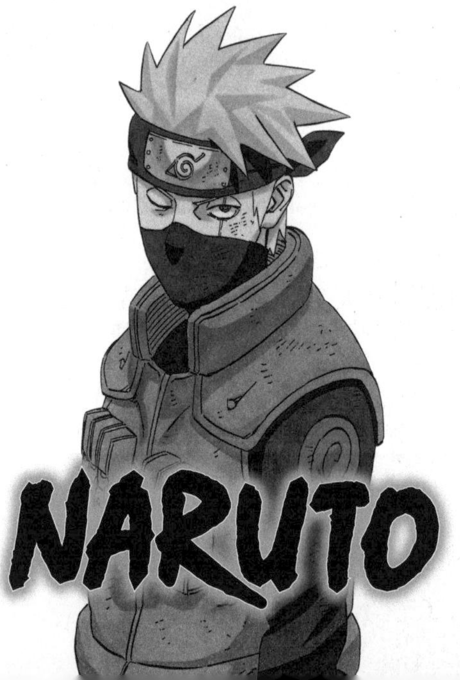
NARUTO

416. Kapitel: Die Geschichte eines unbeugsamen Ninja

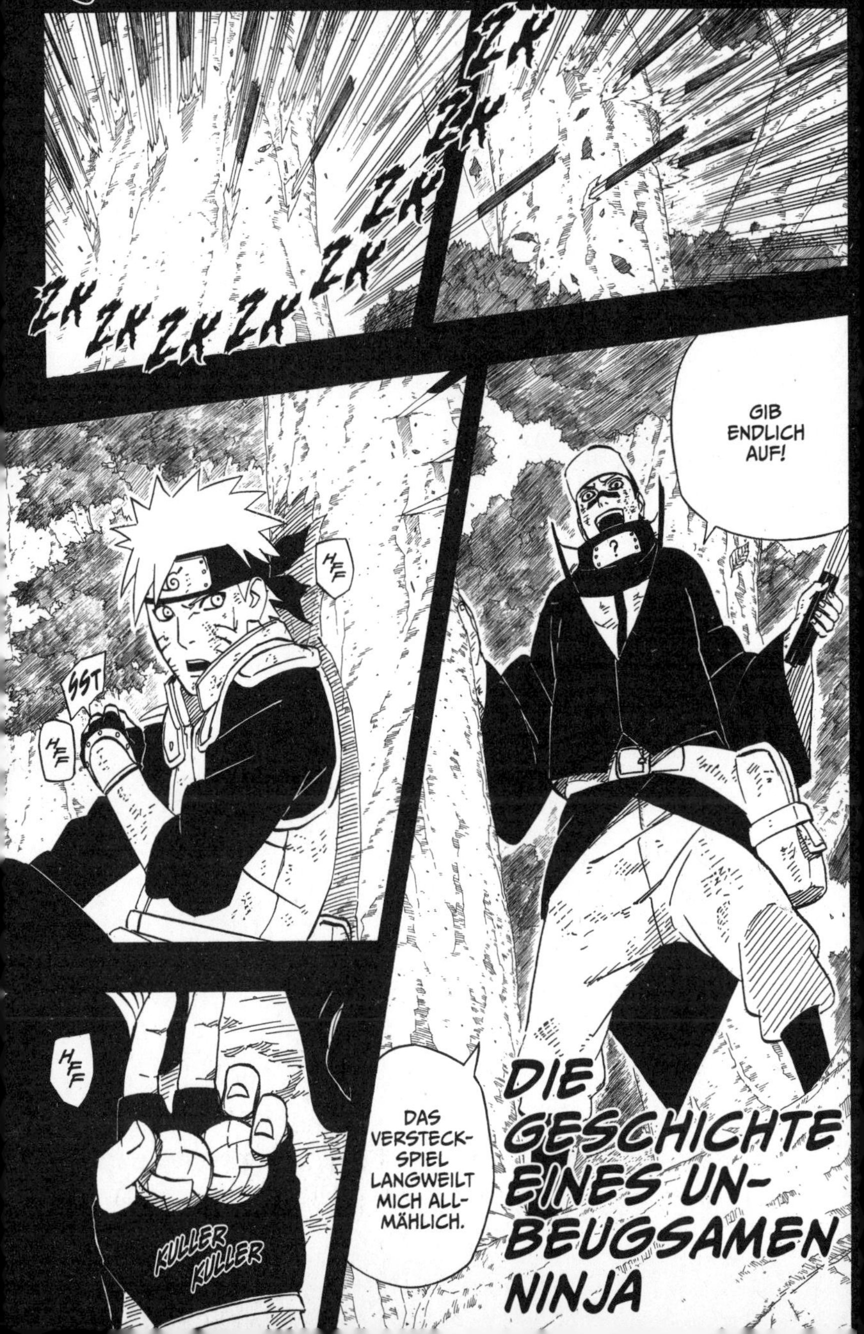

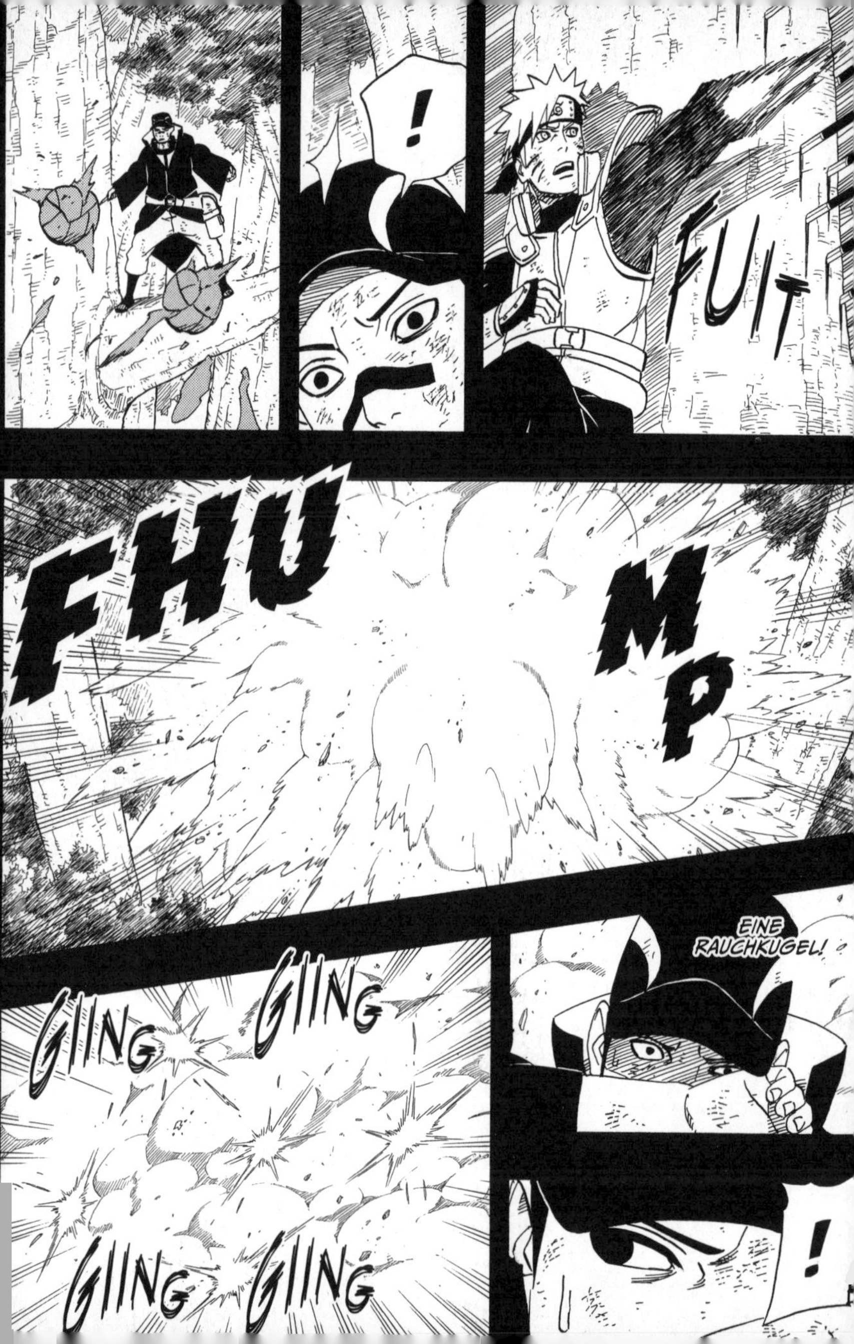
FUIT
!
FHUMP
EINE RAUCHKUGEL!
GIING GIING
GIING GIING
!

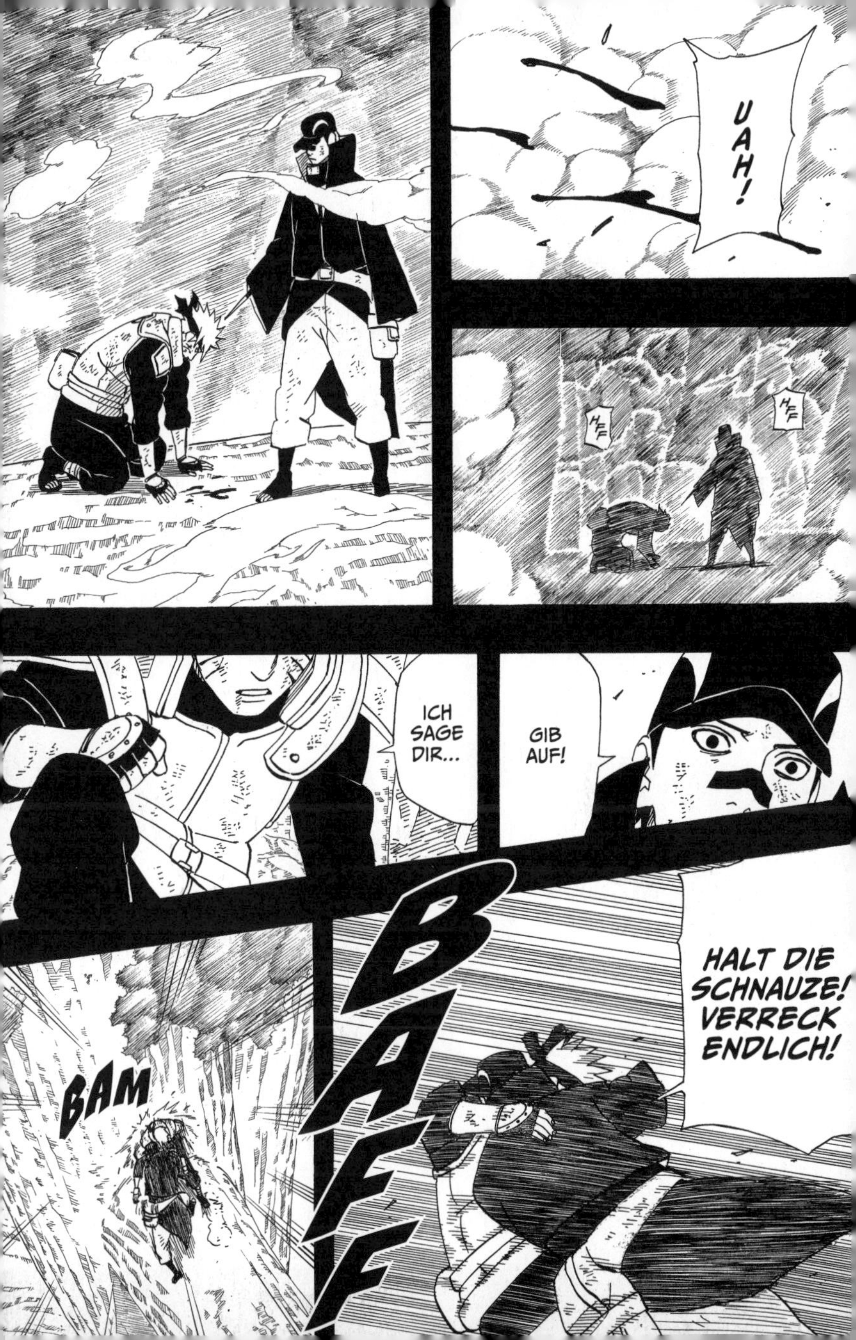
UAH!
HFF
HFF
ICH SAGE DIR...
GIB AUF!
HALT DIE SCHNAUZE! VERRECK ENDLICH!
BAAFF
BAM

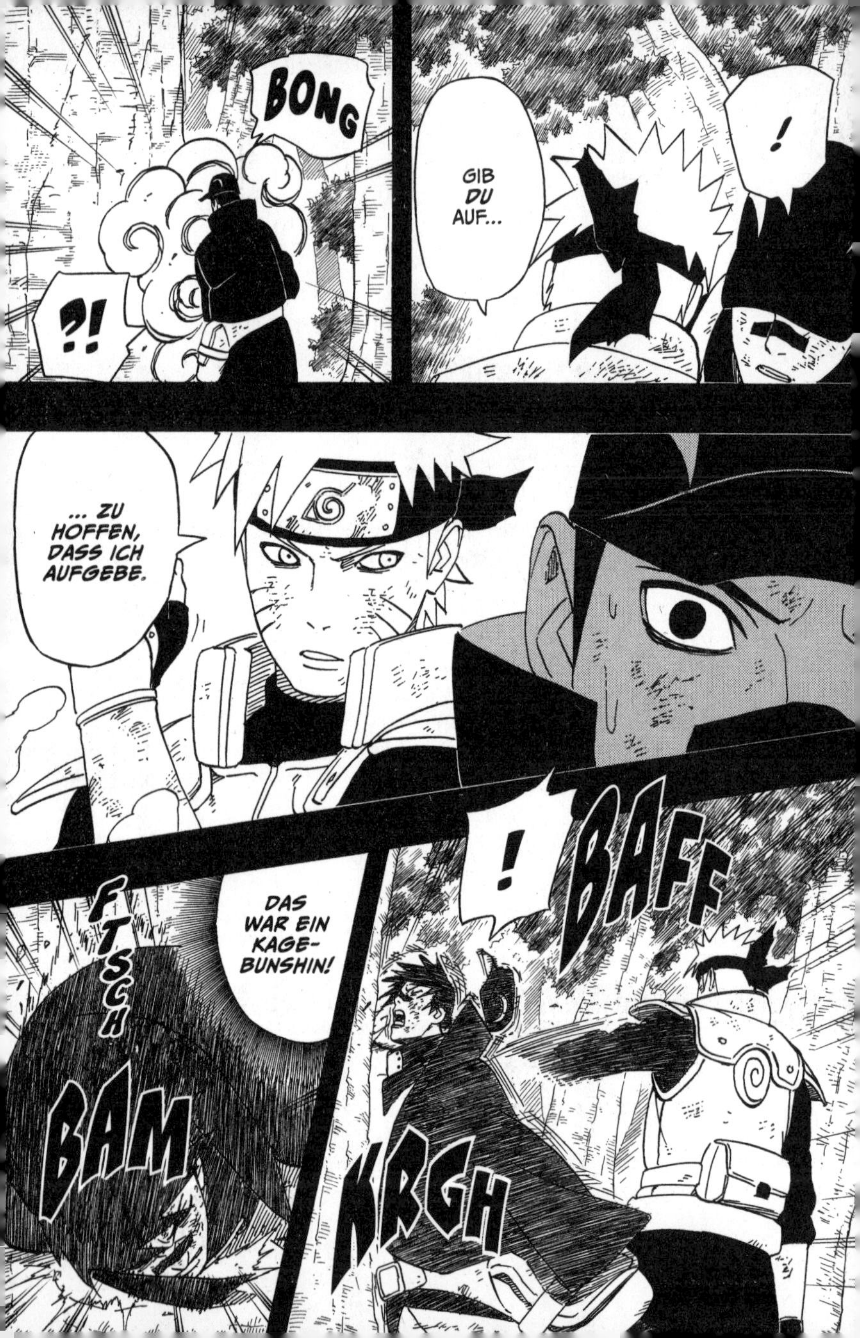

GIB DU AUF...
!
BONG
?!
... ZU HOFFEN, DASS ICH AUFGEBE.
!
BAFF
KRGH
DAS WAR EIN KAGE-BUNSHIN!
FTSCH
BAM

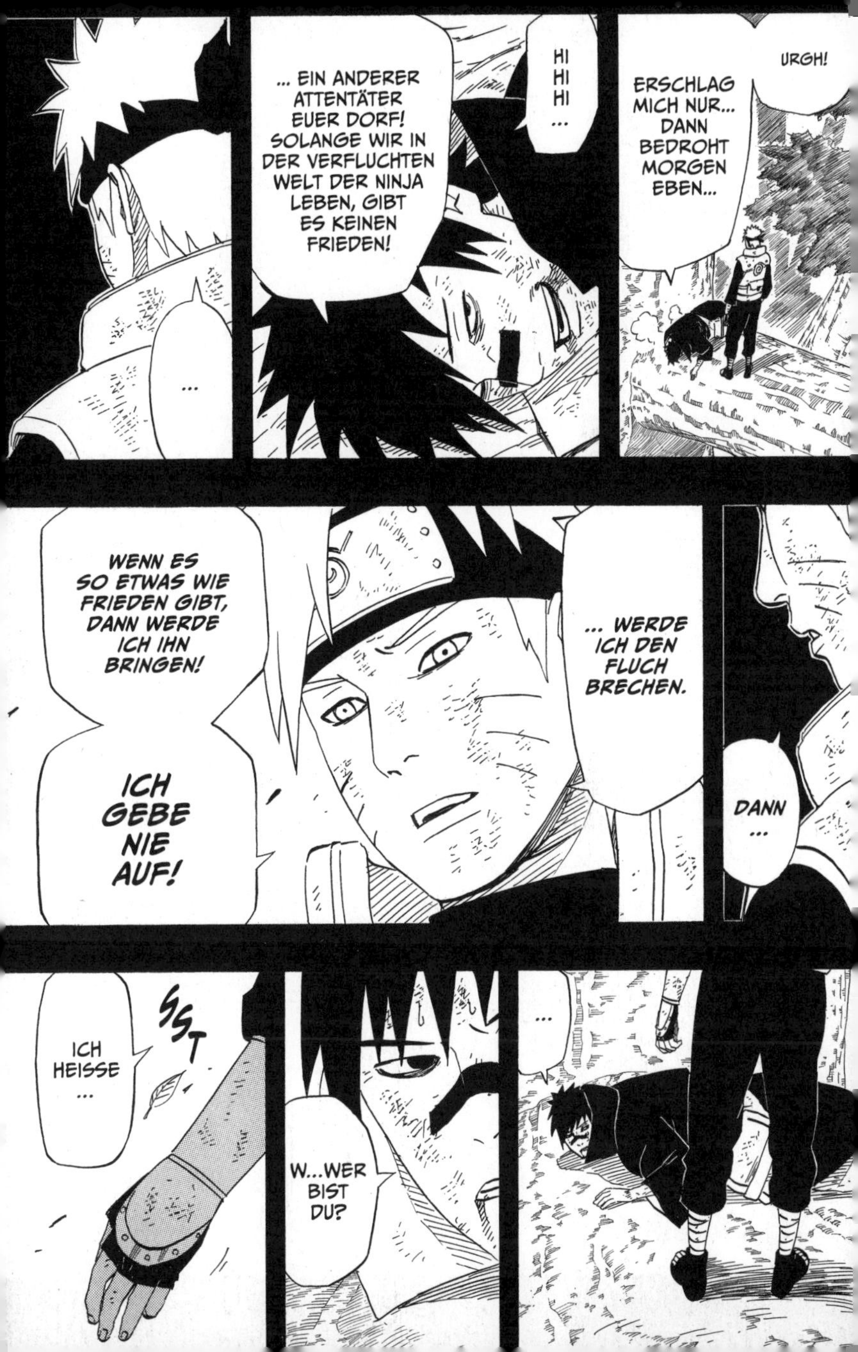
URGH!
ERSCHLAG MICH NUR... DANN BEDROHT MORGEN EBEN...
HI HI HI ...
... EIN ANDERER ATTENTÄTER EUER DORF! SOLANGE WIR IN DER VERFLUCHTEN WELT DER NINJA LEBEN, GIBT ES KEINEN FRIEDEN!
...
DANN ...
... WERDE ICH DEN FLUCH BRECHEN.
WENN ES SO ETWAS WIE FRIEDEN GIBT, DANN WERDE ICH IHN BRINGEN!
ICH GEBE NIE AUF!
...
W...WER BIST DU?
SST
ICH HEISSE ...

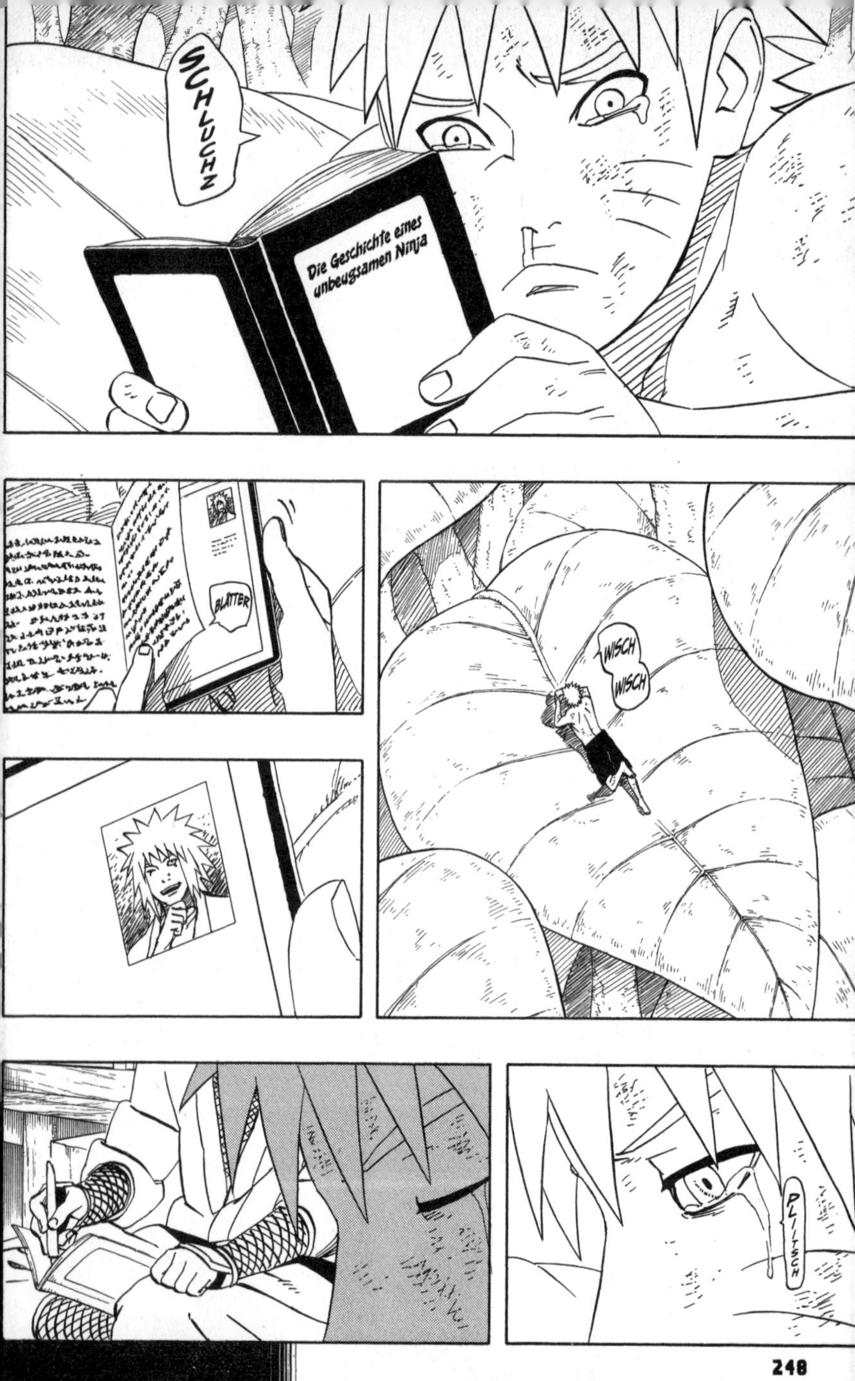
SCHLUCHZ
Die Geschichte eines unbeugsamen Ninja
BLÄTTER
WISCH WISCH
PLITSCH

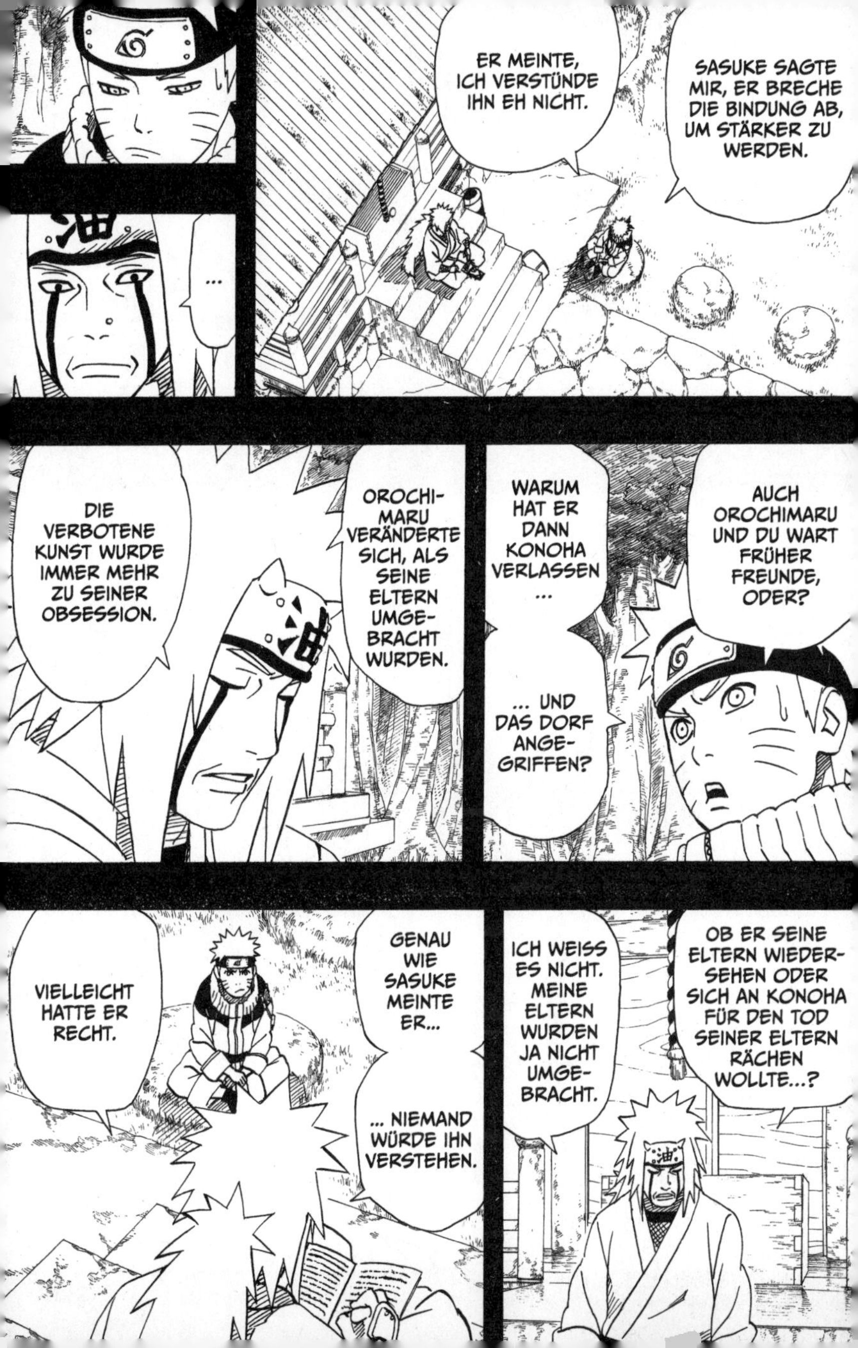
SASUKE SAGTE MIR, ER BRECHE DIE BINDUNG AB, UM STÄRKER ZU WERDEN.
ER MEINTE, ICH VERSTÜNDE IHN EH NICHT.
...
AUCH OROCHIMARU UND DU WART FRÜHER FREUNDE, ODER?
WARUM HAT ER DANN KONOHA VERLASSEN ...
... UND DAS DORF ANGEGRIFFEN?
OROCHIMARU VERÄNDERTE SICH, ALS SEINE ELTERN UMGEBRACHT WURDEN.
DIE VERBOTENE KUNST WURDE IMMER MEHR ZU SEINER OBSESSION.
OB ER SEINE ELTERN WIEDERSEHEN ODER SICH AN KONOHA FÜR DEN TOD SEINER ELTERN RÄCHEN WOLLTE...?
ICH WEISS ES NICHT. MEINE ELTERN WURDEN JA NICHT UMGEBRACHT.
GENAU WIE SASUKE MEINTE ER...
... NIEMAND WÜRDE IHN VERSTEHEN.
VIELLEICHT HATTE ER RECHT.

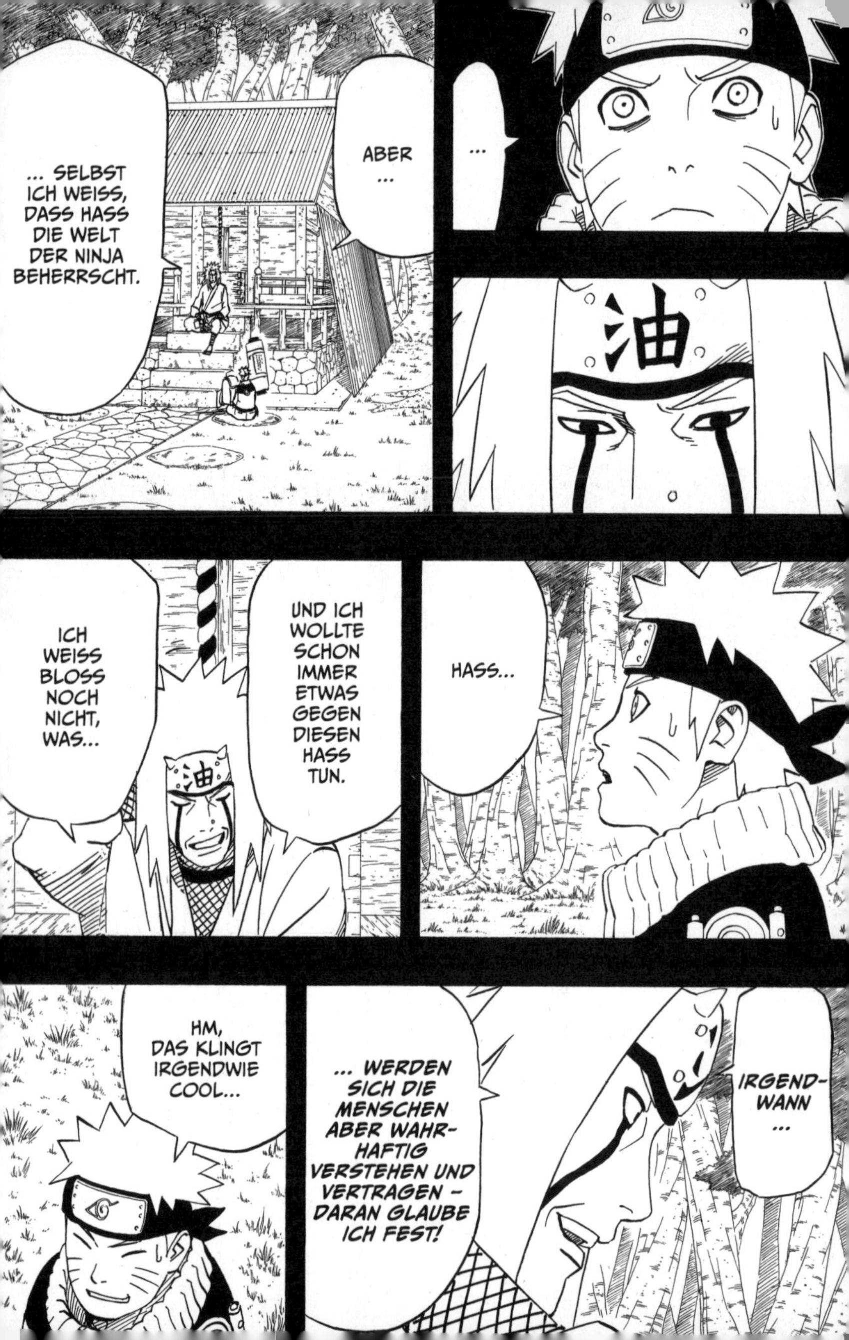
...
ABER ...
... SELBST ICH WEISS, DASS HASS DIE WELT DER NINJA BEHERRSCHT.
HASS...
UND ICH WOLLTE SCHON IMMER ETWAS GEGEN DIESEN HASS TUN.
ICH WEISS BLOSS NOCH NICHT, WAS...
IRGEND-WANN ...
... WERDEN SICH DIE MENSCHEN ABER WAHR-HAFTIG VERSTEHEN UND VERTRAGEN – DARAN GLAUBE ICH FEST!
HM, DAS KLINGT IRGENDWIE COOL...

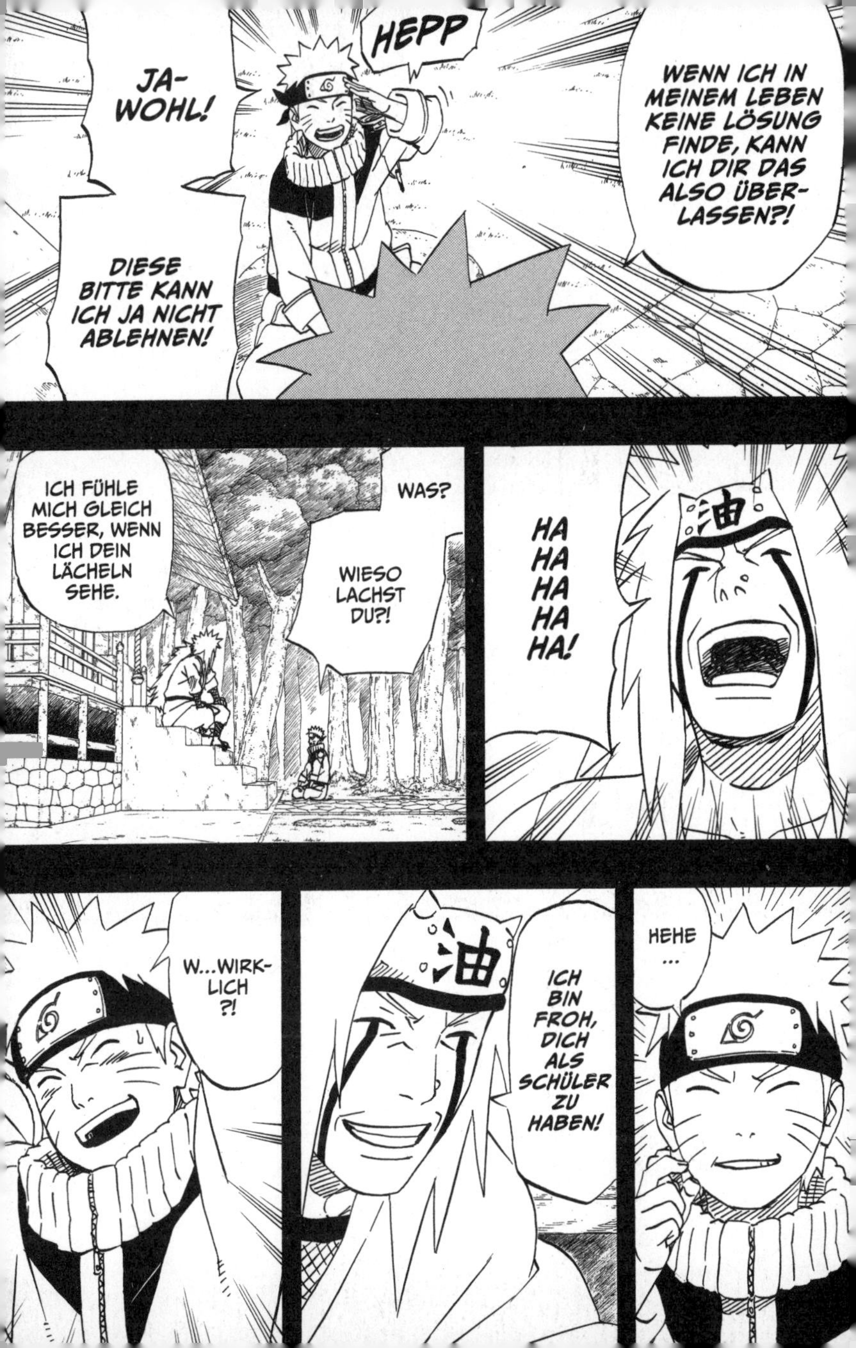
WENN ICH IN MEINEM LEBEN KEINE LÖSUNG FINDE, KANN ICH DIR DAS ALSO ÜBER-LASSEN?!
HEPP
JA-WOHL!
DIESE BITTE KANN ICH JA NICHT ABLEHNEN!
HA HA HA HA HA!
WAS?
WIESO LACHST DU?!
ICH FÜHLE MICH GLEICH BESSER, WENN ICH DEIN LÄCHELN SEHE.
HEHE ...
ICH BIN FROH, DICH ALS SCHÜLER ZU HABEN!
W...WIRK-LICH ?!

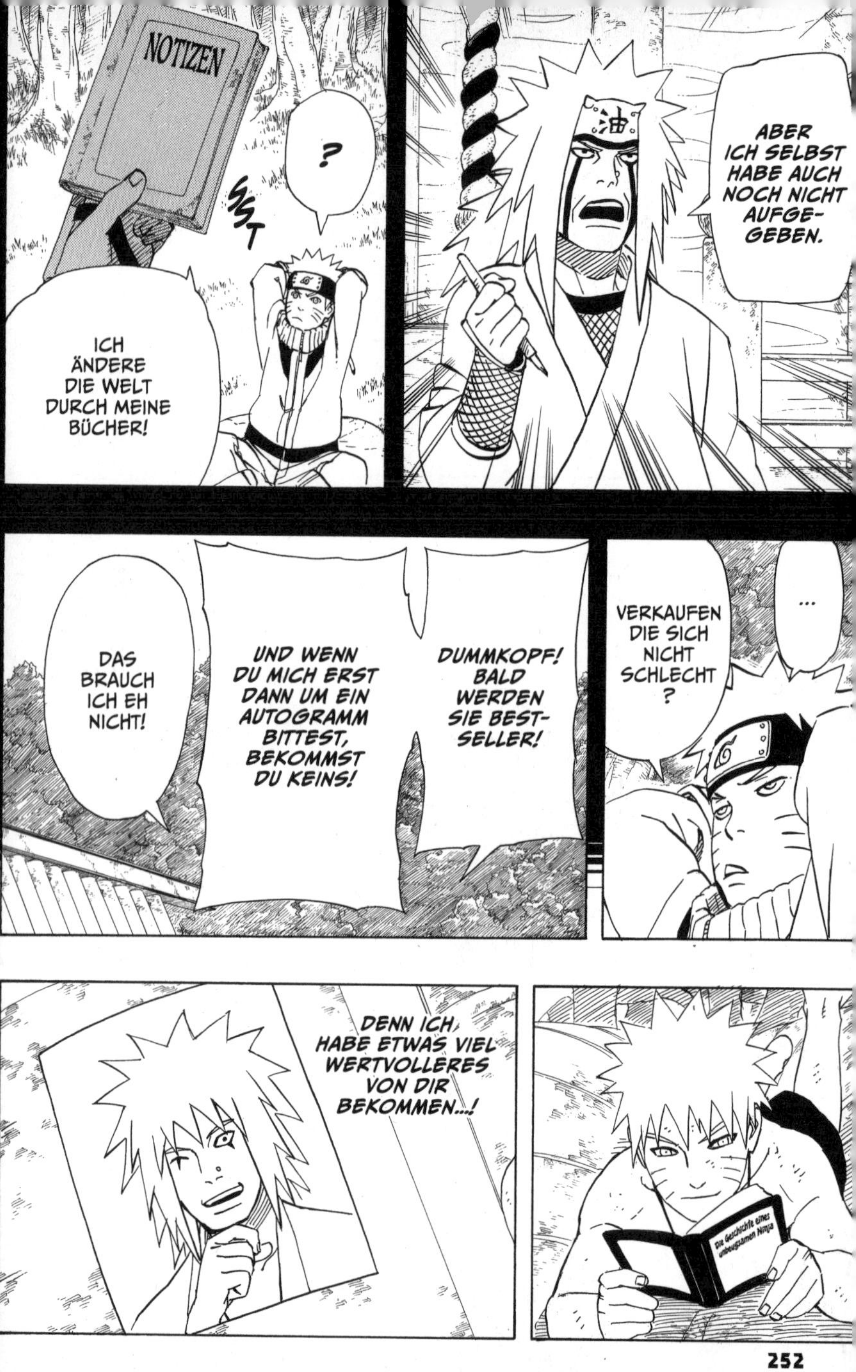
ABER ICH SELBST HABE AUCH NOCH NICHT AUFGE-GEBEN.
NOTIZEN
ICH ÄNDERE DIE WELT DURCH MEINE BÜCHER!
SST
?
...
VERKAUFEN DIE SICH NICHT SCHLECHT?
DUMMKOPF! BALD WERDEN SIE BEST-SELLER!
UND WENN DU MICH ERST DANN UM EIN AUTOGRAMM BITTEST, BEKOMMST DU KEINS!
DAS BRAUCH ICH EH NICHT!
DENN ICH HABE ETWAS VIEL WERTVOLLERES VON DIR BEKOMMEN...!
Die Geschichte eines unbeugsamen Ninja

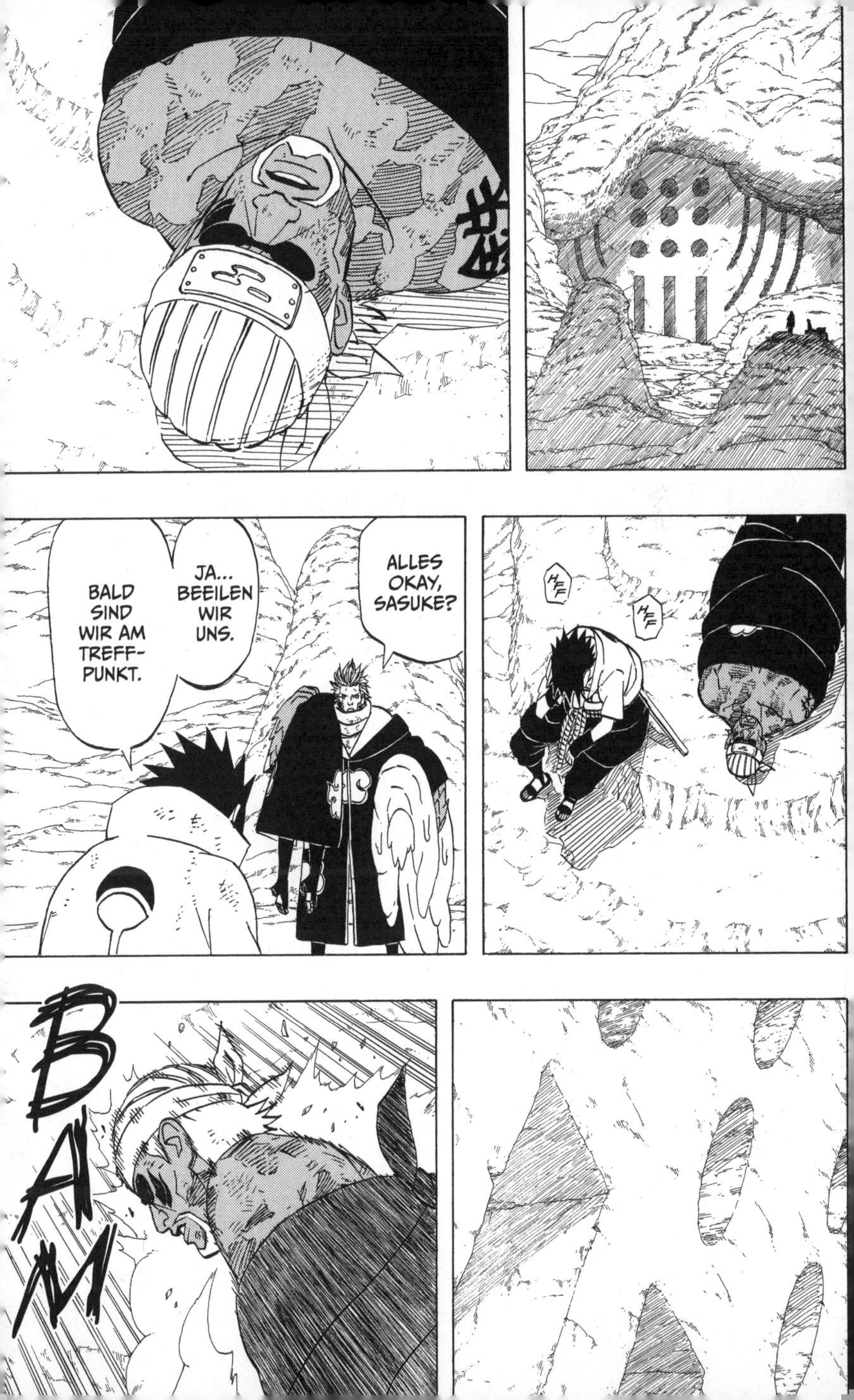
HEF
HEF
ALLES OKAY, SASUKE?
JA... BEEILEN WIR UNS.
BALD SIND WIR AM TREFF-PUNKT.
BAM

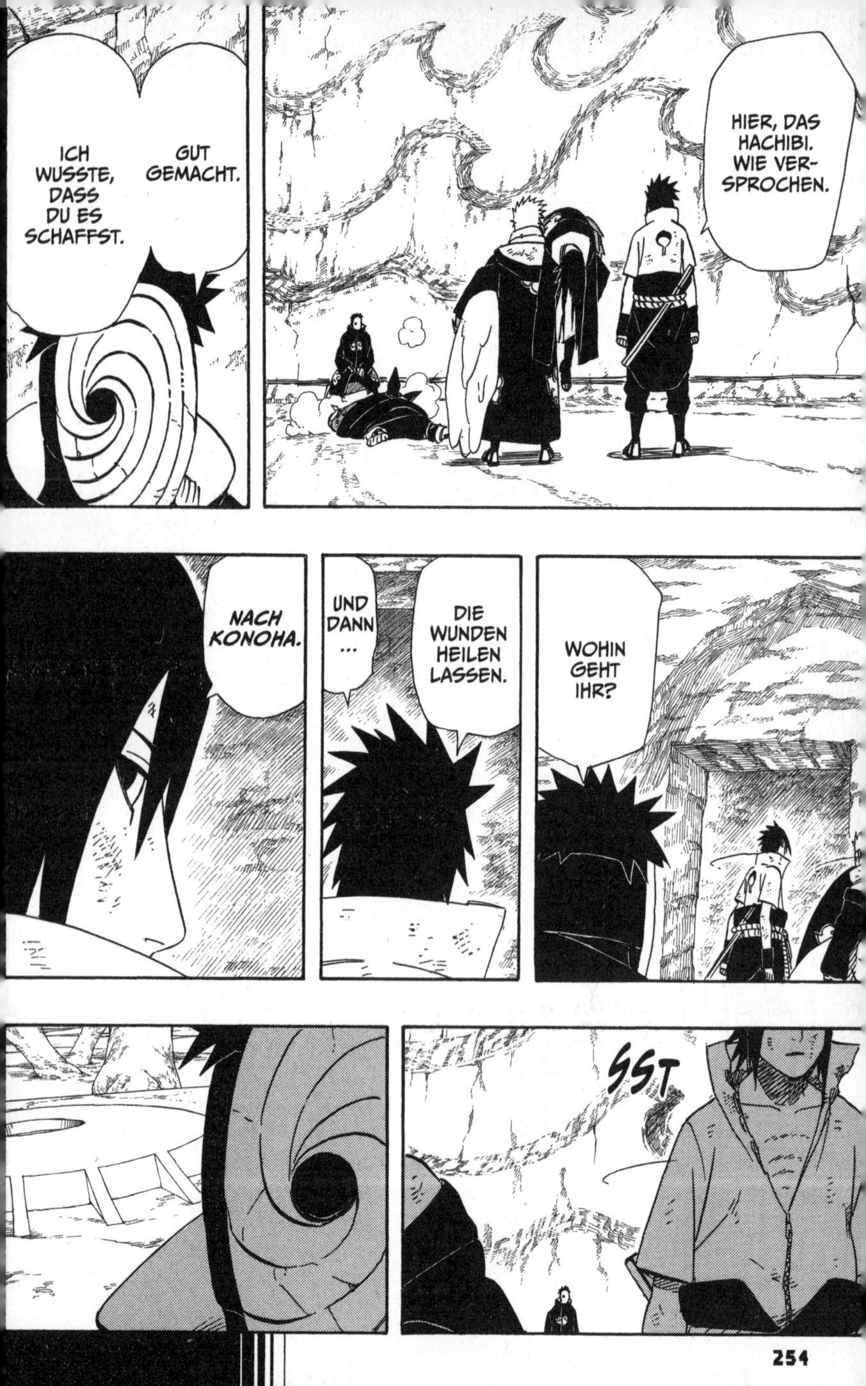
HIER, DAS HACHIBI. WIE VER-SPROCHEN.
GUT GEMACHT.
ICH WUSSTE, DASS DU ES SCHAFFST.
WOHIN GEHT IHR?
DIE WUNDEN HEILEN LASSEN.
UND DANN ...
NACH KONOHA.
SST

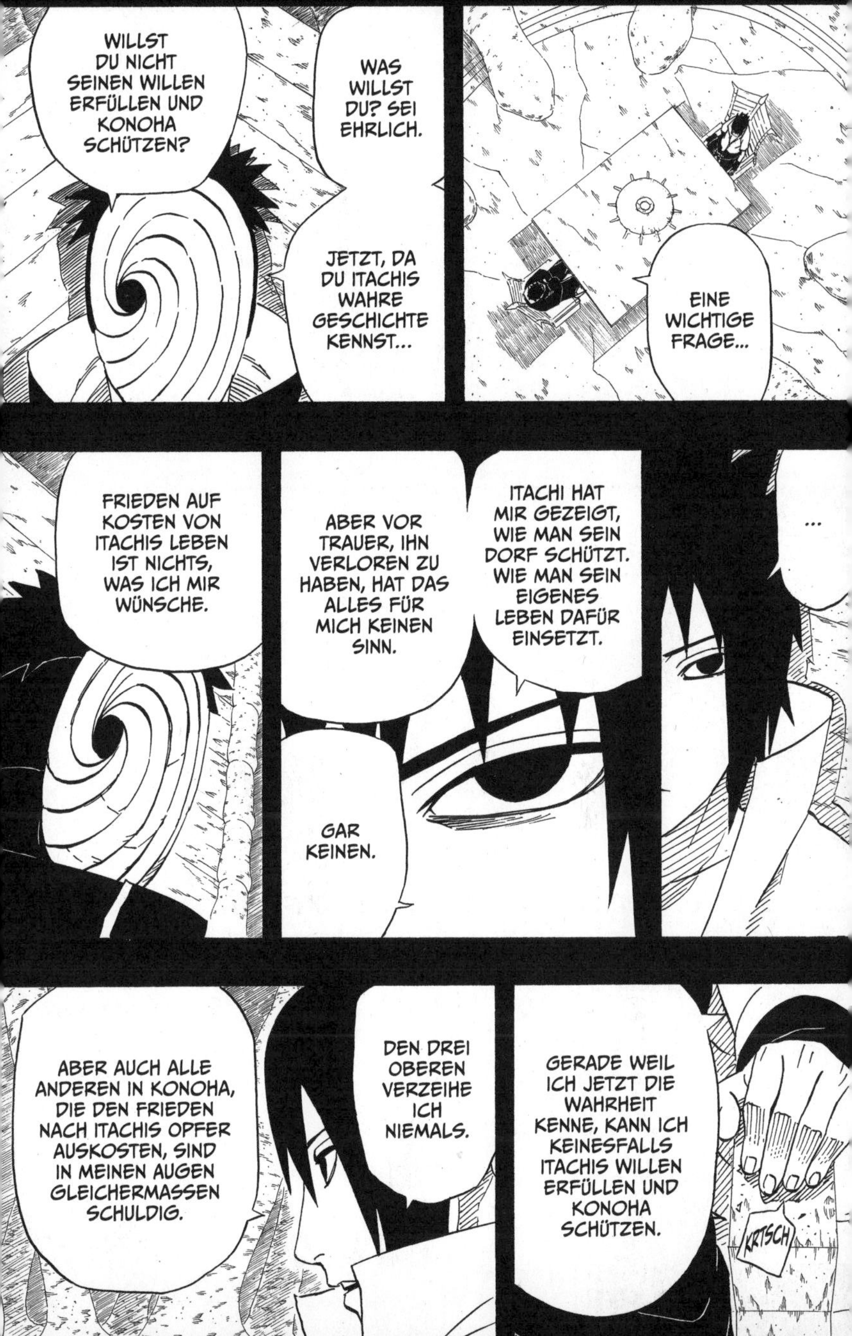
EINE WICHTIGE FRAGE...
WAS WILLST DU? SEI EHRLICH.
JETZT, DA DU ITACHIS WAHRE GESCHICHTE KENNST...
WILLST DU NICHT SEINEN WILLEN ERFÜLLEN UND KONOHA SCHÜTZEN?
...
ITACHI HAT MIR GEZEIGT, WIE MAN SEIN DORF SCHÜTZT. WIE MAN SEIN EIGENES LEBEN DAFÜR EINSETZT.
ABER VOR TRAUER, IHN VERLOREN ZU HABEN, HAT DAS ALLES FÜR MICH KEINEN SINN.
GAR KEINEN.
FRIEDEN AUF KOSTEN VON ITACHIS LEBEN IST NICHTS, WAS ICH MIR WÜNSCHE.
GERADE WEIL ICH JETZT DIE WAHRHEIT KENNE, KANN ICH KEINESFALLS ITACHIS WILLEN ERFÜLLEN UND KONOHA SCHÜTZEN.
KRTSCH
DEN DREI OBEREN VERZEIHE ICH NIEMALS.
ABER AUCH ALLE ANDEREN IN KONOHA, DIE DEN FRIEDEN NACH ITACHIS OPFER AUSKOSTEN, SIND IN MEINEN AUGEN GLEICHERMASSEN SCHULDIG.

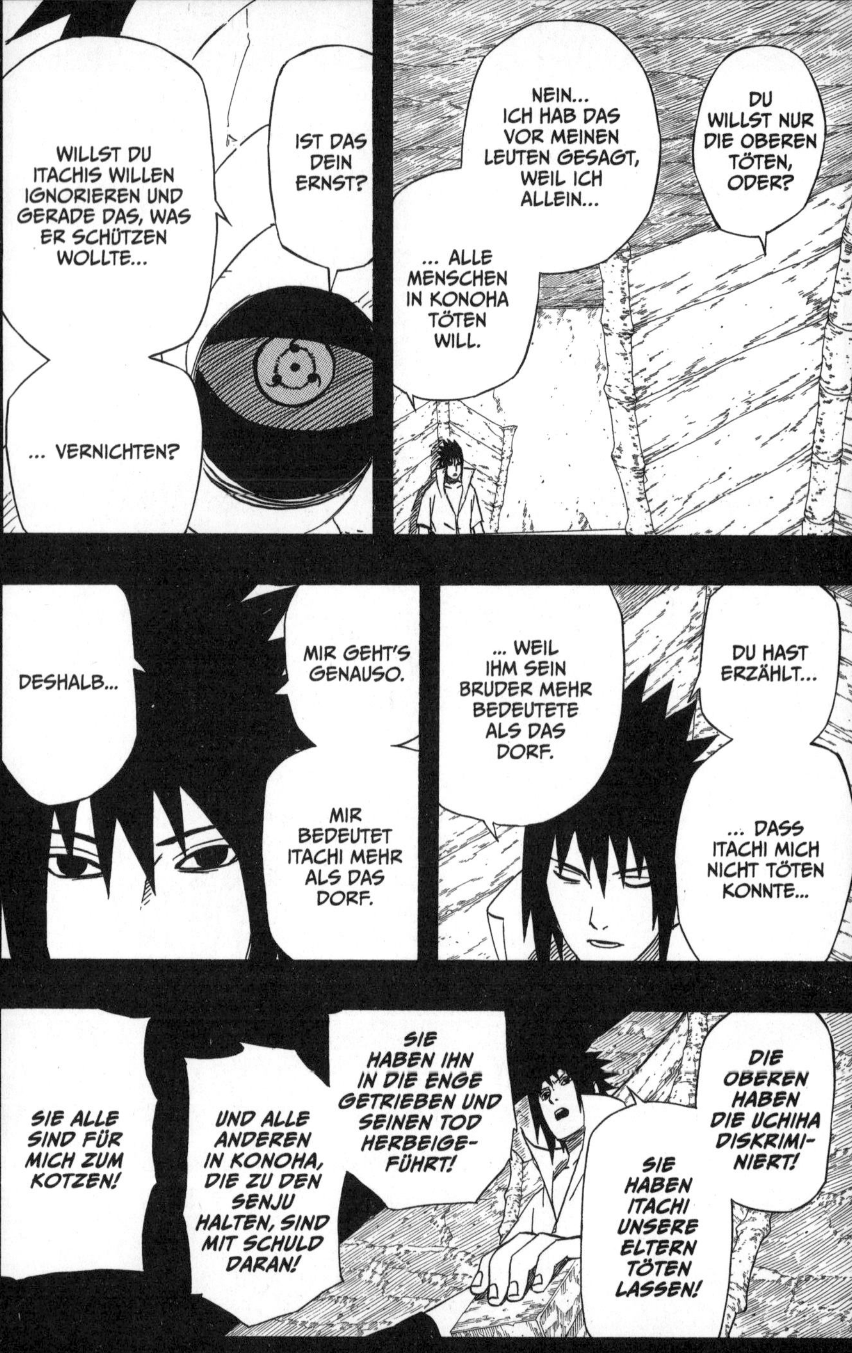
DU WILLST NUR DIE OBEREN TÖTEN, ODER?
NEIN... ICH HAB DAS VOR MEINEN LEUTEN GESAGT, WEIL ICH ALLEIN...
... ALLE MENSCHEN IN KONOHA TÖTEN WILL.
IST DAS DEIN ERNST?
WILLST DU ITACHIS WILLEN IGNORIEREN UND GERADE DAS, WAS ER SCHÜTZEN WOLLTE...
... VERNICHTEN?
DU HAST ERZÄHLT...
... DASS ITACHI MICH NICHT TÖTEN KONNTE...
... WEIL IHM SEIN BRUDER MEHR BEDEUTETE ALS DAS DORF.
MIR GEHT'S GENAUSO.
MIR BEDEUTET ITACHI MEHR ALS DAS DORF.
DESHALB...
DIE OBEREN HABEN DIE UCHIHA DISKRIMINIERT!
SIE HABEN ITACHI UNSERE ELTERN TÖTEN LASSEN!
SIE HABEN IHN IN DIE ENGE GETRIEBEN UND SEINEN TOD HERBEIGEFÜHRT!
UND ALLE ANDEREN IN KONOHA, DIE ZU DEN SENJU HALTEN, SIND MIT SCHULD DARAN!
SIE ALLE SIND FÜR MICH ZUM KOTZEN!

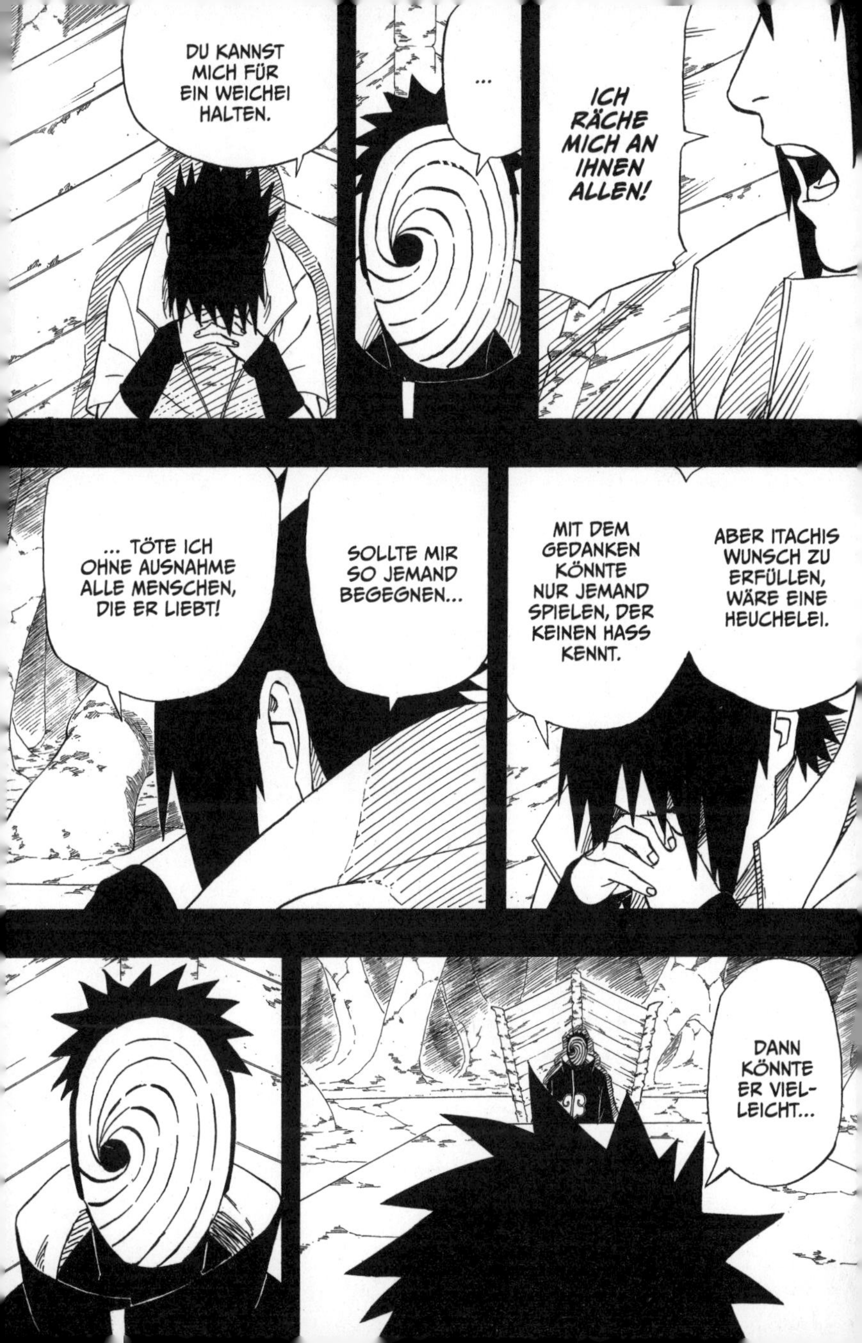
ICH RÄCHE MICH AN IHNEN ALLEN!
...
DU KANNST MICH FÜR EIN WEICHEI HALTEN.
ABER ITACHIS WUNSCH ZU ERFÜLLEN, WÄRE EINE HEUCHELEI.
MIT DEM GEDANKEN KÖNNTE NUR JEMAND SPIELEN, DER KEINEN HASS KENNT.
SOLLTE MIR SO JEMAND BEGEGNEN...
... TÖTE ICH OHNE AUSNAHME ALLE MENSCHEN, DIE ER LIEBT!
DANN KÖNNTE ER VIEL-LEICHT...

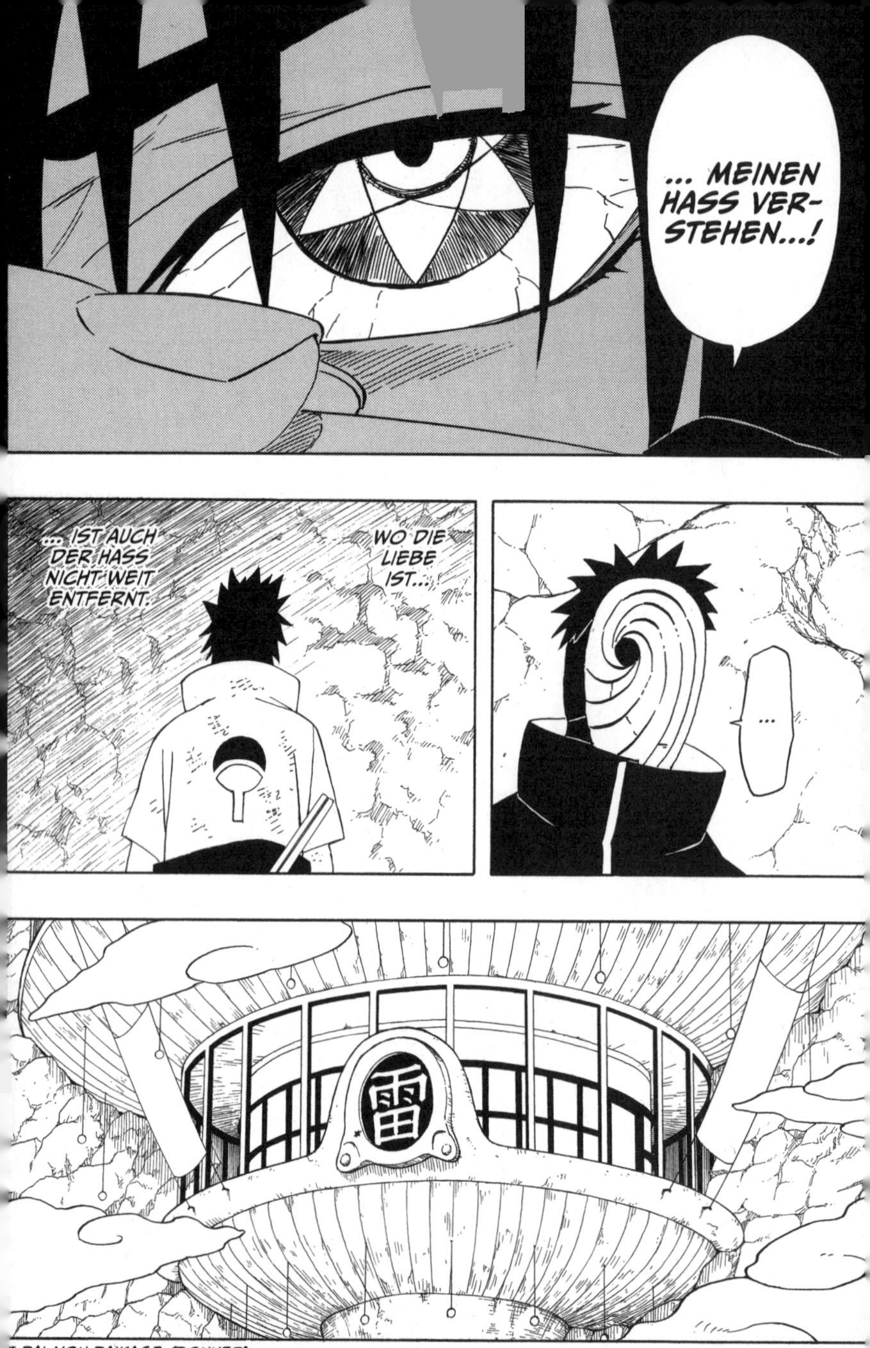

* RAI, VON RAIKAGE (DONNER)

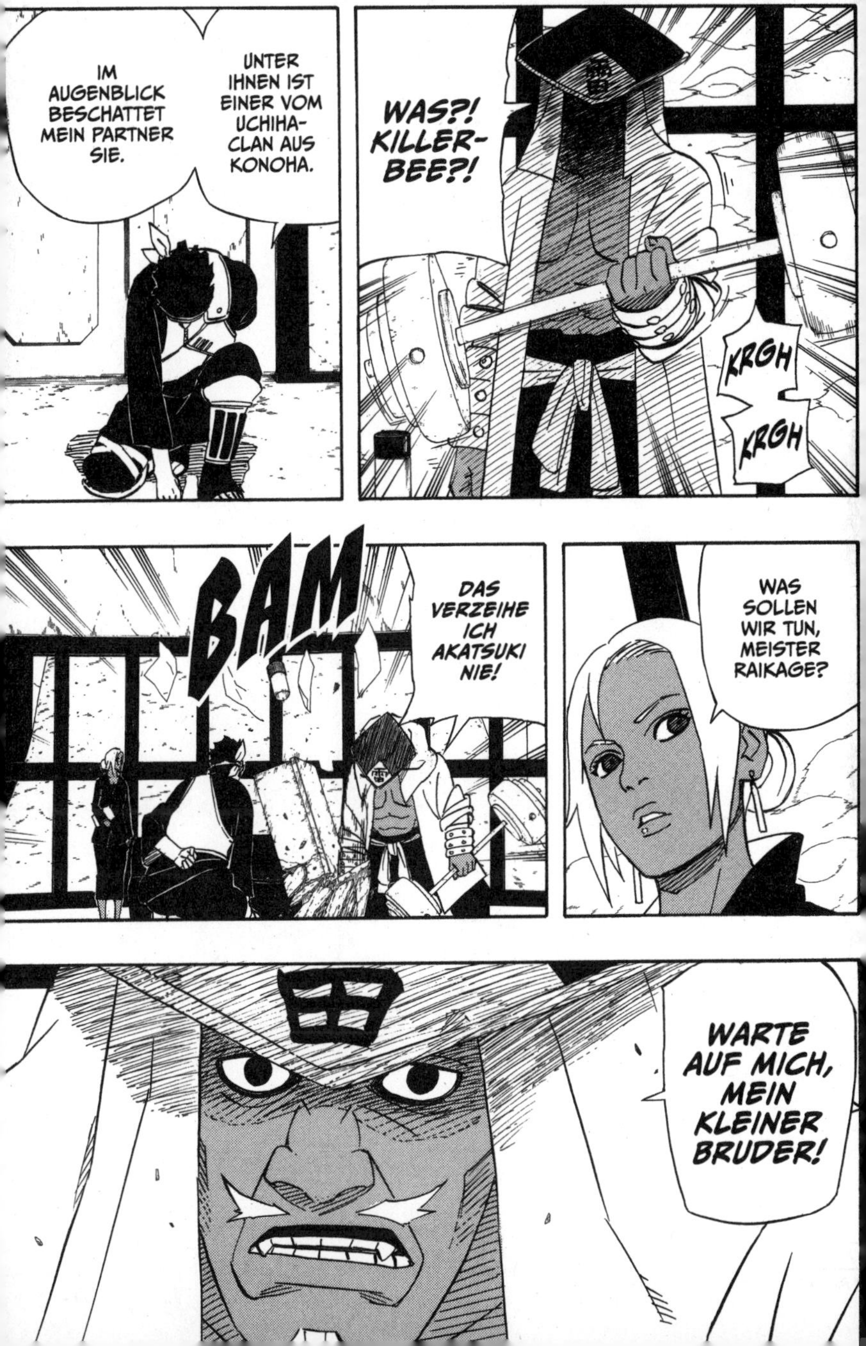

WAS?! KILLER-BEE?!
KRGH
KRGH
UNTER IHNEN IST EINER VOM UCHIHA-CLAN AUS KONOHA.
IM AUGENBLICK BESCHATTET MEIN PARTNER SIE.
WAS SOLLEN WIR TUN, MEISTER RAIKAGE?
DAS VERZEIHE ICH AKATSUKI NIE!
BAM
WARTE AUF MICH, MEIN KLEINER BRUDER!

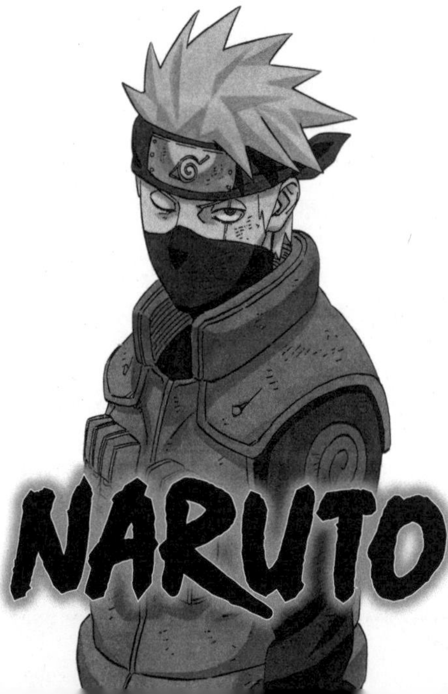
NARUTO

417. KAPITEL:

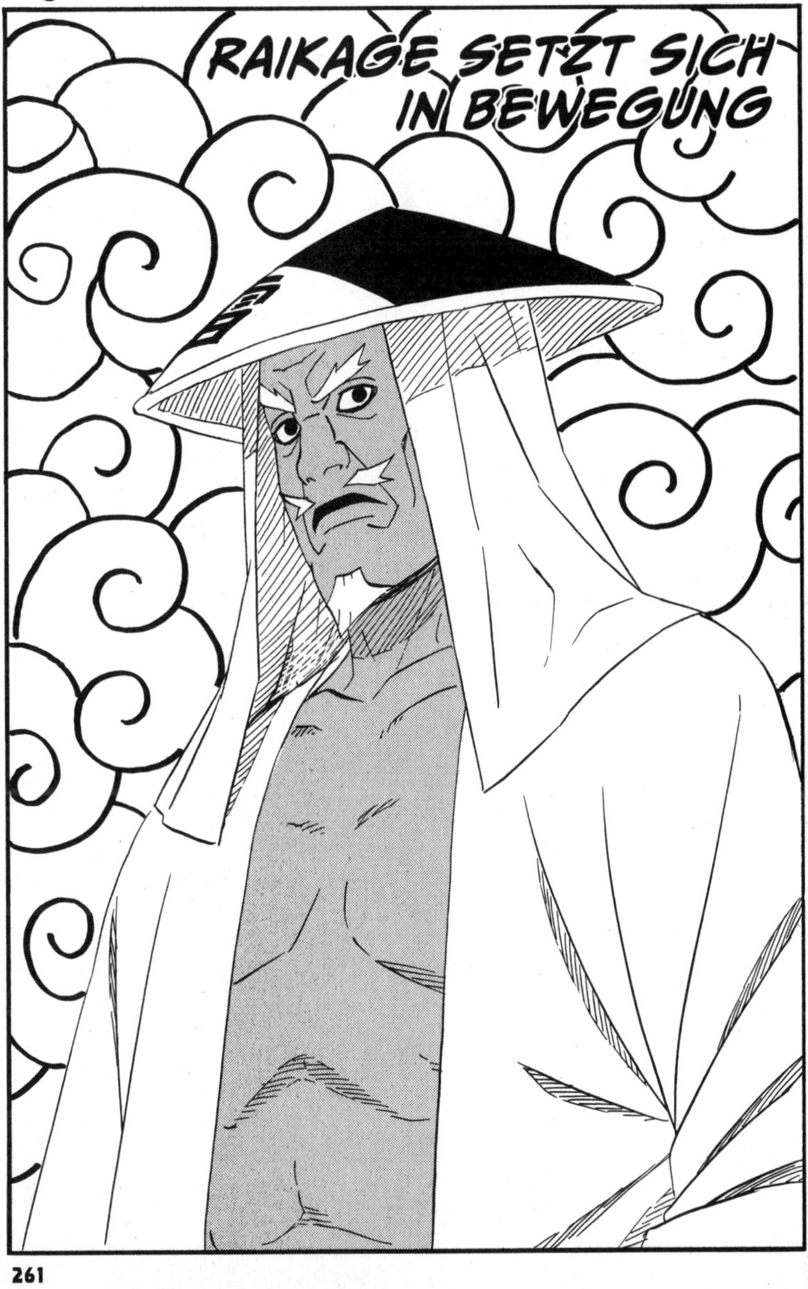

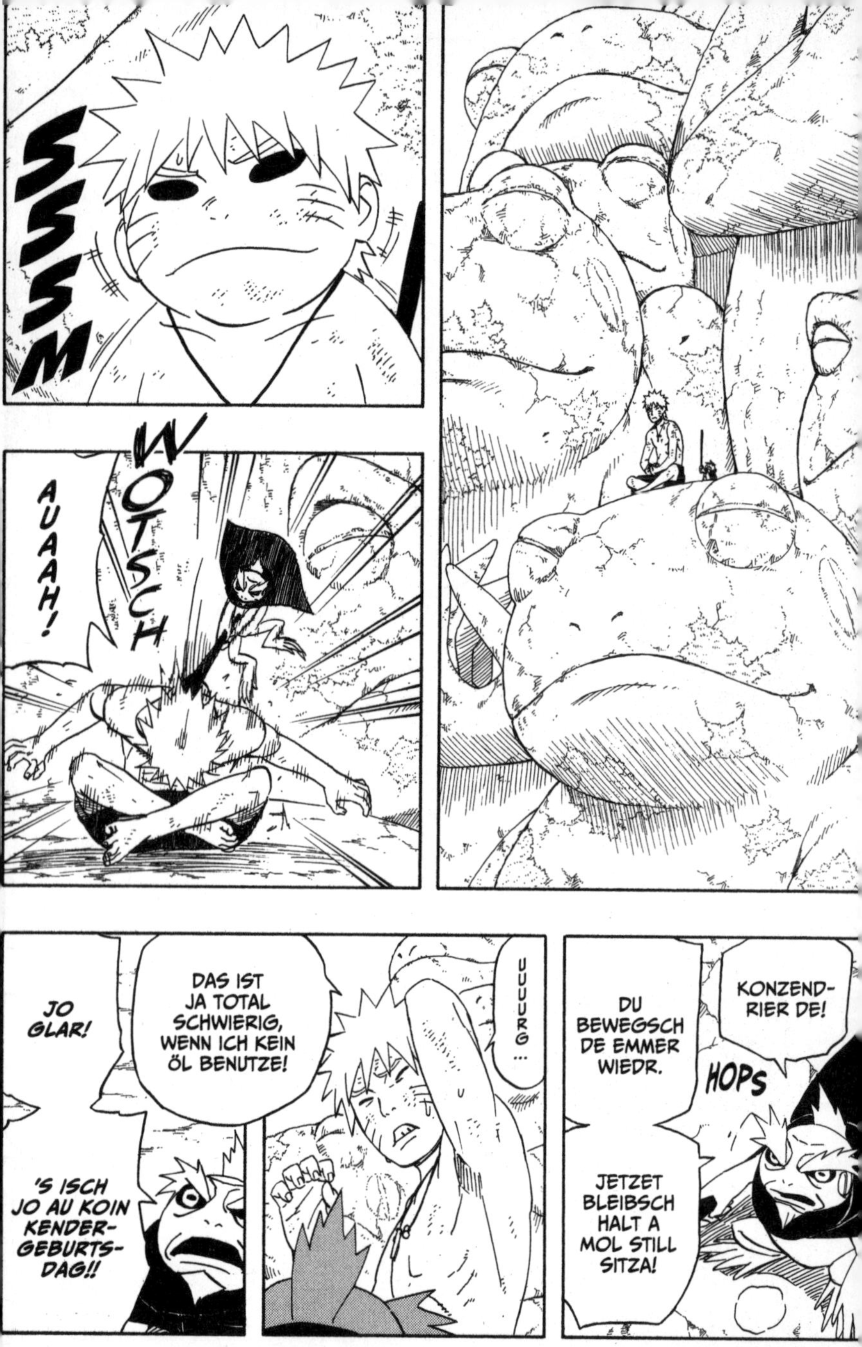
SSSM
WOTSCH
AUAAAH!
KONZENDRIER DE!
HOPS
DU BEWEGSCH DE EMMER WIEDR.
JETZET BLEIBSCH HALT A MOL STILL SITZA!
UUUURG ...
DAS IST JA TOTAL SCHWIERIG, WENN ICH KEIN ÖL BENUTZE!
JO GLAR!
'S ISCH JO AU KOIN KENDER-GEBURTS-DAG!!

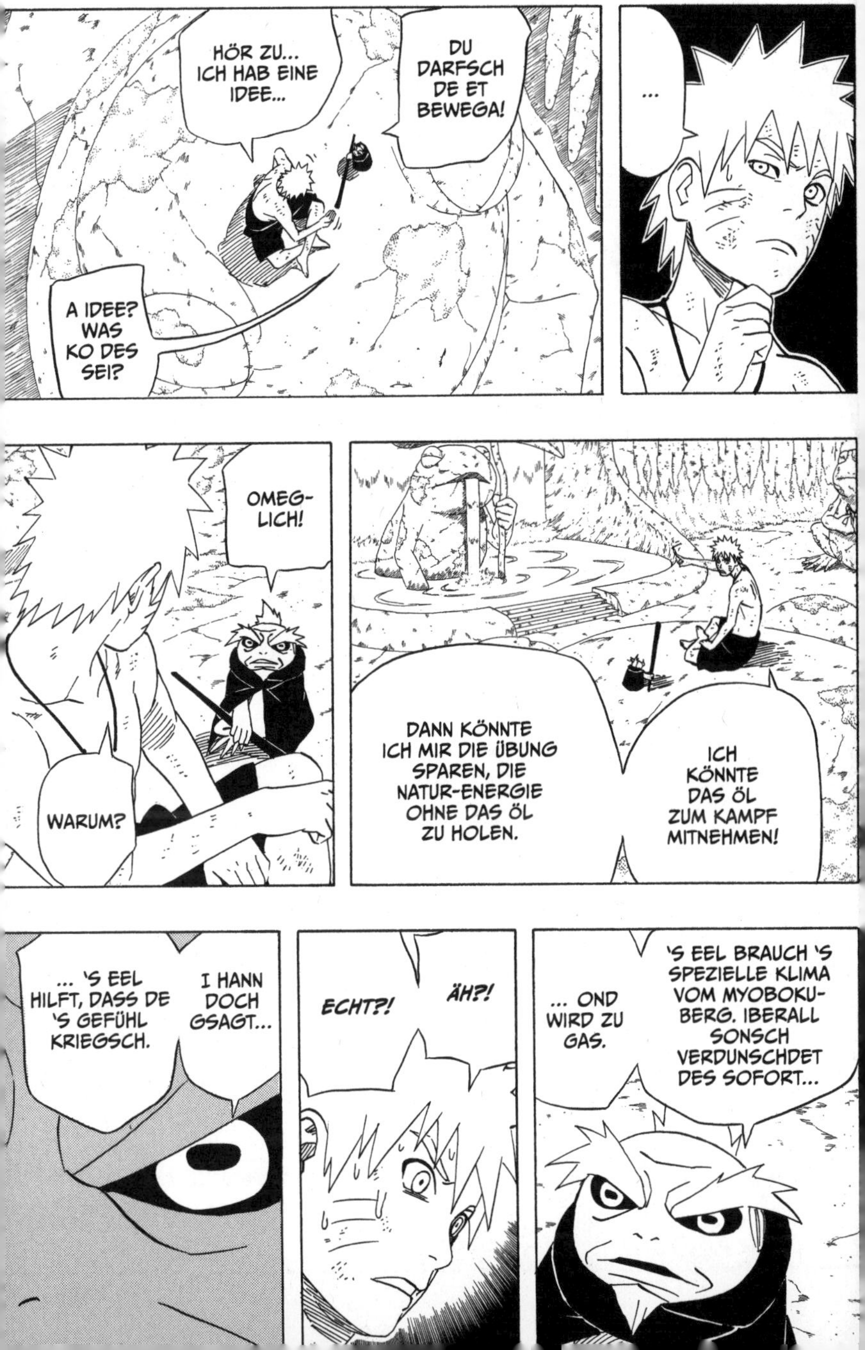
...
DU DARFSCH DE ET BEWEGA!
HÖR ZU... ICH HAB EINE IDEE...
A IDEE? WAS KO DES SEI?
ICH KÖNNTE DAS ÖL ZUM KAMPF MITNEHMEN!
DANN KÖNNTE ICH MIR DIE ÜBUNG SPAREN, DIE NATUR-ENERGIE OHNE DAS ÖL ZU HOLEN.
OMEG-LICH!
WARUM?
'S EEL BRAUCH 'S SPEZIELLE KLIMA VOM MYOBOKU-BERG. IBERALL SONSCH VERDUNSCHDET DES SOFORT...
... OND WIRD ZU GAS.
ÄH?!
ECHT?!
I HANN DOCH GSAGT...
... 'S EEL HILFT, DASS DE 'S GEFÜHL KRIEGSCH.

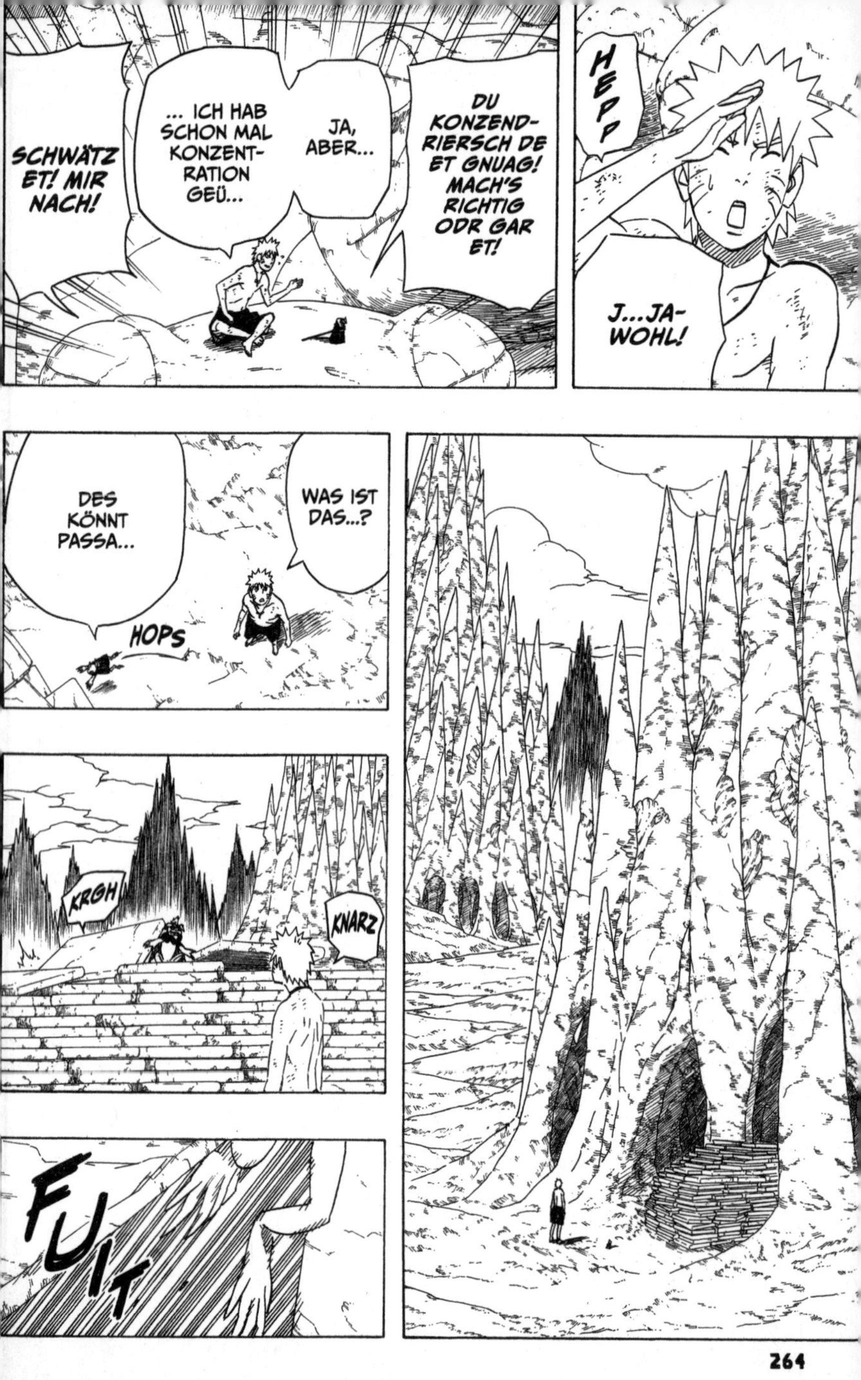
HEPP
J...JA-WOHL!
DU KONZEND-RIERSCH DE ET GNUAG! MACH'S RICHTIG ODR GAR ET!
JA, ABER...
... ICH HAB SCHON MAL KONZENT-RATION GEÜ...
SCHWÄTZ ET! MIR NACH!
WAS IST DAS...?
DES KÖNNT PASSA...
HOPS
KNARZ
KRGH
FUIT

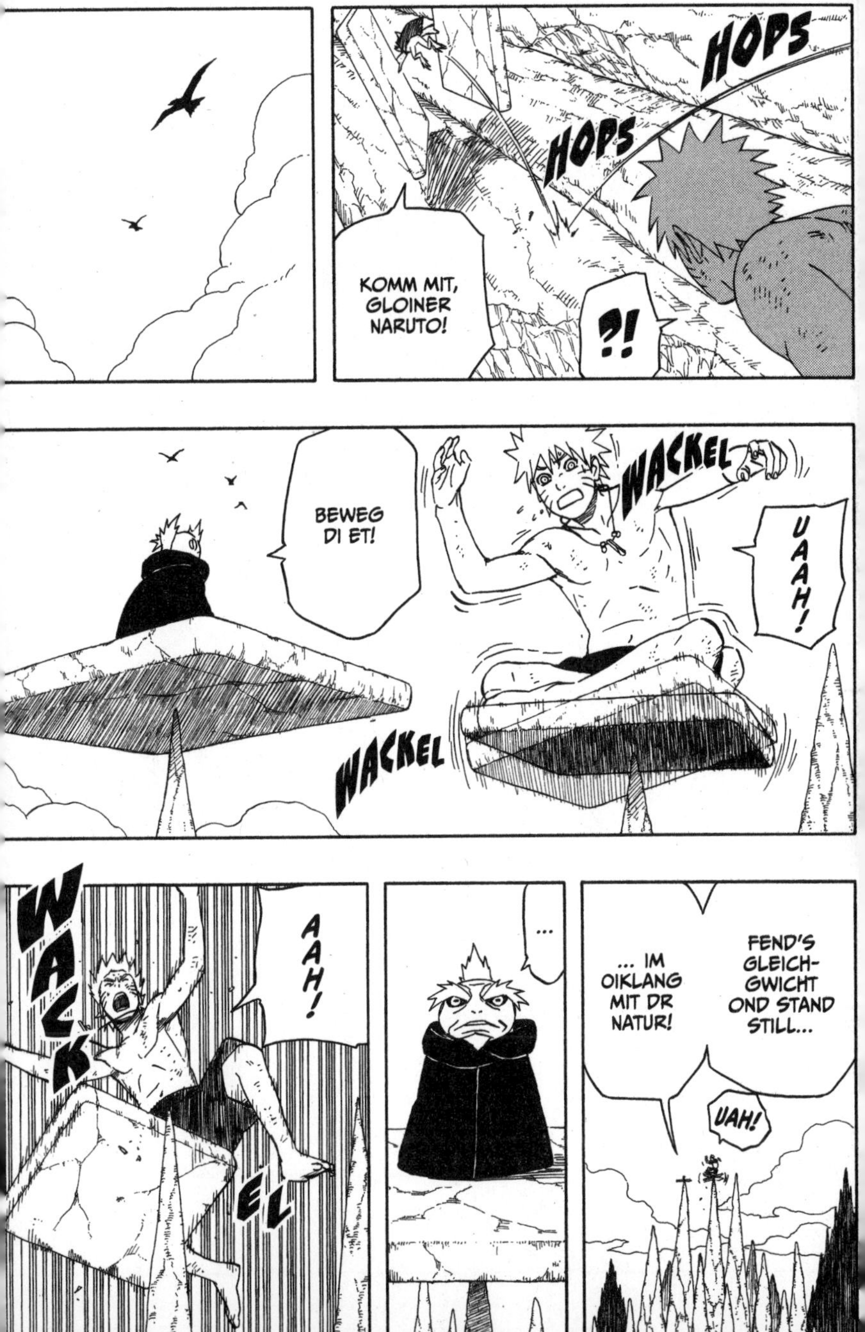
HOPS
HOPS
?!
KOMM MIT, GLOINER NARUTO!
WACKEL
UAAAH!
BEWEG DI ET!
WACKEL
FEND'S GLEICH-GWICHT OND STAND STILL...
... IM OIKLANG MIT DR NATUR!
UAH!
...
AAH!
WACK
EL

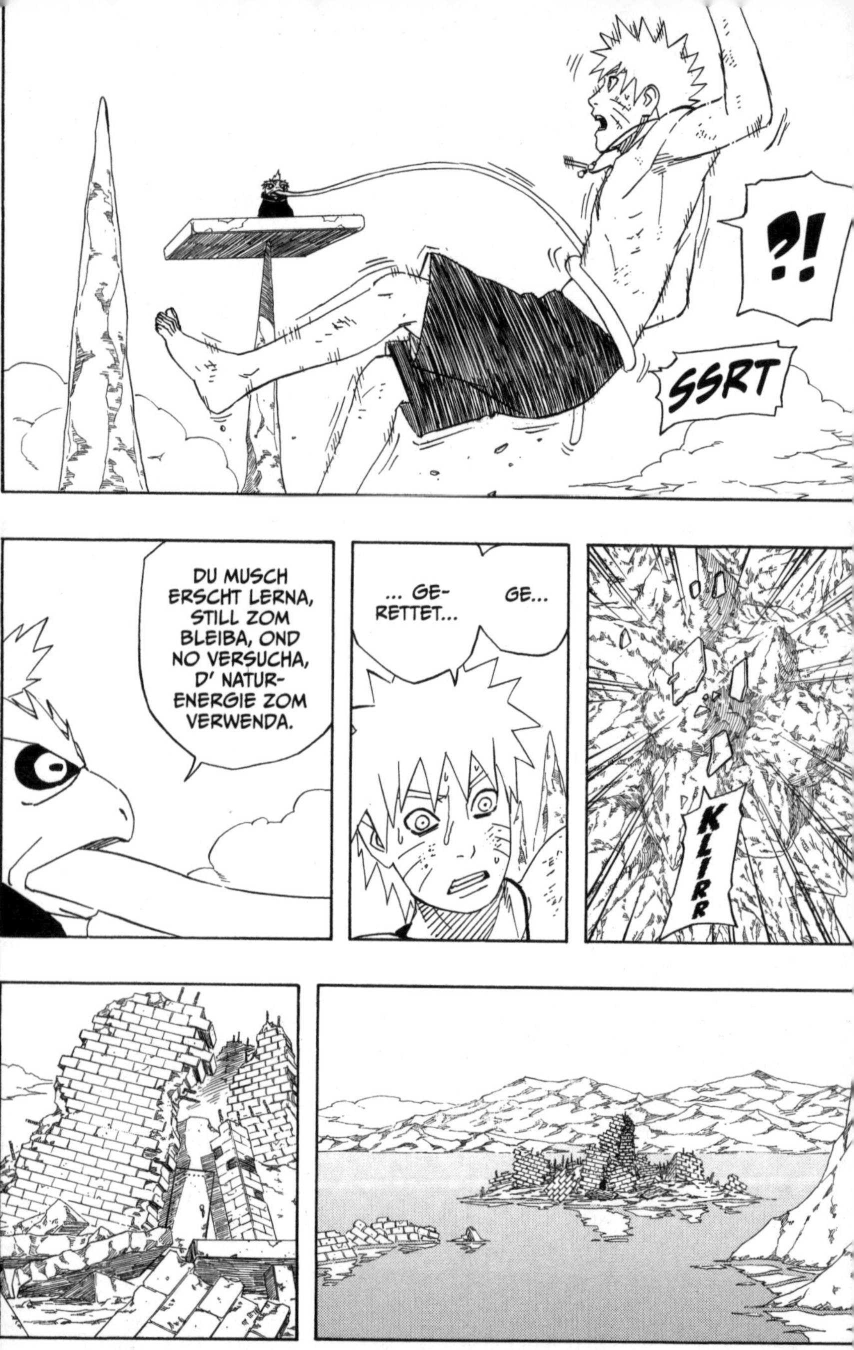
?!
SSRT
DU MUSCH ERSCHT LERNA, STILL ZOM BLEIBA, OND NO VERSUCHA, D' NATUR-ENERGIE ZOM VERWENDA.
GE...
... GE-RETTET...
KLIRR

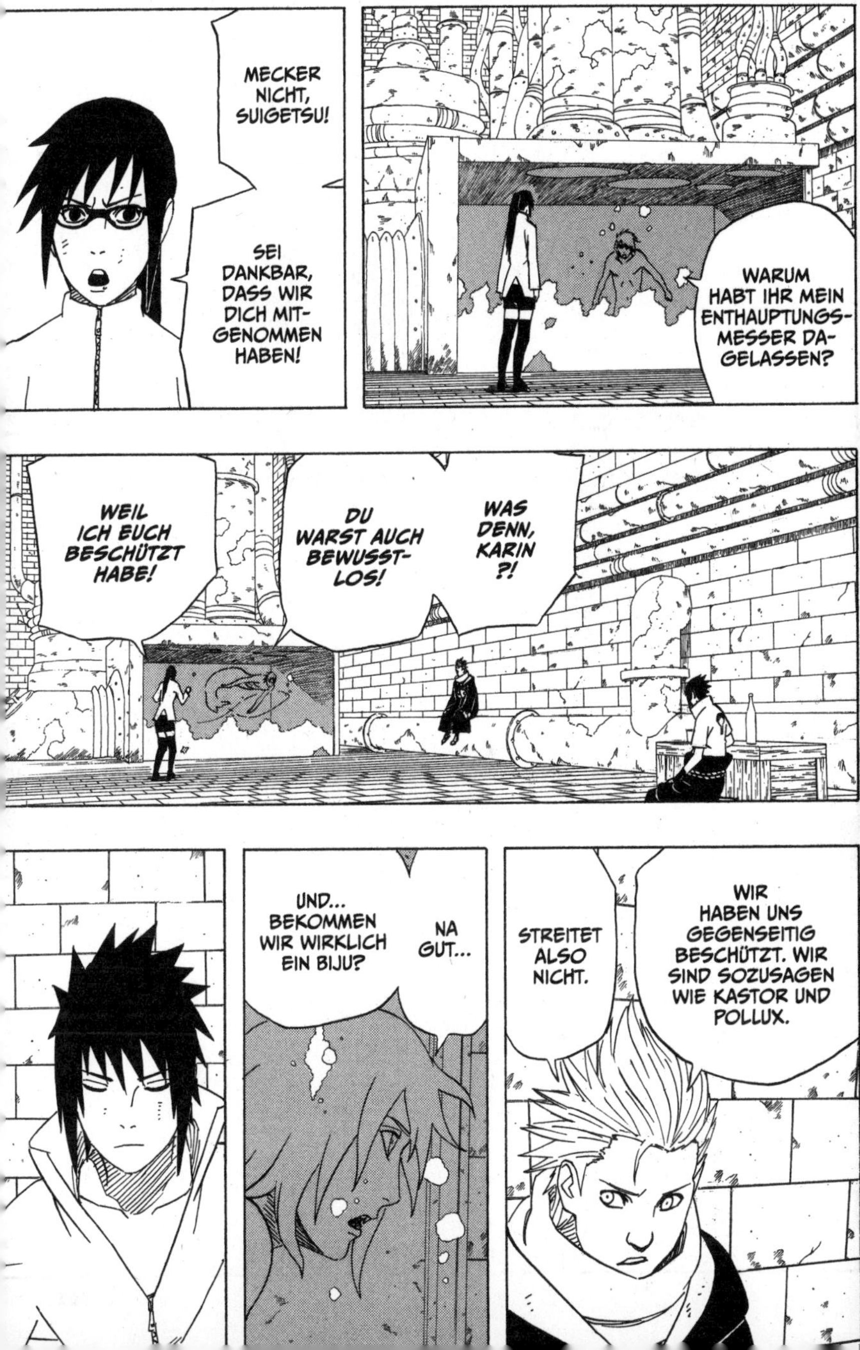
WARUM HABT IHR MEIN ENTHAUPTUNGS-MESSER DA-GELASSEN?
MECKER NICHT, SUIGETSU!
SEI DANKBAR, DASS WIR DICH MIT-GENOMMEN HABEN!
WAS DENN, KARIN?!
DU WARST AUCH BEWUSST-LOS!
WEIL ICH EUCH BESCHÜTZT HABE!
WIR HABEN UNS GEGENSEITIG BESCHÜTZT. WIR SIND SOZUSAGEN WIE KASTOR UND POLLUX.
STREITET ALSO NICHT.
NA GUT…
UND… BEKOMMEN WIR WIRKLICH EIN BIJU?

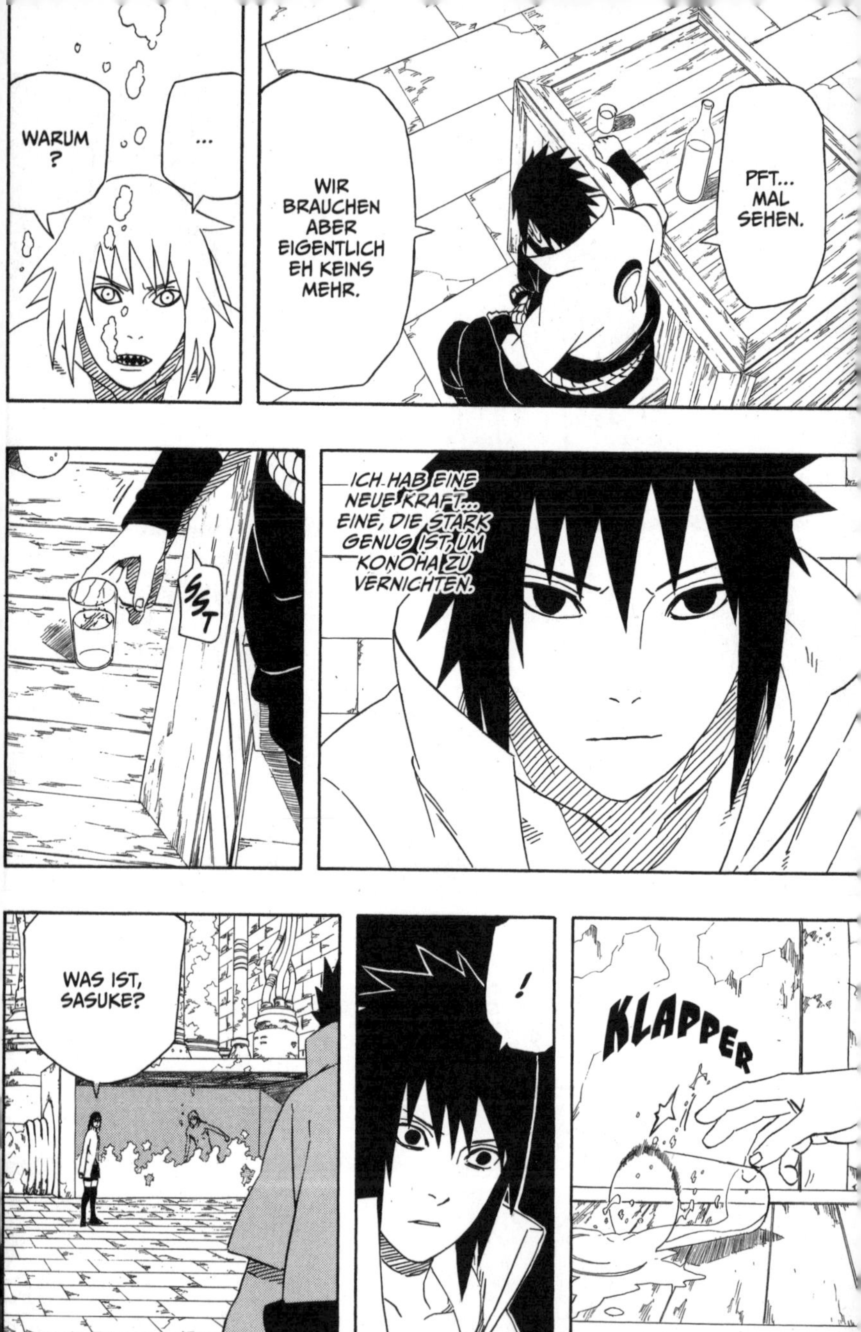
PFT... MAL SEHEN.
WIR BRAUCHEN ABER EIGENTLICH EH KEINS MEHR.
...
WARUM ?
ICH HAB EINE NEUE KRAFT... EINE, DIE STARK GENUG IST, UM KONOHA ZU VERNICHTEN.
SST
KLAPPER
!
WAS IST, SASUKE?

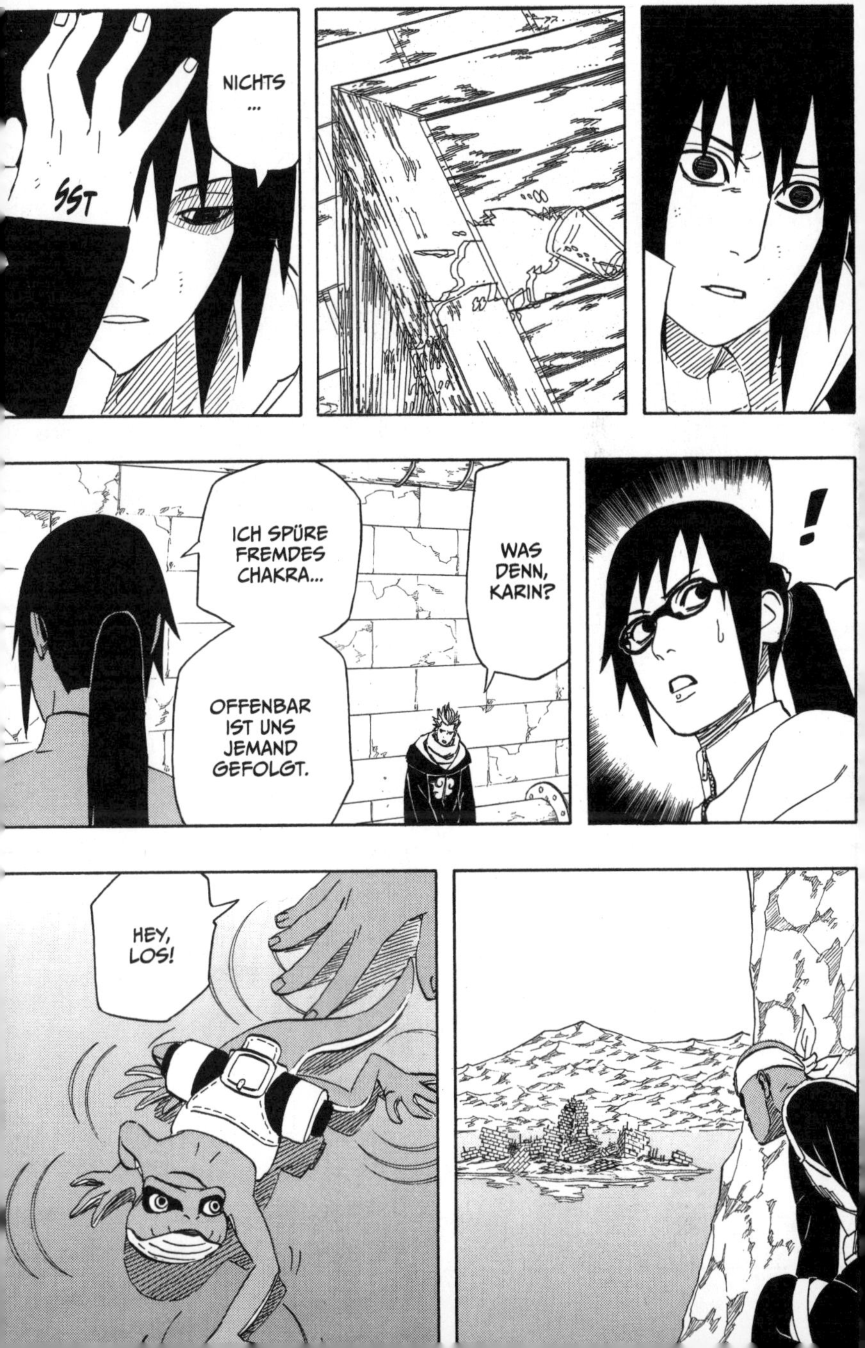
NICHTS ...
SST
!
WAS DENN, KARIN?
ICH SPÜRE FREMDES CHAKRA...
OFFENBAR IST UNS JEMAND GEFOLGT.
HEY, LOS!

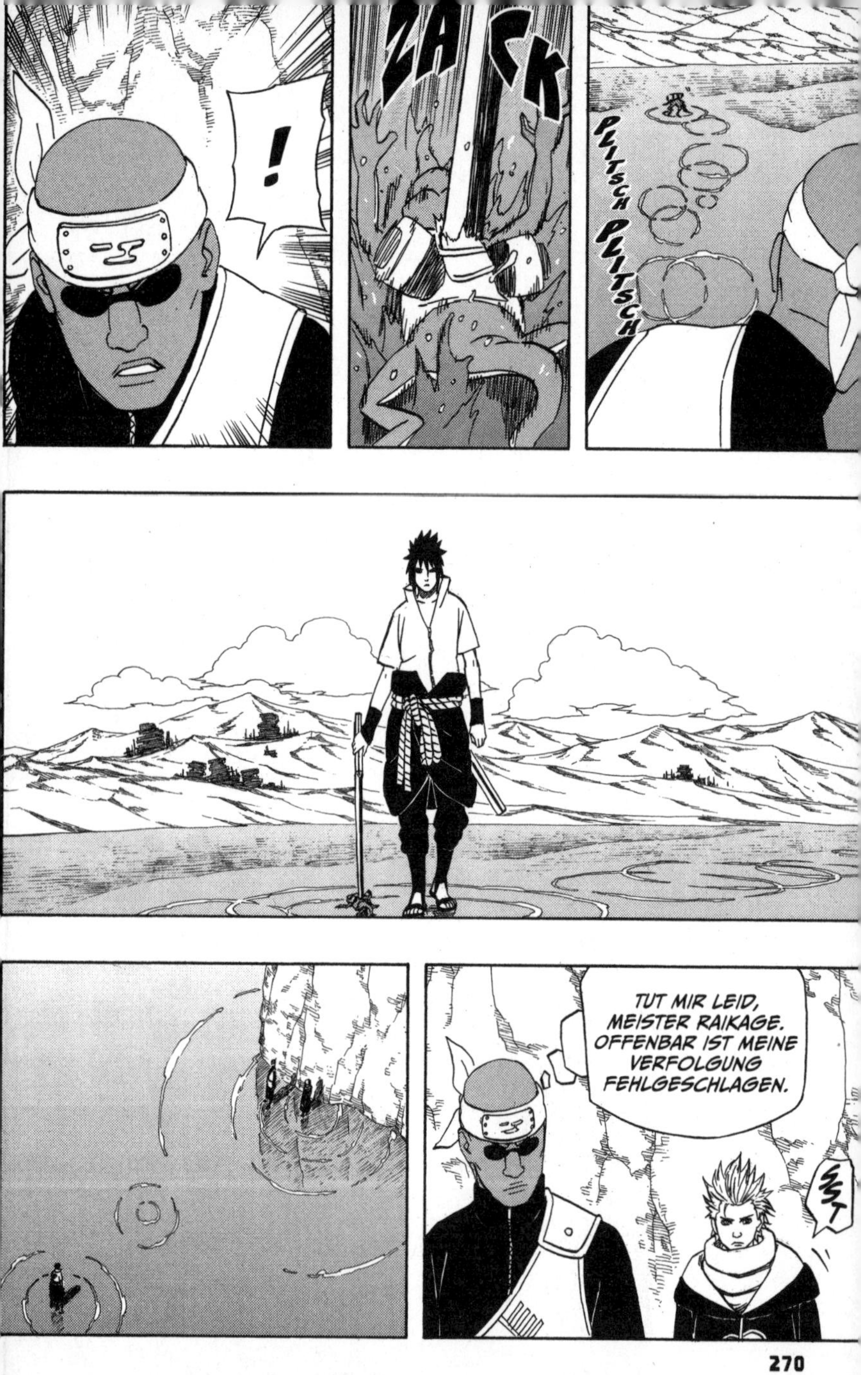
!
ZACK
PLITSCH PLITSCH
TUT MIR LEID, MEISTER RAIKAGE. OFFENBAR IST MEINE VERFOLGUNG FEHLGESCHLAGEN.

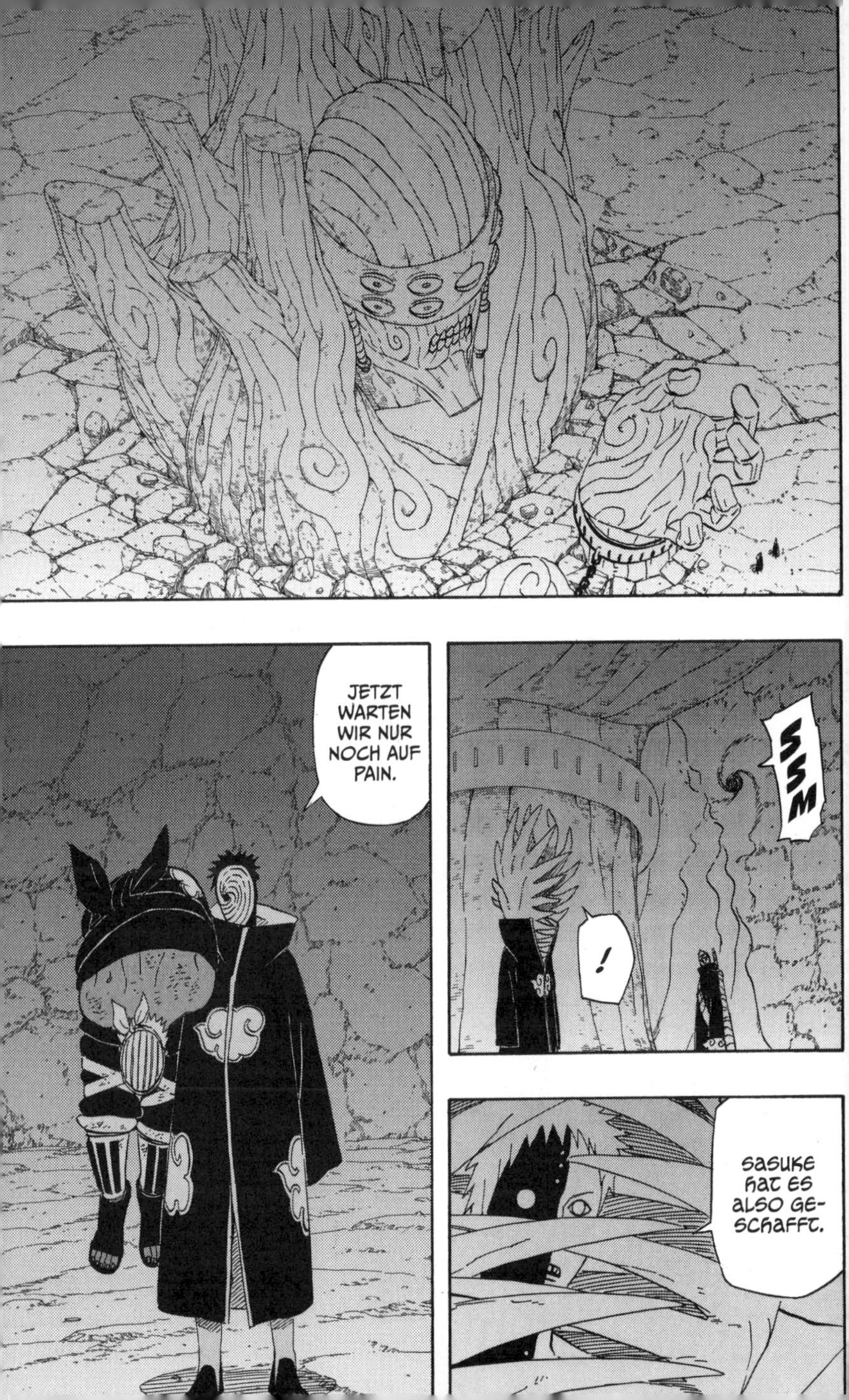

SSM
!
JETZT WARTEN WIR NUR NOCH AUF PAIN.
SASUKE HAT ES ALSO GE-SCHAFFT.

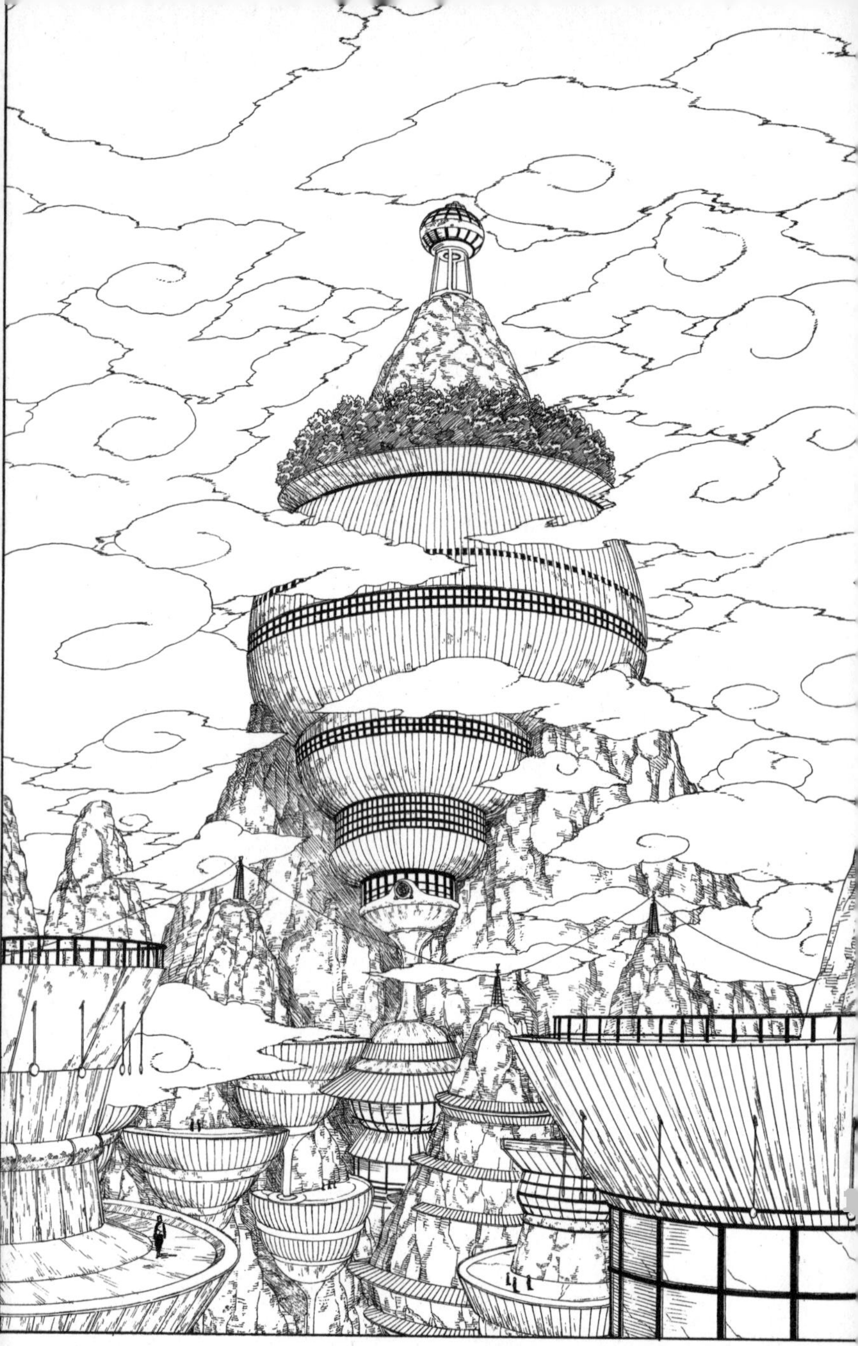

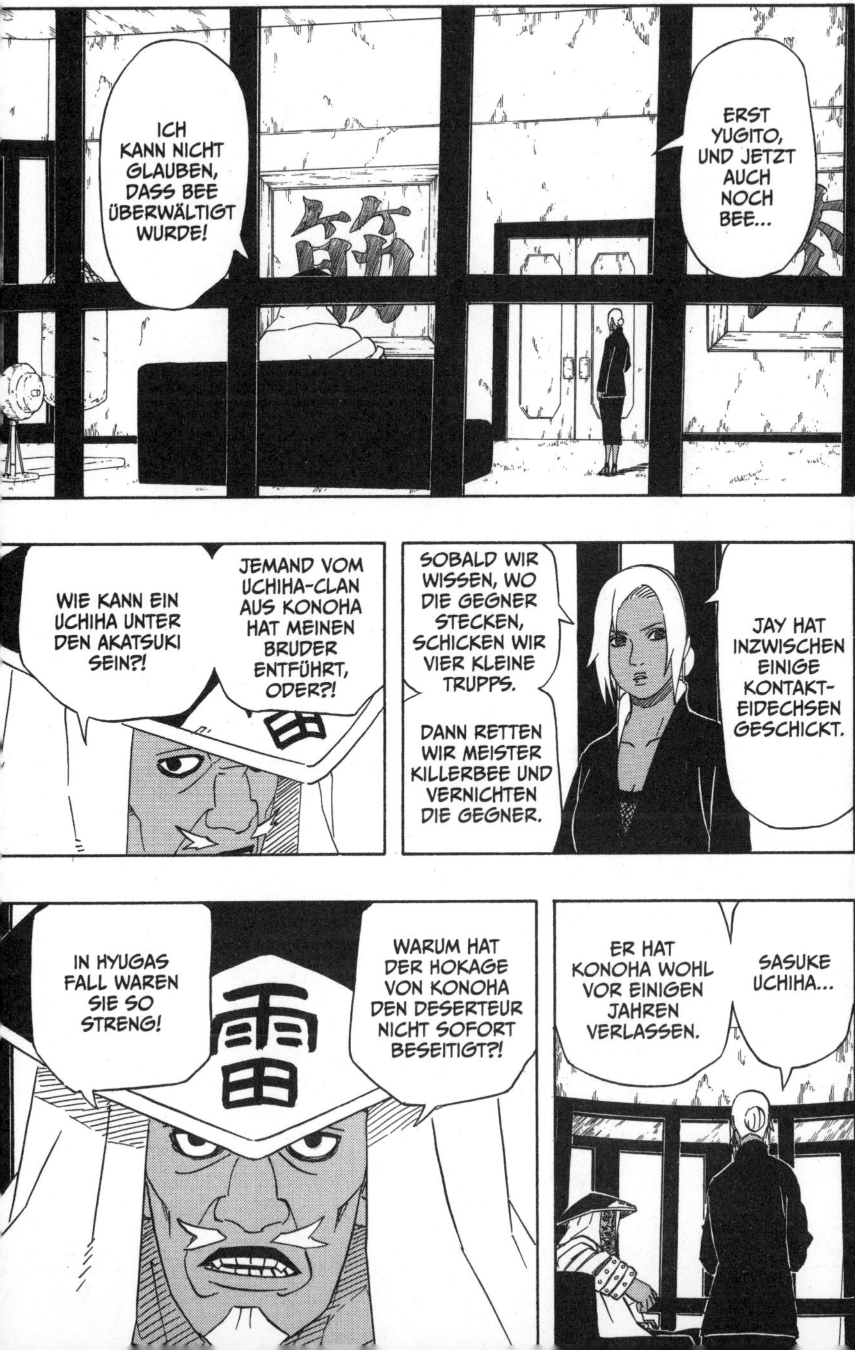
ERST YUGITO, UND JETZT AUCH NOCH BEE...
ICH KANN NICHT GLAUBEN, DASS BEE ÜBERWÄLTIGT WURDE!
JAY HAT INZWISCHEN EINIGE KONTAKT-EIDECHSEN GESCHICKT.
SOBALD WIR WISSEN, WO DIE GEGNER STECKEN, SCHICKEN WIR VIER KLEINE TRUPPS.
DANN RETTEN WIR MEISTER KILLERBEE UND VERNICHTEN DIE GEGNER.
JEMAND VOM UCHIHA-CLAN AUS KONOHA HAT MEINEN BRUDER ENTFÜHRT, ODER?!
WIE KANN EIN UCHIHA UNTER DEN AKATSUKI SEIN?!
SASUKE UCHIHA...
ER HAT KONOHA WOHL VOR EINIGEN JAHREN VERLASSEN.
WARUM HAT DER HOKAGE VON KONOHA DEN DESERTEUR NICHT SOFORT BESEITIGT?!
IN HYUGAS FALL WAREN SIE SO STRENG!

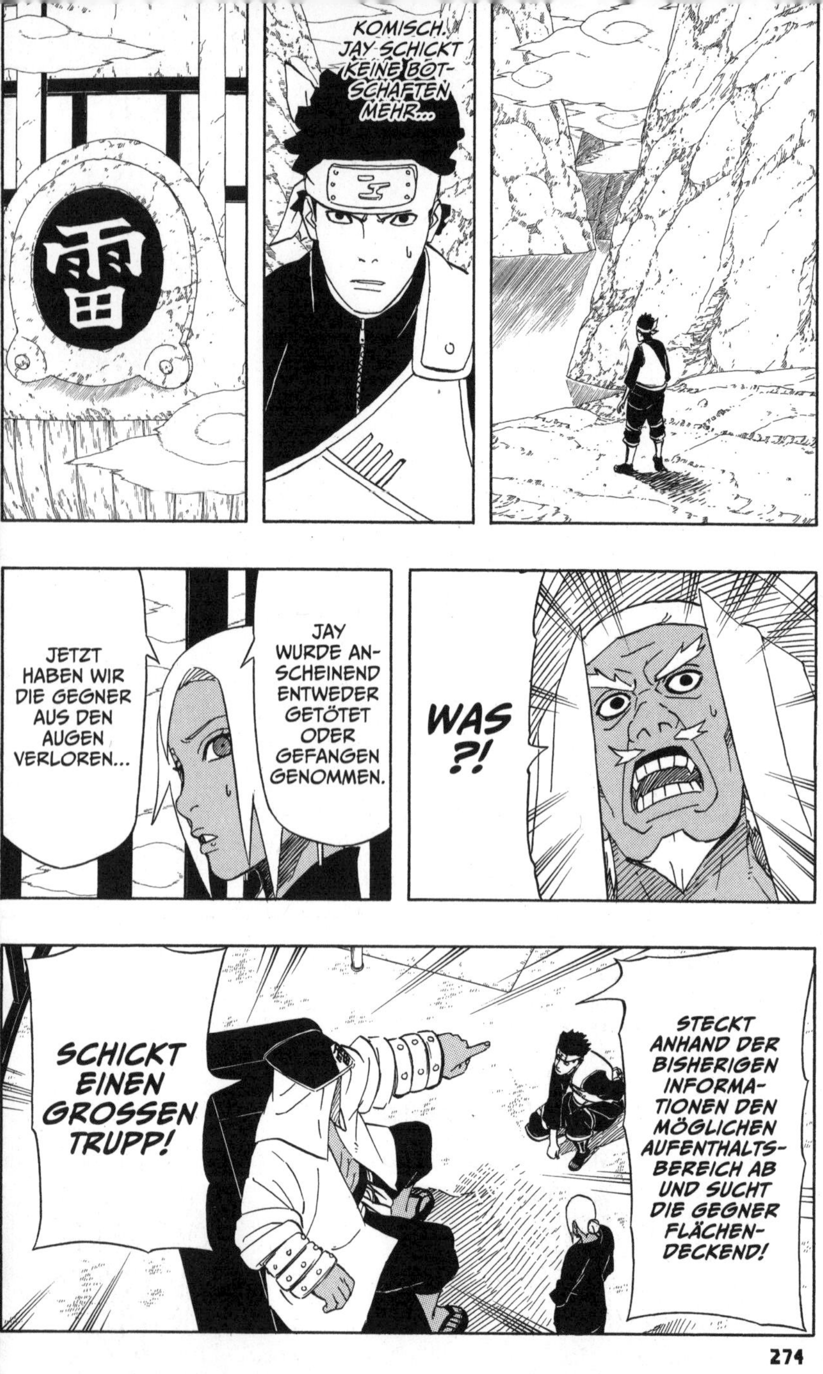
雷
KOMISCH. JAY SCHICKT KEINE BOTSCHAFTEN MEHR...
JAY WURDE ANSCHEINEND ENTWEDER GETÖTET ODER GEFANGEN GENOMMEN.
JETZT HABEN WIR DIE GEGNER AUS DEN AUGEN VERLOREN...
WAS ?!
STECKT ANHAND DER BISHERIGEN INFORMATIONEN DEN MÖGLICHEN AUFENTHALTSBEREICH AB UND SUCHT DIE GEGNER FLÄCHENDECKEND!
SCHICKT EINEN GROSSEN TRUPP!

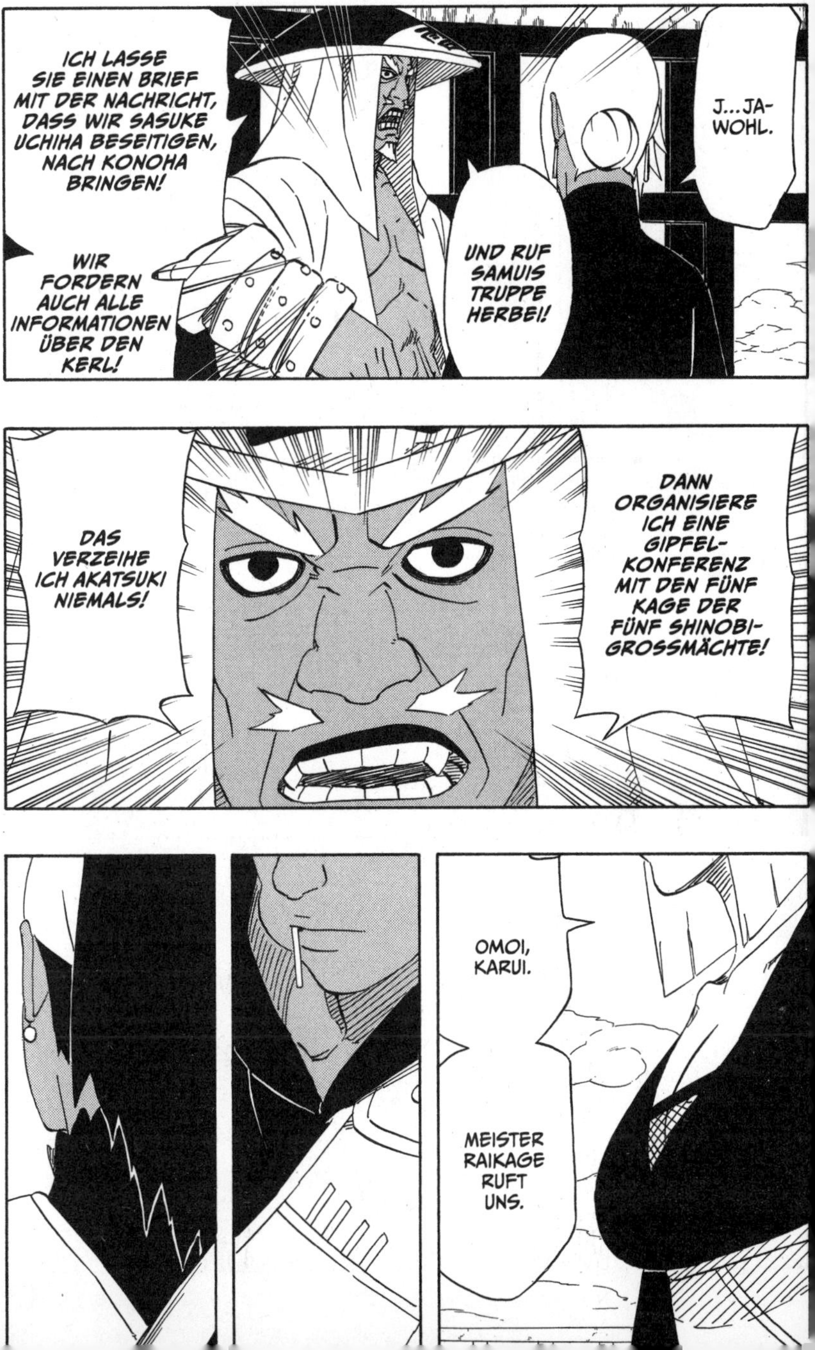
J...JA-WOHL.
UND RUF SAMUIS TRUPPE HERBEI!
ICH LASSE SIE EINEN BRIEF MIT DER NACHRICHT, DASS WIR SASUKE UCHIHA BESEITIGEN, NACH KONOHA BRINGEN!
WIR FORDERN AUCH ALLE INFORMATIONEN ÜBER DEN KERL!
DANN ORGANISIERE ICH EINE GIPFEL-KONFERENZ MIT DEN FÜNF KAGE DER FÜNF SHINOBI-GROSSMÄCHTE!
DAS VERZEIHE ICH AKATSUKI NIEMALS!
OMOI, KARUI.
MEISTER RAIKAGE RUFT UNS.

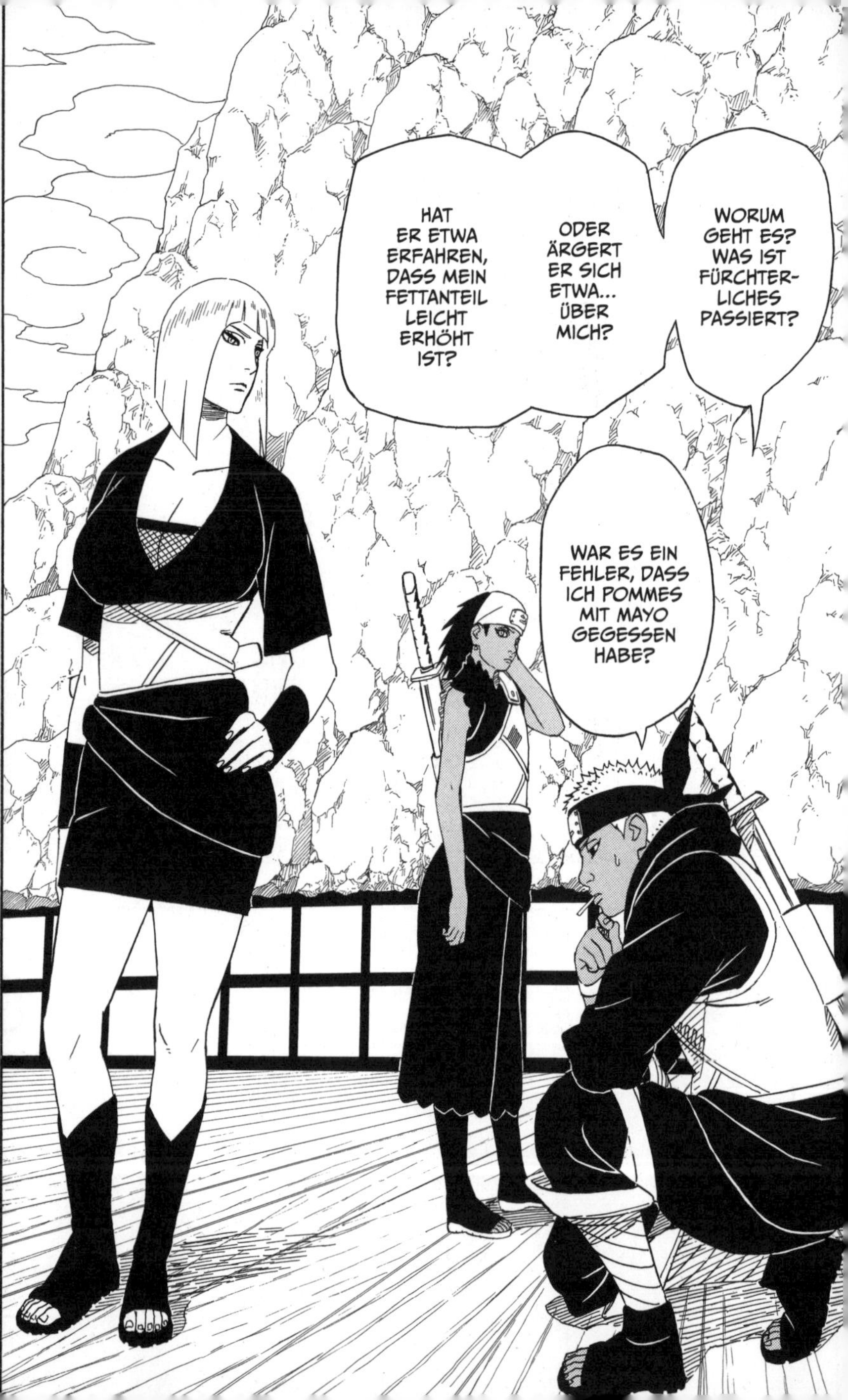
WORUM GEHT ES? WAS IST FÜRCHTER-LICHES PASSIERT?
HAT ER ETWA ERFAHREN, DASS MEIN FETTANTEIL LEICHT ERHÖHT IST?
ODER ÄRGERT ER SICH ETWA... ÜBER MICH?
WAR ES EIN FEHLER, DASS ICH POMMES MIT MAYO GEGESSEN HABE?

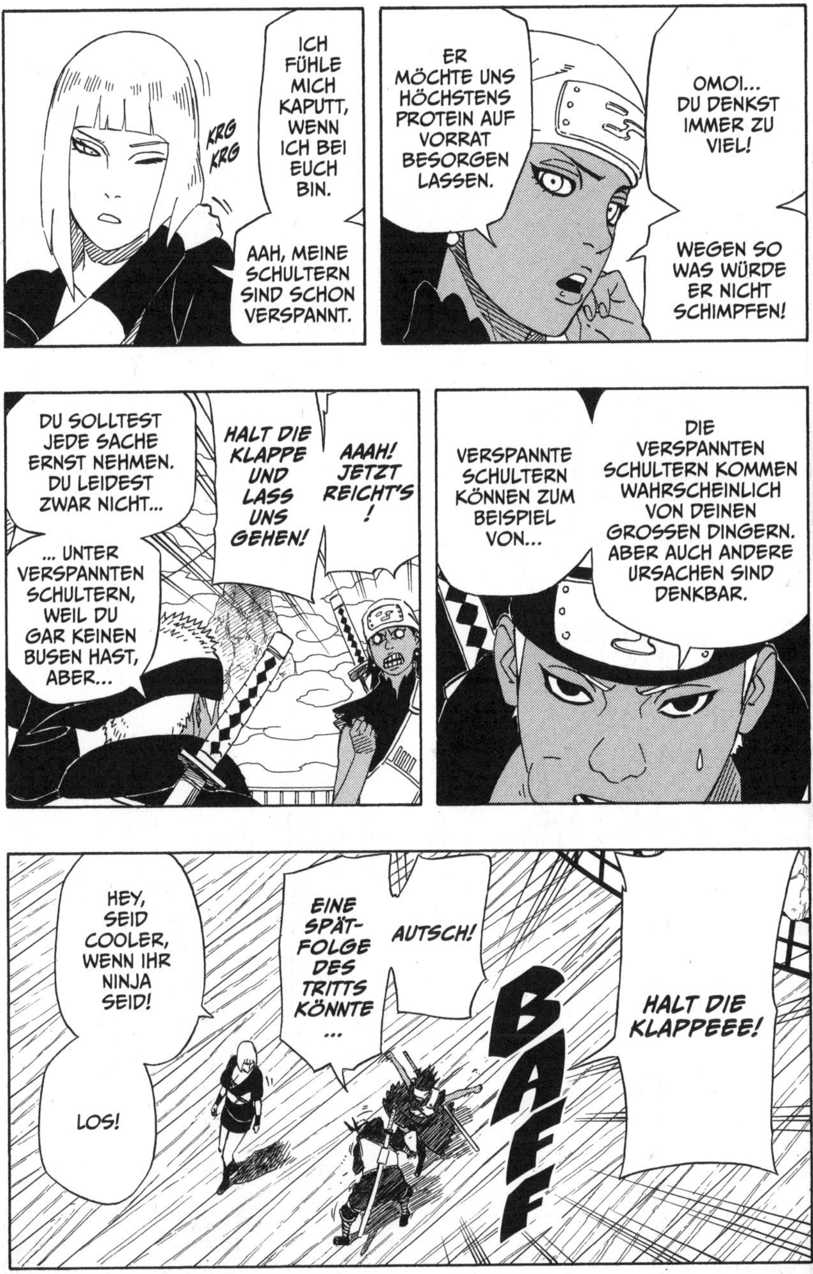
OMOI... DU DENKST IMMER ZU VIEL!
WEGEN SO WAS WÜRDE ER NICHT SCHIMPFEN!
ER MÖCHTE UNS HÖCHSTENS PROTEIN AUF VORRAT BESORGEN LASSEN.
ICH FÜHLE MICH KAPUTT, WENN ICH BEI EUCH BIN.
KRG KRG
AAH, MEINE SCHULTERN SIND SCHON VERSPANNT.
DIE VERSPANNTEN SCHULTERN KOMMEN WAHRSCHEINLICH VON DEINEN GROSSEN DINGERN. ABER AUCH ANDERE URSACHEN SIND DENKBAR.
VERSPANNTE SCHULTERN KÖNNEN ZUM BEISPIEL VON...
AAAH! JETZT REICHT'S!
HALT DIE KLAPPE UND LASS UNS GEHEN!
DU SOLLTEST JEDE SACHE ERNST NEHMEN. DU LEIDEST ZWAR NICHT...
... UNTER VERSPANNTEN SCHULTERN, WEIL DU GAR KEINEN BUSEN HAST, ABER...
HALT DIE KLAPPEEE!
BAFF
AUTSCH!
EINE SPÄT-FOLGE DES TRITTS KÖNNTE ...
HEY, SEID COOLER, WENN IHR NINJA SEID!
LOS!

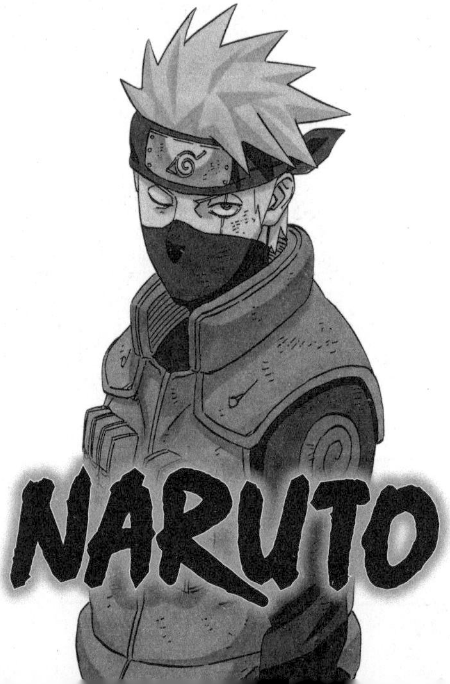
NARUTO

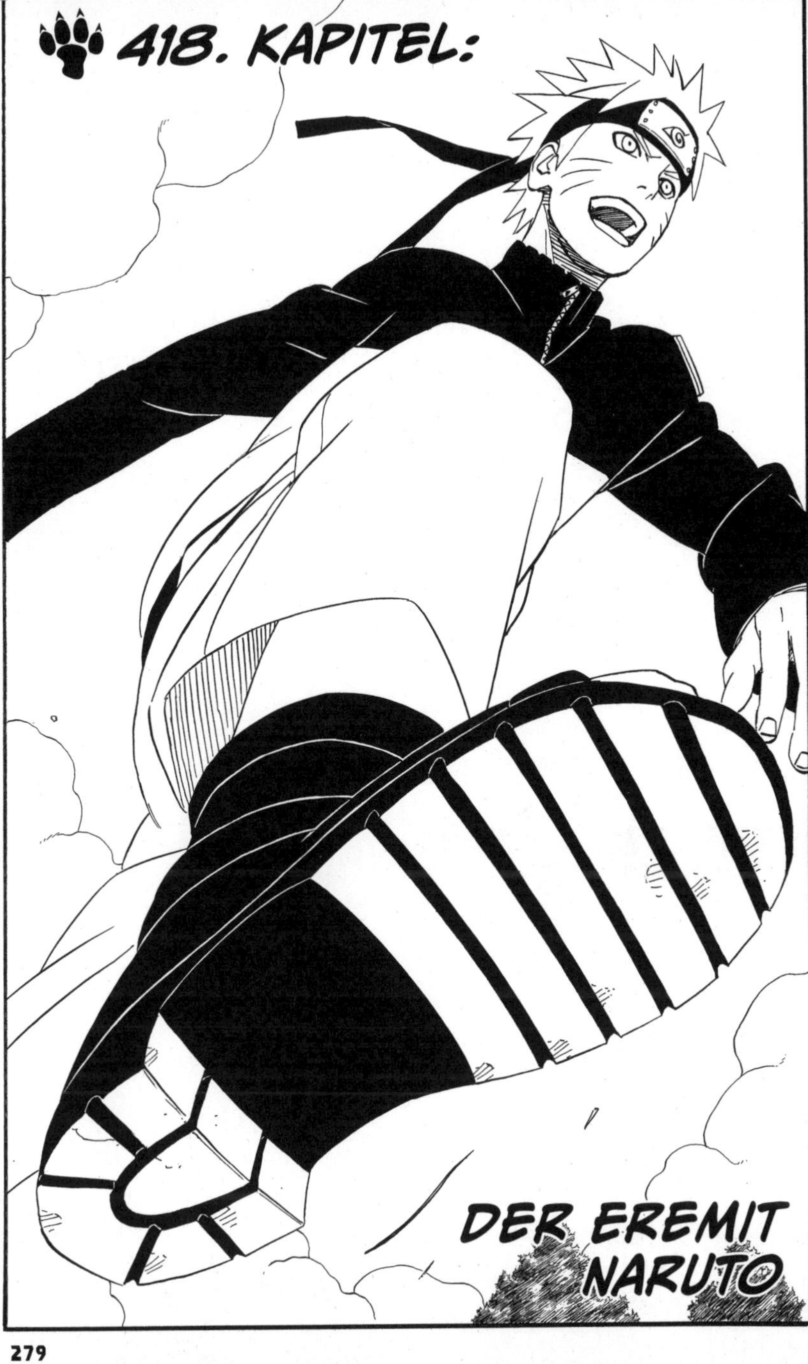
418. KAPITEL:
DER EREMIT NARUTO

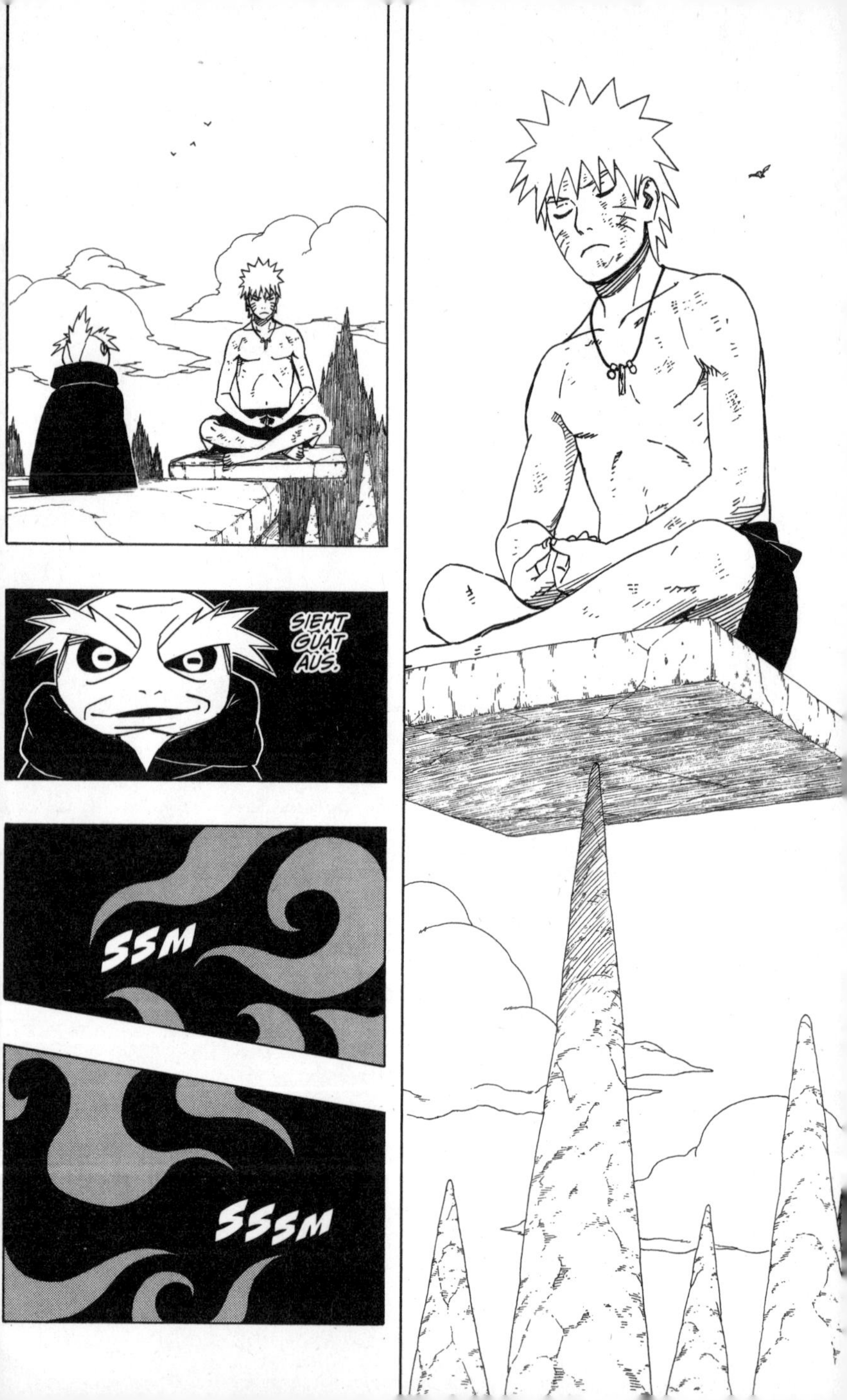
SIEHT GUAT AUS.
SSM
SSSM

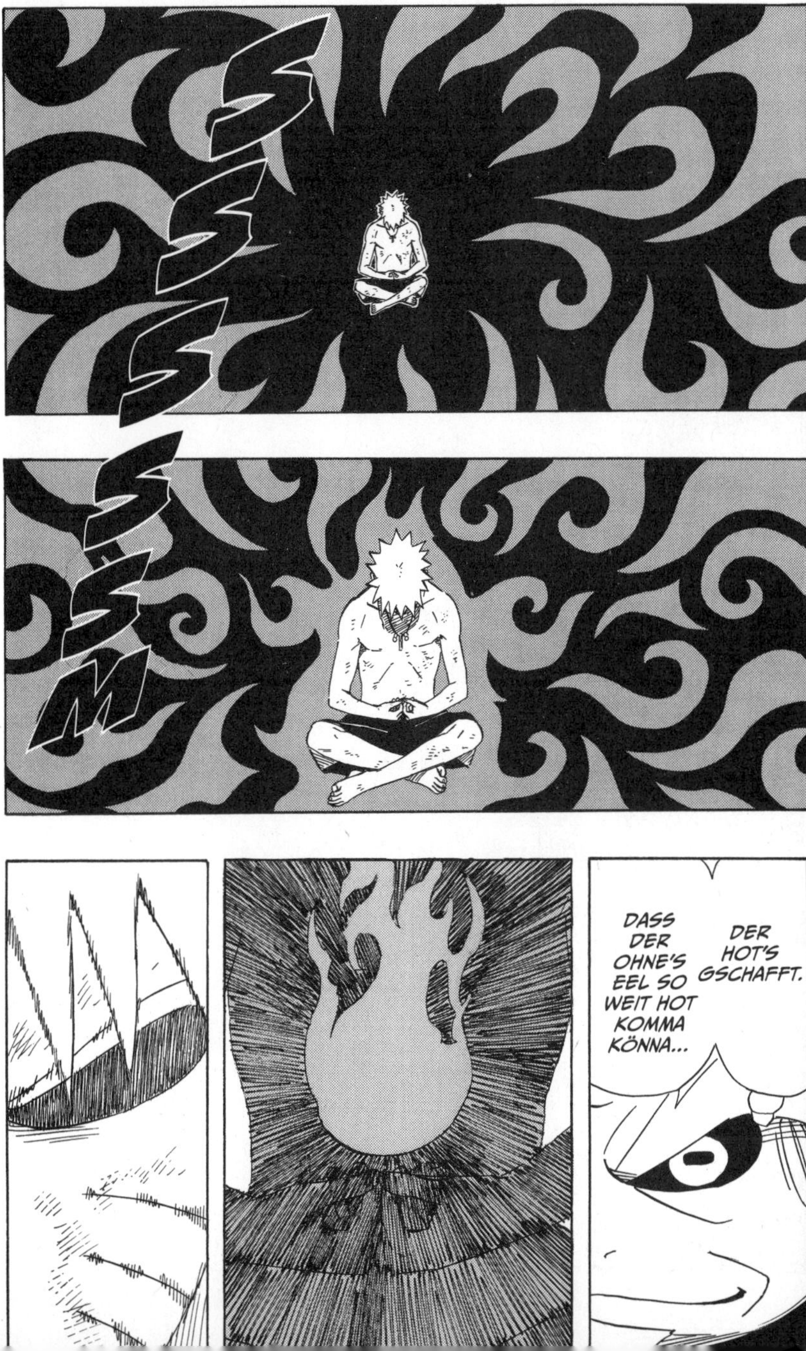
SSSSSSM
DER HOT'S GSCHAFFT.
DASS DER OHNE'S EEL SO WEIT HOT KOMMA KÖNNA...

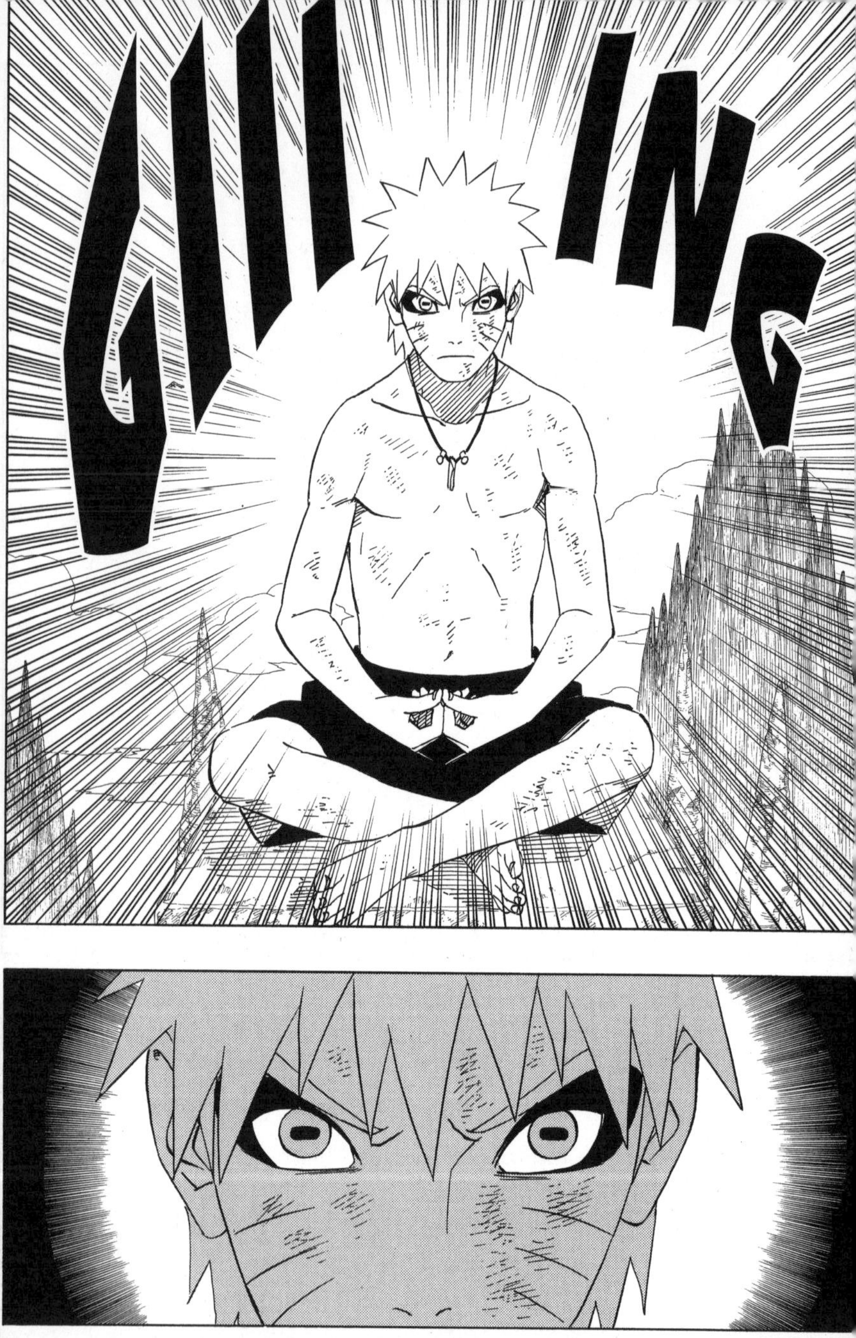
GIIIING

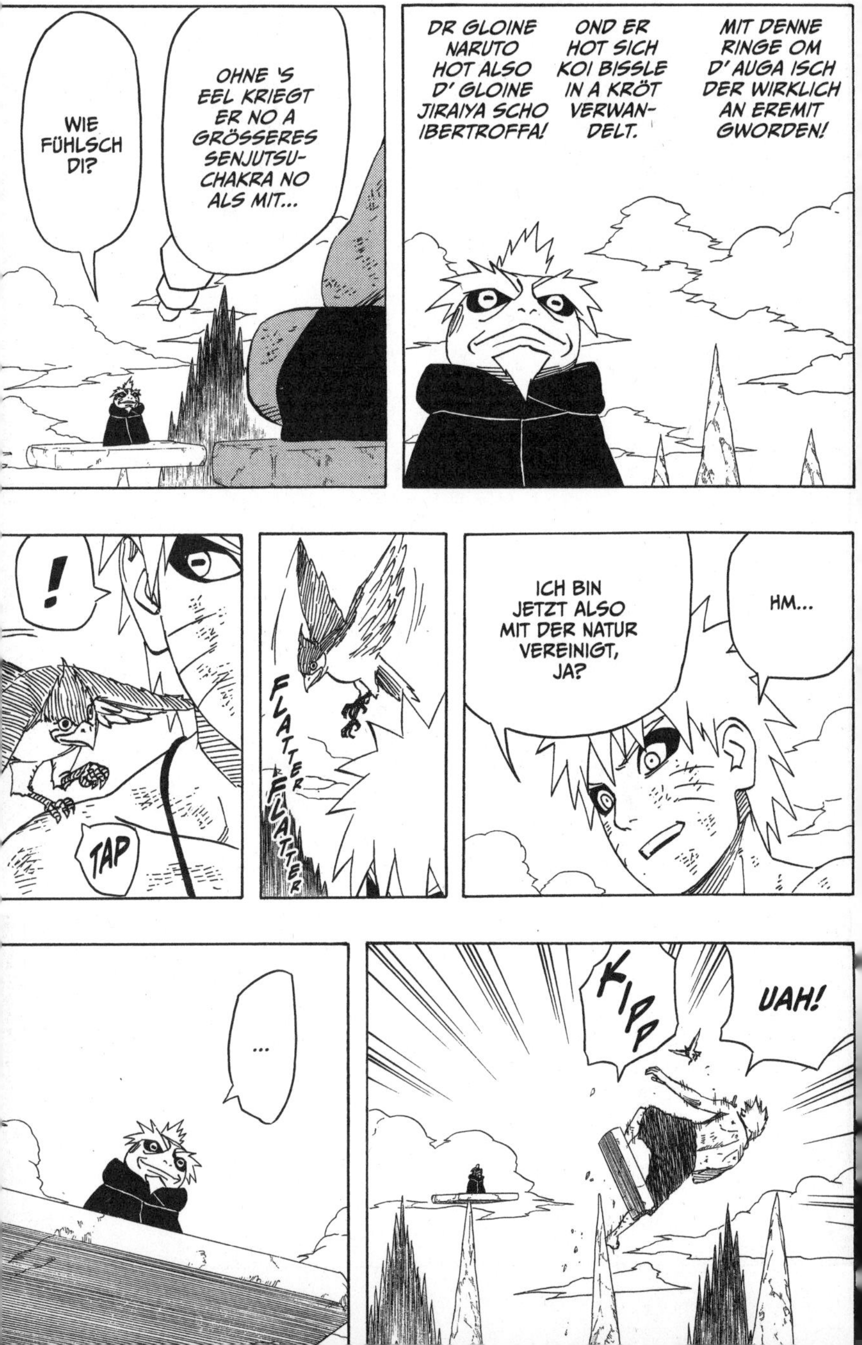

DR GLOINE NARUTO HOT ALSO D' GLOINE JIRAIYA SCHO IBERTROFFA!
OND ER HOT SICH KOI BISSLE IN A KRÖT VERWAN-DELT.
MIT DENNE RINGE OM D' AUGA ISCH DER WIRKLICH AN EREMIT GWORDEN!
OHNE 'S EEL KRIEGT ER NO A GRÖSSERES SENJUTSU-CHAKRA NO ALS MIT...
WIE FÜHLSCH DI?
HM...
ICH BIN JETZT ALSO MIT DER NATUR VEREINIGT, JA?
FLATTER FLATTER
!
TAP
UAH!
KIPP
...

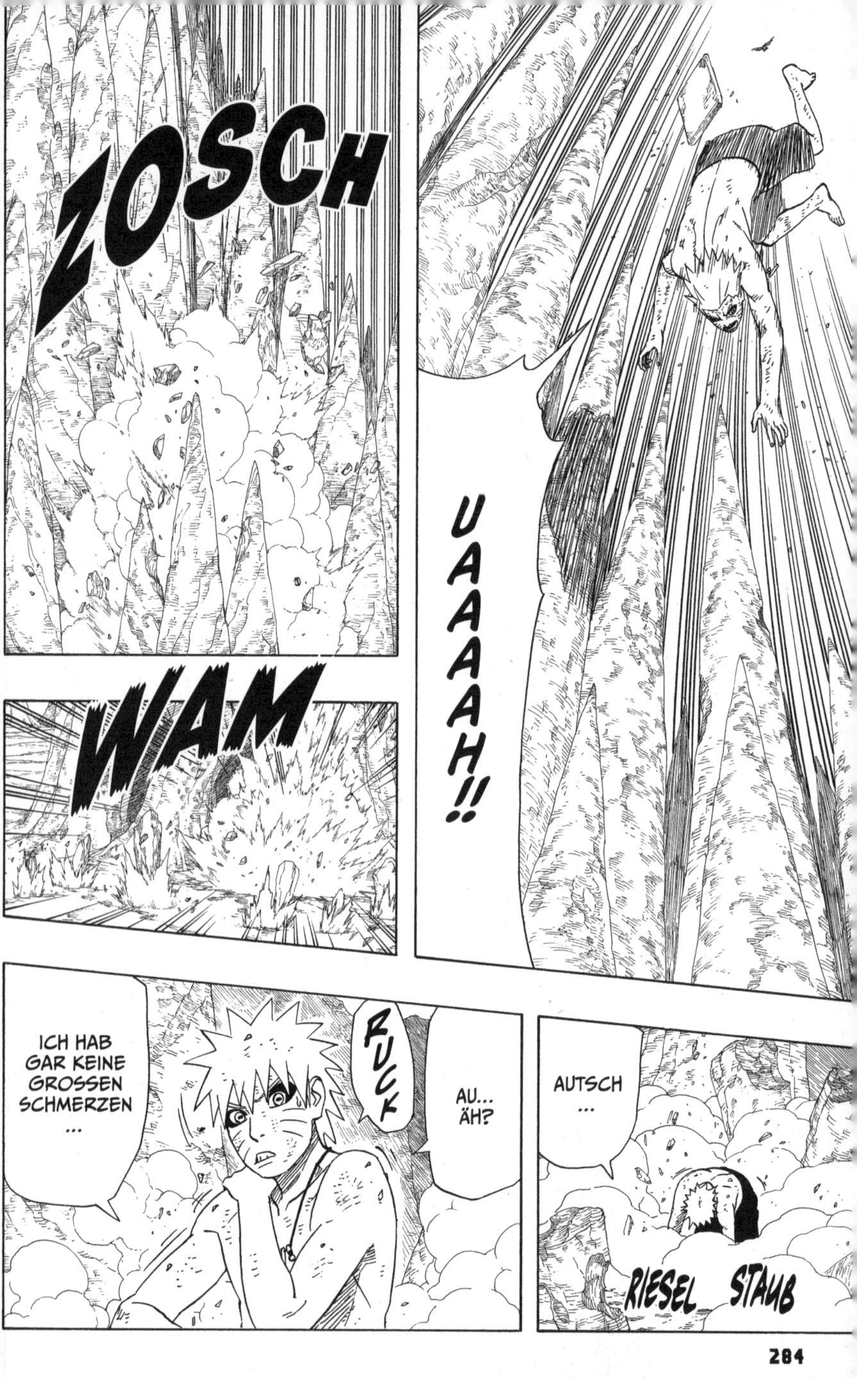

ZOSCH
UAAAAAH!!
WAM
RUCK
AU... ÄH?
ICH HAB GAR KEINE GROSSEN SCHMERZEN ...
AUTSCH ...
RIESEL
STAUB

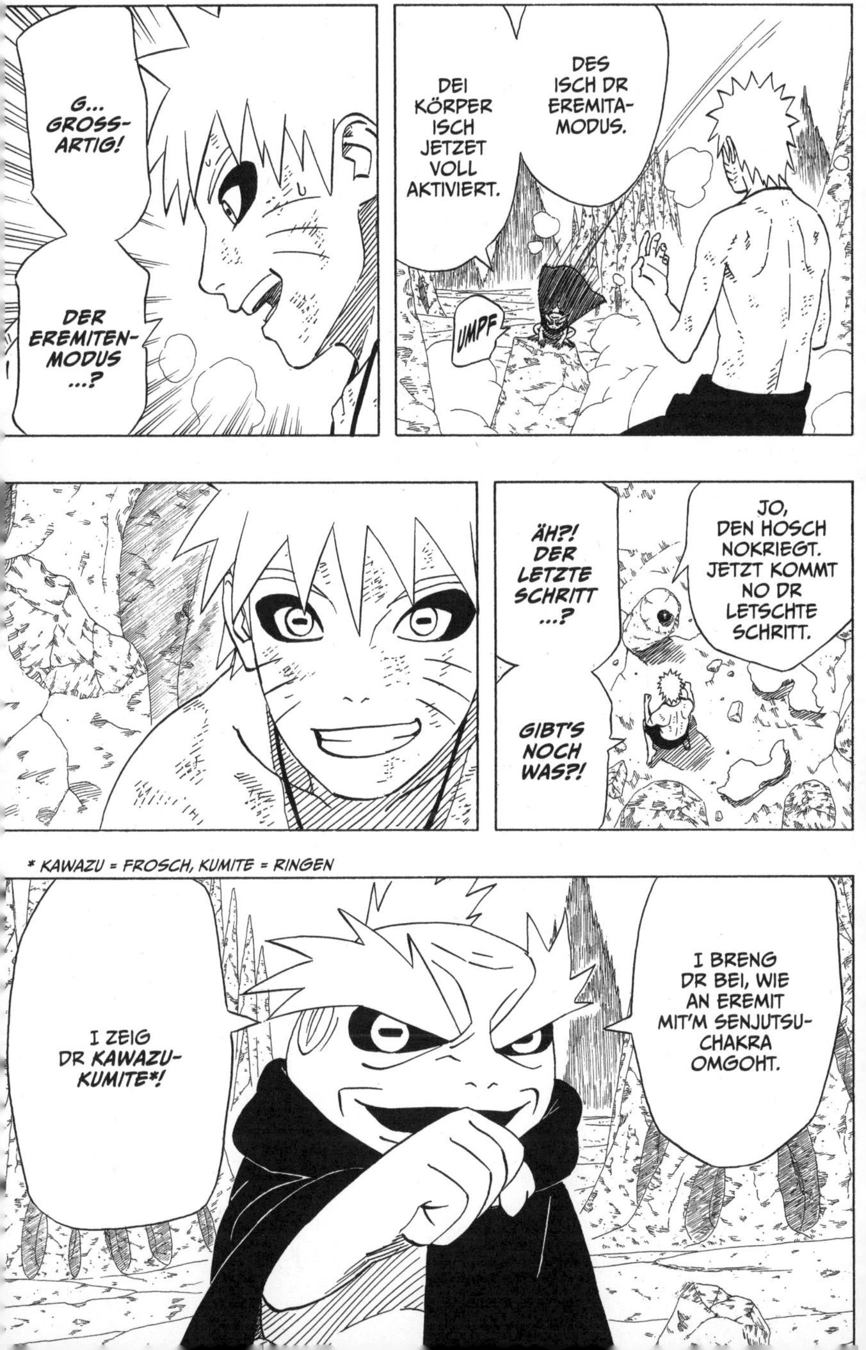

* KAWAZU = FROSCH, KUMITE = RINGEN

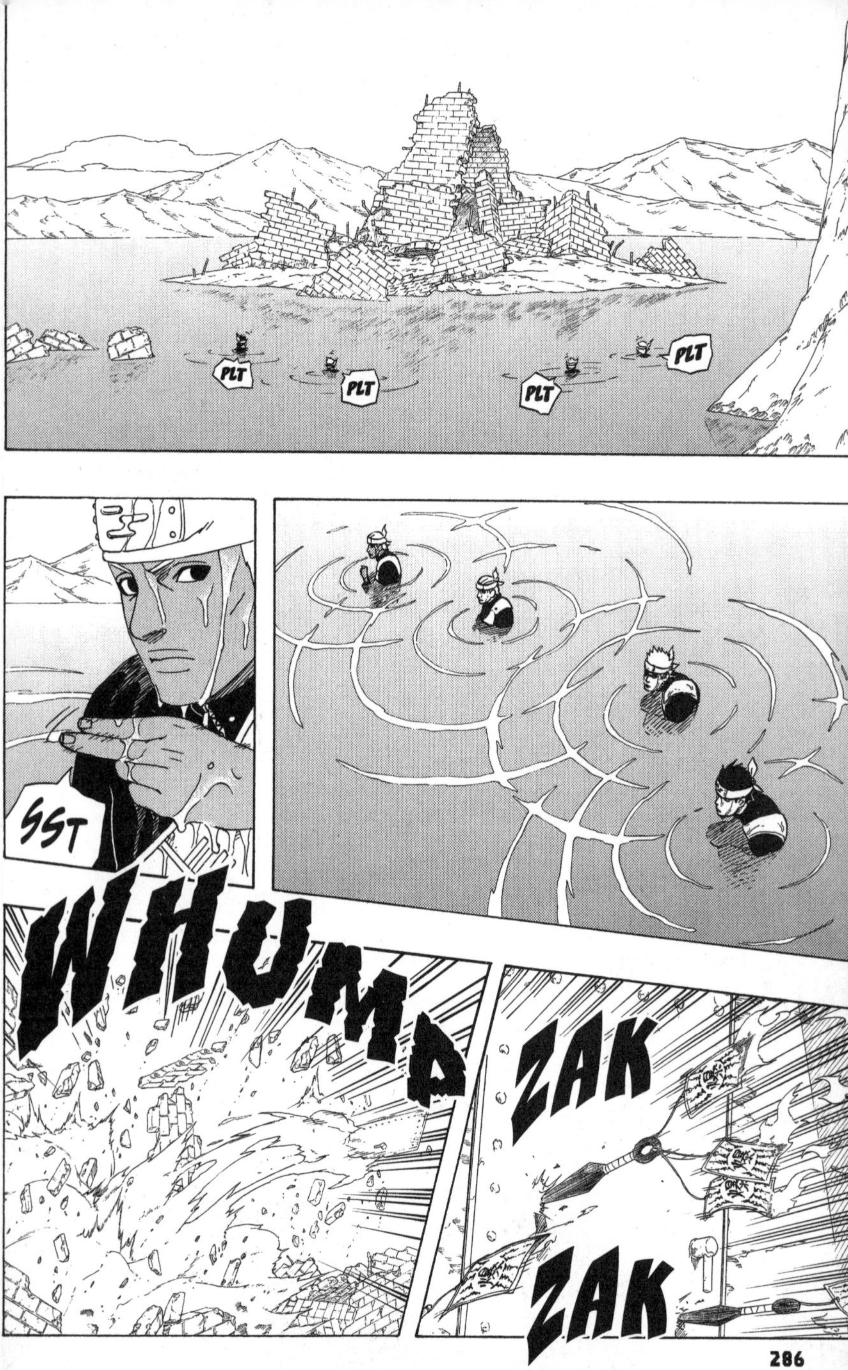
PLT
PLT
PLT
PLT
SST
WHUMP
ZAK
ZAK

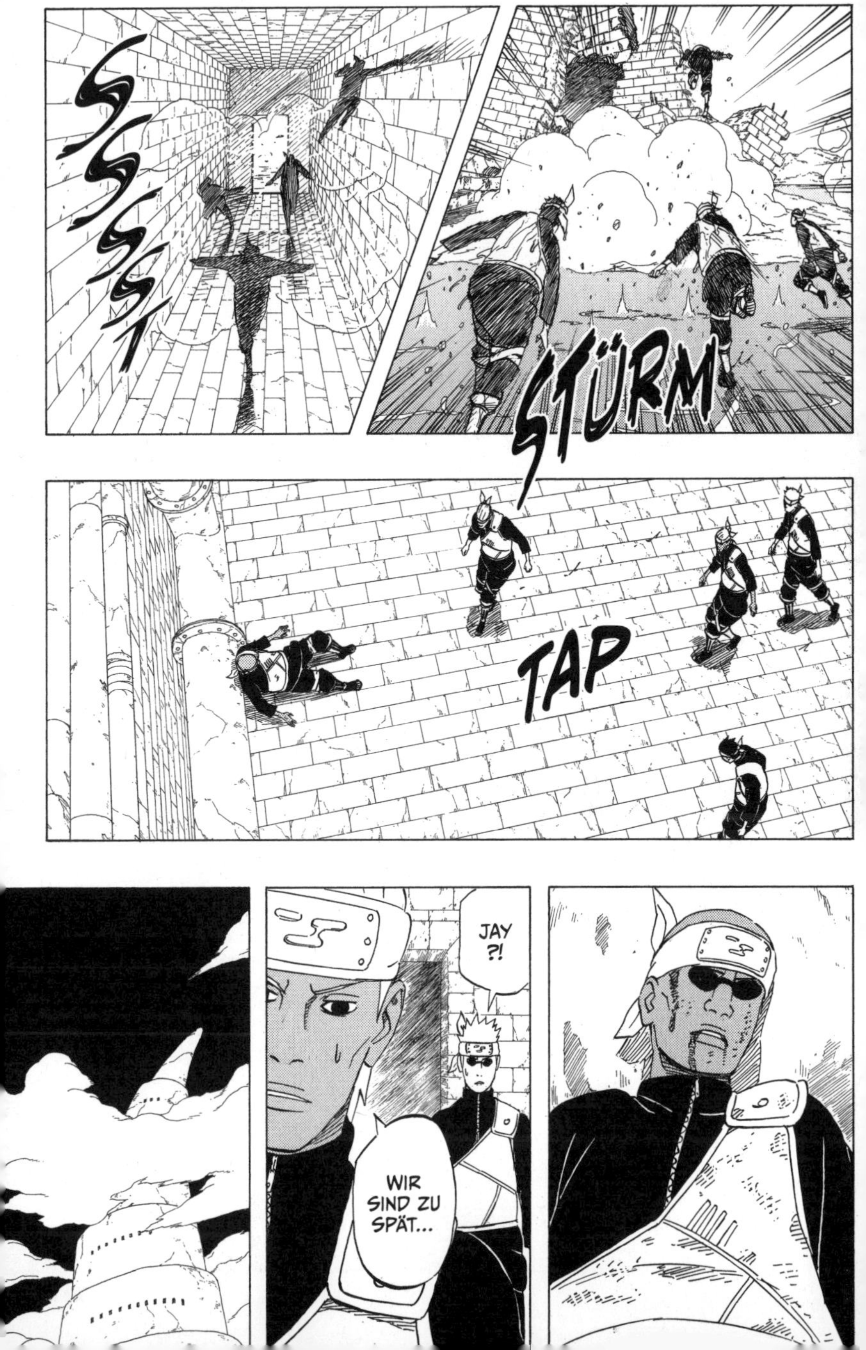
SSSST
STÜRM
TAP
JAY ?!
WIR SIND ZU SPÄT...

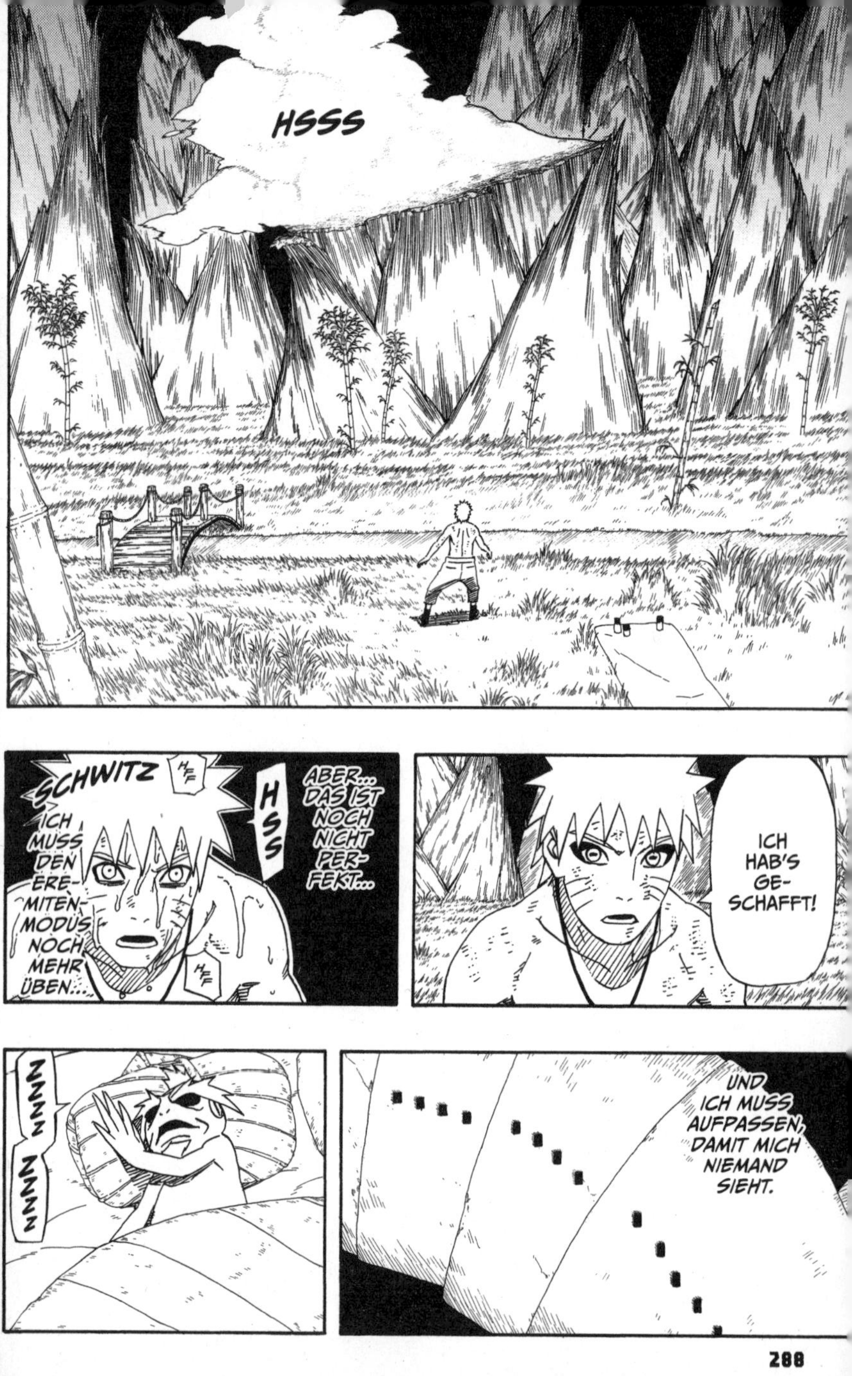
HSSS
ICH HAB'S GE- SCHAFFT!
ABER... DAS IST NOCH NICHT PER- FEKT...
HSS
SCHWITZ
HF
ICH MUSS DEN ERE- MITEN- MODUS NOCH MEHR ÜBEN...
HF
UND ICH MUSS AUFPASSEN, DAMIT MICH NIEMAND SIEHT.
ZZZZ ZZZZ

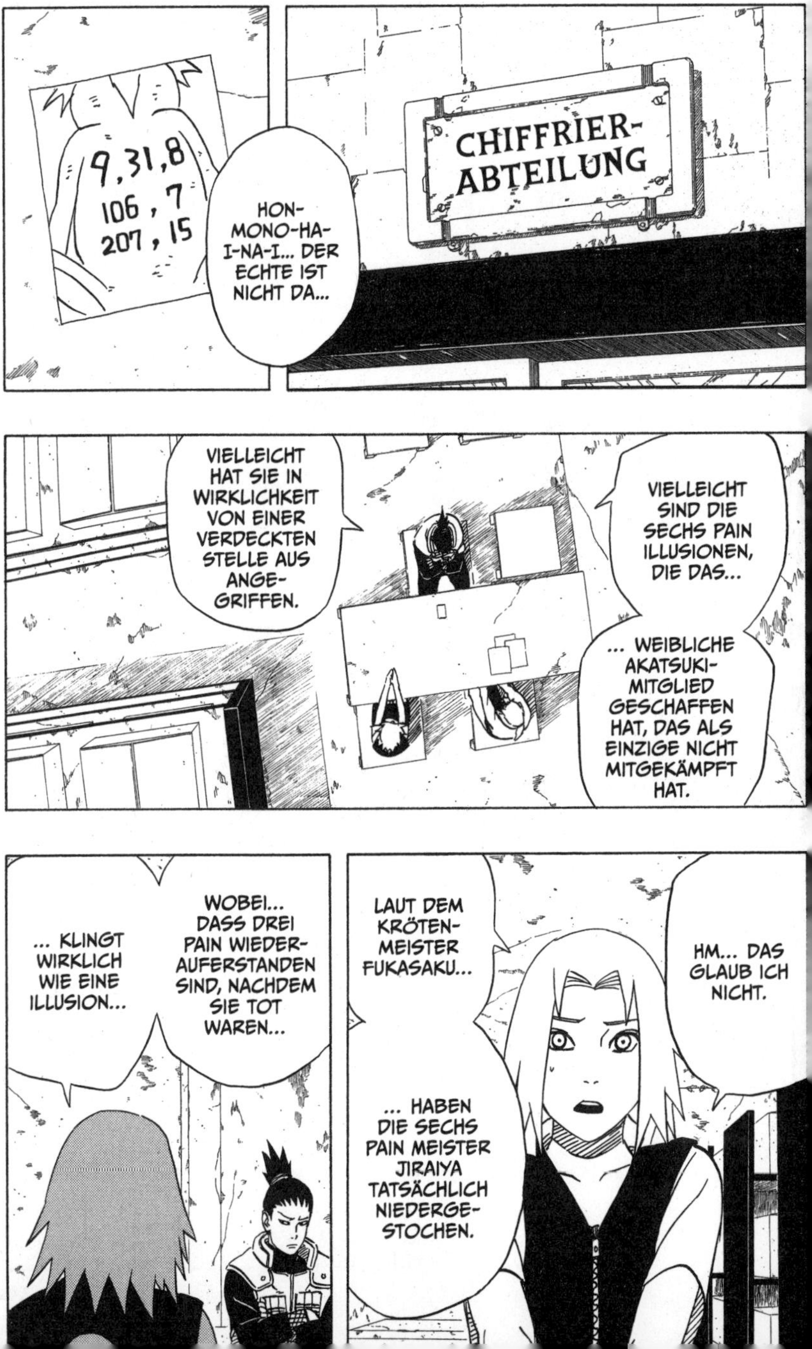
CHIFFRIER-ABTEILUNG
9,31,8
106, 7
207, 15
HON-MONO-HA-I-NA-I... DER ECHTE IST NICHT DA...
VIELLEICHT SIND DIE SECHS PAIN ILLUSIONEN, DIE DAS...
... WEIBLICHE AKATSUKI-MITGLIED GESCHAFFEN HAT, DAS ALS EINZIGE NICHT MITGEKÄMPFT HAT.
VIELLEICHT HAT SIE IN WIRKLICHKEIT VON EINER VERDECKTEN STELLE AUS ANGE-GRIFFEN.
HM... DAS GLAUB ICH NICHT.
LAUT DEM KRÖTEN-MEISTER FUKASAKU...
... HABEN DIE SECHS PAIN MEISTER JIRAIYA TATSÄCHLICH NIEDERGE-STOCHEN.
WOBEI... DASS DREI PAIN WIEDER-AUFERSTANDEN SIND, NACHDEM SIE TOT WAREN...
... KLINGT WIRKLICH WIE EINE ILLUSION...

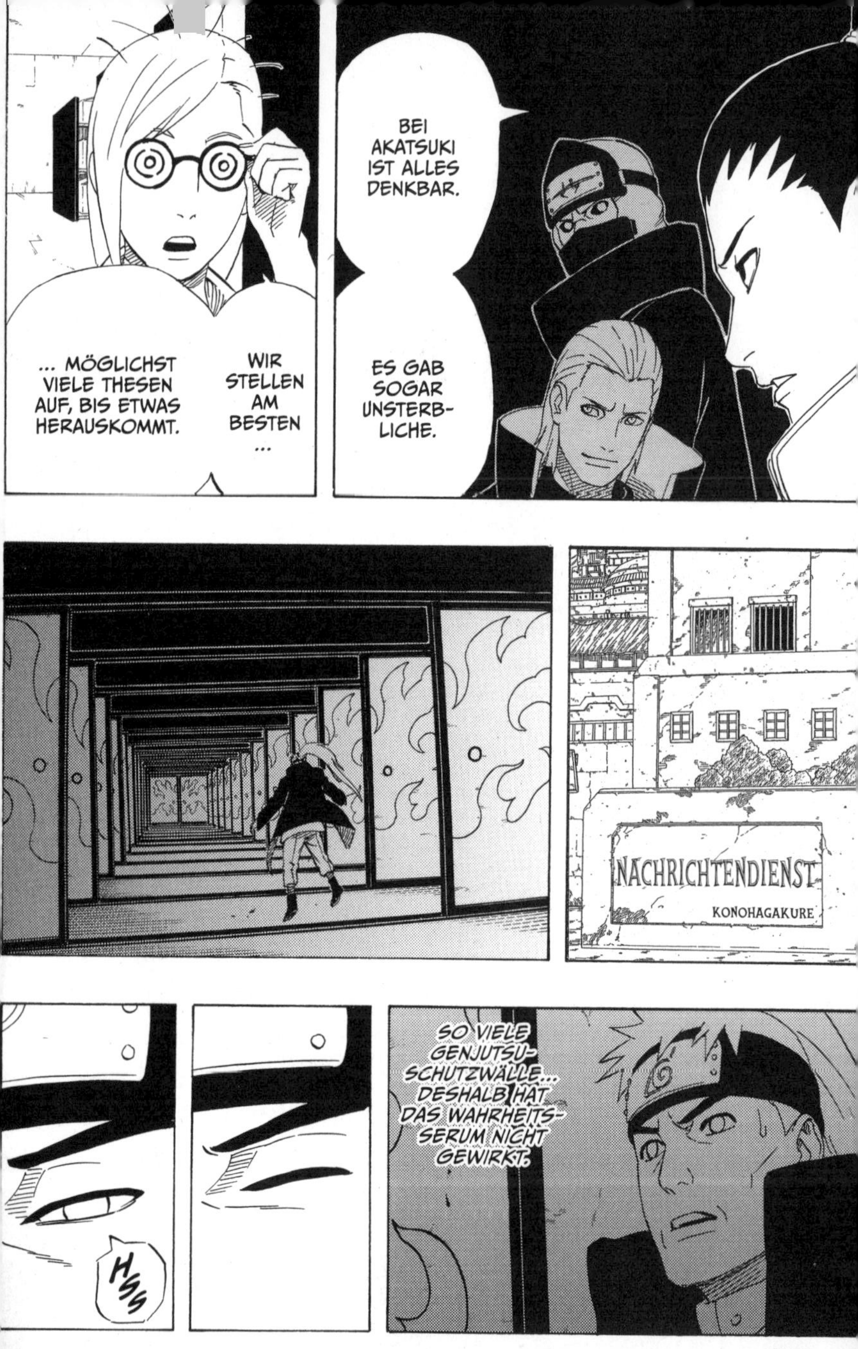
BEI AKATSUKI IST ALLES DENKBAR.
ES GAB SOGAR UNSTERBLICHE.
WIR STELLEN AM BESTEN ...
... MÖGLICHST VIELE THESEN AUF, BIS ETWAS HERAUSKOMMT.
NACHRICHTENDIENST
KONOHAGAKURE
SO VIELE GENJUTSU-SCHUTZWÄLLE... DESHALB HAT DAS WAHRHEITSSERUM NICHT GEWIRKT.
HSS

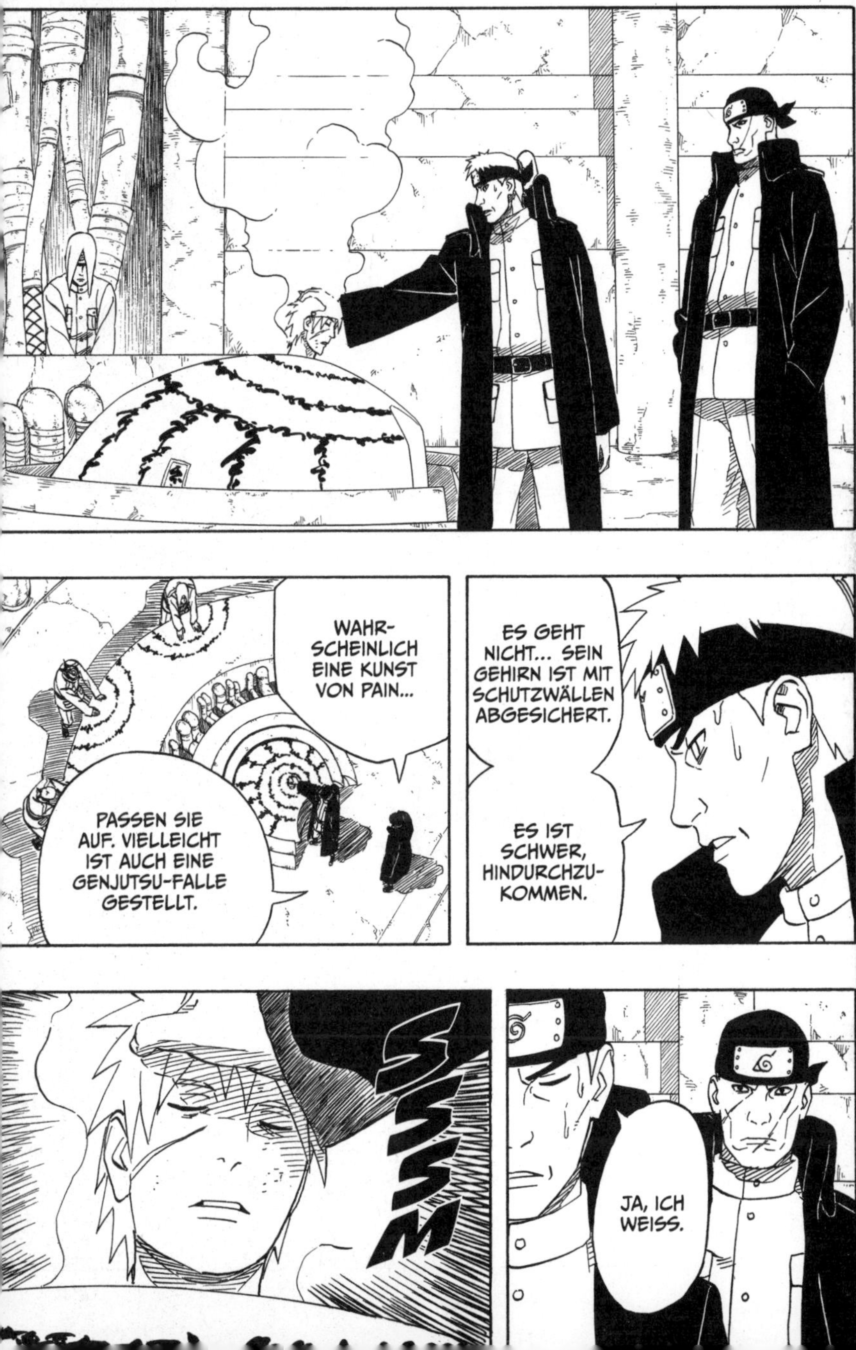
ES GEHT NICHT... SEIN GEHIRN IST MIT SCHUTZWÄLLEN ABGESICHERT.
ES IST SCHWER, HINDURCHZUKOMMEN.
WAHR-SCHEINLICH EINE KUNST VON PAIN...
PASSEN SIE AUF. VIELLEICHT IST AUCH EINE GENJUTSU-FALLE GESTELLT.
JA, ICH WEISS.
SSSM

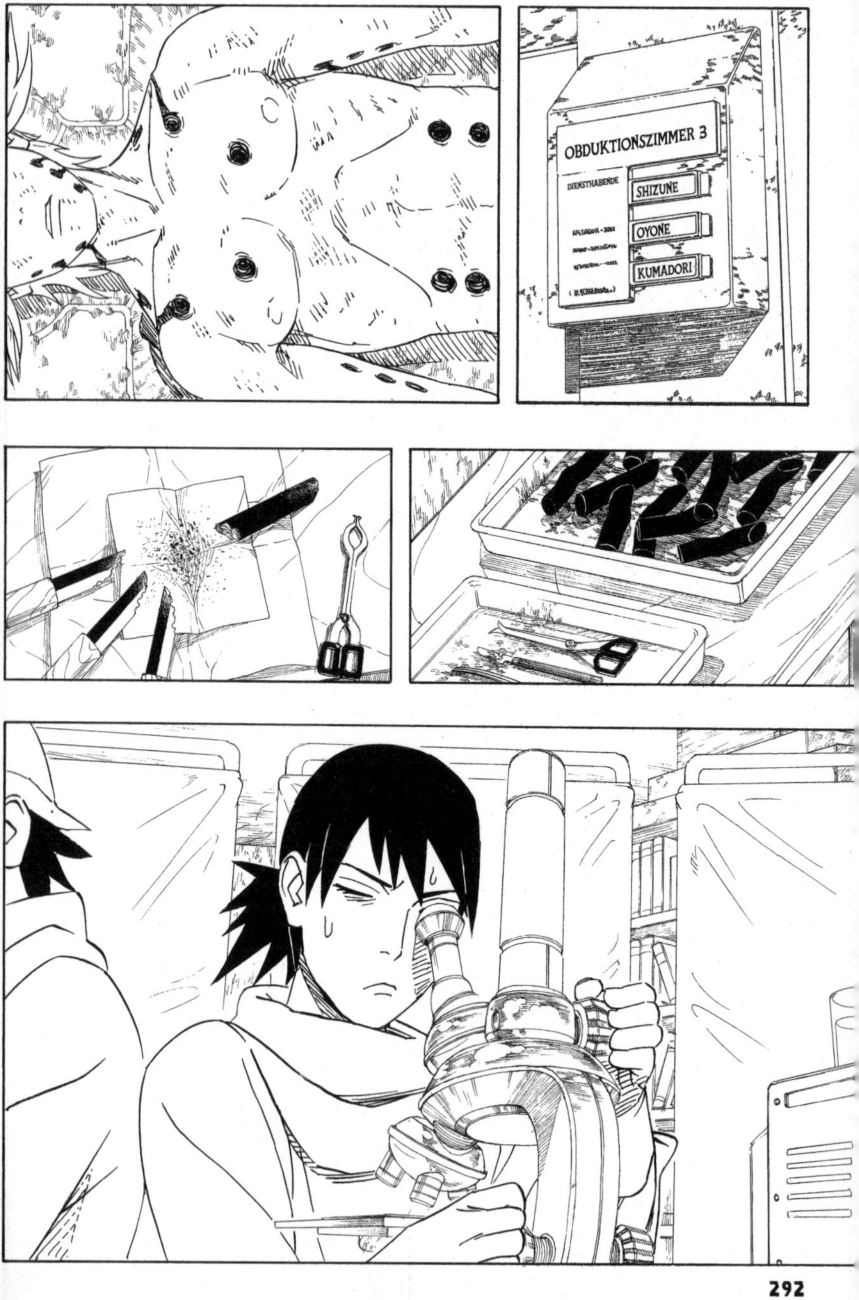
OBDUKTIONSZIMMER 3
DIENSTHABENDE
SHIZUNE
OYONE
KUMADORI

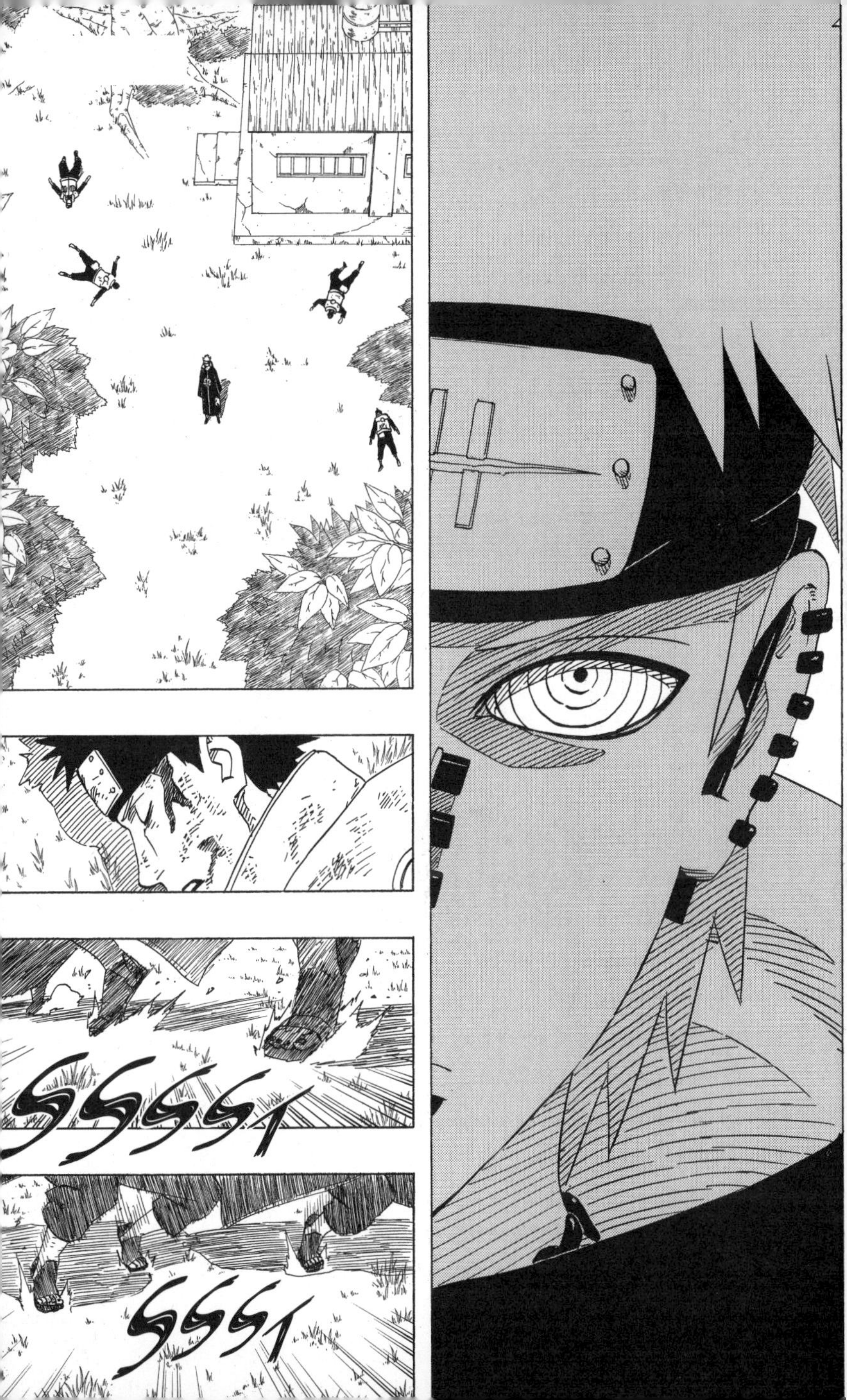
SSSST
SSST

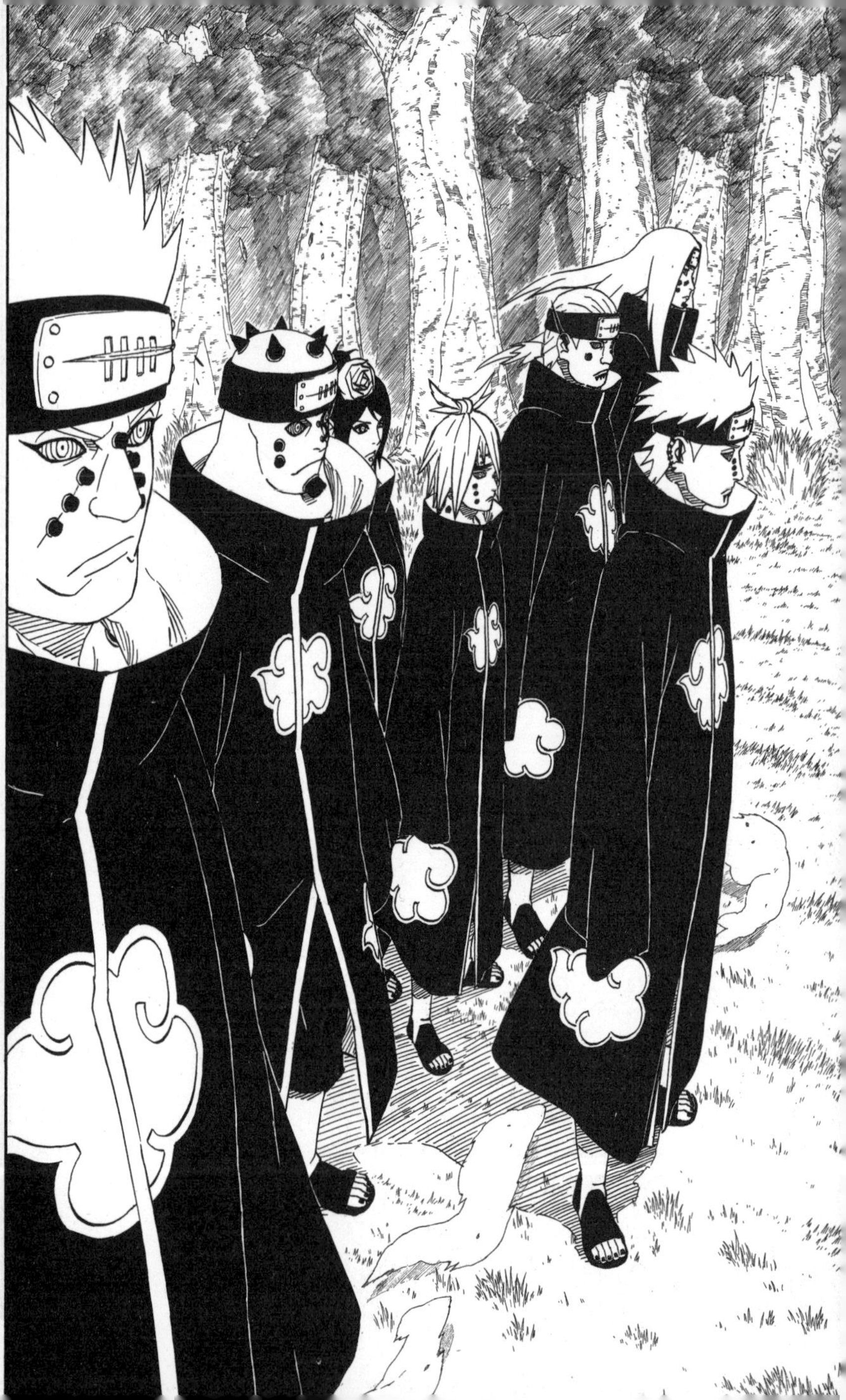

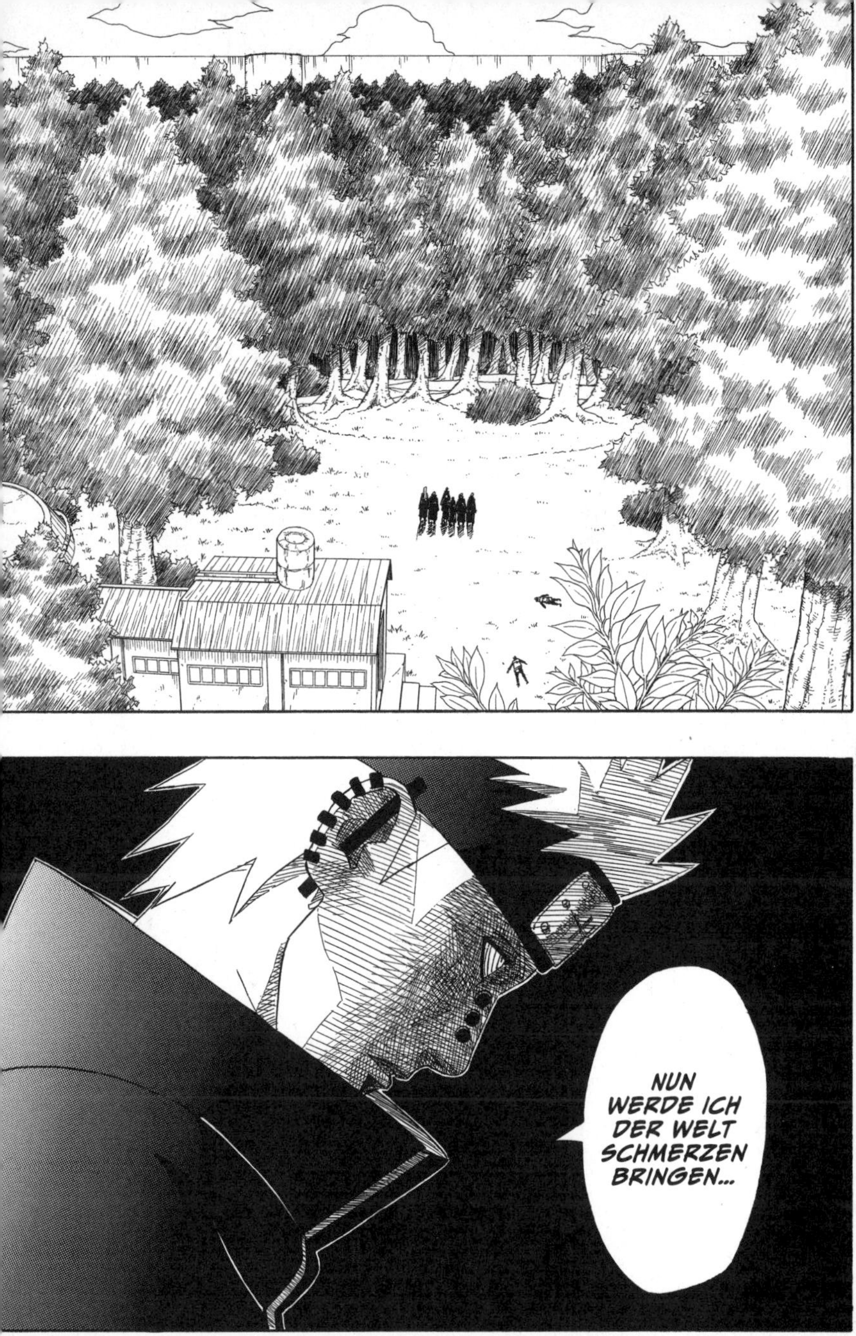
NUN WERDE ICH DER WELT SCHMERZEN BRINGEN...

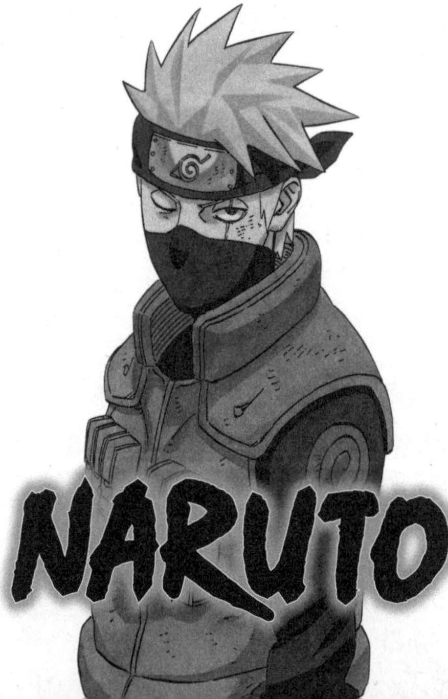
NARUTO

419. Kapitel: Angriff

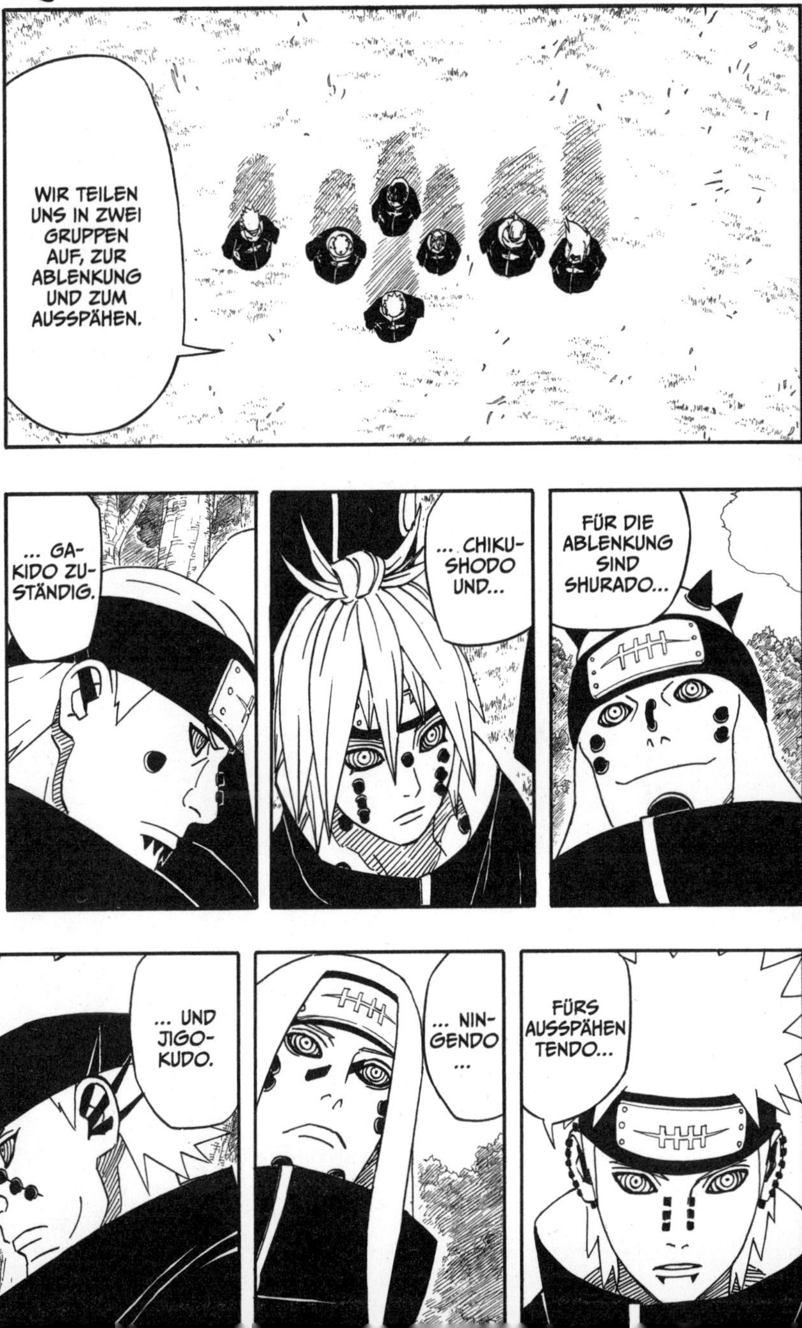

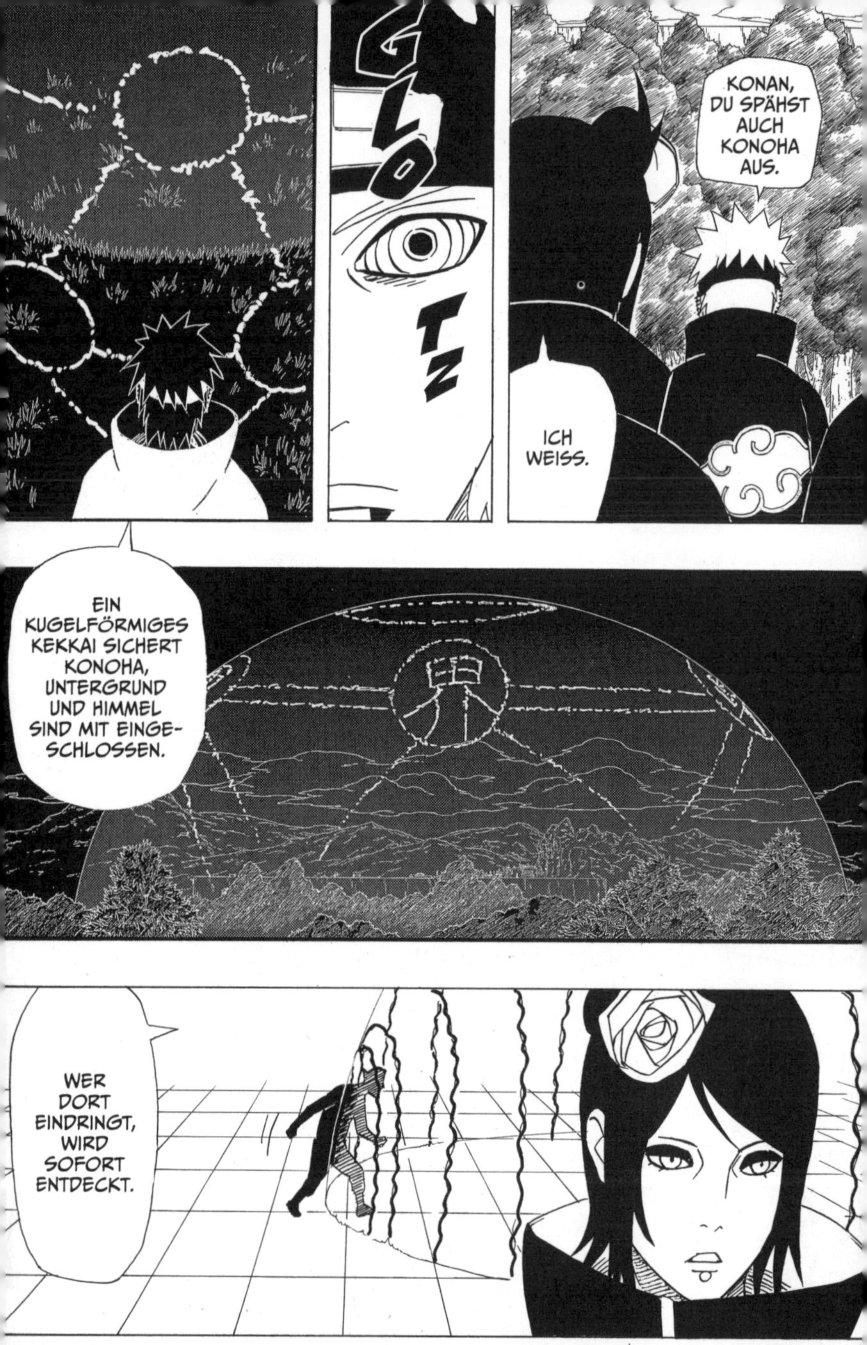

KONAN, DU SPÄHST AUCH KONOHA AUS.
ICH WEISS.
GLOTZ
EIN KUGELFÖRMIGES KEKKAI SICHERT KONOHA, UNTERGRUND UND HIMMEL SIND MIT EINGE-SCHLOSSEN.
WER DORT EINDRINGT, WIRD SOFORT ENTDECKT.

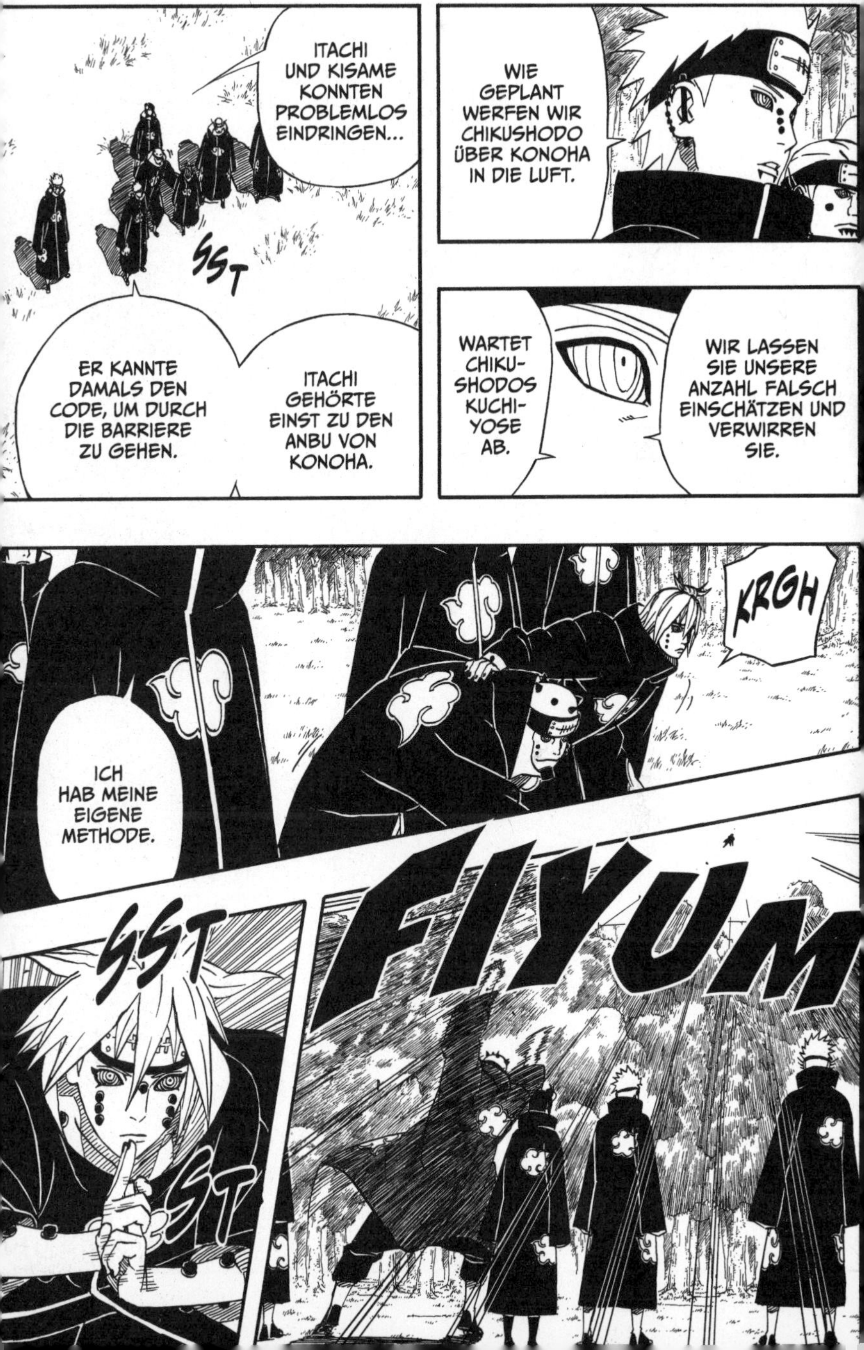
WIE GEPLANT WERFEN WIR CHIKUSHODO ÜBER KONOHA IN DIE LUFT.
ITACHI UND KISAME KONNTEN PROBLEMLOS EINDRINGEN...
SST
ITACHI GEHÖRTE EINST ZU DEN ANBU VON KONOHA.
ER KANNTE DAMALS DEN CODE, UM DURCH DIE BARRIERE ZU GEHEN.
WIR LASSEN SIE UNSERE ANZAHL FALSCH EINSCHÄTZEN UND VERWIRREN SIE.
WARTET CHIKUSHODOS KUCHI-YOSE AB.
KRGH
ICH HAB MEINE EIGENE METHODE.
FIYUM
SST
ST

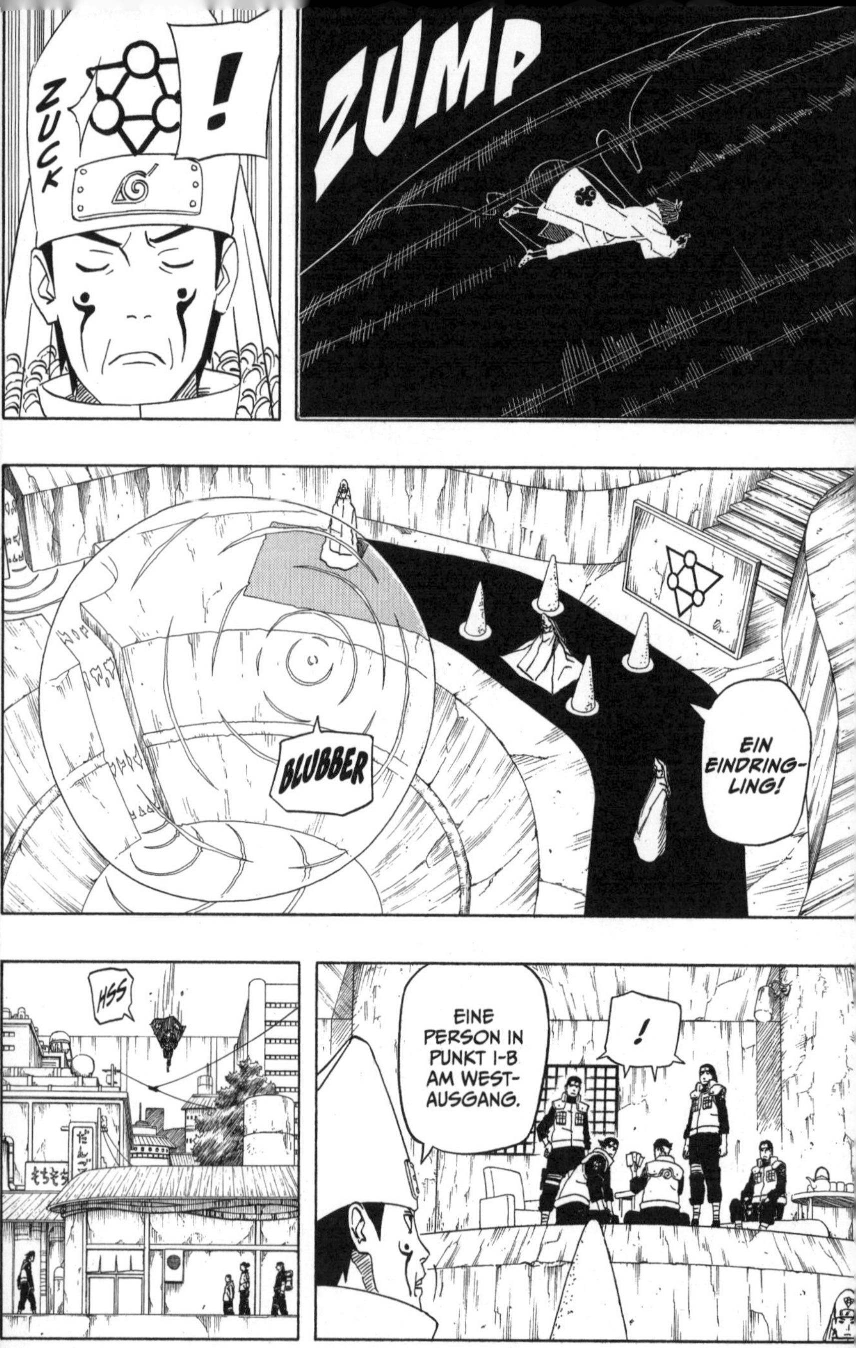
ZUMP
ZUCK
!
BLUBBER
EIN EINDRING-LING!
!
EINE PERSON IN PUNKT I-B AM WEST-AUSGANG.
HSS

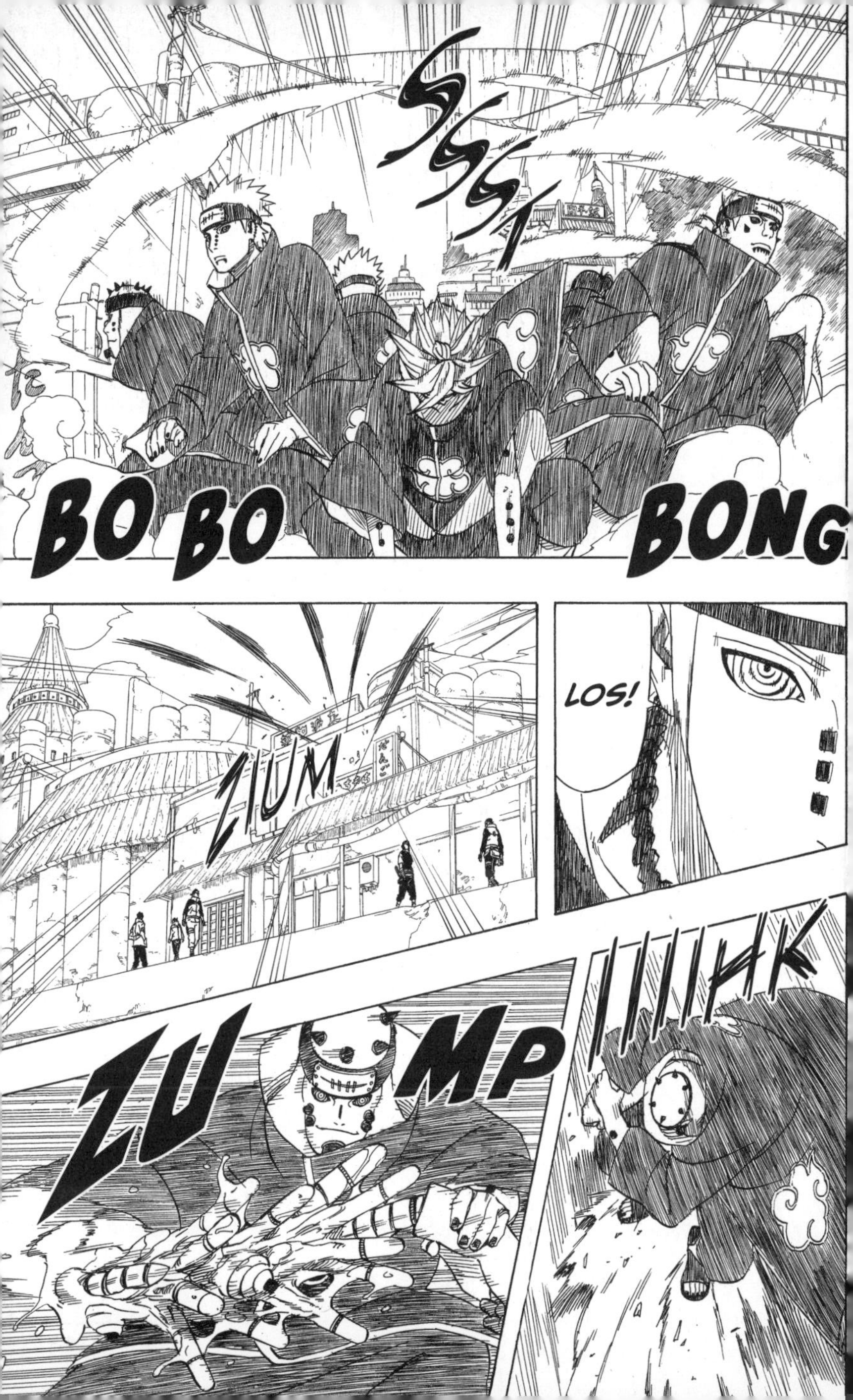
SSST
BO BO BONG
LOS!
ZIUM
ZUMP

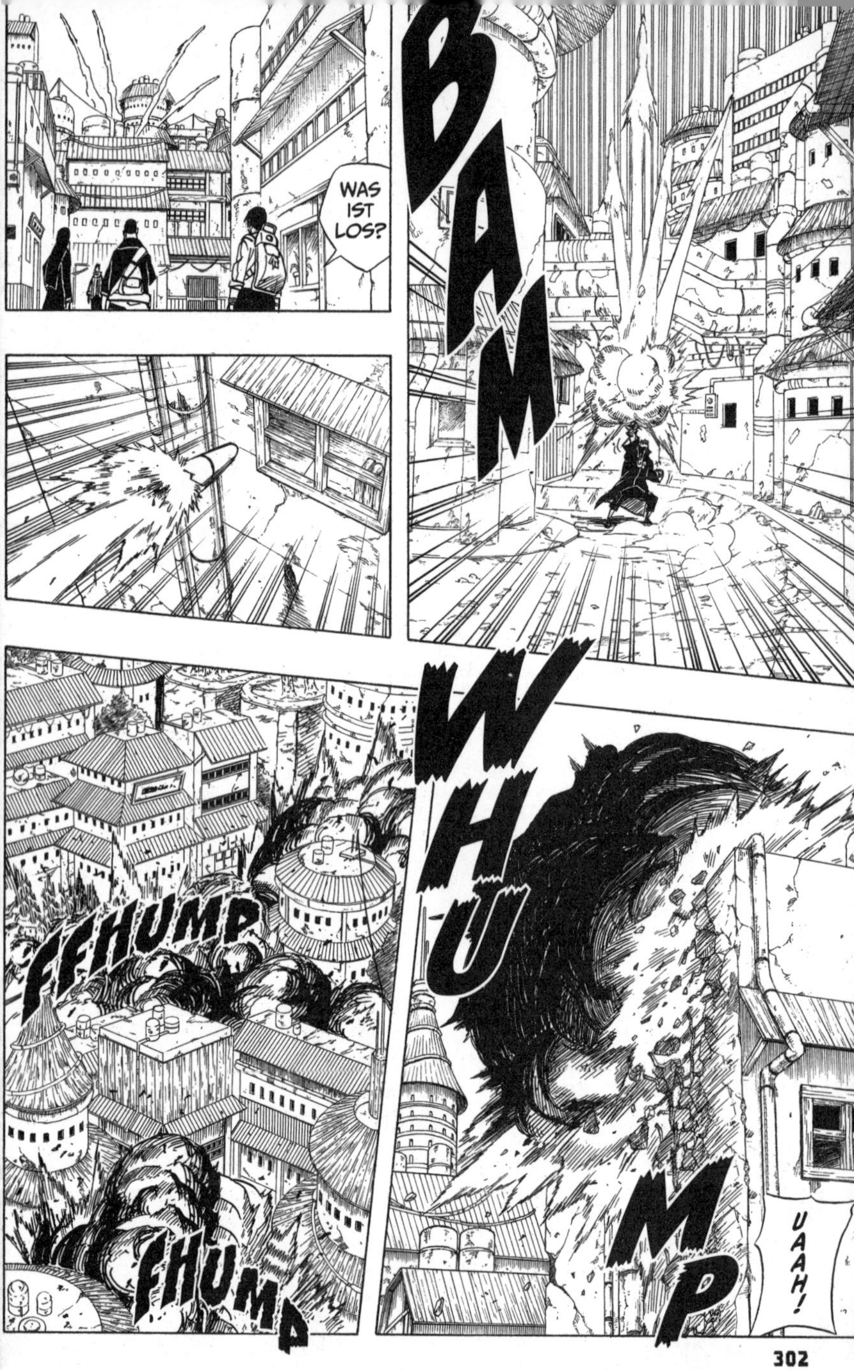
BAAM
WAS IST LOS?
WHUMP
UAAH!
FFHUMP
FHUMP

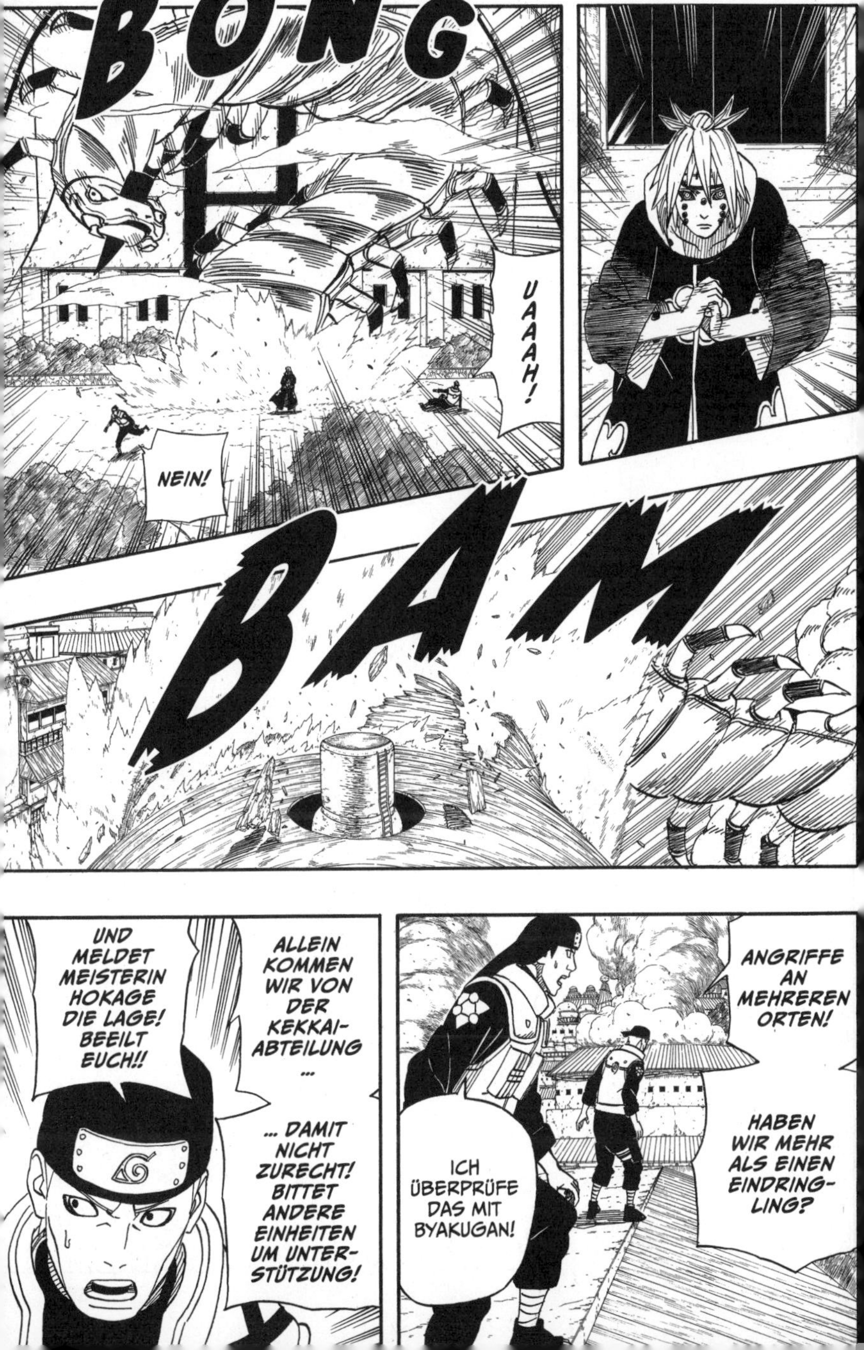
BONG
UAAAAH!
NEIN!
BAM
ANGRIFFE AN MEHREREN ORTEN!
HABEN WIR MEHR ALS EINEN EINDRING-LING?
ICH ÜBERPRÜFE DAS MIT BYAKUGAN!
ALLEIN KOMMEN WIR VON DER KEKKAI-ABTEILUNG ...
... DAMIT NICHT ZURECHT! BITTET ANDERE EINHEITEN UM UNTER-STÜTZUNG!
UND MELDET MEISTERIN HOKAGE DIE LAGE! BEEILT EUCH!!

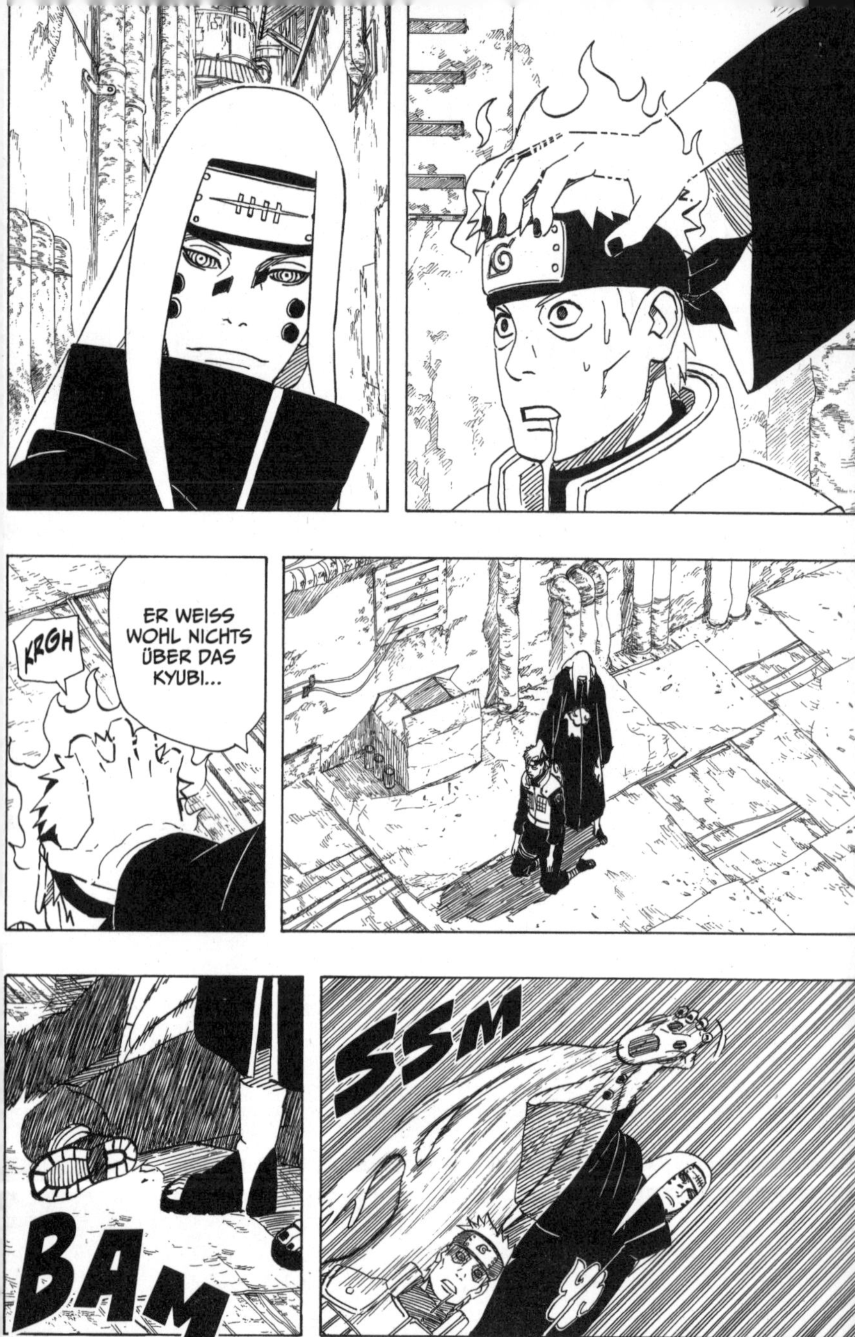
KRGH
ER WEISS WOHL NICHTS ÜBER DAS KYUBI...
BAM
SSM

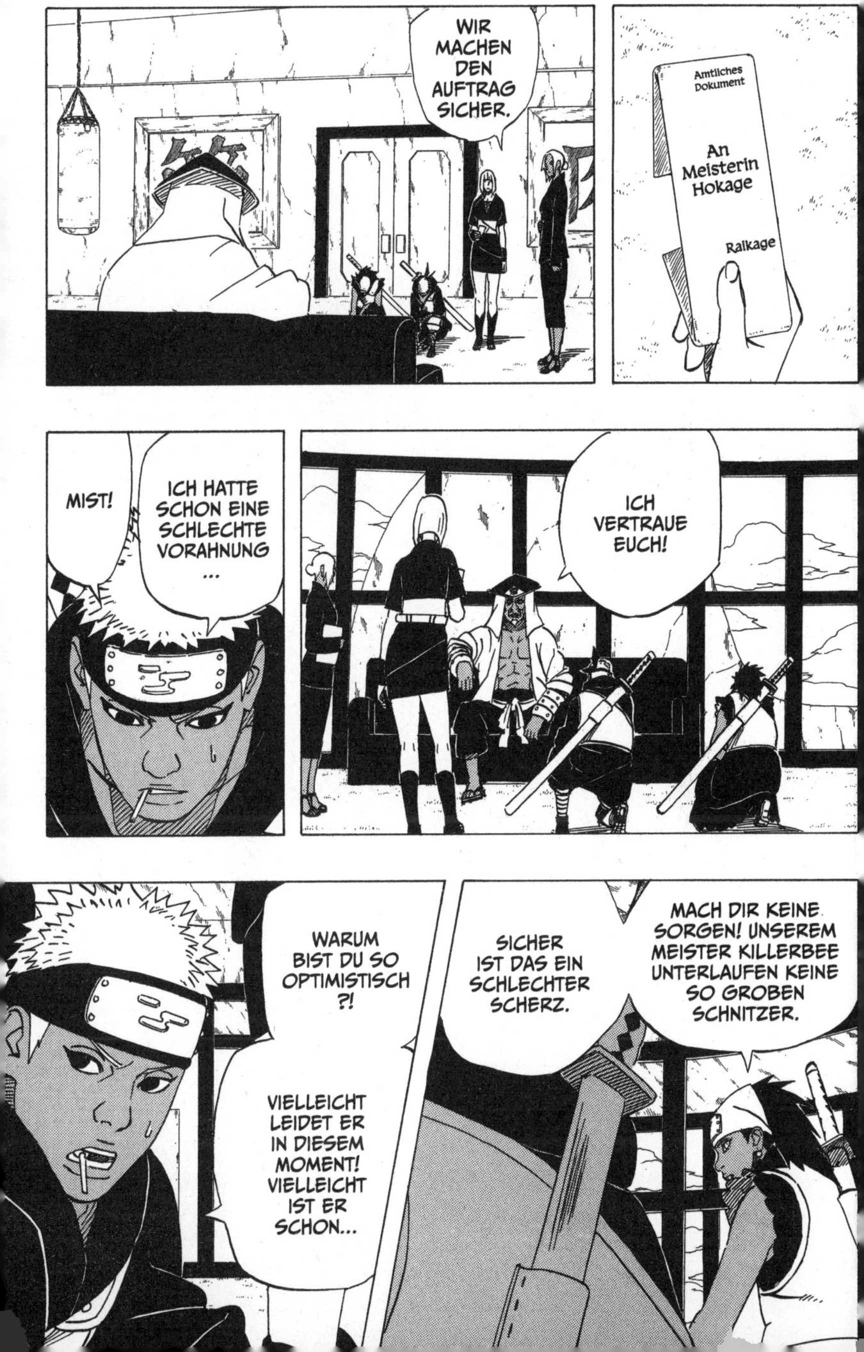
Amtliches Dokument
An Meisterin Hokage
Raikage
WIR MACHEN DEN AUFTRAG SICHER.
ICH VERTRAUE EUCH!
ICH HATTE SCHON EINE SCHLECHTE VORAHNUNG ...
MIST!
MACH DIR KEINE SORGEN! UNSEREM MEISTER KILLERBEE UNTERLAUFEN KEINE SO GROBEN SCHNITZER.
SICHER IST DAS EIN SCHLECHTER SCHERZ.
WARUM BIST DU SO OPTIMISTISCH ?!
VIELLEICHT LEIDET ER IN DIESEM MOMENT! VIELLEICHT IST ER SCHON...

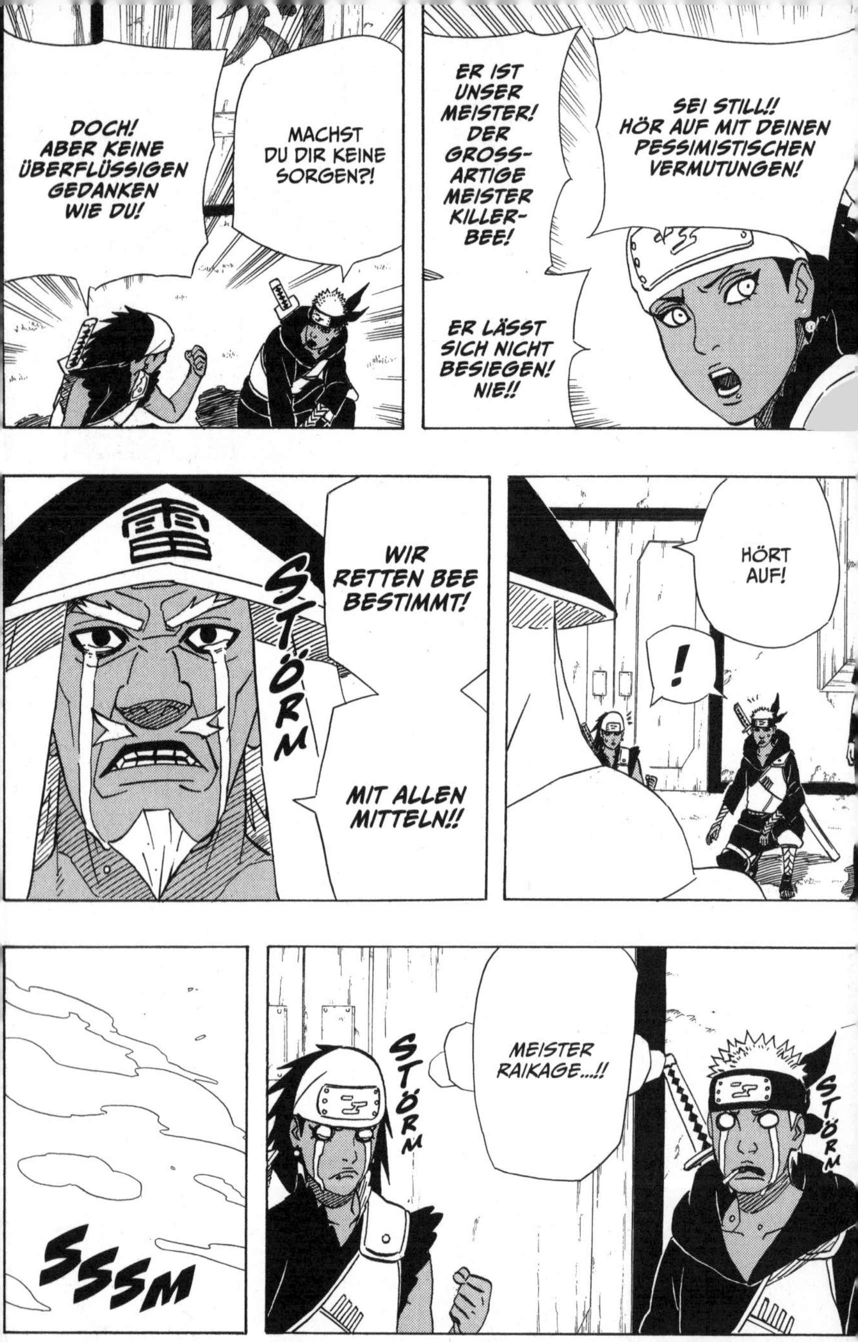
SEI STILL!! HÖR AUF MIT DEINEN PESSIMISTISCHEN VERMUTUNGEN!
ER IST UNSER MEISTER! DER GROSS-ARTIGE MEISTER KILLER-BEE!
ER LÄSST SICH NICHT BESIEGEN! NIE!!
MACHST DU DIR KEINE SORGEN?!
DOCH! ABER KEINE ÜBERFLÜSSIGEN GEDANKEN WIE DU!
HÖRT AUF!
!
WIR RETTEN BEE BESTIMMT!
MIT ALLEN MITTELN!!
STÖRM
STÖRM
MEISTER RAIKAGE...!!
STÖRM
SSSM

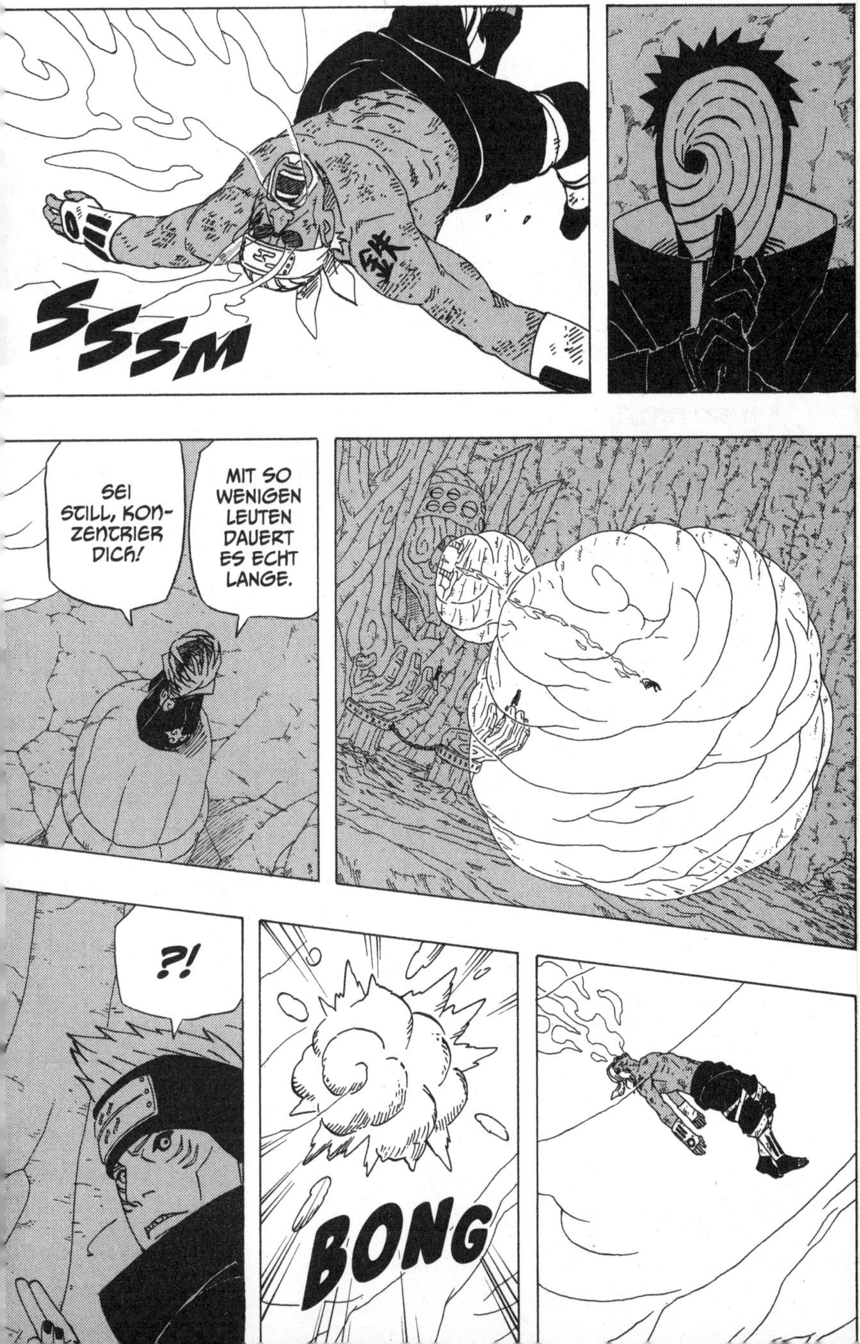
SSSM
MIT SO WENIGEN LEUTEN DAUERT ES ECHT LANGE.
SEI STILL, KONZENTRIER DICH!
BONG
?!

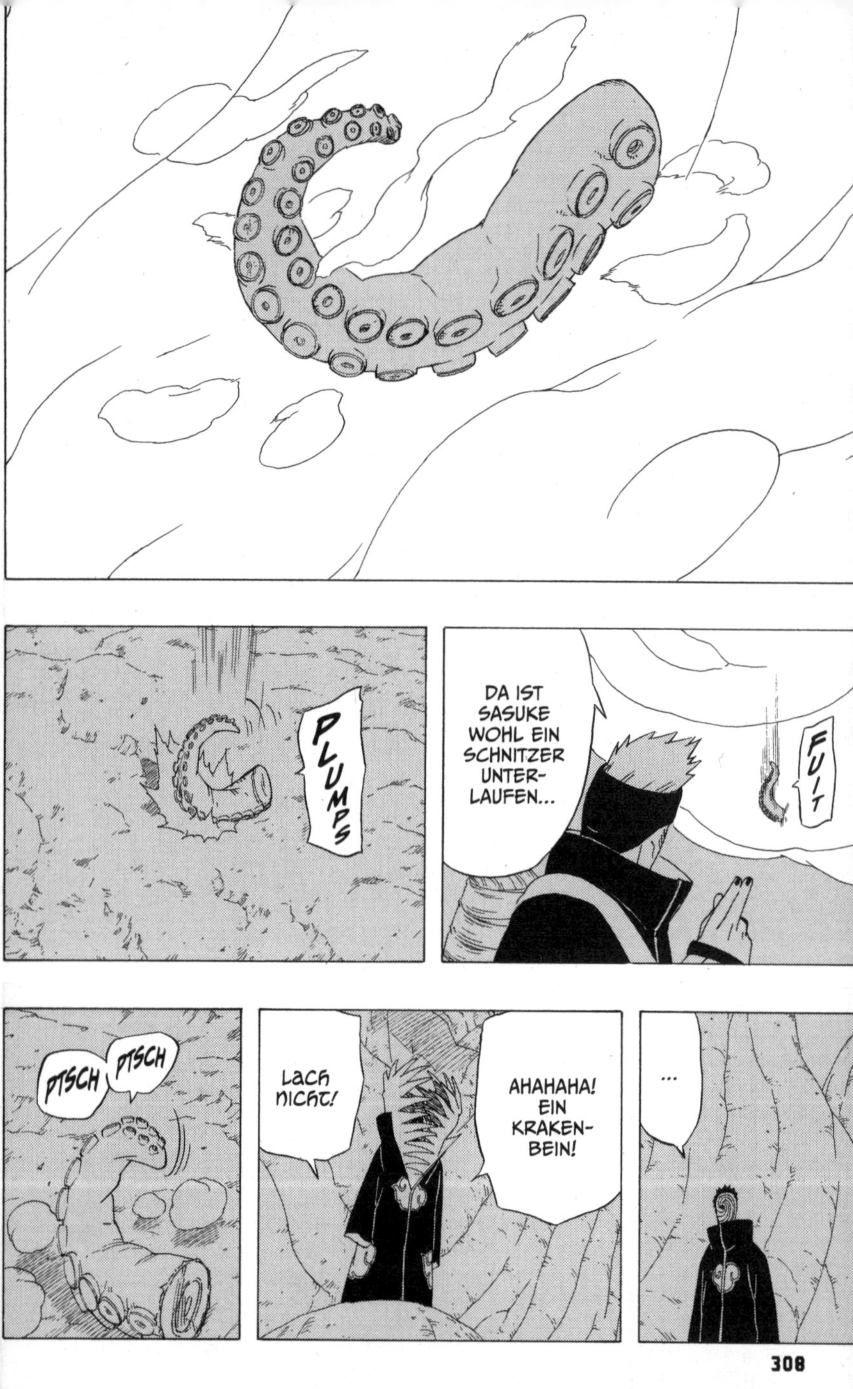

DA IST SASUKE WOHL EIN SCHNITZER UNTER-LAUFEN...
FUIT
PLUMPS
...
AHAHAHA! EIN KRAKEN-BEIN!
LACH NICHT!
PTSCH
PTSCH

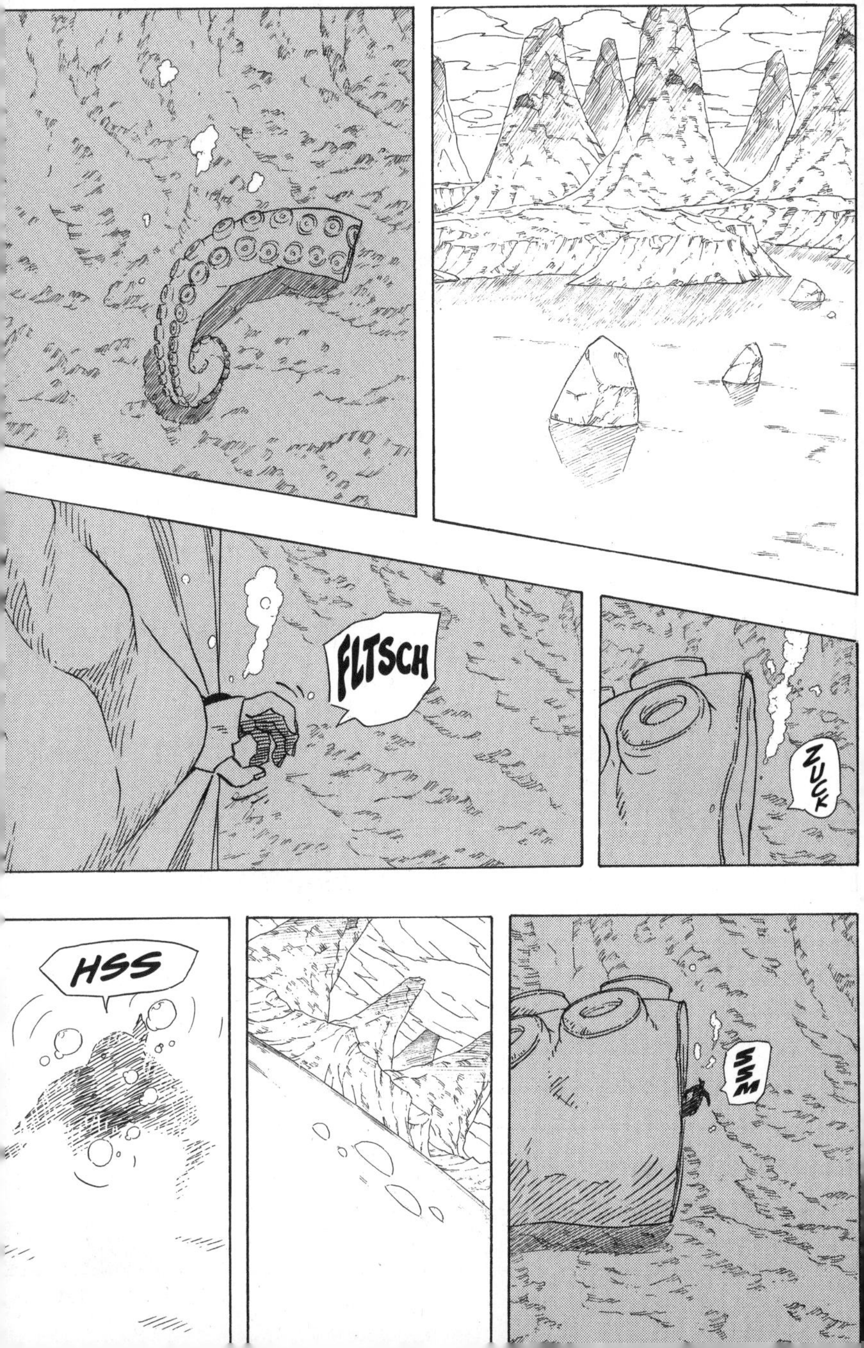
ZUCK
FLTSCH
SSM
HSS

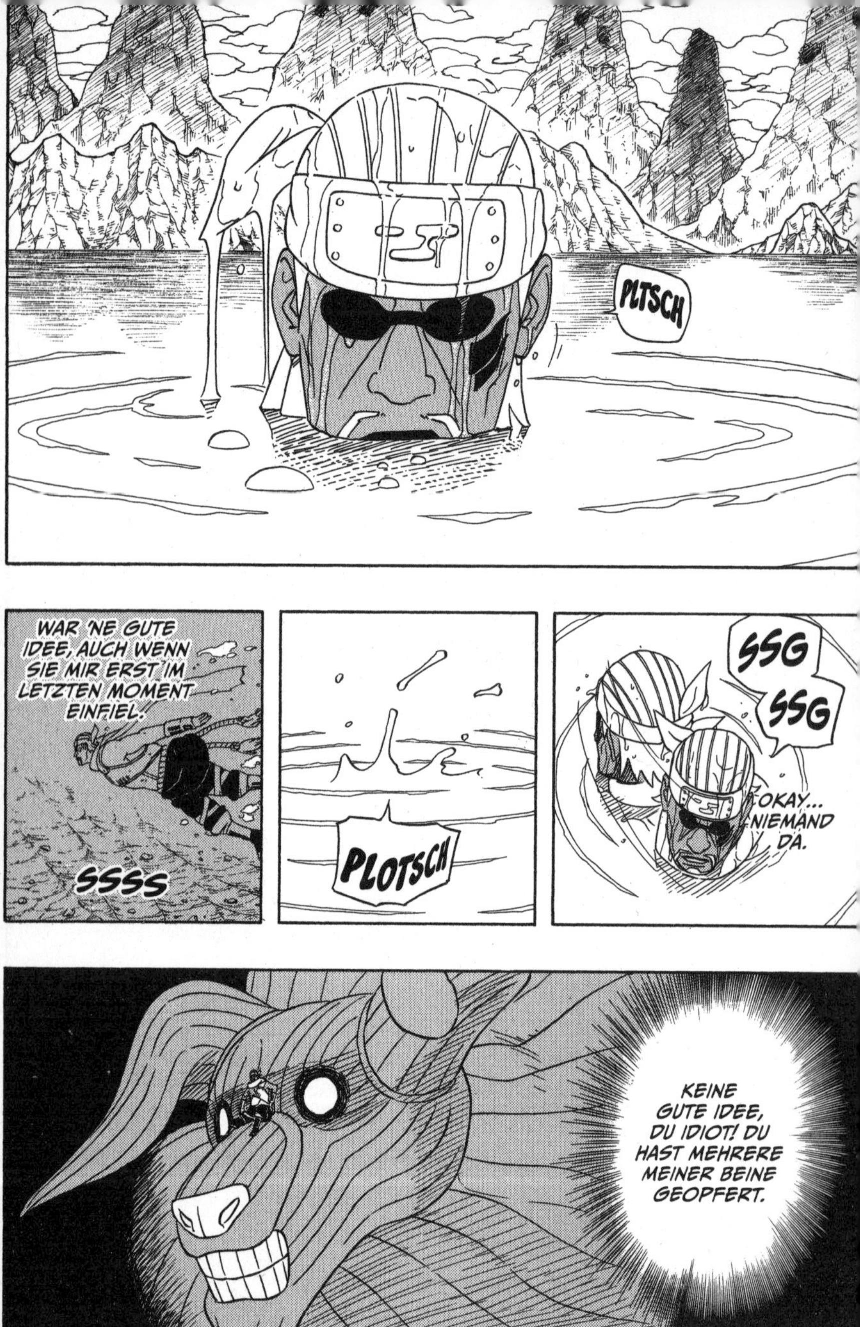
PLTSCH
WAR 'NE GUTE IDEE, AUCH WENN SIE MIR ERST IM LETZTEN MOMENT EINFIEL.
SSSS
PLOTSCH
SSG
SSG
OKAY... NIEMAND DA.
KEINE GUTE IDEE, DU IDIOT! DU HAST MEHRERE MEINER BEINE GEOPFERT.

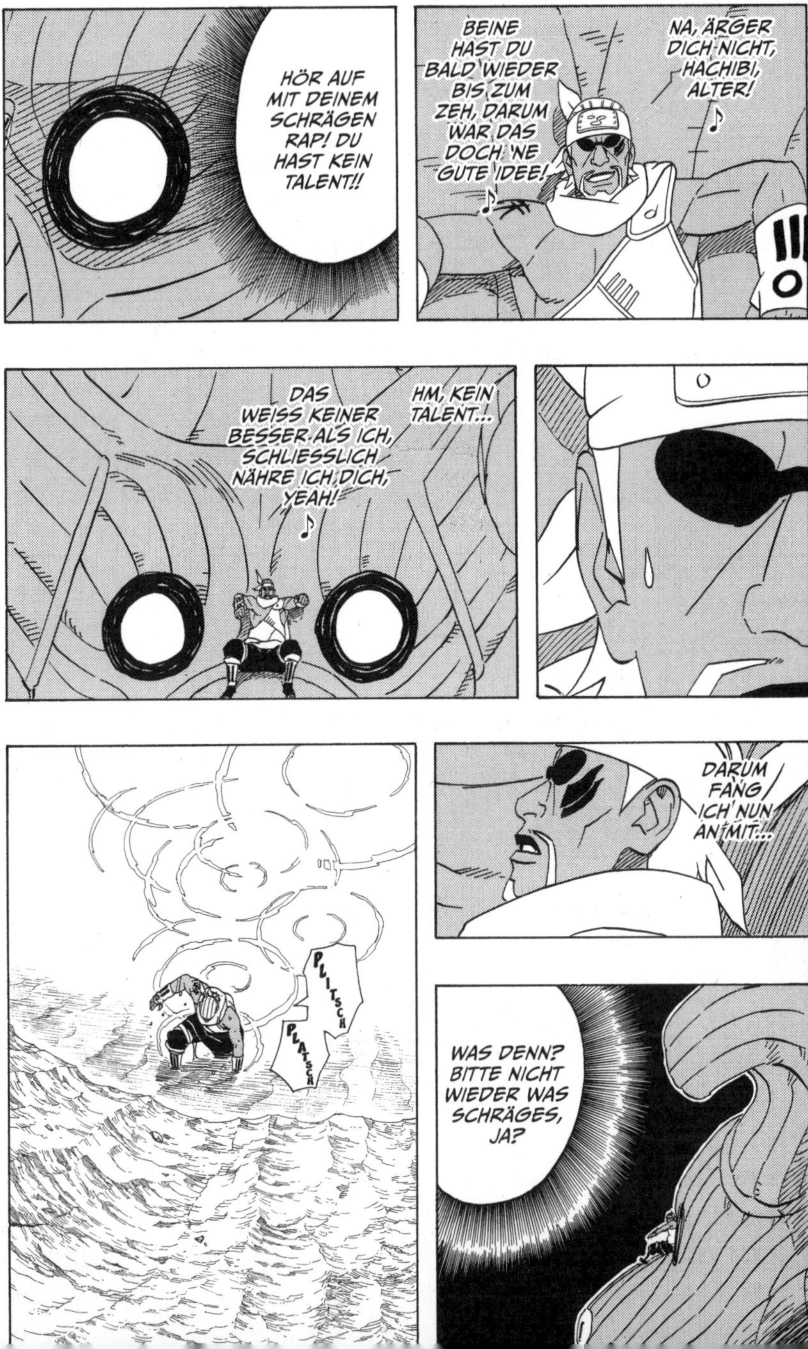
HÖR AUF MIT DEINEM SCHRÄGEN RAP! DU HAST KEIN TALENT!!
NA, ÄRGER DICH NICHT, HACHIBI, ALTER! ♪
BEINE HAST DU BALD WIEDER BIS ZUM ZEH, DARUM WAR DAS DOCH 'NE GUTE IDEE! ♪
HM, KEIN TALENT...
DAS WEISS KEINER BESSER ALS ICH, SCHLIESSLICH NÄHRE ICH DICH, YEAH! ♪
DARUM FANG ICH NUN AN MIT...
PLITSCH
PLATSCH
WAS DENN? BITTE NICHT WIEDER WAS SCHRÄGES, JA?

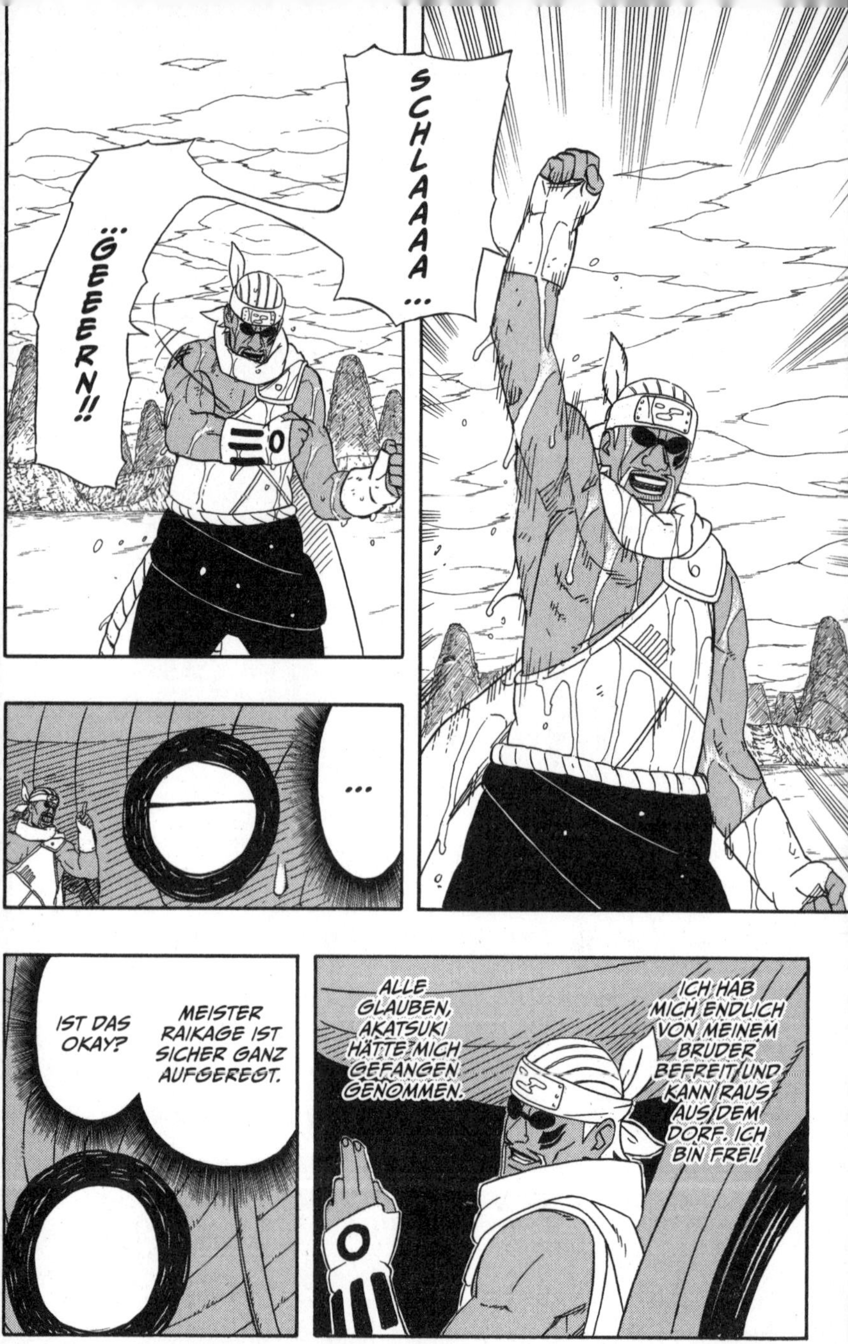
SCHLAAAAA...
...GEEERN!!
...
IST DAS OKAY?
MEISTER RAIKAGE IST SICHER GANZ AUFGEREGT.
ICH HAB MICH ENDLICH VON MEINEM BRUDER BEFREIT UND KANN RAUS AUS DEM DORF. ICH BIN FREI!
ALLE GLAUBEN, AKATSUKI HÄTTE MICH GEFANGEN GENOMMEN.

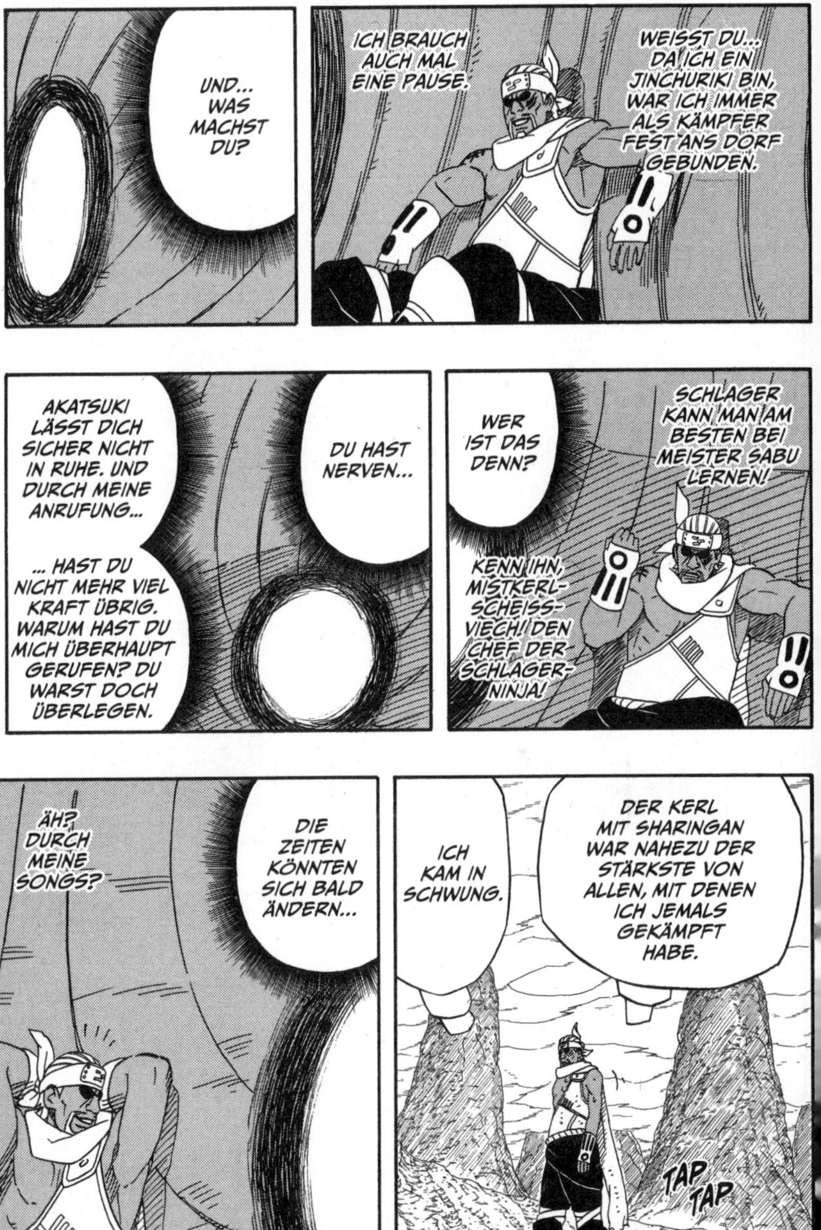
WEISST DU... DA ICH EIN JINCHURIKI BIN, WAR ICH IMMER ALS KÄMPFER FEST ANS DORF GEBUNDEN.
ICH BRAUCH AUCH MAL EINE PAUSE.
UND... WAS MACHST DU?
SCHLAGER KANN MAN AM BESTEN BEI MEISTER SABU LERNEN!
WER IST DAS DENN?
KENN IHN, MISTKERL-SCHEISS-VIECH! DEN CHEF DER SCHLAGER-NINJA!
DU HAST NERVEN...
AKATSUKI LÄSST DICH SICHER NICHT IN RUHE. UND DURCH MEINE ANRUFUNG...
... HAST DU NICHT MEHR VIEL KRAFT ÜBRIG. WARUM HAST DU MICH ÜBERHAUPT GERUFEN? DU WARST DOCH ÜBERLEGEN.
DER KERL MIT SHARINGAN WAR NAHEZU DER STÄRKSTE VON ALLEN, MIT DENEN ICH JEMALS GEKÄMPFT HABE.
ICH KAM IN SCHWUNG.
TAP TAP
DIE ZEITEN KÖNNTEN SICH BALD ÄNDERN...
ÄH? DURCH MEINE SONGS?

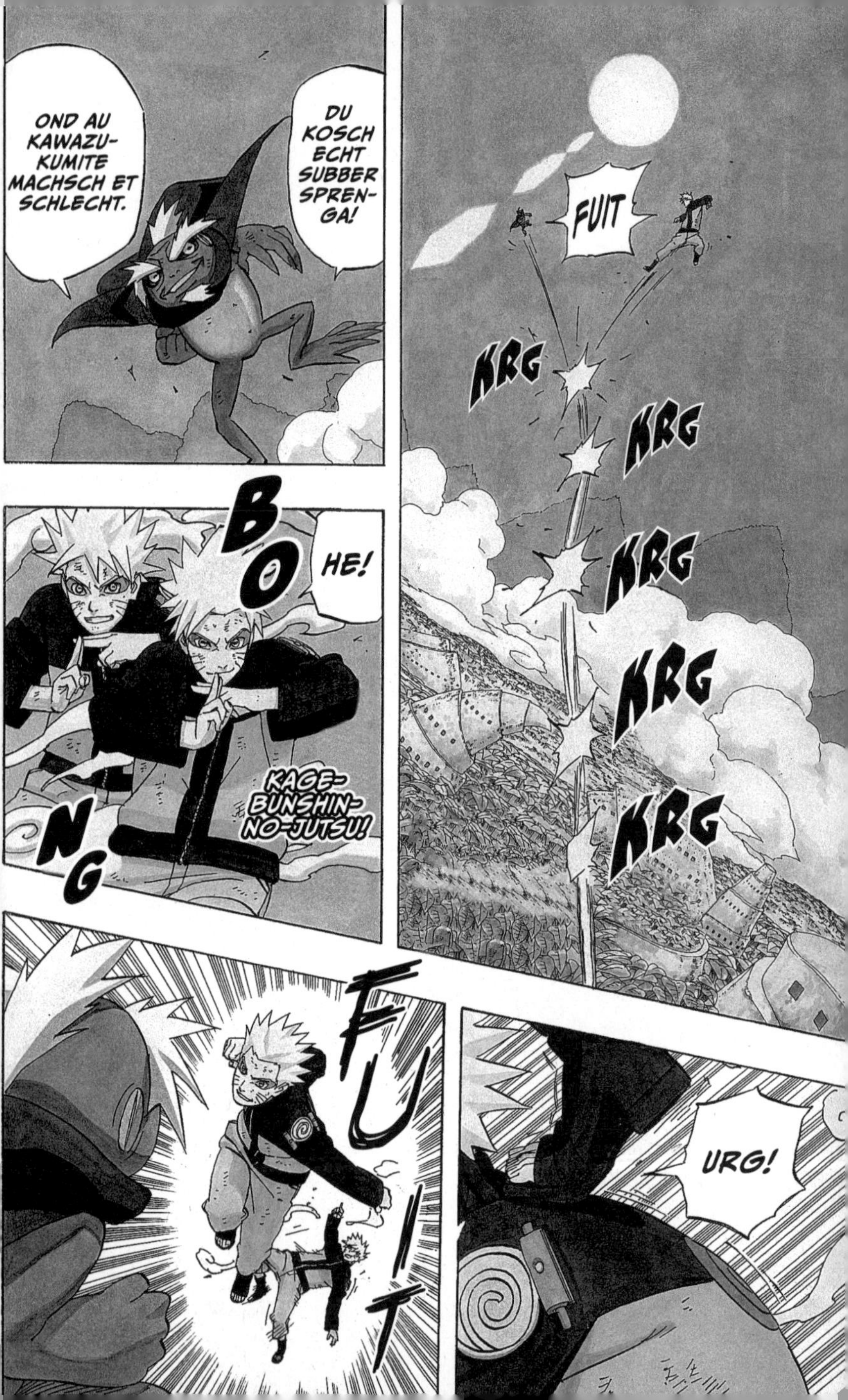

DU KOSCH ECHT SUBBER SPRENGA!
OND AU KAWAZU-KUMITE MACHSCH ET SCHLECHT.
FUIT
KRG
KRG
KRG
KRG
KRG
BONG
HE!
KAGE-BUNSHIN-NO-JUTSU!
FUIT
URG!

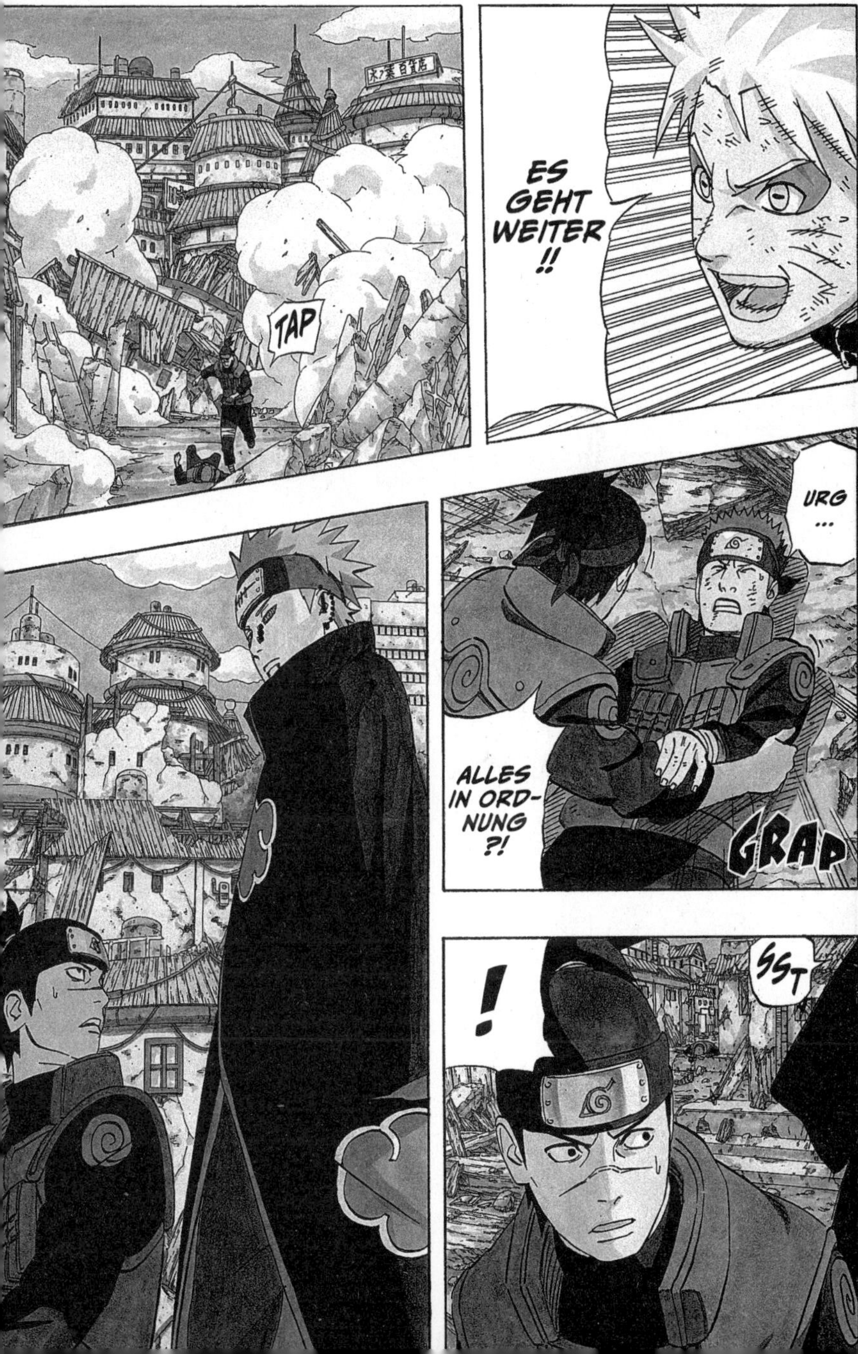
ES GEHT WEITER !!
TAP
URG ...
ALLES IN ORD-NUNG ?!
GRAP
SST
!

SCHLACHTFELD KONOHA

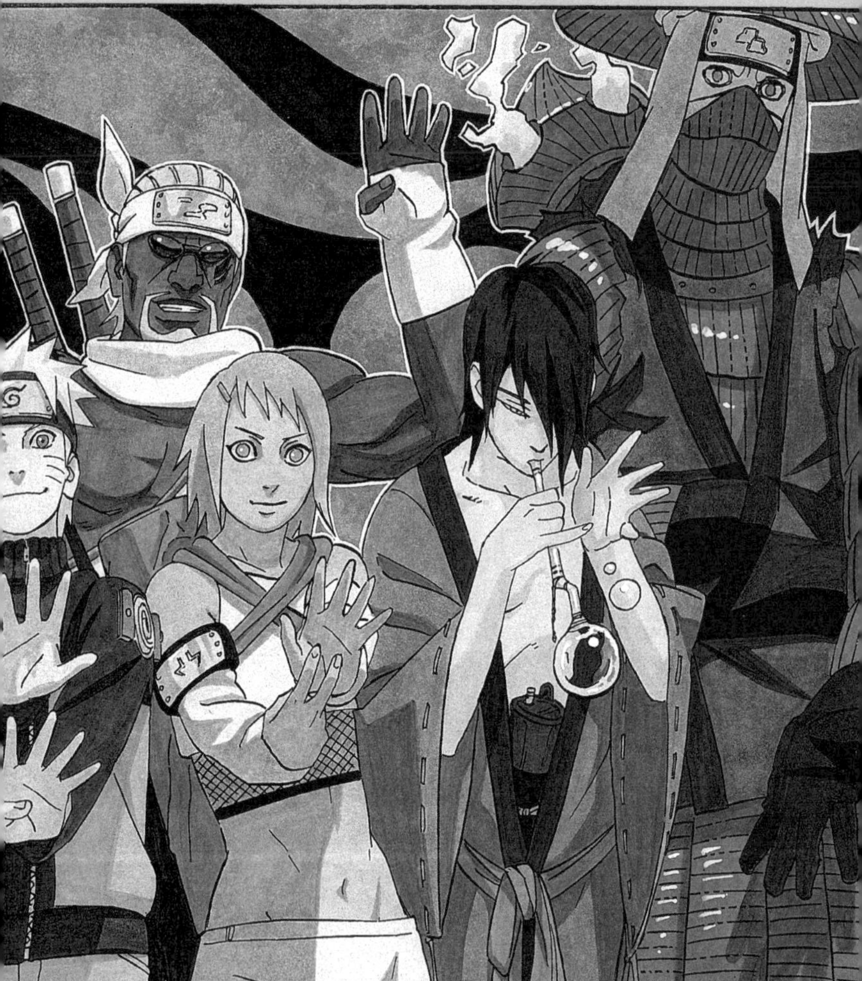

420. Kapitel:

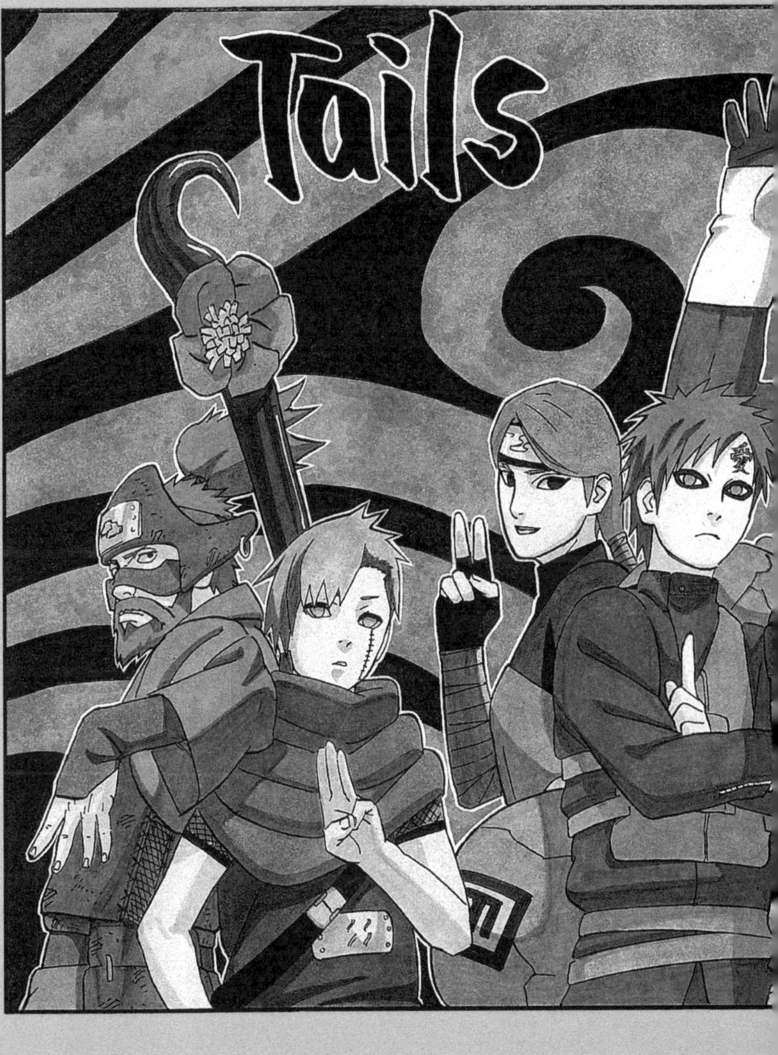

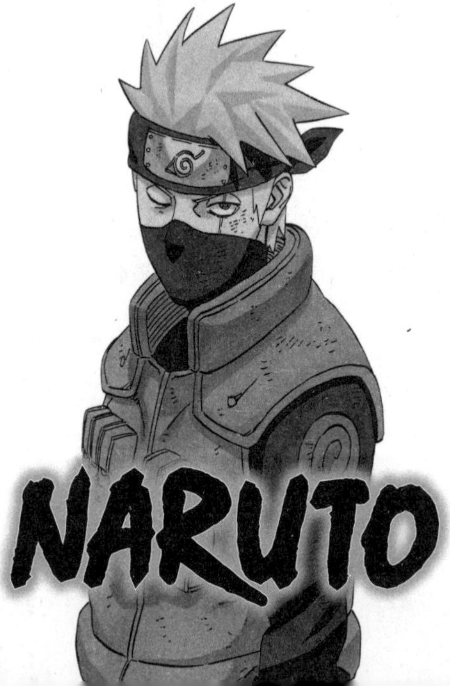
NARUTO

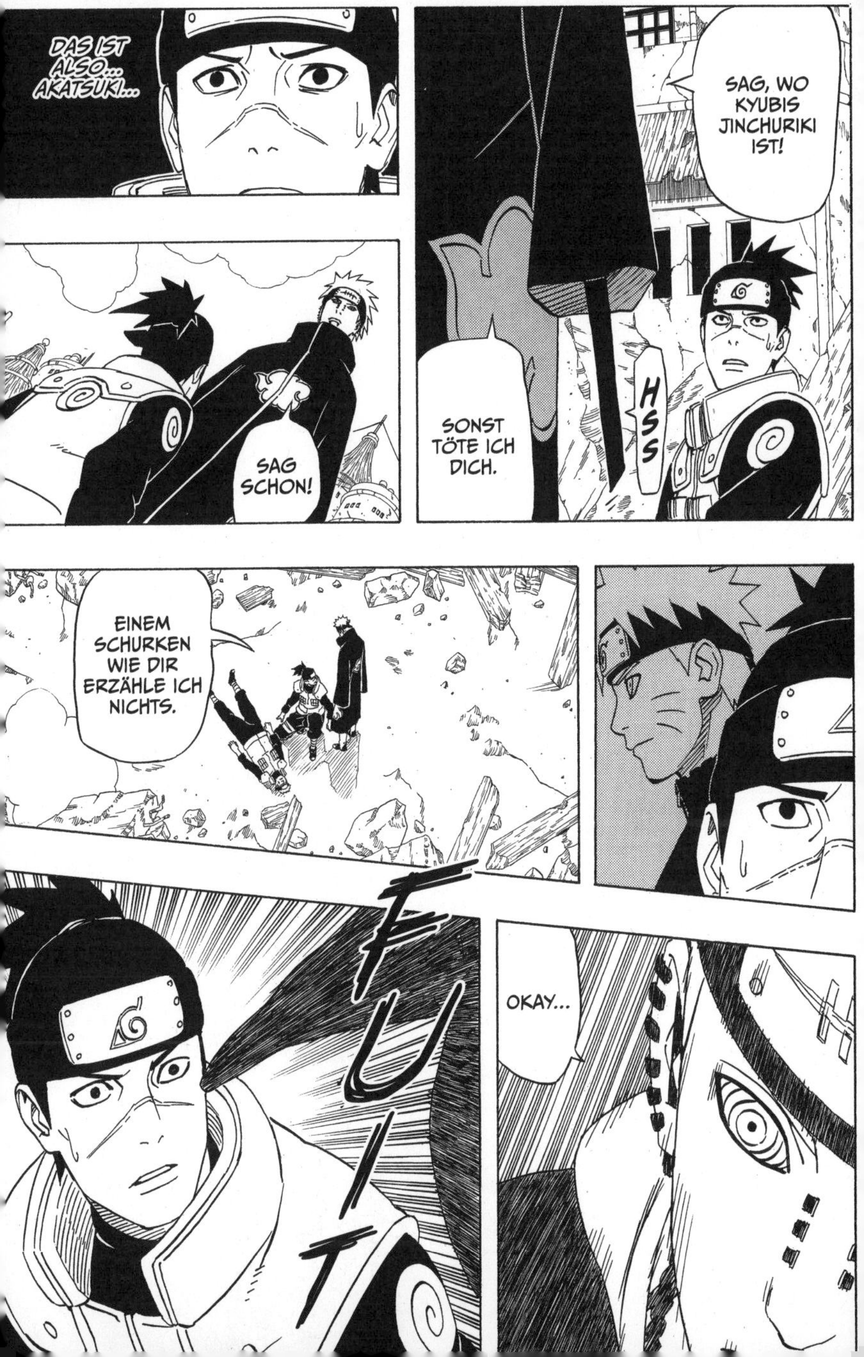
SAG, WO KYUBIS JINCHURIKI IST!
DAS IST ALSO... AKATSUKI...
HSS
SONST TÖTE ICH DICH.
SAG SCHON!
EINEM SCHURKEN WIE DIR ERZÄHLE ICH NICHTS.
OKAY...
FUIT

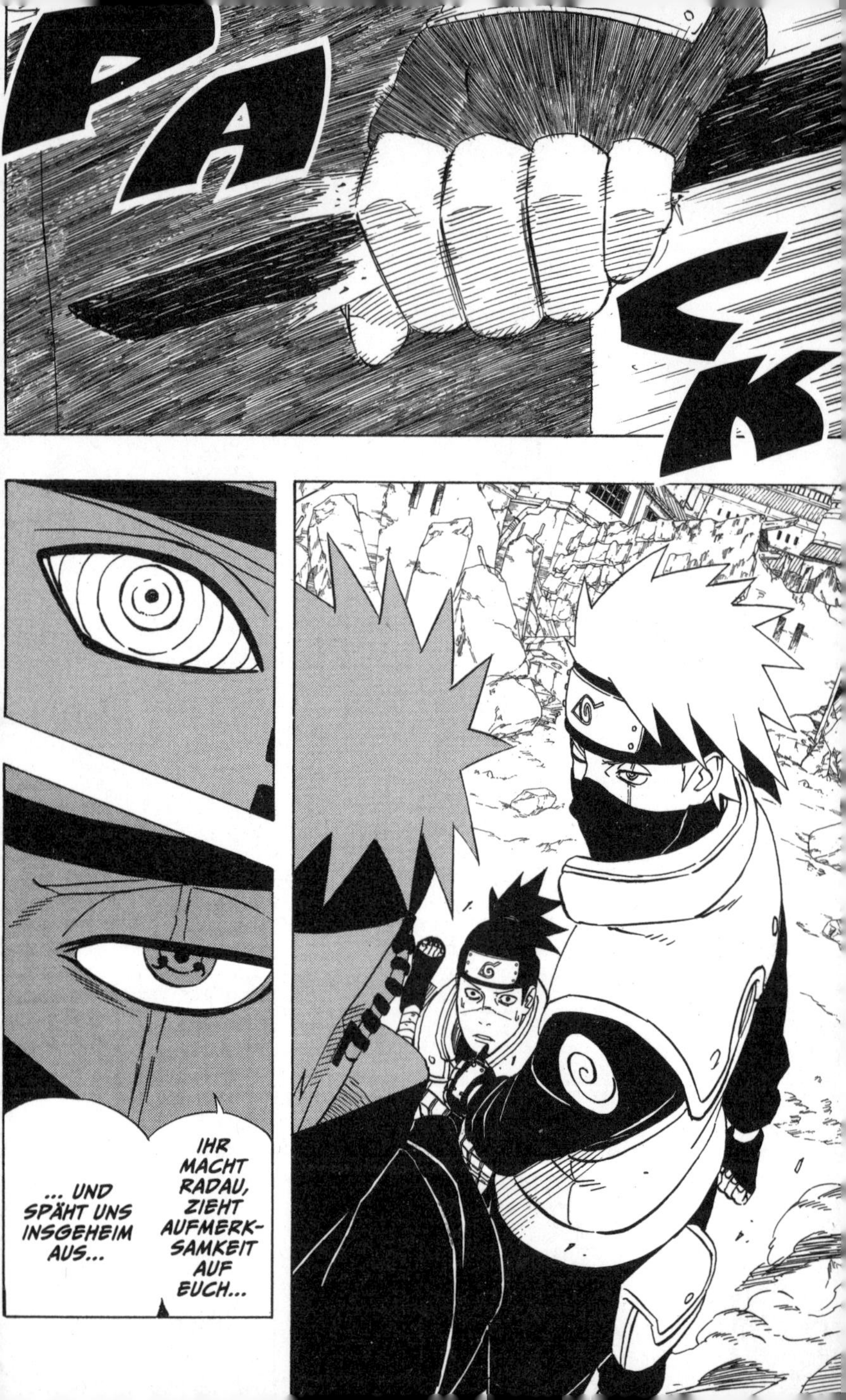

PACK
IHR MACHT RADAU, ZIEHT AUFMERK-SAMKEIT AUF EUCH...
... UND SPÄHT UNS INSGEHEIM AUS...

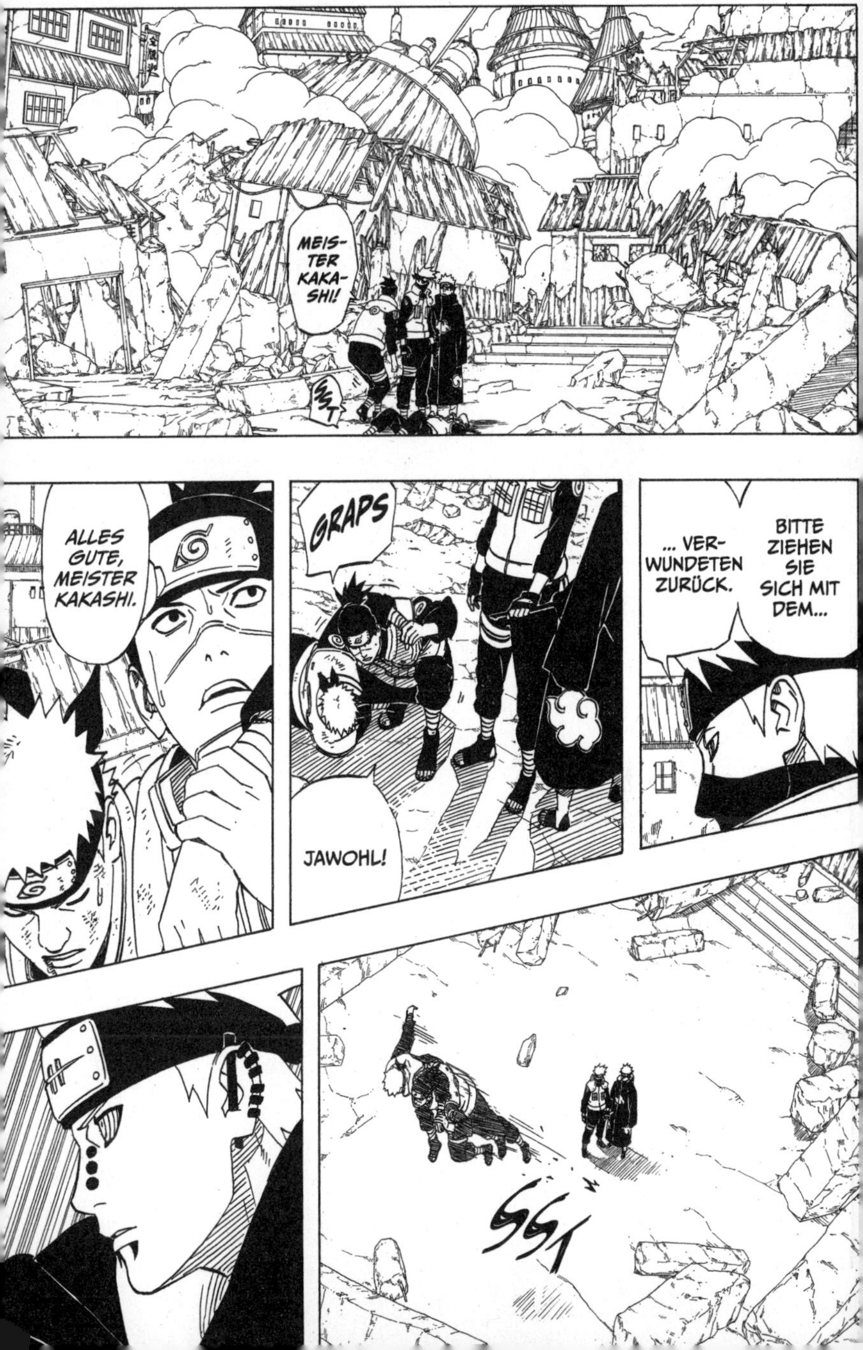
MEISTER KAKASHI!
SST
BITTE ZIEHEN SIE SICH MIT DEM...
... VERWUNDETEN ZURÜCK.
GRAPS
JAWOHL!
ALLES GUTE, MEISTER KAKASHI.
SST

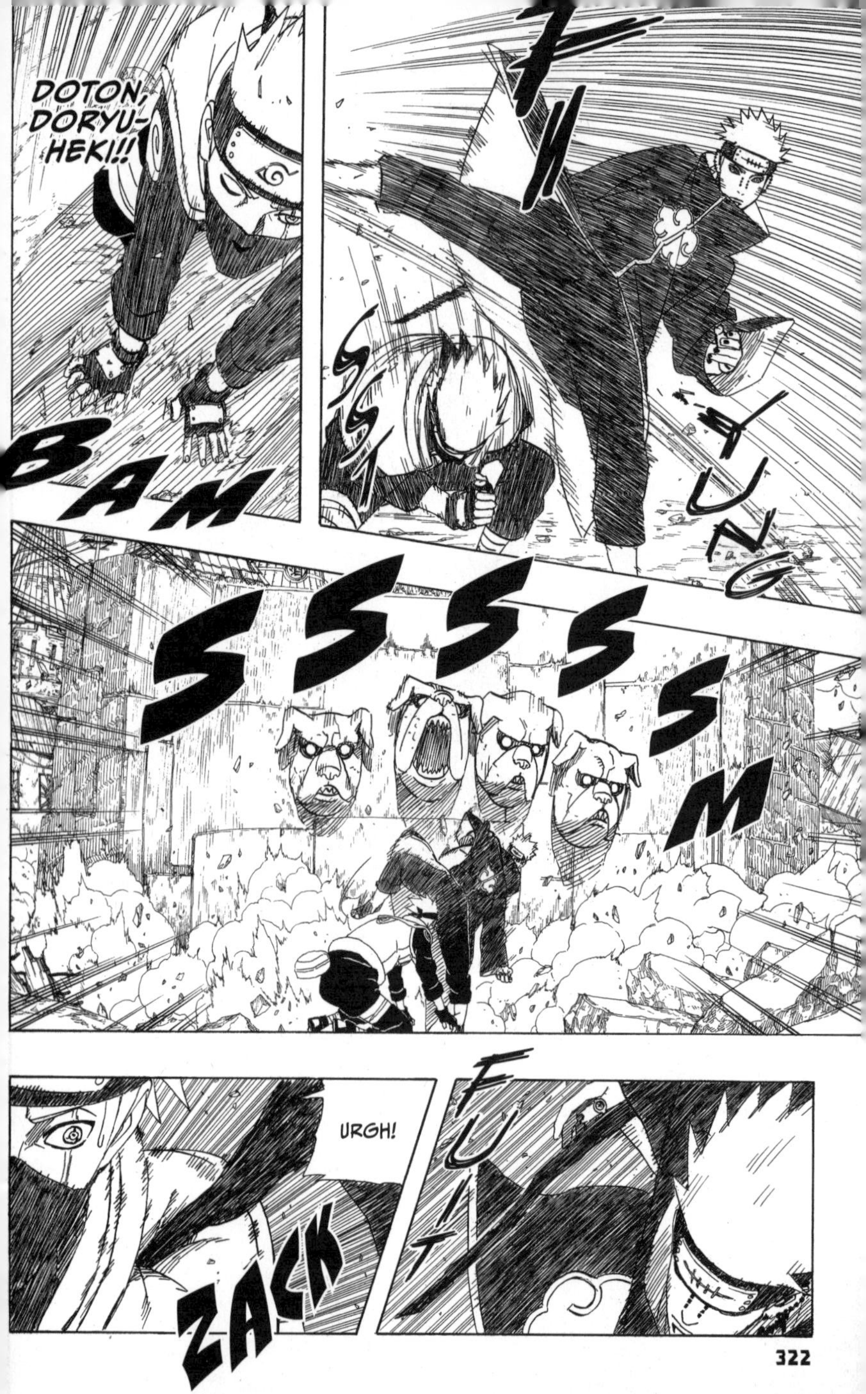
FLUNG
DOTON, DORYU-HEKI!!
BAM
SSSSSSM
URGH!
ZACK

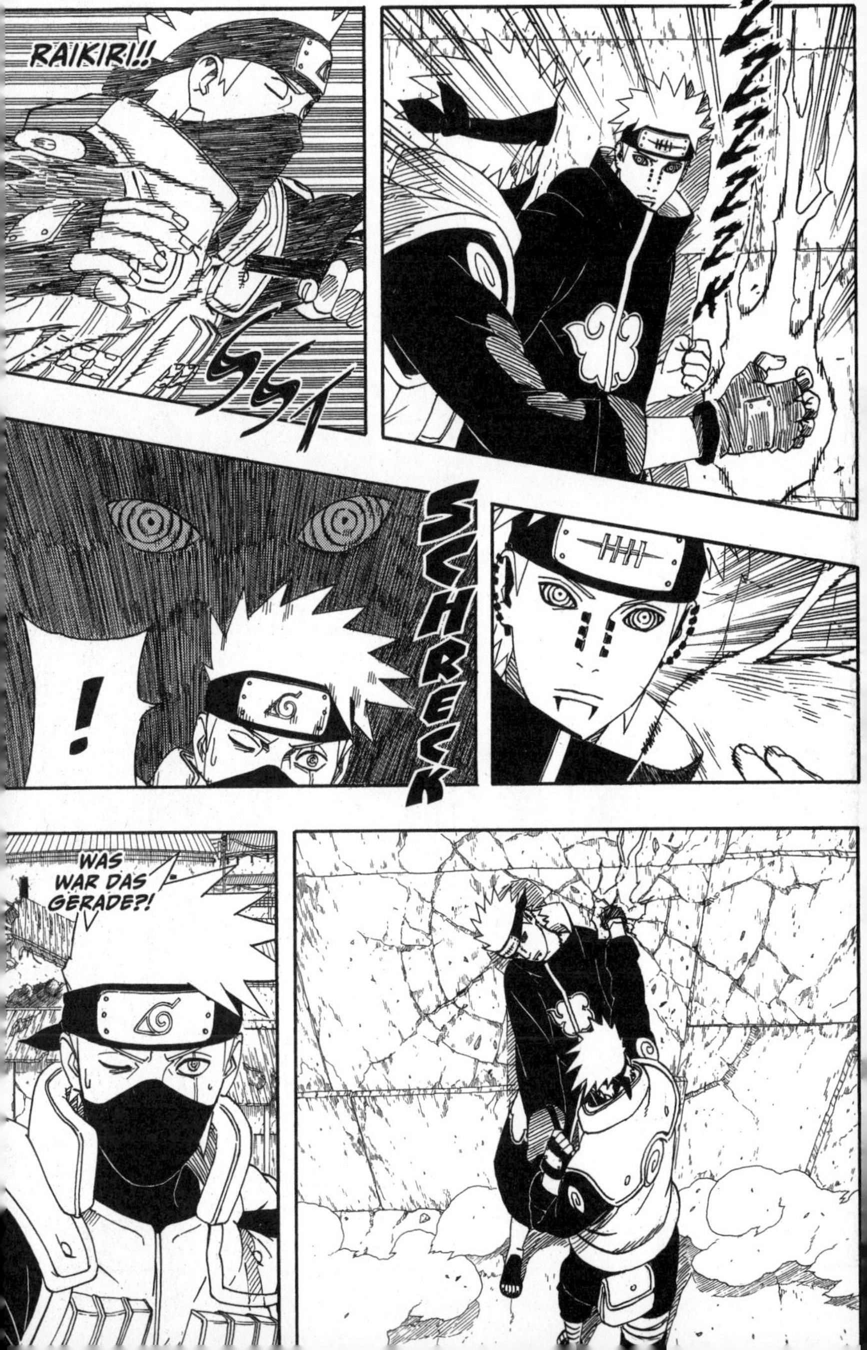
RAIKIRI!!
ZZZZZZZZZZK
SSST
SCHRECK
!
WAS WAR DAS GERADE?!

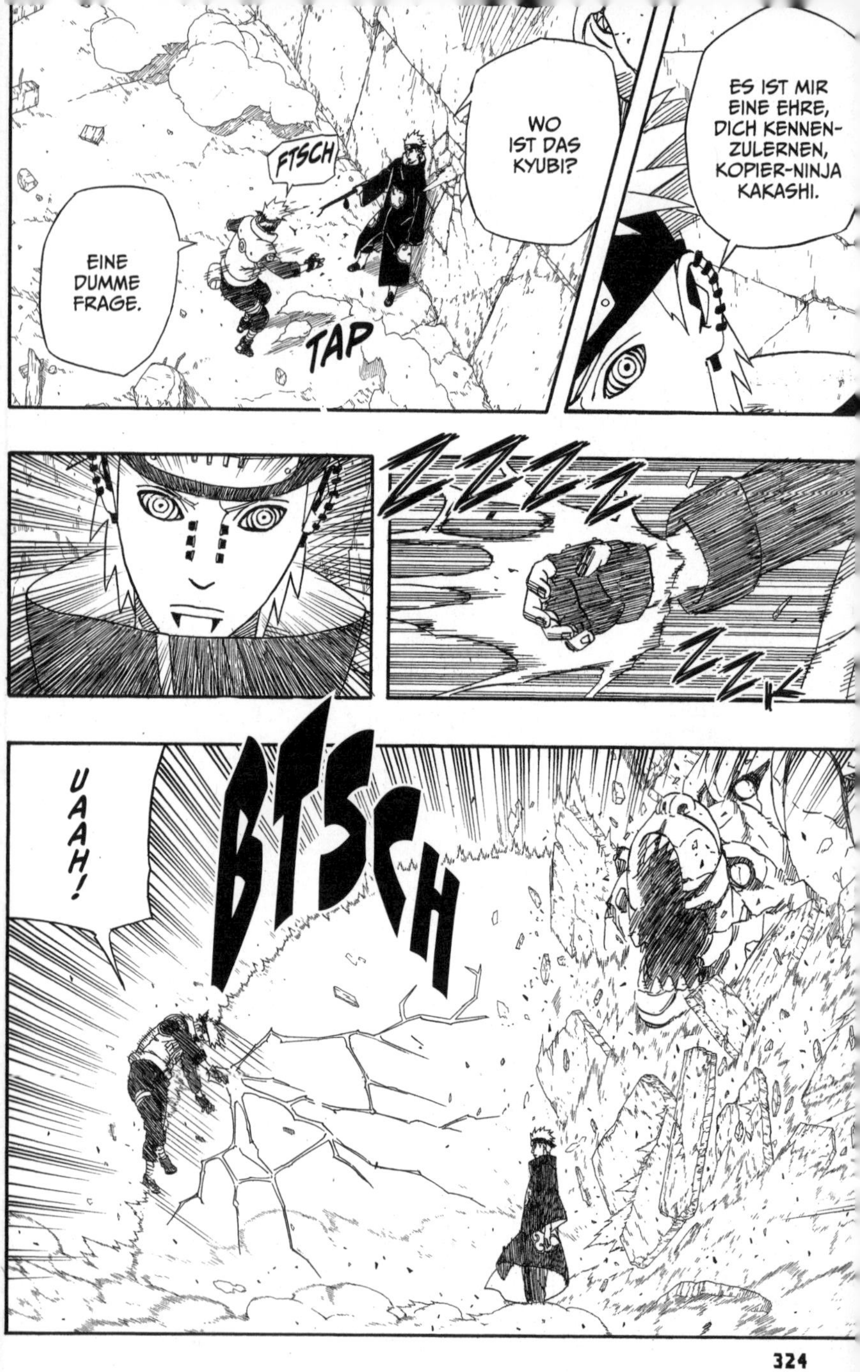
ES IST MIR EINE EHRE, DICH KENNENZULERNEN, KOPIER-NINJA KAKASHI.
WO IST DAS KYUBI?
FTSCH
EINE DUMME FRAGE.
TAP
ZZZZZ
ZZK
BTSCH
UAAH!

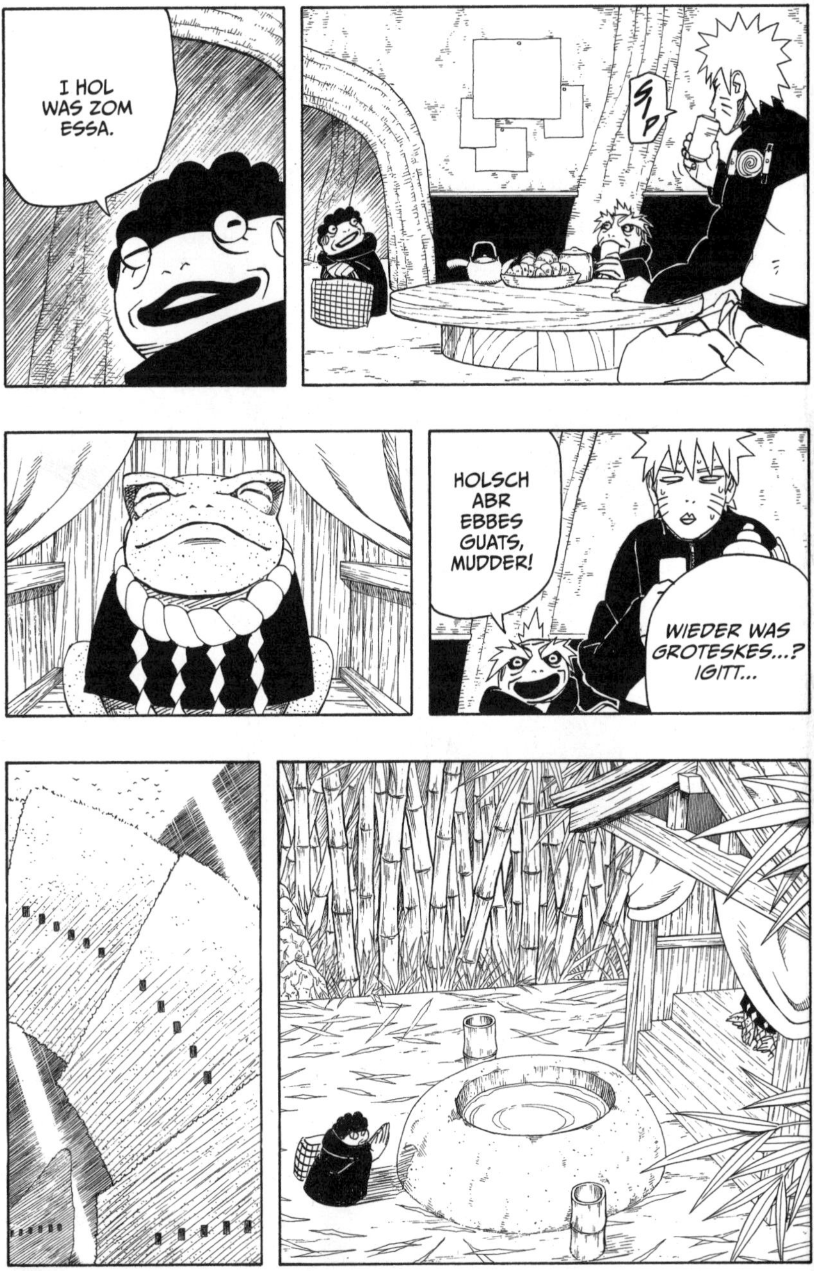
SIP
I HOL WAS ZOM ESSA.
HOLSCH ABR EBBES GUATS, MUDDER!
WIEDER WAS GROTESKES...? IGITT...

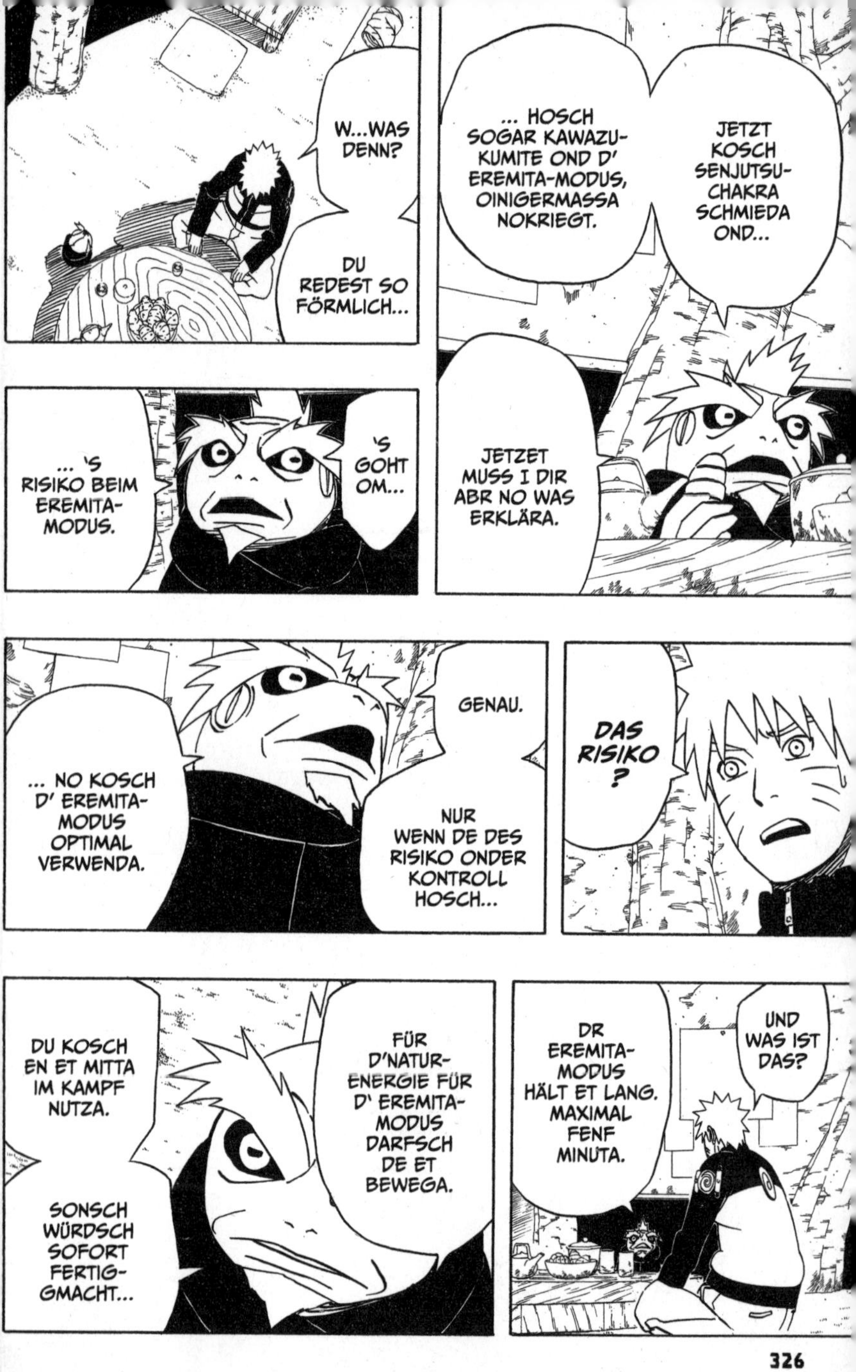
JETZT KOSCH SENJUTSU-CHAKRA SCHMIEDA OND...
... HOSCH SOGAR KAWAZU-KUMITE OND D' EREMITA-MODUS, OINIGERMASSA NOKRIEGT.
JETZET MUSS I DIR ABR NO WAS ERKLÄRA.
W...WAS DENN?
DU REDEST SO FÖRMLICH...
'S GOHT OM...
... 'S RISIKO BEIM EREMITA-MODUS.
DAS RISIKO?
GENAU.
NUR WENN DE DES RISIKO ONDER KONTROLL HOSCH...
... NO KOSCH D' EREMITA-MODUS OPTIMAL VERWENDA.
UND WAS IST DAS?
DR EREMITA-MODUS HÄLT ET LANG. MAXIMAL FENF MINUTA.
FÜR D'NATUR-ENERGIE FÜR D' EREMITA-MODUS DARFSCH DE ET BEWEGA.
DU KOSCH EN ET MITTA IM KAMPF NUTZA.
SONSCH WÜRDSCH SOFORT FERTIG-GMACHT...

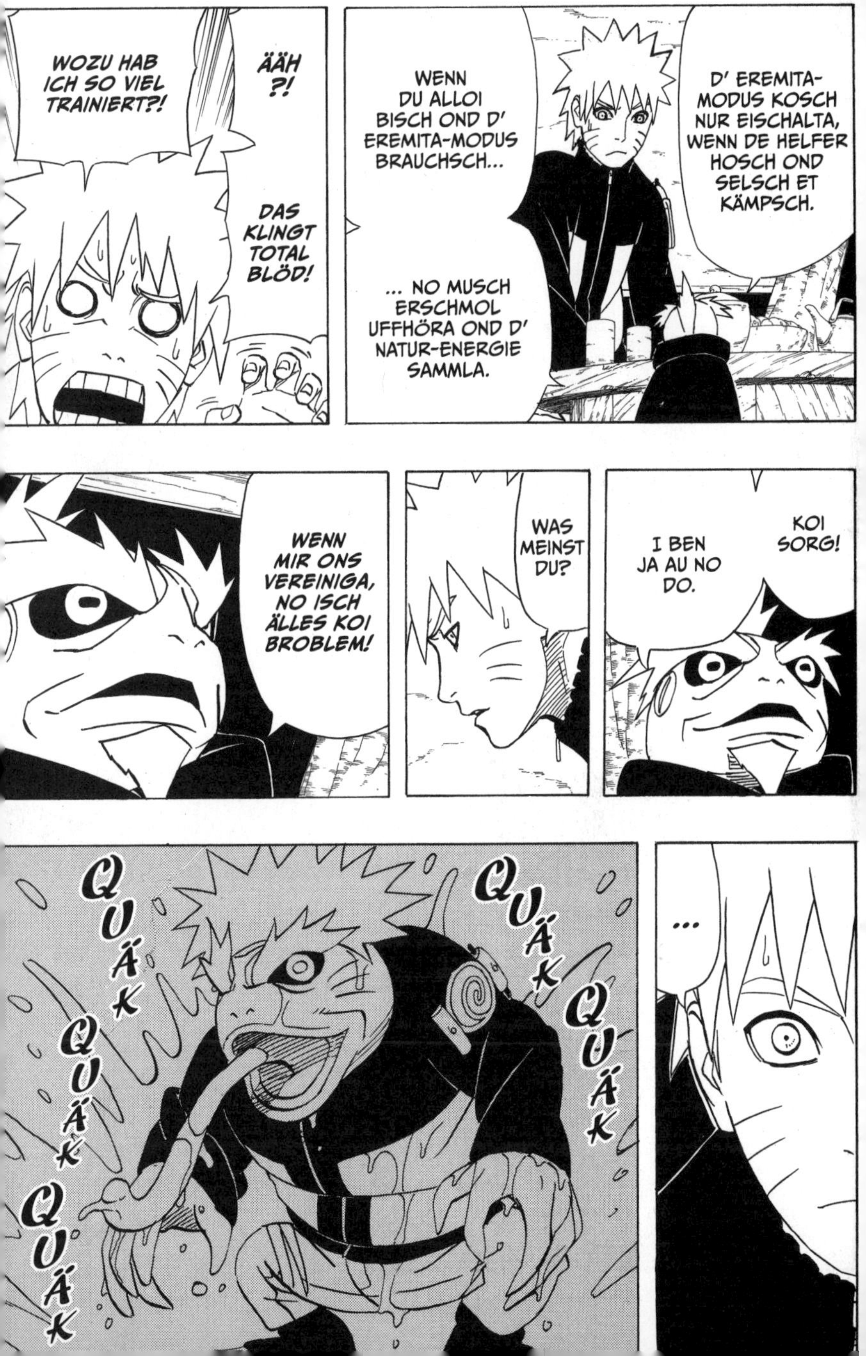
D' EREMITA-MODUS KOSCH NUR EISCHALTA, WENN DE HELFER HOSCH OND SELSCH ET KÄMPSCH.
WENN DU ALLOI BISCH OND D' EREMITA-MODUS BRAUCHSCH...
... NO MUSCH ERSCHMOL UFFHÖRA OND D' NATUR-ENERGIE SAMMLA.
ÄÄH ?!
WOZU HAB ICH SO VIEL TRAINIERT?!
DAS KLINGT TOTAL BLÖD!
KOI SORG!
I BEN JA AU NO DO.
WAS MEINST DU?
WENN MIR ONS VEREINIGA, NO ISCH ÄLLES KOI BROBLEM!
...
QUÄK
QUÄK
QUÄK
QUÄK
QUÄK

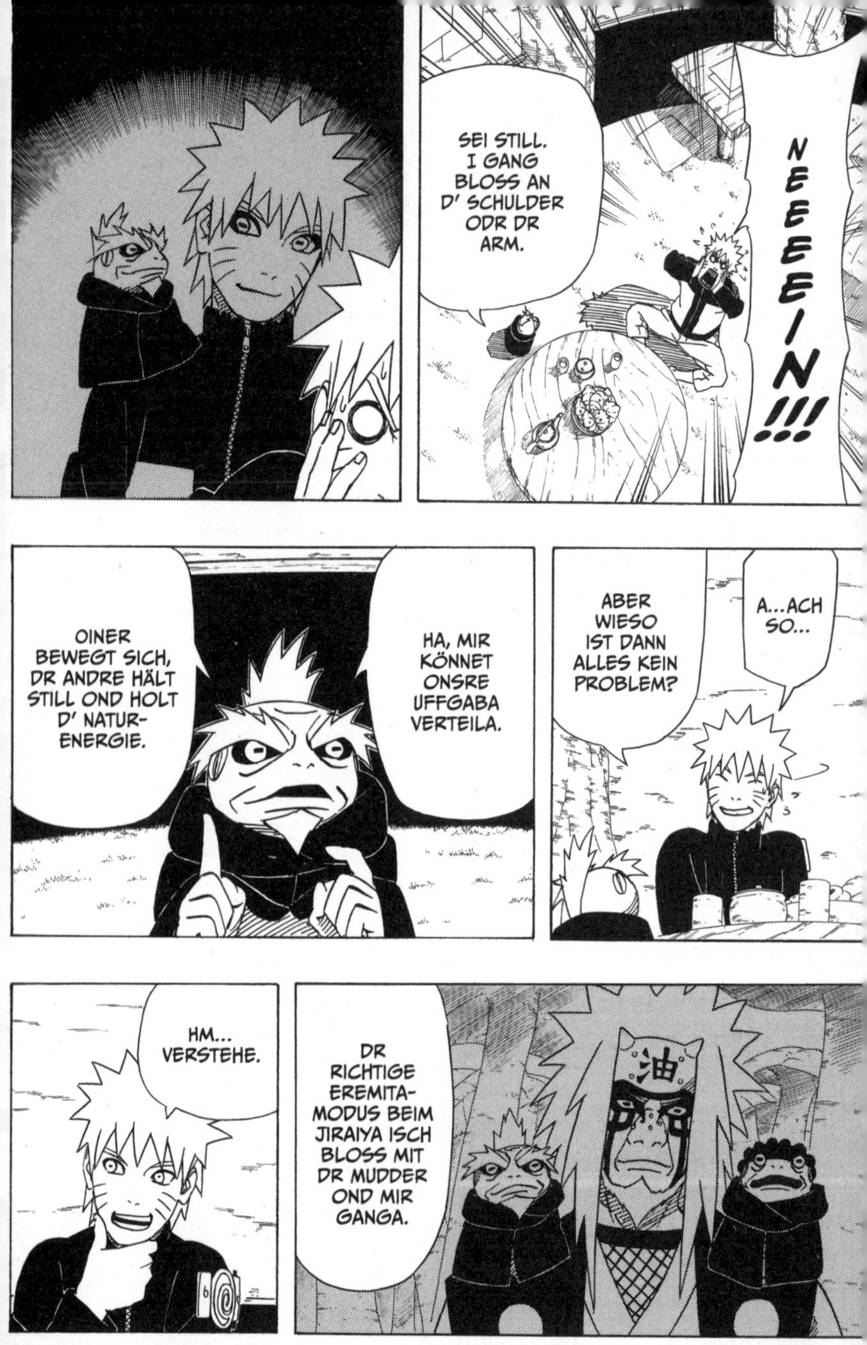
NEEEEIN!!!
SEI STILL. I GANG BLOSS AN D' SCHULDER ODR DR ARM.
A...ACH SO...
ABER WIESO IST DANN ALLES KEIN PROBLEM?
HA, MIR KÖNNET ONSRE UFFGABA VERTEILA.
OINER BEWEGT SICH, DR ANDRE HÄLT STILL OND HOLT D' NATUR-ENERGIE.
DR RICHTIGE EREMITA-MODUS BEIM JIRAIYA ISCH BLOSS MIT DR MUDDER OND MIR GANGA.
HM... VERSTEHE.

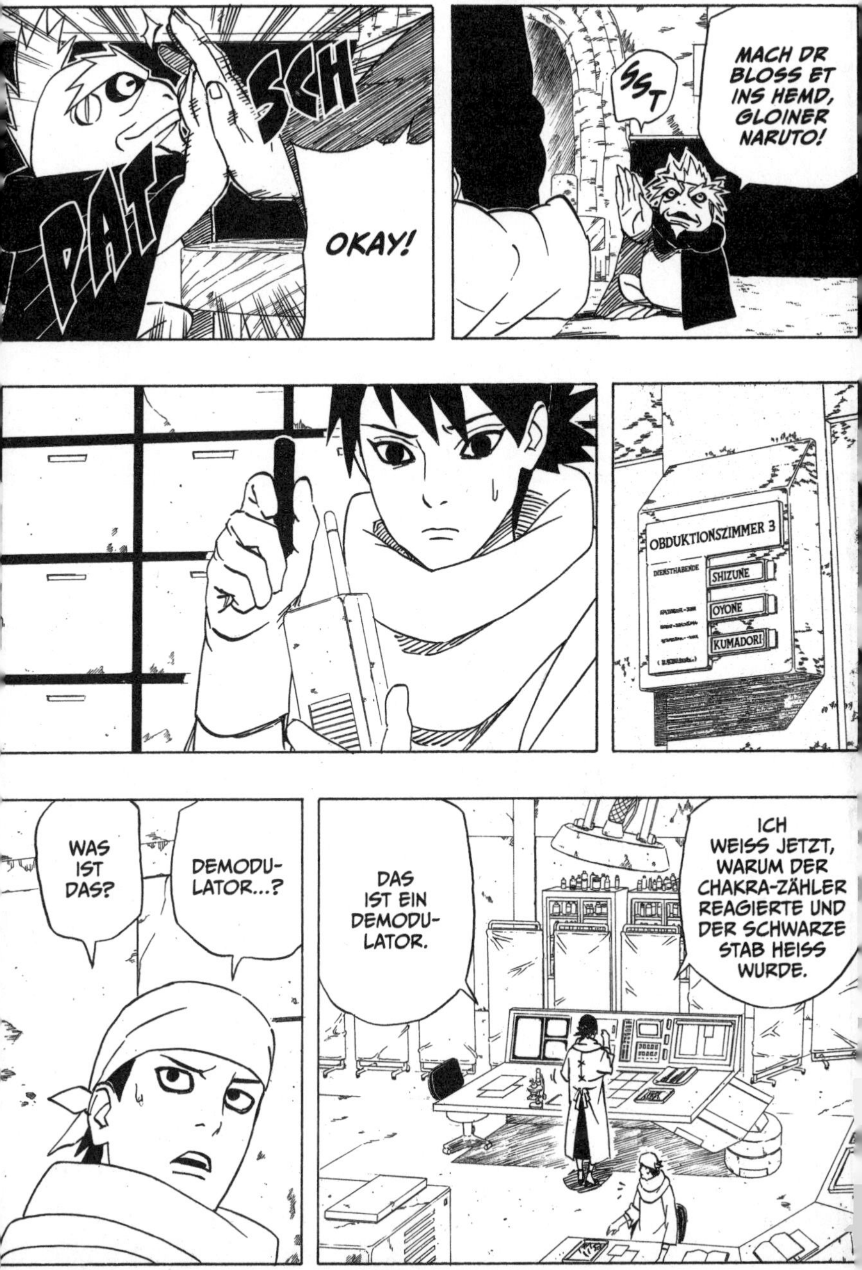
SST
MACH DR BLOSS ET INS HEMD, GLOINER NARUTO!
PATSCH
OKAY!
OBDUKTIONSZIMMER 3
SHIZUNE
OYONE
KUMADORI
ICH WEISS JETZT, WARUM DER CHAKRA-ZÄHLER REAGIERTE UND DER SCHWARZE STAB HEISS WURDE.
DAS IST EIN DEMODULATOR.
DEMODULATOR...?
WAS IST DAS?

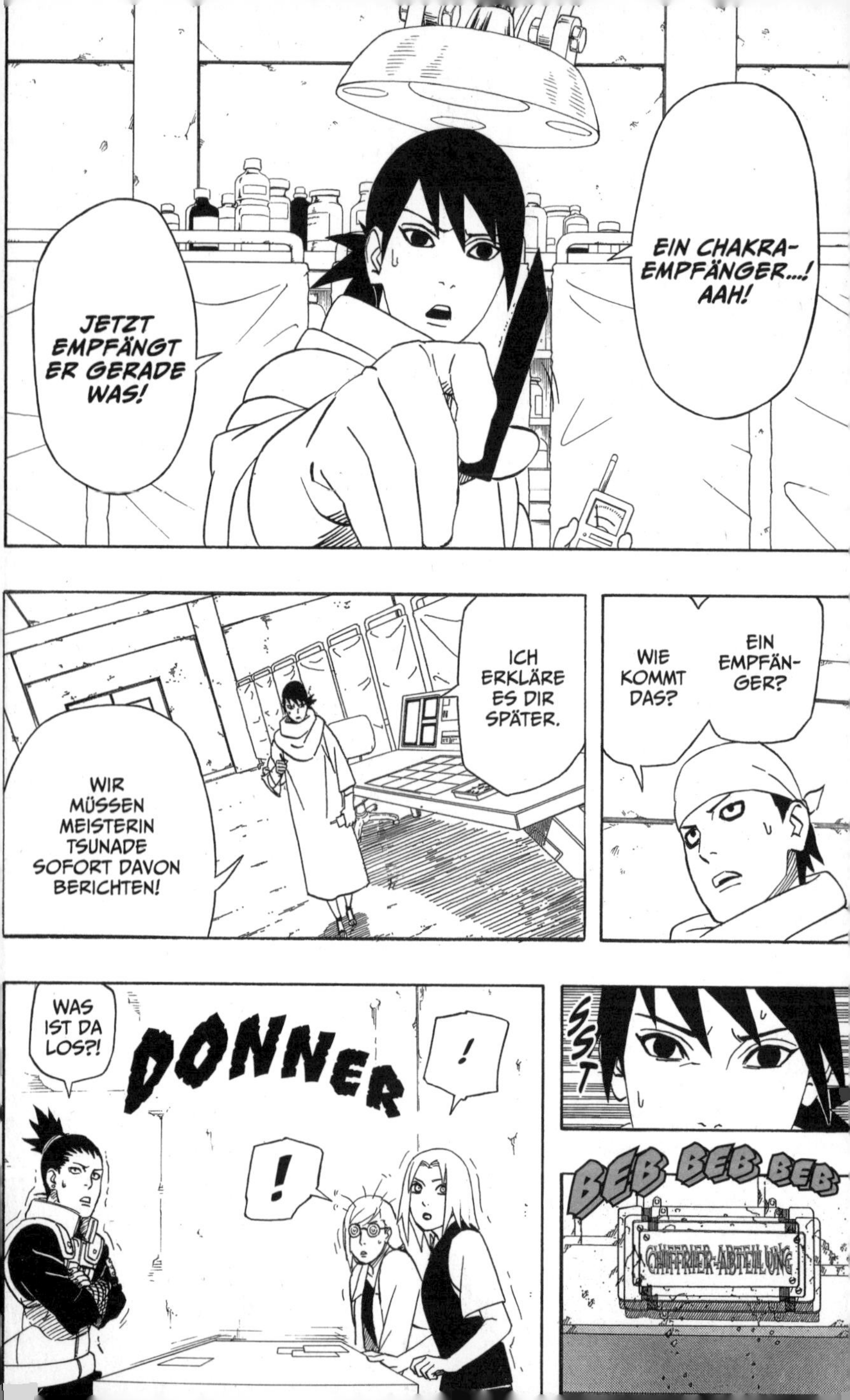

EIN CHAKRA-EMPFÄNGER...! AAH!
JETZT EMPFÄNGT ER GERADE WAS!
EIN EMPFÄNGER?
WIE KOMMT DAS?
ICH ERKLÄRE ES DIR SPÄTER.
WIR MÜSSEN MEISTERIN TSUNADE SOFORT DAVON BERICHTEN!
SST
BEB BEB BEB
CHIFFRIER-ABTEILUNG
DONNER
!
!
WAS IST DA LOS?!

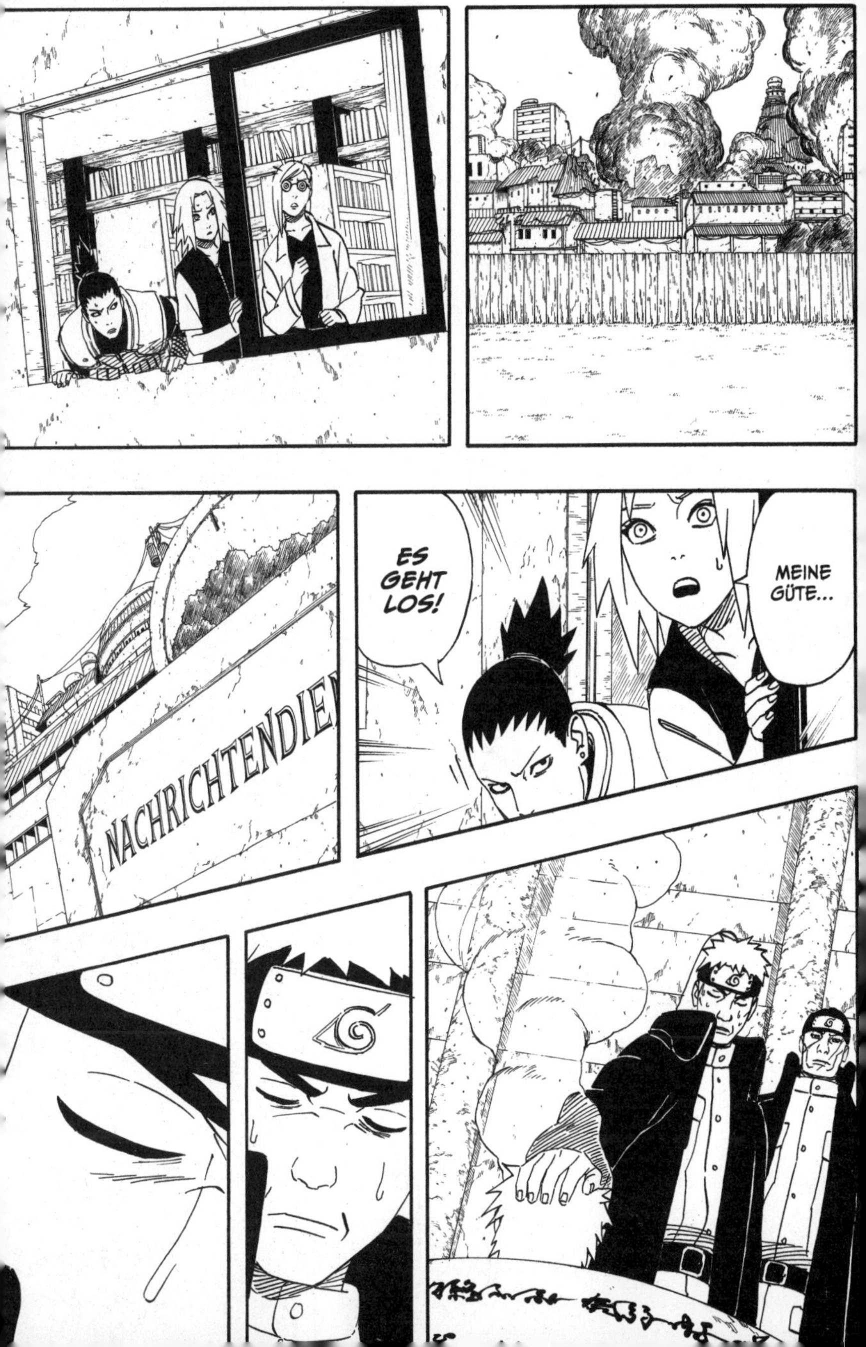
MEINE GÜTE...
ES GEHT LOS!
NACHRICHTENDIE

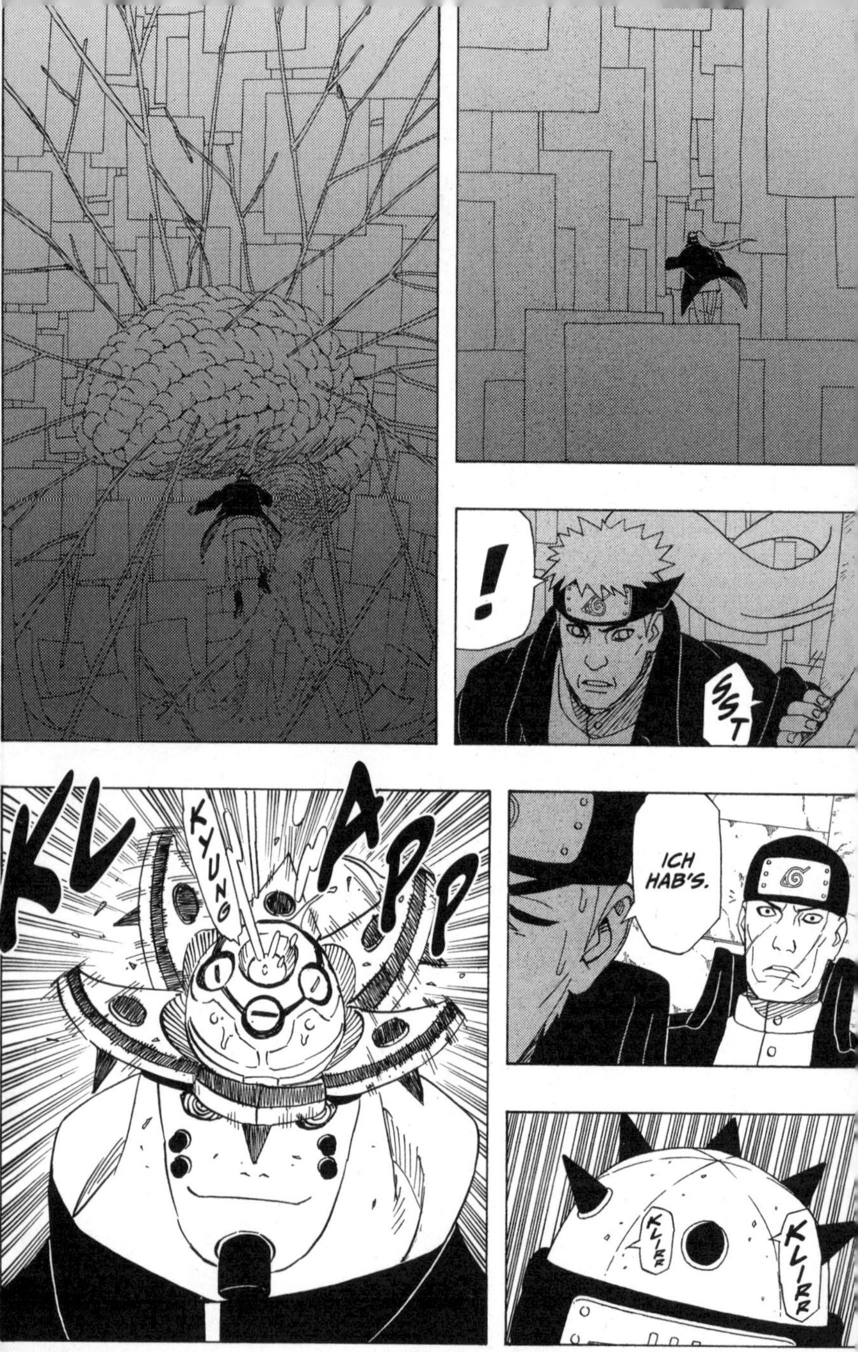
!
SST
ICH HAB'S.
KLAPP
KYUNG
KLIRR
KLIRR

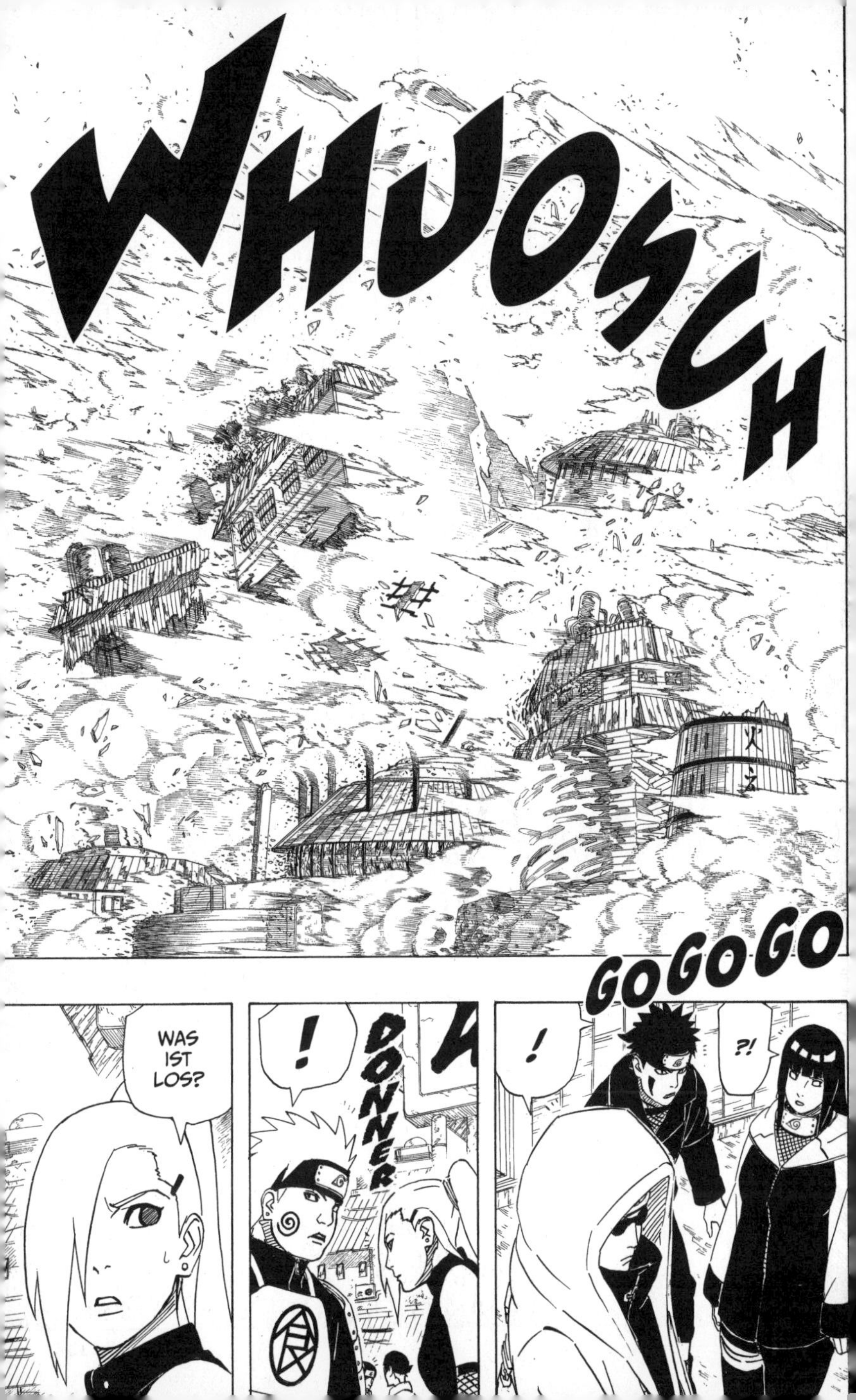
WHUOSCH
GOGOGO
?!
!
!
DONNER
WAS IST LOS?

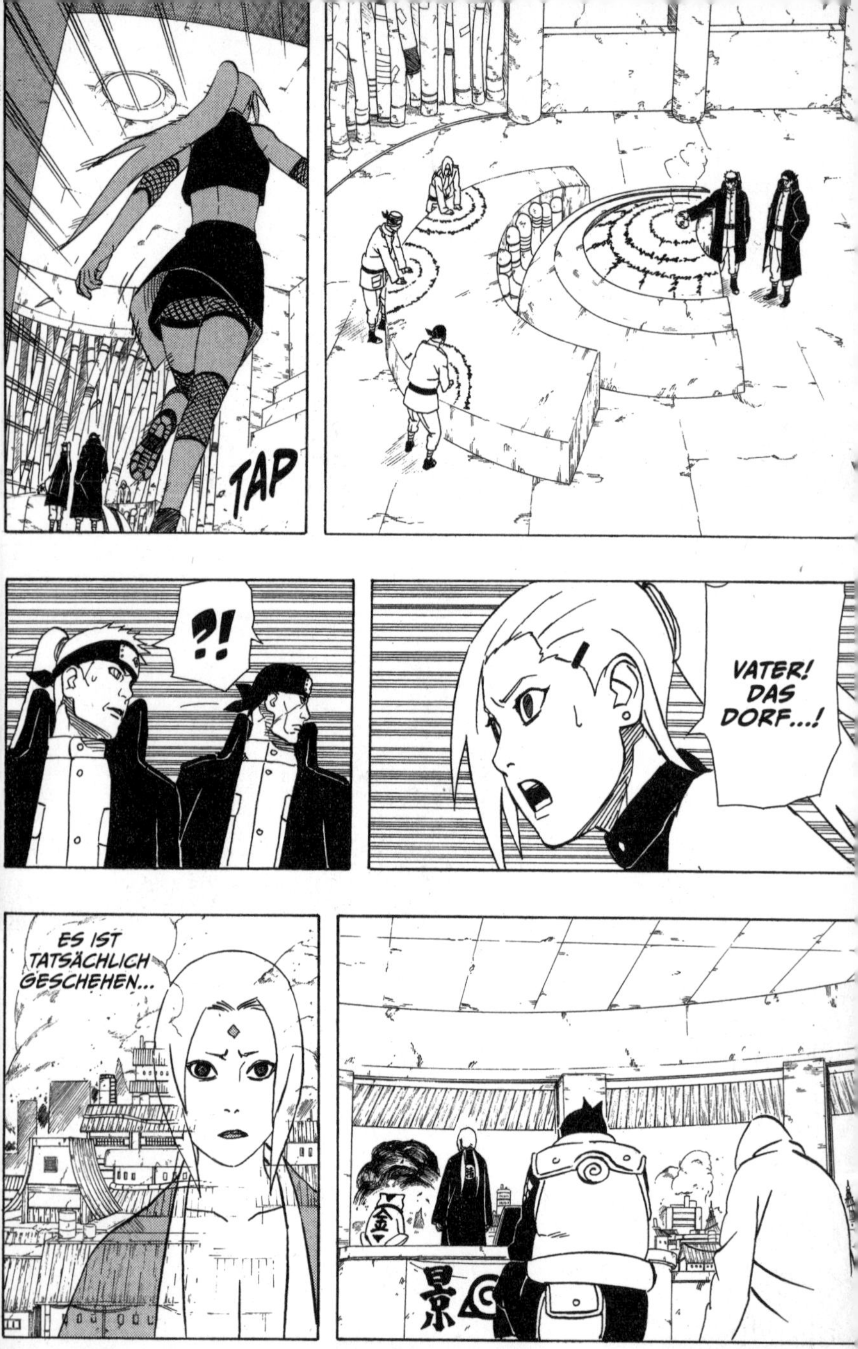
TAP
?!
VATER! DAS DORF...!
ES IST TATSÄCHLICH GESCHEHEN...

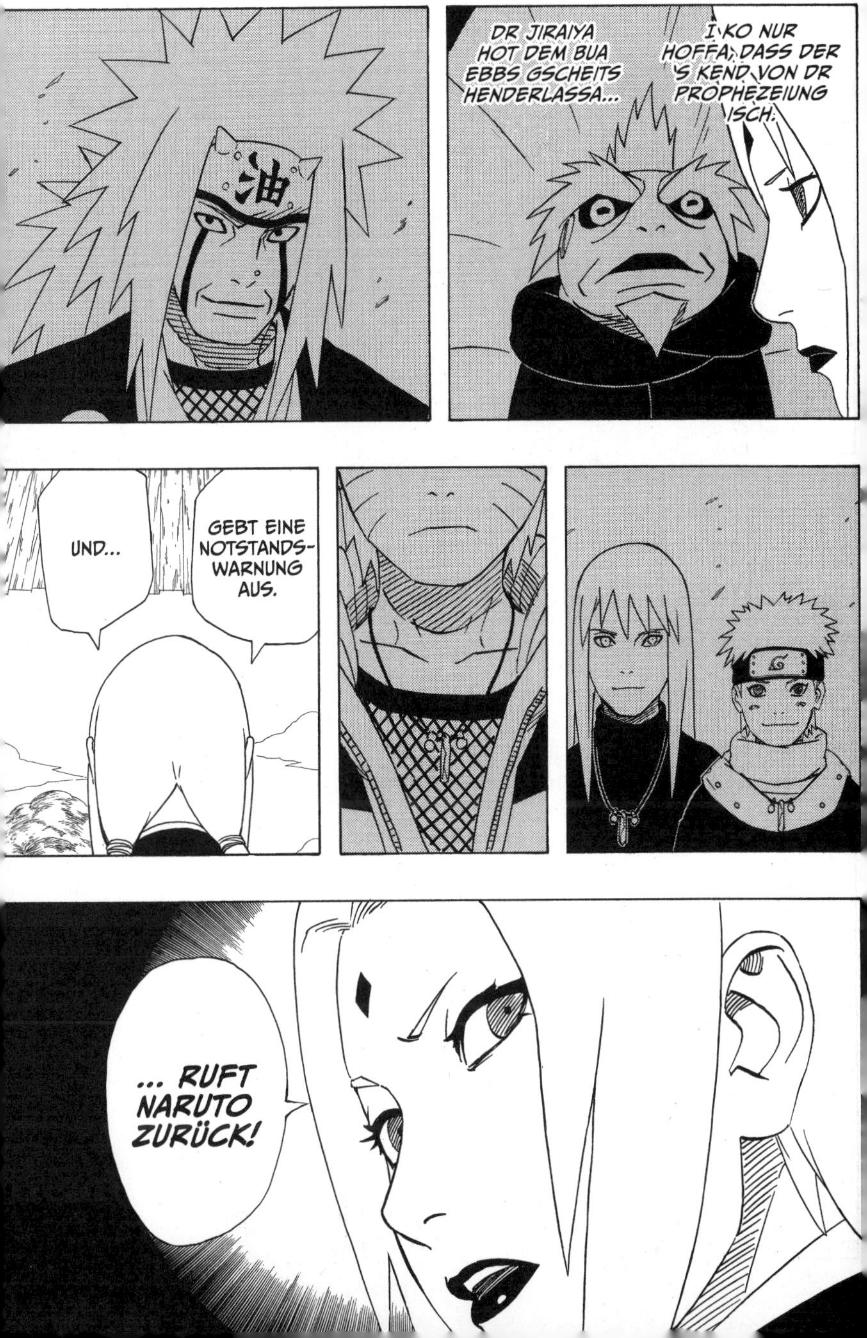
I KO NUR HOFFA, DASS DER 'S KEND VON DR PROPHEZEIUNG ISCH.
DR JIRAIYA HOT DEM BUA EBBS GSCHEITS HENDERLASSA...
GEBT EINE NOTSTANDS-WARNUNG AUS.
UND...
... RUFT NARUTO ZURÜCK!

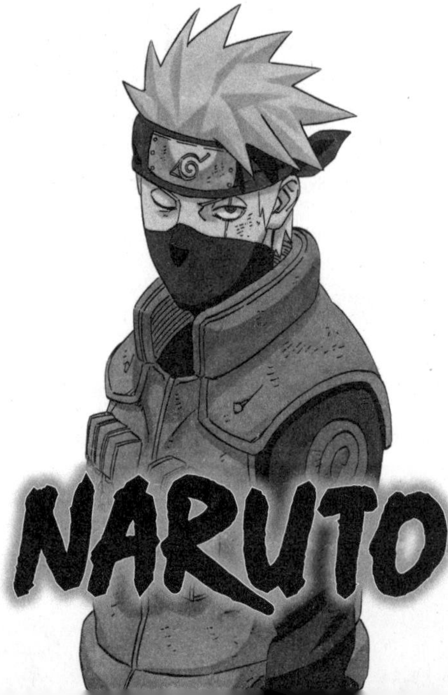
NARUTO

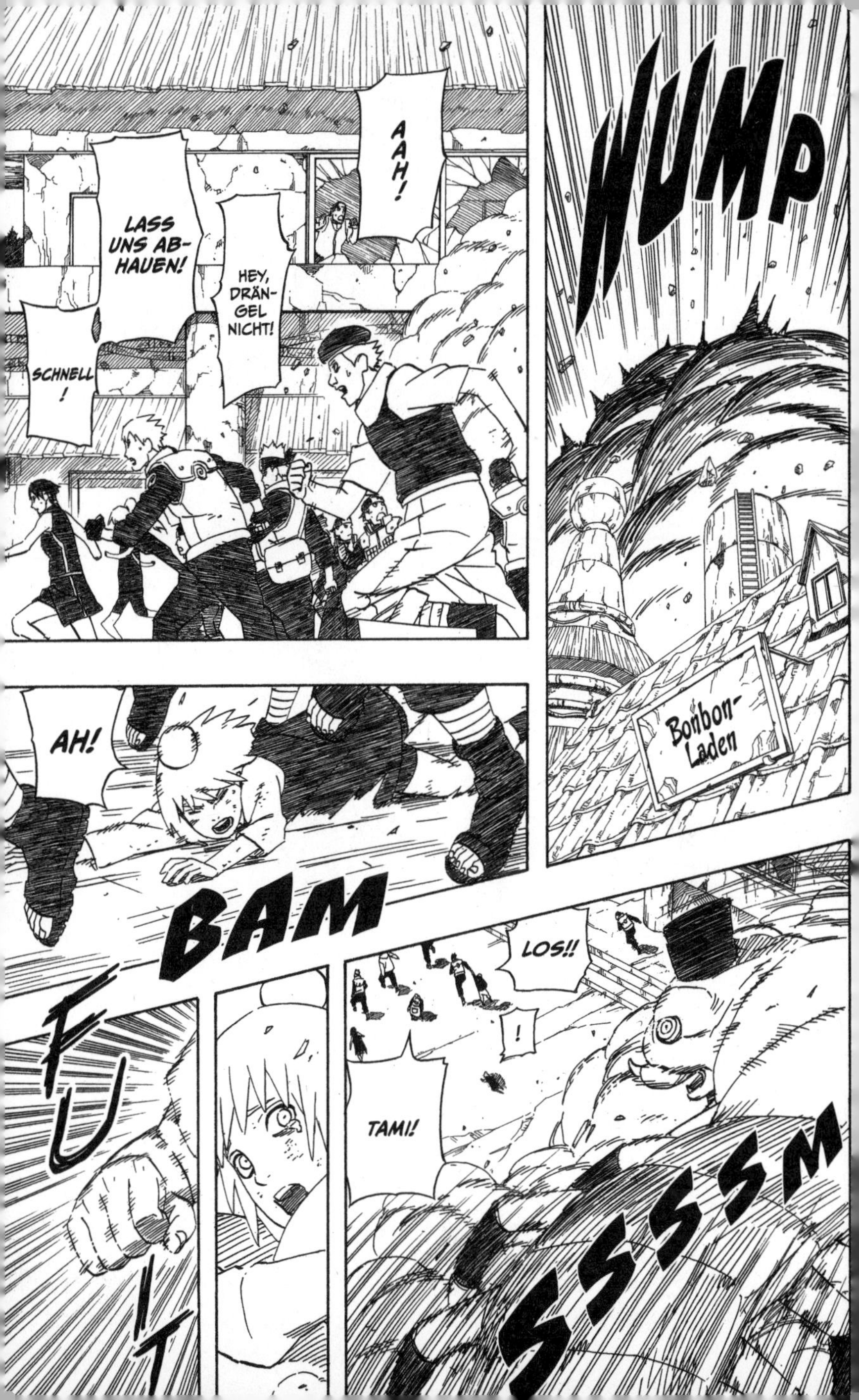
WUMP
AAAH!
LASS UNS ABHAUEN!
HEY, DRÄNGEL NICHT!
SCHNELL!
Bonbon-Laden
AH!
BAM
LOS!!
!
TAMI!
FUUT
SSSSSM

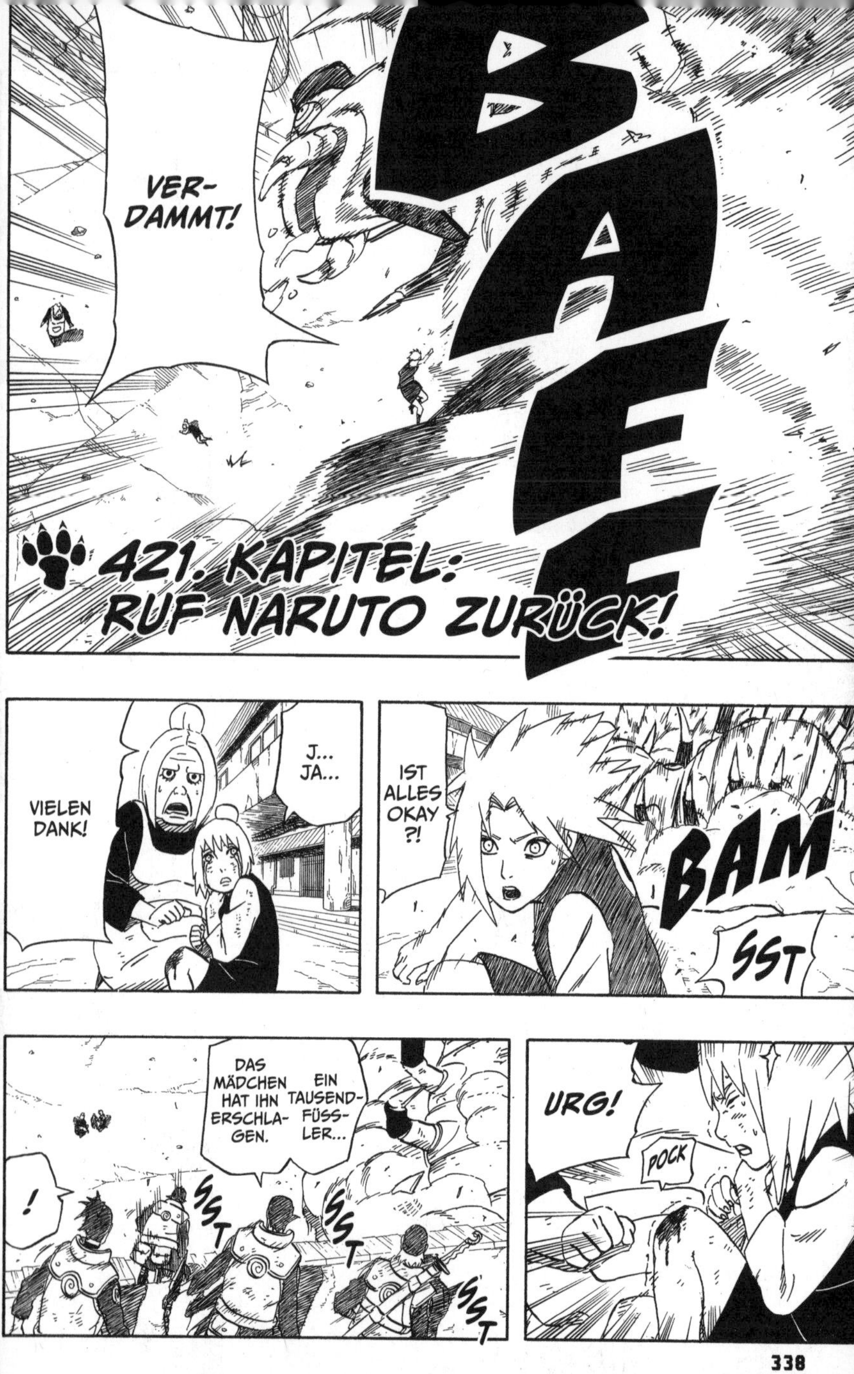
VER-DAMMT!
421. KAPITEL: RUF NARUTO ZURÜCK!
BAM
SST
IST ALLES OKAY ?!
J... JA...
VIELEN DANK!
URG!
POCK
EIN TAUSEND-FÜSS-LER...
DAS MÄDCHEN HAT IHN ERSCHLA-GEN.
SST
SST
SST
!

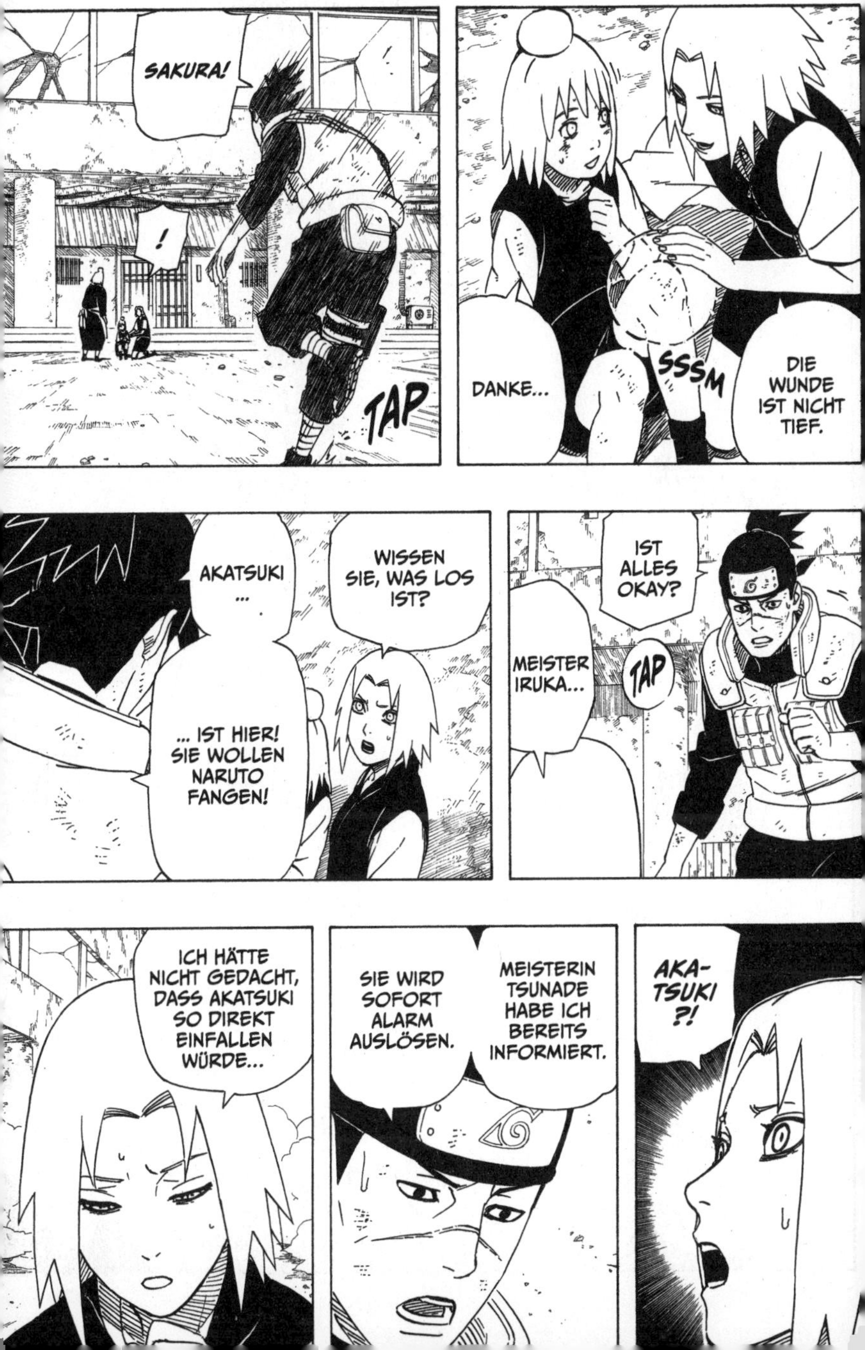
DIE WUNDE IST NICHT TIEF.
SSSM
DANKE...
SAKURA!
!
TAP
IST ALLES OKAY?
TAP
MEISTER IRUKA...
WISSEN SIE, WAS LOS IST?
AKATSUKI ...
... IST HIER! SIE WOLLEN NARUTO FANGEN!
AKA-TSUKI ?!
MEISTERIN TSUNADE HABE ICH BEREITS INFORMIERT.
SIE WIRD SOFORT ALARM AUSLÖSEN.
ICH HÄTTE NICHT GEDACHT, DASS AKATSUKI SO DIREKT EINFALLEN WÜRDE...

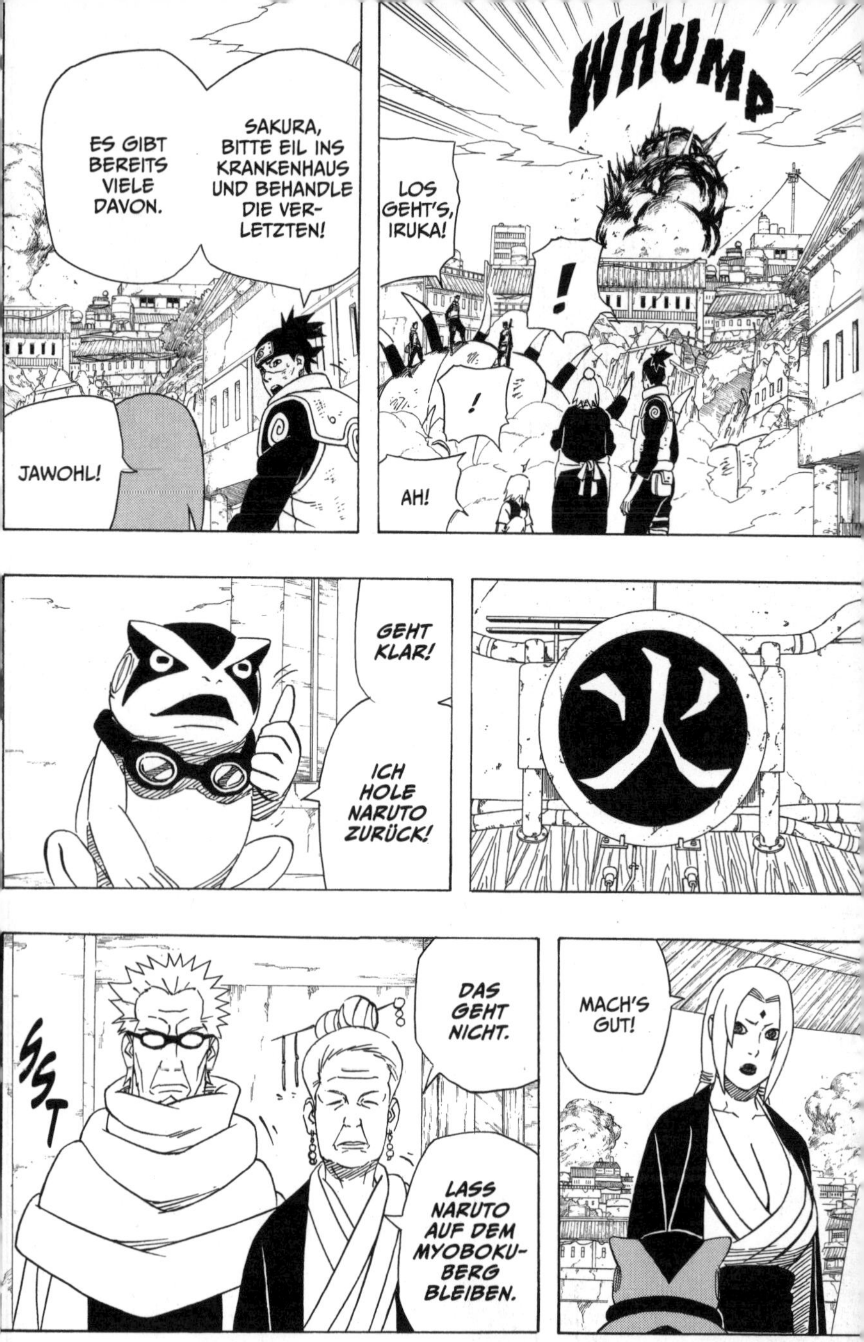
SAKURA, BITTE EIL INS KRANKENHAUS UND BEHANDLE DIE VERLETZTEN!
ES GIBT BEREITS VIELE DAVON.
JAWOHL!
WHUMP
LOS GEHT'S, IRUKA!
!
!
AH!
GEHT KLAR!
ICH HOLE NARUTO ZURÜCK!
MACH'S GUT!
DAS GEHT NICHT.
LASS NARUTO AUF DEM MYOBOKUBERG BLEIBEN.
SST

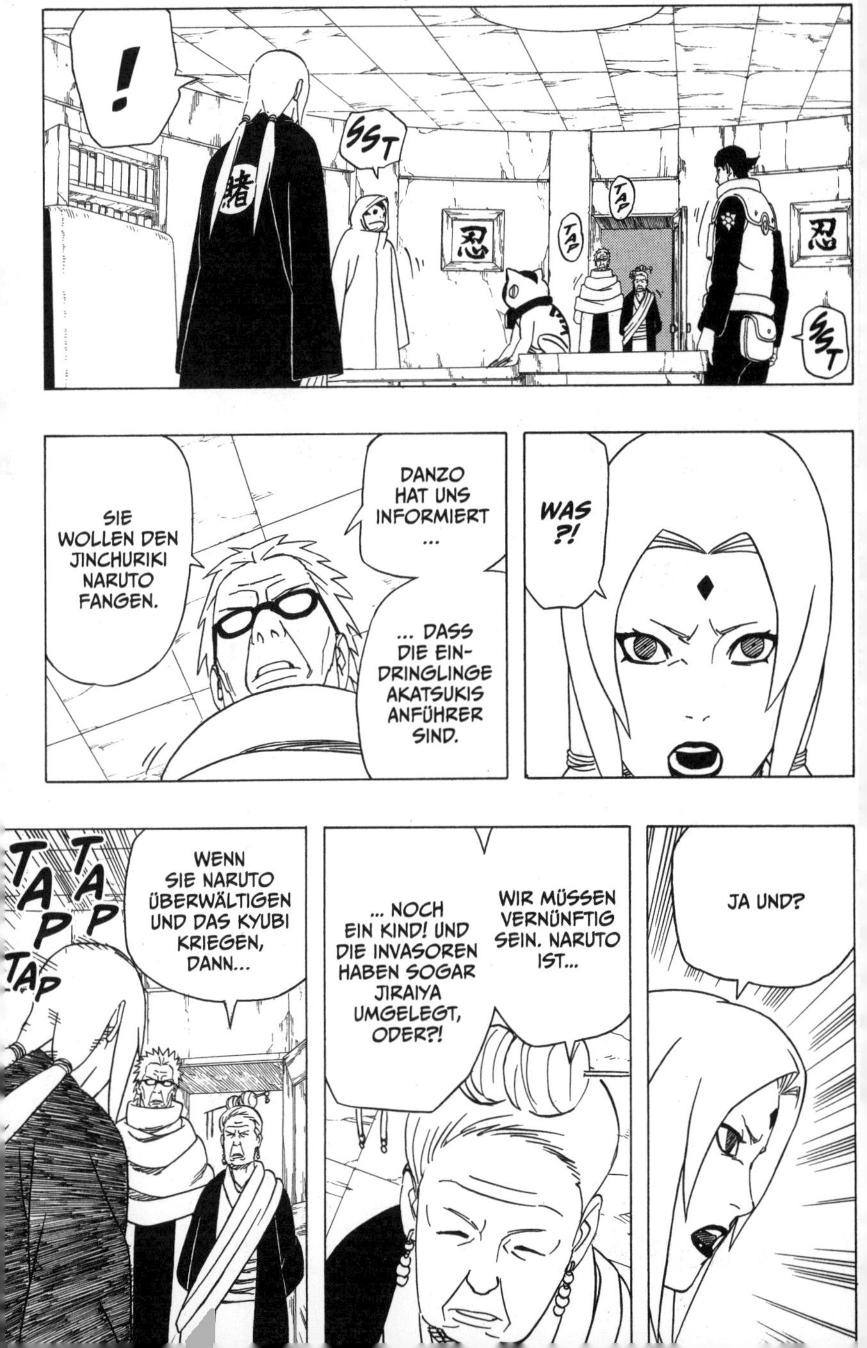
!
SST
TAP
TAP
SST
DANZO HAT UNS INFORMIERT ...
... DASS DIE EINDRINGLINGE AKATSUKIS ANFÜHRER SIND.
SIE WOLLEN DEN JINCHURIKI NARUTO FANGEN.
WAS ?!
JA UND?
WIR MÜSSEN VERNÜNFTIG SEIN. NARUTO IST...
... NOCH EIN KIND! UND DIE INVASOREN HABEN SOGAR JIRAIYA UMGELEGT, ODER?!
WENN SIE NARUTO ÜBERWÄLTIGEN UND DAS KYUBI KRIEGEN, DANN...
TAP TAP TAP

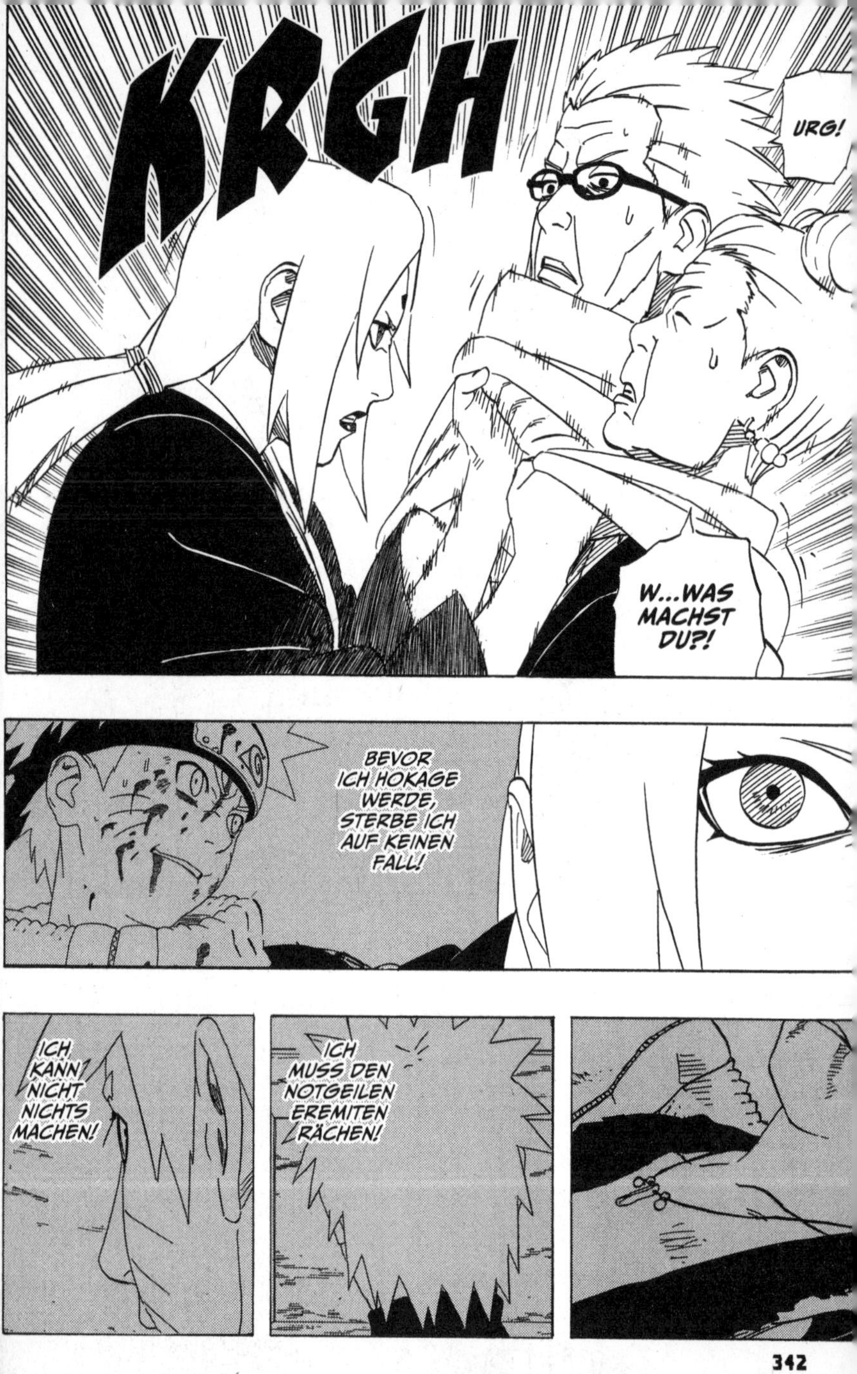
KRGH
URG!
W...WAS MACHST DU?!
BEVOR ICH HOKAGE WERDE, STERBE ICH AUF KEINEN FALL!
ICH KANN NICHT NICHTS MACHEN!
ICH MUSS DEN NOTGEILEN EREMITEN RÄCHEN!

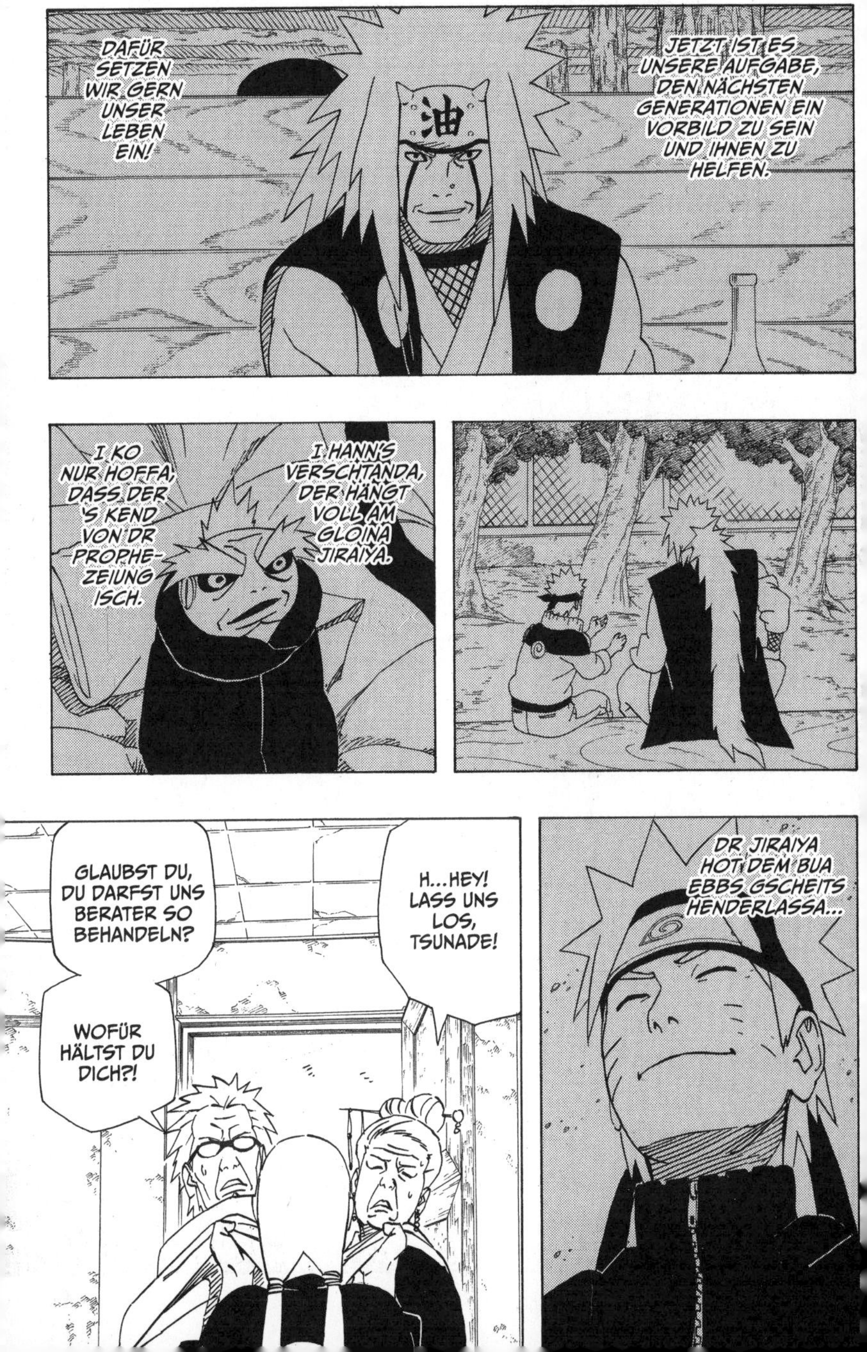
JETZT IST ES UNSERE AUFGABE, DEN NÄCHSTEN GENERATIONEN EIN VORBILD ZU SEIN UND IHNEN ZU HELFEN.
DAFÜR SETZEN WIR GERN UNSER LEBEN EIN!
I HANN'S VERSCHTANDA, DER HÄNGT VOLL AM GLOINA JIRAIYA.
I KO NUR HOFFA, DASS DER 'S KEND VON DR PROPHEZEIUNG ISCH.
DR JIRAIYA HOT DEM BUA EBBS GSCHEITS HENDERLASSA...
H...HEY! LASS UNS LOS, TSUNADE!
GLAUBST DU, DU DARFST UNS BERATER SO BEHANDELN?
WOFÜR HÄLTST DU DICH?!

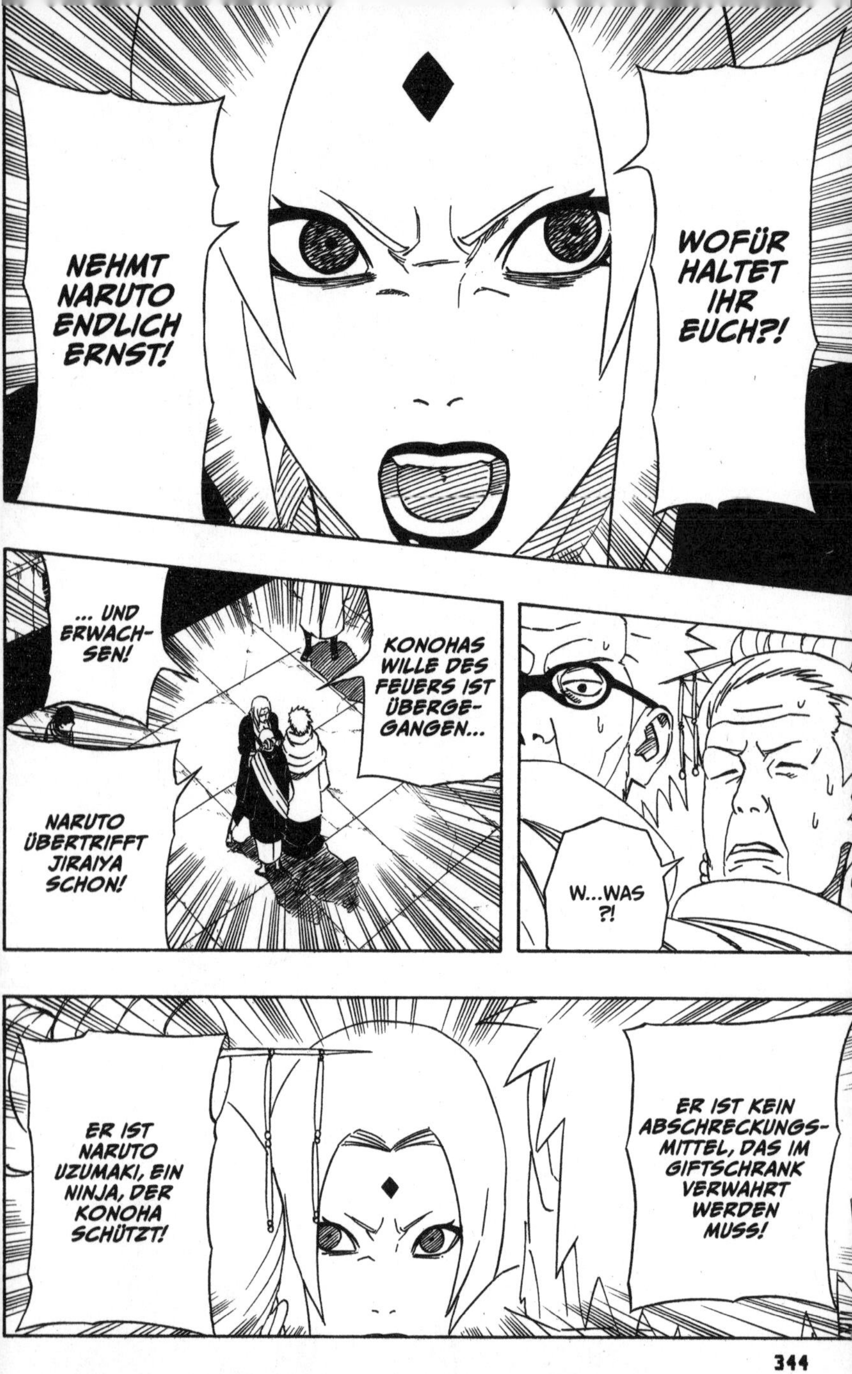
WOFÜR HALTET IHR EUCH?!
NEHMT NARUTO ENDLICH ERNST!
W...WAS ?!
KONOHAS WILLE DES FEUERS IST ÜBERGE-GANGEN...
... UND ERWACH-SEN!
NARUTO ÜBERTRIFFT JIRAIYA SCHON!
ER IST KEIN ABSCHRECKUNGS-MITTEL, DAS IM GIFTSCHRANK VERWAHRT WERDEN MUSS!
ER IST NARUTO UZUMAKI, EIN NINJA, DER KONOHA SCHÜTZT!

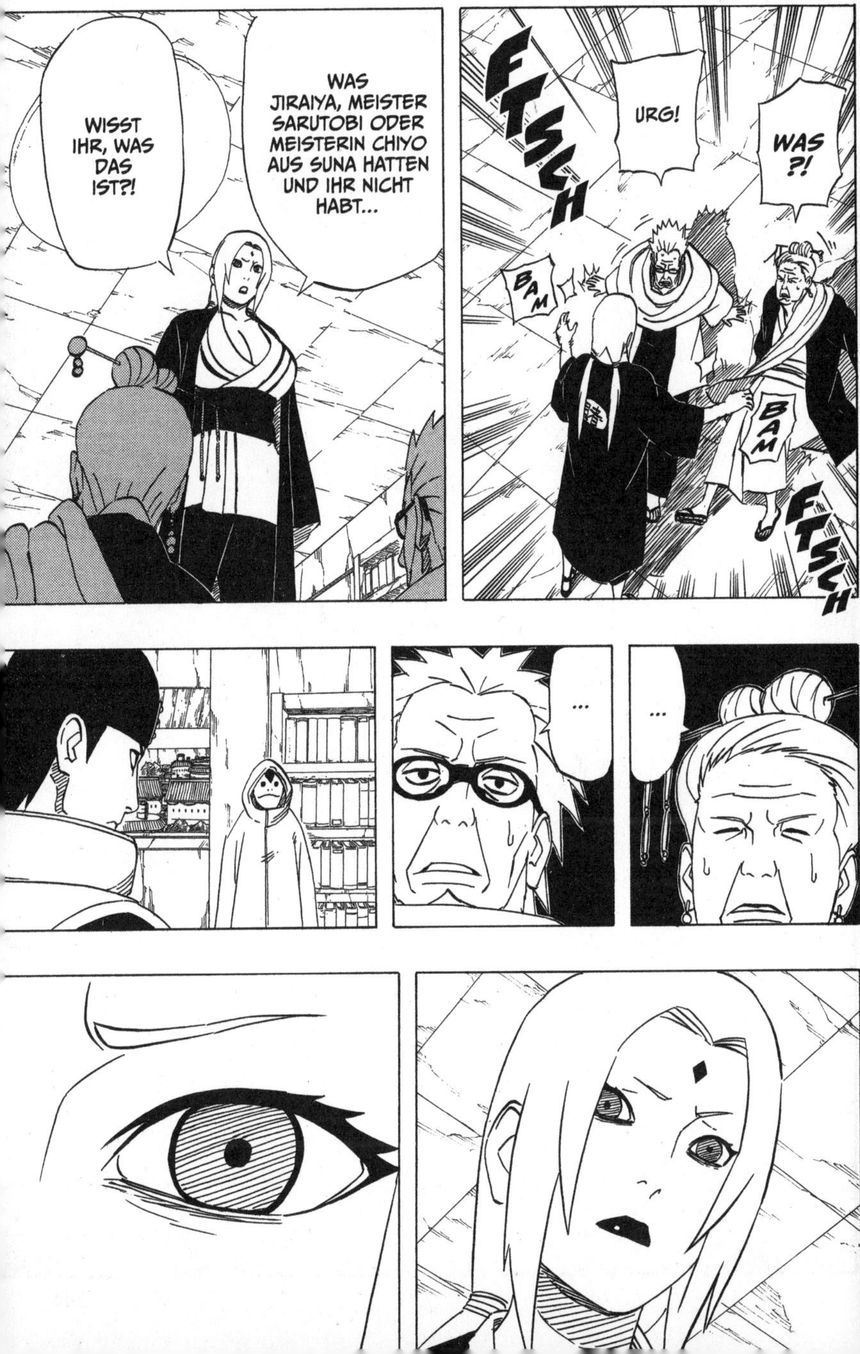
FTSCH
URG!
WAS ?!
BAM
BAM
FTSCH
WAS JIRAIYA, MEISTER SARUTOBI ODER MEISTERIN CHIYO AUS SUNA HATTEN UND IHR NICHT HABT...
WISST IHR, WAS DAS IST?!
...
...

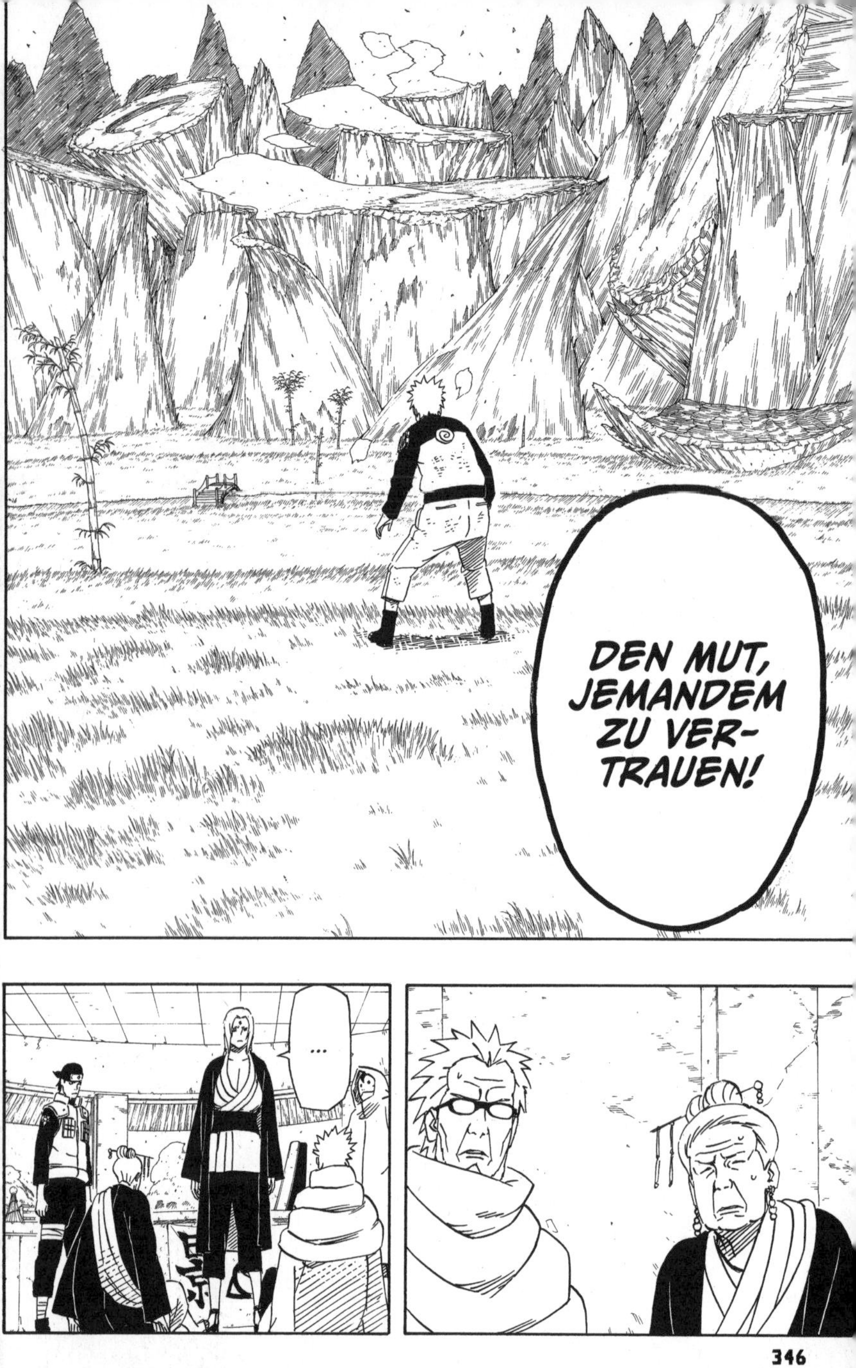
DEN MUT, JEMANDEM ZU VERTRAUEN!
...

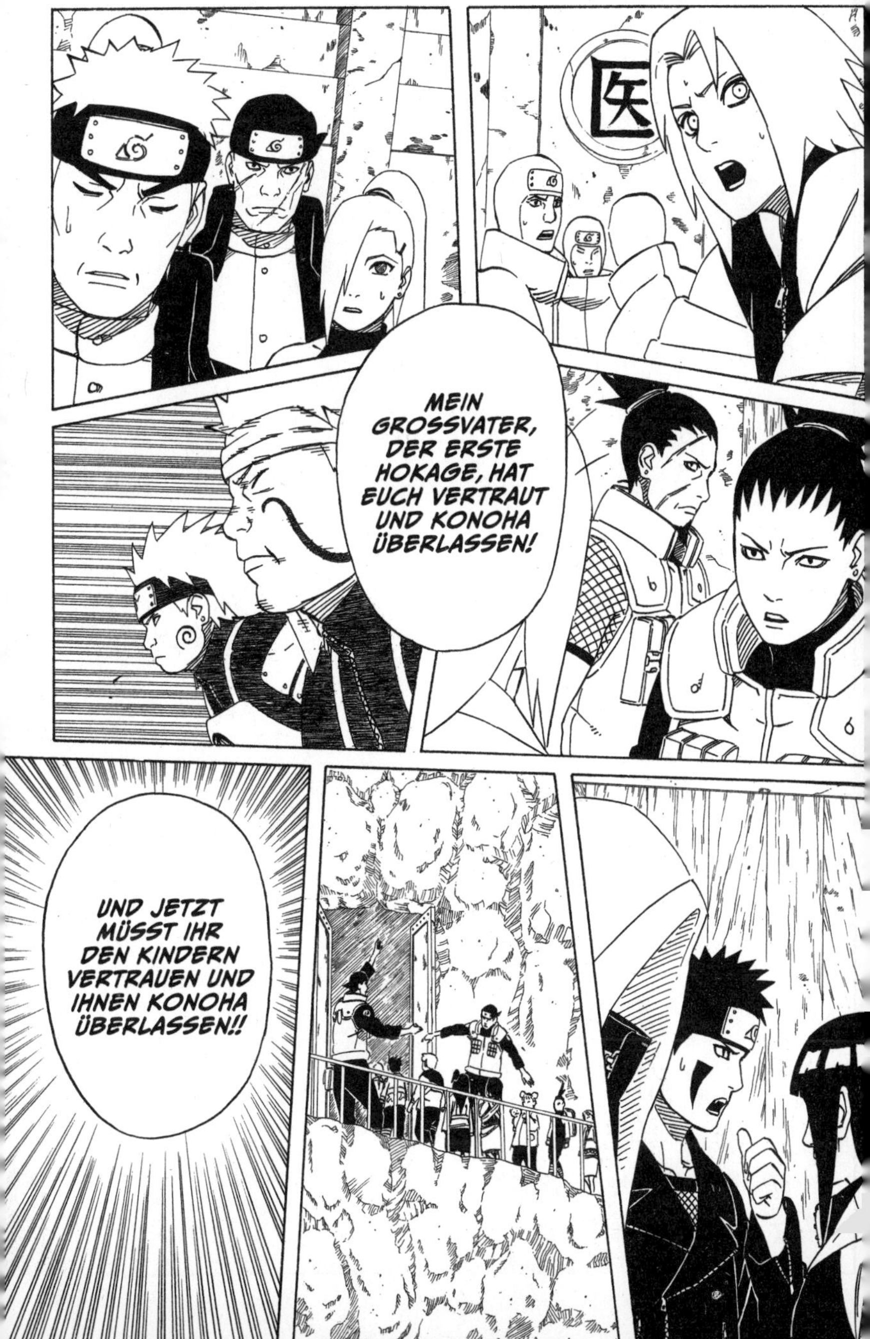
MEIN GROSSVATER, DER ERSTE HOKAGE, HAT EUCH VERTRAUT UND KONOHA ÜBERLASSEN!
UND JETZT MÜSST IHR DEN KINDERN VERTRAUEN UND IHNEN KONOHA ÜBERLASSEN!!

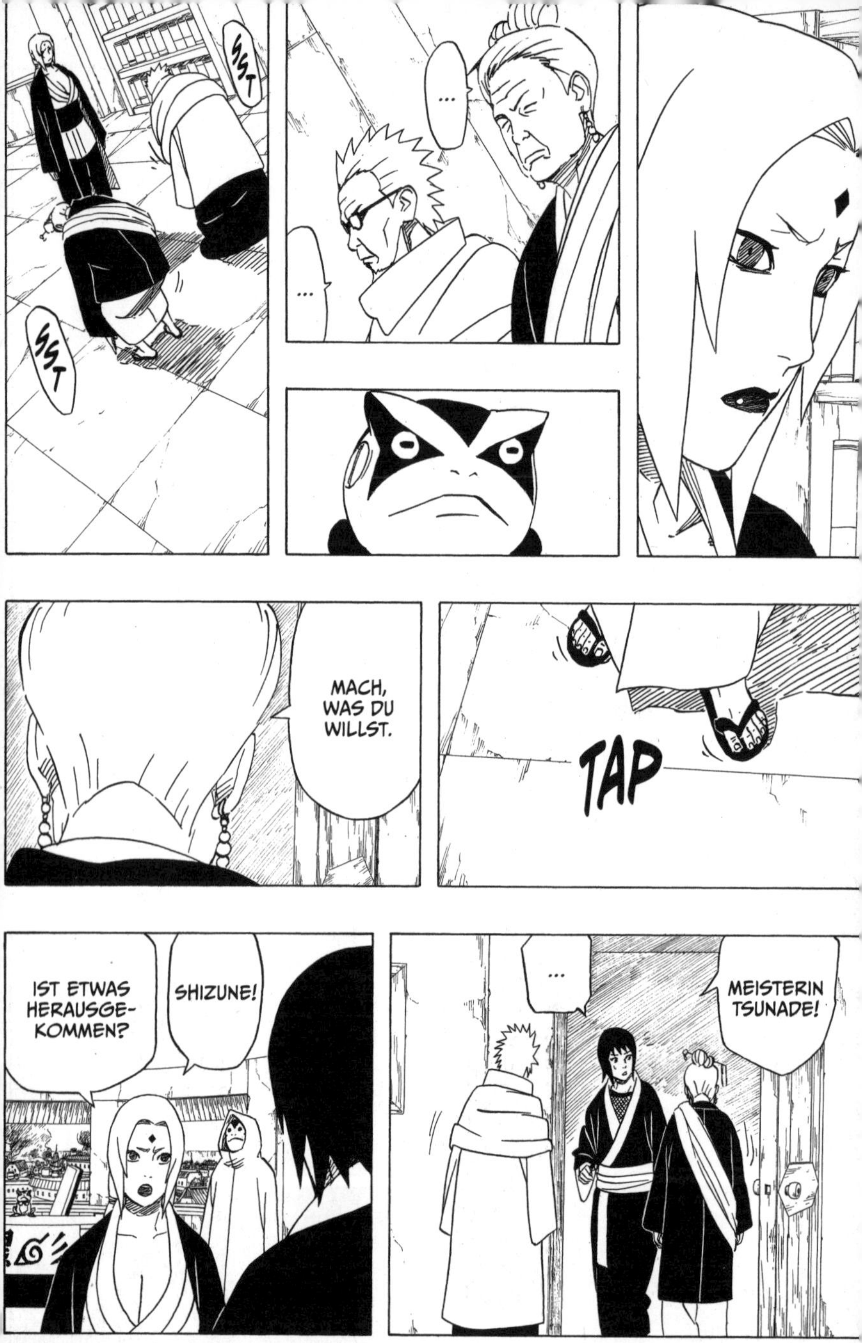
…
…
SST
SST
TAP
MACH, WAS DU WILLST.
MEISTERIN TSUNADE!
…
SHIZUNE!
IST ETWAS HERAUSGE-KOMMEN?

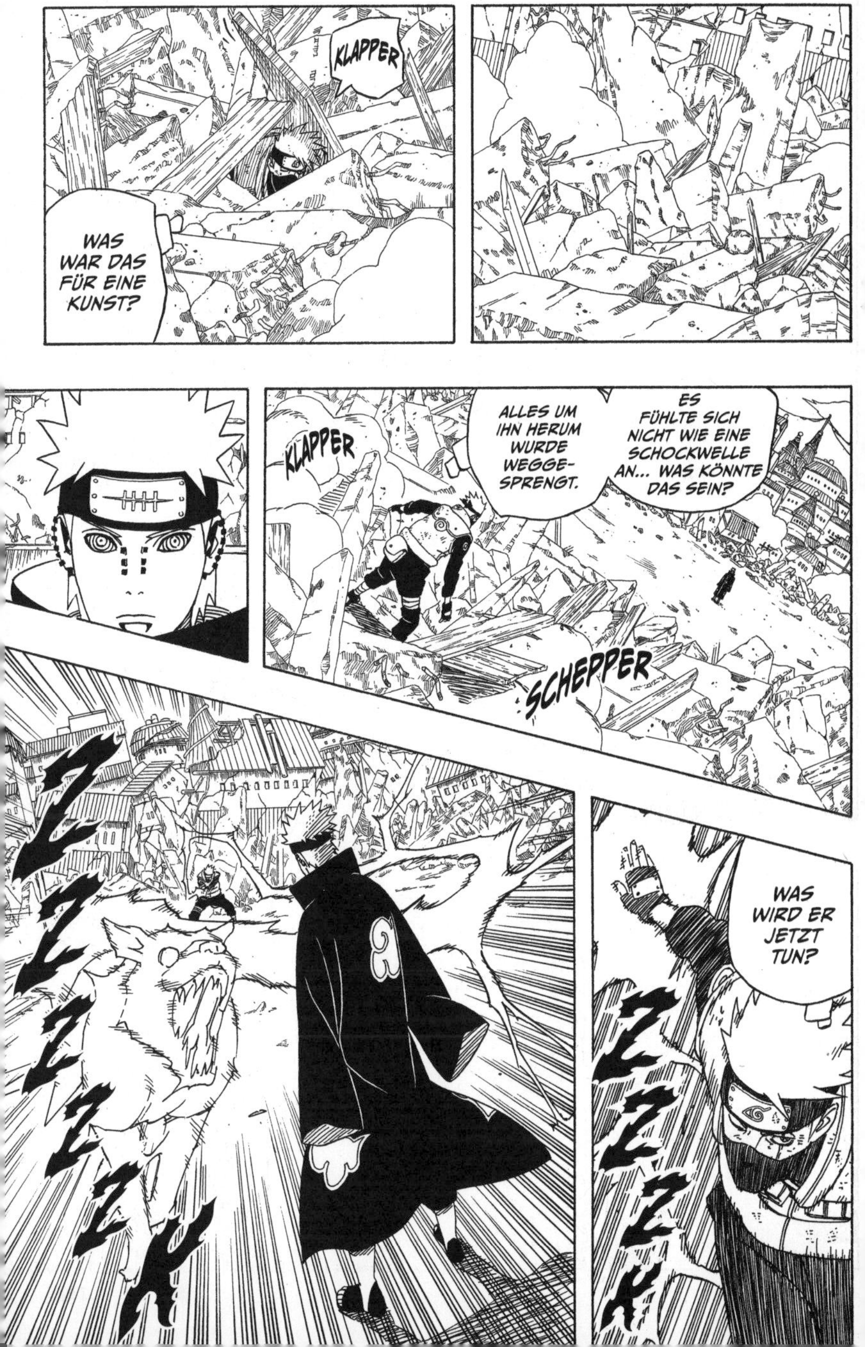
KLAPPER
WAS WAR DAS FÜR EINE KUNST?
KLAPPER
ES FÜHLTE SICH NICHT WIE EINE SCHOCKWELLE AN… WAS KÖNNTE DAS SEIN?
ALLES UM IHN HERUM WURDE WEGGE- SPRENGT.
SCHEPPER
WAS WIRD ER JETZT TUN?

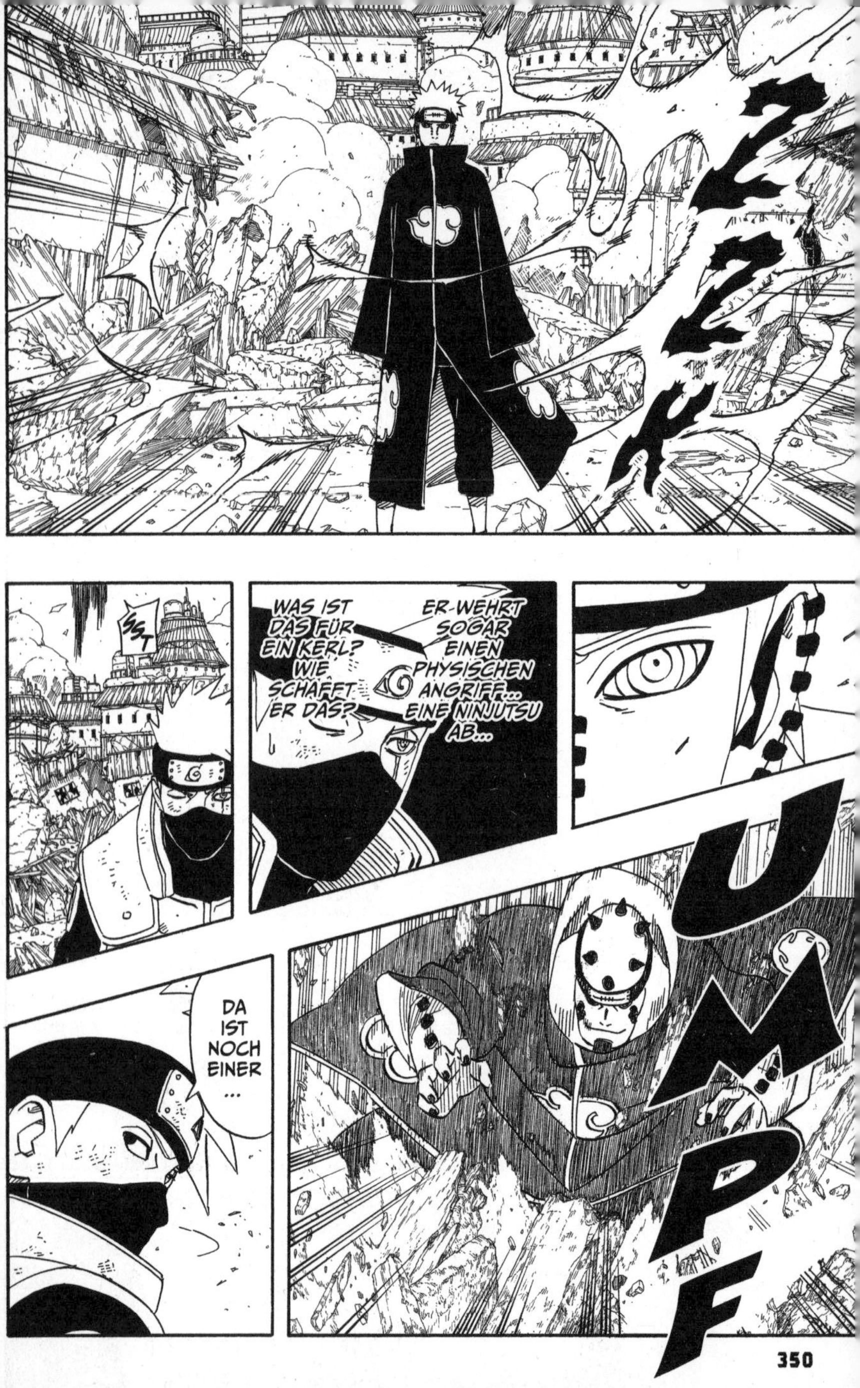
ER WEHRT SOGAR EINEN PHYSISCHEN ANGRIFF... EINE NINJUTSU AB...
WAS IST DAS FÜR EIN KERL? WIE SCHAFFT ER DAS?
SST
UMPF
DA IST NOCH EINER ...

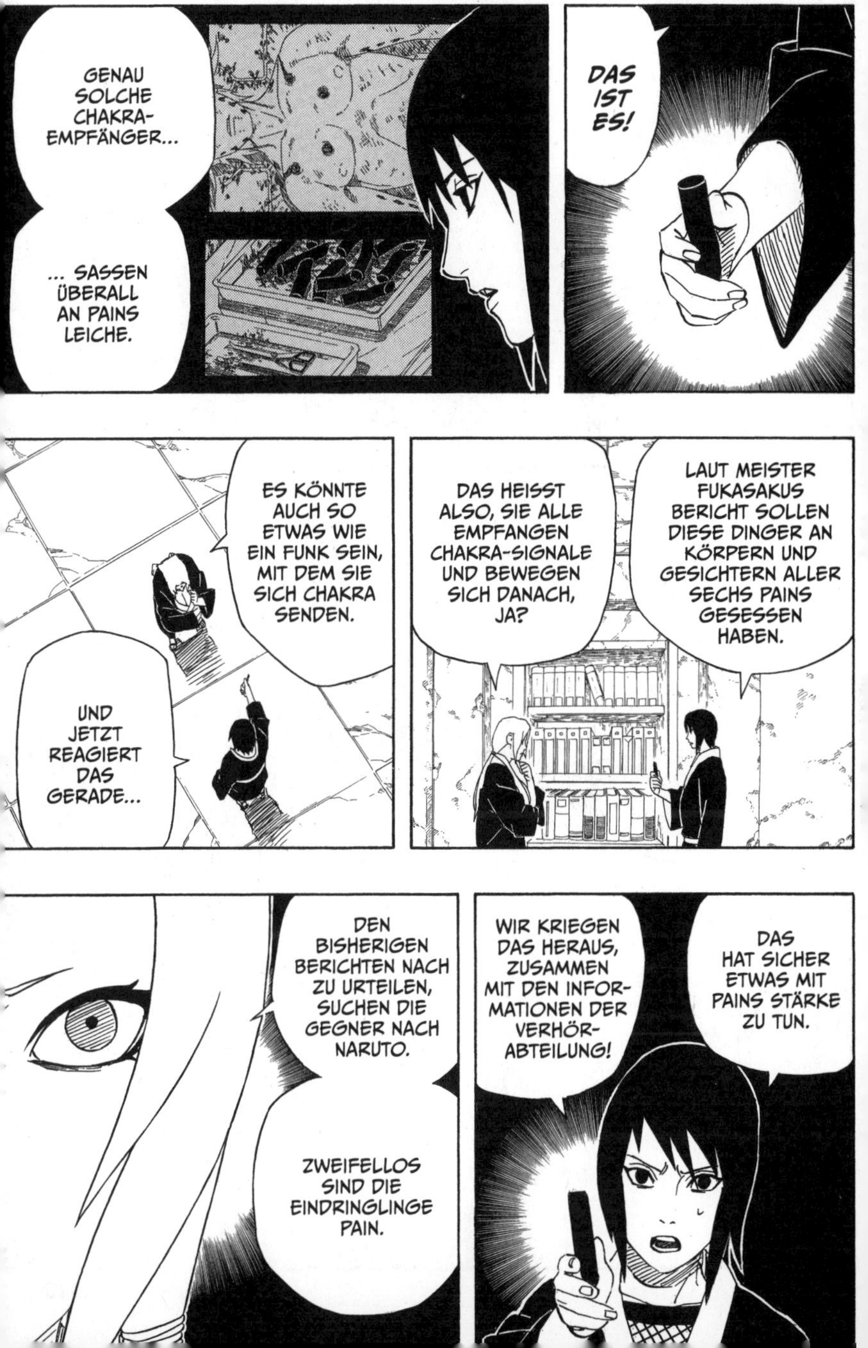
DAS IST ES!
GENAU SOLCHE CHAKRA-EMPFÄNGER...
... SASSEN ÜBERALL AN PAINS LEICHE.
LAUT MEISTER FUKASAKUS BERICHT SOLLEN DIESE DINGER AN KÖRPERN UND GESICHTERN ALLER SECHS PAINS GESESSEN HABEN.
DAS HEISST ALSO, SIE ALLE EMPFANGEN CHAKRA-SIGNALE UND BEWEGEN SICH DANACH, JA?
ES KÖNNTE AUCH SO ETWAS WIE EIN FUNK SEIN, MIT DEM SIE SICH CHAKRA SENDEN.
UND JETZT REAGIERT DAS GERADE...
DAS HAT SICHER ETWAS MIT PAINS STÄRKE ZU TUN.
WIR KRIEGEN DAS HERAUS, ZUSAMMEN MIT DEN INFOR-MATIONEN DER VERHÖR-ABTEILUNG!
DEN BISHERIGEN BERICHTEN NACH ZU URTEILEN, SUCHEN DIE GEGNER NACH NARUTO.
ZWEIFELLOS SIND DIE EINDRINGLINGE PAIN.

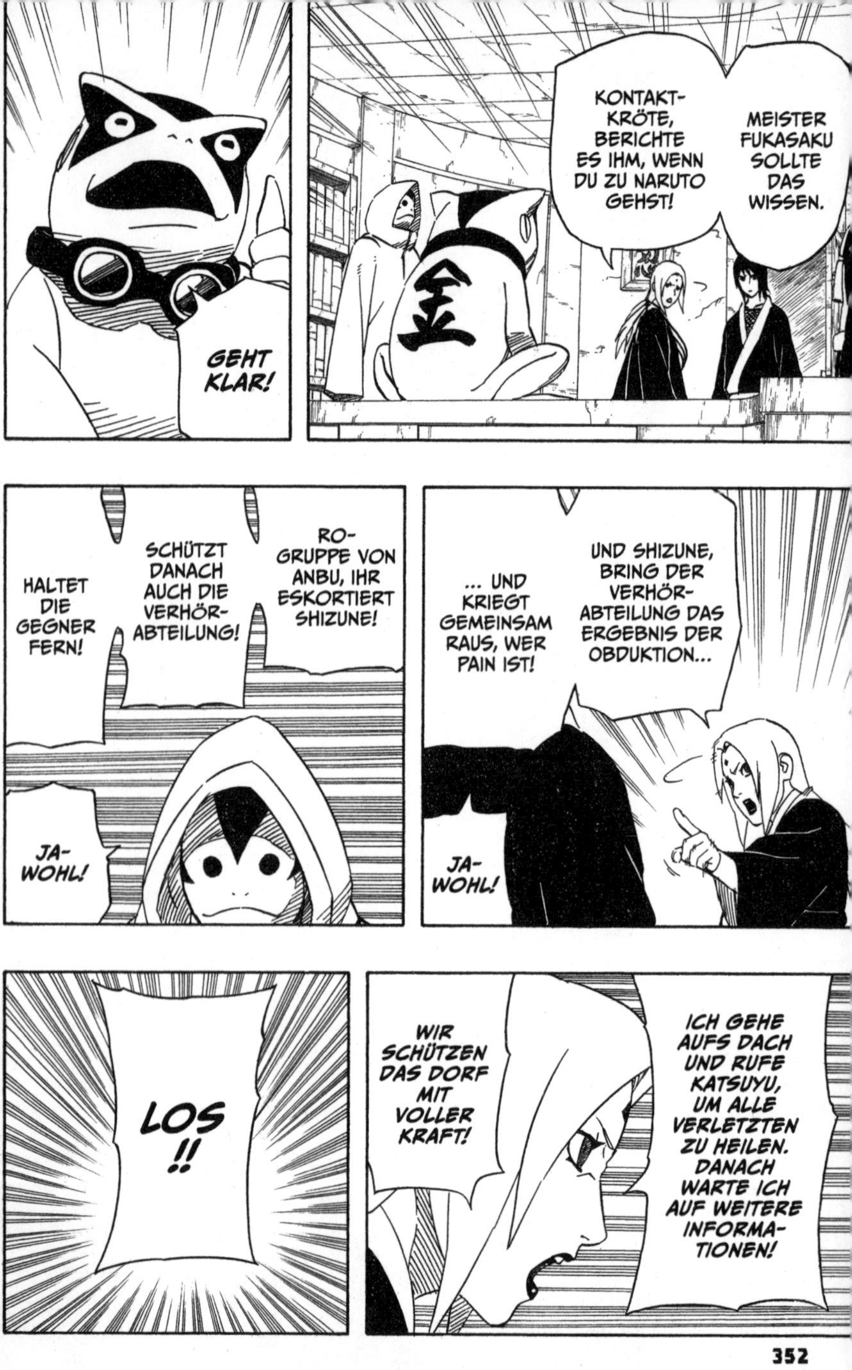
MEISTER FUKASAKU SOLLTE DAS WISSEN.
KONTAKT-KRÖTE, BERICHTE ES IHM, WENN DU ZU NARUTO GEHST!
GEHT KLAR!
UND SHIZUNE, BRING DER VERHÖR-ABTEILUNG DAS ERGEBNIS DER OBDUKTION...
... UND KRIEGT GEMEINSAM RAUS, WER PAIN IST!
JA-WOHL!
RO-GRUPPE VON ANBU, IHR ESKORTIERT SHIZUNE!
SCHÜTZT DANACH AUCH DIE VERHÖR-ABTEILUNG!
HALTET DIE GEGNER FERN!
JA-WOHL!
ICH GEHE AUFS DACH UND RUFE KATSUYU, UM ALLE VERLETZTEN ZU HEILEN. DANACH WARTE ICH AUF WEITERE INFORMA-TIONEN!
WIR SCHÜTZEN DAS DORF MIT VOLLER KRAFT!
LOS!!

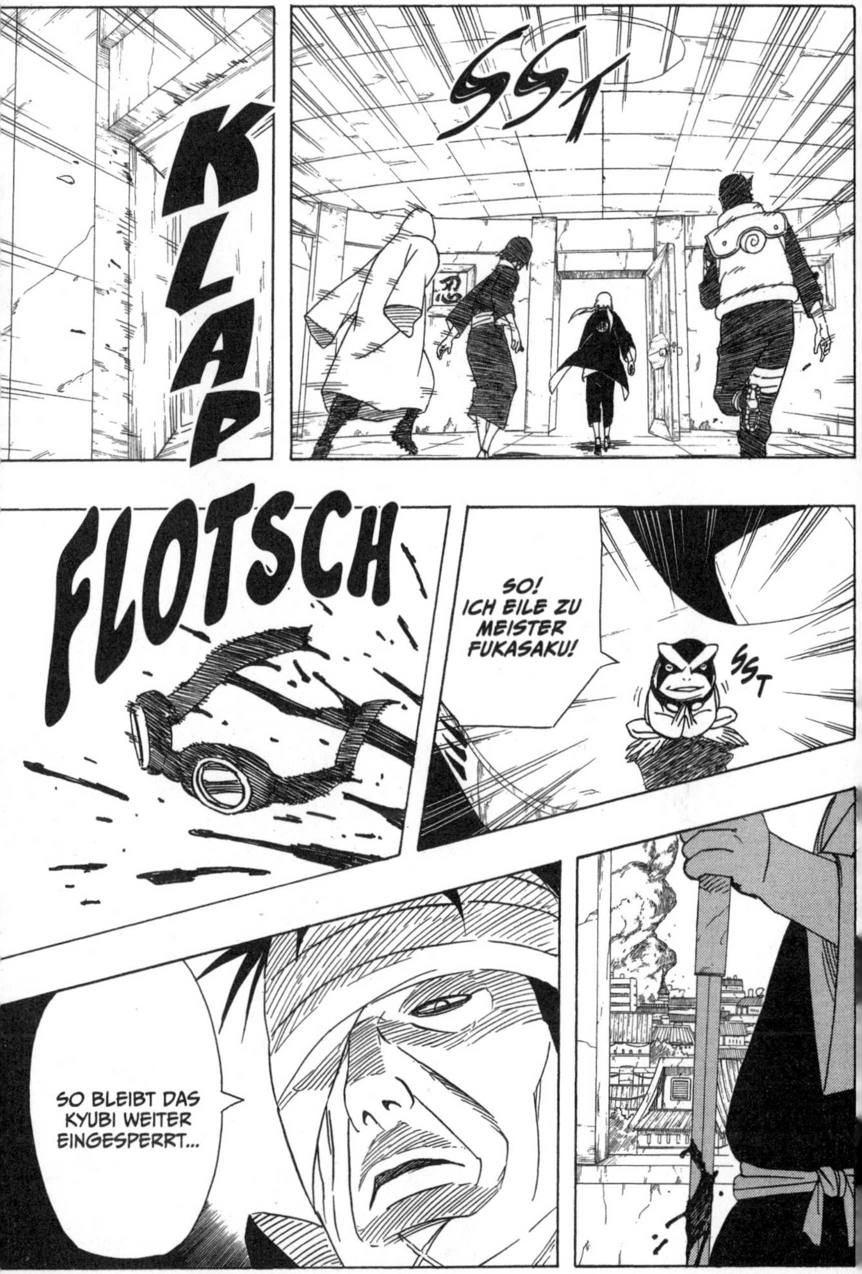
SST
KLAP
SO! ICH EILE ZU MEISTER FUKASAKU!
SST
FLOTSCH
SO BLEIBT DAS KYUBI WEITER EINGESPERRT...

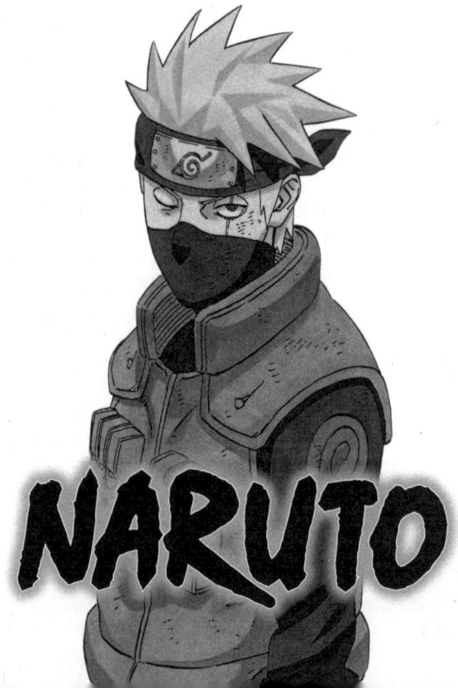
NARUTO

422. Kapitel:

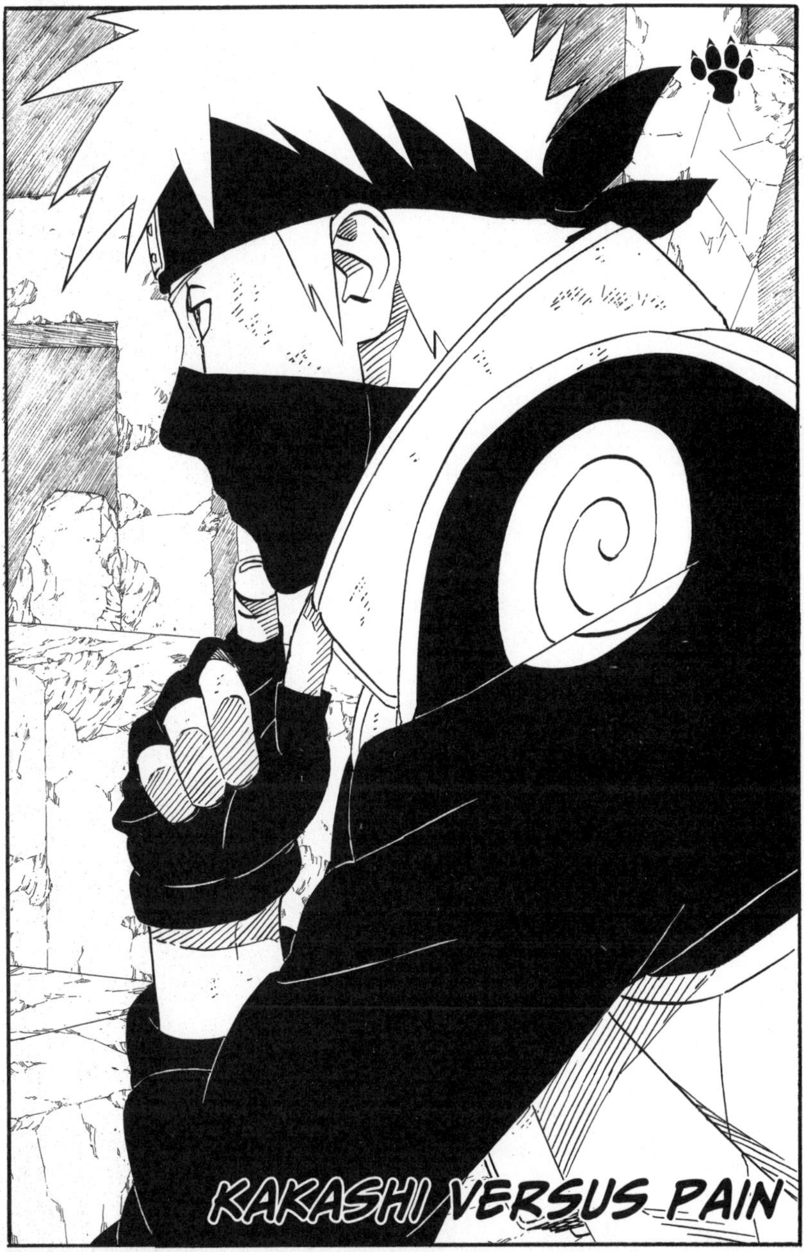

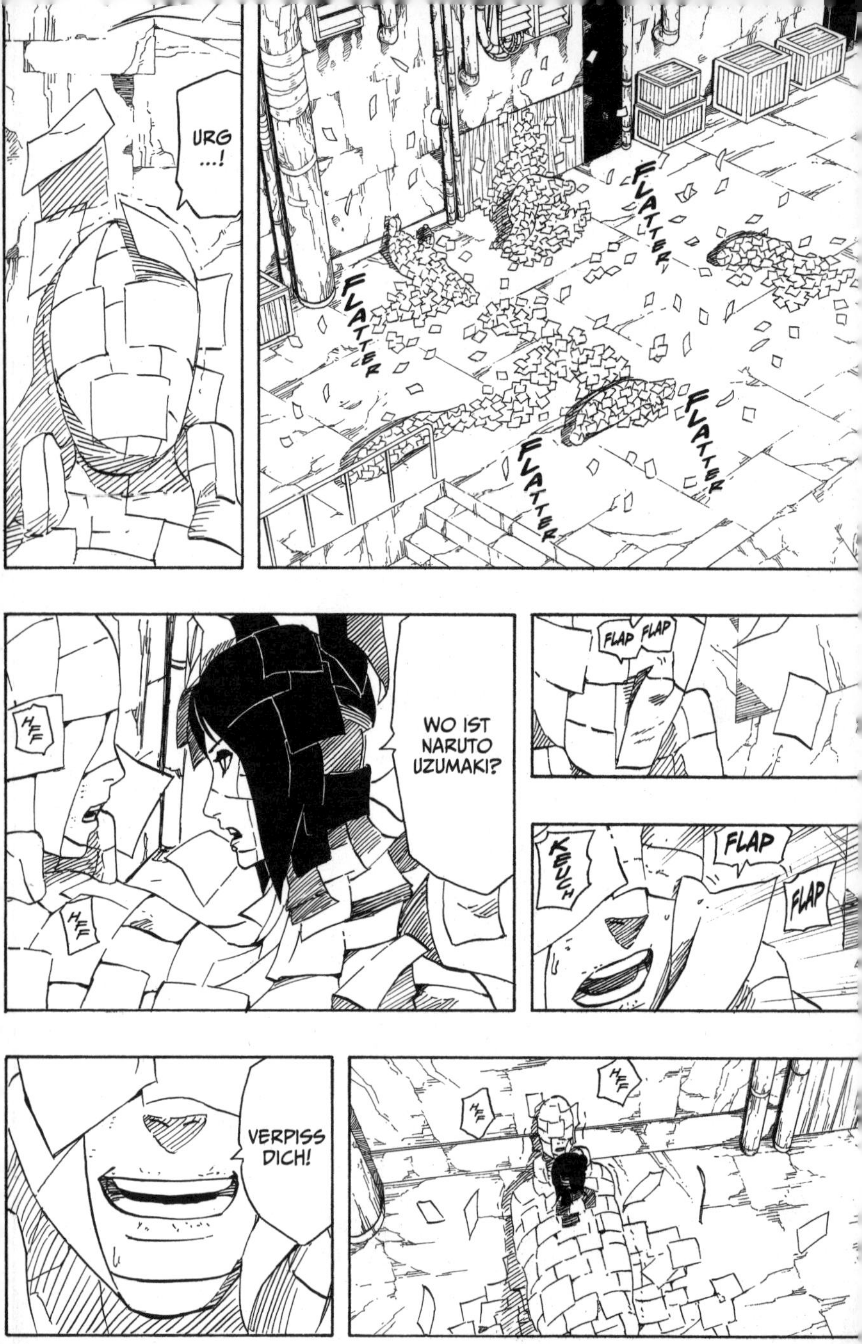
URG ...!
FLATTER
FLATTER
FLATTER
FLATTER
HFF
WO IST NARUTO UZUMAKI?
HFF
FLAP FLAP
KEUCH
FLAP
FLAP
VERPISS DICH!
HFF
HFF

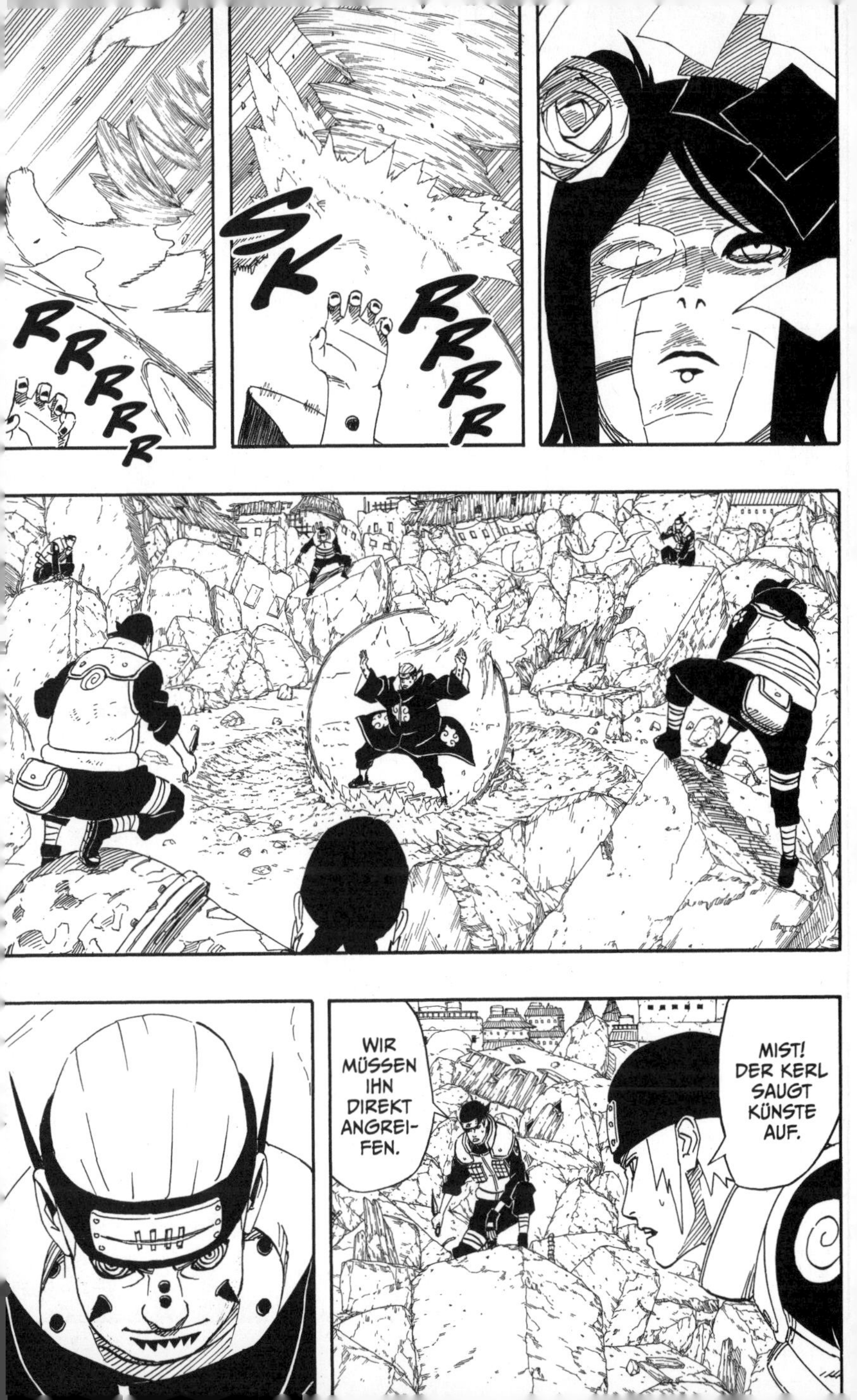
SKRRRR
RRRRRR
MIST! DER KERL SAUGT KÜNSTE AUF.
WIR MÜSSEN IHN DIREKT ANGREI-FEN.

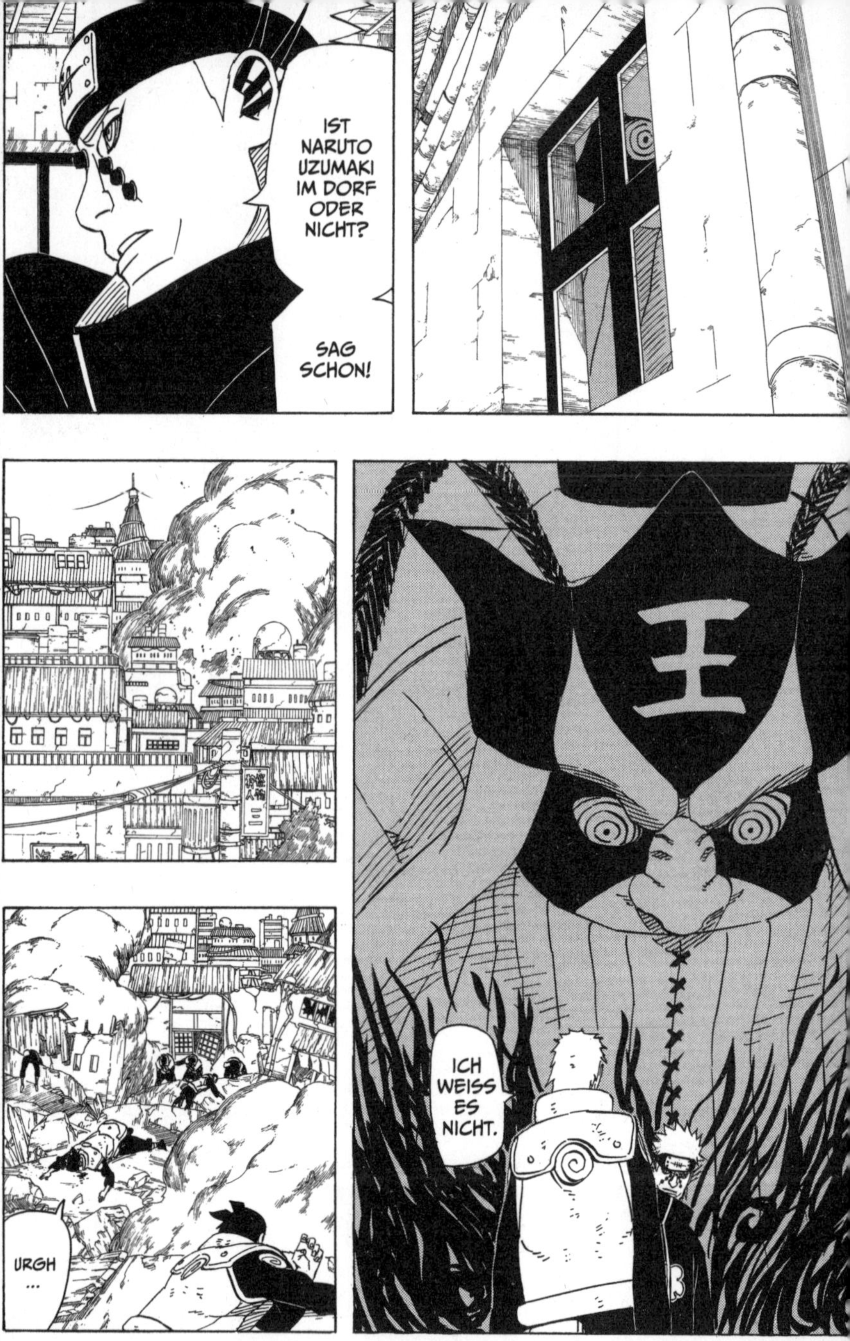
IST NARUTO UZUMAKI IM DORF ODER NICHT?
SAG SCHON!
ICH WEISS ES NICHT.
URGH ...

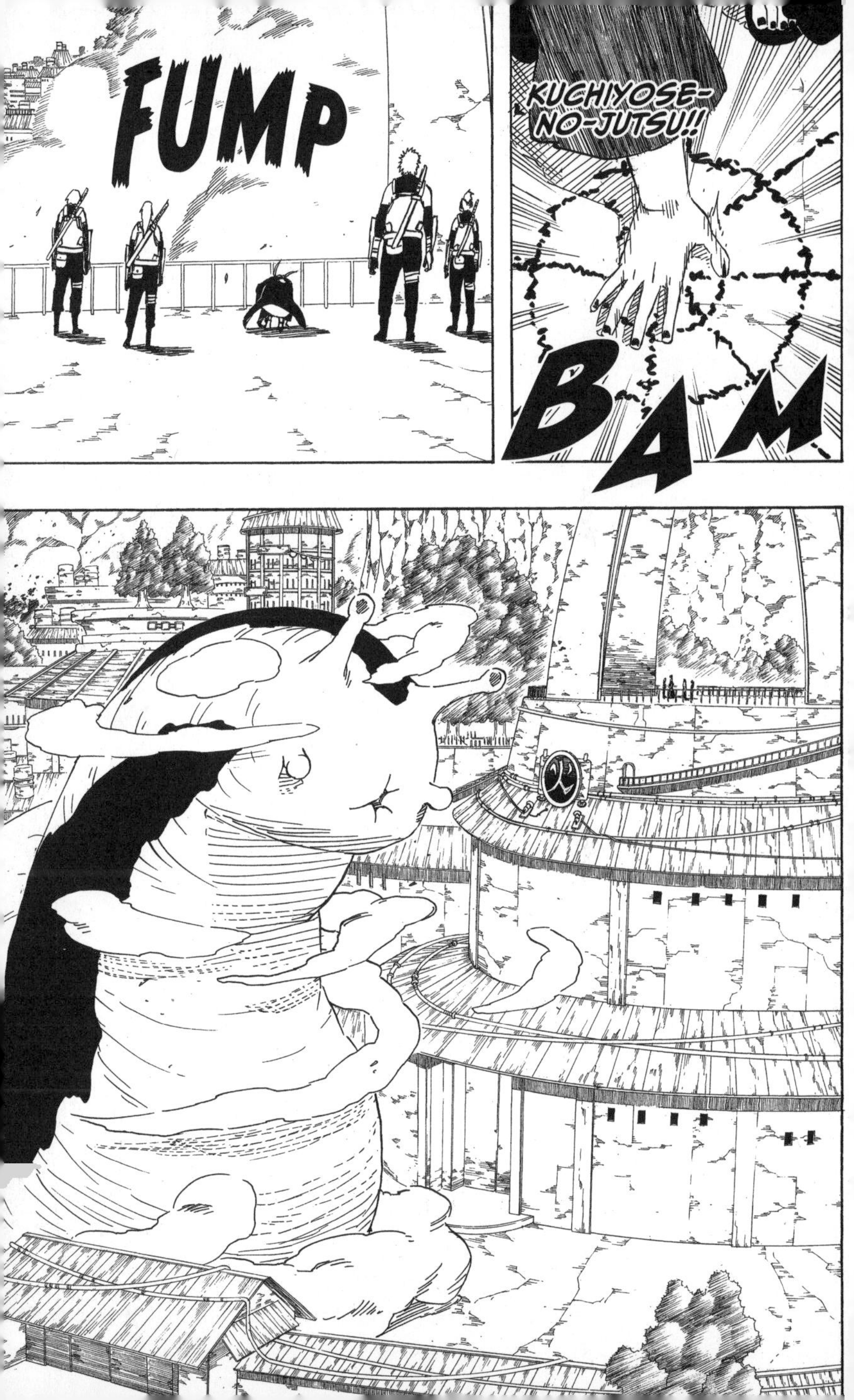
FUMP
KUCHIYOSE-NO-JUTSU!!
BAM

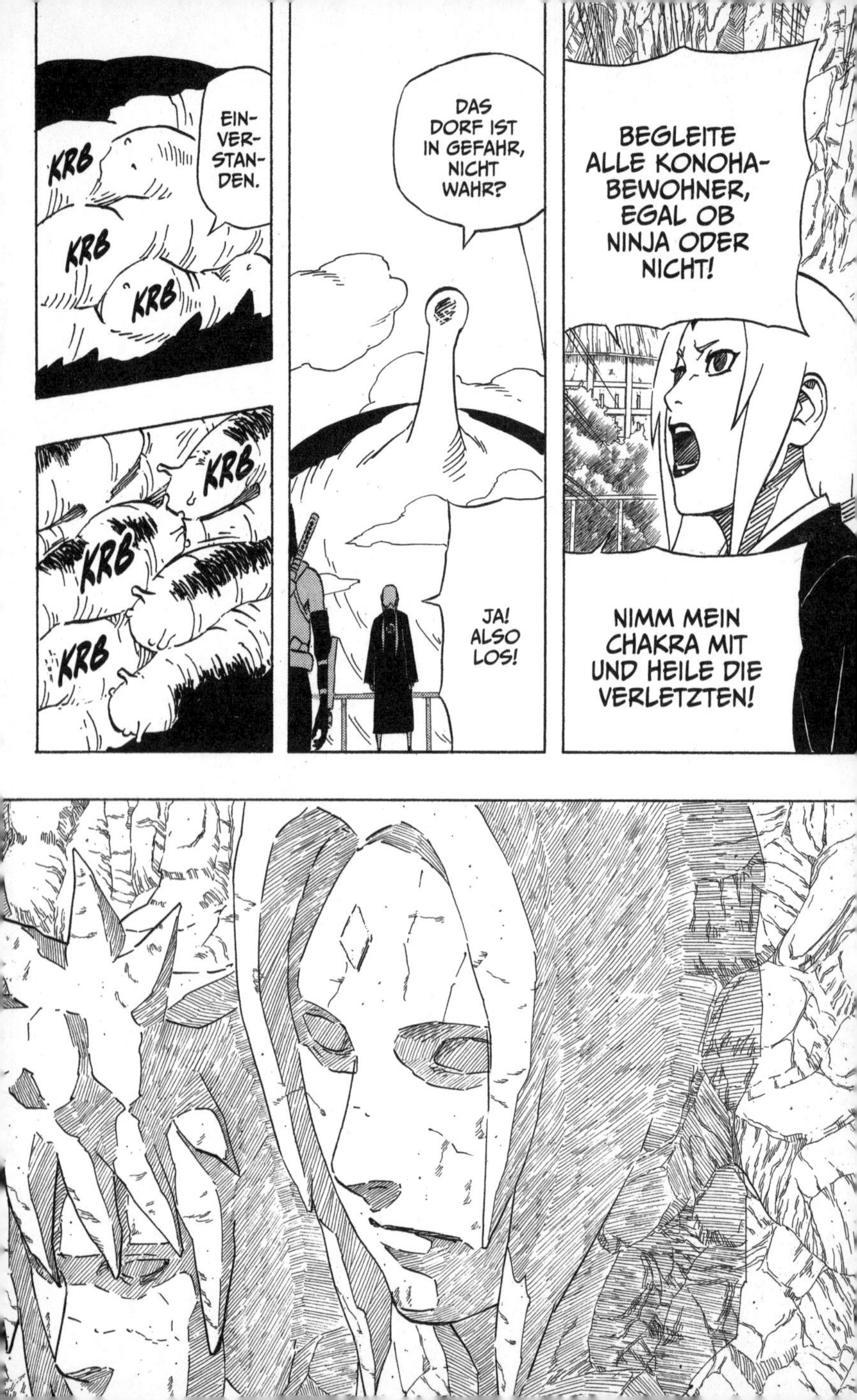

BEGLEITE ALLE KONOHA-BEWOHNER, EGAL OB NINJA ODER NICHT!
NIMM MEIN CHAKRA MIT UND HEILE DIE VERLETZTEN!
DAS DORF IST IN GEFAHR, NICHT WAHR?
JA! ALSO LOS!
EIN-VER-STAN-DEN.
KRB
KRB
KRB
KRB
KRB
KRB

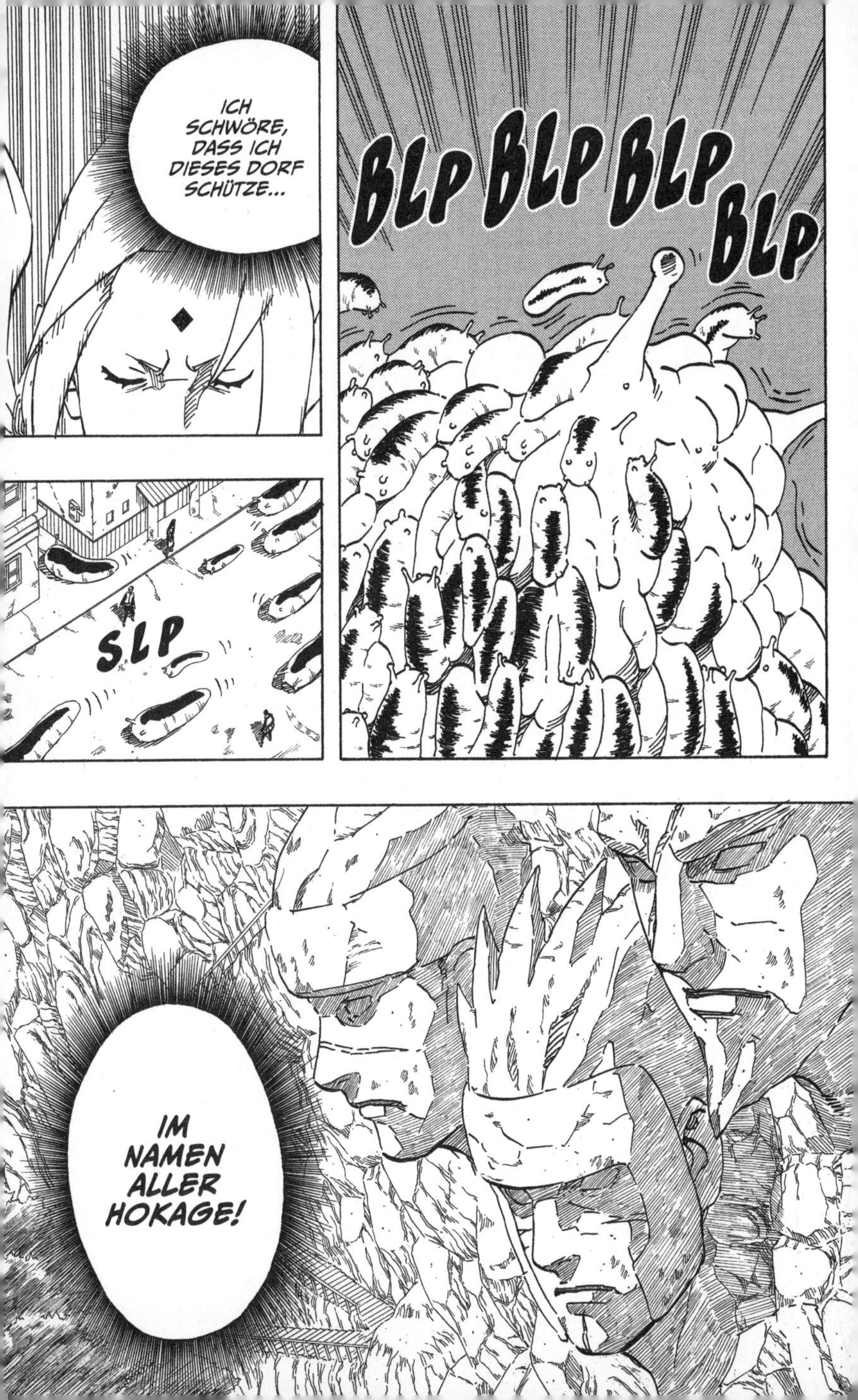
BLP BLP BLP BLP BLP
ICH SCHWÖRE, DASS ICH DIESES DORF SCHÜTZE...
SLP
IM NAMEN ALLER HOKAGE!

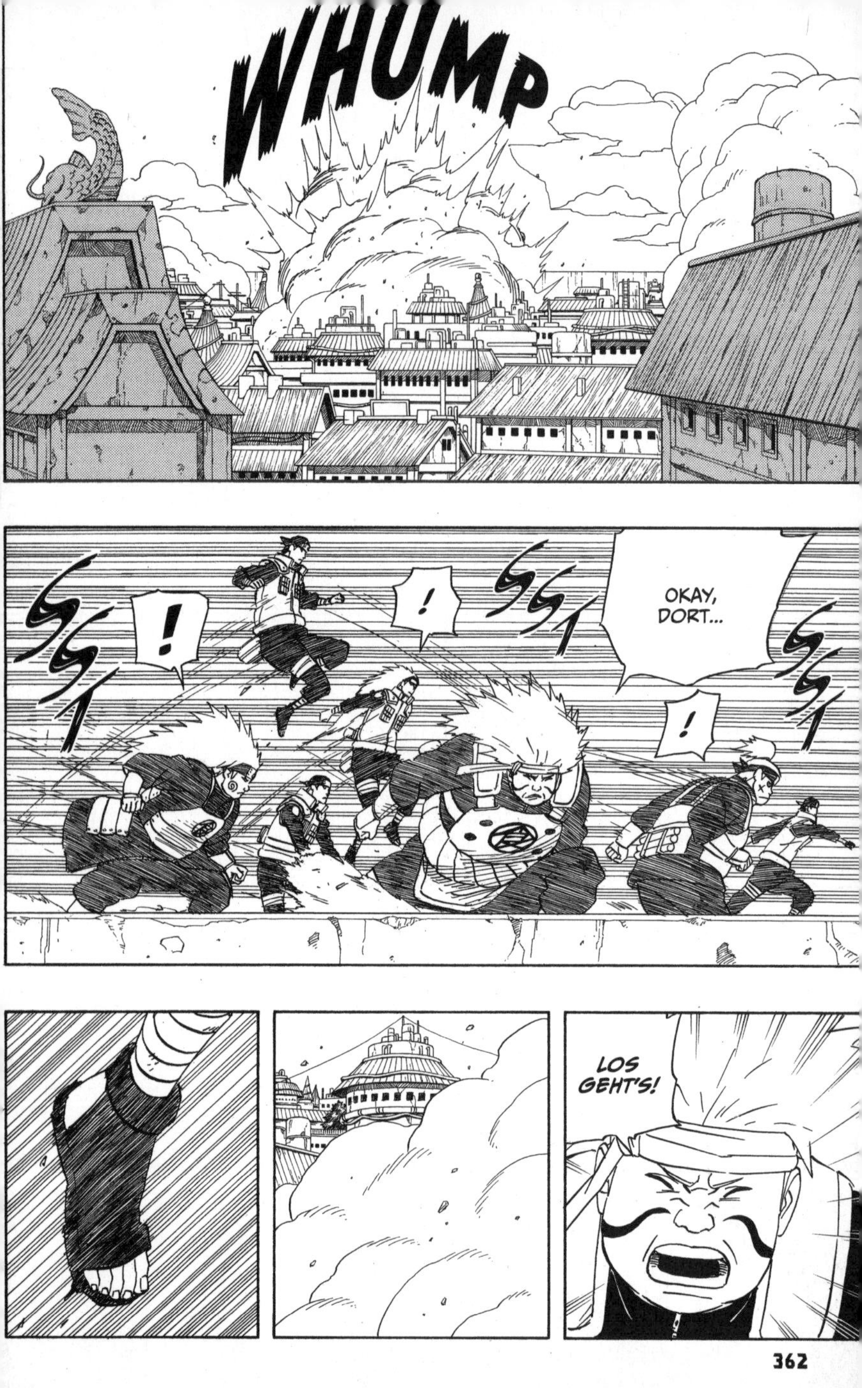
WHUMP
!
!
OKAY, DORT...
!
LOS GEHT'S!

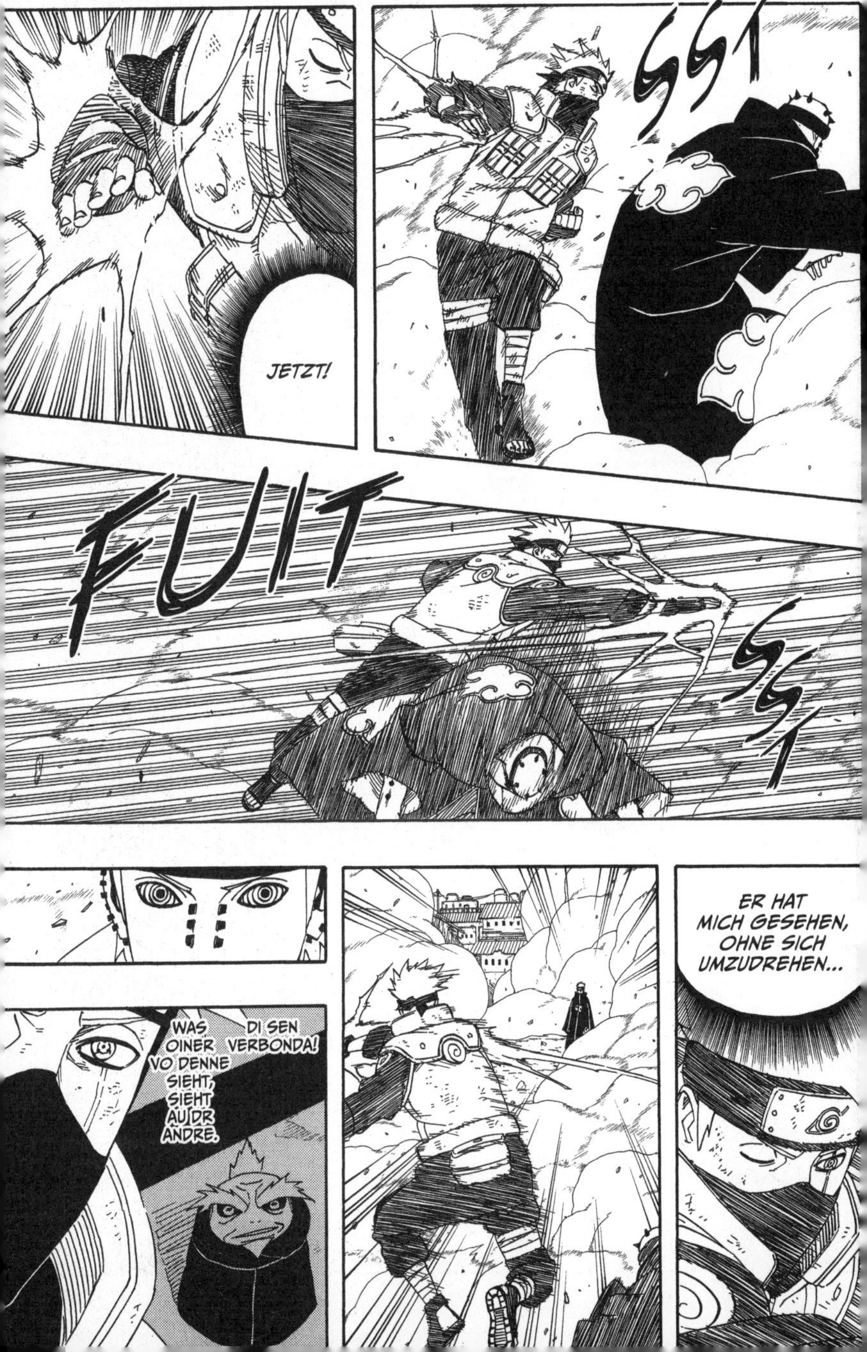
SST
JETZT!
FUIT
SST
ER HAT MICH GESEHEN, OHNE SICH UMZUDREHEN...
WAS OINER VO DENNE SIEHT, SIEHT AU DR ANDRE.
DI SEN VERBONDA!

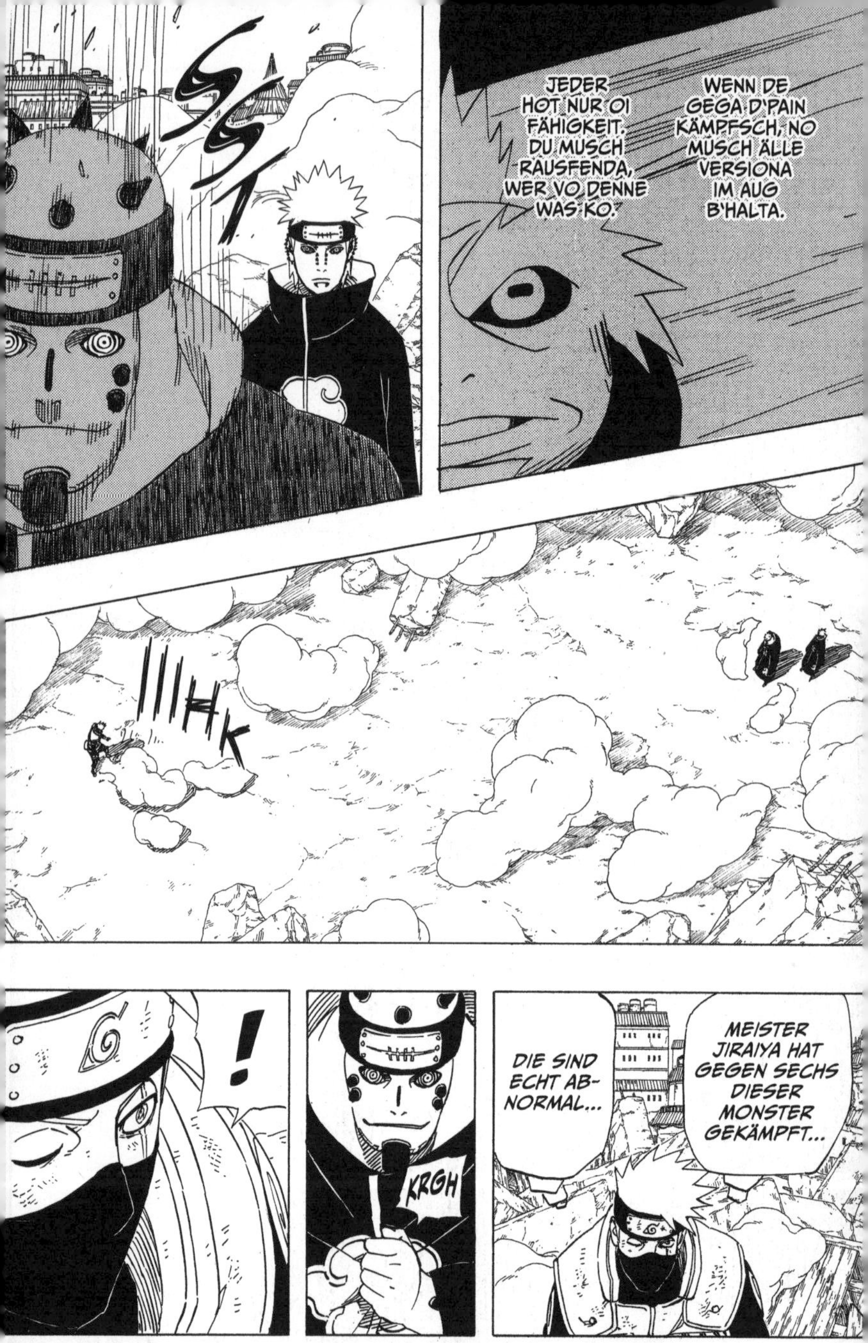
SSSST
JEDER HOT NUR OI FÄHIGKEIT. DU MUSCH RAUSFENDA, WER VO DENNE WAS KO.
WENN DE GEGA D'PAIN KÄMPFSCH, NO MUSCH ÄLLE VERSIONA IM AUG B'HALTA.
ZK
!
KRGH
MEISTER JIRAIYA HAT GEGEN SECHS DIESER MONSTER GEKÄMPFT...
DIE SIND ECHT AB-NORMAL...

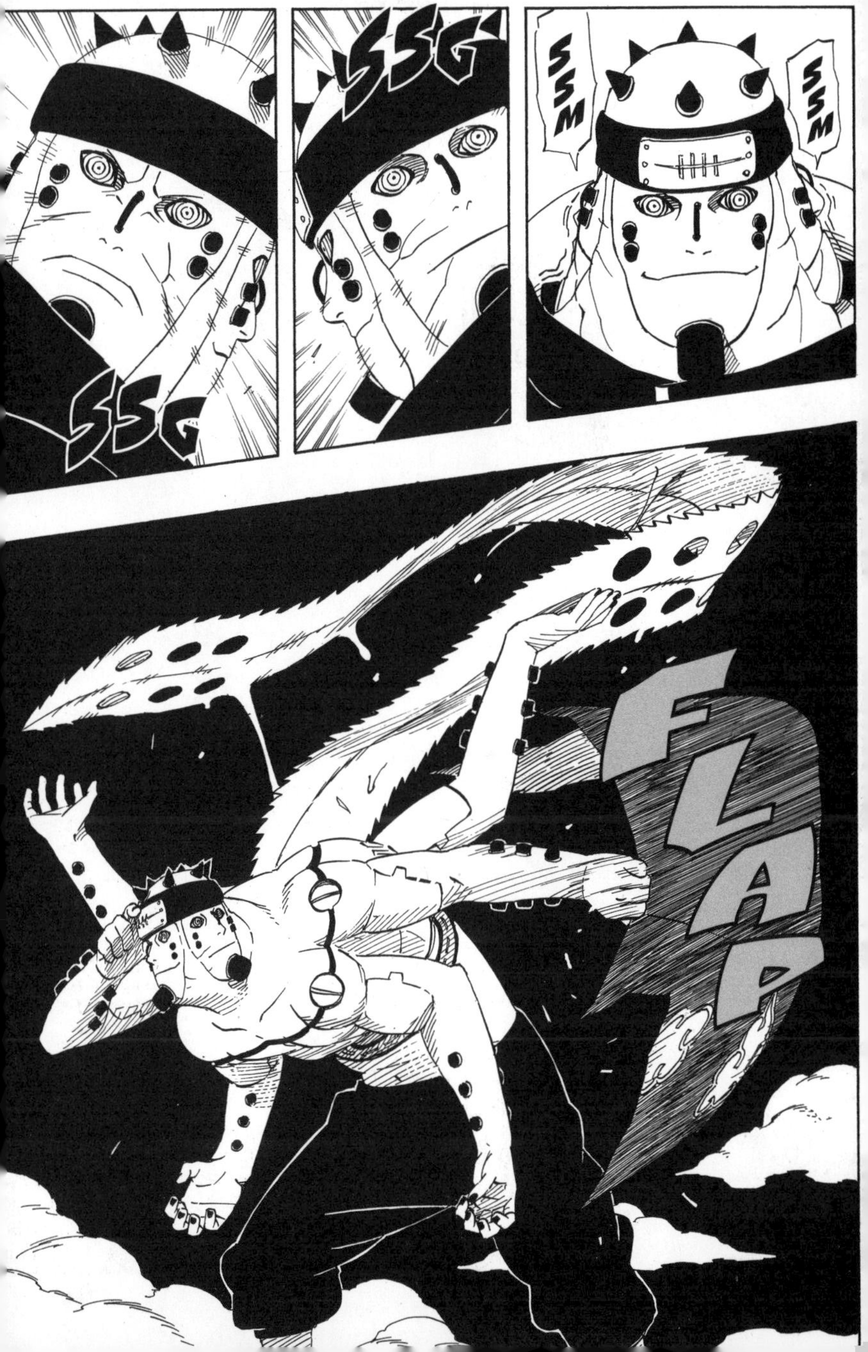
SSG
SSG
SSM
SSM
FLAP

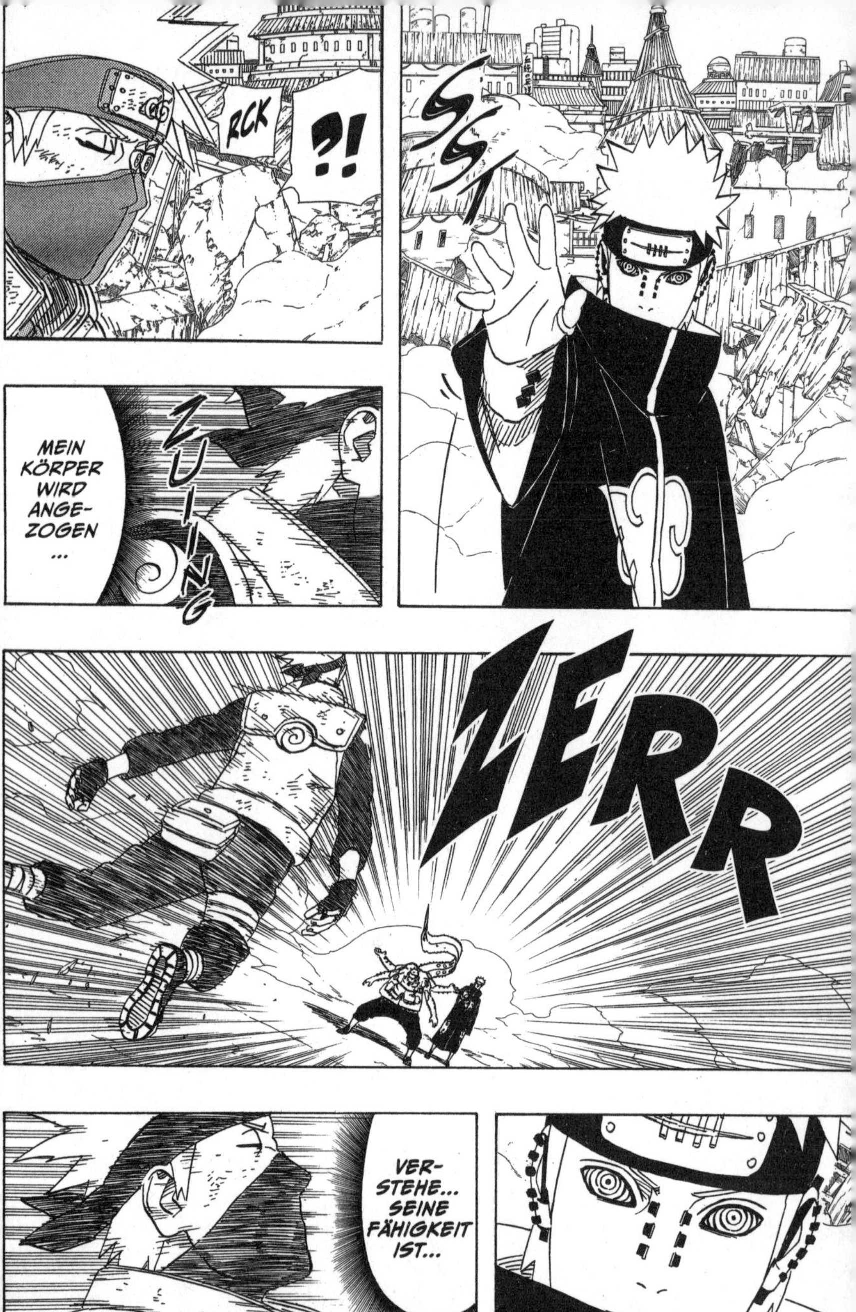
RCK
?!
MEIN KÖRPER WIRD ANGE- ZOGEN ...
ZUIING
ZERR
VER- STEHE... SEINE FÄHIGKEIT IST...

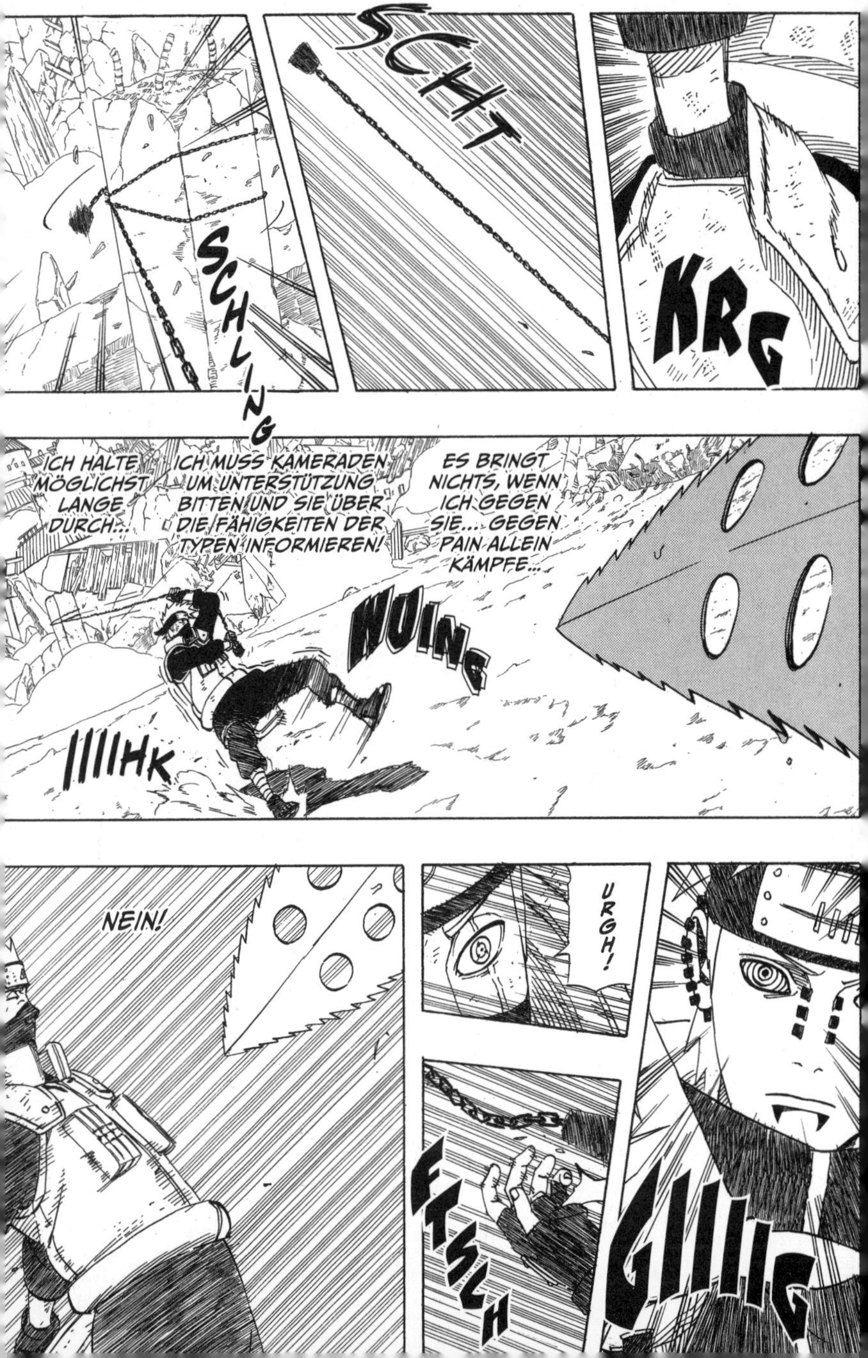
KRG
SCHT
SCHLING
ES BRINGT NICHTS, WENN ICH GEGEN SIE... GEGEN PAIN ALLEIN KÄMPFE...
ICH MUSS KAMERADEN UM UNTERSTÜTZUNG BITTEN UND SIE ÜBER DIE FÄHIGKEITEN DER TYPEN INFORMIEREN!
ICH HALTE MÖGLICHST LANGE DURCH...
WUING
IIIIIHK
GIIIG
URGH!
FTSCH
NEIN!

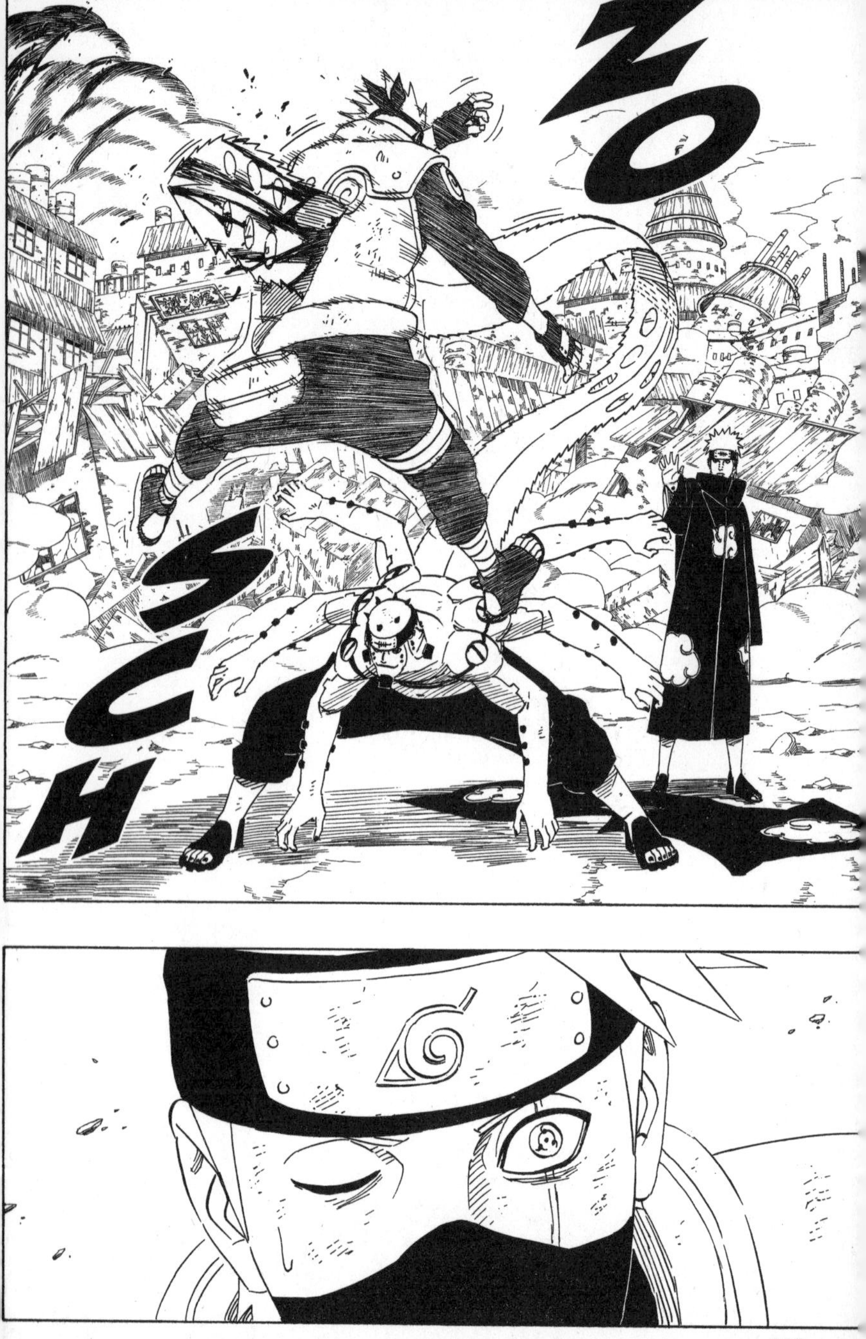
ZOO
SSCH

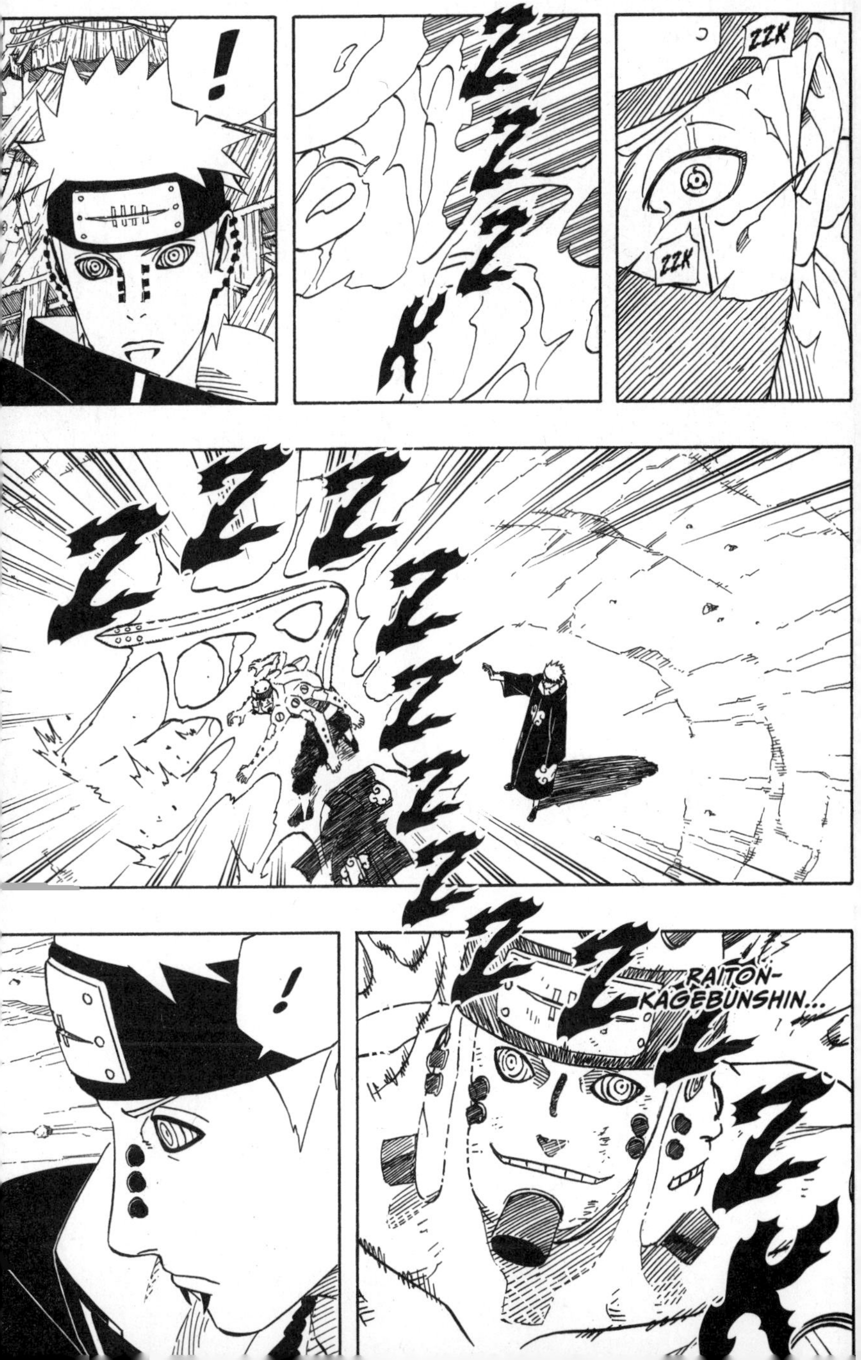
ZZK
ZZK
ZZZZK
!
RAITON-KAGEBUNSHIN...
!

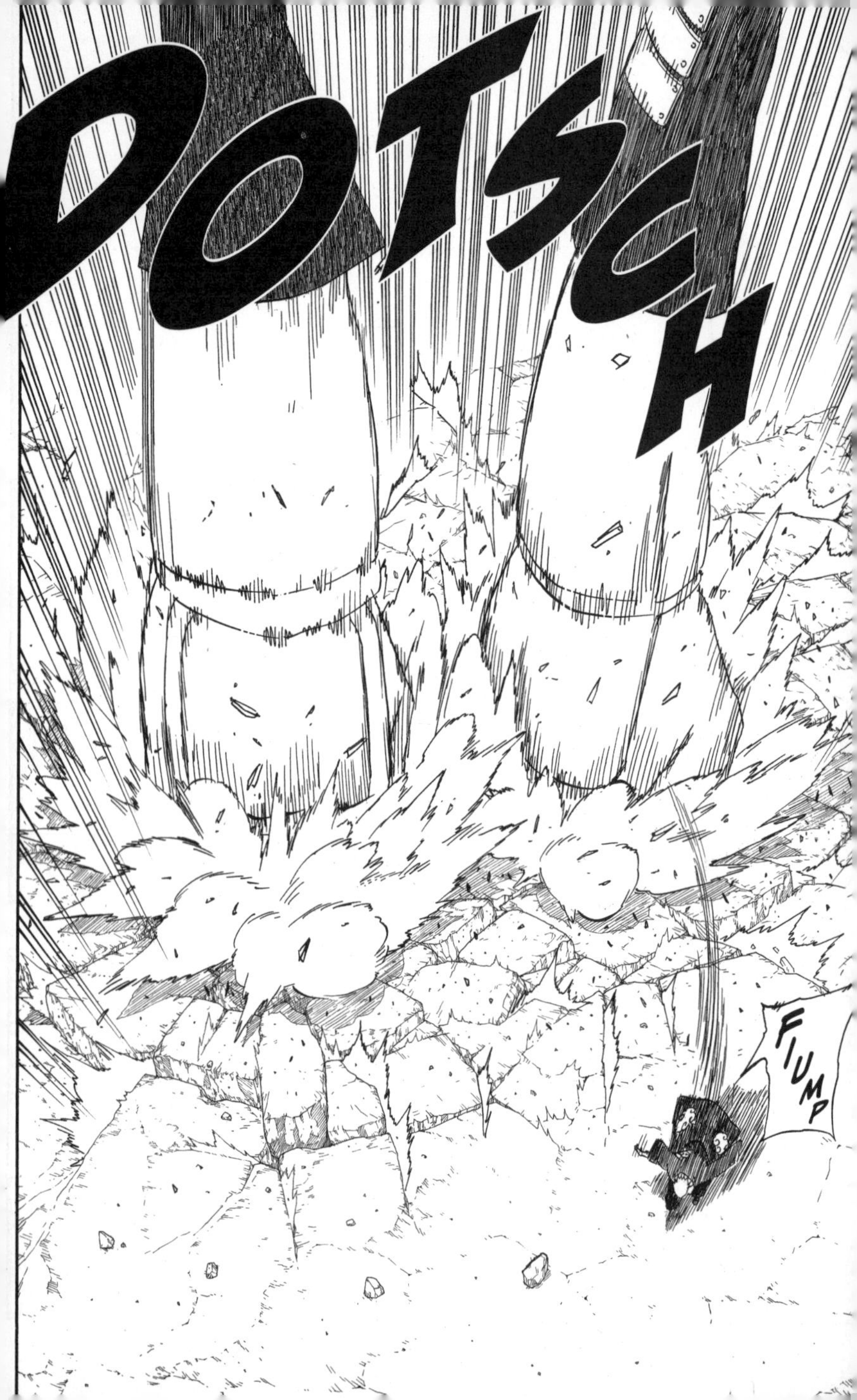
DOTSCH
FIUMP

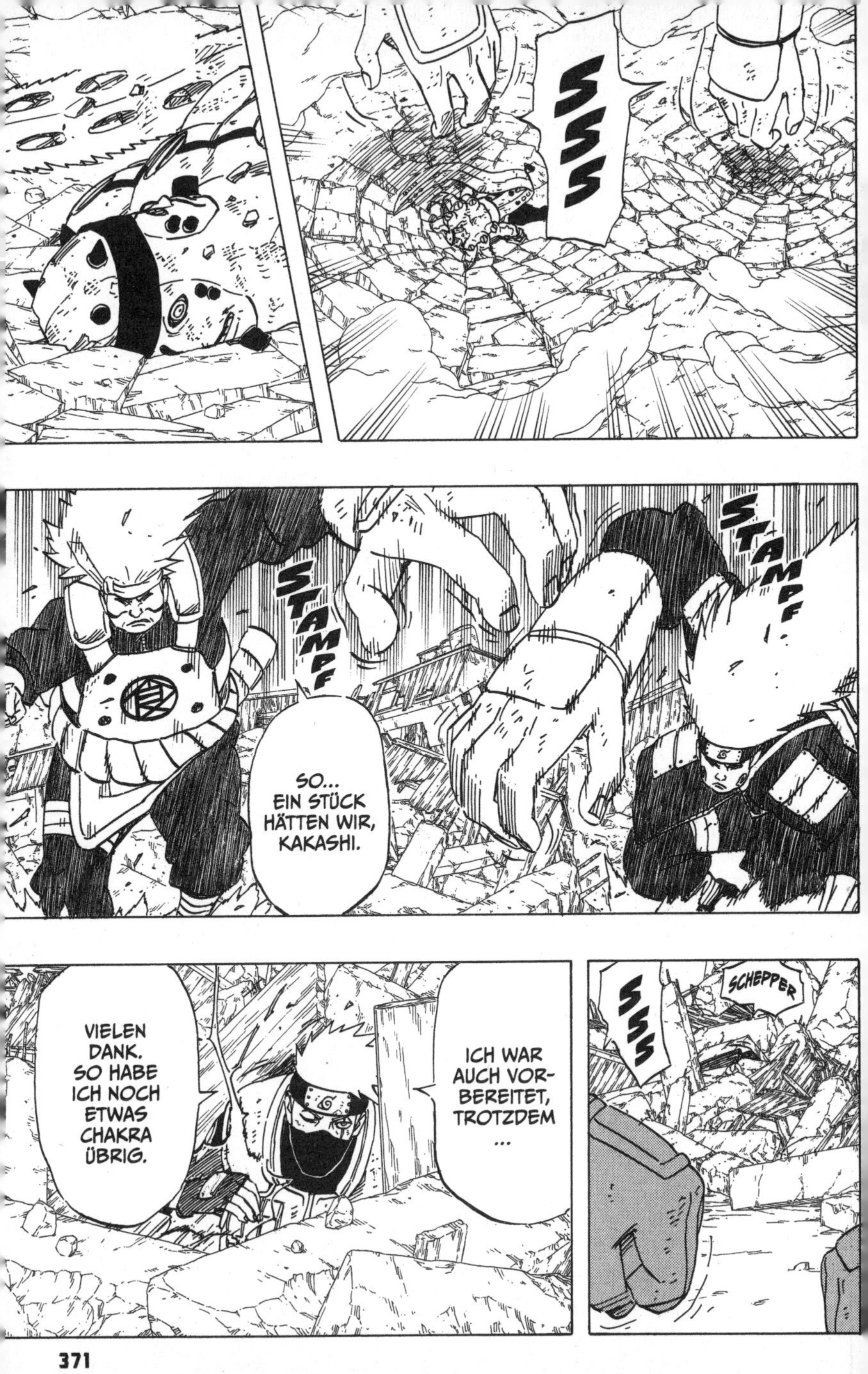
SSS
STAMPF
STAMPF
SO... EIN STÜCK HÄTTEN WIR, KAKASHI.
SSS
SCHEPPER
ICH WAR AUCH VORBEREITET, TROTZDEM ...
VIELEN DANK. SO HABE ICH NOCH ETWAS CHAKRA ÜBRIG.

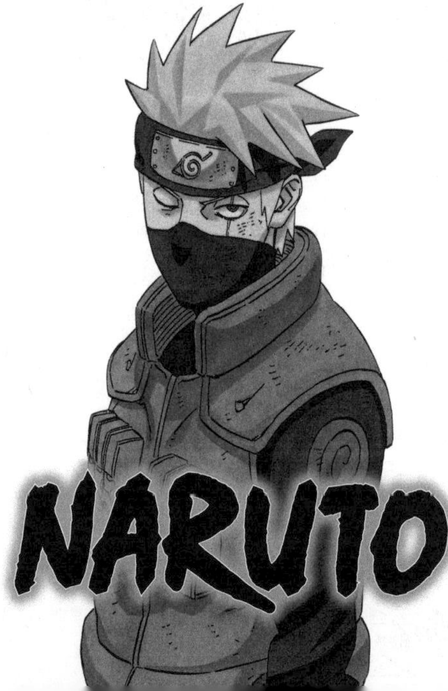
NARUTO

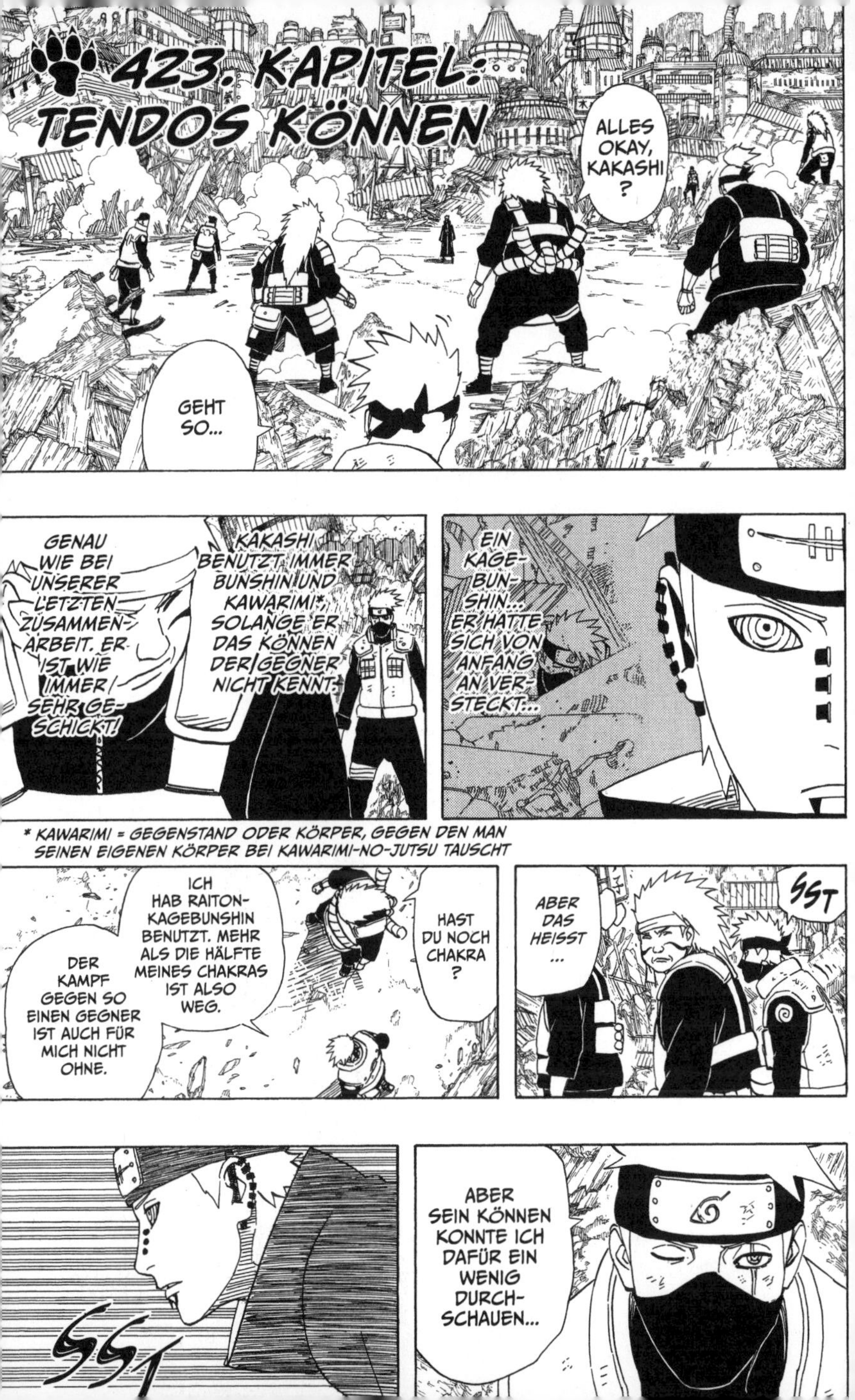
423. Kapitel: Tendos Können
Alles okay, Kakashi?
Geht so...
Ein Kage-bunshin... er hatte sich von Anfang an versteckt...
Kakashi benutzt immer Bunshin und Kawarimi*, solange er das Können der Gegner nicht kennt.
Genau wie bei unserer letzten Zusammenarbeit. Er ist wie immer sehr geschickt!
* Kawarimi = Gegenstand oder Körper, gegen den man seinen eigenen Körper bei Kawarimi-no-Jutsu tauscht
SST
Aber das heisst ...
Hast du noch Chakra?
Ich hab Raiton-Kagebunshin benutzt. Mehr als die Hälfte meines Chakras ist also weg.
Der Kampf gegen so einen Gegner ist auch für mich nicht ohne.
Aber sein Können konnte ich dafür ein wenig durchschauen...
SST

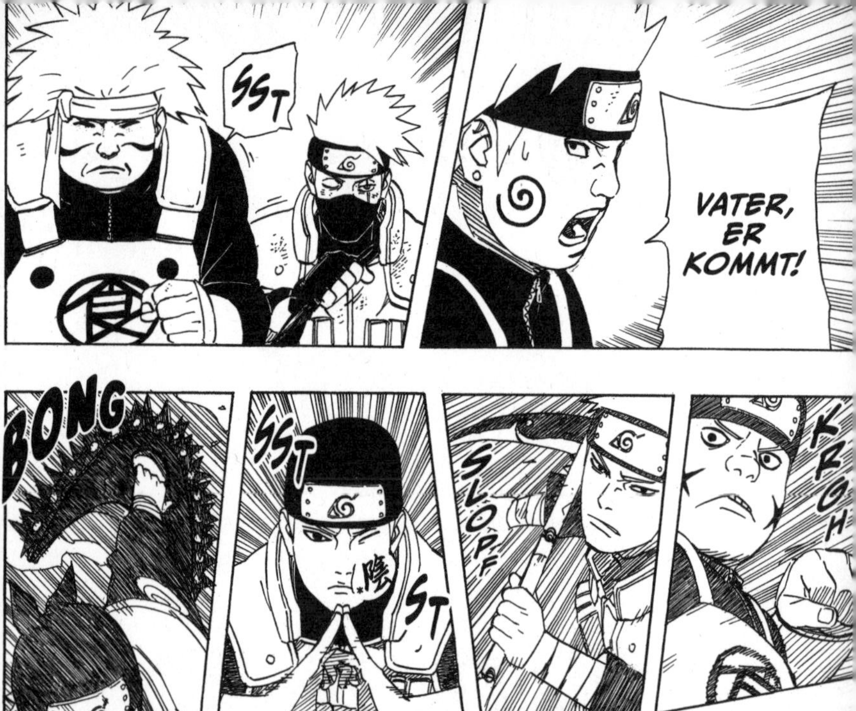

** SHIN = GOTT, RA = NETZ/MIT EINEM NETZ ZU FANGEN, TEN = HIMMEL, SEI = EROBERN

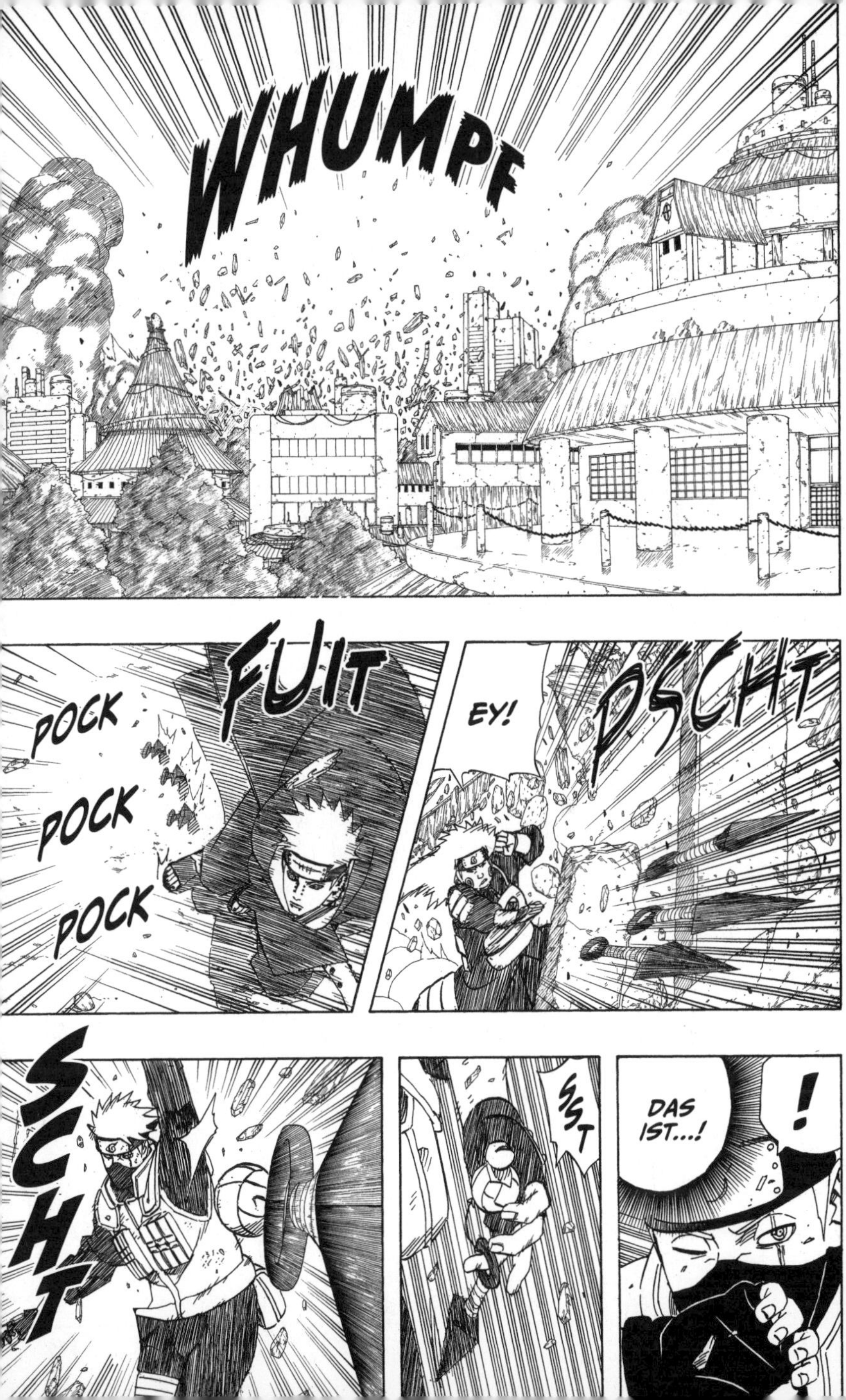

WHUMPF
EY!
PSCHT
FUIT
POCK
POCK
POCK
!
DAS IST...!
SST
SCHT

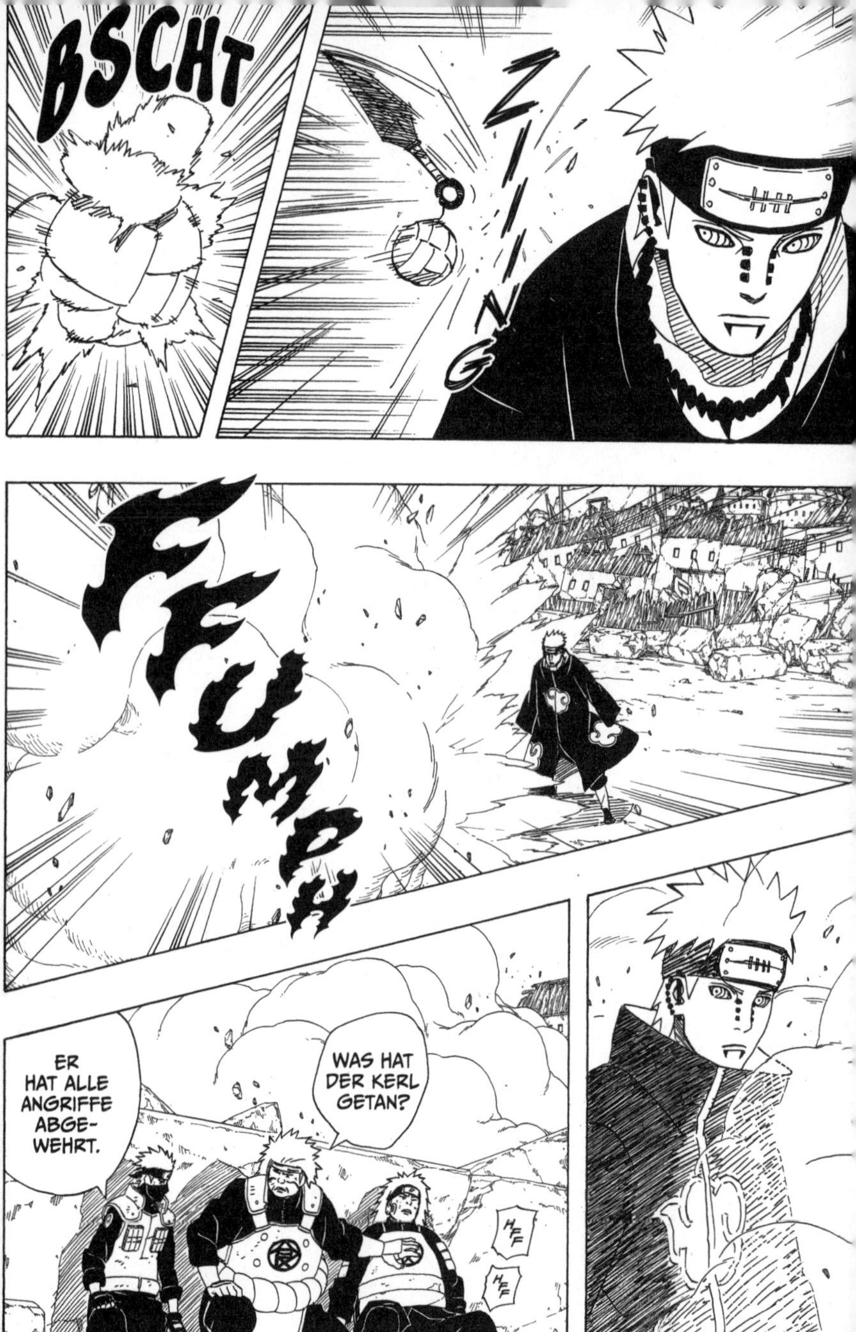
ZIIIING
BSCHT
FFUMPH
WAS HAT DER KERL GETAN?
ER HAT ALLE ANGRIFFE ABGE-WEHRT.
HFF
HFF

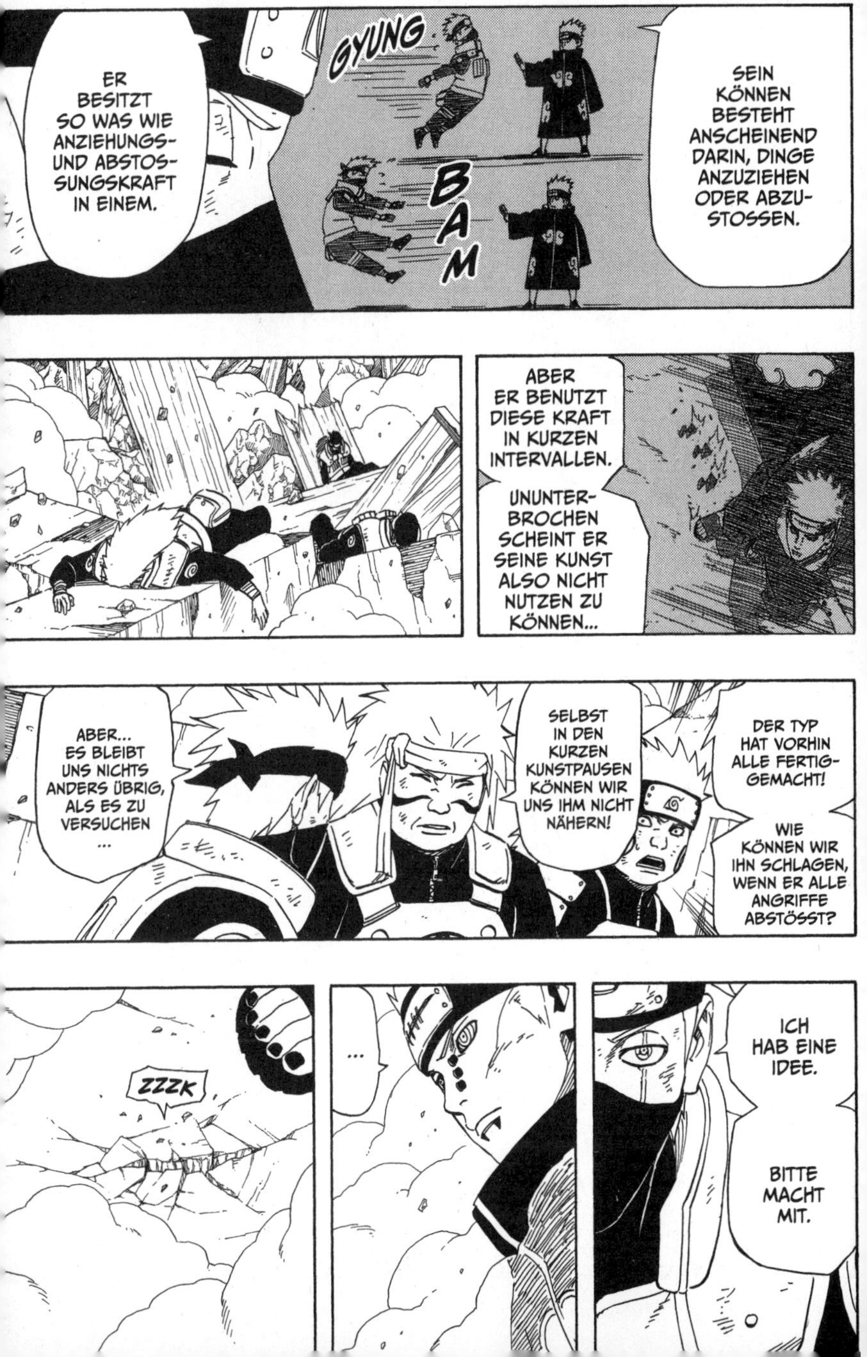
SEIN KÖNNEN BESTEHT ANSCHEINEND DARIN, DINGE ANZUZIEHEN ODER ABZUSTOSSEN.
GYUNG
BAM
ER BESITZT SO WAS WIE ANZIEHUNGS- UND ABSTOSSUNGSKRAFT IN EINEM.
ABER ER BENUTZT DIESE KRAFT IN KURZEN INTERVALLEN.
UNUNTERBROCHEN SCHEINT ER SEINE KUNST ALSO NICHT NUTZEN ZU KÖNNEN...
DER TYP HAT VORHIN ALLE FERTIGGEMACHT!
WIE KÖNNEN WIR IHN SCHLAGEN, WENN ER ALLE ANGRIFFE ABSTÖSST?
SELBST IN DEN KURZEN KUNSTPAUSEN KÖNNEN WIR UNS IHM NICHT NÄHERN!
ABER... ES BLEIBT UNS NICHTS ANDERS ÜBRIG, ALS ES ZU VERSUCHEN ...
ICH HAB EINE IDEE.
BITTE MACHT MIT.
...
ZZZK

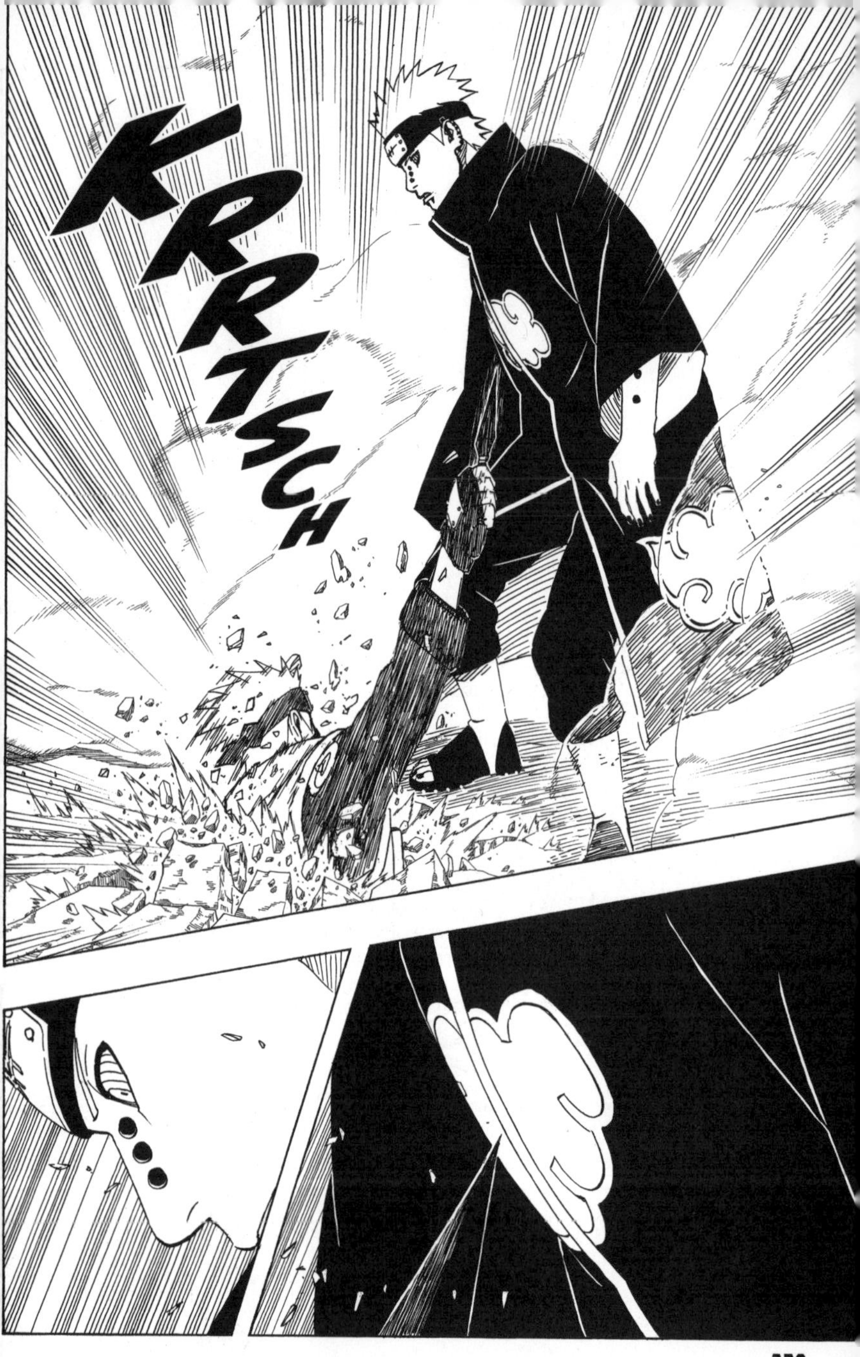
KRRTSCH

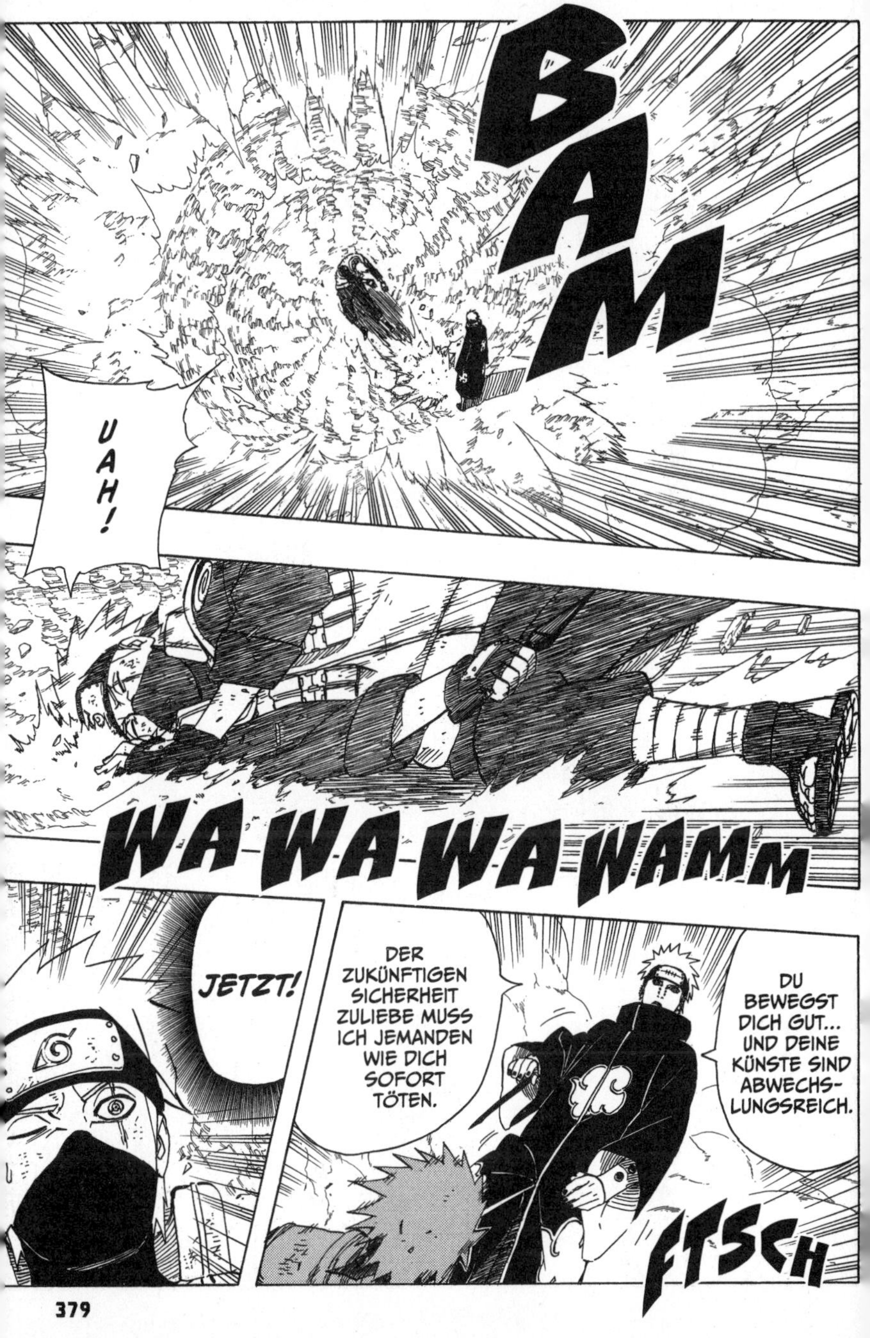
BAM
UAH!
WA-WA-WA-WA-WAMM
DU BEWEGST DICH GUT... UND DEINE KÜNSTE SIND ABWECHS-LUNGSREICH.
DER ZUKÜNFTIGEN SICHERHEIT ZULIEBE MUSS ICH JEMANDEN WIE DICH SOFORT TÖTEN.
JETZT!
FTSCH

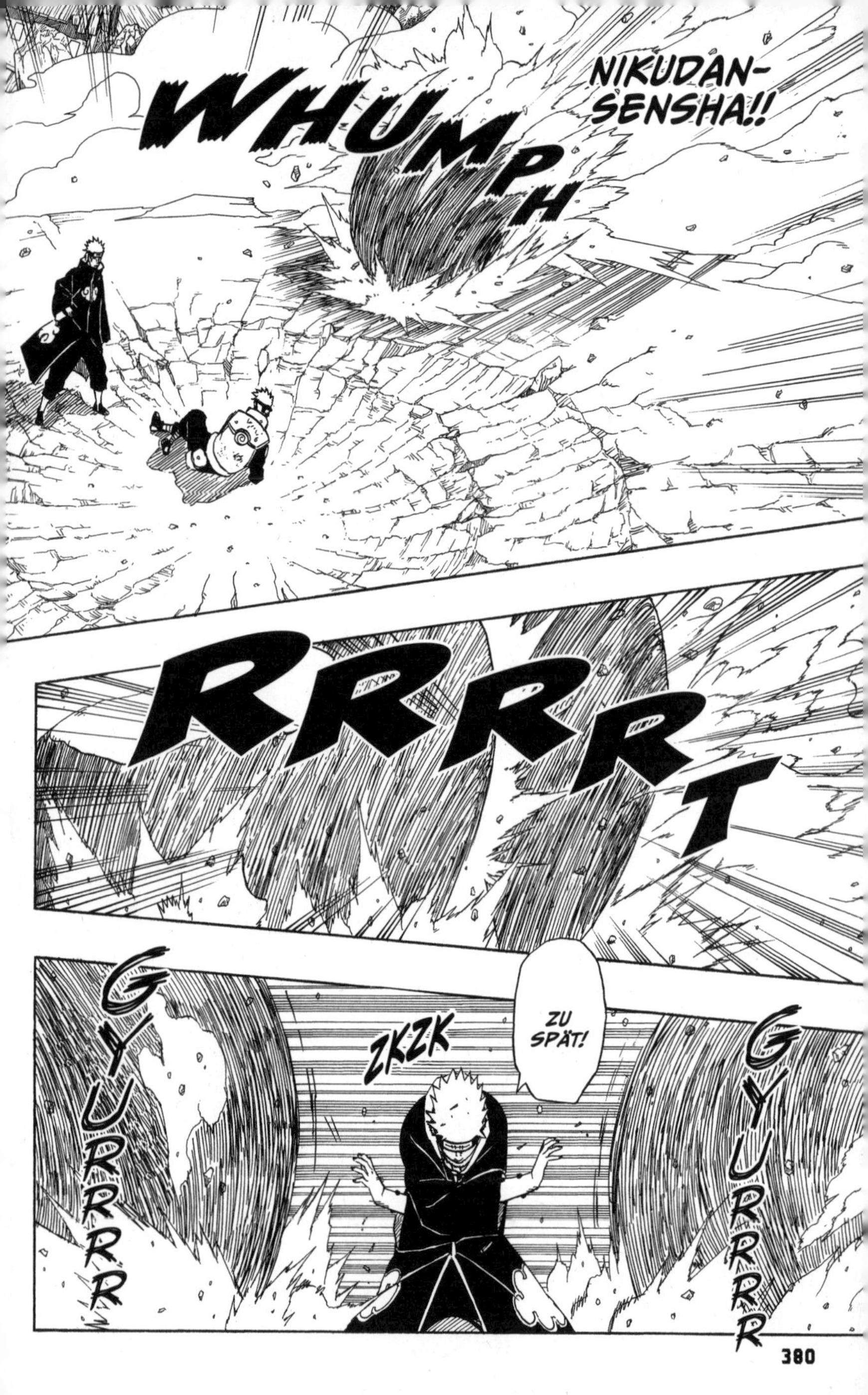
NIKUDAN-SENSHA!!
WHUMPH
RRRRT
GYURRRR
ZU SPÄT!
ZKZK
GYURRRR

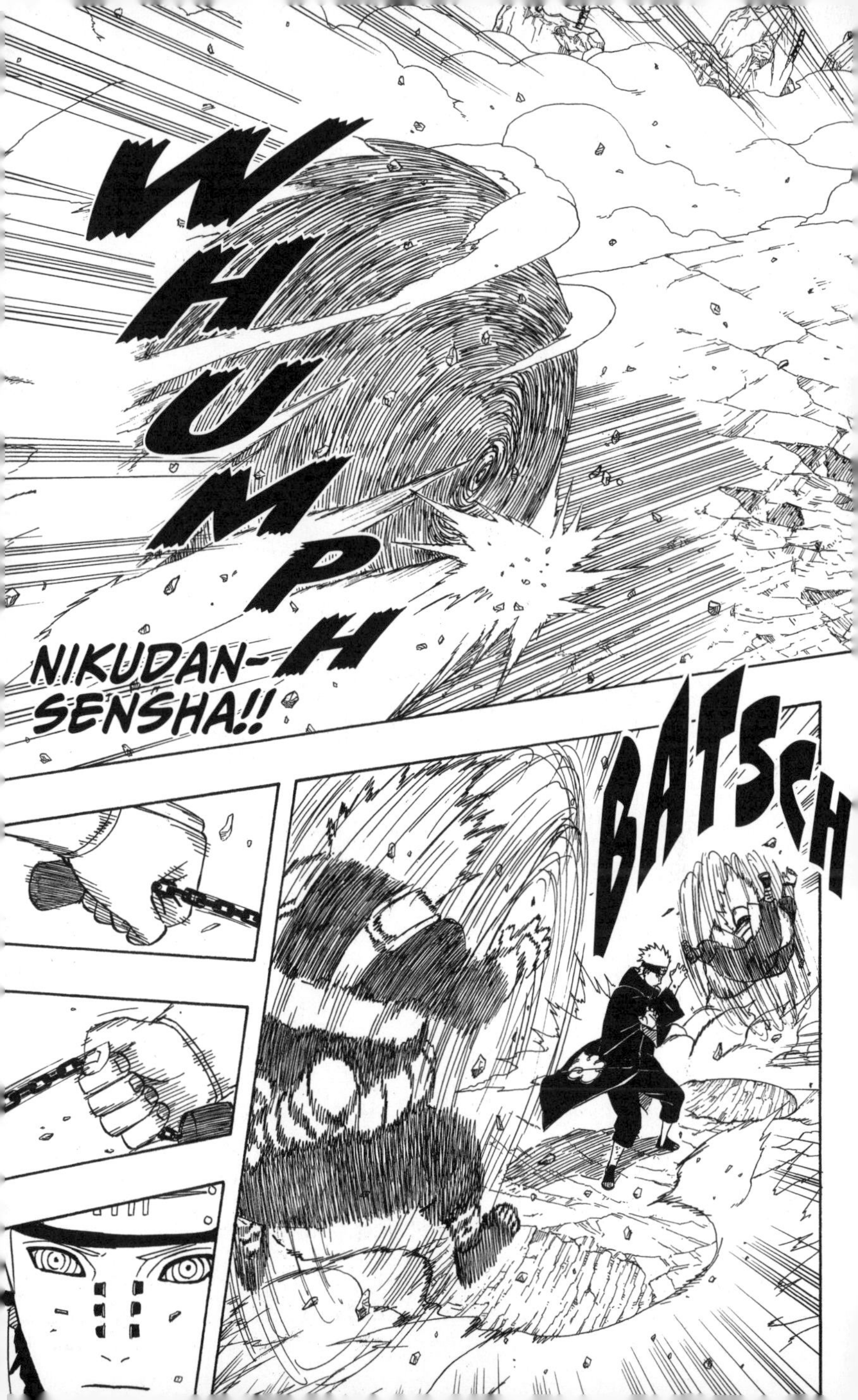
WHUMPH
NIKUDAN-SENSHA!!
BATSCH

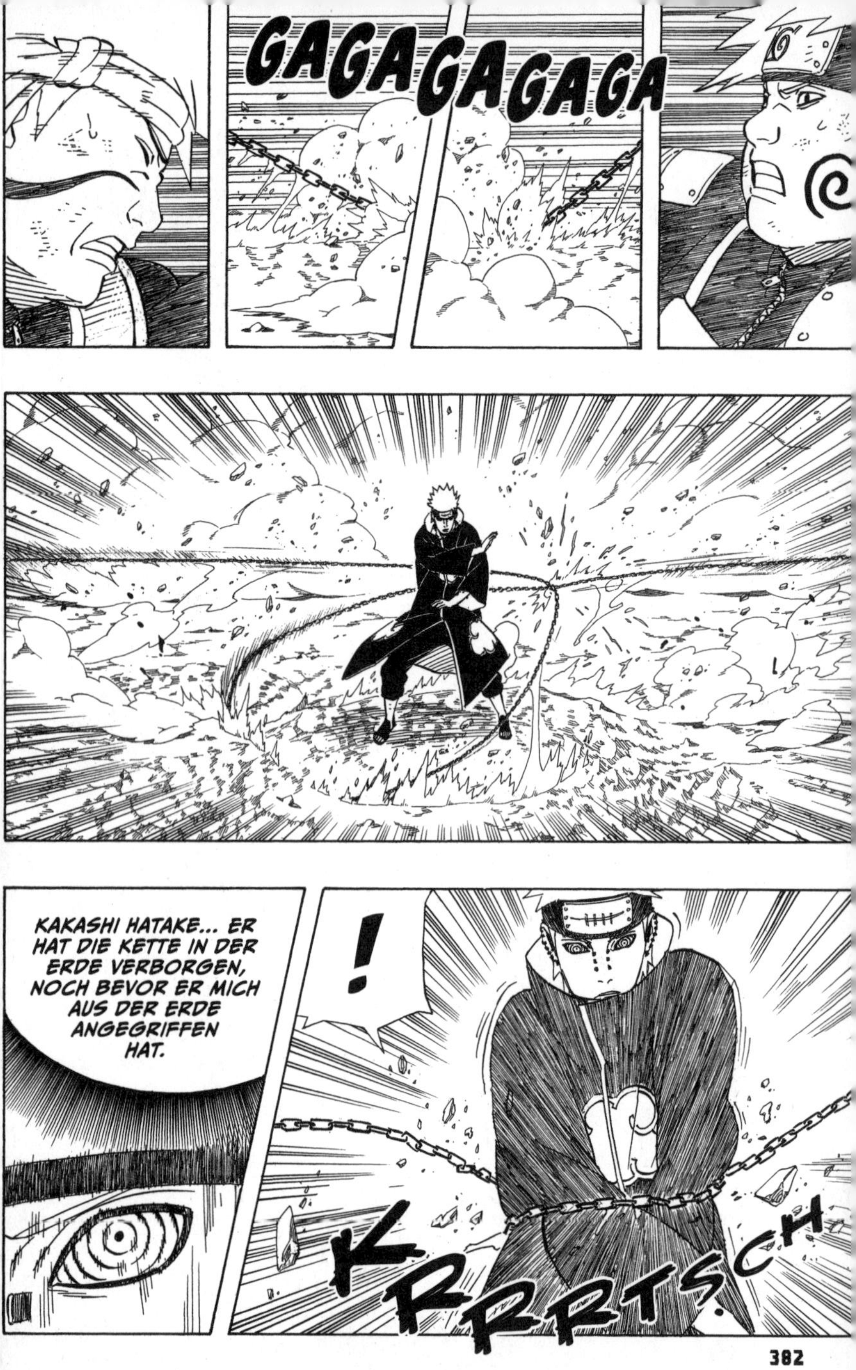
GAGAGAGAGAGA
KAKASHI HATAKE... ER HAT DIE KETTE IN DER ERDE VERBORGEN, NOCH BEVOR ER MICH AUS DER ERDE ANGEGRIFFEN HAT.
!
KRRRTSCH

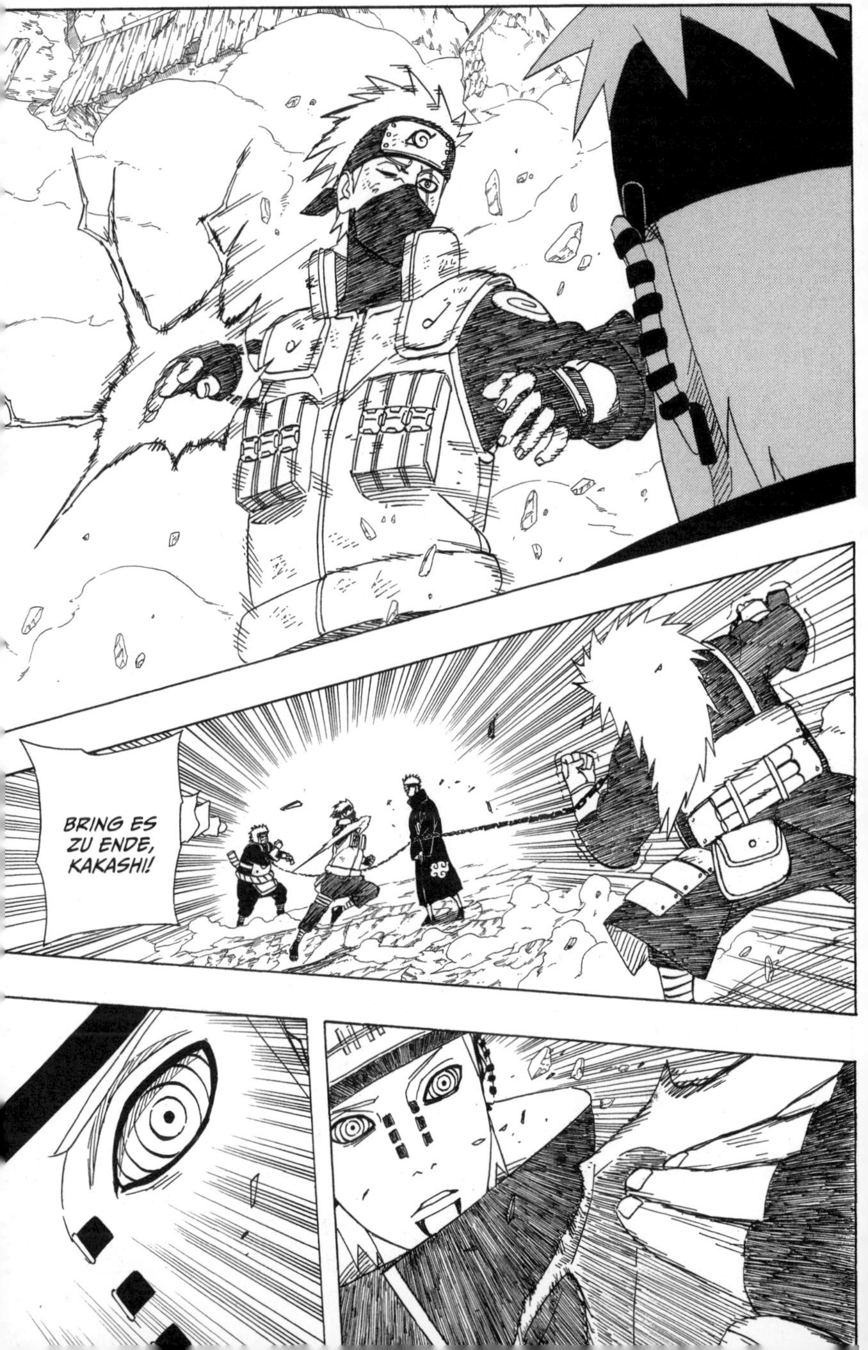
BRING ES
ZU ENDE,
KAKASHI!

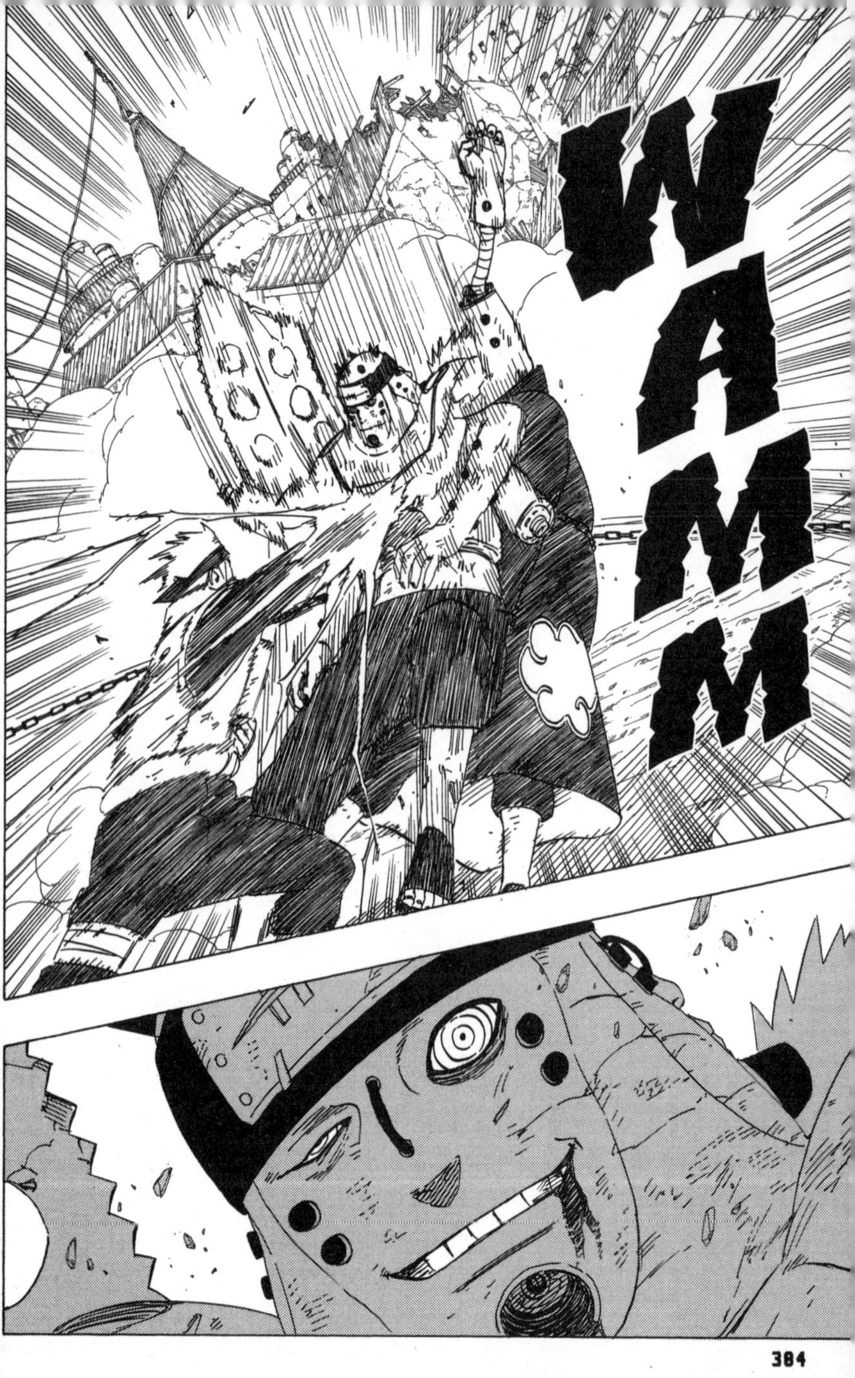
WAMM

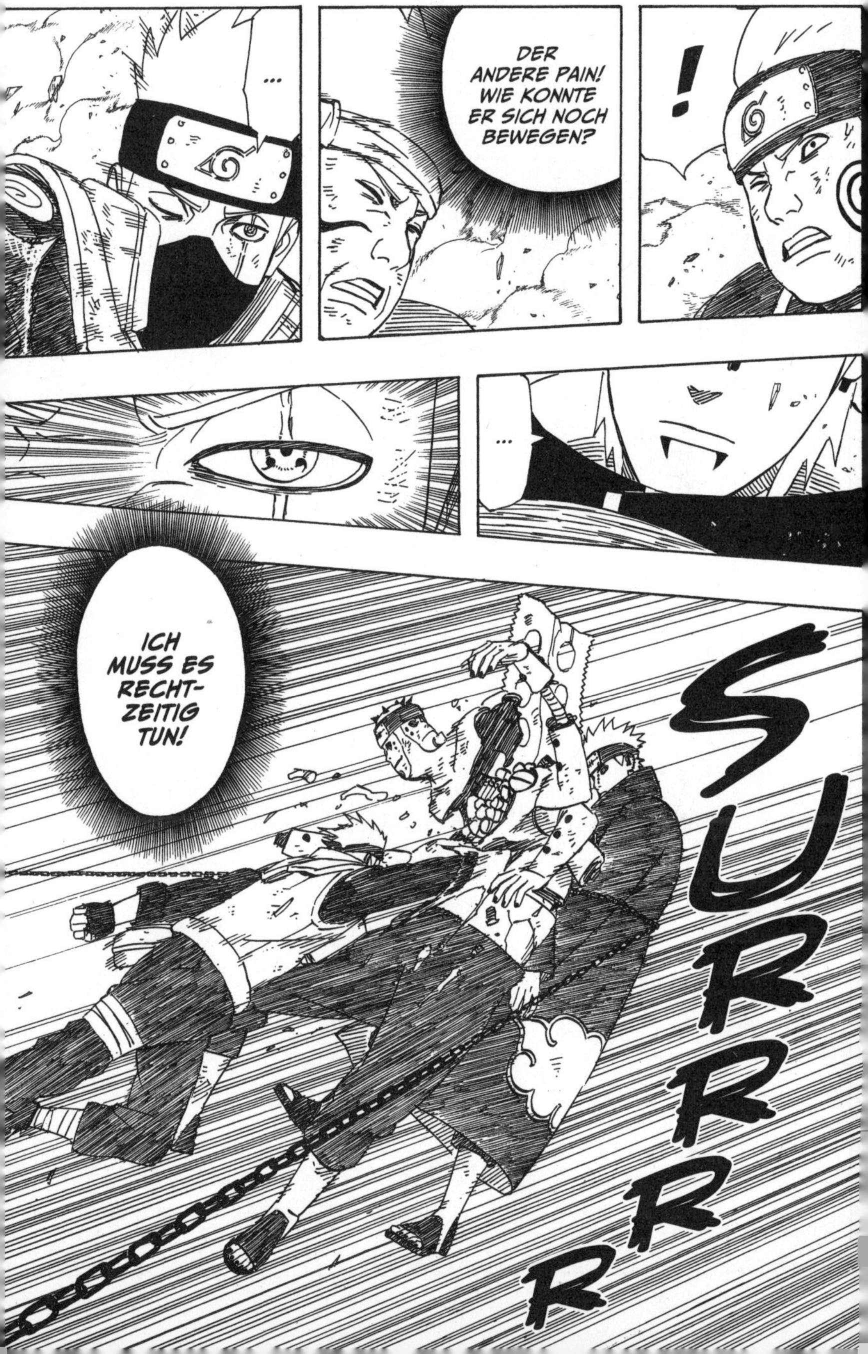
...
DER ANDERE PAIN! WIE KONNTE ER SICH NOCH BEWEGEN?
!
...
ICH MUSS ES RECHT-ZEITIG TUN!
SURRRRR

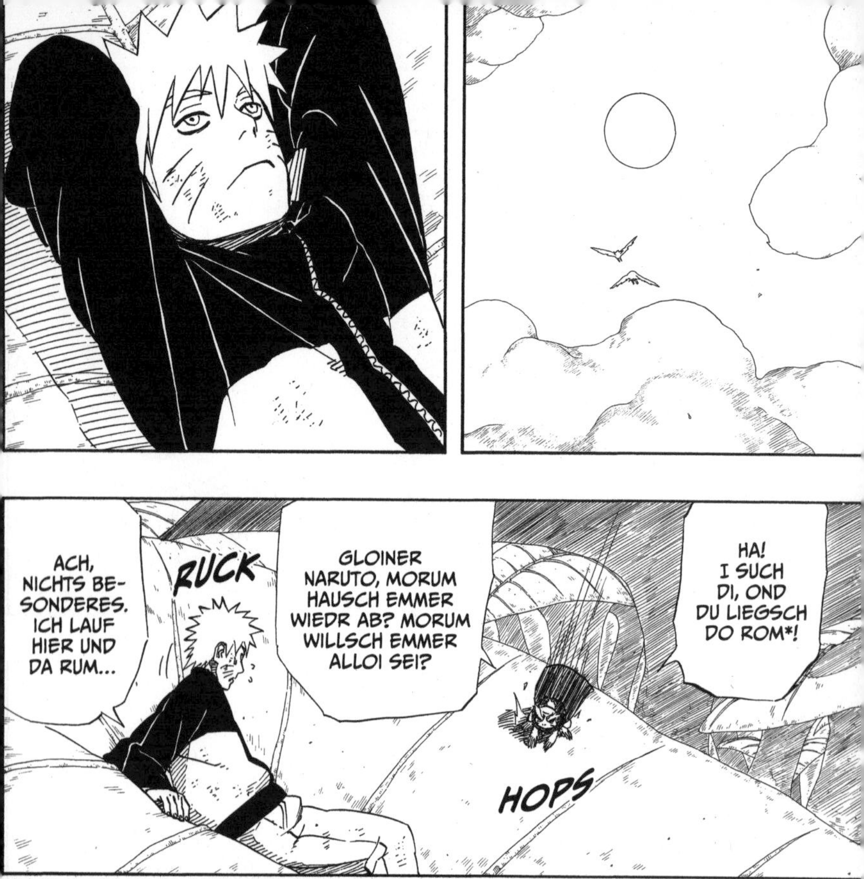

* ANM. D. RED.: IM ORIGINAL SPRECHEN DIE BEIDEN KRÖTEN EINEN DERBEN HIROSHIMA-DIALEKT, BEI UNS SCHWÄBISCH...

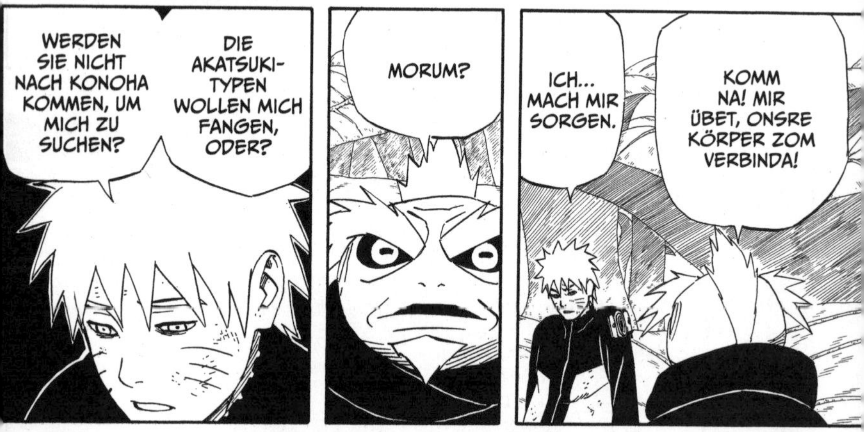

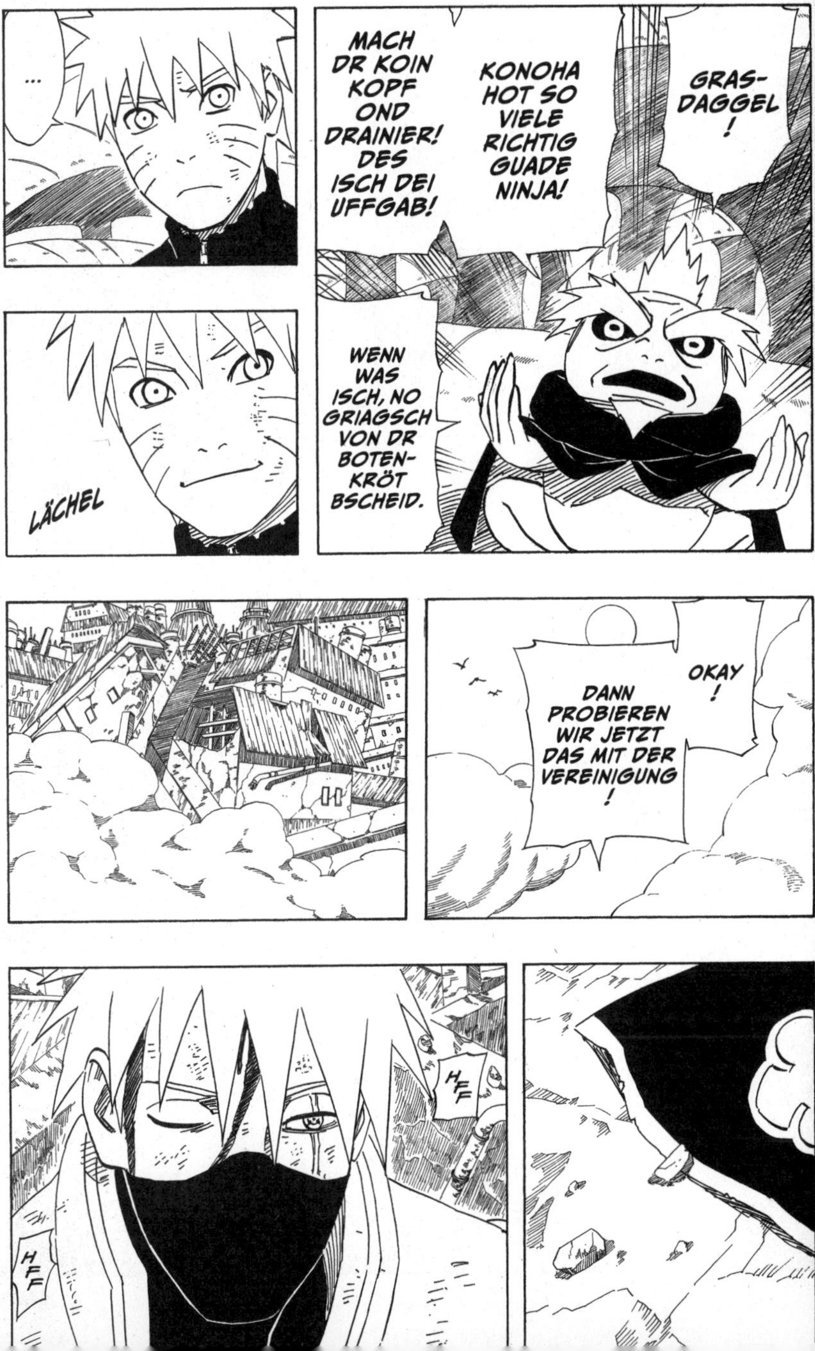
GRAS-DAGGEL!
KONOHA HOT SO VIELE RICHTIG GUADE NINJA!
MACH DR KOIN KOPF OND DRAINIER! DES ISCH DEI UFFGAB!
...
WENN WAS ISCH, NO GRIAGSCH VON DR BOTEN-KRÖT BSCHEID.
LÄCHEL
OKAY!
DANN PROBIEREN WIR JETZT DAS MIT DER VEREINIGUNG!
HFF
HFF

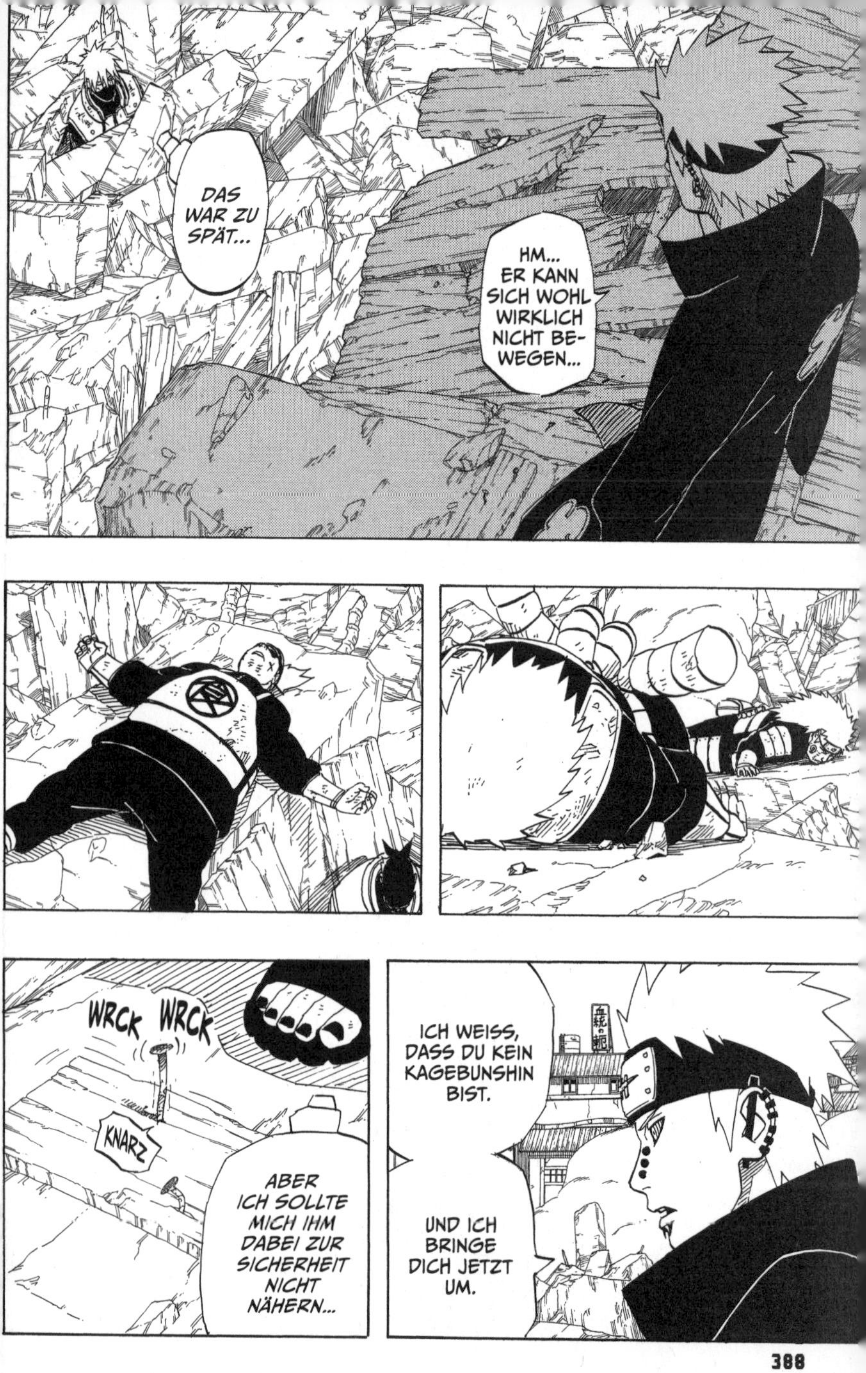
HM... ER KANN SICH WOHL WIRKLICH NICHT BE-WEGEN...
DAS WAR ZU SPÄT...
ICH WEISS, DASS DU KEIN KAGEBUNSHIN BIST.
UND ICH BRINGE DICH JETZT UM.
ABER ICH SOLLTE MICH IHM DABEI ZUR SICHERHEIT NICHT NÄHERN...
WRCK WRCK
KNARZ

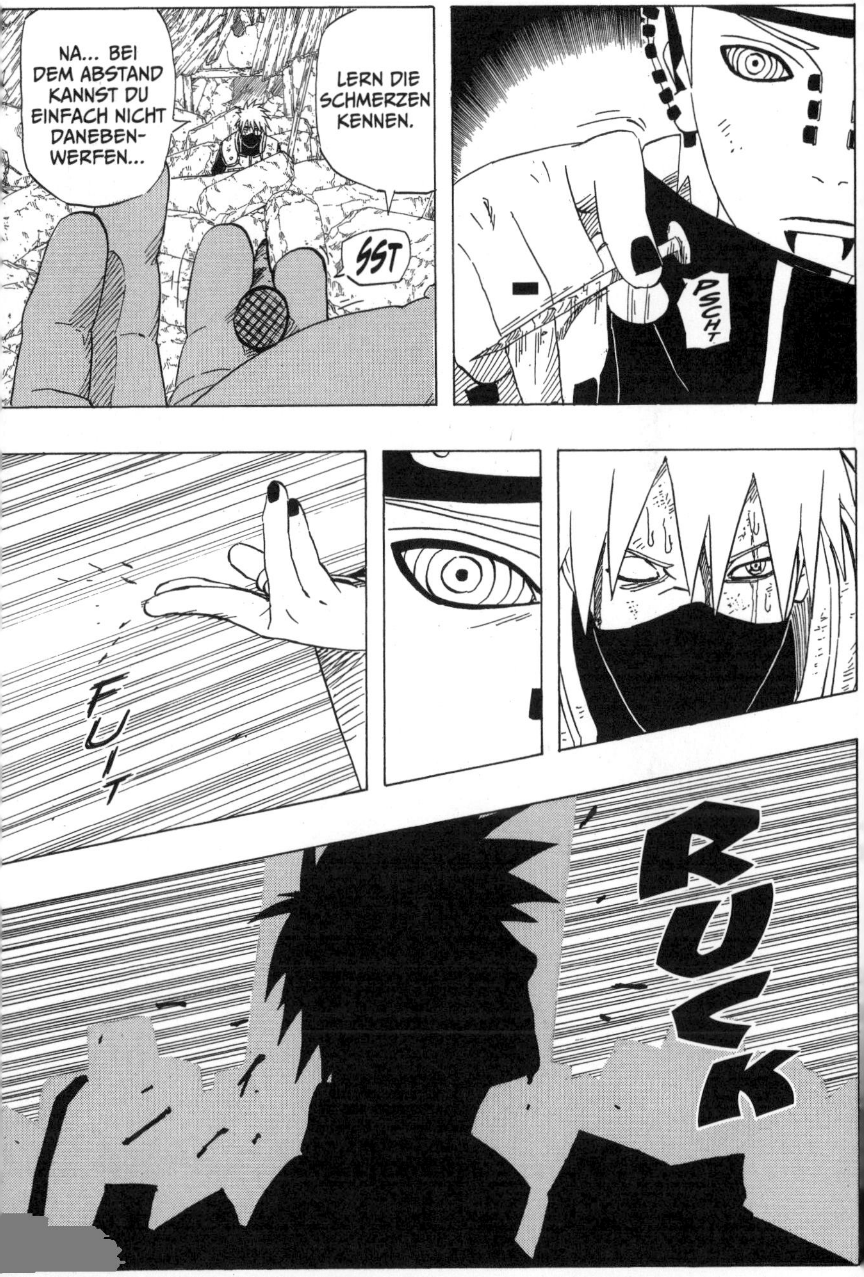
PSCHT
LERN DIE SCHMERZEN KENNEN.
SST
NA... BEI DEM ABSTAND KANNST DU EINFACH NICHT DANEBEN-WERFEN...
FUIT
RUCK

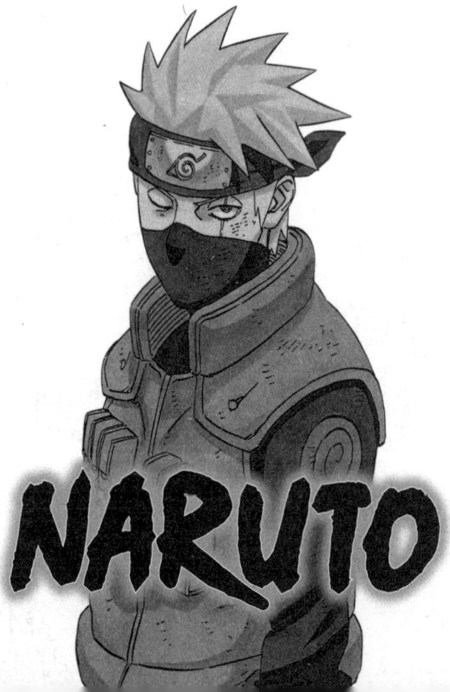
NARUTO

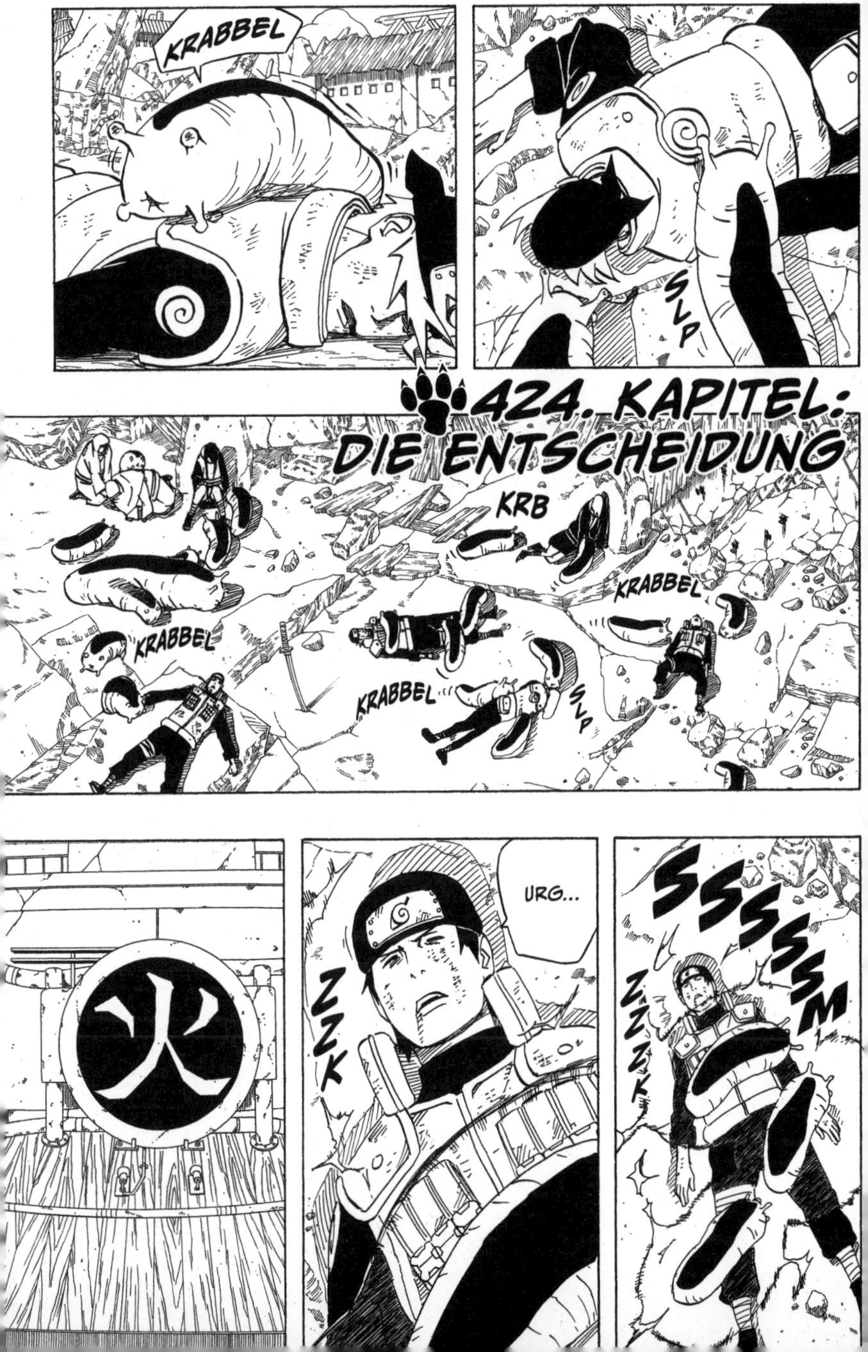
SLP
KRABBEL
424. KAPITEL: DIE ENTSCHEIDUNG
KRB
KRABBEL
SLP
KRABBEL
KRABBEL
SSSSSM
ZZZK
URG...
ZZK

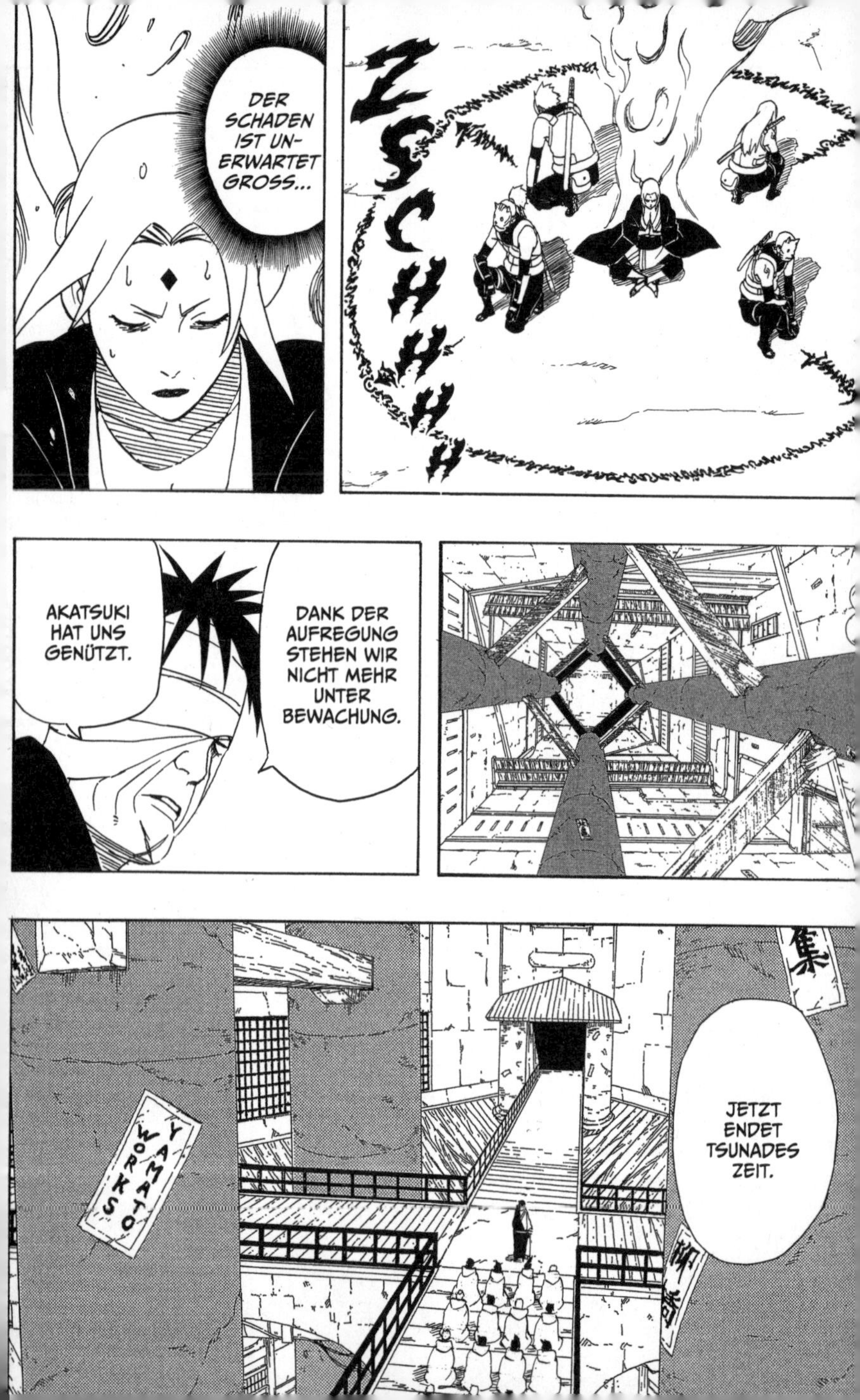
ZSCHHHH
DER SCHADEN IST UNERWARTET GROSS...
DANK DER AUFREGUNG STEHEN WIR NICHT MEHR UNTER BEWACHUNG.
AKATSUKI HAT UNS GENÜTZT.
JETZT ENDET TSUNADES ZEIT.
YAMATO WORKS

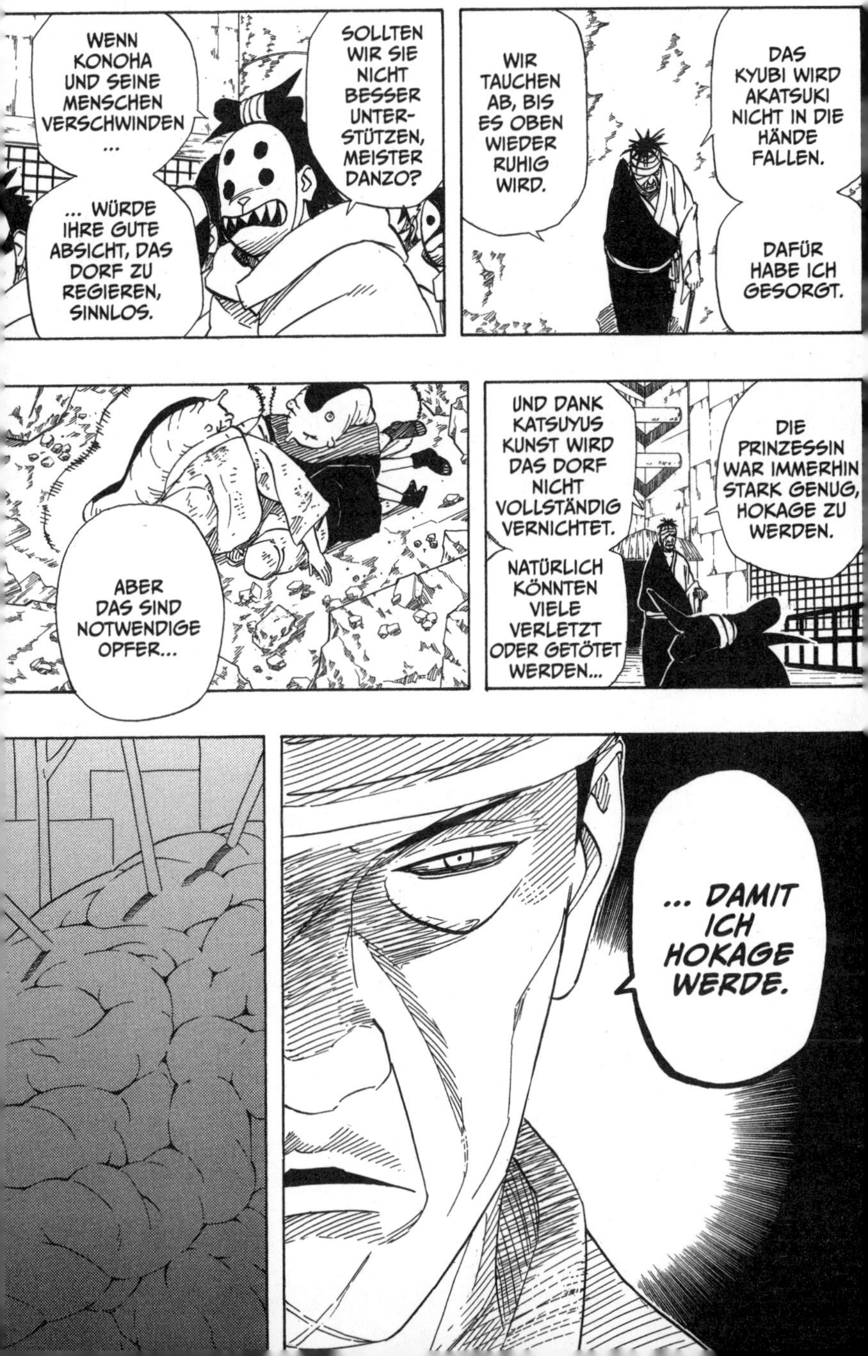
DAS KYUBI WIRD AKATSUKI NICHT IN DIE HÄNDE FALLEN.
DAFÜR HABE ICH GESORGT.
WIR TAUCHEN AB, BIS ES OBEN WIEDER RUHIG WIRD.
SOLLTEN WIR SIE NICHT BESSER UNTERSTÜTZEN, MEISTER DANZO?
WENN KONOHA UND SEINE MENSCHEN VERSCHWINDEN ...
... WÜRDE IHRE GUTE ABSICHT, DAS DORF ZU REGIEREN, SINNLOS.
DIE PRINZESSIN WAR IMMERHIN STARK GENUG, HOKAGE ZU WERDEN.
UND DANK KATSUYUS KUNST WIRD DAS DORF NICHT VOLLSTÄNDIG VERNICHTET.
NATÜRLICH KÖNNTEN VIELE VERLETZT ODER GETÖTET WERDEN...
ABER DAS SIND NOTWENDIGE OPFER...
... DAMIT ICH HOKAGE WERDE.

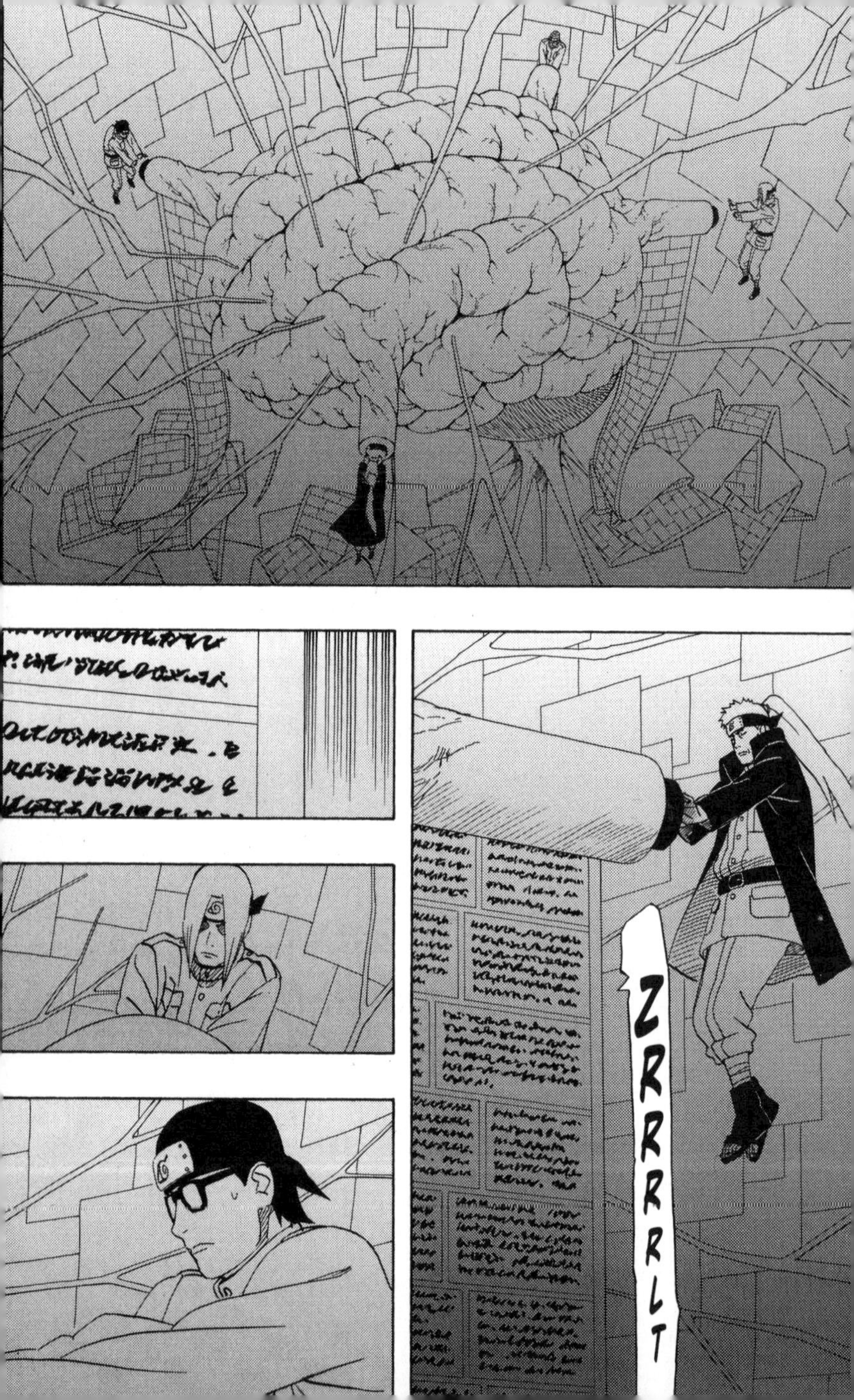
ZRRRRLT

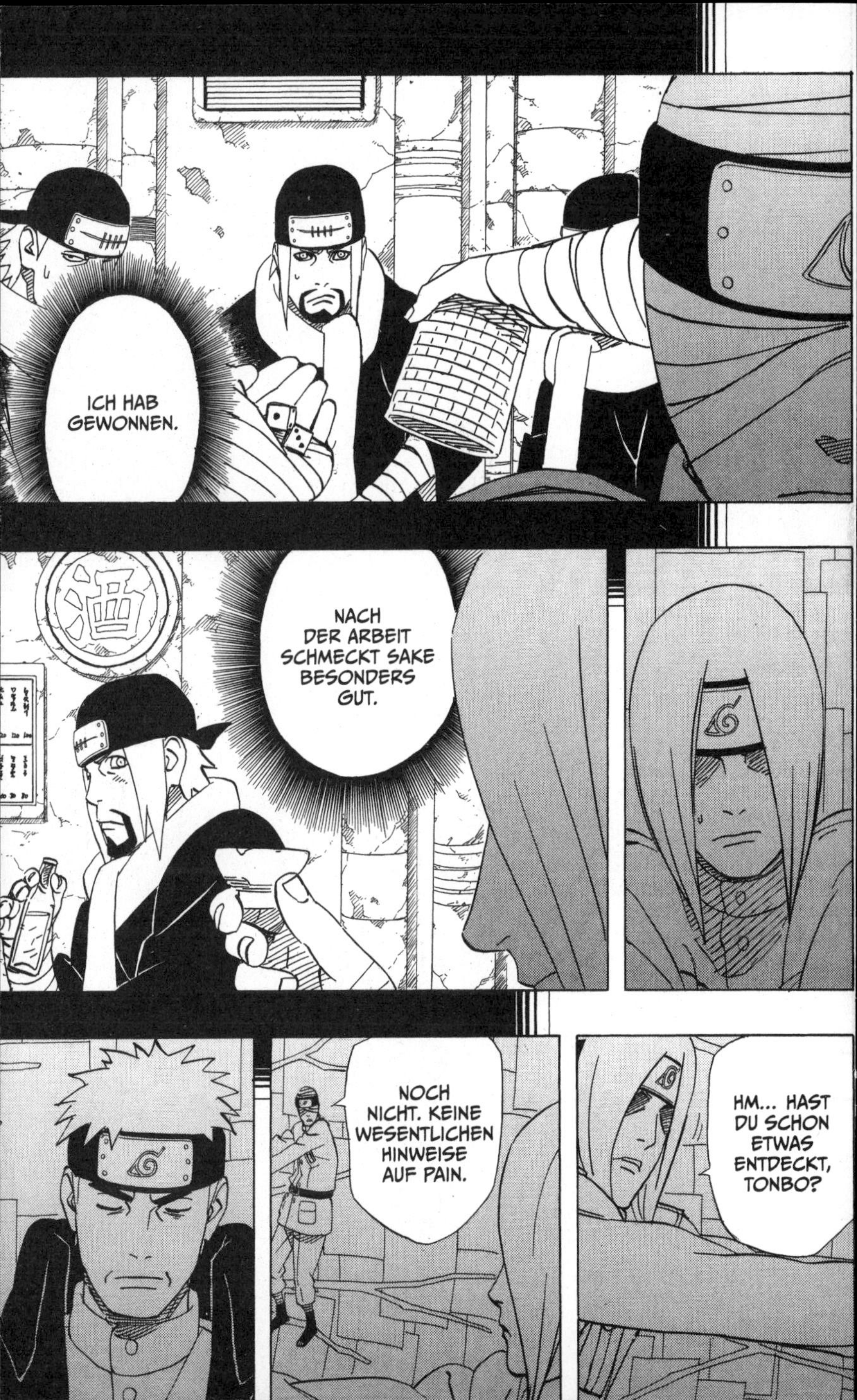
ICH HAB GEWONNEN.
NACH DER ARBEIT SCHMECKT SAKE BESONDERS GUT.
HM... HAST DU SCHON ETWAS ENTDECKT, TONBO?
NOCH NICHT. KEINE WESENTLICHEN HINWEISE AUF PAIN.

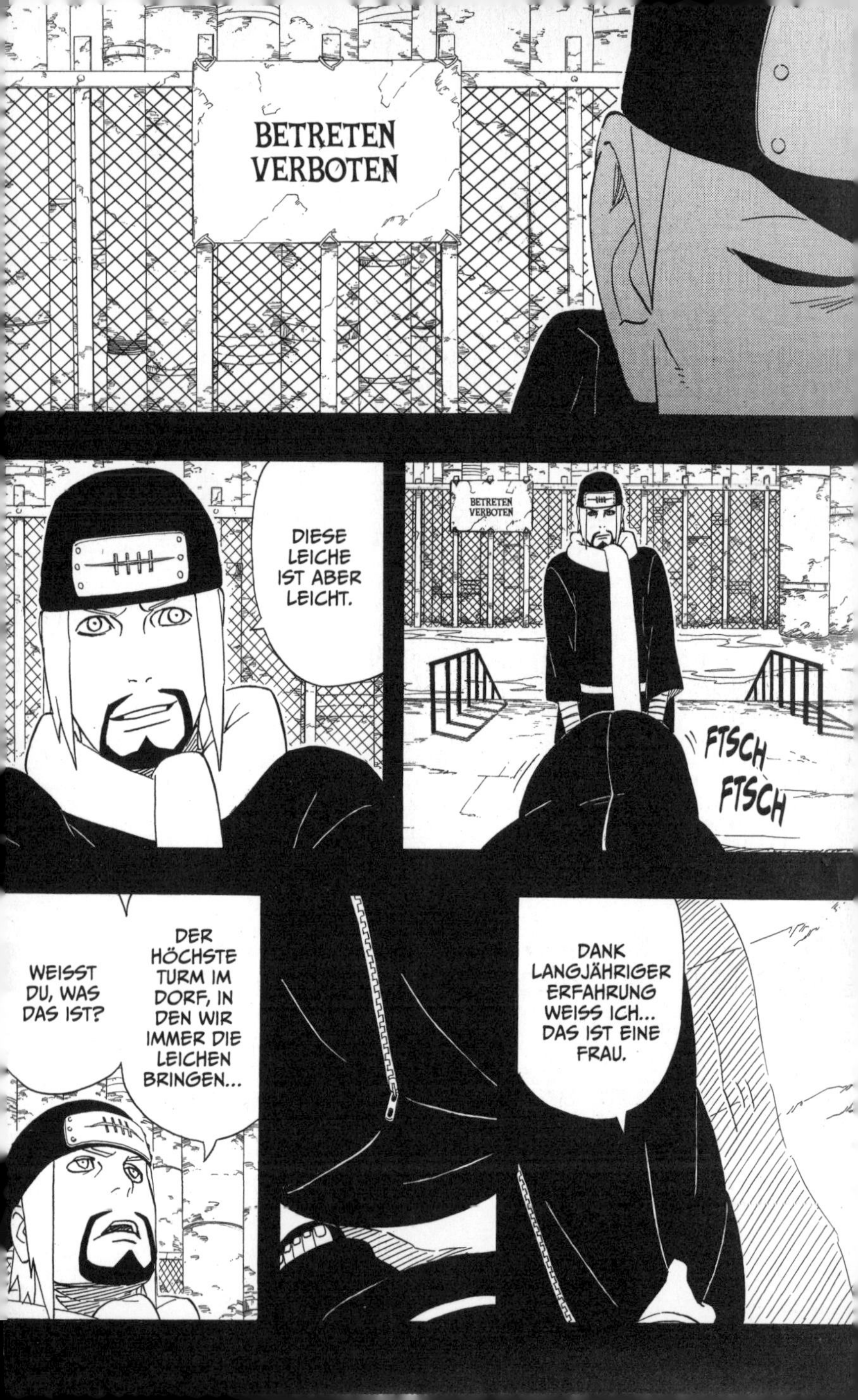
BETRETEN VERBOTEN
FTSCH FTSCH
BETRETEN VERBOTEN
DIESE LEICHE IST ABER LEICHT.
DANK LANGJÄHRIGER ERFAHRUNG WEISS ICH... DAS IST EINE FRAU.
DER HÖCHSTE TURM IM DORF, IN DEN WIR IMMER DIE LEICHEN BRINGEN...
WEISST DU, WAS DAS IST?

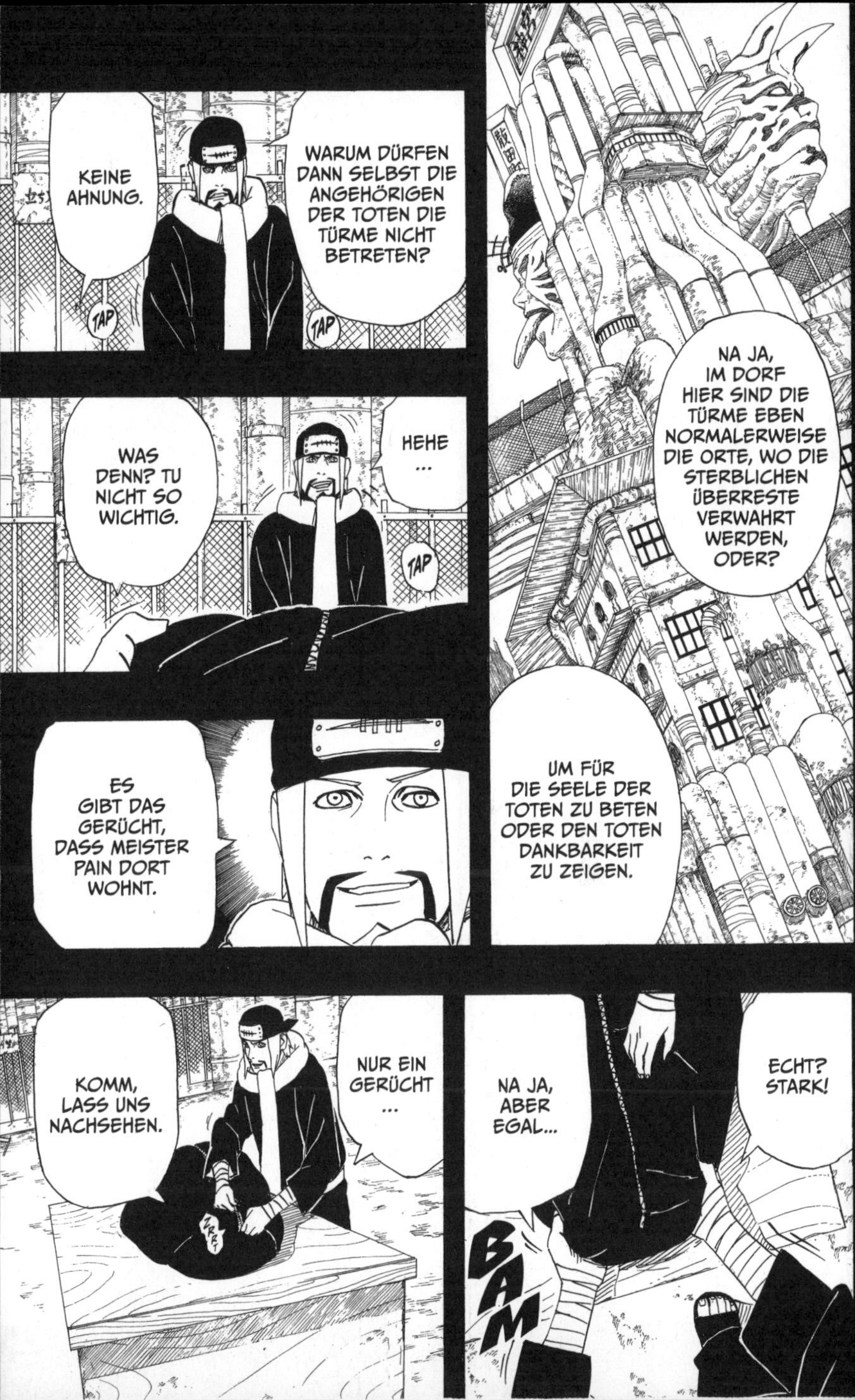

NA JA, IM DORF HIER SIND DIE TÜRME EBEN NORMALERWEISE DIE ORTE, WO DIE STERBLICHEN ÜBERRESTE VERWAHRT WERDEN, ODER?
UM FÜR DIE SEELE DER TOTEN ZU BETEN ODER DEN TOTEN DANKBARKEIT ZU ZEIGEN.
WARUM DÜRFEN DANN SELBST DIE ANGEHÖRIGEN DER TOTEN DIE TÜRME NICHT BETRETEN?
KEINE AHNUNG.
TAP
TAP
HEHE ...
WAS DENN? TU NICHT SO WICHTIG.
TAP
ES GIBT DAS GERÜCHT, DASS MEISTER PAIN DORT WOHNT.
ECHT? STARK!
NA JA, ABER EGAL...
BAM
NUR EIN GERÜCHT ...
KOMM, LASS UNS NACHSEHEN.

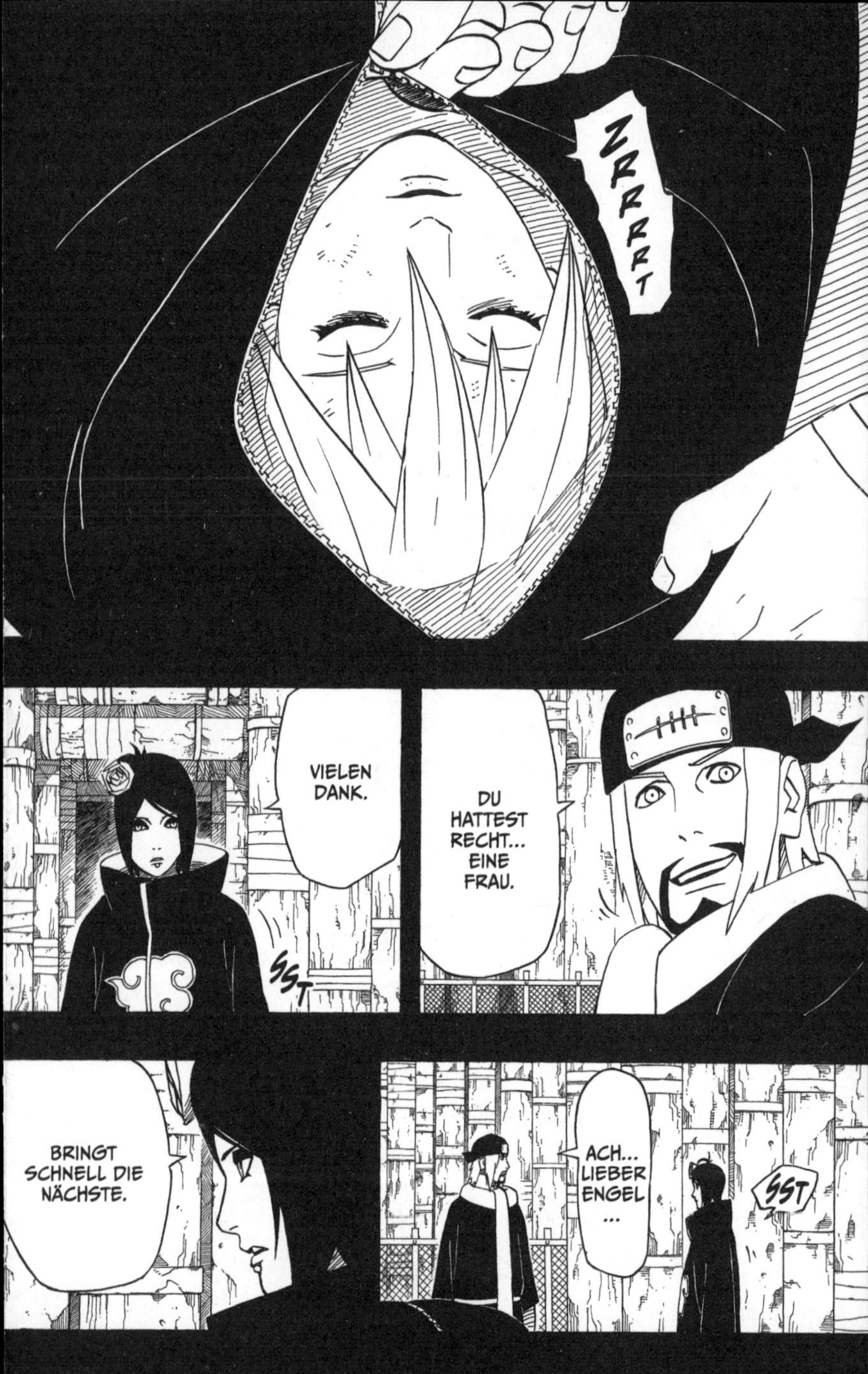
ZRRRRT
DU HATTEST RECHT... EINE FRAU.
VIELEN DANK.
SST
ACH... LIEBER ENGEL ...
SST
BRINGT SCHNELL DIE NÄCHSTE.

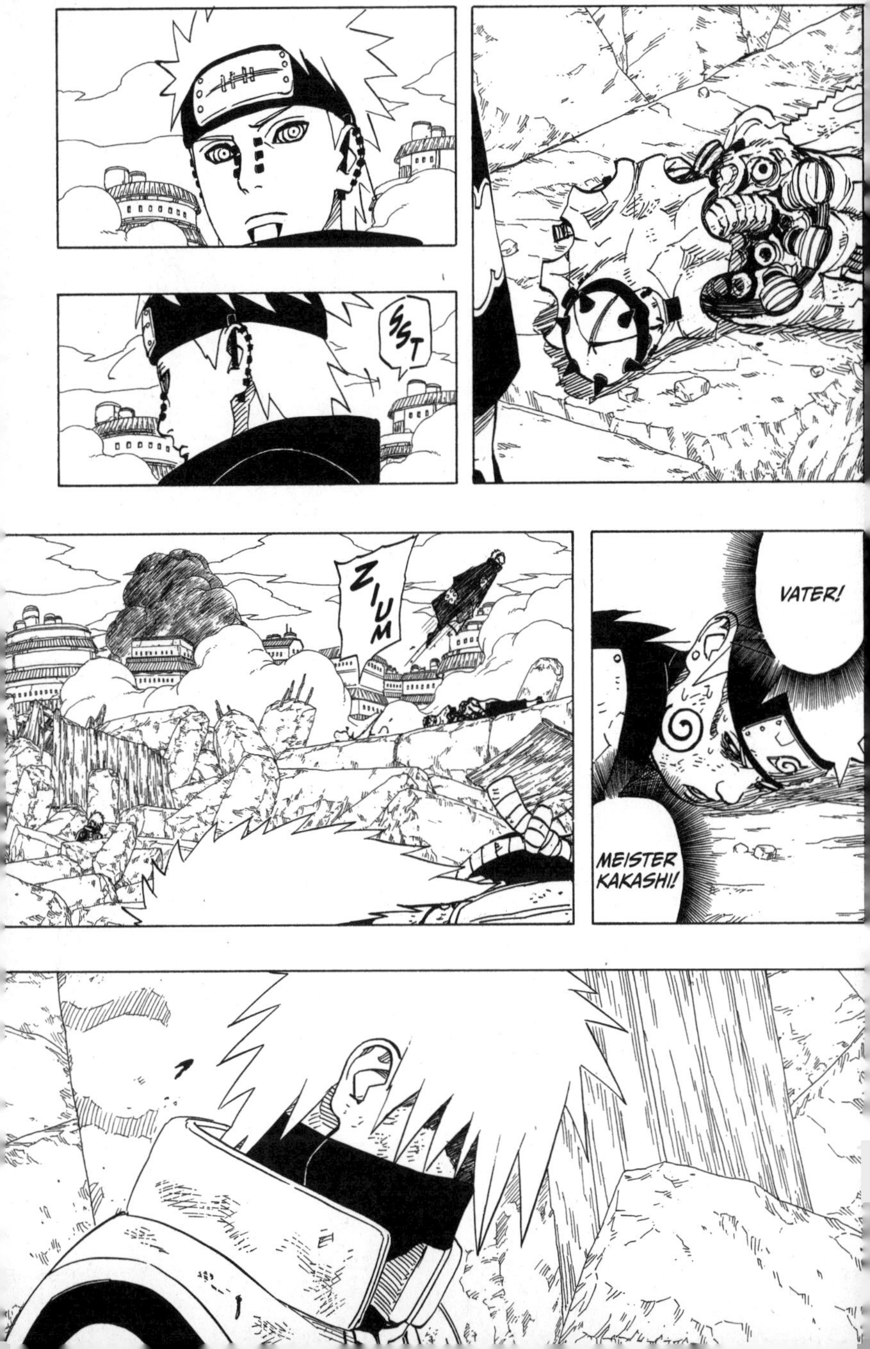
SST
ZIUM
VATER!
MEISTER KAKASHI!

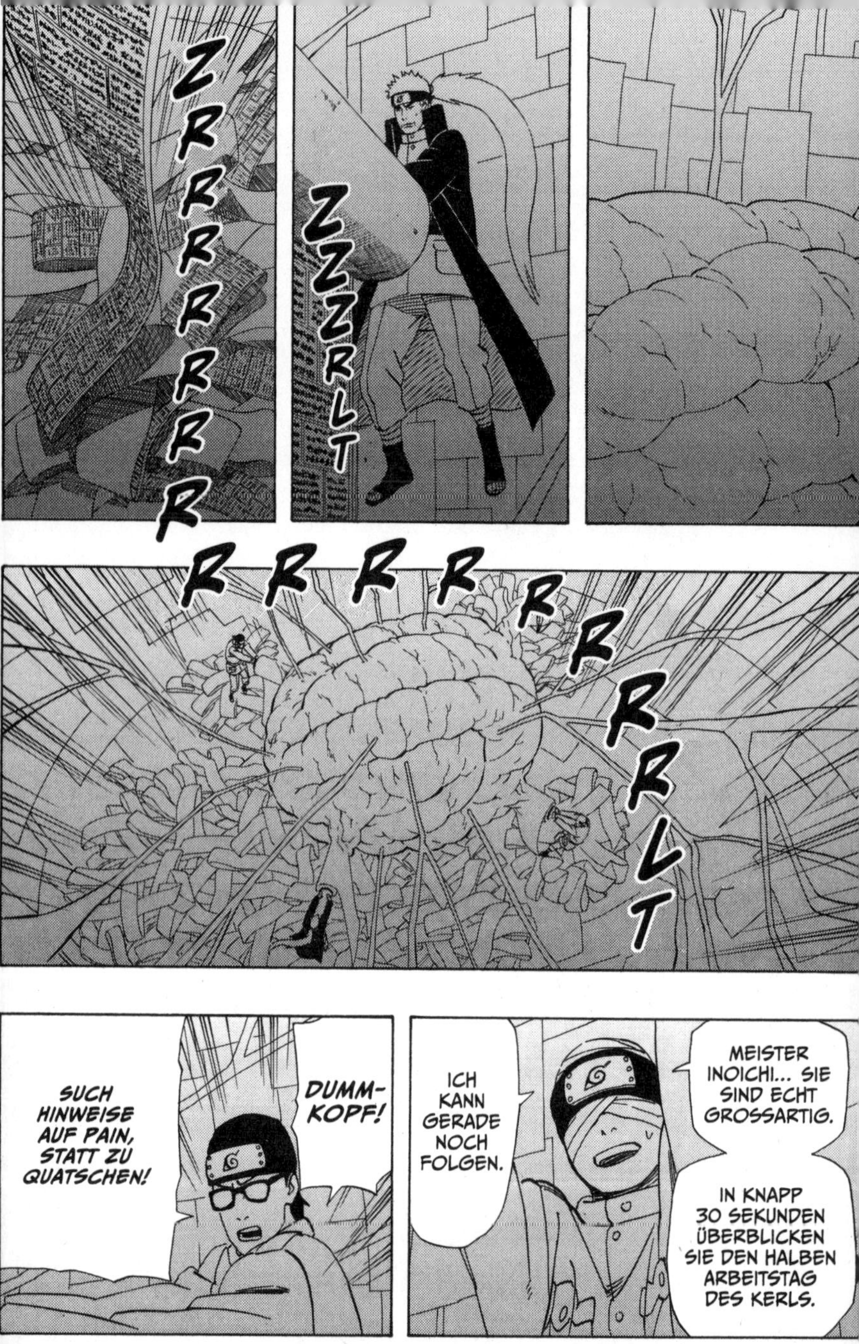
ZZZRLT
ZRRRRRRR
RRRRRRRRRLT
MEISTER INOICHI... SIE SIND ECHT GROSSARTIG.
IN KNAPP 30 SEKUNDEN ÜBERBLICKEN SIE DEN HALBEN ARBEITSTAG DES KERLS.
ICH KANN GERADE NOCH FOLGEN.
DUMM-KOPF!
SUCH HINWEISE AUF PAIN, STATT ZU QUATSCHEN!

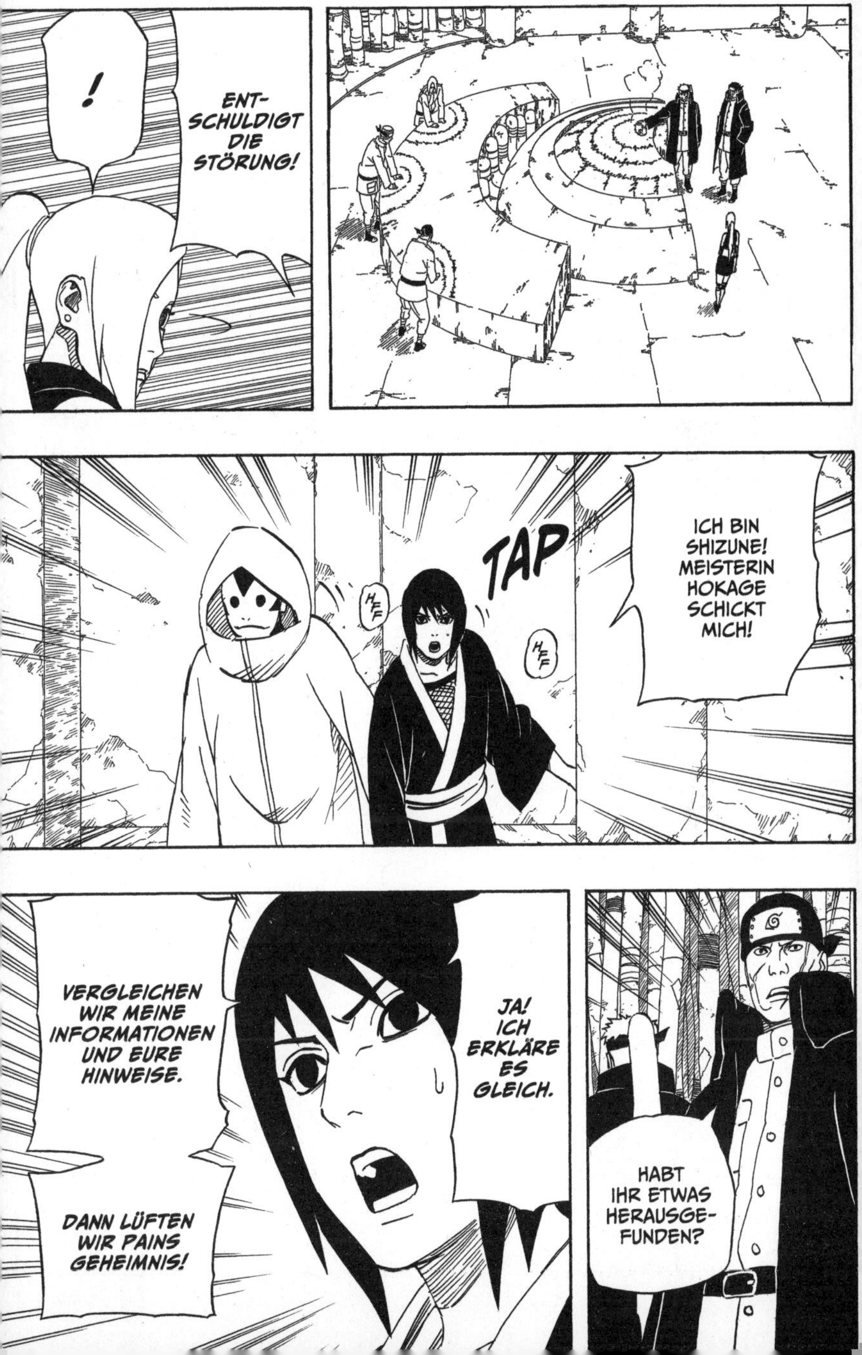
!
ENT-SCHULDIGT DIE STÖRUNG!
ICH BIN SHIZUNE! MEISTERIN HOKAGE SCHICKT MICH!
TAP
HEF
HEF
HABT IHR ETWAS HERAUSGE-FUNDEN?
JA! ICH ERKLÄRE ES GLEICH.
VERGLEICHEN WIR MEINE INFORMATIONEN UND EURE HINWEISE.
DANN LÜFTEN WIR PAINS GEHEIMNIS!

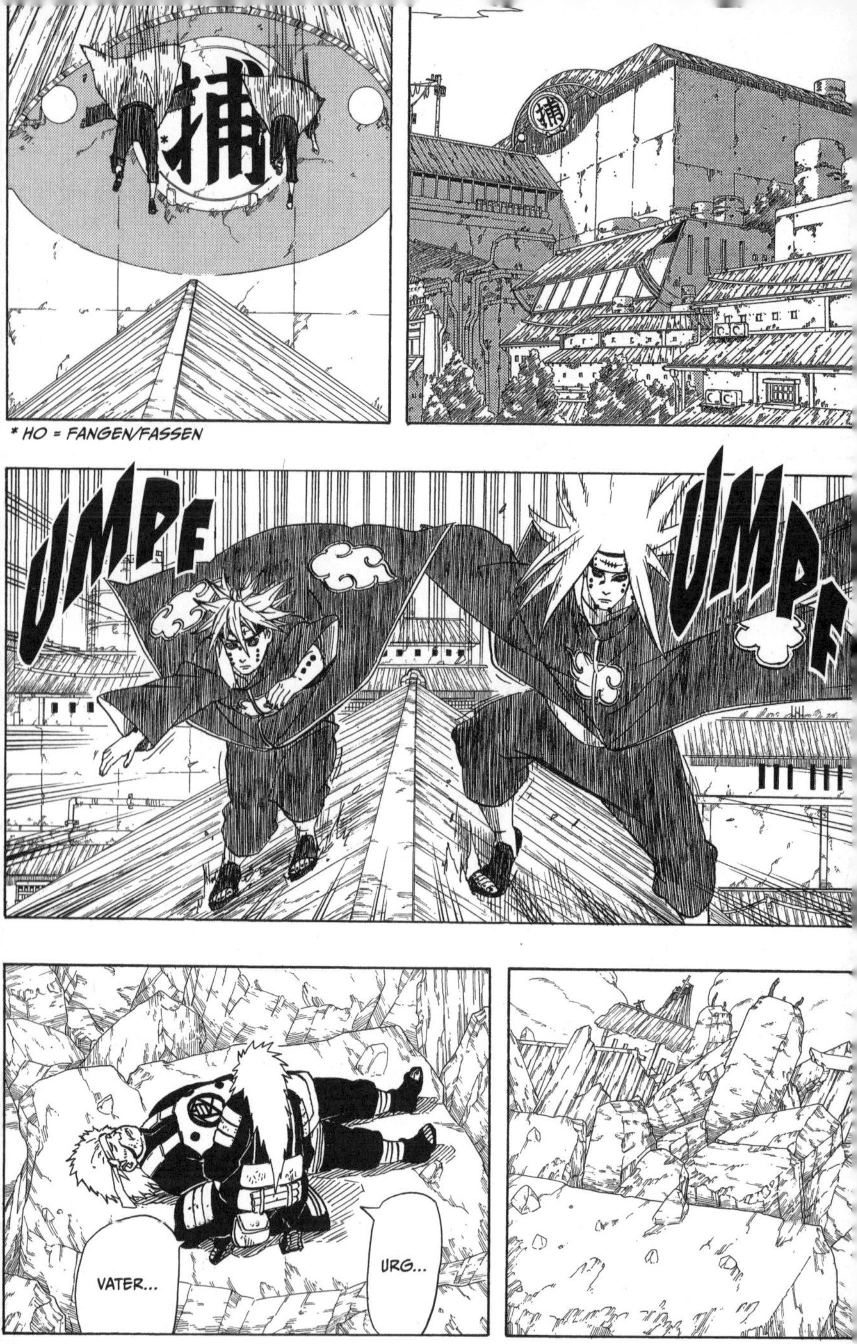

* HO = FANGEN/FASSEN

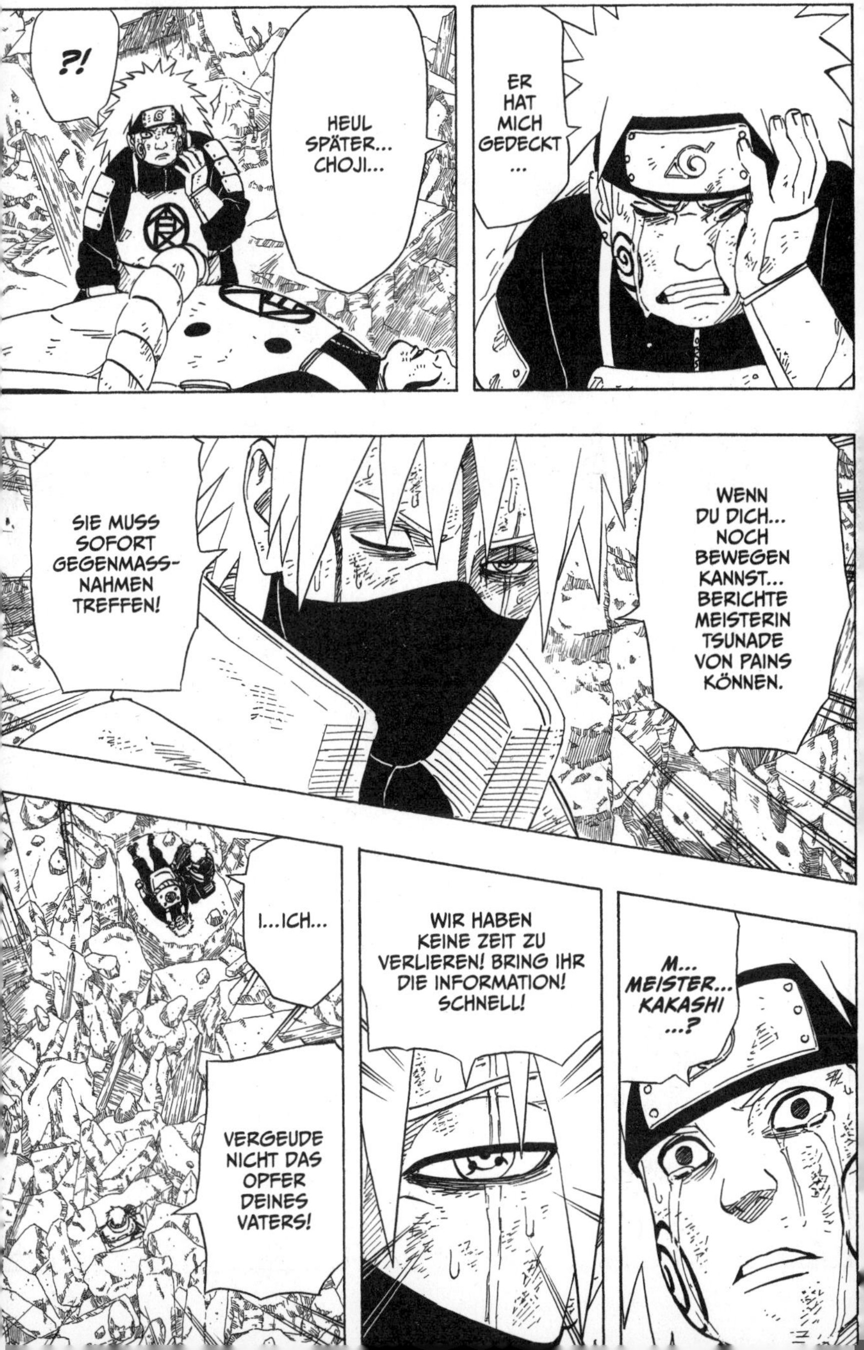
ER HAT MICH GEDECKT ...
HEUL SPÄTER... CHOJI...
?!
WENN DU DICH... NOCH BEWEGEN KANNST... BERICHTE MEISTERIN TSUNADE VON PAINS KÖNNEN.
SIE MUSS SOFORT GEGENMASS-NAHMEN TREFFEN!
M... MEISTER... KAKASHI ...?
WIR HABEN KEINE ZEIT ZU VERLIEREN! BRING IHR DIE INFORMATION! SCHNELL!
I...ICH...
VERGEUDE NICHT DAS OPFER DEINES VATERS!

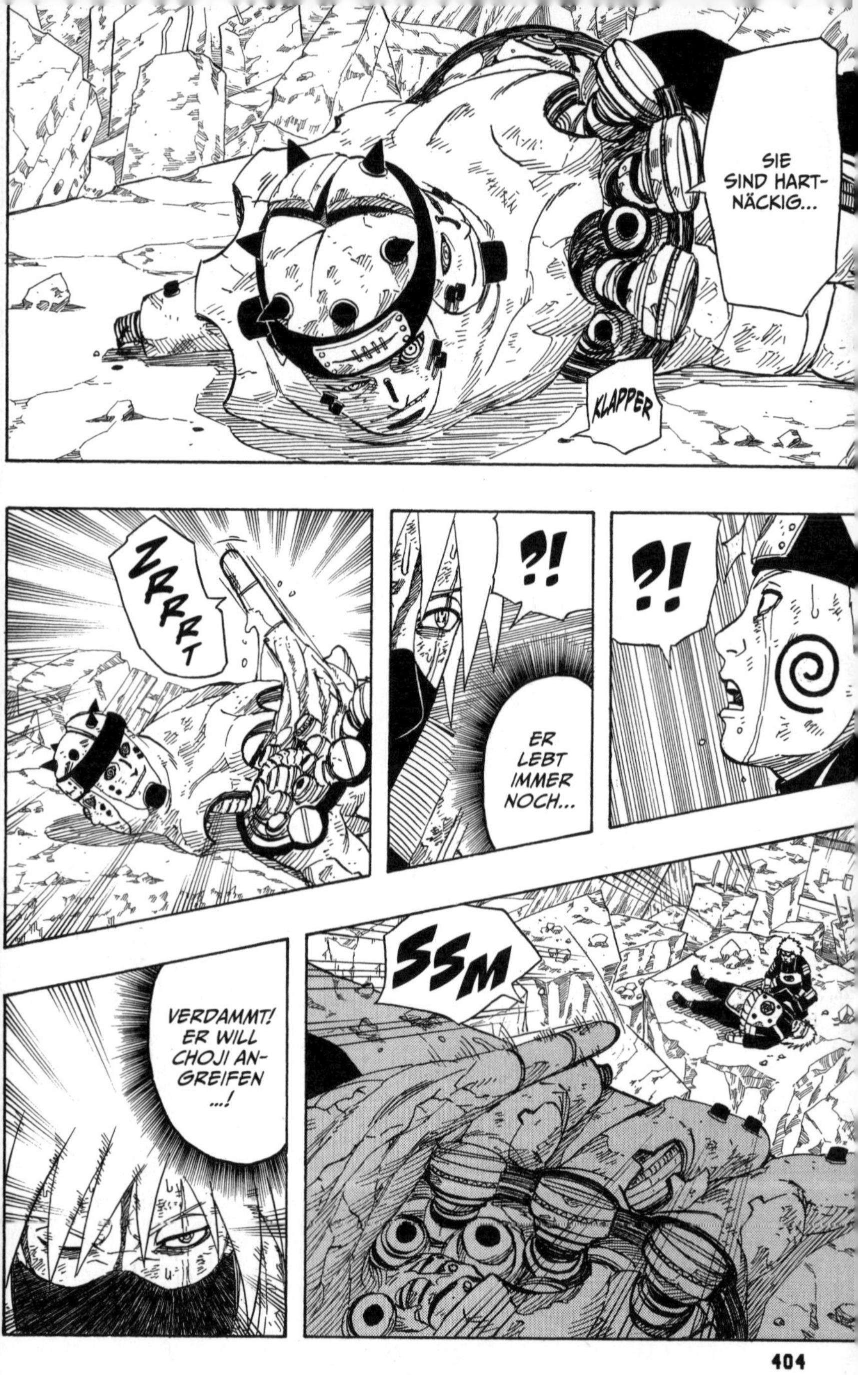
SIE SIND HART-NÄCKIG...
KLAPPER
?!
?!
ER LEBT IMMER NOCH...
ZRRRT
SSM
VERDAMMT! ER WILL CHOJI AN-GREIFEN ...!

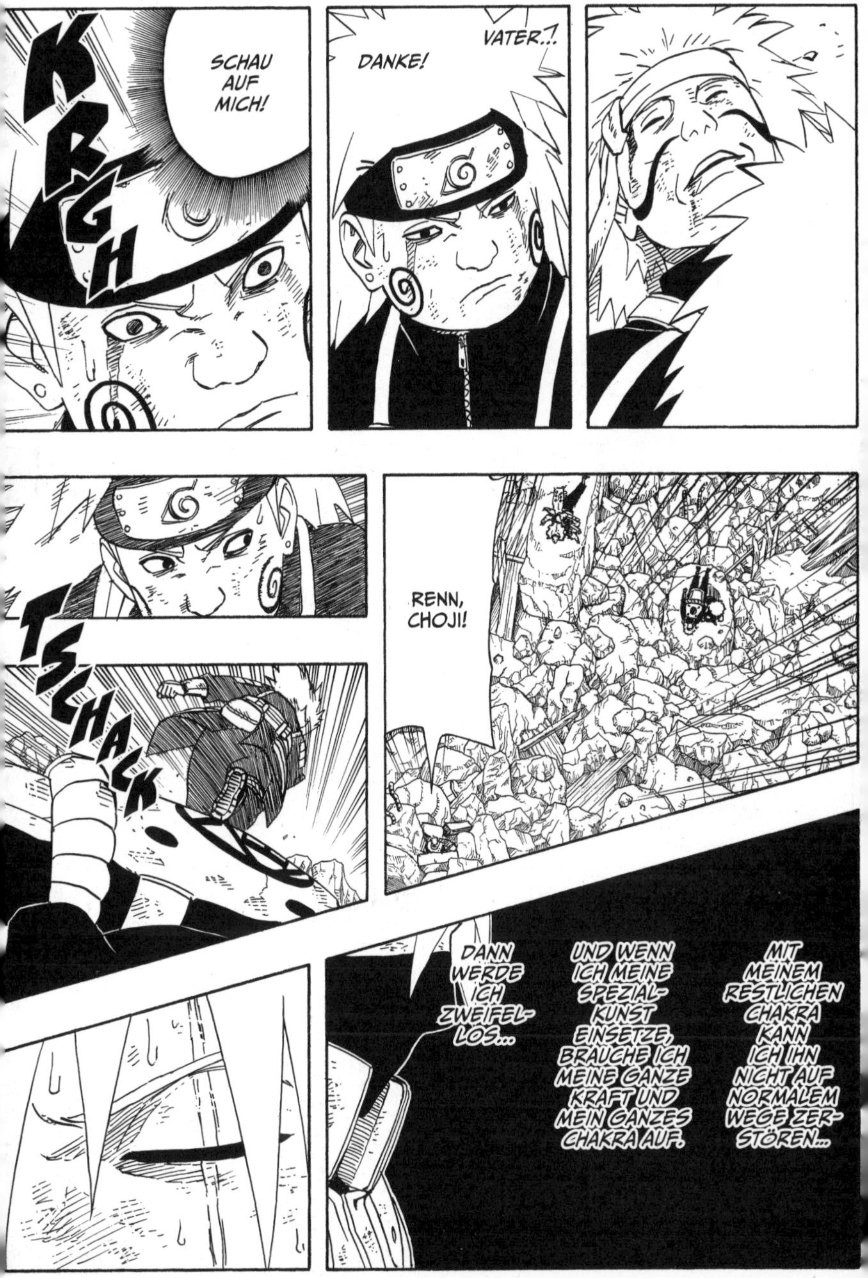

VATER...!
DANKE!
SCHAU AUF MICH!
KRGH
RENN, CHOJI!
TSCHACK
MIT MEINEM RESTLICHEN CHAKRA KANN ICH IHN NICHT AUF NORMALEM WEGE ZERSTÖREN...
UND WENN ICH MEINE SPEZIALKUNST EINSETZE, BRAUCHE ICH MEINE GANZE KRAFT UND MEIN GANZES CHAKRA AUF.
DANN WERDE ICH ZWEIFELLOS...

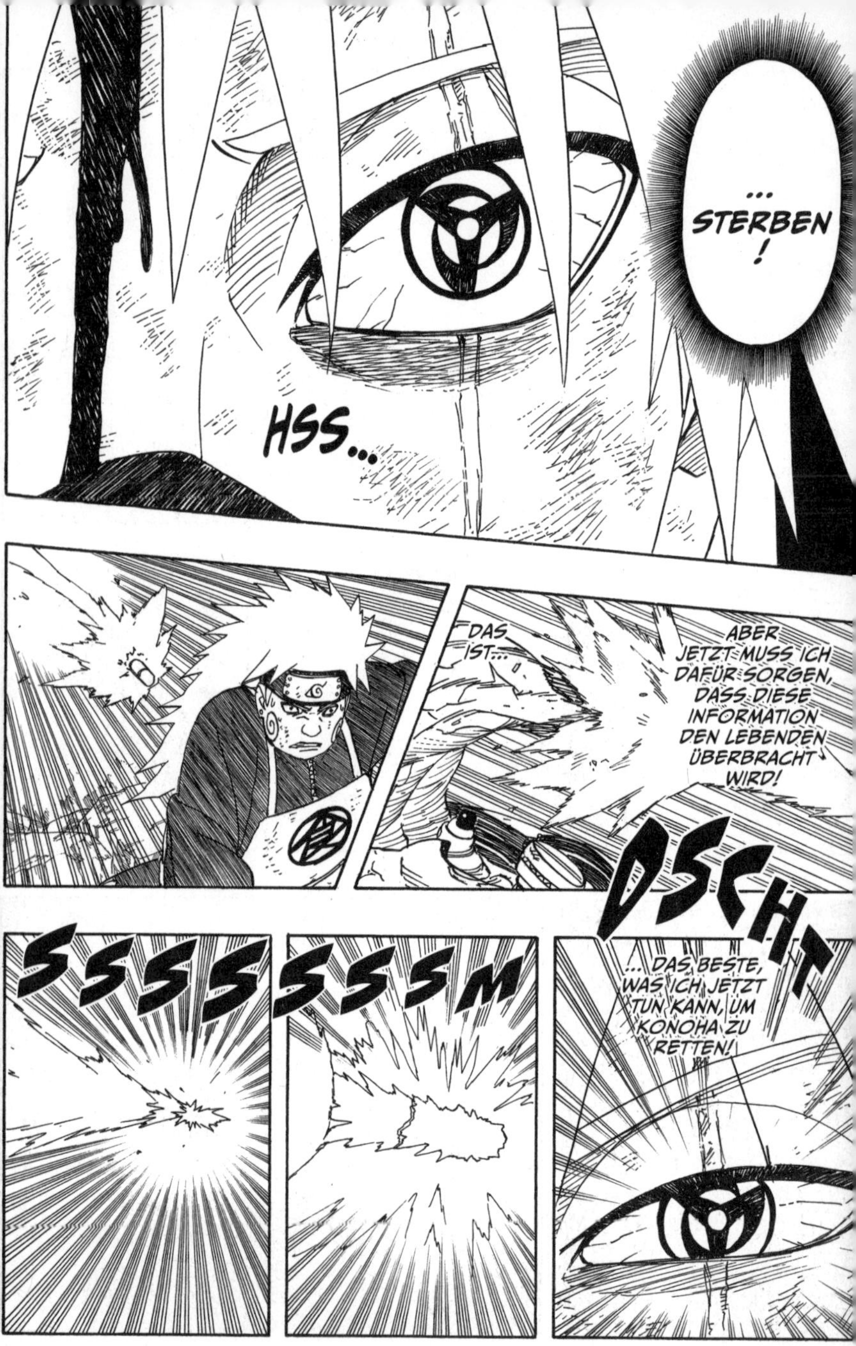

... STERBEN!
HSS...
ABER JETZT MUSS ICH DAFÜR SORGEN, DASS DIESE INFORMATION DEN LEBENDEN ÜBERBRACHT WIRD!
DAS IST...
DSCHT
... DAS BESTE, WAS ICH JETZT TUN KANN, UM KONOHA ZU RETTEN!
SSSSSSSSM

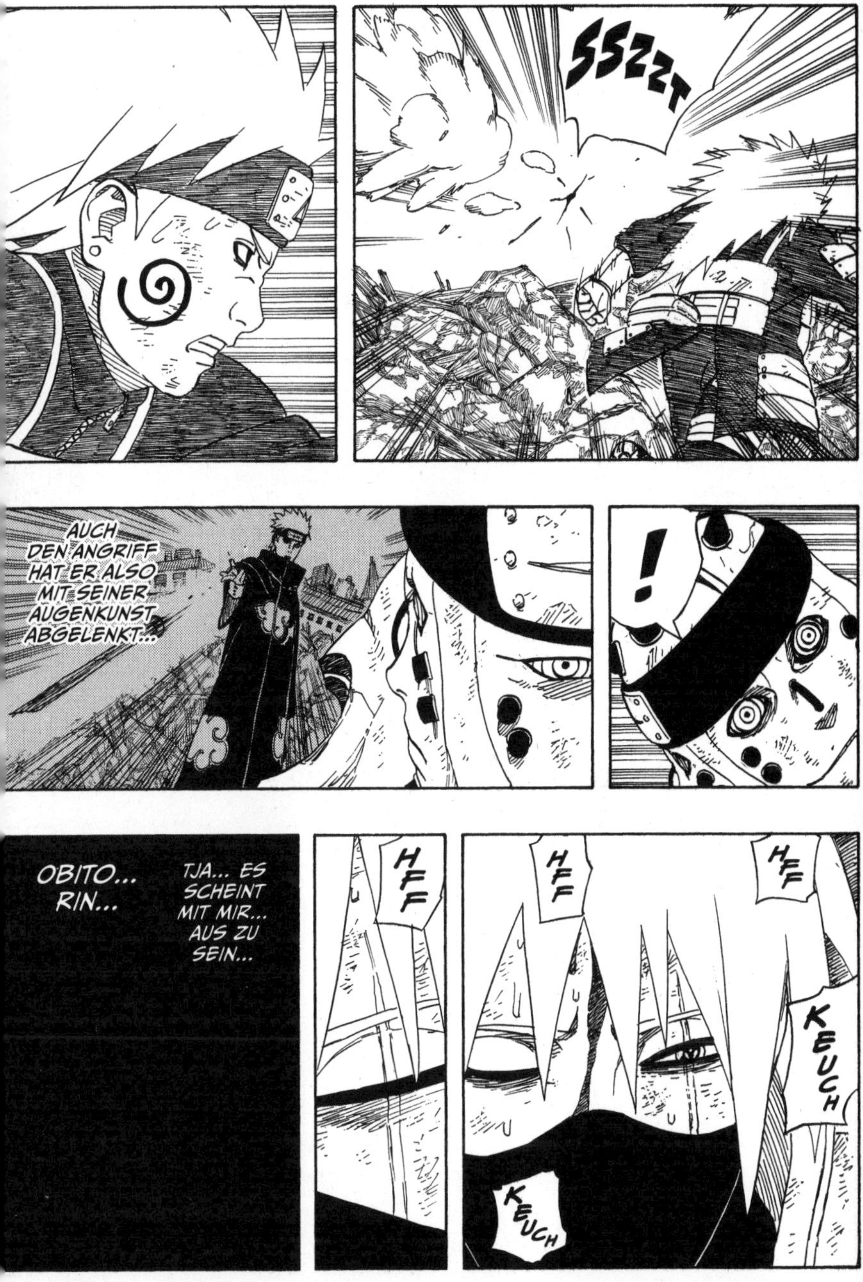
SSZZT
!
AUCH DEN ANGRIFF HAT ER ALSO MIT SEINER AUGENKUNST ABGELENKT...
HFF
KEUCH
KEUCH
HFF
HFF
TJA... ES SCHEINT MIT MIR... AUS ZU SEIN...
OBITO... RIN...

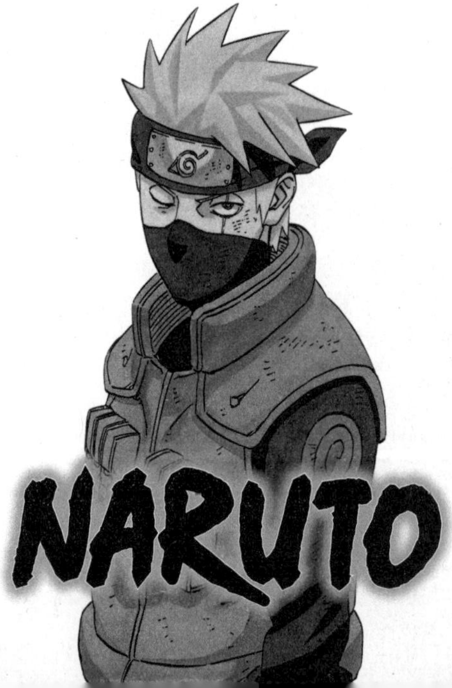
NARUTO

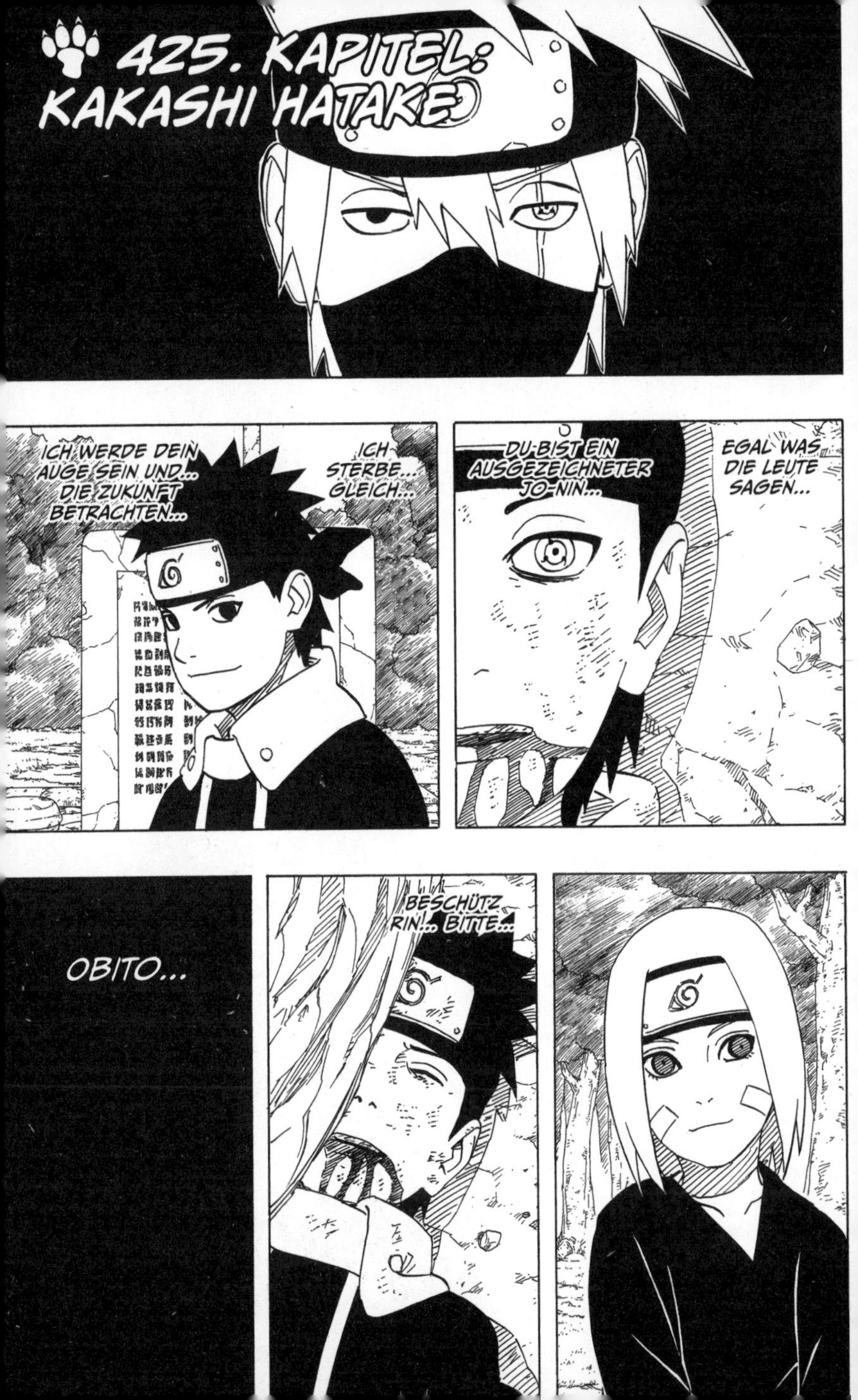
425. KAPITEL: KAKASHI HATAKE
EGAL WAS DIE LEUTE SAGEN...
DU BIST EIN AUSGEZEICHNETER JO-NIN...
ICH STERBE... GLEICH...
ICH WERDE DEIN AUGE SEIN UND... DIE ZUKUNFT BETRACHTEN...
BESCHÜTZ RIN... BITTE...
OBITO...

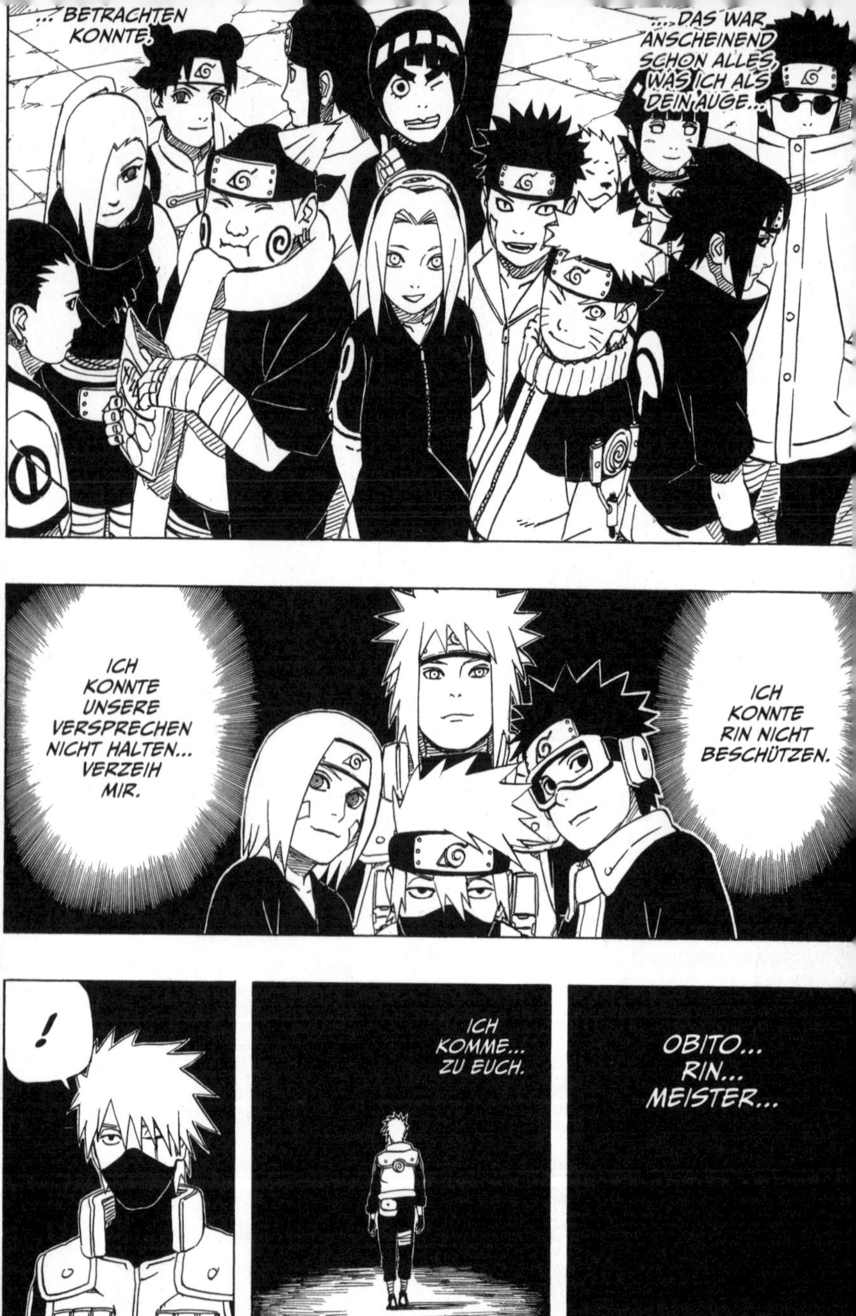
...DAS WAR ANSCHEINEND SCHON ALLES, WAS ICH ALS DEIN AUGE...
...BETRACHTEN KONNTE.
ICH KONNTE RIN NICHT BESCHÜTZEN.
ICH KONNTE UNSERE VERSPRECHEN NICHT HALTEN... VERZEIH MIR.
OBITO... RIN... MEISTER...
ICH KOMME... ZU EUCH.
!

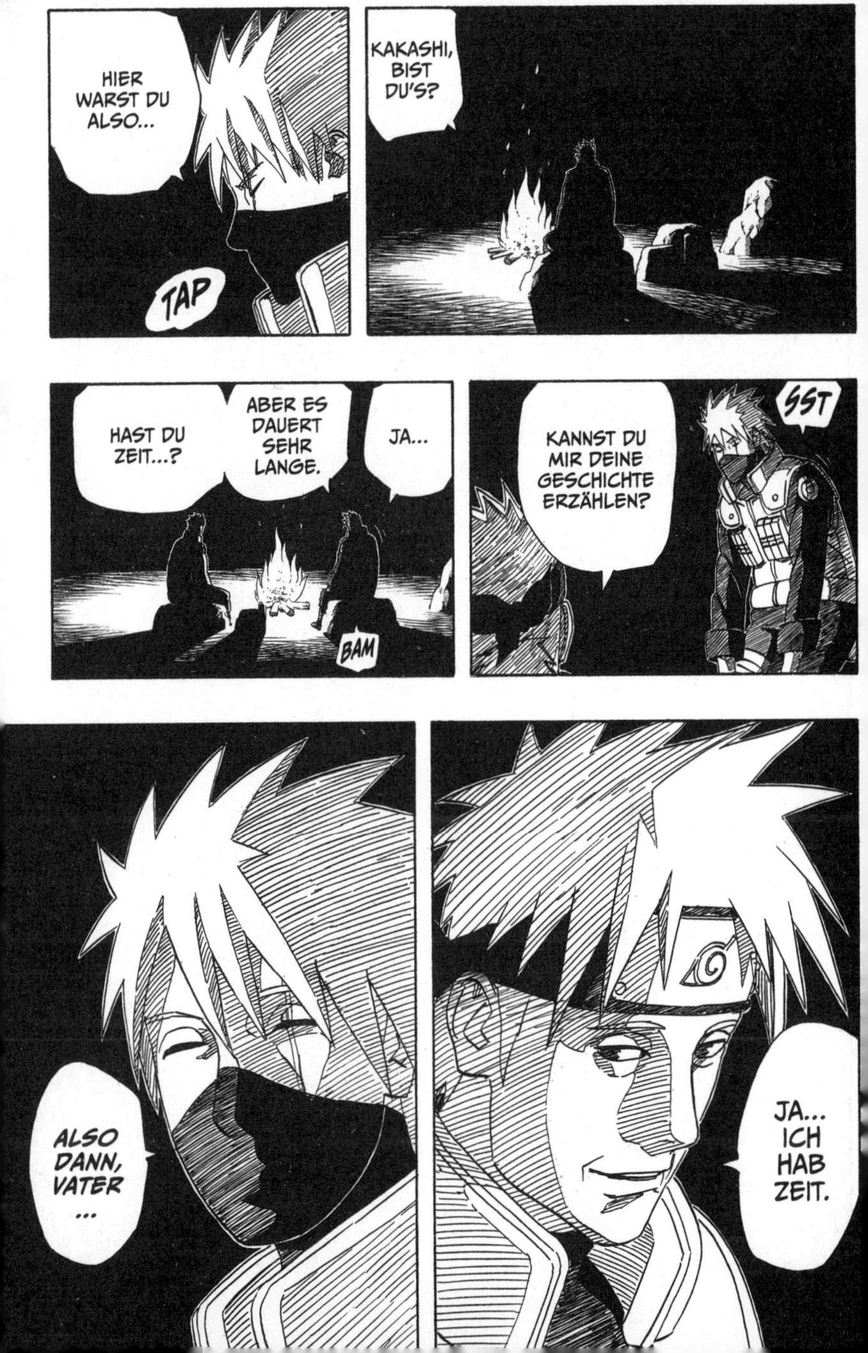
KAKASHI, BIST DU'S?
HIER WARST DU ALSO...
TAP
SST
KANNST DU MIR DEINE GESCHICHTE ERZÄHLEN?
JA...
ABER ES DAUERT SEHR LANGE.
HAST DU ZEIT...?
BAM
JA... ICH HAB ZEIT.
ALSO DANN, VATER ...

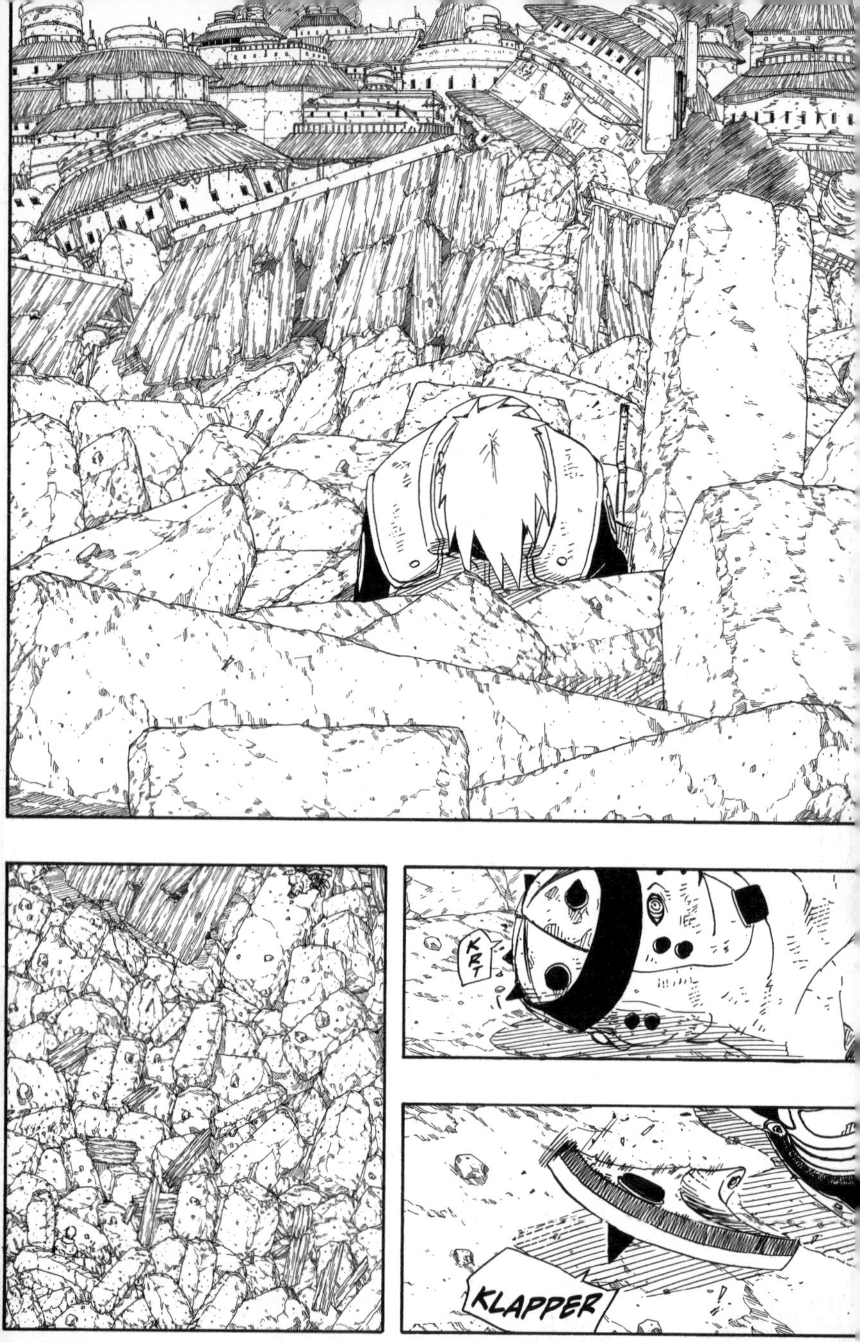
KRT
KLAPPER

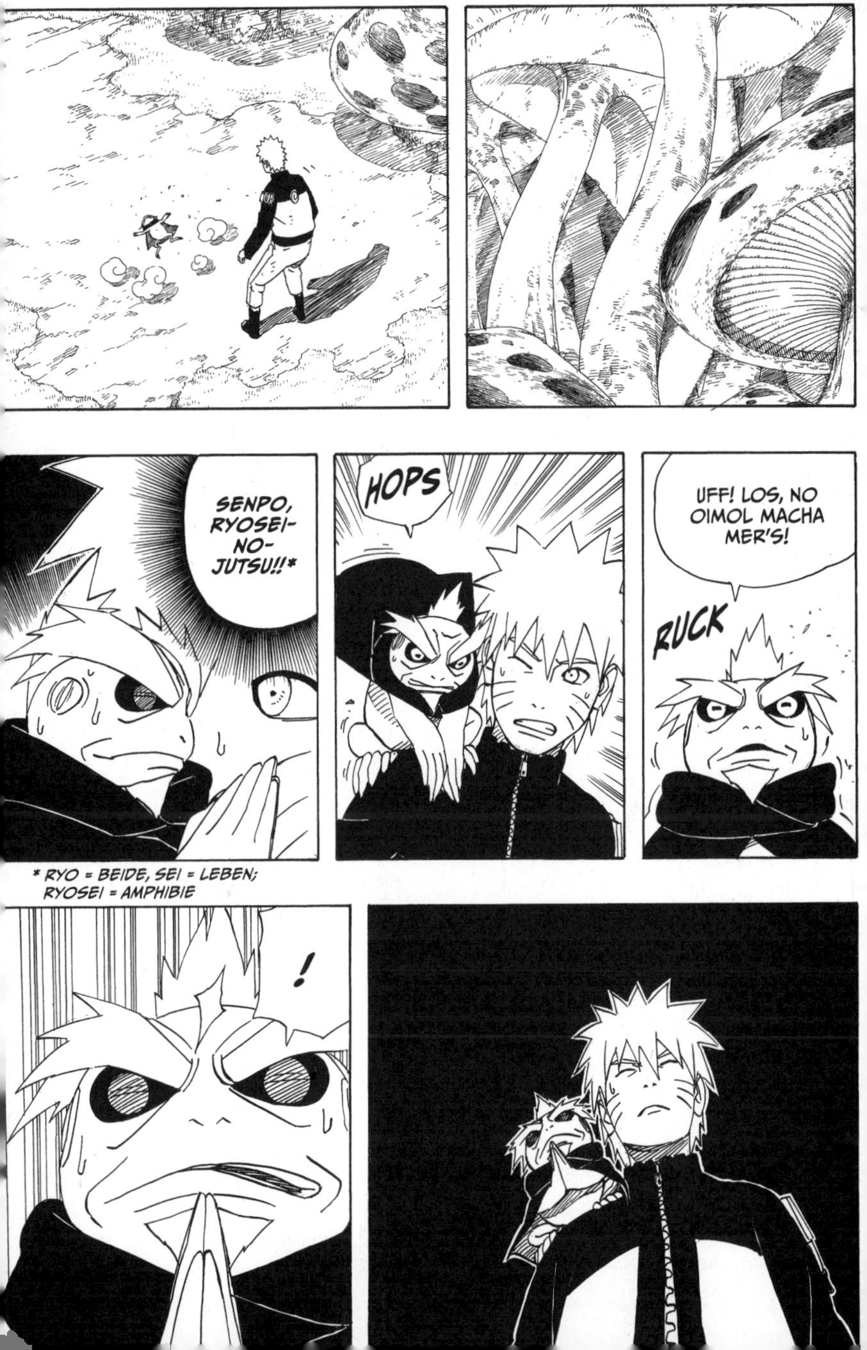

* RYO = BEIDE, SEI = LEBEN;
RYOSEI = AMPHIBIE

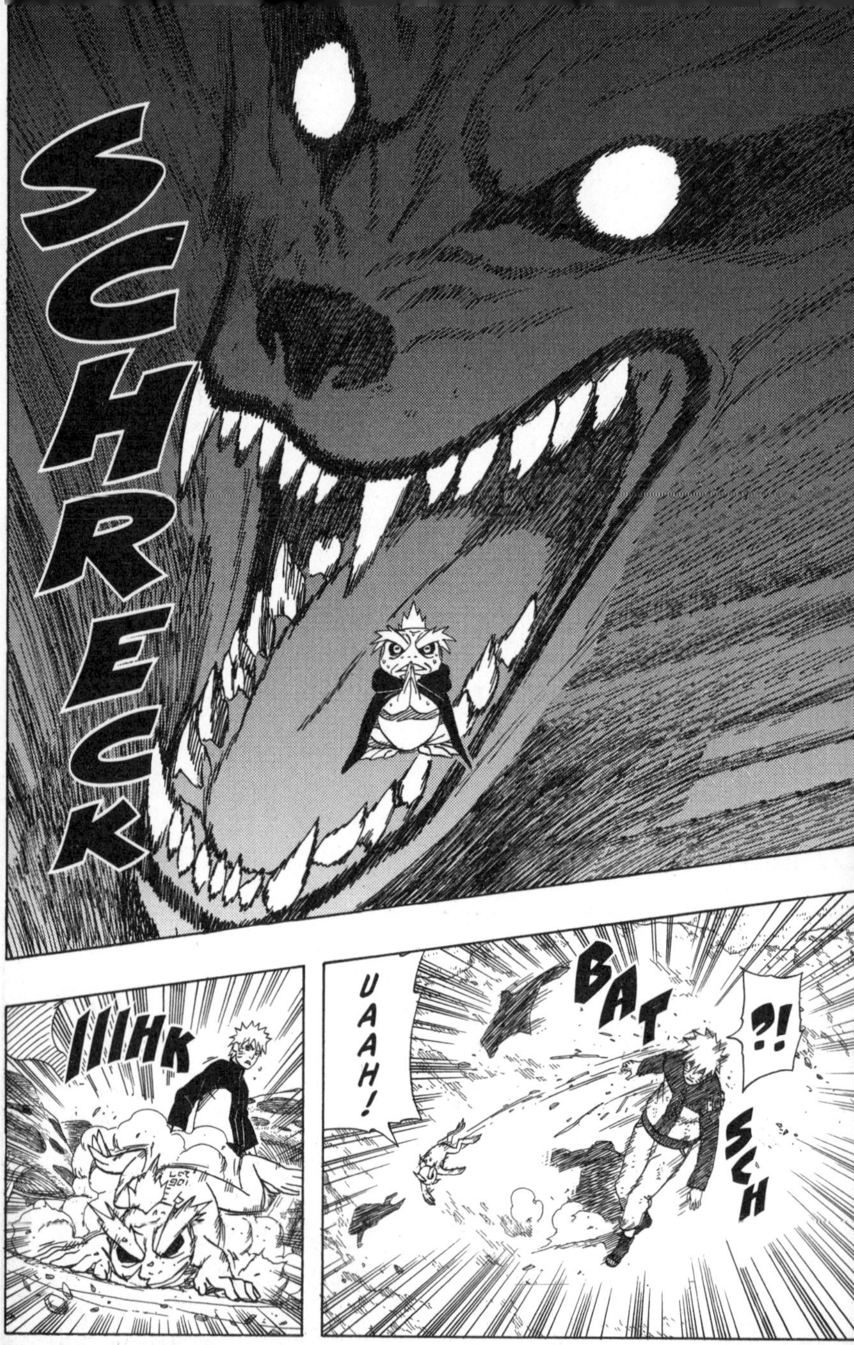
SCHRECK
?!
BAT
SCH
UAAH!
IIHK

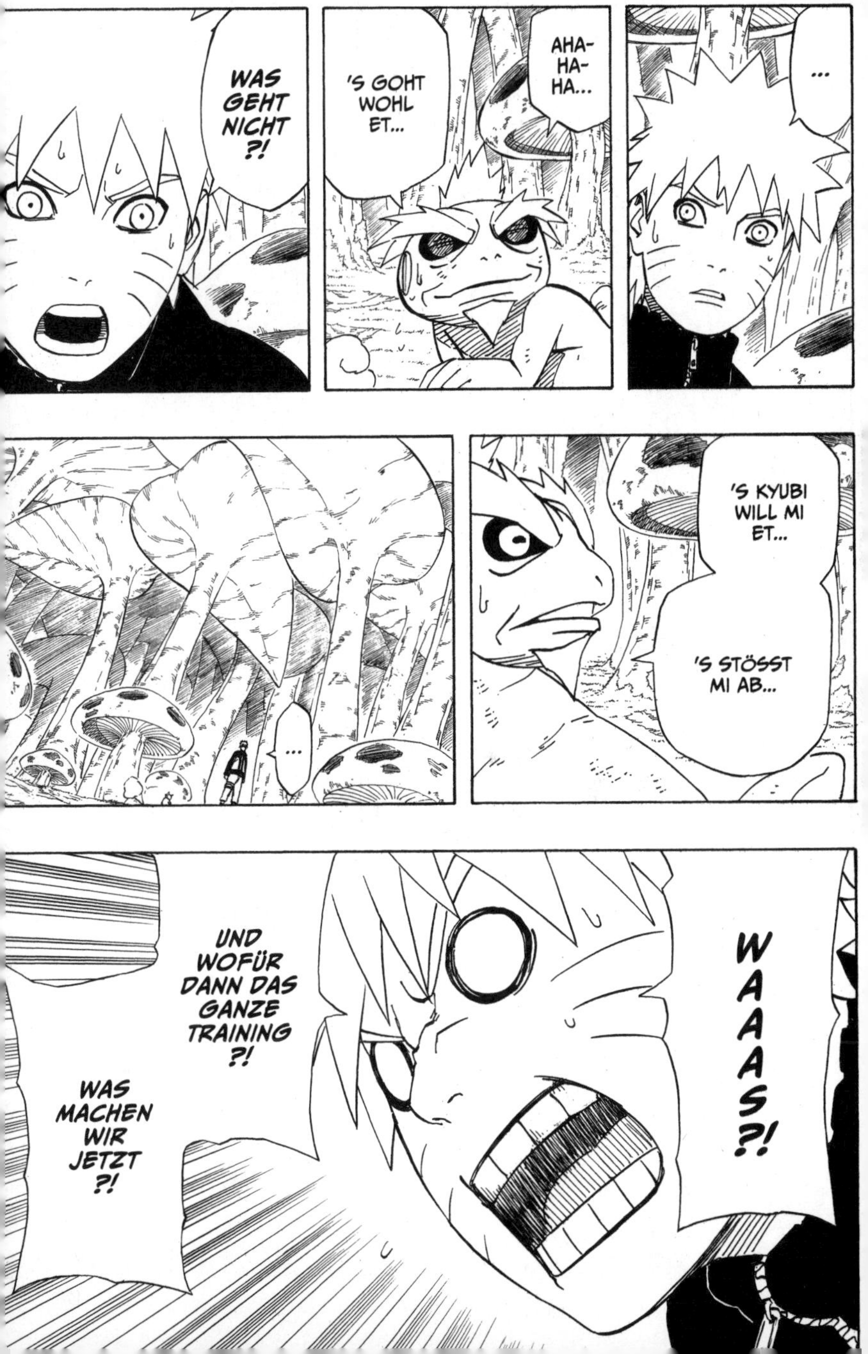
...
AHA-HA-HA...
'S GOHT WOHL ET...
WAS GEHT NICHT ?!
'S KYUBI WILL MI ET...
'S STÖSST MI AB...
...
WAAAS?!
UND WOFÜR DANN DAS GANZE TRAINING ?!
WAS MACHEN WIR JETZT ?!

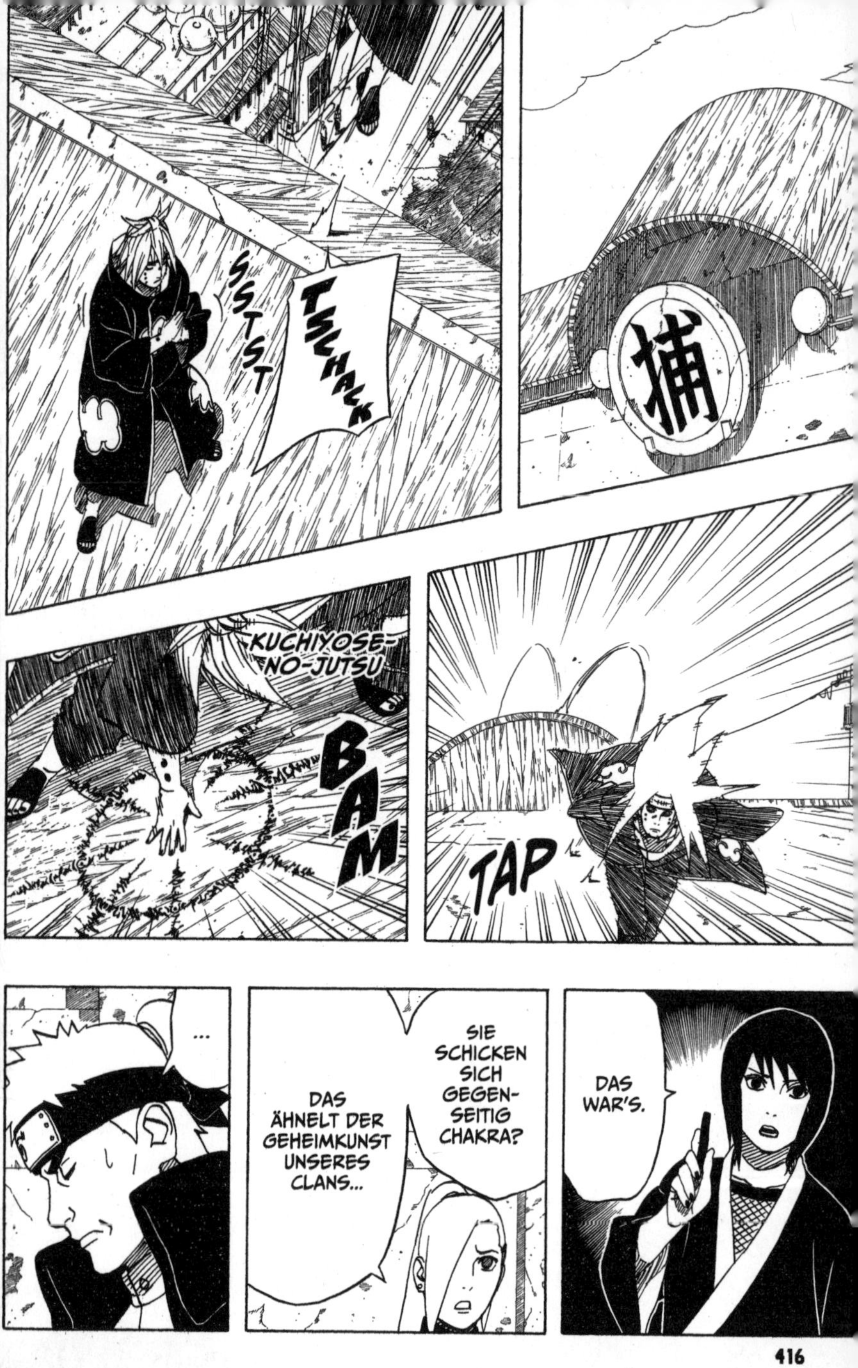
捕
TSCHACK
SSTST
TAP
KUCHIYOSE-NO-JUTSU
BAM
DAS WAR'S.
SIE SCHICKEN SICH GEGEN-SEITIG CHAKRA?
DAS ÄHNELT DER GEHEIMKUNST UNSERES CLANS...
...

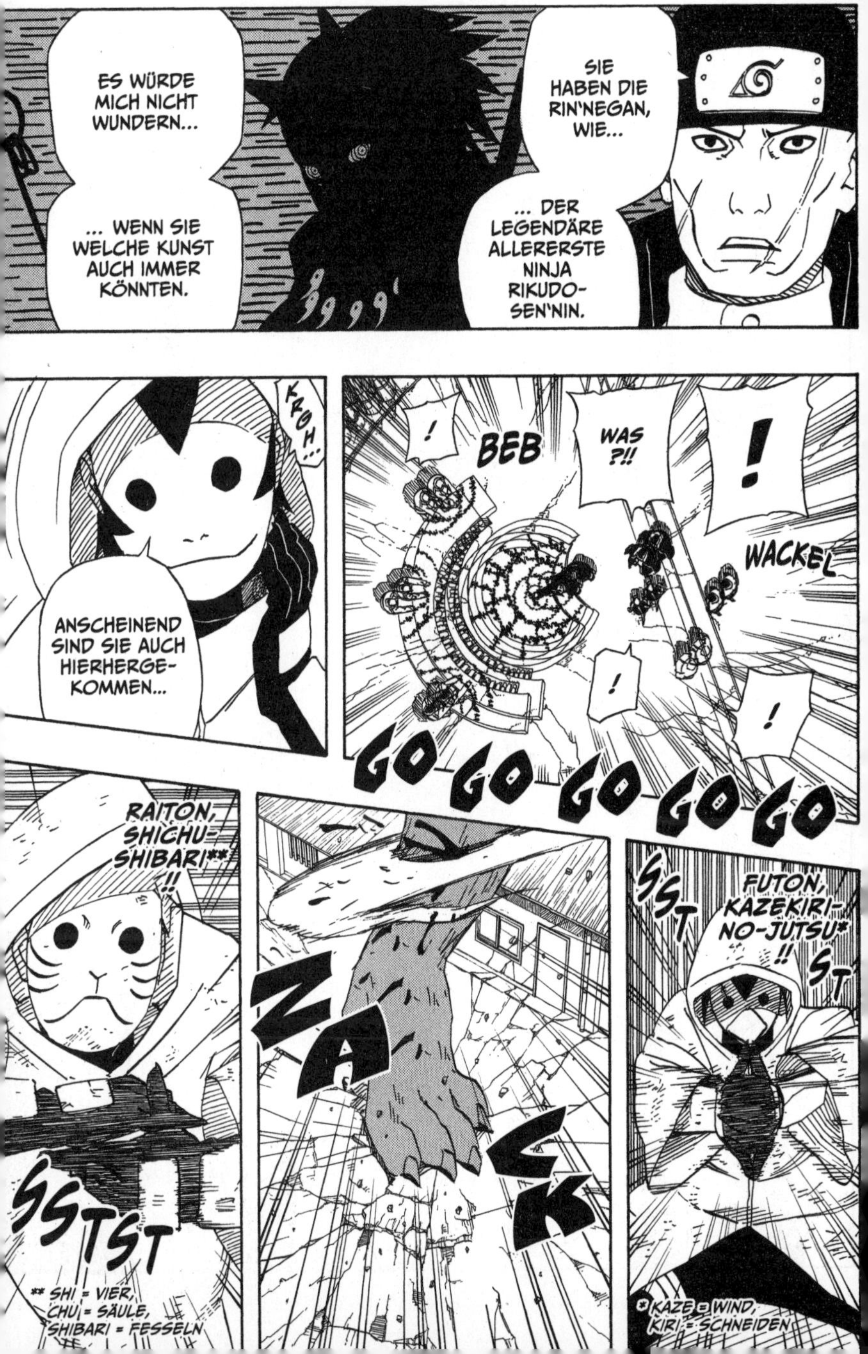
SIE HABEN DIE RIN'NEGAN, WIE...
... DER LEGENDÄRE ALLERERSTE NINJA RIKUDO-SEN'NIN.
ES WÜRDE MICH NICHT WUNDERN...
... WENN SIE WELCHE KUNST AUCH IMMER KÖNNTEN.
!
WAS ?!!
!
BEB
WACKEL
!
!
GO GO GO GO GO
KRGH...
ANSCHEINEND SIND SIE AUCH HIERHERGE-KOMMEN...
FUTON, KAZEKIRI-NO-JUTSU* !!
SST
ST
* KAZE = WIND, KIRI = SCHNEIDEN
ZACK
RAITON, SHICHU-SHIBARI** !!
SSTST
** SHI = VIER, CHU = SÄULE, SHIBARI = FESSELN

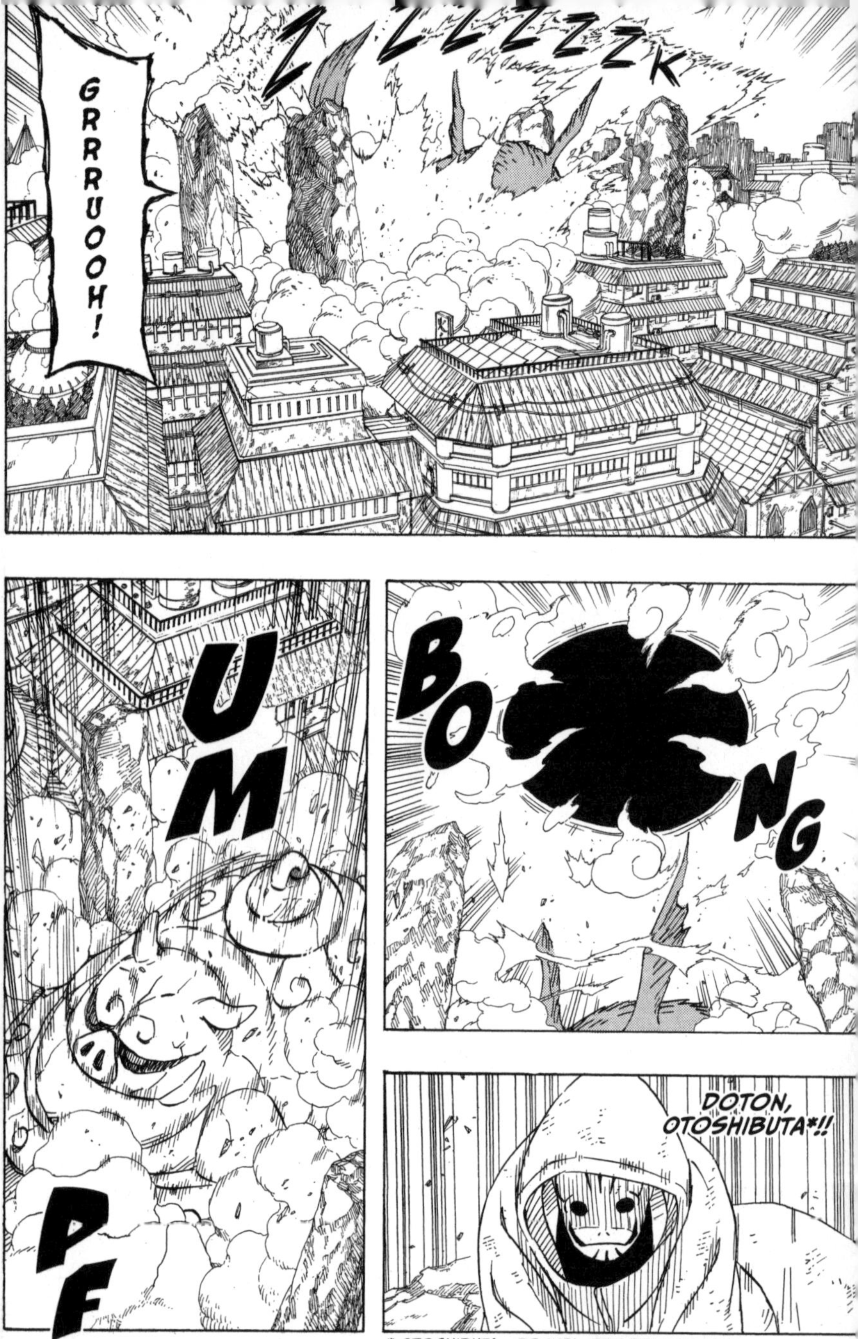

* OTOSHIBUTA = DECKEL, DER BEIM KOCHEN DIREKT AUF DAS ESSEN GELEGT WIRD

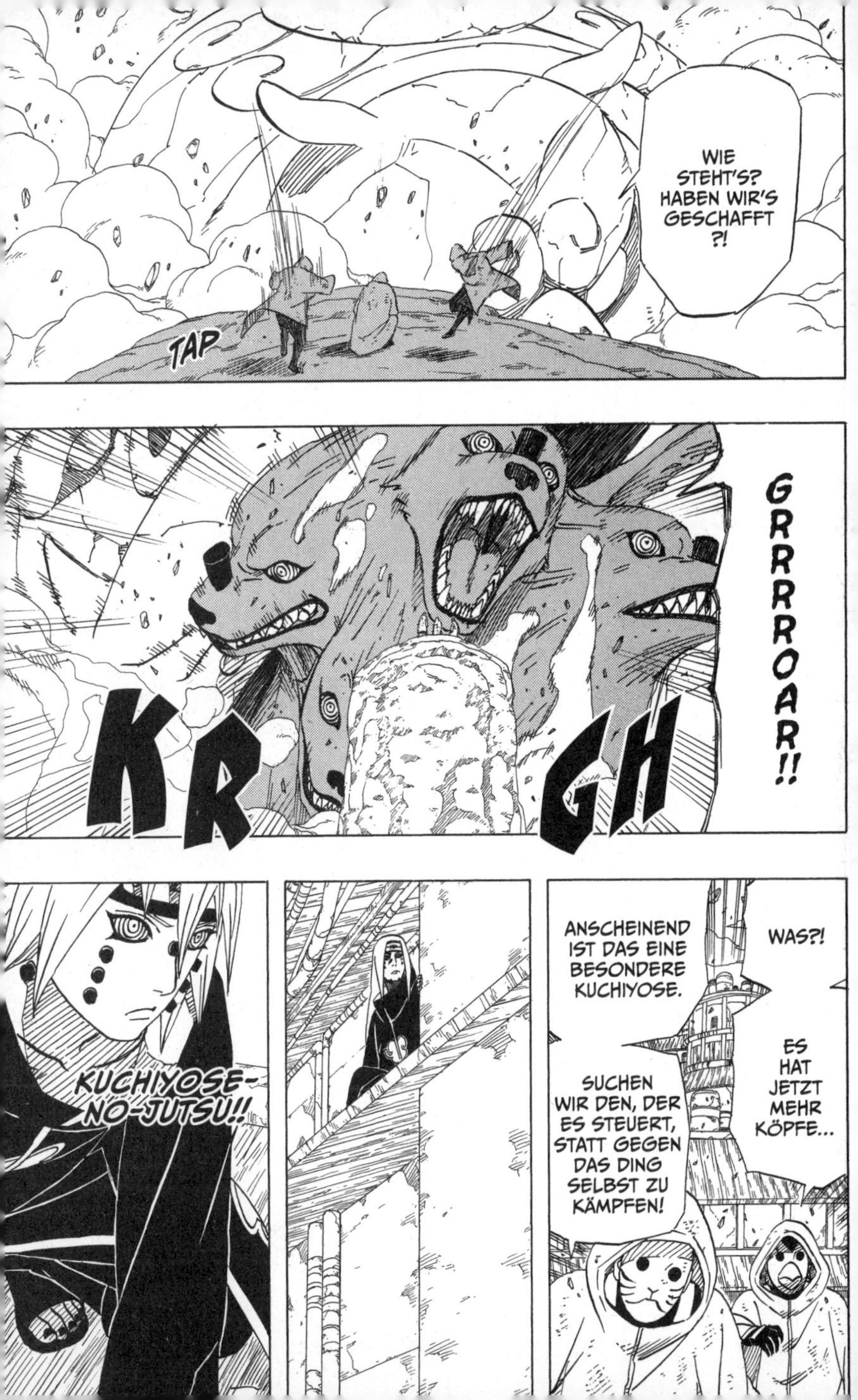
WIE STEHT'S? HABEN WIR'S GESCHAFFT ?!
TAP
GRRRROAR!!
KR GH
WAS?!
ES HAT JETZT MEHR KÖPFE...
ANSCHEINEND IST DAS EINE BESONDERE KUCHIYOSE.
SUCHEN WIR DEN, DER ES STEUERT, STATT GEGEN DAS DING SELBST ZU KÄMPFEN!
KUCHIYOSE-NO-JUTSU!!

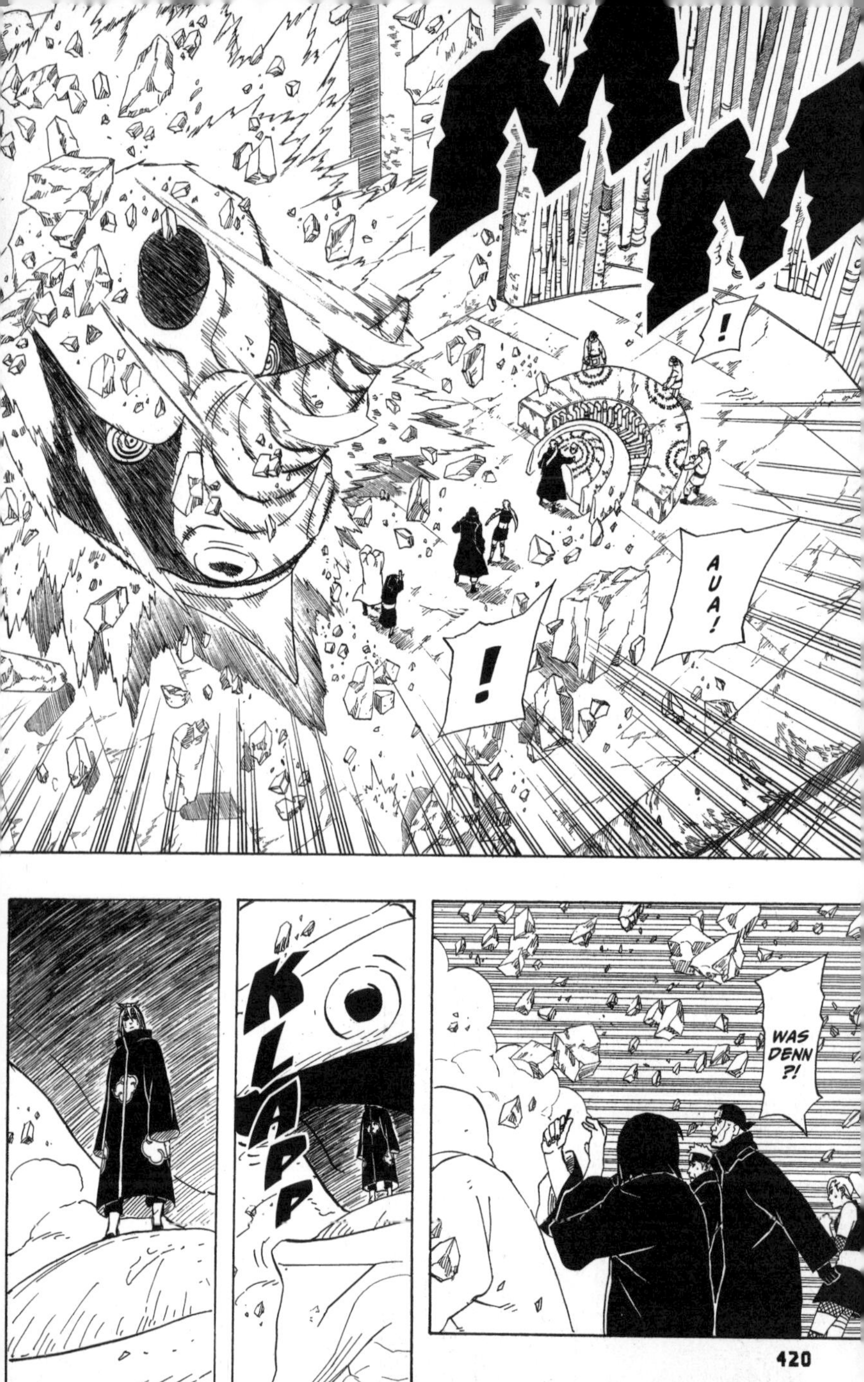
!
AUA!
!
WAS DENN ?!
KLAPP

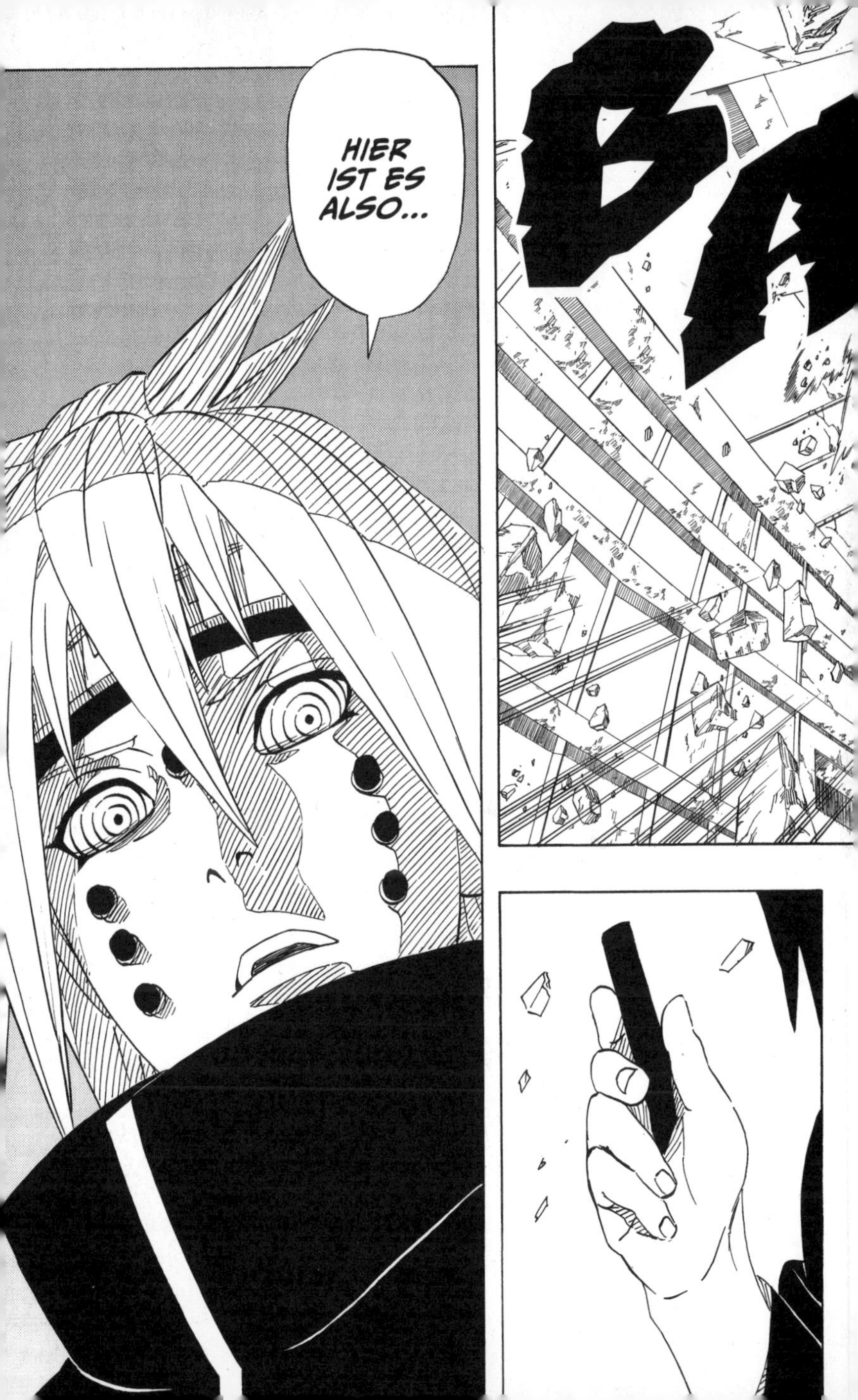
BA
HIER IST ES ALSO...

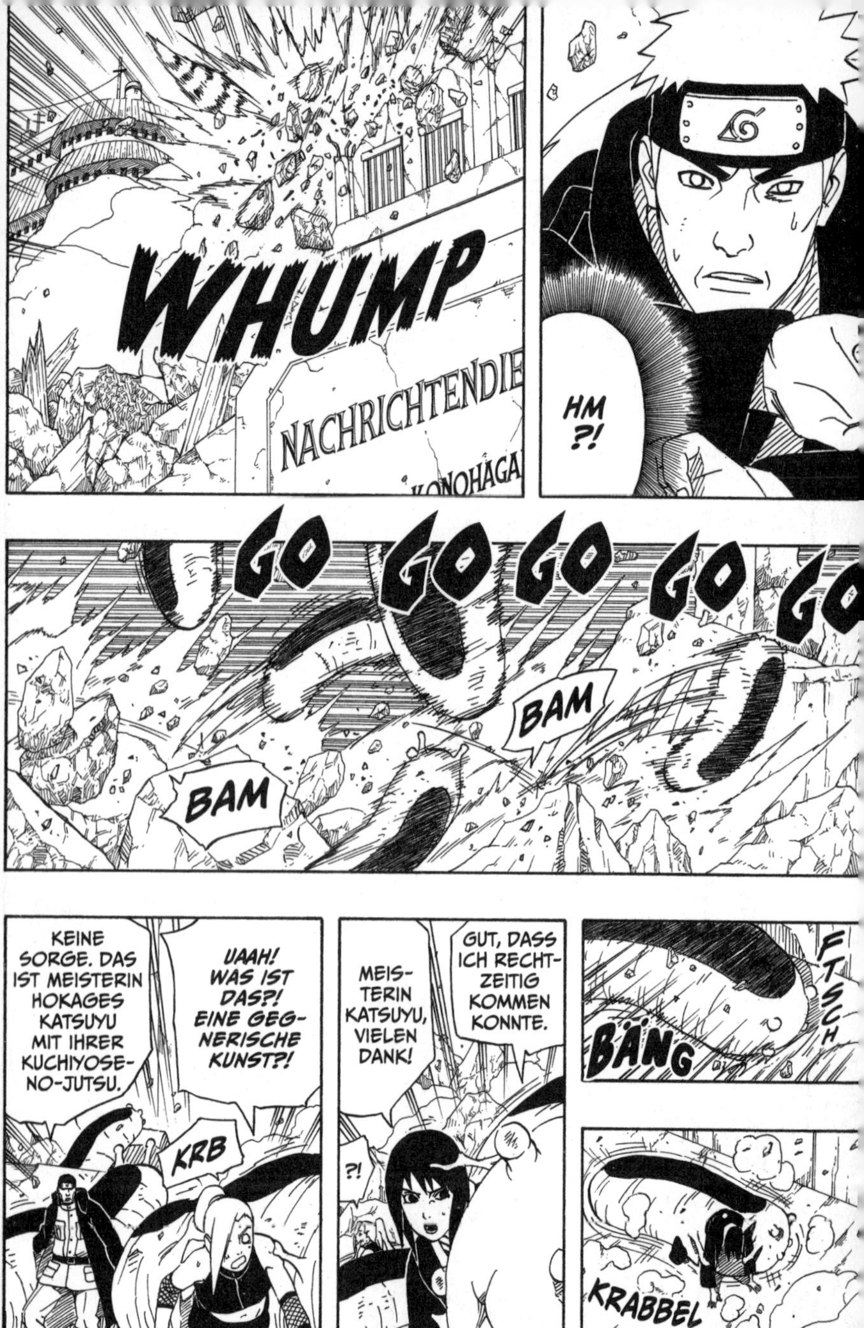
HM ?!
WHUMP
NACHRICHTENDIE
KONOHAGA
GO GO GO GO GO GO
BAM
BAM
FTSCH
BÄNG
KRABBEL
GUT, DASS ICH RECHT-ZEITIG KOMMEN KONNTE.
MEIS-TERIN KATSUYU, VIELEN DANK!
?!
UAAH! WAS IST DAS?! EINE GEG-NERISCHE KUNST?!
KEINE SORGE. DAS IST MEISTERIN HOKAGES KATSUYU MIT IHRER KUCHIYOSE-NO-JUTSU.
KRB

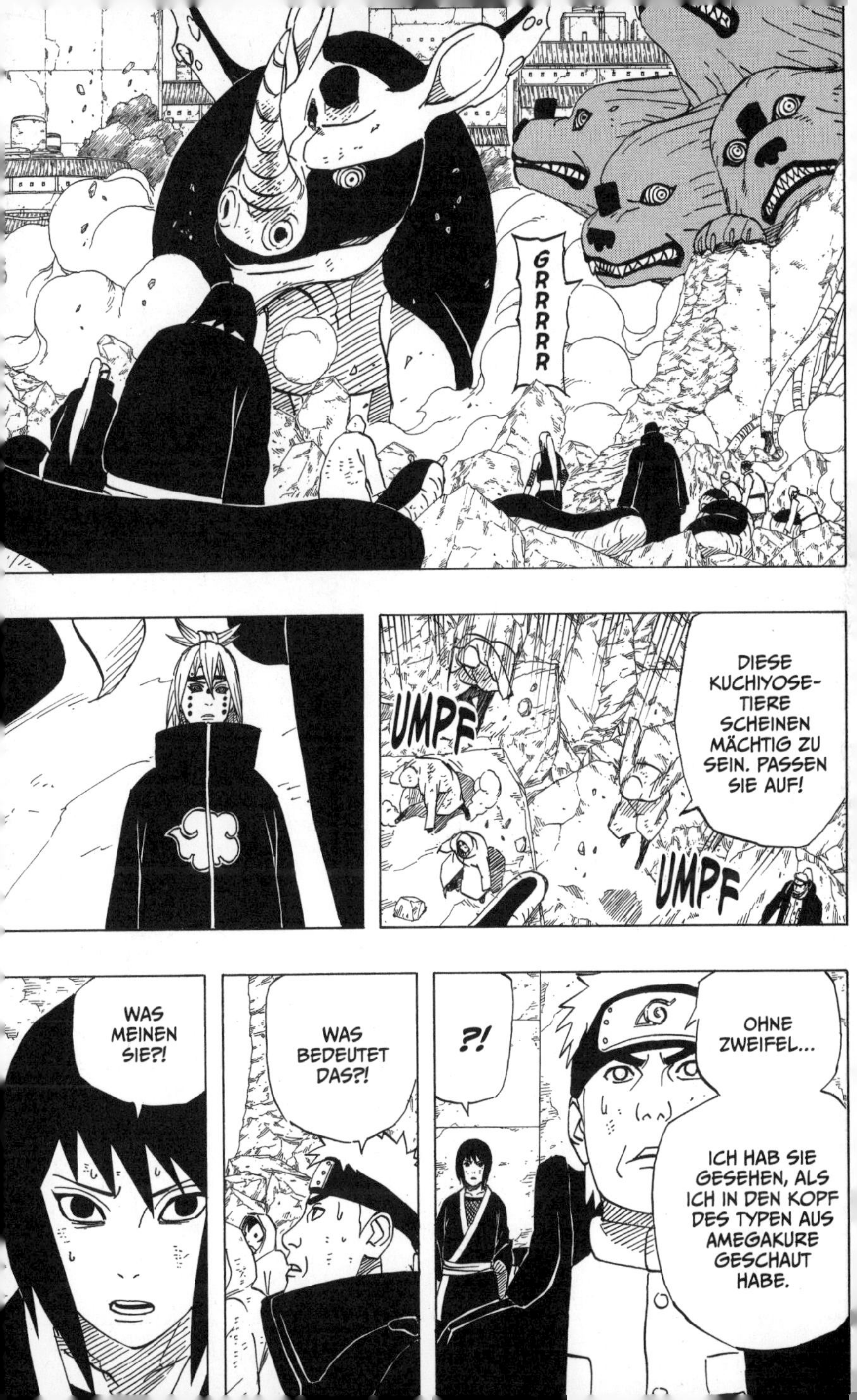
GRRRRR
DIESE KUCHIYOSE-TIERE SCHEINEN MÄCHTIG ZU SEIN. PASSEN SIE AUF!
UMPF
UMPF
OHNE ZWEIFEL...
ICH HAB SIE GESEHEN, ALS ICH IN DEN KOPF DES TYPEN AUS AMEGAKURE GESCHAUT HABE.
?!
WAS BEDEUTET DAS?!
WAS MEINEN SIE?!

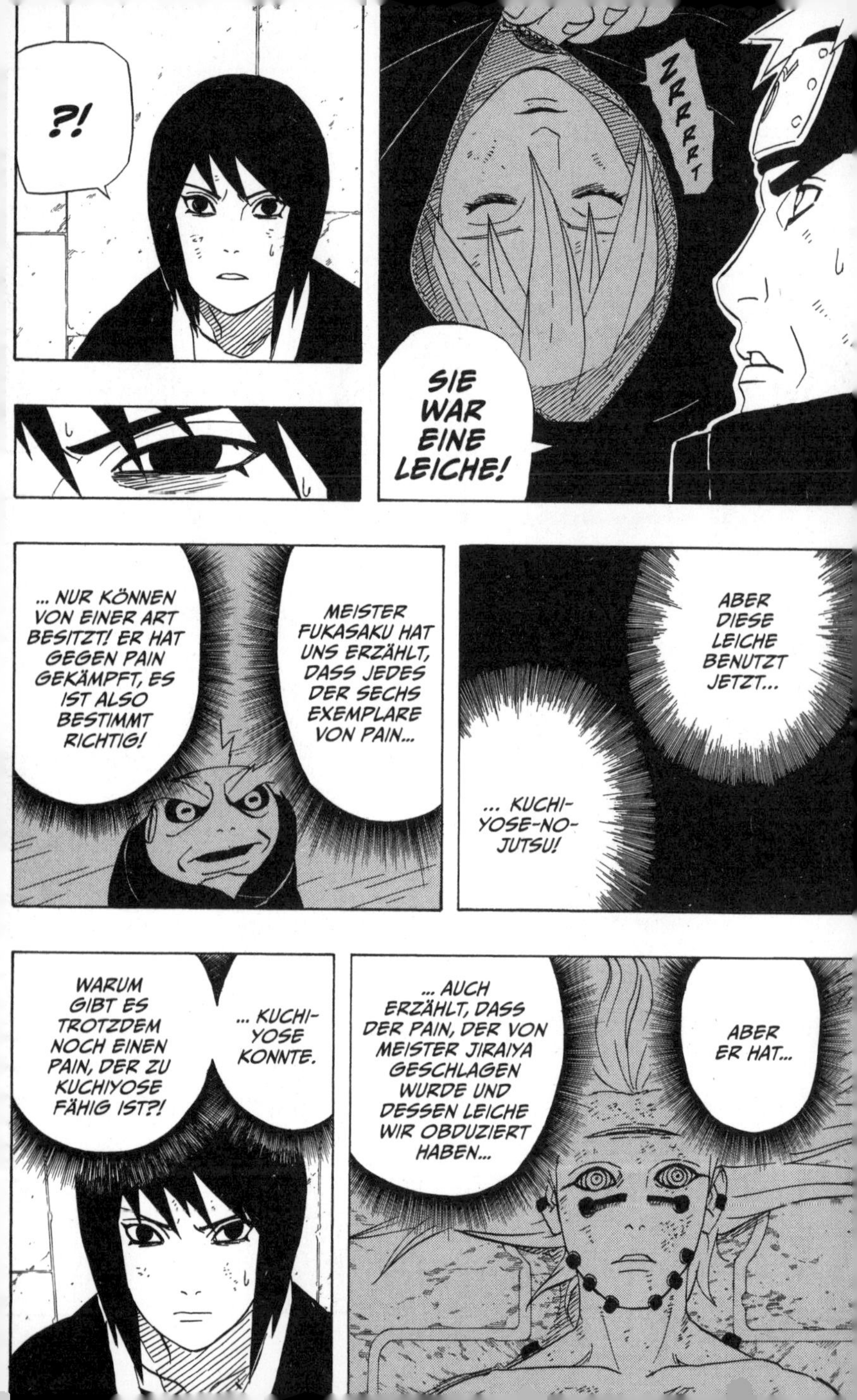
SIE WAR EINE LEICHE!
?!
ABER DIESE LEICHE BENUTZT JETZT...
... KUCHI-YOSE-NO-JUTSU!
MEISTER FUKASAKU HAT UNS ERZÄHLT, DASS JEDES DER SECHS EXEMPLARE VON PAIN...
... NUR KÖNNEN VON EINER ART BESITZT! ER HAT GEGEN PAIN GEKÄMPFT, ES IST ALSO BESTIMMT RICHTIG!
ABER ER HAT...
... AUCH ERZÄHLT, DASS DER PAIN, DER VON MEISTER JIRAIYA GESCHLAGEN WURDE UND DESSEN LEICHE WIR OBDUZIERT HABEN...
... KUCHI-YOSE KONNTE.
WARUM GIBT ES TROTZDEM NOCH EINEN PAIN, DER ZU KUCHIYOSE FÄHIG IST?!

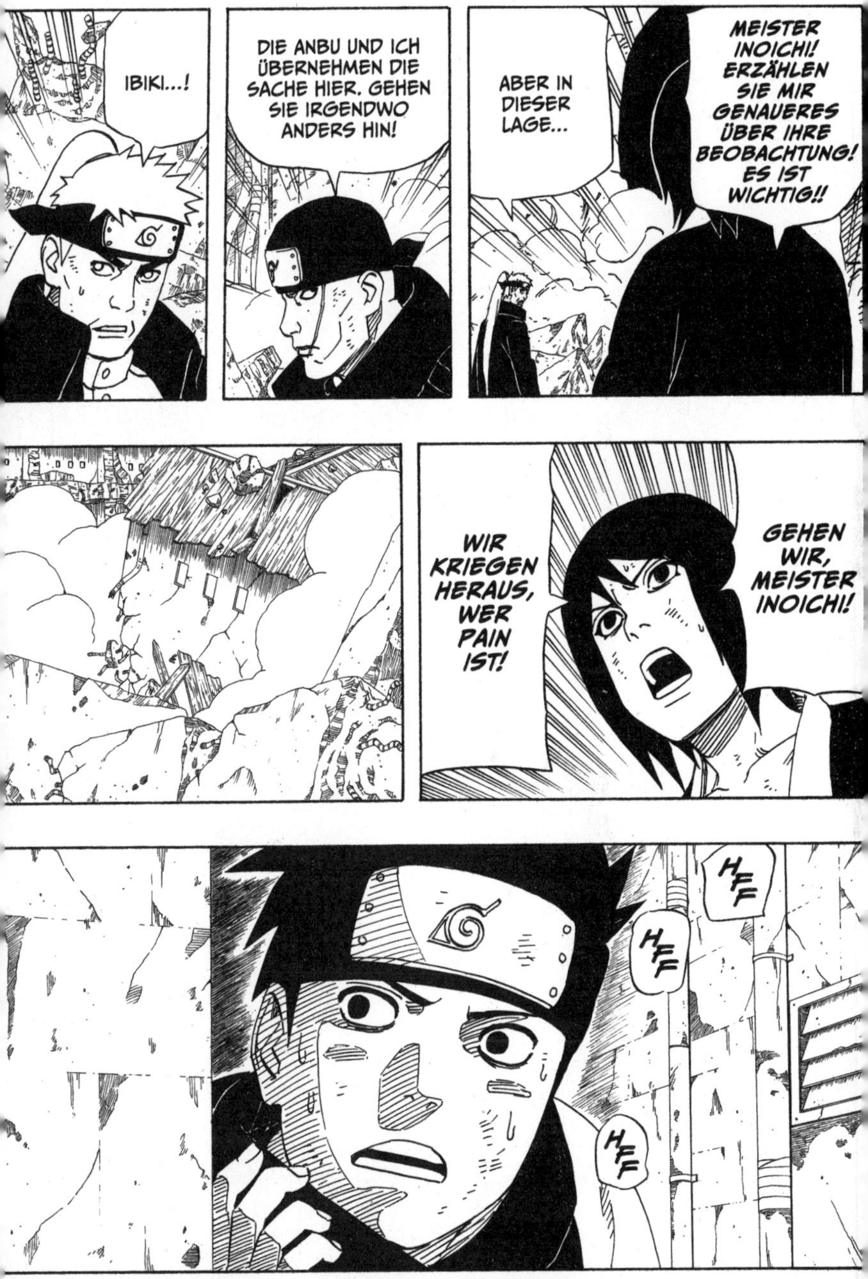

MEISTER INOICHI! ERZÄHLEN SIE MIR GENAUERES ÜBER IHRE BEOBACHTUNG! ES IST WICHTIG!!
ABER IN DIESER LAGE...
DIE ANBU UND ICH ÜBERNEHMEN DIE SACHE HIER. GEHEN SIE IRGENDWO ANDERS HIN!
IBIKI...!
GEHEN WIR, MEISTER INOICHI!
WIR KRIEGEN HERAUS, WER PAIN IST!
HFF
HFF
HFF

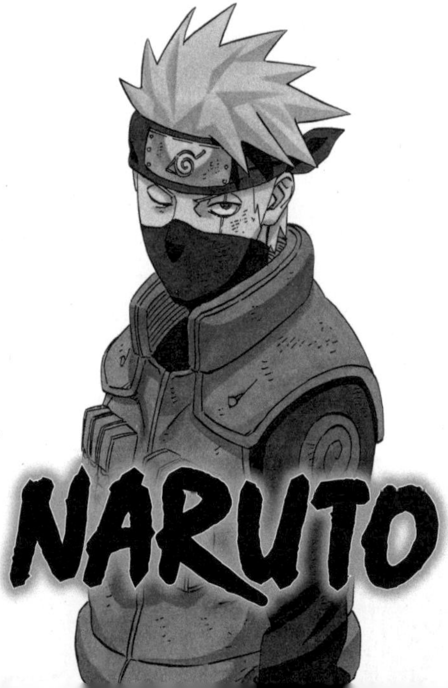
NARUTO

426. KAPITEL:

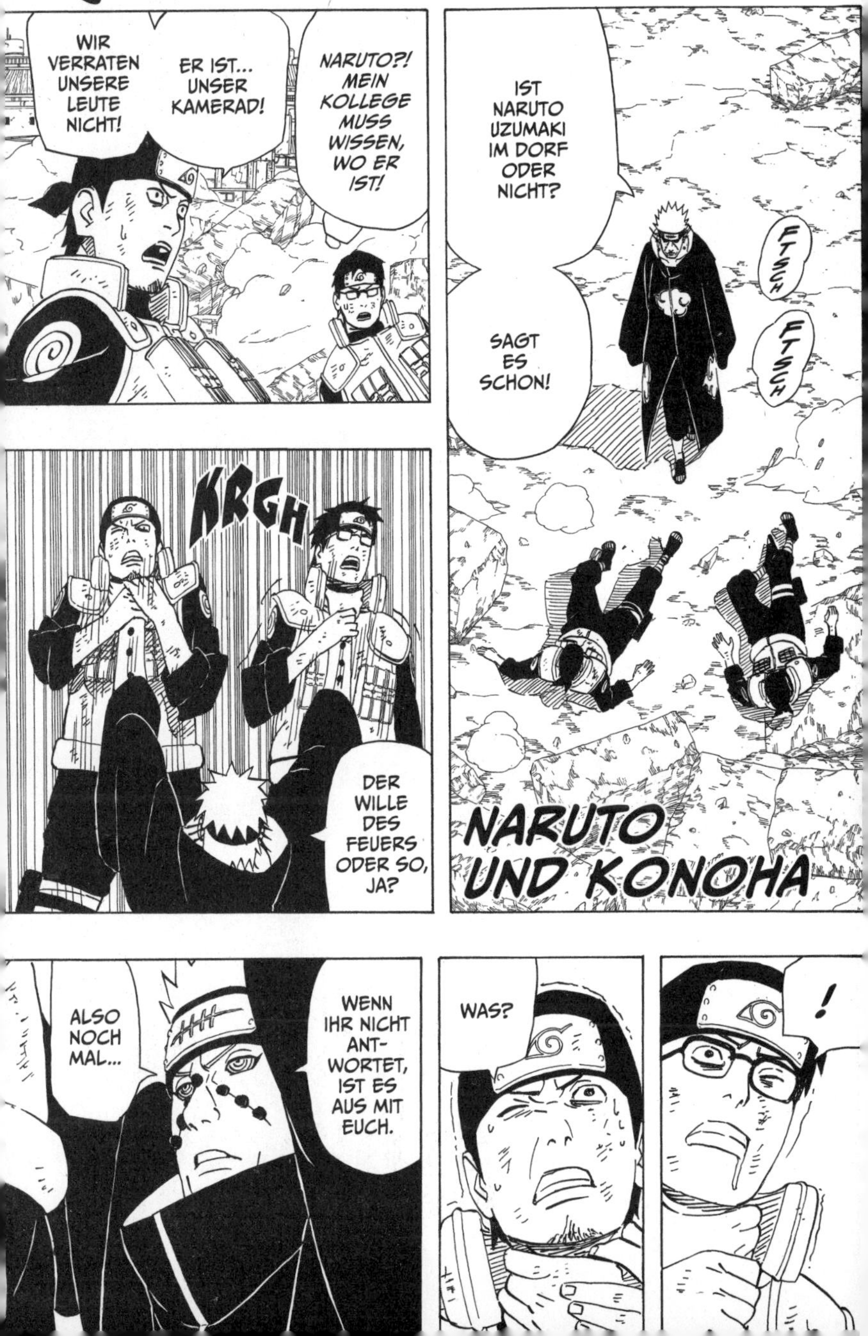
IST NARUTO UZUMAKI IM DORF ODER NICHT?
SAGT ES SCHON!
FTSCH
FTSCH
NARUTO?! MEIN KOLLEGE MUSS WISSEN, WO ER IST!
ER IST... UNSER KAMERAD!
WIR VERRATEN UNSERE LEUTE NICHT!
KRGH
DER WILLE DES FEUERS ODER SO, JA?
NARUTO UND KONOHA
!
WAS?
WENN IHR NICHT ANT-WORTET, IST ES AUS MIT EUCH.
ALSO NOCH MAL...

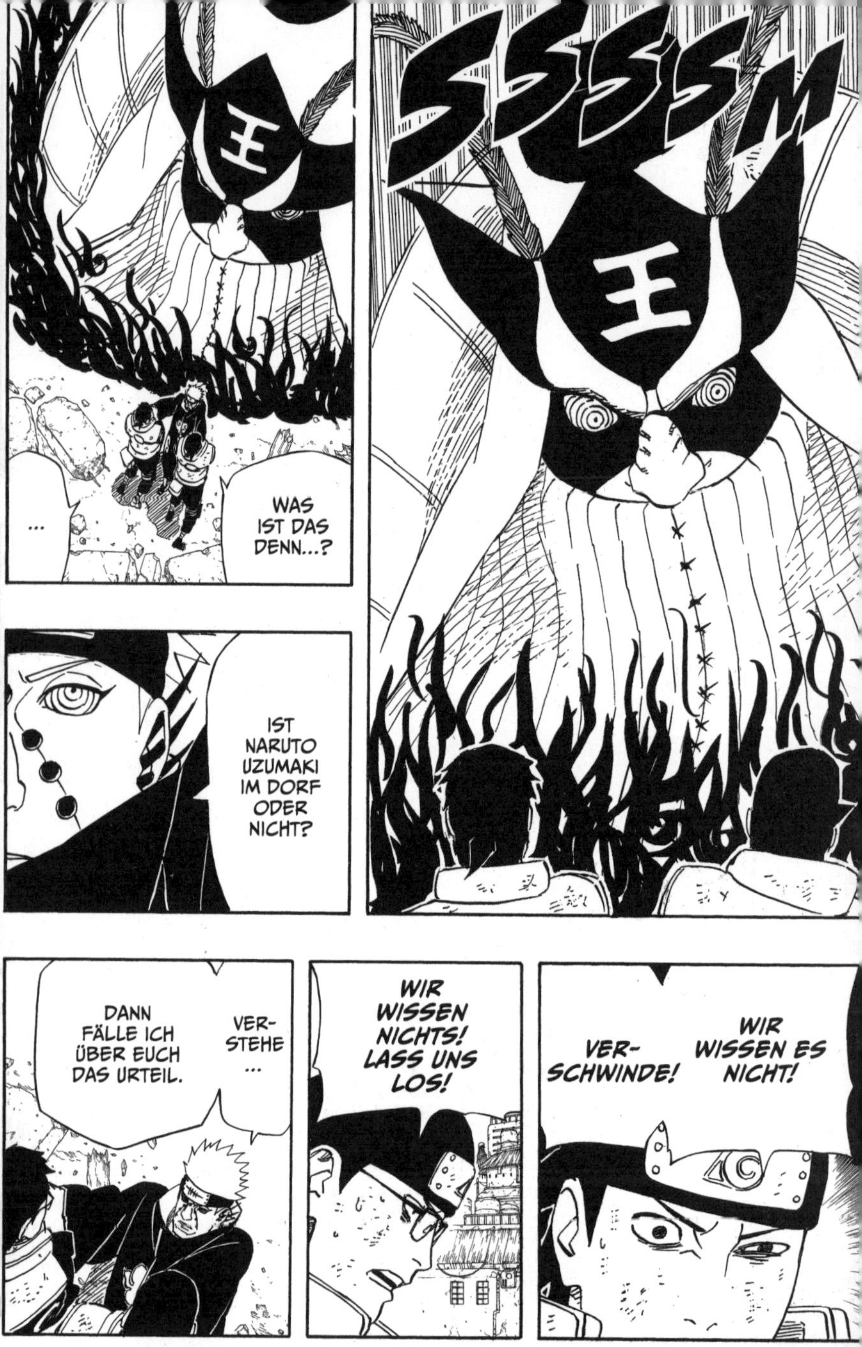
SSSSM
WAS IST DAS DENN...?
...
IST NARUTO UZUMAKI IM DORF ODER NICHT?
WIR WISSEN ES NICHT!
VER-SCHWINDE!
WIR WISSEN NICHTS! LASS UNS LOS!
VER-STEHE ...
DANN FÄLLE ICH ÜBER EUCH DAS URTEIL.

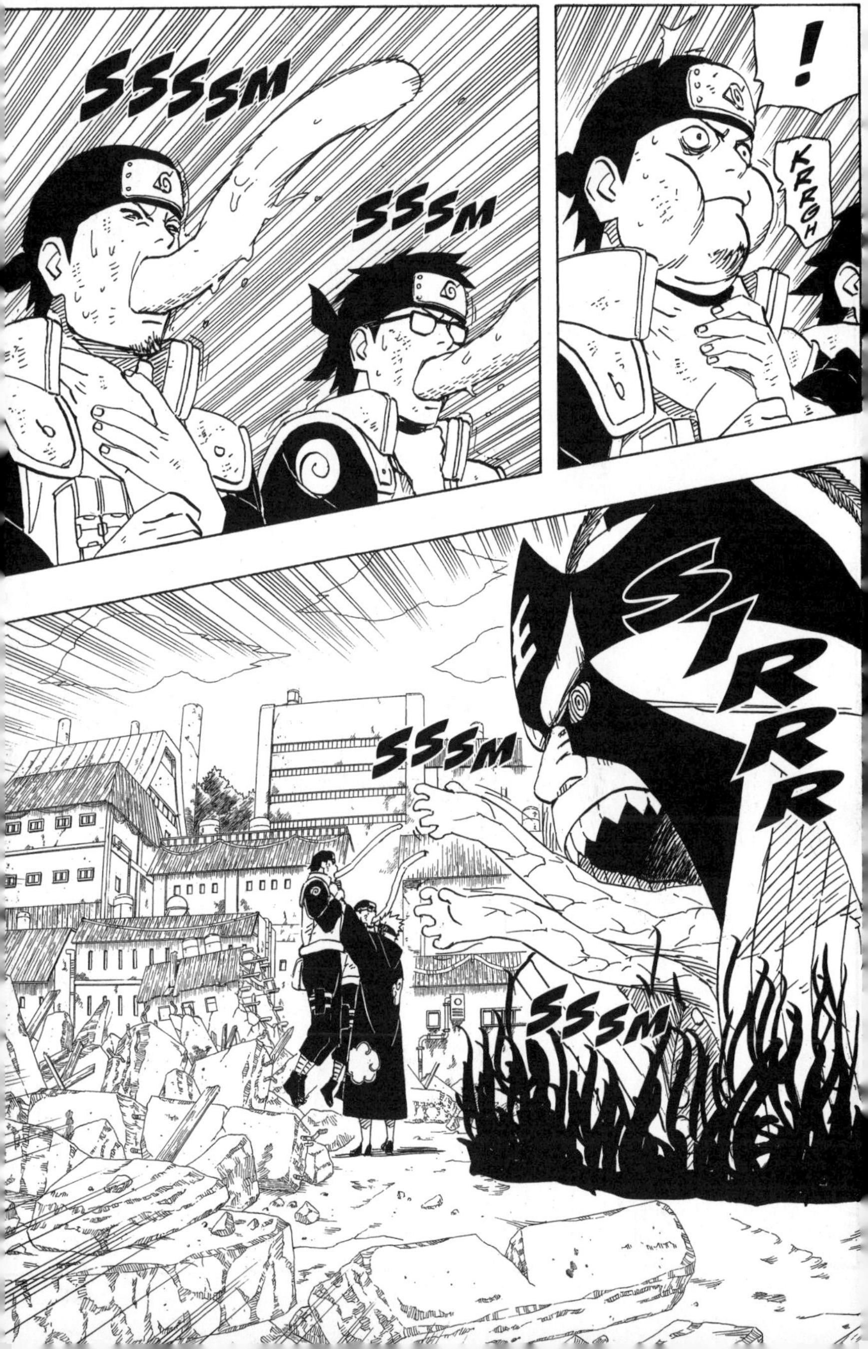
!
KRRGH
SSSSM
SSSM
SIRRR
SSSM
SSSM

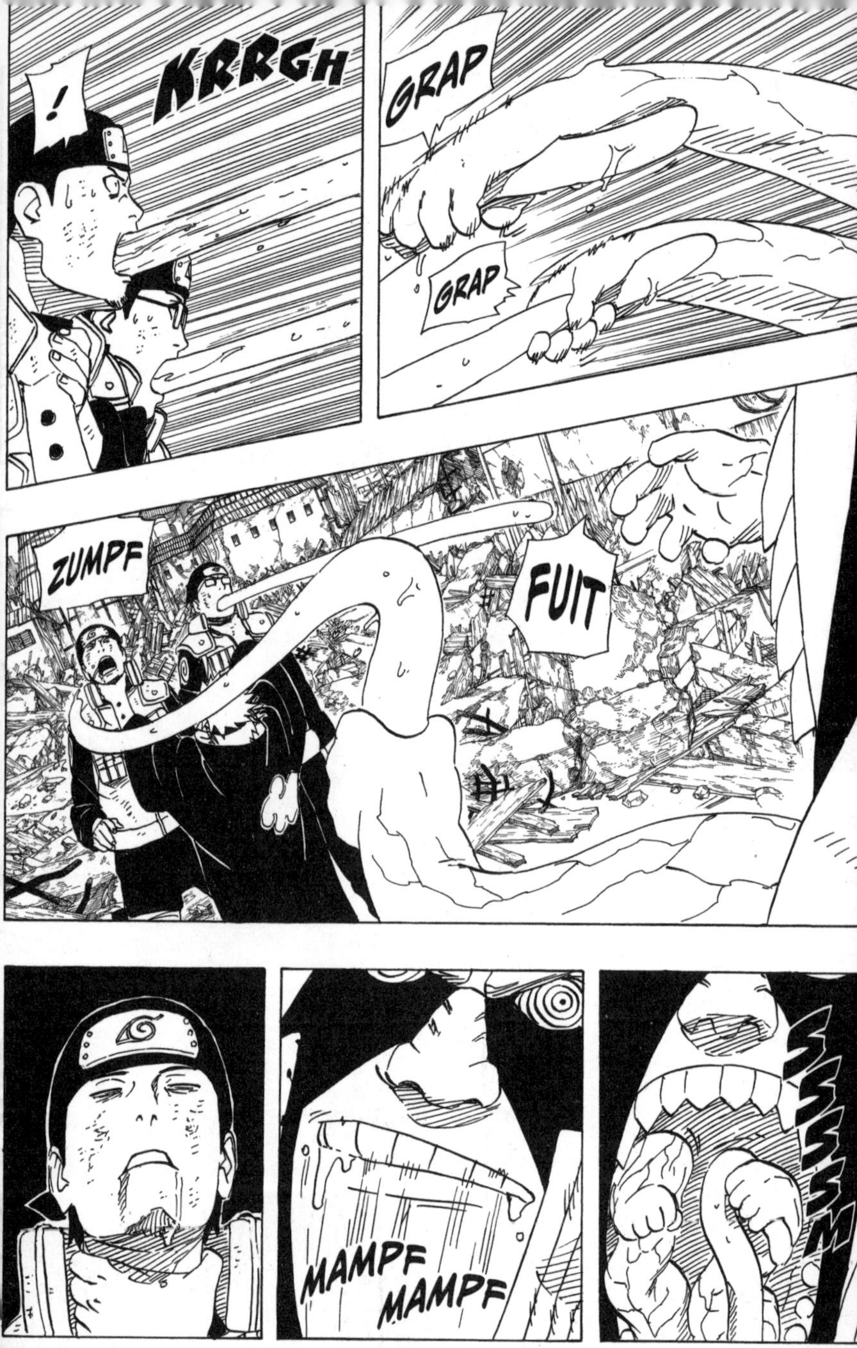
GRAP
GRAP
!
KRRGH
FUIT
ZUMPF
MAMPF
MAMPF

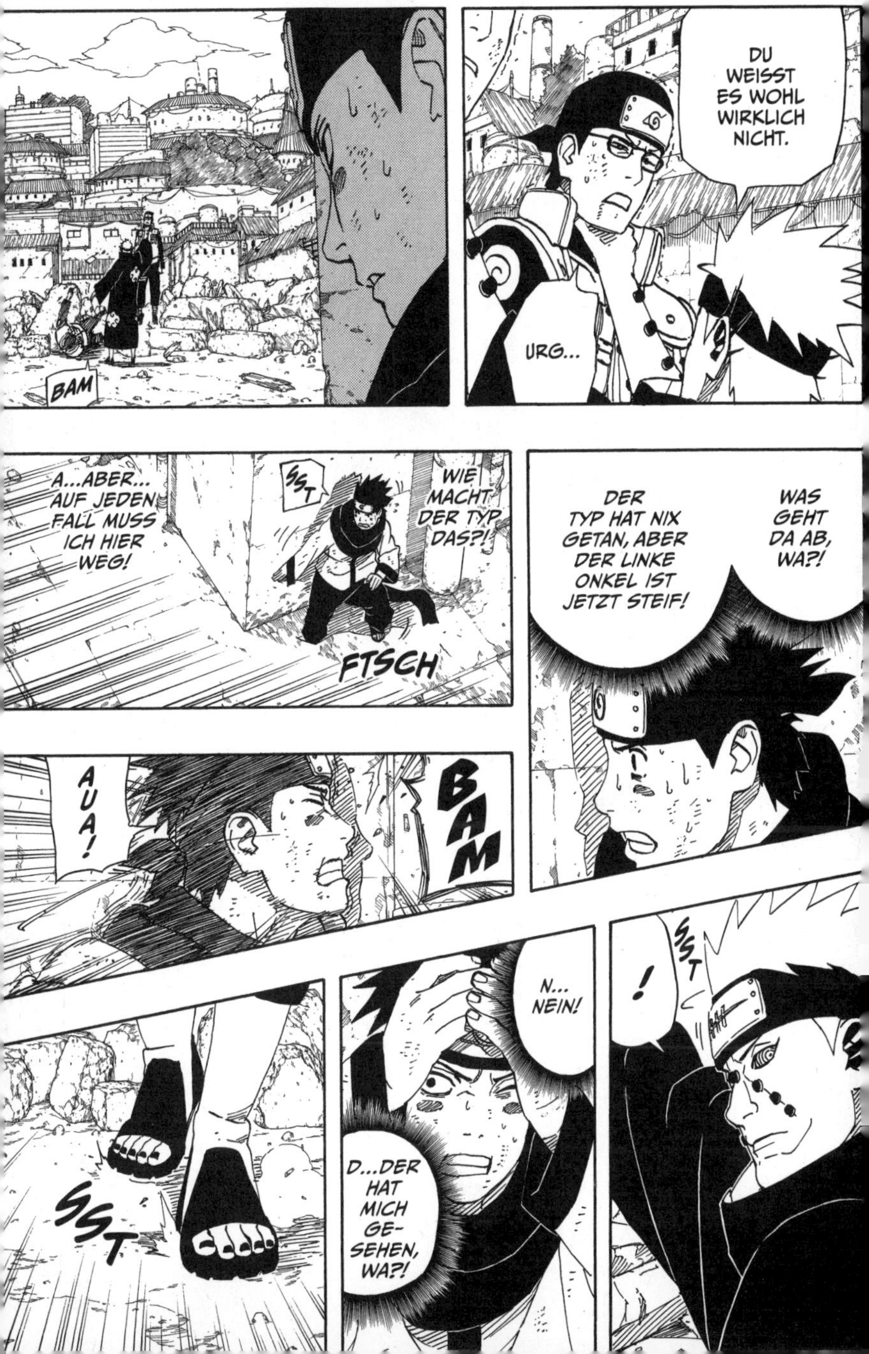
DU WEISST ES WOHL WIRKLICH NICHT.
URG...
BAM
WAS GEHT DA AB, WA?!
DER TYP HAT NIX GETAN, ABER DER LINKE ONKEL IST JETZT STEIF!
WIE MACHT DER TYP DAS?!
SST
A...ABER... AUF JEDEN FALL MUSS ICH HIER WEG!
FTSCH
BAM
AUA!
SST
!
N... NEIN!
D...DER HAT MICH GE-SEHEN, WA?!
SST

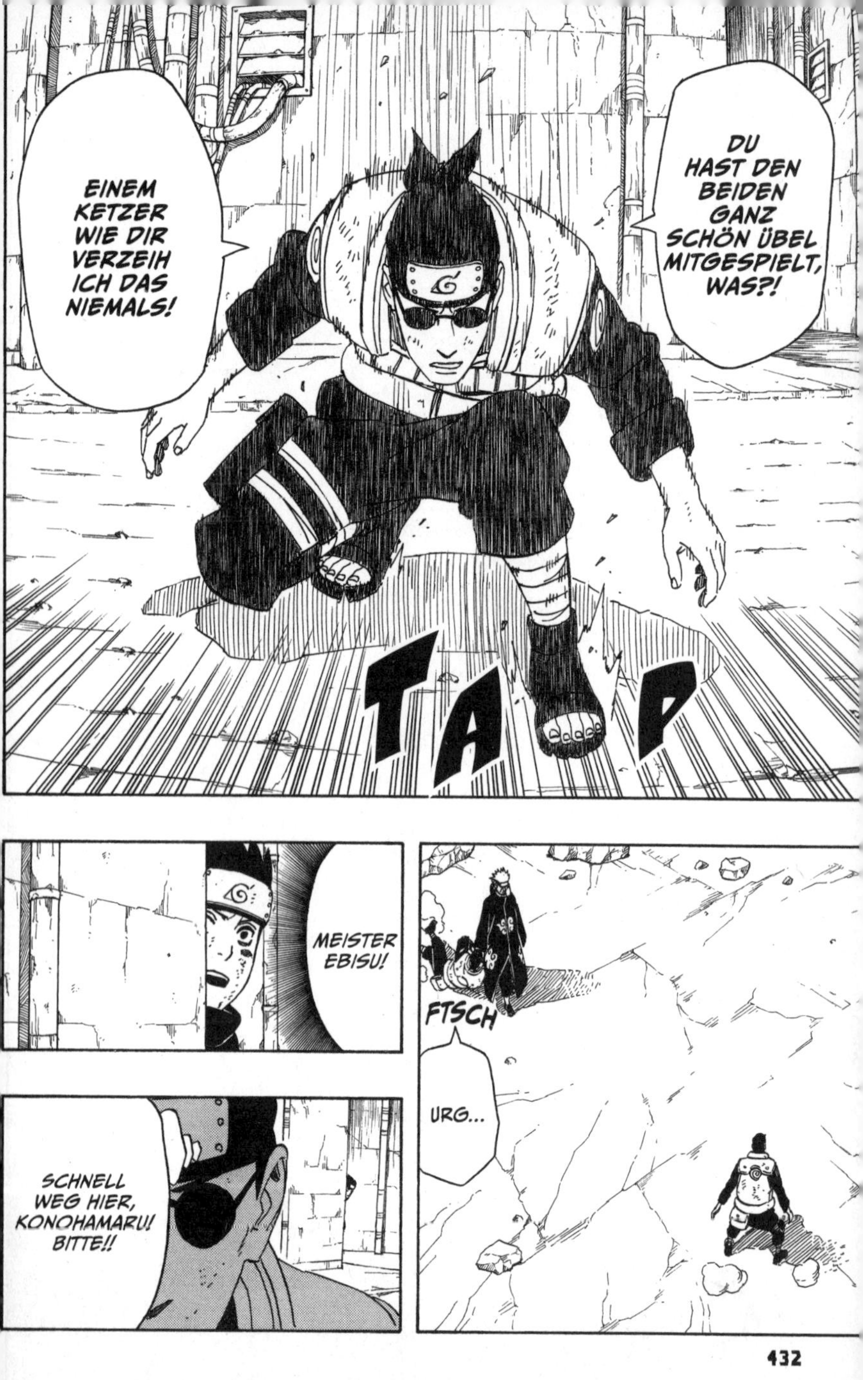

DU HAST DEN BEIDEN GANZ SCHÖN ÜBEL MITGESPIELT, WAS?!
EINEM KETZER WIE DIR VERZEIH ICH DAS NIEMALS!
TAP
FTSCH
URG...
MEISTER EBISU!
SCHNELL WEG HIER, KONOHAMARU! BITTE!!

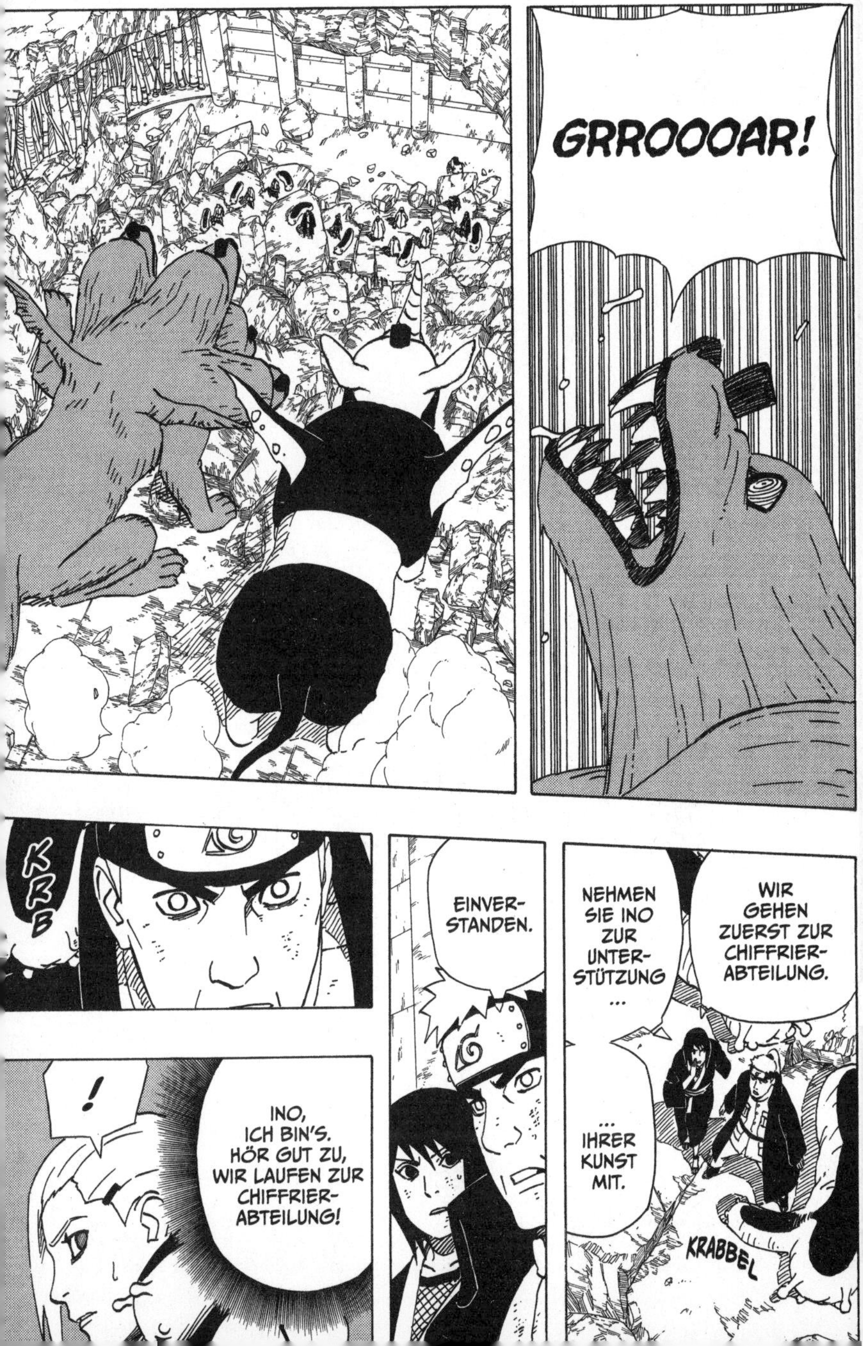
GRROOOAR!
WIR GEHEN ZUERST ZUR CHIFFRIER-ABTEILUNG.
NEHMEN SIE INO ZUR UNTERSTÜTZUNG ...
... IHRER KUNST MIT.
KRABBEL
EINVERSTANDEN.
KRB
!
INO, ICH BIN'S. HÖR GUT ZU, WIR LAUFEN ZUR CHIFFRIER-ABTEILUNG!

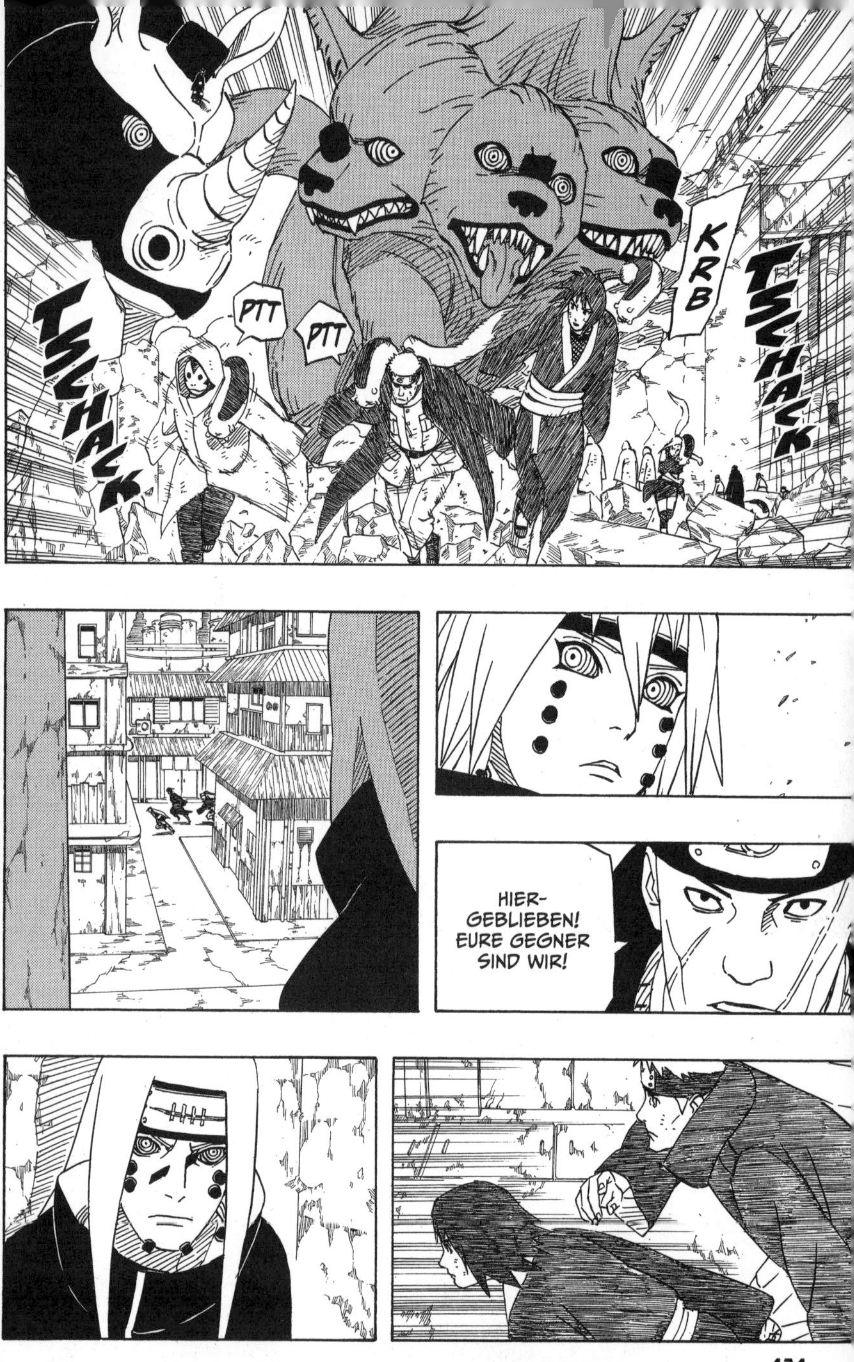
TSCHACK
KRB
PTT
PTT
TSCHACK
HIER-
GEBLIEBEN!
EURE GEGNER
SIND WIR!

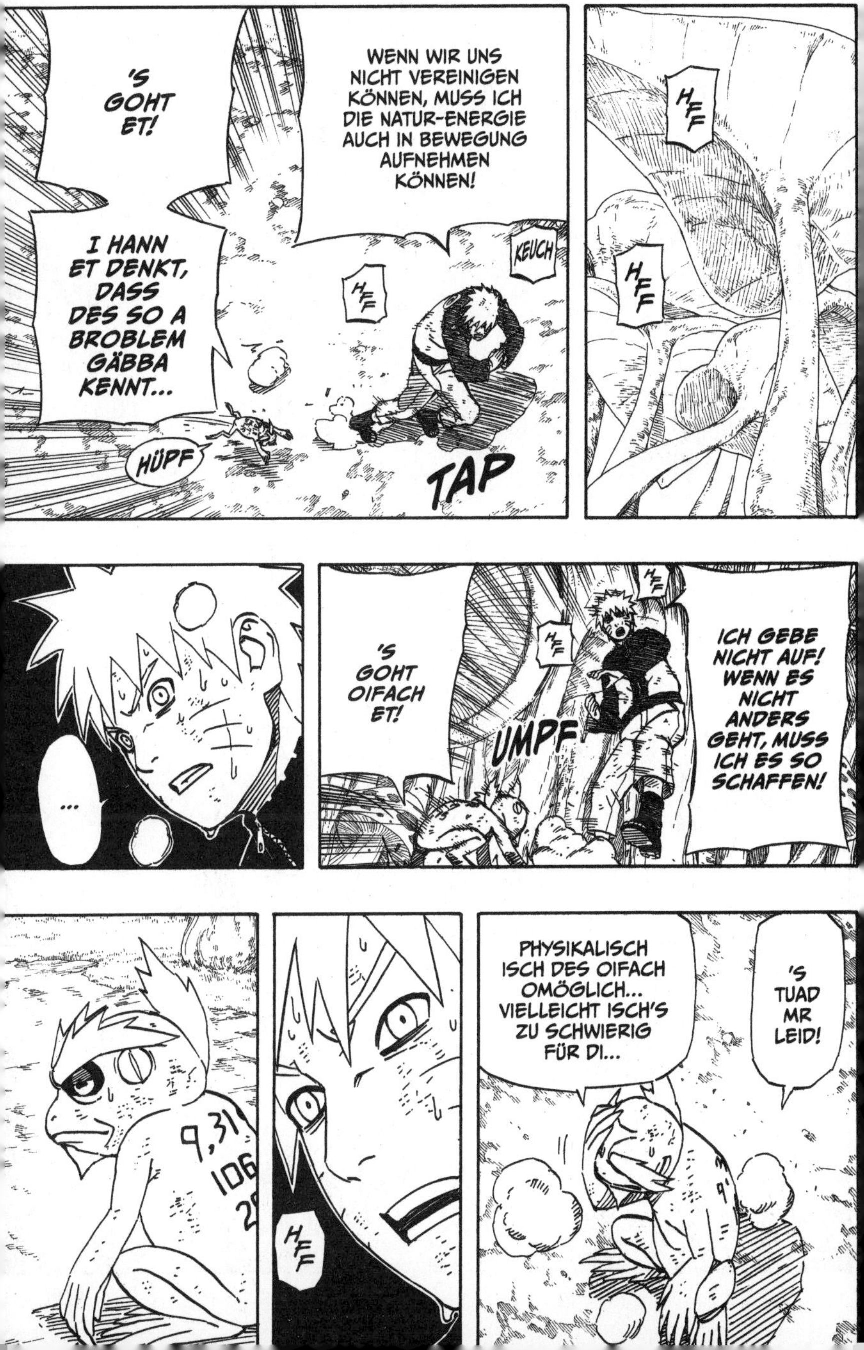
HFF
HFF
WENN WIR UNS NICHT VEREINIGEN KÖNNEN, MUSS ICH DIE NATUR-ENERGIE AUCH IN BEWEGUNG AUFNEHMEN KÖNNEN!
KEUCH
HFF
'S GOHT ET!
I HANN ET DENKT, DASS DES SO A BROBLEM GÄBBA KENNT...
HÜPF
TAP
HFF
HFF
ICH GEBE NICHT AUF! WENN ES NICHT ANDERS GEHT, MUSS ICH ES SO SCHAFFEN!
'S GOHT OIFACH ET!
UMPF
...
'S TUAD MR LEID!
PHYSIKALISCH ISCH DES OIFACH OMÖGLICH... VIELLEICHT ISCH'S ZU SCHWIERIG FÜR DI...
HFF

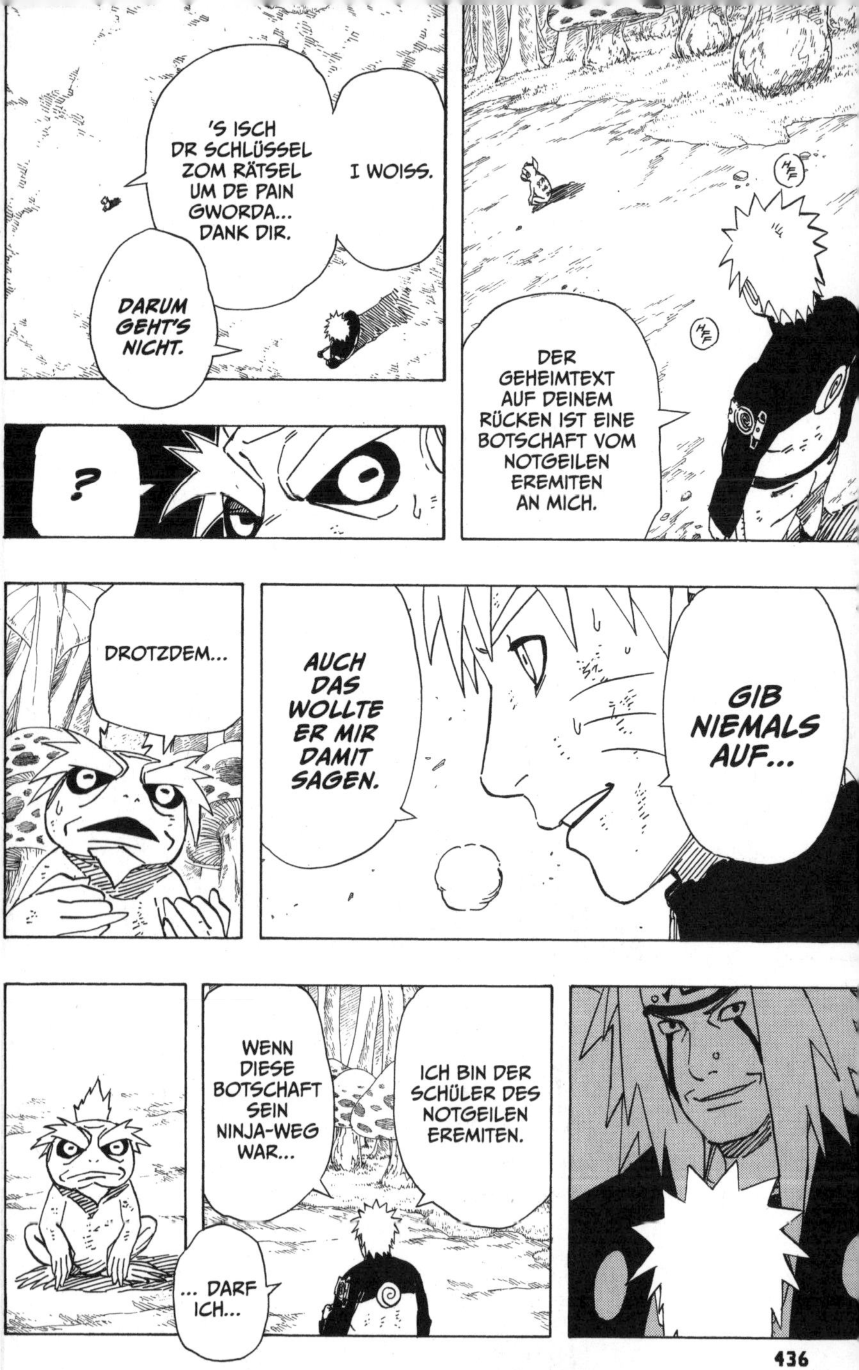

DER GEHEIMTEXT AUF DEINEM RÜCKEN IST EINE BOTSCHAFT VOM NOTGEILEN EREMITEN AN MICH.
I WOISS.
'S ISCH DR SCHLÜSSEL ZOM RÄTSEL UM DE PAIN GWORDA... DANK DIR.
DARUM GEHT'S NICHT.
?
GIB NIEMALS AUF...
AUCH DAS WOLLTE ER MIR DAMIT SAGEN.
DROTZDEM...
ICH BIN DER SCHÜLER DES NOTGEILEN EREMITEN.
WENN DIESE BOTSCHAFT SEIN NINJA-WEG WAR...
... DARF ICH...

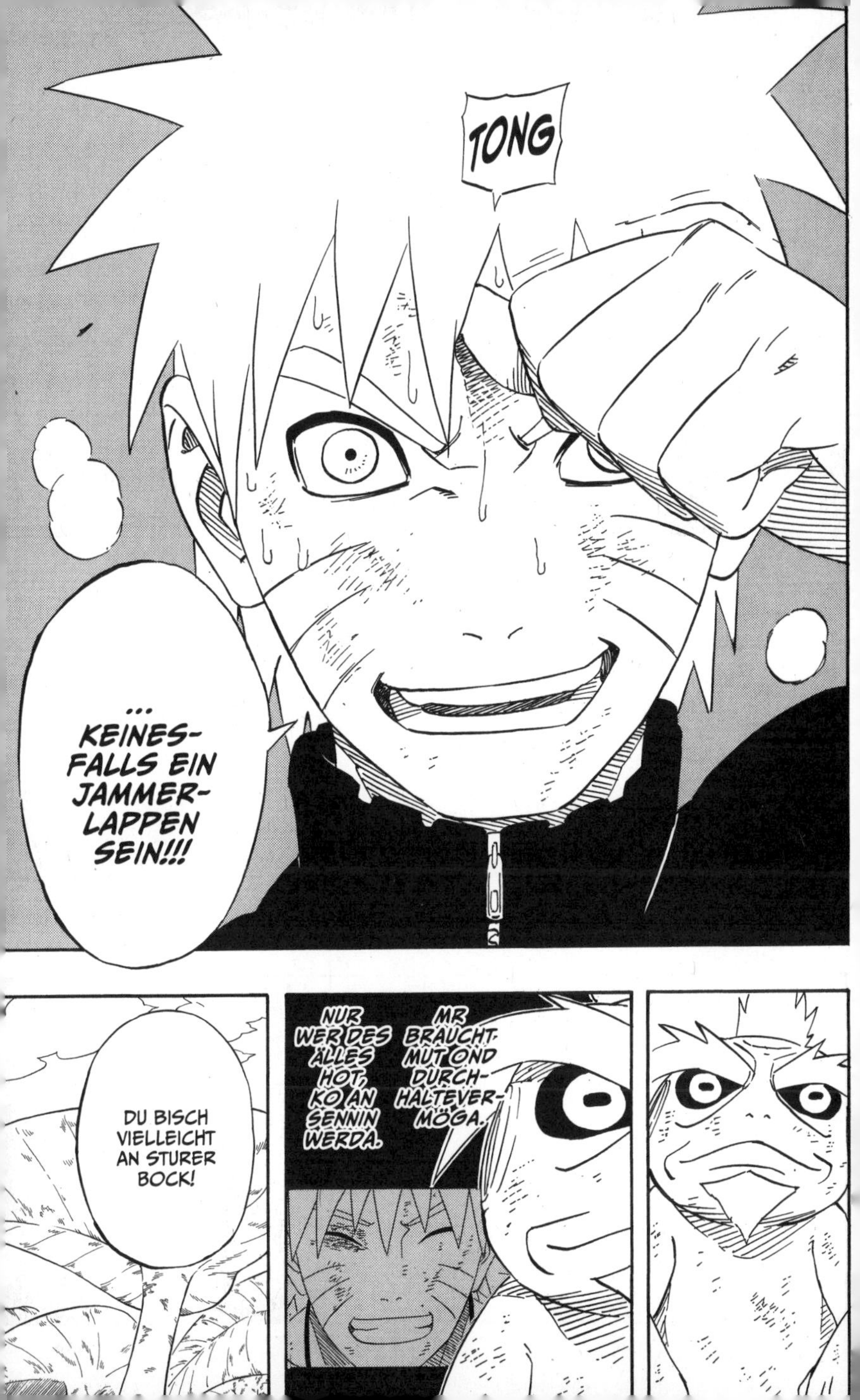
TONG
... KEINES-FALLS EIN JAMMER-LAPPEN SEIN!!!
MR BRAUCHT MUT OND DURCH-HALTEVER-MÖGA.
NUR WER DES ÄLLES HOT, KO AN SENNIN WERDA.
DU BISCH VIELLEICHT AN STURER BOCK!

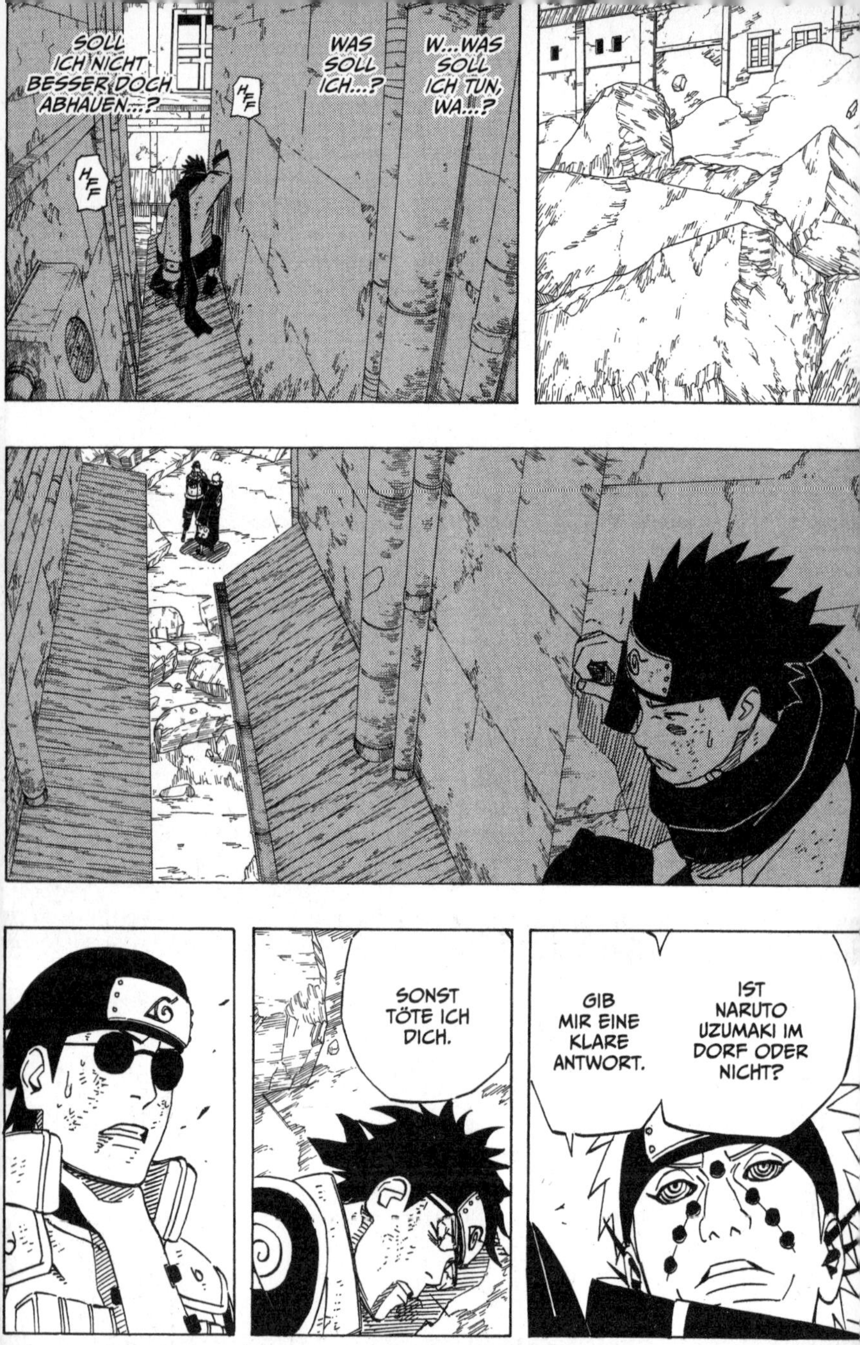
W...WAS SOLL ICH TUN, WA...?
WAS SOLL ICH...?
HEF
SOLL ICH NICHT BESSER DOCH ABHAUEN...?
HEF
IST NARUTO UZUMAKI IM DORF ODER NICHT?
GIB MIR EINE KLARE ANTWORT.
SONST TÖTE ICH DICH.

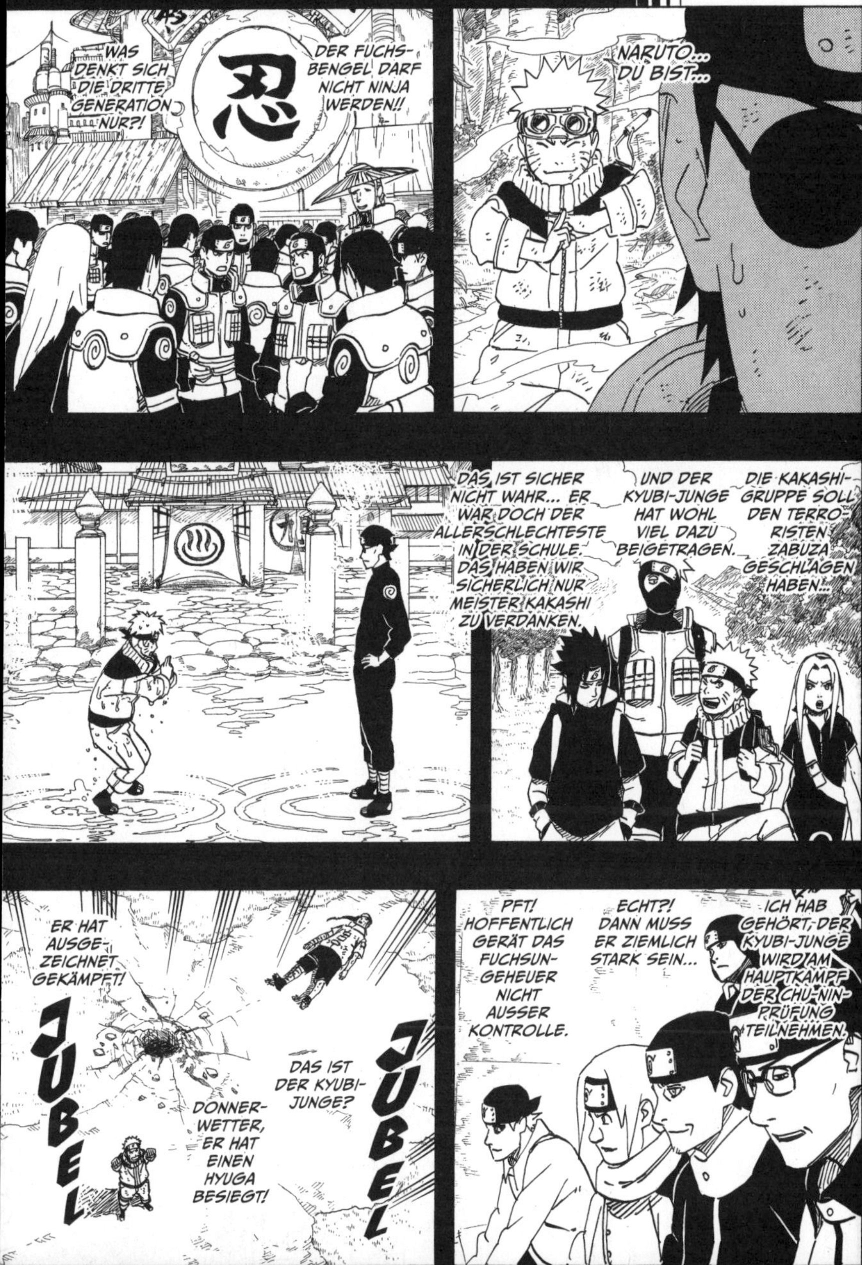
WAS DENKT SICH DIE DRITTE GENERATION NUR?!
DER FUCHS-BENGEL DARF NICHT NINJA WERDEN!!
NARUTO... DU BIST...
DAS IST SICHER NICHT WAHR... ER WAR DOCH DER ALLERSCHLECHTESTE IN DER SCHULE. DAS HABEN WIR SICHERLICH NUR MEISTER KAKASHI ZU VERDANKEN.
UND DER KYUBI-JUNGE HAT WOHL VIEL DAZU BEIGETRAGEN.
DIE KAKASHI-GRUPPE SOLL DEN TERRORISTEN ZABUZA GESCHLAGEN HABEN...
ER HAT AUSGEZEICHNET GEKÄMPFT!
JUBEL
DONNERWETTER, ER HAT EINEN HYUGA BESIEGT!
DAS IST DER KYUBI-JUNGE?
JUBEL
PFT! HOFFENTLICH GERÄT DAS FUCHSUNGEHEUER NICHT AUSSER KONTROLLE.
ECHT?! DANN MUSS ER ZIEMLICH STARK SEIN...
ICH HAB GEHÖRT, DER KYUBI-JUNGE WIRD AM HAUPTKAMPF DER CHU-NIN-PRÜFUNG TEILNEHMEN.

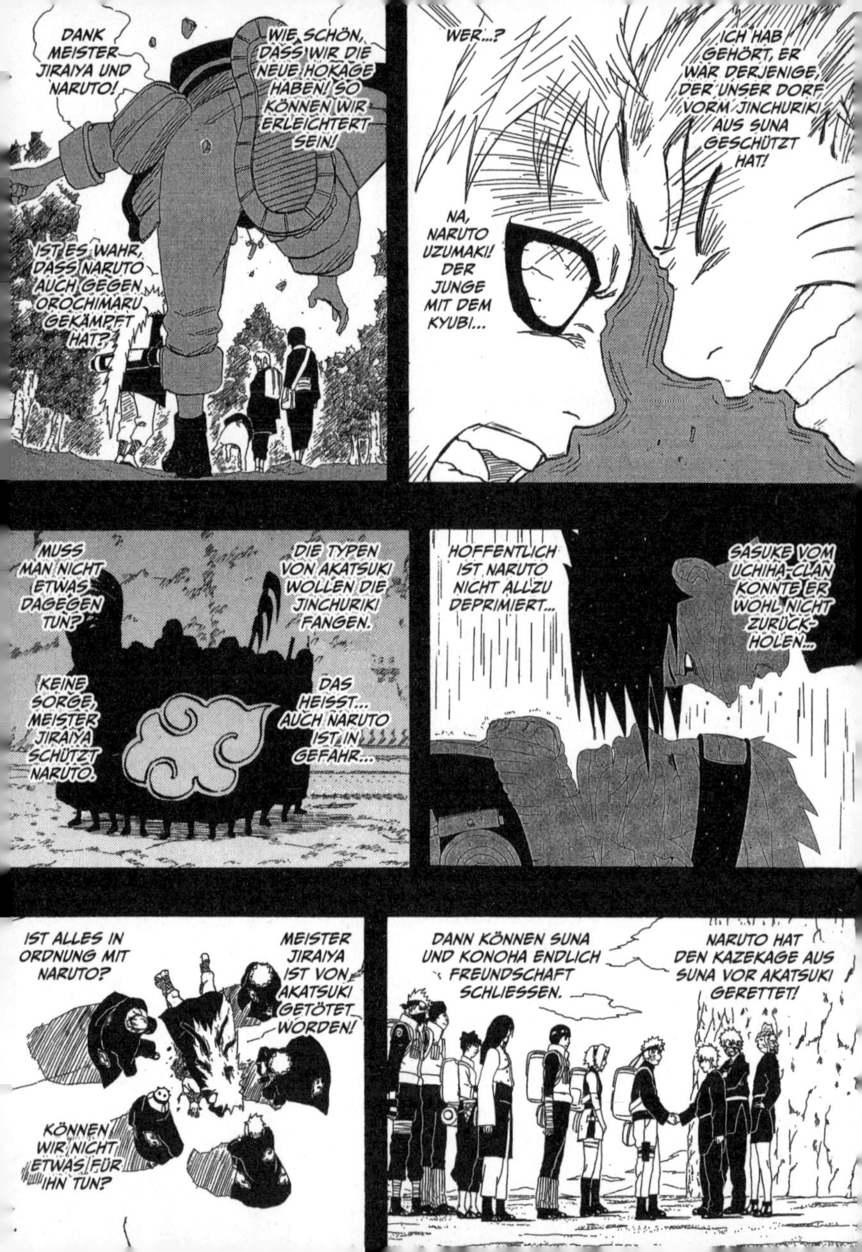
ICH HAB GEHÖRT, ER WAR DERJENIGE, DER UNSER DORF VORM JINCHURIKI AUS SUNA GESCHÜTZT HAT!
WER...?
NA, NARUTO UZUMAKI! DER JUNGE MIT DEM KYUBI...
WIE SCHÖN, DASS WIR DIE NEUE HOKAGE HABEN! SO KÖNNEN WIR ERLEICHTERT SEIN!
DANK MEISTER JIRAIYA UND NARUTO!
IST ES WAHR, DASS NARUTO AUCH GEGEN OROCHIMARU GEKÄMPFT HAT?
SASUKE VOM UCHIHA-CLAN KONNTE ER WOHL NICHT ZURÜCKHOLEN...
HOFFENTLICH IST NARUTO NICHT ALLZU DEPRIMIERT...
DIE TYPEN VON AKATSUKI WOLLEN DIE JINCHURIKI FANGEN.
MUSS MAN NICHT ETWAS DAGEGEN TUN?
DAS HEISST... AUCH NARUTO IST IN GEFAHR...
KEINE SORGE, MEISTER JIRAIYA SCHÜTZT NARUTO.
NARUTO HAT DEN KAZEKAGE AUS SUNA VOR AKATSUKI GERETTET!
DANN KÖNNEN SUNA UND KONOHA ENDLICH FREUNDSCHAFT SCHLIESSEN.
MEISTER JIRAIYA IST VON AKATSUKI GETÖTET WORDEN!
IST ALLES IN ORDNUNG MIT NARUTO?
KÖNNEN WIR NICHT ETWAS FÜR IHN TUN?

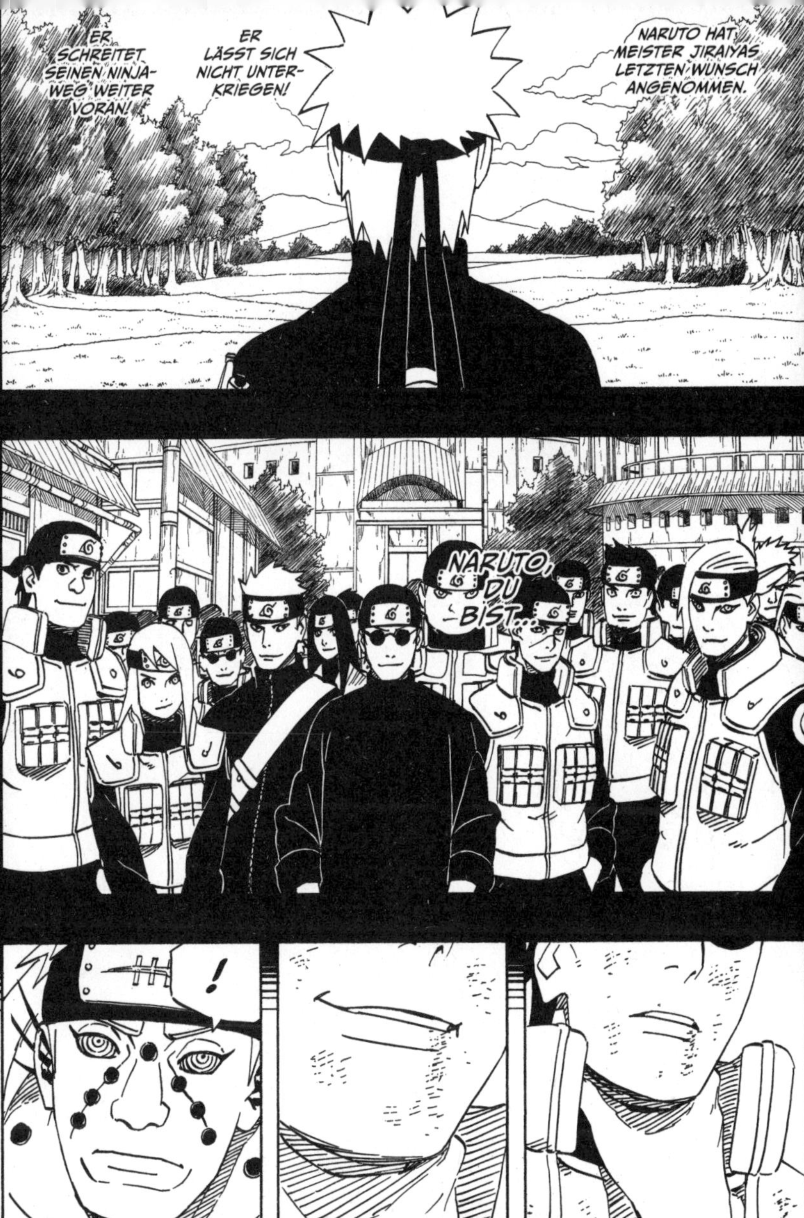
NARUTO HAT MEISTER JIRAIYAS LETZTEN WUNSCH ANGENOMMEN.
ER LÄSST SICH NICHT UNTER-KRIEGEN!
ER SCHREITET SEINEN NINJA-WEG WEITER VORAN!
NARUTO, DU BIST...
!

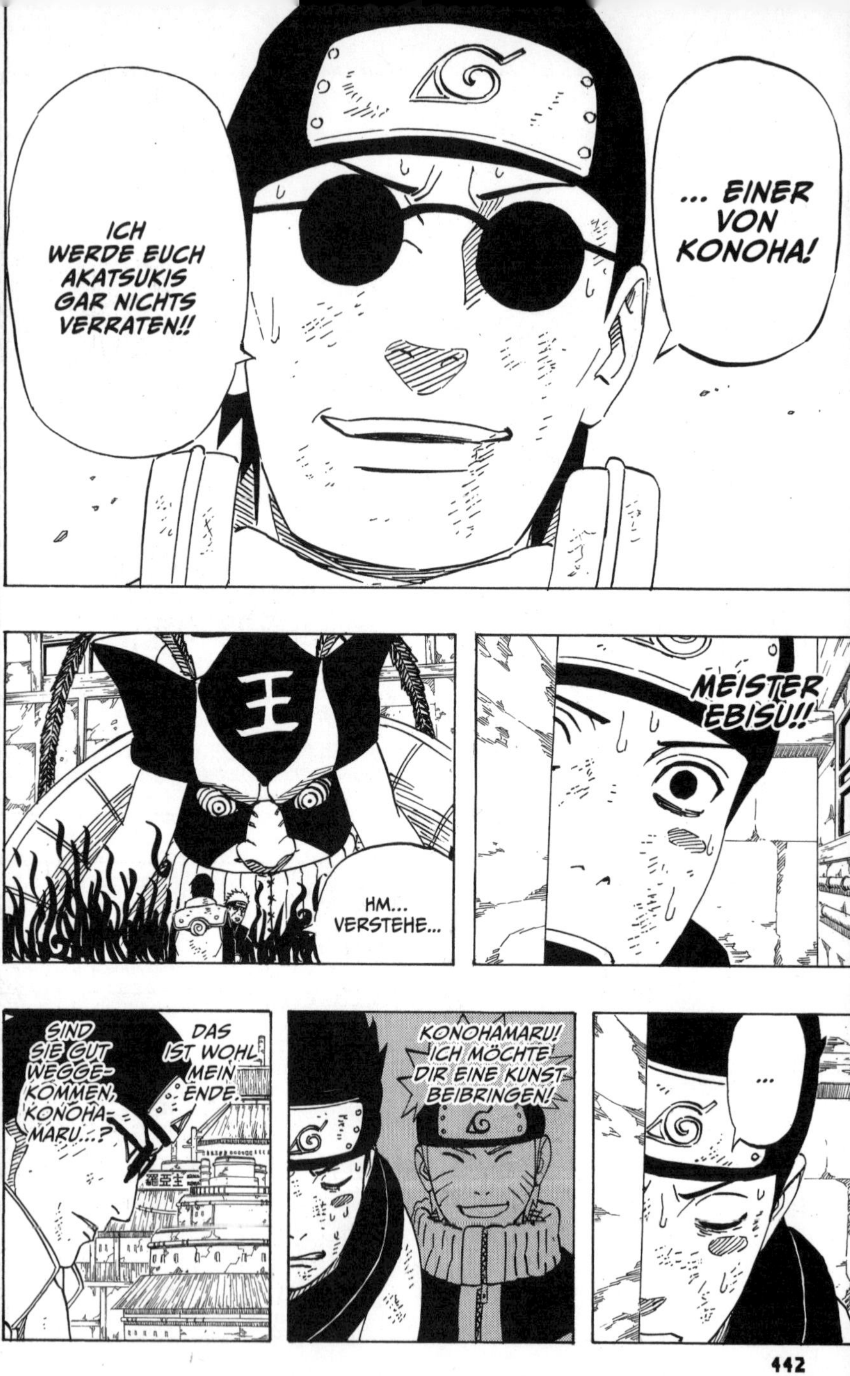
... EINER VON KONOHA!
ICH WERDE EUCH AKATSUKIS GAR NICHTS VERRATEN!!
MEISTER EBISU!!
HM... VERSTEHE...
...
KONOHAMARU! ICH MÖCHTE DIR EINE KUNST BEIBRINGEN!
DAS IST WOHL MEIN ENDE.
SIND SIE GUT WEGGE-KOMMEN, KONOHA-MARU...?

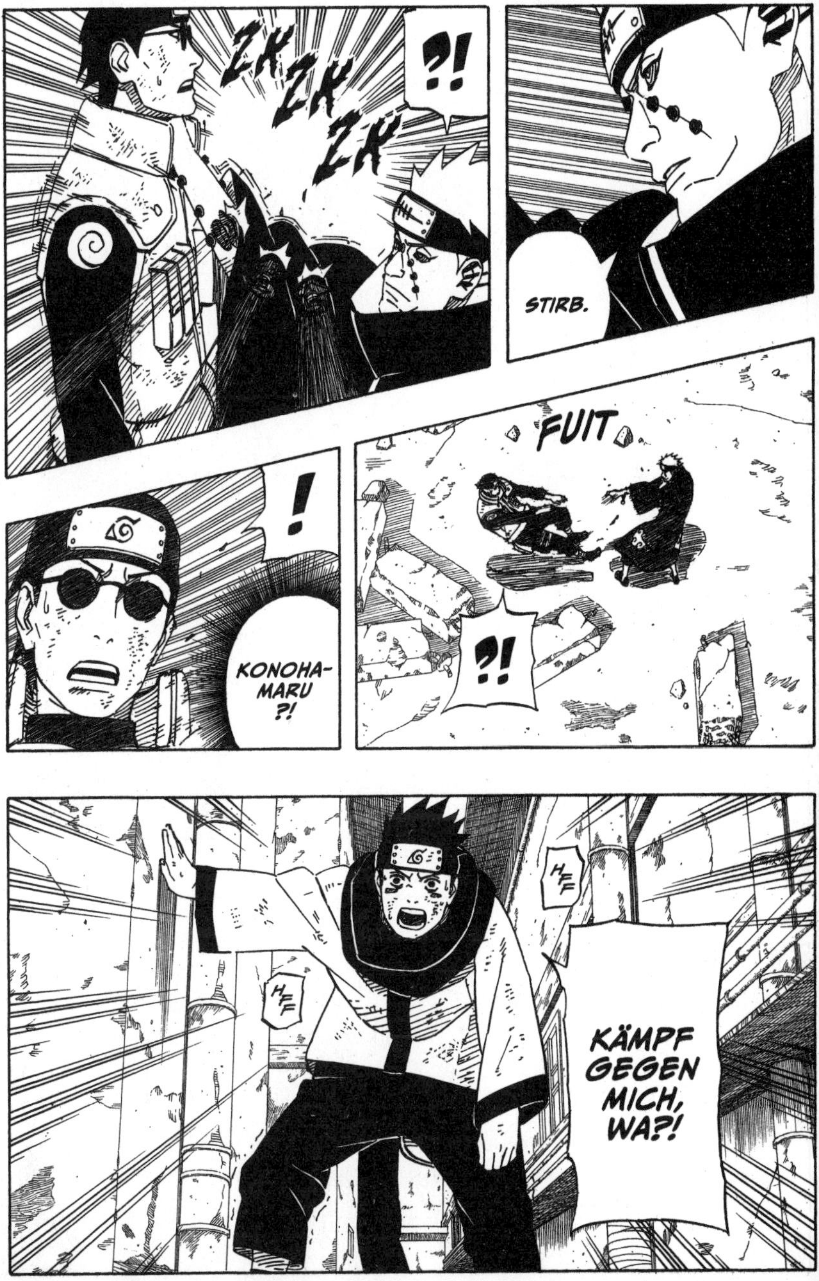
?!
ZK ZK ZK
STIRB.
FUIT
?!
!
KONOHA-MARU ?!
HFF
HFF
KÄMPF GEGEN MICH, WA?!

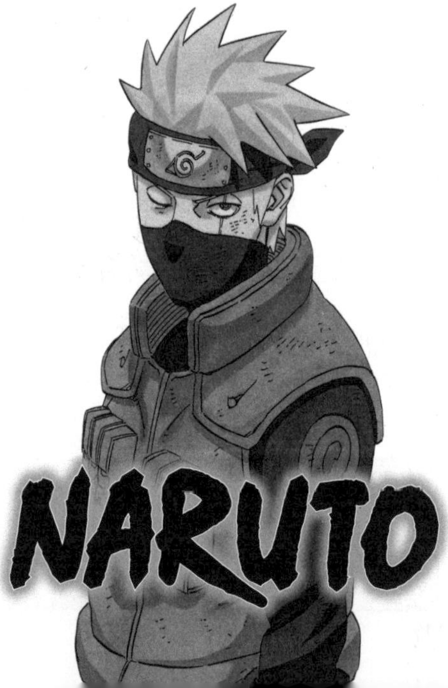
NARUTO

427. KAPITEL:

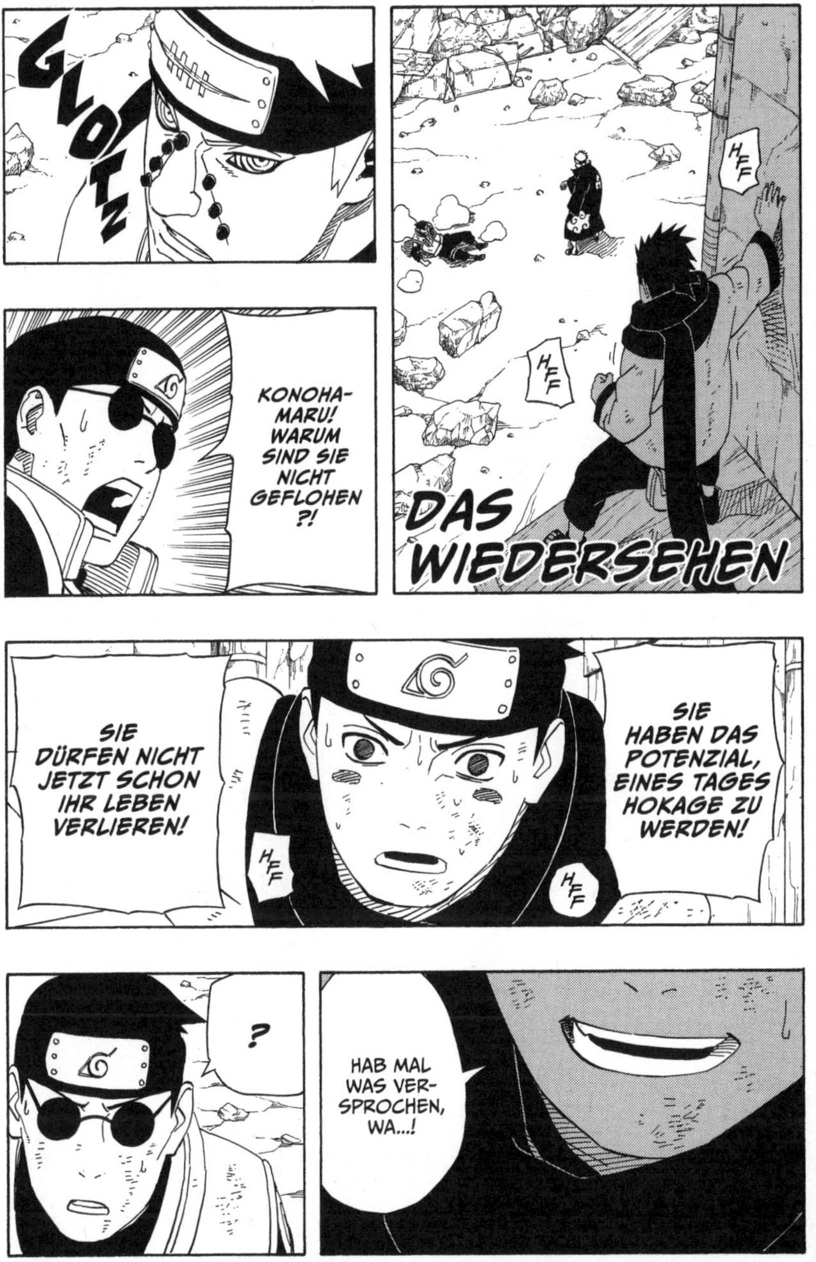
HFF
HFF
DAS WIEDERSEHEN
GLOTZ
KONOHAMARU! WARUM SIND SIE NICHT GEFLOHEN ?!
SIE HABEN DAS POTENZIAL, EINES TAGES HOKAGE ZU WERDEN!
HFF
HFF
SIE DÜRFEN NICHT JETZT SCHON IHR LEBEN VERLIEREN!
HAB MAL WAS VER-SPROCHEN, WA...!
?

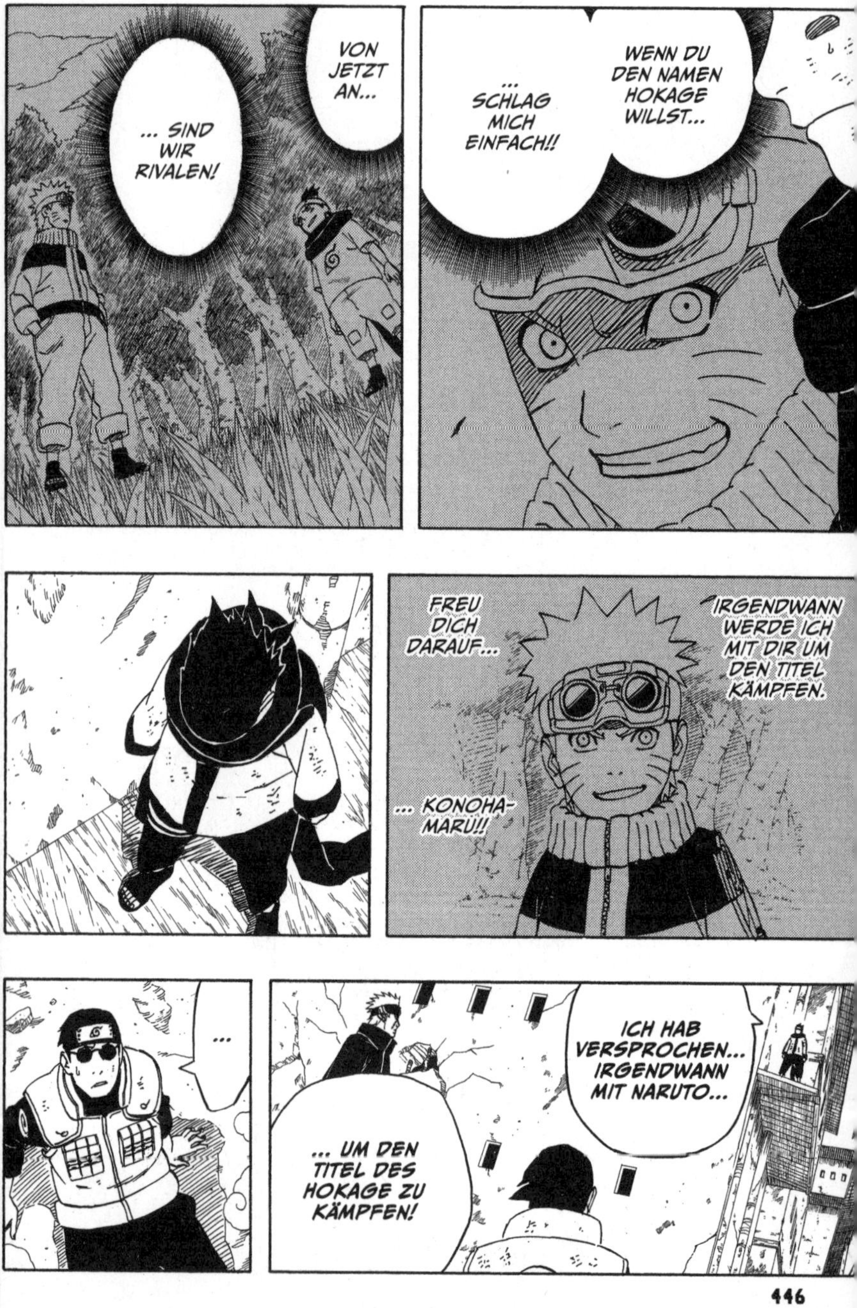
WENN DU DEN NAMEN HOKAGE WILLST...
... SCHLAG MICH EINFACH!!
VON JETZT AN...
... SIND WIR RIVALEN!
IRGENDWANN WERDE ICH MIT DIR UM DEN TITEL KÄMPFEN.
FREU DICH DARAUF...
... KONOHA-MARU!!
ICH HAB VERSPROCHEN... IRGENDWANN MIT NARUTO...
... UM DEN TITEL DES HOKAGE ZU KÄMPFEN!
...

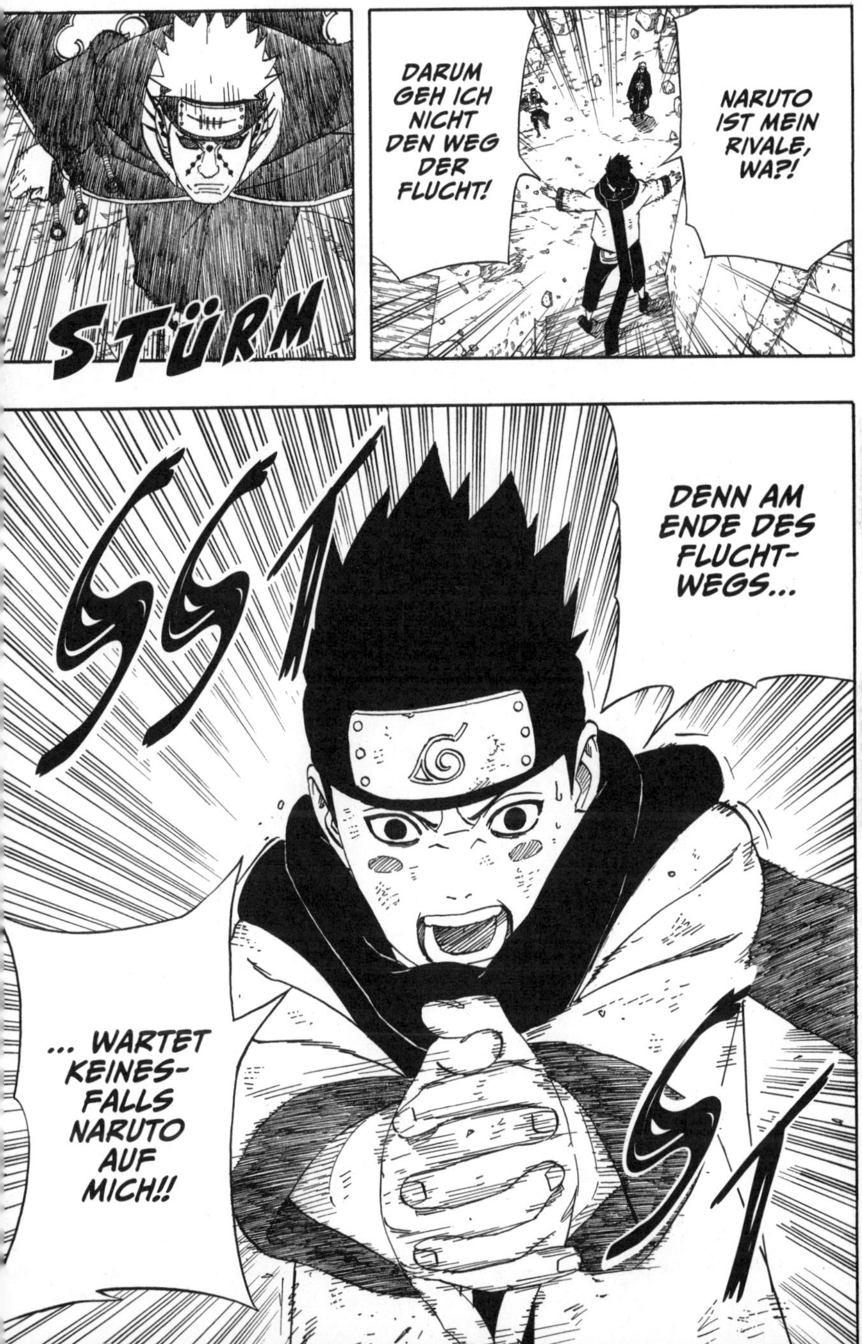
NARUTO IST MEIN RIVALE, WA?!
DARUM GEH ICH NICHT DEN WEG DER FLUCHT!
STÜRM
DENN AM ENDE DES FLUCHT-WEGS...
... WARTET KEINES-FALLS NARUTO AUF MICH!!

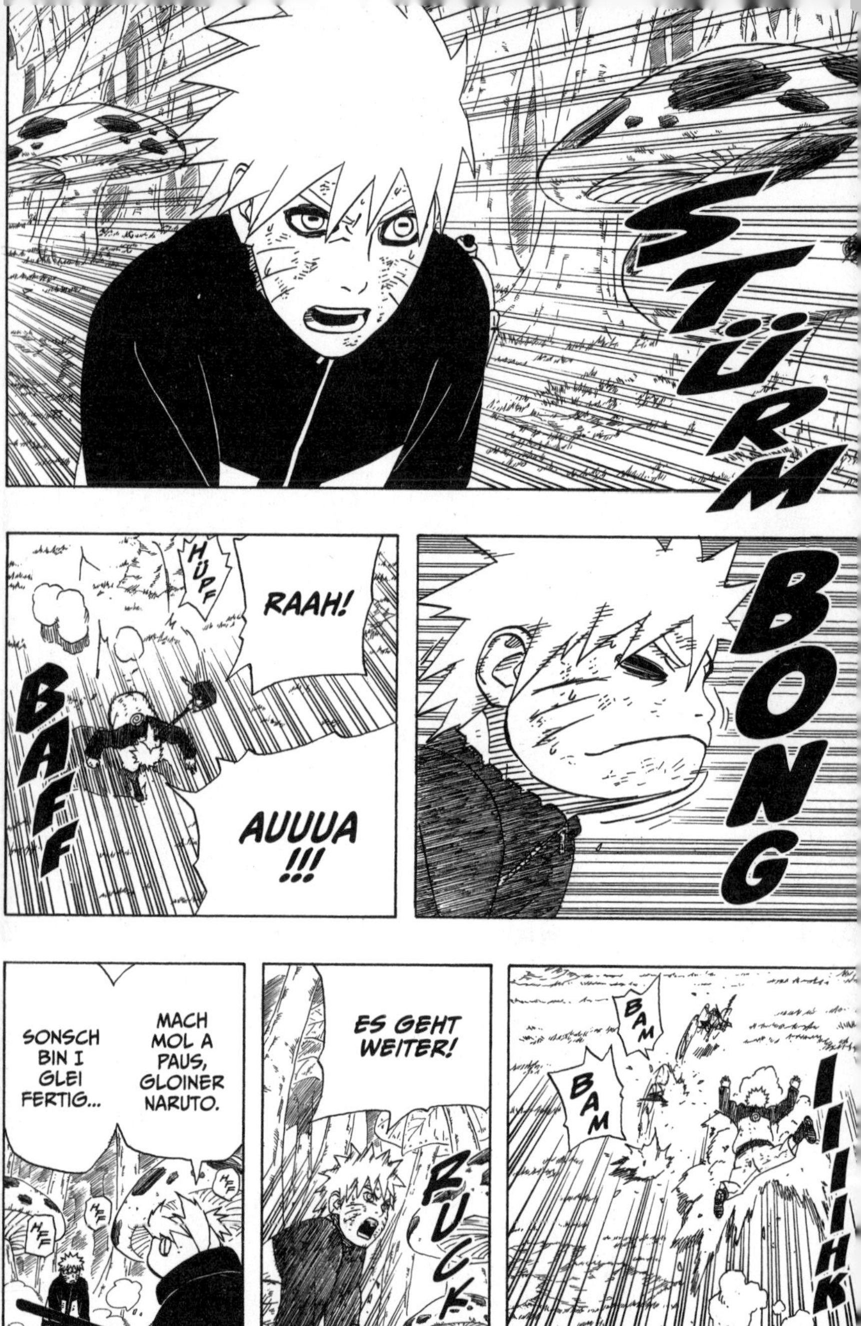
STÜRM
BONG
HÜPF
RAAH!
BAFF
AUUUA !!!
IIIIHK
BAM
BAM
ES GEHT WEITER!
RUCK
MACH MOL A PAUS, GLOINER NARUTO.
SONSCH BIN I GLEI FERTIG...
HEF
HEF
HEF

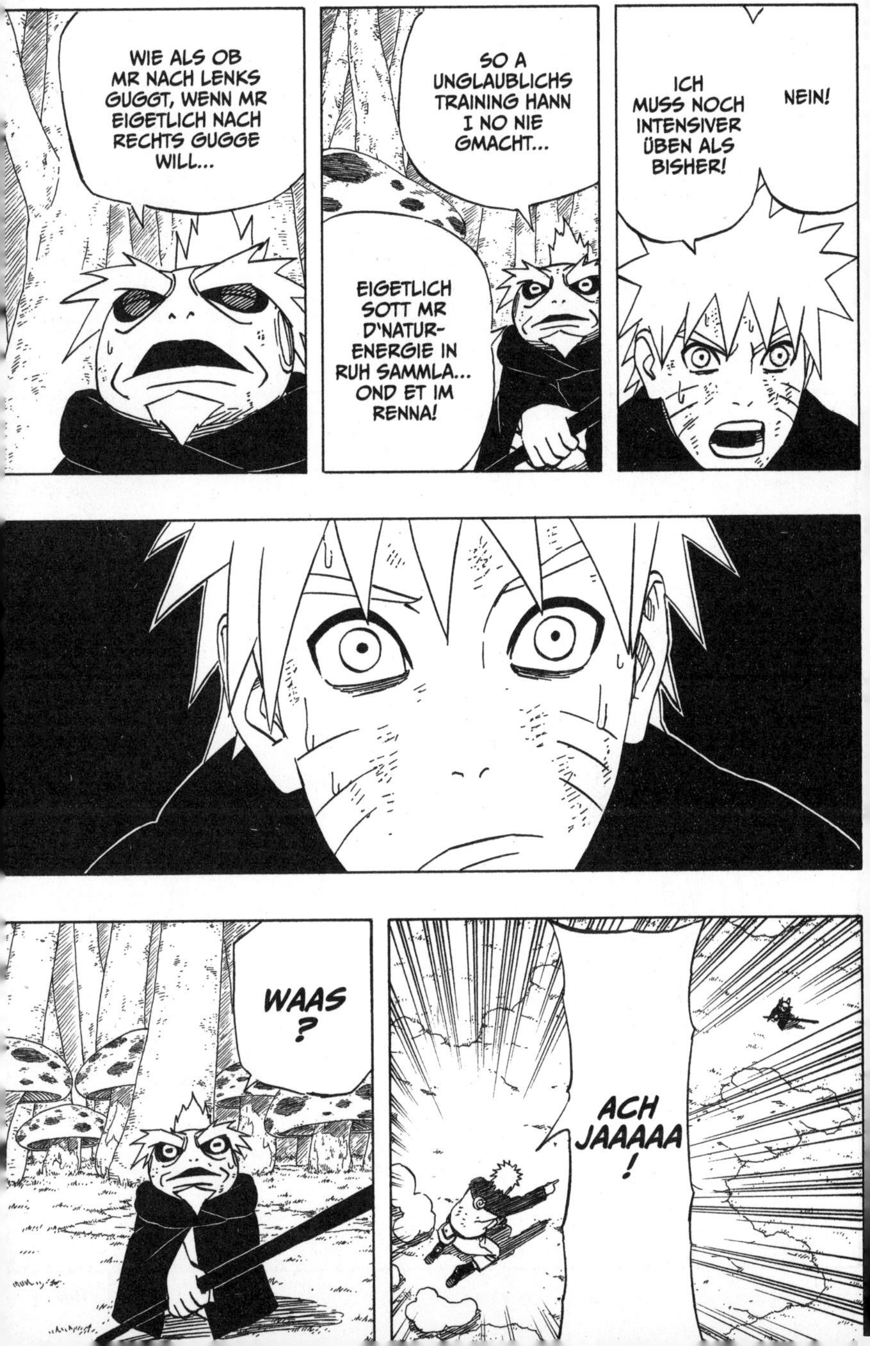
WIE ALS OB MR NACH LENKS GUGGT, WENN MR EIGETLICH NACH RECHTS GUGGE WILL...
SO A UNGLAUBLICHS TRAINING HANN I NO NIE GMACHT...
EIGETLICH SOTT MR D'NATUR-ENERGIE IN RUH SAMMLA... OND ET IM RENNA!
NEIN!
ICH MUSS NOCH INTENSIVER ÜBEN ALS BISHER!
WAAS?
ACH JAAAAA!

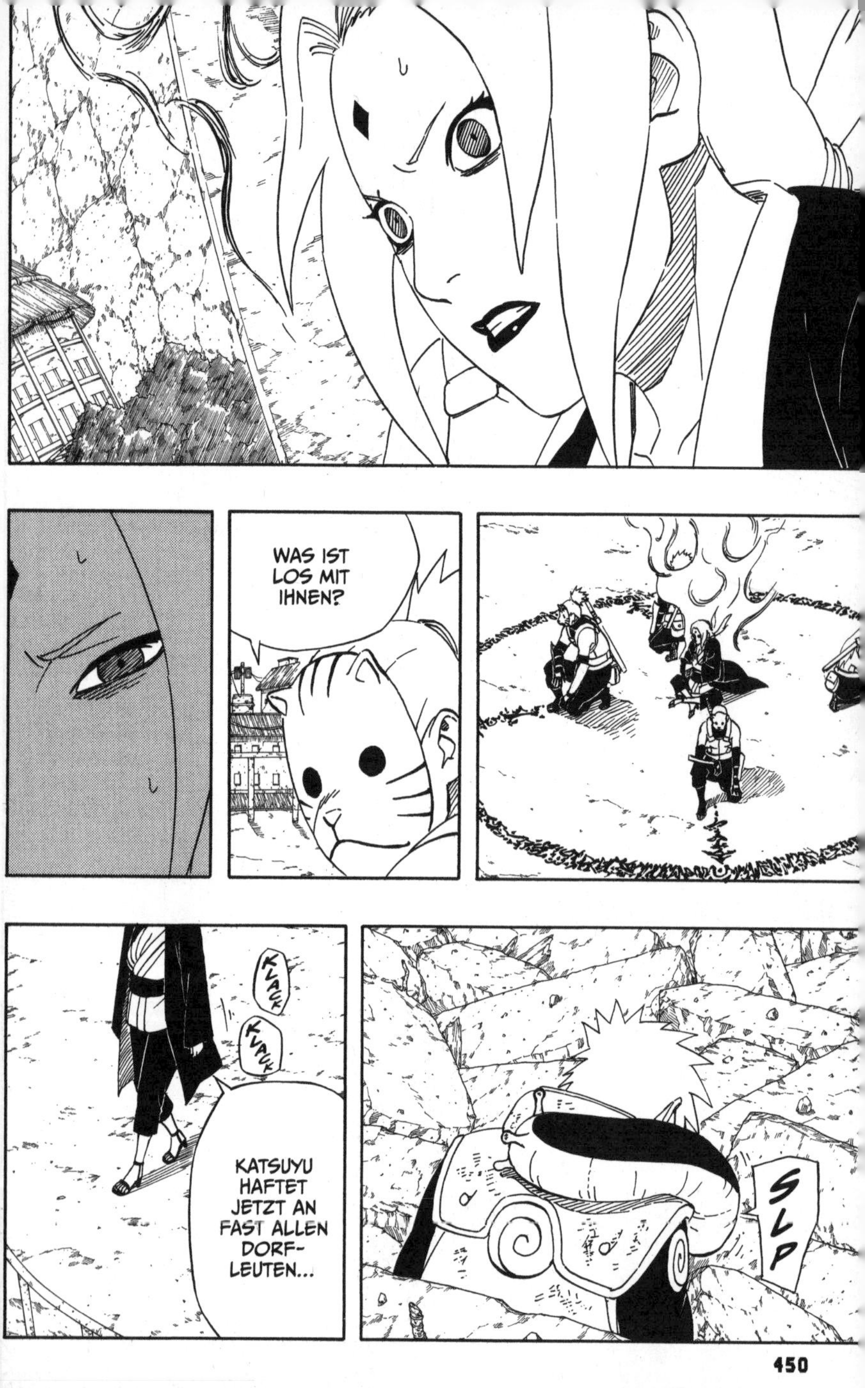
WAS IST LOS MIT IHNEN?
SLP
KATSUYU HAFTET JETZT AN FAST ALLEN DORF-LEUTEN...
KLACK
KLACK

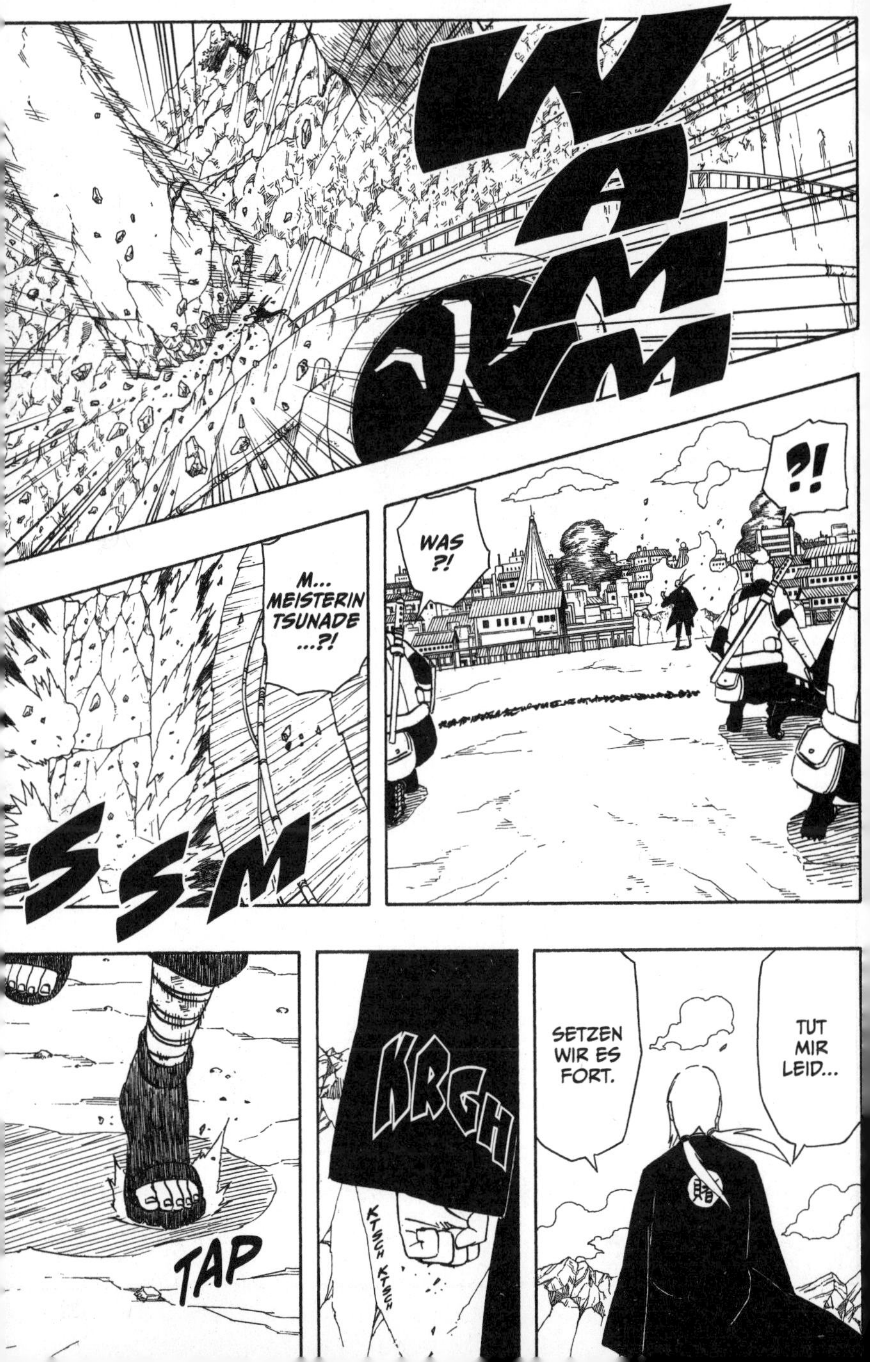
WAMM
?!
WAS ?!
M... MEISTERIN TSUNADE ...?!
SSM
TUT MIR LEID...
SETZEN WIR ES FORT.
KRGH
KTSCH KTSCH
TAP

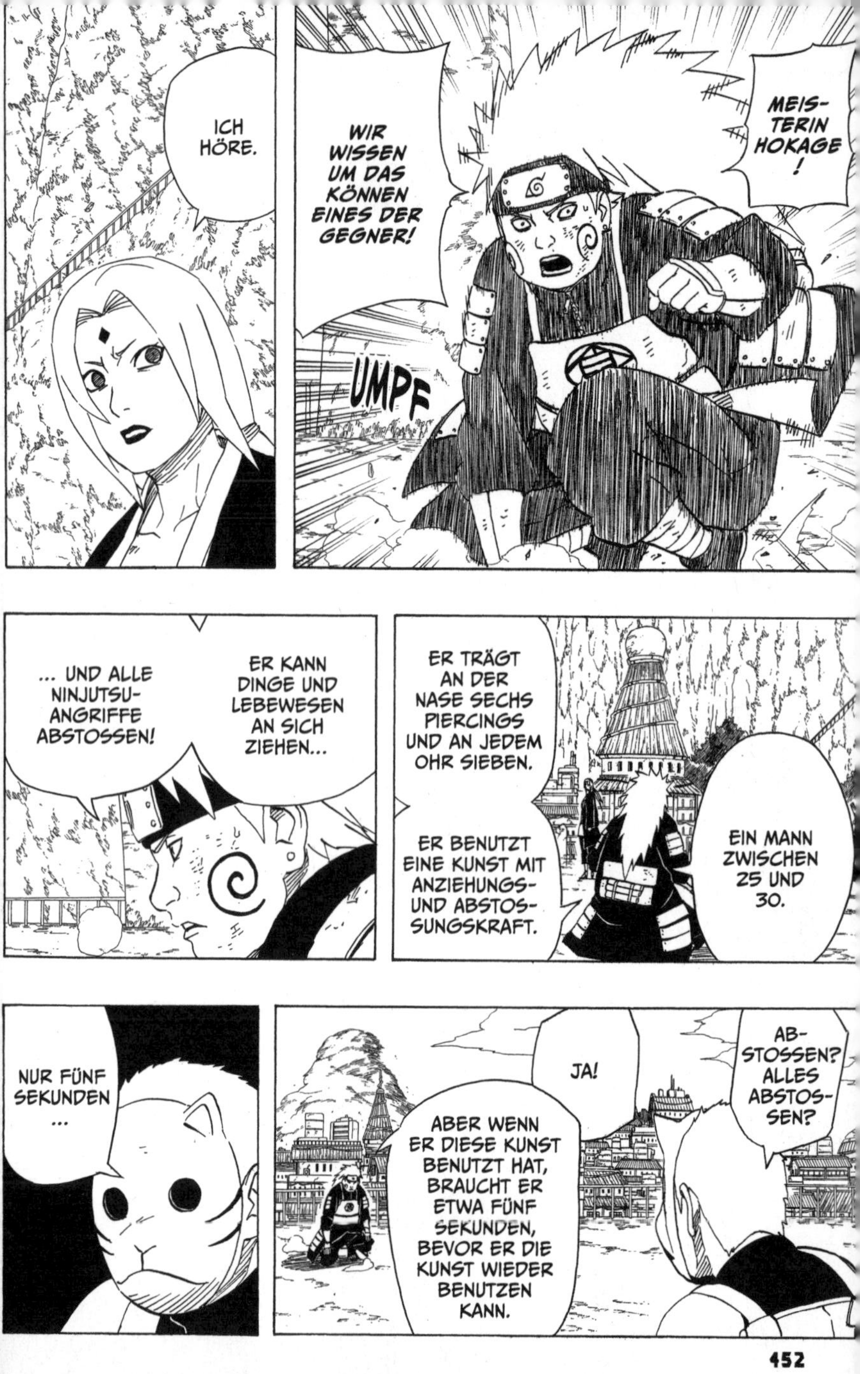
MEISTERIN HOKAGE!
UMPF
WIR WISSEN UM DAS KÖNNEN EINES DER GEGNER!
ICH HÖRE.
EIN MANN ZWISCHEN 25 UND 30.
ER TRÄGT AN DER NASE SECHS PIERCINGS UND AN JEDEM OHR SIEBEN.
ER BENUTZT EINE KUNST MIT ANZIEHUNGS- UND ABSTOSSUNGSKRAFT.
ER KANN DINGE UND LEBEWESEN AN SICH ZIEHEN...
... UND ALLE NINJUTSU-ANGRIFFE ABSTOSSEN!
ABSTOSSEN? ALLES ABSTOSSEN?
JA!
ABER WENN ER DIESE KUNST BENUTZT HAT, BRAUCHT ER ETWA FÜNF SEKUNDEN, BEVOR ER DIE KUNST WIEDER BENUTZEN KANN.
NUR FÜNF SEKUNDEN ...

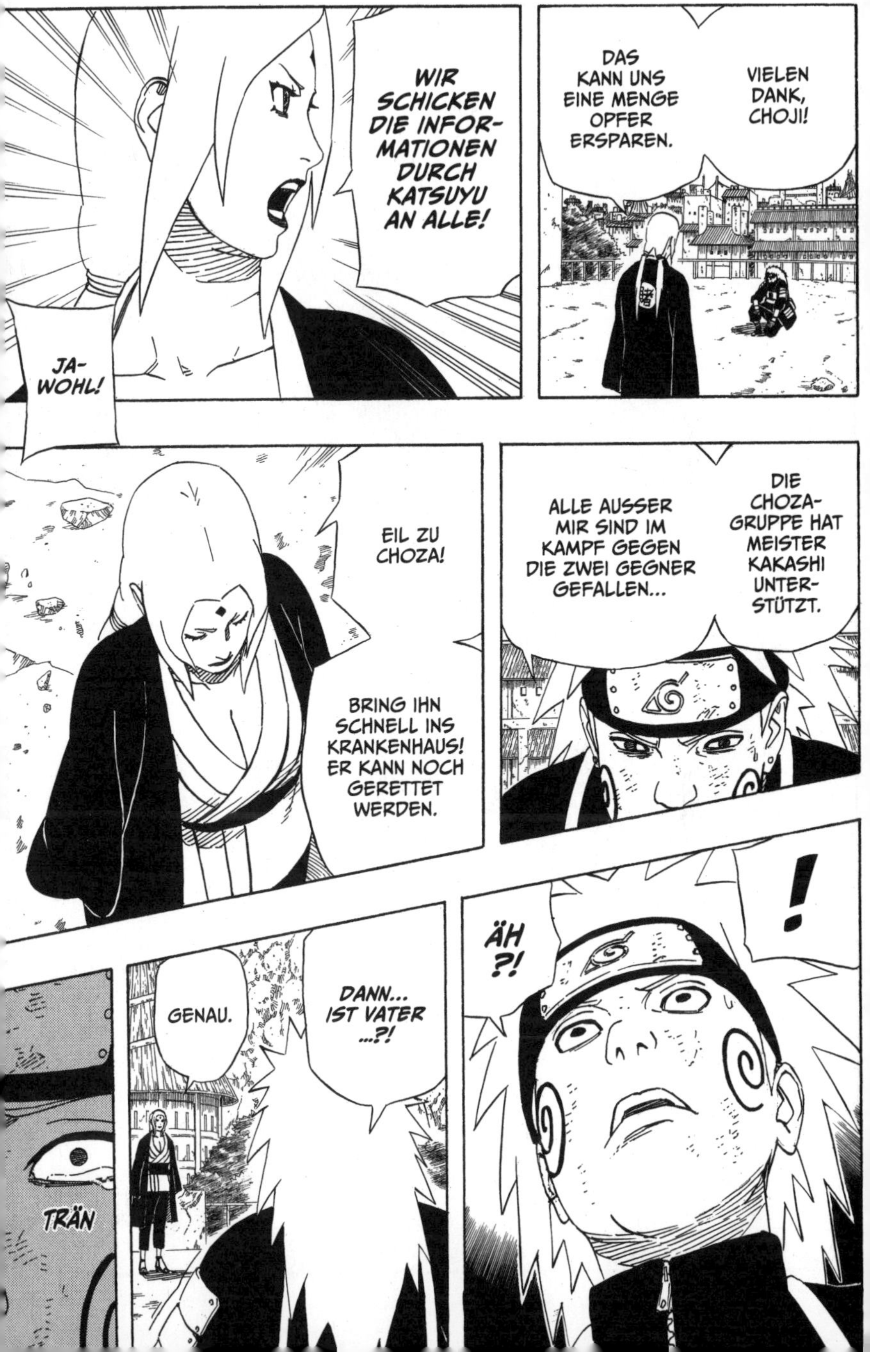
VIELEN DANK, CHOJI!
DAS KANN UNS EINE MENGE OPFER ERSPAREN.
WIR SCHICKEN DIE INFORMATIONEN DURCH KATSUYU AN ALLE!
JA-WOHL!
DIE CHOZA-GRUPPE HAT MEISTER KAKASHI UNTERSTÜTZT.
ALLE AUSSER MIR SIND IM KAMPF GEGEN DIE ZWEI GEGNER GEFALLEN...
EIL ZU CHOZA!
BRING IHN SCHNELL INS KRANKENHAUS! ER KANN NOCH GERETTET WERDEN.
!
ÄH ?!
DANN... IST VATER ...?!
GENAU.
TRÄN

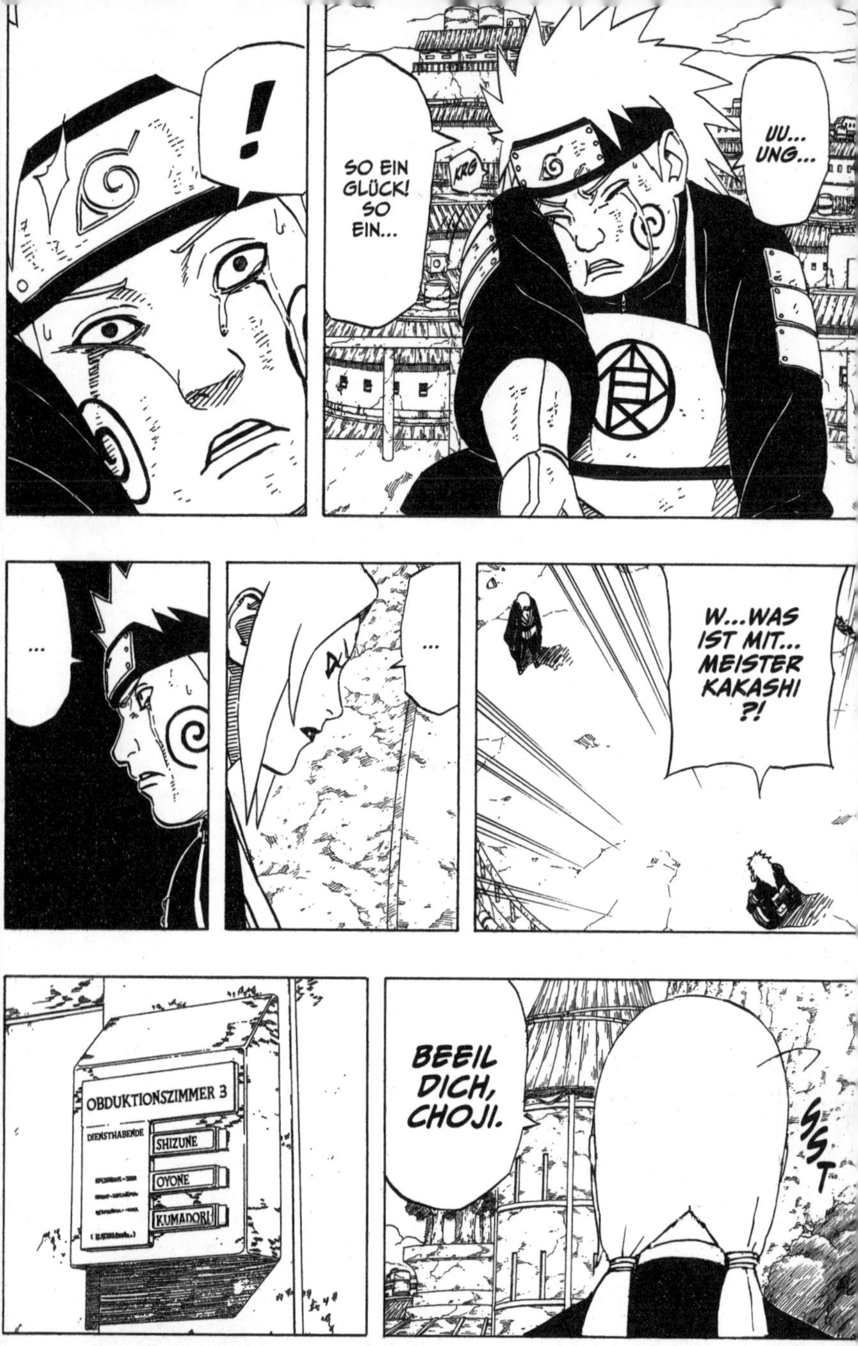
UU... UNG...
KRG
SO EIN GLÜCK! SO EIN...
!
W...WAS IST MIT... MEISTER KAKASHI ?!
...
...
BEEIL DICH, CHOJI.
SST
OBDUKTIONSZIMMER 3
DIENSTHABENDE
SHIZUNE
OYONE
KUMADORI

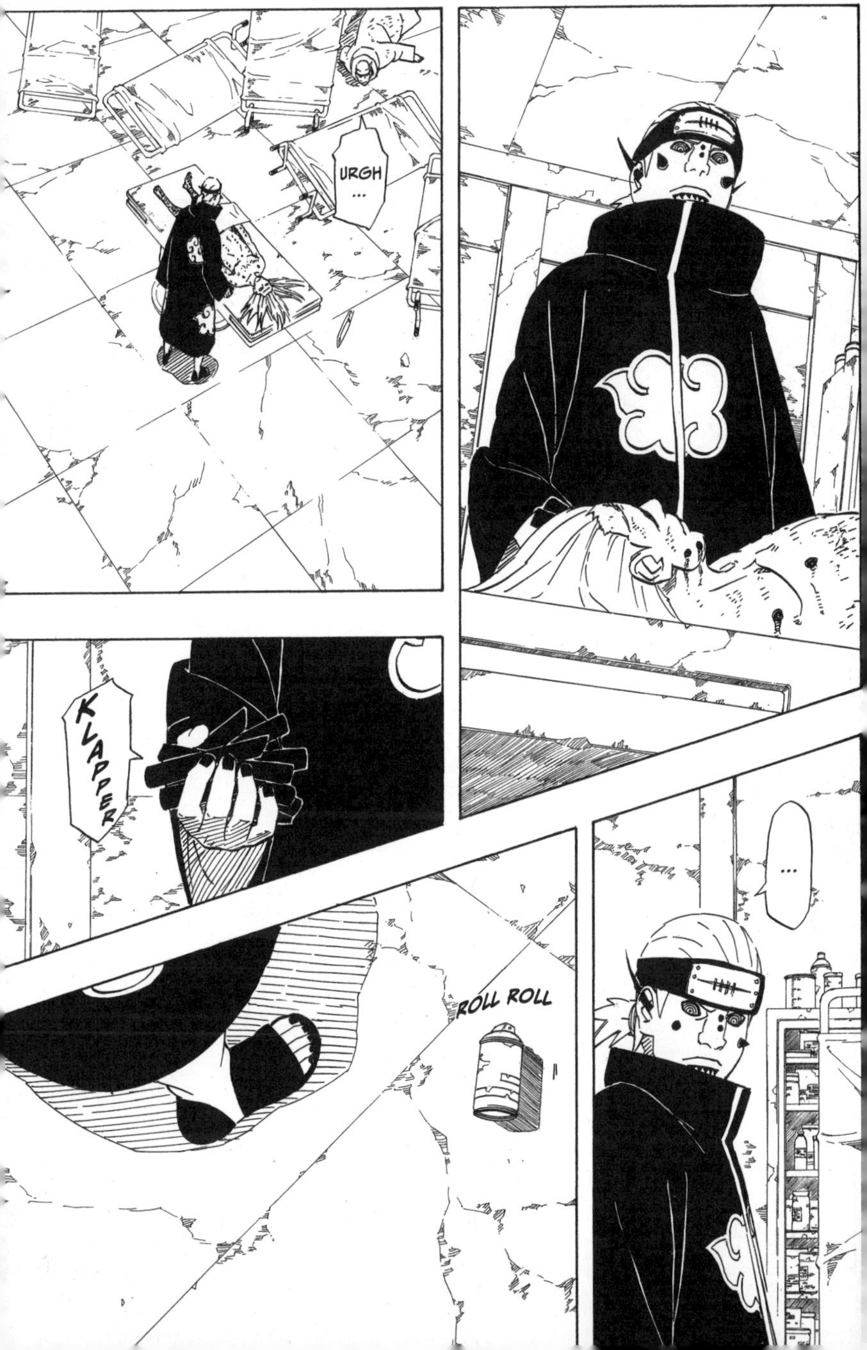
URGH ...
KLAPPER
...
ROLL ROLL

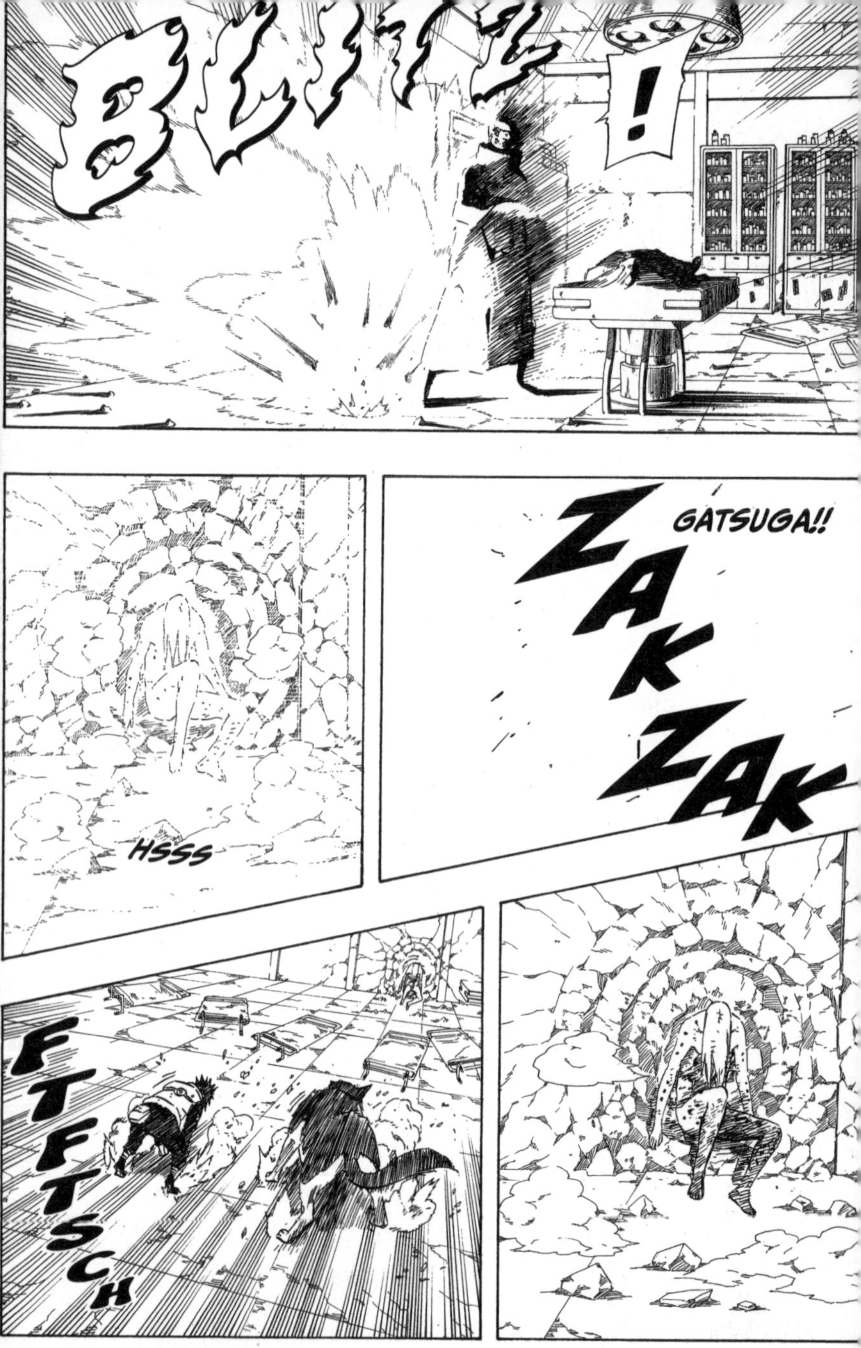
BLITZ!
ZAK ZAK
GATSUGA!!
HSSS
FTFTSCH

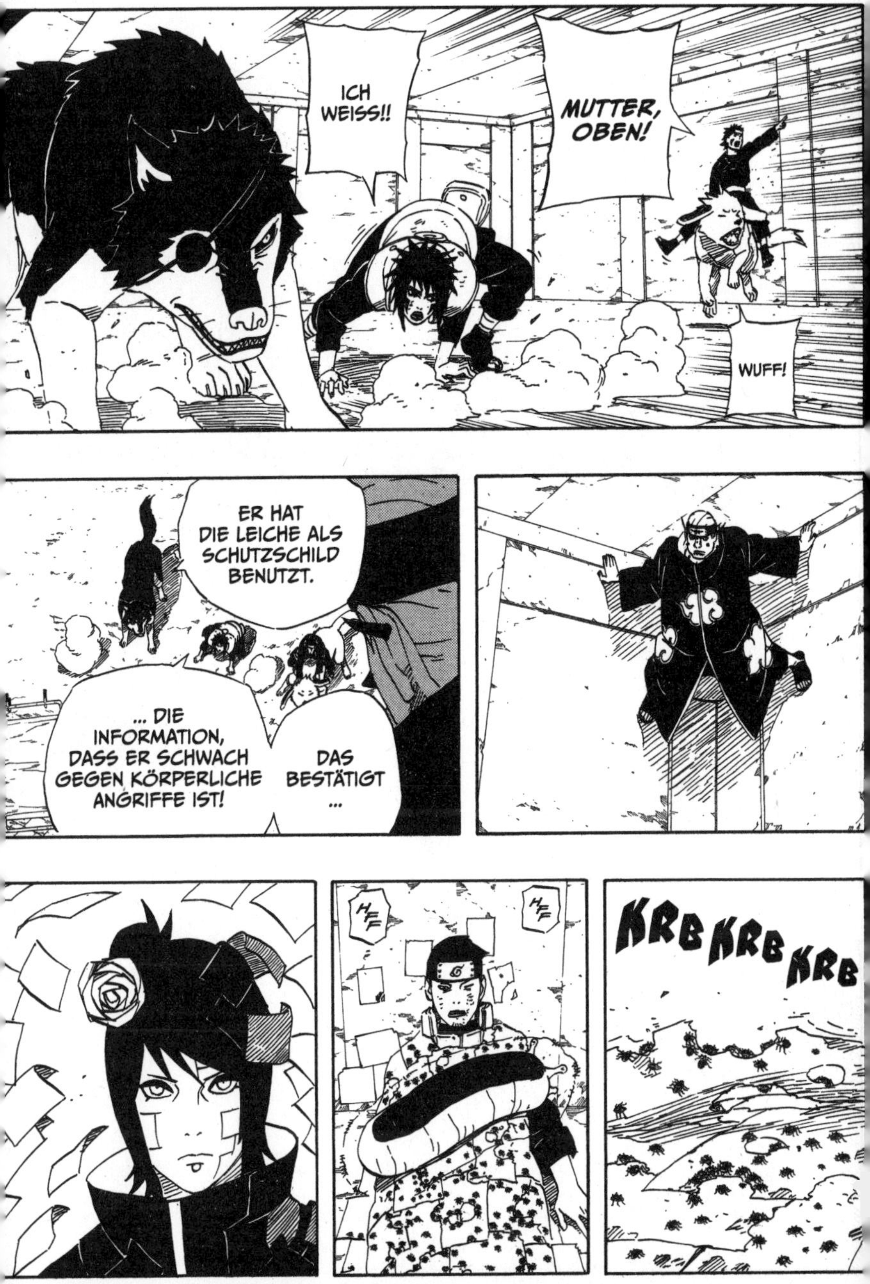
MUTTER, OBEN!
WUFF!
ICH WEISS!!
ER HAT DIE LEICHE ALS SCHUTZSCHILD BENUTZT.
DAS BESTÄTIGT ...
... DIE INFORMATION, DASS ER SCHWACH GEGEN KÖRPERLICHE ANGRIFFE IST!
KRB KRB KRB
HFF
HFF

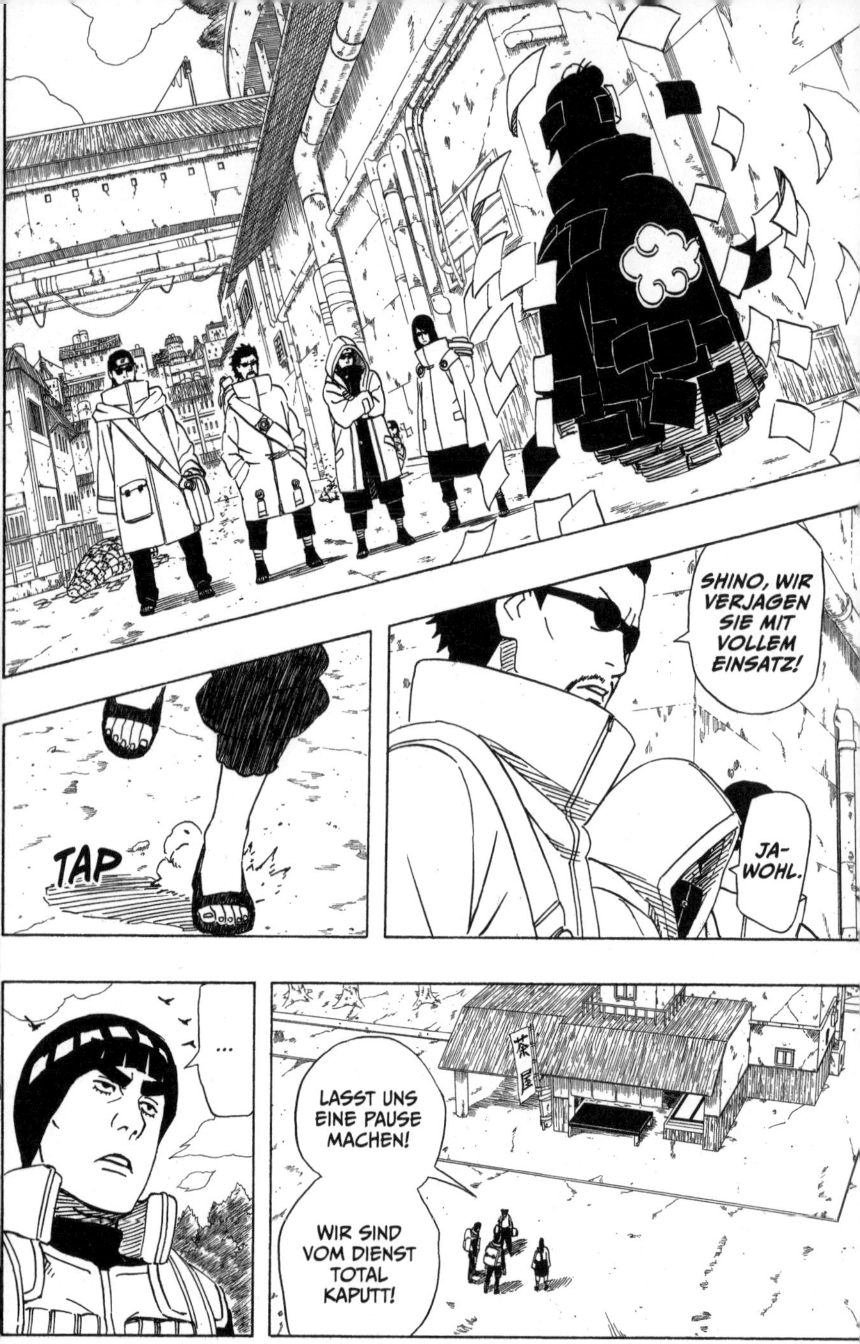
SHINO, WIR VERJAGEN SIE MIT VOLLEM EINSATZ!
JA-WOHL.
TAP
LASST UNS EINE PAUSE MACHEN!
WIR SIND VOM DIENST TOTAL KAPUTT!
...

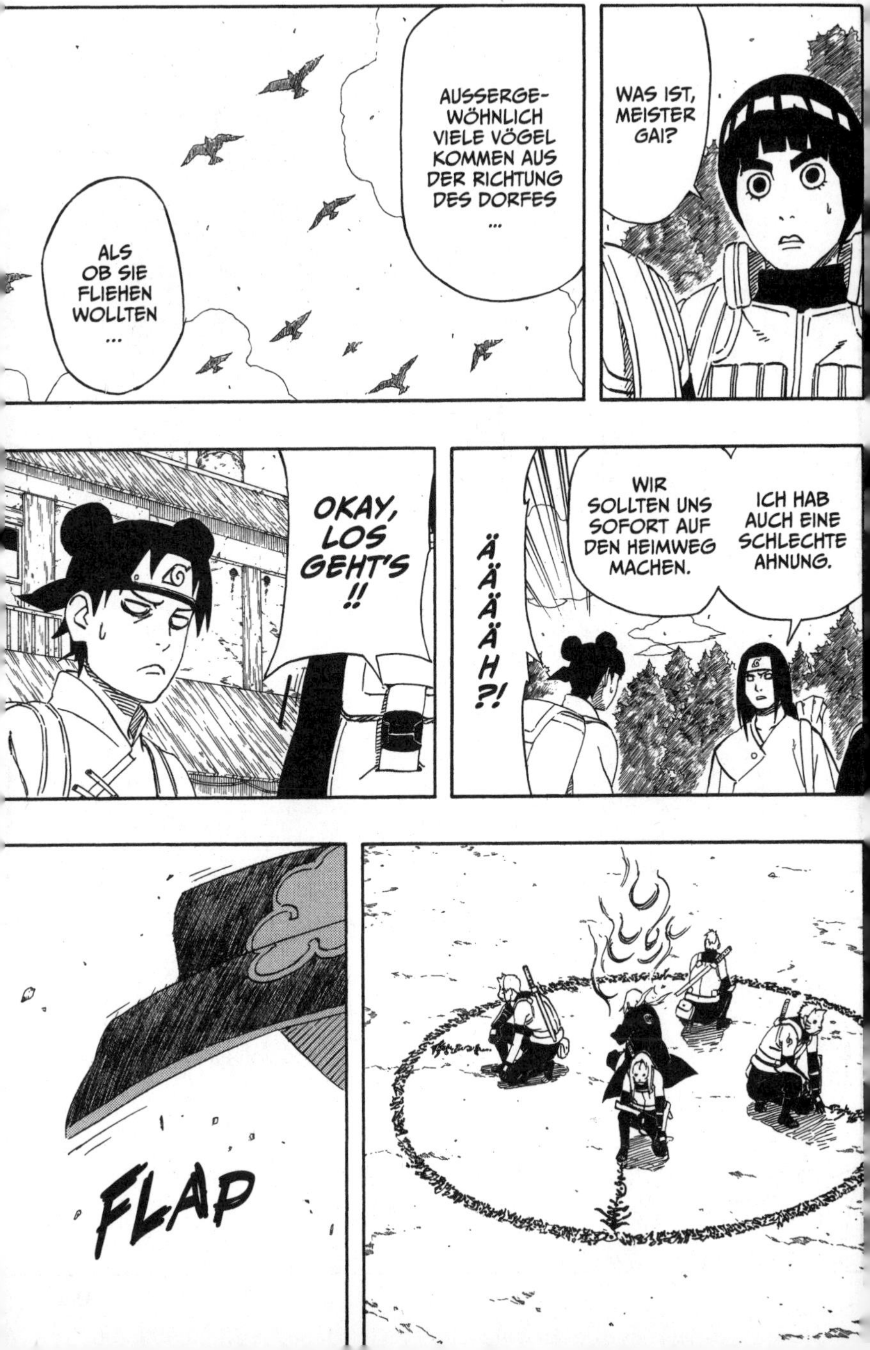
WAS IST, MEISTER GAI?
AUSSERGE-WÖHNLICH VIELE VÖGEL KOMMEN AUS DER RICHTUNG DES DORFES ...
ALS OB SIE FLIEHEN WOLLTEN ...
ICH HAB AUCH EINE SCHLECHTE AHNUNG.
WIR SOLLTEN UNS SOFORT AUF DEN HEIMWEG MACHEN.
ÄÄÄÄH?!
OKAY, LOS GEHT'S !!
FLAP

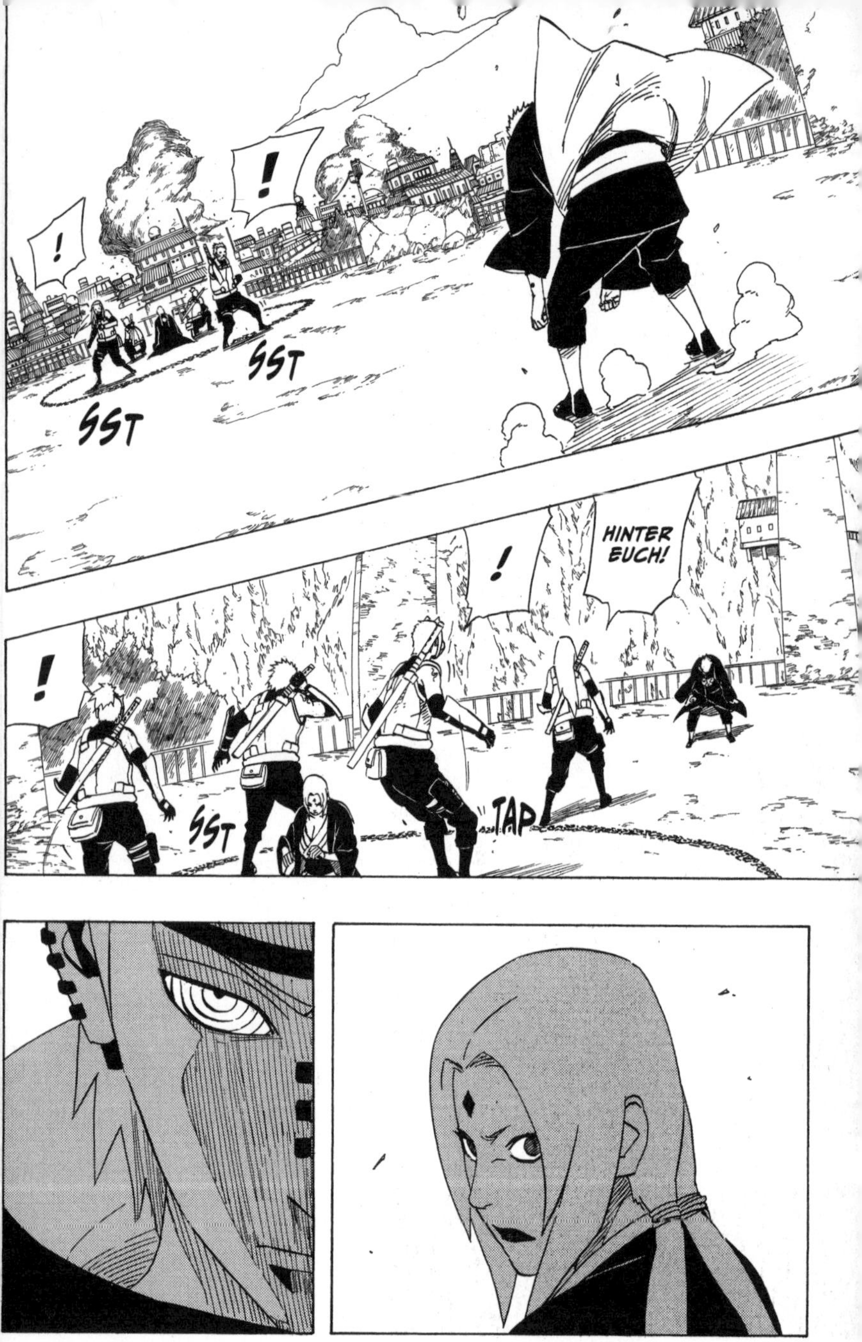
!
!
SST
SST
HINTER EUCH!
!
!
TAP
SST

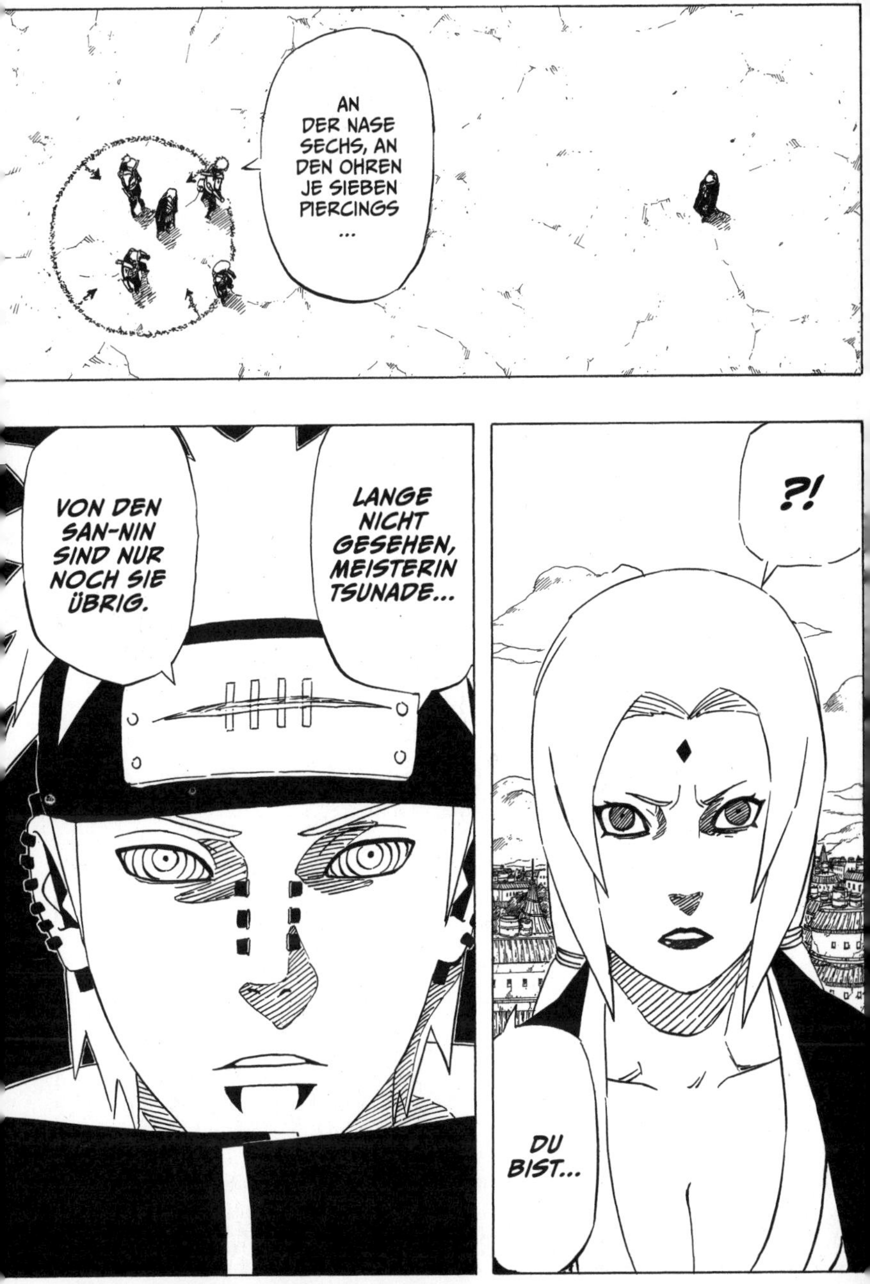
AN DER NASE SECHS, AN DEN OHREN JE SIEBEN PIERCINGS ...
?!
LANGE NICHT GESEHEN, MEISTERIN TSUNADE...
VON DEN SAN-NIN SIND NUR NOCH SIE ÜBRIG.
DU BIST...

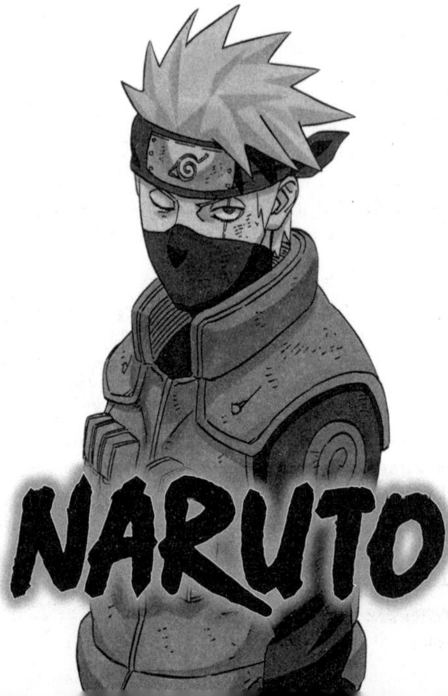
NARUTO

428. Kapitel: Dialog

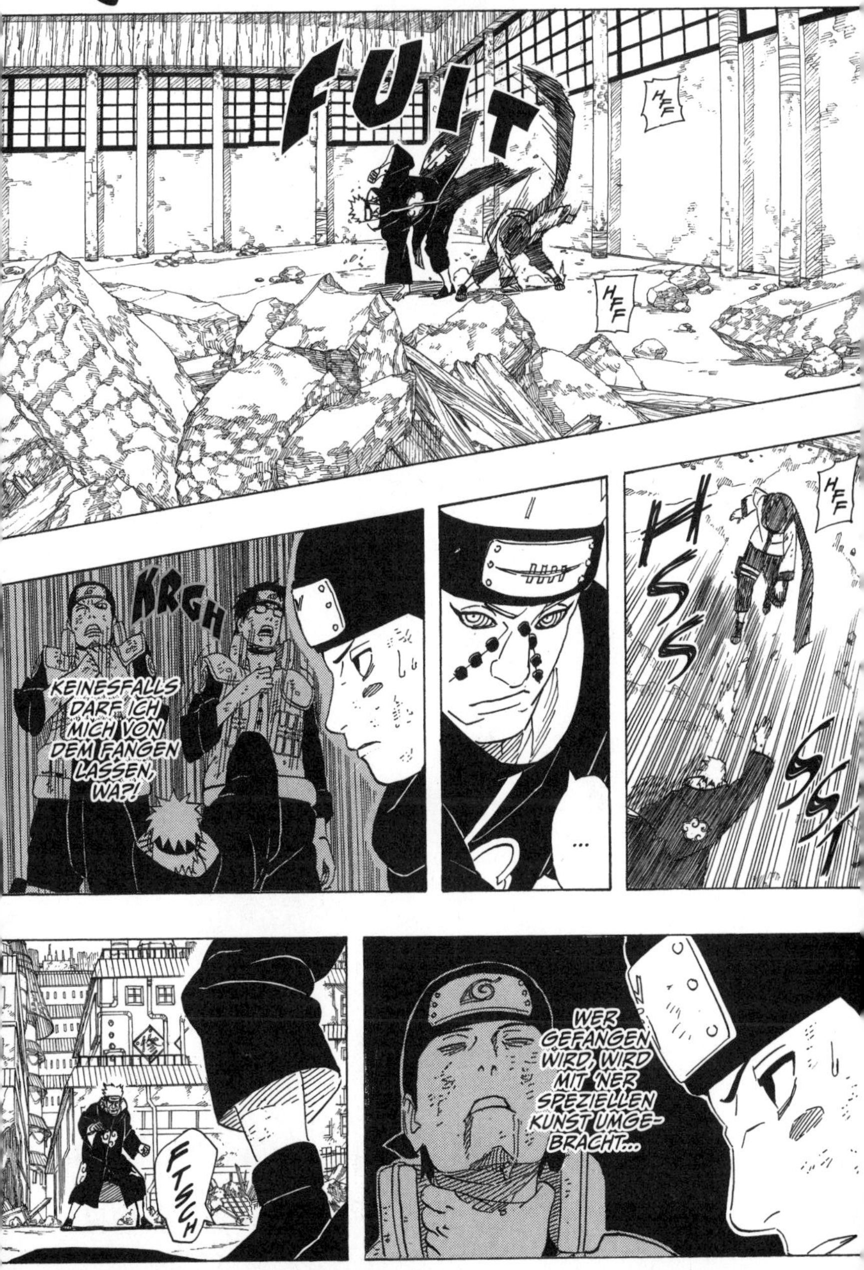

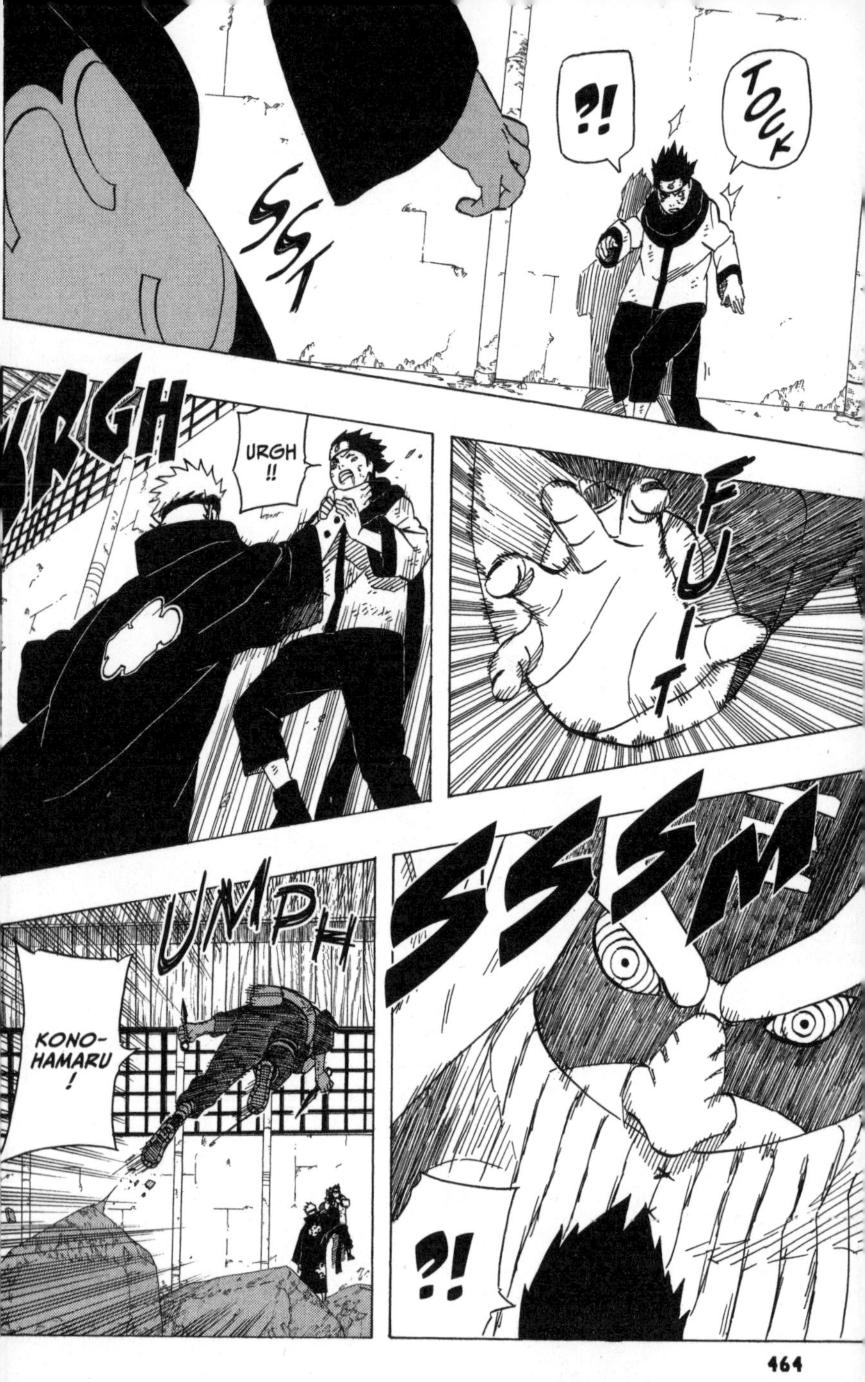
TOUCK
?!
SSK
FUIT
URGH !!
URGH
SSSM
?!
UMPH
KONO-HAMARU !

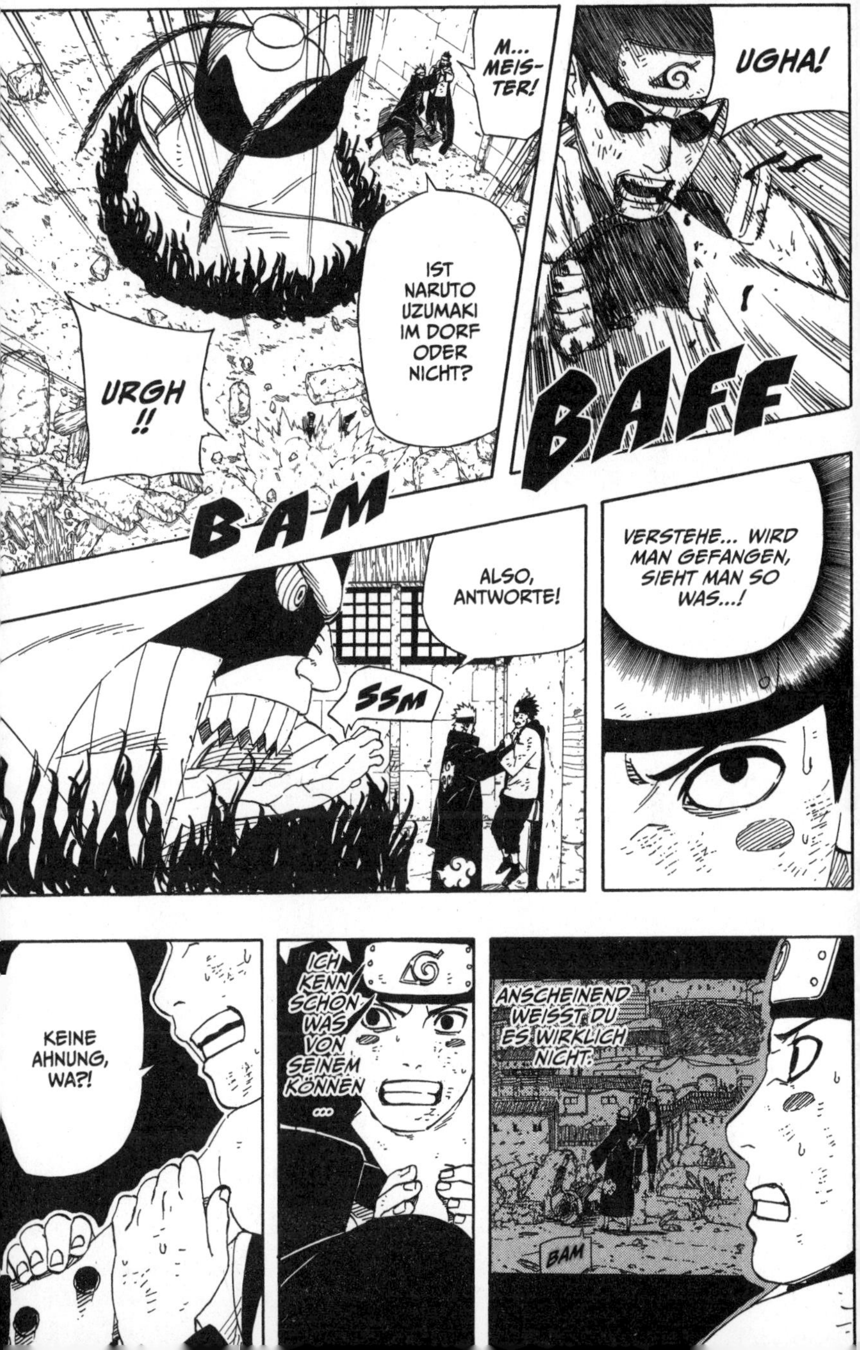
UGHA!
BAFF
M... MEIS-TER!
IST NARUTO UZUMAKI IM DORF ODER NICHT?
URGH !!
BAM
VERSTEHE... WIRD MAN GEFANGEN, SIEHT MAN SO WAS...!
ALSO, ANTWORTE!
SSM
ANSCHEINEND WEISST DU ES WIRKLICH NICHT.
BAM
ICH KENN SCHON WAS VON SEINEM KÖNNEN ...
KEINE AHNUNG, WA?!

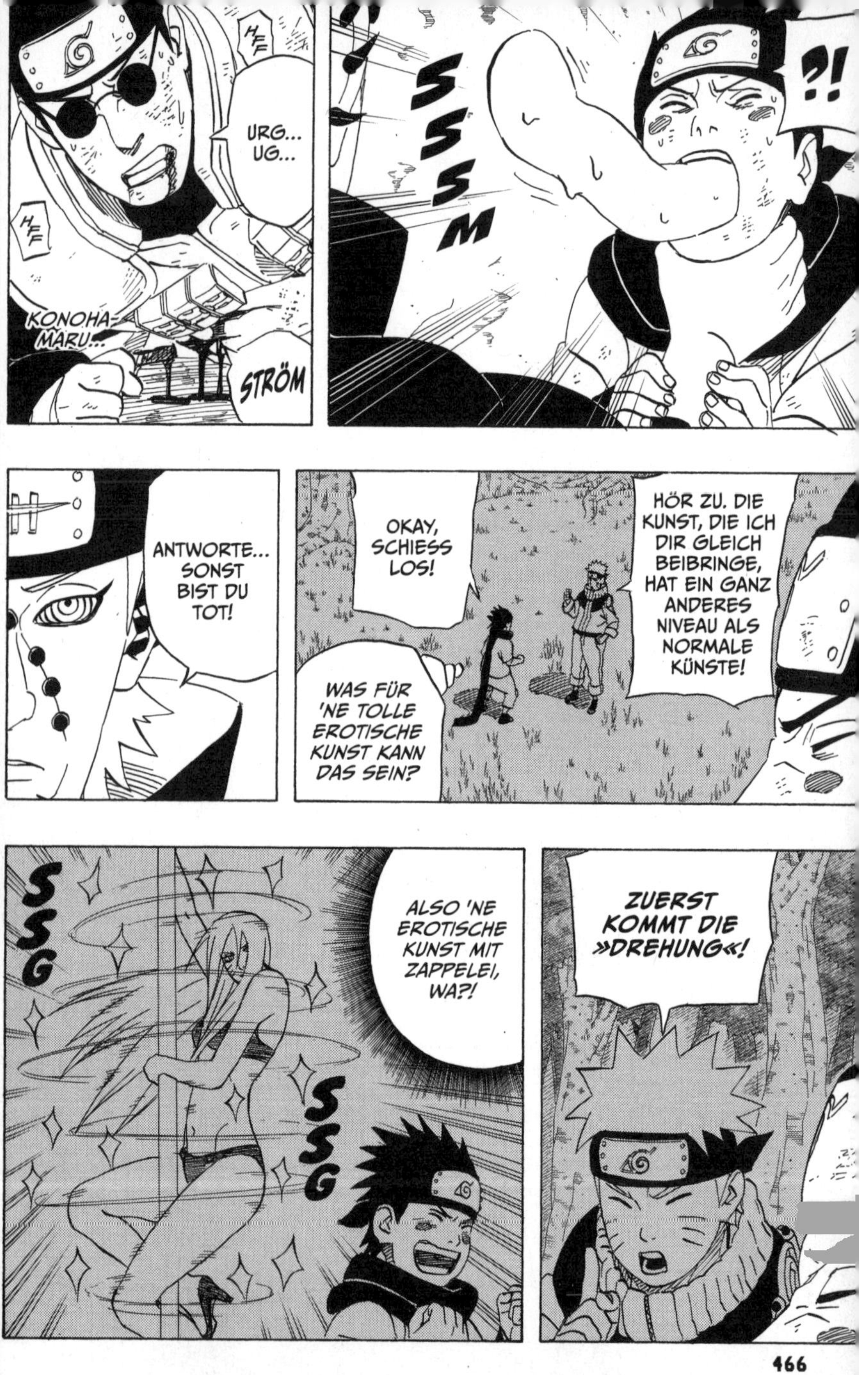
?!
SSSM
HFF
URG... UG...
HFF
KONOHA-MARU...
STRÖM
HÖR ZU. DIE KUNST, DIE ICH DIR GLEICH BEIBRINGE, HAT EIN GANZ ANDERES NIVEAU ALS NORMALE KÜNSTE!
OKAY, SCHIESS LOS!
WAS FÜR 'NE TOLLE EROTISCHE KUNST KANN DAS SEIN?
ANTWORTE... SONST BIST DU TOT!
ZUERST KOMMT DIE »DREHUNG«!
ALSO 'NE EROTISCHE KUNST MIT ZAPPELEI, WA?!
SSG
SSG

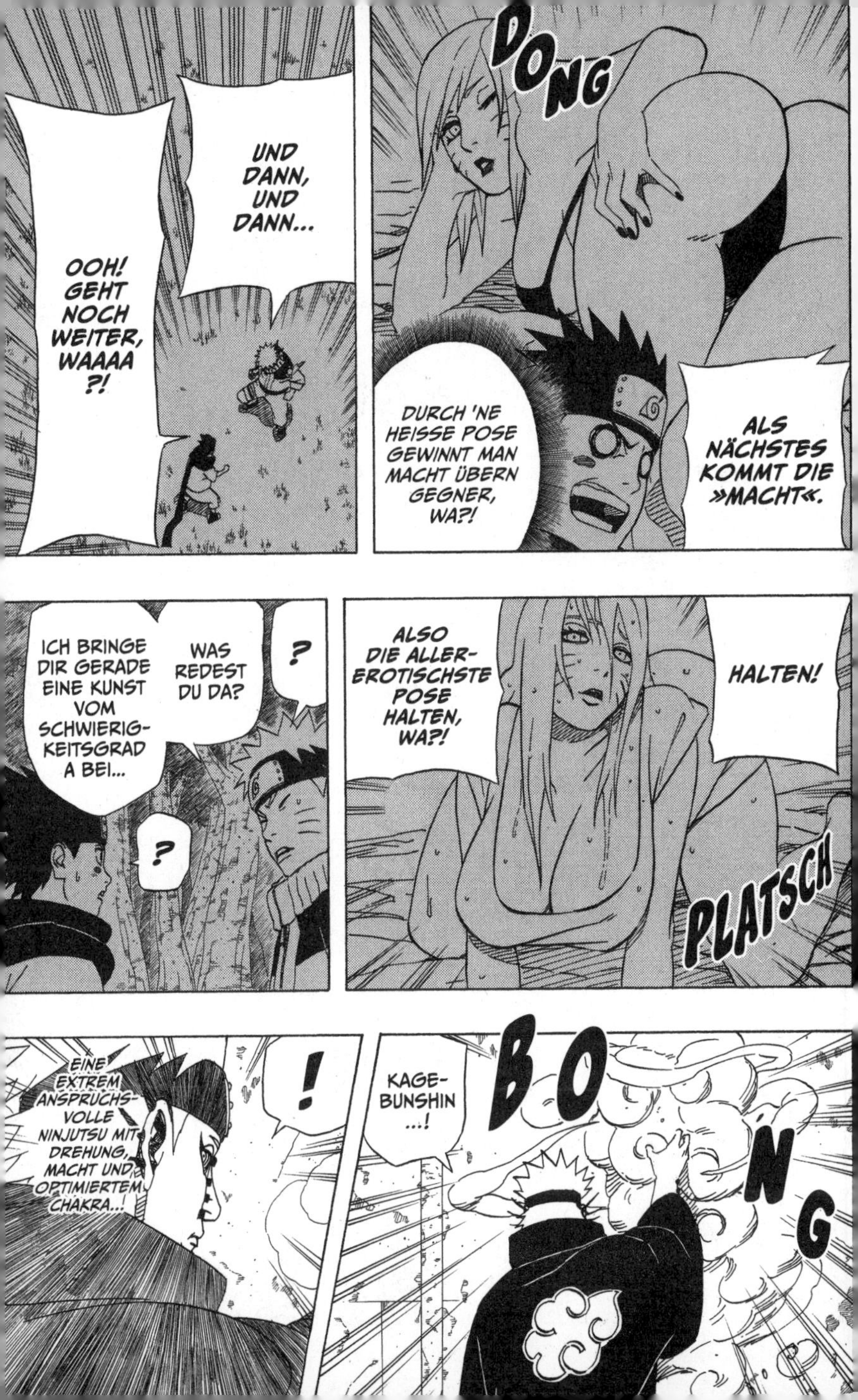
DONG
ALS NÄCHSTES KOMMT DIE »MACHT«.
DURCH 'NE HEISSE POSE GEWINNT MAN MACHT ÜBERN GEGNER, WA?!
UND DANN, UND DANN...
OOH! GEHT NOCH WEITER, WAAAA ?!
HALTEN!
ALSO DIE ALLER-EROTISCHSTE POSE HALTEN, WA?!
PLATSCH
?
WAS REDEST DU DA?
ICH BRINGE DIR GERADE EINE KUNST VOM SCHWIERIGKEITSGRAD A BEI...
?
KAGE-BUNSHIN ...!
BOONG
!
EINE EXTREM ANSPRUCHSVOLLE NINJUTSU MIT DREHUNG, MACHT UND OPTIMIERTEM CHAKRA...!

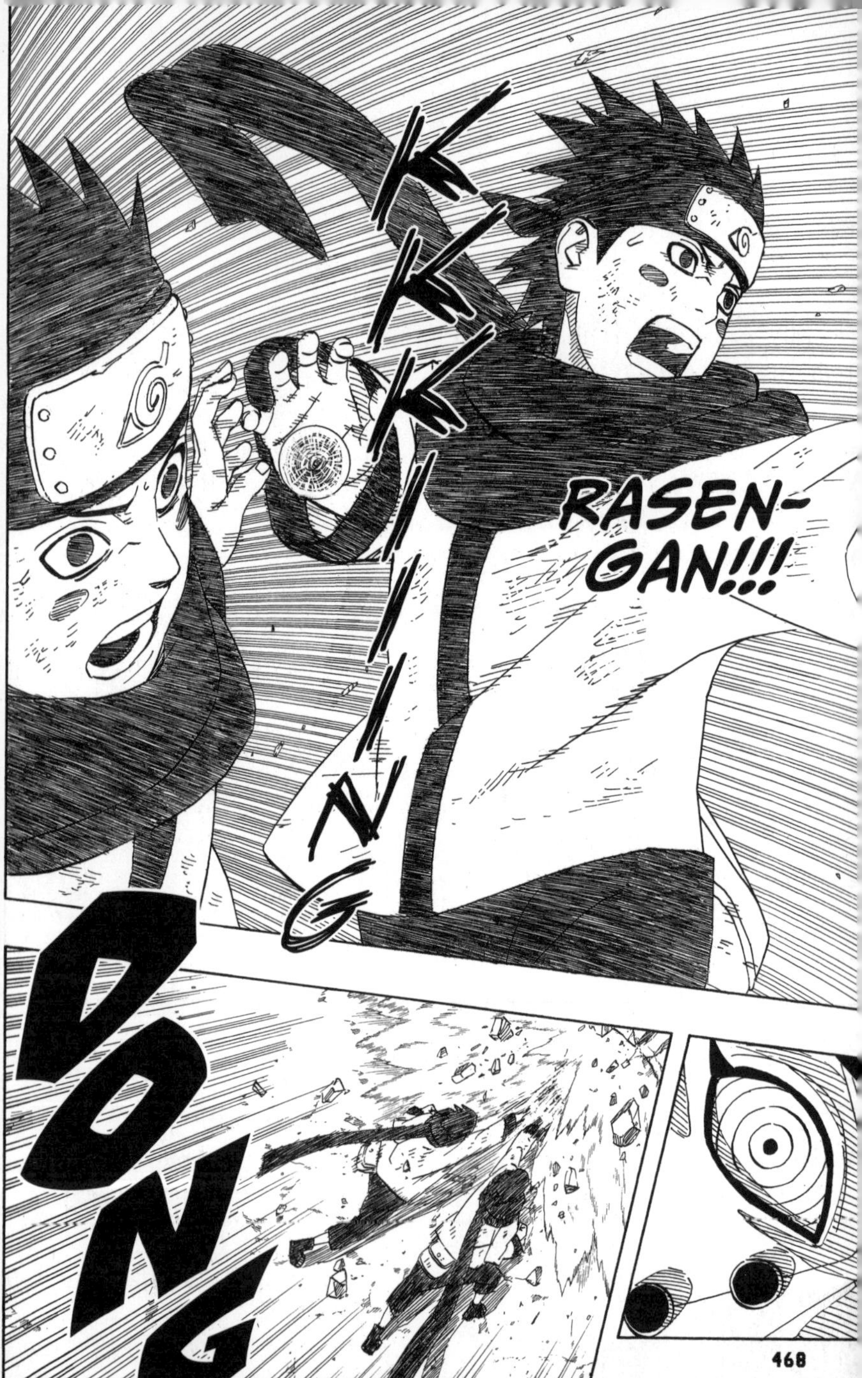
RASEN-
GAN!!!
KKKK————NG
DONG

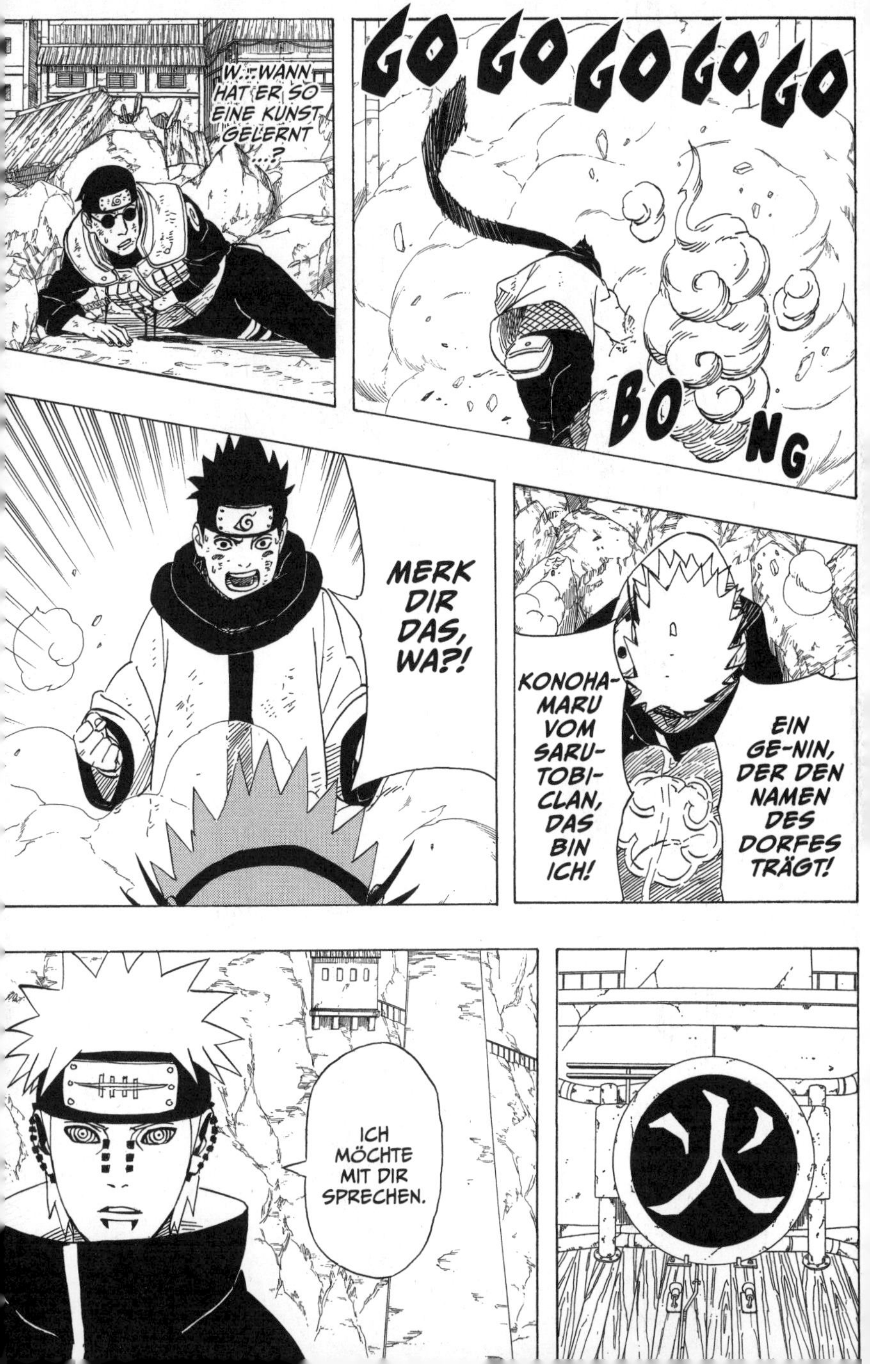
GO GO GO GO GO GO
BOONG
W...WANN HAT ER SO EINE KUNST GELERNT ...?
EIN GE-NIN, DER DEN NAMEN DES DORFES TRÄGT!
KONOHAMARU VOM SARUTOBI-CLAN, DAS BIN ICH!
MERK DIR DAS, WA?!
ICH MÖCHTE MIT DIR SPRECHEN.

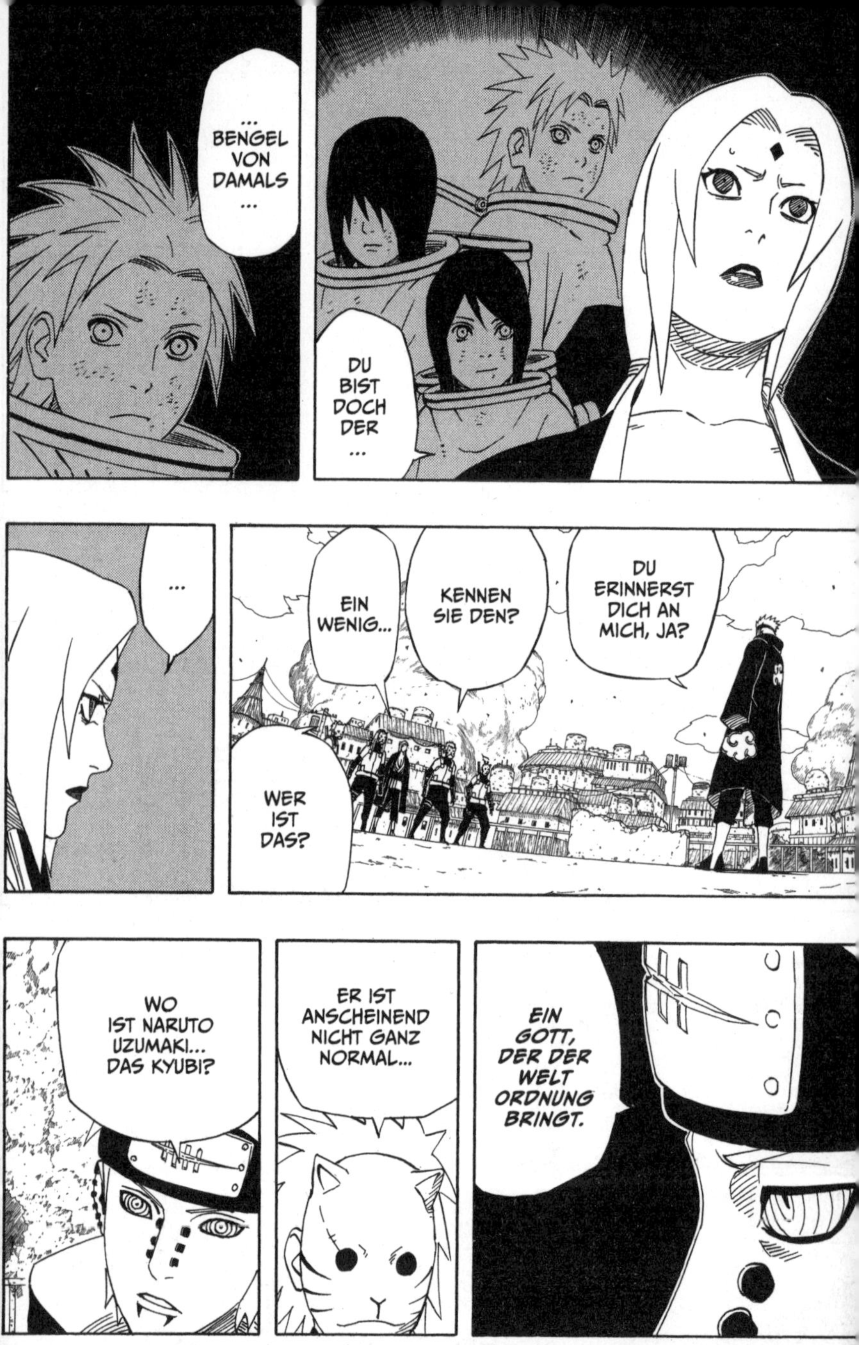
DU BIST DOCH DER ...
... BENGEL VON DAMALS ...
DU ERINNERST DICH AN MICH, JA?
KENNEN SIE DEN?
EIN WENIG...
WER IST DAS?
...
EIN GOTT, DER DER WELT ORDNUNG BRINGT.
ER IST ANSCHEINEND NICHT GANZ NORMAL...
WO IST NARUTO UZUMAKI... DAS KYUBI?

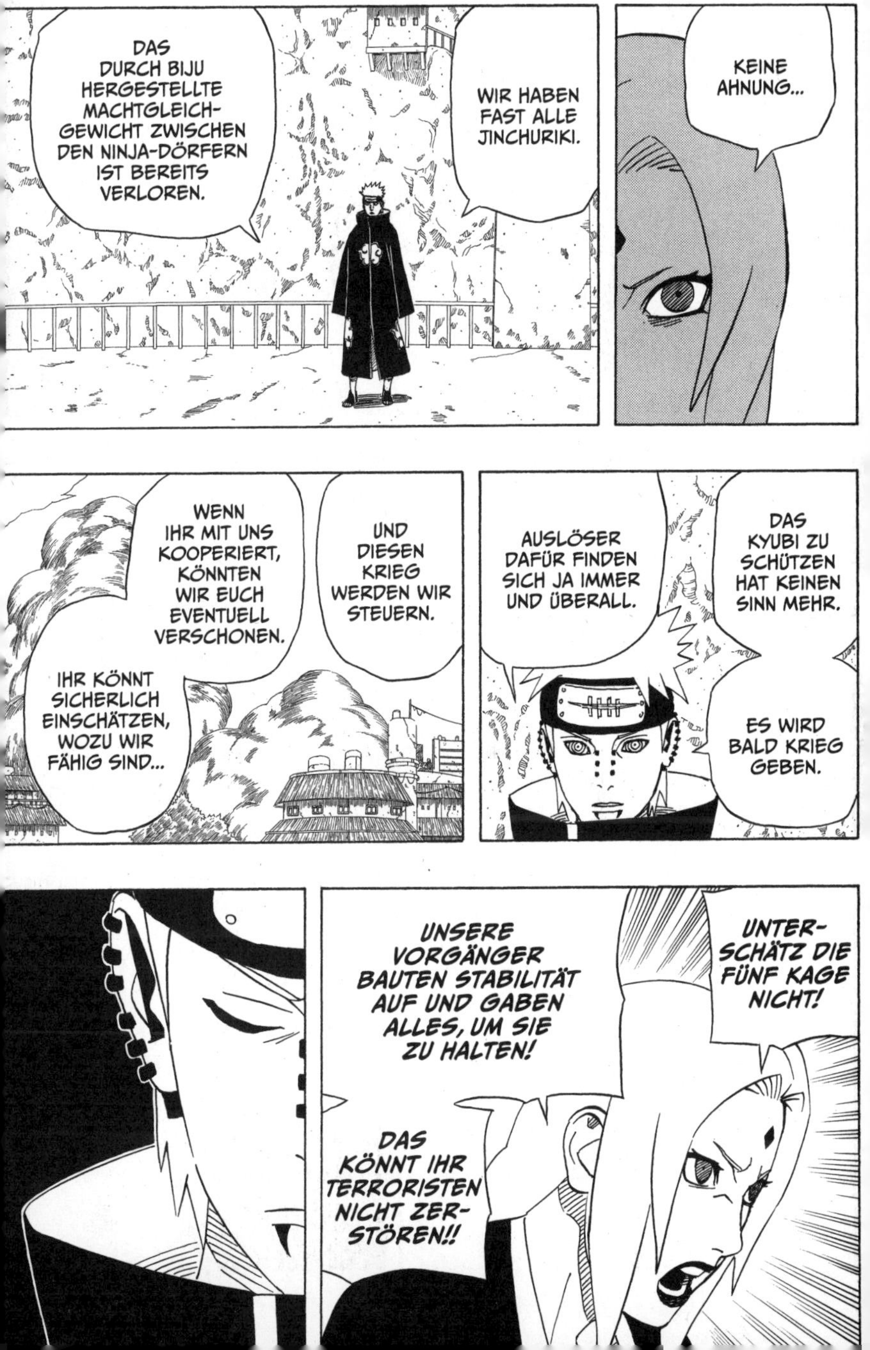
KEINE AHNUNG...
WIR HABEN FAST ALLE JINCHURIKI.
DAS DURCH BIJU HERGESTELLTE MACHTGLEICHGEWICHT ZWISCHEN DEN NINJA-DÖRFERN IST BEREITS VERLOREN.
DAS KYUBI ZU SCHÜTZEN HAT KEINEN SINN MEHR.
ES WIRD BALD KRIEG GEBEN.
AUSLÖSER DAFÜR FINDEN SICH JA IMMER UND ÜBERALL.
UND DIESEN KRIEG WERDEN WIR STEUERN.
WENN IHR MIT UNS KOOPERIERT, KÖNNTEN WIR EUCH EVENTUELL VERSCHONEN.
IHR KÖNNT SICHERLICH EINSCHÄTZEN, WOZU WIR FÄHIG SIND...
UNTERSCHÄTZ DIE FÜNF KAGE NICHT!
UNSERE VORGÄNGER BAUTEN STABILITÄT AUF UND GABEN ALLES, UM SIE ZU HALTEN!
DAS KÖNNT IHR TERRORISTEN NICHT ZERSTÖREN!!

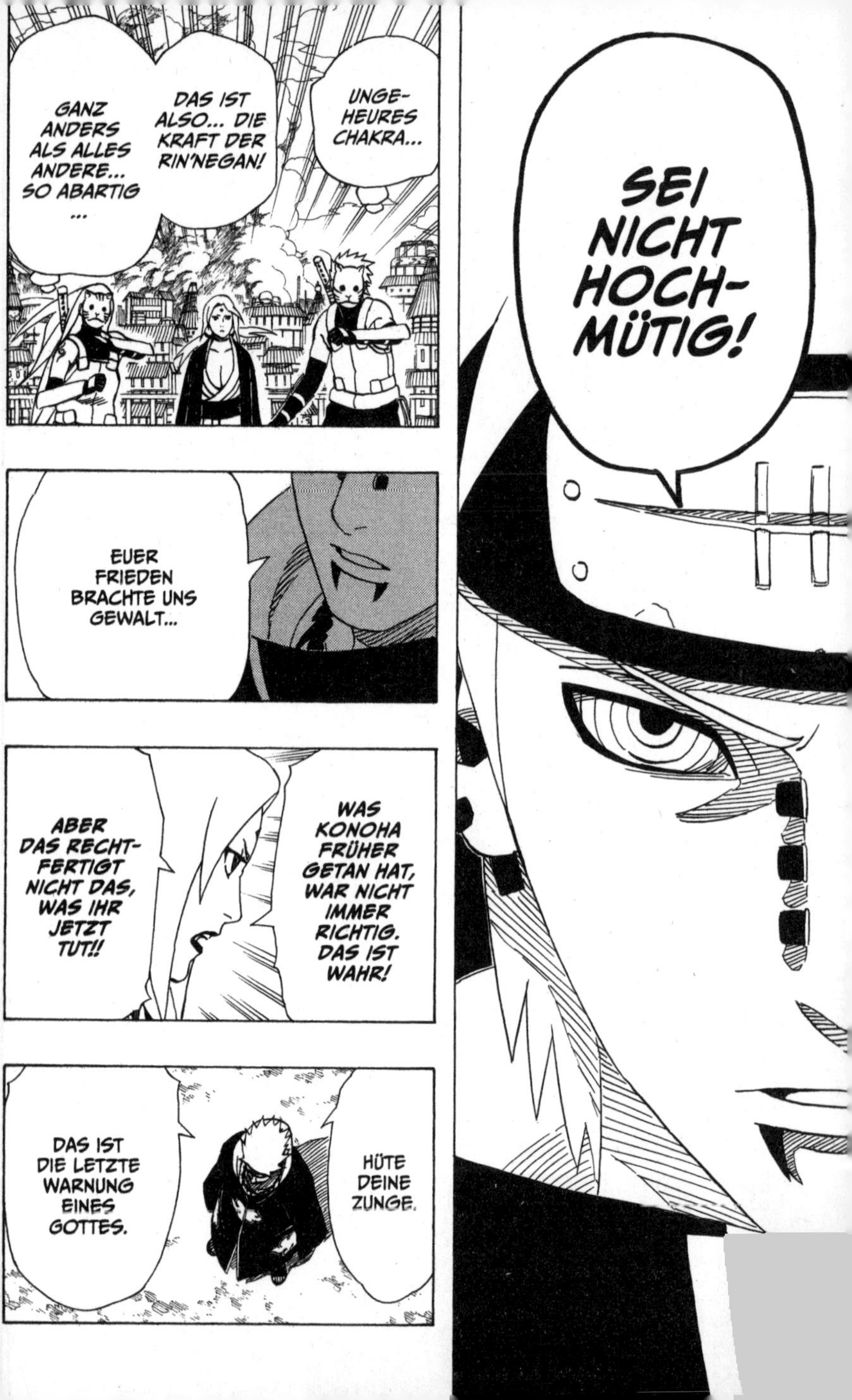
UNGE-HEURES CHAKRA...
DAS IST ALSO... DIE KRAFT DER RIN'NEGAN!
GANZ ANDERS ALS ALLES ANDERE... SO ABARTIG ...
EUER FRIEDEN BRACHTE UNS GEWALT...
WAS KONOHA FRÜHER GETAN HAT, WAR NICHT IMMER RICHTIG. DAS IST WAHR!
ABER DAS RECHT-FERTIGT NICHT DAS, WAS IHR JETZT TUT!!
HÜTE DEINE ZUNGE.
DAS IST DIE LETZTE WARNUNG EINES GOTTES.
SEI NICHT HOCH-MÜTIG!

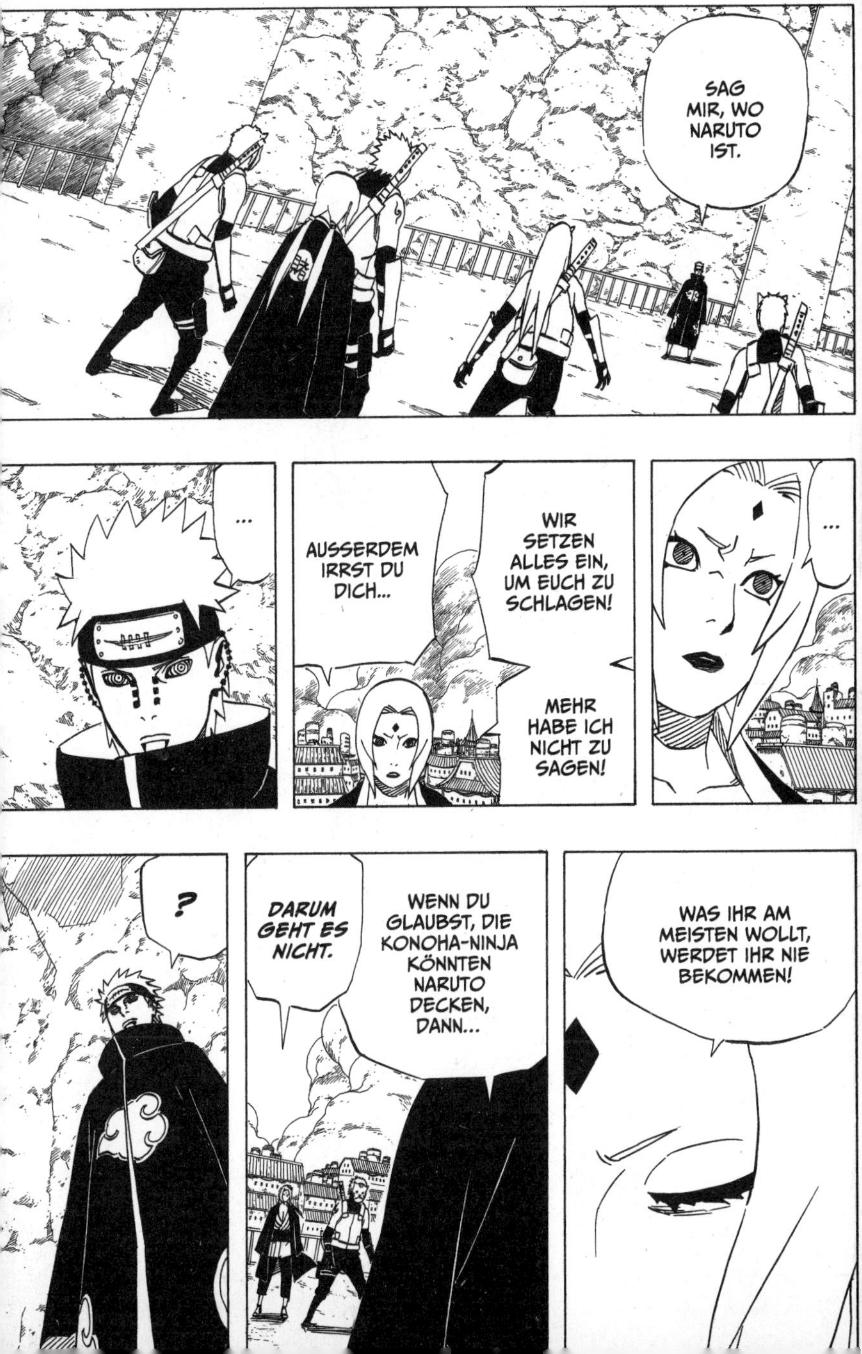
SAG MIR, WO NARUTO IST.
...
WIR SETZEN ALLES EIN, UM EUCH ZU SCHLAGEN!
MEHR HABE ICH NICHT ZU SAGEN!
AUSSERDEM IRRST DU DICH...
...
WAS IHR AM MEISTEN WOLLT, WERDET IHR NIE BEKOMMEN!
WENN DU GLAUBST, DIE KONOHA-NINJA KÖNNTEN NARUTO DECKEN, DANN...
DARUM GEHT ES NICHT.
?

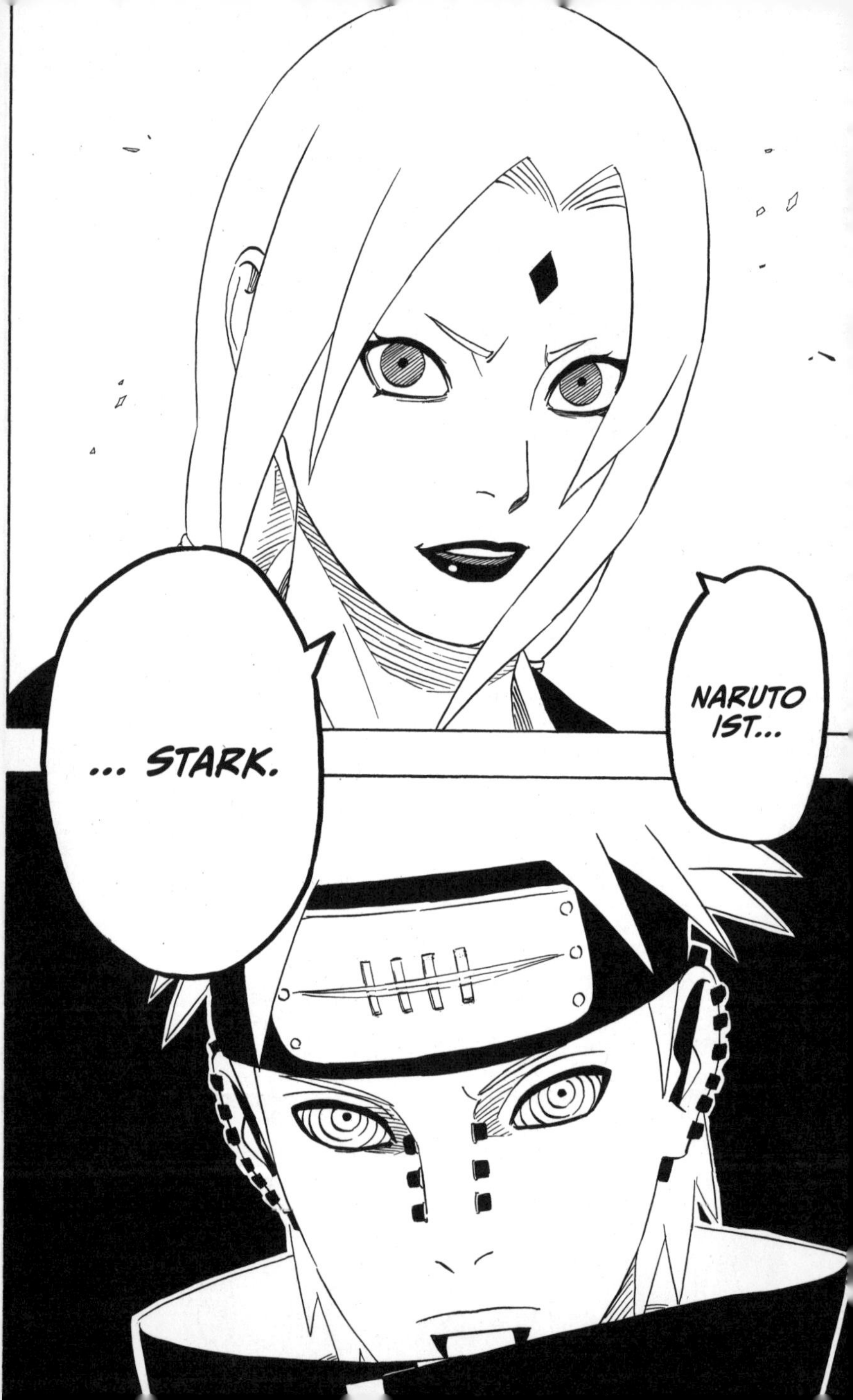
NARUTO IST...
... STARK.

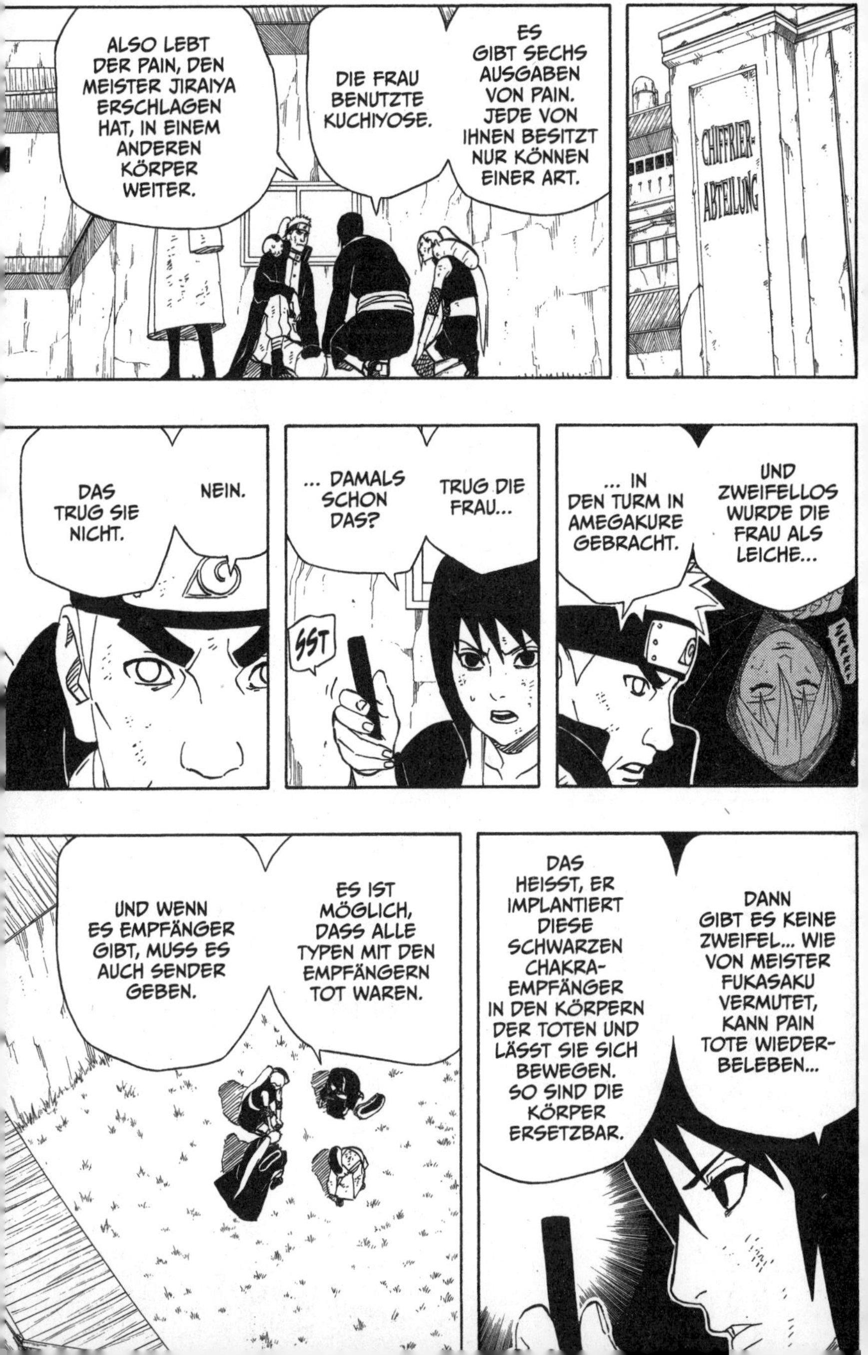
CHIFFRIER-ABTEILUNG
ES GIBT SECHS AUSGABEN VON PAIN. JEDE VON IHNEN BESITZT NUR KÖNNEN EINER ART.
DIE FRAU BENUTZTE KUCHIYOSE.
ALSO LEBT DER PAIN, DEN MEISTER JIRAIYA ERSCHLAGEN HAT, IN EINEM ANDEREN KÖRPER WEITER.
UND ZWEIFELLOS WURDE DIE FRAU ALS LEICHE...
... IN DEN TURM IN AMEGAKURE GEBRACHT.
TRUG DIE FRAU...
... DAMALS SCHON DAS?
SST
NEIN.
DAS TRUG SIE NICHT.
DANN GIBT ES KEINE ZWEIFEL... WIE VON MEISTER FUKASAKU VERMUTET, KANN PAIN TOTE WIEDER-BELEBEN...
DAS HEISST, ER IMPLANTIERT DIESE SCHWARZEN CHAKRA-EMPFÄNGER IN DEN KÖRPERN DER TOTEN UND LÄSST SIE SICH BEWEGEN. SO SIND DIE KÖRPER ERSETZBAR.
ES IST MÖGLICH, DASS ALLE TYPEN MIT DEN EMPFÄNGERN TOT WAREN.
UND WENN ES EMPFÄNGER GIBT, MUSS ES AUCH SENDER GEBEN.

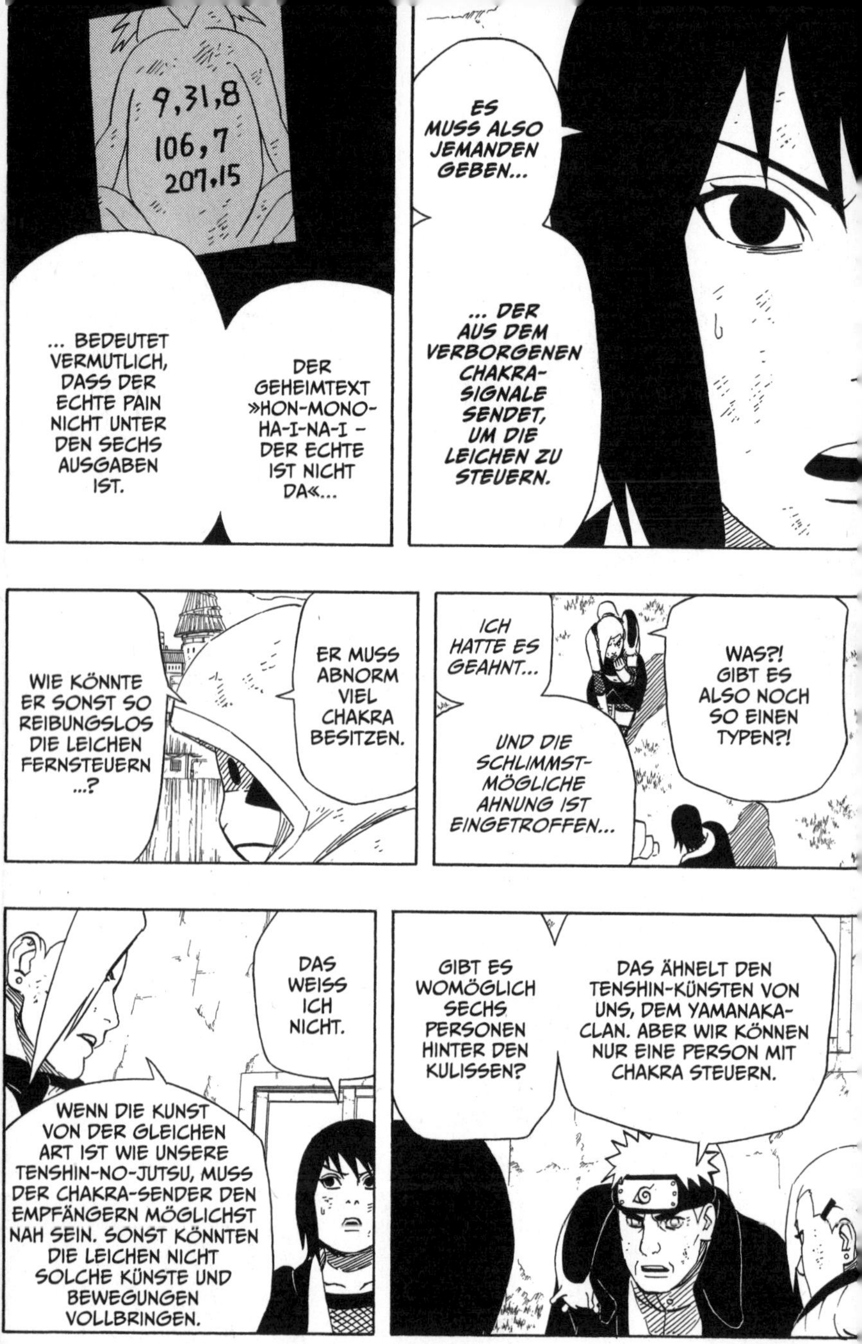
ES MUSS ALSO JEMANDEN GEBEN...
... DER AUS DEM VERBORGENEN CHAKRA-SIGNALE SENDET, UM DIE LEICHEN ZU STEUERN.
9,31,8 106,7 207.15
DER GEHEIMTEXT »HON-MONO-HA-I-NA-I – DER ECHTE IST NICHT DA«...
... BEDEUTET VERMUTLICH, DASS DER ECHTE PAIN NICHT UNTER DEN SECHS AUSGABEN IST.
WAS?! GIBT ES ALSO NOCH SO EINEN TYPEN?!
ICH HATTE ES GEAHNT...
UND DIE SCHLIMMSTMÖGLICHE AHNUNG IST EINGETROFFEN...
ER MUSS ABNORM VIEL CHAKRA BESITZEN.
WIE KÖNNTE ER SONST SO REIBUNGSLOS DIE LEICHEN FERNSTEUERN ...?
DAS ÄHNELT DEN TENSHIN-KÜNSTEN VON UNS, DEM YAMANAKA-CLAN. ABER WIR KÖNNEN NUR EINE PERSON MIT CHAKRA STEUERN.
GIBT ES WOMÖGLICH SECHS PERSONEN HINTER DEN KULISSEN?
DAS WEISS ICH NICHT.
WENN DIE KUNST VON DER GLEICHEN ART IST WIE UNSERE TENSHIN-NO-JUTSU, MUSS DER CHAKRA-SENDER DEN EMPFÄNGERN MÖGLICHST NAH SEIN. SONST KÖNNTEN DIE LEICHEN NICHT SOLCHE KÜNSTE UND BEWEGUNGEN VOLLBRINGEN.

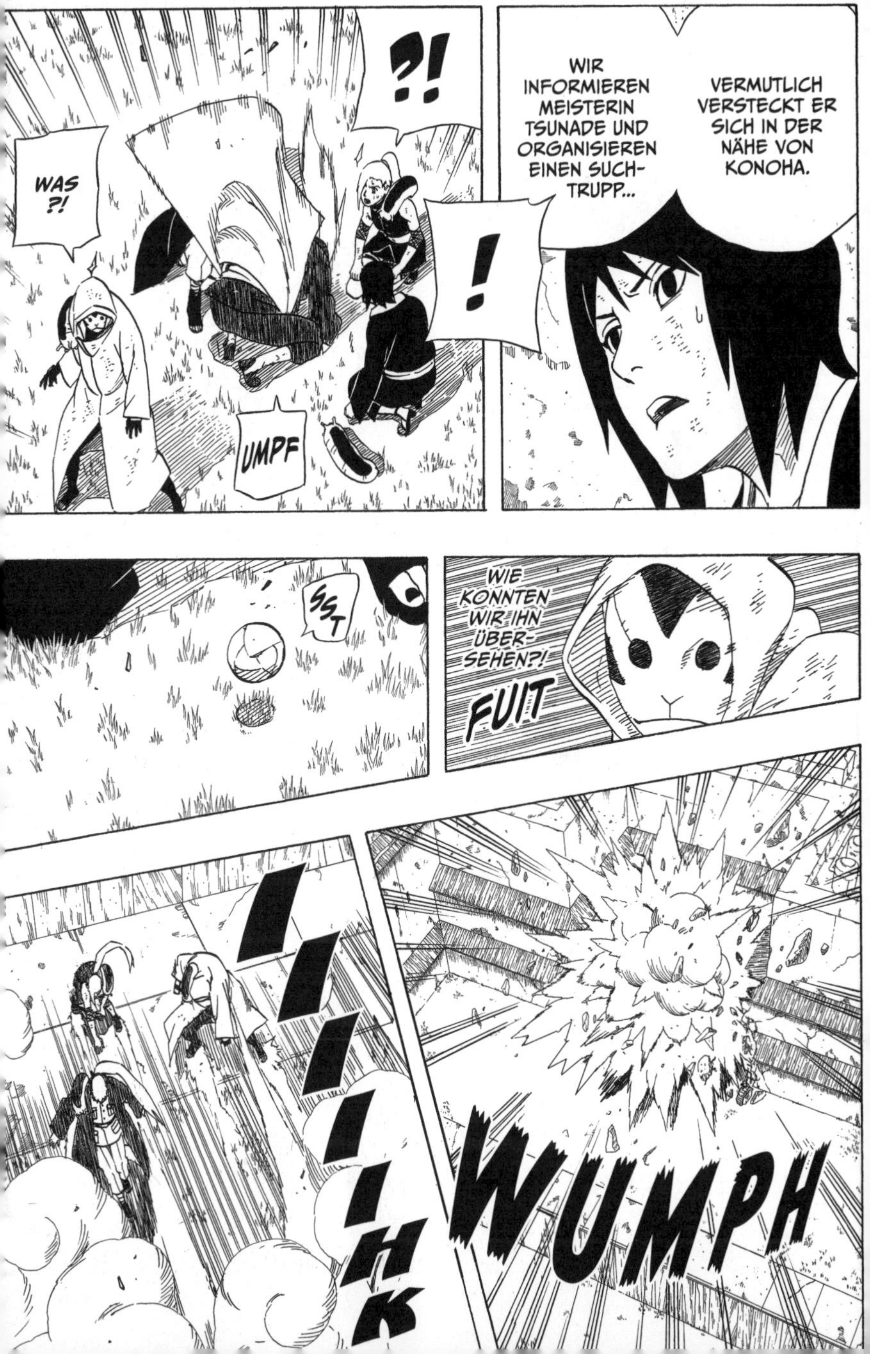

VERMUTLICH VERSTECKT ER SICH IN DER NÄHE VON KONOHA.
WIR INFORMIEREN MEISTERIN TSUNADE UND ORGANISIEREN EINEN SUCH-TRUPP...
?!
!
WAS ?!
UMPF
WIE KONNTEN WIR IHN ÜBER-SEHEN?!
FUIT
SST
WUMPH
IIIIIIHK

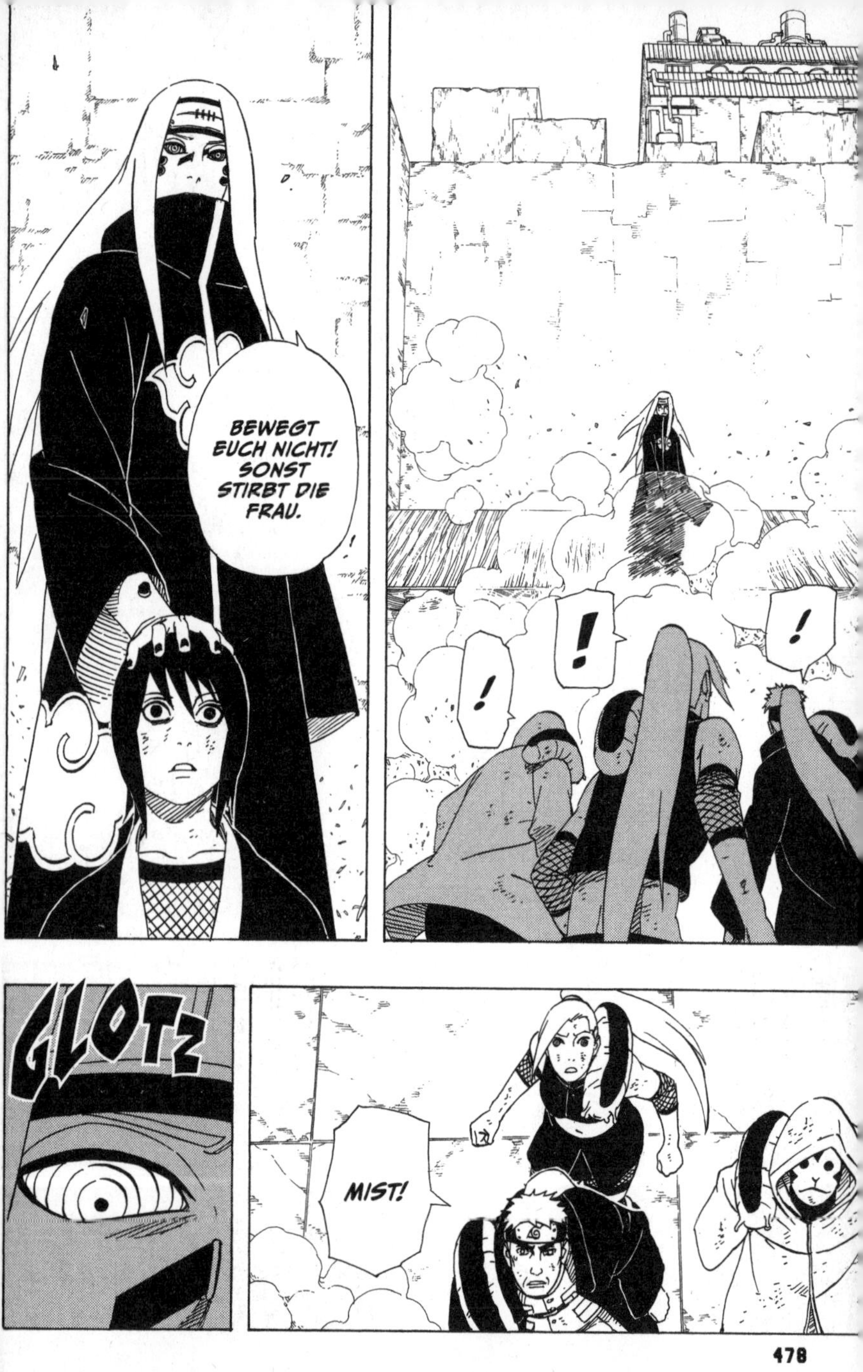

!
!
!
BEWEGT EUCH NICHT! SONST STIRBT DIE FRAU.
MIST!
GLOTZ

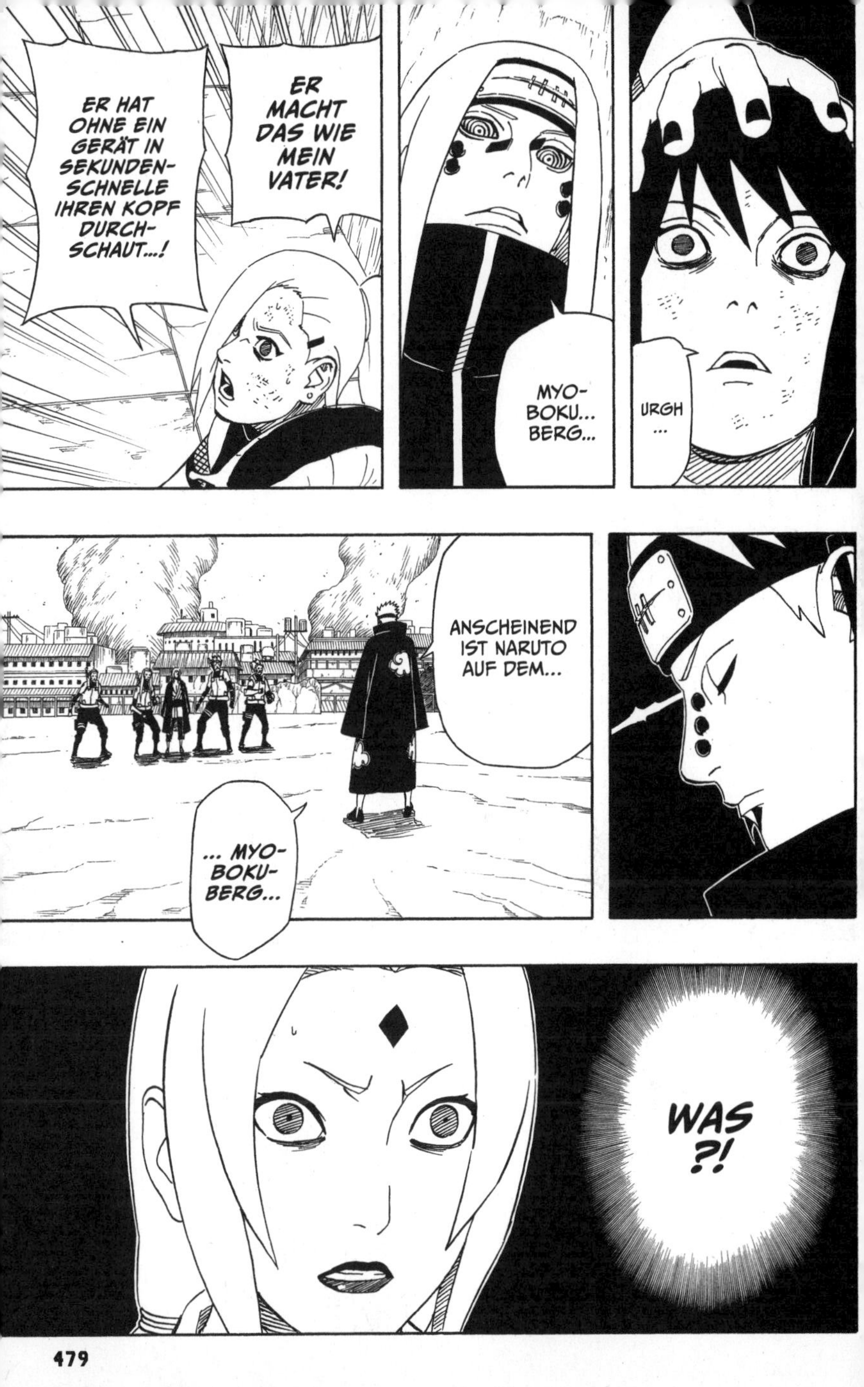
ER MACHT DAS WIE MEIN VATER!
ER HAT OHNE EIN GERÄT IN SEKUNDEN-SCHNELLE IHREN KOPF DURCH-SCHAUT...!
URGH ...
MYO-BOKU... BERG...
ANSCHEINEND IST NARUTO AUF DEM...
... MYO-BOKU-BERG...
WAS ?!

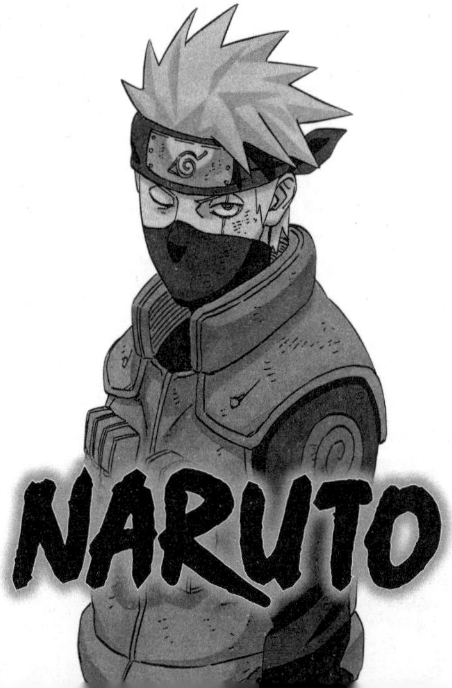
NARUTO

429. KAPITEL: SCHMERZEN

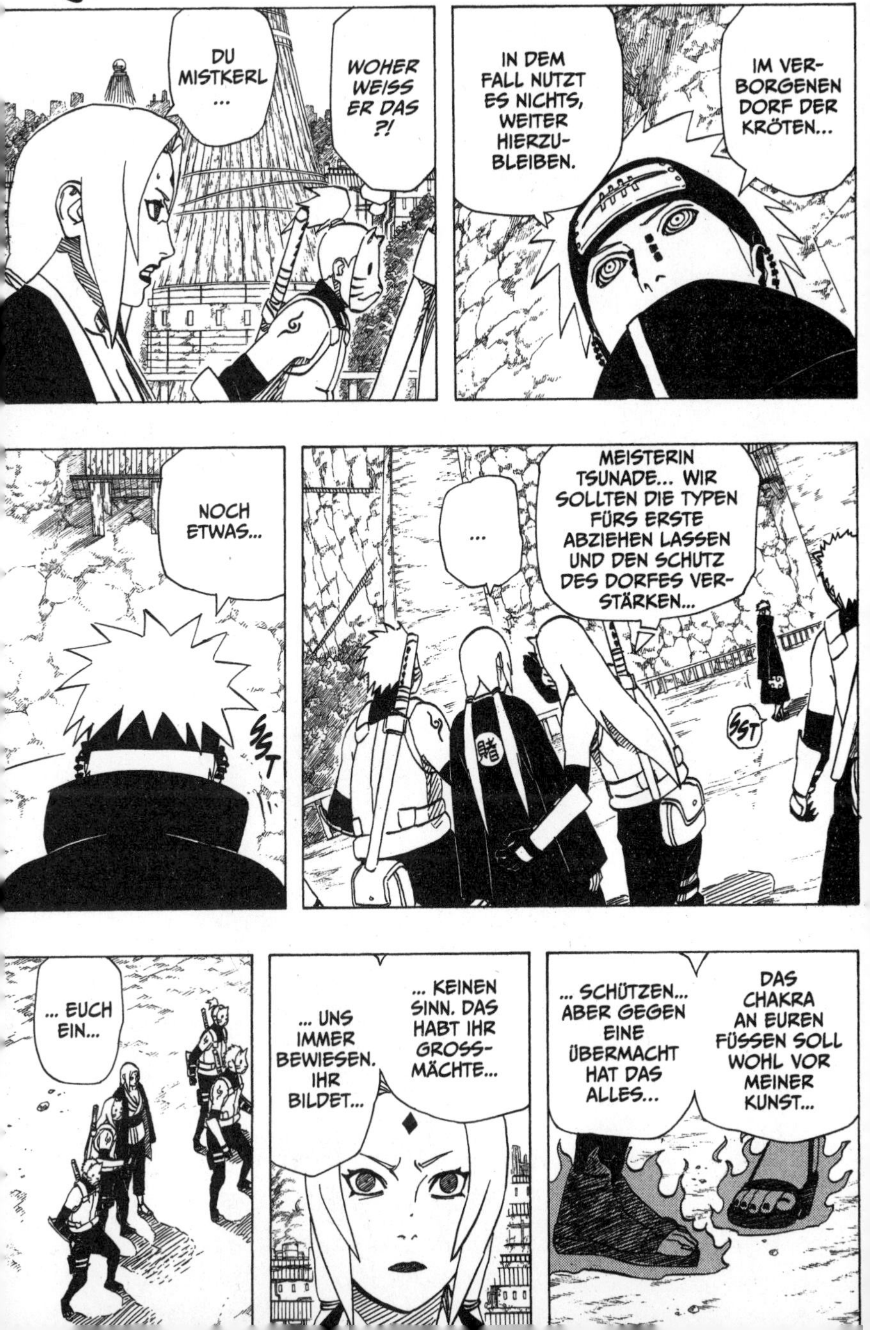

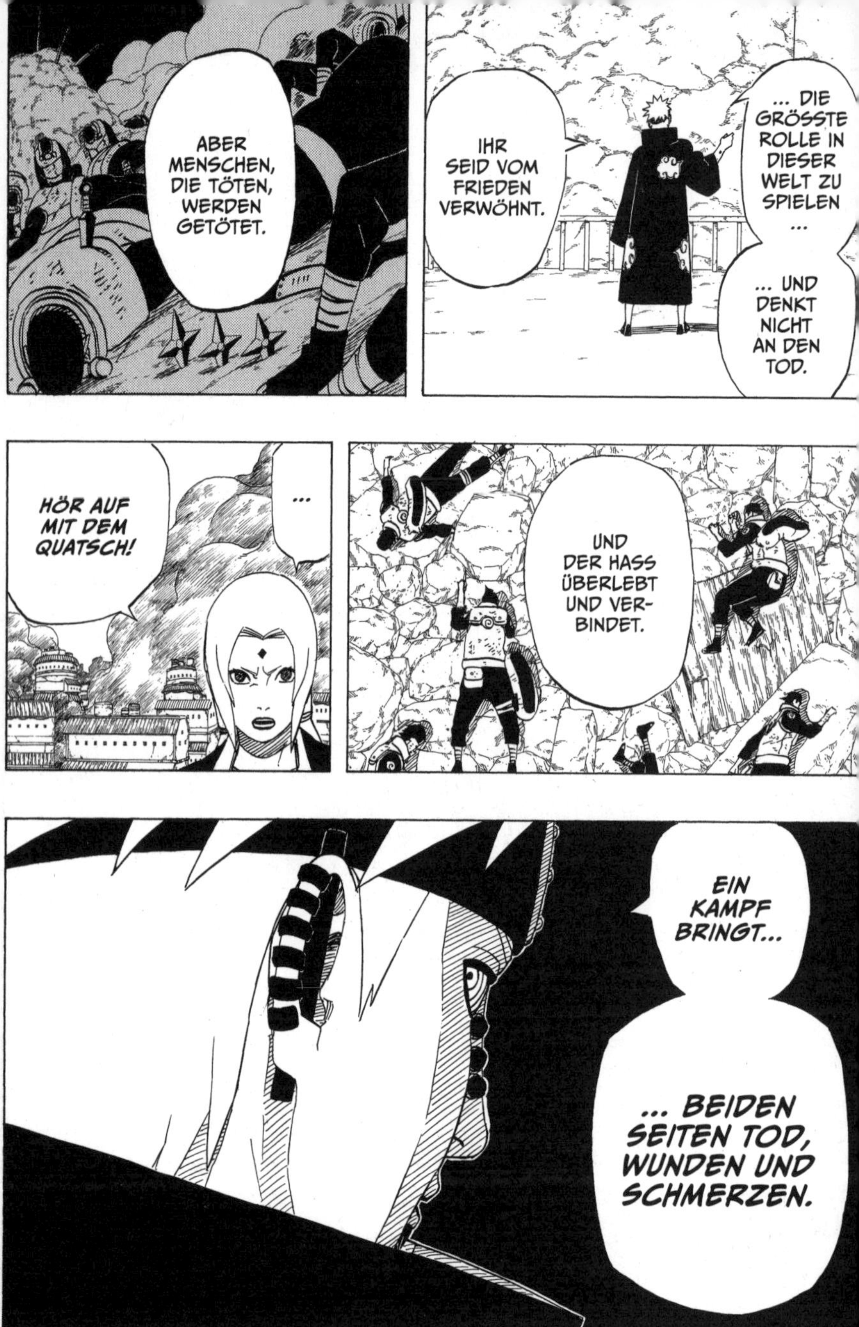

... DIE GRÖSSTE ROLLE IN DIESER WELT ZU SPIELEN ...
... UND DENKT NICHT AN DEN TOD.
IHR SEID VOM FRIEDEN VERWÖHNT.
ABER MENSCHEN, DIE TÖTEN, WERDEN GETÖTET.
UND DER HASS ÜBERLEBT UND VERBINDET.
...
HÖR AUF MIT DEM QUATSCH!
EIN KAMPF BRINGT...
... BEIDEN SEITEN TOD, WUNDEN UND SCHMERZEN.

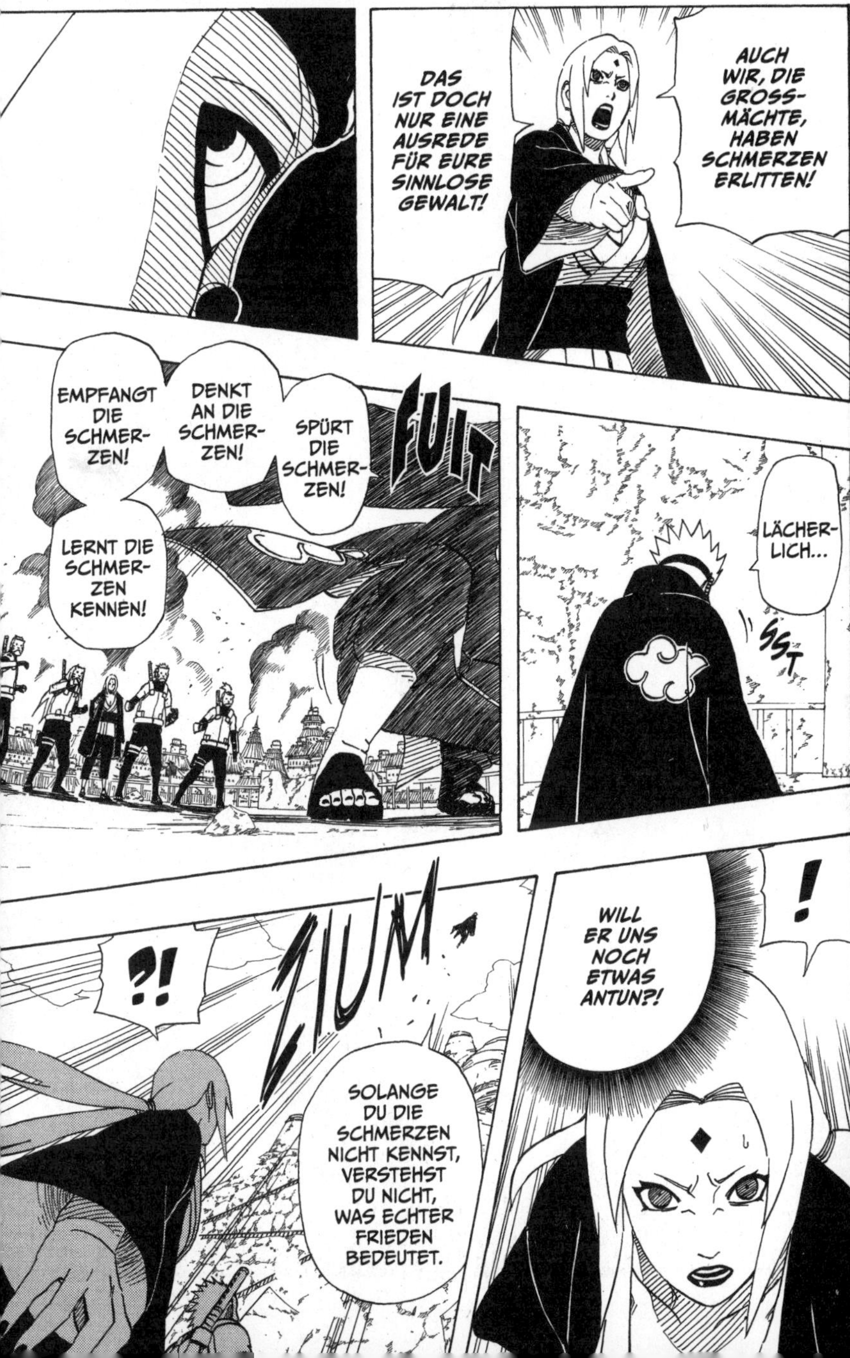

AUCH WIR, DIE GROSS-MÄCHTE, HABEN SCHMERZEN ERLITTEN!
DAS IST DOCH NUR EINE AUSREDE FÜR EURE SINNLOSE GEWALT!
LÄCHER-LICH...
SST
FUIT
SPÜRT DIE SCHMER-ZEN!
DENKT AN DIE SCHMER-ZEN!
EMPFANGT DIE SCHMER-ZEN!
LERNT DIE SCHMER-ZEN KENNEN!
!
WILL ER UNS NOCH ETWAS ANTUN?!
SOLANGE DU DIE SCHMERZEN NICHT KENNST, VERSTEHST DU NICHT, WAS ECHTER FRIEDEN BEDEUTET.
ZIUM
?!

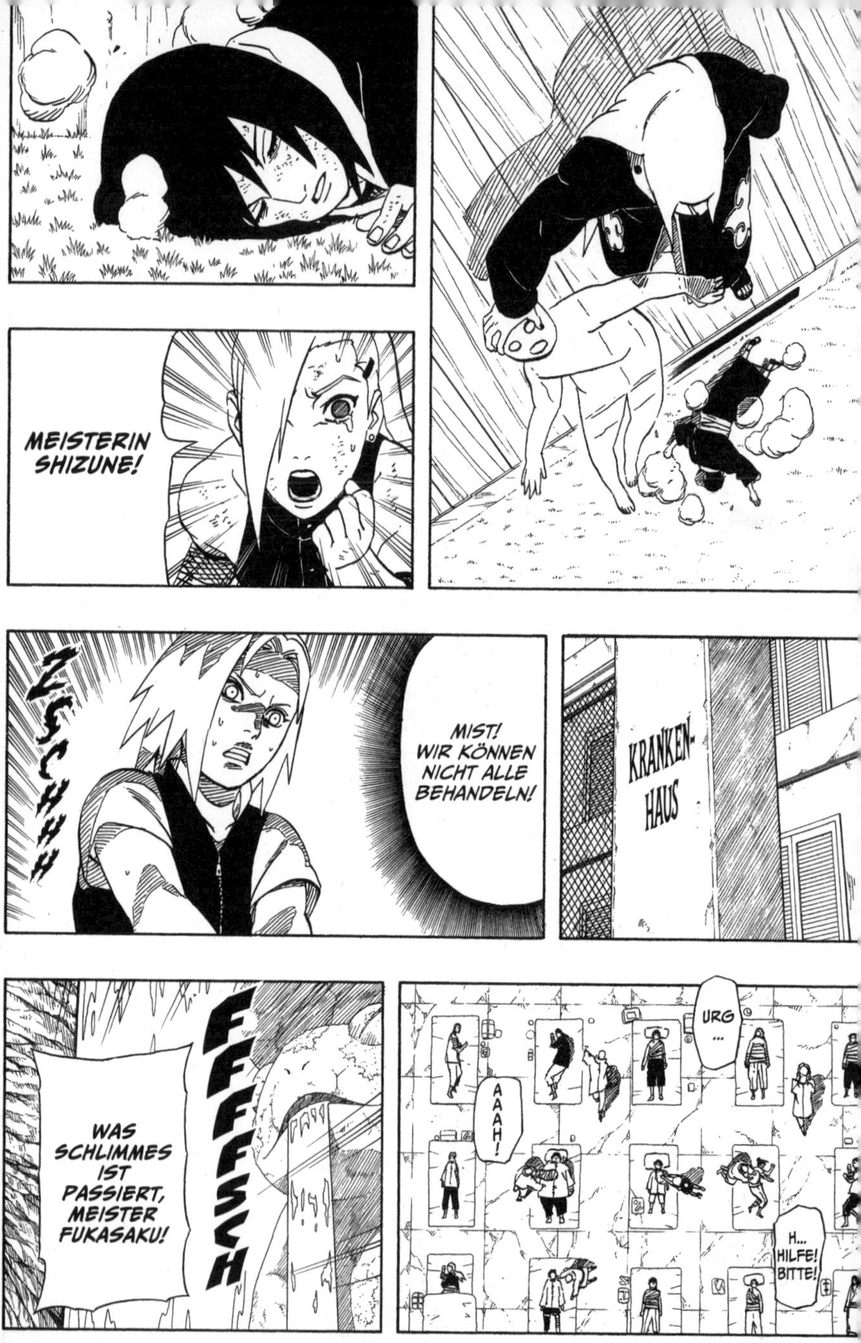
MEISTERIN SHIZUNE!
KRANKEN-HAUS
MIST! WIR KÖNNEN NICHT ALLE BEHANDELN!
URG ...
AAAH!
H... HILFE! BITTE!
FFFFSCH
WAS SCHLIMMES IST PASSIERT, MEISTER FUKASAKU!

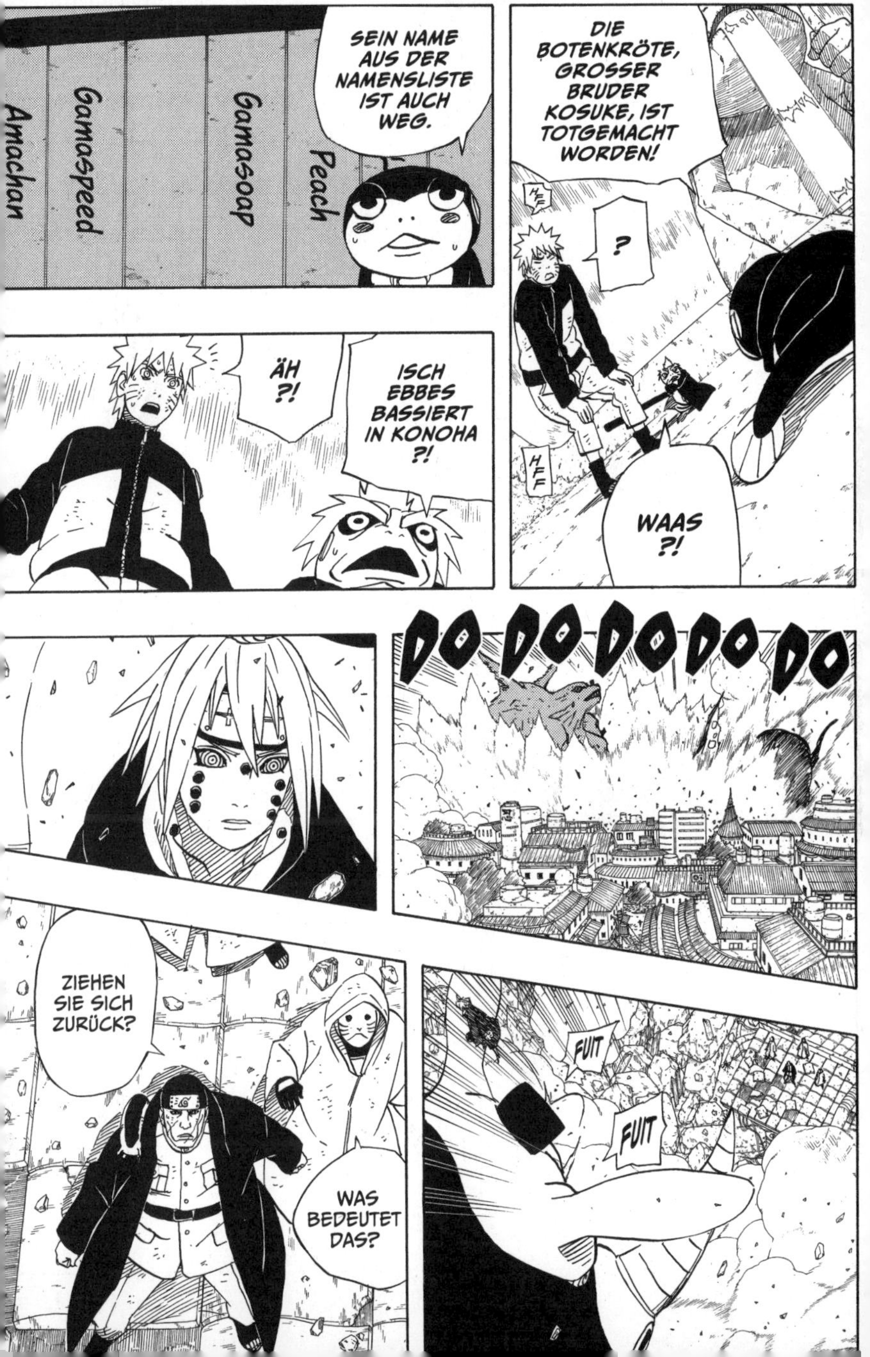

DIE BOTENKRÖTE, GROSSER BRUDER KOSUKE, IST TOTGEMACHT WORDEN!
HFF
?
HFF
WAAS ?!
SEIN NAME AUS DER NAMENSLISTE IST AUCH WEG.
Peach
Gamasoap
Gamaspeed
Amachan
ÄH ?!
ISCH EBBES BASSIERT IN KONOHA ?!
DO DO DO DO DO DO
FUIT
FUIT
ZIEHEN SIE SICH ZURÜCK?
WAS BEDEUTET DAS?

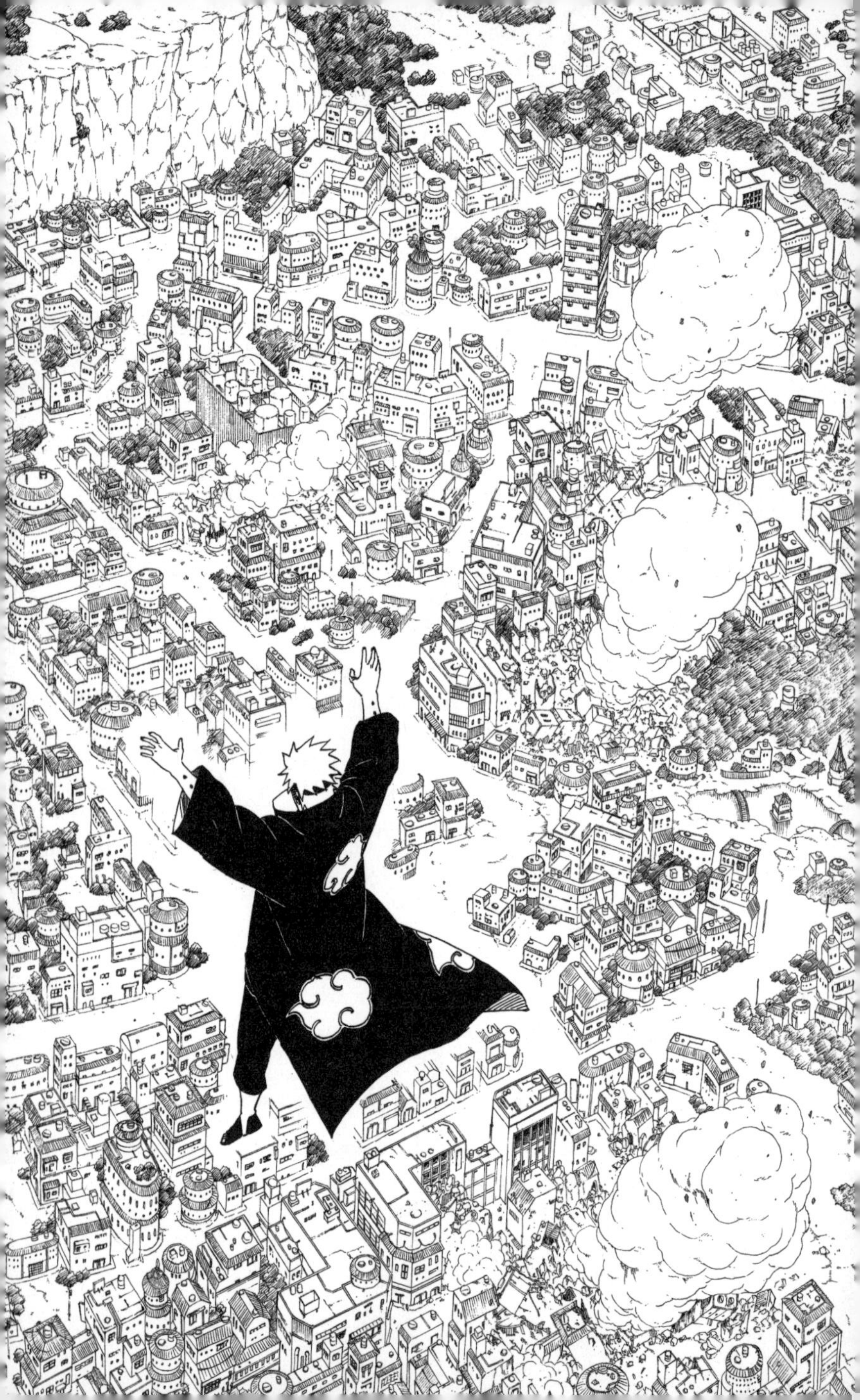

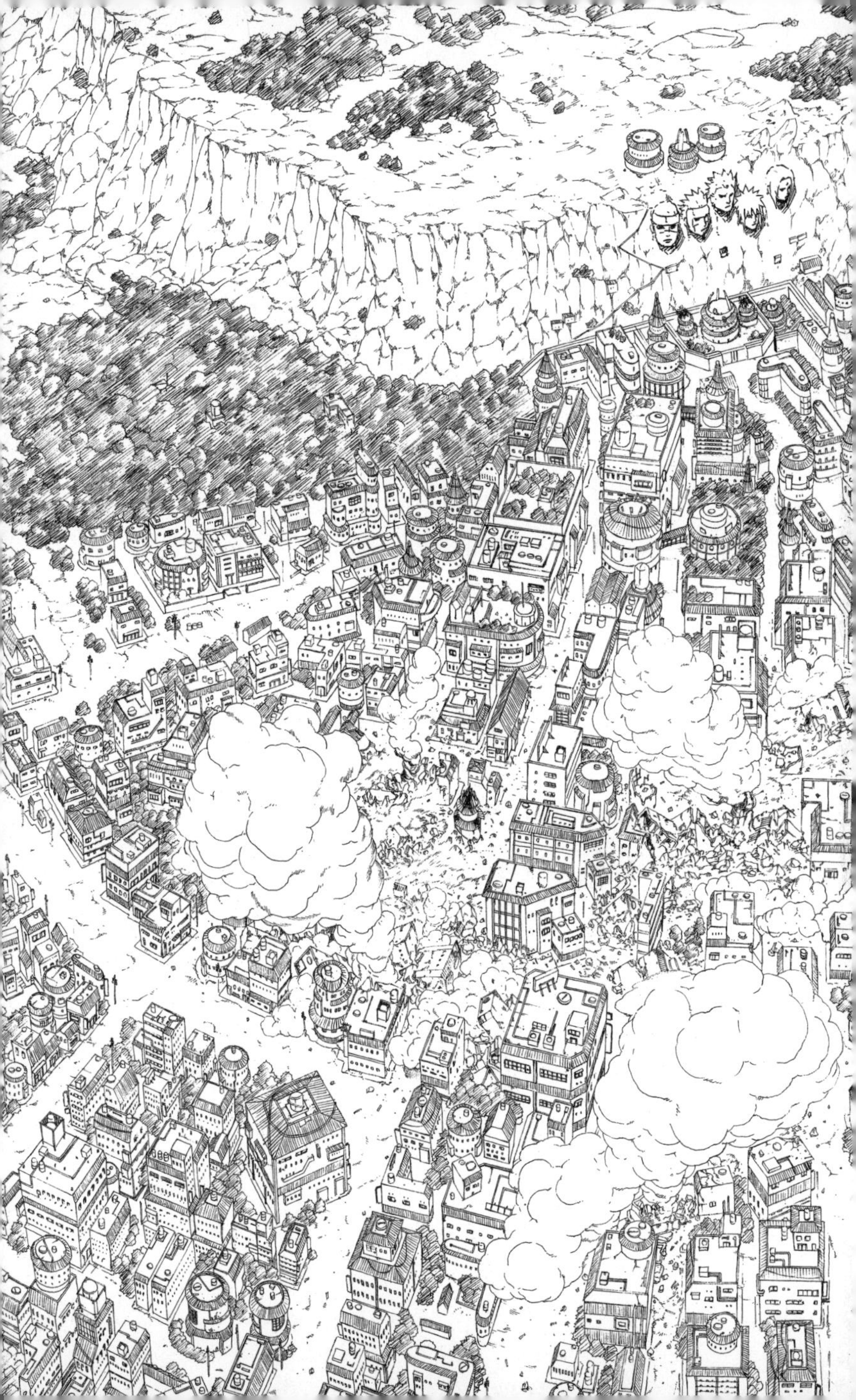

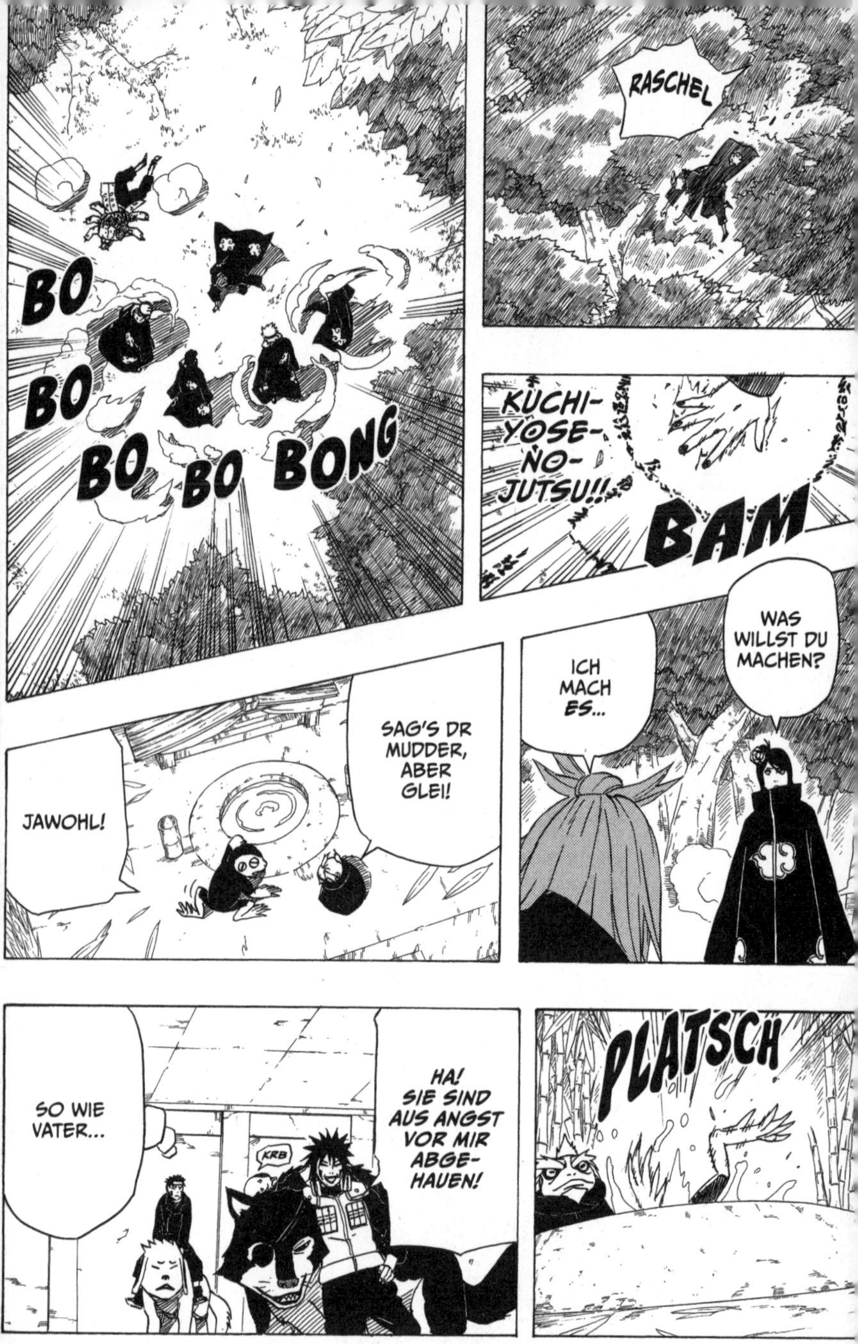
RASCHEL
KUCHI-YOSE-NO-JUTSU!!
BAM
BO BO BO BO BONG
WAS WILLST DU MACHEN?
ICH MACH ES...
SAG'S DR MUDDER, ABER GLEI!
JAWOHL!
PLATSCH
HA! SIE SIND AUS ANGST VOR MIR ABGE-HAUEN!
KRB
SO WIE VATER...

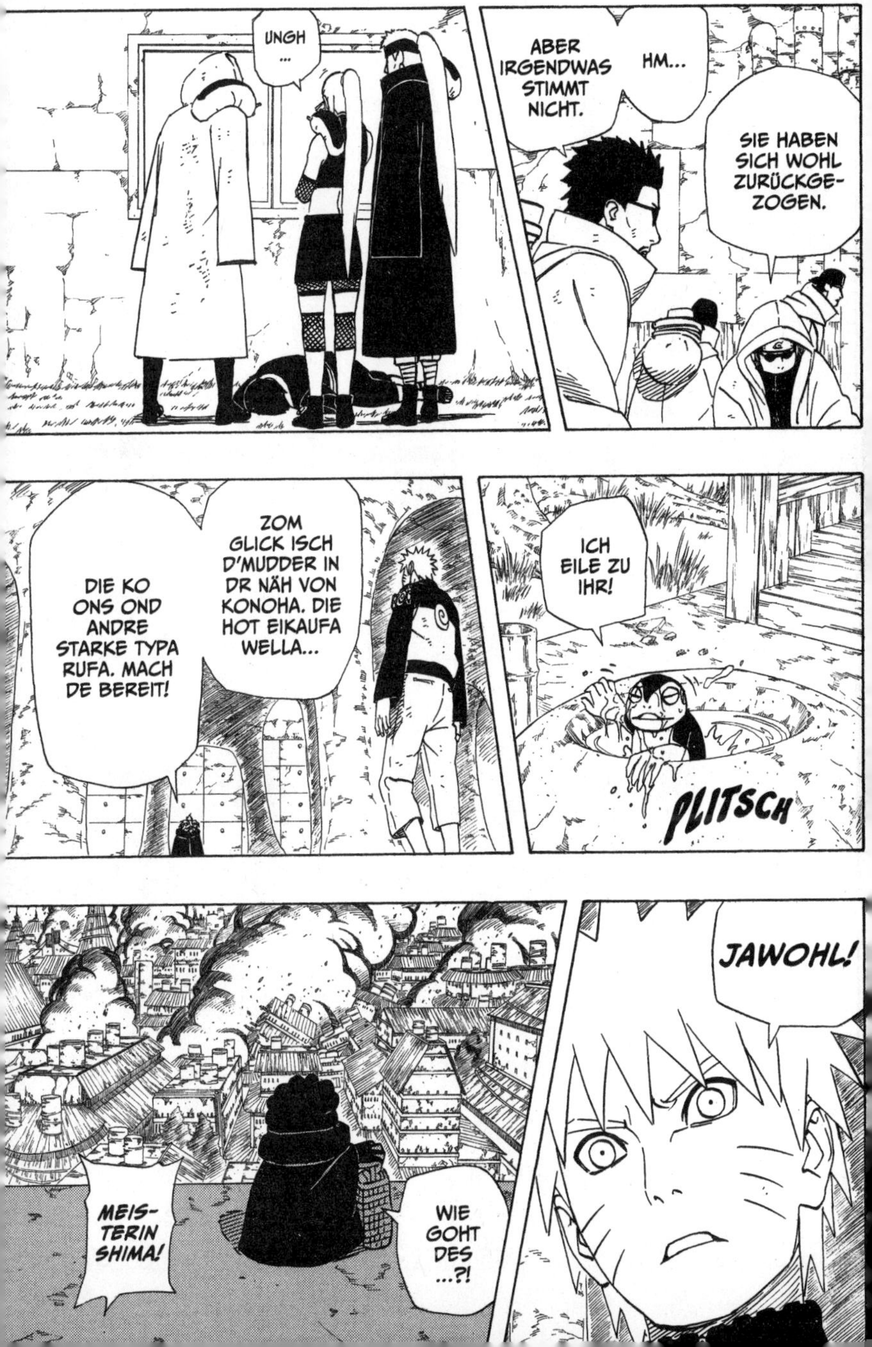
SIE HABEN SICH WOHL ZURÜCKGE-ZOGEN.
HM...
ABER IRGENDWAS STIMMT NICHT.
UNGH ...
ICH EILE ZU IHR!
PLITSCH
ZOM GLICK ISCH D'MUDDER IN DR NÄH VON KONOHA. DIE HOT EIKAUFA WELLA...
DIE KO ONS OND ANDRE STARKE TYPA RUFA. MACH DE BEREIT!
JAWOHL!
WIE GOHT DES ...?!
MEIS-TERIN SHIMA!

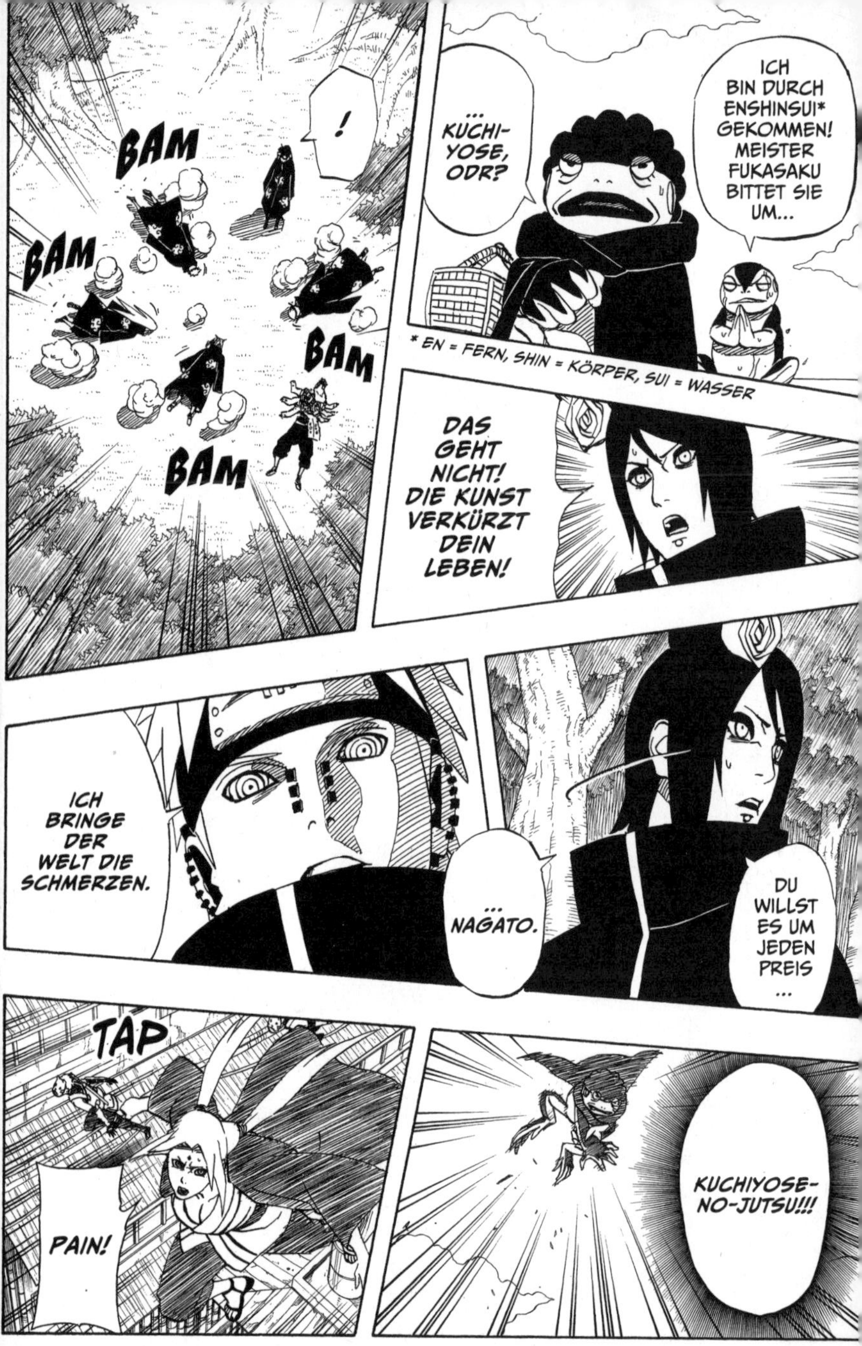
ICH BIN DURCH ENSHINSUI* GEKOMMEN! MEISTER FUKASAKU BITTET SIE UM...
... KUCHI-YOSE, ODR?
* EN = FERN, SHIN = KÖRPER, SUI = WASSER
DAS GEHT NICHT! DIE KUNST VERKÜRZT DEIN LEBEN!
!
BAM
BAM
BAM
BAM
DU WILLST ES UM JEDEN PREIS ...
... NAGATO.
ICH BRINGE DER WELT DIE SCHMERZEN.
KUCHIYOSE-NO-JUTSU!!!
TAP
PAIN!

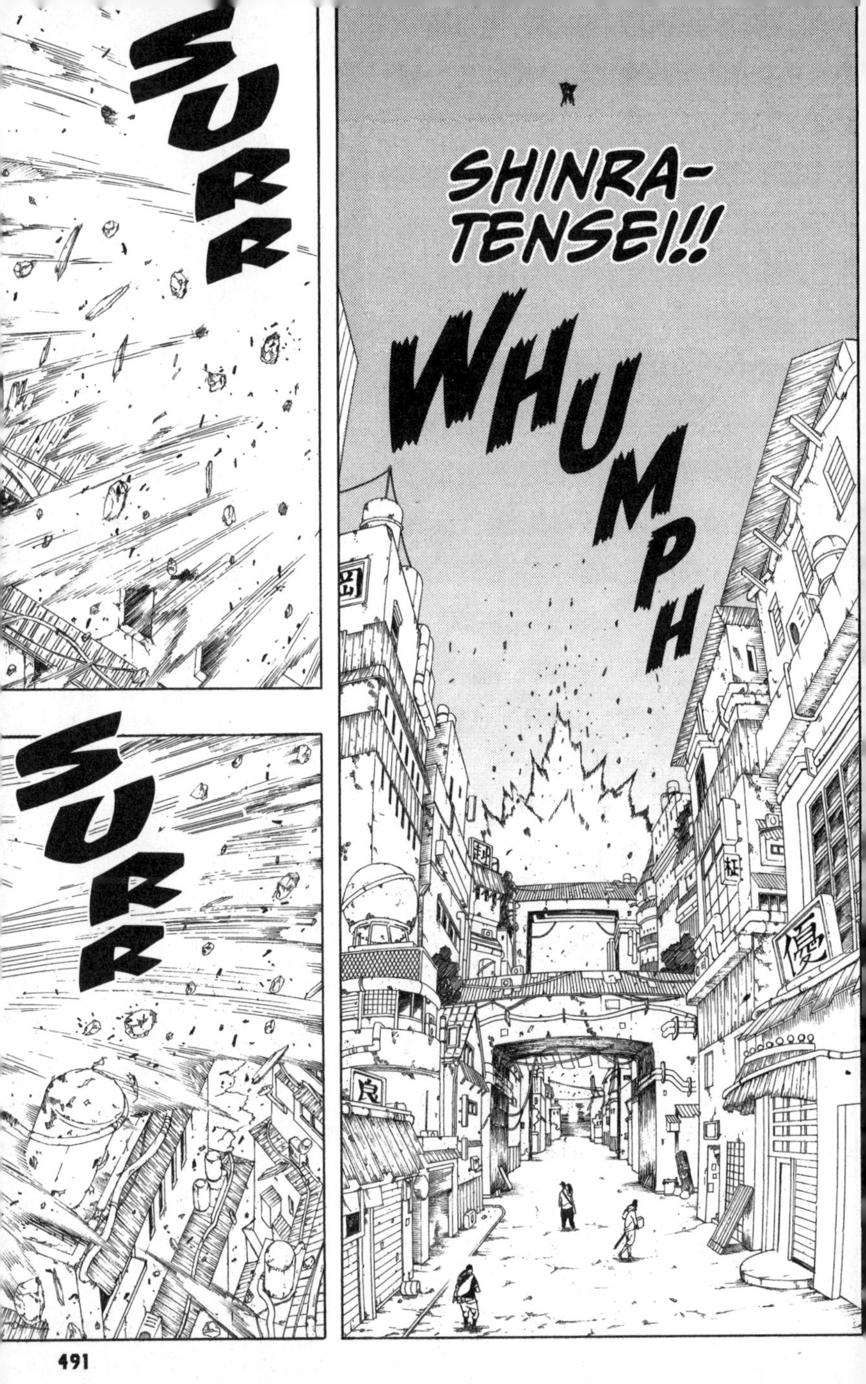
SHINRA-
TENSEI!!
WHUMPH
優
良
SURR
SURR

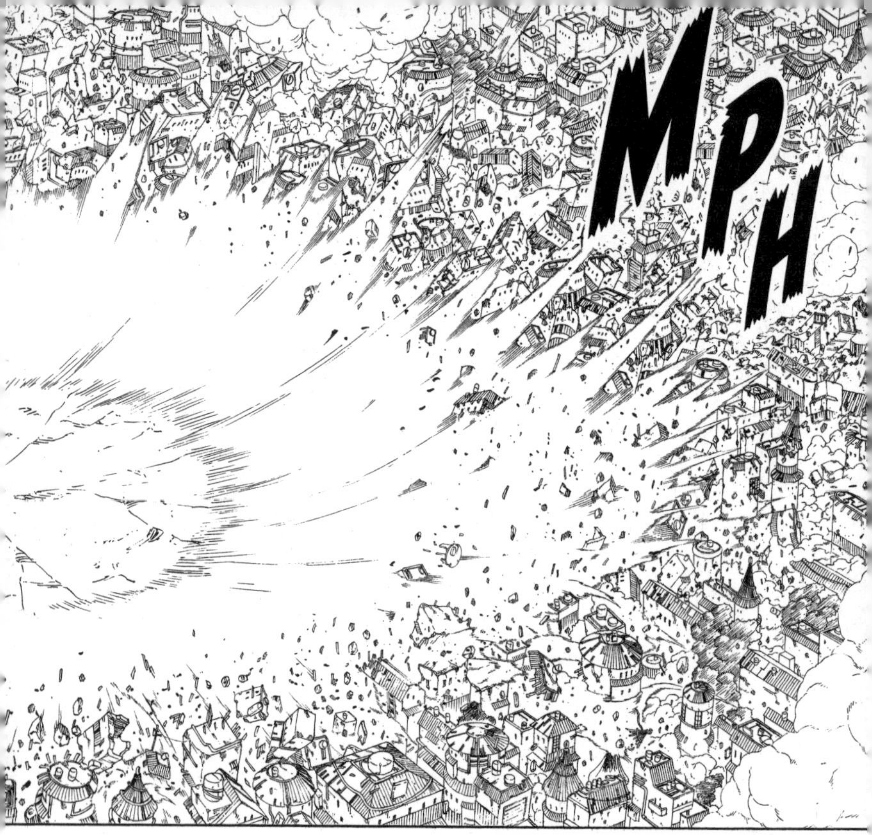
MPH
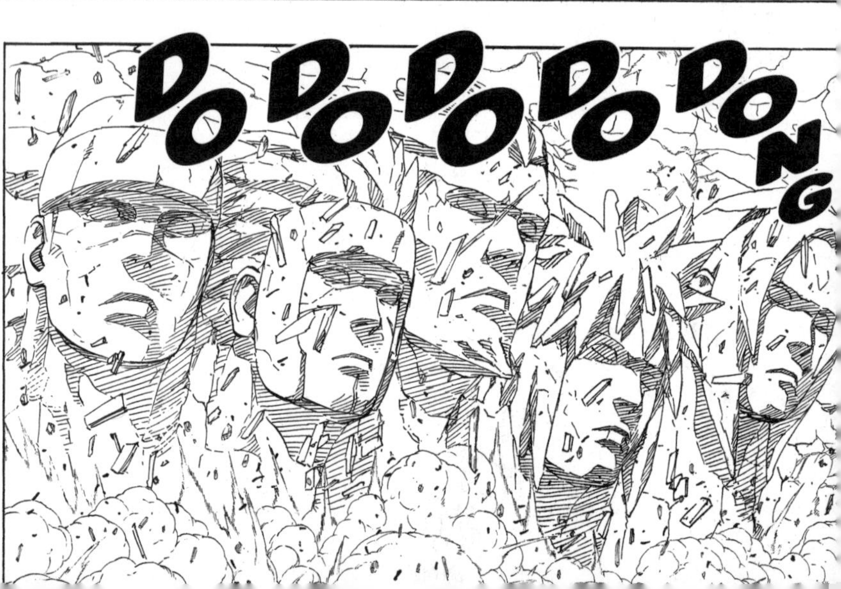
DODODODODONG

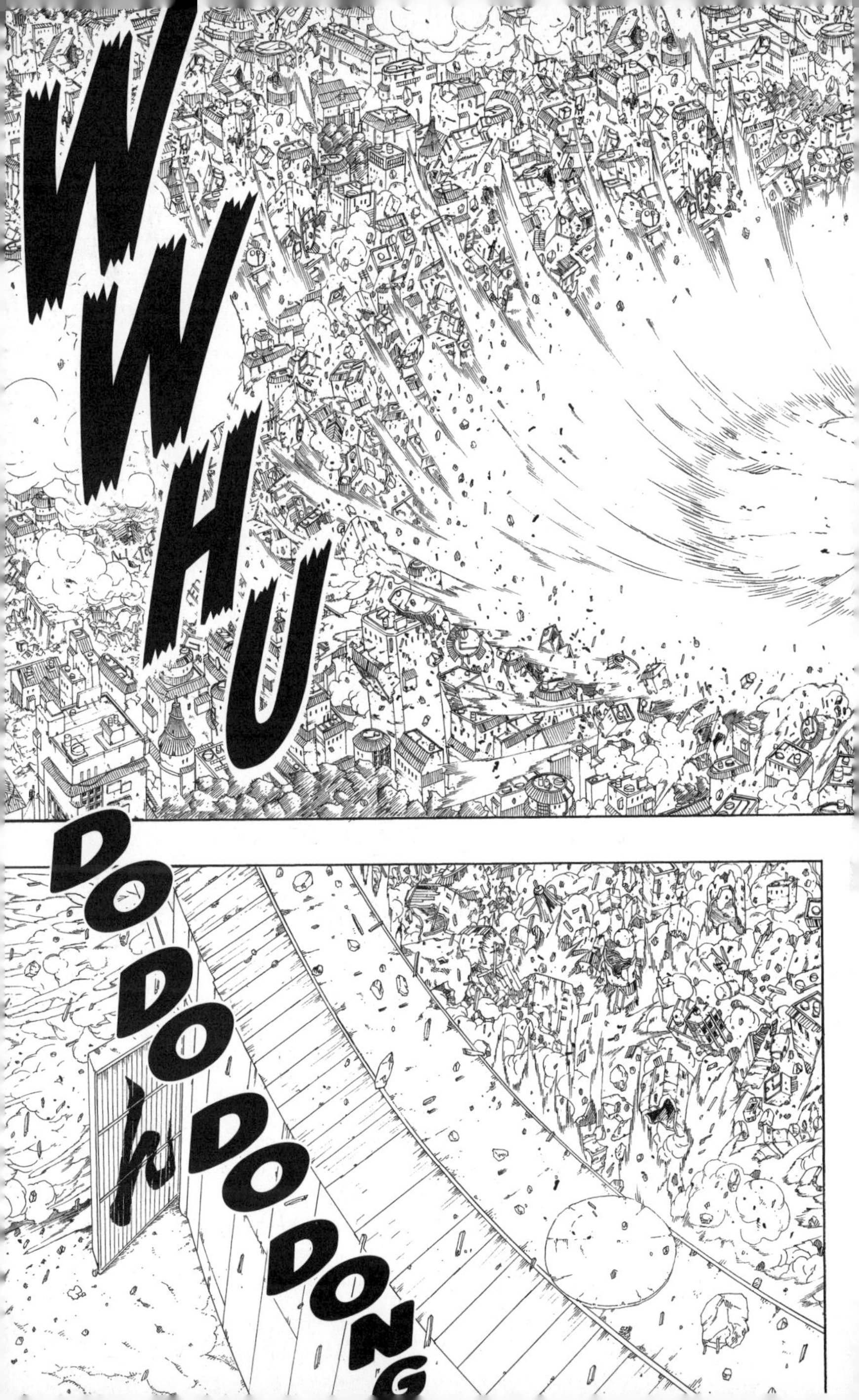
WWHU
DODODODONG
h

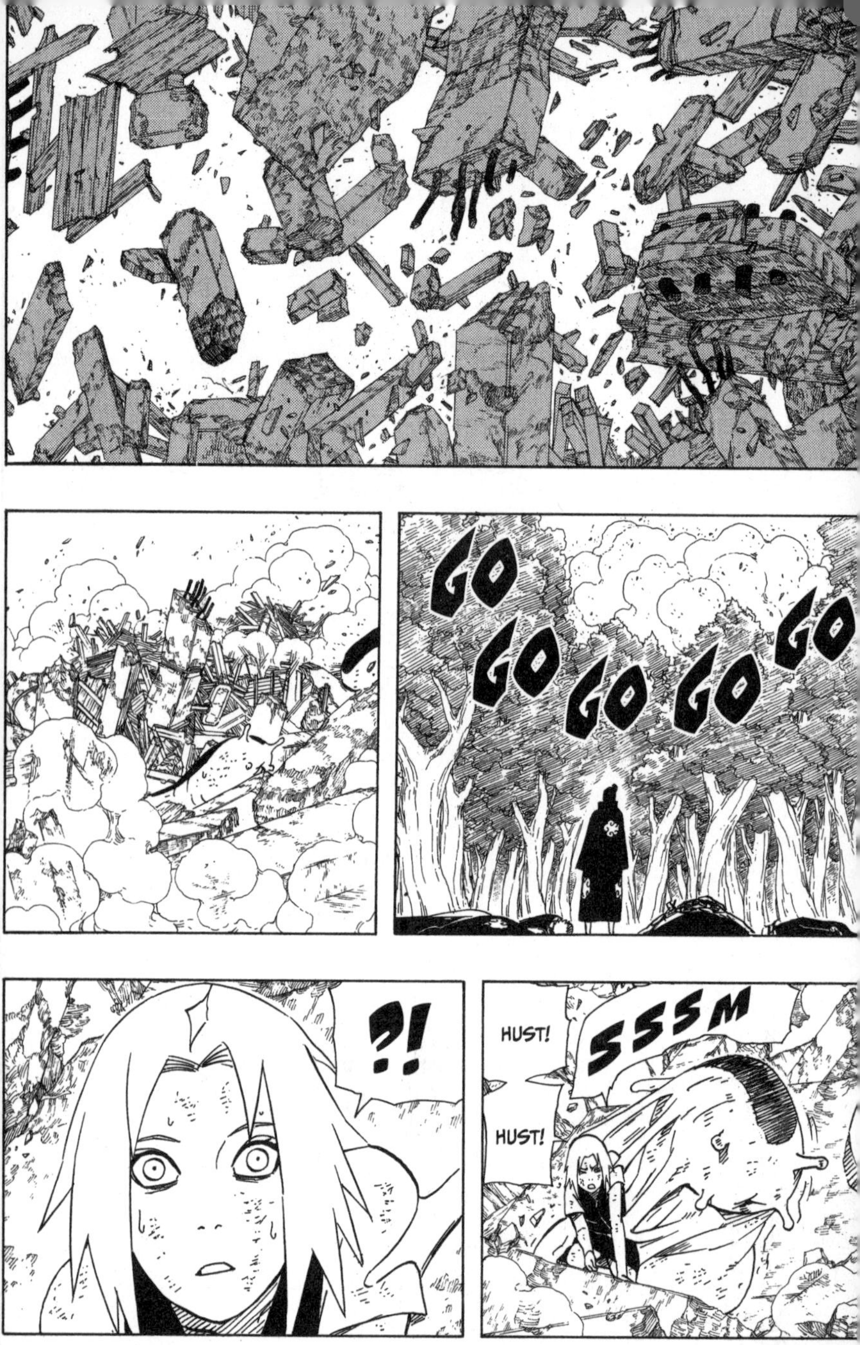
GO GO GO GO GO GO
SSSM
HUST!
HUST!
?!

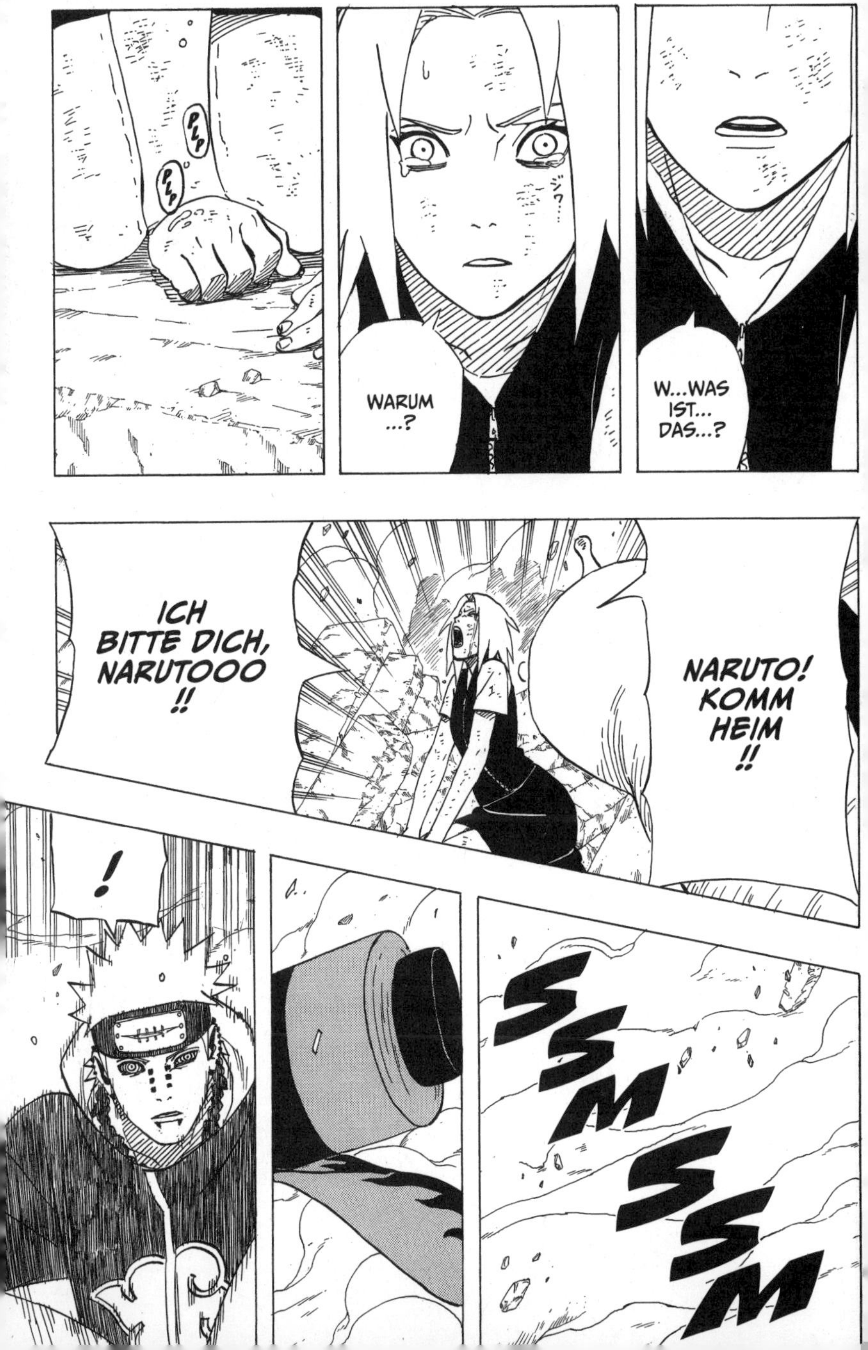

W...WAS
IST...
DAS...?
WARUM
...?
PLP
PLP
NARUTO!
KOMM
HEIM
!!
ICH
BITTE DICH,
NARUTOOO
!!
SSSM
SSM
!

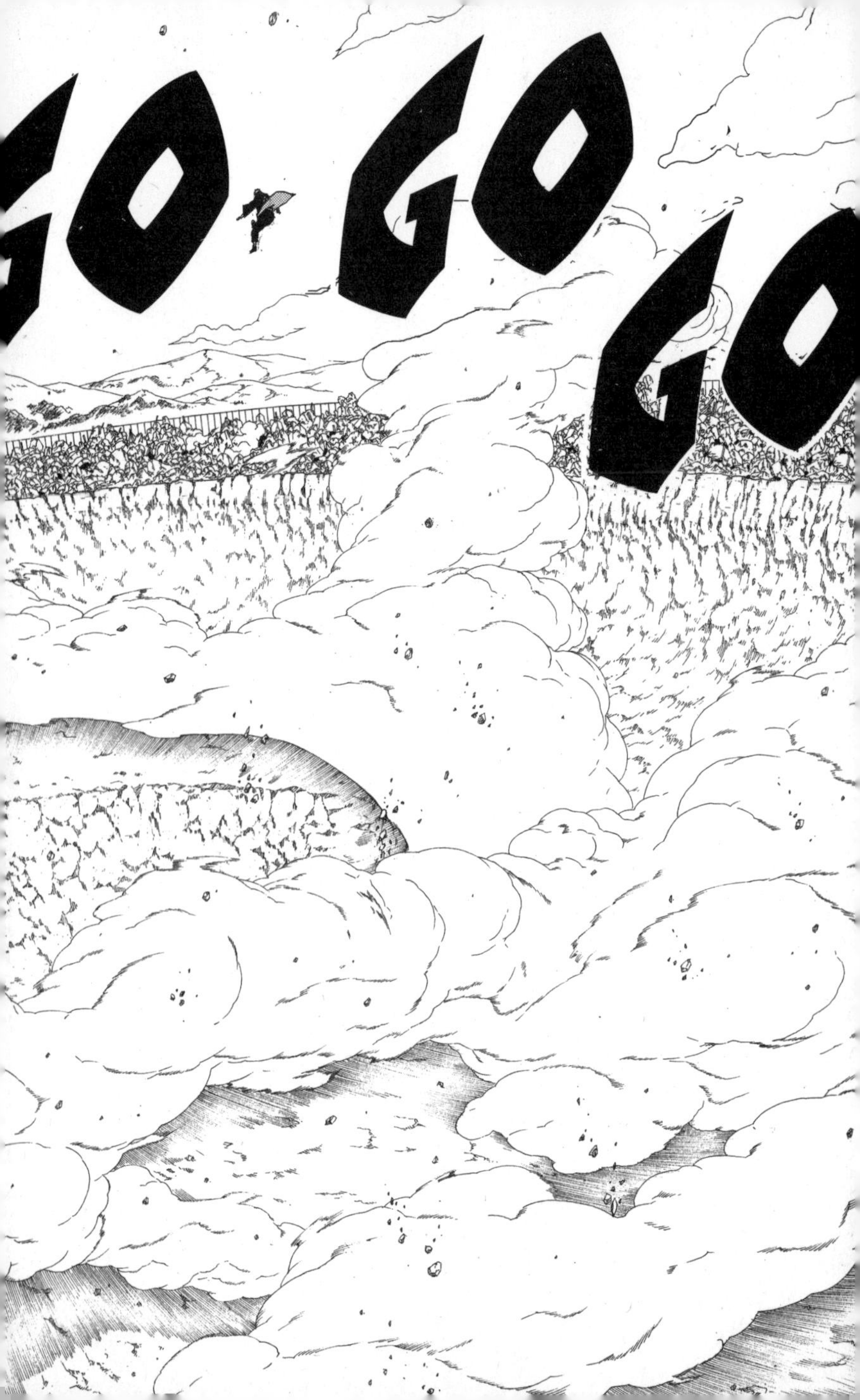
GO GO GO

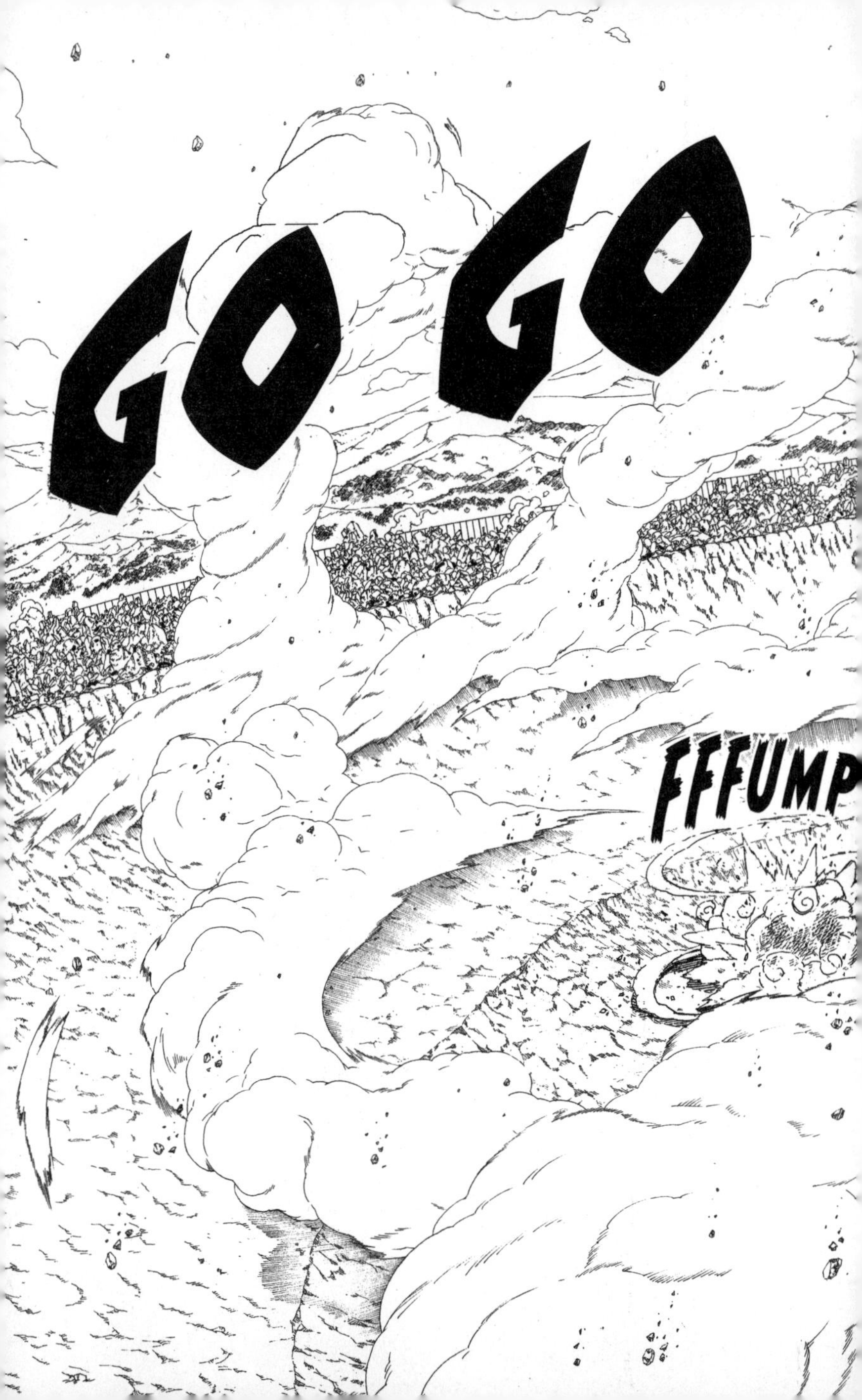
GO GO
FFFUMP

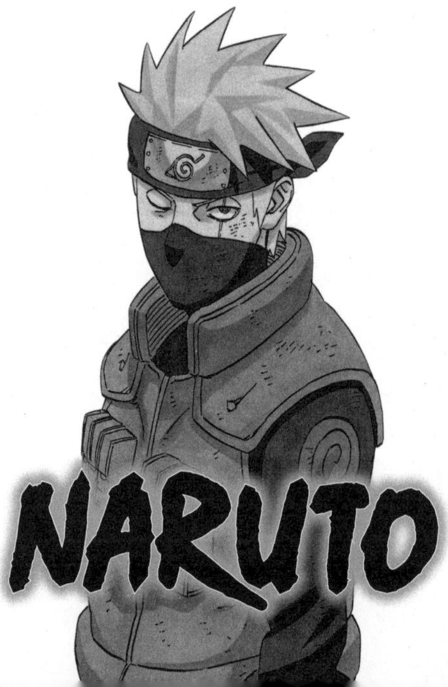
NARUTO

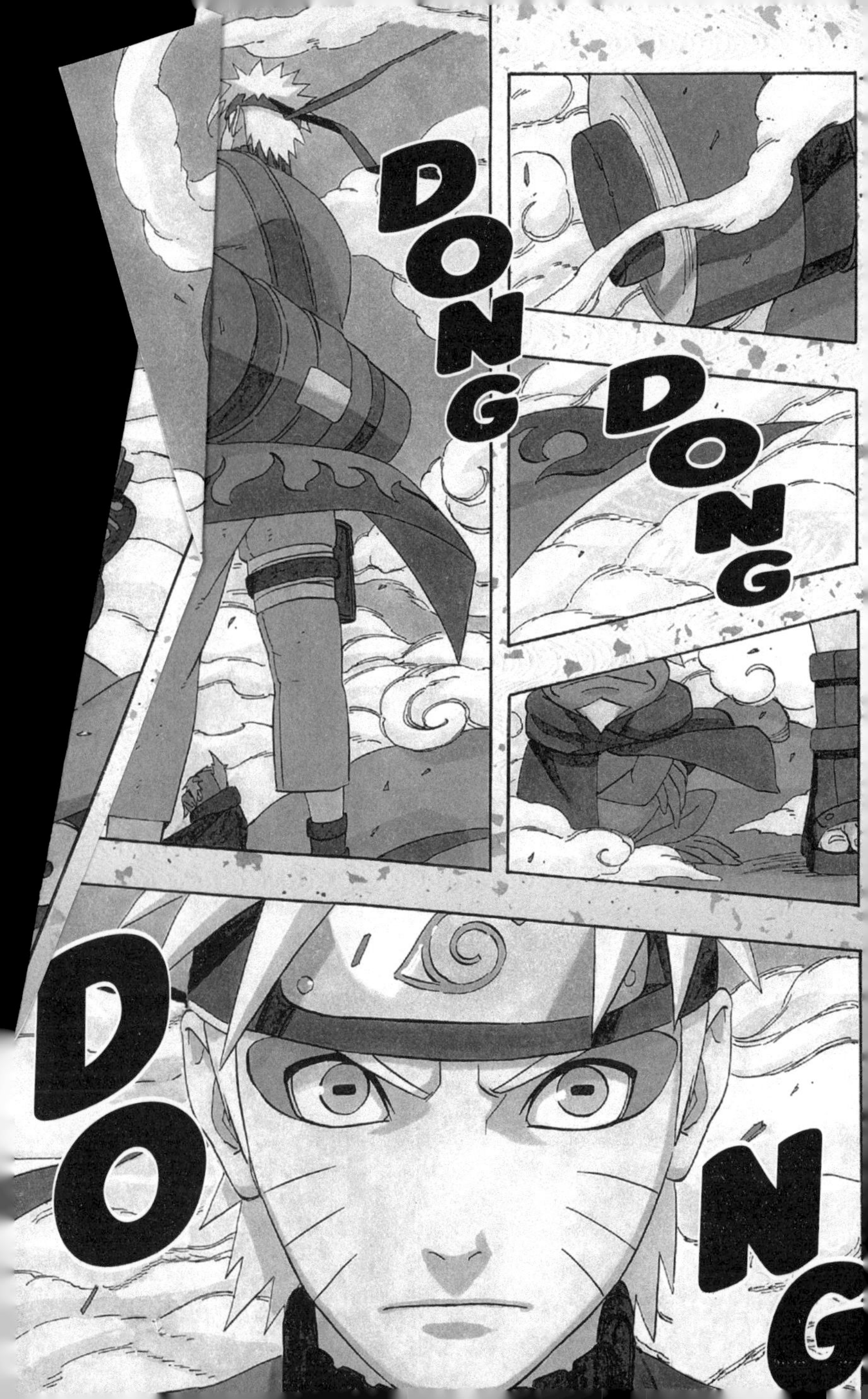
DONG
DONG
DONG

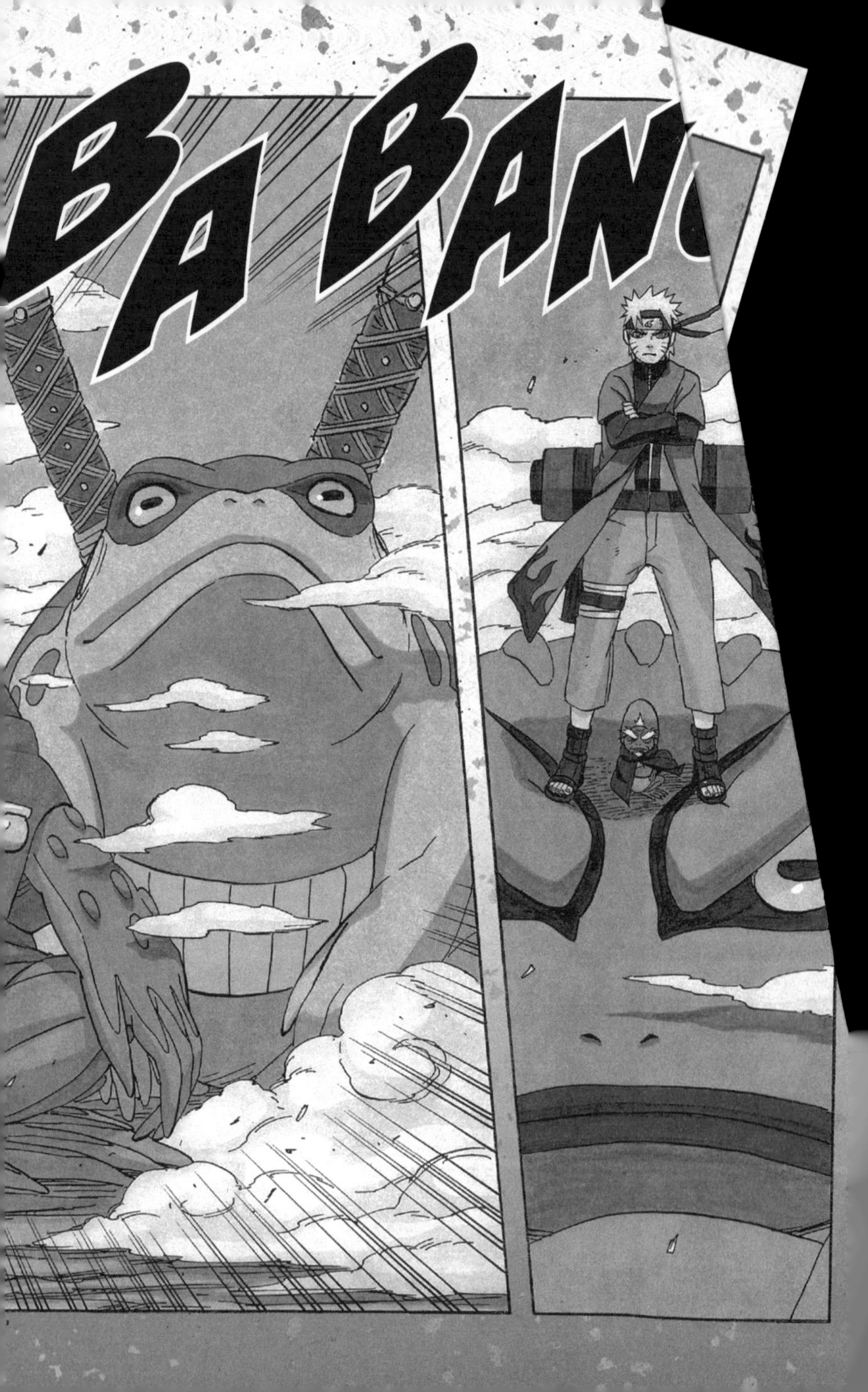
BA BAN

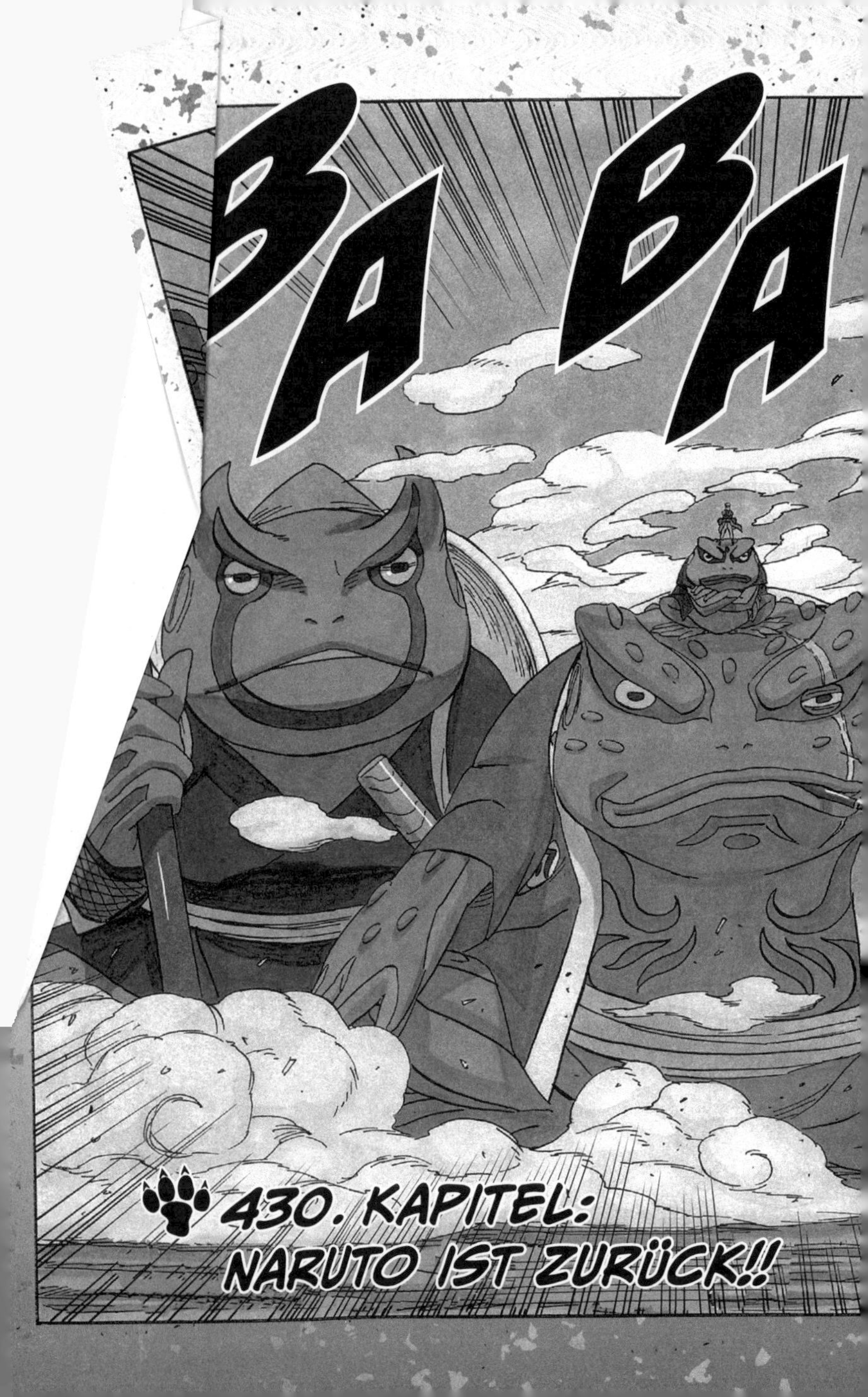
BA BA
430. KAPITEL:
NARUTO IST ZURÜCK!!

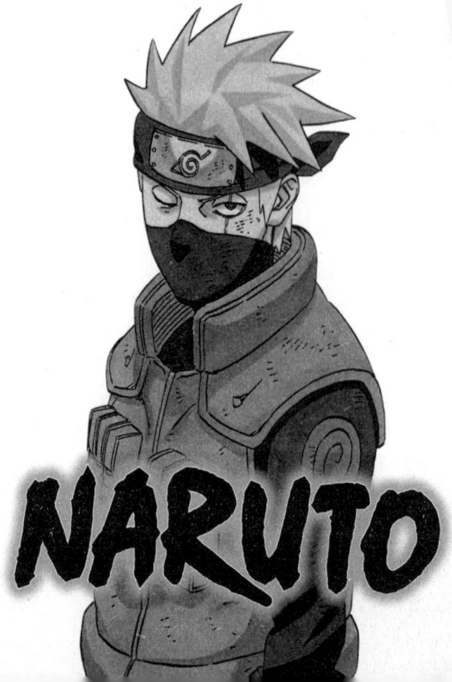
NARUTO

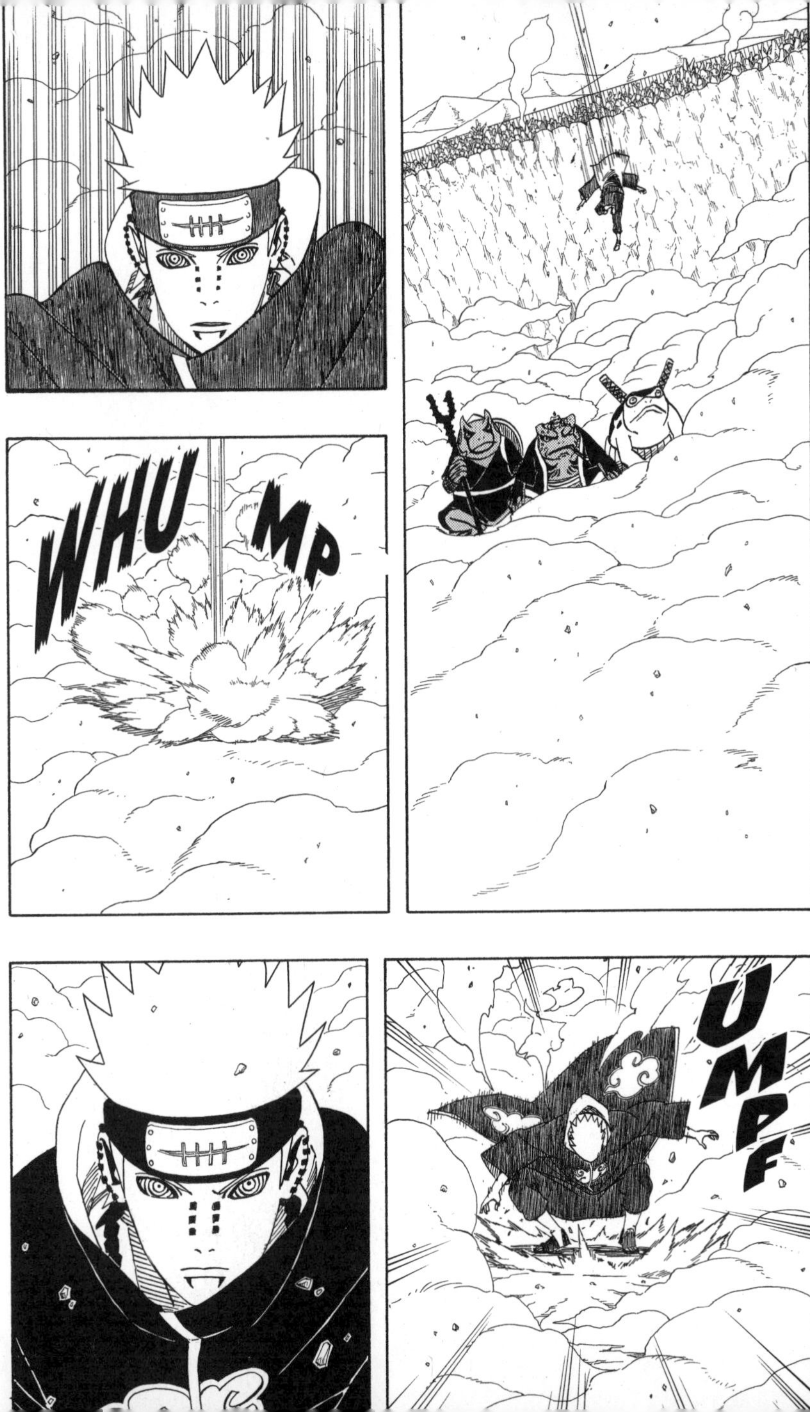
WHUMP
UMPF

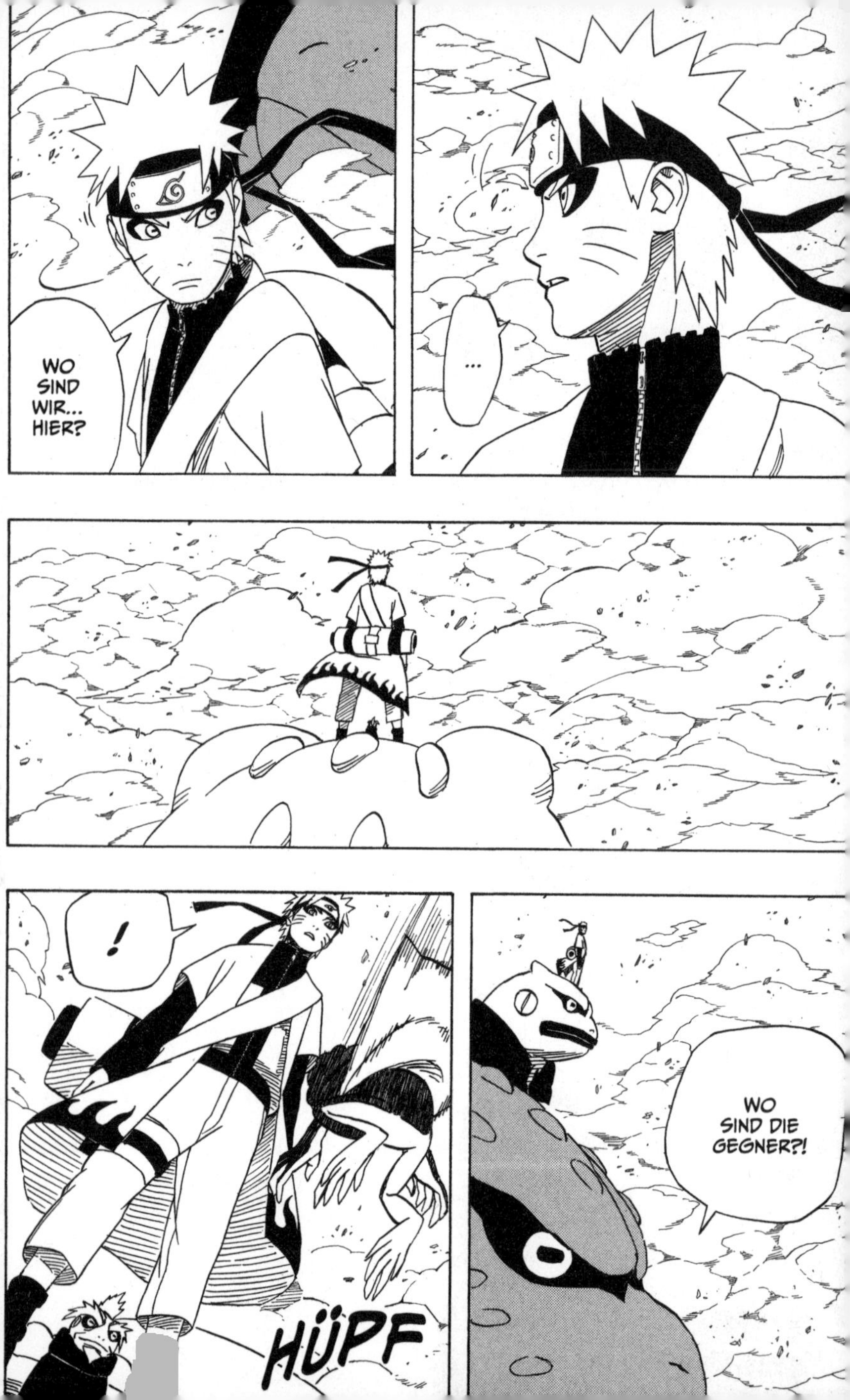
WO SIND WIR... HIER?
...
!
HÜPF
WO SIND DIE GEGNER?!

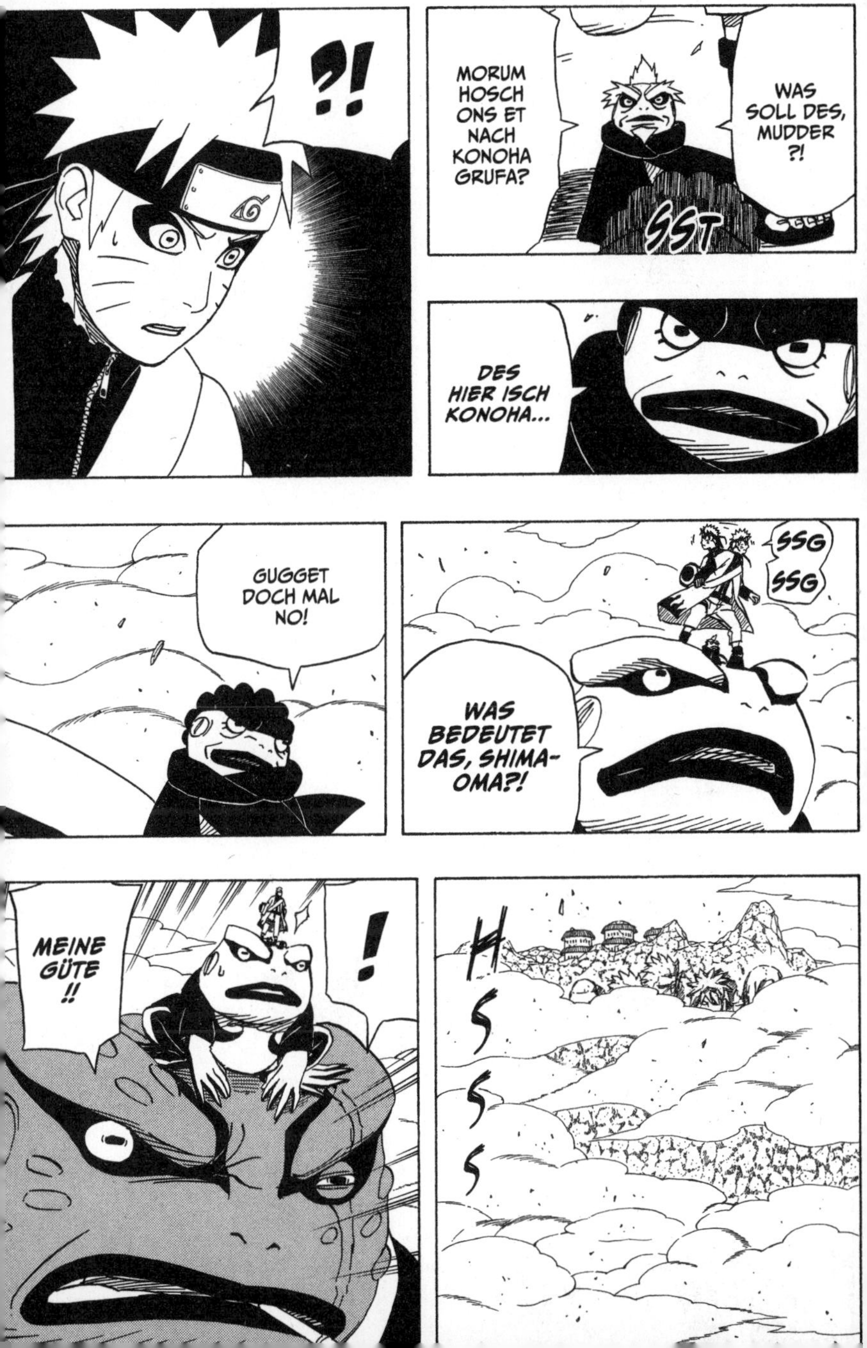
WAS SOLL DES, MUDDER ?!
MORUM HOSCH ONS ET NACH KONOHA GRUFA?
SST
DES HIER ISCH KONOHA...
?!
SSG
SSG
WAS BEDEUTET DAS, SHIMA-OMA?!
GUGGET DOCH MAL NO!
HSSSS
!
MEINE GÜTE !!

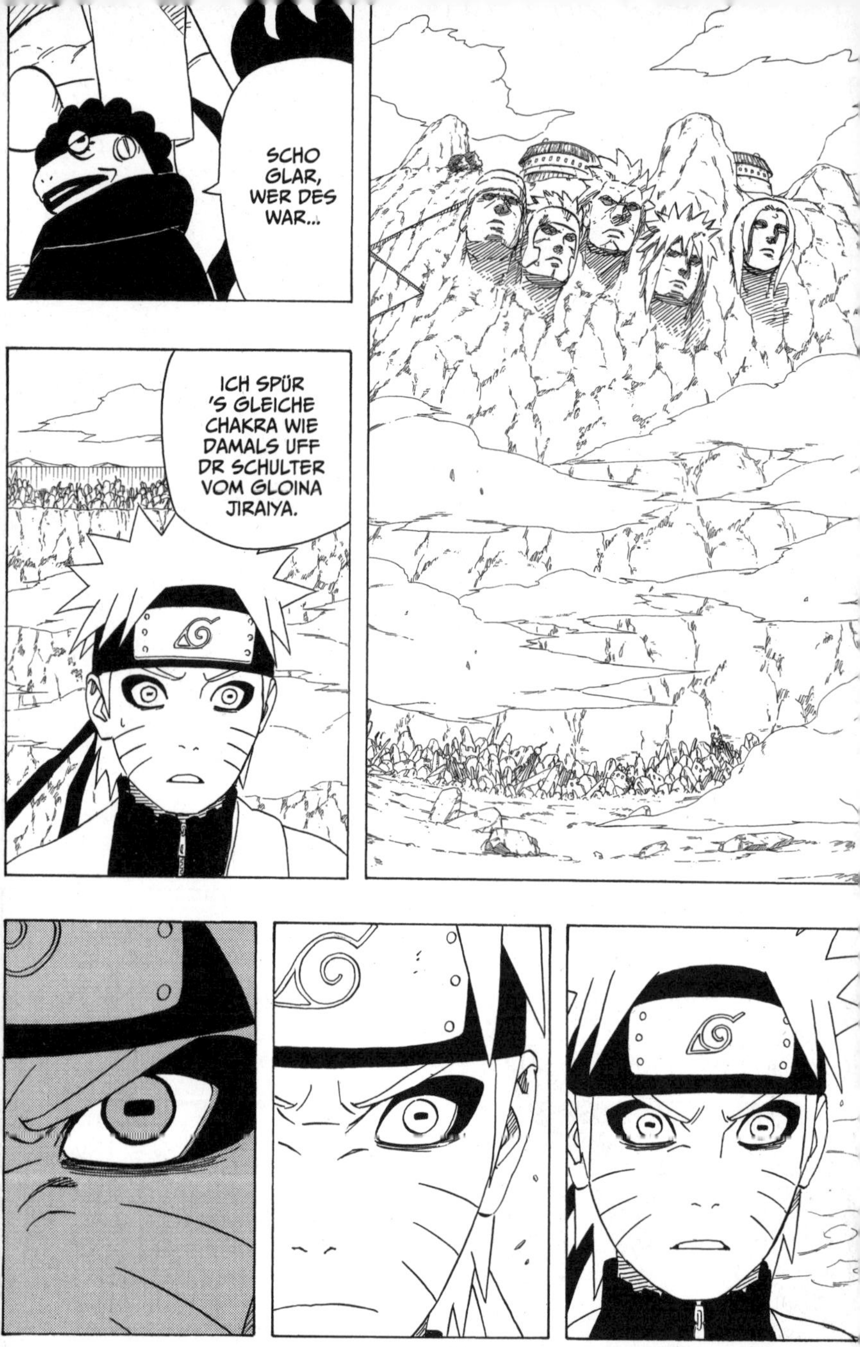
SCHO GLAR, WER DES WAR...
ICH SPÜR 'S GLEICHE CHAKRA WIE DAMALS UFF DR SCHULTER VOM GLOINA JIRAIYA.

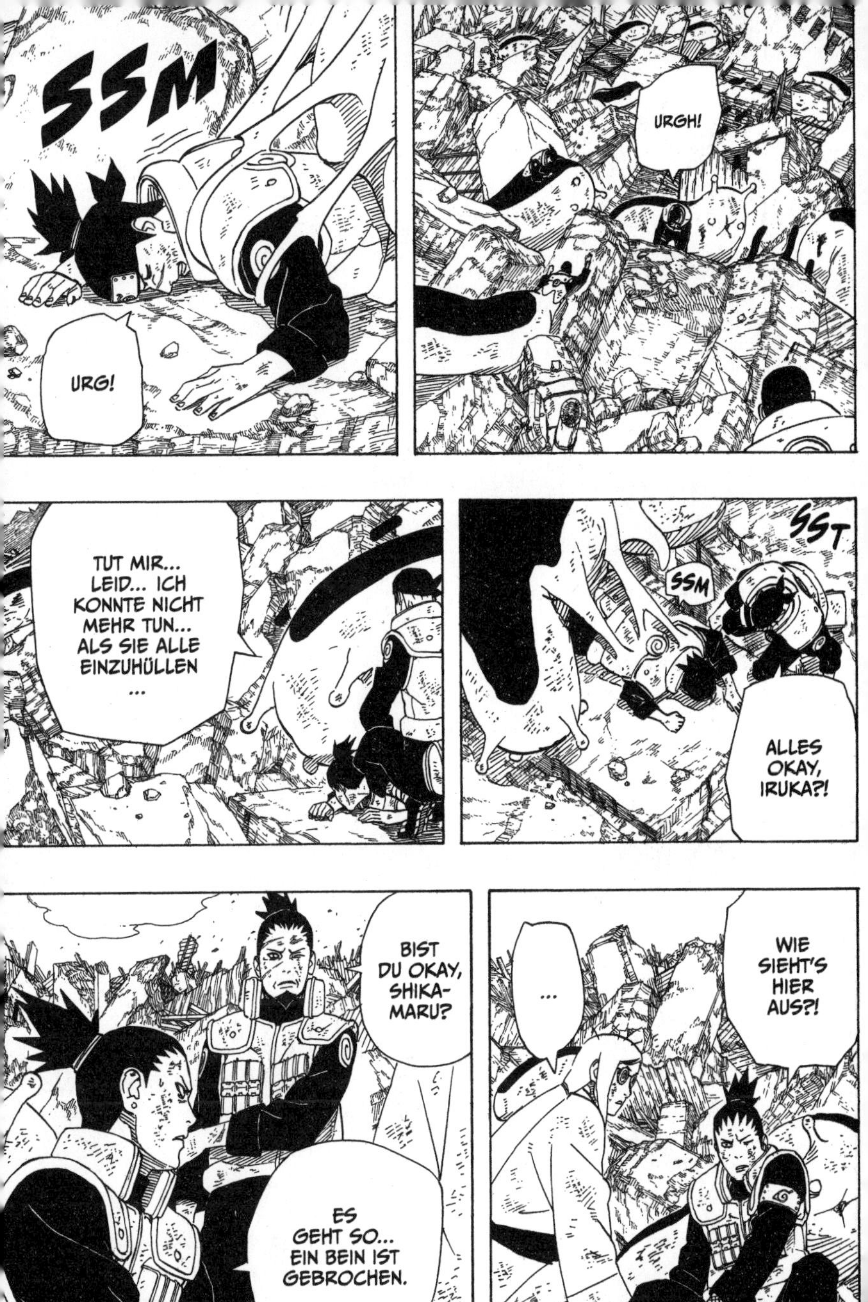
URGH!
SSM
URG!
SST
SSM
ALLES OKAY, IRUKA?!
TUT MIR... LEID... ICH KONNTE NICHT MEHR TUN... ALS SIE ALLE EINZUHÜLLEN ...
WIE SIEHT'S HIER AUS?!
...
BIST DU OKAY, SHIKA-MARU?
ES GEHT SO... EIN BEIN IST GEBROCHEN.

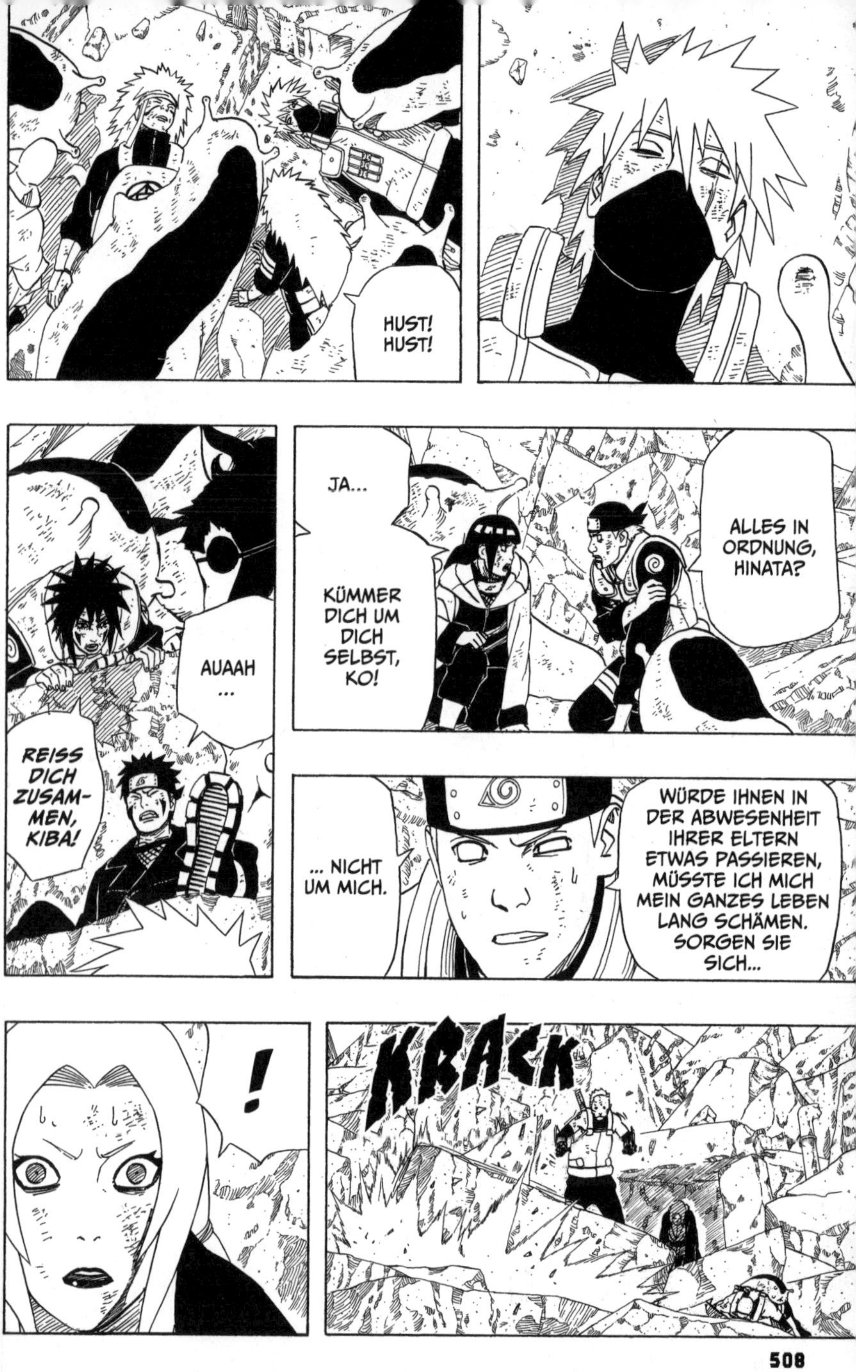
HUST! HUST!
ALLES IN ORDNUNG, HINATA?
JA... KÜMMER DICH UM DICH SELBST, KO!
WÜRDE IHNEN IN DER ABWESENHEIT IHRER ELTERN ETWAS PASSIEREN, MÜSSTE ICH MICH MEIN GANZES LEBEN LANG SCHÄMEN. SORGEN SIE SICH...
... NICHT UM MICH.
AUAAH ...
REISS DICH ZUSAMMEN, KIBA!
KRACK
!

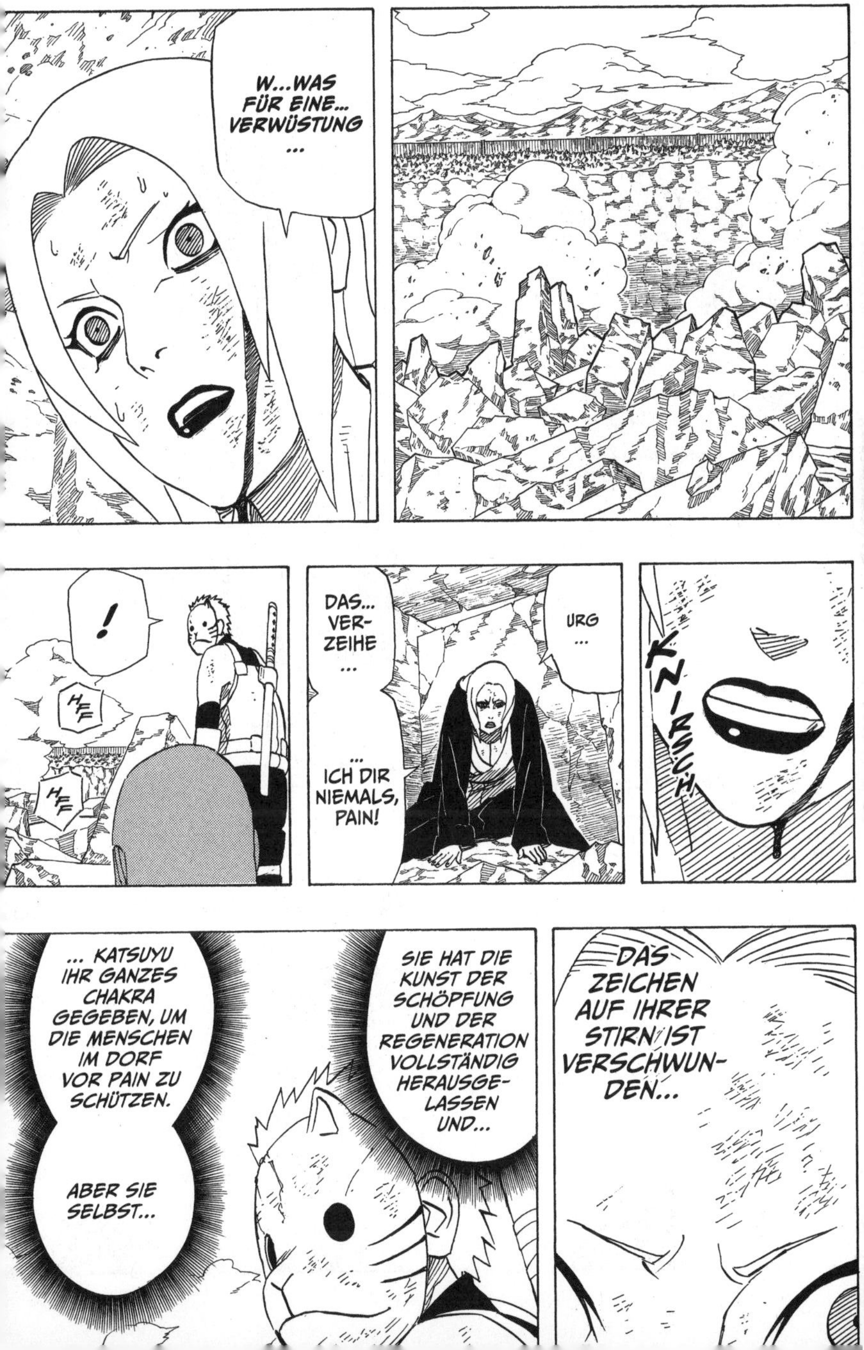
W...WAS FÜR EINE... VERWÜSTUNG ...
KNIRSCH
URG ...
DAS... VERZEIHE ...
... ICH DIR NIEMALS, PAIN!
!
HFF
HFF
DAS ZEICHEN AUF IHRER STIRN IST VERSCHWUNDEN...
SIE HAT DIE KUNST DER SCHÖPFUNG UND DER REGENERATION VOLLSTÄNDIG HERAUSGELASSEN UND...
... KATSUYU IHR GANZES CHAKRA GEGEBEN, UM DIE MENSCHEN IM DORF VOR PAIN ZU SCHÜTZEN.
ABER SIE SELBST...

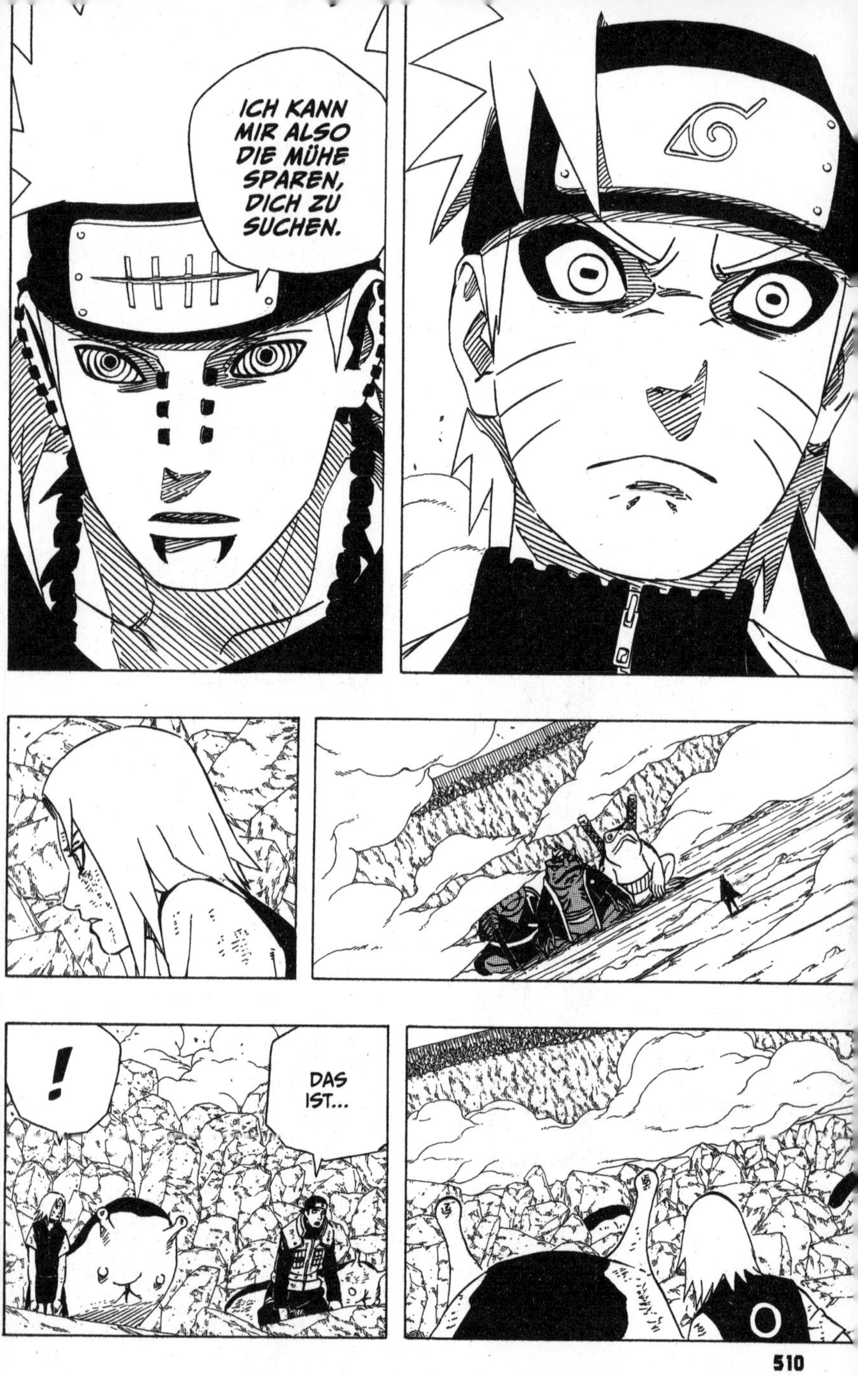
ICH KANN MIR ALSO DIE MÜHE SPAREN, DICH ZU SUCHEN.
!
DAS IST...

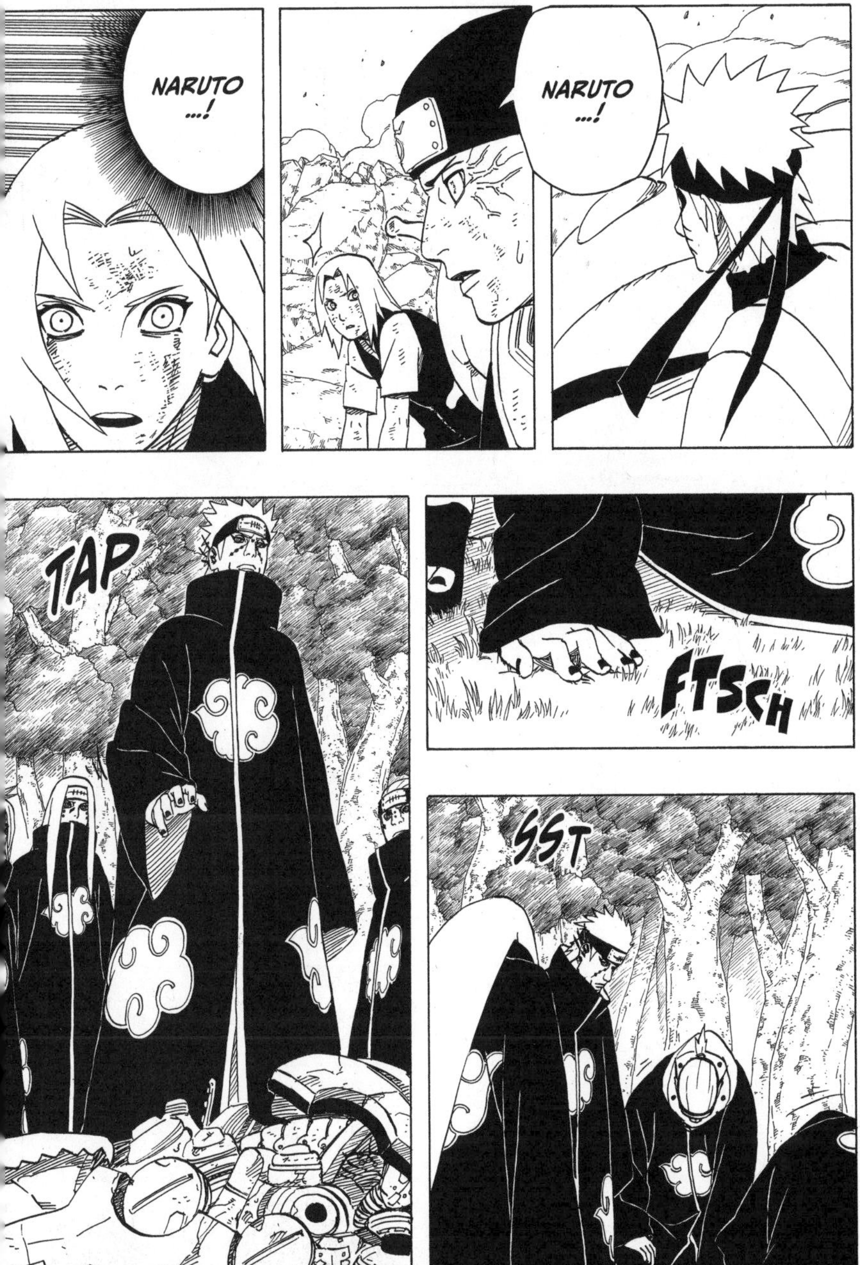
NARUTO ...!
NARUTO ...!
FTSCH
TAP
SST

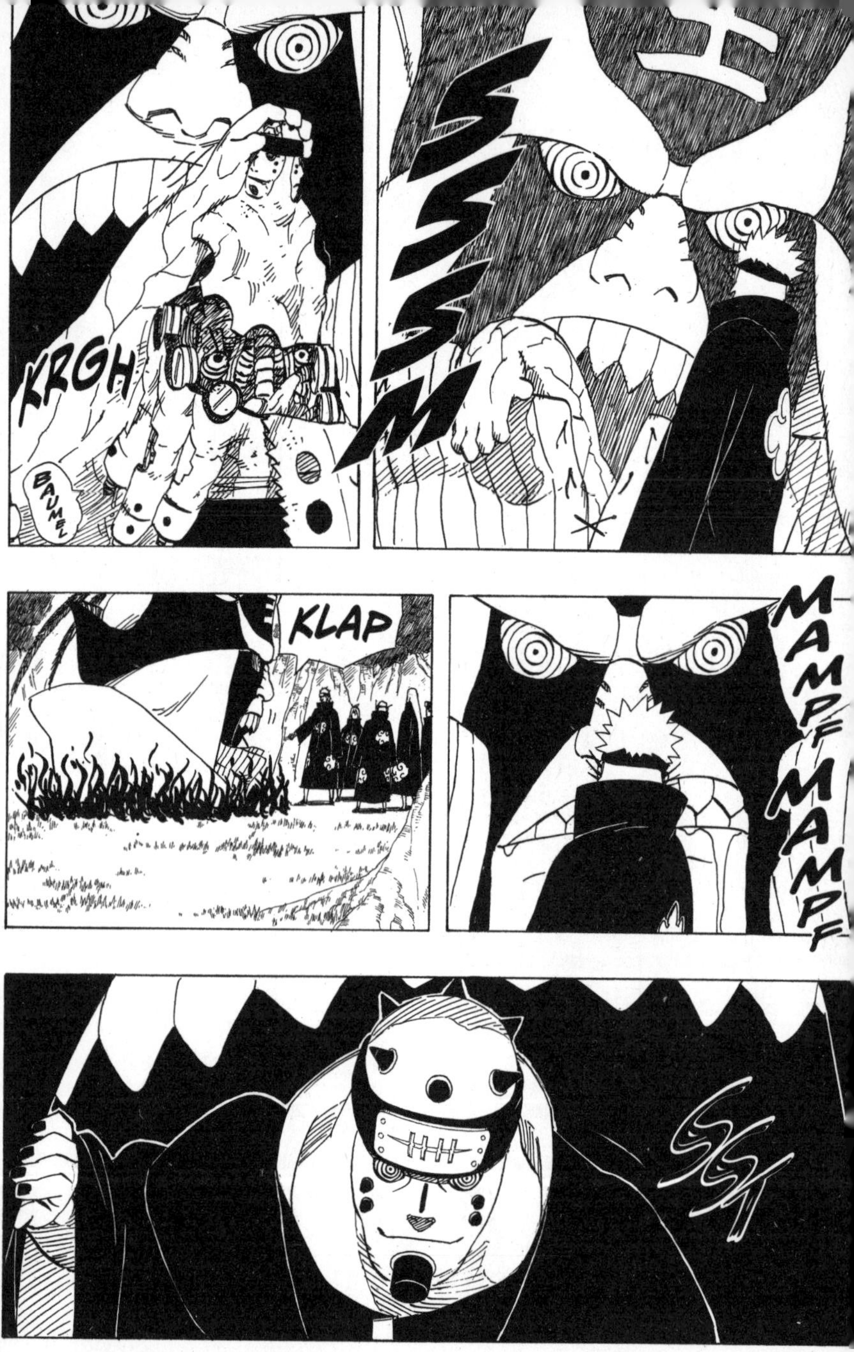
SSSSM
KRGH
BAUMEL
MAMPF MAMPF
KLAP
SSH

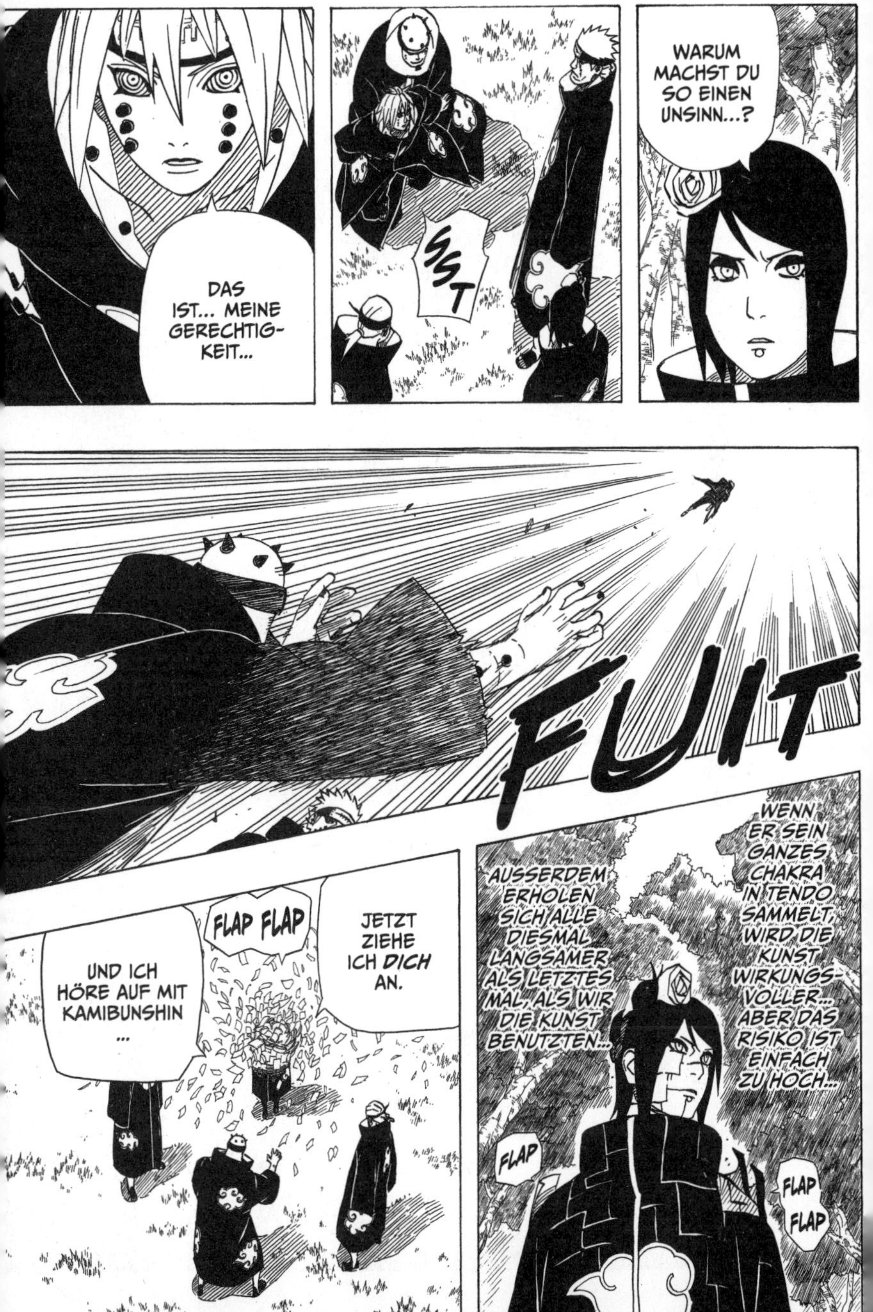
WARUM MACHST DU SO EINEN UNSINN...?
SST
DAS IST... MEINE GERECHTIG-KEIT...
FUIT
WENN ER SEIN GANZES CHAKRA IN TENDO SAMMELT, WIRD DIE KUNST WIRKUNGS-VOLLER... ABER DAS RISIKO IST EINFACH ZU HOCH...
AUSSERDEM ERHOLEN SICH ALLE DIESMAL LANGSAMER ALS LETZTES MAL, ALS WIR DIE KUNST BENUTZTEN...
FLAP
FLAP
FLAP
JETZT ZIEHE ICH *DICH* AN.
FLAP FLAP
UND ICH HÖRE AUF MIT KAMIBUNSHIN ...

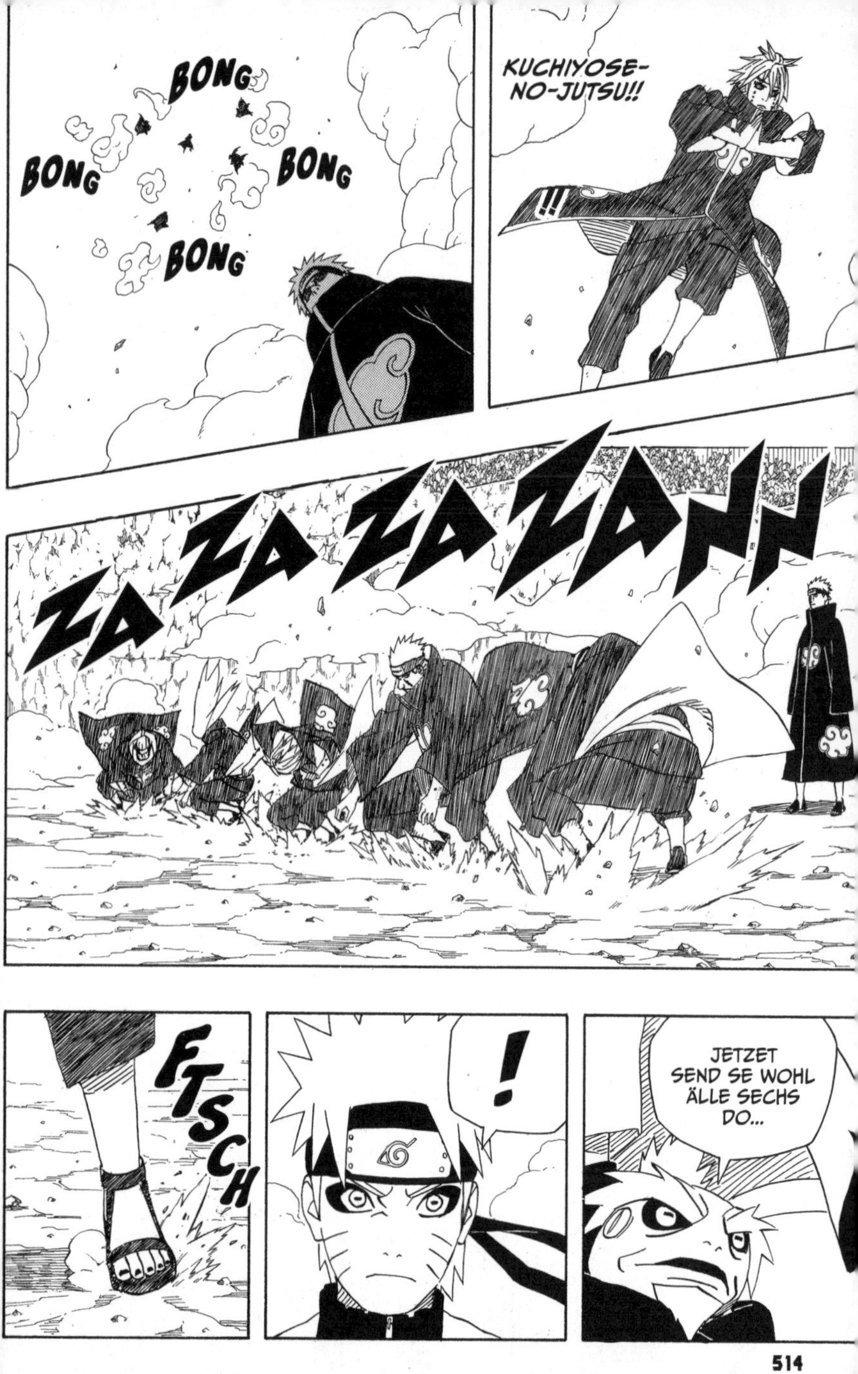
KUCHIYOSE-
NO-JUTSU!!
!!
BONG
BONG
BONG
BONG
ZA ZA ZA ZA ZAHH
JETZET
SEND SE WOHL
ÄLLE SECHS
DO...
!
FTSCH

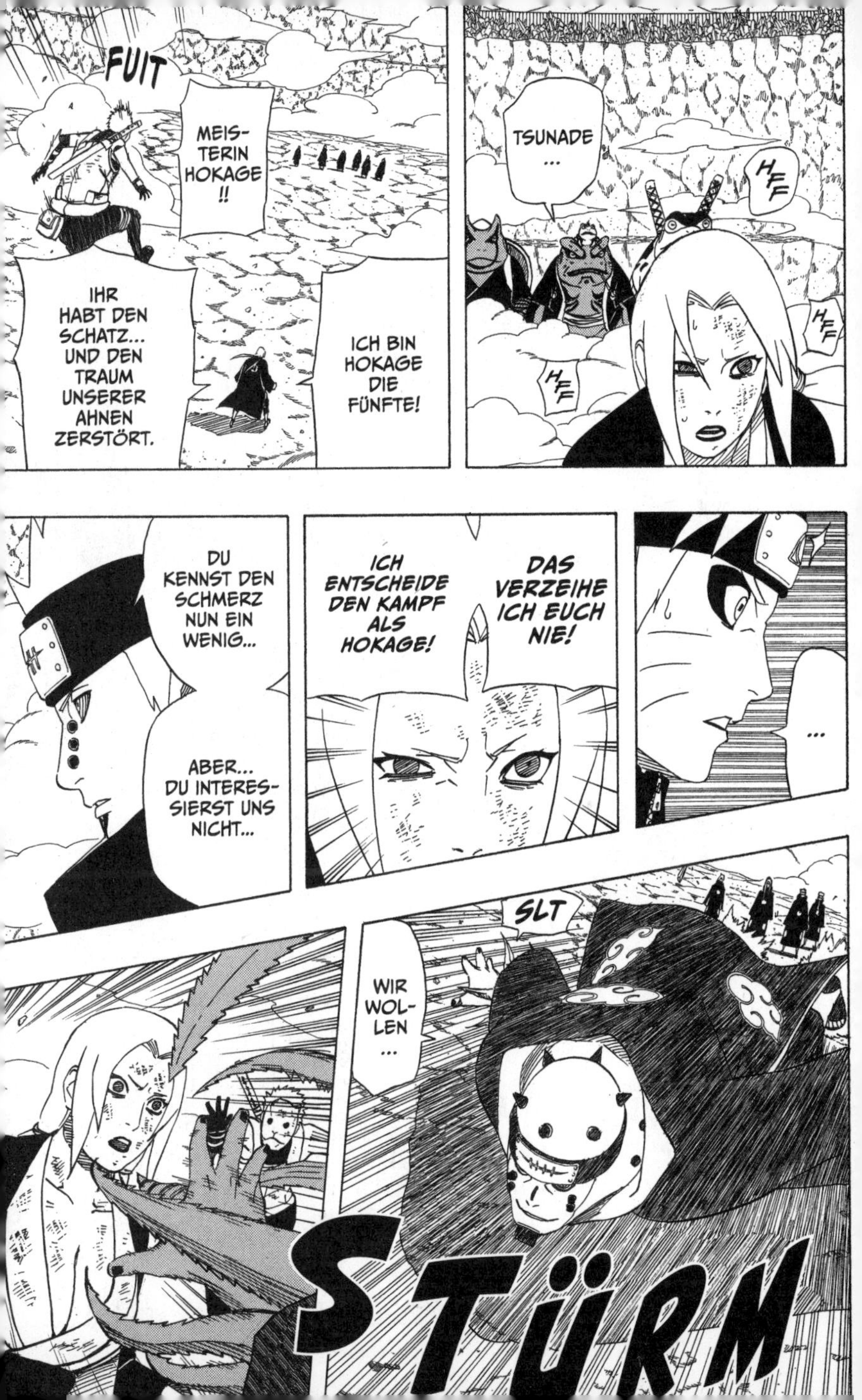
TSUNADE ...
HFF
HFF
HFF
FUIT
MEIS-
TERIN
HOKAGE
!!
ICH BIN
HOKAGE
DIE
FÜNFTE!
IHR
HABT DEN
SCHATZ...
UND DEN
TRAUM
UNSERER
AHNEN
ZERSTÖRT.
...
DAS
VERZEIHE
ICH EUCH
NIE!
ICH
ENTSCHEIDE
DEN KAMPF
ALS
HOKAGE!
DU
KENNST DEN
SCHMERZ
NUN EIN
WENIG...
ABER...
DU INTERES-
SIERST UNS
NICHT...
SLT
WIR
WOL-
LEN
...
STÜRM

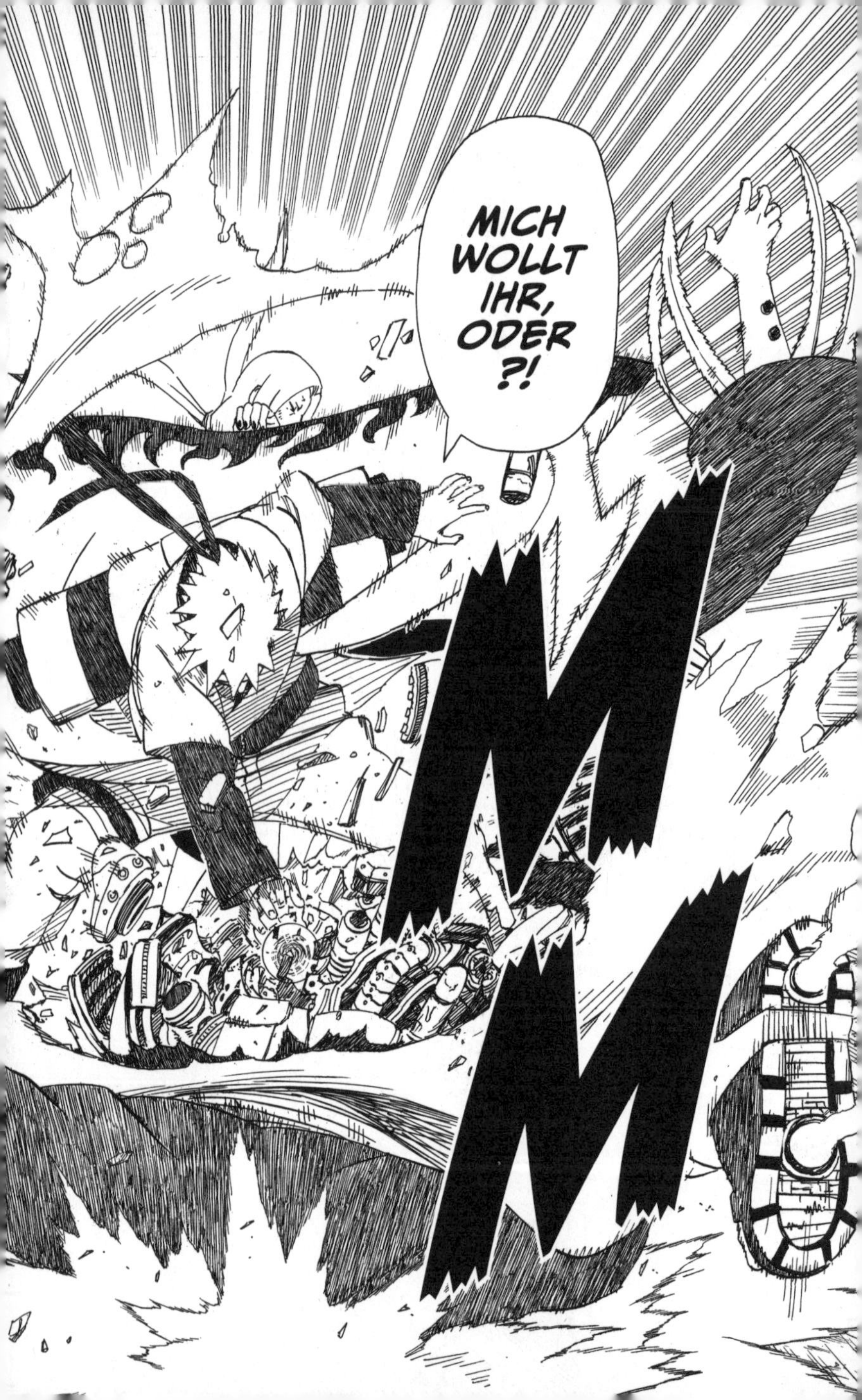
MICH WOLLT IHR, ODER ?!

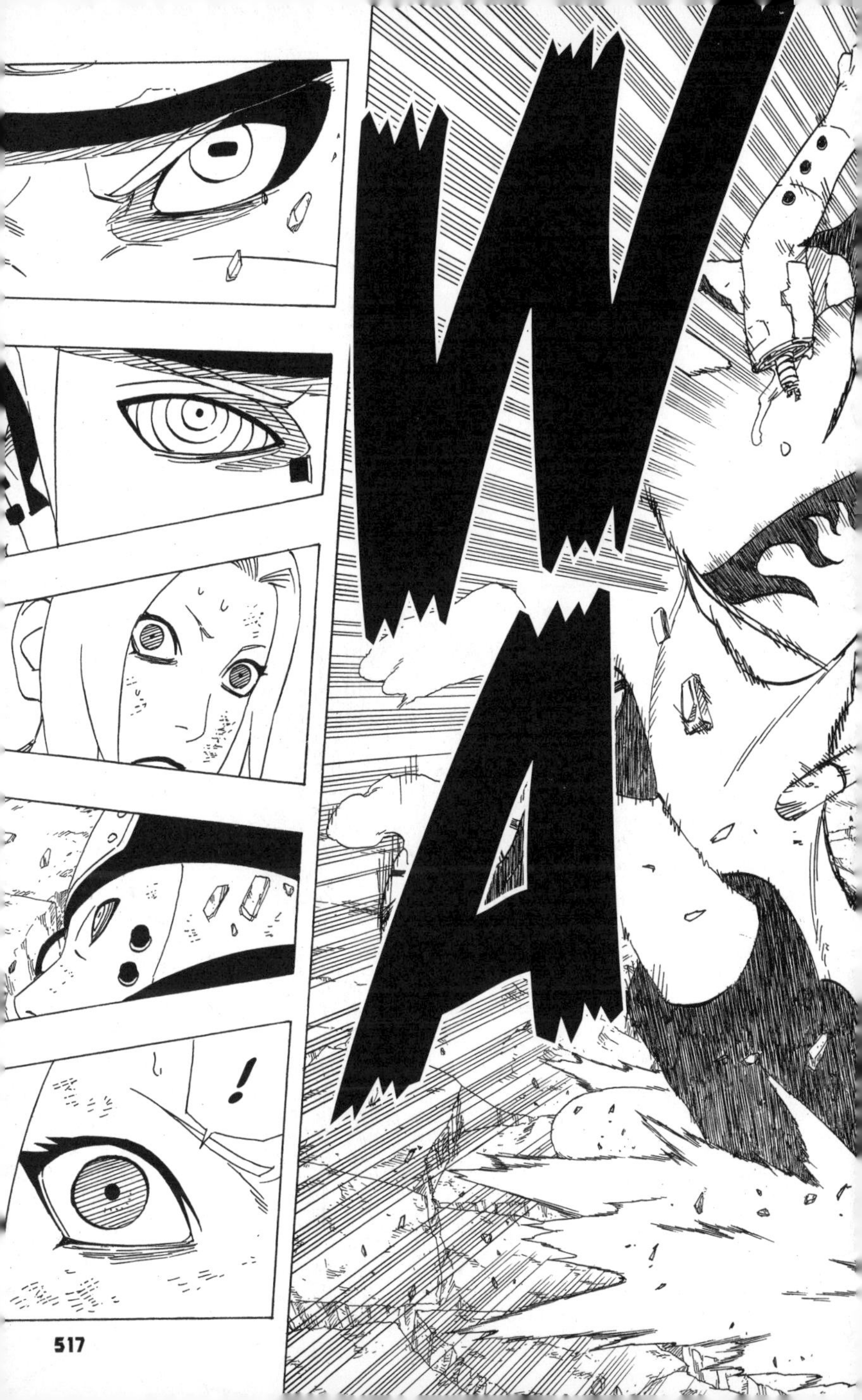

WA
!

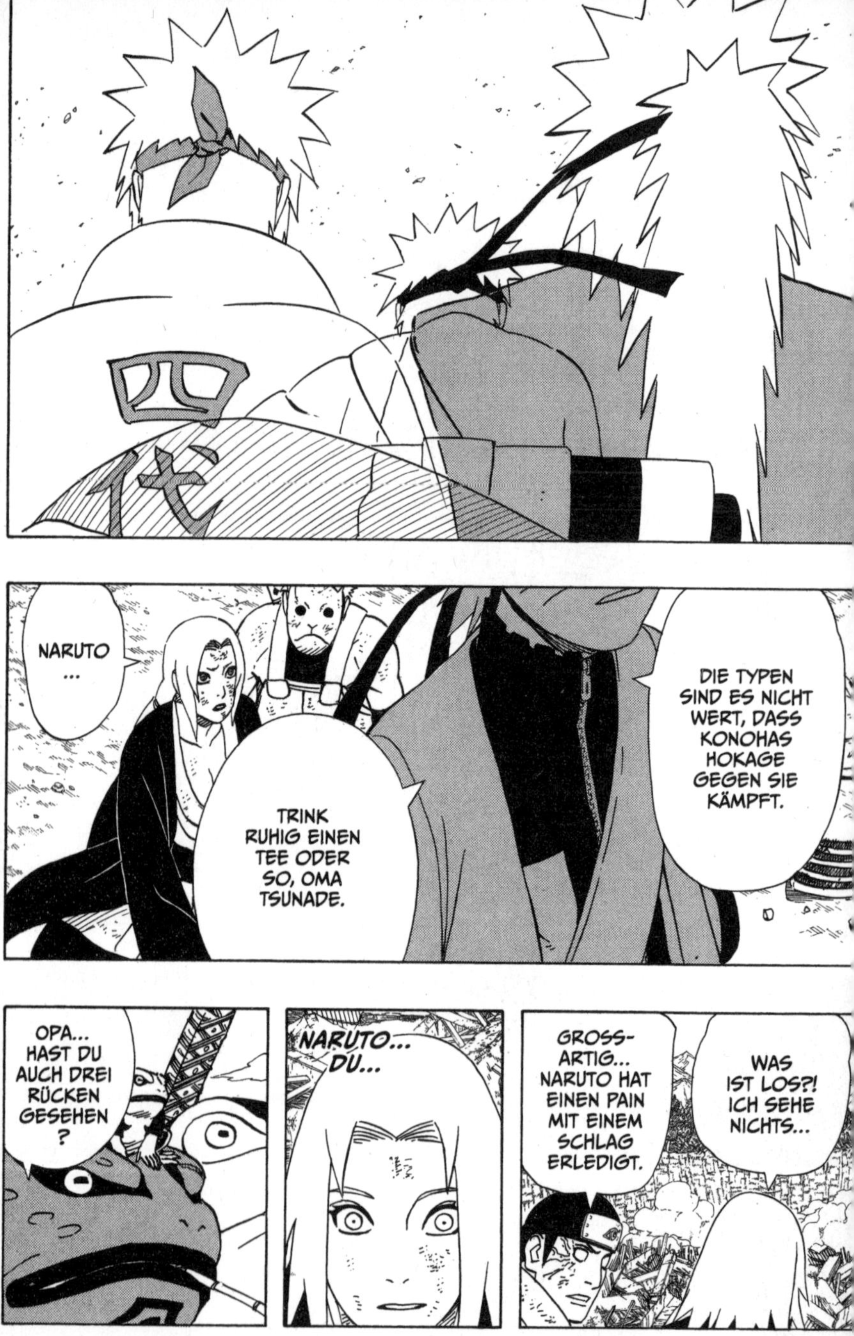
DIE TYPEN SIND ES NICHT WERT, DASS KONOHAS HOKAGE GEGEN SIE KÄMPFT.
TRINK RUHIG EINEN TEE ODER SO, OMA TSUNADE.
NARUTO ...
WAS IST LOS?! ICH SEHE NICHTS...
GROSS-ARTIG... NARUTO HAT EINEN PAIN MIT EINEM SCHLAG ERLEDIGT.
NARUTO... DU...
OPA... HAST DU AUCH DREI RÜCKEN GESEHEN ?

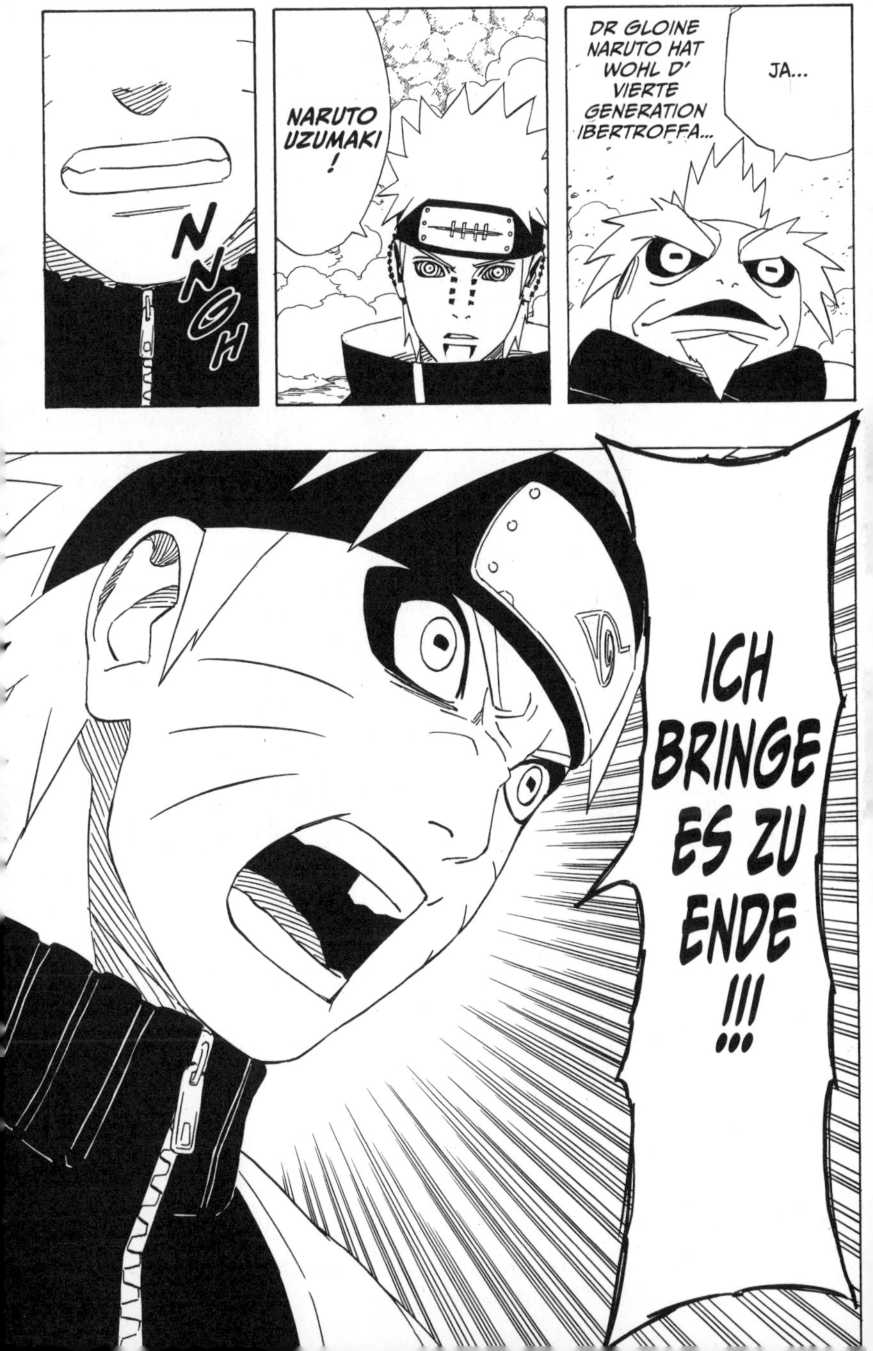
JA...
DR GLOINE NARUTO HAT WOHL D' VIERTE GENERATION IBERTROFFA...
NARUTO UZUMAKI !
NNGH
ICH BRINGE ES ZU ENDE !!!

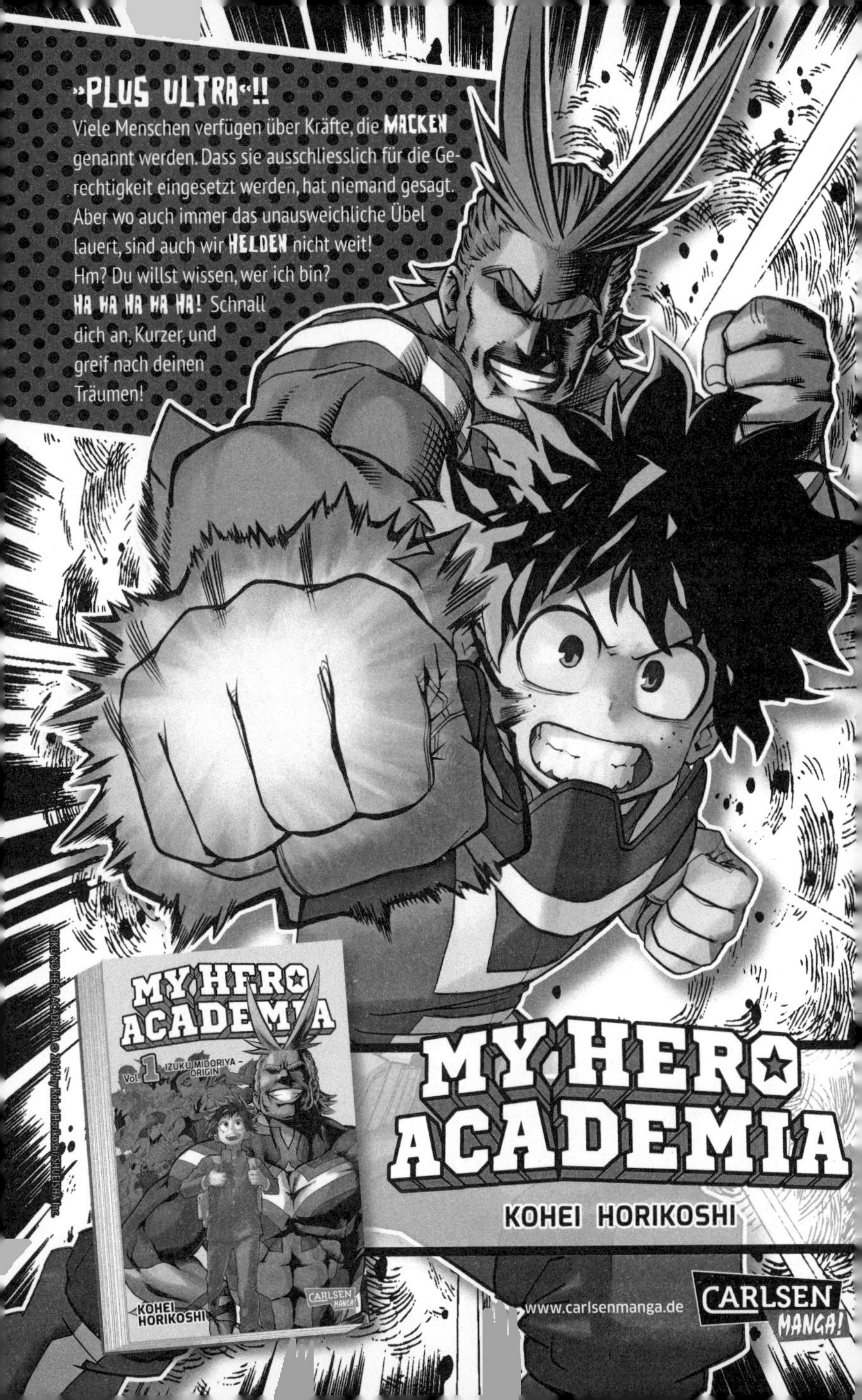
»PLUS ULTRA«!!
Viele Menschen verfügen über Kräfte, die MACKEN genannt werden. Dass sie ausschliesslich für die Gerechtigkeit eingesetzt werden, hat niemand gesagt. Aber wo auch immer das unausweichliche Übel lauert, sind auch wir HELDEN nicht weit! Hm? Du willst wissen, wer ich bin? HA HA HA HA HA! Schnall dich an, Kurzer, und greif nach deinen Träumen!
MY HERO ACADEMIA
Vol. 1 IZUKU MIDORIYA – ORIGIN
KOHEI HORIKOSHI
CARLSEN MANGA!
BOKU NO HERO ACADEMIA © 2014 by Kohei Horikoshi/SHUEISHA Inc.
MY HERO ACADEMIA
KOHEI HORIKOSHI
www.carlsenmanga.de
CARLSEN MANGA!

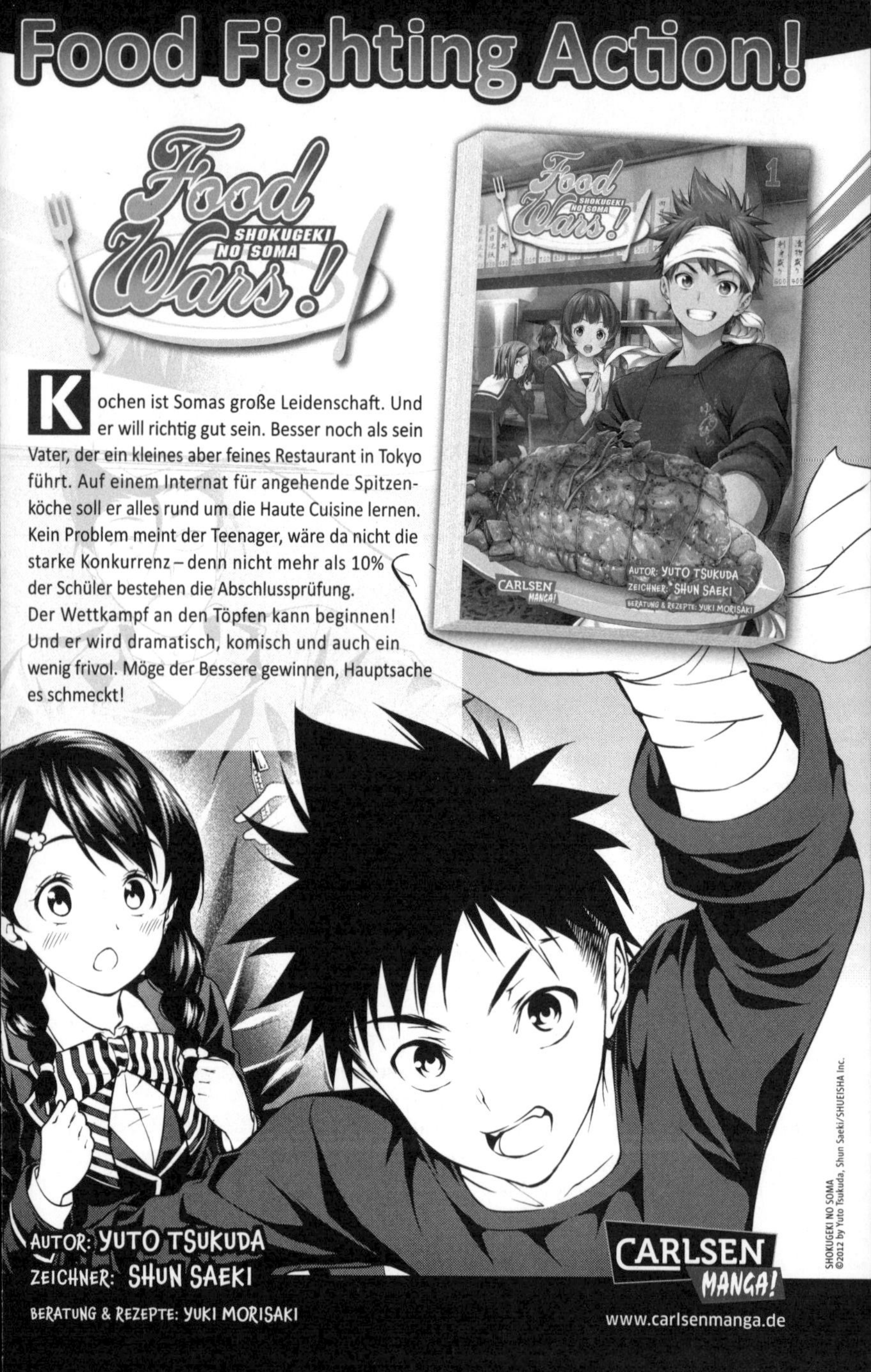
Food Fighting Action!
Food Wars!
SHOKUGEKI NO SOMA
Kochen ist Somas große Leidenschaft. Und er will richtig gut sein. Besser noch als sein Vater, der ein kleines aber feines Restaurant in Tokyo führt. Auf einem Internat für angehende Spitzenköche soll er alles rund um die Haute Cuisine lernen. Kein Problem meint der Teenager, wäre da nicht die starke Konkurrenz – denn nicht mehr als 10% der Schüler bestehen die Abschlussprüfung.
Der Wettkampf an den Töpfen kann beginnen! Und er wird dramatisch, komisch und auch ein wenig frivol. Möge der Bessere gewinnen, Hauptsache es schmeckt!
AUTOR: YUTO TSUKUDA
ZEICHNER: SHUN SAEKI
BERATUNG & REZEPTE: YUKI MORISAKI
CARLSEN MANGA!
www.carlsenmanga.de
SHOKUGEKI NO SOMA
©2012 by Yuto Tsukuda, Shun Saeki/SHUEISHA Inc.

Comics

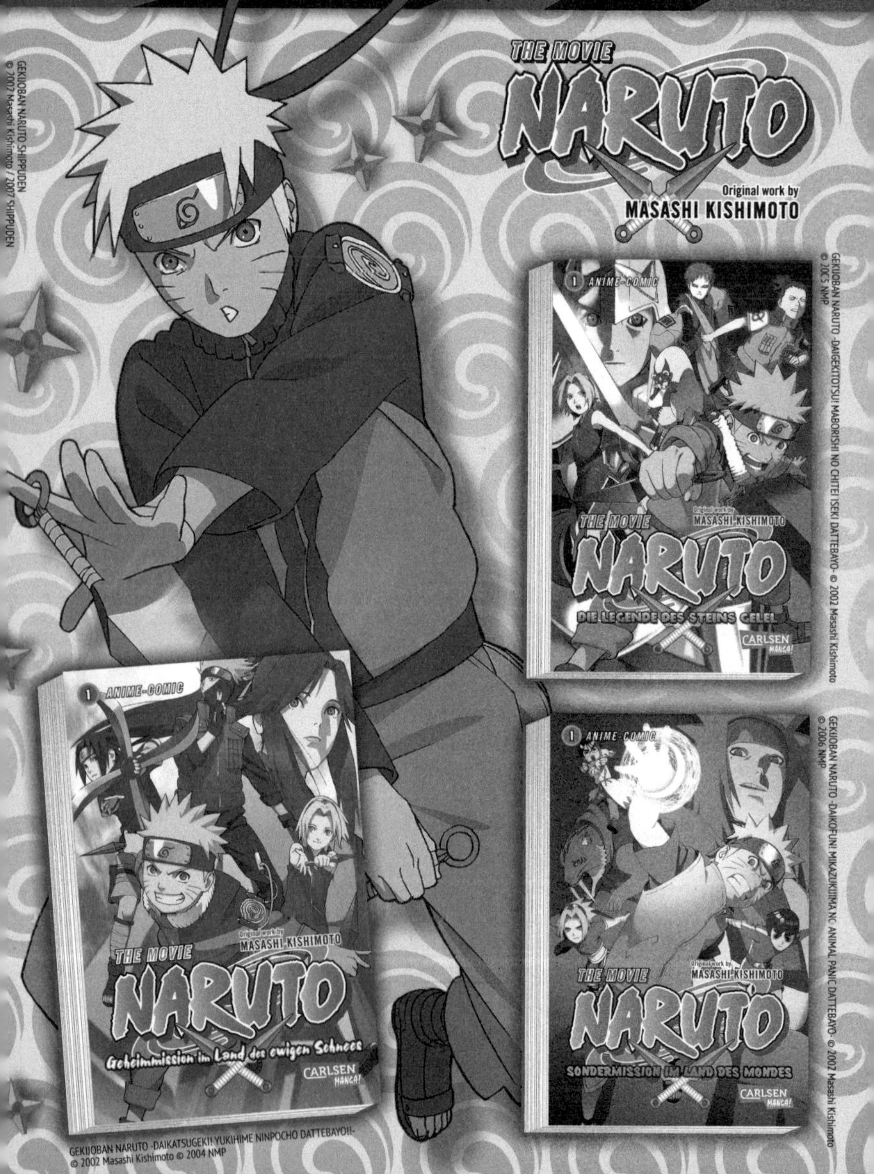
THE MOVIE
NARUTO
Original work by
MASASHI KISHIMOTO
1 ANIME-COMIC
THE MOVIE
NARUTO
DIE LEGENDE DES STEINS GELEL
CARLSEN MANGA!
1 ANIME-COMIC
THE MOVIE
NARUTO
Geheimmission im Land des ewigen Schnees
CARLSEN MANGA!
1 ANIME-COMIC
THE MOVIE
NARUTO
SONDERMISSION IM LAND DES MONDES
CARLSEN MANGA!

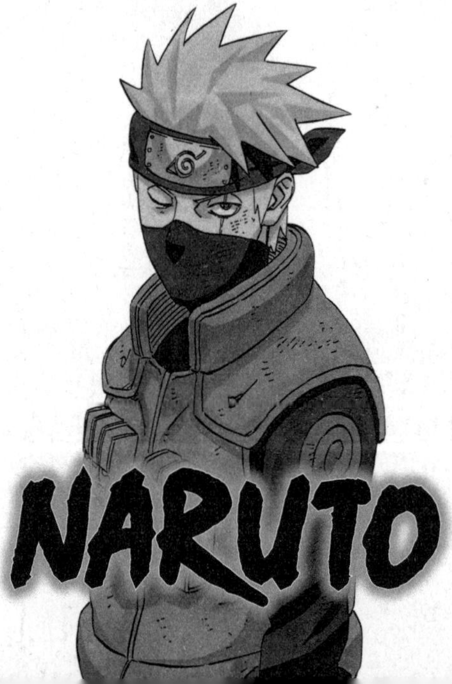
NARUTO

CARLSEN MANGA! NEWS
jeden Monat neu per E-Mail
carlsenmanga.de
carlsen.de

CARLSEN MANGA
Deutsche Ausgabe/German Edition

Völckersstraße 14-20, 22765 Hamburg
Aus dem Japanischen von Miyuki Tsuji

First published in Japan in 1999 by SHUEISHA Inc., Tokyo.
German translation rights in Germany, Austria, Luxembourg and German-speaking Switzerland arranged by SHUEISHA Inc. through VME PLB SAS, France.
Redaktion: Anne Berling, Jonas Blaumann
Textbearbeitung: Ina Schiele
Herstellung: Derya Yildirim, Ronny Willisch

Bei Fragen zum Produkt: carlsen.de/kontakt
ISBN 978-3-551-79541-0

HALT!

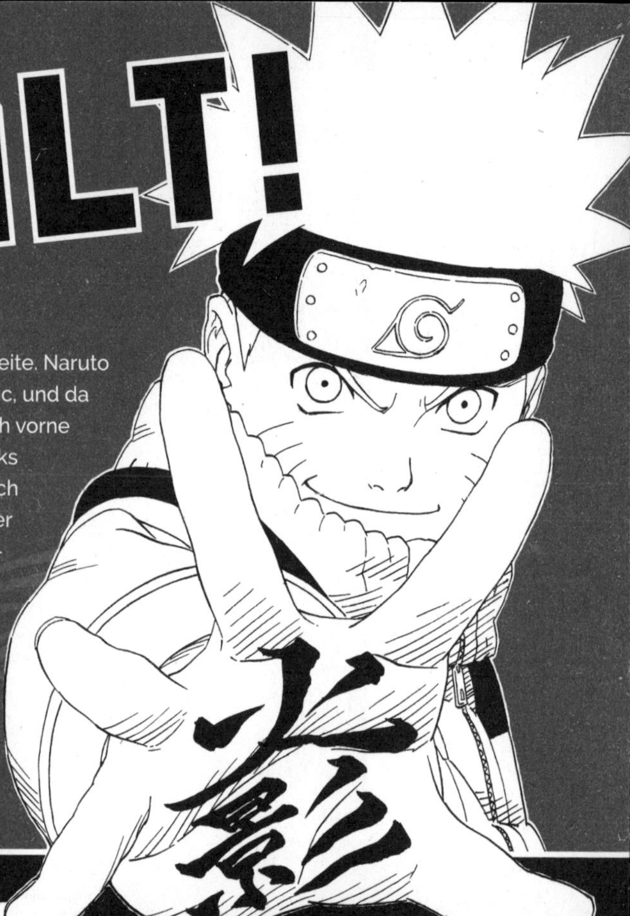

Das ist nicht die erste Seite. Naruto ist ein japanischer Comic, und da in Japan von hinten nach vorne und von rechts nach links gelesen wird, musst auch du diesen Comic von der anderen Seite aufschlagen und von hinten nach vorne lesen.

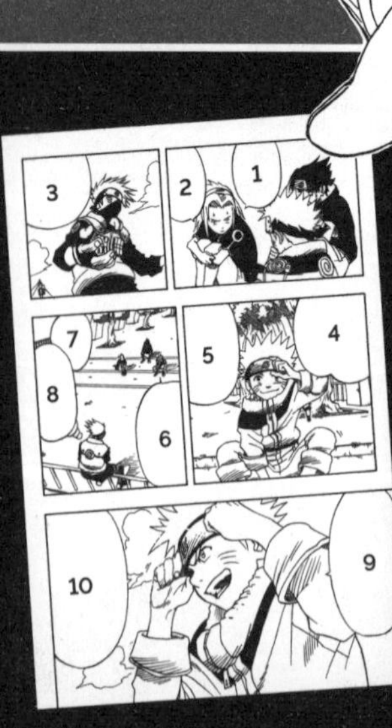

Auch die Bilder und Sprechblasen werden von rechts oben nach links unten gelesen, so wie es die Grafik hier zeigt. Schwer? Zuerst ungewohnt, doch es bringt richtig Spaß. Probiert es aus!

Viel Vergnügen mit **NARUTO** und der ganzen Ninja-Bande!